감정
평가사 1차

민법 기본서

시대에듀

Always **with you**

사람의 인연은 길에서 우연하게 만나거나 함께 살아가는 것만을 의미하지는 않습니다.
책을 펴내는 출판사와 그 책을 읽는 독자의 만남도 소중한 인연입니다.
시대에듀는 항상 독자의 마음을 헤아리기 위해 노력하고 있습니다.
늘 독자와 함께하겠습니다.

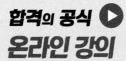

보다 깊이 있는 학습을 원하는 수험생들을 위한
시대에듀의 동영상 강의가 준비되어 있습니다.
www.sdedu.co.kr → 회원가입(로그인) → 강의 살펴보기 감정평가란 부동산, 동산을 포함하여 토지, 건물, 기계기구, 항공기, 선박, 유가증권, 영업권과 같은 유·무형의 재산에 대한 경제적 가치를 판정하여 그 결과를 가액으로 표시하는 행위를 뜻합니다. 이러한 평가를 하기 위해서는 변해가는 경제상황 및 이에 기반한 다양한 이론과 법령을 알아야 하며, 그 분량이 매우 많습니다.

감정평가사 1차 시험은 전과목 40점 이상, 전과목 평균 60점을 넘으면 합격하는 절대평가 시험입니다. 그 중 민법은 내용이 방대할 뿐 아니라 내용도 어려운 과목입니다. 이러한 시험에서 평균점수를 높이기 위한 전략과목으로 만들려면 학습 분량을 체계적으로 파악하여 시험에 나오는 내용 중심으로 학습할 필요가 있습니다.

본서는 민법 학습에 필요한 이론을 간결하되 충실히 정리하여 수록하였고, 필수적인 기출판례와 문제까지 한 권에 수록하여 학습자의 수학 부담을 최소화하면서 동시에 최대의 효과를 보는 방향으로 기획되었습니다. 기본서의 이론학습과 병행하여 기출문제를 통해 이론과 문제를 한 번에 정리하시기 바랍니다. 민법 과목에서 어느 하나 중요하지 않은 부분이 없겠지만, 특히 기본서에 수록된 조문과 판례는 확실하게 정오를 가릴 수 있을 정도로 학습하시고 부족한 판례 등은 문제풀이를 통해 심화하시기를 바랍니다.

도서의 특징은 다음과 같습니다.

도서의 특징

❶ 필수이론과 문제를 한 권에 수록하여 방대한 민법학습분량을 최적화하였습니다.

❷ 최신 개정법령 및 기출문제의 출제경향을 완벽하게 반영하여 수록하였습니다.

❸ 시대에듀 교수진의 철저한 검수를 통해 교재상의 오류를 없애고, 최신 학계동향을 정확하게 반영하여 출제가능성이 높은 테마를 빠짐없이 학습할 수 있도록 하였습니다.

❹ 감정평가사 1차 시험의 기출문제를 완벽하게 분석하여 상세한 해설을 수록하였고, 중요판례에 대해서는 기출표기를 통해 판례 학습의 포인트를 부여하였습니다.

❺ 보다 깊이 있는 학습을 원하는 수험생들은 본 도서를 교재로 사용하는 시대에듀 동영상 강의(유료)를 통해 검증된 수준의 강의를 지원받을 수 있습니다.

본서로 학습하는 수험생 여러분의 합격을 기원합니다.

편저자 드림

감정평가사 자격시험 안내

✅ 감정평가

감정평가란 부동산, 동산을 포함하여 토지, 건물, 기계기구, 항공기, 선박, 유가증권, 영업권과 같은 유·무형의 재산에 대한 경제적 가치를 판정하여 그 결과를 가액으로 표시하는 것

✅ 수행직무

❶ 정부에서 매년 고시하는 공시지가와 관련된 표준지의 조사·평가
❷ 기업체 등의 의뢰와 관련된 자산의 재평가
❸ 금융기관, 보험회사, 신탁회사의 의뢰와 관련된 토지 및 동산에 대한 평가
❹ 주택단지나 공업단지 조성 및 도로개설 등과 같은 공공사업 수행

✅ 응시자격

감정평가 및 감정평가사에 관한 법률 제12조의 다음 각호 중 어느 하나에 해당하는 결격사유가 없는 사람

1. 삭제 〈2021.7.20.〉
2. 파산선고를 받은 사람으로서 복권되지 아니한 사람
3. 금고 이상의 실형을 선고받고 그 집행이 종료(집행이 종료된 것으로 보는 경우를 포함한다)되거나 그 집행이 면제된 날부터 3년이 지나지 아니한 사람
4. 금고 이상의 형의 집행유예를 받고 그 유예기간이 만료된 날부터 1년이 지나지 아니한 사람
5. 금고 이상의 형의 선고유예를 받고 그 선고유예기간 중에 있는 사람
6. 제13조에 따라 감정평가사 자격이 취소된 후 3년이 지나지 아니한 사람
7. 제39조 제1항 제11호 및 제12호에 따라 자격이 취소된 후 5년이 지나지 아니한 사람

※ 결격사유 기준일은 해당연도 최종합격자 발표일 기준
※ 제1호가 삭제됨에 따라 미성년자, 피성년후견인·피한정후견인은 감정평가사 자격 취득이 가능합니다(단, 업무개시는 성년 이후 허용).

✅ 시험일정(2024년)

구 분	원서접수기간	시험장소	시행지역	시험일자	합격자발표
1차 시험	2024.02.19.(월) 09:00 ~02.23.(금) 18:00	원서접수 시 수험자 직접 선택	서울, 부산, 대구, 광주, 대전	2024.04.06.(토)	2024.05.08.(수)
2차 시험	2024.05.20.(월) 09:00 ~05.24.(금) 18:00		서울, 부산	2024.07.13.(토)	2024.10.16.(수)

※ 제2차 시험 응시자(시험의 일부 면제자)도 제1차 시험과 동일한 접수기간 내에 원서접수를 하여야 시험응시가 가능합니다.
※ 원서 접수기간 중에는 24시간 접수 가능(단, 원서접수 마감일은 18:00까지 접수 가능)하며, 접수기간 종료 후에는 응시원서 접수가 불가합니다.
※ 시험일정은 변경될 수 있으므로 최신 시험일정을 큐넷 홈페이지에서 반드시 확인하시기 바랍니다.

⊘ 시험과목

구 분	시험과목
1차 시험	❶ 「민법」 중 총칙, 물권에 관한 규정 ❷ 경제학원론 ❸ 부동산학원론 ❹ 감정평가관계법규 ··→ 「국토의 계획 및 이용에 관한 법률」, 「건축법」, 「공간정보의 구축 및 관리 등에 관한 법률」 중 지적에 관한 규정, 「국유재산법」, 「도시 및 주거환경정비법」, 「부동산등기법」, 「감정평가 및 감정평가사에 관한 법률」, 「부동산 가격공시에 관한 법률」 및 「동산·채권 등의 담보에 관한 법률」 ❺ 회계학 ❻ 영어(영어시험성적 제출로 대체)
2차 시험	❶ 감정평가실무 ❷ 감정평가이론 ❸ 감정평가 및 보상법규 ··→ 「감정평가 및 감정평가사에 관한 법률」, 「공익사업을 위한 토지 등의 취득 및 보상에 관한 법률」, 「부동산 가격공시에 관한 법률」

⊘ 과목별 시험시간

구 분	교 시	시험과목	입실완료	시험시간	시험방법
1차 시험	1교시	❶ 민법 (총칙, 물권) ❷ 경제학원론 ❸ 부동산학원론	09:00	09:30~11:30(120분)	객관식 5지 택일형
	2교시	❹ 감정평가관계법규 ❺ 회계학	11:50	12:00~13:20(80분)	
2차 시험	1교시	감정평가실무	09:00	09:30~11:10(100분)	과목별 4문항 (주관식)
	중식시간 11:10~12:10(60분)				
	2교시	감정평가이론	12:10	12:30~14:10(100분)	
	휴식시간 14:10~14:30(20분)				
	3교시	감정평가 및 보상법규	14:30	14:40~16:20(100분)	

※ 장애인 등 응시 편의 제공으로 시험시간 연장 시 수험인원과 효율적인 시험 집행을 고려하여 시행기관에서 휴식 및 중식 시간을 조정할 수 있습니다.
※ 시험과 관련하여 법률, 회계처리기준 등을 적용하여 정답을 구하여야 하는 문제는 시험시행일 현재 시행 중인 법률, 회계처리기준 등을 적용하여
그 정답을 구하여야 합니다.
※ 회계학 과목의 경우 한국채택국제회계기준(K-IFRS)만 적용하여 출제됩니다.

감정평가사 자격시험 안내

⊘ 합격자 결정

구 분	내 용
1차 시험	영어 과목을 제외한 나머지 시험과목에서 과목당 100점을 만점으로 하여 모든 과목 40점 이상이고, 전 과목 평균 60점 이상인 사람
2차 시험	❶ 과목당 100점을 만점으로 하여 모든 과목 40점 이상, 전 과목 평균 60점 이상을 득점한 사람 ❷ 최소합격인원에 미달하는 경우 최소합격인원의 범위에서 모든 과목 40점 이상을 득점한 사람 중에서 전 과목 평균점수가 높은 순으로 합격자를 결정

※ 동점자로 인하여 최소합격인원을 초과하는 경우에는 동점자 모두를 합격자로 결정. 이 경우 동점자의 점수는 소수점 이하 둘째자리까지만 계산하며, 반올림은 하지 아니함

⊘ 감정평가사 시험 통계자료

구 분		2020년 (31회)	2021년 (32회)	2022년 (33회)	2023년 (34회)	2024년 (35회)
1차 시험	대 상	2,535명	4,019명	4,513명	6,484명	6,746명
	응 시	2,028명	3,176명	3,642명	5,515명	5,755명
	응시율	80%	79%	80.7%	85.06%	85.31%
	합 격	472명	1,171명	877명	1,773명	1,340명
	합격률	23.27%	36.9%	24.08%	32.15%	23.28%
2차 시험	대 상	1,419명	1,905명	2,227명	2,655명	24.07.13. 실시 (하반기 공고 예정)
	응 시	1,124명	1,531명	1,803명	2,377명	
	응시율	79.21%	80.36%	80.96%	89.53%	
	합 격	184명	203명	202명	204명	
	합격률	16.37%	13.26%	11.20%	8.58%	

⊘ 민법 출제리포트

구 분		31회	32회	33회	34회	35회	전체 통계	
							합 계	비 율
민법총칙	민법 일반	1	1	1	1	1	5	2.5%
	사권의 일반이론	–	1	1	2	1	5	2.5%
	권리의 주체	4	5	5	4	5	23	11.5%
	권리의 객체	1	1	1	1	1	5	2.5%
	법률행위	3	2	2	1	1	9	4.5%
	의사표시	4	4	3	3	3	17	8.5%
	대리제도	2	2	2	2	3	11	5.5%
	무효와 취소	–	1	2	3	2	8	4%
	조건과 기한	1	1	1	1	1	5	2.5%
	기 간	1	–	–	–	–	1	0.5%
	소멸시효	3	2	2	2	2	11	5.5%
	소 계	20	20	20	20	20	100	50%
물권법	물권법총론	2	–	1	1	2	6	3%
	물권변동	3	2	1	2	3	11	5.5%
	점유권	2	2	1	3	1	9	4.5%
	소유권	6	8	6	4	6	30	15%
	용익물권	3	4	4	4	3	18	9%
	담보물권	4	4	7	6	5	26	13%
	소 계	20	20	20	20	20	100	50%
총 계		40	40	40	40	40	200	100%

이 책의 구성과 특징

기출 부분 표시

기출 아이콘을 통해 출제 가능성이 높은 테마를 집중적으로 학습할 수 있습니다.

더 알아보기

심화학습을 위한 이론을 더 알아보기를 통해 정리하였습니다.

CHAPTER 04 확인학습문제

권리의 객체

01 서 설

01 권리의 객체에 관한 설명으로 옳지 않은 것은? (다툼이 있으면 판례에 따름) [2024]

① 토지의 개수는 「공간정보의 구축 및 관리 등에 관한 법률」에 의한 지적공부상 토지의 필수(筆數)를 표준으로 결정된다.

② 1필의 토지의 일부가 「공간정보의 구축 및 관리 등에 관한 법률」상 분할절차 없이 분필등기가 된 경우, 그 분필등기가 표상하는 부분에 대한 등기부취득시효가 인정될 수 있다.

③ 수물에 대한 점유취득시효의 효력은 점유하지 않은 종물에 미치지 않는다.

④ 수물의 상용에 제공된 X동산이 타인 소유이더라도 수물에 대한 경매의 매수인이 선의취득 요건을 구비하는 경우, 그 매수인은 X의 소유권을 취득할 수 있다.

⑤ 명인방법을 갖춘 미분리과실은 독립한 물건으로서 거래의 객체가 될 수 있다.

답 ②

정답해설

② 등기부상만으로 어떤 토지 중 일부가 분할되고 그 분할된 토지에 대하여 지번과 지적이 부여되어 등기되어 있어도 지적공부 소관청에 의한 지번, 지적, 지목, 경계확정 등의 분필절차를 거친 바가 없다면 그 등기가 표상하는 목적물은 특정되었다고 할 수는 없으니, 그 등기부에 소유자로 등기된 자가 그 등기부에 기재된 면적에 해당하는 만큼의 토지를 특정하여 점유하였다고 하더라도, 그 등기는 그가 점유하는 토지부분을 표상하는 등기로 볼 수 없고 그 점유자는 등기부취득시효의 요건인 '부동산의 소유자로 등기한 자'에 해당하지 아니하므로 그가 점유하는 부분에 대하여 등기부시효취득을 할 수는 없다(94다4615).

오답해설

① 94다4615

③ 종물은 주물의 구성부분이 아닌 독립한 물건이므로 주물만을 점유한 경우 취득이 인정되지 않는다.

④ 2007다36933, 36940 참고

⑤ 미분리 과실도 명인방법이라는 공시방법을 갖춘 때에는 독립한 물건으로

03 동산과 부동산

01 물건에 관한 설명으로 옳지 않은 것은? (다툼이 있으면 판례에 따름)

① 관리할 수 있는 자연력은 동산이다.

② 주물과 종물의 법률적 운명을 달리하는 약정은 유효하다.

③ 권원 없이 타인의 토지에서 경작한 농작물이 성숙하여 독립한 물건으로 인정되면, 그 소유권은 명인방법을 갖추지 않아도 경작자에게 있다.

④ 특별한 사정이 없는 한, 주유기는 주유소 건물의 종물이다.

⑤ 여러 개의 물건으로 이루어진 집합물은 원칙적으로 하나의 물건으로 인정된다.

답 ⑤

정답해설

⑤ 상점에 있는 상품 전체처럼 집합물은 본래 하나의 물건이 아니라 복수의 물건이다. 따라서 일물일권주의에 따라 집합물에 하나의 물권이 성립하는 것은 원칙적으로 불가능하지만, 「공장 및 광업재단 저당법」, 「입목에 관한 법률」 등의 특별법에 의해 공시방법이 인정되면 법적으로 하나의 물건으로 취급된다.

더 알아보기 동산과 부동산 비교

구분	동산	부동산
물권	점유권, 소유권, 유치권, 질권, 양도담보	점유권, 소유권, 지상권, 지역권, 전세권, 유치권, 저당권, 양도담보
공시방법	점유(인도)	등기
공신의 원칙	인정 → 선의취득	불인정
무주물선점유실습득	인정	불인정
매장물발견	인정	인정
부합	• 원칙 : 주된 동산의 소유자 • 예외 : 주종구별 없으면 공유	• 원칙 : 부동산의 소유자가 취득 • 예외 : 권원에 의한 부속인 경우
가공	인정	불인정
취득시효	• 일반 : 10년 • 단기 : 5년	• 점유 : 20년 • 등기 : 10년
상린관계	부적용	적용
환매	3년	5년
강제집행	압류	강제관리, 강제경매
재판관할	보통 재판적	부동산소재지 특별재판적

확인학습문제

단원별로 구성된 확인학습문제를 통해 이론과 연계된 문제를 풀어볼 수 있습니다.

상세한 해설

문제 아래에 위치한 정답과 해설을 통해 이론을 효과적으로 복습할 수 있습니다.

이 책의 차례

이 책의 차례

제1편

민법총칙

CHAPTER

01 민법 서론

---

01 서 설

I 민법의 의의

민법은 형식적으로 민법이라는 이름의 성문법전, 즉 민법전을 가리키지만, 실질적으로는 법질서 안에서의 지위에 착안하여 모든 사람들에게 일반적으로 적용되는 사법, 즉 일반사법을 말한다.

II 민법의 성질

1. 사법으로서의 민법

(1) 공법과 사법

법을 공법과 사법으로 구별하는 경우, 통설인 주체설(국가나 공공단체 상호 간 또는 이들과 사인 간의 관계는 공법관계, 사인 간의 관계는 사법관계로 보는 견해)에 의하면 민법은 사법에 속한다.

(2) 사법의 내용

사법(私法)으로서의 민법의 내용에는 재산관계와 가족관계가 포함되어 있으며, 재산관계를 규율하는 법을 재산법(물권법, 채권법)이라 하고, 가족관계를 규율하는 법을 가족법(친족·상속법)이라 한다.

2. 일반사법으로서의 민법

민법은 일반법으로 사람·사항·장소 등에 특별한 제한 없이 일반적으로 적용되는 법이다. 한편 특정한 사람·사항·장소에 관하여만 적용되는 사법을 특별사법이라 한다. 일반법과 특별법을 구별하는 실익은 일반법과 특별법이 충돌되면 「특별법 우선의 원칙」에 따라 특별법이 먼저 적용되고, 특별법이 규율하지 않는 사항에 대하여 일반법이 적용된다는 점이다.

3. 실체법

민법은 실체법으로 직접 법률관계 자체, 즉 권리·의무에 관하여 규율하는 법이다. 이에 반하여 절차법은 권리·의무를 실현하는 절차를 정하는 법으로 민사소송법, 민사집행법, 가사소송법 등이 있다.

Ⅲ 민법의 형식

1. 형식적 의미의 민법

1958.2.22. 제정·공포되어 1960.1.1. 시행되고 있는 민법전을 의미한다.

2. 실질적 의미의 민법

특별사법 및 절차법을 제외한 모든 사람들에게 일반적으로 적용되는 사법, 즉 일반사법을 의미한다.

3. 형식적 의미의 민법이지만 실질적 의미의 민법은 아닌 것

민법전에 규정되어 있으나 민사에 관한 법률관계를 규율하지 않고, 그 내용이 행정벌이나 절차법에 관한 것인 경우가 있다.
① **행정벌** : 법인의 이사, 감사, 청산인에 대한 벌칙규정(제97조)
② **절차법** : 강제이행에 관한 규정(제389조)

---

02 민법의 법원(法源)

> **제1조 【법원】**
> 민사에 관하여 '법률'에 규정이 없으면 '관습법'에 의하고 관습법이 없으면 '조리'에 의한다.

Ⅰ 의 의

1. 개 념

일반적으로 법원이란 「법의 존재형식」 내지 「법을 인식하는 근거가 되는 자료」로서의 의미를 갖는다.

2. 성문법과 불문법

성문법은 문장의 형식으로 표현되고 일정한 형식 및 절차에 따라서 제정되는 법이며, 성문법이 아닌 법을 불문법이라 한다.

3. 제1조

① **법원의 종류 및 적용순서** : 제1조는 민법의 법원과 그 적용순서를 정하고 있다. 즉 법률, 관습법 및 조리를 법원으로 인정하고, 이들의 적용순서에 관하여 1차적으로 법률, 법률이 없으면 관습법, 관습법도 없으면 조리에 의하도록 정하고 있는 것이다.
② **민사** : '민사'란 널리 사법관계를 의미한다.
③ **법률** : 제1조의 법률은 형식적 의미의 법률만을 의미하는 것이 아니라 모든 법규범, 즉 성문법(제정법)을 통칭한다.

Ⅱ 성문민법

성문민법에는 법률·명령·대법원규칙·조약·자치법이 있다.

1. 법 률

형식적 의미의 법률을 의미하며, 헌법이 정하는 절차에 따라 제정·공포되는 것이다(헌법 제53조 참조). 여기에는 민법전과 민법전 이외의 법률이 있다.

2. 명 령

국회가 아닌 다른 국가기관이 일정한 절차를 거쳐서 제정하는 법규로 제정권자에 따라서 대통령령·총리령·부령으로 나누어진다. 명령도 민사에 관하여 규정하고 있는 경우 민법의 법원이 된다.

3. 대법원규칙

대법원은 법률에 저촉되지 않는 범위 안에서 소송에 관한 절차, 법원의 내부규칙과 사무처리에 관한 규칙을 제정할 수 있는데(헌법 제108조), 이러한 대법원규칙이 민사에 관한 것이라면 민법의 법원이 된다.

4. 조 약

조약도 민사에 관한 것이라면 법원성이 긍정된다(헌법 제6조 제1항 참고).

5. 자치법

지방자치단체가 법률의 범위 내에서 그의 사무에 관하여 제정하는 조례나 규칙 속에 민사법규를 포함하는 경우에는 민법의 법원이 된다.

Ⅲ 불문민법

불문민법으로는 제1조가 규정하고 있는 관습법과 조리가 있다. 또한 학설상으로 논의되는 판례와 헌법재판소결정에 대하여도 검토한다.

1. 관습법

(1) 관습법의 의의

관습법이란 사회의 거듭된 관행으로 생성한 사회생활규범이 사회의 법적 확신과 인식에 의하여 법적 규범으로 승인·강행되기에 이르는 것을 말하고, 관습법은 바로 법원으로서 법령과 같은 효력을 갖는 관습으로서 '법령에 저촉되지 않는 한' 법칙으로서의 효력이 있다(대판 1983.6.14. 80다3231). 기출 24·22·21·17·15

(2) 관습법의 성립

관행의 존재와 그 관행에 대한 일반적인 법적 확신의 취득으로 성립한다.

[1] 관습법이란 사회의 거듭된 관행으로 생성한 사회생활규범이 사회의 법적 확신과 인식에 의하여 법적 규범으로 승인·강행되기에 이른 것을 말하고, 그러한 관습법은 법원(法源)으로서 법령에 저촉되지 아니하는 한 법칙으로서의 효력이 있는 것이고, 또 사회의 거듭된 관행으로 생성한 어떤 사회생활규범이 법적 규범으로 승인되기에 이르렀다고 하기 위하여는 헌법을 최상위 규범으로 하는 전체 법질서에 반하지 아니하는 것으로서 정당성과 합리성이 있다고 인정될 수 있는 것이어야 하고, 그렇지 아니한 사회생활규범은 비록 그것이 사회의 거듭된 관행으로 생성된 것이라고 할지라도 이를 법적 규범으로 삼아 관습법으로서의 효력을 인정할 수 없다.

[2] 사회의 거듭된 관행으로 생성된 사회생활규범이 관습법으로 승인되었다고 하더라도 사회 구성원들이 그러한 관행의 법적 구속력에 대하여 확신을 갖지 않게 되었다거나, 사회를 지배하는 기본적 이념이나 사회질서의 변화로 인하여 그러한 관습법을 적용하여야 할 시점에 있어서의 전체 법질서에 부합하지 않게 되었다면 그러한 관습법은 법적 규범으로서의 효력이 부정될 수밖에 없다.

[3] [다수의견] 종원의 자격을 성년 남자로만 제한하고 여성에게는 종원의 자격을 부여하지 않는 종래 관습에 대하여 우리 사회 구성원들이 가지고 있던 법적 확신은 상당 부분 흔들리거나 약화되어 있고, 무엇보다도 헌법을 최상위 규범으로 하는 우리의 전체 법질서는 개인의 존엄과 양성의 평등을 기초로 한 가족생활을 보장하고, 가족 내의 실질적인 권리와 의무에 있어서 남녀의 차별을 두지 아니하며, 정치·경제·사회·문화 등 모든 영역에서 여성에 대한 차별을 철폐하고 남녀평등을 실현하는 방향으로 변화되어 왔으며, 앞으로도 이러한 남녀평등의 원칙은 더욱 강화될 것인바, 종중은 공동선조의 분묘수호와 봉제사 및 종원 상호간의 친목을 목적으로 형성되는 종족단체로서 공동선조의 사망과 동시에 그 후손에 의하여 자연발생적으로 성립하는 것임에도, 공동선조의 후손 중 성년 남자만을 종중의 구성원으로 하고 여성은 종중의 구성원이 될 수 없다는 종래의 관습은, 공동선조의 분묘수호와 봉제사 등 종중의 활동에 참여할 기회를 출생에서 비롯되는 성별만에 의하여 생래적으로 부여하거나 원천적으로 박탈하는 것으로서, 위와 같이 변화된 우리의 전체 법질서에 부합하지 아니하여 정당성과 합리성이 있다고 할 수 없으므로, 종중 구성원의 자격을 성년 남자만으로 제한하는 종래의 관습법은 이제 더 이상 법적 효력을 가질 수 없게 되었다.

[4] [다수의견] 종중이란 공동선조의 분묘수호와 제사 및 종원 상호간의 친목 등을 목적으로 하여 구성되는 자연발생적인 종족집단이므로, 종중의 이러한 목적과 본질에 비추어 볼 때 공동선조와 성과 본을 같이 하는 후손은 성별의 구별 없이 성년이 되면 당연히 그 구성원이 된다고 보는 것이 조리에 합당하다(대판[전합] 2005.7.21. 2002다1178). 기출 21·15

(3) 관습법과 사실인 관습의 차이

1) 법적 확신의 유무

사실인 관습은 사회의 관행에 의하여 발생한 사회생활규범인 점에서 관습법과 같으나 사회의 법적 확신이나 인식에 의하여 법적 규범으로서 승인된 정도에 이르지 않은 것이다(대판 1983.6.14. 80다3231).

2) 법적 효력

① 관습법 : 관습법은 바로 법원으로서 법령과 같은 효력을 갖는 관습으로서 법령에 저촉되지 않는 한 법칙으로서의 효력이 있는 것이다(제정법에 대한 열후적·보충적 효력).

② 사실인 관습

  ㉠ 사실인 관습은 법령으로서의 효력이 없는 단순한 관행으로서 법률행위의 당사자의 의사를 보충함에 그치는 것이다.

  ㉡ 사실인 관습은 사적 자치가 인정되는 분야, 즉 그 분야의 제정법이 주로 임의규정일 경우에는 법률행위의 해석기준으로서 또는 의사를 보충하는 기능으로서 이를 재판의 자료로 할 수 있다.

  ㉢ 그 분야의 제정법이 주로 강행규정일 경우에는 그 강행규정 자체에 결함이 있거나 강행규정 스스로가 관습에 따르도록 위임한 경우 등 이외에는 법적 효력을 부여할 수 없다.

3) 주장·입증책임

① 관습법은 당사자의 주장·입증을 기다림이 없이 법원이 직권으로 확정하여야 한다. 다만, 관습은 그 존부 자체도 명확하지 않을 뿐만 아니라 그 관습이 사회의 법적 확신이나 법적 인식에 의하여 법적 규범으로까 지 승인되었는지의 여부를 가리기는 더욱 어려운 일이므로, 법원이 이를 알 수 없는 경우 결국은 당사자가 이를 주장·입증할 필요가 있다.

② 사실인 관습은 그 존재를 당사자가 주장·입증하여야 한다.

관습법과 사실인 관습의 구별

[1] 관습법이란 사회의 거듭된 관행으로 생성한 사회생활규범이 사회의 법적 확신과 인식에 의하여 법적규범으로 승인·강행되기에 이르른 것을 말하고, 사실인 관습은 사회의 관행에 의하여 발생한 사회생활규범인 점에서 관습법과 같으나 사회의 법적 확신이나 인식에 의하여 법적 규범으로서 승인된 정도에 이르지 않은 것을 말하는 바, 관습법은 바로 법원으로서 법령과 같은 효력을 갖는 관습으로서 법령에 저촉되지 않는 한 법칙으로서의 효력이 있는 것이며, 이에 반하여 사실인 관습은 법령으로서의 효력이 없는 단순한 관행으로서 법률행위의 당사자의 의사를 보충함에 그치는 것이다.

[2] 법령과 같은 효력을 갖는 관습법은 당사자의 주장 입증을 기다림이 없이 법원이 직권으로 이를 확정하여야 하고 사실인 관습은 그 존재를 당사자가 주장 입증하여야 하나, 관습은 그 존부자체도 명확하지 않을 뿐만 아니라 그 관습이 사회의 법적 확신이나 법적 인식에 의하여 법적 규범으로까지 승인되었는지의 여부를 가리기는 더욱 어려운 일이므로, 법원이 이를 알 수 없는 경우 결국은 당사자가 이를 주장 입증할 필요가 있다.

[3] 사실인 관습은 사적 자치가 인정되는 분야 즉 그 분야의 제정법이 주로 임의규정일 경우에는 법률행위의 해석기준으로서 또는 의사를 보충하는 기능으로서 이를 재판의 자료로 할 수 있을 것이나 이 이외의 즉 그 분야의 제정법이 주로 강행규정일 경우에는 그 강행규정 자체에 결함이 있거나 강행규정 스스로가 관습에 따르도록 위임한 경우 등 이외에는 법적 효력을 부여할 수 없다(대판 1983.6.14. 80다3231).

더 알아보기 판례에 의해 인정되는 관습법

- 판례에 의하여 인정되는 관습법으로는 분묘기지권, 관습법상 법정지상권, 명인방법, 명의신탁, 동산 양도담보 등이 있다.
- 사도통행권, 온천권, 공원이용권 등은 관습법상 인정되는 물권이 아니다.
- 미등기 무허가건물의 양수인에게 소유권에 준하는 관습법상의 물권도 인정될 수 없다(대판 2006.10.7. 2006다49000).

---

2. 조 리

조리란 사물의 본성·자연의 이치를 말하며, 경험칙·사회통념·법의 일반원리 등으로 표현된다. 조리가 법원인지에 대해서는 학설의 대립이 있으나, 판례는 '섭외적 사건에 관하여 외국법규가 적용되는 경우, 법원 에 관한 민사상 대원칙에 따라 외국법률, 외국관습법, 조리의 순으로 법원이 되는 것'이라고 판시한 적이 있다.

3. 판 례

불문법 국가인 영미법계 국가에서는 판례를 중요한 법원으로 보나, 성문법계 국가에서는 판례의 법원성에 대한 견해의 대립이 있다.

4. 헌법재판소결정

헌법재판소의 결정은 법원 기타 국가기관과 지방자치단체를 기속하므로(헌재법 제47조, 제67조, 제75조), 그 결정내 용이 민사에 관한 것인 한 민법의 법원으로 된다.

03   민법의 기본원리

민법의 기본원리는 사유재산권 존중의 원칙(소유권 절대의 원칙), 계약 자유의 원칙(사적자치의 원칙), 과실책임의 원칙(자기책임의 원칙)을 내용으로 하는 근대민법의 기본원칙과 소유권 공공의 원칙, 계약 공정의 원칙, 무과실책임의 원칙을 내용으로 하는 근대민법의 수정원칙(현대민법의 원리)으로 구분할 수 있다.

[민법의 기본원리]

근대민법의 원리	현대민법의 원리(근대민법의 수정원리)
소유권 절대의 원칙(사유재산권 존중의 원칙)	소유권 공공의 원칙
계약 자유의 원칙	계약 공정의 원칙
과실책임의 원칙	무과실책임의 원칙

확인학습문제

01 서설

02 민법의 법원(法源)

01 민법의 법원(法源)에 관한 설명으로 옳지 <u>않은</u> 것은? (다툼이 있으면 판례에 따름)　　　**[2024]**

① 민사에 관한 헌법재판소의 결정은 민법의 법원이 될 수 있다.

② 사적자치가 인정되는 분야의 제정법이 주로 임의규정인 경우, 사실인 관습은 법률행위 해석기준이 될 수 있다.

③ 법원(法院)은 판례변경을 통해 기존 관습법의 효력을 부정할 수 있다.

④ 관습법은 사회 구성원의 법적 확신으로 성립된 것이므로 제정법과 배치되는 경우에는 관습법이 우선한다.

⑤ 법원(法院)은 관습법에 관한 당사자의 주장이 없더라도 직권으로 그 존재를 확정할 수 있다.

답 ④

┃ 정답해설 ┃

④ 관습법이란 사회의 거듭된 관행으로 생성한 사회생활규범이 사회의 법적 확신과 인식에 의하여 법적 규범으로 승인·강행되기에 이르는 것을 말하고, 관습법은 바로 법원으로서 법령과 같은 효력을 갖는 관습으로서 '법령에 저촉되지 않는 한' 법칙으로서의 효력이 있다[80다3231].

┃ 오답해설 ┃

① 헌법재판소의 결정은 법원 기타 국가기관과 지방자치단체를 기속하므로(헌재법 제47조, 제67조, 제75조), 그 결정내용이 민사에 관한 것인 한 민법의 법원으로 된다.

② 사실인 관습은 사적 자치가 인정되는 분야 즉 그 분야의 제정법이 주로 임의규정일 경우에는 법률행위의 해석기준으로서 또는 의사를 보충하는 기능으로서 이를 재판의 자료로 할 수 있을 것이나 이 이외의 즉 그 분야의 제정법이 주로 강행규정일 경우에는 그 강행규정 자체에 결함이 있거나 강행규정 스스로가 관습에 따르도록 위임한 경우 등 이외에는 법적 효력을 부여할 수 없다[80다3231].

③ 2002다1178 전합 참고

⑤ 80다3231

02 민법의 법원(法源)에 관한 설명으로 옳은 것은? (다툼이 있으면 판례에 따름)　　　　　[2023]

① 제1조에서 민법의 법원으로 규정한 '민사에 관한 법률'은 민법전만을 의미한다.
② 제1조에서 민법의 법원으로 규정한 '관습법'에는 사실인 관습이 포함된다.
③ 대법원이 정한 「공탁규칙」은 민법의 법원이 될 수 없다.
④ 헌법에 의하여 체결·공포된 국제조약은 그것이 민사에 관한 것이더라도 민법의 법원이 될 수 없다.
⑤ 미등기무허가 건물의 양수인에게는 소유권에 준하는 관습법상의 물권이 인정되지 않는다.

답 ⑤

▌정답해설▌

⑤ 미등기 무허가건물의 양수인이라 할지라도 그 소유권이전등기를 경료받지 않는 한 그 건물에 대한 소유권을 취득할 수 없고, 그러한 상태의 건물 양수인에게 소유권에 준하는 관습상의 물권이 있다고 볼 수도 없으므로, 건물을 신축하여 그 소유권을 원시취득한 자로부터 그 건물을 매수하였으나 아직 소유권이전등기를 갖추지 못한 자는 그 건물의 불법점거자에 대하여 직접 자신의 소유권 등에 기하여 명도를 청구할 수는 없다[2007다11347].

▌오답해설▌

① 제1조의 법률은 형식적 의미의 법률만을 의미하는 것이 아니라 모든 법규범, 즉 성문법을 통칭한다.
② 제1조에서 민법의 법원으로 규정한 '관습법'에는 사실인 관습이 포함되지 않는다. 사실인 관습은 법령으로서의 효력이 없는 단순한 관행으로서 법률행위의 당사자의 의사를 보충함에 그치는 것이다.
③ 성문민법에는 법률·명령·대법원규칙·조약·자치법이 있다. 대법원은 법률에 저촉되지 않는 범위 안에서 소송에 관한 절차, 법원의 내부규칙과 사무처리에 관한 규칙을 제정할 수 있는데(헌법 제108조), 이러한 대법원규칙이 민사에 관한 것이라면 민법의 법원이 된다.

03 민법의 법원(法源)에 관한 설명으로 옳은 것을 모두 고른 것은? (다툼이 있으면 판례에 따름)

[2022]

> ㄱ. 헌법에 의해 체결·공포된 민사에 관한 조약은 민법의 법원이 되지 않는다.
> ㄴ. 관습법이 되기 위해서는 사회구성원의 법적 확신이 필요하다.
> ㄷ. 관습법은 법령에 저촉되지 않는 한 법칙으로서의 효력이 있다.

① ㄱ
② ㄴ
③ ㄱ, ㄷ
④ ㄴ, ㄷ
⑤ ㄱ, ㄴ, ㄷ

답 ④

▮정답해설▮

ㄴ. (○) ㄷ. (○) 관습법이란 사회의 거듭된 관행으로 생성한 사회생활규범이 사회의 법적 확신과 인식에 의하여 법적 규범으로 승인·강행되기에 이르른 것을 말하고, 사실인 관습은 사회의 관행에 의하여 발생한 사회생활규범인 점에서 관습법과 같으나 사회의 법적 확신이나 인식에 의하여 법적 규범으로서 승인된 정도에 이르지 않은 것을 말하는 바, 관습법은 바로 법원으로서 법령과 같은 효력을 갖는 관습으로서 법령에 저촉되지 않는 한 법칙으로서의 효력이 있는 것이며, 이에 반하여 사실인 관습은 법령으로서의 효력이 없는 단순한 관행으로서 법률행위의 당사자의 의사를 보충함에 그치는 것이다[80다3231].

▮오답해설▮

ㄱ. (×) 헌법에 의하여 체결·공포된 조약과 일반적으로 승인된 국제법규는 국내법과 같은 효력을 가지므로(헌법 제6조 제1항), 조약·국제법규 중 민사에 관한 것은 그 성격에 따라 법률·명령과 같은 순위의 법원이 된다.

04 관습법과 사실인 관습에 관한 설명으로 옳지 <u>않은</u> 것은? (다툼이 있으면 판례에 따름)　　[2021]

① 관습법은 성문법에 대하여 보충적 효력을 갖는다.

② 공동선조와 성과 본을 같이하는 미성년자인 후손은 종중의 구성원이 될 수 없다.

③ 관습법이 성립한 후 사회구성원들이 그러한 관행의 법적 구속력에 더 이상 법적 확신을 갖지 않게 된 경우, 그 관습법은 법적 규범으로서의 효력이 없다.

④ 사실인 관습은 법령으로서의 효력이 없고, 법률행위 당사자의 의사를 보충함에 그친다.

⑤ 미등기 무허가건물의 매수인은 그 소유권이전등기를 마치지 않아도 소유권에 준하는 관습상의 물권을 취득한다.

답 ⑤

┃정답해설┃

⑤ 미등기 무허가건물의 매수인은 소유권이전등기를 마치지 않는 한 건물의 소유권을 취득할 수 없고, 소유권에 준하는 관습상의 물권이 있다고도 할 수 없으며, 현행법상 사실상의 소유권이라고 하는 포괄적인 권리 또는 법률상의 지위를 인정하기도 어렵다[2011다64782].

┃오답해설┃

① 관습법의 제정법에 대한 열후적·보충적 성격에 비추어, 가정의례준칙 제13조의 규정과 배치되는 관습법의 효력을 인정하는 것은 관습법의 법원으로서의 효력을 정한 제조의 취지에 어긋난다고 함으로써 제조의 관습법은 법원으로서의 보충적 효력이 있다[80다3231]거나 관습법은 법원으로서 법령에 저촉되지 않는 한 법칙으로서의 효력이 있다[2002다1178 전합]고 한다.

② 종중이란 공동선조의 분묘수호와 제사 및 종원 상호간의 친목 등을 목적으로 하여 구성되는 자연발생적인 종족집단이므로, 종중의 이러한 목적과 본질에 비추어 볼 때 공동선조와 성과 본을 같이 하는 후손은 성별의 구별 없이 성년이 되면 당연히 그 구성원이 된다고 보는 것이 조리에 합당하다[2002다1178 전합]. 따라서 미성년자인 후손은 종중의 구성원이 될 수 없다.

③ 사회의 거듭된 관행으로 생성된 사회생활규범이 관습법으로 승인되었다고 하더라도, 사회 구성원들이 그러한 관행의 법적 구속력에 대하여 확신을 갖지 않게 되었다거나 사회를 지배하는 기본적 이념이나 사회질서의 변화로 인하여 그러한 관습법을 적용하여야 할 시점에 있어서의 전체 법질서에 부합하지 않게 되었다면, 그러한 관습법은 법적 규범으로서의 효력이 부정될 수밖에 없다[2002다1178 전합].

④ 관습법이란 사회의 거듭된 관행으로 생성한 사회생활규범이 사회의 법적 확신과 인식에 의하여 법적 규범으로 승인·강행되기에 이른 것을 말하고, 사실인 관습은 사회의 관행에 의하여 발생한 사회생활규범인 점에서 관습법과 같으나 사회의 법적 확신이나 인식에 의하여 법적 규범으로서 승인된 정도에 이르지 않은 것을 말하는 바, 관습법은 바로 법원으로서 법령과 같은 효력을 갖는 관습으로서 법령에 저촉되지 않는 한 법칙으로서의 효력이 있는 것이며, 이에 반하여 사실인 관습은 법령으로서의 효력이 없는 단순한 관행으로서 법률행위의 당사자의 의사를 보충함에 그치는 것이다[80다3231].

05 법원(法源)에 관한 설명으로 옳지 <u>않은</u> 것은? (다툼이 있으면 판례에 따름)　　　　[2020]

① 사회구성원이 관습법으로 승인된 관행의 법적 구속력을 확신하지 않게 된 때에는 그 관습법은 효력을 잃는다.

② 헌법의 기본권은 특별한 사정이 없으면 사법관계에 직접 적용된다.

③ 법원은 당사자의 주장·증명을 기다림이 없이 관습법을 직권으로 조사·확정하여야 한다.

④ 우리나라가 가입한 국제조약은 일반적으로 민법이나 상법 또는 국제사법보다 우선적으로 적용된다.

⑤ 관습법은 법령에 저촉되지 아니하는 한 법칙으로서의 효력이 있다.

답 ②

▌정답해설▌

② 헌법상의 기본권은 제1차적으로 개인의 자유로운 영역을 공권력의 침해로부터 보호하기 위한 방어적 권리이지만 다른 한편으로 헌법의 기본적인 결단인 객관적인 가치질서를 구체화한 것으로서, 사법(私法)을 포함한 모든 법 영역에 그 영향을 미치는 것이므로 사인간의 사적인 법률관계도 헌법상의 기본권 규정에 적합하게 규율되어야 한다. 다만 기본권 규정은 그 성질상 사법관계에 직접 적용될 수 있는 예외적인 것을 제외하고는 사법상의 일반원칙을 규정한 제2조, 제103조, 제750조, 제751조 등의 내용을 형성하고 그 해석 기준이 되어 간접적으로 사법관계에 효력을 미치게 된다[2008다38288 전합].

03	민법의 기본원리

CHAPTER 02 권리 일반

01 법률관계와 권리·의무

I 법률관계

1. 의 의

법률관계는 「법규범에 의하여 규율되는 생활관계」를 말한다(법적생활관계설).

2. 내 용

법률관계가 아니면 법률관계 고유의 법적효과가 발생하지 않는다. 따라서 법률관계는 구체적으로 권리와 의무로 나타난다.

3. 호의관계

호의관계란 법적인 의무가 없음에도 불구하고 호의에 의하여 어떤 이익을 주고받기로 한 생활관계 또는 법적으로 구속받으려는 의사 없이 행해진 생활관계를 말한다. 호의관계인지 또는 법률관계인지의 여부는 법률행위 해석의 문제로 「당사자에게 법적인 구속을 받을 의사가 있었는지 여부」에 따라 판단되어야 한다.

> **더 알아보기**
> - 호의관계는 기본적으로 인간관계에 지나지 않으므로 법률문제는 발생하지 않으나 그에 수반하여 손해가 발생한 경우에는 그 손해까지 호의관계인 것은 아니며, 가해자에게 불법행위에 기한 손해배상의 책임이 인정될 수 있다(대판 1996.3.22. 95다 24302).
> - 호의동승 요구의 목적과 적극성 등에 제반 사정을 고려하여 가해자에게 일반의 교통사고와 같은 책임을 지우는 것이 신의칙이나 형평의 원칙에 비추어 매우 불합리한 것으로 인정되는 경우에는 그 배상액을 감경할 사유로 삼을 수 있다(대판 1987.12.22. 86다카2994).

II 권리·의무 및 구별개념

1. 권 리

(1) 의 의

통설(권리법력설)에 의하면, 권리란 「법익을 향유하기 위하여 법에서 허용하는 힘」이라 할 수 있다.

(2) 구별개념

① **권능** : 일반적으로 권리의 내용을 이루는 개개의 법률상의 힘을 말한다(소유권의 내용인 사용·수익·처분권능 등).

② **권한** : 타인을 위하여 일정한 행위를 하고, 그로 인한 법률효과를 타인에게 발생할 수 있게하는 법률상의 자격이나 지위를 말한다(대리권, 대표권, 부재자재산관리인의 재산관리권 등).

③ **권원** : 일정한 법률상 또는 사실상 행위를 하는 것을 정당화 할 수 있는 법률상의 원인을 말한다(임차권은 타인의 부동산에 자기의 물건을 부속하여 그 부동산을 이용할 수 있는 법률상의 권원이 있다).

④ **반사적 이익** : 법률이 특정인 또는 일반인에게 어떤 행위를 명하거나 금지함으로써 다른 특정인 또는 일반인이 그 반사적 효과로서 받는 이익을 말한다.

2. 의 무

(1) 의 의

의무란 의무자의 의사와는 무관하게 법에 의하여 강요되는 법률상의 구속을 말한다.

(2) 권리와의 관계

보통 의무는 권리와 표리관계를 이루며 서로 대응하나, 언제나 권리와 의무가 상응하는 것은 아니다.

권리만 있고 의무는 없는 경우	취소권, 추인권, 해제권 등
의무만 있고 권리는 없는 경우	• 제88조·제93조의 공고의무 • 제50조~제53조·제85조·제94조의 등기의무 • 제755조의 감독의무 등

(3) 구별개념 : 간접의무(책무)

간접의무는 법이 규정한 대로 따르지 않은 경우 법이 정한 일정한 불이익을 받지만, 이행을 청구하거나 소구하는 것이 허용되지 않고, 불이행하는 경우에도 손해배상청구도 할 수 없다는 점에서 의무 또는 채무와 구별된다.

Ⅲ 사권의 분류

1. 작용(효력)에 따른 분류

지배권	• 권리의 객체를 직접 지배할 수 있는 권리 • 물권뿐만 아니라 무체재산권, 친권, 인격권 등이 이에 해당	
청구권	특정인이 다른 특정인에 대하여 일정한 행위를 요구할 수 있는 권리 예 채권	
항변권	상대방의 청구권은 인정하나, 그 작용만을 저지하는 권리	
	연기적 항변권	상대방의 권리행사를 일시적으로 저지하는 권리 예 동시이행항변권, 보증인의 최고·검색의 항변권
	영구적 항변권	상대방의 권리행사를 영구적으로 저지하는 권리 예 한정상속인의 한정승인의 항변권, 실효원칙에 따른 항변 등

형성권	• 권리자의 일방적인 의사표시에 의하여 곧바로 법률관계의 변동(발생, 변경, 소멸)이 발생하는 권리 • 형성권에는 권리에 대응하는 의무가 없음 • 형성권은 조건에 친하지 않으나, 예외적으로 정지조건부 해제는 유효(대판 1992.8.18. 92다5928). **기출 15** • 형성권 행사의 의사표시는 철회를 할 수 없는 것이 원칙 • 형성권은 제척기간의 적용을 받음
	일방적 의사표시만으로 효과가 발생하는 형성권(대부분)
	• 동의권(제5조, 제13조), 취소권(제140조 이하), 추인권(제143조 이하) • 계약의 해지·해제권(제543조) • 상계권(제492조) • 일방예약의 완결권(제564조) • 약혼해제권(제805조) • 상속포기권(제1041조)
	법원의 확정판결이 있어야만 법률효과가 발생하는 형성권
	채권자취소권(제406조), 혼인취소권(제816조), 재판상 이혼청구권(제840조), 친생부인권(제846조), 재판상 파양청구권(제905조) 등
	성질이 형성권임에도 불구하고 청구권으로 불리는 것
	• 공유물분할청구권(제268조) • 지상물매수청구권(제283조) • 부속물매수청구권(제316조 제2항, 제646조, 제647조) • 지료(제286조)·전세금(제312조의2)·차임(제628조)의 증감청구권 등 • 임차인과 전차인의 매수청구권(제643조~제647조)

더 알아보기 **청구권과 채권의 구별**

① 채권과 청구권은 특정인이 다른 특정인에 대하여 특정의 행위를 청구할 수 있는 권리라는 점에서 공통점을 갖는다.
② 채권은 청구권을 그 핵심적 요소로 하므로 청구권은 채권의 주된 내용이 되지만 양자가 완전히 동일한 것은 아니다.
③ 채권은 청구권 외에 급부보유력, 소구력, 집행력 등 여러 권능으로 구성되어 있다. 반면 청구권은 채권 이외에도 가족권, 물권 등에 의해서도 발생한다(예 부양청구권, 동거청구권, 물권적 청구권 등).

2. 내용에 따른 분류

인격권	권리자 자신을 객체로 하는 것으로 권리자와 분리할 수 없는 권리 예 생명권, 신체권, 초상권, 자유권, 명예권 등
가족권 (신분권)	친족관계에서 발생하는 신분적 이익을 내용으로 하는 권리 예 친권, 부부간의 동거청구권, 협력부조권, 친족 간 부양청구권, 상속권 등
사원권	단체의 구성원이 그 구성원의 지위에서 단체에 대하여 갖는 권리 예 의결권, 업무집행감독권, 이익배당청구권 등
재산권	금전으로 평가될 수 있는 경제적 이익을 내용으로 하는 권리 예 물권, 채권, 무체재산권, 위자료청구권 등

3. 기타의 분류

(1) 절대권(대세권)과 상대권(대인권)

절대권	모든 자에게 주장할 수 있는 권리. 예 물권, 지적재산권, 친권, 인격권
상대권	특정인에 대해서만 주장할 수 있는 권리. 예 채권

(2) 일신전속권과 비전속권

일신전속권	⊙ 행사상의 일신전속권과 ⓛ 귀속상의 일신전속권
비전속권	대부분의 재산권이 이에 해당하며 양도, 상속, 대위, 대리가 가능한 권리.

(3) 주된 권리와 종된 권리

주된 권리는 독립성을 가지는 권리를 말하고, 종된 권리는 다른 권리에 종속된 권리를 말한다. 금전 채권에서 원본채권은 주된 권리이고, 이자채권은 종된 권리에 해당한다.

(4) 기대권

권리가 발생하기 위한 요건 중 일부만을 갖추어 장래 남은 요건이 갖추어지면 권리를 취득할 수 있는 상태에 대하여 법이 보호해 주는 것을 말한다.

---

02   권리의 경합과 충돌

Ⅰ   권리의 경합

1. 의 의

권리의 경합이란 하나의 사실에 대하여 수 개의 법규의 요건을 충족하여 동일한 목적을 가지는 여러 개의 권리가 발생하여 1인에게 귀속하게 되는 경우를 말한다.

2. 경합의 형태

법조경합	하나의 사실이 수 개의 법규가 정하는 요건을 충족하지만 그중의 한 법규가 다른 법규를 배제하여 하나의 법규만 적용되는 경우 예 일반법과 특별법의 관계
청구권경합	• 경합하는 여러 개의 권리 중 하나의 권리를 행사함으로써 만족을 얻게 되면 다른 권리는 소멸함 • 경합하는 여러 개의 권리는 각각 독립해서 존재하므로 따로 행사할 수 있고 소멸시효기간도 각각 별도로 진행함 예 채무불이행으로 인한 손해배상청구권(제390조)과 불법행위로 인한 손해배상청구권(제750조)의 경합
형성권의 경합	계약해제권과 취소권이 경합

Ⅱ 권리의 충돌

권리의 충돌이란 동일한 객체에 여러 개의 권리가 존재하는 경우를 말한다.

① 채권 상호 간에는 채권평등의 원칙에 따라 채무자가 어느 채권자에게 먼저 이행하든 선이행주의가 적용된다.

② 물권 상호 간에는 순위의 원칙이 적용된다. 그러나 소유권과 제한물권 사이에는 제한물권의 성질상 언제나 제한물권이 소유권에 우선한다.

③ 물권과 채권 상호 간에는 원칙적으로 물권이 우선함이 원칙이고 다만 예외적으로 등기된 부동산임차권(제621조)과 대항력(주택인도와 주민등록)을 갖춘 주택임차권은 뒤에 성립된 물권보다 우선한다(주택임대차보호법 제3조).

03 신의성실의 원칙

Ⅰ 신의성실의 원칙

> 제2조 【신의성실】
> ① 권리의 행사와 의무의 이행은 신의에 좇아 성실히 하여야 한다.
> ② 권리는 남용하지 못한다.

1. 의 의

신의성실의 원칙은 법률관계의 당사자가 상대방의 이익을 배려하여 형평에 어긋나거나, 신뢰를 저버리는 내용 또는 방법으로 권리를 행사하거나 의무를 이행하여서는 아니 된다는 추상적인 규범이다(대판 2011.2.10. 2009다68941).

2. 연 원

로마법에 연원을 두고 주로 채권법 영역에서 발전하였다.

3. 강행규정

판례는 「신의성실의 원칙에 반하는 것 또는 권리남용은 강행규정에 위배되는 것이므로 당사자의 주장이 없더라도 법원은 직권으로 판단할 수 있다.」고 판시하였다(대판 1998.8.21. 97다37821). **기출** 22

4. 적용범위

신의칙은 재산법뿐만 아니라 가족법, 강제집행법, 소송법, 행정법규 등 공법 영역, 노동법 등에도 포괄적으로 적용된다(통설·판례).

> **신의칙상 인정되는 고지의무**
> • 부동산 거래에 있어 거래 상대방이 일정한 사정에 관한 고지를 받았더라면 그 거래를 하지 않았을 것임이 <u>경험칙상 명백한 경우</u>에는 신의성실의 원칙상 사전에 상대방에게 그와 같은 사정을 <u>고지할 의무</u>가 있으며, 그와 같은 고지의무의 대상이 되는 것은 <u>직접적인 법령의 규정뿐</u> 아니라 널리 계약상, 관습상 또는 조리상의 일반원칙에 의하여도 인정될 수 있고, 일단 <u>고지의무의 대상이 되는 사실이라고 판단되는 경우</u> 이미 알고 있는 자에 대하여는 고지할 의무가 별도로 인정될 여지가 없지만, 상대방에게 스스로 확인할 의무가 인정되거나 거래관행상 상대방이 당연히 알고 있을 것으로 예상되는 예외적인 경우가 아닌 한, 실제 그 대상이 되는 사실을 알지 못하였던 상대방에 대하여는 비록 알 수 있었음에도 알지 못한 과실이 있다 하더라도 그 점을 들어 추후 책임을 일부 제한할 여지가 있음은 별론으로 하고 <u>고지할 의무 자체를 면하게 된다고 할 수는 없다</u>(대판 2007.6.1. 2005다5812·5829·5836). `기출` 22
> • [1] 아파트 분양자는 <u>아파트 단지 인근에 쓰레기 매립장이 건설예정인 사실을 분양계약자에게 고지할 신의칙상 의무를 부담한다.</u>
> [2] 고지의무 위반은 부작위에 의한 기망행위에 해당하므로 원고들로서는 기망을 이유로 <u>분양계약을 취소하고 분양대금의 반환을 구할 수도 있고 분양계약의 취소를 원하지 않을 경우 그로 인한 손해배상만을 청구할 수도 있다.</u>
> [3] 아파트 분양자가 아파트 단지 인근에 쓰레기 매립장이 건설예정인 사실을 분양계약자에게 고지하지 않은 경우, 그 후 부동산 경기의 상승에 따라 아파트의 시가가 상승하여 분양가격을 상회하는데도, <u>분양계약자의 손해액을 쓰레기 매립장 건설을 고려한 아파트의 가치 하락액 상당으로 본다</u>(대판 2006.10.12. 2004다48515). `기출` 22·15

Ⅱ 사정변경의 원칙

1. 의 의

사정변경의 원칙이란 법률행위 당시의 기초가 된 객관적 사정의 현저한 변화로 최초에 약정한 내용을 당사자에게 강제하는 것이 형평에 어긋나게 되어 신의칙상 계약을 변경하거나, 해제 또는 해지할 수 있게 하도록 하는 원칙으로 신의칙의 파생원칙 중 하나이다.

2. 사정변경의 원칙의 적용요건

① 법률행위 당시의 기초가 된 객관적 사정의 현저한 변경이 있을 것
② 사정변경에 해제권을 취득하는 당사자에게 귀책사유가 없을 것
③ 법률행위 당시 사정변경을 예견할 수 없었을 것
④ 종전의 계약관계를 유지하는 것이 법률행위 당사자에게 심히 부당할 것

3. 판 례

(1) 일시적 계약

> **사정변경을 원인으로 하는 계약해제**
> 이른바 '사정변경으로 인한 계약해제'는 계약성립 당시 당사자가 예견할 수 없었던 현저한 사정의 변경이 발생하였고 그러한 사정의 변경이 해제권을 취득하는 당사자에게 책임 없는 사유로 생긴 것으로서, 계약내용대로의 구속력을 인정한다면 <u>신의칙에 현저히 반하는 결과</u>가 생기는 경우에 계약준수 원칙의 예외로서 인정되는 것이고, 여기에서 말하는 사정이라 함은 계약의 기초가 되었던 객관적인 사정으로서, 일방당사자의 <u>주관적 또는 개인적인 사정</u>을 의미하는 것은 아니다. 또한, 계약의 성립에 기초가 되지 아니한 사정이 그 후 변경되어 일방당사자가 계약 당시 의도한 계약목적을 달성할 수 없게 됨으로써 손해를 입게 되었다 하더라도 특별한 사정이 없는 한 그 계약내용의 효력을 그대로 유지하는 것이 신의칙에 반한다고 볼 수도 없다(대판 2007.3.29. 2004다31302). `기출` 24

가격등귀의 사정변경 해당 여부

매수인이 애초에 계약할 당시의 금액표시대로 잔대금을 제공한다면, 그 동안에 앙등한 매매 목적물의 가격에 비하여 그것이 현저히 균형을 잃은 이행이 되는 경우라 하더라도, 민법상 매도인으로 하여금 사정변경의 원리를 내세워서 그 매매계약을 해제할 수 있는 권리는 생기지 아니한다(대판 1963.9.12. 63다452).

(2) 계속적 계약

사정변경으로 인한 계약해지

이른바 '사정변경으로 인한 계약해지'는 계약성립 당시 당사자가 예견할 수 없었던 현저한 사정의 변경이 발생하였고 그러한 사정의 변경이 해지권을 취득하는 당사자에게 책임 없는 사유로 생긴 것으로서, 계약내용대로의 구속력을 인정한다면 신의칙에 현저히 반하는 결과가 생기는 경우에 계약준수 원칙의 예외로서 인정되는 것이고(대판 2011.6.24. 2008다44368), 여기서 말하는 사정이라 함은 계약의 기초가 되었던 객관적인 사정으로서, 일방 당사자의 주관적 또는 개인적인 사정을 의미하는 것은 아니라 할 것이다(대판 2007.3.29. 2004다31302). 따라서 계약의 성립에 기초가 되지 아니한 사정이 그 후 변경되어 일방 당사자가 계약 당시 의도한 계약 목적을 달성할 수 없게 됨으로써 손해를 입게 되었다 하더라도 특별한 사정이 없는 한 그 계약 내용의 효력을 그대로 유지하는 것이 신의칙에 반한다고 볼 수 없다. 이러한 법리는 계속적 계약관계에서 사정변경을 이유로 계약의 해지를 주장하는 경우에도 마찬가지로 적용된다(대판[전합] 2013.9.26. 2013다26746).

근보증

판례는 계속적 계약 중의 하나인 근보증의 경우 사정변경을 이유로 근보증계약의 해지를 명시적으로 인정하고 있다(대판 2000.3.10. 99다61750).

확정채무의 보증과 계약해지

회사의 이사가 채무액과 변제기가 특정되어 있는 회사 채무에 대하여 보증계약을 체결한 경우에는 계속적 보증이나 포괄근보증의 경우와는 달리 이사직 사임이라는 사정변경을 이유로 보증인인 이사가 일방적으로 보증계약을 해지할 수 없다(대판 2006.7.4. 2004다30675).

특정채무의 보증과 책임범위의 제한

채권자와 채무자 사이에 계속적인 거래관계에서 발생하는 불확정한 채무를 보증하는 이른바 계속적 보증의 경우뿐만 아니라 특정채무를 보증하는 일반보증의 경우에 있어서도, 채권자의 권리행사가 신의칙에 비추어 용납할 수 없는 성질의 것인 때에는 보증인의 책임을 제한하는 것이 예외적으로 허용될 수 있을 것이나, 일단 유효하게 성립된 보증계약에 따른 책임을 신의칙과 같은 일반원칙에 의하여 제한하는 것은 자칫 잘못하면 사적자치의 원칙이나 법적 안정성에 대한 중대한 위협이 될 수 있으므로 신중을 기하여 극히 예외적으로 인정하여야 한다(대판 2004.1.27. 2003다45410).

차임불증액 특약이 있는 경우 차임증액청구

임대차계약에 있어서 차임불증액의 특약이 있더라도 그 약정 후 그 특약을 그대로 유지시키는 것이 신의칙에 반한다고 인정될 정도의 사정변경이 있다고 보여지는 경우에는 형평의 원칙상 임대인에게 차임증액청구를 인정하여야 한다(대판 1996.11.12. 96다34061).

Ⅲ 권리남용금지의 원칙

1. 신의칙과의 관계

학설은 ① 권리행사가 신의칙에 반하는 경우에는 권리남용이 된다는 견해(다수설), ② 권리남용금지는 신의칙의 파생원칙이라는 견해 등이 있으나, 판례는 다수설과 같이 「권리행사가 신의성실에 반하는 경우에는 권리남용이 된다」고 판시하고 있다(대판 2007.1.25. 2005다67223).

2. 적용범위

소권, 항변권, 형성권의 행사 등도 권리남용이 될 수 있고, 소멸시효의 완성을 주장하는 것도 권리남용이 될 수 있으며, 확정판결에 기한 권리를 행사하는 것도 경우에 따라서는 권리남용이 될 수 있다.

3. 권리남용 성립요건

(1) 객관적 요건

권리남용이 성립하기 위해서는 ① 행사할 권리가 존재하여야 하며, ② 권리의 행사라고 볼 수 있는 행위가 존재하여야 하고, ③ 권리행사로 권리행사자의 이익과 그로 인하여 침해되는 상대방의 이익 사이에 현저한 불균형이 있어야 한다.

(2) 주관적 요건

1) 학 설

통설은 객관적 요건만 갖추면 족하고, 주관적 요건은 불필요하다고 한다.

2) 판 례

① 주류적인 판례는 통설과 달리 주관적 요건(가해의사)이 필요하다고 보고 있다(대판 2006.11.23. 2004다44285).

> 권리행사가 권리의 남용에 해당한다고 할 수 있으려면, 주관적으로는 그 권리행사의 목적이 오직 상대방에게 고통을 주고 손해를 입히려는 데 있을 뿐 권리를 행사하는 사람에게 아무런 이익이 없는 경우이어야 하고, 객관적으로는 그 권리행사가 사회질서에 위반된다고 볼 수 있어야 하는 것이며, 이와 같은 경우에 해당하지 않는 한 비록 그 권리의 행사에 의하여 권리행사자가 얻는 이익보다 상대방이 입을 손해가 현저히 크다고 하여도 그러한 사정만으로는 이를 권리남용이라 할 수 없다고 할 것이다(대판 2002.9.4. 2002다22083·22090 등).

② 다만, 객관적 요건이 존재하는 경우에는 주관적 요건이 추정된다고 한다(대판 2010.2.25. 2009다79378).
③ 반면 상계권 행사(대판 2003.4.11. 2002다59481)와 상표권 행사(대판 2007.1.25. 2005다67223)가 권리남용에 해당하는지 여부가 문제된 사안에서는 주관적 요건을 반드시 필요로 하는 것은 아니라고 하였다.

4. 권리남용의 효과

권리자의 권리 자체가 소멸되는 것은 아니다. 단지 청구권의 행사가 권리남용으로 인정되면 법에 의한 조력을 받지 못하게 되고, 상대방에게 항변권이 생기게 되는 것이며, 형성권의 경우에는 권리자의 권리행사에 따른 법적 효과가 발생하지 않게 되는 것이다.

[판결에 대한 강제집행이 권리남용에 해당하는 경우]

채권자가 채권을 확보하기 위하여 제3자의 부동산을 채무자에게 명의신탁하도록 한 다음 동 부동산에 대하여 강제집행을 하는 따위의 행위는 신의칙에 비추어 허용할 수 없다(대판 1981.7.7. 80다2064).

[부당이득반환청구 또는 불법행위에 기한 손해배상청구]

소송당사자가 허위의 주장으로 법원을 기망하고 상대방의 권리를 해할 의사로 상대방의 소송관여를 방해하는 등 부정한 방법으로 실체의 권리관계와 다른 내용의 확정판결을 취득하여 그 판결에 기하여 강제집행을 하는 것은 정의에 반하고 사회생활상 도저히 용인될 수 없는 것이어서 권리남용에 해당한다고 할 것이지만, 위 확정판결에 대한 재심의 소가 각하되어 확정되는 등으로 위 확정판결이 취소되지 아니한 이상 위 확정판결에 기한 강제집행으로 취득한 채권을 법률상 원인 없는 이득이라고 하여 반환을 구하는 것은 위 확정판결의 기판력에 저촉되어 허용될 수 없다(대판 2001.11.13. 99다32905). 다만, 확정판결에 기한 강제집행이 권리남용에 해당하는 이상 위 강제집행은 상대방에 대한 관계에서 불법행위를 구성한다.

[유치권의 남용]

유치권제도와 관련하여서는 거래당사자가 유치권을 자신의 이익을 위하여 고의적으로 작출함으로써 유치권의 최우선순위담보권으로서의 지위를 부당하게 이용하고 전체 담보권질서에 관한 법의 구상을 왜곡할 위험이 내재한다. 따라서 개별 사안의 구체적인 사정을 종합적으로 고려할 때 신의성실의 원칙에 반한다고 평가되는 유치권제도 남용의 유치권 행사는 허용될 수 없다(대판 2014.12.11. 2014다53462).

[채무자의 시효완성의 주장이 권리남용이 되는 경우]

채무자의 소멸시효에 기한 항변권의 행사도 우리 민법의 대원칙인 신의성실의 원칙과 권리남용금지의 원칙의 지배를 받는 것이어서, 채무자가 시효완성 전에 채권자의 권리행사나 시효중단을 불가능 또는 현저히 곤란하게 하였거나, 그러한 조치가 불필요하다고 믿게 하는 행동을 하였거나, 객관적으로 채권자가 권리를 행사할 수 없는 장애사유가 있었거나, 또는 일단 시효완성 후에 채무자가 시효를 원용하지 아니할 것 같은 태도를 보여 권리자로 하여금 그와 같이 신뢰하게 하였거나, 채권자 보호의 필요성이 크고, 같은 조건의 다른 채권자가 채무의 변제를 수령하는 등의 사정이 있어 채무이행의 거절을 인정함이 현저히 부당하거나 불공평하게 되는 등의 특별한 사정이 있는 경우에는 채무자가 소멸시효의 완성을 주장하는 것이 신의성실의 원칙에 반하여 권리 남용으로서 허용될 수 없다(대판 2011.1.13. 2009다103950).

Ⅳ 모순행위금지의 원칙(금반언의 원칙)

1. 의 의

권리자의 권리행사가 그의 종전의 행동과 모순되는 경우에는 그러한 권리행사는 허용되지 않는다는 원칙을 말한다.

2. 적용 요건

① 행위자의 선행행위가 있을 것
② 상대방은 선행행위로 인하여 정당한 신뢰를 형성하였을 것, 즉 상대방의 보호가치 있는 신뢰가 있을 것
③ 행위자가 선행행위와 모순되는 후행행위를 하였을 것

3. 판 례

(1) 금반언 내지 신의칙에 반하는 사례

> 甲이 대리권 없이 乙소유의 부동산을 丙에게 매도하여 소유권이전등기를 마쳐주었다면 그 매매계약은 무효이고 이에 터잡은 이전등기 역시 무효가 되나, 甲은 乙의 무권대리인으로서 제135조 제1항의 규정에 의하여 매수인 丙에게 부동산에 대한 소유권이전등기를 이행할 의무가 있으므로 그러한 지위에 있는 甲이 乙로부터 부동산을 상속받아 그 소유자가 되며 소유권이 전등기이행의무를 이행하는 것이 가능하게 된 시점에서 자신이 소유자라고 하여 자신으로부터 부동산을 전전매수한 丁에게 원래 자신의 매매행위가 무권대리행위여서 무효였다는 이유로 丁 앞으로 경료된 소유권이전등기가 무효의 등기라고 주장하여 그 등기의 말소를 청구하거나 부동산의 점유로 인한 부당이득의 반환을 구하는 것은 금반언의 원칙이나 신의성실의 원칙에 반하여 허용될 수 없다(대판 1994.9.27. 94다20617). **기출** 22

(2) 금반언 내지 신의칙에 반하지 않는 사례

> * 강행법규인 국토이용관리법 제21조의3 제1항, 제7항을 위반하였을 경우에 있어서 위반한 자 스스로가 무효를 주장함이 신의성실의 원칙에 위배되는 권리의 행사라는 이유로서 이를 배척한다면 위에서 본 국토이용관리법의 입법취지를 완전히 몰각시키는 결과가 되므로, 거래당사자 사이의 약정내용과 취득목적대로 관할관청에 토지거래허가신청을 하였을 경우에 그 신청이 국토이용관리법 소정의 허가기준에 적합하여 허가를 받을 수 있었으나 다른 급박한 사정으로 이러한 절차를 회피하였다고 볼만한 특단의 사정이 엿보이지 아니하는 한, 그러한 주장이 신의성실의 원칙에 반한다고는 할 수 없다(대판 1993.12.24. 93다44319·44326).
> * 강행법규에 위반하여 무효인 수익보장약정이 투자신탁회사가 먼저 고객에게 제의함으로써 체결된 것이라고 하더라도, 이러한 경우에 강행법규를 위반한 투자신탁회사 스스로가 그 약정의 무효를 주장함이 신의칙에 위반되는 권리의 행사라는 이유로 그 주장을 배척한다면, 이는 오히려 강행법규에 의하여 배제하려는 결과를 실현시키는 셈이 되어 입법취지를 완전히 몰각하게 되므로, 달리 특별한 사정이 없는 한 위와 같은 주장이 신의성실의 원칙에 반하는 것이라고 할 수 없다(대판 1999.3.23. 99다4405).
> * 유류분을 포함한 상속의 포기는 상속이 개시된 후 일정한 기간 내에만 가능하고, 가정법원에 신고 하는 등 일정한 절차와 방식을 따라야만 그 효력이 있으므로, 상속인이 상속개시 전인 피상속인의 생존시에 피상속인에 대하여 상속을 포기하기로 약정하였다고 하더라도, 상속개시 후에 자신의 상속권을 주장하는 것은 정당한 권리행사로서 신의칙에 반하지 않는다(대판 1998.7.24. 98다9021).
> * 인지청구권은 포기할 수 없고, 포기하였다 하더라도 효력이 발생할 수 없고, 한편 인지청구권을 조정이나 화해로 포기하였다고 하더라도 인지청구가 금반언의 원칙에 반하거나 권리남용에 해당한다고 할 수 없다(대판 1999.10.8. 98므1698).

V 실효의 원칙

1. 의 의

실효의 원칙이란 권리자가 실제로 권리를 행사할 수 있는 기회가 있어서 그 권리를 행사할 수 있었음에도 불구하고 상당한 기간이 경과하도록 그 권리를 행사하지 아니하여 의무자인 상대방으로서도 이제는 권리자가 권리를 행사하지 아니할 것으로 신뢰할 만한 정당한 기대를 가지게된 경우에 새삼스럽게 권리자가 그 권리를 행사하는 것은 법질서 전체를 지배하는 신의성실의 원칙에 위배되어 허용되지 아니한다는 것을 의미한다(대판 2011.4.28. 2010다89654). 이 원칙의 근거는 신의칙상의 모순행위금지의 원칙에서 찾을 수 있어, 신의칙의 파생원칙으로 이해하는 것이 일반적이다.

2. 적용 요건

① 권리자가 실제로 권리를 행사할 수 있는 기대가능성이 있었음에도 불구하고
② 상당한 기간이 경과하도록 권리를 행사하지 않았을 것
③ 의무자인 상대방으로서도 이제는 권리자의 권리 불행사를 신뢰할 만한 정당한 기대를 가지게 되었을 것
④ 그럼에도 불구하고 권리자가 새삼스럽게 권리를 행사하는 것일 것

3. 적용범위

판례는 사법상 권리뿐만 아니라 공법상 권리, 근로관계상의 권리, 소권, 항소권 등 소송법상 권리(대판 1996.7.30. 94다51840) 등에도 적용될 수 있다고 한다.

> 비록 친자관계의 직접 당사자인 호적상 부모가 사망한 때로부터 오랜 기간 경과한 후에 소를 제기하였다 하더라도 그것만으로 신의칙에 반하는 소송행위라고 볼 수는 없다 할 것이므로, 달리 특별한 사정이 없는 한 친생자관계부존재확인의 소가 소권의 남용이라는 명목으로 쉽게 배척되어서는 안 될 것이다(대판 2004.6.24. 2004므405).

4. 관련 판례

(1) 권리의 실효를 인정한 사례

> **해제권의 실효**
> 매도인에게 해제권이 발생하였음에도 불구하고 오랫동안 행사하지 않고 있어서 매수인으로서는 더 이상 매도인이 해제권을 행사하지 않을 것이라는 신뢰를 갖게 된 경우 매도인의 해제권 행사는 신의성실의 원칙에 반하여 허용되지 아니하고, 다시 매매계약을 해제하기 위해서는 다시 이행제공을 하면서 최고를 하여야 한다(대판 1994.11.25. 94다12234).
>
> **소권의 실효**
> 회사로부터 퇴직금을 수령하고 징계면직처분에 대해 전혀 다툼이 없이 다른 생업에 종사해 오다가 징계면직일로부터 2년 10개월이 지난 때에 제기한 해고무효확인의 소는 실효의 원칙에 비추어 허용될 수 없다(대판 2000.4.25. 99다34475).

(2) 권리의 실효를 부정한 사례

> • 토지소유자가 그 점유자에 대하여 장기간 적극적으로 권리를 행사하지 아니하였다는 사정만으로는 부당이득 반환청구권이 이른바 실효의 원칙에 따라 소멸하였다고 볼 수 없다(대판 2002.1.8. 2001다60019).
> • 인지청구권은 본인의 일신전속적인 신분관계상의 권리로서 포기할 수도 없으며 포기하였더라도 그 효력이 발생할 수 없는 것이고, 이와 같이 인지청구권의 포기가 허용되지 않는 이상 거기에 실효의 법리가 적용될 여지도 없다(대판 2001.11.27. 2001므1353).
> • 송전선이 토지 위를 통과하고 있다는 점을 알고서 토지를 취득하였다고 하여 소유권의 행사가 제한된 상태를 용인하였다고 할 수 없으므로, 그 취득자의 송전선철거청구 등의 권리행사는 신의성실의 원칙에 반하지 않는다. 또한 종전 토지 소유자가 자신의 권리를 행사하지 않았다는 사정은 그 토지의 소유권을 적법하게 취득한 새로운 권리자에게 실효의 원칙을 적용함에 있어서 고려하여야 할 것은 아니다(대판 1995.8.25. 94다27069).

CHAPTER
02

확인학습문제

---

01 법률관계와 권리·의무

01 형성권으로만 모두 연결된 것은? [2023]

① 저당권 - 취소권 - 동의권
② 상계권 - 준물권 - 예약완결권
③ 해제권 - 취소권 - 지상물매수청구권
④ 추인권 - 해지권 - 물권적 청구권
⑤ 해지권 - 부양청구권 - 부속물매수청구권

답 ③

┃정답해설┃

③ 해제권 - 취소권 - 지상물매수청구권은 모두 형성권에 해당한다.

권리의 작용(효력)에 따른 분류

지배권	• 권리의 객체를 직접 지배할 수 있는 권리 • 물권뿐만 아니라 무체재산권, 친권, 인격권 등이 이에 해당
청구권	특정인이 다른 특정인에 대하여 일정한 행위를 요구할 수 있는 권리로 채권이 대표적임
항변권	• 상대방의 청구권은 인정하나, 그 작용만을 저지하는 권리 • 연기적 항변권 : 상대방의 권리행사를 일시적으로 저지하는 권리로, 동시이행항변권, 보증인의 최고·검색의 항변권이 이에 해당 • 영구적 항변권 : 상대방의 권리행사를 영구적으로 저지하는 권리로, 한정상속인의 한정승인의 항변권 등이 이에 해당
형성권	• 권리자의 일방적인 의사표시에 의하여 곧바로 법률관계의 변동(발생, 변경, 소멸)이 발생하는 권리 • 형성권에는 권리에 대응하는 의무가 없음 • 형성권은 조건에 친하지 않으나, 예외적으로 정지조건부 해제는 유효[92다5928] • 형성권 행사의 의사표시는 철회를 할 수 없는 것이 원칙
	권리자의 일방적 의사표시만으로 효과가 발생하는 형성권(대부분)
	• 동의권(제5조, 제13조), **취소권**(제140조 이하), 추인권(제143조 이하) • 계약의 해지·해제권(제543조) • 상계권(제492조) • 일방예약의 완결권(제564조) • 약혼해제권(제805조) • 상속포기권(제1041조)

법원의 확정판결이 있어야만 법률효과가 발생하는 형성권
• 채권자취소권(제406조)
• 친생부인권(제846조) 등
성질이 형성권임에도 불구하고 청구권으로 불리는 것
• 공유물분할청구권(제268조)
• 지상물매수청구권(제283조 제2항, 제643조, 제644조, 제285조 제2항)
• 부속물매수청구권(제316조 제2항, 제646조, 제647조)
• 지료(제286조)·전세금(제312조의2)·차임(제628조)의 증감청구권 등

02 형성권에 관한 설명으로 옳은 것을 모두 고른 것은? (다툼이 있으면 판례에 따름) [2020]

> ㄱ. 형성권의 행사는 상대방에 대한 일방적 의사표시로 한다.
> ㄴ. 다른 사정이 없으면, 형성권의 행사에 조건 또는 기한을 붙이지 못한다.
> ㄷ. 다른 사정이 없으면, 형성권은 그 일부를 행사할 수 있다.
> ㄹ. 다른 사정이 없으면, 형성권은 제척기간의 적용을 받는다.

① ㄱ, ㄴ, ㄷ   ② ㄱ, ㄴ, ㄹ
③ ㄱ, ㄷ, ㄹ   ④ ㄴ, ㄷ, ㄹ
⑤ ㄱ, ㄴ, ㄷ, ㄹ

답 ②

┃ 정답해설 ┃

ㄱ. (○) 형성권이란 권리자의 일방적인 의사표시나 행위로써 법률관계를 형성(발생·변경·소멸)시킬 수 있는 권리를 말한다.

ㄴ. (○) 원칙적으로 형성권인 단독행위에는 조건이나 기한을 붙일 수 없다(제493조 제1항 단서). 정지조건부 해제의 의사표시처럼 일정한 경우에는 단독행위에 정지조건을 붙이는 것이 허용된다.

ㄹ. (○) 형성권의 경우에 특히 제척기간의 필요성이 강하며, 형성권에는 제척기간만 인정되고 소멸시효는 인정되지 않는다.

┃ 오답해설 ┃

ㄷ. (×) 추인은 상대방이나 무권대리인의 동의나 승낙을 필요로 하지 않는 본인의 일방적 의사표시인 단독행위이고, 따라서 추인은 의사표시 전부에 대해 행해져야 하고 그 일부에 대해 추인하거나 그 내용을 변경하여 추인한 경우에는 상대방의 동의를 얻지 못하는 한 무효이다[81다카549].

03 민법상 권리에 관한 설명으로 옳지 <u>않은</u> 것은? [2019]

① 조건부권리는 기대권에 속한다.

② 채권과 청구권은 동일한 개념이다.

③ 지상권자의 지료증감청구권은 형성권이다.

④ 보증인의 최고·검색의 항변권은 연기적 항변권이다.

⑤ 주된 권리가 시효로 소멸하면 종된 권리도 소멸한다.

답 ②

▌정답해설▐

② 채권이 갖는 청구력·보유력·소구력·집행력 등의 권능 중의 하나가 청구권이다. 채권적 청구권은 채권의 이행기가 도래해야 비로소 발생하는바, 채권이 성립했다고 해서 반드시 청구권이 발생한 것은 아니다.

더 알아보기 권리의 분류

내용	재산권	물권, 준물권(광업권, 어업권), 채권(계약, 법률의 규정), 지식재산권(특허권)
	인격권(자유권)	생명·신체·정신의 자유에 대한 권리 → 사전적, 예방적 구제수단으로 침해행위의 금지청구권을 인정한다.
	가족권(신분권)	친족권(→ 친권, 후견인의 권리, 배우자의 권리, 부양청구권 등)
	사원권	자익권(이익배당청구권, 잔여재산분배청구권)과 공익권(결의권, 소수사원권)
작용(효력)	지배권	물권, 준물권, 지식재산권, 인격권, 친권, 후견권
	청구권	채권적청구권, 물권적 청구권, 상속회복청구권, 부양청구권
	형성권	취소권, 추인권, 해제권, 해지권, 상계권, 동의권
	항변권	동시이행의 항변권, 보증인의 최고·검색의 항변권, 상속의 한정승인
기타	권리의 이전성	일신전속권	가족권·인격권의 대부분(타인에게 귀속할 수 없는 권리)
		비전속권	재산권의 대부분(양도·상속에 의한 이전 가능)
	권리의 종속관계	주된권리	피담보채권, 원본채권, 주채무자에 대한 채권
		종된권리	저당권, 이자채권, 보증인에 대한 채권
	의무자의 범위	절대권(대세권)	지배권
		상대권(대인권)	청구권
	기대권(희망권)	기한부권리, 조건부권리	

01 신의성실의 원칙에 관한 설명으로 옳지 <u>않은</u> 것은? (다툼이 있으면 판례에 따름) **[2024]**

① 숙박계약상 숙박업자는 투숙객의 안전을 배려하여야 할 신의칙상 보호의무를 부담한다.

② 입원계약상 병원은 입원환자에 대하여 휴대품 도난 방지를 위하여 필요한 적절한 조치를 할 신의칙상 보호의무가 있다.

③ 기획여행계약상 여행업자는 여행객의 신체나 재산의 안전을 배려할 신의칙상 보호의무를 부담한다.

④ 계약성립의 기초가 되지 않은 사정의 변경으로 일방당사자가 계약 당시 의도한 계약 목적을 달성할 수 없게 되어 손해를 입은 경우, 그 계약의 효력을 그대로 유지하는 것은 특별한 사정이 없는 한 신의칙에 반한다.

⑤ 토지거래허가구역 내의 토지에 관해 허가를 받지 않고 매매계약을 체결한 자가 허가가 없음을 이유로 그 계약의 무효를 주장하는 것은 특별한 사정이 없는 한 신의칙에 반하지 않는다.

답 ④

┃ 정답해설 ┃

④ 이른바 사정변경으로 인한 계약해제는, 계약성립 당시 당사자가 예견할 수 없었던 현저한 사정의 변경이 발생하였고 그러한 사정의 변경이 해제권을 취득하는 당사자에게 책임 없는 사유로 생긴 것으로서, 계약내용대로의 구속력을 인정한다면 신의칙에 현저히 반하는 결과가 생기는 경우에 계약준수 원칙의 예외로서 인정되는 것이고, 여기에서 말하는 사정이라 함은 계약의 기초가 되었던 객관적인 사정으로서, 일방당사자의 주관적 또는 개인적인 사정을 의미하는 것은 아니다. 또한, 계약의 성립에 기초가 되지 아니한 사정이 그 후 변경되어 일방당사자가 계약 당시 의도한 계약목적을 달성할 수 없게 됨으로써 손해를 입게 되었다 하더라도 특별한 사정이 없는 한 그 계약내용의 효력을 그대로 유지하는 것이 신의칙에 반한다고 볼 수도 없다[2004다31302].

┃ 오답해설 ┃

① 96다47302

② 2002다63275

③ 2011다330

⑤ 토지거래허가를 받지 아니하여 유동적 무효상태에 있는 계약이라고 하더라도 일단 거래허가신청을 하여 불허되었다면 특별한 사정이 없는 한, 불허된 때로부터는 그 거래계약은 확정적으로 무효가 된다고 보아야 할 것이고, 거래허가신청을 하지 아니하여 유동적 무효인 상태에 있던 거래계약이 확정적으로 무효가 된 경우에는 거래계약이 확정적으로 무효로 됨에 있어서 귀책사유가 있는 자라고 하더라도 그 계약의 무효를 주장하는 것이 신의칙에 반한다고 할 수는 없다고 할 것이다(이 경우 상대방은 그로 인한 손해의 배상을 청구할 수는 있다)[94다51789].

02 신의칙에 관한 설명으로 옳은 것을 모두 고른 것은? (다툼이 있으면 판례에 따름) **[2022]**

> ㄱ. 법원은 당사자의 주장이 없으면 직권으로 신의칙 위반 여부를 판단할 수 없다.
> ㄴ. 무권대리인이 무권대리행위 후 단독으로 본인의 지위를 상속한 경우, 본인의 지위에서 그 무권대리행위의 추인을 거절하는 것은 신의칙에 반한다.
> ㄷ. 부동산거래에서 신의칙상 고지의무의 대상은 직접적인 법령의 규정뿐만 아니라 계약상, 관습상 또는 조리상의 일반원칙에 의해서도 인정될 수 있다.

① ㄱ   ② ㄴ
③ ㄱ, ㄷ   ④ ㄴ, ㄷ
⑤ ㄱ, ㄴ, ㄷ

🔒 답 ④

▌정답해설▐

ㄴ. (○) 94다20617
ㄷ. (○) 2004다48515

▌오답해설▐

ㄱ. (×) 신의성실의 원칙에 반하는 것은 강행규정에 위배되는 것으로서 당사자의 주장이 없더라도 법원이 직권으로 판단할 수 있다[97다37821].

03 신의성실의 원칙에 관한 설명으로 옳은 것을 모두 고른 것은? (다툼이 있으면 판례에 따름)
[2021]

> ㄱ. 회사의 이사가 회사의 확정채무를 보증한 경우에는 그 직을 사임하더라도 사정변경을 이유로 그 보증계약을 해지할 수 없다.
> ㄴ. 소멸시효 완성 전에 채무자가 시효중단을 현저히 곤란하게 하여 채권자가 아무런 조치를 취할 수 없었던 경우, 그 채무자가 시효완성을 주장하는 것은 신의칙 상 허용되지 않는다.
> ㄷ. 강행법규를 위반한 자가 스스로 강행법규 위반을 이유로 약정의 무효를 주장하는 것은 특별한 사정이 없는 한 신의칙에 반한다.

① ㄱ   ② ㄷ
③ ㄱ, ㄴ   ④ ㄴ, ㄷ
⑤ ㄱ, ㄴ, ㄷ

▍정답해설 ▍

ㄱ. (○) 사정변경을 이유로 보증계약을 해지할 수 있는 것은 포괄근보증이나 한정근보증과 같이 채무액이 불확정적이고 계속적인 거래로 인한 채무에 대하여 한 보증에 한하고, 확정채무에 대해 보증한 후 이사직을 사임하였다 하더라도 사정변경을 이유로 보증계약을 해지할 수 없다[95다27431].

ㄴ. (○) 민사법적으로 보았을 때 채무자가 시효완성 전에 채권자의 권리행사나 시효중단을 불가능 또는 현저히 곤란하게 하였다면, 채무자가 소멸시효의 완성을 주장하는 것은 신의 성실의 원칙에 반하여 권리남용으로서 허용될 수 없다[2017두38959 전합].

▍오답해설 ▍

ㄷ. (×) 특별한 사정이 없는 한, 법령에 위반되어 무효임을 알고서도 그 법률행위를 한 자가 강행법규 위반을 이유로 무효를 주장한다 하여 신의칙 또는 금반언의 원칙에 반하거나 권리남용에 해당한다고 볼 수는 없다[2001다67126].

04 신의칙과 권리남용에 관한 설명으로 옳지 **않은** 것은? (다툼이 있으면 판례에 따름)　　　　[2019]

① 신의칙에 반하는 것인지 여부는 당사자의 주장이 없더라도 법원이 직권으로 판단할 수 있다.

② 신의칙에 기한 사정변경의 원칙에 의하여 계약해제권이 발생할 수 있다.

③ 강행법규에 반한다는 사정을 알면서 법률행위를 한 자가 강행법규 위반을 이유로 그 법률행위의 무효를 주장하는 것은 특별한 사정이 없는 한 신의칙에 위배되지 않는다.

④ 권리남용금지의 원칙은 본래적 의미의 권리뿐만 아니라 법인격의 남용에도 적용된다.

⑤ 국민을 보호할 의무가 있는 국가가 국민에 대하여 부담하는 손해배상채무의 소멸시효 완성을 주장하는 것은 원칙적으로 신의칙에 반한다.

답 ⑤

▍정답해설 ▍

⑤ 국가에게 국민을 보호할 의무가 있다는 사유만으로 국가가 소멸시효의 완성을 주장하는 것 자체가 신의성실의 원칙에 반하여 권리남용에 해당한다고 할 수는 없으므로, 국가의 소멸시효 완성 주장이 신의칙에 반하고 권리남용에 해당한다고 하려면 일반 채무자의 소멸시효 완성 주장에서와 같은 특별사정이 인정되어야 한다[2008다15865].

05 신의성실의 원칙에 관한 설명으로 옳은 것을 모두 고른 것은? (다툼이 있으면 판례에 따름)

> ㄱ. 회사의 이사가 채무액과 변제기가 특정되어 있는 회사채무를 보증한 경우에는 이사직 사임이라는 사정변경을 이유로 일방적으로 보증계약을 해지할 수 없다.
> ㄴ. 공무원의 불법행위에 따른 국가배상청구권의 소멸시효기간이 지났으나 국가가 소멸시효 완성을 주장하는 것이 신의성실의 원칙에 반하는 권리남용으로 허용될 수 없어 배상책임을 이행한 경우, 국가가 사건의 은폐·조작 등 권리남용에 해당하게 된 원인행위를 적극적으로 주도한 공무원에게 구상권을 행사하는 것은 신의칙상 허용되지 않는다.
> ㄷ. 주식회사 대표이사의 대표권남용행위의 상대방이 그와 같은 사정을 알았던 경우에 회사는 상대방의 악의를 증명하여 행위의 효과를 부인할 수 있다.
> ㄹ. 재산권의 거래계약에 있어서 일방당사자에게 상대방에 대한 고지의무가 인정되는 경우에는 상대방이 고지의무의 대상이 되는 사실을 이미 알고 있는 때에도 여전히 고지의무를 부담한다.
> ㅁ. 부동산거래에 있어 거래상대방이 일정한 사정에 관한 고지를 받았더라면 그 거래를 하지 않았을 것임이 경험칙상 명백한 경우에는 신의성실의 원칙상 사전에 상대방에게 그와 같은 사정을 고지할 의무가 있다.

① ㄱ, ㄴ, ㄹ   ② ㄱ, ㄴ, ㅁ
③ ㄱ, ㄷ, ㅁ   ④ ㄴ, ㄷ, ㄹ
⑤ ㄷ, ㄹ, ㅁ

답 ③

┃정답해설┃

ㄱ. (○) 사정변경을 이유로 보증계약을 해지할 수 있는 것은 포괄근보증이나 한정근보증과 같이 채무액이 불확정적이고 계속적인 거래로 인한 채무에 대하여 보증한 경우에 한하고, 회사의 이사로 재직하면서 보증 당시 그 채무가 특정되어 있는 확정채무에 대하여 보증을 한 후 이사직을 사임하였다 하더라도 사정변경을 이유로 보증계약을 해지할 수는 없다[94다46008].

ㄷ. (○) 주식회사의 대표이사가 대표권의 범위 내에서 한 행위는 설사 대표이사가 회사의 영리목적과 관계없이 자기 또는 제3자의 이익을 도모할 목적으로 권한을 남용한 것이라도 일응 회사의 행위로서 유효하다. 그러나 행위의 상대방이 그와 같은 정을 알았던 경우에는 그로 인하여 취득한 권리를 회사에 대하여 주장하는 것이 신의칙에 반하므로 회사는 상대방의 악의를 입증하여 행위의 효과를 부인할 수 있다[2016다222453].

ㅁ. (○) 부동산거래에 있어 거래상대방이 일정한 사정에 관한 고지를 받았더라면 그 거래를 하지 않았을 것임이 경험칙상 명백한 경우에는 신의성실의 원칙상 사전에 상대방에게 그와 같은 사정을 고지할 의무가 있으며, 그와 같은 고지의무의 대상이 되는 것은 직접적인 법령의 규정뿐 아니라 널리 계약상, 관습상 또는 조리상의 일반원칙에 의하여도 인정될 수 있고, 일단 고지의무의 대상이 되는 사실이라고 판단되는 경우 이미 알고 있는 자에 대하여는 고지할 의무가 별도로 인정될 여지가 없지만, 상대방에게 스스로 확인할 의무가 인정되거나 거래관행상 상대방이 당연히 알고 있을 것으로 예상되는 예외적인 경우가 아닌 한, 실제 그 대상이 되는 사실을 알지 못하였던 상대방에 대하여는 비록 알 수 있었음에도 알지 못한 과실이 있다하더라도 그 점을 들어 추후 책임을 일부 제한할 여지가 있음은 별론으로 하고 고지할 의무 자체를 면하게 된다고 할 수는 없다[2005다5812·5829·5836].

▌오답해설 ▌

ㄴ. (×) 공무원의 불법행위로 손해를 입은 피해자의 국가배상청구권의 소멸시효기간이 지났으나 국가가 소멸시효 완성을 주장하는 것이 신의성실의 원칙에 반하는 권리남용으로 허용될 수 없어 배상책임을 이행한 경우에는, 소멸시효완성주장이 권리남용에 해당하게 된 원인행위와 관련하여 공무원이 원인이 되는 행위를 적극적으로 주도하였다는 등의 특별한 사정이 없는 한, 국가가 공무원에게 구상권을 행사하는 것은 신의칙상 허용되지 않는다 [2015다217843].

ㄹ. (×) 2005다5812·5829·5836

06 신의성실의 원칙에 관한 설명으로 옳은 것을 모두 고른 것은? (다툼이 있으면 판례에 따름)

> ㄱ. 사정변경을 이유로 계약의 해제가 인정되는 경우는 계약준수원칙의 예외에 해당한다.
> ㄴ. 사용자는 근로계약에 수반되는 신의칙상의 부수의무로서 피용자가 노무를 제공하는 과정에서 건강을 해치는 일이 없도록 필요한 조치를 강구하여야 할 의무를 부담한다.
> ㄷ. 채권자가 채권을 확보하기 위하여 제3자의 부동산을 채무자에게 명의신탁하도록 한 다음 그 부동산에 대하여 강제집행을 하는 행위는 신의칙상 허용되지 않는다.
> ㄹ. 아파트분양자는 아파트단지 인근에 쓰레기매립장이 건설예정인 사실을 분양계약자에게 고지할 신의칙상 의무를 부담한다.

① ㄱ
② ㄴ, ㄷ
③ ㄷ, ㄹ
④ ㄱ, ㄴ, ㄹ
⑤ ㄱ, ㄴ, ㄷ, ㄹ

답 ⑤

▌정답해설 ▌

ㄱ. (○) 사정변경을 이유로 한 계약해제는 계약성립 당시 당사자가 예견할 수 없었던 현저한 사정의 변경이 발생하였고 그러한 사정의 변경이 해제권을 취득하는 당사자에게 책임 없는 사유로 생긴 것으로서, 계약내용대로의 구속력을 인정한다면 신의칙에 현저히 반하는 결과가 생기는 경우에 계약준수원칙의 예외로서 인정된다[2012다13637 전합].

ㄴ. (○) 사용자는 근로계약에 수반되는 신의칙상의 부수적 의무로서 피용자가 노무를 제공하는 과정에서 생명, 신체, 건강을 해치는 일이 없도록 인적·물적 환경을 정비하는 등 필요한 조치를 강구하여야 할 보호의무를 부담하고, 이러한 보호의무를 위반함으로써 피용자가 손해를 입은 경우 이를 배상할 책임이 있다[99다47129].

ㄷ. (○) 채권자가 채권을 확보하기 위하여 제3자의 부동산을 채무자에게 명의신탁하도록 한 다음 동 부동산에 대하여 강제집행을 하는 따위의 행위는 신의칙에 비추어 허용할 수 없다[80다2064].

ㄹ. (○) 아파트분양자는 아파트단지 인근에 쓰레기매립장이 건설예정인 사실을 분양계약자에게 고지할 신의칙상 의무를 부담한다[2004다48515].

CHAPTER 03 권리의 주체

01 서 설

I 권리의 주체

권리의 주체는 법에 의하여 권리를 향유할 수 있는 힘을 부여받은 자를 말하며, 법적 인격 또는 법인격이라고도 한다. 민법상 권리의 주체로 자연인과 법인이 있다.

II 민법상 능력

민법상 능력에 관한 규정은 모두 강행규정이다. 따라서 개인의 의사 또는 합의로 그 적용을 배제할 수 없다.

1. 권리능력

권리능력은 권리·의무의 주체가 될 수 있는 자격을 말한다. 우리 민법상 권리능력자는 '모든 살아 있는 사람'(자연인)과 '법인'으로 법정·획일화되어 있다.

2. 의사능력

의사능력이란 자신의 행위의 의미나 결과를 정상적인 인식력과 예기력을 바탕으로 합리적으로 판단할 수 있는 정신적 능력 내지는 지능을 말하는바, 특히 어떤 법률행위가 그 일상적인 의미만을 이해하여서는 알기 어려운 특별한 법률적인 의미나 효과가 부여되어 있는 경우 의사능력이 인정되기 위하여는 그 행위의 일상적인 의미뿐만 아니라 법률적인 의미나 효과에 대하여도 이해할 수 있을 것을 요한다고 보아야 하고, 의사능력의 유무는 구체적인 법률행위와 관련하여 개별적으로 판단되어야 할 것이다(대판 2006.9.22. 2006다29358), 의사능력이 없으면 이에 대한 명문규정이 없더라도 무효이다. 이 경우 무효의 주장은 의사무능력자뿐만 아니라 상대방도 할 수 있다(통설).

3. 행위능력

행위능력이란 단독으로 완전하고 유효하게 법률행위를 할 수 있는 능력을 말한다. 행위능력이 없는 자를 제한능력자라고 하며, 제한능력자는 객관적으로 법정·획일화되어 있다. 행위능력이 없으면 취소사유가 된다(제5조 제2항, 제10조 제1항, 제13조 제4항).

4. 책임능력

책임능력은 자기의 행위에 대한 책임을 변식할 수 있는 능력을 말한다. 책임능력은 의사능력과 마찬가지로 구체적·개별적으로 판단한다. 책임능력이 없으면 불법행위책임 또는 채무불이행책임이 인정되지 아니한다.

---

02   자연인

제1관   권리능력

I   서 설

> **제3조【권리능력의 존속기간】**
> 사람은 생존하는 동안 권리와 의무의 주체가 된다.

1. 권리능력의 시기

① 권리능력은 사람이 생존하기 시작하는 때, 즉 출생과 함께 시작된다. 출생의 시기에 대해서는 통설은 태아가 모체로부터 완전히 분리된 때에 출생한 것으로 본다(전부노출설).

② 사람이 출생하면 가족관계의 등록 등에 관한 법률상의 절차에 따라 출생신고를 하여야 하는데 이 신고는 보고적 신고에 불과하다.

2. 권리능력의 종기

① 자연인에게 사망(死亡)만이 유일한 권리능력의 소멸사유이며, 인정사망이나 실종선고가 있더라도 당사자가 생존하고 있는 한 권리능력을 잃게 되지는 않는다.

② 사망의 시기에 대해서는 뇌사설이 주장되기는 하나「심장정지설」이 통설이다.

③ 사망의 사실 및 시기에 대한 입증책임은 원칙적으로 그것을 전제로 한 법률효과를 주장하는 자가 진다(대판 1995.7.28. 94다42679).

> **더 알아보기**
>
> 수난, 전란, 화재 기타 사변에 편승하여 타인의 불법행위로 사망한 경우에 있어서는 확정적인 증거의 포착이 손쉽지 않음을 예상하여 법은 인정사망, 위난실종선고 등의 제도와 그 밖에도 보통실종선고제도도 마련해 놓고 있으나 그렇다고 하여 위와 같은 자료나 제도에 의함이 없는 사망사실의 인정을 수소법원이 절대로 할 수 없다는 법리는 없다(대판 1989.1.31. 87다카2954).

Ⅱ 태아의 권리능력

> **제762조 【손해배상청구권에 있어서의 태아의 지위】**
> 태아는 손해배상의 청구권에 관하여는 이미 출생한 것으로 본다.
>
> **제858조 【포태 중인 자의 인지】**
> 부는 포태 중에 있는 자에 대하여도 이를 인지할 수 있다.
>
> **제1000조 【상속의 순위】**
> ③ 태아는 상속순위에 관하여는 이미 출생한 것으로 본다.
>
> **제1064조 【유언과 태아, 상속결격자】**
> 제1000조 제3항, 제1004조의 규정은 수증자에 준용한다.

1. 태아보호를 위한 입법주의

민법의 태도에 따르면 태아는 원칙적으로 권리능력이 없지만 구체적 사례에서 개별적으로 이미 출생한 것으로 인정해주는 개별보호주의에 입각하고 있다.

2. 태아의 권리능력

인정	부정
• 불법행위에 기한 손해배상청구권(제762조) : <u>태아 자신의 손해배상청구권</u>임을 주의 • 태아 자신의 위자료 청구권 인정(제752조)	채무불이행에 기한 손해배상청구권
인지의 대상(제858조)	**태아의 인지청구권(통설)**
• 상속(제1000조 제3항), 대습상속(제1001조), 사인증여(제562조) • 유류분(제1118조) • 유증(제1064조)	계약할 수 있는 능력이나 의사표시능력도 원칙적으로 부정됨. 그러나 사인증여의 경우 수증능력이 인정되는지에 대하여 견해 대립이 있으며, 판례는 '생전'증여의 수증능력을 부정한 적이 있음(대판 1982.2.9. 81다534). **기출** 21

> **[태아의 불법행위로 인한 손해배상청구권]**
> 태아도 손해배상청구권에 관하여는 이미 출생한 것으로 보는바, 부가 교통사고로 상해를 입을 당시 태아가 출생하지 아니하였다고 하더라도 <u>그 뒤에 출생한 이상</u> 부의 부상으로 인하여 입게 될 <u>정신적 고통에 대한 위자료를 청구할 수 있다</u>(대판 1993.4.27. 93다4663).

3. 태아의 법적 지위 : 살아서 출생한 경우를 전제

구 분	정지조건설(판례)	해제조건설(다수설)
사상적 기초	제3자 보호·거래안전에 중점	태아보호에 중점
공통점	태아가 살아서 출생하면 사건발생시부터 권리능력이 인정되고, 사산된 때에는 권리능력을 갖지 못한다는 데에는 견해 대립의 실익이 없다(대판 1976.9.14. 76다1365).	
취득시기	태아는 권리능력을 갖지 못하고, 살아서 출생하면 권리능력을 가지며, 그 시기는 <u>문제되는 시기로 소급</u>(대판 1993.4.27. 93다4663).	태아는 <u>문제된 시기에 권리능력을 갖지만, 사산되면 문제된 시기로 소급하여 권리능력이 소멸</u>
법정대리인	태아인 상태에서는 권리능력이 없으므로 <u>법정대리인이 없음</u>	태아인 상태에서도 권리능력이 인정되므로 <u>법정대리인이 있음</u>

Ⅲ 동시사망 · 인정사망

1. 동시사망

> **제30조 【동시사망】**
> 2인 이상이 동일한 위난으로 사망한 경우에는 동시에 사망한 것으로 '추정'한다.

(1) 의 의

2인 이상이 동일한 위난으로 사망한 경우에는 동시에 사망한 것으로 추정한다(제30조).

(2) 요 건

① 2인 이상이 동일한 <u>위난으로 사망한 경우</u>

② 동일하지 않은 위난으로 사망하였으나 그들의 <u>사망시기의 선후를 확정할 수 없는 경우</u>에도, 제30조를 <u>유추적용</u>하여 동시사망을 추정하여야 한다는 것이 다수설이다.

(3) 효 과

① 동시사망 추정규정은 법률상 추정으로 이를 번복하기 위하여는 동일한 위난으로 사망하였다는 전제사실에 대하여 법원의 확신을 흔들리게 하는 반증을 제출하거나 각자 다른 시각에 사망하였다는 점에 대하여 법원에 확신을 줄 수 있는 본증을 제출하여야 한다(대판 1998.8.21. 98다8974).

② 동시사망 추정자 사이에는 상속이 일어나지 않는다. 다만, 그들의 직계비속이나 처가 있는 때에는 그 직계비속이나 처가 <u>대습상속(제1001조)을 한다(대판 2001.3.9. 99다13157). **기출** 19</u>

2. 인정사망

(1) 의 의

인정사망은 수난, 화재나 그 밖의 재난으로 인하여 사망의 증명을 얻을 수 없으나 사망이 확실시되는 경우에, 이를 <u>조사한 관공서가 사망지의 시·읍·면의 장에게 보고를 하고</u>, 이 보고에 의하여 <u>가족관계등록부에 사망의 기재를 하여 사망으로 추정하는 제도이다</u>(가족관계의 등록 등에 관한 법률 제87조, 제16조).

(2) 효 과

실종선고와 달리 인정사망은 가족관계등록부에 사망을 기록하기 위한 절차적 특례 제도로, 강한 사망추정적 효과가 인정된다.

> **[인정사망이나 실종선고에 의하지 아니하고 법원이 사망사실을 인정할 수 있는지 여부(적극)]**
> 수난, 전란, 화재 기타 사변에 편승하여 타인의 불법행위로 사망한 경우에 있어서는 확정적인 증거의 포착이 손쉽지 않음을 예상하여 법은 인정사망, 위난실종선고 등의 제도와 그 밖에도 보통실종선고제도도 마련해 놓고 있으나 그렇다고 하여 위와 같은 자료나 제도에 의함이 없는 사망사실의 인정을 수소법원이 절대로 할 수 없다는 법리는 없다(대판 1989.1.31. 87다카2954).

제2관 | 의사능력과 책임능력

I | 의사능력

1. 의 의

의사능력이란 자신의 행위의 의미나 결과를 정상적인 인식력과 예기력을 바탕으로 합리적으로 판단할 수 있는 정신적 능력 내지는 지능을 말한다.

2. 판단 기준

어떤 법률행위가 그 일상적인 의미만을 이해하여서는 알기 어려운 특별한 법률적인 의미나 효과가 부여되어 있는 경우 의사능력이 인정되기 위하여는 그 행위의 일상적인 의미뿐만 아니라 법률적인 의미나 효과에 대하여도 이해할 수 있을 것을 요한다고 보아야 하고, 의사능력의 유무는 구체적인 법률행위와 관련하여 개별적으로 판단되어야 할 것이다(대판 2006.9.22. 2006다29358).

3. 의사무능력의 효과

(1) 무 효

의사무능력자의 법률행위는 무효이다. 따라서 누구나 언제든지 무효를 주장할 수 있다. 법률행위의 무효를 주장하는 자가 의사능력이 없었음을 증명하여야 한다.

(2) 의사무능력자의 부당이득 반환범위

> **[무능력자의 책임을 제한하는 제141조 단서 규정이 의사능력의 흠결을 이유로 법률행위가 무효가 되는 경우에도 유추적용되는지 여부(적극) 및 이익의 현존 여부의 증명책임의 소재(= 의사무능력자)]**
> 무능력자의 책임을 제한하는 제141조 단서는 부당이득에 있어 수익자의 반환범위를 정한 제748조의 특칙으로서 무능력자의 보호를 위해 그 선의·악의를 묻지 아니하고 반환범위를 현존 이익에 한정시키려는 데 그 취지가 있으므로, 의사능력의 흠결을 이유로 법률행위가 무효가 되는 경우에도 유추적용되어야 할 것이나, 법률상 원인 없이 타인의 재산 또는 노무로 인하여 이익을 얻고 그로 인하여 타인에게 손해를 가한 경우에 그 취득한 것이 금전상의 이득인 때에는 그 금전은 이를 취득한 자가 소비하였는가의 여부를 불문하고 현존하는것으로 추정되므로, 위 이익이 현존하지 아니함은 이를 주장하는 자, 즉 의사무능력자 측에 입증책임이 있다(대판 2009.1.15. 2008다58367). 기출 24·17

Ⅱ 책임능력

불법행위영역에서 자기 행위의 결과를 변식할 수 있는 정신능력 내지 판단 능력을 말한다. 책임능력도 의사
능력의 경우와 마찬가지로 구체적·개별적으로 판단하여야 한다. 책임무능력자는 타인에게 위법한 가해행위
를 하더라도 스스로 불법행위책임을 지지 않는다.

제3관 행위능력

Ⅰ 서 설

행위능력제도는 근본적으로는 거래안전을 희생시키더라도 제한능력자를 보호하고자 하는 취지의 제도이다. 민
법의 개정으로 금치산, 한정치산제도가 폐지되고 성년후견, 한정후견, 특정후견, 임의후견제도가 2013년 7월
1일부터 시행되었다. 그동안의 민법상 금치산, 한정치산제도는 재산관리에 중점을 두고 능력을 박탈 또는 제한
한다는 점에서 제도를 악용하는 사례가 끊이지 않았으며, 이에 변경된 성년후견제도는 능력의 박탈 또는 제한이
아닌 능력지원과 재산관리, 신상보호에 중점을 둔 제도라는 점에 의미가 있다.

Ⅱ 미성년자

제4조 【성년】
사람은 19세로 성년에 이르게 된다.

제5조 【미성년자의 능력】
① 미성년자가 법률행위를 함에는 법정대리인의 동의를 얻어야 한다. 그러나 권리만을 얻거나 의무만을 면하는 행위는 그러하지
아니하다.
② 전항의 규정에 위반한 행위는 취소할 수 있다.

제6조 【처분을 허락한 재산】
법정대리인이 범위를 정하여 처분을 허락한 재산은 미성년자가 임의로 처분할 수 있다.

> **제7조【동의와 허락의 취소】**
> 법정대리인은 미성년자가 아직 법률행위를 하기 전에는 전2조의 동의와 허락을 취소할 수 있다.
>
> **제8조【영업의 허락】**
> ① 미성년자가 법정대리인으로부터 허락을 얻은 특정한 영업에 관하여는 성년자와 동일한 행위능력이 있다.
> ② 법정대리인은 전항의 허락을 취소 또는 제한할 수 있다. 그러나 선의의 제3자에게 대항하지 못한다.

1. 성년기

(1) 의 의

민법상 19세로 성년이 되며(제4조), 성년에 이르지 않은 자가 미성년자이다. 여기서 19세는 만 나이를 가리키며, 연령은 출생일을 산입하여 역(曆)에 따라 계산한다(제158조, 제160조).

(2) 성년의제

① 미성년자가 혼인을 한 때에는 성년자로 본다(제826조의2). 이때의 혼인이 법률혼인지 사실혼인지에 대하여 견해대립이 있으나 통설은 성년시기를 획일적으로 명확하게 하여 거래안전을 보호해야 한다는 점에서 법률혼에 한정하고 있다.

② 미성년자가 혼인을 한 때에는 행위능력자로 간주되므로 이혼을 할 때에는 부모 등의 동의를 얻을 필요가 없다.

③ 성년의제는 민법의 영역에 한정되고 공직선거법, 근로기준법 등 공법이나 기타 사회법에서는 적용되지 않는다.

2. 행위능력

(1) 원 칙

미성년자가 법률행위를 함에는 법정대리인의 동의를 얻어야 하며(제5조 제1항 본문), 법정대리인의 동의 없이 법률행위를 한 때에는 미성년자 본인이나 법정대리인이 취소할 수 있다(제5조 제2항, 제140조). 그 취소는 선의취득(제249조) 등의 별개의 권리취득 원인이 인정되지 않는 이상 선의의 제3자에게도 대항할 수 있다(절대적 효력). 법정대리인의 동의에 관한 입증책임은 미성년자에게 있는 것이 아니라「동의가 있었음을 주장하는 상대방」에게 있다(대판 1970.2.24. 69다1568).

(2) 예외 – 미성년자가 단독으로 할 수 있는 행위

① 권리만을 얻거나 의무만을 면하는 행위(제5조 제1항 단서)

    ㉠ 부담 없는 증여나 유증을 받는 경우

    ㉡ 면제계약에 있어서 채무면제의 청약에 대한 승낙, 의무만을 부담하는 계약의 해제, 이자 없는 소비대차의 해지 등

    ㉢ 권리만을 얻는 제3자를 위한 계약의 수익의 의사표시

    ㉣ 단, 부담부 증여, 미성년자에게 경제적으로 유리한 매매계약을 체결하는 경우, 상속의 승인, 변제의 수령(통설)은 미성년자가 단독으로 할 수 없다.

② 범위를 정하여 처분이 허락된 재산의 처분행위(제6조)
   ㉠ 목적범위를 정하여 처분을 허락한 경우에도 지정목적에 상관없이 임의처분 가능하다. 즉 여기서 허락의 대상은 「사용의 목적」이 아니라 「재산의 범위」라고 보아야 한다(통설).
   ㉡ 법정대리인은 특정 재산에 관한 처분을 허락하였더라도 그 재산에 관한 대리권을 상실하지 않는다.

> **[일정 소득이 있고 성년에 근접한 미성년자가 행한 신용구매계약의 취소 가능 여부]**
> [1] 행위무능력자 제도는 사적자치의 원칙이라는 민법의 기본이념, 특히, 자기책임 원칙의 구현을 가능케 하는 도구로서 인정되는 것이고, 거래의 안전을 희생시키더라도 행위무능력자를 보호하고자 함에 근본적인 입법 취지가 있는바, 행위무능력자 제도의 이러한 성격과 입법 취지 등에 비추어 볼 때, 신용카드 가맹점이 미성년자와 신용구매계약을 체결할 당시 향후 그 미성년자가 법정대리인의 동의가 없었음을 들어 스스로 위 계약을 취소하지는 않으리라고 신뢰하였다 하더라도 그 신뢰가 객관적으로 정당한 것이라고 할 수 있을지 의문일 뿐만 아니라, 그 미성년자가 가맹점의 이러한 신뢰에 반하여 취소권을 행사하는 것이 정의관념에 비추어 용인될 수 없는 정도의 상태라고 보기도 어려우며, <u>미성년자의 법률행위에 법정대리인의 동의를 요하도록 하는 것은 강행규정인데</u>, 위 규정에 반하여 이루어진 신용구매계약을 미성년자 스스로 취소하는 것을 신의칙 위반을 이유로 배척한다면, 이는 오히려 위 규정에 의해 배제하려는 결과를 실현시키는 셈이 되어 미성년자 제도의 입법 취지를 몰각시킬 우려가 있으므로, <u>법정대리인의 동의 없이 신용구매계약을 체결한 미성년자가 사후에 법정대리인의 동의 없음을 사유로 들어 이를 취소하는 것이 신의칙에 위배된 것이라고 할 수 없다.</u>
> [2] 미성년자가 법률행위를 함에 있어서 요구되는 법정대리인의 동의는 언제나 명시적이어야 하는 것은 아니고 <u>묵시적으로도 가능한 것이며</u>, 미성년자의 행위가 위와 같이 법정대리인의 묵시적 동의가 인정되거나 처분허락이 있는 재산의 처분 등에 해당하는 경우라면, 미성년자로서는 더 이상 행위무능력을 이유로 그 법률행위를 취소할 수 없다.
> [3] 미성년자의 법률행위에 있어서 법정대리인의 묵시적 동의나 처분허락이 있다고 볼 수 있는지 여부를 판단함에 있어서는, 미성년자의 연령·지능·직업·경력, 법정대리인과의 동거 여부, 독자적인 소득의 유무와 그 금액, 경제활동의 여부, 계약의 성질·체결경위·내용, 기타 제반 사정을 종합적으로 고려하여야 할 것이고, <u>위와 같은 법리는 묵시적 동의 또는 처분허락을 받은 재산의 범위 내라면 특별한 사정이 없는 한 신용카드를 이용하여 재화와 용역을 신용구매한 후 사후에 결제하려는 경우와 곧바로 현금구매하는 경우를 달리 볼 필요는 없다</u>(대판 2007.11.16. 2005다71659·71666·71673). **기출** 22·17

③ 허락된 영업에 관한 행위(제8조)
   ㉠ 법정대리인이 영업을 허락함에는 반드시 영업의 종류를 특정하여야 하며, 그 영업에 관한 행위에 대하여는 성년자와 동일한 행위능력이 인정된다(제8조 제1항). 따라서 그 영업에 관하여는 법정대리인의 동의권과 대리권이 모두 소멸한다. **기출** 24 한편 미성년자는 허락된 영업에 관하여는 소송능력도 갖게 된다.
   ㉡ 법정대리인은 허락을 취소 또는 제한할 수 있다. 그러나 선의의 제3자에게 대항하지 못한다(제8조 제2항).
   ㉢ 영업의 허락은 특별한 방식을 요하지 않으나, <u>미성년후견인이 허락하는 경우에는 후견감독인이 있으면 그의 동의를 받아야 한다</u>(제950조 제1항 제1호).
④ 근로계약의 체결 : 제920조 단서(미성년자의 동의를 얻어야 한다)와 근로기준법 제67조 제1항(미성년자의 근로계약을 대리할 수 없다)의 충돌이 있으나, 다수설은 근로기준법에 의하여 법정대리인의 동의를 얻어 미성년자가 스스로 체결하는 방식만 가능하다는 입장이다. 미성년자는 독자적으로 임금을 청구할 수 있다(근기법 제68조).
⑤ 대리행위(제117조 참조) : 대리인은 행위능력자임을 요하지 아니한다(제117조). 대리행위의 효과는 대리인이 아닌 본인에게 귀속하기 때문에 미성년자가 단독으로 할 수 있다.
⑥ 유언행위 : 유언에는 제5조가 적용되지 않으며(제1062조), 만 17세 이상이면 단독으로 유언이 가능하다(제1061조).
⑦ 제한능력을 이유로 하는 취소(제140조) : 미성년자도 법정대리인의 동의 없이 단독으로 취소할 수 있다.

(3) 동의와 허락의 취소 또는 제한

① 미성년자의 법정대리인은 동의나 재산처분에 대한 허락을 취소할 수 있다(제7조). 여기서 취소는 「철회」의 성질을 갖는다. 또한 철회는 미성년자가 법률행위를 하기 전에만 허용되는데, 미성년자나 상대방에게 하여야 한다. 미성년자에게만 철회를 한 경우에는 선의의 제3자에게 대항할 수 없다.

② 법정대리인은 그가 행한 영업의 허락을 취소 또는 제한할 수 있다(제8조 제2항 본문). 여기서 취소도 「철회」의 의미이다. 따라서 그 효력은 장래를 향하여 발생한다. 그리고 영업 허락의 취소나 제한은 선의의 제3자, 즉 미성년자와 거래한 선의의 상대방에게 대항하지 못한다(제8조 제2항 단서).

3. 법정대리인

(1) 법정대리인으로 되는 자

① 1차적으로 친권자(부모)가 법정대리인이 된다(제911조).

② 2차적으로 미성년자에게 부모가 없거나 부모가 친권을 행사할 수 없는 경우에는 후견인이 법정대리인으로 된다. 후견인은 지정후견인(제931조), 선임후견인(제932조)의 순으로 된다.

(2) 법정대리인의 권한

① 동의권

　㉠ 동의권은 미성년자와 피한정후견인의 법정대리인에게만 인정되며, 피성년후견인의 성년후견인에게는 동의권이 없다.

　㉡ 동의는 미성년자의 법률행위가 있기 전에 하여야 하지만, 그 후에 하는 동의는 추인으로서 의미가 있다.

　㉢ 법정대리인은 예견할 수 있는 범위 내에서 개괄적으로 동의 또는 허락할 수 있다. 동의나 허락은 미성년자나 그 상대방 어느 쪽에 대해서도 할 수 있으며, 명시적·묵시적으로도 할 수 있다. 다만, 미성년후견인이 미성년자의 일정한 행위에 동의를 할 때에는 후견감독인이 있으면 그의 동의를 받아야 한다(제950조).

② 대리권

　㉠ 대리권은 동의 또는 처분허락을 준 행위에 대해서도 행사할 수 있지만, 영업허락의 경우에는 그렇지 않다.

　㉡ 미성년후견인이 미성년자의 일정한 행위를 대리한 때에는 후견감독인이 있으면 그의 동의를 받아야 한다(제950조).

　㉢ 제909조를 위반하여 친권자인 부모의 일방이 부모의 공동명의로 대리권을 행사한 경우, 다른 일방의 의사에 반하더라도 선의의 상대방에 대하여 효력이 발생하는 반면(제920조의2) 자기 단독명의로 대리권을 행사한 경우에는 무권대리행위가 된다.

③ **취소권** : 법정대리인은 미성년자가 독자적으로 한 법률행위를 취소할 수 있다(제140조). 친권은 부모가 공동으로 행사하여야 하지만(제909조 제2항), 취소는 친권자 각자가 단독으로 할 수 있다.

(3) 법정대리인의 권한에 대한 제한 : 이해상반행위

① 의의 : 법정대리인인 친권자와 그 자(子) 사이에 이해가 상반되는 행위 또는 그 친권에 따르는 수인의 자(子) 사이에 이해가 상반되는 행위를 행하는 경우에는 친권의 공정한 행사를 사실상 기대하기 어려우므로 법은 친권자의 친권을 제한하고 있다. 즉 이해상반행위에 해당하는 경우, 친권자는 특별대리인의 선임을 법원에 청구하여야 하며(제921조), 수인의 자(子) 사이의 이해상반의 경우에는 미성년자 각자마다 특별대리인을 선임하여야 한다.

② 이해상반행위 여부에 대한 판단 기준

> 제921조의 이해상반행위란 행위의 객관적 성질상 친권자와 그 자(子) 사이 또는 친권에 복종하는 수인의 자(子) 사이에 이해의 대립이 생길 우려가 있는 행위를 가리키는 것으로서, 친권자의 의도나 그 행위의 결과 실제로 이해의 대립이 생겼는지의 여부는 묻지 않는다(대판 1996.11.22. 96다10270).

③ 이해상반행위에 해당하지 않는 경우

> - 친권자인 모(母)가 자기 오빠의 제3자에 대한 채무의 담보로 미성년자인 자(子) 소유의 부동산에 근저당권을 설정한 경우(대판 1991.11.26. 91다32466) [기출] 20
> - 친권자인 모(母)가 자신이 대표이사로 있는 주식회사의 채무보증을 위하여 자신과 미성년자인 자(子)의 공동재산을 담보로 제공한 경우(대판 1996.11.22. 96다10270)
> - 법정대리인인 친권자가 미성년자인 자(子)에게 부동산을 명의신탁한 경우(대판 1998.4.10. 97다4005)

④ 이해상반행위에 해당하는 경우

> - 친권자가 자기의 영업자금을 마련하기 위하여 미성년자인 자(子)를 대리하여 그 소유부동산을 담보로 제공하여 저당권을 설정한 경우(대판 1971.7.27. 71다1113)
> - 미성년자인 자(子)와 동순위의 공동상속인인 모(母)가 미성년자인 자(子)의 친권자로서 상속재산분할협의를 하는 경우(대판 1993.3.9. 92다18481)
> - 양모가 미성년자인 양자를 상대로 한 소유권이전등기청구소송을 제기한 경우(대판 1991.4.12. 90다17491)

Ⅲ 피성년후견인

> **제9조【성년후견개시의 심판】**
> ① 가정법원은 질병, 장애, 노령, 그 밖의 사유로 인한 정신적 제약으로 사무를 처리할 능력이 지속적으로 결여된 사람에 대하여 본인, 배우자, 4촌 이내의 친족, 미성년후견인, 미성년후견감독인, 한정후견인, 한정후견감독인, 특정후견인, 특정후견감독인, 검사 또는 지방자치단체의 장의 청구에 의하여 성년후견개시의 심판을 한다.
> ② 가정법원은 성년후견개시의 심판을 할 때 본인의 의사를 고려하여야 한다.
>
> **제10조【피성년후견인의 행위와 취소】**
> ① 피성년후견인의 법률행위는 취소할 수 있다.
> ② 제1항에도 불구하고 가정법원은 취소할 수 없는 피성년후견인의 법률행위의 범위를 정할 수 있다.
> ③ 가정법원은 본인, 배우자, 4촌 이내의 친족, 성년후견인, 성년후견감독인, 검사 또는 지방자치단체의 장의 청구에 의하여 제2항의 범위를 변경할 수 있다.
> ④ 제1항에도 불구하고 일용품의 구입 등 일상생활에 필요하고 그 대가가 과도하지 아니한 법률행위는 성년후견인이 취소할 수 없다.

제11조【성년후견종료의 심판】
성년후견개시의 원인이 소멸된 경우에는 가정법원은 본인, 배우자, 4촌 이내의 친족, 성년후견인, 성년후견감독인, 검사 또는 지방자치단체의 장의 청구에 의하여 성년후견종료의 심판을 한다.

제14조의3【심판 사이의 관계】
① 가정법원이 피한정후견인 또는 피특정후견인에 대하여 성년후견개시의 심판을 할 때에는 종전의 한정후견 또는 특정후견의 종료 심판을 한다.
② 가정법원이 피성년후견인 또는 피특정후견인에 대하여 한정후견개시의 심판을 할 때에는 종전의 성년후견 또는 특정후견의 종료 심판을 한다.

1. 피성년후견인의 의의

피성년후견인이란 질병, 장애, 노령, 그 밖의 사유로 인한 정신적 제약으로 사무를 처리할 능력이 지속적으로 결여된 사람으로서 가정법원으로부터 일정한 자의 청구에 의하여 성년후견개시의 심판을 받은 자를 말한다(제9조 제1항).

2. 성년후견개시 심판의 요건

(1) 실질적 요건

질병, 장애, 노령, 그 밖의 사유로 인한 「정신적 제약」으로 사무를 처리할 능력이 「지속적으로 결여」된 사람이어야 한다(제9조 제1항). 가정법원은 피성년후견인이 될 사람의 정신상태에 관하여 의사에게 감정을 시켜야 하지만, 본인의 정신상태를 판단할 만한 다른 충분한 자료가 있는 때에는 그러하지 아니하다(가사소송법 제45조의2 제1항).

(2) 형식적 요건

① 본인, 배우자, 4촌 이내의 친족, 미성년후견인, 미성년후견감독인, 한정후견인, 한정후견감독인, 특정후견인, 특정후견감독인, 검사 또는 지방자치단체의 장의 청구가 있어야 한다(제9조 제1항).
② 가정법원이 직권으로 절차를 개시할 수 없다.
③ 가정법원이 심판을 할 때에는 본인의 의사를 고려하여야 한다(제9조 제2항).

3. 성년후견개시 심판의 절차

① 성년후견개시 심판의 절차는 가사소송법에 의하며(가사소송법 제2조 제1항 제2호, 제44조 이하), '2.'의 요건이 전부 갖추어지면 가정법원은 반드시 성년후견개시의 심판을 하여야 한다(제9조 참조). 피성년후견인은 객관적으로 획일화되어 있다. 따라서 정신적 제약으로 사무처리능력이 지속적으로 결여된 사람이라도 성년후견개시의 심판을 받기 전에는 피성년후견인이 아니다(통설)(대판 1992.10.13. 92다6433).
② 가정법원의 성년후견개시 심판이 있으면 촉탁 또는 신청에 의하여 후견등기부에 그 구체적인 내용이 등기가 된다(후견등기에 관한 법률 제20조).

4. 피성년후견인의 행위능력

(1) 원 칙

피성년후견인이 단독으로 한 법률행위는 원칙적으로 취소할 수 있다(제10조 제1항). 성년후견인의 동의가 있었더라도 취소할 수 있는데, 취소권자는 피성년후견인 또는 성년후견인이다(제140조).

(2) 예 외

① 가정법원은 피성년후견인이 단독으로 할 수 있는 법률행위의 범위를 정할 수 있고(제10조 제2항), 일정한 자의 청구에 의하여 그 범위를 변경할 수 있다(제10조 제3항).

② 일용품의 구입 등 일상생활에 필요하고 그 대가가 과도하지 아니한 법률행위는 성년후견인이 취소할 수 없다(제10조 제4항).

③ 가족법상의 행위에 관하여 성년후견인의 동의를 받아 스스로 유효한 법률행위를 할 수 있는 경우가 있으며(제802조, 제808조 제2항, 제835조, 제856조, 제873조 제1항, 제902조 등), 특히 유언의 경우 만17세에 달한 피성년후견인은 의사능력을 회복한 때에 한하여 의사가 심신회복의 상태를 유언서에 부기하고 서명날인하면 단독으로 할 수 있다(제1063조).

5. 법정대리인

① 피성년후견인에게는 성년후견인을 두어야 한다(제929조). 성년후견인을 여러 명 둘 수 있으며(제930조 제2항), 법인도 성년후견인이 될 수 있다(제930조 제3항). 성년후견인은 성년후견개시 심판을 할 때 가정법원이 직권으로 선임한다(제936조 제1항).

② 성년후견인은 피성년후견인의 법정대리인이 된다(제938조 제1항).

③ 성년후견인은 원칙적으로 동의권은 없으나(제10조 제1항 참조), 대리권(제949조)과 취소권(제10조 제1항, 제140조)은 인정된다. 따라서 성년후견인의 동의를 받아 피성년후견인이 직접 상대방과 법률행위를 한 때에도 제한능력을 이유로 여전히 취소할 수 있다.

④ 가정법원은 필요하다고 인정되면 직권으로 또는 일정한 자의 청구에 의하여 성년후견감독인을 선임할 수 있다(제940조의4 제1항).

⑤ 가정법원은 성년후견감독인이 사망, 결격, 그 밖의 사유로 없게 된 경우에는 직권으로 또는 피성년후견인, 친족, 성년후견인, 검사, 지방자치단체의 장의 청구에 의하여 성년후견감독인을 선임한다(제940조의4 제2항).

6. 성년후견종료의 심판

① 성년후견개시의 원인이 소멸된 경우에는 가정법원은 본인, 배우자, 4촌 이내의 친족, 성년후견인, 성년후견감독인, 검사 또는 지방자치단체의 장의 청구에 의하여 성년후견종료의 심판을 해야 한다(제11조). 이때에는 의사에 의한 정신감정을 요하지 않는다.

② 성년후견종료의 심판은 장래에 향하여 효력을 가진다. 따라서 그 심판이 있기 전에 행하여진 피성년후견인의 법률행위는 원칙적으로 취소될 수 있다.

③ 가정법원이 피성년후견인에 대하여 한정후견개시의 심판을 한 때에는 종전의 성년후견의 종료 심판을 해야 한다(제14조의3 제2항).

Ⅳ 피한정후견인

제12조【한정후견개시의 심판】

① 가정법원은 질병, 장애, 노령, 그 밖의 사유로 인한 정신적 제약으로 사무를 처리할 능력이 부족한 사람에 대하여 본인, 배우자, 4촌 이내의 친족, 미성년후견인, 미성년후견감독인, 성년후견인, 성년후견감독인, 특정후견인, 특정후견감독인, 검사 또는 지방자치단체의 장의 청구에 의하여 한정후견개시의 심판을 한다.

② 한정후견개시의 경우에 제9조 제2항을 준용한다.

제13조【피한정후견인의 행위와 동의】

① 가정법원은 피한정후견인이 한정후견인의 동의를 받아야 하는 행위의 범위를 정할 수 있다.

② 가정법원은 본인, 배우자, 4촌 이내의 친족, 한정후견인, 한정후견감독인, 검사 또는 지방자치단체의 장의 청구에 의하여 제1항에 따른 한정후견인의 동의를 받아야만 할 수 있는 행위의 범위를 변경할 수 있다.

③ 한정후견인의 동의를 필요로 하는 행위에 대하여 한정후견인이 피한정후견인의 이익이 침해될 염려가 있음에도 그 동의를 하지 아니하는 때에는 가정법원은 피한정후견인의 청구에 의하여 한정후견인의 동의를 갈음하는 허가를 할 수 있다.

④ 한정후견인의 동의가 필요한 법률행위를 피한정후견인이 한정후견인의 동의 없이 하였을 때에는 그 법률행위를 취소할 수 있다. 다만, 일용품의 구입 등 일상생활에 필요하고 그 대가가 과도하지 아니한 법률행위에 대하여는 그러하지 아니하다.

제14조【한정후견종료의 심판】

한정후견개시의 원인이 소멸된 경우에는 가정법원은 본인, 배우자, 4촌 이내의 친족, 한정후견인, 한정후견감독인, 검사 또는 지방자치단체의 장의 청구에 의하여 한정후견종료의 심판을 한다.

제14조의3【심판 사이의 관계】

① 가정법원이 피한정후견인 또는 피특정후견인에 대하여 성년후견개시의 심판을 할 때에는 종전의 한정후견 또는 특정후견의 종료 심판을 한다.

② 가정법원이 피성년후견인 또는 피특정후견인에 대하여 한정후견개시의 심판을 할 때에는 종전의 성년후견 또는 특정후견의 종료 심판을 한다.

---

1. 피한정후견인의 의의

피한정후견인이란 질병, 장애, 노령 그 밖의 사유로 인한 정신적 제약으로 사무를 처리할 능력이 부족한 사람으로서 가정법원으로부터 일정한 자의 청구에 의하여 한정후견개시 심판을 받은 자를 말한다(제12조 제1항).

2. 한정후견개시 심판의 요건

(1) 실질적 요건

질병, 장애, 노령 그 밖의 사유로 인한 정신적 제약으로 사무를 처리할 능력이 「부족」해야 한다(제12조 제1항). 성년후견개시 원인인 사무처리능력의 지속적 결여보다는 정신적 제약이 경미한 상태를 말하며, 이때에도 원칙적으로 의사의 감정을 거쳐야 한다(가사소송법 제45조의2 제1항).

(2) 형식적 요건

① 본인, 배우자, 4촌 이내의 친족, 미성년후견인, 미성년후견감독인, 성년후견인, 성년후견감독인, 특정후견인, 특정후견감독인, 검사 또는 지방자치단체의 장의 청구가 있어야 한다(제12조 제1항 참조). 가정법원은 직권으로 절차를 개시할 수 없다.

② 가정법원은 한정후견개시의 심판을 할 때 본인의 의사를 고려하여야 한다(제12조 제2항, 제9조 제2항).

3. 한정후견개시 심판의 절차

가정법원은 2.의 요건이 충족되면 반드시 한정후견개시의 심판을 하여야 한다(제12조 참조). 심판의 절차는 가사소송법에 의한다(가사소송법 제2조 제1항 제2호, 제44조 이하).

4. 피한정후견인의 행위능력

(1) 원 칙

① 한정후견이 개시되면 피한정후견인의 행위능력이 제한된다. 즉 가정법원은 한정후견인의 동의를 받아야 하는 행위의 범위를 정할 수 있고(제13조 제1항), 그 범위에 속하는 행위를 한정후견인의 동의 없이 하였을 때에는 그 법률행위를 취소할 수 있다(제13조 제4항). 그리고 그 범위는 본인, 배우자, 4촌 이내의 친족, 한정후견인, 한정후견감독인, 검사 또는 지방자치단체의 장의 청구에 의하여 가정법원이 변경할 수 있다(제13조 제2항).

② 한정후견인의 동의를 받아야 하는 행위에 대하여 피한정후견인의 이익을 해칠 염려가 있음에도 한정후견인이 동의를 하지 않는 때에는 가정법원은 피한정후견인의 청구에 의하여 한정후견인의 동의를 갈음하는 허가를 할 수 있다(제13조 제3항).

(2) 예 외

① 일용품의 구입 등 일상생활에 필요하고 그 대가가 과도하지 아니한 법률행위는 피한정후견인이 단독으로 할 수 있다(제13조 제4항 단서).

② 피한정후견인의 행위능력 제한은 가족법상의 행위에 미치지 않는다. 즉 피한정후견인은 신분행위에 관해서는 완전한 능력자로 취급된다(통설).

5. 법정대리인

① 피한정후견인에게는 한정후견인을 두어야 한다(제952조의2). 한정후견인의 수와 자격, 선임방법 등은 성년후견인의 규정을 준용한다(제959조의3 제2항). 즉 한정후견인은 여러 명 둘 수 있고(제959조의3 제2항, 제930조 제2항), 법인도 한정후견인이 될 수 있으며(제959조의3 제2항, 제930조 제3항), 한정후견개시의 심판을 할 때 가정법원이 직권으로 선임한다(제959조의3 제1항).

② 한정후견인은 동의를 요하는 범위에서 동의권과 대리권 및 취소권을 가진다. 그런데 한정후견인에 의한 능력보충은 주로 동의권 행사에 의하여 이루어지며 그 범위는 가정법원에 유보되어 있다. 그리고 대리권 행사는 대리권을 수여하는 가정법원의 심판이 있어야 가능하다(제959조의4 제1항).

6. 한정후견종료의 심판

① 한정후견개시의 원인이 소멸한 경우에는 가정법원은 일정한 자의 청구에 의하여 한정후견종료의 심판을 해야 한다(제14조).

② 한정후견종료의 심판은 장래에 향하여 효력을 가진다.

③ 가정법원이 피한정후견인에 대하여 성년후견개시의 심판을 할 때에는 종전의 한정후견의 종료 심판을 한다(제14조의3 제1항).

Ⅴ 피특정후견인

제14조의2 【특정후견의 심판】
① 가정법원은 질병, 장애, 노령, 그 밖의 사유로 인한 정신적 제약으로 일시적 후원 또는 특정한 사무에 관한 후원이 필요한 사람에 대하여 본인, 배우자, 4촌 이내의 친족, 미성년후견인, 미성년후견감독인, 검사 또는 지방자치단체의 장의 청구에 의하여 특정후견의 심판을 한다.
② 특정후견은 본인의 의사에 반하여 할 수 없다.
③ 특정후견의 심판을 하는 경우에는 특정후견의 기간 또는 사무의 범위를 정하여야 한다.

제14조의3 【심판 사이의 관계】
① 가정법원이 피한정후견인 또는 피특정후견인에 대하여 성년후견개시의 심판을 할 때에는 종전의 한정후견 또는 특정후견의 종료 심판을 한다.
② 가정법원이 피성년후견인 또는 피특정후견인에 대하여 한정후견개시의 심판을 할 때에는 종전의 성년후견 또는 특정후견의 종료 심판을 한다.

1. 피특정후견인의 의의

피특정후견인이란 질병, 장애, 노령 그 밖의 사유로 인한 정신적 제약으로 일시적 후원 또는 특정한 사무에 관한 후원이 필요한 사람으로서 가정법원으로부터 일정한 자의 청구에 의하여 특정한 후견개시의 심판을 받은 자를 말한다(제14조의2 제1항).

2. 특정후견 심판의 요건

(1) 실질적 요건

질병, 장애, 노령 그 밖의 사유로 인한 정신적 제약으로 「일시적 후원」 또는 「특정한 사무에 관한 후원」이 필요해야 한다. 성년후견이나 한정후견에서의 제약이 지속적·포괄적인 것인 반면, 여기에서의 제약은 일시적·한정적인 것이다.

(2) 형식적 요건

① 본인, 배우자, 4촌 이내의 친족, 미성년후견인, 미성년후견감독인, 검사 또는 지방자치단체의장의 청구가 있어야 한다(제14조의2). 가정법원이 직권으로 절차를 개시할 수는 없다.
② 특정후견은 본인의 의사에 반하여 할 수 없다(제14조의2 제2항).
③ 특정후견의 심판을 하는 경우에는 특정후견의 기간 또는 사무의 범위를 정하여야 한다(제14조의2 제3항).
④ 가정법원은 특정후견의 심판을 할 때 의사나 그 밖에 전문지식이 있는 사람의 의견을 들어야 한다(가사소송법 제45조의2 제2항).

3. 특정후견 심판의 절차

가정법원은 2.의 요건이 갖추어지면 반드시 특정후견의 심판을 하여야 한다. 심판의 절차는 가사소송법에 의한다(가사소송법 제2조 제1항 제2호, 제44조 이하).

4. 피특정후견인의 행위능력

특정후견의 심판을 하는 경우에 가정법원은 특정후견의 기간 또는 사무의 범위를 정하여야 하는데(제14조의2 제3항), 특정후견의 심판이 있다고 하여 피특정후견인의 행위능력이 제한되지 않는다.

5. 특정후견인 및 특정후견감독인

① 가정법원은 피특정후견인의 후원을 위하여 필요한 처분을 명할 때 피특정후견인을 후원하거나 대리하기 위한 특정후견인을 선임할 수 있다(제959조의8, 제959조의9 제1항). 특정후견인의 수와 자격 등은 성년후견인의 규정을 준용한다(제959조의9 제2항). 즉 특정후견인은 여러 명을 둘 수 있고(제959조의9 제2항, 제930조 제2항), 법인도 특정후견인이 될 수 있다(제959조의9 제2항, 제930조 제3항).

② 가정법원은 피특정후견인의 후원을 위하여 필요하다고 인정되면 기간이나 범위를 정하여 특정후견인에게 대리권을 수여하는 심판을 할 수 있고(제959조의11 제1항), 특정후견인은 그 범위에서 대리권을 가질 뿐이다.

③ 피특정후견인은 행위능력이 제한되지 않으므로 특정후견인은 동의권 및 취소권을 가지지 않는다.

④ 가정법원은 필요하다고 인정하면 직권으로 또는 일정한 자의 청구에 의하여 특정후견감독인을 선임할 수 있다(제959조의10 제1항).

6. 특정후견의 종료

① 특정후견종료의 심판이라는 제도는 없으나, 가정법원이 피특정후견인에 대하여 성년후견개시의 심판을 하거나 한정후견개시의 심판을 할 때에는 종전의 특정후견의 종료심판을 하여야 한다(제14조의3 제1항·제2항).

② 특정후견종료의 심판은 장래에 향하여 효력을 가진다.

[피후견인의 비교]

구 분	피성년후견인	피한정후견인	피특정후견인
제한능력자	○	○	×
개시사유	정신적 제약으로 사무처리능력의 지속적 결여	정신적 제약으로 사무처리능력의 부족	정신적 제약으로 일시적 후원 또는 특정사무 후원의 필요
후견개시 청구권자	• 본인, 배우자, 4촌 이내의 친족 • 미성년후견(감독)인 • 한정후견(감독)인 • 특정후견(감독)인 • 임의후견(감독)인 • 검사 또는 지방자치단체의 장	• 본인, 배우자, 4촌 이내의 친족 • 미성년후견(감독)인 • 성년후견(감독)인 • 특정후견(감독)인 • 임의후견(감독)인 • 검사 또는 지방자치단체의 장	• 본인, 배우자, 4촌 이내의 친족 • 미성년후견(감독)인 • 임의후견(감독)인 • 검사 또는 지방자치단체의 장
후견개시 시점	성년후견개시 심판 확정 시	한정후견개시 심판 확정 시	특정후견 심판 확정 시
공시방법	법원의 등기촉탁	법원의 등기촉탁	법원의 등기촉탁
능력	• 원칙 : 제한능력자로서 단독으로 법률행위 불가 • 예외 : ① 법원이 단독으로 가능한 행위 지정가능 ② 일용품 구입 등 일상행위는 단독가능	• 원칙 : 행위능력 있음 • 예외 : 법원이 한정 후견인의 동의를 받도록 정한 행위에 한해 한정후견인의 동의가 필요 • 일용품 구입 등 일상행위는 단독 가능	제한능력자가 아니므로 행위능력이 제한되지 않음

후견인의 권한	• 동의권 × • 취소권 ○ • 대리권 ○ *피성년후견인의 행위는 동의 여부를 불문하고 언제나 취소 가능하다.	• 동의권, 취소권 : ① 원칙 × ② 한정후견인의 동의를 받아야 하는 행위 : ○ • 대리권 ① 원칙 : × ② 한정후견인의 동의를 받아야 하는 행위 : × ③ 대리권 수여심판이 있는 경우 그 범위에 한해 대리권 : ○	• 동의권, 취소권 : ×(예외없음) • 대리권 : ① 원칙 : × ② 대리권 수여심판이 있는 경우 그 범위에 한해 대리권 : ○ *피특정후견인은 제한능력자가 아님에 유의

Ⅵ 제한능력자와 거래한 상대방의 보호

제15조【제한능력자의 상대방의 확답을 촉구할 권리】
① 제한능력자의 상대방은 제한능력자가 능력자가 된 후에 그에게 1개월 이상의 기간을 정하여 그 취소할 수 있는 행위를 추인할 것인지 여부의 확답을 촉구할 수 있다. 능력자로 된 사람이 그 기간 내에 확답을 발송하지 아니하면 그 행위를 추인한 것으로 본다.
② 제한능력자가 아직 능력자가 되지 못한 경우에는 그의 법정대리인에게 제1항의 촉구를 할 수 있고, 법정대리인이 그 정하여진 기간 내에 확답을 발송하지 아니한 경우에는 그 행위를 추인한 것으로 본다.
③ 특별한 절차가 필요한 행위는 그 정하여진 기간 내에 그 절차를 밟은 확답을 발송하지 아니하면 취소한 것으로 본다.

제16조【제한능력자의 상대방의 철회권과 거절권】
① 제한능력자가 맺은 계약은 추인이 있을 때까지 상대방이 그 의사표시를 철회할 수 있다. 다만, 상대방이 계약당시에 제한능력자임을 알았을 경우에는 그러하지 아니하다.
② 제한능력자의 단독행위는 추인이 있을 때까지 상대방이 거절할 수 있다.
③ 제1항의 철회나 제2항의 거절의 의사표시는 제한능력자에게도 할 수 있다.

제17조【제한능력자의 속임수】
① 제한능력자가 속임수로써 자기를 능력자로 믿게 한 경우에는 그 행위를 취소할 수 없다.
② 미성년자나 피한정후견인이 속임수로써 법정대리인의 동의가 있는 것으로 믿게 한 경우에도 제1항과 같다.

1. 상대방 보호의 필요성

제한능력자의 법률행위는 취소될 수 있는데, 취소권을 제한능력자 측만이 가지므로 제한능력자와 거래하는 상대방은 매우 불안정한 지위에 놓이게 된다. 이에 민법은 불확정상태를 해소하기 위하여 법률행위의 취소에 관한 일반적 제도로서 법정추인제도(제145조)와 취소권의 단기제척기간제도(제146조)를 규정하고 있다. 더 나아가 제한능력자의 상대방을 보호하기 위한 특칙으로 상대방의 최고권(제15조)과 철회·거절권(제16조) 및 속임수를 이유로 한 취소권의 배제(제17조)를 규정하고 있다.

2. 상대방의 최고권

(1) 의 의

① 최고권이란 제한능력자 측에 대하여 취소할 수 있는 행위를 추인할 것인지 여부의 확답을 촉구하고, 이에 대한 응답이 없으면 취소 또는 추인의 효과를 발생케 하는 권리를 말한다.

② 최고의 성질은 최고의 효과가 최고권자의 의사와 관계 없이 법률규정에 의하여 결정되므로, 준법률행위의 일종인 「의사의 통지」이다. 또한 일방적인 행위에 의하여 취소할 수 있는 행위의 취소 또는 추인이라는 효과를 발생시키므로 형성권의 일종이라고 할 것이다(통설).

(2) 최고의 요건

① 제한능력자의 상대방은 취소할 수 있는 행위를 적시하고, 1월 이상의 기간을 정하여 추인여부의 확답을 촉구하여야 한다(제15조 제1항).

② 최고의 상대방은 선의·악의를 묻지 않는다.

③ 최고의 상대방은 최고를 수령할 수 있는 능력이 있고(제112조 참조), 또한 추인할 수 있는 자에 한한다(제140조, 제143조). 따라서 제한능력자는 능력자로 된 후에만 최고의 상대방이 될 수 있고(제15조 제1항), 아직 제한능력자인 때에는 법정대리인만이 최고의 상대방이 된다(제15조 제2항).

(3) 최고의 효과

① 유예기간 내에 확답을 한 경우 : 제한능력자 측이 유예기간 내에 추인 또는 취소의 확답을 한 경우 그에 따라 추인 또는 취소의 효과가 발생하는데, 이는 추인 또는 취소의 의사표시에 따른 효과이며, 최고 자체의 효과는 아니다.

② 유예기간 내에 확답을 발하지 않은 경우

    ㉠ 능력자가 된 후의 본인 또는 법정대리인이 상대방의 확답촉구를 받았으나 유예기간 내에 확답을 발송하지 않으면 그 행위를 추인한 것으로 본다(제15조 제1항·제2항).

    ㉡ 그러나 법정대리인이 특별한 절차를 거쳐야 하는 경우에는 유예기간 내에 확답을 발송하지 않으면 그 행위를 취소한 것으로 본다(제15조 제3항). 여기서 특별한 절차가 필요한 행위라 함은 법정대리인의 후견인이 제950조 제1항에 열거된 법률행위에 관하여 추인하는 경우로, 후견감독인이 있으면 그의 동의를 받아야 하는 경우를 말한다[미성년자의 경우(제950조 제1항), 피한정후견인의 경우(제959조의6)].

3. 상대방의 철회권과 거절권

(1) 철회권

① 의의 : 철회권은 제한능력자와 거래한 상대방이 본인의 추인이나 취소가 있을 때까지 불확정적인 법률행위를 확정적 무효로 돌리는 행위로(제16조 제1항 본문), 계약에서 인정된다.

② 철회권자 : 계약 당시 제한능력자임을 몰랐던 선의의 상대방에 한한다(제16조 제1항).

③ 철회의 상대방 : 법정대리인은 물론 제한능력자도 포함된다(제16조 제3항).

④ 철회의 효과 : 상대방이 계약을 철회하면 법률행위는 소급하여 무효가 되며, 이미 이행한 것은 부당이득으로 반환하여야 한다(제741조).

(2) 거절권

① **의의** : 거절권은 제한능력자의 행위에 대하여 그 상대방이 본인의 추인이나 취소가 있을 때까지 불확정한 법률행위를 확정적 무효로 돌리는 행위로(제16조), 상대방 있는 단독행위에서 인정된다.

② **거절권자** : 철회권과 달리 악의인 경우에도 거절권을 행사할 수 있다(통설).

③ **거절의 상대방** : 법정대리인은 물론 제한능력자에게도 거절할 수 있다(제16조 제3항).

④ **거절의 효과** : 제한능력자의 상대방이 제한능력자의 단독행위를 거절하면 단독행위는 소급하여 무효가 된다.

4. 취소권의 배제

(1) 의 의

제한능력자가 속임수를 써서 법률행위를 하는 경우에 상대방은 사기에 의한 의사표시임을 이유로 그 법률행위를 취소하거나(제110조) 또는 불법행위를 이유로 손해배상을 청구할 수도 있으나(제750조), 법은 더 나아가 보호가치 없는 제한능력자로부터 취소권을 박탈함으로써 상대방이 당초 예기한 대로의 효과를 발생케 하여 거래의 안전과 상대방을 보호하고 있다(제17조).

(2) 요 건

① 제한능력자가 자기를 능력자로 믿게 하거나 법정대리인의 동의가 있는 것으로 믿게 하려고 했어야 한다(제17조 제1항, 제2항). 다만, 제17조 제1항은 제한능력자 모두에 적용되나, 제17조 제2항은 「피성년후견인」에는 적용이 없다.

② 제한능력자가 속임수를 썼어야 한다. 여기서 속임수란 기망수단을 의미하는 바, 그 정도에 관하여 판례는 제한능력자의 보호를 위해 적극적인 기망수단을 의미한다고 한다(대판 1971.12.14. 71다2045). 그리하여 「성년자이며 군대를 갔다 왔다」, 「내가 사장이다」는 표현의 정도로는 제17조의 속임수에 해당하지 않는다고 판단하였다. 이에 반하여 다수설은 거래의 안전을 위하여 침묵 등 소극적 기망수단도 포함된다고 한다.

③ 제한능력자의 속임수에 의하여 상대방이 능력자라고 믿었거나 또는 법정대리인의 동의가 있다고 믿었고, 이에 의하여 상대방이 제한능력자와 법률행위를 하여야 한다. 즉 오신과 법률행위 사이에 인과관계가 있어야 한다. 이때 오신에 대한 상대방의 과실 유무는 문제되지 않는다.

④ 제한능력자가 속임수를 썼다는 주장·입증책임은 상대방에게 있다(대판 1971.12.14. 71다2045).

(3) 효 과

제한능력자 측의 취소권이 배제된다. 이 경우 제한능력자의 행위는 「확정적」으로 유효하다(통설). 따라서 제한능력자의 상대방의 철회권도 배제된다(통설).

제18조 【주소】
① 생활의 근거되는 곳을 주소로 한다.
② 주소는 동시에 두 곳 이상 있을 수 있다.

제19조 【거소】
주소를 알 수 없으면 거소를 주소로 본다.

제20조 【거소】
국내에 주소 없는 자에 대하여는 국내에 있는 거소를 주소로 본다.

제21조 【가주소】
어느 행위에 있어서 가주소를 정한 때에는 그 행위에 관하여는 이를 주소로 본다.

1. 주소의 개념

주소는 사람의 생활의 근거가 되는 곳을 말한다(제18조 제1항).

2. 주소의 결정에 관한 우리나라의 입법주의

(1) 복수주의

주소의 개수에 관해서는 단일주의와 복수주의가 있다. 민법은 복수주의를 취하고 있다(제18조 제2항).

(2) 실질주의

주소를 결정하는 표준에 관해서 형식주의와 실질주의가 있다. 형식주의는 형식적 표준에 의하여 주소를 획일적으로 결정하는 주의이고, 실질주의는 생활의 실질적 관계에 의하여 구체적으로 주소를 결정하는 주의이다. 민법은 실질주의를 따르고 있다(제18조 제1항).

(3) 객관주의(통설)

정주(定住)의 사실만으로 주소를 결정하는 객관주의와 정주의 사실과 그 밖에 정주의 의사도 필요하다는 의사주의가 있다. 민법은 객관주의를 취하고 있다(통설).

3. 주소의 효과

① 민법상 주소는 부재와 실종의 표준이고(제22조, 제27조), 변제장소를 정하는 표준이며(제467조), 상속의 개시지(제998조)이다.
② 기타 법률상 어음·수표행위의 장소(어음법 제2조, 수표법 제8조), 재판관할의 표준지(민소법 제2조 등) 등이 된다.

4. 거소, 현재지, 가주소

① 거소란 사람이 상당한 기간 계속하여 거주하는 장소로서, 그 장소와의 밀접성이 주소만 못한 것을 말한다.

② 주소를 알 수 없거나 국내에 주소가 없을 경우 거소를 주소로 본다(제19조, 제20조).

③ 현재지는 장소적 관계가 거소보다 희박한 곳을 말한다.

④ 가주소는 당사자가 특정한 거래에 관하여 일정한 장소를 선정하여 그 거래관계에 관하여 주소로서의 법적 기능을 부여한 장소를 말한다(제21조). 가주소는 생활의 실질과는 무관하며, 당사자의 의사에 의해 설정하는 것으로 제한능력자는 단독으로 가주소를 설정할 수 없다(통설).

제5관 | 부재와 실종

Ⅰ 서 설

① 사람이 그의 주소나 거소를 떠나서 단시일 내에 돌아올 가능성이 없는 경우에는 그의 재산을 관리하거나 또는 상속인이나 잔존배우자 등의 이익을 보호하기 위하여 적절한 조치를 취할 필요가 있다. 이에 민법은 「부재자 재산관리제도」와 「실종선고제도」를 두고 있다.

② 「부재자 재산관리제도」와 「실종선고제도」는 거래의 안전을 보호하는 것이 아닌 부재자의 재산과 이해관계인을 보호하고자 하는 것이다.

③ 재산을 관리할 책임이 있는 법정대리인인 친권자나 후견인이 있는 경우, 그들이 재산관리를 할 수 있으므로 재산관리제도가 적용되지 않는다.

Ⅱ 부재자의 재산관리

제22조【부재자의 재산의 관리】
① 종래의 주소나 거소를 떠난 자가 재산관리인을 정하지 아니한 때에는 법원은 이해관계인이나 검사의 청구에 의하여 재산관리에 관하여 필요한 처분을 명하여야 한다. 본인의 부재 중 재산관리인의 권한이 소멸한 때에도 같다.
② 본인이 그 후에 재산관리인을 정한 때에는 법원은 본인, 재산관리인, 이해관계인 또는 검사의 청구에 의하여 전항의 명령을 취소하여야 한다.

제23조【관리인의 개임】
부재자가 재산관리인을 정한 경우에 부재자의 생사가 분명하지 아니한 때에는 법원은 재산관리인, 이해관계인 또는 검사의 청구에 의하여 재산관리인을 개임할 수 있다.

제24조【관리인의 직무】
① 법원이 선임한 재산관리인은 관리할 재산목록을 작성하여야 한다.
② 법원은 그 선임한 재산관리인에 대하여 부재자의 재산을 보존하기 위하여 필요한 처분을 명할 수 있다.
③ 부재자의 생사가 분명하지 아니한 경우에 이해관계인이나 검사의 청구가 있는 때에는 법원은 부재자가 정한 재산관리인에게 전2항의 처분을 명할 수 있다.
④ 전3항의 경우에 그 비용은 부재자의 재산으로써 지급한다.

> **제25조 【관리인의 권한】**
> 법원이 선임한 재산관리인이 제118조에 규정한 권한을 넘는 행위를 함에는 법원의 허가를 얻어야 한다. 부재자의 생사가 분명하지 아니한 경우에 부재자가 정한 재산관리인이 권한을 넘는 행위를 할 때에도 같다.
>
> **제26조 【관리인의 담보제공, 보수】**
> ① 법원은 그 선임한 재산관리인으로 하여금 재산의 관리 및 반환에 관하여 상당한 담보를 제공하게 할 수 있다.
> ② 법원은 그 선임한 재산관리인에 대하여 부재자의 재산으로 상당한 보수를 지급할 수 있다.
> ③ 전2항의 규정은 부재자의 생사가 분명하지 아니한 경우에 부재자가 정한 재산관리인에 준용한다.

1. 부재자의 개념

① 부재자란 원래「종래의 주소·거소를 떠나서 용이하게 돌아올 가능성이 없어서」「그의 재산이 관리되지 못하고 방치되어 있는 자」를 의미한다(제22조 제1항 참고). 실종선고와 달리 반드시 생사불명일 필요는 없다.

② 법인은 성질상 부재자가 될 수 없다(대결 1965.2.9. 64스9).

2. 부재자 재산의 관리

(1) 부재자가 재산관리인을 둔 경우

① 원칙 : 부재자가 재산관리인을 둔 경우 그 관리인은 부재자의 임의대리인에 해당하며, 법원은 원칙적으로 간섭할 수 없다. 따라서 그의 권한은 위임계약 및 제118조에 의하여 정하여지며 그 관리인에게 필요한 처분권까지 주어진 경우에는 그 재산을 처분함에 있어서 법원의 허가를 받을 필요는 없다(대판 1973.7.24. 72다2136). **기출** 23·20·18

② 예 외

　㉠ 부재자가 재산관리인을 두었더라도 재산관리인의 권한이 본인의 부재 중 소멸하면 관리인을 두지 않은 경우와 같은 조치를 취한다(제22조 제1항 후문).

　㉡ 부재자가 재산관리인을 두었더라도 부재자의 생사가 분명하지 않게 되면 관리인을 개임할 수 있으며 (제23조), 관리인을 바꾸지 않고 감독만 할 수도 있다. 이 경우 가정법원은 관리인에게 재산목록 작성·재산보존에 필요한 처분을 명할 수 있고(제24조 제3항), 관리인이 권한을 넘는 행위를 할 때 허가를 주고 (제25조 후문), 상당한 담보를 제공하게 할 수 있으며, 부재자의 재산에서 상당한 보수를 지급할 수 있다(제26조 제3항).

(2) 부재자가 재산관리인을 두지 않은 경우

① 법원의 조치 : 부재자에게 재산관리인이 없고, 법정대리인도 없는 경우에 가정법원은 (법률상) 이해관계인, 검사의 청구에 의하여 재산관리에 필요한 처분을 명해야 한다(제22조 제1항 전문). 일반적으로 재산관리에 필요한 처분은 재산관리인의 선임이다.

② 선임된 재산관리인의 지위 및 권한범위

　㉠ 지위 : 법원이 선임한 재산관리인은 법정대리인의 지위를 갖는다. 선임된 재산관리인은 언제든지 사임할 수 있고(가사소송규칙 제42조 제2항), 법원도 언제든지 개임할 수 있다(가사소송규칙 제42조 제1항). 부재자와 관리인 사이에는 위임계약이 있는 것은 아니나, 그 직무의 성질상 수임인에 관한 민법의 규정을 유추적용한다(통설). 따라서 관리인은 선량한 관리자의 주의의무를 다하여 직무를 처리하여야 한다(제681조).

ⓛ 권한범위 : 보존행위, 관리행위는 단독으로 자유롭게 할 수 있다(제25조, 제118조). 그러나 처분행위는 가정법원의 허가를 얻어야 한다. 허가를 얻지 아니한 처분행위는 무효이며 가정법원의 허가는 사전뿐만 아니라 사후에도 가능하다(대판 1982.9.14. 80다3063). **기출** 22·15·15 부재자재산관리인이 법원의 매각 처분허가를 얻었다 하더라도 부재자와 아무런 관계가 없는 남의 채무의 담보만을 위하여 부재자 재산에 근저당권을 설정하는 행위는 통상의 경우 객관적으로 부재자를 위한 처분행위로서 당연하다고는 경험칙상 볼 수 없다(대결 1976.12.21. 75마551). 즉 법원의 허가를 얻은 처분행위에 있어서도 그 행위는 부재자를 위하는 범위에 한정된다.

ⓒ 재산관리의 종료 : 부재자가 후에 재산관리인을 정한 때에는 법원은 부재자 본인·재산관리인·이해관계인 또는 검사의 청구에 의하여 처분에 관한 명령을 취소하여야 한다(제22조 제2항). 부재자 스스로 그의 재산을 관리하게 된 때 또는 그의 사망이 분명하게 되거나 실종선고가 있는 때 또는 관리할 재산이 더 이상 남아 있지 아니한 때에는, 부재자 본인 또는 이해관계인의 청구에 의하여 그 명한 처분을 취소하여야 한다(가사소송규칙 제50조). 그런데 재산관리인이 부재자의 사망을 확인하였더라도 법원에 의하여 재산관리인 선임결정이 취소되지 않는 한 재산관리인은 계속하여 권한을 행사할 수 있다(대판 1971.3.23. 71다189). **기출** 23

법원의 허가를 받은 재산관리인의 권한초과행위가 부재자에 대한 실종기간이 만료된 후에 이루어졌더라도 선임결정이 취소되기 전이라면 유효하다(대판 1991.11.26. 91다11810). 또한 가정법원의 처분허가 취소의 효력은 소급하지 않는다. 따라서 재산관리인이 선임결정 후 그 취소전에 자기의 권한범위 내에서 한 행위는 그의 선·악의를 불문하고 유효하다.

[처분명령 취소의 장래효]
법원에 의하여 일단 부재자의 재산관리인 선임결정이 있었던 이상, 가령 부재자가 그 이전에 사망하였음이 위 결정 후에 확실하여졌다 하더라도 법에 정하여진 절차에 의하여 결정이 취소되지 않는 한 선임된 부재자재산관리인의 권한이 당연히는 소멸되지 아니한다. 나아가 위 선임결정이 취소된 경우에도 그 취소의 효력은 장래에 향하여서만 생기는 것이며 그간의 그 부재자재산관리인의 적법한 권한행사의 효과는 이미 사망한 그 부재자의 재산상속인에게 미친다 할 것이다(대판 1970.1.27. 69다719).

Ⅲ 실종선고제도

제27조 【실종의 선고】
① 부재자의 생사가 5년간 분명하지 아니한 때에는 법원은 이해관계인이나 검사의 청구에 의하여 실종선고를 하여야 한다.
② 전지에 임한 자, 침몰한 선박 중에 있던 자, 추락한 항공기 중에 있던 자 기타 사망의 원인이 될 위난을 당한 자의 생사가 전쟁종지 후 또는 선박의 침몰, 항공기의 추락 기타 위난이 종료한 후 1년간 분명하지 아니한 때에도 제1항과 같다.

제28조 【실종선고의 효과】
실종선고를 받은 자는 전조의 기간이 만료한 때에 사망한 것으로 본다.

> **제29조 【실종선고의 취소】**
> ① 실종자의 생존한 사실 또는 전조의 규정과 상이한 때에 사망한 사실의 증명이 있으면 법원은 본인, 이해관계인 또는 검사의 청구에 의하여 실종선고를 취소하여야 한다. 그러나 실종선고 후 그 취소전에 선의로 한 행위의 효력에 영향을 미치지 아니한다.
> ② 실종선고의 취소가 있을 때에 실종의 선고를 직접원인으로 하여 재산을 취득한 자가 선의인 경우에는 그 받은 이익이 현존하는 한도에서 반환할 의무가 있고 악의인 경우에는 그 받은 이익에 이자를 붙여서 반환하고 손해가 있으면 이를 배상하여야 한다.

1. 실종선고의 의의

부재자의 생사불명상태가 일정기간 계속된 경우에, 가정법원의 선고에 의하여 부재자를 사망한 것으로 간주하고, 종래의 주소나 거소를 중심으로 한 법률관계를 확정하는 제도이다.

2. 실종선고의 요건

(1) 실질적 요건

① **생사불분명** : 생존의 증명도 사망의 증명도 할 수 없는 상태를 말한다. 호적상 이미 사망한 것으로 기재되어 있는 자에 대해서는 호적부의 추정력 때문에 실종선고를 할 수 없다(대결 1997.11.27. 97스4). **기출** 21 그리고 동일한 자에게 두 번의 실종선고를 할 수는 없다. 이 경우 먼저 선고된 실종선고를 기초로 상속관계를 판단하여야 한다.

② **실종기간의 경과**
  ㉠ 보통실종(제27조 제1항) : 실종기간은 최후 소식시로부터 5년이다.
  ㉡ 특별실종(제27조 제2항) : 실종기간은 1년이다. 각 기산점은 전쟁실종은 전쟁 종료시, 선박 실종은 선박 침몰시, 항공기실종은 항공기 추락시, 위난실종은 위난 종료시이다.

(2) 형식적 요건

① **이해관계인 또는 검사의 청구가 존재해야 함**(제27조) : 여기서의 이해관계인은 실종선고에 대하여 신분상 또는 재산상 이해관계를 가지는 자, 즉 법률상의 이해관계를 가지는 자를 말하며, 부재자의 배우자, 상속인, 재산관리인 등이 그 예이다. 제1순위 상속인이 있는 경우 부재자의 자매로서 제2순위 상속인, 제4순위 상속인 등에 불과한 자는 부재자에 대한 실종선고를 청구할 이해관계인이 될 수 없다.

② **공시최고** : 실종선고의 청구를 받은 가정법원은 가사소송규칙 제53조 이하에 따라 부재자 자신 또는 부재자의 생사를 알고 있는 자에 대하여 신고하도록 6개월 이상 공고해야 한다. 공시최고기간이 지나도록 신고가 없으면, 가정법원은 반드시 실종선고를 하여야 한다(제27조 제1항).

3. 실종선고의 효과

(1) 사망의 간주

① 실종선고가 확정되면 실종선고를 받은 자는 사망한 것으로 본다(제28조). 이에 따라 상속이 발생하고, 혼인이 해소되어 실종자의 배우자는 재혼할 수 있다.

② 실종선고를 받은 자는 사망한 것으로 간주되므로, 추정되는 경우와 달리 실종자의 생존 기타 반대증거를 들어 선고의 효과를 다투지 못하며, 사망의 효과를 저지하려면 실종선고를 취소해야 한다(대판 1995.2.17. 94다52751). 따라서 실종선고가 가정법원에 의하여 취소되지 않는 한 사망의 효과는 그대로 존속한다.

(2) 사망간주의 시기

① 실종선고에 의하여 사망한 것으로 간주되는 시기에 관하여 다양한 입법례가 있으나, 민법은 실종기간 만료시에 사망한 것으로 본다(제28조). 이로 인해 사망간주 시점이 실종선고시보다 앞서게 되어, 선의의 제3자를 보호하기 위한 조치의 필요성이 대두된다.

② 실종선고가 있으면 실종자는 실종기간이 만료되는 때에 사망한 것으로 간주되며, 그때까지 그는 생존하는 것으로 간주된다(대판 1977.3.22. 77다81·82).

③ 실종선고를 받지 않은 경우에는 학설은 생존하고 있는 것으로 추정된다는 견해가 다수설이다.

(3) 사망간주의 범위

실종선고는 부재자의 「종래 주소를 중심」으로 「실종기간 만료시의 사법상의 법률관계를 종료시키고, 그 범위에서만」 사망의 효과를 발생시키는 것이고, 실종자의 권리능력 자체를 박탈하는 제도가 아니다. 따라서 종래의 주소로 「생환 후의 법률관계」나 실종자의 「다른 곳에서의 신주소를 중심으로 하는 법률관계」에 관하여는 사망의 효과가 미치지 않으며, 공법상의 법률관계(선거권, 납세의무 등)에 관해서도 영향을 미치지는 않는다.

4. 실종선고의 취소

(1) 일반론

① 실종선고는 가정법원의 형식적인 취소선고가 있어야 취소된다(제29조 제1항).

② 실종선고의 취소는 소급효가 있는 것이 원칙이다.

(2) 실종선고 취소의 요건

① **실질적 요건** : 실종자가 생존하고 있는 사실(제29조 제1항 본문), 실종기간이 만료된 때와 다른 시기에 사망한 사실(제29조 제1항 본문) 또는 실종기간의 기산점 이후의 어떤 시점에 생존하고 있었던 사실이 있어야 한다. 다만, 이러한 사실이 인정된다고 하더라도 실제로 실종선고가 취소되지 아니하는 한, 임의로 실종기간이 만료하여 사망한 때로 간주되는 시점과는 달리 사망시점을 정하여 이미 개시된 상속을 부정하고 이와 다른 상속관계를 인정할 수는 없다(대판 1994.9.27. 94다21542). 기출 18

② **형식적 요건** : 본인, 이해관계인 또는 검사의 청구가 있어야 한다(제29조 제1항 본문). 실종선고와 달리 공시최고는 요건이 아니다.

(3) 실종선고 취소의 효과

① **원칙 : 소급효**

실종선고가 취소되면 실종선고가 소급적으로 무효로 되어, 종래의 주소나 거소를 중심으로 한 실종자의 사법적 법률관계는 선고 전의 상태로 돌아간다.

② **예외 : 소급효의 제한**

㉠ 실종선고 후 그 취소 전에 선의로 한 행위의 효력에 영향을 미치지 아니한다(제29조 제1항 단서). 여기서 선의는 재산행위, 신분행위를 불문하고 양 당사자 모두 선의이어야 한다(다수설). 다만, 단독행위의 경우에는 단독행위자(상속인 등)가 선의이기만 하면 유효하다(통설).

㉡ 실종선고의 취소가 있을 때에 실종의 선고를 직접원인으로 하여 재산을 취득한 자가 선의인 경우에는 그 받은 이익이 현존하는 한도에서 반환할 의무가 있고, 악의인 경우에는 그 받은 이익에 이자를 붙여서 반환하고 손해가 있으면 이를 배상하여야 한다(제29조 제2항).

ⓒ 제29조 제2항은 실종선고를 직접원인으로 하여 재산을 취득한 자에 국한하여 적용되므로 이로부터 다시 재산을 취득한 전득자는 포함되지 않는다(통설).

ⓓ 제29조 제2항의 이득반환청구는 부당이득반환청구권의 성질을 갖기 때문에 실종선고 취소시로부터 10년의 시효에 걸린다. 다만, 실종선고의 취소로 인하여 상속인이 달라지는 경우에, 진정상속인이 표현상속인에게 재산회복청구를 하는 것은 상속회복청구가 되므로 상속회복청구권의 제척기간(제999조)이 적용된다.

[소송절차와 실종선고]
실종선고의 효력이 발생하기 전에는 실종기간이 만료된 실종자라 하여도 소송상 당사자능력을 상실하는 것은 아니므로 실종선고 확정 전에는 실종기간이 만료된 실종자를 상대로 하여 제기된 소도 적법하고 실종자를 당사자로 하여 선고된 판결도 유효하며 그 판결이 확정되면 기판력도 발생한다고 할 것이고, 이처럼 판결이 유효하게 확정되어 기판력이 발생한 경우에는 그 판결이 해제조건부로 선고되었다는 등의 특별한 사정이 없는 한 그 효력이 유지되어 당사자로서는 그 판결이 재심이나 추완항소 등에 의하여 취소되지 않는 한 그 기판력에 반하는 주장을 할 수 없는 것이 원칙이라 할 것이며, 비록 실종자를 당사자로 한 판결이 확정된 후에 실종선고가 확정되어 그 사망간주의 시점이 소 제기 전으로 소급하는 경우에도 위 판결 자체가 소급하여 당사자능력이 없는 사망한 사람을 상대로 한 판결로서 무효가 된다고는 볼 수 없다(대판 1992.7.14. 92다2455). 기출 21

---

03 법 인

제1관 서 설

1. 법인의 의의

법인이란 자연인 이외에 법인격이 인정된 것으로, 일정한 목적을 위한 인적 결합에 법인격이 부여된 것을 「사단법인」, 일정한 목적에 바쳐진 재산에 법인격이 부여된 것을 「재단법인」이라 한다.

2. 법인제도의 존재이유

① 사단이나 재단을 그 구성원 또는 재산출연자와 별도의 법적 주체로서 활동하게 하기 위함이다(법인의 독립성).

② 사단 또는 재단의 재산과 사단의 구성원 또는 재산출연자의 고유재산을 분리하여 구별하여야 할 필요성이 있기 때문이다(유한책임).

3. 법인의 본질

(1) 서 설

법인이 그것을 구성하는 개인 또는 재산으로부터 분리되어 단체로서의 독자적인 실체를 가지는 것이냐의 문제가 법인의 본질론이다.

(2) 학 설

① **법인의제설** : 권리·의무의 주체가 되는 것은 자연인인 개인뿐이며, 법이 일정한 단체에 권리 주체성을 부여한 것은 자연인이 법인을 통하여 사적 자치를 더욱 효율적으로 실현할 수 있다는 정책적 이유에 기인한다.

② **법인실재설** : 법인을 권리주체로서의 실질을 가지는 사회적 실체라고 보는 이론이다.

(3) 검 토

학설의 대립은 주로 법인의 불법행위능력과 관련하여 실익을 가진다. 즉 의제설을 따르면 원칙적으로 법인의 불법행위능력이 부정되고 가해행위를 한 대표기관 개인의 책임만이 문제되나, 실재설에 의하면 법인의 불법행위능력이 인정되고 대표기관 개인의 책임이 당연히 긍정되지는 않는다. 생각건대 제35조에 의하여 법인과 그 대표기관의 책임이 인정되므로, 어느 학설에 의하더라도 논의의 실익은 크지 아니하다.

제2관 법인 아닌 사단·재단

Ⅰ 서 설

1. 조합과 비법인사단의 구별

(1) 단체성의 강약

민법상의 조합과 법인격은 없으나 사단성이 인정되는 비법인사단을 구별함에 있어서는 일반적으로 그 단체성의 강약을 기준으로 판단하여야 하는바, 조합은 2인 이상이 상호 간에 금전 기타 재산 또는 노무를 출자하여 공동사업을 경영할 것을 약정하는 계약관계에 의하여 성립하므로 어느 정도 단체성에서 오는 제약을 받게 되는 것이지만 구성원의 개인성이 강하게 드러나는 인적결합체인 데 비하여 비법인사단은 구성원의 개인성과는 별개로 권리·의무의 주체가 될 수 있는 독자적 존재로서의 단체적 조직을 가지는 특성이 있다 하겠는데, 어떤 단체가 고유의 목적을 가지고 사단적 성격을 가지는 규약을 만들어 이에 근거하여 의사결정기관 및 집행기관인 대표자를 두는 등의 조직을 갖추고 있고, 기관의 의결이나 업무집행방법이 다수결의 원칙에 의하여 행하여지며, 구성원의 가입, 탈퇴 등으로 인한 변경에 관계없이 단체 그 자체가 존속되고, 그 조직에 의하여 대표의 방법, 총회나 이사회 등의 운영, 자본의 구성, 재산의 관리 기타 단체로서의 주요사항이 확정되어 있는 경우에는 비법인사단으로서의 실체를 가진다고 할 것이다(대판 1999.4.23. 99다4504).

(2) 재산소유형태

① 조합의 소유형태는 조합원들의 합유이다(제703조, 제704조).

② 비법인사단은 사원들의 총유이다(제275조). 총유물의 보존행위는 특별한 사정이 없는 한 사원총회의 결의를 거쳐야 하는 것인 바, 이러한 법리는 비법인사단인 주택조합이 대표자의 이름으로 소송행위를 하는 경우에도 마찬가지이다(대판 1994.4.26. 93다51591).

③ 한편 법인은 법인의 단독소유이다.

(3) 채무관계

① 조합채무에 대하여는 조합재산과 조합원의 개인재산으로 무한책임을 진다.
② 비법인사단의 채무는 사원들의 준총유 형태로 귀속되며(제278조), 비법인사단의 재산으로만 책임을 진다.
③ 법인의 채무에 대해서는 법인의 재산만이 책임재산이 된다.

Ⅱ 권리능력 없는 사단(비법인사단)

1. 의 의

사단의 실체를 갖추고 있으나 법인등기를 하지 아니한 단체를 말한다.

2. 성립요건

권리능력 없는 사단은 사단의 실체를 가져야 하므로, 별도의 조직행위를 요하지는 않더라도 대표자와 총회 등 사단으로서의 조직을 갖추어야 하고, 구성원의 변경과 관계없이 존속해야 한다. 그 밖에 성문의 규약이 아니더라도 사단법인의 정관에 상응하는 것은 있어야 한다.

3. 법률관계

① 소송법상 당사자능력(민소법 제52조)과 부동산등기법상 등기능력(부동산등기법 제26조)은 명문의 규정으로 인정된다. 한편 비법인 사단이 당사자능력이 있는지 여부는 「사실심의 변론종결시」를 기준으로 판단한다(대판 2010.3.25. 2009다95387).
② 권리능력 없는 사단에 관하여 민법은 제275조에서 그 재산소유형태를 총유라고 하여 조합이 아님을 규정하고 있을 뿐이므로, 통설·판례는 권리능력 없는 사단이 사단의 실질을 가지고 있음을 이유로 법인설립등기를 전제로 하는 것을 제외하고 전부 사단법인 규정을 유추적용하고 있다.

[판례가 비법인사단에 유추적용을 긍정한 법인규정]

- 비법인사단에 대하여는 사단법인에 관한 민법규정 중 법인격을 전제로 하는 것을 제외한 규정들을 유추적용하여야 할 것이므로 비법인사단인 교회의 교인이 존재하지 않게 된 경우 그 교회는 해산하여 청산절차에 들어가서 청산의 목적범위 내에서 권리·의무의 주체가 되며, 이 경우 해산 당시 그 비법인사단의 총회에서 향후 업무를 수행할 자를 선정하였다면 제82조 제1항을 유추하여 그 선임된 자가 청산인으로서 청산 중의 비법인사단을 대표하여 청산업무를 수행하게 된다(대판 2003.11.14. 2001다32687). [기출] 15
- 비법인사단에 대하여는 사단법인에 관한 민법 규정 가운데 법인격을 전제로 하는 것을 제외하고는 이를 유추적용하여야 하는데, 제62조에 비추어 보면 비법인사단의 대표자는 정관 또는 총회의 결의로 금지하지 아니한 사항에 한하여 타인으로 하여금 특정한 행위를 대리하게 할 수 있을 뿐 비법인사단의 제반 업무처리를 포괄적으로 위임할 수는 없으므로 비법인사단 대표자가 행한 타인에 대한 업무의 포괄적 위임과 그에 따른 포괄적 수임인의 대행행위는 제62조를 위반한 것이어서 비법인사단에 대하여 그 효력이 미치지 않는다(대판 2011.4.28. 2008다15438). [기출] 24 · 21
- 주택조합과 같은 비법인사단의 대표자가 직무에 관하여 타인에게 손해를 가한 경우 그 사단은 제35조 제1항의 유추적용에 의하여 그 손해를 배상할 책임이 있으며, 비법인사단의 대표자의 행위가 대표자 개인의 사리를 도모하기 위한 것이었거나 혹은 법령의 규정에 위배된 것이었다 하더라도 외관상, 객관적으로 직무에 관한 행위라고 인정할 수 있는 것이라면 제35조 제1항의 직무에 관한 행위에 해당한다(대판 2003.7.25. 2002다27088). [기출] 22 · 17

- 권리능력 없는 사단인 재건축주택조합과 그 대표기관과의 관계는 위임인과 수임인의 법률관계와 같은 것으로서 임기가 만료되면 일단 그 위임관계는 종료되는 것이 원칙이고, 다만 그 후임자가 선임될 때까지 대표자가 존재하지 않는다면 대표기관에 의하여 행위를 할 수밖에 없는 재건축주택조합은 당장 정상적인 활동을 중단하지 않을 수 없는 상태에 처하게 되므로, 제691조의 규정을 유추하여 구 대표자로 하여금 조합의 업무를 수행케 함이 부적당하다고 인정할 만한 특별한 사정이 없고 종전의 직무를 구 대표자로 하여금 처리하게 할 필요가 있는 경우에 한하여 후임 대표자가 선임될 때까지 임기만료된 구 대표자에게 대표자의 직무를 수행할 수 있는 업무수행권이 인정된다(대판 2003.7.8, 2002다74817).

[판례가 비법인사단에 유추적용을 부정한 법인규정]

비법인사단의 경우에는 대표자의 대표권 제한에 관하여 등기할 방법이 없어 제60조의 규정을 준용할 수 없고, 비법인사단의 대표자가 정관에서 사원총회의 결의를 거쳐야 하도록 규정한 대외적 거래행위에 관하여 이를 거치지 아니한 경우라도, 이와 같은 사원총회 결의사항은 비법인사단의 내부적 의사결정에 불과하다 할 것이므로, 그 거래 상대방이 그와 같은 대표권 제한 사실을 알았거나 알 수 있었을 경우가 아니라면 그 거래행위는 유효하다고 봄이 상당하고, 이 경우 거래의 상대방이 대표권 제한 사실을 알았거나 알 수 있었음은 이를 주장하는 비법인사단측이 주장·입증하여야 한다(대판 2003.7.22, 2002다 64780). 기출 23·17·15

4. 권리능력 없는 사단 여부

① 종중, 사찰, 교회, 주택조합 또는 재건축조합, 자연부락, 동·리, 어촌계, 집합건물의 관리단, 아파트입주자대표회의, 채권자들로 구성된 청산위원회 등은 권리능력 없는 사단으로 인정하고 있다.

② 반면, 부도난 회사의 채권자들이 조직한 채권단, 원호대상자광주목공조합, 개인사찰, 학교, 대한불교조계종총무원 등은 판례가 권리능력 없는 사단으로 보고 있지 않다.

Ⅲ 권리능력 없는 재단(비법인재단)

1. 의 의

재단법인의 실질을 갖추어 목적재산과 조직은 존재하지만 아직 법인격을 취득하지 못한 것을 의미한다.

2. 법률관계

① 소송상 당사자능력이 인정된다.

② 부동산에 관하여는 등기능력이 인정되는데, 이는 결국 부동산은 권리능력 없는 재단의 단독소유로 취급된다(통설·판례). 부동산 이외의 재산권에 대하여는 아무런 규정이 없어 신탁의 법리로 설명하는 견해와 기타의 재산권도 역시 권리능력 없는 재단에 속한다는 견해가 대립하고 있다.

③ 그 밖의 법률관계에 대하여는 재단법인에 관한 규정 가운데 법인격을 전제로 하는 것을 제외하고는 이를 유추적용한다(통설).

3. 권리능력 없는 재단 여부

사찰, 장학재단(육영회), 유치원 등은 판례가 비법인재단으로 인정하였으나, 학교와 같이 시설(영조물)에 불과한 것은 비법인재단이 아니라고 보았다(대판 1977.8.23, 76다147).

Ⅳ 종중의 법률관계

1. 종중의 의의

(1) 고유한 의미의 종중

① 종중의 개념 : 종중이란 공동선조의 분묘수호 및 봉제사와 후손 상호 간의 친목을 목적으로 형성되는 「자연발생적인 종족단체」로, 선조의 사망과 동시에 후손에 의하여 성립하는 것이며, 법적 성격은 법인격 없는 사단이다(대판[전합] 2005.7.21. 2002다1178).

② 종중 유사의 단체 : 공동선조의 후손 중 "일정한 범위"의 종족집단이 사회적 조직체로서 성립하여 고유의 재산을 소유 관리하면서 독자적인 활동을 하고 있다면 단체로서의 실체를 부인할 수 없다고 할 것이나 이는 고유 의미의 종중과는 다른 종중 유사의 단체이다(대판 1992.9.22. 92다15048). 종중 유사의 단체는 사적 자치의 원칙 내지 결사의 자유에 따라 그 구성원의 자격과 가입조건을 자유롭게 정할 수 있음이 원칙이므 로 회칙 등에서 공동선조의 후손 중 남성만으로 구성원을 한정하고 있는 경우, 그러한 사정만으로 회칙 등이 무효로 되지는 않는다(대판 2011.2.24. 2009다17783). 같은 의미로 특정지역 내에 거주하는 일부 종중원이나 특정 항렬의 종중원만을 그 구성원으로 하는 단체는 종중 유사의 단체에 불과하고 고유한 의미의 종중은 될 수 없다(대판 2002.5.10. 2002다4863). 고유한 의미의 종중이라면 일부 종원의 자격을 임의로 제한하였거나 확장한 종중회칙은 종중의 본질에 반하여 무효이나, 그 종중의 회칙 규정이 종중의 본질에 반한다 하여 바로 고유한 의미의 종중이 아니라고 추단할 수는 없다(대판 2002.6.28. 2001다5296).

(2) 종중의 대표자

① 종중에는 관습에 따른 종장이 있는데, 종장이라는 이유만으로 당연히 법적 대표권한이 있는 것은 아니다(대판 1999.7.27. 99다9523).

② 「종중 대표자의 선임방법」은 그 종중에 규약이나 관례가 있으면 그에 따라 선임하고 그것이 없다면 종장 또는 문장이 그 종원을 소집하여 「출석종원의 과반수 결의」로 선출하며, 평소에 종중에 종장이나 문장이 선임되어 있지 아니하고 선임에 관한 규약이나 일반 관례가 없다면 현존하는 연고항존자(나이가 가장 많고 항렬이 가장 높은 사람)가 종장이나 문장이 되어 종중 총회를 소집하는 것이 일반 관습이다(대판 2009.5.28. 2009다7182).

(3) 종중의 구성원

① 공동선조의 후손 중 성년이면 남녀를 불문하고 당연히 종중의 구성원이 된다.

② 다른 가문으로 출계한 아들(양자로 간 아들)은 그 생가의 종원 자격을 인정할 수 없다(대판 1996.8.23. 96다 12566).

2. 종중의 법률관계

(1) 총회의 소집권자

① 총회의 소집권자는 '종중규약'에 정함이 있으면 그에 따르고, 정함이 없으면 '연고항존자'가 적법한 소집 권자이다.

② 종중원들이 규약에 따라 적법한 소집권자 또는 그러한 자가 없어 연고항존자에게 총회의 소집을 요구하였 으나 그 소집권자나 연고항존자가 정당한 이유 없이 이에 응하지 아니하는 경우에는 차석 또는 소집을 요구한 종중원들이 소집권자를 대신하여 그 총회를 소집할 수 있다(대판 2010.12.9. 2009다26596). 기출 21

(2) 총회의 소집통지방법

반드시 직접 서면으로 하여야만 하는 것은 아니고 구두 또는 전화로 하여도 되고 다른 종중원이나 세대주를 통하여 하여도 무방하다(대판 2000.2.25. 99다20155).

(3) 총회의 결의방법

종중규약에 다른 규정이 없는 이상 종원은 서면이나 대리인으로 결의권을 행사할 수 있으므로, 일부 종원이 총회에 직접 출석하지 아니하고 다른 출석 종원에 대한 위임장 제출방식에 의하여 종중의 대표자 선임 등에 관한 결의권을 행사하는 것도 허용된다(대판 2000.2.25. 99다20155).

(4) 총회의 의결정족수

총회의 의결정족수를 정하는 기준이 되는 출석종원이라 함은 문제가 된 결의 당시 회의장에 남아있던 종원만을 의미한다. 따라서 회의 도중 스스로 회의장에서 퇴장한 종원들은 이에 포함되지 않는다(대판 2001.7.27. 2000다56037).

Ⅴ 교회의 분열과 재산귀속관계

1. 교회의 법적 성격

① 교인들로 구성된 비법인사단이다.
② 특정 교단에 소속된 지교회도 비법인사단으로서의 실체를 갖추고 있다면, 특정 교단과는 독립된 비법인사단이다.
③ 따라서 비법인사단에 관한 일반적인 법률관계가 교회에도 그대로 적용된다.

2. (비법인) 사단의 분열 여부

① 우리 민법이 사단법인에 있어서 구성원들이 2개의 법인으로 나뉘어 각각 독립한 법인으로 존속하면서 종전 사단법인에게 귀속되었던 재산을 소유하는 방식의 사단법인의 분열을 인정하지 아니하므로, 비법인사단의 분열은 허용되지 않는다(교회도 동일).
② 따라서 비법인사단의 구성원들이 집단적으로 탈퇴하는 경우 탈퇴한 자들은 구성원의 지위를 상실하는 반면, 잔존 구성원들로 구성된 단체는 여전히 동일성을 잃지 않고 비법인사단으로서의 실체를 유지하며 존속한다.
③ 집단적으로 탈퇴한 구성원들은 종전 사단의 재산에 대하여는 어떠한 권리도 가질 수 없다.

3. 교회 탈퇴시 종전 교회재산의 귀속관계(잔존 교인들의 총유)

의결권을 가진 교인 2/3 이상의 찬성이 없이 집단적으로 교회를 탈퇴한 경우 종전 교회재산은 잔존 교인들의 총유로 귀속된다(대판 2006.6.30. 2000다15944).

4. 지교회의 교단변경의 결의요건(의결권을 가진 교인 2/3 이상의 찬성)

① 특정 교단에 가입한 지교회(교단과는 독립한 비법인사단)의 경우에, 소속교단을 변경하는 것은 지교회의 명칭이나 목적 등 자치규범을 변경하는 결과를 초래하므로, 소속 교단에서의 탈퇴 내지 변경은 사단법인 정관변경에 준하여 「의결권을 가진 교인 2/3 이상의 찬성」에 의한 결의를 필요로 하며, 소속 교단에서의 탈퇴 내지 변경이 의결권을 가진 교인의 2/3 이상의 찬성에 의하여 소속 교단에서의 탈퇴 또는 소속 교단의 변경결의가 적법·유효하게 이루어졌다는 점은 이를 주장하는 자가 입증하여야 한다(대판 2007.12.27. 2007다17062).

② 만약 교단 탈퇴 및 변경에 관한 결의를 하였으나 이에 찬성한 교인이 의결권을 가진 교인의 2/3에 이르지 못한다면, 종전 교회의 동일성은 여전히 종전 교단에 소속되어 있는 상태로서 유지된다(대판[전합] 2006.4.20. 2004다37775). **기출** 21

③ 반대로 교단변경 결의요건을 갖추어 소속 교단에서 탈퇴하거나 다른 교단으로 변경한 경우에는 종전 교회의 실체는 이와 같이 교단을 탈퇴한 교회로서 존속하고 종전 교회재산은 위 「탈퇴한 교회 소속 교인들의 총유」로 귀속된다(대판[전합] 2006.4.20. 2004다37775).

제3관　법인의 설립

제31조【법인성립의 준칙】
법인은 법률의 규정에 의함이 아니면 성립하지 못한다.

제32조【비영리법인의 설립과 허가】
학술, 종교, 자선, 기예, 사교 기타 영리 아닌 사업을 목적으로 하는 사단 또는 재단은 주무관청의 허가를 얻어 이를 법인으로 할 수 있다.

제33조【법인설립의 등기】
법인은 그 주된 사무소의 소재지에서 설립등기를 함으로써 성립한다.

I　비영리사단법인의 설립요건

1. 목적의 비영리성(제32조)

① 비영리성이란 사단법인의 수익이 사원들에게 분배되지 않는다는 의미이다. 다만, 목적달성을 위해 부수적인 영리행위는 그것이 비영리사단의 본질에 반하지 않는 한 문제되지 않는다.

② 비영리사단법인만이 민법이 적용되며, 영리사단법인에는 민사회사와 상사회사가 있는데, 이에는 상법이 적용된다(제39조 참조).

2. 설립행위

(1) 서 설

사단법인을 설립하려면 2인 이상의 사람이 법인의 근본규칙을 정하여 서면에 기재하고 기명날인 하여야 한다 (제40조). 이 서면을 정관이라 하며 이러한 정관작성행위를 사단법인의 설립행위라고 한다.

(2) 법적 성질

① 사단법인 설립행위는 서면에 의해야 하는 요식행위이다.

② 사단법인 설립행위의 법적 성질에 대하여 합동행위라는 견해(다수설)와 특수한 계약이라는 견해가 대립하고 있다.

③ 다수설인 합동행위설에 의하면, 설립행위는 계약이 아니므로, 제124조(자기계약, 쌍방대리금지)가 적용되지 않고, 의사표시 흠결에 관한 규정(제107조 내지 제110조)도 적용되지 않는다고 한다.

(3) 정 관

사단법인 정관의 법적 성질은 계약이 아니라「자치법규」이다. 따라서 그 해석 방법은 어디까지나 객관적인 기준에 따라 그 규범적인 의미 내용을 확정하는 법규해석의 방법으로 해석되어야 하는 것이지, 작성자의 주관이나 해석 당시의 사원의 다수결에 의한 방법으로 자의적으로 해석될 수는 없다(대판 2000.11.24. 99다12437).

기출 24

(4) 정관의 기재사항(제40조, 제43조)

> **제40조【사단법인의 정관】**
> 사단법인의 설립자는 다음 각 호의 사항을 기재한 정관을 작성하여 기명날인하여야 한다.
> 1. 목적
> 2. 명칭
> 3. 사무소의 소재지
> 4. 자산에 관한 규정
> 5. 이사의 임면에 관한 규정
> 6. 사원자격의 득실에 관한 규정
> 7. 존립시기나 해산사유를 정하는 때에는 그 시기 또는 사유
>
> **제43조【재단법인의 정관】**
> 재단법인의 설립자는 일정한 재산을 출연하고 제40조 제1호 내지 제5호의 사항을 기재한 정관을 작성하여 기명날인하여야 한다.

① **필요적 기재사항** : 정관에 다음의 사항들을 반드시 기재하여야 하며, 하나라도 빠지면 그 정관은 '무효'이다.

> • 재단법인과의 공통점 : 목적, 명칭, 사무소의 소재지, 자산에 관한 규정, 이사의 임면규정
> • 재단법인과의 차이점(사단법인의 고유 기재사항) : 사원자격의 득실에 관한 규정, 존립시기나 해산사유를 정한 때에는 그 시기나 사유

② **임의적 기재사항** : 임의적 기재사항에는 제한이 없으며, 다만, 임의적 기재사항이라도 일단 정관에 기재되면 필요적 기재사항과 효력상 차이가 없으며, 따라서 그것을 변경할 때에는 정관변경절차에 의하여야 한다.

3. 주무관청의 허가

① 비영리법인의 특징으로서 주무관청의 '허가'가 필요하고, 주무관청은 사후에 허가를 취소하여 법인을 소멸시킬 수 있다(제38조). 이 허가 취소는 소급효가 없다.

② 판례는 위 허가는 주무관청의 자유재량에 속하는 행위이므로 주무관청이 판단과정에 합리성이 있음을 부정할 수 없는 경우에는, 다른 특별한 사정이 없는 한 그 불허가처분에 재량권을 일탈·남용한 위법이 있다고 할 수 없어 주무관청의 불허가처분에 관하여 행정소송으로 다툴 수 없다고 한다(대판 1996.9.10. 95누18437).

4. 설립등기

> **제33조【법인설립의 등기】**
> 법인은 그 주된 사무소의 소재지에서 설립등기를 함으로써 성립한다.
>
> **제49조【법인의 등기사항】**
> ① 법인설립의 허가가 있는 때에는 3주간 내에 주된 사무소소재지에서 설립등기를 하여야 한다.
> ② 전항의 등기사항은 다음과 같다.
>   1. 목적
>   2. 명칭
>   3. 사무소
>   4. 설립허가의 연월일
>   5. 존립시기나 해산이유를 정한 때에는 그 시기 또는 사유
>   6. 자산의 총액
>   7. 출자의 방법을 정한 때에는 그 방법
>   8. 이사의 성명, 주소
>   9. 이사의 대표권을 제한한 때에는 그 제한
>
> **제54조【설립등기 이외의 등기의 효력과 등기사항의 공고】**
> ① 설립등기 이외의 본절의 등기사항은 그 등기후가 아니면 제3자에게 대항하지 못한다.
> ② 등기한 사항은 법원이 지체없이 공고하여야 한다.

사단법인은 법인등기부에 설립등기를 함으로써 성립한다(제33조). 즉 이 등기는 권리능력을 취득하기 위한 성립요건이고, 그 밖의 등기는 모두 대항요건에 해당한다(제54조 제1항).

5. 설립 중의 회사

설립 중의 회사는 '강학상 개념'으로서 정관이 작성되고 발기인이 적어도 1주 이상의 주식을 인수하였을 때 비로소 성립한다(대판 1990.12.26. 90누2536). **기출 20** 설립 중의 회사의 법적 성격은 '법인 아닌 사단'으로 볼 것이다(대판 2008.2.28. 2007다37394·37400).

① 설립 중의 회사로서의 실체가 갖추어지기 이전에 발기인이 취득한 권리·의무는 구체적인 사정에 따라 발기인 개인 또는 발기인 조합에 귀속되는 것으로서 이들에게 귀속된 권리·의무를 설립 후의 회사에게 귀속시키기 위하여는 양수나 계약자 지위 인수 등의 특별한 이전행위가 있어야 한다(대판 1998.5.12. 97다56020).

② 설립 중인 법인의 행위에 대하여 설립 후의 법인이 책임지는 것은 설립자체를 위한 비용만이다.

Ⅱ 비영리재단법인의 설립요건

1. 목적의 비영리성(제32조)

재단법인은 사원이 없으므로 비영리법인만 존재한다.

2. 설립행위

재단법인의 설립자는 일정한 재산을 출연하고 정관을 작성하여 기명날인을 하여야 한다(제43조).

(1) 법적 성질

재단법인 설립행위는 서면에 일정한 사항을 기재하는 '요식행위'이며, 상대방 없는 단독행위이다(통설)(대판 1999.7.9. 98다9045). 한편 설립자가 수인인 경우에는 단독행위의 경합으로 본다.

> [1] 제47조 제1항에 의하여 생전처분으로 재단법인을 설립하는 때에 준용되는 제555조는 "증여의 의사가 서면으로 표시되지 아니한 경우에는 각 당사자는 이를 해제할 수 있다."고 함으로써 서면에 의한 증여(출연)의 해제를 제한하고 있으나, 그 해제는 민법 총칙상의 취소와는 요건과 효과가 다르므로 서면에 의한 출연이더라도 민법 총칙규정에 따라 출연자가 착오에 기한 의사표시라는 이유로 출연의 의사표시를 취소할 수 있고, 상대방 없는 단독행위인 재단법인에 대한 출연행위라고 하여 달리 볼 것은 아니다.
> [2] 재단법인에 대한 출연자와 법인과의 관계에 있어서 그 출연행위에 터잡아 법인이 성립되면 그로써 출연재산은 제48조에 의하여 법인 성립시에 법인에게 귀속되어 법인의 재산이 되는 것이고, 출연재산이 부동산인 경우에 있어서도 위 양당사자 간의 관계에 있어서는 법인의 성립 외에 등기를 필요로 하는 것은 아니라 할지라도, 재단법인의 출연자가 착오를 원인으로 취소를 한 경우에는 출연자는 재단법인의 성립 여부나 출연된 재산의 기본재산인 여부와 관계 없이 그 의사표시를 취소할 수 있다(대판 1999.7.9. 98다9045).

(2) 정관의 필요적 기재사항(제43조, 제40조 참조)

(3) 정관의 보충

> **제44조 【재단법인의 정관의 보충】**
> 재단법인의 설립자가 그 명칭, 사무소 소재지 또는 이사임면의 방법을 정하지 아니하고 사망한 때에는 이해관계인 또는 검사의 청구에 의하여 법원이 이를 정한다.

① 사단법인에는 없는 제도이다.
② 이해관계인과 검사의 '청구'에 의해 '법원'이 나머지 사항을 정하여 법인을 성립시킨다.
③ 목적과 자산은 정해진 상태여야 한다.

3. 주무관청의 허가와 설립등기(제32조, 제33조)

사단법인과 동일하다.

Ⅲ 재단법인의 출연재산의 귀속시기

> **제47조【증여, 유증에 관한 규정의 준용】**
> ① 생전처분으로 재단법인을 설립하는 때에는 증여에 관한 규정을 준용한다.
> ② 유언으로 재단법인을 설립하는 때에는 유증에 관한 규정을 준용한다.
>
> **제48조【출연재산의 귀속시기】**
> ① 생전처분으로 재단법인을 설립하는 때에는 출연재산은 법인이 성립된 때로부터 법인의 재산이 된다.
> ② 유언으로 재단법인을 설립하는 때에는 출연재산은 유언의 효력이 발생한 때로부터 법인에 귀속한 것으로 본다.

1. 서 설

재단법인의 출연재산의 귀속시기와 관련된 논의는 권리변동에 별도의 공시가 필요한 물권과 증권화된 채권(지시채권, 무기명채권) 등을 출연하는 경우에만 문제가 되고, 「지명채권(채권자가 특정되어 있고, 성립·양도에 증권이 불필요한 채권)」의 경우에는 공시가 성립요건이 아니기 때문에 견해대립 없이 제48조가 적용된다.

2. 생전처분으로 설립하는 경우(제48조 제1항)

(1) 학 설

1) 제48조 적용긍정설[법인성립시설(다수설)]
① 법인의 보호를 우선시하는 입장이다.
② 제48조는 제187조의 '기타 법률의 규정'에 해당한다.
③ 따라서 제48조가 정한 시기(법인설립등기시)에 권리귀속이 된다.

2) 제48조 적용부정설[이전등기시설(소수설)]
① 거래의 안전을 우선시하는 입장이다.
② 제187조의 '기타 법률의 규정'은 법률행위에 의하지 아니하고 형성적 효력을 갖는 물권변동을 규정한 법률만을 의미한다.
③ 따라서 제187조가 법률행위에 의한 재단법인 설립의 경우에는 적용되지 않기 때문에, 공시가 있어야만 재단법인에게 출연재산이 귀속된다.

(2) 판례 : 소유권의 상대적 귀속

판례는 출연자와 법인의 관계에서는 제187조가, 제3자에 대한 관계에서는 제186조가 적용된다는 입장이다(대판 [전합] 1979.12.11. 78다481·482). 기출 19·15

3. 유언으로 설립하는 경우(제48조 제2항)

(1) 학 설

① 제48조 적용긍정설[유언의 효력발생시설(다수설)] : 법인이 설립되면 공시 없이도 '유언자의 사망시(제1073조 제1항 참조)'에 소급하여 법인의 재산이 된다는 견해이다.

② 제48조 적용부정설[이전등기시설(소수설)] : 법인이 설립되고 이전등기, 인도, 배서 · 교부 등을 마쳐야 비로소 재산권이 법인에게 귀속된다는 견해이다.

(2) 판 례

유언으로 재단법인을 설립하는 경우에도 제3자에 대한 관계에서는 출연재산이 '부동산'인 경우에는 그 법인에의 귀속은 법인의 설립 외에 등기를 필요로 한다는 입장이다(대판 1993.9.14. 93다8054).

제4관   법인의 능력

제34조【법인의 권리능력】
법인은 법률의 규정에 좇아 정관으로 정한 목적의 범위 내에서 권리와 의무의 주체가 된다.

I   서 설

1. 의 의

법인도 권리의 주체이므로, 자연인과 동일하게 권리능력 · 행위능력 · 불법행위능력을 가진다. 다만, 법인의 능력은 의사능력 내지 판단능력을 중심으로 하여 논의되는 자연인의 경우와는 본질적으로 다르기에 ① 법인이 어느 범위에서 권리능력을 갖는지, ② 누가 어떠한 형식으로 법인의 행위를 할 수 있는지, ③ 누구의 어떤 행위에 대하여 법인 자신이 배상책임을 부담하는지 등이 문제된다.

2. 능력에 관한 규정

법인의 능력에 관한 규정은 강행규정이다.

Ⅱ 법인의 권리능력

법률의 규정과 정관으로 정한 목적의 범위 내에서 인정된다(제34조).

1. 법률에 의한 제한

법인의 권리능력은 법률에 의하여 제한될 수 있다. 다만, 그 제한은 개별적(제81조, 상법 제173조 등)이며, 법인의 권리능력을 일반적으로 제한하는 법률은 없다.

2. 성질상 제한

법인은 자연인을 전제로 하는 권리·의무의 주체가 될 수는 없다. 즉 생명권, 친권, 부양청구권, 상속권 등은 성질상 법인에게 인정되지 않는다. 다만, 명예권, 성명권, 유증을 받을 수 있는 지위 등은 인정된다.

3. 정관에 의한 제한

① 「목적범위 내」를 어떻게 해석할 것인지와 관련하여 목적달성에 필요한 범위 내라는 견해와 목적에 위반하지 않는 범위 내라는 견해의 대립이 있다.

② 판례는 "목적달성에 필요한 범위 내라고 판시하나, 직접적인 필요에 한정하지 않고 간접적으로 필요한 행위도 포함하고 있으며(대결 2001.9.21. 2000그98), 필요한지 여부도 객관적 성질에 따라 추상적으로 판단해야 한다(대판 1987.10.13. 86다카1522)"고 하여 그 범위를 넓히고 있다.

Ⅲ 법인의 행위능력

1. 문제점

관념상 법인이 실제로 권리를 취득하거나 의무를 부담하는 것은 일정한 자연인의 행위에 의할수 밖에 없는데, 이 경우 누구의 행위를 법인의 행위로 볼 것인가의 문제가 발생하는 바, 이것이 법인의 행위능력의 문제이다.

2. 대표기관의 행위

법인은 대표기관을 통해 현실적인 행위를 하기에 대표기관의 행위는 법인의 행위로 간주된다. 이사(제59조), 이사의 직무대행자(제60조의2), 임시이사(제63조), 특별대리인(제64조), 청산인(제82조) 등이 대표적인 대표기관에 해당한다.

3. 행위의 범위

민법은 법인의 행위능력에 관한 규정을 따로 두고 있지 않다. 다만, 법인의 경우에는 의사능력의 불완전성을 문제 삼을 필요가 없으므로 법인은 권리능력의 범위 내에서 행위능력을 갖는다고 보아야 한다(통설).

Ⅳ 법인의 불법행위능력

> **제35조【법인의 불법행위능력】**
> ① 법인은 이사 기타 대표자가 그 직무에 관하여 타인에게 가한 손해를 배상할 책임이 있다. 이사 기타 대표자는 이로 인하여 자기의 손해배상책임을 면하지 못한다.
> ② 법인의 목적범위외의 행위로 인하여 타인에게 손해를 가한 때에는 그 사항의 의결에 찬성하거나 그 의결을 집행한 사원, 이사 및 기타 대표자가 연대하여 배상하여야 한다.

1. 의 의

법인은 이사 기타 대표자가 그 직무에 관하여 타인에게 가한 손해를 배상할 책임이 있다. 이사 기타 대표자는 이로 인하여 자기의 손해배상책임을 면하지 못한다(제35조 제1항). 제35조는 종중과 같은 권리능력 없는 사단에도 유추 적용된다(대판 1994.4.12. 92다49300).

2. 요 건

(1) 대표기관의 행위일 것

① 법문상의 '이사 기타 대표자'는 '대표기관'만을 의미한다. 대표권 없는 이사는 법인의 기관이지만 대표기관은 아니기 때문에 그들의 행위로 인하여 제35조 상의 법인의 불법행위가 성립하지는 않는다(대판 2005.12.23. 2003다30159). **기출 21** 이러한 대표기관으로는 이사(제59조), 임시이사(제63조), 특별대리인(제64조), 청산인(제82조, 제83조), 직무대행자(제52조의2, 제60조의2) 등이 있다. 이러한 '법인의 대표자'에는 그 명칭이나 직위 여하, 또는 대표자로 등기되었는지 여부를 불문하고 당해 법인을 실질적으로 운영하면서 법인을 사실상 대표하여 법인의 사무를 집행하는 사람을 포함한다(대판 2011.4.28. 2008다15438). **기출 20**

② 감사, 지배인, 이사의 임의대리인(제62조) 등은 대표기관이 아니므로, 이들의 불법행위에관해서는 법인이 사용자책임을 질 수 있을 뿐이다.

구 분	법인의 불법행위책임(제35조)	사용자책임(제756조)
행위자	법인의 대표기관	대표기관이 아닌 자, 피용자
행위	직무에 관하여 – 외형이론	사무집행에 관하여 – 외형이론
법인의 책임	법인 자체의 불법행위책임	사용자인 법인의 사용자책임
기타의 책임	법인과 대표기관은 부진정연대책임 관계	법인과 행위자는 부진정연대책임 관계
면책 규정	없음	있음

(2) 대표기관이 직무에 관하여 타인에게 손해를 주었을 것

① '직무에 관하여'의 의미(외형이론에 의하여 판단) : 직무상 행위란 직무행위와 견련관계가 있어 사회통념상 법인의 목적을 달성하기 위하여 행해진 것으로 인정되는 모든 행위를 말한다. 즉 직무상 행위로 인정되기 위해서는 행위의 외형상 그 대표기관의 직무행위라고 인정할 수 있는 행위이면 족하다(대판 2004.2.27. 2003다15280). **기출** 21 · 18 그러나 이때에도 상대방이 대표자의 배임행위를 알았거나 중대한 과실로 인하여 알지 못한 경우에는 제35조의 책임을 묻지 못한다(대판 2004.3.26. 2003다34045). **기출** 21

② 외형이론의 적용범위 : 대표기관의 주관적 의사는 불문하며, 대표기관의 행위가 설사 대표자 개인의 사리를 도모하기 위한 것이었거나 혹은 법령에 위배되더라도 제35조의 책임이 성립할 수 있다(대판 2004.2.27. 2003다15280).

(3) 대표기관이 일반불법행위의 요건을 갖출 것

제750조의 요건(즉 대표기관의 가해행위, 고의 · 과실, 책임능력, 가해행위의 위법성, 손해 발생, 가해행위와 손해 간의 인과관계) 모두가 필요하다.

3. 효 과

(1) 법인의 불법행위가 성립하는 경우

① 법인의 불법행위가 성립하는 경우에도 대표기관은 그 자신의 손해배상책임을 면하지 못한다(제35조 제1항 후문).

② 법인과 대표기관 개인의 채무는 부진정연대채무이다.

③ 법인이 피해자에게 손해를 배상한 때에는 법인은 대표기관 개인에게 구상권을 행사할 수 있고, 그 근거는 선관주의의무의 위반이다.

④ 대표기관의 고의적인 불법행위라고 하더라도, 피해자에게 그 불법행위 내지 손해발생에 과실이 있다면 법원은 과실상계의 법리에 좇아 손해배상의 책임 및 그 금액을 정함에 있어 이를 참작하여야 한다(대판 1987.12.8. 86다카1170). **기출** 22

(2) 법인의 불법행위가 성립하지 않는 경우

① 대표기관의 가해행위가 직무의 범위를 벗어나는 경우에는 법인의 불법행위가 성립하지 않는다. 이때에는 대표기관만이 제750조에 의해 불법행위책임을 진다.

② 다만, 민법은 피해자를 보호하기 위하여 그 의결에 찬성하거나 그 의결을 집행한 사원, 이사 및 기타 대표자는 제760조의 공동불법행위의 성립 여부를 묻지 않고 연대(부진정)하여 배상책임을 지도록 하고 있다.

[제756조와의 관계]
- 법인의 불법행위가 성립하는 경우에 법인이 사용자의 지위에서 사용자책임(제756조)도 지는지, 즉 제35조 제1항과 제756조가 경합하는지 문제된다. 법인의 불법행위책임이 성립하는 경우에는 사용자 책임은 성립하지 않는다는 것이 통설 · 판례의 태도이다. 또한 법인의 불법행위책임은 사용자책임과 달리 선임 · 감독에 주의의무를 다하였음을 증명하여도 면책될 수 없다.
- 대표기관의 대리인의 가해행위가 있는 경우, 대리인은 대표기관이 아니므로 법인에게 제35조상의 불법행위책임은 성립하지 않지만, 제756조의 사용자책임이 성립할 수는 있다.

I 서설

1. 개념

자연인과 같이 그 자체로 활동할 수 없는 법인이 독립체로서 법인의 의사를 결정하고 외부에 대하여 행동하며 내부의 사무를 처리하기 위한 일정한 조직을 기관이라 한다.

2. 필요기관·상설기관

① 이사는 집행기관으로서 재단·사단법인의 필요상설기관이다(제57조). 이에 반해 이사회는 이사들의 의결기관으로 임의기관이다(단, 상법상으로는 필요기관이다).
② 감사는 민법상 필요기관도 상설기관도 아닌 임의기관이다(단, 상법상으로는 필요상설기관이다).
③ 사원총회는 의사결정기관으로서 사단법인에서만 필요기관이다(상설기관은 아님).

II 이사

1. 정관 기재사항 및 등기사항

이사는 정관에 임면 방법을 기재하여야 하고(제40조 제5호, 제43조), 성명과 주소는 등기사항이다(제49조 제2항).

2. 임면

(1) 선임

이사의 선임행위는 법인과 이사 간의 위임과 유사한 계약에 해당하므로, 특별한 사정이 없는 한 위임의 법리가 적용된다.

(2) 해임·퇴임 등

이사의 해임 및 퇴임도 정관에 의할 것이나, 법인과 이사의 법률관계는 신뢰를 기초한 위임 유사관계로 볼 수 있으므로 정관에 다른 규정이 없거나 규정이 있더라도 불충분한 경우에는 위임의 규정을 유추적용할 수 있다.

> **[제691조의 유추적용에 관한 주요 판례]**
> • 민법상 법인과 그 기관인 이사의 관계는 위임자와 수임자의 법률관계와 같은 것으로서 이사의 임기가 만료하면 일단 그 위임관계는 종료되는 것이 원칙이나, 그 후임 이사 선임시까지 이사가 존재하지 않는다면 기관에 의하여 행위를 할 수밖에 없는 법인으로서는 당장 정상적인 활동을 중단하지 않을 수 없는 상태에 처하게 되고, 이는 제691조에 규정된 급박한 사정이 있는 때와 같이 볼 수 있으므로 임기만료되거나 사임한 이사라고 할지라도 그 임무를 수행함이 부적당하다고 인정할 만한 특별한 사정이 없는 한 그 급박한 사정을 해소하기 위하여 필요한 범위 내에서 신임 이사가 선임될 때까지 이사의 직무를 계속 수행할 수 있고, 이러한 법리는 법인 아닌 사단에서도 마찬가지이다(대판 2007.6.15, 2007다6307).

- 임기만료된 이사의 업무수행권은 이사에 결원이 있음으로써 법인이 정상적인 활동을 할 수 없는 사태를 방지하자는 데 취지가 있으므로, 이사 중 일부의 임기가 만료되었더라도 아직 임기가 만료되지 아니한 다른 이사들로 정상적인 활동을 할 수 있는 경우에는 임기만료된 이사로 하여금 이사로서 직무를 행사하게 할 필요가 없고, 이러한 경우에는 임기만료로서 당연히 퇴임하며, 법인의 정상적인 활동이 가능한지는 이사의 임기만료시를 기준으로 판단하여야 하지 그 이후의 사정까지 고려할 수는 없다(대결 2014.1.17. 2013마1801).

[해임에 관한 주요 판례]
- 법인과 이사의 법률관계는 신뢰를 기초로 한 위임 유사의 관계이고, 위임계약은 원래 해지의 자유가 인정되어 쌍방 누구나 정당한 이유 없이도 언제든지 해지할 수 있으며, 다만 불리한 시기에 부득이한 사유 없이 해지한 경우에 한하여 상대방에게 그로 인한 손해배상책임을 질 뿐이다(대결 2014.1.17. 2013마1801).
- 법인과 이사의 법률관계는 신뢰를 기초로 한 위임 유사의 관계로 볼 수 있는데, 제689조 제1항에서는 위임계약은 각 당사자가 언제든지 해지할 수 있다고 규정하고 있으므로, 법인은 원칙적으로 이사의 임기만료 전에도 이사를 해임할 수 있지만, 이러한 민법의 규정은 임의규정에 불과하므로 법인이 자치법규인 정관으로 이사의 해임사유 및 절차 등에 관하여 별도의 규정을 두는 것도 가능하다. 그리고 이와 같이 법인이 정관에 이사의 해임사유 및 절차 등을 따로 정한 경우 그 규정은 법인과 이사와의 관계를 명확히 함은 물론 이사의 신분을 보장하는 의미도 아울러 가지고 있어 이를 단순히 주의적 규정으로 볼 수는 없다. 따라서 법인의 정관에 이사의 해임사유에 관한 규정이 있는 경우 법인으로서는 이사의 중대한 의무위반 또는 정상적인 사무집행 불능 등의 특별한 사정이 없는 이상, 정관에서 정하지 아니한 사유로 이사를 해임할 수 없다(대판 2013.11.28. 2011다41741).

[사임에 관한 주요 판례]
- 학교법인의 이사는 법인에 대한 일방적인 사임의 의사표시에 의하여 법률관계를 종료시킬 수 있고, 그 의사표시는 수령권한 있는 기관에 도달됨으로써 바로 효력을 발생하는 것이며, 그 효력발생을 위하여 이사회의 결의나 관할관청의 승인이 있어야 하는 것은 아니다(대판 2003.1.10. 2001다1171).
- 법인의 이사를 사임하는 행위는 상대방 있는 단독행위이므로 그 의사표시가 상대방에게 도달함과 동시에 그 효력을 발생하고, 그 의사표시가 효력을 발생한 후에는 마음대로 이를 철회할 수 없음이 원칙이다. 그러나 법인이 정관에서 이사의 사임절차나 사임의 의사표시의 효력발생시기 등에 관하여 특별한 규정을 둔 경우에는 그에 따라야 하는바, 위와 같은 경우에는 이사의 사임의 의사표시가 법인의 대표자에게 도달하였다고 하더라도 그와 같은 사정만으로 곧바로 사임의 효력이 발생하는 것은 아니고 정관에서 정한 바에 따라 사임의 효력이 발생하는 것이므로, 이사가 사임의 의사표시를 하였더라도 정관에 따라 사임의 효력이 발생하기 전에는 그 사임의사를 자유롭게 철회할 수 있다(대판 2008.9.25. 2007다17109).
- 또한 사임서 제시 당시 즉각적인 철회권유로 사임서 제출을 미루거나, 대표자에게 사표의 처리를 일임하거나, 사임서의 작성일자를 제출일 이후로 기재한 경우 등 사임의사가 즉각적이라고 볼 수 없는 특별한 사정이 있을 경우에는 별도의 사임서 제출이나 대표자의 수리행위 등이 있어야 사임의 효력이 발생하고, 그 이전에 사임의사를 철회할 수 있다(대판 2006.6.15. 2004다10909).

3. 직무권한

(1) 서 설

이사는 대외적으로 법인을 대표하고 대내적으로 법인의 사무를 집행할 권한을 가진 상설의 필요기관이다(제58조 제1항). 이사가 될 수 있는 자는 자연인에 한정된다. 직무를 집행할 때 이사는 선량한 관리자의 주의를 기울여야 한다(제61조). 이사가 그 임무를 해태한 때에는 그 이사는 법인에 대하여 연대하여 손해배상의 책임이 있다(제65조).

(2) 대외적 권한 : 법인의 대표권

> **제59조 【이사의 대표권】**
> ① 이사는 법인의 사무에 관하여 각자 법인을 대표한다. 그러나 정관에 규정한 취지에 위반할 수 없고 특히 사단법인은 총회의 의결에 의하여야 한다.
> ② 법인의 대표에 관하여는 대리에 관한 규정을 준용한다.

① 원칙 : 이사는 법인 사무에 관하여 각자 법인을 대표한다(제59조 제1항). 즉 각자대표가 원칙이다. 수인의 이사가 있더라도 동일하다.

② 적용법리

  ㉠ 대표기관이 법인을 대표하여 어떤 행위를 하면, 그 행위는 법인의 행위로 되어 법인이 그로 인한 권리를 취득하고 의무를 부담한다. 그런데 제59조 제2항은 대리에 관한 규정을 준용하므로, 대표행위를 할 때 법인을 위한 것임을 표시해야 하며(제114조), 무권대리에 관한 규정도 준용된다.

  ㉡ 법인이 대표기관을 통하여 법률행위를 한 때에는 대리에 관한 규정이 준용되므로 적법한 대표권을 가진 자와 맺은 법률행위의 효과는 대표자 개인이 아니라 본인인 법인에 귀속하고, 마찬가지로 그러한 법률행위상의 의무를 위반하여 발생한 채무불이행으로 인한 손해배상책임도 대표기관 개인이 아닌 법인만이 책임의 귀속주체가 되는 것이 원칙이다(대판 2019.5.30. 2017다53265).

③ 대표권의 제한

  ㉠ 정관에 의한 제한

> **제41조 【이사의 대표권에 대한 제한】**
> 이사의 대표권에 대한 제한은 이를 정관에 기재하지 아니하면 그 효력이 없다.
>
> **제60조 【이사의 대표권에 대한 제한의 대항요건】**
> 이사의 대표권에 대한 제한은 등기하지 아니하면 제3자에게 대항하지 못한다.
>
> **제62조 【이사의 대리인 선임】**
> 이사는 정관 또는 총회의 결의로 금지하지 아니한 사항에 한하여 타인으로 하여금 특정한 행위를 대리하게 할 수 있다.

  • 정관기재는 효력요건이고, 등기는 대항요건이다.
  • 제3자의 범위 : 학설로는 악의의 제3자는 공평의 원칙상 보호할 필요가 없다는 제한설과 문리해석상 선·악의를 불문하고 대항할 수 있다는 무제한설의 대립이 있다. 판례는 「대표권의 제한에 관한 규정은 이를 등기하지 않을 경우 상대방의 선·악의를 불문하고 상대방에게 대표권 제한으로 대항할 수 없다」는 입장이다(무제한설)(대판 1992.2.14. 91다24564). **기출** 24·23·19

  ㉡ 사원총회의 의결에 의한 제한(제59조 제1항 단서)

> **제59조 【이사의 대표권】**
> ① 이사는 법인의 사무에 관하여 각자 법인을 대표한다. 그러나 정관에 규정한 취지에 위반할 수 없고 특히 사단법인은 총회의 의결에 의하여야 한다.
> ② 법인의 대표에 관하여는 대리에 관한 규정을 준용한다.

ⓒ 이익상반행위 : '이익이 상반되는 사항'이란 법인의 이익을 해할 염려가 있는 모든 재산적 거래를 말한다.

> **제64조 【특별대리인의 선임】**
> 법인과 이사의 이익이 상반하는 사항에 관하여는 이사는 대표권이 없다. 이 경우에는 전조의 규정에 의하여 특별대리인을 선임하여야 한다.

(3) 대내적 권한 : 법인의 사무집행권

> **제58조 【이사의 사무집행】**
> ① 이사는 법인의 사무를 집행한다.
> ② 이사가 수인인 경우에는 정관에 다른 규정이 없으면 법인의 사무집행은 이사의 과반수로써 결정한다.

이사는 대내적으로 법인의 모든 사무를 집행한다(제58조 제1항). 이사의 수가 수인인 경우, 정관에 다른 규정이 없으면 법인의 사무집행은 이사의 과반수로써 결정한다(제59조 제2항).

> **[민법상 법인의 정관에 대표권 있는 이사만 이사회를 소집할 수 있고, 다른 이사가 요건을 갖추어 이사회 소집을 요구하면 대표권 있는 이사가 이에 응하도록 규정하고 있는데도 대표권 있는 이사가 다른 이사의 정당한 이사회 소집을 거절한 경우, 이사가 정관의 규정 또는 민법에 기초하여 이사회를 소집할 수 있는지 여부(적극)]**
> 제58조 제1항은 민법상 법인의 사무집행은 이사가 하도록 규정하고 있고, 같은 조 제2항은 이사가 수인인 경우에는 이사의 과반수로써 결정하되 정관에 다른 규정이 있으면 이에 따르도록 규정하고 있다. 그러므로 이사가 수인인 민법상 법인의 정관에 대표권 있는 이사만 이사회를 소집할 수 있다고 규정하고 있다고 하더라도 이는 과반수의 이사가 본래 할 수 있는 이사회 소집에 관한 행위를 대표권 있는 이사로 하여금 하게 한 것에 불과하다. 따라서 정관에 다른 이사가 요건을 갖추어 이사회 소집을 요구하면 대표권 있는 이사가 이에 응하도록 규정하고 있는데도 대표권 있는 이사가 다른 이사의 정당한 이사회 소집을 거절하였다면, 대표권 있는 이사만 이사회를 소집할 수 있는 규정은 적용될 수 없다. 이 경우 이사는 정관의 이사회 소집권한에 관한 규정 또는 민법에 기초하여 법인의 사무를 집행할 권한에 의하여 이사회를 소집할 수 있다(대결 2017.12.1. 2017그661).

4. 이사의 주의의무와 임무해태에 대한 연대책임

> **제61조 【이사의 주의의무】**
> 이사는 선량한 관리자의 주의로 그 직무를 행하여야 한다.
>
> **제65조 【이사의 임무해태】**
> 이사가 그 임무를 해태한 때에는 그 이사는 법인에 대하여 연대하여 손해배상의 책임이 있다.

Ⅲ 이사의 임의대리인

> **제62조 【이사의 대리인 선임】**
> 이사는 정관 또는 총회의 결의로 금지하지 아니한 사항에 한하여 타인으로 하여금 특정한 행위를 대리하게 할 수 있다.

① 정관이나 총회로 금지하지 않은 사항에 대해 선임이 가능하다.
② 포괄적 대리권의 부여는 허용되지 않으며, 구체적 범위를 정하여 선임이 가능하다(대판 1989.5.9. 87다카2407).
③ 임의대리인의 불법행위에 대해서는 제35조 제1항의 책임이 아니라 법인의 사용자책임(제756조)이 적용된다(통설).

Ⅳ 이사회

이사회란 법인의 사무집행을 결정하기 위하여 이사 전원으로 구성된 의결기관으로, 민법상 법인에서는 필요기관이 아니다. 상법상 주식회사 이사회는 상설의 필수기관이다(상법 제390조 이하).

Ⅴ 직무대행자

> **제52조의2 【직무집행정지 등 가처분의 등기】**
> 이사의 직무집행을 정지하거나 직무대행자를 선임하는 가처분을 하거나 그 가처분을 변경·취소하는 경우에는 주사무소와 분사무소가 있는 곳의 등기소에서 이를 등기하여야 한다.
>
> **제60조의2 【직무대행자의 권한】**
> ① 제52조의2의 직무대행자는 가처분명령에 다른 정함이 있는 경우 외에는 법인의 통상사무에 속하지 아니한 행위를 하지 못한다. 다만, 법원의 허가를 얻은 경우에는 그러하지 아니하다.
> ② 직무대행자가 제1항의 규정에 위반한 행위를 한 경우에도 법인은 선의의 제3자에 대하여 책임을 진다.

① 이사의 선임행위에 흠이 있음을 이유로 이해관계인의 신청에 의하여 법원이 가처분으로써 선임하는 임시적, 잠정적 기관이다(제52조의2).
② 직무대행자는 가처분명령에 다른 정함이 없는 한 법인의 「통상사무」에 속하는 행위만을 할 수 있다. 이와 관련하여 직무대행자가 이를 위반한 경우 법인은 선의의 제3자에 대하여 책임을 진다(제60조의2).

Ⅵ 임시이사 · 특별대리인

제63조 【임시이사의 선임】
이사가 없거나 결원이 있는 경우에 이로 인하여 손해가 생길 염려 있는 때에는 법원은 이해관계인이나 검사의 청구에 의하여 임시이사를 선임하여야 한다.

제64조 【특별대리인의 선임】
법인과 이사의 이익이 상반하는 사항에 관하여는 이사는 대표권이 없다. 이 경우에는 전조의 규정에 의하여 특별대리인을 선임하여야 한다.

1. 임시이사

이사가 없거나 결원이 있는 경우에 이로 인하여 손해가 생길 염려가 있는 때에는 법원은 이해관계인이나 검사의 청구에 의하여 임시이사를 선임하여야 한다(제63조). 여기서 '이해관계인'이라함은 임시이사가 선임되는 것에 관하여 법률상의 이해관계가 있는 자로서 그 법인의 다른 이사, 사원 및 채권자 등을 포함한다(대결[전합] 2009.11.19. 2008마699). **기출** 21

2. 특별대리인

법인과 이사의 이익이 상반하는 사항에 관하여는 이사는 대표권이 없다. 이 경우 법원은 이해관계인이나 검사의 청구에 의하여 특별대리인을 선임하여야 한다(제64조).

Ⅶ 임시총회의 소집권자

제70조 【임시총회】
① 사단법인의 이사는 필요하다고 인정한 때에는 임시총회를 소집할 수 있다.
② 총사원의 5분의 1 이상으로부터 회의의 목적사항을 제시하여 청구한 때에는 이사는 임시총회를 소집하여야 한다. 이 정수는 정관으로 증감할 수 있다.
③ 전항의 청구 있는 후 2주간 내에 이사가 총회소집의 절차를 밟지 아니한 때에는 청구한 사원은 법원의 허가를 얻어 이를 소집할 수 있다.

임시총회의 소집권자는 이사(제70조 제1항) · 임시이사 · 청산인 · 감사(제67조 제4호), 소수사원(제70조 제2항)이다.

VIII 감사

제66조【감사】
법인은 정관 또는 총회의 결의로 감사를 둘 수 있다.

제67조【감사의 직무】
감사의 직무는 다음과 같다.
1. 법인의 재산상황을 감사하는 일
2. 이사의 업무집행의 상황을 감사하는 일
3. 재산상황 또는 업무집행에 관하여 부정, 불비한 것이 있음을 발견한 때에는 이를 총회 또는 주무관청에 보고하는 일
4. 전호의 보고를 하기 위하여 필요있는 때에는 총회를 소집하는 일

① 법인은 정관 또는 총회의 결의로 1인 또는 수인의 감사를 둘 수 있다(제66조). 즉 감사는 사단법인이든 재단법인 이든 임의기관이며, 그 선임방법 등은 정관 또는 총회의 결의로 정해진다.
② 감사는 법인의 대표기관이 아니므로 감사의 성명과 주소는 등기사항이 아니며, 법인은 감사의 행위로 인하여 제35조의 불법행위책임을 부담하지 않는다.

IX 사원총회

제68조【총회의 권한】
사단법인의 사무는 정관으로 이사 또는 기타 임원에게 위임한 사항외에는 총회의 결의에 의하여야 한다.

제69조【통상총회】
사단법인의 이사는 매년 1회 이상 통상총회를 소집하여야 한다.

제70조【임시총회】
① 사단법인의 이사는 필요하다고 인정한 때에는 임시총회를 소집할 수 있다.
② 총사원의 5분의 1 이상으로부터 회의의 목적사항을 제시하여 청구한 때에는 이사는 임시총회를 소집하여야 한다. 이 정수는 정관으로 증감할 수 있다.
③ 전항의 청구 있는 후 2주간 내에 이사가 총회소집의 절차를 밟지 아니한 때에는 청구한 사원은 법원의 허가를 얻어 이를 소집할 수 있다.

제71조【총회의 소집】
총회의 소집은 1주간 전에 그 회의의 목적사항을 기재한 통지를 발하고 기타 정관에 정한 방법에 의하여야 한다.

제72조【총회의 결의사항】
총회는 전조의 규정에 의하여 통지한 사항에 관하여서만 결의할 수 있다. 그러나 정관에 다른 규정이 있는 때에는 그 규정에 의한다.

제73조【사원의 결의권】
① 각 사원의 결의권은 평등으로 한다.
② 사원은 서면이나 대리인으로 결의권을 행사할 수 있다.
③ 전2항의 규정은 정관에 다른 규정이 있는 때에는 적용하지 아니한다.

제74조【사원이 결의권 없는 경우】
사단법인과 어느 사원과의 관계사항을 의결하는 경우에는 그 사원은 결의권이 없다.

제75조【총회의 결의방법】
① 총회의 결의는 본법 또는 정관에 다른 규정이 없으면 사원 과반수의 출석과 출석사원의 결의권의 과반수로써 한다.
② 제73조 제2항의 경우에는 당해사원은 출석한 것으로 한다.

제76조【총회의 의사록】
① 총회의 의사에 관하여는 의사록을 작성하여야 한다.
② 의사록에는 의사의 경과, 요령 및 결과를 기재하고 의장 및 출석한 이사가 기명날인하여야 한다.
③ 이사는 의사록을 주된 사무소에 비치하여야 한다.

1. 의 의

사원총회는 사단 내부에서의 최고의결기관으로, 정관에 의하더라도 두지 않거나 폐지할 수 없는 필요기관이다. 또한 사원 총원으로 구성되는 회의체이다.

2. 사원총회의 종류 및 소집절차

(1) 종 류

사원총회는 적어도 1년에 1회 이상 정관에 정한 시기에 소집되는 통상총회(제69조)와 특별한 필요에 따라 임시로 소집되는 임시총회(제70조)의 두 가지가 있다.

(2) 소집절차

① 사원총회를 소집하기 위하여 이사나 소수사원 등 적법한 소집권자가 1주일 전에 그 회의의 목적사항을 기재한 통지를 발하고, 기타 정관에 정한 방법에 의해야 한다(제71조).
② 1주간의 기간은 정관으로 단축할 수 없지만, 연장하는 것은 가능하다.
③ 정관에 다른 규정이 없다면 총회는 통지한 사항에 관해서만 결의할 수 있다(제72조).
④ 소집절차가 법률이나 정관에 위반하여 하자가 있는 경우에, 사원총회의 결의는 무효이다.

> 소집권한 없는 자에 의한 총회소집이라고 하더라도 소집권자가 소집에 동의하여 그로 하여금 소집하게 한 것이라면 그와 같은 총회소집을 권한 없는 자의 소집이라고 볼 수 없으나 단지 소집권한 없는 자에 의한 총회에 소집권자가 참석하여 총회소집이나 대표자선임에 관하여 이의를 하지 아니하였다고 하여 이것만 가지고 총회가 소집권자의 동의에 의하여 소집된 것이라거나 그 총회의 소집절차상의 하자가 치유되어 적법하게 된다고는 할 수 없다(대판 1994.1.11. 92다40402).

⑤ 임시총회는 사단법인의 이사가 필요하다고 인정한 때, 또는 총사원의 5분의 1 이상으로부터 회의의 목적
　사항을 제시하여 청구한 때에 사단법인의 이사가 소집하여야 한다(제70조).
⑥ 임시총회소집의 청구 있은 후 2주간 내에 이사가 총회소집의 절차를 밟지 아니한 때에는 청구한 사원은
　법원의 허가를 얻어 이를 소집할 수 있다(제70조 제3항).

3. 사원총회의 권한

① 정관으로 이사나 기타 임원에게 위임한 사항을 제외한 법인사무 전부에 대한 의결권은 총회에게 있다
　(제68조).
② 정관변경(제42조)과 임의해산(제77조 제2항, 제78조)은 총회의 전권사항으로서 정관에 의해서도 박탈할 수 없다.
　단, 정관으로 정족수를 달리 정할 수는 있다.
③ 총회의 결의로 소수사원권과 사원의 의결권과 같은 사원의 고유권을 박탈할 수는 없다.
④ 민법이나 정관에 달리 정함이 없으면, 결의의 성립에 필요한 의결정족수는 사원과반수의 출석과 출석사
　원 결의권의 과반수이다(제75조).

4. 의결권

① 의결권은 출자액에 비례하는 것이 아니라 각 사원에게 평등한 것이 원칙이다(제73조 제1항).
② 다만, 의결권 평등의 원칙은 사원의 고유권을 박탈하지 않는 범위 내에서 정관으로 변경이 가능하다(제73조
　제3항).
③ 서면 결의, 대리인을 통한 결의도 가능하다(제73조 제2항).
④ 사단법인과 어느 사원과의 관계사항을 의결하는 경우에는 그 사원은 의결권이 없다(제74조).

> 제74조는 사단법인과 어느 사원과의 관계사항을 의결하는 경우 그 사원은 의결권이 없다고 규정하고 있으므로, 제74조의
> 유추해석상 민법상 법인의 이사회에서 법인과 어느 이사와의 관계사항을 의결하는 경우에는 그 이사는 의결권이 없다. 이때
> 의결권이 없다는 의미는 상법 제368조 제4항, 제371조 제2항의 유추해석상 이해관계 있는 이사는 이사회에서 의결권을
> 행사할 수는 없으나 의사정족수 산정의 기초가 되는 이사의 수에는 포함되고, 다만 결의 성립에 필요한 출석이사에는 산입되지
> 아니한다고 풀이함이 상당하다(대판 2009.4.9. 2008다1521). **기출** 23

5. 사원권

① **의의** : 사단법인의 사원이 사원이라는 자격 내지 지위에 기하여 사단법인에 대하여 가지는 권리·의무를
　포괄하여 사원권이라 한다.
② 사원자격의 득실에 관한 규정은 정관의 필요적 기재사항이므로 사원권은 정관의 규정에 따라 취득한다
　(제40조 제6호 참조).
③ 사단법인의 사원의 지위는 양도 또는 상속할 수 없다고 규정한 제56조의 규정은 강행규정이라고 할 수
　없다(대판 1992.4.14. 91다26850). **기출** 20·17 이는 비법인사단에서도 동일하다(대판 1997.9.26. 95다6205).
④ 사원의 지위는 사원의 사망·탈퇴, 총회의 결의, 정관에 정하는 사유에 의하여 소멸한다.

제6관 법인의 소멸

Ⅰ 서 설

법인의 소멸이란 법인이 권리능력을 상실하는 것을 말하며, 법인의 소멸은 「해산」과 「청산」의 2단계를 거치게 된다. 특히 청산절차에 관한 규정은 제3자의 이해관계에 중대한 영향을 미치기 때문에 강행규정이다.

Ⅱ 법인의 해산

제38조 【법인의 설립허가의 취소】
법인이 목적 이외의 사업을 하거나 설립허가의 조건에 위반하거나 기타 공익을 해하는 행위를 한 때에는 주무관청은 그 허가를 취소할 수 있다.

제77조 【해산사유】
① 법인은 존립기간의 만료, 법인의 목적의 달성 또는 달성의 불능 기타 정관에 정한 해산사유의 발생, 파산 또는 설립허가의 취소로 해산한다.
② 사단법인은 사원이 없게 되거나 총회의 결의로도 해산한다.

제78조 【사단법인의 해산결의】
사단법인은 총사원 4분의 3 이상의 동의가 없으면 해산을 결의하지 못한다. 그러나 정관에 다른 규정이 있는 때에는 그 규정에 의한다.

제79조 【파산신청】
법인이 채무를 완제하지 못하게 된 때에는 이사는 지체 없이 파산신청을 하여야 한다.

1. 개 념

해산이란 법인이 본래의 목적달성을 위한 적극적인 활동을 멈추고 청산단계로 들어가는 것을 말한다.

2. 해산사유

(1) 사단법인과 재단법인에 공통된 해산사유

법인은 존립기간의 만료, 법인의 목적의 달성 또는 달성의 불능, 기타 정관에 정한 해산사유의 발생, 파산 또는 설립허가의 취소로 해산한다(제77조 제1항).

(2) 사단법인 특유의 해산사유

① 사단법인은 사원이 없게 되거나 총회의 결의로도 해산한다(제77조 제2항).
② 사단법인은 총사원의 4분의 3 이상의 동의가 없으면 해산을 결의하지 못한다. 그러나 정관에 다른 규정이 있는 때에는 그 규정에 의한다(제78조).

법인 아닌 사단에 대하여는 사단법인에 관한 민법규정 가운데서 법인격을 전제로 하는 것을 제외하고는 이를 유추적용하여야 할 것인바, 사단법인에 있어서는 사원이 없게 된다고 하더라도 이는 해산사유가 될뿐 막바로 권리능력이 소멸하는 것이 아니므로 법인 아닌 사단에 있어서도 구성원이 없게 되었다 하여 막바로 그 사단이 소멸하여 소송상의 당사자능력을 상실하였다고 할 수는 없고 청산사무가 완료되어야 비로소 그 당사자능력이 소멸하는 것이다(대판 1992.10.9. 92다23087).

Ⅲ 법인의 청산

1. 개념

청산이란 해산한 법인의 잔존사무를 처리하고 재산을 정리하여 권리능력을 완전히 소멸시키는 절차를 말한다. 청산절차에 관한 규정은 제3자의 이해관계에 중대한 영향을 미치기 때문에 강행규정에 해당한다(대판 1992.4.28. 91누9848).

2. 청산법인의 능력

> **제81조【청산법인】**
> 해산한 법인은 청산의 목적범위 내에서만 권리가 있고 의무를 부담한다.

① 청산법인은 해산 전의 법인과 동일성을 가지지만, 청산의 목적범위 내에서만 권리를 가지고 의무를 부담한다(제81조). 이 범위를 초과하는 행위는 무효이다(대판 1980.4.8. 79다2036). **기출** 22·21 실제 청산사무의 종결 시까지 권리능력이 있다.
② '청산의 목적범위 내'란 청산목적과 직접 관련된 것에 한정할 것은 아니고, 청산의 목적달성을 위한 행위라면 이에 포함된다.

3. 청산법인의 기관

(1) 청산인

① 지위 : 법인이 해산하면 이사에 갈음하여 청산인이 청산법인의 집행기관이 된다. 청산인은 청산법인의 능력의 범위 내에서 내부의 사무를 집행하고, 외부에 대하여 청산법인을 대표한다(제87조 제2항). 따라서 이사의 사무집행방법(제58조 제2항), 임시총회의 소집(제70조) 등에 관한 규정은 모두 청산인에게 준용된다(제96조).

> **제96조【준용규정】**
> 제58조 제2항, 제59조 내지 제62조, 제64조, 제65조 및 제70조의 규정은 청산인에 이를 준용한다.

② 선임

> **제82조【청산인】**
> 법인이 해산한 때에는 파산의 경우를 제하고는 이사가 청산인이 된다. 그러나 정관 또는 총회의 결의로 달리 정한 바가 있으면 그에 의한다.
>
> **제83조【법원에 의한 청산인의 선임】**
> 전조의 규정에 의하여 청산인이 될 자가 없거나 청산인의 결원으로 인하여 손해가 생길 염려가 있는 때에는 법원은 직권 또는 이해관계인이나 검사의 청구에 의하여 청산인을 선임할 수 있다.

③ 해 임

> **제84조【법원에 의한 청산인의 해임】**
> 중요한 사유가 있는 때에는 법원은 직권 또는 이해관계인이나 검사의 청구에 의하여 청산인을 해임할 수 있다.

(2) 기타의 기관

청산법인은 해산 전의 법인과 동일성이 유지되므로, 사원총회, 감사 등의 기관은 그대로 계속하여 청산법인의 기관에 해당한다.

4. 청산사무(청산인의 직무권한)

(1) 해산의 등기와 신고(제85조 제1항, 제86조 제1항)

(2) 현존사무의 종결(제87조 제1항 제1호)

(3) 채권의 추심(제87조 제1항 제2호)

(4) 채무의 변제(제87조 제1항 제2호)

> **제90조【채권신고기간 내의 변제금지】**
> 청산인은 제88조 제1항의 채권신고기간 내에는 채권자에 대하여 변제하지 못한다. 그러나 법인은 채권자에 대한 지연손해배상의 의무를 면하지 못한다.
>
> **제91조【채권변제의 특례】**
> ① 청산 중의 법인은 변제기에 이르지 아니한 채권에 대하여도 변제할 수 있다.
> ② 전항의 경우에는 조건있는 채권, 존속기간의 불확정한 채권 기타 가액의 불확정한 채권에 관하여는 법원이 선임한 감정인의 평가에 의하여 변제하여야 한다.
>
> **제92조【청산으로부터 제외된 채권】**
> 청산으로부터 제외된 채권자는 법인의 채무를 완제한 후 귀속권리자에게 인도하지 아니한 재산에 대하여서만 변제를 청구할 수 있다.

① 채권신고의 최고
  ㉠ 채권자들에게 일정한 기간 내에 채권을 신고할 것을 공시최고 하여야 한다(제88조 제1항).
  ㉡ 신고하지 않으면 청산에서 제외됨도 표시해야 한다(제88조 제2항).
  ㉢ 청산인이 알고 있는 채권자에게는 개별적으로 최고해야 한다(제89조 제1문).
② 변 제
  ㉠ 채권 신고기간 내에는 변제할 수 없다(제90조 본문).
  ㉡ 청산인이 알고 있는 채권자에게는 그의 신고가 없더라도 변제해야 한다(제89조 제2문).
  ㉢ 기한미도래의 채권, 조건부 채권, 불확정 채권도 변제해야 한다(제91조).

(5) 잔여재산의 인도(제87조 제1항 제3호)

> **제80조【잔여재산의 귀속】**
> ① 해산한 법인의 재산은 정관으로 지정한 자에게 귀속한다.
> ② 정관으로 귀속권리자를 지정하지 아니하거나 이를 지정하는 방법을 정하지 아니한 때에는 이사 또는 청산인은 주무관청의 허가를 얻어 그 법인의 목적에 유사한 목적을 위하여 그 재산을 처분할 수 있다. 그러나 사단법인에 있어서는 총회의 결의가 있어야 한다.
> ③ 전2항의 규정에 의하여 처분되지 아니한 재산은 국고에 귀속한다.

(6) 파산신청

> **제93조【청산 중의 파산】**
> ① 청산 중 법인의 재산이 그 채무를 완제하기에 부족한 것이 분명하게 된 때에는 청산인은 지체없이 파산선고를 신청하고 이를 공고하여야 한다.
> ② 청산인은 파산관재인에게 그 사무를 인계함으로써 그 임무가 종료한다.
> ③ 제88조 제3항의 규정은 제1항의 공고에 준용한다.

(7) 청산종결의 등기와 신고

> **제94조【청산종결의 등기와 신고】**
> 청산이 종결한 때에는 청산인은 3주간 내에 이를 등기하고 주무관청에 신고하여야 한다.

청산종결등기가 된 경우에도 실제 청산사무가 종료되지 않았다면 여전히 청산법인으로 존속한다(대판 1980.4.8. 79다2036).

제7관   기타 법인에 관한 규정

I   정관변경

> **제42조【사단법인의 정관의 변경】**
> ① 사단법인의 정관은 총사원 3분의 2 이상의 동의가 있는 때에 한하여 이를 변경할 수 있다. 그러나 정수에 관하여 정관에 다른 규정이 있는 때에는 그 규정에 의한다.
> ② 정관의 변경은 주무관청의 허가를 얻지 아니하면 그 효력이 없다.
>
> **제45조【재단법인의 정관변경】**
> ① 재단법인의 정관은 그 변경방법을 정관에 정한 때에 한하여 변경할 수 있다.
> ② 재단법인의 목적달성 또는 그 재산의 보전을 위하여 적당한 때에는 전항의 규정에 불구하고 명칭 또는 사무소의 소재지를 변경할 수 있다.
> ③ 제42조 제2항의 규정은 전2항의 경우에 준용한다.

> **제46조 【재단법인의 목적 기타의 변경】**
> 재단법인의 목적을 달성할 수 없는 때에는 설립자나 이사는 주무관청의 허가를 얻어 설립의 취지를 참작하여 그 목적 기타 정관의 규정을 변경할 수 있다.

1. 의 의

① 정관의 변경이란 법인이 동일성을 유지하면서 그 조직을 변경하는 것을 말한다. 정관변경은 사단법인이든 재단법인이든 주무관청의 허가가 효력요건이다(제42조 제2항).

② 주무관청의 정관변경허가의 법적 성질은 그 표현이 허가로 되어 있으나 법률행위의 효력을 보충하여 주는 것이지 일반적 금지를 해제하는 것은 아니므로, 「인가」라고 보아야 한다(대판[전합] 1996.5.16. 95누4810).

2. 사단법인

① 정관변경은 원칙적으로 허용된다.

② 사원총회의 전권사항이다(총사원 2/3 이상의 동의, 정관으로 정족수 변경 가능). 따라서 사원총회의 결의 없이 이루어진 정관변경은 무효이다(대판 2000.10.27. 2000다22881).

③ 주무관청의 허가가 효력요건이고(제42조 제2항), 변경내용이 등기사항이면 등기가 대항요건이다(제49조 제2항, 제54조 참조).

④ 정관에서 그 정관을 변경할 수 없다고 규정하고 있더라도 총사원의 동의가 있으면 정관을 변경할 수 있다(통설). 다만, 동일성을 해치거나 사단법인의 본질에 반하는 정관변경은 허용되지 않는다(대판 1978.9.26. 78다1435).

3. 재단법인

① 원칙적으로 정관을 변경할 수 없다.

② 그러나 재단법인의 목적달성 또는 재산보전을 위하여 적당한 경우에 명칭이나 사무소의 소재지를 변경할 수 있고(제45조 제2항), 재단법인이 목적을 달성할 수 없으면 설립자나 이사가 설립의 취지를 참작하여 목적 기타 정관의 규정을 변경할 수 있다(제46조). 어느 경우에나 주무관청의 「허가」를 받아야 하고, 등기사항이라면 등기하여야 제3자에게 대항할 수 있다(제54조).

Ⅱ 법인의 감독

1. 주무관청의 감독사항

> **제37조 【법인의 사무의 검사, 감독】**
> 법인의 사무는 주무관청이 검사, 감독한다.

(1) 의 의

법인설립 시 주무관청의 허가를 얻어야 하므로(제32조) 법인설립 후에도 법인의 사무는 주무관청이 검사·감독한다(제37조).

(2) 검사 · 감독의 내용

① 비영리법인의 설립허가(제32조)

② 정관변경에 대한 허가(제42조 제2항, 제45조 제3항, 제46조)

③ 법인의 설립허가의 취소(제38조)

④ 법인의 해산신고, 청산종결신고는 주무관청에 한다(제86조 제94조).

2. 법원의 감독사항

> **제95조【해산, 청산의 검사, 감독】**
> 법인의 해산 및 청산은 법원이 검사, 감독한다.

해산, 청산은 법인의 목적과는 관계가 없을 뿐만 아니라 제3자의 이해관계와 밀접한 재산의 정리에 관한 것이므로 법원이 감독한다.

Ⅲ 법인의 벌칙(제97조)

[사단법인과 재단법인의 비교]

구 분	사단법인	재단법인
의 의	일정목적을 위해 결합한 사람의 단체	일정한 목적을 위해 바쳐진 재산의 단체
본 질	자율적 법인(자율성)	타율적 법인(타율성)
종 류	영리법인, 비영리법인	언제나 비영리법인(사원이 없음)
설립요건	비영리성, 설립행위(정관작성), 주무관청의 허가, 설립등기	설립행위로서 재산출연이 필수적이며, 나머지는 사단법인과 동일
설립의 법적 성질	합동행위(다수설)	• 상대방 없는 단독행위 • 수인이 출연하면 상대방 없는 단독행위의 경합 (다수설)
의사결정 및 집행	최고의사결정기관은 사원총회이고, 이사가 집행함	사원총회는 재단법인에는 존재할 수 없고, 이사가 집행함
정관변경	원칙적으로 정관변경 허용 (총사원 2/3 동의 + 주무관청의 허가)(제42조)	원칙적으로 정관변경 불가, 다만, 예외적으로 다음의 경우 주무관청허가를 받아서 가능(제45조) • 정관에 그 변경방법을 규정한 경우 • 명칭, 사무소소재지 변경 • 목적달성 불가시 목적도 변경 가능
해산사유	[공통된 해산사유] • 존립기간의 만료 • 목적의 달성 또는 달성 불가 • 파산 • 설립허가의 취소 • 기타 정관으로 정한 사유	
	[사단법인에 특유한 해산사유] • 사원이 없게 된 때 • 총사원 3/4 결의	특유한 해산사유가 없음

CHAPTER 03 확인학습문제

01 서설

02 자연인

제1관 권리능력

01 권리주체에 관한 설명으로 옳지 <u>않은</u> 것은? (다툼이 있으면 판례에 따름) **[2020]**

① 의사능력은 자신의 행위의 의미와 결과를 합리적으로 판단할 수 있는 정신적 능력으로 구체적인 법률행위와 관련하여 개별적으로 판단되어야 한다.

② 어떤 법률행위가 일상적인 의미만으로 알기 어려운 특별한 법률적 의미나 효과를 가진 경우, 이를 이해할 수 있을 때 의사능력이 인정된다.

③ 현행 민법은 태아의 권리능력에 관하여 일반적 보호주의를 취한다.

④ 태아의 상태에서는 법정대리인이 있을 수 없고, 법정대리인에 의한 수증행위도 할 수 없다.

⑤ 피상속인과 그의 직계비속 또는 형제자매가 동시에 사망한 것으로 추정되는 경우에도 대습상속이 인정된다.

답 ③

──────────

┃정답해설┃

③ 현행 민법은 태아의 권리능력에 관하여 개별주의를 취하고 있다[81다534].

02 권리능력에 관한 설명으로 옳지 <u>않은</u> 것은? (다툼이 있으면 판례에 따름) **[2019]**

① 사람은 생존한 동안 권리와 의무의 주체가 된다.

② 사람이 권리능력을 상실하는 사유로는 사망이 유일하다.

③ 수인(數人)이 동일한 위난으로 사망한 경우, 그들은 동시에 사망한 것으로 추정되므로 이 추정이 깨어지지 않는 한 그들 사이에는 상속이 일어나지 않는다.

④ 의사의 과실로 태아가 사망한 경우, 태아의 부모는 태아의 의사에 대한 손해배상채권을 상속하여 행사할 수 있다.

⑤ 인정사망에 의한 가족관계등록부에의 기재는 그 기재된 사망일에 사망한 것으로 추정하는 효력을 가진다.

답 ④

▌**정답해설**▌

④ 태아가 특정한 권리에 있어서 이미 태어난 것으로 본다는 것은 살아서 출생한 때에 출생시기가 문제의 사건의 시기까지 소급하여 그때에 태아가 출생한 것과 같이 법률상 보아 준다고 해석하여야 상당하므로 그가 모체와 같이 사망하여 출생의 기회를 못 가진 이상 배상청구권을 논할 여지없다[76다1365].

03 권리능력에 관한 설명으로 옳지 <u>않은</u> 것은? (다툼이 있는 경우에는 판례에 의함)

① 태아는 증여를 받을 능력이 있다.
② 태아가 사산한 경우에는 정지조건설에 의하든 해제조건설에 의하든 태아의 권리능력은 부인된다.
③ 동시사망 추정의 경우에 사망의 선후가 관계인들의 법적 지위에 중대한 영향을 미치는 점을 감안할 때 충분하고도 명백한 반증이 없으면, 위 추정은 깨어지지 않는다.
④ 인정사망은 사망의 확증은 없으나 관공서의 보고에 의하여 가족관계등록부에 사망의 기재를 하여 사망한 것으로 추정하는 제도이다.
⑤ 실종선고 취소 전에는 실종자의 생존사실을 들어 선고의 효과를 다툴 수 없다.

답 ①

▌정답해설▌

① 의용민법이나 구 관습하에 태아에게는 일반적으로 권리능력이 인정되지 아니하고 손해배상청구권 또는 상속 등 특별한 경우에 한하여 제한된 권리능력을 인정하였을 따름이므로 증여에 관하여는 태아의 수증능력이 인정되지 아니하였고, 또 태아인 동안에는 법정대리인이 있을 수 없으므로 법정대리인에 의한 수증행위도 할 수 없다[81다534].

▌오답해설▌

② 태아가 사산된 경우에는 정지조건설이든 해제조건설이든 태아의 권리능력은 부인된다. 정지조건을 따르는 판례는 태아가 특정한 권리에 있어서 이미 태어난 것으로 본다는 것은 살아서 출생한 때에 출생시기가 문제의 사건의 시기까지 소급하여 그때에 태아가 출생한 것과 같이 법률상 보아 준다고 해석하여야 상당하므로 그가 모체와 같이 사망하여 출생의 기회를 못 가진 이상 배상청구권을 논할 여지가 없다고 하였다[76다1365].
③ 제30조에 의하면, 2인 이상이 동일한 위난으로 사망한 경우에는 동시에 사망한 것으로 추정하도록 규정하고 있는 바, 이 추정은 법률상 추정으로서 이를 번복하기 위하여는 동일한 위난으로 사망하였다는 전제사실에 대하여 법원의 확신을 흔들리게 하는 반증을 제출하거나 또는 각자 다른 시각에 사망하였다는 점에 대하여 법원에 확신을 줄 수 있는 본증을 제출하여야 하는데, 이 경우 사망의 선후에 의하여 관계인들의 법적 지위에 중대한 영향을 미치는 점을 감안할 때 충분하고도 명백한 입증이 없는 한 위 추정은 깨어지지 아니한다고 보아야 한다[98다8974].
④ 가족관계의 등록 등에 관한 법률 제87조, 제16조
⑤ 제28조는 "실종선고를 받은 자는 제27조 제1항 소정의 생사불명기간이 만료된 때에 사망한 것으로 본다"고 규정하고 있으므로 실종선고가 취소되지 않는 한 반증을 들어 실종선고의 효과를 다툴 수는 없다[94다52751].

04 권리능력에 관한 설명 중 옳은 것은? (다툼이 있는 경우에는 판례에 의함)

① 불법행위로 인하여 태아가 사산된 경우, 태아의 父는 자신의 손해배상청구권과 태아의 손해배상청구권을 함께 취득한다.

② 사망의 증거가 있다면, 재난으로 인한 사망사실을 조사한 관공서의 통보가 없더라도 법원이 직권으로 사망의 사실을 인정할 수 있다.

③ 甲이 태아인 상태에서 父가 乙의 불법행위에 의해서 장애를 얻었다면, 살아서 출생한 甲은 乙에 대하여 父의 장애로 인한 자신의 정신적 손해에 대한 배상을 청구할 수 없다.

④ 태아의 母가 태아를 대리하여 증여자와 증여계약을 체결한 경우에 태아가 살아서 출생하면 증여계약상의 권리를 주장할 수 있다.

⑤ 법인의 권리능력은 설립근거가 된 법률과 정관에서 정한 목적범위 내로 제한되며, 그 목적을 수행함에 있어서 간접적으로 필요한 행위에 대해서는 권리능력이 인정되지 않는다.

답 ②

▌정답해설▐

② 수난, 전란, 화재 기타 사변에 편승하여 타인의 불법행위로 사망한 경우에 있어서는 확정적인 증거의 포착이 손쉽지 않음을 예상하여 법은 인정사망, 위난실종선고 등의 제도와 그 밖에도 보통실종선고제도도 마련해 놓고 있으나 그렇다고 하여 위와 같은 자료나 제도에 의함이 없는 사망사실의 인정을 수소법원이 절대로 할 수 없다는 법리는 없다[87다카2954]. 따라서 사망의 증거가 있다면, 재난으로 인한 사망사실을 조사한 관공서의 통보가 없더라도 법원이 직권으로 사망의 사실을 인정할 수 있다.

▌오답해설▐

① 태아가 사산된 경우에는 정지조건설이든 해제조건설이든 태아의 권리능력은 부인된다[76다1365]. 따라서 태아의 불법행위에 의한 손해배상청구권은 발생할 수 없다.

③ 태아도 손해배상청구권에 관하여는 이미 출생한 것으로 보는바, 부가 교통사고로 상해를 입을 당시 태아가 출생하지 아니하였다고 하더라도 그 뒤에 출생한 이상 부의 부상으로 인하여 입게 될 정신적 고통에 대한 위자료를 청구할 수 있다[93다4663].

④ 의용민법이나 구 관습하에 태아에게는 일반적으로 권리능력이 인정되지 아니하고 손해배상청구권 또는 상속 등 특별한 경우에 한하여 제한된 권리능력을 인정하였을 따름이므로 증여에 관하여는 태아의 수증능력이 인정되지 아니하였고, 또 태아인 동안에는 법정대리인이 있을 수 없으므로 법정대리인에 의한 수증행위도 할 수 없다[81다534].

⑤ 법인의 권리능력 혹은 행위능력은 법인의 설립근거가 된 법률과 정관상의 목적에 의하여 제한되나, 그 목적범위 내의 행위라 함은 법률이나 정관에 명시된 목적 자체에 국한되는 것이 아니라 그 목적을 수행하는 데 있어 직접, 간접으로 필요한 행위는 모두 포함한다[2004도1632].

01 의사무능력자 甲은 乙은행으로부터 5천만 원을 차용하는 대출거래약정을 체결하면서 그 담보로 자신의 X부동산에 근저당권을 설정하고 乙 명의로 그 설정등기를 마쳐주었다. 이에 관한 설명으로 옳은 것을 모두 고른 것은? (다툼이 있으면 판례에 따름) [2024]

> ㄱ. 甲과 乙이 체결한 대출거래약정 및 근저당권설정계약은 무효이다.
>
> ㄴ. 甲은 그 선의·악의를 묻지 않고 乙에 대하여 현존이익을 반환할 책임이 있다.
>
> ㄷ. 만약 甲이 乙로부터 대출받은 금원을 곧바로 丙에게 다시 대여하였다면, 乙은 甲에게 丙에 대한 부당이득 반환채권의 양도를 구할 수 있다.

① ㄱ

② ㄴ

③ ㄷ

④ ㄱ, ㄴ

⑤ ㄱ, ㄴ, ㄷ

답 ⑤

┃정답해설┃

ㄱ. (○) 의사능력이 없는 甲이 한 법률행위는 무효이다.

ㄴ. (○) 무능력자의 책임을 제한하는 제141조 단서 규정이 의사능력의 흠결을 이유로 법률행위가 무효가 되는 경우에도 유추적용된다[2008다58367 참고].

ㄷ. (○) 의사무능력자가 자신이 소유하는 부동산에 근저당권을 설정해 주고 금융기관으로부터 금원을 대출받아 이를 제3자에게 대여한 경우, 대출로써 받은 이익이 위 제3자에 대한 대여금채권 또는 부당이득반환채권의 형태로 현존하므로, 금융기관은 대출거래약정 등의 무효에 따른 원상회복으로서 위 대출금 자체의 반환을 구할 수는 없더라도 현존 이익인 위 채권의 양도를 구할 수 있다[2008다58367].

02 의사능력에 관한 설명으로 옳지 <u>않은</u> 것은? (다툼이 있으면 판례에 따름)

① 의사능력이란 자신의 행위의 의미나 결과를 정상적인 인식력과 예기력을 바탕으로 합리적으로 판단할 수 있는 정신적 능력 내지 지능을 말한다.

② 의사능력의 유무는 구체적인 법률행위와 관련하여 개별적으로 판단되어야 한다.

③ 미성년자가 의사무능력상태에서 법정대리인의 동의 없이 법률행위를 한 경우, 법정대리인은 미성년을 이유로 법률행위를 취소할 수 있다.

④ 어떤 법률행위에 그 일상적인 의미만을 이해하여서는 알기 어려운 특별한 법률적인 의미나 효과가 부여되어 있는 경우에도 의사능력이 인정되기 위하여 그 행위의 일상적인 의미에 대한 이해만으로 족하고 법률적인 의미나 효과에 대한 이해는 요구되지 않는다.

⑤ 의사무능력자의 법률행위에 있어서는 그 행위의 무효를 주장하는 자가 의사능력이 없었음을 증명하여야 한다.

답 ④

▌**정답해설**▌

④ 의사능력이란 자신의 행위의 의미나 결과를 정상적인 인식력과 예기력을 바탕으로 합리적으로 판단할 수 있는 정신적 능력 내지는 지능을 말하는바, 특히 어떤 법률행위가 그 일상적인 의미만을 이해하여서는 알기 어려운 특별한 법률적인 의미나 효과가 부여되어 있는 경우 의사능력이 인정되기 위하여는 그 행위의 일상적인 의미뿐만 아니라 법률적인 의미나 효과에 대하여도 이해할 수 있을 것을 요한다고 보아야 하고, 의사능력의 유무는 구체적인 법률행위와 관련하여 개별적으로 판단되어야 할 것이다[2008다58367].

▌**오답해설**▌

①, ② 2008다58367

③ 의사무능력자의 법률행위는 무효이다. 또한 미성년자가 법정대리인의 동의 없이 법률행위를 한 경우, 법정대리인은 미성년을 이유로, 즉 제한능력을 이유로 법률행위를 취소할 수도 있다(제5조 제2항, 제140조).

⑤ 의사무능력자의 행위에 대하여는 누구나 언제든지 무효를 주장할 수 있는데, 이 경우 그 행위의 무효를 주장하는 자가 의사능력이 없었음을 증명하여야 한다.

01 제한능력자에 관한 설명으로 옳은 것은? [2024]

① 미성년자가 법정대리인으로부터 허락을 얻은 특정한 영업에 관해서는 법정대리인의 대리권이 소멸한다.

② 제한능력을 이유로 하는 취소는 특별한 사정이 없는 한 선의의 제3자에게 대항할 수 없다.

③ 제한능력자의 단독행위는 유효한 추인이 있은 후에도 상대방이 거절할 수 있다.

④ 가정법원은 취소할 수 없는 피성년후견인의 법률행위의 범위를 정할 수 없다.

⑤ 가정법원은 정신적 제약으로 특정한 사무에 관해 후원이 필요한 사람에 대해서는 본인의 의사에 반하더라도 특정후견 심판을 할 수 있다.

답 ①

┃정답해설┃

① 법정대리인이 영업을 허락함에는 반드시 영업의 종류를 특정하여야 하며, 그 영업에 관한 행위에 대하여는 성년자와 동일한 행위능력이 인정된다(제8조 제1항). 따라서 그 영업에 관하여는 법정대리인의 동의권과 대리권이 모두 소멸한다. 한편 미성년자는 허락된 영업에 관하여는 소송능력도 갖게 된다.

┃오답해설┃

② 제한능력자가 속임수를 써서 법률행위를 하는 경우에 상대방은 사기에 의한 의사표시임을 이유로 그 법률행위를 취소하거나(제110조) 또는 불법행위를 이유로 손해배상을 청구할 수도 있으나(제750조), 법은 더 나아가 보호가치 없는 제한능력자로부터 취소권을 박탈함으로써 상대방이 당초 예기한 대로의 효과를 발생케 하여 거래의 안전과 상대방을 보호하고 있다(제17조).

③ 제한능력자의 단독행위는 추인이 있을 때까지 상대방이 거절할 수 있다(제16조).

④ 가정법원은 피성년후견인이 단독으로 할 수 있는 법률행위의 범위를 정할 수 있고(제10조 제2항), 일정한 자의 청구에 의하여 그 범위를 변경할 수 있다(제10조 제3항).

⑤ 특정후견은 본인의 의사에 반하여 할 수 없다(제14조의2 제2항).

02 미성년자 甲과 그의 유일한 법정대리인인 乙에 관한 설명으로 옳은 것은? (다툼이 있으면 판례에 따름)

[2022]

① 甲이 그 소유 물건에 대한 매매계약을 체결한 후에 미성년인 상태에서 매매대금의 이행을 청구하여 대금을 모두 지급받았다면 乙은 그 매매계약을 취소할 수 없다.

② 乙이 甲에게 특정한 영업에 관한 허락을 한 경우에도 乙은 그 영업에 관하여 여전히 甲을 대리할 수 있다.

③ 甲이 乙의 동의 없이 타인의 적법한 대리인으로서 법률행위를 했더라도 乙은 甲의 제한능력을 이유로 그 법률행위를 취소할 수 있다.

④ 甲이 乙의 동의 없이 신용구매계약을 체결한 이후에 乙의 동의 없음을 이유로 그 계약을 취소하는 것은 신의칙에 반한다.

⑤ 乙이 재산의 범위를 정하여 甲에게 처분을 허락한 경우, 甲이 그에 관한 법률행위를 하기 전에는 乙은 그 허락을 취소할 수 있다.

답 ⑤

▌정답해설▐

⑤ 제7조

> **제7조(동의와 허락의 취소)**
> 법정대리인은 미성년자가 아직 법률행위를 하기 전에는 전2조의 동의와 허락을 취소할 수 있다.

▌오답해설▐

① 제145조의 법정추인사유는 취소원인이 종료되어 추인할 수 있는 후에 행해져야 한다(제145조 본문·제144조 제1항). 甲이 미성년인 상태에서 매매대금의 이행을 청구하여 대금을 모두 지급받았더라도 법정대리인인 乙은 그 매매계약을 취소할 수 있다.

② 허락된 영업에 관하여 미성년자는 성년자와 동일한 행위능력이 있으므로, 그 범위 내에서 법정대리인의 대리권은 소멸한다. 이와 달리, 영업 외의 경우에는 법정대리인은 허락 또는 동의를 한 행위를 자기가 대리해서 할 수도 있다.

③ 대리인은 행위능력자임을 요하지 않는다(제117조). 즉 제한능력자도 대리행위를 유효하게 할 수 있고, 본인은 대리인의 제한능력을 이유로 대리행위를 취소할 수 없다.

④ 미성년자의 법률행위에 법정대리인의 동의를 요하도록 하는 것은 강행규정인데, 위 규정에 반하여 이루어진 신용구매계약을 미성년자 스스로 취소하는 것을 신의칙 위반을 이유로 배척한다면, 이는 오히려 위 규정에 의해 배제하려는 결과를 실현시키는 셈이 되어 미성년자 제도의 입법 취지를 몰각시킬 우려가 있으므로, 법정대리인의 동의 없이 신용구매계약을 체결한 미성년자가 사후에 법정대리인의 동의 없음을 사유로 들어 이를 취소하는 것이 신의칙에 위배된 것이라고 할 수 없다(2005다71659·71666·71673).

03 미성년자의 행위능력에 관한 설명으로 옳은 것은? (다툼이 있으면 판례에 따름)　　　　　[2020]

① 행위능력제도는 자기책임의 원칙을 구현하여 거래의 안전을 도모하기 위한 것이다.

② 미성년자가 그 소유의 부동산을 그의 친권자에게 증여하고 소유권이전등기를 마친 경우, 다른 사정이 없으면 적법한 절차를 거친 등기로 추정된다.

③ 친권자는 그의 미성년 자(子)의 이름으로 체결한 계약을 자(子)가 미성년임을 이유로 취소할 수 있다.

④ 친권자가 그의 친구의 제3자에 대한 채무를 담보하기 위하여 미성년자(子) 소유의 부동산에 담보를 설정하는 행위는 이해상반행위이다.

⑤ 미성년자가 타인을 대리할 때에는 법정대리인의 동의를 얻어야 한다.

답 ②

┃ 정답해설 ┃

② 전 등기명의인이 미성년자이고 당해 부동산을 친권자에게 증여하는 행위가 이해상반행위라 하더라도 일단 친권자에게 이전등기가 경료된 이상 특별한 사정이 없는 한 필요한 절차를 적법하게 거친 것으로 추정된다[2001다72029].

┃ 오답해설 ┃

① 제한능력자 제도는 사적자치의 원칙이라는 민법의 기본이념, 특히 자기책임 원칙의 구현을 가능케 하는 도구로서 인정되는 것이고, 거래의 안전을 희생시키더라도 제한능력자를 보호하고자 함에 근본적인 입법취지가 있다[2008다78996].

③ 지문자체가 불분명하지만, 친권자가 미성년인 자(子)의 이름으로 대리행위를 한 것으로 보인다. 이 경우 본인인 자(子)는 대리효과의 귀속주체로서 권리능력만 있으면 되고, 그의 법정대리인은 본인인 자(子)의 미성년임을 이유로 대리행위를 취소할 수 없다.

④ 미성년자의 친권자인 모가 자기 오빠의 제3자에 대한 채무의 담보로 미성년자 소유의 부동산에 근저당권을 설정하는 행위가, 채무자를 위한 것으로서 미성년자에게는 불이익만을 주는 것이라고 하더라도, 제921조 제1항에 규정된 '법정대리인인 친권자와 그 자 사이에 이해상반되는 행위'라고 볼 수는 없다[91다32466].

⑤ 대리인은 행위능력자임을 요하지 않는다[제117조]. 즉 제한능력자도 대리행위를 유효하게 할 수 있고, 본인은 대리인의 제한능력을 이유로 대리행위를 취소할 수 없다. 다만 대리인이 대리권을 수여받은 후에 피성년후견인이 된 때에는 대리권이 소멸한다[제127조 제2호]. 제117조의 취지는 본인이 적당하다고 판단하여 제한능력자를 대리인으로 선정한 이상 대리인의 제한능력으로 인한 불이익은 본인이 감수해야 한다는 것이다.

04 18세인 미성년자가 단독으로 유효하게 할 수 있는 행위가 <u>아닌</u> 것은? **[2019]**

① 자신이 제한행위능력자임을 이유로 취소할 수 있는 법률행위의 취소

② 부모로부터 받은 한 달분의 용돈을 친구에게 빌려주는 행위

③ 자전거를 부담부로 증여받는 행위

④ 타인의 대리인으로서 토지를 매도하는 행위

⑤ 부모의 동의를 받아 법률상 혼인을 한 후, 주택을 구입하는 행위

답 ③

▌정답해설▐

③ 경제적으로 유리한 매매계약·임대차계약 등의 체결, 부담부증여에서 수증의 의사표시, 상속의 승인 등은 의무부담이 있으므로, 미성년자가 이를 단독으로 할 수 없다.

05 미성년자에 관한 설명으로 옳은 것은? (다툼이 있으면 판례에 따름)

① 미성년자는 임의대리인이 될 수 없다.

② 법정대리인이 미성년자에게 영업을 허락한 후 그 허락을 취소한 경우에 미성년자는 그 영업허락의 취소 전에 그 영업을 위하여 한 상품주문행위를 미성년임을 이유로 취소할 수 없다.

③ 미성년자가 법정대리인의 동의 없이 법률행위를 한 경우에 법정대리인의 취소권이 기간경과로 소멸되지 않는 한, 미성년자는 성년이 되기 전까지만 취소할 수 있고 성년이 된 후에는 취소할 수 없다.

④ 甲이 乙과 계약을 체결할 당시 乙이 미성년자임을 알고 계약했더라도 甲은 철회권을 행사할 수 있다.

⑤ 미성년자가 법정대리인의 동의 없이 법률행위를 하면서 특약에 의하여 미성년을 이유로 한 취소를 하지 않기로 한 경우에는 미성년을 이유로 그 법률행위를 취소할 수 없다.

답 ②

▌정답해설▐

② 미성년자는 법정대리인의 특정한 영업에 대한 허락이 있으면, 그 영업에 관하여 성년자와 동일한 행위능력이 있다(제8조 제1항). 따라서 그 범위에서는 법정대리인의 동의가 필요하지 아니할 뿐만 아니라 그의 대리권도 소멸함을 의미하므로, 그 영업허락의 취소 전에 그 영업을 위하여 한 상품주문행위를 미성년임을 이유로 취소할 수 없다.

▌오답해설▐

① 대리인은 행위능력자임을 요하지 아니하므로(제117조), 미성년자도 임의대리인이 될 수 있다.

③ 취소권은 추인할 수 있는 날로부터 3년 내에 법률행위를 한 날로부터 10년 내에 행사하여야 한다(제146조). 따라서 법정대리인의 취소권이 기간의 경과로 소멸되지 아니하는 한, 미성년자는 추인할 수 있는 날인 성년이 된 날로부터 3년 이내에 취소권을 행사할 수 있다.

④ 철회권은 상대방이 계약 당시 제한능력자임을 알았을 경우에는 행사할 수 없다(제16조 제1항).

⑤ 미성년자의 법률행위에 법정대리인의 동의를 요하도록 하는 것은 강행규정이므로, 특약에 의하여 미성년을 이유로 한 취소권을 배제하는 것은 효력이 없다.

06 미성년자의 법률행위에 관한 설명으로 옳은 것을 모두 고른 것은? (다툼이 있는 경우에는 판례에 의함)

> ㄱ. 법정대리인의 동의 없이 계약을 체결한 미성년자는 단독으로 그 계약을 취소할 수 있다.
> ㄴ. 미성년자의 법정대리인은 그를 대리하여 근로계약을 체결할 수 있다.
> ㄷ. 법정대리인의 동의 없이 미성년자가 자신을 수증자로 하는 부담부 증여계약을 체결한 경우, 이는 확정적으로 유효한 법률행위이다.
> ㄹ. 법정대리인이 미성년자에게 영업을 허락함에는 반드시 영업의 종류를 특정하여야 한다.
> ㅁ. 혼인한 미성년자는 법정대리인의 동의 없이 확정적으로 이혼할 수 있다.

① ㄹ
② ㄱ, ㅁ
③ ㄴ, ㄷ
④ ㄱ, ㄹ, ㅁ
⑤ ㄴ, ㄷ, ㄹ

답 ④

┃정답해설┃

ㄱ. (○) 취소할 수 있는 법률행위는 제한능력자, 착오로 인하거나 사기·강박에 의하여 의사표시를 한 자, 그의 대리인 또는 승계인만이 취소할 수 있다(제140조).

ㄹ. (○) 미성년자가 법정대리인으로부터 허락을 얻은 특정한 영업에 관하여는 성년자와 동일한 행위능력이 있는데(제8조 제1항), 여기서 특정한 영업이란 영업의 종류가 특정되어 있는 영업을 의미한다.

ㅁ. (○) 혼인한 미성년자는 성년자로 의제되므로, 부부는 협의에 의하여 법정대리인의 동의 없이 이혼할 수 있다(제826조의2, 제834조 참고).

┃오답해설┃

ㄴ. (×) 친권자나 후견인은 미성년자의 근로계약을 대리할 수 없다(근로기준법 제67조 제1항).

ㄷ. (×) 부담부 증여는 수증자도 그 부담범위에서 의무를 부담하므로(제561조), 미성년자가 단독으로 할 수 없다.

07 제한능력에 관한 설명으로 옳지 <u>않은</u> 것은? (다툼이 있으면 판례에 따름) [2023]

① 성년후견인은 여러 명을 둘 수 있다.

② 가정법원은 본인의 청구에 의하여 취소할 수 없는 피성년후견인의 법률행위의 범위를 변경할 수 있다.

③ 가정법원이 피성년후견인에 대하여 한정후견개시의 심판을 할 때에는 종전의 성년후견의 종료 심판을 하여야 한다.

④ 한정후견의 개시를 청구한 사건에서 의사의 감정 결과 성년후견 개시의 요건을 충족하고 있다면 법원은 본인의 의사를 고려하지 않고 성년후견을 개시할 수 있다.

⑤ 특정후견의 심판이 있은 후에 피특정후견인이 특정후견인의 동의 없이 재산상의 법률행위를 하더라도 이는 취소의 대상이 되지 않는다.

답 ④

___

▌정답해설▌

④ 성년후견이나 한정후견에 관한 심판 절차는 가사소송법 제2조 제1항 제2호 (가)목에서 정한 가사비송사건으로서, 가정법원이 당사자의 주장에 구애받지 않고 후견적 입장에서 합목적적으로 결정할 수 있다. <u>이때 성년후견이든 한정후견이든 본인의 의사를 고려하여 개시 여부를 결정한다는 점은 마찬가지이다</u>(제9조 제2항, 제12조 제2항). 위와 같은 규정 내용이나 입법 목적 등을 종합하면, 성년후견이나 한정후견 개시의 청구가 있는 경우 가정법원은 청구 취지와 원인, 본인의 의사, 성년후견 제도와 한정후견 제도의 목적 등을 고려하여 어느 쪽의 보호를 주는 것이 적절한지를 결정하고, 그에 따라 필요하다고 판단하는 절차를 결정해야 한다. 따라서 한정후견의 개시를 청구한 사건에서 의사의 감정 결과 등에 비추어 <u>성년후견 개시의 요건을 충족하고 본인도 성년후견의 개시를 희망한다면</u> 법원이 성년후견을 개시할 수 있고, 성년후견 개시를 청구하고 있더라도 필요하다면 한정후견을 개시할 수 있다고 보아야 한다[2020스596].

▌오답해설▌

① 제930조 제2항

② 제10조 제3항

③ 제14조의3

⑤ 가정법원은 피특정후견인의 후원을 위하여 필요하다고 인정되면 기간이나 범위를 정하여 특정후견인에게 대리권을 수여하는 심판을 할 수 있고(제959조의11 제1항), 특정후견인은 그 범위에서 대리권을 가질 뿐이다. 피특정후견인은 행위능력이 제한되지 않으므로 특정후견인은 동의권 및 취소권을 가지지 않는다.

08 제한능력에 관한 설명으로 옳지 <u>않은</u> 것은? **[2021]**

① 가정법원은 한정후견개시의 심판을 할 때 본인의 의사를 고려하지 않아도 된다.
② 가정법원은 취소할 수 없는 피성년후견인의 법률행위의 범위를 정할 수 있으나, 성년후견인의 청구에 의하여 이를 변경할 수 있다.
③ 성년후견인은 일상생활에 필요하고 그 대가가 과도하지 않은 피성년후견인의 법률행위를 취소할 수 없다.
④ 가정법원은 성년후견개시의 심판을 할 때 본인의 의사를 고려하여야 한다.
⑤ 피성년후견인이 성년후견인의 동의를 얻어 재산상의 법률행위를 한 경우에도 성년후견인은 이를 취소할 수 있다.

답 ①

▌정답해설▌
① 가정법원은 한정후견개시의 심판을 할 때 본인의 의사를 고려하여야 한다(제9조 제2항).

▌오답해설▌
② 제10조 제2항, 제3항
③ 제10조 제4항

> **제10조(피성년후견인의 행위와 취소)**
> ① 피성년후견인의 법률행위는 취소할 수 있다.
> ② 제1항에도 불구하고 가정법원은 취소할 수 없는 피성년후견인의 법률행위의 범위를 정할 수 있다.
> ③ 가정법원은 본인, 배우자, 4촌 이내의 친족, 성년후견인, 성년후견감독인, 검사 또는 지방자치단체의 장의 청구에 의하여 제2항의 범위를 변경할 수 있다.
> ④ 제1항에도 불구하고 일용품의 구입 등 일상생활에 필요하고 그 대가가 과도하지 아니한 법률행위는 성년후견인이 취소할 수 없다.

④ 제9조 제2항

> **제9조(성년후견개시의 심판)**
> ② 가정법원은 성년후견개시의 심판을 할 때 본인의 의사를 고려하여야 한다.

⑤ 피성년후견인이 속임수로써 법정대리인의 동의가 있는 것으로 믿게 한 경우는 제17조 제2항의 요건에 해당하지 않는데, 피성년후견인의 법률행위는 그 법정대리인의 동의가 있더라도 취소대상이 되기 때문이다.

09 제한능력자의 행위능력에 관한 설명으로 옳지 <u>않은</u> 것은? (다툼이 있으면 판례에 따름)

① 법정대리인의 동의 없이 신용구매계약을 체결한 미성년자는 특별한 사정이 없는 한 그 동의 없음을 이유로 위 계약을 취소할 수 있다.

② 미성년자가 법률행위를 함에 있어서 요구되는 법정대리인의 동의는 언제나 명시적이어야 하는 것은 아니고 묵시적으로도 가능하다.

③ 피성년후견인이 성년후견인의 동의 없이 일용품의 구입 등 일상생활에 필요하고 그 대가가 과도하지 아니한 법률행위를 한 경우, 성년후견인이 이를 취소할 수 없다.

④ 성년후견 개시의 심판을 받은 자가 취소할 수 없는 범위에 속하는 법률행위를 성년후견인의 동의 없이 한 경우에는 유효한 법률행위가 성립한다.

⑤ 한정후견인의 동의가 있어야 하는 법률행위에 있어서 동의가 없으면 피한정후견인의 이익이 침해될 염려가 있음에도 동의하지 않는 경우, 피한정후견인이 동의 없이 법률행위를 하였다면 한정후견인은 이를 취소할 수 없다.

답 ⑤

┃정답해설┃

⑤ 한정후견인의 동의를 필요로 하는 행위에 대하여 한정후견인이 피한정후견인의 이익이 침해될 염려가 있음에도 그 동의를 하지 아니하는 때에는 가정법원은 피한정후견인의 청구에 의하여 한정후견인의 동의를 갈음하는 허가를 할 수 있다(제13조 제3항).

┃오답해설┃

① 미성년자의 법률행위에 법정대리인의 동의를 요하도록 하는 것은 강행규정인데, 위 규정에 반하여 이루어진 신용구매계약을 미성년자 스스로 취소하는 것을 신의칙 위반을 이유로 배척한다면, 이는 오히려 위 규정에 의해 배제하려는 결과를 실현시키는 셈이 되어 미성년자제도의 입법취지를 몰각시킬 우려가 있으므로, 법정대리인의 동의 없이 신용구매계약을 체결한 미성년자가 사후에 법정대리인의 동의 없음을 사유로 들어 이를 취소하는 것이 신의칙에 위배된 것이라고 할 수 없다[2005다71659·71666·71673].

② 미성년자가 법률행위를 함에 있어서 요구되는 법정대리인의 동의는 언제나 명시적이어야 하는 것은 아니고 묵시적으로도 가능한 것이며, 미성년자의 행위가 위와 같이 법정대리인의 묵시적 동의가 인정되거나 처분허락이 있는 재산의 처분 등에 해당하는 경우라면, 미성년자로서는 더 이상 행위무능력을 이유로 그 법률행위를 취소할 수 없다[2005다71659·71666·71673].

③ 제10조 제4항

④ 미성년후견인이나 한정후견인과 달리 성년후견인에게는 동의권이 인정되지 아니한다(제10조 제1항, 제17조 제2항). 따라서 성년후견 개시의 심판을 받은 자가 성년후견인의 동의 없이 취소할 수 없는 범위에 속하는 법률행위를 한 경우에도, 그 행위는 유효하다.

10 후견에 관한 설명으로 옳은 것을 모두 고른 것은? (다툼이 있으면 판례에 따름)

> ㄱ. 가정법원은 일정한 자의 청구에 의하여 질병, 장애, 노령, 그 밖의 사유로 인한 정신적 제약으로 사무를
> 처리할 능력이 부족한 사람에 대하여 성년후견 개시의 심판을 한다.
> ㄴ. 가정법원은 피한정후견인이 한정후견인의 동의를 받아야 하는 행위의 범위를 정할 수 있다.
> ㄷ. 피특정후견인의 법률행위는 가정법원에 의해 취소할 수 있는 법률행위로 정해진 경우에만 취소할 수
>   있다.
> ㄹ. 특정후견은 본인의 의사에 반하여 할 수 없다.

① ㄱ, ㄴ   ② ㄱ, ㄹ

③ ㄴ, ㄷ   ④ ㄴ, ㄹ

⑤ ㄷ, ㄹ

답 ④

┃ **정답해설** ┃

ㄴ. (○) 제13조 제1항
ㄹ. (○) 제14조의2 제2항

┃ **오답해설** ┃

ㄱ. (×) 가정법원은 질병, 장애, 노령, 그 밖의 사유로 인한 정신적 제약으로 사무를 처리할 능력이 부족한 사람에
대하여 본인, 배우자, 4촌 이내의 친족, 미성년후견인, 미성년후견감독인, 성년후견인, 성년후견감독인, 특정후견
인, 특정후견감독인, 검사 또는 지방자치단체의 장의 청구에 의하여 한정후견 개시의 심판을 한다(제12조 제1항).
ㄷ. (×) 피특정후견인은 행위능력자로서의 행위능력이 제한되지 아니하므로, 특정후견인에게는 원칙적으로 동의권과
취소권이 인정되지 아니한다.

01 주소에 관한 다음 설명 중 옳지 **않은** 것은?

① 생활의 근거가 되는 곳을 주소로 한다.

② 주소는 동시에 두 곳 이상 있을 수 있다.

③ 법인의 주소는 그 주된 사무소의 소재지에 있는 것으로 한다.

④ 국내에 주소 없는 자에 대하여는 국내에 있는 거소를 주소로 본다.

⑤ 모든 거래행위에 있어서 가주소를 정한 때에는 이를 주소로 본다.

답 ⑤

▌정답해설▌

⑤ 제21조

> **제21조(가주소)**
> 어느 행위에 있어서 가주소를 정한 때에는 그 행위에 관하여는 이를 주소로 본다.

▌오답해설▌

①, ② 제18조

> **제18조(주소)**
> ① 생활의 근거되는 곳을 주소로 한다.
> ② 주소는 동시에 두 곳 이상 있을 수 있다.

③ 제36조

> **제36조(법인의 주소)**
> 법인의 주소는 그 주된 사무소의 소재지에 있는 것으로 한다

④ 제20조

> **제20조(거소)**
> 국내에 주소없는 자에 대하여는 국내에 있는 거소를 주소로 본다.

01 부재자의 재산관리에 관한 설명으로 옳지 <u>않은</u> 것은? (다툼이 있으면 판례에 따름)　　　**[2023]**

① 부재자로부터 재산처분권한을 수여받은 재산관리인은 그 재산을 처분함에 있어 법원의 허가를 받을 필요가 없다.

② 부재자가 재산관리인을 정하지 않은 경우, 부재자의 채권자는 재산관리에 필요한 처분을 명할 것을 법원에 청구할 수 있다.

③ 법원이 선임한 재산관리인은 법원의 허가 없이 부재자의 재산에 대한 차임을 청구할 수 있다.

④ 재산관리인의 처분행위에 대한 법원의 허가는 이미 행한 처분행위를 추인하는 방법으로 할 수 있다.

⑤ 부재자가 사망한 사실이 확인되면 부재자 재산관리인 선임결정이 취소되지 않더라도 관리인의 권한은 당연히 소멸한다.

답 ⑤

▎정답해설▎

⑤ 법원에 의하여 부재자의 재산관리인에 선임된 자는 그 부재자의 사망이 확인된 후라 할지라도 위 선임결정이 취소되지 않는 한 그 관리인으로서의 권한이 소멸되는 것이 아니다[71다189].

▎오답해설▎

① 72다2136

② 제22조 제1항

③ 법원이 선임한 재산관리인은 법정대리인의 지위를 갖으므로 보존행위, 관리행위는 단독으로 자유롭게 할 수 있다[제25조, 제118조]. 건물임차인에 대한 차임청구는 보존행위라 할 것이므로 법원의 허가를 요하지 않는다.

④ 부재자의 재산관리인에 의한 부재자소유 부동산매각행위의 추인행위가 법원의 허가를 얻기 전이어서 권한없이 행하여진 것이라고 하더라도, 법원의 재산관리인의 초과행위 결정의 효력은 그 허가받은 재산에 대한 장래의 처분행위뿐만 아니라 <u>기왕의 처분행위를 추인하는 행위로도 할 수 있는</u> 것이므로 그 후 법원의 허가를 얻어 소유권이전등기절차를 경료케 한 행위에 의하여 종전에 권한없이 한 처분행위를 추인한 것이라 할 것이다[80다1872].

02 부재와 실종에 관한 설명으로 옳은 것은? (다툼이 있으면 판례에 따름) [2022]

① 부재자재산관리인의 권한초과행위에 대한 법원의 허가는 과거의 처분행위를 추인하는 방법으로는 할 수 없다.

② 법원은 선임한 재산관리인에 대하여 부재자의 재산으로 상당한 보수를 지급할 수 있다.

③ 후순위상속인도 실종선고를 청구할 수 있는 이해관계인에 포함된다.

④ 동일인에 대하여 2차례의 실종선고가 내려져 있는 경우, 뒤에 내려진 실종선고를 기초로 상속관계가 인정된다.

⑤ 실종선고를 받은 자가 실종기간 동안 생존했던 사실이 확인된 경우, 실종선고의 취소 없이도 이미 개시된 상속은 부정된다.

답 ②

▌정답해설▐

② 제26조 제2항

> **제26조(관리인의 담보제공, 보수)**
> ② 법원은 그 선임한 재산관리인에 대하여 부재자의 재산으로 상당한 보수를 지급할 수 있다.

▌오답해설▐

① 법원의 재산관리인의 초과행위허가의 결정은 그 허가받은 재산에 대한 장래의 처분행위를 위한 경우뿐만 아니라 기왕의 처분행위를 추인하는 행위를 행위로도 할 수 있다고 봄이 상당하므로 부재자의 재산관리 법원의 초과행위 허가 결정을 받아 그 허가결정등본을 매수인에게 교부한 때에는 그 이전에 한 부재자소유의 주식매매계약을 추인한 것으로 볼 수 있다[80다3063].

③ 부재자의 자매로서 제2순위 상속인에 불과한 자는 부재자에 대한 실종선고의 여부에 따라 상속지분에 차이가 생긴다고 하더라도 이는 부재자의 사망 간주시기에 따른 간접적인 영향에 불과하고 부재자의 실종선고 자체를 원인으로 한 직접적인 결과는 아니므로 부재자에 대한 실종선고를 청구할 이해관계인이 될 수 없다[86스20].

④ 실종자에 대하여 1950.7.30. 이후 5년간 생사불명을 원인으로 이미 1988.11.26. 실종선고가 되어 확정되었는데도, 그 이후 타인의 청구에 의하여 1992.12.28. 새로이 확정된 실종신고를 기초로 상속관계를 판단한 것은 잘못이다[95다12736].

⑤ 실종선고를 받은 자가 실종기간 동안 생존했던 사실이 확인되더라도 실종선고의 취소가 있어야 실종선고 전의 가족관계 및 재산관계가 회복된다. 실종선고로 인한 상속 · 유증의 개시는 그 개시시로 소급하여 무효로 되고, 상속재산의 처분행위는 무권리자의 처분행위로서 처분시로 소급하여 무효로 되며, 실종자의 배우자가 재혼하였다면 전혼의 부활로 인해 후혼은 중혼으로서 취소대상이 된다.

03 실종선고에 관한 설명으로 옳지 <u>않은</u> 것은? (다툼이 있으면 판례에 따름) **[2021]**

① 가족관계등록부상 이미 사망으로 기재되어 있는 자에 대해서는 원칙적으로 실종선고를 할 수 없다.

② 실종선고를 받아 사망으로 간주된 자는 실종선고가 취소되지 않는 한 반증을 통해 그 효력을 번복할 수 없다.

③ 실종선고 후 그 취소 전에 선의로 한 행위의 효력은 실종선고의 취소에 의해 영향을 받지 않는다.

④ 실종선고의 취소에는 공시최고를 요하지 않는다.

⑤ 실종자를 당사자로 한 판결이 확정된 후에 실종선고가 확정되어 그 사망간주의 시점이 소 제기 전으로 소급하는 경우, 특별한 사정이 없는 한 그 판결은 당사자능력이 없는 사람을 상대로 한 판결로서 무효가 된다.

답 ⑤

┃정답해설┃

⑤ 실종선고의 효력이 발생하기 전에는 실종기간이 만료된 실종자도 소송상 당사자능력을 상실하는 것은 아니므로, 실종선고 확정 전에는 실종기간이 만료된 실종자를 상대로 하여 제기된 소도 적법하고 실종자를 당사자로 하여 선고된 판결도 유효하며 그 판결이 확정되면 기판력도 발생한다. 비록 실종자를 당사자로 한 판결이 확정된 후에 실종선고가 확정되어 그 사망간주의 시점이 소 제기 전으로 소급하는 경우에도 위 판결 자체가 소급하여 당사자능력이 없는 사망한 사람을 상대로 한 판결로서 무효가 된다고는 볼 수 없다[92다2455].

┃오답해설┃

① 가족관계등록부상(구 호적상) 이미 사망한 것으로 기재되어 있는 자는 그 호적상 사망기재의 추정력을 뒤집을 수 있는 자료가 없는 한 그 생사가 불분명한 자라고 볼 수 없어 실종선고를 할 수 없다[97스4 결정].

② 실종선고를 받은 자는 실종 기간이 만료한 때에 사망한 것으로 본다[제28조]. 따라서 실종선고가 취소되지 않고 있는 동안은 생존 등의 반증을 들어 실종선고의 효력을 부정할 수 없고[94다52751], 실종선고를 받은 자에 대한 사망의 효과를 저지하려면 그 선고를 취소해야 한다[69다2103].

③ 제29조 제1항

> **제29조(실종선고의 취소)**
> ① 실종자의 생존한 사실 또는 전조의 규정과 상이한 때에 사망한 사실의 증명이 있으면 법원은 본인, 이해관계인 또는 검사의 청구에 의하여 실종선고를 취소하여야 한다. 그러나 실종선고후 그 취소전에 선의로 한 행위의 효력에 영향을 미치지 아니한다.

④ 형식적 요건으로 본인·이해관계인 또는 검사의 청구가 있어야 하며, 공시최고는 불필요하다.

04 부재자의 재산관리에 관한 설명으로 옳지 <u>않은</u> 것은? (다툼이 있으면 판례에 따름)　　　　[2020]

① 부재자가 스스로 위임한 재산관리인에게 재산처분권까지 준 경우에도 그 재산관리인은 재산처분에 법원의 허가를 얻어야 한다.

② 재산관리인의 권한초과행위에 대한 법원의 허가결정은 기왕의 처분행위를 추인하는 방법으로도 할 수 있다.

③ 재산관리인이 소송절차를 진행하던 중 부재자에 대한 실종선고가 확정되면 그 재산관리인의 지위도 종료한다.

④ 생사불명의 부재자를 위하여 법원이 선임한 재산관리인은 그가 부재자의 사망을 확인한 때에도 선임결정이 취소되지 않으면 계속 권한을 행사할 수 있다.

⑤ 생사불명의 부재자에 대하여 실종이 선고되더라도 법원이 선임한 재산관리인의 처분행위에 근거한 등기는 그 선임결정이 취소되지 않으면 적법하게 마친 것으로 추정된다.

🗒 ①

▌정답해설▌

① 부재자로부터 재산처분권까지 위임받은 재산관리인은 그 재산을 처분함에 있어 법원의 허가를 요하는 것은 아니다 [72다2136].

더 알아보기	법원이 재산관리인을 선임한 경우
지위	법정대리인
가정법원	가정법원은 선임한 재산관리인을 언제든지 개임할 수 있고, 선임된 재산관리인은 언제든지 가정법원에 신고한 후 사임할 수 있다.
처분권한	① 관리행위 → 보존·이용·개량하는 범위로 한정되고 법원의 허가를 얻어 하는 처분행위도 부재자를 위하는 범위에 한정된다. ② 기왕의 처분행위 → 재산관리인의 권한초과행위 허가의 결정은 장래의 처분행위를 위한 경우뿐 아니라 기왕의 처분행위를 추인하는 행위로도 할 수 있다. ③ 권한초과처분허가를 얻어 부동산을 매매한 후 그 허가결정이 취소된 경우 → 그 권한초과처분허가 처분은 유효 ④ 법원의 허가 없이 그 관리재산을 매도한 행위 → 무효
의무	관리할 재산의 목록을 작성하고, 법원이 명하는 처분을 수행하며, 법원의 명(命)이 있으면 재산 관리 및 반환에 관하여 (부재자에게) 상당한 담보를 제공해야 한다.
권리	보수를 법원에 청구할 수 있고, 재산관리를 위해 지출한 필요비와 그 이자 및 과실 없이 받은 손해의 배상을 청구할 수 있다.

05 X건물을 소유하고 있던 甲은 오지탐험을 떠난 후 장기간 연락이 두절되었다. 그 후 배우자 乙의 청구로 가정법원은 丙을 甲의 재산관리인으로 선임하였다. 다음 중 옳지 <u>않은</u> 것은? (다툼이 있는 경우에는 판례에 의함)

① 甲이 살아 돌아오더라도 그 이전에 丙이 법원의 허가를 받아 한 재판상 화해는 유효하다.

② 丙이 법원의 허가 없이 X건물을 처분하였어도 그 후 법원의 추인이 있으면 그 처분행위는 유효하게 된다.

③ 丙이 법원의 허가를 받아 적법하게 X건물을 처분하였다면, 그 후 甲에게 실종선고가 내려져 그 처분행위가 있기 이전에 甲이 사망한 것으로 간주될 때에도 그 처분행위는 유효하다.

④ 甲의 형제로서 현재 제2순위 상속인에 불과한 자는 甲의 실종선고를 청구할 수 없다.

⑤ 丙이 법원으로부터 X건물의 매매를 허락받았다면, 특별한 사정이 없는 한, 甲과 아무 관계가 없는 타인의 채무담보를 위해 그 건물에 저당권을 설정할 수 있다.

답 ⑤

▌정답해설▌

⑤ 부재자재산관리인이 법원의 매각처분허가를 얻었다 하더라도 부재자와 아무런 관계가 없는 남의 채무의 담보만을 위하여 부재자재산에 근저당권을 설정하는 행위는 보통 있을 수 없는 드문 처사라 할 것이니 통상의 경우 객관적으로 그 행위가 부재자를 위한 처분행위로서 당연하다고는 경험칙상 쉽사리 볼 수 없는 처사라 할 것이다[75마551].

▌오답해설▌

① 丙은 법원에 의하여 선임된 재산관리인이므로 법정대리인에 해당하고, 재판상 화해는 처분행위에 해당하므로 법원의 허가를 받아야 한다. 따라서 丙이 법원의 허가를 받아 한 재판상 화해는 유효하며, 이 점은 부재자 甲이 생환하더라도 달라지지 아니한다.

② 부재자의 재산관리인에 의한 부재자 소유 부동산매각행위의 추인행위가 법원의 허가를 얻기 전이어서 권한 없이 행하여진 것이라고 하더라도, 법원의 재산관리인의 초과행위결정의 효력은 그 허가받은 재산에 대한 장래의 처분행위뿐만 아니라 기왕의 처분행위를 추인하는 행위로도 할 수 있는 것이므로 그 후 법원의 허가를 얻어 소유권이전등기절차를 경료케 한 행위에 의하여 종전에 권한 없이 한 처분행위를 추인한 것이라 할 것이다[80다1872・1873].

③ 부재자재산관리인이 권한초과행위의 허가를 받고 그 선임결정이 취소되기 전에 위 권한에 의하여 이뤄진 행위는 부재자에 대한 실종선고기간이 만료된 후에 이뤄졌다고 하더라도 유효한 것이고 그 재산관리인의 적법한 권한행사의 효과는 이미 사망한 부재자의 재산상속인에게 미친다[73다2023].

④ 부재자의 자매로서 제2순위 상속인에 불과한 자는 부재자에 대한 실종선고의 여부에 따라 상속지분에 차이가 생긴다고 하더라도 이는 부재자의 사망간주시기에 따른 간접적인 영향에 불과하고 부재자의 실종선고 자체를 원인으로 한 직접적인 결과는 아니므로 부재자에 대한 실종선고를 청구할 이해관계인이 될 수 없다[86스20].

06 어부 甲은 2015년 7월 1일 조업 중 태풍으로 인하여 선박이 침몰하여 실종된 후 2017년 10월 1일 실종선고를 받았다. 이 사안에 관한 설명으로 옳은 것은? (다툼이 있으면 판례에 따름) **[2019]**

① 위 실종선고를 위해 필요한 실종기간은 1년이다.

② 甲은 2017년 10월 1일에 사망한 것으로 간주된다.

③ 1순위 상속인이 있더라도 2순위 상속인은 위 실종선고를 신청할 수 있다.

④ 甲이 극적으로 살아서 종래의 주소지로 돌아오면 위 실종선고는 자동으로 취소된다.

⑤ 甲의 생환으로 실종선고가 취소되면 甲의 상속인은 악의인 경우에만 상속재산을 甲에게 반환할 의무가 있다.

답 ①

┃오답해설┃

② 선박실종은 선박이 침몰한 때로부터 1년이다(제27조 제2항). 따라서 甲은 2016년 7월 1일에 사망한 것으로 간주된다(제28조).

③ 제2순위의 상속인은 특별한 사정이 없는 한 이해관계인에 해당하지 않으므로 부재자의 실종선고를 청구할 수 없다[92스4].

④ 실종선고가 취소되지 않고 있는 동안은 생존 등의 반증을 들어 실종선고의 효력을 부정할 수 없고[94다52751], 실종선고를 받은 자에 대한 사망의 효과를 저지하려면 그 선고를 취소해야 한다[69다2103].

⑤ 실종선고의 취소가 있을 때에 실종의 선고를 직접원인으로 하여 재산을 취득한 자가 선의인 경우에는 그 받은 이익이 현존하는 한도에서 반환할 의무가 있고 악의인 경우에는 그 받은 이익에 이자를 붙여서 반환하고 손해가 있으면 이를 배상하여야 한다(제29조 제2항).

더 알아보기 실종선고

절차
최후소식 → 실종기간 만료 → 실종선고 청구(공시최고) → 실종선고 → 실종선고 취소

실종선고	실종선고 취소
• 실종기간 만료시 사망으로 간주한다. • 실종선고의 요건이 갖추어지면 가정법원은 반드시 실종선고를 해야 한다.	• 실종자가 생존하고 있는 사실, 실종기간 만료시와 다른 시기에 사망한 사실(제29조 제1항), 또는 실종기간의 기산점 이후에 생존하고 있었던 사실이 증명되어야 한다. • 공시최고 불요 • 본인·이해관계인 또는 검사의 청구 • 법원은 반드시 선고해야 한다. • 원래의 실종선고는 처음부터 없었던 것으로 된다.
실종선고 후 취소전 선의(과실유무는 불문)로 한 행위는 유효(제29조 제1항 단서)	
단독행위	채무면제·해제·취소 등과 같은 단독행위의 경우에는 행위자만의 선의로 충분
신분행위	• 쌍방이 선의 → 후혼당사자 쌍방이 선의이면 후혼은 확정적으로 유효 • 한 당사자라도 악의 → 전혼이 부활하므로 후혼은 중혼이 되어 취소대상이 되고 생존실종자는 배우자의 부정을 이유로 전혼의 이혼을 청구

재산행위	• 쌍방선의설 → 재산행위도 양 당사자 모두가 선의여야 유효하다. 어느 한 당사자라도 악의이면 상속재산의 처분행위는 무효로 되며, 그 후의 전득자는 선의이더라도 보호되지 않는다. • 일방선의설 → 목적물이 직접취득자의 상대방으로부터 다시 양도된 경우 → 그 양도인의 선의·악의를 불문하고 선의인 전득자만 보호된다는 〈상대적 효력설〉, 선의인 양도인으로부터 전득한 자는 엄폐물의 법칙에 의해 선의·악의를 불문하고 보호된다는 〈절대적 효력설〉
직접 재산을 취득한 자의 반환범위	• 직접원인으로 재산을 취득한 자 → 상속인, 수유자, 사인증여의 수증자, 생명보험금 수취인 등을 말하나, 이들로부터 법률행위에 의해 재산을 취득한 전득자는 포함되지 않는다. • 받은 이익 → 반환범위는 손실자의 손실을 최고한도로 하므로, 실종선고로 5억 원을 상속받은 자가 주식투자 등을 통해 8억 원으로 증식시킨 경우, 선의이면 5억 원만 반환하면 된다. • 선의인 경우 → 그 받은 이익이 현존하는 한도에서 반환할 의무 • 악의인 경우 → 그 받은 이익에 이자를 붙여서 반환하고 손해가 있으면 이를 배상해야 한다. • 시효취득한 경우 → 실종선고로 인하여 직접취득한 재산에 관하여 시효취득의 요건을 갖추었으면 악의의 경우라도 반환할 의무가 없다.

제1관 서 설

제2관 법인 아닌 사단과 재단

01 비법인사단 A의 유일한 대표자 甲은 乙에게 대표자로서의 모든 권한을 포괄적으로 위임하고 자신은 이사의 직무를 집행하지 않았다. 이에 관한 설명으로 옳은 것을 모두 고른 것은? (다툼이 있으면 판례에 따름) **[2024]**

> ㄱ. 甲의 행위는 이사의 직무상 선량한 관리자의 주의의무를 위반한 행위이다.
> ㄴ. 乙이 A의 사실상 대표자로서 丙과 금전소비대차계약을 체결한 경우, 그 계약의 효력은 원칙적으로 A에게 미친다.
> ㄷ. 乙이 A의 사실상 대표자로서 사무를 집행하면서 그 직무에 관한 불법행위로 丁에게 손해를 입힌 경우, A는 丁에 대하여 법인의 불법행위로 인한 손해배상책임을 부담한다.

① ㄱ
② ㄴ
③ ㄱ, ㄷ
④ ㄴ, ㄷ
⑤ ㄱ, ㄴ, ㄷ

답 ③

┃정답해설┃

ㄱ. (○) 대표이사가 대표이사로서의 업무 일체를 다른 이사 등에게 위임하고, 대표이사로서의 직무를 전혀 집행하지 않는 것은 그 자체가 이사의 직무상 충실 및 선관의무를 위반하는 행위에 해당한다[2002다70044].

ㄷ. (○) [1] 민법 제35조 제1항은 "법인은 이사 기타 대표자가 그 직무에 관하여 타인에게 가한 손해를 배상할 책임이 있다"라고 정한다. 여기서 '법인의 대표자'에는 그 명칭이나 직위 여하, 또는 대표자로 등기되었는지 여부를 불문하고 당해 법인을 실질적으로 운영하면서 법인을 사실상 대표하여 법인의 사무를 집행하는 사람을 포함한다고 해석함이 상당하다. [2] 甲 주택조합의 대표자가 乙에게 대표자의 모든 권한을 포괄적으로 위임하여 乙이 그 조합의 사무를 집행하던 중 불법행위로 타인에게 손해를 발생시킨 데 대하여 불법행위 피해자가 甲 주택조합을 상대로 민법 제35조에서 정한 법인의 불법행위책임에 따른 손해배상청구를 한 사안에서,…(중략)… 乙은 甲 주택조합을 실질적으로 운영하면서 법인을 사실상 대표하여 법인의 사무를 집행하는 사람으로서 민법 제35조에서 정한 '대표자'에 해당한다고 보아야 함에도, 乙이 甲 주택조합의 적법한 대표자 또는 대표기관이라고 볼 수 없다는 이유로 甲 주택조합에 대한 법인의 불법행위에 따른 손해배상청구를 배척한 원심판결에는 법리오해의 위법이 있다고 한 사례[2008다15438].

┃오답해설┃

ㄴ. (×) 비법인사단에 대하여는 사단법인에 관한 민법 규정 가운데 법인격을 전제로 하는 것을 제외하고는 이를 유추적용하여야 하는데, 제62조에 비추어 보면 비법인사단의 대표자는 정관 또는 총회의 결의로 금지하지 아니한 사항에 한하여 타인으로 하여금 특정한 행위를 대리하게 할 수 있을 뿐 비법인사단의 제반 업무처리를 포괄적으로 위임할 수는 없으므로 비법인사단 대표자가 행한 타인에 대한 업무의 포괄적 위임과 그에 따른 포괄적 수임인의 대행행위는 제62조를 위반한 것이어서 비법인사단에 대하여 그 효력이 미치지 않는다[2008다15438].

02 비법인사단에 관한 설명으로 옳은 것은? (다툼이 있으면 판례에 따름) **[2021]**

① 비법인사단의 대표자는 자신의 업무를 타인에게 포괄적으로 위임할 수 있다.

② 여성은 종중구성원이 되지만, 종중총회의 소집권을 가지는 연고항존자가 될 수는 없다.

③ 이사의 선임에 관한 제63조는 비법인사단에 유추적용될 수 없다.

④ 교회는 비법인사단이므로 그 합병과 분열이 인정된다.

⑤ 비법인사단의 대표자가 총회의 결의를 거치지 않고 총유물을 권한 없이 처분한 경우에는 권한을 넘은 표현대리에 관한 제126조가 준용되지 않는다.

답 ⑤

┃ 정답해설 ┃

⑤ 비법인사단인 교회의 대표자는 총유물인 교회 재산의 처분에 관하여 교인총회의 결의를 거치지 아니하고는 이를 대표하여 행할 권한이 없다. 그리고 교회의 대표자가 권한 없이 행한 교회 재산의 처분행위에 대하여는 제126조의 표현대리에 관한 규정이 준용되지 아니한다[2006다23312].

┃ 오답해설 ┃

① 비법인사단 대표자가 행한 타인에 대한 업무의 포괄적 위임과 그에 따른 포괄적 수임인의 대행행위는 제62조의 규정에 위반된 것이어서, 비법인사단에 대하여는 그 효력이 미치지 않는다[94다18522].

② 대표자를 선임하기 위하여 개최되는 종중총회의 소집권을 가지는 연고항존자를 확정함에 있어서 여성을 제외할 아무런 이유가 없으므로, 여성을 포함한 전체 종원 중 항렬이 가장 높고 나이가 가장 많은 사람이 연고항존자가 된다[2009다26596].

③ 제63조는 법인의 조직과 활동에 관한 것으로서 법인격을 전제로 하는 조항이 아니고, 법인 아닌 사단이나 재단의 경우에도 이사가 없거나 결원이 생길 수 있으며, 통상의 절차에 따른 새로운 이사의 선임이 극히 곤란하고 종전 이사의 긴급처리권도 인정되지 아니하는 경우에는 사단이나 재단 또는 타인에게 손해가 생길 염려가 있을 수 있으므로, 제63조는 법인 아닌 사단이나 재단에도 유추 적용할 수 있다[2008마699 전합].

④ 민법이 사단법인의 분열을 인정하지 않고 이 법리는 비법인사단에도 동일하게 적용되므로 교회가 비법인사단으로서 존재하는 이상 교회의 분열은 인정되지 않고, 일부 교인들이 개별적이든 집단적이든 교회를 탈퇴하면 종전교회는 잔존교인들을 구성원으로 하여 실체의 동일성을 유지하면서 존속하고 종전교회의 재산은 그 교회에 소속된 잔존교인들의 총유로 귀속됨이 원칙이지만, 의결권을 가진 교인의 2/3 이상의 찬성으로 교단탈퇴·변경결의를 하면 종전교회의 실체는 교단을 탈퇴한 교회로서 존속하고 종전교회재산은 탈퇴한 교회 소속 교인들의 총유로 귀속된다[2004다37775 전합].

03 법인 아닌 사단에 관한 설명으로 옳지 <u>않은</u> 것은? (다툼이 있으면 판례에 따름) **[2019]**

① 법인 아닌 사단의 사원이 집합체로서 물건을 소유할 때에는 총유로 한다.

② 법인 아닌 사단이 타인 간의 금전채무를 보증하는 행위는 총유물의 관리 및 처분행위라고 볼 수 없다.

③ 법인 아닌 사단의 총회 결의에 대해서는 민법상 사단법인에 대한 규정이 유추적용될 수 있다.

④ 정관이나 규약에 정함이 없는 이상 사원총회의 결의를 거치지 않은 총유물의 관리 및 처분행위는 무효이다.

⑤ 법인 아닌 사단은 부동산 등기능력이 없다.

답 ⑤

┃정답해설┃

⑤ 대표자가 있는 비법인사단에 속하는 부동산의 등기에 관해서는 그 사단을 등기권리자 또는 등기의무자로 하고, 그 등기는 사단의 명의로 그 대표자가 신청한다(부동산등기법 제26조).

더 알아보기 사단법인과 재단법인의 비교

구분	사단법인	재단법인
차이	인적 결합을 본체로 하는 자율적 법인	출연재산을 본체로 하는 타율적 법인
성립요건	비영리법인 : 목적의 비영리성, 정관작성, 주무관청의 허가, 설립등기	
특별요건		재산의 출연
설립행위	• 2인 이상 설립자의 정관작성 • 합동행위, 요식행위 • 생전행위	• 설립자의 재산출연과 정관작성 • 단독행위, 요식행위 • 생전행위(증여) 또는 사후행위(유증)
정관의 필요적 기재사항	목적, 명칭, 사무소 소재지, 자산에 관한 규정, 이사의 임면에 관한 규정	
	사원자격의 득실에 관한 규정, 존립시기·해산사유를 "정하는 경우" 그 시기·사유	
정관변경	사원총회의 결의와 주무관청의 허가	주무관청의 허가
	• 자주적으로 변경 가능 • 모든 사항의 변경 가능 • 정관변경금지규정의 변경은 전사원의 동의로 가능 • 정관변경·해산결의는 총회의 전권사항	• 원칙적으로 변경 불가하나 정관에 규정된 경우에는 그 규정에 따라 변경 가능 • 명칭·사무소소재지 변경 가능 • 주무관청의 허가를 얻어 설립취지를 참작하여 설립자나 이사가 변경 가능
등기사항	목적, 명칭, 사무소, 설립허가의 연월일, 자산의 총액, 이사의 성명·주소, 존립시기나 해산사유를 정한 때에는 그 시기 또는 사유, 출자의 방법을 정한 때에는 그 방법, 이사의 대표권을 제한한 때에는 그 제한	
의사결정	사원총회·이사	이사
사무집행	이사	
해산사유	존립기간의 만료, 기타 정관에 정한 해산사유의 발생, 법인의 목적의 달성 또는 달성불능, 파산, 설립허가의 취소	
특별사유	사원이 없게 된 때, 총회의 결의가 있는 때	

04 권리능력 없는 사단에 관한 설명으로 옳은 것은? (다툼이 있으면 판례에 따름)

① 권리능력 없는 사단의 구성원은 그가 사단의 대표자이거나 사원총회의 결의를 거쳤다 하더라도 그 사단의 재산에 관한 제3자와의 소송에서 당사자가 될 수 없다.

② 권리능력 없는 사단의 사원이 집합체로서 물건을 소유한 경우에는 합유로 한다.

③ 권리능력 없는 사단에 구성원이 없게 되었다면 그 사단은 바로 소멸하여 소송상의 당사자능력을 상실한다.

④ 권리능력 없는 사단의 대표자는 필요한 경우에 자신의 업무를 타인에게 포괄적으로 위임할 수 있다.

⑤ 권리능력 없는 사단의 사원의 지위는 규약에 의해서라도 양도나 상속될 수 없다.

답 ①

▌**정답해설**▐

① 제276조 제1항은 "총유물의 관리 및 처분은 사원총회의 결의에 의한다", 같은 조 제2항은 "각 사원은 정관 기타의 규약에 좇아 총유물을 사용·수익할 수 있다"라고 규정하고 있을 뿐 공유나 합유의 경우처럼 보존행위는 그 구성원 각자가 할 수 있다는 제265조 단서 또는 제272조 단서와 같은 규정을 두고 있지 아니한바, 이는 법인 아닌 사단의 소유형태인 총유가 공유나 합유에 비하여 단체성이 강하고 구성원 개인들의 총유재산에 대한 지분권이 인정되지 아니하는 데에서 나온 당연한 귀결이라고 할 것이므로 총유재산에 관한 소송은 법인 아닌 사단이 그 명의로 사원총회의 결의를 거쳐 하거나 또는 그 구성원 전원이 당사자가 되어 필수적 공동소송의 형태로 할 수 있을 뿐 그 사단의 구성원은 설령 그가 사단의 대표자라거나 사원총회의 결의를 거쳤다 하더라도 그 소송의 당사자가 될 수 없고, 이러한 법리는 총유재산의 보존행위로서 소를 제기하는 경우에도 마찬가지라 할 것이다[2004다44971 전합].

▌**오답해설**▐

② 비법인사단의 재산은 사원의 총유로 하고(제275조 제1항), 소유권 이외의 재산권은 사원의 준총유로 한다(제278조).

③ 법인 아닌 사단에 대하여는 사단법인에 관한 민법규정 가운데서 법인격을 전제로 하는 것을 제외하고는 이를 유추적용하여야 할 것인바, 사단법인에 있어서는 사원이 없게 된다고 하더라도 이는 해산사유가 될 뿐 막바로 권리능력이 소멸하는 것이 아니므로 법인 아닌 사단에 있어서도 구성원이 없게 되었다 하여 막바로 그 사단이 소멸하여 소송상의 당사자능력을 상실하였다고 할 수는 없고 청산사무가 완료되어야 비로소 그 당사자능력이 소멸하는 것이다[92다23087].

④ 비법인사단에 대하여는 사단법인에 관한 민법규정 가운데 법인격을 전제로 하는 것을 제외하고는 이를 유추적용하여야 하는데, 제62조에 비추어 보면 비법인사단의 대표자는 정관 또는 총회의 결의로 금지하지 아니한 사항에 한하여 타인으로 하여금 특정한 행위를 대리하게 할 수 있을 뿐 비법인사단의 제반 업무처리를 포괄적으로 위임할 수는 없으므로 비법인사단 대표자가 행한 타인에 대한 업무의 포괄적 위임과 그에 따른 포괄적 수임인의 대행행위는 제62조를 위반한 것이어서 비법인사단에 대하여 그 효력이 미치지 않는다[2008다15438].

⑤ 사단법인의 사원의 지위는 양도 또는 상속할 수 없다고 규정한 제56조의 규정은 강행규정이라고 할 수 없으므로, 비법인사단에서도 사원의 지위는 규약이나 관행에 의하여 양도 또는 상속될 수 있다[95다6205].

05 비법인사단인 A종중과 그 대표자 甲, 그리고 乙 사이의 법률관계에 관한 설명으로 옳은 것을 모두 고른 것은? (다툼이 있으면 판례에 따름)

> ㄱ. 甲이 乙에게 한 A의 업무에 대한 포괄적 위임과 그에 따른 乙의 대행행위는 A에게 그 효력이 미친다.
> ㄴ. 비법인사단은 자연인과 달리 명예권을 가질 수 없으므로, A의 명예를 훼손한 乙에 대하여 A가 손해배상을 청구할 수는 없다.
> ㄷ. 甲의 불법행위로 乙에게 손해가 발생한 경우, 甲의 행위가 직무에 관한 것이 아님을 乙이 알았다면, 乙은 A에 대하여 제35조 제1항에 따른 불법행위책임을 물을 수 없다.
> ㄹ. 甲의 불법행위로 乙에게 손해가 발생한 경우, 甲의 행위가 법령의 규정에 위배되더라도 외관상 객관적으로 직무에 관한 행위라고 인정된다면, A는 乙에 대하여 제35조 제1항에 따른 불법행위책임을 진다.

① ㄱ
② ㄷ
③ ㄱ, ㄴ
④ ㄷ, ㄹ
⑤ ㄱ, ㄴ, ㄹ

답 ④

❚ 정답해설 ❚

ㄷ. (○) 비법인사단의 경우 대표자의 행위가 직무에 관한 행위에 해당하지 아니함을 피해자 자신이 알았거나 또는 중대한 과실로 인하여 알지 못한 경우에는 비법인사단에게 손해배상책임을 물을 수 없다[2002다27088].

ㄹ. (○) 주택조합과 같은 비법인사단의 대표자가 직무에 관하여 타인에게 손해를 가한 경우 그 사단은 제35조 제1항의 유추적용에 의하여 그 손해를 배상할 책임이 있으며, 비법인사단의 대표자의 행위가 대표자 개인의 사리를 도모하기 위한 것이었거나 혹은 법령의 규정에 위배된 것이었다 하더라도 외관상, 객관적으로 직무에 관한 행위라고 인정할 수 있는 것이라면 제35조 제1항의 직무에 관한 행위에 해당한다[2002다27088].

❚ 오답해설 ❚

ㄱ. (×) 비법인사단에 대하여는 사단법인에 관한 민법규정 가운데서 법인격을 전제로 하는 것을 제외하고는 이를 유추적용하여야 할 것인바, 제62조의 규정에 비추어 보면 비법인사단의 대표자는 정관 또는 총회의 결의로 금지하지 아니한 사항에 한하여 타인으로 하여금 특정한 행위를 대리하게 할 수 있을 뿐 비법인사단의 제반 업무처리를 포괄적으로 위임할 수는 없다 할 것이므로, 비법인사단 대표자가 행한 타인에 대한 업무의 포괄적 위임과 그에 따른 포괄적 수임인의 대행행위는 제62조의 규정에 위반된 것이어서 비법인사단에 대하여는 그 효력이 미치지 아니한다[94다18522].

ㄴ. (×) 제764조에서 말하는 명예라 함은 사람의 품성, 덕행, 명예, 신용 등 세상으로부터 받는 객관적인 평가를 말하는 것이고 특히 법인의 경우에는 그 사회적 명예, 신용을 가리키는 데 다름없는 것으로 명예를 훼손한다는 것은 그 사회적 평가를 침해하는 것을 말하고 이와 같은 법인의 명예가 훼손된 경우에 그 법인은 상대방에 대하여 불법행위로 인한 손해배상과 함께 명예회복에 적당한 처분을 청구할 수 있고, 종중과 같이 소송상 당사자능력이 있는 비법인사단 역시 마찬가지이다[96다17851].

01 민법상 사단법인에 관한 설명으로 옳지 **않은** 것은? (다툼이 있으면 판례에 따름)　　　　**[2024]**

① 설립자가 법인의 해산사유를 정하는 경우에는 정관에 그 사유를 기재하여야 한다.

② 사원총회 결의에 의한 정관의 해석은 정관의 규범적 의미와 다르더라도 법인의 구성원을 구속하는 효력이 있다.

③ 사원의 지위는 정관에 달리 정함이 없으면 양도할 수 없다.

④ 정관에 이사의 해임사유에 관한 규정이 있는 경우, 법인은 특별한 사정이 없는 한 정관에서 정하지 않은 사유로 이사를 해임할 수 없다.

⑤ 법원의 직무집행정지 가처분결정에 의해 권한이 정지된 대표이사가 그 정지기간 중 체결한 계약은 그 후 가처분신청이 취하되었더라도 무효이다.

답 ②

▌정답해설▐

② 사단법인의 정관은 이를 작성한 사원뿐만 아니라 그 후에 가입한 사원이나 사단법인의 기관 등도 구속하는 점에 비추어 보면 그 법적 성질은 계약이 아니라 자치법규로 보는 것이 타당하므로, 이는 어디까지나 객관적인 기준에 따라 그 규범적인 의미 내용을 확정하는 법규해석의 방법으로 해석되어야 하는 것이지, 작성자의 주관이나 해석 당시의 사원의 다수결에 의한 방법으로 자의적으로 해석될 수는 없다 할 것이어서, 어느 시점의 사단법인의 사원들이 정관의 규범적인 의미 내용과 다른 해석을 사원총회의 결의라는 방법으로 표명하였다 하더라도 그 결의에 의한 해석은 그 사단법인의 구성원인 사원들이나 법원을 구속하는 효력이 없다[99다12437].

▌오답해설▐

① 제40조 제7호

③ 제56조

④ 법인의 정관에 이사의 해임사유에 관한 규정이 있는 경우 법인으로서는 이사의 중대한 의무위반 또는 정상적인 사무집행 불능 등의 특별한 사정이 없는 이상, 정관에서 정하지 아니한 사유로 이사를 해임할 수 없다[2011다41741].

⑤ 법원의 직무집행정지 가처분결정에 의해 회사를 대표할 권한이 정지된 대표이사가 그 정지기간 중에 체결한 계약은 절대적으로 무효이고, 그 후 가처분신청의 취하에 의하여 보전집행이 취소되었다 하더라도 집행의 효력은 장래를 향하여 소멸할 뿐 소급적으로 소멸하는 것은 아니라 할 것이므로, 가처분신청이 취하되었다 하여 무효인 계약이 유효하게 되지는 않는다[2008다4537].

02 민법상 법인의 정관에 관한 설명으로 옳은 것은? (다툼이 있으면 판례에 따름) **[2023]**

① 감사의 임면에 관한 사항은 정관의 필요적 기재사항이다.

② 정관의 임의적 기재사항은 정관에 기재되더라도 정관의 변경절차 없이 변경할 수 있다.

③ 정관변경의 의결정족수가 충족되면 주무관청의 허가가 없어도 정관변경의 효력이 생긴다.

④ 재단법인이 기본재산을 편입하는 행위는 주무관청의 허가를 받지 않아도 유효하다.

⑤ 재단법인의 기본재산에 관한 저당권 설정행위는 특별한 사정이 없는 한 주무관청의 허가를 얻을 필요가 없다.

답 ⑤

┃ 정답해설 ┃

⑤ 민법상 재단법인의 기본재산에 관한 저당권 설정행위는 특별한 사정이 없는 한 정관의 기재사항을 변경하여야 하는 경우에 해당하지 않으므로, 그에 관하여는 주무관청의 허가를 얻을 필요가 없다[2017마565].

┃ 오답해설 ┃

① 제40조, 제43조 참고

> **제40조(사단법인의 정관)**
> 사단법인의 설립자는 다음 각 호의 사항을 기재한 정관을 작성하여 기명날인하여야 한다.
> 1. 목적
> 2. 명칭
> 3. 사무소의 소재지
> 4. 자산에 관한 규정
> 5. 이사의 임면에 관한 규정
> 6. 사원 자격의 득실에 관한 규정
> 7. 존립시기나 해산사유를 정하는 때에는 그 시기 또는 사유
>
> **제43조(재단법인의 정관)**
> 재단법인의 설립자는 일정한 재산을 출연하고 제40조 제1호 내지 제5호의 사항을 기재한 정관을 작성하여 기명날인하여야 한다.

② 임의적 기재사항에는 제한이 없으며, 다만, 임의적 기재사항이라도 일단정관에 기재되면 필요적 기재사항과 효력상 차이가 없으며, 따라서 그것을 변경할 때에는 정관변경절차에 의하여야 한다.

③ 정관의 변경이란 법인이 동일성을 유지하면서 그 조직을 변경하는 것을 말한다. 정관변경은 사단법인이든 재단법인이든 주무관청의 허가가 효력요건이다[제42조 제2항].

④ 재단법인의 기본재산편입행위는 기부행위의 변경에 속하는 사항이므로 주무관청의 인가가 있어야 그 효력이 발생한다[78다1038].

03 법인에 관한 설명으로 옳지 <u>않은</u> 것은? (다툼이 있으면 판례에 따름) **[2021]**

① 사단법인 이사의 대표권 제한은 이를 등기하지 않으면 악의의 제3자에게도 대항하지 못한다.

② 재단법인의 정관변경은 그 변경방법을 정관에서 정한 때에도 주무관청의 허가를 얻지 않으면 그 효력이 없다.

③ 재단법인의 기본재산에 관한 근저당권 설정행위는 특별한 사정이 없는 한 주무관청의 허가를 얻을 필요가 없다.

④ 재단법인의 기본재산 변경 시, 그로 인하여 기본재산이 새로이 편입되는 경우에는 주무관청의 허가를 얻을 필요가 없다.

⑤ 법인에 대한 청산종결등기가 경료된 경우에도 청산사무가 종결되지 않는 한 그 범위 내에서는 청산법인으로서 존속한다.

답 ④

▌**정답해설**▐

④ 주무부장관의 허가를 얻어 재단법인의 기본재산에 편입하여 정관기재사항의 일부가 된 경우, 그것이 명의신탁 받은 것이라 하더라도 이를 처분(반환)하는 것은 정관의 변경을 초래하므로, 주무부장관의 허가 없이 그 소유권이전 등기를 할 수 없다[90다8558].

▌**오답해설**▐

① 이사의 대표권에 대한 제한은 정관에 기재하지 않으면 효력이 없고(제41조), 등기하지 않으면 제3자에게 대항할 수 없다(제60조). 여기서 제3자에 관해서는, 대표권제한이 등기되어 있지 않다면 그 정관규정으로써 선의냐 악의냐 에 관계없이 제3자에게 대항할 수 없다[91다24564].

② 제45조 제3항

> **제42조(사단법인의 정관의 변경)**
> ② 정관의 변경은 주무관청의 허가를 얻지 아니하면 그 효력이 없다.
>
> **제45조(재단법인의 정관변경)**
> ① 재단법인의 정관은 그 변경방법을 정관에 정한 때에 한하여 변경할 수 있다.
> ② 재단법인의 목적달성 또는 그 재산의 보전을 위하여 적당한 때에는 전항의 규정에 불구하고 명칭 또는 사무소의 소재지를 변경할 수 있다.
> ③ 제42조 제2항의 규정은 전2항의 경우에 준용한다.

③ 재단법인의 기본재산처분은 정관변경을 요하므로, 주무관청의 허가가 없으면 그 처분행위(근저당권 설정행위)는 물권계약으로 무효일 뿐 아니라 채권계약으로서도 무효이다.

⑤ 청산종결등기가 경료되었더라도 청산사무가 종료되지 않은 경우에는 청산법인으로 존속하며[79다2036], 청산법인 으로서 당사자능력이 있다[97다3408].

04 민법상 법인에 관한 설명으로 옳은 것을 모두 고른 것은? (다툼이 있으면 판례에 따름)　　[2019]

> ㄱ. 재단법인의 설립을 위해 부동산의 출연이 행해진 경우, 그 부동산의 소유권은 그 출연 시에 곧바로 설립
>   중인 재단법인에게 귀속된다.
> ㄴ. 법인의 불법행위책임이 성립하기 위해서는 대표기관의 행위일 것이 요구되며, 여기서의 대표기관에는
>   사실상의 대표자도 포함된다.
> ㄷ. 사단법인 이사의 대표권 제한은 등기되지 않았다고 하더라도 정관에 그 기재가 있는 한, 악의의 제3자에게
>   대항할 수 있다.
> ㄹ. 재단법인의 감사는 임의기관이다.

① ㄱ, ㄴ　　　　　　　　　　　　　② ㄱ, ㄷ
③ ㄴ, ㄷ　　　　　　　　　　　　　④ ㄴ, ㄹ
⑤ ㄷ, ㄹ

답 ④

┃오답해설┃

ㄱ. (×) 생전처분으로 재단법인을 설립하는 때에는 출연재산은 법인이 성립된 때로부터 법인의 재산이 된다. 유언으로
　　재단법인을 설립하는 때에는 출연재산은 유언의 효력이 발생한 때로부터 법인에 귀속한 것으로 본다(제48조). 판례
　　는 출연자와 법인간의 내부관계에서는 등기 없이도 법인성립시 또는 유언효력발생시에 출연재산이 법인에 귀속되
　　지만 공시제도와 거래안전상 제3자에 대한 관계에서는 등기가 있어야 출연재산이 법인에 귀속된다(78다481전합).

ㄷ. (×) 이사의 대표권에 대한 제한은 정관에 기재하지 않으면 효력이 없고(제41조), 등기하지 않으면 제3자에게 대항할
　　수 없다(제60조). 여기서 제3자에 관해서는, 대표권제한이 등기되어 있지 않다면 그 정관규정으로써 선이냐 악의냐
　　에 관계없이 제3자에게 대항할 수 없다(91다24564).

더 알아보기	법인의 불법행위책임과 사용자책임의 비교	
구분	**법인의 불법행위책임**	**사용자책임**
행위자	법인의 대표기관	대표기관이 아닌 자 = 피용자의 행위
행위유형	직무에 관하여	사무집행에 관하여
법인의 책임	대표기관의 불법행위책임 = 법인자신의 불법행위책임	타인의 불법행위에 대한 사용자로서의 법인의 책임
그 외의 자의 책임	대표기관과 법인의 부진정연대책임	행위자와 법인의 연대책임
면책사유	없다(무과실 책임)	선임·감독상의 과실책임

05 민법상 법인에 관한 설명으로 옳지 <u>않은</u> 것은? (다툼이 있으면 판례에 따름)

① 민법상 재단법인은 비영리법인이다.

② 사원 자격의 득실에 관한 규정은 재단법인 정관의 필요적 기재사항에 해당한다.

③ 해산한 법인은 청산의 목적범위 내에서만 권리가 있고 의무를 부담한다.

④ 이사의 대표권에 대한 제한은 이를 등기하지 않으면, 제3자가 악의이더라도 대항하지 못한다.

⑤ 청산종결의 등기가 마쳐졌더라도 청산사무가 종료되지 않은 경우에는 그 범위 내에서 청산법인으로서 존속한다.

답 ②

▌정답해설▐

② 사원 자격의 득실에 관한 규정은 재단법인이 아닌 사단법인 정관의 필요적 기재사항에 해당한다(제43조, 제40조 제6호).

> **제40조(사단법인의 정관)**
> 사단법인의 설립자는 다음 각 호의 사항을 기재한 정관을 작성하여 기명날인하여야 한다.
> 1. 목적
> 2. 명칭
> 3. 사무소의 소재지
> 4. 자산에 관한 규정
> 5. 이사의 임면에 관한 규정
> 6. 사원 자격의 득실에 관한 규정
> 7. 존립시기나 해산사유를 정하는 때에는 그 시기 또는 사유
>
> **제43조(재단법인의 정관)**
> 재단법인의 설립자는 일정한 재산을 출연하고 제40조 제1호 내지 제5호의 사항을 기재한 정관을 작성하여 기명날인하여야 한다.

③ (○) 제81조

④ (○) 제60조의 제3자는 선의·악의를 불문한다.

⑤ (○) 청산종결등기가 경료된 경우에도 청산사무가 종료되었다 할 수 없는 경우에는 청산법인으로 존속한다[79다2036].

▌오답해설▐

① 재단법인은 일정한 목적에 바쳐진 재산, 즉 재단이 그 실체를 이루고 있는 법인으로, 설립자의 의사에 따라 타율적으로 구속된다는 점이 강하고, 민법상 재단법인에는 비영리재단법인만 있다.

01 사단법인 A의 대표이사 甲이 A를 대표하여 乙과 금전소비대차계약을 체결하였다. 이에 관한 설명으로 옳지 않은 것은? (다툼이 있으면 판례에 따름)　　　　　　　　　　　　　　　**[2024]**

① 甲이 A를 위하여 적법한 대표권 범위 내에서 계약을 체결한 경우, 그 계약의 효력은 A에게 미친다.

② 甲이 자신의 사익을 도모할 목적으로 대표권 범위 내에서 계약을 체결한 경우, 乙이 이 사실에 대해 알았다면 계약은 A에 대하여 효력이 없다.

③ A의 정관에 甲이 금전소비대차계약을 체결할 수 없다는 규정이 있었지만 이를 등기하지 않은 경우, 乙이 이 사실에 대해 알았다면 A는 그 정관 규정으로 乙에게 대항할 수 있다.

④ A의 乙에 대한 계약상 채무불이행책임 여부를 판단하는 경우, 원칙적으로 A의 고의·과실은 甲을 기준으로 결정한다.

⑤ 만약 계약의 체결이 甲과 A의 이해가 상반하는 사항인 경우, 甲은 계약체결에 대해 대표권이 없다.

 답 ③

▌정답해설▐

③ 이사의 대표권 제한에 대한 정관의 기재는 효력요건이고 등기는 대항요건이다. 이사의 대표권에 대한 제한은 등기하지 아니하면 제3자에게 대항하지 못하는데(제60조) 학설로는 악의의 제3자는 공평의 원칙상 보호할 필요가 없다는 제한설과 문리해석상 선·악의를 불문하고 대항할 수 있다는 무제한설의 대립이 있다. 판례는 "대표권의 제한에 관한 규정은 이를 등기하지 않을 경우 상대방의 선·악의를 불문하고 상대방에게 대표권 제한으로 대항할 수 없다"는 입장이다(무제한설)[91다24564 참고].

▌오답해설▐

① 법인이 대표기관을 통하여 법률행위를 한 때에는 대리에 관한 규정이 준용되므로 적법한 대표권을 가진 자와 맺은 법률행위의 효과는 대표자 개인이 아니라 본인인 법인에 귀속하고, 마찬가지로 그러한 법률행위상의 의무를 위반하여 발생한 채무불이행으로 인한 손해배상책임도 대표기관 개인이 아닌 법인만이 책임의 귀속주체가 되는 것이 원칙이다[2017다53265].

② 대표이사가 대표권의 범위 내에서 한 행위라도 회사의 영리목적과 관계없이 자기 또는 제3자의 이익을 도모할 목적으로 그 권한을 남용한 것이고, 그 행위의 상대방이 대표이사의 진의를 알았거나 알 수 있었을 때에는 회사에 대하여 무효가 된다[2005다3649].

④ 2017다53265 참고

⑤ 법인과 이사의 이익이 상반하는 사항에 관하여는 이사는 대표권이 없다. 이 경우에는 전조의 규정에 의하여 특별대리인을 선임하여야 한다(제64조).

02 甲 사단법인의 대표이사 乙이 외관상 그 직무에 관한 행위로 丙에게 불법행위를 한 경우에 관한 설명으로 옳지 <u>않은</u> 것은? (다툼이 있으면 판례에 따름) **[2022]**

① 乙의 불법행위로 인해 甲이 丙에 대해 손해배상책임을 지는 경우에도 乙은 丙에 대한 자기의 손해배상책임을 면하지 못한다.

② 甲의 손해배상책임 원인이 乙의 고의적인 불법행위인 경우에는 丙에게 과실이 있더라도 과실상계의 법리가 적용될 수 없다.

③ 丙이 乙의 행위가 실제로는 직무에 관한 행위에 해당하지 않는다는 사실을 알았거나 중대한 과실로 알지 못한 경우에는 甲에게 손해배상책임을 물을 수 없다.

④ 甲의 사원 丁이 乙의 불법행위에 가담한 경우, 丁도 乙과 연대하여 丙에 대하여 손해배상책임을 진다.

⑤ 甲이 비법인사단인 경우라 하더라도 甲은 乙의 불법행위로 인한 丙의 손해를 배상할 책임이 있다.

답 ②

┃ 정답해설 ┃

② 법인에 대한 손해배상 책임 원인이 대표기관의 고의적인 불법행위라고 하더라도, 피해자에게 그 불법행위 내지 손해발생에 과실이 있다면 법원은 과실상계의 법리에 좇아 손해배상의 책임 및 그 금액을 정함에 있어 이를 참작하여야 한다[86다카1170].

┃ 오답해설 ┃

① 제35조 제1항 제2문

> **제35조(법인의 불법행위능력)**
> ① 법인은 이사 기타 대표자가 그 직무에 관하여 타인에게 가한 손해를 배상할 책임이 있다. 이사 기타 대표자는 이로 인하여 자기의 손해배상책임을 면하지 못한다.

③ 비법인사단의 경우 대표자의 행위가 직무에 관한 행위에 해당하지 아니함을 피해자 자신이 알았거나 또는 중대한 과실로 인하여 알지 못한 경우에는 비법인사단에게 손해배상책임을 물을 수 없다고 할 것이고, 여기서 중대한 과실이라 함은 거래의 상대방이 조금만 주의를 기울였더라면 대표자의 행위가 그 직무권한 내에서 적법하게 행하여진 것이 아니라는 사정을 알 수 있었음에도 만연히 이를 직무권한 내의 행위라고 믿음으로써 일반인에게 요구되는 주의의무에 현저히 위반하는 것으로 거의 고의에 가까운 정도의 주의를 결여하고, 공평의 관점에서 상대방을 구태여 보호할 필요가 없다고 봄이 상당하다고 인정되는 상태를 말한다[2002다27088].

④ 법인의 대표자가 그 직무에 관하여 타인에게 손해를 가함으로써 법인에 손해배상책임이 인정되는 경우에, 대표자의 행위가 제3자에 대한 불법행위를 구성한다면 그 대표자도 제3자에 대하여 손해배상책임을 면하지 못하며(제35조 제1항), 또한 사원도 위 대표자와 공동으로 불법행위를 저질렀거나 이에 가담하였다고 볼 만한 사정이 있으면 제3자에 대하여 위 대표자와 연대하여 손해배상책임을 진다[2006다37465].

03 법인의 불법행위책임에 관한 설명으로 옳은 것은? (다툼이 있으면 판례에 따름) [2021]

① 외형상 직무행위로 인정되는 대표자의 권한 남용행위에 대해서도 법인의 불법행위책임이 인정될 수 있다.

② 등기된 대표자의 행위로 인하여 타인에게 손해를 가한 경우에만 법인의 불법행위책임이 성립할 수 있다.

③ 대표자의 행위가 직무에 관한 행위에 해당하지 않음을 피해자 자신이 중대한 과실로 알지 못한 경우, 법인의 불법행위책임이 인정된다.

④ 대표권 없는 이사가 그 직무와 관련하여 타인에게 손해를 가한 경우, 법인의 불법행위 책임이 성립한다.

⑤ 법인의 불법행위책임이 성립하는 경우 그 대표기관은 손해배상책임이 없다.

답 ①

▌정답해설▌

① 행위의 외형상 법인의 대표자의 직무행위라고 인정할 수 있는 것이라면, 설사 그것이 대표자 개인의 사리를 도모하기 위한 것이었거나 법령의 규정에 위배된 것이었다 하더라도 직무에 관한 행위에 해당한다[2003다15280]. 그런데 대표기관의 행위가 유효한 법률행위로서 그 효과가 법인에게 미친다면 제35조의 적용이 없지만, 대표권이 제한되거나, 대표권 남용에 해당하거나, 강행규정 위반으로 무효인 경우에 제35조가 적용될 수 있다. 판례도 법인의 대표기관이 권한을 남용하여 부정한 대표행위를 한 경우에 법인의 불법행위책임을 인정했다[89다카555].

▌오답해설▌

② 제35조 제1항은 "법인은 이사 기타 대표자가 그 직무에 관하여 타인에게 가한 손해를 배상할 책임이 있다"라고 정한다. 여기서 '법인의 대표자'에는 그 명칭이나 직위 여하, 또는 대표자로 등기되었는지 여부를 불문하고 당해 법인을 실질적으로 운영하면서 법인을 사실상 대표하여 법인의 사무를 집행하는 사람을 포함한다고 해석함이 상당하다[2008다15438].

③ 법인대표자의 행위가 직무에 관한 행위에 해당하지 않음을 피해자 자신이 알았거나 중대한 과실로 인하여 알지 못한 경우에는 법인에게 손해배상책임을 물을 수 없다[2003다34045].

④ 제35조에서 말하는 '이사 기타 대표자'는 법인의 대표기관을 의미하는 것이고 대표기관이 아닌 사원총회·감사의 행위, 즉 대표권이 없는 이사는 법인의 기관이기는 하지만 대표기관은 아니기 때문에 그의 행위로 인하여 법인의 불법행위가 성립하지 않는다[2003다30159]. 이사의 임의대리인(제62조)의 행위인 경우, 이사의 임의대리인은 대표기관이 아니므로 법인은 사용자책임(제756조)을 질 뿐이다.

⑤ 대표기관 개인은 법인과 경합하여 피해자에게 배상할 책임을 지며(제35조 제1항 후문), 기관 개인과 법인의 손해배상책임은 부진정연대채무관계에 있으므로, 피해자는 가해기관인 개인 또는 그 법인에 대해 선택적으로(순차로 또는 동시에) 손해배상청구권을 행사할 수 있다. 법인이 피해자에게 배상한 경우 법인은 기관 개인에게 임무해태를 이유로 구상권을 행사할 수 있는데(제65조), 이 구상권은 이사·청산인의 선관주의의무(제61조·제96조) 위반에 근거한다.

04 법인에 관한 설명으로 옳지 <u>않은</u> 것은? (다툼이 있으면 판례에 따름) [2020]

① 법인의 대표기관이 법인을 위하여 계약을 체결한 경우, 다른 사정이 없으면 그 성립의 효과는 직접 법인에 미치고 계약을 위반한 때에는 법인이 손해를 배상할 책임이 있다.

② 단체의 실체를 갖추어 법인 아닌 사단으로 성립하기 전에 설립주체인 개인이 취득한 권리·의무는 바로 법인 아닌 사단에 귀속된다.

③ 법인 아닌 사단은 대표권제한을 등기할 수 없으므로 거래상대방이 사원총회가 대표권 제한을 결의한 사실을 몰랐고 모른데 잘못이 없으면, 제한을 넘는 이사의 거래행위는 유효하다.

④ 민법에서 법인과 그 기관인 이사의 관계는 위임인과 수임인의 법률관계와 같다.

⑤ 사단법인의 하부조직 중 하나라 하더라도 스스로 단체의 실체를 갖추고 독자활동을 한다면 독립된 법인 아닌 사단으로 볼 수 있다.

답 ②

┃ 정답해설 ┃

② 설립 중의 회사로서의 실체가 갖추어지기 이전에 발기인이 취득한 권리·의무는 구체적 사정에 따라 발기인 개인 또는 발기인조합에 귀속하는 것으로서 이들에게 귀속된 권리·의무를 설립후의 회사에 귀속시키기 위하여는 양수 나 채무인수 등의 특별한 이전행위가 있어야 한다[90누2536].

더 알아보기 법인의 본질

구분	법인의제설	법인실재설
권리능력의 범위 (제34조)	법률이 인정하는 범위에 한정하여 권리능력 인정	목적수행에 적당한 범위까지 확장
행위능력	이사의 행위는 법인에 대해 대리행위에 불과	이사의 행위는 법인자신의 행위임
불법행위능력 (제35조)	① 법인의 불법행위능력 부정 ② 제35조 제1항 전문 → 법인의 불법행위 규정은 정책적 규정 ③ 제35조 제1항 후문 → 이사개인의 불법 행위능력 당연인정	① 법인의 불법행위능력 인정 ② 제35조 제1항 전문 → 법인의 불법행위 규정은 당연규정 ③ 제35조 제1항 후문 → 이사 개인의 불법 행위 규정은 정책적 규정
법인격 없는 사단·재단 인정여부	소극	적극

05 법인에 관한 설명으로 옳지 <u>않은</u> 것은? (다툼이 있으면 판례에 따름)　　　　　**[2020]**

① 법인은 설립등기를 함으로써 성립한다.

② 어느 사단법인과 다른 사단법인의 동일 여부는, 다른 사정이 없으면 사원의 동일 여부를 기준으로 결정된다.

③ 법인의 대표자는 그 명칭이나 직위 여하가 아니라 법인등기를 기준으로 엄격하게 확정하여야 한다.

④ 행위의 외형상 직무행위로 인정할 수 있으면, 대표자 개인의 이익을 위한 것이거나 법령에 위반한 것이라도 직무에 관한 행위이다.

⑤ 대표자의 행위가 직무에 관한 것이 아님을 알았거나 중대한 과실로 모른 피해자는 법인에 손해배상책임을 물을 수 없다.

답 ③

┃ 정답해설 ┃

③ 제35조 제1항은 "법인은 이사 기타 대표자가 그 직무에 관하여 타인에게 가한 손해를 배상할 책임이 있다"라고 정한다. 여기서 '법인의 대표자'에는 그 명칭이나 직위 여하, 또는 대표자로 등기되었는지 여부를 불문하고 당해 법인을 실질적으로 운영하면서 법인을 사실상 대표하여 법인의 사무를 집행하는 사람을 포함한다고 해석함이 상당하다. 그리고 이러한 법리는 주택조합과 같은 비법인사단에도 마찬가지로 적용된다[2008다15438].

06 甲법인의 대표이사 乙은 그 직무에 관하여 丙에게 불법행위를 하였다. 법인의 불법행위책임(제35조)에 관한 설명으로 옳은 것은? (다툼이 있으면 판례에 따름)

① 乙의 행위가 乙 자신의 사익을 도모하기 위한 것이라도 甲법인은 불법행위책임을 진다.

② 甲법인은 乙의 선임 및 그 사무감독에 상당한 주의를 다하였음을 증명하면 불법행위책임을 면한다.

③ 丙에 대한 甲법인의 불법행위책임이 인정되는 경우 이중배상을 금지하기 위하여 乙의 丙에 대한 불법행위책임은 성립하지 않는다.

④ 乙이 甲법인을 실질적으로 운영하고 사실상 대표하여 사무를 집행하지만 대표이사로 등기되어 있지 않은 경우, 乙의 불법행위에 대해 甲법인은 손해배상책임이 없다.

⑤ 甲이 비법인사단이라면 乙이 직무수행에 관해 불법행위를 하였어도 丙에 대하여 甲의 불법행위책임은 성립하지 않는다.

답 ①

┃ 정답해설 ┃

① 법인이 그 대표자의 불법행위로 인하여 손해배상의무를 지는 것은 그 대표자의 직무에 관한 행위로 인하여 손해가 발생한 것임을 요한다 할 것이나, 그 직무에 관한 것이라는 의미는 행위의 외형상 법인의 대표자의 직무행위라고 인정할 수 있는 것이라면 설사 그것이 대표자 개인의 사리를 도모하기 위한 것이었거나 혹은 법령의 규정에 위배된 것이었다 하더라도 위의 직무에 관한 행위에 해당한다고 보아야 한다[2003다15280].

┃ 오답해설 ┃

② 제35조 법인의 불법행위책임은 사용자책임(제756조 제1항 단서)과 달리, 선임·감독상 주의의무를 다하였음을 증명하여도 면책될 수 없다.

③ 법인의 대표자가 그 직무에 관하여 타인에게 손해를 가함으로써 법인에 손해배상책임이 인정되는 경우에, 대표자의 행위가 제3자에 대한 불법행위를 구성한다면 그 대표자도 제3자에 대하여 손해배상책임을 면하지 못하며(제35조 제1항), 또한 사원도 위 대표자와 공동으로 불법행위를 저질렀거나 이에 가담하였다고 볼 만한 사정이 있으면 제3자에 대하여 위 대표자와 연대하여 손해배상책임을 진다. 그러나 사원총회, 대의원총회, 이사회의 의결은 원칙적으로 법인의 내부행위에 불과하므로 특별한 사정이 없는 한 그 사항의 의결에 찬성하였다는 이유만으로 제3자의 채권을 침해한다거나 대표자의 행위에 가공 또는 방조한 자로서 제3자에 대하여 불법행위책임을 부담한다고 할 수는 없다[2006다37465].

④ 제35조 제1항은 "법인은 이사 기타 대표자가 그 직무에 관하여 타인에게 가한 손해를 배상할 책임이 있다"라고 정한다. 여기서 '법인의 대표자'에는 그 명칭이나 직위 여하, 또는 대표자로 등기되었는지 여부를 불문하고 당해 법인을 실질적으로 운영하면서 법인을 사실상 대표하여 법인의 사무를 집행하는 사람을 포함한다고 해석함이 상당하다[2008다15438].

⑤ 비법인사단의 대표자가 직무에 관하여 타인에게 손해를 가한 경우 그 사단은 제35조 제1항의 유추적용에 의하여 그 손해를 배상할 책임이 있고, 비법인사단의 대표자의 행위가 대표자 개인의 사리를 도모하기 위한 것이었거나 혹은 법령의 규정에 위배된 것이었다 하더라도 외관상, 객관적으로 직무에 관한 행위라고 인정할 수 있다면 제35조 제1항의 직무에 관한 행위에 해당한다 할 것이나, 한편 그 대표자의 행위가 직무에 관한 행위에 해당하지 아니함을 피해자 자신이 알았거나 또는 중대한 과실로 인하여 알지 못한 경우에는 비법인사단에게 손해배상책임을 물을 수 없다[2005다34711].

01 민법상 법인의 기관에 관한 설명으로 옳은 것은? (다툼이 있으면 판례에 따름) **[2023]**

① 이사의 변경등기는 대항요건이 아니라 효력발생요건이다.

② 이사가 수인인 경우, 특별한 사정이 없는 한 법인의 사무에 관하여 이사는 공동으로 법인을 대표한다.

③ 사단법인의 정관 변경에 관한 사원총회의 권한은 정관에 의해 박탈할 수 있다.

④ 이사회에서 법인과 어느 이사와의 관계사항을 의결하는 경우, 그 이사는 의사정족수 산정의 기초가 되는 이사의 수에 포함된다.

⑤ 법인의 대표권 제한에 관한 사항이 등기되지 않았더라도 법인은 대표권 제한에 대해 악의인 제3자에게 대항할 수 있다.

답 ④

┃정답해설┃

④ 제74조는 사단법인과 어느 사원과의 관계사항을 의결하는 경우 그 사원은 의결권이 없다고 규정하고 있으므로, 제74조의 유추해석상 민법상 법인의 이사회에서 법인과 어느 이사와의 관계사항을 의결하는 경우에는 그 이사는 의결권이 없다. 이때 의결권이 없다는 의미는 상법 제368조 제4항, 제371조 제2항의 유추해석상 이해관계 있는 이사는 이사회에서 의결권을 행사할 수는 없으나 의사정족수 산정의 기초가 되는 이사의 수에는 포함되고, 다만 결의 성립에 필요한 출석이사에는 산입되지 아니한다고 풀이함이 상당하다[2008다1521].

┃오답해설┃

① 이사의 변경등기는 대항요건이다(제54조 참고).

> **제54조(설립등기 이외의 등기의 효력과 등기사항의 공고)**
> ① 설립등기 이외의 본절의 등기사항은 그 등기 후가 아니면 제3자에게 대항하지 못한다.

② 이사가 수인인 경우에는 정관에 다른 규정이 없으면 법인의 사무집행은 이사의 과반수로써 결정한다(제58조 제2항).

③ 정관변경(제42조)과 임의해산(제77조 제2항, 제78조)은 총회의 전권사항으로서 정관에 의해서도 박탈할 수 없다. 단, 정관으로 정족수를 달리 정할 수는 있다.

⑤ 법인의 정관에 법인 대표권의 제한에 관한 규정이 있으나 그와 같은 취지가 등기되어 있지 않다면 법인은 그와 같은 정관의 규정에 대하여 선의냐 악의냐에 관계없이 제3자에 대하여 대항할 수 없다[91다24564].

02 민법상 법인에 관한 설명으로 옳지 **않은** 것은? (다툼이 있으면 판례에 따름) [2022]

① 재단법인의 정관변경은 그 정관에서 정한 방법에 따른 경우에도 주무관청의 허가를 얻지 않으면 효력이 없다.

② 사단법인과 어느 사원과의 관계사항을 의결하는 경우에는 원칙적으로 그 사원은 결의권이 없다.

③ 사단법인의 사원자격의 득실에 관한 규정은 정관의 필요적 기재사항이다.

④ 민법상 법인의 청산절차에 관한 규정에 반하는 합의에 의한 잔여재산 처분행위는 특별한 사정이 없는 한 무효이다.

⑤ 청산 중 법인의 청산인은 채권신고기간 내에는 채권자에 대하여 변제할 수 없으므로 법인은 그 기간동안 지연배상 책임을 면한다.

답 ⑤

┃정답해설┃

⑤ 청산인은 공고된 채권신고기간 내에는 채권자에게 변제하지 못하며, 이 경우 법인은 채권자에 대한 지연손해배상의 의무를 면하지 못한다(제90조).

┃오답해설┃

① 제45조 제3항, 제42조 제2항

> **제42조(사단법인의 정관의 변경)**
> ② 정관의 변경은 주무관청의 허가를 얻지 아니하면 그 효력이 없다.
>
> **제45조(재단법인의 정관변경)**
> ③ 제42조 제2항의 규정은 전2항의 경우에 준용한다.

② 제74조

> **제74조(사원이 결의권 없는 경우)**
> 사단법인과 어느 사원과의 관계사항을 의결하는 경우에는 그 사원은 결의권이 없다.

③ 제40조 제6호

> **제40조(사단법인의 정관)**
> 사단법인의 설립자는 다음 각 호의 사항을 기재한 정관을 작성하여 기명날인하여야 한다.
>   1. 목적
>   2. 명칭
>   3. 사무소의 소재지
>   4. 자산에 관한 규정
>   5. 이사의 임면에 관한 규정
>   6. 사원자격의 득실에 관한 규정
>   7. 존립시기나 해산사유를 정하는 때에는 그 시기 또는 사유

④ 제80조, 제81조, 제87조와 같은 청산절차에 관한 규정은 모두 제3자의 이해관계에 중대한 영향을 미치기 때문에 소위 강행규정이라고 해석되므로 만일 그 청산법인이나 그 청산인이 청산법인의 목적범위 외의 행위를 한 때는 무효라 아니할 수 없다[79다2036].

03 甲 사단법인이 3인의 이사(乙, 丙, 丁)를 두고 있는 경우에 관한 설명으로 옳지 않은 것은? (다툼이 있으면 판례에 따름) [2022]

① 乙, 丙, 丁은 甲의 사무에 관하여 원칙적으로 각자 甲을 대표한다.
② 甲의 대내적 사무집행은 정관에 다른 규정이 없으면 乙, 丙, 丁의 과반수로써 결정한다.
③ 甲의 정관에 乙의 대표권 제한에 관한 규정이 있더라도 이를 등기하지 않으면 그와 같은 정관의 규정에 대해 악의인 제3자에 대해서도 대항할 수 없다.
④ 丙이 제3자에게 甲의 제반 사무를 포괄 위임한 경우, 그에 따른 제3자의 사무대행행위는 원칙적으로 甲에게 효력이 없다.
⑤ 甲의 토지를 丁이 매수하기로 한 경우, 이 사항에 관하여 丁은 대표권이 없으므로 법원은 이해관계인이나 검사의 청구에 의하여 임시이사를 선임하여야 한다.

답 ⑤

┃정답해설┃

⑤ 법인과 이사의 이익이 상반하는 사항에 관하여는 이사는 대표권이 없으며, 이 경우에 다른 이사가 없으면 법원은 이해관계인이나 검사의 청구에 의하여 특별대리인을 선임해야 한다[제64조].

┃오답해설┃

① 제59조 제1항 본문

> **제59조(이사의 대표권)**
> ① 이사는 법인의 사무에 관하여 각자 법인을 대표한다. 그러나 정관에 규정한 취지에 위반할 수 없고 특히 사단법인은 총회의 의결에 의하여야 한다.

② 제58조 제2항

> **제58조(이사의 사무집행)**
> ② 이사가 수인인 경우에는 정관에 다른 규정이 없으면 법인의 사무집행은 이사의 과반수로써 결정한다.

③ 법인의 정관에 법인 대표권의 제한에 관한 규정이 있으나 그와 같은 취지가 등기되어 있지 않다면 법인은 그와 같은 정관의 규정에 대하여 선의냐 악의냐에 관계없이 제3자에 대하여 대항할 수 없다[91다24564].
④ 비법인사단의 대표자는 정관 또는 총회의 결의로 금지하지 아니한 사항에 한하여 타인으로 하여금 특정한 행위를 대리하게 할 수 있을 뿐 비법인사단의 제반 업무처리를 포괄적으로 위임할 수는 없다 할 것이므로, 비법인사단 대표자가 행한 타인에 대한 업무의 포괄적 위임과 그에 따른 포괄적 수임인의 대행행위는 제62조의 규정에 위반된 것이어서 비법인사단에 대하여는 그 효력이 미치지 아니한다[94다18522].

04 민법상 법인의 기관에 관한 설명으로 옳은 것은?

① 감사는 재단법인에서는 필요기관이지만 사단법인에서는 임의기관이다.

② 정관으로 정한 이사의 수가 여럿인 경우, 특별한 사정이 없는 한 공동으로 법인을 대표한다.

③ 이사의 성명과 주소는 등기사항이지만, 그 변경등기가 경료되기 전이라도 신임이사가 한 직무행위는 법인에 대하여 유효하다.

④ 법인과 이사의 이익이 상반되는 경우, 법원은 이해관계인이나 검사의 청구에 의하여 임시이사를 선임하여야 한다.

⑤ 정관에 달리 정함이 없으면 총사원 10분의 1이 회의의 목적사항을 제시하여 청구한 경우, 이사는 임시총회를 소집하여야 한다.

 ③

┃ 정답해설 ┃

③ 이사의 성명과 주소는 설립등기사항(제49조 제2항 제8호)이고, 그 변경이 있는 때에는 3주간 내에 변경등기를 하여야 한다(제52조). 설립등기 이외의 본절의 등기사항은 제3자에 대한 대항요건(제54조 제1항)이므로, 그 변경등기가 경료되기 전이라도, 신임이사가 한 직무행위는 법인을 대표하는 행위로서 그 법인에 대하여 유효하다.

> **제49조(법인의 등기사항)**
> ① 법인설립의 허가가 있는 때에는 3주간 내에 주된 사무소 소재지에서 설립등기를 하여야 한다.
> ② 전항의 등기사항은 다음과 같다.
>   1. 목적
>   2. 명칭
>   3. 사무소
>   4. 설립허가의 연월일
>   5. 존립시기나 해산이유를 정한 때에는 그 시기 또는 사유
>   6. 자산의 총액
>   7. 출자의 방법을 정한 때에는 그 방법
>   8. 이사의 성명, 주소
>   9. 이사의 대표권을 제한한 때에는 그 제한
>
> **제54조(설립등기 이외의 등기의 효력과 등기사항의 공고)**
> ① 설립등기 이외의 본절의 등기사항은 그 등기 후가 아니면 제3자에게 대항하지 못한다.
> ② 등기한 사항은 법원이 지체 없이 공고하여야 한다.

┃ 오답해설 ┃

① 감사는 사단법인이든 재단법인이든 임의기관이다(제66조).

② 이사는 법인의 사무에 관하여 각자 법인을 대표한다(제59조 제1항 본문).

④ 법인과 이사의 이익이 상반되는 경우에 법원은 특별대리인을 선임하여야 한다(제64조).

⑤ 정관으로 달리 정함이 없는 경우, 총사원 5분의 1 이상으로부터 회의의 목적사항을 제시하여 청구한 때에는 이사는 임시총회를 소집하여야 한다(제70조 제2항).

제6관 　법인의 소멸

제7관 　기타 법인에 관한 규정

CHAPTER 04 권리의 객체

01 서 설

1. 의 의

권리의 객체는 권리의 종류에 따라 다르다. 물권의 객체는 물건, 채권의 객체는 채무자의 일정한 행위, 즉 급부이며, 형성권에서는 법률관계 자체가 객체이다.

2. 민법의 규정

민법에는 권리의 객체에 관한 일반규정이 없다. 다만, 민법은 총칙편 제4장에서 물건에 관하여만 규정한다.

02 물 건

1. 물 건

> **제98조 【물건의 정의】**
> 본법에서 물건이라 함은 유체물 및 전기 기타 관리할 수 있는 자연력을 말한다.

(1) 개 념

물건이란 '유체물 및 전기 기타 관리할 수 있는 자연력'을 말한다(제98조). 관리가능성은 배타적 지배가능성을 뜻한다.
① 권리는 물건이 아니다. 단, 물권의 객체는 될 수 있다.
② 해, 달, 공기, 전파, 바다는 물건이 아니다. 관리가능성이 부정되기 때문이다.

(2) 외계의 일부일 것

① 사람의 신체나 그 일부는 물건이 아니다. 의족, 의치 등도 신체에 부착되어 있다면 신체의 일부로 보아야한다. 다만, 신체로부터 분리되면 물건이 된다.
② 사체, 유골이 물건인지에 관하여 물건성을 인정하는 견해와 부정하는 견해가 대립하지만, 물건성을 인정하는 견해도 매장, 제사, 공양의 대상으로서의 내용만 가진다고 보므로 양 학설은 실질적 차이가 없다.

③ 판례는 「사람의 유체·유골은 매장·관리·제사·공양의 대상이 될 수 있는 유체물로서, 분묘에 안치되어 있는 선조의 유체·유골은 제1008조의3 소정의 제사용 재산인 분묘와 함께 그 제사주재자에게 승계되고, 피상속인 자신의 유체·유골 역시 위 제사용 재산에 준하여 그 제사주재자에게 승계된다. 피상속인이 생전행위 또는 유언으로 자신의 유체·유골을 처분하거나 매장장소를 지정한 경우에, 선량한 풍속 기타 사회질서에 반하지 않는 이상 그 의사는 존중되어야 하고 이는 제사주재자로서도 마찬가지이지만, 피상속인의 의사를 존중해야 하는 의무는 도의적인 것에 그치고, 제사주재자가 무조건 이에 구속되어야 하는 법률적 의무까지 부담한다고 볼 수는 없다」(대판[전합] 2008.11.20. 2007다27670)고 한다. `기출` 22

(3) 독립한 물건일 것(독립성)

① 물건이 독립한 것인지 여부는 사회관념에 따라 판단된다.
② 물건의 일부 또는 물건의 집합은 원칙적으로 물권의 객체로 되지 못한다(일물일권주의).

2. 물건의 개수에 따른 분류

(1) 단일물

형체상 단일한 일체를 이루고 각 구성부분이 개성을 상실한 물건을 말한다. 따라서 단일물은 하나의 물건이다.

(2) 합성물

각각의 구성부분이 개성을 잃지 않고 결합하여 일체를 이루는 물건으로, 법률상 한 개의 물건으로 다루어진다. 소유자를 달리하는 수 개의 물건이 결합하여 합성물로 되면 첨부의 법리에 따라 소유권의 변동이 일어날 수 있다.

(3) 집합물

다수의 물건이 결합하여 경제적으로 단일한 가치를 가지는 경우이다.
① 일물일권주의 원칙상 집합물 위에 하나의 물권이 성립할 수 없다.
② 단, 법률상 특별한 규정이 있다면 1개의 물건처럼 다루어진다. 예 공장 및 광업재단저당법, 입목에 관한 법률
③ 판례는 일정한 요건을 갖춘 경우 집합물을 「1개의 물건」으로 인정한다(대판 1990.12.26. 88다카20224).

`기출` 23 · 20 · 17

3. 기타 물건의 분류

(1) 융통물 · 불융통물

사법상 거래의 객체가 될 수 있는 물건을 융통물이라 하고, 그렇지 못한 물건을 불융통물이라고 한다. 불융통물로는 공용물(예 관공서의 건물, 국공립학교의 건물 등), 공공용물(예 도로, 공원, 하천, 항만 등), 금제물(예 아편, 음란한 문서나 도화, 위조나 변조한 통화 등)이 있다.

(2) 대체물 · 부대체물

거래상 개성이 중시되지 아니하여 동종·동량의 물건으로 바꾸어도 급부의 동일성이 바뀌지 않는 물건이 대체물이고, 대체성이 없는 물건이 부대체물이다. 양자의 구별은 일반거래상 물건의 개성이 중요시되는지 여부에 따른 일반적·객관적인 성질에 의한다.

(3) 특정물·불특정물

당사자가 물건의 개성을 중요시하여 동종의 다른 물건으로 급부할 수 없는 물건이 특정물이고, 다른 물건으로 급부할 수 있는 물건이 불특정물이다. 양자의 구별은 대체물·부대체물과 달리 당사자의 의사에 의하여 주관적으로 결정된다.

03 동산과 부동산

> **제99조 【부동산, 동산】**
> ① 토지 및 그 정착물은 부동산이다.
> ② 부동산 이외의 물건은 동산이다.

1. 동산과 부동산

① 민법은 토지와 그 정착물을 부동산이라 하고, 그 밖의 물건을 동산이라고 한다(제99조).
② 동산과 부동산의 법적 취급이 다른 이유는 양자가 가지는 재산적 가치의 차이와 공시방법이 다르기 때문이다.

2. 부동산인「토지」

(1) 토지의 범위

토지란 인위적으로 구획된 일정범위의 지면에 정당한 이익이 있는 범위 내에서 그 상하(上下)를 포함한다(제212조 참조). 따라서 토지의 구성물은 당연히 토지의 일부분에 지나지 않는다.

(2) 토지의 개수

지적법에 의한 지적공부(토지대장, 임야대장)상의「필(筆)」로써 계산되며, 분할 또는 합병이 가능하다.

3.「토지의 정착물」

토지의 정착물은 원칙적으로 토지에 부합하여 토지와 일체를 이루는 것으로 토지와 별개의 물건으로 인정되지 않는다. 다만, 토지의 정착물 중 일부는 토지와 독립된 부동산으로 취급되기도 한다.

(1) 건 물

토지의 정착물 중 건물은 토지와는 독립된 별개의 부동산으로 취급되며, 토지에 부합하지 않는다. 독립한 건물의 개수는 건물의 물리적 구조뿐만 아니라 거래관념을 고려하여 결정되며(대판 1997.7.8. 96다36517), 동(棟)으로 표시한다.

> **[건물의 경계가 토지경계확정의 소의 대상이 될 수 있는지 여부(소극)]**
> 건물은 일정한 면적, 공간의 이용을 위하여 지상, 지하에 건설된 구조물을 말하는 것으로서, 건물의 개수는 토지와 달리 공부상의 등록에 의하여 결정되는 것이 아니라 사회통념 또는 거래관념에 따라 물리적 구조, 거래 또는 이용의 목적물로서 관찰한 건물의 상태 등 객관적 사정과 건축한 자 또는 소유자의 의사 등 주관적 사정을 참작하여 결정되는 것이고, 그 경계 또한 사회통념상 독립한 건물로 인정되는 건물 사이의 현실의 경계에 의하여 특정되는 것이므로, 이러한 의미에서 건물의 경계는 공적으로 설정 인증된 것이 아니고 단순히 사적관계에 있어서의 소유권의 한계선에 불과함을 알 수 있고, 따라서 사적자치의 영역에 속하는 건물 소유권의 범위를 확정하기 위하여는 소유권확인소송에 의하여야 할 것이고, 공법상 경계를 확정하는 경계확정소송에 의할 수는 없다(대판 1997.7.8. 96다36517).

(2) 등기된 입목

원래 수목이나 수목의 집단은 토지에 부합되어 토지의 구성부분으로 취급되나, 입목에 관한 법률에 의하여 보존등기를 하게 되면 그 수목은 토지와 「독립한 부동산」으로 다루어진다.

(3) 명인방법을 갖춘 수목이나 그 집단 또는 미분리의 과실

① 수목은 토지로부터 분리되면 동산이지만, 분리되지 않은 상태에서는 토지의 일부이다. 그러나 임목에 관한 법률에 따른 입목등기를 하지 않은 수목이라도 명인방법을 갖추면 토지와 독립된 거래의 객체로 된다(대결 1998.10.28. 98마1817). **기출** 18 · 17 이때 명인방법으로 공시할 수 있는 권리는 소유권(또는 소유권이 전형식의 양도담보)에 한한다. 미분리의 과실도 명인방법을 갖추면 독립한 물건으로 다루어진다.

② 명인방법은 수목이나 그 집단 또는 미분리 과실의 현재 소유자가 누구라는 것을 제3자가 명백하게 인식할 수 있도록 하는 방법으로, 관습법에 의하여 인정되는 공시방법이다. 따라서 미분리 과실도 명인방법이라는 공시방법을 갖춘 때에는 독립한 물건으로서 거래의 목적이 될 수 있다.

(4) 농작물에 관한 판례 법리(대판 1979.8.28. 79다784)

① 토지에 부합하지 않고 경작자에게 소유권이 있다.

② 경작자에게 권원이 있을 필요도 없고, 명인방법을 갖출 필요도 없다. 그러나 농작물 매매에서 매수인이 농작물의 소유권을 취득하기 위해서는 명인방법을 갖추어야 하므로, 아직 명인방법을 갖추지 않았다면 농작물의 소유권은 여전히 매도인에게 있다(대판 1996.2.23. 95도2754).

③ 단, 독립성은 있어야 하므로 성숙한 농작물이어야 한다.

4. 동 산

(1) 의 의

부동산 이외의 물건은 동산이다(제99조 제2항). 따라서 가식의 수목과 같이 토지에 부착된 물건도 정착물이 아니면 동산이고, 전기 기타 관리할 수 있는 자연력도 동산이다. 선박·자동차·항공기·건설기계 등도 동산이지만, 특별법에 의하여 부동산에 준하여 취급된다. 무기명채권(예 상품권, 승차권, 입장권, 무기명국채 등)은 물건이 아니므로 동산에도 해당하지 않는다.

(2) 금전의 특수성

금전 역시 동산이지만, 보통의 동산과는 다른 특수성이 인정된다. 즉 금전채무자는 채권자에게 일정한 화폐가치를 이전할 의무를 질 뿐이어서 채무불이행에 관한 특칙이 인정되고(제397조), 타인의 점유에 들어간 금전에 대해서는 물권적 청구권이 인정되지 않고 부당이득이 문제될 뿐이며, 선의취득에 관해서도 특수성이 인정된다(제250조 단서).

> 제100조【주물, 종물】
> ① 물건의 소유자가 그 물건의 상용에 공하기 위하여 자기소유인 다른 물건을 이에 부속하게 한 때에는 그 부속물은 종물이다.
> ② 종물은 주물의 처분에 따른다.

1. 의 의

물건의 소유자가 그 물건의 일상적인 사용을 돕기 위하여 자기 소유의 다른 물건을 이에 부속하게 한 경우에, 그 물건을 주물이라 하고 주물에 부속된 다른 물건을 종물이라 한다(제100조 제1항).

2. 종물의 요건

(1) 주물의 상용에 공할 것

주물의 상용에 공한다는 것은 사회관념상 계속해서 주물의 경제적 효용을 다하게 하는 작용을 하는 것을 말한다. 따라서 일시적으로 어떤 물건의 효용을 돕고 있는 것은 종물이 아니다. 그리고 주물의 소유자나 이용자의 상용에 공여되고 있더라도 주물 그 자체의 효용과 직접 관계가 없는 물건은 종물이 아니다(대판 1994.6.10. 94다11606). 기출 24·23 주물과 종물 사이에 경제적 효용에 있어서 주종의 관계가 인정되려면 '장소적으로도 밀접한 위치'에 있어야 한다(통설·판례).

(2) 독립한 물건일 것

① 종물은 주물의 구성부분을 이루는 것이 아니라, 주물과는 독립한 물건이어야 한다. 법률상 독립한 물건인 이상 동산·부동산을 불문한다.
② 건물의 정화조, 주유소 토지에 매설된 유류저장탱크 등은 부합물에 불과할 뿐 종물이 아니다(판례).

(3) 주물과 종물이 모두 동일한 소유자 소유에 속할 것

① 학설은 종물이 타인의 소유라고 하더라도 그 타인의 권리를 해하지 않는 범위 내에서는 제100조가 적용된다고 한다(통설).
② 반면 판례는 종물이 제3자의 소유임에도 제100조 제2항에 따라 주물과 종물이 법률적 운명을 같이한다면 제3자의 권리가 침해되므로, 주물의 소유자 아닌 사람의 소유에 속하는 물건은 종물이 될 수 없다(대판 2008.5.8. 2007다36933·36940)고 하였다.

3. 종물의 효과

① 종물은 주물의 처분에 따른다(제100조 제2항). 여기서의 처분은 법률행위에 의한 처분뿐만 아니라 주물의 권리관계가 압류와 같은 공법상의 처분 등에 의하여 변동된 경우도 포함된다(대판 2006.10.26. 2006다29020). 기출 22·16·15 주물 위에 저당권이 설정된 경우에 그 저당권의 효력은 설정 후의 종물에도 미친다. 다만, 점유 기타 사실관계에 기한 권리변동에 있어서는 제100조 제2항이 적용되지 않는다는 점을 주의해야 한다.

② 제100조 제2항은 임의 규정이므로, 당사자는 주물을 처분할 때에 특약으로 종물을 제외할 수 있고 종물만을 별도로 처분할 수도 있다(대판 2012.1.26. 2009다76546). 기출 22·15

③ 제100조 제2항의 법리는 권리 상호 간에도 유추적용할 수 있다.

4. 판례

종물 ○	종물 ×
• 농지에 부속한 양수시설 • 횟집점포건물에 붙여서 신축한 생선보관용 수족관 건물 • 주유소의 주유기 • 공장건물과 인접한 저유조 • 백화점건물의 전화교환설비 • 건물 외의 창고·연탄창고·공동변소	• 건물의 정화조 • 주유소의 유류저장탱크 • 호텔의 객실에 설치된 전화기·텔레비전 등

05 원물과 과실

제101조【천연과실, 법정과실】
① 물건의 용법에 의하여 수취하는 산출물은 천연과실이다.
② 물건의 사용대가로 받는 금전 기타의 물건은 법정과실로 한다.

제102조【과실의 취득】
① 천연과실은 그 원물로부터 분리하는 때에 이를 수취할 권리지에게 속한다.
② 법정과실은 수취할 권리의 존속기간일수의 비율로 취득한다.

1. 의의

물건으로부터 생기는 경제적 수익을 과실이라 하고, 과실을 생기게 하는 물건을 원물이라고 한다. 민법은 물건의 과실만을 인정하고, 권리의 과실을 인정하지 않는다. 노동의 대가인 임금도 과실이 아니다.

2. 수취권자

(1) 수취권자에 해당하는 자

과실수취권자는 원칙적으로 원물의 소유자이나 이에 한정하지 않는다. 즉 선의의 점유자(제201조 제1항), 지상권자(제279조), 전세권자(제303조), 목적물을 인도하지 않은 매도인(제587조 제1문), 임차인(제618조) 등도 수취권을 가진다. 하나의 원물에 관하여 소유권자와 용익권자가 경합하는 경우, 원칙적으로 용익권자의 과실수취권이 우선한다.

(2) 수취권자에 해당하지 않는 자

반면, 수치인(제693조, 제701조), 수임인(제680조, 제684조), 사무관리자(제734조, 제738조), 후견인(제957조) 등은 수취권자가 아니다.

3. 과실의 종류

(1) 천연과실

① **의의** : 물건의 용법에 의하여 수취하는 산출물을 천연과실이라고 한다(제101조 제1항). 여기에서 '물건의 용법'은 원물의 경제적 용도에 따른다는 의미이고, 물건의 용법에 따르지 않은 산출물에 대하여도 본조가 유추적용된다(통설).

② **귀속** : 천연과실은 원물로부터 분리되는 때의 수취권자에게 귀속된다(제102조 제1항). 이 규정은 임의 규정이다. 분리는 자연적이든 인위적이든 불문한다.

(2) 법정과실

① **의의** : 물건의 사용대가로 받는 금전 기타 물건을 말한다(제101조 제2항). 임료, 지료, 이자 등이 법정과실이다. 따라서 물건의 사용대가가 아닌 노동의 대가(임금)나 권리사용의 대가(예 주식의 배당금, 특허권의 사용료 등)는 법정과실이 아니며, 매매대금도 사용대가가 아니므로 법정과실에 해당하지 않는다.

② **귀속** : 법정과실은 수취할 권리의 존속기간 일수의 비율로 취득한다(제102조 제2항). 이 규정 역시 임의규정이다.

③ **관련 판례** : 국립공원의 입장료는 수익자부담의 원칙에 따라 국립공원의 유지·관리비용의 일부를 입장객에게 부담시키는 것에 지나지 않고, 토지의 사용대가가 아닌 점에서 민법상의 과실은 아니다(대판 2001.12.28. 2000다27749). **기출** 23

4. 사용이익

① 물건을 현실적으로 사용하여 얻는 이익을 사용이익이라 한다.

② 실질이 과실과 동일하다고 보아 과실에 관한 규정이 유추적용된다.

CHAPTER

04

확인학습문제

01　서설

01 권리의 객체에 관한 설명으로 옳지 <u>않은</u> 것은? (다툼이 있으면 판례에 따름)　　　**[2024]**

① 토지의 개수는 「공간정보의 구축 및 관리 등에 관한 법률」에 의한 지적공부상 토지의 필수(筆數)를 표준으로 결정된다.

② 1필의 토지의 일부가 「공간정보의 구축 및 관리 등에 관한 법률」상 분할절차 없이 분필등기가 된 경우, 그 분필등기가 표상하는 부분에 대한 등기부취득시효가 인정될 수 있다.

③ 주물에 대한 점유취득시효의 효력은 점유하지 않은 종물에 미치지 않는다.

④ 주물의 상용에 제공된 X동산이 타인 소유이더라도 주물에 대한 경매의 매수인이 선의취득 요건을 구비하는 경우, 그 매수인은 X의 소유권을 취득할 수 있다.

⑤ 명인방법을 갖춘 미분리과실은 독립한 물건으로서 거래의 객체가 될 수 있다.

답 ②

▌정답해설▐

② 등기부상만으로 어떤 토지 중 일부가 분할되고 그 분할된 토지에 대하여 지번과 지적이 부여되어 등기되어 있어도 지적공부 소관청에 의한 지번, 지적, 지목, 경계확정 등의 분필절차를 거친 바가 없다면 그 등기가 표상하는 목적물은 특정되었다고 할 수는 없으니, 그 등기부에 소유자로 등기된 자가 그 등기부에 기재된 면적에 해당하는 만큼의 토지를 특정하여 점유하였다고 하더라도, 그 등기는 그가 점유하는 토지부분을 표상하는 등기로 볼 수 없어 그 점유자는 등기부취득시효의 요건인 '부동산의 소유자로 등기한 자'에 해당하지 아니하므로 그가 점유하는 부분에 대하여 등기부시효취득을 할 수는 없다[94다4615].

▌오답해설▐

① 94다4615

③ 종물은 주물의 구성부분이 아닌 독립한 물건이므로 주물만을 점유한 경우 종물에 대해서는 취득시효에 의한 소유권 취득이 인정되지 않는다.

④ 2007다36933, 36940 참고

⑤ 미분리 과실도 명인방법이라는 공시방법을 갖춘 때에는 독립한 물건으로서 거래의 목적이 될 수 있다.

01 물건에 관한 설명으로 옳지 <u>않은</u> 것은? (다툼이 있으면 판례에 따름) [2023]

① 주물의 구성부분은 종물이 될 수 없다.

② 1필의 토지의 일부는 분필절차를 거치지 않는 한 용익물권의 객체가 될 수 없다.

③ 국립공원의 입장료는 법정과실이 아니다.

④ 주물과 장소적 밀접성이 인정되더라도 주물 그 자체의 효용과 직접 관계가 없는 물건은 종물이 아니다.

⑤ 저당권 설정행위에 "저당권의 효력이 종물에 미치지 않는다."는 약정이 있는 경우, 이를 등기하지 않으면 그 약정으로써 제3자에게 대항할 수 없다.

답 ②

▌정답해설▐

② 물권변동에 관하여 형식주의를 취하는 현행 민법하에서는, 분필절차를 밟기 전에는 1필의 토지의 일부를 양도하거나 담보물권을 설정하지 못한다. 그러나 용익물권은 분필절차를 밟지 아니하더라도, 1필의 토지의 일부 위에 설정할 수 있는 예외가 인정된다(부동산등기법 제69조, 제70조, 제72조).

▌오답해설▐

① 종물은 주물의 구성부분을 이루는 것이 아니라, 주물과는 독립한 물건이어야 한다.

③ 국립공원의 입장료는 수익자부담의 원칙에 따라 국립공원의 유지·관리비용의 일부를 입장객에게 부담시키는 것에 지나지 않고, 토지의 사용대가가 아닌 점에서 민법상의 과실은 아니다(2000다27749).

④ 일시적으로 어떤 물건의 효용을 돕고 있는 것은 종물이 아니다. 그리고 주물의 소유자나 이용자의 상용에 공여되고 있더라도 주물 그 자체의 효용과 직접관계가 없는 물건은 종물이 아니다(94다11606).

⑤ 제358조 참고

> **제358조(저당권의 효력의 범위)**
> 저당권의 효력은 저당부동산에 부합된 물건과 종물에 미친다. 그러나 법률에 특별한 규정 또는 설정행위에 다른 약정이 있으면 그러하지 아니하다.

02 물건에 관한 설명으로 옳지 <u>않은</u> 것은? (다툼이 있으면 판례에 따름) [2019]

① 특정물과 불특정물의 구별은 당사자의 의사에 따른 주관적인 구별이다.

② 종물은 주물의 일부이거나 구성부분이어야 한다.

③ 관리할 수 있는 전기는 동산이다.

④ 건물을 사용함으로써 얻는 이득은 그 건물의 과실에 준하는 것이다.

⑤ 수확되지 아니한 성숙한 쪽파와 같은 농작물 매매에 있어서 매수인이 그 소유권을 취득하기 위해서는 명인방법을 갖추어야 한다.

답 ②

▌정답해설▐

② 종물은 주물과는 독립한 물건이어야 하고, 주물의 일부이거나 구성부분을 이루는 것은 종물이 아니다(제100조 제1항 참고).

▌오답해설▐

① 특정물·불특정물의 구별은 대체물·부대채물의 구별과는 달리, 당사자의 의사에 따라 주관적으로 구별되는 개념이다.

③ 부동산(토지 및 그 정착물) 이외의 물건은 모두 동산이므로(제99조 참고), 전기 기타 관리할 수 있는 자연력도 동산에 해당한다.

④ 제201조 제1항에 의하면 선의의 점유자는 점유물의 과실을 취득한다고 규정하고 있는바, 건물을 사용함으로써 얻는 이득은 그 건물의 과실에 준하는 것이므로, 선의의 점유자는 비록 법률상 원인 없이 타인의 건물을 점유·사용하고 이로 말미암아 그에게 손해를 입혔다고 하더라도 그 점유·사용으로 인한 이득을 반환할 의무는 없다[95다44290].

⑤ 물권변동에 있어서 형식주의를 채택하고 있는 현행 민법하에서는 소유권을 이전한다는 의사 외에 부동산에 있어서는 등기를, 동산에 있어서는 인도를 필요로 함과 마찬가지로 이 사건 쪽파와 같은 수확되지 아니한 농작물에 있어서는 명인방법을 실시함으로써 그 소유권을 취득한다[95도2754].

03 물건에 관한 설명으로 옳지 <u>않은</u> 것은? (다툼이 있으면 판례에 따름)

① 사람의 유체·유골은 매장·관리·제사·공양의 대상이 될 수 있는 유체물에 해당한다.

② 관공서의 건물과 같이 국가나 공공단체의 소유로서 공적 목적에 사용되는 공용물은 불융통물의 일종이다.

③ 1필의 토지 일부는 분필을 하지 않는 한 그 일부의 토지 위에 용익물권을 설정할 수 없다.

④ 「입목에 관한 법률」에 의하여 소유권보존등기를 한 수목의 집단 위에 저당권을 설정할 수 있다.

⑤ 어느 건물이 주된 건물의 종물이기 위해서는 주된 건물의 경제적 효용을 보조하기 위하여 계속적으로 이바지하는 관계가 있어야 한다.

답 ③

──────────────────────────────

❚ **정답해설** ❚

③ 1필의 토지 일부는 분필을 하지 아니하여도 용익물권을 설정할 수 있다(부동산등기법 제69조 제6호 참고).

❚ **오답해설** ❚

① 사람의 유체·유골은 매장·관리·제사·공양의 대상이 될 수 있는 유체물로서, 분묘에 안치되어 있는 선조의 유체·유골은 제1008조의3 소정의 제사용 재산인 분묘와 함께 그 제사주재자에게 승계되고, 피상속인 자신의 유체·유골 역시 위 제사용 재산에 준하여 그 제사주재자에게 승계된다[2007다27670 전합].

② 사법상 거래의 객체가 될 수 없는 물건을 불융통물이라고 하는데, 공용물(예 관공서의 건물이나 국공립학교의 건물 등), 공공용물(예 도로·공원·하천·항만 등) 및 금제물(예 음란한 문서나 도화·위조나 변조한 통화 등) 등이 불융통물에 속한다.

④ 입목에 관한 법률에 의하여 소유권보존등기가 경료된 수목의 집단은 입목으로서 그 토지로부터 독립된 부동산이 되고(입목에 관한 법률 제3조 제1항), 입목의 소유자는 토지와 분리하여 입목을 양도하거나 저당권의 목적으로 할 수 있다(입목에 관한 법률 제3조 제2항).

⑤ 어느 건물이 주된 건물의 종물이기 위하여는 주된 건물의 경제적 효용을 보조하기 위하여 계속적으로 이바지되어야 하는 관계가 있어야 한다[87다카600].

01 물건에 관한 설명으로 옳지 <u>않은</u> 것은? (다툼이 있으면 판례에 따름)

① 관리할 수 있는 자연력은 동산이다.
② 주물과 종물의 법률적 운명을 달리하는 약정은 유효하다.
③ 권원 없이 타인의 토지에서 경작한 농작물이 성숙하여 독립한 물건으로 인정되면, 그 소유권은 명인방법을 갖추지 않아도 경작자에게 있다.
④ 특별한 사정이 없는 한, 주유기는 주유소 건물의 종물이다.
⑤ 여러 개의 물건으로 이루어진 집합물은 원칙적으로 하나의 물건으로 인정된다.

답 ⑤

❚정답해설❚

⑤ 상점에 있는 상품 전체처럼 집합물은 본래 하나의 물건이 아니라 복수의 물건이다. 따라서 일물일권주의에 따라 집합물에 하나의 물권이 성립하는 것은 원칙적으로 불가능하지만, 「공장 및 광업재단 저당법」, 「입목에 관한 법률」 등의 특별법에 의해 공시방법이 인정되면 법적으로 하나의 물건으로 취급된다.

더 알아보기 동산과 부동산 비교

구분	동산	부동산
물권	점유권, 소유권, 유치권, 질권, 양도담보	점유권, 소유권, 지상권, 지역권, 전세권, 유치권, 저당권, 양도담보
공시방법	점유(인도)	등기
공신의 원칙	인정 → 선의취득	불인정
무주물선점유실물습득	인정	불인정
매장물발견	인정	인정
부합	• 원칙 : 주된 동산의 소유자 • 예외 : 주종구별 없으면 공유	• 원칙 : 부동산의 소유자가 취득 • 예외 : 권원에 의한 부속인 경우
가공	인정	불인정
취득시효	• 일반 : 10년 • 단기 : 5년	• 점유 : 20년 • 등기 : 10년
상린관계	부적용	적용
환매	3년	5년
강제집행	압류	강제관리, 강제경매
재판관할	보통 재판적	부동산소재지 특별재판적

02 물건에 관한 설명으로 옳은 것은? (다툼이 있으면 판례에 따름)

① 어떤 토지가 지적공부상 1필의 토지로 등록되면 특별한 사정이 없는 한, 그 경계는 지적도상의 경계에 의하여 특정된다.
② 입목등기를 하지 않은 수목은 명인방법을 갖추더라도 독립된 물건이 될 수 없다.
③ 주물소유자의 사용에 공여되고 있는 물건은 주물 자체의 효용과 관계없는 물건이라도 종물이 된다.
④ 성숙한 농작물은 명인방법을 갖추어야 경작자의 소유가 된다.
⑤ 토지등기부에 분필등기가 되면 「공간정보의 구축 및 관리 등에 관한 법률」이 정하는 바에 따른 분할절차를 밟지 않아도 분필의 효과가 발생한다.

답 ①

┃ 정답해설 ┃

① 어떤 토지가 지적공부에 1필지의 토지로 등록되면 토지의 소재, 지번, 지목, 지적 및 경계는 다른 특별한 사정이 없는 한 이 등록으로써 특정되고 소유권의 범위는 현실의 경계와 관계없이 공부의 경계에 의하여 확정되는 것이 원칙이지만, 지적도를 작성하면서 기점을 잘못 선택하는 등 기술적인 착오로 말미암아 지적도의 경계선이 진실한 경계선과 다르게 작성되었다는 등과 같은 특별한 사정이 있는 경우에는 토지의 경계는 실제의 경계에 의하여야 한다[2012다87898].

┃ 오답해설 ┃

② 입목을 매매함에 있어서 소유권을 이전한다는 매매당사자 간의 계약이 있었고 이어서 동 입목의 소유자가 매수인이라는 취지의 소위 명인방법을 실시하였다면 부동산에 있어서 등기를, 동산에 있어서 인도를 한 경우와 같이 동 입목의 소유권이 완전히 매수인에게로 이전되었다 할 것이다[74다542].
③ 어느 건물이 주된 건물의 종물이기 위하여는 주물의 상용에 이바지되어야 하는 관계가 있어야 하는바, 여기에서 주물의 상용에 이바지한다 함은 주물 그 자체의 경제적 효용을 다하게 하는 것을 말하는 것이며, 주물의 소유자나 이용자의 상용에 공여되고 있더라도 주물 그 자체의 효용과는 직접 관계없는 물건은 종물이 아니다[94다11606].
④ 토지에 대한 소유권이 없는 자가 권원 없이 경작한 입도라 하더라도 성숙하였다면 그에 대한 소유권은 경작자에게 귀속되므로[62다913], 성숙한 농작물은 명인방법을 갖추지 아니하였더라도 경작자에게 그 소유권이 귀속하게 된다.
⑤ 토지의 개수는 지적법에 의한 지적공부상의 토지의 필수를 표준으로 하여 결정되는 것으로서 1필지의 토지를 수필의 토지로 분할하여 등기하려면 지적법이 정하는 바에 따라 먼저 지적공부 소관청에 의하여 지적측량을 하고 그에 따라 필지마다 지번, 지목, 경계 또는 좌표와 면적이 정하여진 후 지적공부에 등록되는 등 분할의 절차를 밟아야 되고, 가사 등기부에만 분필의 등기가 이루어졌다고 하여도 이로써 분필의 효과가 발생할 수는 없다[94다4615].

03 물건에 관한 설명으로 옳지 <u>않은</u> 것은? (다툼이 있는 경우에는 판례에 의함)

① 임시로 심어 놓은 수목은 동산이다.

② 토지에서 분리된 수목은 동산이다.

③ 농작물이 토지와 별개의 독립한 물건이 되려면 명인방법을 갖추어야 한다.

④ 특별한 사정이 없으면, 권원 없이 타인 소유의 토지에 심어 놓은 수목은 그 타인에게 속한다.

⑤ 명인방법을 갖춘 미분리의 과실은 토지나 수목과는 별개의 독립한 물건이다.

답 ③

▍정답해설▍

③ 토지에 대한 소유권이 없는 자가 권원 없이 경작한 입도라 하더라도 성숙하였다면 그에 대한 소유권은 경작자에게 귀속된다[62다913]. 따라서 명인방법을 갖추지 아니하였더라도 농작물은 토지와 별개의 독립한 물건이 될 수 있다.

▍오답해설▍

①, ② 부동산(토지 및 그 정착물) 이외의 물건은 동산이다[제99조 참고]. 따라서 토지에 부착되었더라도 가식한 수목처럼 정착물이 아닌 이상 동산이고, 토지로부터 분리된 수목 또한 동산이라 할 것이다.

④ 제256조 단서 소정의 "권원"이라 함은 지상권, 전세권, 임차권 등과 같이 타인의 부동산에 자기의 동산을 부속시켜서 그 부동산을 이용할 수 있는 권리를 뜻하므로 그와 같은 권원이 없는 자가 토지소유자의 승낙을 받음이 없이 그 임차인의 승낙만을 받아 그 부동산 위에 나무를 심었다면 특별한 사정이 없는 한 토지소유자에 대하여 그 나무의 소유권을 주장할 수 없다[88다카9067].

⑤ 미분리의 과실은 원칙적으로 수목의 일부에 지나지 아니하므로 독립한 물건의 객체가 되지 못하나, 명인방법이라는 공시방법을 갖춘 경우에는 독립한 물건으로서 거래의 목적이 될 수 있다.

01 물건에 관한 설명으로 옳지 <u>않은</u> 것은? (다툼이 있으면 판례에 따름) **[2021]**

① 주물 소유자의 사용에 공여되는 물건이라도 주물 자체의 효용과 직접 관계가 없으면 종물이 아니다.

② 「입목에 관한 법률」에 의하여 소유권보존등기를 한 수목의 집단은 저당권의 객체가 된다.

③ 종물과 주물의 관계에 관한 법리는 권리 상호간에도 적용될 수 있다.

④ 분필절차를 거치지 않은 1필의 토지의 일부에 대해서도 저당권을 설정할 수 있다.

⑤ 저당권의 효력은 저당부동산의 종물에 미치므로 경매를 통하여 저당부동산의 소유권을 취득한 자는 특별한 사정이 없는 한 종물의 소유권을 취득한다.

답 ④

▌**정답해설**▐

④ 토지의 일부에는 지상권·지역권·전세권 등 용익물권을 설정할 수는 있으나 저당권을 설정할 수는 없다.

▌**오답해설**▐

① 주물의 상용에 이바지한다 함은 주물 자체의 경제적 효용을 다하게 하는 것을 말하며, 주물의 소유자나 이용자의 상용에 공여되고 있더라도 주물 자체의 효용과는 직접 관계없는 물건은 종물이 아니다[2007도7247].

② 소유권보존등기가 된 수목의 집단은 입목이라는 독립된 부동산으로 인정되고 토지와 분리하여 입목을 양도하거나 저당권의 목적으로 할 수 있다.

③ 주물과 종물간의 관계에 관한 제100조 제2항과 제358조는 물건과 권리간 또는 권리와 권리간에도 유추적용된다. 제358조 본문을 유추해 보면 건물에 대한 저당권의 효력은 그 건물에 종된 권리인 건물의 소유를 목적으로 하는 지상권에도 미치므로 특별한 사정이 없는 한 경락인은 건물소유를 위한 지상권도 제187조의 규정에 따라 등기없이 당연히 취득하게 된다[95다52864].

⑤ 주물에 설정된 저당권의 효력은 저당권설정 당시의 종물은 물론 설정 후의 종물에도 미친다. 집합건물법상의 구분건물의 전유부분만에 관하여 설정된 저당권의 효력은 특별한 사정이 없는 한 그 전유부분의 소유자가 사후에라도 대지사용권을 취득함으로써 전유부분과 대지권이 동일소유자의 소유에 속하게 되었다면 그 대지사용권에까지 미친다[2000다62179].

02 물건에 관한 설명으로 옳지 <u>않은</u> 것은? (다툼이 있으면 판례에 따름)　　　　　　　[2020]

① 종물은 주물소유자의 상용에 공여된 물건을 말한다.
② 주물과 다른 사람의 소유에 속하는 물건은 종물이 될 수 없다.
③ 주물과 종물의 관계에 관한 법리는 권리 상호간에도 적용된다.
④ 저당권의 효력이 종물에 미친다는 규정은 종물은 주물의 처분에 따른다는 것과 이론적 기초를 같이 한다.
⑤ 토지의 개수는 지적공부의 등록단위가 되는 필(筆)을 표준으로 한다.

답 ①

▌정답해설▐

① 주물의 소유자나 이용자의 상용에 공여되고 있더라도 주물 자체의 효용과는 직접 관계없는 물건은 종물이 아니다 [2007도7247]. 따라서 주물 자체의 효용과는 직접적인 관계가 없고 주물 소유자·이용자의 상용에 공여되는 가전제품·식기·침구 등은 가옥의 종물이 아니다.

---

03 주물과 종물에 관한 설명으로 옳지 <u>않은</u> 것은? (다툼이 있으면 판례에 따름)

① 주택에 부속하여 지어진 연탄창고는 그 주택에서 떨어져 지어진 것일지라도 그 주택의 종물이다.
② 주물과 종물의 관계에 관한 법리는 특별한 사정이 없는 한 권리 상호 간의 관계에도 적용된다.
③ 물건이 주물의 소유자의 상용에 공여되고 있다면, 주물 그 자체의 효용과 직접 관계가 없는 것도 종물이다.
④ 주물을 처분할 때에 특약으로 종물을 제외할 수 있고, 종물만을 별도로 처분할 수도 있다.
⑤ 저당권의 효력은 특별한 사정이 없는 한 당해 저당부동산의 종물에도 미친다.

답 ③

▌정답해설▐

③ 어느 건물이 주된 건물의 종물이기 위하여는 주물의 상용에 이바지하는 관계에 있어야 하고, 주물의 상용에 이바지 한다 함은 주물 그 자체의 경제적 효용을 다하게 하는 것을 말하는 것으로서, 주물의 소유자나 이용자의 사용에 공여되고 있더라도 주물 그 자체의 효용과 직접 관계가 없는 물건은 종물이 아니다[2000마3530].

▌오답해설▐

① 판례는 「낡은 가재도구 등의 보관장소로 사용되고 있는 방과 연탄창고 및 공동변소가 본채에서 떨어져 축조되어 있기는 하나 본채의 종물」이라고 보았다[91다2779].
② 제100조 제2항의 종물과 주물의 관계에 관한 법리는 물건 상호 간의 관계뿐 아니라 권리 상호간에도 적용된다[2006다29020].
④ 종물은 주물의 처분에 수반된다는 제100조 제2항은 임의규정이므로, 당사자는 주물을 처분할 때에 특약으로 종물을 제외할 수 있고 종물만을 별도로 처분할 수도 있다[2009다76546].
⑤ 제358조

01 원물과 과실에 관한 설명으로 옳지 않은 것은?

① 소유권이전의 대가, 노동의 대가는 법정과실이다.

② 물건의 용법에 의하여 수취하는 산출물은 천연과실이다.

③ 천연과실은 그 원물로부터 분리하는 때에 이를 수취할 권리자에게 속한다.

④ 미분리의 과실은 독립한 물건이 아니지만, 명인방법을 갖춘 경우에는 타인소유권의 객체가 될 수 있다.

⑤ 법정과실은 수취할 권리의 존속기간일수의 비율로 취득할 수 있는 것이지만, 당사자가 그와 다르게 약정할 수도 있다.

답 ①

┃ **정답해설** ┃

① 법정과실은 물건사용대가로 받는 금전 기타 물건을 의미하므로(제101조 제2항 참고), 물건매매대금과 같은 소유권이전의 대가나 임금과 같은 노동의 대가는 법정과실이 아니다.

┃ **오답해설** ┃

② 제101조 제1항

③ 제102조 제1항

④ 미분리의 과실은 원칙적으로 수목의 일부에 지나지 아니하므로 독립한 물건의 객체가 되지 못하나, 명인방법이라는 공시방법을 갖춘 경우에는 독립한 물건으로서 거래의 목적이 될 수 있다.

⑤ 법정과실은 수취할 권리의 존속기간일수의 비율로 취득하는데(제102조 제2항), 이 규정은 임의규정이므로 당사자가 이와 다른 약정을 하는 것도 가능하다.

CHAPTER

05 권리의 변동

01 서 설

I 의 의

1. 법률요건과 법률효과

법에 의하여 규율되는 생활관계를 법률관계라고 하며, 법률관계의 변동이 일어나려면 일정한 원인이 있어야 하는데, 그 원인을 법률요건이라고 한다. 따라서 법률요건이 갖추어지면 법률관계의 변동이 일어나게 되며 이를 법률효과라고 한다.

2. 권리변동의 모습

(1) 권리의 발생

1) 원시취득(절대적 발생)

타인의 권리에 기초하지 않고 원시적으로 취득하는 것을 말한다. 예 건물신축, 선점, 습득, 발견, 시효취득, 선의취득. 원시취득 시에는 종전의 권리에 대한 제한이 소멸된다.

2) 승계취득(상대적 발생)

타인의 권리에 기초한 취득을 말한다. 따라서 무권리자로부터 승계취득은 불가능하며, 타인의 권리에 제한이나 흠이 있으면 그대로 승계한다.

① 이전적 승계 : 매매나 상속 등에 의하여 전주가 가지고 있던 권리가 그대로 승계된다.

② 설정적 승계 : 소유자로부터 지상권이나 저당권을 설정받는 경우와 같이 전주의 권리내용의 일부만을 승계한다.

(2) 권리의 변경

권리의 변경이란 권리의 동일성을 유지하면서 권리의 주체, 내용 또는 작용이 변경되는 것을 말한다.

1) 주체의 변경 : 이전적 승계

2) 내용의 변경

① 질적 변경 : 손해배상청구권으로의 전환, 물상대위, 대물변제 등

② 양적 변경 : 제한물권의 설정으로 소유권이 축소되거나 설정된 제한물권의 소멸로 인하여 소유권이 확장되는 것

3) 작용(효력)의 변경

저당권의 순위변경, 대항력 없는 부동산임차권이 대항력을 갖추는 것, 채권양도통지로 대항력 취득

(3) 권리의 소멸

① 절대적 소멸 : 권리 그 자체의 종국적 소멸
② 상대적 소멸 : 이전적 승계시 전주의 권리는 소멸하나, 설정적 승계시에는 상대적 소멸이 없다는 점을 주의해야 한다.

Ⅱ 권리변동의 원인

1. 법률요건과 법률사실

(1) 법률요건

권리변동의 원인은 법률요건이며, 법률요건에는 의사표시를 필요불가결한 요건으로 하는 법률행위와 법률행위 이외의 그 밖의 행위로서 민법이 권리변동의 효과를 발생시키는 것으로 정한 법률의 규정이 있다.

(2) 법률사실

법률요건을 구성하는 개개의 사실을 법률사실이라 한다.

2. 법률사실의 분류

법률사실에 대한 전통적 분류는 일반화의 실익이 적기 때문에 크게 의사표시, 준법률행위, 사실행위로 구분하여 서술하기로 한다.

(1) 의사표시

의사표시라 함은 일정한 법률효과의 발생을 목적으로 하는 의사의 표시행위이며, 법률요건에서 가장 중요한 법률행위의 필수불가결한 요소가 되는 법률사실이다.

(2) 준법률행위(법률적 행위)

당사자의 의사가 아닌 법률의 규정에 의해 법적 효과가 발생하는 법률요건으로 준법률행위 중 표현행위에 대해서는 법률행위에 관한 규정을 유추적용할 수 있다는 것이 실익이다.

1) 표현행위
① 의사의 통지 : 각종의 최고 및 거절, 이행의 청구 등이 이에 해당한다.
② 관념의 통지 : 사실의 통지라고도 하며, 채권양도의 통지나 승낙(제450조), 사원총회의 소집통지(제71조), 시효 중단사유의 채무의 승인(제168조 제3호), 승낙연착의 통지(제528조) 등이 이에 해당한다.
③ 감정의 표시 : 일정한 감정을 표시하는 행위이다. 수증자의 망은행위에 대한 용서(제556조 제2항), 부정에 대한 용서(제841조) 등이 이에 해당한다.

2) 비표현행위(사실행위)
① 순수사실행위(외부적 결과만 발생하면 족함) : 매장물발견(제254조), 가공(제259조), 주소의 설정(제18조 제1항)
② 혼합사실행위(결과발생과 일정한 사실적 의사 필요) : 점유의 취득(제192조 제1항), 무주물선점(제252조 제1항), 유실물습득(제253조), 사무관리(제734조)

(3) 사건 : 사람의 정신작용에 기하지 않은 법률사실

① 출생과 사망, 물건의 멸실, 부합(제256조, 제257조), 혼화(제258조), 부당이득, 기간, 혼동
② 가공은 순수사실행위인데 반하여, 부합과 혼화는 사건이다.

02 법률행위

제1관 법률행위 일반

I 의 의

1. 개 념

법률행위라 함은 일정한 법률효과의 발생을 목적으로 하는 하나 또는 수 개의 의사표시를 불가결의 요소로
하는 법률요건을 말한다.

2. 성 질

(1) 법률요건

법률행위는 법률요건이다. 법률요건 중 사적자치의 법적 실현수단이다.

(2) 의사표시와의 관계

법률행위는 의사표시를 필수불가결의 요소로 한다. 그러나 의사표시가 곧바로 법률행위인 것은 아니다. 한편
법률행위는 언제나 의사표시만으로 구성되는 것은 아니다.

(3) 추상화 개념

법률행위는 추상적인 개념이다. 즉 법률행위라는 개념은 매매와 같은 행위로 구체화되어야 비로소 실재하는
법제도로서 생명력을 갖는다.

3. 법률행위의 요건

(1) 서 설

법률행위가 완전히 그 효과를 발생하려면, 이론적으로는 먼저 법률행위로서 「성립」하여야 하고, 이어서 성립
된 법률행위가 「유효」한 것이어야 한다.

(2) 성립요건(적극적 요건 : 권리를 주장하는 자가 요건의 구비를 입증해야 함)

1) 일반성립요건

법률행위의 주체로서 당사자, 법률행위의 내용으로서 목적 및 법률행위의 불가결한 요소로서 의사표시가
있어야 한다.

2) 특별성립요건 – 개별적인 법률행위에 대하여 특별히 요구되는 성립요건

① 계약에서의 청약과 승낙의 합치

② 요식행위

③ 요물계약에서의 목적물의 인도

(3) 유효요건

1) 일반효력발생요건(소극적 요건 : 권리발생을 저지하는 측에게 권리장애·멸각사실의 존재를 입증해야 함)

① 당사자에게 각종의 능력이 있어야 한다. 즉 권리능력, 의사능력 및 행위능력이 있어야 한다.

② 법률행위의 목적이 확정가능성, 실현가능성, 적법성, 사회적 타당성이 있을 것

③ 의사표시에 있어서 의사와 표시가 일치하고 하자가 없을 것

2) 특별효력발생요건 – 개별적인 법률행위에 대하여 특별히 요구되는 효력발생요건(적극적 요건 : 그 법률행위의 효력을 주장하는 자가 입증해야 함)

① 법정대리인의 동의(제5조)

② 대리권의 존재(제114조 이하)

③ 조건의 성취와 기한의 도래(제147조, 제152조)

④ 유언자의 사망(제1073조)

⑤ 유증을 받을 자의 생존(제1089조)

⑥ 허가(판례 : 토지거래허가구역 내의 토지매매 시 관할관청의 허가, 재단법인의 기본재산 처분시 주무관청의 허가)

Ⅱ 법률행위의 종류

1. 단독행위 · 계약 · 합동행위

법률행위의 요소인 의사표시의 수와 방향에 의한 분류이다.

(1) 단독행위

하나의 의사표시로 이루어진 법률행위이다.

① 상대방 있는 단독행위 : 동의, 취소, 채무면제, 해제, 추인 등

② 상대방 없는 단독행위 : 재단법인설립행위, 유언, 소유권의 포기, 상속의 승인·포기

③ 한계 : 단독행위에는 상대방의 지위 불안정을 고려하여 원칙적으로 조건이나 기한을 붙이지 못한다(제493조 제1항 참조).

(2) 계 약

청약과 승낙이라는 서로 대립하는 의사의 합치로 성립한다.

(3) 합동행위

두 개 이상의 서로 방향을 같이 하는 의사표시의 합치로 이루어진다.

① 사단법인 설립행위가 이에 해당한다.

② 합동행위에는 통정허위표시 규정(제108조), 자기계약·쌍방대리 금지규정(제124조)이 적용되지 않는다.

2. 채권행위(의무부담행위), 물권행위 · 준물권행위(처분행위)

① 채권행위는 이행의 문제를 남기고, 처분권이 불필요하다.

② 물권행위는 이행의 문제를 남기지 않고, 처분권이 필요하다. 물권행위는 물권의 변동을 직접 목적으로 하는 행위이고, 준물권행위는 물권 이외의 권리변동을 목적으로 하는 행위이다.

③ 채권법상의 모든 행위가 채권행위인 것은 아니다. ⑨ 준물권행위로 채권양도가 있다.

3. 출연(出捐)행위, 비출연행위

재산행위에는 자기의 재산을 감소시키고 타인의 재산을 증가시키는 출연행위와 그렇지 않은 행위로 비출연행위가 있다. 출연행위는 다시 다음과 같이 분류된다.

(1) 유상(有償)행위와 무상행위

자기의 출연에 대하여 상대방으로부터도 그에 대응하는 출연, 즉 대가를 받을 것을 목적으로 하는 행위가 유상행위이고, 그렇지 않은 것이 무상행위이다. 유상계약에 대하여 매매에 관한 규정이 준용된다(제567조).

(2) 유인(有因)행위와 무인행위

출연행위는 일정한 법률상의 원인을 전제로 하여 행하여지는데, 이러한 원인이 존재하지 않으면 효력이 생기지 않는 것을 유인행위라 하고, 원인이 존재하지 않더라도 그대로 유효한 것을 무인행위라고 한다.

4. 신탁행위

현행법상 신탁행위는 민법상의 신탁행위와 신탁법에 의한 신탁행위 두 가지가 있다.

(1) 민법상 신탁행위

추심을 위한 채권양도와 같이 일정한 경제적 목적을 위하여 신탁자가 수탁자에게 일정한 권리를 이전하고, 수탁자는 그 권리를 그 목적의 범위 내에서만 행사할 의무를 부담하는 법률관계를 말한다. 수탁자는 대외적으로 진정한 권리자의 지위를 가지지만, 대내적으로는 신탁자가 진정한 권리자이다. 이 점이 신탁법상 신탁과 구별된다.

(2) 신탁법상 신탁행위

신탁설정자(위탁자)가 법률행위에 의하여 상대방(신탁인수자 또는 수탁자)에게 재산권을 이전하는 동시에 그 재산권을 일정한 목적에 따라서 자기 또는 제3자(수익자)를 위하여 관리 · 처분하게 하는 법률관계이고(신탁법 제2조), 이러한 신탁을 설정하는 계약 또는 유언이 신탁행위이다(신탁법 제3조).

5. 요식(要式)행위, 불요식행위

① 의사표시가 일정한 방식에 따라 행해져야 하는 법률행위를 요식행위라고 하고, 그렇지 않은 행위를 불요식행위라고 한다.

② 법률행위는 계약자유의 원칙상 원칙적으로 불요식행위이다. 그러나 당사자의 신중한 의사결정을 위해, 거래의 안전과 신속 또는 법률관계의 명확화를 위해 일정한 방식이 요구되기도 한다.

6. 생전(生前)행위, 사인(死因)행위

① 행위자의 사망으로 그 효력이 생기는 법률행위를 사인행위 또는 사후행위라고 하고, 기타의 보통의 행위를 생전행위라고 한다.

② 사인행위는 원칙적으로 엄격한 방식을 요한다(제1060조 참조).

7. 주(主)된 행위와 종(從)된 행위

① 법률행위가 유효하게 성립하기 위하여 다른 법률행위의 존재를 전제로 하는 행위를 종된 행위라 하고, 그 전제가 되는 행위를 주된 행위라고 한다.

② 종된 행위는 주된 행위와 법률적 운명을 같이하는 것이 원칙이다.

제2관 | 법률행위의 해석

제105조【임의규정】
법률행위의 당사자가 법령 중의 선량한 풍속 기타 사회질서에 관계없는 규정과 다른 의사를 표시한 때에는 그 의사에 의한다.

제106조【사실인 관습】
법령 중의 선량한 풍속 기타 사회질서에 관계없는 규정과 다른 관습이 있는 경우에 당사자의 의사가 명확하지 아니한 때에는 그 관습에 의한다.

I 의 의

1. 개 념

법률행위의 해석이란 법률행위의 성립 여부나 유효 여부를 판단하고, 목적(내용)을 확정시키는 것을 말한다. 그런데 법률행위는 의사표시를 요소로 하기 때문에 법률행위해석은 결국 의사표시의 해석으로 귀결된다.

2. 해석의 목표

법률행위(의사표시)의 해석의 목표는 표시행위가 가지는 당사자의 의사를 밝히는 것이다.

(1) 학 설

일반적으로 해석이란 당사자의 숨은 진의 내지 내심적 효과의사를 탐구하는 것이 아니라 당사자 의사의 객관적 표현이라고 볼 수 있는 표시행위가 가지는 객관적 의미를 밝히는 것이라고 한다.

(2) 판 례

'법률행위 해석은 당사자가 그 「표시행위에 부여한 객관적인 의미」를 명백하게 확정하는 것'이라고 판시하고 있다.

Ⅱ 해석의 방법

1. 자연적 해석

① 자연적 해석이란 표의자의 실제 내심의 의사를 밝히는 해석방법으로, 어떤 일정한 표시에 관하여 당사자가 사실상 일치하여 이해한 경우에는 그 의미대로 효력을 인정하는 해석방법을 말한다.
② 주로 상대방 없는 단독행위에서 자연적 해석방법이 적용된다.
③ 오표시무해의 원칙이란 표의자의 잘못된 표시는 그 표시의 진정한 의미를 인식할 수 있거나 명백한 때에는 표의자에게 해가 되지 않는다는 것으로, 자연적 해석시 착오 문제는 발생하지 않는다.

> **[자연적 해석 : 오표시무해의 원칙]**
> 부동산의 매매계약에 있어 쌍방당사자가 모두 특정의 甲 토지를 계약의 목적물로 삼았으나 그 목적물의 지번 등에 관하여 착오를 일으켜 계약을 체결함에 있어서는 계약서상 그 목적물을 甲 토지와는 별개인 乙 토지로 표시하였다 하여도 甲 토지에 관하여 이를 매매의 목적물로 한다는 쌍방당사자의 의사합치가 있은 이상 위 매매계약은 甲 토지에 관하여 성립한 것으로 보아야 할 것이고 乙 토지에 관하여 매매계약이 체결된 것으로 보아서는 안 될 것이며, 만일 乙 토지에 관하여 위 매매계약을 원인으로 하여 매수인 명의로 소유권이전등기가 경료되었다면 이는 원인이 없이 경료된 것으로서 무효이다(대판 1993.10.26, 93다2629 · 2636). **기출** 15

2. 규범적 해석

① 상대방의 입장에서 표시행위의 객관적 · 규범적 의미를 밝히는 해석방법이다.
② 상대방 있는 의사표시에 적용된다.
③ 착오에 의한 취소가 문제되는 것은 규범적 해석에 의할 경우에 한정된다.

> **[규범적 해석 : 표시주의 관점]**
> • 법률행위의 해석은 당사자가 그 표시행위에 부여한 객관적인 의미를 명백하게 확정하는 것으로서, 서면에 사용된 문구에 구애받는 것은 아니지만 어디까지나 당사자의 내심적 의사의 여하에 관계없이 그 서면의 기재 내용에 의하여 당사자가 그 표시행위에 부여한 객관적 의미를 합리적으로 해석하여야 하는 것이고, 당사자가 표시한 문언에 의하여 그 객관적인 의미가 명확하게 드러나지 않는 경우에는 그 문언의 내용과 그 법률행위가 이루어진 동기 및 경위, 당사자가 그 법률행위에 의하여 달성하려는 목적과 진정한 의사, 거래의 관행 등을 종합적으로 고려하여 사회정의와 형평의 이념에 맞도록 논리와 경험의 법칙, 그리고 사회일반의 상식과 거래의 통념에 따라 합리적으로 해석하여야 한다(대판 2000.11.10. 98다31493).
> • 의사표시 해석에 있어서 당사자의 진정한 의사를 알 수 없다면, 의사표시의 요소가 되는 것은 표시행위로부터 추단되는 효과의사 즉 표시상의 효과의사이고 표의자가 가지고 있던 내심적 효과의사가 아니므로, 당사자의 내심의 의사보다는 외부로 표시된 행위에 의하여 추단된 의사를 가지고 해석함이 상당하다(대판 2002.6.28. 2002다23482).
> • 법원이 진정성립이 인정되는 처분문서를 해석함에 있어서는 특별한 사정이 없는 한 그 처분문서에 기재되어 있는 문언에 따라 당사자의 의사표시가 있었던 것으로 해석하여야 하는 것이나, 그 처분문서의 기재 내용과 다른 특별한 명시적, 묵시적 약정이 있는 사실이 인정될 경우에 그 기재 내용의 일부를 달리 인정하거나 작성자의 법률행위를 해석함에 있어서 경험칙과 논리법칙에 어긋나지 아니하는 범위 내에서 자유로운 심증으로 판단할 수 있다(대판 2003.4.8. 2001다38593).

3. 보충적 해석

① 법률행위의 내용에 흠결이 있는 경우에 이를 해석에 의하여 보충하는 해석방법이다.
② 주로 계약에서 적용된다. 법률행위의 성립 전이나 불성립시에는 보충적 해석이 문제되지 않는다.
③ 보충적 해석은 계약을 유지시키고자 하는 해석이기 때문에 착오에 의한 취소는 문제되지 않는다.

Ⅲ 해석의 표준

민법은 법률행위 해석의 기준에 관해 일반 규정을 두고 있지 않으나, 당사자가 기도한 목적, 사실인 관습, 임의법규, 신의성실의 원칙 등이 모두 해석의 기준이 될 수 있다.

제3관 법률행위의 목적

Ⅰ 의 의

① 법률행위의 목적이란 법률행위를 하는 자가 그 행위에 의하여 발생시키려고 하는 법률효과를 말하며, 법률행위의 내용이라고도 한다.
② 법률행위가 유효하려면 법률행위의 목적이 확정성, 실현가능성, 적법성, 사회적 타당성이라는 요건을 갖추어야 한다(통설).

Ⅱ 목적의 확정성

① 법률행위가 유효하기 위하여는 법률행위의 목적이 확정되어 있거나 적어도 확정가능하여야 한다. 확정할 수 없으면 무효가 된다. 확정가능의 여부는 법률행위해석에 의한다.
② 법률행위의 성립 당시부터 확정성을 갖출 필요는 없고, 「이행할 때까지」 확정할 수 있으면 족하다.

Ⅲ 목적의 실현가능성

1. 실현가능성의 의미

법률행위가 유효하기 위하여 목적의 실현이 가능하여야 한다. 따라서 목적이 불능인 법률행위는 효력이 없다. 여기에서 불능은 원시적 불능에 한한다.

2. 불능의 종류

(1) 불능사유의 발생시점에 따른 구별

① 원시적 불능
  ㉠ 법률행위의 성립 당시부터 이미 그 목적의 이행 혹은 처분을 할 수 없는 경우를 말한다.
  ㉡ 법률행위는 당연무효가 되며, 계약체결상의 과실(제535조)이 문제된다.
② 후발적 불능
  ㉠ 법률행위의 성립 당시에는 가능하였으나, 이행기 전에 불능으로 된 경우를 말한다.
  ㉡ 채무자의 고의·과실에 의한 불능의 경우, 채무불이행으로 인한 손해배상(제390조) 및 계약해제(제546조)가 문제된다.
  ㉢ 채무자의 귀책사유 없는 이행불능의 경우, 채무자의 목적물인도채무는 소멸하고 위험부담이 문제된다(제537조).

(2) 불능의 범위에 따른 구별

① **전부불능** : 법률행위의 목적이 전부불능인 경우 원시적 불능인지 후발적 불능인지에 따라 처리된다.

② **일부불능**

　㉠ 법률행위의 목적이 일부가 불능인 경우 원칙적으로 전부무효가 되나, 당사자가 무효부분이 없더라도 나머지 부분의 법률행위를 하였을 것이라고 인정되면 나머지 부분을 유효로 본다(제137조).

　㉡ 쌍무계약에 있어 당사자 일방이 부담하는 채무의 일부만이 채무자의 책임 있는 사유로 이행할 수 없게 된 때에는 그 이행이 불가능한 부분을 제외한 나머지 부분만의 이행으로는 계약의 목적을 달성할 수 없다면 채무의 이행은 전부가 불능이라고 보아야 할 것이므로 채권자로서는 채무자에 대하여 계약 전부를 해제하거나 또는 채무 전부의 이행에 갈음하는 전보배상을 청구할 수 있을 뿐이지 이행이 가능한 부분만의 급부를 청구할 수는 없다(대판 1995.7.25. 95다5929).

> **더 알아보기** 민법상 불능
>
> | 원시적 불능 | 객관적·전부불능 | 계약체결상의 과실책임(제535조) |
> |---|---|---|
> | | 객관적·일부불능 내지 주관적 전부·일부불능 | 담보책임(제572조~제581조) |
> | 후발적 불능 | 채무자에게 귀책사유가 있는 경우 | 이행불능(제390조) |
> | | 채무자에게 귀책사유가 없는 경우 | 쌍무계약에서 위험부담(제537조, 제538조) |

Ⅳ 목적의 적법성

1. 의 의

법률행위가 유효하기 위하여 그 목적이 적법해야 한다. 즉 강행규정에 위반되는 법률행위는 무효이다. 법령 중 '선량한 풍속 기타 사회질서와 관계가 있는 규정'이 강행규정이다(제105조).

2. 적법성과 사회적 타당성의 관계

① **학설** : 둘을 별개의 요건으로 보는 구별설(통설)과 동일설(소수설)의 대립이 있다.

② **판례(구별설)** : 강행규정에 위반된다고 하여 곧바로 사회질서에 반하는 행위에 해당한다고 할 수는 없다(대판 2001.5.29. 2001다1782).

3. 강행규정과 임의규정의 구별

① 강행규정과 임의규정 구별의 표준에 관한 일반적인 원칙은 없으며, 각 규정마다 종류·성질·입법목적 등을 고려하여 이를 개별적으로 판정하는 수밖에 없다.

② 다만, 권리능력·행위능력·법인 제도 등에 관한 규정, 거래의 안전을 위한 규정, 경제적 약자를 보호하기 위한 사회정책적 규정, 가족관계·질서에 관한 규정 등은 강행규정에 해당한다.

4. 효력규정과 단속규정의 구별

(1) 견해의 대립

① **통설·판례**: 강행규정을 효력규정과 단속규정으로 나누어 효력규정을 위반하면 무효이나, 단속규정을 위반하면 벌칙의 적용이 있을 뿐이고, 행위 그 자체의 사법상의 효력에는 영향이 없다.

② **소수설**: 임의규정, 강행규정, 단속규정으로 크게 구분하고, 단속규정에 대하여는 다시 효력 규정(위반시 무효)과 단순한 단속규정(위반시 사법상 효력에는 영향 없음)으로 세분하는 견해이다.

③ **검토**: 통설·판례와 소수설의 실질적인 견해의 차이는 없어 보인다. 생각건대 어떤 강행규정이 효력규정인지 단속규정인지를 구별하는 것은 쉽지 않고, 이를 판정하는 일반적인 기준 또한 없으나, 당해 규정의 입법취지가 어떤 행위의 효력발생을 금지하는지 아니면 단순히 그러한 행위를 금지하는지에 따라 판단할 수 있을 것이다.

(2) 효력규정과 단속규정의 예시

① 법률이 특히 엄격한 표준을 정하여 일정한 자격을 갖춘 자에게만 허용하는 경우에는 그 규정은 효력규정으로서 그 자격을 대여하는 계약은 무효이다. 광업권의 대차, 어업권의 임대차 등이 그러하다.

② 단속규정에 위반되는 무허가음식점 등의 영업행위, 신고 없이 숙박업을 하는 행위 등의 사법상 행위는 유효하다.

5. 탈법행위(간접적 위반)

(1) 의 의

강행규정을 직접 위반하지는 않았지만, 강행규정이 금지하고 있는 실질적 내용을 다른 수단으로 달성하려는 행위를 말한다.

(2) 효 과

탈법행위도 강행규정이 금지하고 있는 결과의 발생을 목적으로 하기 때문에 무효라는 점에는 이견이 없으나 탈법행위 개념을 따로 인정할 필요가 있는지에 관하여 견해가 대립된다.

6. 강행규정 위반의 효력

① 절대적 무효이다. 따라서 당사자가 무효임을 알고 추인하더라도 그 행위가 유효로 되지는 않는다.

② 제3자 보호규정을 강행규정에서 별도로 규정하고 있지 않는 한 강행규정에 반하여 무효인 법률행위를 기초로 하여 새롭게 이해관계를 갖게 되더라도 제3자는 선의·악의를 불문하고 보호되지 않는다(대판 1996.4.26, 94다43207 참조). 다만, 선의취득, 취득시효 등으로 보호받을 수는 있다.

V 목적의 사회적 타당성

제103조 【반사회질서의 법률행위】
선량한 풍속 기타 사회질서에 위반한 사항을 내용으로 하는 법률행위는 무효로 한다.

1. 서 설

강행규정을 위반하지 않더라도 법률행위의 내용이 '선량한 풍속 기타 사회질서'에 반하면 무효이다(제103조). 목적의 사회적 타당성은 강행규정과 더불어 사적자치의 한계를 이루며, 양자 공히 선량한 풍속 기타 사회질서와 관련되지만, 강행규정은 개개의 특정행위의 효력을 부인하는 반면, 목적의 사회적 타당성은 일반적·포괄적인 법의 근본이념에 의한 통제라는 점에서 차이가 있다.

2. 선량한 풍속 기타 사회질서의 의의

① 선량한 풍속이란 사회의 건전한 도덕관념이다.
② 사회질서란 사회의 평화와 질서를 유지하기 위하여 국민이 지켜야 할 국가, 사회의 공공적 질서 내지 일반적 이익이다.

3. 사회질서 위반의 요건

(1) 객관적 요건

법률행위의 내용이 선량한 풍속 기타 사회질서에 반해야 한다.

(2) 주관적 인식의 요부

자신의 법률행위가 사회질서에 반함을 행위자가 인식하고 있어야 하는가에 대하여 긍정하는 견해(통설)와 부정하는 견해의 대립이 있다.

(3) 사회질서 위반판단의 기준시기

학설은 법률행위시설과 효력발생시설이 대립하고 있으며, 판례는 법률행위시설을 취하고 있다.

4. 동기의 불법

(1) 문제점

법률행위의 내용 자체는 사회질서에 반하지 않지만, 동기, 즉 의사표시를 하게 된 연유로 의사표시에 선행하는 심리과정에 반사회적 요소가 포함되어 있는 경우에, 법률행위의 효력은 어떻게 되는지 문제된다.

(2) 학설 및 판례의 태도

다수설은 동기의 불법에 관하여 동기의 착오와 마찬가지로 동기가 표시되거나 상대방에게 알려진 경우에 한하여 제103조가 적용된다는 입장이다. 마찬가지로 판례도 동기가 표시되거나 상대방에게 알려진 경우에 제103조를 적용한다(대판 2001.2.9. 99다38613).

5. 사회질서 위반행위의 유형화

(1) 정의관념에 반하는 행위

① 밀수입의 자금으로 사용하기 위한 소비대차 또는 그를 목적으로 한 출자행위

② 경매나 입찰에 있어서 부정한 약속을 하는 이른바 담합행위

③ 강제집행을 면할 목적으로 허위의 근저당권설정등기를 경료하는 행위나 비자금을 소극적으로 은닉하기 위하여 임차하는 행위는 반사회질서의 법률행위에 해당하지 않는다.

④ 당사자의 일방이 상대방에게 공무원의 직무에 관한 사항에 관하여 특별한 청탁을 하게 하고 그에 대한 보수로 돈을 지급할 것을 내용으로 한 약정

⑤ 매수인이 매도인에게 이중매도할 것을 적극 권유하는 등 그의 배임행위에 적극 가담하여 이루어진 매매계약

⑥ 참고인이 수사기관에 허위의 진술을 하는 대가로 일정한 급부를 받기로 한 약정

⑦ 보험계약자가 다수의 보험계약을 통하여 보험금을 부정 취득할 목적으로 체결한 보험계약

⑧ 증인은 진실을 진술할 의무가 있으므로, 증언의 대가로 급부를 제공받기로 한 약정도 무효이다. 허위진술의 대가로 급부를 받기로 하는 약정도 무효이다.

⑨ 형사사건의 성공보수약정은 반사회적 법률행위에 해당하나, 민사사건의 성공보수약정은 반사회적 법률행위에 해당하지 않는다.

⑩ 행정기관에 진정서를 제출하여 상대방을 궁지에 빠뜨린 다음 이를 취하하는 조건으로 거액의 급부를 제공받기로 약정한 경우

⑪ 위약벌의 약정은 채무의 이행을 확보하기 위하여 정해지는 것으로서 손해배상의 예정과는 그 내용이 다르므로 손해배상의 예정에 관한 제398조 제2항을 유추적용하여 그 액을 감액할 수는 없고 다만, 그 의무의 강제에 의하여 얻어지는 채권자의 이익에 비하여 약정된 벌이 과도하게 무거울 때에는 그 일부 또는 전부가 공서양속에 반하여 무효가 된다.

(2) 윤리적 질서에 반하는 행위

① 첩계약[본처의 동의 유무를 불문하고 선량한 풍속에 반하는 사항을 내용으로 하는 법률행위로서 무효일 뿐만 아니라 위법한 행위이다(대판 1967.10.6. 67다1134)]

② 부첩관계의 종료를 해제조건으로 하는 증여계약은 그 조건만이 무효인 것이 아니라 증여계약 자체가 무효가 된다(대판 1966.6.21. 66다530). 다만, 부첩관계나 불륜관계를 해소 내지 단절하면서 장래의 생활대책을 마련해주기 위한 목적에서 그 첩의 생활비를 지급하거나 자녀의 양육비를 지급하기로 하는 계약은 유효하다(대판 1980.6.24. 80다458). **기출** 16

③ 자(子)가 부모를 상대로 불법행위에 의한 손해배상을 청구하는 행위

(3) 개인의 자유를 매우 심하게 제한하는 행위

① 어떠한 일이 있어도 이혼하지 아니하겠다는 각서(대판 1969.8.19. 69므18) **기출** 15

② 반면 해외파견된 근로자가 귀국일로부터 일정기간 소속회사에 근무하여야 한다는 사규나 약정은 제103조 또는 제104조에 위반된다고 할 수 없다(대판 1982.6.22. 82다카90).

> **[해외연수 근로자가 귀국 후 일정기간 근무하지 않으면 그 소요경비를 배상한다는 사규나 약정의 효력]**
> 해외파견된 근로자가 귀국일로부터 일정기간 소속회사에 근무하여야 한다는 사규나 약정은 제103조 또는 제104조에 위반된다고 할 수 없고, 일정기간 근무하지 않으면 해외파견 소요경비를 배상한다는 사규나 약정은 근로계약기간이 아니라 경비환급 채무의 면제기간을 정한 것이므로 근로기준법 제21조에 위배하는 것도 아니다(대판 1982.6.22. 82다카90).

③ 제103조에 의해 단체협약이 무효인지를 판단할 때 고려하여야 할 사정 / 업무상 재해로 인한 사망 등 일정한 사유가 발생하는 경우 조합원의 직계가족 등을 채용하기로 하는 내용의 단체협약이 선량한 풍속 기타 사회질서에 반하는지 판단하는 기준

단체협약이 제103조의 적용대상에서 제외될 수는 없으므로 단체협약의 내용이 선량한 풍속 기타 사회질서에 위배된다면 그 법률적 효력은 배제되어야 한다. 다만 단체협약이 선량한 풍속 기타 사회질서에 위배되는지를 판단할 때에는 단체협약이 헌법이 직접 보장하는 기본권인 단체교섭권의 행사에 따른 것이자 헌법이 제도적으로 보장한 노사의 협약자치의 결과물이라는 점 및 노동조합 및 노동관계조정법에 의해 이행이 특별히 강제되는 점 등을 고려하여 법원의 후견적 개입에 보다 신중할 필요가 있다. 헌법 제15조가 정하는 직업선택의 자유, 헌법 제23조 제1항이 정하는 재산권 등에 기초하여 사용자는 어떠한 근로자를 어떠한 기준과 방법에 의하여 채용할 것인지를 자유롭게 결정할 자유가 있다. 다만 사용자는 스스로 이러한 자유를 제한할 수 있는 것이므로, 노동조합과 사이에 근로자 채용에 관하여 임의로 단체교섭을 진행하여 단체협약을 체결할 수 있고, 그 내용이 강행법규나 선량한 풍속 기타 사회질서에 위배되지 아니하는 이상 단체협약으로서의 효력이 인정된다. 사용자가 노동조합과의 단체교섭에 따라 업무상 재해로 인한 사망 등 일정한 사유가 발생하는 경우 조합원의 직계가족 등을 채용하기로 하는 내용의 단체협약을 체결하였다면, 그와 같은 단체협약이 사용자의 채용의 자유를 과도하게 제한하는 정도에 이르거나 채용 기회의 공정성을 현저히 해하는 결과를 초래하는 등의 특별한 사정이 없는 한 선량한 풍속 기타 사회질서에 반한다고 단정할 수 없다.

이러한 단체협약이 사용자의 채용의 자유를 과도하게 제한하는 정도에 이르거나 채용 기회의 공정성을 현저히 해하는 결과를 초래하는지는 단체협약을 체결한 이유나 경위, 그와 같은 단체협약을 통해 달성하고자 하는 목적과 수단의 적합성, 채용대상자가 갖추어야 할 요건의 유무와 내용, 사업장 내 동종 취업규칙 유무, 단체협약의 유지 기간과 준수 여부, 단체협약이 규정한 채용의 형태와 단체협약에 따라 채용되는 근로자의 수 등을 통해 알 수 있는 사용자의 일반 채용에 미치는 영향과 구직희망자들에 미치는 불이익 정도 등 여러 사정을 종합하여 판단하여야 한다(대판[전합] 2020.8.27. 2016다248998 – 다수의견).

④ 또한 강박행위의 주체가 국가 공권력이고 그 공권력 행사의 내용이 기본권을 침해하는 것이라고 하여 그 강박에 의한 의사표시가 항상 반사회성을 띠게 되어 당연히 무효로 된다고는 볼 수 없다(대판 2002.12.10. 2002다56031).

(4) 사행성이 현저한 행위

① 도박자금을 대여하는 행위
② 도박으로 부담한 채무의 변제로써 토지를 양도하는 계약
③ 도박에 패한 빚을 토대로 하여 그 노름빚을 변제하기로 한 계약

6. 사회질서 위반행위의 효과

(1) 이행 전 : 절대적 무효

무효이므로 이행할 필요가 없고, 상대방도 이행을 구할 수 없다. 또한 선량한 풍속 기타 사회질서에 반하는 법률행위는 절대적 무효이므로 별도의 선의취득과 같은 권리취득원인이 없는 한 제3자는 선의인 때에도 보호되지 않는다. 그리고 추인을 하여도 추인의 효과가 인정되지 않으며, 무효임을 알고 추인하여도 새로운 법률행위를 한 효과가 발생하지 않는다(대판 1973.5.22. 72다2249). 기출 15

(2) 이행 후 : 불법원인급여

> **제746조 【불법원인급여】**
> 불법의 원인으로 인하여 재산을 급여하거나 노무를 제공한 때에는 그 이익의 반환을 청구하지 못한다. 그러나 그 불법원인이
> 수익자에게만 있는 때에는 그러하지 아니하다.

① 불법원인급여의 요건 : 불법한 원인에 기하여 이루어진 종국적인 급여는 불법원인에 해당하므로, 원칙적
   으로 그 반환을 청구할 수 없다(제746조 본문).
   ㉠ 불법한 원인 : 불법의 의미와 관련하여 견해의 대립이 있으나, 판례는「제746조가 규정하는 불법원인
      이라 함은 그 원인될 행위가 선량한 풍속 기타 사회질서에 위반하는 경우를 말하는 것으로서 설사
      법률의 금지에 위반하는 경우라 할지라도 그것이 선량한 풍속 기타 사회질서에 위반하지 않는 경우에
      는 이에 해당하지 않는 것이다(대판 1983.11.22. 83다430)」고 판시하였다.

   > **[불법원인급여에 해당하지 않는 경우]**
   > • 무효인 명의신탁약정에 기하여 타인 명의의 등기가 마쳐졌다는 이유만으로 그것이 당연히 불법원인급여에 해당한다고
   >   볼 수 없다(대판 2003.11.27. 2003다41722). **기출** 21 · 17
   > • 어업권의 임대차를 내용으로 하는 임대차계약이 구 수산업법 제33조에 위반되어 무효라고 하더라도 그것이 부당이득의
   >   반환이 배제되는 '불법의 원인'에 해당하는 것으로 볼 수는 없으므로, 어업권을 임대한 어업권자로서는 그 임대차계약에
   >   기해 임차인에게 한 급부로 인하여 임차인이 얻은 이익, 즉 임차인이 양식어장(어업권)을 점유 · 사용함으로써 얻은
   >   이익을 부당이득으로 반환을 구할 수 있다(대판 2010.12.9. 2010다57626 · 57633).

   ㉡ 급여 : 불법원인급여에 해당하기 위해서는 이익을 얻기 위해서 더 이상 국가의 조력이 필요 없는 종국
      적인 급여에 해당하여야 한다. 따라서 도박자금채권의 담보로 부동산에 관하여 근저당권설정등기가
      경료되었을 뿐이라면 그 근저당권설정등기로 근저당권자가 받을 이익은 소유권 이전과 같은 종국적인
      것이 되지 못하여 제746조에서 말하는 이익에는 해당하지 아니하므로, 그 부동산의 소유자는 제746조
      의 적용을 받음이 없이 그 말소를 청구할 수 있다(대판 1994.12.22. 93다55234).

② 효 과
   ㉠ 부당이득반환청구권 : 급부자는 수익자가 얻은 이익의 반환을 청구하지 못한다(제746조 본문). 따라서
      영업상 관계 있는 윤락행위를 하는 자에 대하여 가지는 채권은 계약의 형식에 관계없이 무효이므로,
      윤락행위를 할 자를 고용 · 모집하거나 그 직업을 소개 · 알선한 자가 윤락행위를 할 자를 고용 · 모집
      함에 있어 성매매의 유인 · 강요의 수단으로 이용되는 선불금 등 명목으로 제공한 금품이나 그 밖의
      재산상 이익 등은 불법원인급여에 해당하여 그 반환을 청구할 수 없다(대판 2004.9.3. 2004다27488 · 27495).
   ㉡ 소유권에 기한 물권적 청구권 : 불법의 원인으로 급여를 한 사람이 그 원인행위가 무효라고 주장하고,
      그 결과 급여물의 소유권이 자기에게 있다는 주장으로 소유권에 기한 반환청구를 하는 것도 허용할
      수 없다(대판 1989.9.29. 89다카5994). 따라서 급여한 물건의 소유권은 반사적으로 급여를 받은 상대방에게
      귀속된다(대판[전합] 1979.11.13. 79다483).
   ㉢ 불법행위를 원인으로 한 손해배상청구권 : 불법의 원인으로 재산을 급여한 사람은 상대방수령자가
      그 '불법의 원인'에 가공하였다고 하더라도 상대방에게만 불법의 원인이 있거나 그의 불법성이 급여자
      의 불법성보다 현저히 크다고 평가되는 등으로 제반 사정에 비추어 급여자의 손해배상청구를 인정하지
      아니하는 것이 오히려 사회상규에 명백히 반한다고 평가될 수 있는 특별한 사정이 없는 한 상대방의
      불법행위를 이유로 그 재산의 급여로 말미암아 발생한 자신의 손해를 배상할 것을 주장할 수 없다(대판
      2013.8.22. 2013다35412).

7. 불공정한 법률행위(폭리행위)

> **제104조【불공정한 법률행위】**
> 당사자의 궁박, 경솔 또는 무경험으로 인하여 현저하게 공정을 잃은 법률행위는 무효로 한다.

(1) 의 의

① 상대방의 궁박, 경솔 또는 무경험을 이용하여 자기의 급부에 비하여 현저하게 균형을 잃은 반대급부를 하게 함으로써 부당한 재산적 이익을 얻는 행위를 불공정한 법률행위 또는 폭리행위라고 한다(제104조).

② 제103조와 제104조와의 관계에 대하여 통설·판례는 제104조를 제103조의 예시로 본다.

(2) 적용범위

① 증여와 같이 대가적 급부의 출연이 없는 무상행위에는 제104조의 적용이 없다(대판 2000.2.11. 99다56833).
  〔기출〕 20 · 15

② 당사자의 의사에 기하지 않은 경매에 의한 재산권 이전에는 제104조의 적용이 없다(대결 1980.3.21. 80마77).
  〔기출〕 22 · 20

③ 채권의 포기에도 제104조가 적용될 수 있다(대판 1975.5.13. 75다92).

④ 합동행위 내지 권리능력 없는 사단의 총회결의에도 제104조가 적용된다.

(3) 요 건

① 객관적 요건

  ㉠ 현저한 공정성 상실 : 객관적으로 급부와 반대급부 사이에 현저한 불균형이 존재하는 것을 의미한다.

  ㉡ 현저한 불공정의 판단기준시점은 법률행위시이다(통설·판례).

  > 어떠한 법률행위가 불공정한 법률행위에 해당하는지는 법률행위시를 기준으로 판단하여야 한다. 따라서 계약 체결 당시를 기준으로 전체적인 계약 내용에 따른 권리의무관계를 종합적으로 고려한 결과 불공정한 것이 아니라면, 사후에 외부적 환경의 급격한 변화에 따라 계약당사자 일방에게 큰 손실이 발생하고 상대방에게는 그에 상응하는 큰 이익이 발생할 수 있는 구조라고 하여 그 계약이 당연히 불공정한 계약에 해당한다고 말할 수 없다(대판[전합] 2013.9.26. 2011다53683 · 53690).

② 주관적 요건

  ㉠ 불균형이 당사자의 궁박·경솔·무경험에 기인하여야 한다.

  ㉡ 폭리자가 당사자에게 위와 같은 사정이 있음을 알고서 그것을 이용하려는 의사가 있어야 한다. 따라서 폭리행위의 악의가 없었다면 제104조에 규정된 불공정 법률행위가 성립하지 않는다(대판 2011.1.27. 2010다53457).

  ㉢ 궁박·경솔·무경험은 모두 구비되어야 하는 요건은 아니고, 그중 일부만 갖추어지면 충분하다(대판 1993.10.12. 93다19924).

  ㉣ 궁박이라 함은 급박한 곤궁을 의미하며, 경제적·정신적·심리적 원인에서 기인할 수 있다(대판 2011.9.8. 2011다35722).

  ㉤ 무경험은 일반적인 생활체험의 부족으로서 어느 특정영역에서의 경험부족이 아니라 거래일반에 대한 경험부족을 의미한다(대판 2002.10.22. 2002다38927). 〔기출〕 22 · 15

ⓗ 매도인의 대리인이 매매한 경우에 있어서 그 매매가 불공정한 법률행위인가를 판단함에는 매도인의 경솔, 무경험은 그 대리인을 기준으로 하여 판단하여야 하고, 궁박상태에 있었는지의 여부는 매도인 본인의 입장에서 판단되어야 한다(대판 1972.4.25. 71다2255).

ⓧ 법률행위가 현저하게 공정을 잃었다고 하여 곧 그것이 궁박, 경솔 또는 무경험으로 이루어진 것이라고 추정되는 것은 아니다(대판 1977.12.13. 76다2179).

ⓞ 경매에 있어서는 불공정한 법률행위에 관한 제104조가 적용될 여지가 없다(대결 1980.3.21. 80마77).

③ **입증책임** : 폭리행위에 대한 주장 및 입증책임은 그 무효를 주장하는 자에게 있고, 급부와 반대급부 사이에 현저한 불균형이 있다는 사정만으로 곧바로 당사자의 궁박, 경솔 또는 무경험에 기인하는 것으로 추정되지는 않지만, 구체적 사정에 따라 추정되기도 한다.

(4) 효 과

① 요건이 구비되면 그 행위는 무효이고, 추인에 의해서도 그 법률행위가 유효로 될 수 없다(대판 1994.6.24. 94다10900). 기출 24 · 22 · 20

② 무효행위 전환의 법리에 따라 법률행위의 일부가 유효할 수 있다는 것이 판례이다.

> 매매계약이 약정된 매매대금의 과다로 말미암아 제104조에서 정하는 '불공정한 법률행위'에 해당하여 무효인 경우에도 무효행위의 전환에 관한 제138조가 적용될 수 있다(대판 2010.7.15. 2009다50308). 기출 20 · 18 · 17 · 16

③ 불공정한 법률행위는 무효이므로 아직 급부를 이행하지 아니한 경우에는 이행할 필요가 없다. 다만, 이미 급부를 이행한 경우에는 불법원인급여로서 제746조가 적용된다.

---

03 의사표시

제1관 흠 있는 의사표시

I 서 설

1. 의사표시의 의의

의사표시는 일정한 법률효과를 발생시키려는 의사를 외부로 표시하는 것으로, 법률행위의 본질적 구성부분이다.

2. 의사표시의 구성요소

(1) 구성요소

① 의사표시는 효과의사, 표시의사, 행위의사, 표시행위 등으로 분해될 수 있다.

② 다만, 이 중 '표시의사'가 의사표시의 구성요소로 필요한지 여부에 관하여 견해가 대립하고, 다수설은 이를 부정한다. '행위의사'에 대하여도 통설은 독립적인 구성요소로 보지는 않는다.

(2) 효과의사

효과의사는 어떤 구체적인 법률효과의 발생을 의도한 의사이다. 그런데 효과의사가 내심적 효과의사인가 표시상의 효과의사인가에 대하여 견해의 대립이 있으며, 다수설·판례는 법률행위의 해석과 관련하여 의사표시의 요소가 되는 것은 표시상의 효과의사라고 한다(대판 2002.6.28. 2002다23482).

(3) 표시의사

1) 의의

표시의사란 효과의사를 외부에 표현하려는 의사이다. 포도주 경매사건이나 외환시장에서 손가락표시 등 자신의 표시행위의 법적 의미를 알지 못하고 표시행위를 한 경우를 표시의사가 없는 경우라 하는데, 이때의 법적 취급에 관하여 견해가 대립된다.

2) 표시의사 없는 경우의 법적 취급

① 표시의사는 의사표시의 구성요소가 아니라는 견해(불요설 : 통설) : 거래안전을 위해 표시의사가 없더라도 의사표시는 완전히 성립한다. 단, 의사와 표시의 불일치가 있는 경우로서 착오에 의한 취소 문제로 해결해야 한다는 입장이다.

② 표시의사는 의사표시의 구성요소라는 견해(필요설 : 소수설) : 이에 의하면 표시의사가 없는 경우 의사표시는 불성립한다. 따라서 원칙적으로 착오 문제는 발생하지 않는다.

(4) 행위의사

행위의사란 어떤 행위를 하겠다는 인식을 의미하는 바, 수면 중의 행위, 반사적 행위, 최면상태의 행위 등은 행위의사가 없다. 이에 대해 통설은 행위의사를 의사표시의 독립적인 구성요소로 보지 않고 표시행위의 문제로 본다.

(5) 표시행위

1) 문제점

효과의사를 외부에 표시하는 행위로 쟁점은 명시적인 표시행위가 없는 경우에도 침묵이나 거동 등 일정한 행위를 표시행위로 보아 의사표시로 인정할 수 있는가이다.

2) 묵시적 의사표시(거동, 침묵, 포함적 의사표시 등)

① 거동 : 거동에 의한 의사표시는 가능하다.

② 침묵 : 침묵이 의사표시가 되기 위해서는 당사자 사이의 약정이나 거래관행상 일정한 의사표시로 평가될 수 있는 특별한 사정과 그에 대한 인식이 필요하다.

③ 포함적 의사표시(추단적 행위에 의한 의사표시, 간접적 의사표시)

    ㉠ 행위자의 실행행위에 어떤 의사표시가 포함되어 있는 경우로 이를 간접적 의사표시라고 표현하기도 한다.

    ㉡ 취소할 수 있는 행위의 법정추인(제145조)은 포함적 의사표시이론에 근거한다.

Ⅱ 진의 아닌 의사표시

> **제107조 【진의 아닌 의사표시】**
> ① 의사표시는 표의자가 진의아님을 알고 한 것이라도 그 효력이 있다. 그러나 상대방이 표의자의 진의아님을 알았거나 이를 알 수 있었을 경우에는 무효로 한다.
> ② 전항의 의사표시의 무효는 선의의 제3자에게 대항하지 못한다.

1. 의 의

비진의표시는 의사와 표시의 불일치를 표의자 스스로 알면서 하는 의사표시를 말한다.

2. 요 건

(1) 의사표시의 존재

진의 아닌 의사표시로 되기 위하여 우선 일정한 효과의사를 추단할 만한 행위가 있어야 한다.

(2) 진의와 표시가 불일치할 것

① 진의와 표시가 일치하지 않아야 한다.

② 진의란 특정한 내용의 의사표시를 하고자 하는 표의자의 생각을 말하는 것이지 표의자가 진정으로 마음속에서 바라는 사항을 뜻하는 것은 아니라고 할 것이다(대판 1993.7.16. 92다41528 · 92다41535).

③ 표의자가 의사표시의 내용을 진정으로 마음속으로 바라지는 아니하였다고 하더라도 당시의 상황에서는 그것을 최선이라고 판단하여 그 의사표시를 하였을 경우에는 이를 내심의 효과의사가 결여된 진의 아닌 의사표시라고 할 수 없다(대판 2003.4.25. 2002다11458). **기출** 18

> **[명의대여자의 의사표시가 비진의 의사표시에 해당하는지 여부]**
> 법률상 또는 사실상의 장애로 자기 명의로 대출받을 수 없는 자를 위하여 대출금채무자로서의 명의를 빌려준 자에게 그와 같은 채무부담의 의사가 없는 것이라고는 할 수 없으므로 그 의사표시를 비진의표시에 해당한다고 볼 수 없고, 설령 명의대여자의 의사표시가 비진의표시에 해당한다고 하더라도 그 의사표시의 상대방인 상호신용금고로서는 명의대여자가 전혀 채무를 부담할 의사 없이 진의에 반한 의사표시를 하였다는 것까지 알았다거나 알 수 있었다고 볼 수도 없다고 보아, 그 명의대여자는 표시행위에 나타난 대로 대출금채무를 부담한다(대판 1996.9.10. 96다18182).

(3) 표의자가 그러한 사실을 알고 있을 것

① 상대방과 통정이 있으면 통정허위표시이다.

② 표의자가 불일치를 모르고 있는 경우에는 착오의 문제이다.

3. 효 과

① 원칙적으로 표시된 대로 효과가 발생하여 유효하다(제107조 제1항 본문).

② 예외적으로 상대방이 알았거나 알 수 있었을 경우에는 무효이다(제107조 제1항 단서). 이 경우 상대방이 진의 아님을 알았다거나 또는 알 수 있었다는 것은 의사표시의 무효를 주장하는 자가 주장 · 증명하여야 한다(통설 · 판례).

③ 단, 무효로써 선의의 제3자에게 대항할 수 없다(제107조 제2항).

4. 적용범위

① 계약 및 상대방 있는 단독행위 : 당연히 제107조가 적용된다.

② 상대방 없는 단독행위 : 제107조 제1항 단서의 적용 여부에 대하여 학설의 다툼이 있다.

③ 친족법상의 행위와 공법상의 의사표시 및 거래의 안전이 중시되는 주식인수의 청약 등에 대하여는 제107 조가 적용되지 않는다. 따라서 공무원의 사직의 의사표시에는 제107조가 적용되지 않는다.

5. 판 례

(1) 진의 아닌 의사표시에 해당하는 사례

사용자가 사직의 의사 없는 근로자로 하여금 어쩔 수 없이 사직서를 작성·제출하게 한 후 이를 수리하는 이른바 의원면직의 형식을 취하여 근로계약관계를 종료시키는 경우는 근로자의 사직서 제출이 진의 아닌 의사표시에 해당하여 무효이다(대판 2000.4.25. 99다34475).

(2) 진의 아닌 의사표시에 해당하지 않는 사례

① 비록 재산을 강제로 뺏긴다는 것이 표의자의 본심으로 잠재되어 있었다 하여도 표의자가 강박에 의하여서 나마 증여를 하기로 하고 그에 따른 증여의 의사표시를 한 이상 증여의 내심의 효과의사가 결여된 것이라 고 할 수는 없다(대판 2002.12.27. 2000다47361). 기출 18

② 근로자가 징계면직처분을 받은 후 당시 상황에서는 징계면직처분의 무효를 다투어 복직하기는 어렵다고 판단하여 퇴직금 수령 및 장래를 위하여 사직원을 제출하고 재심을 청구하여 종전의 징계면직처분이 취소 되고 의원면직처리된 경우, 그 사직의 의사표시는 비진의의사표시에 해당하지 않는다(대판 2000.4.25. 99다 34475).

③ 공무원이 사직의 의사표시를 하여 의원면직처분을 하는 경우 그 사직의 의사표시는 그 법률관계의 특수성 에 비추어 외부적·객관적으로 표시된 바를 존중하여야 할 것이므로, 비록 사직원제출자의 내심의 의사 가 사직할 뜻이 아니었다고 하더라도 진의 아닌 의사표시에 관한 제107조는 그 성질상 사직의 의사표시와 같은 사인의 공법행위에는 준용되지 아니하므로 그 의사가 외부에 표시된 이상 그 의사는 표시된 대로 효력을 발한다(대판 1997.12.12. 97누13962). 기출 18

Ⅲ 통정한 허위의 의사표시

> **제108조 【통정한 허위의 의사표시】**
> ① 상대방과 통정한 허위의 의사표시는 무효로 한다.
> ② 전항의 의사표시의 무효는 선의의 제3자에게 대항하지 못한다.

1. 서 설

(1) 의 의

허위표시라 함은 상대방과 통정하여 하는 자기의 진의와 다른 의사표시를 말한다. 그리고 허위표시를 요소로 하는 법률행위를 가장행위라 한다.

(2) 구 별

① **은닉행위** : 증여를 하면서 증여세 면탈을 목적으로 매매를 가장하여 소유권이전등기를 하는 경우, 위 매매를 가장매매라 한다. 그리고 증여를 은닉행위라고 한다.

② **명의신탁행위** : 명의신탁에서 권리를 대외적으로 이전하려는 신탁자의 진의가 존재하므로, 명의신탁행위는 허위표시가 아니다.

③ **허수아비행위** : 계약당사자가 전면에 나서는 것을 꺼려 다른 사람을 내세워 법률행위를 하되 대내적으로 이에 따른 권리·의무를 자기에게 귀속시키는 행위를 허수아비행위라고 한다. 즉 허수아비행위는 비진의표시나 통정허위표시가 될 수 없고, 원칙적으로 유효한 행위가 되어 허수아비에게 법적 효과가 귀속되고, 추후 배후자에게로의 권리이전의 문제가 남게 된다.

2. 요 건

(1) 의사표시의 존재

허위표시는 당연히 상대방 있는 의사표시여야 한다.

(2) 표시와 진의의 불일치

표시행위의 의미(표시상의 효과의사)에 대응하는 표의자의 의사(내심적 효과의사)가 존재하는 한, 허위표시가 아니다.

(3) 상대방과의 통정이 있을 것

① 진의와 다른 표시를 하는 데 대하여 표의자가 알고 있어야 할 뿐만 아니라 상대방과 통정해야 한다.

② 이 요건은 허위표시의 무효를 주장하는 자가 증명해야 한다.

3. 효 과

(1) 당사자 간의 효과

허위표시 당사자 사이에서는 언제나 무효이다. 또한 누구든지 그 무효를 주장할 수 있다(대판 2003.3.28. 2002다72125). **기출** 17

① **제746조와의 관계** : 허위표시는 그 자체로는 불법이 아니므로 제746조는 적용되지 않는다. 즉 강제집행을 면할 목적으로 부동산의 소유자 명의를 허위의 근저당권 설정등기를 경료하거나 명의신탁 하는 것이 불법원인급여에 해당한다고 볼 수는 없다(대판 2004.5.28. 2003다70041). **기출** 23·21·19·16·15 따라서 상대방에게 급부한 것에 대한 부당이득반환을 청구할 수 있다.

② **제406조와의 관계** : 무효인 법률행위를 취소할 수 있는지가 문제되는데, 통설·판례는 이를 긍정한다. 즉 법률행위가 통정허위표시인 경우에도 채권자취소권의 대상이 되며, 채권자취소권의 대상으로 된 채무자의 법률행위라도 통정허위표시의 요건을 갖춘 경우에는 무효이다(대판 1998.2.27. 97다50985).

(2) 제3자에 대한 효과

① **제3자의 의의** : 허위표시의 당사자 및 포괄승계인 이외의 자로서 허위표시에 의하여 형성된 법률관계를 토대로 실질적으로 새로운 이해관계를 갖는 자를 말한다(통설)(대판 2007.7.6. 99다51258). 여기에서 선의의 제3자가 보호될 수 있는 법률상 이해관계는 위 전세권설정계약의 당사자를 상대로 하여 직접 법률상 이해관계를 가지는 경우 외에도 그 법률상 이해관계를 바탕으로 하여 다시 위 전세권설정계약에 의하여 형성된 법률관계와 새로이 법률상 이해관계를 가지게 되는 경우도 포함된다(대판 2013.2.15. 2012다49292). **기출** 23·16

따라서 통정허위표시의 제3자가 악의라도 그 전득자가 통정허위표시에 대하여 선의인 때에는 전득자에게 허위표시의 무효를 주장할 수 없다.

② 제3자에 해당하는 경우

　㉠ 가장매매의 매수인으로부터 그 부동산을 다시 매수한 자(대판 1996.4.26. 94다12074) **기출 17**

　㉡ 가장매매에 기한 대금채권의 양수인 또는 가장소비대차에 기한 채권의 양수인

　㉢ 가장양수인으로부터 저당권을 취득한 자

　㉣ 통정허위표시에 의하여 외형상 형성된 법률관계로 생긴 채권의 가압류권자

　㉤ 파산자가 상대방과 통정한 허위의 의사표시를 통하여 가장채권을 보유하고 있다가 파산이 선고된 경우의 파산관재인

　㉥ 허위의 주채무자의 기망행위에 의하여 보증계약을 체결한 후「보증채무를 이행한 보증인」

③ 제3자에 해당하지 않는 경우

　㉠ 채권의 가장양도에 있어서의 주채무자(대판 1983.1.18. 82다594)

　㉡ 저당권의 가장포기시 기존의 후순위저당권자

　㉢ 가장매매에 의한 손해배상청구권의 양수인(통설)

　㉣ 채권의 가장양수인으로부터 추심을 위한 채권양도를 받은 자

　㉤ 제3자를 위한 계약의 수익자

　㉥ 가장소비대차의 계약상 지위를 이전받은 자

④ 제3자의 선의

　㉠ 제3자의 선의는 추정되므로 무효를 주장하는 자가 제3자의 악의를 입증해야 한다는 것이 통설·판례이다.

　㉡ 제3자는 선의이면 족하고, 무과실은 요건이 아니다(대판 2004.5.28. 2003다70041).

　㉢ 선의의 제3자로부터 다시 매수한 자(전득자)가 악의라 할지라도 보호된다(엄폐물법칙·통설).

⑤ '대항하지 못한다.'는 의미

　㉠ 선의의 제3자가 보호받는 경우 허위표시의 당사자뿐만 아니라 그 누구도 제3자에게 허위표시의 무효를 주장할 수 없다는 것이 통설·판례이다.

　㉡ 그러나 선의의 제3자가 스스로 허위표시의 무효를 주장할 수는 있다(통설).

4. 적용범위

① 제108조는 계약에 한하지 않고, 상대방 있는 단독행위에도 적용된다.

② 상대방 없는 행위에는 적용되지 않는다.

③ 가족법상의 법률행위에서 허위표시는 언제나 무효이다.

5. 허위표시와 철회

① 당사자 간 합의로 허위표시의 철회는 가능하다(통설).

② 철회가 있기 전 이해관계를 맺은 선의의 제3자에 대하여 철회를 가지고 대항할 수 없고, 철회 후에 이해관계를 맺은 제3자에 대해서는 허위표시의 외형을 제거한 경우에만 철회를 가지고 제3자에게 대항할 수 있다(통설).

6. 제108조 제2항의 유추적용 문제

乙이 甲으로부터 부동산에 관한 담보권설정의 대리권만 수여받고도 그 부동산에 관하여 자기 앞으로 소유권이전등기를 하고 이어서 丙에게 그 소유권이전등기를 경료한 경우, 丙은 乙을 甲의 대리인으로 믿고서 위 등기의 원인행위를 한 것도 아니고, 甲도 乙 명의의 소유권이전등기가 경료된 데 대하여 이를 통정·용인하였거나 이를 알면서 방치하였다고 볼 수 없다면 이에 제126조나 제108조 제2항을 유추할 수는 없다(대판 1991.12.27. 91다3208).

7. 차명대출

동일인에 대한 대출액 한도를 제한한 법령이나 금융기관 내부규정의 적용을 회피하기 위하여 실질적인 주채무자가 실제 대출받고자 하는 채무액에 대하여 제3자를 형식상의 주채무자로 내세우고, 금융기관도 이를 양해하여 제3자에 대하여는 채무자로서의 책임을 지우지 않을 의도하에 제3자 명의로 대출관계서류를 작성받은 경우, 제3자는 형식상의 명의만을 빌려 준 자에 불과하고 그 대출계약의 실질적인 당사자는 금융기관과 실질적 주채무자이므로, 제3자 명의로 되어 있는 대출약정은 그 금융기관의 양해하에 그에 따른 채무부담의 의사 없이 형식적으로 이루어진 것에 불과하여 통정허위표시에 해당하는 무효의 법률행위이고(대판 2001.5.29. 2001다11765), 금융기관과 실질적 주채무자간의 대출약정은 은닉행위에 해당하여 유효이다.

Ⅳ 착오로 인한 의사표시

> **제109조【착오로 인한 의사표시】**
> ① 의사표시는 법률행위의 내용의 중요부분에 착오가 있는 때에는 취소할 수 있다. 그러나 그 착오가 표의자의 중대한 과실로 인한 때에는 취소하지 못한다.
> ② 전항의 의사표시의 취소는 선의의 제3자에게 대항하지 못한다.

1. 서 설

의사표시는 법률행위의 내용의 중요부분에 착오가 있는 때에는 취소할 수 있다. 그러나 그 착오가 표의자의 중대한 과실로 인한 때에는 취소하지 못하며(제109조 제1항), 그 의사표시의 취소는 선의의 제3자에게 대항하지 못한다(제109조 제2항). 여기서 착오에 의한 의사표시란 표시에 의하여 추단되는 의사와 진의가 일치하지 않으며 그 불일치를 표의자 자신이 모르는 의사표시를 말한다. 또한 착오가 미필적인 장래의 불확실한 사실에 관한 것이라도 제109조 소정의 착오에서 제외되는 것은 아니다(대판 1994.6.10. 93다24810). **기출** 16

2. 착오의 유형

(1) 표시상의 착오

표의자가 외부적으로 자기가 표시한 것으로 나타난 바를 표시하려 하지 않았던 경우에 이 유형의 착오가 존재한다. 즉 표시행위 자체를 잘못하는 것이 표시상의 착오이다. 다만, 사자가 아니라 대리인이 표시를 잘못한 경우, 그 대리인의 표시만이 효과를 발생시키므로, 대리인에 의한 표시의 내용과 본인의 의사가 다르더라도, 그것은 원칙적으로 본인의 착오가 되지 아니한다.

(2) 내용의 착오

표의자가 표시하려고 한 바를 제대로 표시하였지만 외부적으로 표시된 바를 법적으로 다른 의미 또는 범위와 결부시킨 경우에 내용의 착오가 존재한다.

(3) 동기의 착오

① 의의 : 동기의 착오란 의사형성의 과정에 있어서의 착오이며, 이에는 당사자 일방의 동기의 착오가 있고, 쌍방의 동기의 착오가 있다.

② 문제점 : 제109조 제1항은 '법률행위의 내용'에 착오가 있는 경우에만 착오를 이유로 의사표시를 취소할 수 있도록 규정하고 있는바, '법률행위의 동기'에 착오가 있는 경우에도 이를 이유로 의사표시를 취소할 수 있을지 문제된다.

　㉠ 학 설

　　• 동기표시설(다수설) : 동기가 표시되고 이를 상대방이 알고 있는 경우에는 동기가 법률행위의 내용이 되어 제109조를 적용할 수 있다는 견해로 표의자의 보호와 거래안전의 조화를 추구한다.

　　• 동기포함설(제109조 적용설) : 제109조가 정한 착오의 개념에 동기의 착오도 포함되기에 표시 여하를 불문하고 제109조의 요건을 갖추면 취소할 수 있다는 견해이다.

　　• 제109조 유추적용설 : 법률행위해석에 의해 동기가 법률행위의 내용으로 되었다고 할 수 없는 경우에는 일반 착오와 동일하게 취급할 수는 없고, 다만, 거래에 있어서 중요한 사람 또는 물건의 성질에 대한 착오 및 이에 준하는 착오는 제109조를 유추적용할 수 있다는 견해이다.

　㉡ 판례 : 동기가 표시되어 의사표시 해석상 법률행위의 내용이 된 경우이거나 표시되지는 않았더라도 동기의 착오가 상대방으로부터 유발되거나 제공된 경우, 제109조를 적용할 수 있다. 다만, 이때에도 제109조의 나머지 요건(중요 부분, 무중과실)을 갖추어야 취소할 수 있다는 점을 주의해야 한다.

　㉢ 검토 : 표의자의 보호와 거래안전의 조화의 필요성을 고려할 때 동기표시설이 타당하다.

> 동기의 착오가 법률행위의 내용의 중요 부분의 착오에 해당함을 이유로 표의자가 법률행위를 취소하려면 그 동기를 당해 의사표시의 내용으로 삼을 것을 상대방에게 표시하고 의사표시의 해석상 법률행위의 내용으로 되어 있다고 인정되면 충분하고 당사자들 사이에 별도로 그 동기를 의사표시의 내용으로 삼기로 하는 합의까지 이루어질 필요는 없지만, 그 법률행위의 내용의 착오는 보통 일반인이 표의자의 입장에 섰더라면 그와 같은 의사표시를 하지 아니하였으리라고 여겨질 정도로 그 착오가 중요한 부분에 관한 것이어야 한다(대판 1997.9.30. 97다26210).

3. 취소권 발생의 요건

(1) 법률행위 내용의 중요부분에 착오가 있을 것[이중적 기준설(통설)](대판 1999.4.23. 98다45546)

중요부분의 착오 ○	중요부분의 착오 ×
임대차계약에서 임차인의 착오	매매에 있어서 사람의 동일성의 착오
보증인의 주채무자에 대한 착오	보증인의 주채무자의 신용상태나 변제자력에 대한 착오
매매계약에서 목적물인 점포에 대한 착오	표의자가 경제적 불이익을 입지 않은 경우
토지의 현황・경계에 대한 착오	토지의 수량
설계용역계약에서 건축사 자격증 여부에 대한 착오	시가에 대한 착오

① **객관적 현저성** : 보통 일반인이 표의자의 입장에 섰더라면 그러한 의사표시를 하지 않았을 것이라고 생각될 정도로 중요한 것이어야 한다.

② **주관적 현저성** : 표의자가 이러한 착오가 없었더라면 그 의사표시를 하지 않았을 것이라고 판단될 정도로 중요한 것이어야 한다. 결국, 판례는 법률행위의 내용의 중요부분에 착오가 있는지 여부는 그 행위에 관하여 주관적·객관적 표준에 좇아 구체적 사정에 따라 가려져야 할 것이고, 추상적·일률적으로 이를 가릴 수 없다고 한다(대판 1985.4.23. 84다카890). **기출** 15

③ **중요부분에 해당하는지 여부**

　㉠ 표의자에게 경제적인 불이익이 없는 경우 : 착오가 법률행위 내용의 중요 부분에 있다고 하기 위하여는 표의자에 의하여 추구된 목적을 고려하여 합리적으로 판단하여 볼 때 표시와 의사의 불일치가 객관적으로 현저하여야 하고, 만일 그 착오로 인하여 표의자가 무슨 경제적인 불이익을 입은 것이 아니라고 한다면 이를 법률행위 내용의 중요 부분의 착오라고 할 수 없다(대판 1999.2.23. 98다47924).

　㉡ 당사자에 관한 착오 : 원칙적으로 당사자의 동일성에 관한 착오는 법률행위 내용의 중요부분에 관한 착오에 해당한다. 따라서 채무자의 동일성에 관한 착오는 법률행위 내용의 중요부분에 관한 착오에 해당한다(대판 1995.12.22. 95다37087). **기출** 15

　㉢ 목적물에 관한 착오 : 타인소유의 부동산을 임대한 것이 임대차계약을 해지할 사유는 될 수 없고 목적물이 반드시 임대인의 소유일 것을 특히 계약의 내용으로 삼은 경우라야 착오를 이유로 임차인이 임대차계약을 취소할 수 있다(대판 1975.1.28. 74다2069).

　㉣ 토지의 현황·경계·시가·지가에 관한 착오

　　• 토지의 현황·경계에 관한 착오는 매매계약의 중요부분에 대한 착오에 해당한다.

　　• 시가·지가에 관한 착오

　　　– 부동산 매매에 있어서 시가에 관한 착오는 부동산을 매매하려는 의사를 결정함에 있어 동기의 착오에 불과할 뿐 법률행위의 중요부분에 관한 착오라고 할 수 없다(대판 1992.10.23. 92다29337).

기출 23

　　　– 매매대금은 매매계약의 중요 부분인 목적물의 성질에 대응하는 것이기는 하나 분량적으로 가분적인 데다가 시장경제하에서 가격은 늘 변동하는 것이어서, 설사 매매대금액 결정에 있어서 착오로 인하여 다소간의 차이가 나더라도 보통은 중요 부분의 착오로 되지 않는다. 그러나 이 사건은 정당한 평가액을 기준으로 무려 85%나 과다하게 평가된 경우로서 그 가격 차이의 정도가 현저할 뿐만 아니라, 원고 시(市)로서는 위와 같은 동기의 착오가 없었더라면 그처럼 과다하게 잘못 평가된 금액을 기준으로 협의매수계약을 체결하지 않았으리라는 점은 명백하므로 중요한 부분의 착오로 인정될 수 있다(대판 1998.2.10. 97다44737).

　㉤ 자격에 관한 착오 : 재건축아파트 설계용역에서 건축사 자격이 가지는 중요성에 비추어 볼 때, 재건축조합이 건축사 자격이 없이 건축연구소를 개설한 건축학 교수에게 건축사 자격이 없다는 것을 알았더라면 재건축조합만이 아니라 객관적으로 볼 때 일반인으로서도 이와 같은 설계용역계약을 체결하지 않았을 것으로 보이므로, 재건축조합측의 착오는 중요 부분의 착오에 해당한다(대판 2003.4.11. 2002다70884).

(2) 표의자에게 중과실이 없을 것

① 중대한 과실이란 표의자의 직업, 행위의 종류, 목적 등에 비추어 보통 베풀어야 할 주의를 현저하게 결여하는 것을 말한다(대판 2003.4.11. 2002다70884).

② 표의자에게 중과실이 없어야 취소할 수 있음이 원칙이나, 표의자에게 중대한 과실이 있다하더라도 당초에 그 상대방이 악의로서 표의자의 착오를 알고 이를 이용한 경우에는 표의자는 의사표시를 취소할 수 있다(대판 1955.11.10. 4288민상321). 기출 21

(3) 입증책임

① 중요부분의 착오가 있다는 것은 착오에 의한 취소를 주장하는 표의자가 입증해야 한다.

② 표의자에게 중과실이 있다는 점은 상대방이 입증하여 취소를 저지해야 한다.

(4) 착오에 대한 상대방의 예견가능성 요부

상대방의 예견가능성을 요건으로 하는 것은 명문에 반하고, 사실상 착오에 의한 취소를 봉쇄하는 결과가 되므로 이를 요건으로 하지 않는다(통설·판례).

4. 효 과

(1) 법률행위의 소급적 무효(제141조 본문)

착오가 법률행위 일부에만 관계된 경우에는 그 부분만의 일부취소가 가능하며, 그 효과는 일부무효의 법리가 적용된다(통설)(대판 1998.2.10. 97다44737).

(2) 제3자에 대한 효과

① 착오에 의한 의사표시의 취소는 선의의 제3자에게 대항하지 못한다.

② 제3자에는 단순히 착오로 인한 의사표시의 취소가 있기 전에 새로운 이해관계를 맺은 자뿐만 아니라 법률행위 취소 이후라도 그러한 사정을 모르는 자도 포함된다(통설).

(3) 신뢰이익의 배상책임

계약체결상의 과실책임(제535조)을 유추적용하여 표의자에게 경과실이 있는 경우, 신뢰이익 배상책임을 인정한다(다수설).

(4) 불법행위로 인한 손해배상청구 여부

불법행위로 인한 손해배상책임이 성립하기 위하여는 가해자의 고의 또는 과실 이외에 행위의 위법성이 요구되므로, 전문건설공제조합이 계약보증서를 발급하면서 조합원이 수급할 공사의 실제 도급금액을 확인하지 아니한 과실이 있다고 하더라도 제109조에서 중과실이 없는 착오자의 착오를 이유로 한 의사표시의 취소를 허용하고 있는 이상, 전문건설공제조합이 과실로 인하여 착오에 빠져 계약보증서를 발급한 것이나 그 착오를 이유로 보증계약을 취소한 것이 위법하다고 할 수는 없다(대판 1997.8.22. 97다13023). 기출 16

5. 적용범위

① 신분행위에는 적용이 없다(다수설).

② 소송행위나 공법상의 행위에는 적용되지 않는다(대판 1962.11.22. 62다655).

③ 정형적 거래행위, 단체적 거래행위에는 원칙적으로 제109조가 적용되지만, 거래안전을 위하여 일정한 경우에는 제한될 수 있다. 회사성립 후에 주식을 인수한 자는 착오를 이유로 그 인수를 취소하지 못한다 (상법 제320조 제1항).

> 제109조의 법리는 적용을 배제하는 취지의 별도 규정이 있거나 당사자의 합의로 적용을 배제하는 등의 특별한 사정이 없는 한 원칙적으로 모든 사법(私法)상 의사표시에 적용된다(대판 2014.11.27. 2013다49794). **기출** 24 · 23 · 18

6. 제109조와 다른 규정과의 경합 여부

(1) 착오와 사기의 경합

① 기망행위로 인하여 동기의 착오를 일으킨 경우 : 판례는「기망행위로 인하여 법률행위의 중요부분에 관하여 착오를 일으킨 경우뿐만 아니라 법률행위의 내용으로 표시되지 아니한 의사결정의 동기에 관하여 착오를 일으킨 경우에도 표의자는 그 법률행위를 사기에 의한 의사표시로서 취소할 수 있다」(대판 1985.4.9. 85도167)고 하여 착오와 사기의 경합을 인정하였다. **기출** 22

② 기망행위로 인하여 표시상의 착오를 일으킨 경우 : 반면 판례는「신원보증서류에 서명날인하는 것으로 잘못 알고 이행보증보험약정서를 읽어보지 않은 채 서명날인한 것일 뿐 연대보증약정을 한 사실이 없다는 주장은 위 연대보증약정을 착오를 이유로 취소한다는 취지로 볼 수 있다」(대판 2005.5.27. 2004다43824)고 하여 착오와 사기의 경합을 부정하였다. **기출** 23 · 21 · 18 · 16

(2) 착오와 담보책임의 경합

① 학설 : 착오와 담보책임이 경합하는 경우에 양자는 경합하지 않고 매도인의 담보책임이 적용되는 한에 있어서 착오의 규정이 적용되지 않는다(법조경합설)는 견해와 양자의 경합을 인정하는 소수설이 대립한다.

② 판례 : 판례는「제109조 제1항에 의하면 법률행위 내용의 중요 부분에 착오가 있는 경우 착오에 중대한 과실이 없는 표의자는 법률행위를 취소할 수 있고, 제580조 제1항, 제575조 제1항에 의하면 매매의 목적물에 하자가 있는 경우 하자가 있는 사실을 과실 없이 알지 못한 매수인은 매도인에 대하여 하자담보책임을 물어 계약을 해제하거나 손해배상을 청구할 수 있다. 착오로 인한 취소 제도와 매도인의 하자담보책임 제도는 취지가 서로 다르고, 요건과 효과도 구별된다. 따라서 매매계약 내용의 중요 부분에 착오가 있는 경우 매수인은 매도인의 하자담보책임이 성립하는지와 상관없이 착오를 이유로 매매계약을 취소할 수 있다」(대판 2018.9.13. 2015다78703)고 판시하였다. **기출** 23

③ 검토 : 착오로 인한 취소 제도와 매도인의 하자담보책임 제도는 취지가 서로 다르고, 요건과 효과도 구별되므로, 착오와 담보책임의 경합을 인정하는 것이 타당하다.

(3) 해제와 취소의 경합

매도인이 매수인의 중도금지급채무 불이행을 이유로 매매계약을 적법하게 해제한 후라도, 매수인은 계약해제에 따라 자신이 부담하게 될 손해배상책임을 피하기 위해 착오를 이유로 위 매매계약을 취소하여 이를 무효로 돌릴 수 있다(대판 1991.8.27. 91다11308). **기출** 24·23

(4) 화해계약에 있어서 착오

① 민법상 화해계약에 있어서는 당사자는 착오를 이유로 취소하지 못하고 다만, 화해 당사자의 자격 또는 화해의 목적인 분쟁 이외의 사항에 착오가 있는 때에 한하여 취소할 수 있다(제733조).

② 화해의 목적인 분쟁 이외의 사항이라 함은 분쟁의 대상이 아니라 분쟁의 전제 또는 기초가 된 사항으로서 쌍방 당사자가 예정한 것이어서 상호양보의 내용으로 되지 않고 다툼이 없는 사실로 양해된 사항을 말한다(대판 2007.12.27. 2007다70285).

7. 착오에 관한 구체적 검토

(1) 중요부분의 착오에 해당하는 사례

귀속해제된 토지인데도 귀속재산인 줄로 잘못 알고 국가에 증여를 한 경우 이러한 착오는 일종의 동기의 착오라 할 것이나 그 동기를 제공한 것이 관계 공무원이었고 그러한 동기의 제공이 없었더라면 위 토지를 선뜻 국가에게 증여하지는 않았을 것이라면 그 동기는 증여행위의 중요부분을 이룬다고 할 것이므로 뒤늦게 그 착오를 알아차리고 증여계약을 취소했다면 그 취소는 적법하다(대판 1978.7.11. 78다719).

(2) 중요부분의 착오에 해당하지 않는 사례

① 주채무자의 차용금반환채무를 보증할 의사로 공정증서에 연대보증인으로 서명날인하였으나 그 공정증서가 주채무자의 기존의 구상금채무 등에 관한 준소비대차계약의 공정증서이었던 경우, 위와 같은 착오는 연대보증계약의 중요 부분의 착오가 아니다(대판 2006.12.7. 2006다41457). **기출** 22·18·15

② 회사사고 담당직원이 회사운전수에게 잘못이 있는 것으로 착각하고 회사를 대리하여 병원경영자와 간에 환자의 입원치료비의 지급을 연대보증하기로 계약한 경우는, 의사표시의 동기에 착오가 있는 것에 불과하므로, 특히 그 동기를 계약내용으로 하는 의사를 표시하지 아니한 이상, 착오를 이유로 계약을 취소할 수 없다(대판 1979.3.27. 78다2493).

⬛ Ⅴ   사기·강박에 의한 의사표시

> **제110조 【사기, 강박에 의한 의사표시】**
> ① 사기나 강박에 의한 의사표시는 취소할 수 있다.
> ② 상대방 있는 의사표시에 관하여 제3자가 사기나 강박을 행한 경우에는 상대방이 그 사실을 알았거나 알 수 있었을 경우에 한하여 그 의사표시를 취소할 수 있다.
> ③ 전2항의 의사표시의 취소는 선의의 제3자에게 대항하지 못한다.

1. 서 설

피기망자나 피강박자의 재산을 보호하려는 것이 아니라 표의자의 의사결정의 자유를 보장하려는 것이 그 취지이다. 따라서 표의자에게 재산상 손해가 있을 것은 취소권 발생의 요건이 아니다.

2. 요 건

(1) 사기에 의한 의사표시

① 의사표시의 존재 : 사기에 의한 의사표시가 인정되기 위해서는 의사표시의 존재가 인정되어야 한다. 따라서 매매계약 체결시 토지의 일정 부분을 매매 대상에서 제외시키는 특약을 한 경우, 이는 매매계약의 대상 토지를 특정하여 그 일정 부분에 대하여는 매매계약이 체결되지 않았음을 분명히 한 것으로써 그 부분에 대한 어떠한 법률행위가 이루어진 것으로는 볼 수 없으므로, 그 특약만을 기망에 의한 법률행위로서 취소할 수는 없다(대판 1999.3.26. 98다56607).

② 사기자의 고의 : 표의자를 기망하여 착오에 빠지게 하려는 고의와 착오에 기하여 의사표시를 하게 하려는 고의, 즉 2단계의 고의가 있어야 한다.

③ 기망행위가 있었을 것

  ㉠ 작위에 의한 적극적 기망행위뿐만 아니라 부작위, 특히 침묵도 기망행위를 구성할 수 있다. 부작위가 기망이 되기 위해서는 신의칙 및 거래관념에 비추어 어떤 상황을 고지 내지 설명할 의무가 있음에도 불구하고 이를 알리지 않을 것을 요한다.

  ㉡ 기망행위(사기행위)가 존재하여야 한다. 예를 들어, 상품의 선전, 광고에 있어 다소의 과장이나 허위가 수반되는 것은 그것이 일반 상거래의 관행과 신의칙에 비추어 시인될 수 있는 한 기망성이 결여된다고 하겠으나, 대형백화점의 이른바 변칙세일은 기망행위에 해당한다(대판 1993.8.13. 92다52665).

④ 기망행위의 위법성 : 교환계약의 당사자가 자기 소유 목적물의 시가를 묵비한 것은 특별한 사정이 없는 한 위법한 기망행위가 되지 않는다(대판 1959.1.29. 4291민상139).

⑤ 인과관계의 존재 : 기망과 착오, 착오와 의사표시 사이에 모두 인과관계가 있어야 한다.

(2) 강박에 의한 의사표시

① 의사표시의 존재 : 절대적 폭력에 의하여 행위를 한 경우에는 의사표시가 존재하지 않는다. 판례는 이러한 행위를 무효로 본다.

② 강박자의 고의 : 강박자는 표의자에게 공포심을 일으키려는 고의와 그 공포심에 의하여 일정한 의사표시를 하게 하려는 고의, 즉 2단계의 고의가 있어야 한다.

③ 강박행위

  ㉠ 강박행위란 장차 해악이 초래될 것임을 고지하여 공포심을 일으키게 하는 행위를 말한다.

  ㉡ 해악의 종류나 방법은 불문한다. 해악은 비재산적 법익에 대한 것일 수도 있다.

  ㉢ 어떤 해악의 고지가 아니라 단지 각서에 서명날인할 것을 강력히 요구하는 행위는 강박행위가 아니다.

④ 강박행위의 위법성 : 이 의미는 강박행위 그 자체가 위법하여야 한다는 의미가 아닌 표의자의 의사결정이 위법하게 이루어져야 한다는 것을 의미한다. 따라서 위법성이 인정되기 위해서는 수단이 위법하거나, 추구하는 목적이 위법하거나 수단과 목적을 상관적으로 고려하여 정당하지 않으면 된다(통설·판례).

> **[부정행위에 대한 고소, 고발이 강박행위가 되는 경우]**
> 일반적으로 부정행위에 대한 고소, 고발은 그것이 부정한 이익을 목적으로 하는 것이 아닌 때에는 정당한 권리행사가 되어 위법하다고 할 수 없으나, 부정한 이익의 취득을 목적으로 하는 경우에는 위법한 강박행위가 되는 경우가 있고 목적이 정당하다 하더라도 행위나 수단 등이 부당한 때에는 위법성이 있는 경우가 있을 수 있다(대판 1992.12.24. 92다25120). **기출** 21

⑤ 인과관계의 존재

3. 효 과

(1) 상대방의 사기·강박

사기나 강박에 의한 의사표시는 취소할 수 있다(제110조 제1항).

(2) 제3자의 사기·강박

① 상대방 없는 의사표시 : 표의자는 언제든지 그 의사표시를 취소할 수 있다.

② 상대방 있는 의사표시 : 상대방 있는 의사표시에 관하여 제3자가 사기나 강박을 행한 경우에는 상대방이 그 사실을 알았거나 알 수 있었을 경우에 한하여 그 의사표시를 취소할 수 있다(제110조 제2항). 따라서 조합원의 신청에 따라 보증채권자를 위하여 보증서를 발급하는 방식으로 조합이 보증채권자에 대하여 직접 보증의 의사표시를 함으로써 보증계약이 성립한 경우, 그 보증관계의 해소를 위한 보증 취소의 의사표시는 보증을 신청한 자에 불과한 조합원에 대하여 할 것이 아니라 보증의 의사표시의 상대방인 보증채권자에 대하여 하여야 한다(대판 1999.11.26. 99다36617).

(3) 제3자의 사기·강박 여부가 문제되는 사례

① 실제로 기망 또는 강박행위를 한 사람이 의사표시 상대방의 의사에 좇아 계약교섭에 관여한 경우에 그는 제3자가 아니며, 그 상대방은 제3자를 통해 간섭을 한 것으로 해석한다.

② 제110조 제2항에서 정한 제3자에 해당되지 아니한다고 볼 수 있는 자란 그 의사표시에 관한 상대방의 대리인 등 상대방과 동일시할 수 있는 자만을 의미하고, 단순히 상대방의 피용자이거나 상대방이 사용자책임을 져야 할 관계에 있는 피용자에 지나지 않는 자는 상대방과 동일시할 수 없어 이 규정에서 말하는 제3자에 해당한다(대판 1998.1.23. 96다41496).

③ 대리인 등 상대방과 동일시할 수 있는 자가 사기나 강박을 행한 경우에는 제110조 제1항에 의해 취소할 수 있다. 따라서 출장소장의 행위는 은행 또는 은행과 동일시 할 수 있는 자의 사기일 뿐 제3자의 사기로 볼 수 없으므로, 은행이 그 사기사실을 알았거나 알 수 있었을 경우에 한하여 위 약정을 취소할 수 있는 것은 아니다(대판 1999.2.23. 98다60828·60835).

(4) 제3자에 대한 효과

① 취소를 주장하는 자와 양립되지 아니하는 법률관계를 가졌던 것이 취소 이전에 있었던가 이후에 있었던가는 가릴 필요 없이 사기에 의한 의사표시 및 그 취소사실을 몰랐던 모든 제3자에 대하여는 그 의사표시의 취소를 대항하지 못한다(대판 1975.12.23. 75다533).

② 사기의 의사표시로 인한 매수인으로부터 부동산의 권리를 취득한 제3자는 특별한 사정이 없는한 선의로 추정할 것이므로 사기로 인하여 의사표시를 한 부동산의 양도인이 제3자에 대하여 사기에 의한 의사표시의 취소를 주장하려면 제3자의 악의를 입증할 필요가 있다(대판 1970.11.24. 70다2155). **기출** 24·22

> **[파산관재인이 제108조 제2항 및 제110조 제3항의 제3자에 해당하는지 여부(적극) 및 그 선의 여부의 판단 기준(= 총파산채권자)]**
> 파산자가 상대방과 통정한 허위의 의사표시를 통하여 가장채권을 보유하고 있다가 파산이 선고된 경우 그 가장채권도 일단 파산재단에 속하게 되고, 파산선고에 따라 파산자와는 독립한 지위에서 파산채권자 전체의 공동의 이익을 위하여 직무를 행하게 된 파산관재인은 그 허위표시에 따라 외형상 형성된 법률관계를 토대로 실질적으로 새로운 법률상 이해관계를 가지게 된 제108조 제2항의 제3자에 해당하고, 그 선의·악의도 파산관재인 개인의 선의·악의를 기준으로 할 수는 없고, 총파산채권자를 기준으로 하여 파산채권자 모두가 악의로 되지 않는 한 파산관재인은 선의의 제3자라고 할 수밖에 없다. 그리고 이와 같이 파산관재인이 제3자로서의 지위도 가지는 점 등에 비추어, 특별한 사정이 없는 한 파산관재인은 사기에 의한 의사표시에 따라 외형상 형성된 법률관계를 토대로 실질적으로 새로운 법률상 이해관계를 가지게 된 제110조 제3항의 제3자에 해당하고, 파산채권자 모두가 악의로 되지 않는 한 파산관재인은 선의의 제3자라고 할 수밖에 없다(대판 2010.4.29. 2009다96083).

4. 적용범위

① 가족법상의 법률행위에는 적용되지 않는다.

② 단체적 행위, 소송행위 및 공법상의 행위에는 적용되지 않는다. 따라서 민법상의 법률행위에 관한 규정은 민사소송법상의 소송행위에는 특별한 규정 기타 특별한 사정이 없는 한 적용이 없는 것이므로 소송행위가 강박에 의하여 이루어진 것임을 이유로 취소할 수는 없다.

5. 제110조와 다른 규정과의 경합 여부

① **사기와 착오의 경합** : 통설과 판례는 경합을 긍정하므로 선택적으로 취소권을 행사할 수 있다.

② **사기와 담보책임과의 경합** : 통설과 판례는 기망에 의해 하자 있는 물건에 관한 매매가 성립한 경우 매수인은 하자담보청구권과 사기에 의한 취소권을 선택적으로 행사할 수 있다고 한다.

> 제569조가 타인의 권리의 매매를 유효로 규정한 것은 선의의 매수인의 신뢰 이익을 보호하기 위한 것이므로, 매수인이 매도인의 기망에 의하여 타인의 물건을 매도인의 것으로 알고 매수한다는 의사표시를 한 것은 만일 타인의 물건인 줄 알았더라면 매수하지 아니하였을 사정이 있는 경우에는 매수인은 제110조에 의하여 매수의 의사표시를 취소할 수 있다(대판 1973.10.23. 73다268).

③ **사기와 불법행위책임과의 경합**

　㉠ 사기와 강박이 불법행위의 요건을 갖춘 때에는 의사표시의 취소와 동시에 불법행위에 기한 손해배상 청구권을 행사할 수 있다. 다만, 경합에 대하여 판례는 "제3자의 사기행위로 인하여 피해자가 주택건설사와 사이에 주택에 관한 분양계약을 체결하였다고 하더라도 제3자의 사기행위 자체가 불법행위를 구성하는 이상, 제3자로서는 그 불법행위로 인하여 피해자가 입은 손해를 배상할 책임을 부담하는 것이므로, 피해자가 제3자를 상대로 손해배상청구를 하기 위하여 반드시 그 분양계약을 취소할 필요는 없다."(대판 1998.3.10. 97다55829)고 판시하고 있다. `기출 22`

　㉡ 법률행위가 사기에 의한 것으로서 취소되는 경우에 그 법률행위가 동시에 불법행위를 구성하는 때에는 취소의 효과로 생기는 부당이득반환청구권과 불법행위로 인한 손해배상청구권은 경합하여 병존하는 것이므로, 채권자는 어느 것이라도 선택하여 행사할 수 있지만 중첩적으로 행사할 수는 없다(대판 1993.4.27. 92다56087).

> **제111조【의사표시의 효력발생시기】**
> ① 상대방이 있는 의사표시는 상대방에게 도달한 때에 그 효력이 생긴다.
> ② 의사표시자가 그 통지를 발송한 후 사망하거나 제한능력자가 되어도 의사표시의 효력에 영향을 미치지 아니한다.
>
> **제112조【제한능력자에 대한 의사표시의 효력】**
> 의사표시의 상대방이 의사표시를 받은 때에 제한능력자인 경우에는 의사표시자는 그 의사표시로써 대항할 수 없다. 다만, 그 상대방의 법정대리인이 의사표시가 도달한 사실을 안 후에는 그러하지 아니하다.
>
> **제113조【의사표시의 공시송달】**
> 표의자가 과실 없이 상대방을 알지 못하거나 상대방의 소재를 알지 못하는 경우에는 의사표시는 민사소송법 공시송달의 규정에 의하여 송달할 수 있다.

Ⅰ 서 설

① 상대방 없는 의사표시의 경우에 특정의 상대방이 없으므로 원칙적으로 표의자가 의사를 표명한 때에 그 효력이 발생한다. 다만, 유언의 경우 제1065조의 방식을 준수해야 하고, 사인행위이므로 유언자의 사망시에 그 효력이 발생한다. 한편 상대방 있는 의사표시의 경우에는 표의자에 의한 표백 → 발신 → 상대방에의 도달 → 상대방의 요지 단계를 거치는데, 위 의사표시가 효력을 발생하기 위해서는 원칙적으로 수령능력 있는 상대방에게 도달하여야 한다(도달주의)(제111조 제1항, 제112조).

② 의사표시의 효력발생시기에 관한 규정은 임의규정이고, 다른 의사표시 규정과는 달리 원칙적으로 공법행위에도 적용된다.

Ⅱ 상대방 있는 의사표시의 효력발생시기

1. 문제점

상대방 있는 의사표시의 경우에는 표의자에 의한 표백 → 발신 → 상대방에의 도달 → 상대방의 요지 단계를 거치는데, 이들 중 어느 시기에 의사표시가 효력을 발생한다고 할지 문제된다.

2. 도달주의

(1) 도달주의의 원칙

① 민법은 도달주의를 채택하여 상대방에게 도달된 때에 그 의사표시가 효력을 발생한다고 한다.
② 도달주의 원칙을 규정한 제111조는 임의규정이다.

(2) 도달의 의미 : 요지가능시설

① 상대방이 요지할 수 있는 상태에 이르면 도달한 것으로 본다(통설)(대판 1983.8.23. 82다카439). **기출** 21

② 도달은 상대방이 의사표시의 내용을 알 수 있는 상태에 있으면 족하기 때문에 비록 상대방이 그 내용을 알지 못하였더라도 도달은 있었다고 보아야 한다. 따라서 상대방이 정당한 사유 없이 통지의 수령을 거절한 경우에도 상대방이 통지의 내용을 알 수 있는 객관적 상태에 놓여 있는 때에는 의사표시의 효력이 발생한다(대판 2008.6.12. 2008다19973). **기출** 23 · 22 · 21 · 20 · 19

> 채권양도의 통지와 같은 준법률행위의 도달은 의사표시와 마찬가지로 사회관념상 채무자가 통지의 내용을 알 수 있는 객관적 상태에 놓여졌을 때를 지칭하고, 그 통지를 채무자가 현실적으로 수령하였거나 그 통지의 내용을 알았을 것까지는 필요하지 않다. 채권양도의 통지서가 들어 있는 우편물을 채무자의 가정부가 수령한 직후 한집에 거주하고 있는 통지인인 채권자가 그 우편물을 바로 회수해 버렸다면 그 우편물의 내용이 무엇인지를 그 가정부가 알고 있었다는 등의 특별한 사정이 없었던 이상 그 채권양도의 통지는 사회관념상 채무자가 그 통지내용을 알 수 있는 객관적 상태에 놓여 있는 것이라고 볼 수 없으므로 그 통지는 피고에게 도달되었다고 볼 수 없을 것이다(대판 1983.8.23. 82다카439).

(3) 도달의 인정 여부가 문제되는 경우

① 보통우편의 방법으로 발송되었다는 사실만으로는 그 우편물이 상당기간 내에 도달하였다고 추정할 수 없고 송달의 효력을 주장하는 측에서 증거에 의하여 도달사실을 입증하여야 할 것이다(대판 1977.2.22. 76누263).

② 내용증명 우편물이 발송되고 반송되지 아니하면, 특단의 사정이 없는 한, 그 무렵에 송달되었다고 볼 것이다(대판 1980.1.15. 79다1498).

> **[채권양도의 통지가 채무자에게 도달하였는지 여부에 대하여 민사소송법의 송달에 관한 규정을 유추적용할 수 있는지 여부(소극)]**
> 민사소송법상의 송달은 당사자나 그 밖의 소송관계인에게 소송상 서류의 내용을 알 기회를 주기 위하여 법정의 방식에 좇아 행하여지는 통지행위로서, 송달장소와 송달을 받을 사람 등에 관하여 구체적으로 법이 정하는 바에 따라 행하여지지 아니하면 부적법하여 송달로서의 효력이 발생하지 아니한다. 한편 채권양도의 통지는 채무자에게 도달됨으로써 효력이 발생하는 것이고, 여기서 도달이라 함은 사회통념상 상대방이 통지의 내용을 알 수 있는 객관적 상태에 놓여졌다고 인정되는 상태를 가리킨다. 이와 같이 도달은 보다 탄력적인 개념으로서 송달장소나 수송달자 등의 면에서 위에서 본 송달에서와 같은 엄격함은 요구되지 아니하며, 이에 송달장소 등에 관한 민사소송법의 규정을 유추적용할 것이 아니다. 따라서 채권양도의 통지는 민사소송법상의 송달에 관한 규정에서 송달장소로 정하는 채무자의 주소 · 거소 · 영업소 또는 사무소 등에 해당하지 아니하는 장소에서라도 채무자가 사회통념상 그 통지의 내용을 알 수 있는 객관적 상태에 놓여졌다고 인정됨으로써 족하다(대판 2010.4.15. 2010다57).

(4) 도달주의의 효과

① 도달주의를 채택한 결과 의사표시의 불착 또는 연착의 불이익을 표의자가 부담한다. 따라서 의사표시의 효력발생을 주장하는 표의자가 도달에 대한 입증책임을 진다.

② 의사표시가 일단 상대방에게 도달하여 그 효력을 발생하면, 더 이상 그 의사표시를 철회할 수 없다. 따라서 발신 이후 도달 이전까지는 아직 효력이 발생하지 않은 상태이므로 철회할 수 있다.

③ 의사표시 발신 후의 사정변경(표의자의 사망 또는 행위능력의 상실)은 의사표시에 영향을 미치지 않는다(제111조 제2항).

3. 예외적 발신주의

① 격지자 간의 계약에서 청약에 대한 승낙의 의사표시는 의사표시를 발송한 때에 그 효력을 발생하며, 그때 계약이 성립한다(발신주의)(제531조).

② 거래의 신속을 목적으로 하는 상법에서는 발신주의를 채택한 예가 적지 않다(상법 제53조 등).

> **도달주의에 대한 예외 - 발신주의**
> • 제한능력자의 상대방의 최고에 대한 제한능력자 측의 확답(제15조)
> • 무권대리인의 상대방의 최고에 대한 본인의 확답(제131조)
> • 채무인수에서 채무자의 최고에 대한 채권자의 확답(제455조)
> • 사원총회의 소집 통지(제71조)
> • 격지자 간 계약의 성립(제531조)

Ⅲ 의사표시의 효력발생과 관련된 여론(餘論)

1. 공시송달(제113조)

(1) 요 건

표의자가 과실 없이 의사표시의 상대방을 알지 못하거나 상대방의 소재를 알지 못하는 경우일 것

(2) 절 차

법원에 신청하면 법원사무관 등이 송달할 서류를 보관하고 그 사유를 법원게시판에 게시하거나 그 밖에 대법원규칙이 정하는 방법에 따라서 하여야 한다(민소법 제195조).

(3) 효 과

① 법원게시판 등에 게시한 날로부터 2주일이 경과된 때 상대방에게 의사표시가 도달한 것으로 간주한다(민소법 제196조 제1항 본문).

② 동일 당사자에 대한 그 다음의 공시송달은 실시한 다음 날부터 효력이 생긴다(민소법 제196조 제1항 단서).

③ 외국에 대한 송달은 2개월 후에 효력이 발생한다(민소법 제196조 제2항).

2. 수령무능력자(제112조)

(1) 의 의

의사표시의 수령능력이란 타인의 의사표시의 내용을 이해할 수 있는 능력을 말한다. 민법은 모든 제한능력자를 의사표시의 수령무능력자로 규정하여 제한능력자를 보호하고 있다(제112조).

(2) 효 과

① 수령무능력자(제한능력자)에 대한 송달은 무효가 아니라 표의자가 효력을 주장할 수 없을 뿐이다. 달리 말하면 수령무능력자 측에서 의사표시의 도달 및 의사표시의 효력발생을 주장하는 것은 무방하다(제112조 본문 참고).

② 그러나 법정대리인이 수령무능력자에의 도달을 안 후에는 표의자가 의사표시의 도달을 주장할 수 있다(제112조 단서).

③ 의사표시가 기재된 내용증명 우편물이 발송되고 달리 반송되지 아니하였다면 특별한 사정이 없는 한 이는 그 무렵에 송달되었다고 봄이 상당하다(대판 2000.10.27. 2000다20052).

(3) 적용범위

상대방 없는 의사표시, 발신주의에 의한 의사표시, 공시송달에 의한 의사표시에는 적용이 없다.

04 법률행위의 대리

I 서 설

1. 대리의 의의

(1) 대리의 개념

대리란 타인이 '본인의 이름으로' 법률행위를 하거나 또는 의사표시를 수령함으로써 그 법률효과가 직접 본인에게 귀속되도록 하는 제도를 말한다. 즉 법률상의 행위자는 대리인이지만 그 대리인의 효과의사에 기하여 본인에게 직접 법률효과가 귀속하는 것이다(대리인행위설).

(2) 대리의 기능

통설은 대리의 기능으로 '사적 자치의 확장(임의대리)'과 '사적 자치의 보충(법정대리)'을 든다.

2. 대리가 인정되는 범위

(1) 법률행위

원칙적으로 대리가 허용되나, 법률행위의 성질이나 당사자 사이의 약정, 법률의 규정에 의하여 대리가 금지되기도 한다.

(2) 준법률행위

① 원칙적으로 대리가 허용되지 않지만, 의사의 통지나 관념의 통지와 같은 표현행위로서의 준법률행위에는 대리가 허용된다.

② 사실행위에는 대리가 허용되지 않는다.

(3) 불법행위

① 대리가 허용되지 않고, 그 효과는 직접 대리인에게 발생한다.

② 만일 대리인이 피용자인 경우에는 본인은 제756조의 사용자책임이 문제된다.

3. 구별개념

(1) 간접대리

① 행위자가 '자기이름으로' 타인을 위하여(타인의 계산으로) 하는 법률행위로 그 효과가 행위자 자신에게 생기되 나중에 그가 취득한 권리를 내부적으로 타인에게 이전하는 관계를 말한다. 예 위탁매매업

② 법률행위의 당사자와 법률효과의 귀속자가 간접대리인이라는 점에서 대리와 구별된다.

(2) 사자(使者)

① 본인이 결정한 내심적 효과의사를 상대방에게 표시하거나 전달함으로써 표시행위의 완성에 협력하는 자이다.

② 표시기관으로서의 사자와 전달기관으로서의 사자로 구분된다(통설).

③ 효과의사를 본인이 결정하면 사자, 대리하는 자가 결정하면 대리인으로 구별할 수 있다.

④ 사자에 있어서는 본인이 행위능력을 가지고 있어야 한다.

⑤ 의사표시의 착오 등에 관하여는 사자의 표시와 본인의 의사를 비교해서 결정하는 것이 타당하므로, ㉠ 사자가 선의로 본인의 의사와는 다르게 의사표시를 전달한 경우 본인이 제109조의 착오를 이유로 취소할 수 있고, ㉡ 사자가 악의로 본인의 의사와는 다르게 의사표시를 전달한 경우 표현대리규정을 유추적용할 수 있다(다수설).

⑥ 대리인이 아니고 사실행위를 위한 사자라 하더라도 외견상 그에게 어떠한 권한이 있는 것의표시 내지 행동이 있어 상대방이 그를 믿었고 또 그를 믿음에 있어 정당한 사유가 있다면 표현대리의 법리에 의하여 본인에게 책임이 있다(대판 1962.2.8. 4294민상192).

(3) 대 표

대표기관은 법인의 기관으로서 그의 행위가 법인의 행위로 평가되고, 따라서 대표는 본래의 대리처럼 법률행위에 국한되는 것이 아니라 사실행위나 불법행위에서도 문제된다.

4. 대리의 종류

(1) 임의대리와 법정대리

① 임의대리는 본인의 의사에 의하여 대리권이 주어진 경우이나, 법정대리는 본인의 의사와는 무관하게 대리권이 주어지는 경우를 총칭한다(즉 법률의 규정에 따라 대리인으로 되는 경우뿐만 아니라 법원의 선임에 의한 경우도 법정대리인이다).

② 임의대리와 법정대리를 구별하는 실익은 대리인의 복임권(제120조. 제122조)과 대리권의 소멸(제128조) 등에서 나타난다.

(2) 능동대리와 수동대리

1) 의 의

능동대리는 본인을 위하여 제3자에게 의사표시를 하는 대리이고(제114조 제1항), 수동대리는 본인을 위하여 제3자의 의사표시를 수령하는 대리이다(제114조 제2항). 판례는 능동대리권이 있으면 수동대리권도 당연히 갖는다고 한다(대판 1994.2.8. 93다39379).

2) 양자의 차이점

① 현명주의의 요건 : 수동대리에는 제115조가 적용되지 않는다.

② 공동대리의 적용 여부 : 수동대리의 경우에는 각자 수령이 가능하다(통설).

(3) 유권대리와 무권대리

정당한 대리권을 가진 경우를 유권대리라 하고, 그렇지 못한 경우를 무권대리라고 한다.

5. 명의모용과 당사자의 확정

(1) 문제점

계약은 원칙적으로 계약을 체결한 당사자 간에 성립한다. 따라서 타인의 명의를 사용하여 법률행위를 한 경우, 누가 계약의 당사자가 되는지 문제되며, 이는 계약에 관여한 당사자의 의사해석의 문제에 해당한다(대판 2010.5.13. 2009다92487).

(2) 판례의 입장

1) 당사자 확정 방법에 대한 일반론

> **[행위자가 타인의 이름으로 계약을 체결한 경우, 계약당사자의 확정 방법]**
> 계약을 체결하는 행위자가 타인의 이름으로 법률행위를 한 경우에 행위자 또는 명의인 가운데 누구를 계약의 당사자로 볼 것인가에 관하여는, 우선 행위자와 상대방의 의사가 일치한 경우에는 그 일치한 의사대로 행위자 또는 명의인을 계약의 당사자로 확정해야 하고, 행위자와 상대방의 의사가 일치하지 않는 경우에는 그 계약의 성질·내용·목적·체결 경위 등 그 계약 체결 전후의 구체적인 제반 사정을 토대로 상대방이 합리적인 사람이라면 행위자와 명의자 중 누구를 계약 당사자로 이해할 것인가에 의하여 당사자를 결정하여야 한다(대판 2011.2.10. 2010다83199 · 83205).

2) 명의자가 당사자로 확정되는 경우

① **명의가 중요한 거래행위** : 보험계약과 같이 신용이나 자격 등으로 인하여 명의가 중요한 거래행위의 경우에는 규범적 해석에 따라 명의자가 당사자로 확정된다. 따라서 행위자와 계약 당사자가 분리되므로 대리의 법리가 적용된다.

② **대리행위의 효력**

   ⊙ 명의사용에 동의를 얻은 경우 : 행위자가 명의자로부터 명의사용에 대한 동의를 얻었다면 특별한 사정이 없는 한 유권대리행위가 된다.

   ⓒ 명의를 무단으로 도용한 경우 : 행위자가 명의자로부터 동의 없이 명의를 무단으로 사용한 경우에는 무권대리행위에 해당하여 무효이다(제130조 및 제135조 참고). 이때 상대방의 보호와 관련하여 표현대리가 성립하는지 또는 유추적용될 수 있는지 문제된다. 판례는 행위자가 본인 명의를 모용하여 직접 법률행위를 한 경우에는 특별한 사정이 없는 한 제126조 소정의 표현대리는 성립될 수 없지만(대판 2002.6.28. 2001다49814), ㉮ 행위자에게 본인을 대리할 수 있는 기본대리권이 인정되고, ㉯ 행위자가 그 기본대리권을 넘는 행위를 하였으며, ㉰ 상대방에게 행위자가 명의자라고 믿을 만할 정당한 이유가 인정된다면 표현대리의 법리가 유추적용되어 본인에게 효력이 미친다고 한다(대판 1993.2.23. 92다52436).

> **[기본대리권이 부정된 사안]**
> 처가 제3자를 남편으로 가장시켜 관련 서류를 위조하여 남편 소유의 부동산을 담보로 금원을 대출받은 경우, 남편에 대한 제126조 소정의 표현대리책임을 부정하였다(대판 2002.6.28. 2001다49814). 즉 기본대리권의 존재를 부정하였다.
>
> **[기본대리권이 인정된 사안]**
> 본인으로부터 아파트에 관한 임대 등 일체의 관리권한을 위임받아 본인으로 가장하여 아파트를 임대한 바 있는 대리인이 다시 자신을 본인으로 가장하여 임차인에게 아파트를 매도하는 법률행위를 한 경우에는 권한을 넘은 표현대리의 법리를 유추적용하여 본인에 대하여 그 행위의 효력이 미친다고 볼 수 있다(대판 1993.2.23. 92다52436).

3) 행위자가 당사자로 확정되는 경우

임대차계약과 같이 행위자의 개성이 중요한 거래행위의 경우에는 규범적 해석에 따라 행위자가 당사자로 확정된다. 이때에는 행위자와 계약 당사자가 일치하므로 대리의 법리가 적용되지 않고 무권리자 처분행위가 문제된다.

> **[대리구조가 부정되어 제126조 표현대리의 성립이 부정된 사안]**
> 판례는 종중으로부터 임야의 매각과 관련한 권한을 부여받은 甲이 임야의 일부를 실질적으로 자기가 매수하여 그 처분권한이 있다고 하면서 乙로부터 금원을 차용하고 그 담보를 위하여 위 임야에 대하여 양도담보계약을 체결한 경우, 이는 종중을 위한 대리행위가 아니어서 그 효력이 종중에게 미치지 아니하고, 제126조의 표현대리의 법리가 적용될 수도 없다고 하였다(대판 2001.1.19. 99다67598).

6. 대리의 3면관계

대리의 법률관계는 ① 본인과 대리인 사이의 「대리권」, ② 대리인과 상대방 사이의 「대리행위」, ③ 본인과 상대방 사이의 「대리의 효과」의 세 가지 측면에서 고찰되어야 한다.

Ⅱ 대리권(본인과 대리인 사이의 관계)

1. 대리권의 의의

대리권은 타인이 본인의 이름으로 의사표시를 하거나 제3자의 의사표시를 수령함으로써 직접 본인에게 그 법률효과를 귀속시킬 수 있는 법률상의 지위 또는 자격을 말한다. 대리권의 법적 성질에 관하여 자격설이 통설이며, 이에 의하면 대리권은 권리가 아니라 일종의 권한이다.

2. 대리권의 발생원인

(1) 법정대리권의 발생원인

① 법률의 규정에 의한 법정대리인 : 자(子)에 대한 친권자의 대리권(제911조, 제920조), 부부의 일상가사대리권(제827조) 등이 있다.

② 지정권자의 지정에 의한 법정대리인 : 지정후견인(제931조), 지정유언집행자(제1093조, 제1094조) 등이 있다.

③ 법원의 선임에 의한 법정대리인 : 부재자재산관리인(제22조), 선임후견인(제936조), 상속재산관리인(제1023조 등), 유언집행자(제1096조) 등이 있다.

(2) 임의대리권의 발생원인 : 수권행위(授權行爲)

1) 수권행위의 의의

수권행위는 본인이 대리인에게 대리권을 수여하는 행위를 말한다.

2) 수권행위의 법적 성질

상대방 있는 단독행위이므로 수권행위 상대방의 동의, 승낙의 의사표시가 필요하지 않다(통설).

3) 수권행위의 방식

수권행위는 불요식행위이다. 따라서 반드시 서면으로 할 필요는 없으며, 구두로도 할 수 있다(통설). 또 명시적인 의사표시 외에 묵시적 의사표시로도 할 수 있다(대판 2016.5.26. 2016다203315).

4) 수권행위의 하자

① 대리행위의 하자 유무는 대리인을 기준으로 하여 결정되지만, 단독행위로서 수권행위의 하자는 본인을 기준으로 제107조 이하에 따라 규율된다. 따라서 대리인은 제한능력자라도 무방하지만(제117조), 수권행위에서 본인은 행위능력자여야 한다.

② 대리행위 자체에는 하자가 없더라도 수권행위가 무효·취소되면 대리행위는 당연히 소급하여 무권대리로 되는가에 대하여 견해가 대립하고 있으나 이미 행해진 대리행위에는 영향이 없다는 것이 통설이다.

③ 원인이 되는 기초적 법률관계가 종료하기 전에 본인은 언제든지 수권행위를 철회할 수 있으며, 이때 임의대리권은 소멸한다.

(3) 관련 판례

인감도장 및 인감증명서는 대리권을 인정할 수 있는 하나의 자료에 지나지 아니하고 이에 의하여 당연히 피고에게 원고를 대리하여 양도담보부 금전소비대차계약을 체결하거나 위 계약에 대한 공정증서 작성을 촉탁할 대리권이 인정되는 것은 아니며, 대리권이 있다는 점에 대한 입증책임은 그 효과를 주장하는 피고에게 있다(대판 2008.9.25. 2008다42195).

3. 대리권의 범위와 그 제한

(1) 대리권의 범위

1) 법정대리권의 범위

법정대리권의 범위는 그 발생근거인 법률의 규정에 의하여 정해진다. 따라서 법률의 규정에 의하지 않는 한 법정대리권의 범위를 당사자의 의사에 따라 임의적으로 확장 또는 제한하는 것은 허용되지 않는다.

2) 임의대리권의 범위

> **제118조【대리권의 범위】**
> 권한을 정하지 아니한 대리인은 다음 각 호의 행위만을 할 수 있다.
>   1. 보존행위
>   2. 대리의 목적인 물건이나 권리의 성질을 변하지 아니하는 범위에서 그 이용 또는 개량하는 행위

① 원칙 : 임의대리권은 수권행위에 의하여 주어지므로 그 구체적 범위는 수권행위의 해석에 의하여 결정된다. 다만, 일반적으로 말하면 수권행위의 통상의 내용으로서의 임의대리권은 그 권한에 부수하여 필요한 한도에서 상대방의 의사표시를 수령하는 이른바 수령대리권을 포함하는 것으로 보아야 한다(대판 1994.2.8. 93다39379).

> **[대리권 범위 밖의 행위로 평가된 판례들]**
> • 일반적으로 법률행위에 의하여 수여된 대리권은 원인된 법률관계의 종료에 의하여 소멸하는 것이므로 특별한 다른 사정이 없는 한, 본인을 대리하여 금전소비대차 내지 그를 위한 담보권설정계약을 체결할 권한을 수여받은 대리인에게 본래의 계약관계를 해제할 대리권까지 있다고 볼 수 없다(대판 1993.1.15. 92다39365).

- 계약을 대리하여 체결하였던 대리인이 체결된 계약의 해제 등 일체의 처분권과 상대방의 의사를 수령할 권한까지 가지고 있다고 볼 수는 없다(대판 2008.6.12, 2008다11276). **기출 20**
- 특별한 다른 사정이 없는 한 부동산을 매수할 권한을 수여받은 대리인에게 그 부동산을 처분할 대리권도 있다고 볼 수 없다(대판 1991.2.12, 90다7364).
- 대여금의 영수권한만을 위임받은 대리인이 그 대여금 채무의 일부를 면제하기 위하여는 본인의 특별수권이 필요하다(대판 1981.6.23, 80다3221).
- 예금계약의 체결을 위임받은 자가 가지는 대리권에 당연히 그 예금을 담보로 하여 대출을 받거나 이를 처분할 수 있는 대리권이 포함되어 있는 것은 아니다(대판 1995.8.22, 94다59042).
- 신탁된 아파트의 분양을 수탁자로부터 위임받은 신탁자가 대물변제를 위하여 분양계약을 체결한 경우, 대리권의 범위 내의 행위는 아니지만 권한을 넘은 표현대리의 성립을 인정하였다(대판 2002.3.15, 2000다52141).

[대리권 범위 내의 행위로 평가된 판례들]
- 부동산의 소유자로부터 매매계약을 체결할 대리권을 수여받은 대리인은 특별한 사정이 없는 한 그 매매계약에서 약정한 바에 따라 중도금이나 잔금을 수령할 권한도 있다(대판 1994.2.8, 93다39379).
- 매매계약의 체결과 이행에 관하여 포괄적으로 대리권을 수여받은 대리인은 특별한 다른 사정이 없는 한 상대방에 대하여 약정된 매매대금지급기일을 연기하여 줄 권한도 가진다고 보아야 할 것이다(대판 1992.4.14, 91다43107).
- 소송상 화해나 청구의 포기에 관한 특별수권이 되어 있다면, 특별한 사정이 없는 한 그러한 소송행위에 대한 수권만이 아니라 그러한 소송행위의 전제가 되는 당해 소송물인 권리의 처분이나 포기에 대한 권한도 수여되어 있다고 봄이 상당하다(대결 2000.1.31, 99마6205).

② 보충규정으로서 제118조 : 대리권이 존재하는 것은 분명하지만 그 범위가 불명한 경우를 위하여 민법은 보충규정을 두고 있다(제118조).

  ㉠ 보존행위 : 재산의 현상을 유지하기 위한 행위를 말하며, 대리인은 아무런 제한 없이 보존행위를 할 수 있다.

  ㉡ 이용·개량행위 : 이용행위란 재산의 수익을 꾀하는 행위를 말하고, 개량행위는 사용가치 또는 교환가치를 증가시키는 행위를 밀한다. 민법은 대리의 목적인 물건이나 권리의 성질이 변하지 않는 범위에서만 이용·개량행위를 허용한다.

(2) 대리권의 제한

1) 자기계약 및 쌍방대리의 금지(제124조)

> **제124조【자기계약, 쌍방대리】**
> 대리인은 본인의 허락이 없으면 본인을 위하여 자기와 법률행위를 하거나 동일한 법률행위에 관하여 당사자쌍방을 대리하지 못한다. 그러나 채무의 이행은 할 수 있다.

① 개념 및 근거

  ㉠ 대리인이 본인을 대리하면서 다른 한편으로 자기 자신이 상대방으로서 계약을 체결하는 것을 자기계약이라 하며, 동일인이 하나의 법률행위에 관하여 당사자 쌍방의 대리인이 되어 대리행위를 하는 것을 쌍방대리라고 한다.

  ㉡ 자기계약과 쌍방대리는 원칙적으로 금지된다. 그 취지는 본인과 대리인 사이의 이해충돌 또는 본인 간의 이해충돌을 막기 위함이다. 제124조는 임의규정에 해당한다.

② 금지의 예외
- ㉠ 본인의 허락이 있는 경우(제124조 본문)
- ㉡ 채무의 이행(제124조 단서) 단, 새로운 이해관계의 변경을 수반하는 대물변제와 경개 또는 다툼이 있는 채무의 이행, 기한이 미도래한 채무의 변제, 항변권 있는 채무의 변제 등은 허용되지 않는다.
- ㉢ 본인에게 유리
③ **위반의 효과** : 자기계약 또는 쌍방대리는 예외에 해당하지 않는 한 무권대리로 된다. 즉 본인에 대하여 무효이지만, 본인의 추인에 의하여 유효로 될 수 있다.
④ **적용범위**
- ㉠ 원칙 : 제124조는 임의대리권과 법정대리권 모두에 적용된다(통설).
- ㉡ 제124조에 대한 특칙 : 친권자에 대한 재산을 자(子)에게 증여하면서 친권자가 수증자로서의 자의 지위를 대리하는 것은 자기계약이기는 하지만 이해상반행위는 아니기 때문에 유효하다(대판 1981.10.13. 81다649).

2) 공동대리
① **의의 및 취지**
- ㉠ 대리인이 수인인 경우에 원칙적으로 대리인 각자가 본인을 대리한다. 즉 각자대리가 원칙이다(제119조 본문). 그러나 법률 또는 수권행위에서 수인의 대리인이 공동으로만 대리할 수 있는 것으로 되어 있다면 공동으로 대리해야 한다.
- ㉡ 공동대리를 정한 취지는 대리인들로 하여금 상호견제 하에 의사결정을 신중히 하게 하여 본인을 보호하고자 함에 있다.
② **위반의 효과**
- ㉠ 공동대리의 제한을 위반한 대리행위는 무권대리가 된다. 다만, 본인의 추인이 있으면 유효하다.
- ㉡ 친권의 행사에서 부모의 일방이 공동명의로 자를 대리한 경우, 다른 일방의 의사에 반하더라도 상대방이 악의가 아니라면 그 대리행위는 유효하다(제920조의2).
③ **적용범위** : 공동대리의 제한이 있다 하더라도 수동대리는 단독으로 가능하다.

4. 대리권의 남용

(1) 의 의
① 대리권의 남용이란 대리인이 대리권의 범위 내에서 대리행위를 하였으나, 본인의 이익이 아닌 자기 또는 제3자의 이익을 꾀하기 위하여 대리행위를 하는 경우를 말한다.
② 판례는「대표권 남용」사안에서의 주류는 비진의표시설의 입장에서 판시하고 있지만, 권리남용설의 입장을 보인 것도 있으며,「대리권 남용」사안에서는 비진의표시설만을 따르고 있다.

> 진의 아닌 의사표시가 대리인에 의하여 이루어지고 그 대리인의 진의가 본인의 이익이나 의사에 반하여 자기 또는 제3자의 이익을 위한 배임적인 것임을 그 상대방이 알았거나 알 수 있었을 경우에는 제107조 제1항 단서의 유추해석상 그 대리인의 행위에 대하여 본인은 책임을 지지 아니하므로, 금융기관의 임·직원이 예금 명목으로 돈을 교부받을 때의 진의가 예금주와 예금계약을 맺으려는 것이 아니라 그 돈을 사적인 용도로 사용하거나 비정상적인 방법으로 운용하는 데 있었던 경우에 예금주가 그 임·직원의 예금에 관한 비진의 내지 배임적 의사를 알았거나 알 수 있었다면 금융기관은 그러한 예금에 대하여 예금계약에 기한 반환책임을 지지 아니한다(대판 2007.4.12. 2004다51542).

(2) 적용범위

대리권의 남용이 주로 임의대리에서 논의가 되지만 그에 한정할 것은 아니다. 즉 법정대리에도 대리권남용의 법리가 적용되어야 한다. 판례도 법정대리권의 남용을 인정한다(대판 1997.1.24. 96다43928).

5. 대리권의 소멸

> **제127조【대리권의 소멸사유】**
> 대리권은 다음 각 호의 어느 하나에 해당하는 사유가 있으면 소멸된다.
> 　1. 본인의 사망
> 　2. 대리인의 사망, 성년후견의 개시 또는 파산
>
> **제128조【임의대리의 종료】**
> 법률행위에 의하여 수여된 대리권은 전조의 경우 외에 그 원인된 법률관계의 종료에 의하여 소멸한다. 법률관계의 종료 전에 본인이 수권행위를 철회한 경우에도 같다.

법정대리와 임의대리의 공통된 소멸사유	임의대리인의 특유한 소멸사유
• 본인 – 사망 • 대리인 – 사망, 성년후견의 개시, 파산	• 원인된 법률관계의 종료 • 법률관계의 종료 전에 수권행위의 철회

Ⅲ　대리행위(대리인과 상대방 사이의 관계)

1. 현명주의

> **제114조【대리행위의 효력】**
> ① 대리인이 그 권한 내에서 본인을 위한 것임을 표시한 의사표시는 직접 본인에게 대하여 효력이 생긴다.
> ② 전항의 규정은 대리인에게 대한 제3자의 의사표시에 준용한다.

(1) 현명의 의의

통설은 대리인의 「대리적 효과의사(대리의사)」를 「외부에 표시하는 의사표시」라고 한다.

(2) 현명의 방식

1) 내 용

① 대리인은 대리행위의 법률효과를 본인에게 생기게 하려면 「본인을 위한 것임을 표시」하여야 한다(제114조).
② 현명은 불요식행위이므로 방식에 제한이 없어 반드시 위임장을 제시할 필요도 없고 구두에 의해서도 가능하다.
③ 현명 시 본인을 특정할 필요도 없고, 본인의 이름을 명시할 필요도 없다. 즉 타인을 위한것이라는 것만 표시하면 족하다(통설·판례).

2) 관련 판례

甲이 부동산을 농업협동조합중앙회에 담보로 제공함에 있어 동업자인 乙에게 그에 관한 대리권을 주었다면 乙이 동 중앙회와의 사이에 그 부동산에 관하여 근저당권설정계약을 체결함에 있어 그 피담보채무를 동업관계의 채무로 특정하지 아니하고 또 대리관계를 표시함이 없이 마치 자신이 甲 본인인 양 행세하였다 하더라도 위 근저당권설정계약은 대리인인 위 乙이 그의 권한범위 안에서 한 것인 이상 그 효력은 본인인 甲에게 미친다(대판 1987.6.23. 86다카1411).

(3) 현명하지 않은 대리행위의 효력

> **제115조 【본인을 위한 것임을 표시하지 아니한 행위】**
> 대리인이 본인을 위한 것임을 표시하지 아니한 때에는 그 의사표시는 자기를 위한 것으로 본다. 그러나 상대방이 대리인으로서 한 것임을 알았거나 알 수 있었을 때에는 전조 제1항의 규정을 준용한다.

① 원칙 : 대리인이 본인을 위한 것임을 표시하지 아니한 때에는 그 의사표시는 자기를 위한 것으로 본다(제115조 본문). 따라서 대리인이 법률행위의 당사자가 되며, 그로 인한 효과도 대리인에게 직접 발생하므로, 대리인은 자신을 위하여 행위 할 의사가 없었다는 이유로 그 계약을 착오에 근거하여 취소할 수 없다.

② 예외 : 상대방이 대리인으로서 한 것임을 알았거나 알 수 있었을 때에는 대리행위의 효과가 직접 본인에게 발생한다(제115조 단서).

> [1] 제450조에 의한 채권양도통지는 양도인이 직접하지 아니하고 사자를 통하여 하거나 대리인으로 하여금 하게 하여도 무방하고, 채권의 양수인도 양도인으로부터 채권양도통지 권한을 위임받아 대리인으로서 그 통지를 할 수 있다.
> [2] 채권양도통지 권한을 위임받은 양수인이 양도인을 대리하여 채권양도통지를 함에 있어서는 제114조 제1항의 규정에 따라 양도인 본인과 대리인을 표시하여야 하는 것이므로, 양수인이 서면으로 채권양도통지를 함에 있어 대리관계의 현명을 하지 아니한 채 양수인 명의로 된 채권양도통지서를 채무자에게 발송하여 도달되었다 하더라도 이는 효력이 없다고 할 것이다.
> [3] 대리에 있어 본인을 위한 것임을 표시하는 이른바 현명은 반드시 명시적으로만 할 필요는 없고 묵시적으로도 할 수 있는 것이고, 채권양도통지를 함에 있어 현명을 하지 아니한 경우라도 채권양도통지를 둘러싼 여러 사정에 비추어 양수인이 대리인으로서 통지한 것임을 상대방이 알았거나 알 수 있었을 때에는 제115조 단서의 규정에 의하여 유효하다(대판 2004.2.13. 2003다43490).

2. 대리행위의 하자

> **제116조 【대리행위의 하자】**
> ① 의사표시의 효력이 의사의 흠결, 사기, 강박 또는 어느 사정을 알았거나 과실로 알지 못한 것으로 인하여 영향을 받을 경우에 그 사실의 유무는 대리인을 표준하여 결정한다.
> ② 특정한 법률행위를 위임한 경우에 대리인이 본인의 지시에 좇아 그 행위를 한 때에는 본인은 자기가 안 사정 또는 과실로 인하여 알지 못한 사정에 관하여 대리인의 부지를 주장하지 못한다.

(1) 원칙 : 대리인 표준

① 의사표시의 효력이 의사의 흠결, 사기, 강박 또는 어느 사정을 알았거나 과실로 알지 못한 것으로 인하여 영향을 받을 경우에 그 사실의 유무는 대리인을 표준하여 결정한다(제116조 제1항).

② 그러나 그 대리행위의 하자에서 생기는 효과(취소권, 무효의 주장 등)는 본인에게 귀속됨을 주의해야 한다.

③ 본인에게 착오, 사기, 강박 등의 사유가 있더라도 대리인에게 그러한 사유가 없다면 본인은 이를 주장하여 취소권을 행사할 수 없다.

(2) 예 외

① 제3자가 대리행위의 상대방에게 사기·강박을 행한 경우에 대리인뿐만 아니라 본인이 제3자의 사기·강박을 알았거나 알 수 있었더라도 상대방이 그 의사표시를 취소할 수 있다.

② 본인이 대리행위의 상대방에게 사기·강박을 행한 경우에, 신의칙상 본인의 사기·강박은 대리인의 그것으로 평가되어, 대리인이 그 사실을 알았거나 알 수 있었는지 여부와 관계없이 상대방은 제110조 제1항에 의하여 의사표시를 취소할 수 있다.

③ 대리인이 본인의 지시에 좇아 법률행위를 한 경우에는 본인은 자신에게 악의·과실이 있는 경우 대리인이 선의·무과실이라고 하여도 이를 주장하지 못한다(제116조 제2항).

[사례] 甲의 대리인 乙은 계약의 체결에 관한 대리권을 수여받아 甲의 대리인으로서 丙과 계약을 체결하였다.

• 대리인 乙이 상대방 丙을 기망한 경우 : 제110조 제1항에 근거하여 丙은 본인 甲이 대리인 乙의 기망 사실에 관하여 알았는지 여부와 관계없이 사기를 이유로 법률행위를 취소할 수 있다.

• 상대방 丙이 대리인 乙을 기망한 경우 : 대리에서 의사표시의 효력이 사기로 인하여 영향을 받을 경우, 그 사실의 유무는 대리인을 표준으로 하여 결정되므로(제116조 제1항), 대리인 乙이 기망을 당한 경우 본인 甲이 사기를 이유로 의사표시를 취소할 수 있다(제110조 제1항). 물론 취소권에 관한 특별수권을 받은 경우 대리인 乙도 취소할 수 있다.

• 상대방 丙이 본인 甲을 기망한 경우 : 대리에서 의사표시의 효력이 사기로 인하여 영향을 받을 경우, 그 사실의 유무는 대리인을 표준으로 하여 결정되므로(제116조 제1항), 본인 甲이 기망 당한 경우에는 의사표시에 하자가 없는 경우이므로, 甲은 의사표시를 취소할 수 없다.

---

3. 대리인의 능력

제117조 [대리인의 행위능력]
대리인은 행위능력자임을 요하지 아니한다.

(1) 제117조

① 대리인은 행위능력자임을 요하지 않는다(제117조). 다만, 대리행위 당시 대리인이 적어도 의사능력은 가지고 있어야 한다.

② 본인에게는 행위능력도 의사능력도 불필요하다. 단, 권리능력은 있어야 한다.

(2) 제한능력자인 대리인과 본인의 관계

제117조는 대리인이 제한능력자라는 점을 들어 본인이 그의 대리행위를 취소하지 못한다는 의미를 가질 뿐이며, 제한능력자인 대리인과 본인 사이의 내부적 관계에는 영향을 미치지 않는다. 즉 대리인은 본인과의 기초적 내부관계를 발생시키는 행위를 제한행위능력을 이유로 취소할 수 있다.

ⅣⅤ 대리의 효과(본인과 상대방 사이의 관계)

① 대리인이 한 대리행위의 효과는 모두 직접 본인에게 귀속된다(제114조). 이 점에서 대리는 간접대리와 구별된다.
② 대리인이 한 불법행위는 법률행위의 대리가 아니므로 본인에게 그 효과가 귀속되지는 않고, 다만 본인과 대리인이 사용자·피용자의 관계에 있는 경우에 본인이 제756조의 사용자책임을 질 수는 있다.
③ 대리의 효과가 본인에게 귀속되기 위하여 본인은 권리능력을 가져야 한다(본인은 의사능력 또는 행위능력을 가질 필요는 없다).

> **더 알아보기**
>
> • 계약이 적법한 대리인에 의하여 체결되었는데 상대방 당사자가 계약상 채무불이행을 이유로 계약을 해제한 경우, 본인이 해제로 인한 원상회복의무를 부담하는지 여부(적극) 및 대리인이 수령한 계약상 급부를 현실적으로 인도받지 못하였다거나 계약상 채무불이행에 관하여 대리인에게 책임 있는 사유가 있는 경우에도 마찬가지인지 여부(원칙적 적극)
> • 계약이 적법한 대리인에 의하여 체결된 경우에 대리인은 다른 특별한 사정이 없는 한 본인을 위하여 계약상 급부를 변제로서 수령할 권한도 가진다. 그리고 대리인이 그 권한에 기하여 계약상 급부를 수령한 경우에, 그 법률효과는 계약 자체에서와 마찬가지로 직접 본인에게 귀속되고 대리인에게 돌아가지 아니한다. 따라서 계약상 채무의 불이행을 이유로 계약이 상대방 당사자에 의하여 유효하게 해제되었다면, 해제로 인한 원상회복의무는 대리인이 아니라 계약의 당사자인 본인이 부담한다. 이는 본인이 대리인으로부터 그 수령한 급부를 현실적으로 인도받지 못하였다거나 해제의 원인이 된 계약상 채무의 불이행에 관하여 대리인에게 책임 있는 사유가 있다고 하여도 다른 특별한 사정이 없는 한 마찬가지라고 할 것이다(대판 2011.8.18. 2011다30871).

Ⅴ 복대리(複代理)

> **제120조 【임의대리인의 복임권】**
> 대리권이 법률행위에 의하여 부여된 경우에는 대리인은 본인의 승낙이 있거나 부득이한 사유 있는 때가 아니면 복대리인을 선임하지 못한다.
>
> **제121조 【임의대리인의 복대리인 선임의 책임】**
> ① 전조의 규정에 의하여 대리인이 복대리인을 선임한 때에는 본인에게 대하여 그 선임감독에 관한 책임이 있다.
> ② 대리인이 본인의 지명에 의하여 복대리인을 선임한 경우에는 그 부적임 또는 불성실함을 알고 본인에게 대한 통지나 그 해임을 태만한 때가 아니면 책임이 없다.
>
> **제122조 【법정대리인의 복임권과 그 책임】**
> 법정대리인은 그 책임으로 복대리인을 선임할 수 있다. 그러나 부득이한 사유로 인한 때에는 전조 제1항에 정한 책임만이 있다.

1. 의 의

(1) 복대리인의 개념

복대리인은 대리인이 「대리인 자신의 이름」으로 선임한 「본인의 대리인」이다.

(2) 복대리인의 법적 성질

① 복대리인은 「본인의 대리인」이고 대리인의 대리인은 아니다.

② 복대리인을 선임한 후에도 대리인의 대리권은 소멸하지 않고 복대리인의 대리권과 병존한다. 따라서 복임행위는 대리권의 「병존적 부여행위」라고 할 것이다.

2. 대리인의 복임권과 책임

(1) 임의대리인의 복임권과 그 책임

① 원칙적으로 복임권을 가지지 못하지만, 예외적으로 본인의 승낙이 있거나 부득이한 사유가 있는 때에 한하여 복대리인 선임이 가능하다. 단, 선임이 가능한 경우에는 선임·감독상의 과실에 대해서만 책임을 진다(제121조 제1항).

더 알아보기 본인의 묵시적 승낙

1. 본인의 묵시적 승낙이 부정된 사례

   임의대리인은 본인의 승낙이 있거나 부득이한 사유가 있지 아니하면 복대리인을 선임할 수 없는 것인바, 아파트 분양업무는 그 성질상 분양 위임을 받은 수임인의 능력에 따라 그 분양사업의 성공 여부가 결정되는 사무로서, 본인의 명시적인 승낙 없이는 복대리인의 선임이 허용되지 아니하는 경우로 보아야 한다(대판 1999.9.3. 97다56099).

2. 본인의 묵시적 승낙이 인정된 사례

   ① 甲이 채권자를 특정하지 아니한 채 부동산을 담보로 제공하여 금원을 차용해 줄 것을 乙에게 위임하였고, 乙은 이를 다시 丙에게 위임하였으며, 丙은 丁에게 위 부동산을 담보로 제공하고 금원을 차용하여 乙에게 교부하였다면, 乙에게 위 사무를 위임한 甲의 의사에는 '복대리인 선임에 관한 승낙'이 포함되어 있다고 봄이 타당하다(대판 1993.8.27. 93다21156).

   ② 아버지가 아들의 채무에 대한 담보제공을 위하여 아들에게 인감도장과 인감증명서를 교부한 사안에서, 아들에게 복임권을 포함하여 일체의 대리권을 부여한 것으로 보아, 그 아들로부터 다시 그 인감도장과 인감증명서를 교부받은 제3자가 이를 이용하여 타인에게 설정해 준 근저당권설정등기는 유효하다(대판 1996.2.9. 95다10549).

   ③ 대리의 목적인 법률행위의 성질상 대리인 자신에 의한 처리가 필요하지 아니한 경우에는 본인이 복대리 금지의 의사를 명시하지 아니하는 한 복대리인의 선임에 관하여 묵시적인 승낙이 있는 것으로 보는 것이 타당하다(대판 1996.1.26. 94다30690). **기출** 21

---

② 나아가 본인이 복대리인을 지명한 경우에는 책임이 더욱 완화되어 있다.

(2) 법정대리인의 복임권과 그 책임

① 언제나 복임권이 있다.

② 법정대리인은 언제든지 복임권을 가지는 대신에 한편으로는 선임·감독상의 과실유무에 관계없이 모든 책임을 부담한다(제122조 본문). 그러나 부득이하게 선임한 경우 선임·감독상의 과실에 대해서만 책임을 진다(제122조 단서).

[임의대리인과 법정대리인의 복임권과 책임 비교]

구분	임의대리인			법정대리인	
복임권	• 원칙상 복임권 × • 본인의 승낙 또는 부득이한 사유가 있는 경우에만 복임권 ○(제120조)			• 원칙상 복임권 ○	
복임에 대한 책임	임의대리인 스스로 선임시	선임, 감독에 대한 책임 ○ (제121조 제1항)		원칙	과실유무 불문, 선임·감독에 대한 모든 책임 (제122조 본문)
	본인의 지명에 따라 선임시	본인이 지명한 자가 불성실함을 알고 본인에 대한 통지나 그 해임을 해태한 때에만 책임 ○(제121조 제2항)		부득이한 사유로 선임시	임의대리인과 같은 정도로 책임 경감(제122조 단서)

3. 복대리인의 지위

(1) 대리인에 대한 관계

① 복대리인은 대리인이 자기의 권한 내에서 선임한 것이므로 대리인의 감독에 복종하며, 그 권한도 대리권의 범위 내에 한한다.

② 복대리권은 대리권을 초과할 수 없으며, 대리권이 소멸하면 복대리권도 소멸한다.

③ 복대리인의 선임으로 대리인의 대리권은 소멸하지 않으며, 대리인과 복대리인은 모두 본인을 대리한다.

(2) 상대방에 대한 관계

① 복대리인은 본인의 대리인이므로(제123조 제1항), 상대방에 대하여는 대리인과 동일한 권리·의무가 있다(제123조 제2항).

② 복대리인은 복대리행위를 함에 있어서 본인을 위한다는 표시를 하여야 하며(제114조 제1항), 표현대리규정도 복대리행위에 적용될 수 있다.

(3) 본인에 대한 관계

제123조 제2항에 의하여 본인과 대리인 사이의 내부적 법률관계가 본인과 복대리인 간의 내부적 기초적 법률관계로 의제된다(통설).

(4) 복대리인의 복임권

선임 대리인과 동일한 조건으로 복임권을 인정할 수 있다(통설).

4. 복대리권의 소멸

(1) 대리권 일반의 소멸원인

① 본인의 사망 또는 복대리인의 사망, 성년후견의 개시 또는 파산(제127조), ② 대리인과 복대리인 사이의 내부적 법률관계의 종료(제128조 전단) 및 ③ 대리인의 수권행위의 철회(제128조 후단)에 의해 복대리권은 소멸한다.

(2) 대리인의 대리권 소멸

Ⅵ 무권대리

1. 서 설

대리권 없이 행하여진 대리행위를 무권대리라 한다. 무권대리는 대리인에게 대리권이 있는 것으로 믿을 만한 외관이 있고, 그 외관 형성에 대하여 본인에게도 책임을 물을 만한 사정이 있는 표현대리와, 이러한 사정이 없는 경우인 협의의 무권대리로 나누어진다. 여기서의 양자를 통틀어 광의의 무권대리라고 한다.

2. 표현대리

(1) 표현대리의 의의

1) 표현대리의 개념

표현대리란 대리인에게 대리권이 없음에도 불구하고 마치 그것이 있는 것과 같은 외관이 존재하고, 그러한 외관의 형성에 관여하든가 외관을 방치하는 등 본인이 책임져야 할 사정이 있는 경우에, 그 무권대리행위에 대하여 본인에게 책임을 지우는 제도이다.

2) 표현대리의 유형

민법은 대리권 수여표시에 의한 표현대리(제125조)와 권한을 넘은 표현대리(제126조), 대리권 소멸 후의 표현대리(제129조)를 규정하고 있다.

3) 표현대리의 본질 및 무권대리와의 관계

① 문제점 : 표현대리가 유권대리의 일종인지 무권대리의 일종인지 문제되는데 양자를 구별하는 실익은 표현대리가 성립할 경우에도 제130조 이하의 무권대리 규정이 적용될 수 있을지, 특히 무권대리인의 상대방에 대한 책임규정(제135조)의 적용 여부이다.

② 학설 : 표현대리를 유권대리의 아종으로 보는 견해도 있으나 다수설은 표현대리는 광의의 무권대리에 속하는 것으로서 제130조 이하가 적용되는 것이 원칙이나 제135조는 적용되지 않는다는 점이 무권대리와 차이가 있다는 견해이다.

③ 판례 : 유권대리에 있어서는 본인이 대리인에게 수여한 대리권의 효력에 의하여 법률효과가 발생하는 반면, 표현대리에 있어서는 대리권이 없음에도 불구하고 법률이 특히 거래상대방보호와 거래안전유지를 위하여 본래 무효인 무권대리행위의 효과를 본인에게 미치게 한 것으로, 양자의 구성요건 해당사실, 즉 주요사실은 다르다고 볼 수밖에 없으니, 유권대리에 관한 주장 속에 무권대리에 속하는 표현대리의 주장이 포함되어 있다고 볼 수 없다(대판[전합] 1983.12.13. 83다카1489). 기출 18

④ 검토 : 거래상대방 보호와 거래안전 유지를 위하여 표현대리를 인정한 취지를 고려할 때 표현대리는 광의의 무권대리에 포함된다고 보아야 하나, 표현대리의 성립으로 상대방의 보호는 충분하므로, 제135조를 적용하여 무권대리인의 책임을 추궁하는 것은 부정하는 것이 타당하다고 판단된다.

(2) 대리권 수여표시에 의한 표현대리(제125조)

> **제125조 【대리권수여의 표시에 의한 표현대리】**
> 제3자에 대하여 타인에게 대리권을 수여함을 표시한 자는 그 대리권의 범위 내에서 행한 그 타인과 그 제3자 간의 법률행위에 대하여 책임이 있다. 그러나 제3자가 대리권 없음을 알았거나 알 수 있었을 때에는 그러하지 아니하다.

1) 의 의

본인이 실제로는 타인에게 대리권을 수여하지 않았음에도 불구하고 수여하였다고 표시함으로써 대리권 수여의 외관이 존재하는 경우에 관한 규정이다.

2) 요 건

① 대리권수여의 표시

    ㉠ 수권표시의 법적 성질 : 통설은 수권행위가 있었다는 뜻의 「관념의 통지」로 본다.

    ㉡ 수권표시의 방법 : 제한이 없다. 따라서 서면으로 하든 구술로 하든, 특정인에 대한 것이든, 불특정인에 대한 것이든 불문한다. 또한 본인이 직접하지 않고 대리인이 될 자를 통해서 하더라도 무방하다.

> • 제125조가 규정하는 대리권 수여의 표시에 의한 표현대리는 본인과 대리행위를 한 자 사이의 기본적인 법률관계의 성질이나 그 효력의 유무와는 관계없이 어떤 자가 본인을 대리하여 제3자와 법률행위를 함에 있어 본인이 그 자에게 대리권을 수여하였다는 표시를 제3자에게 한 경우에 성립한다(대판 2007.8.23. 2007다23425). **기출** 22
> • 대리권을 수여하는 수권행위는 불요식의 행위로서 명시적인 의사표시에 의함이 없이 묵시적인 의사표시에 의하여 할 수도 있으며, 어떤 사람이 대리인의 외양을 가지고 행위하는 것을 본인이 알면서도 이의를 하지 아니하고 방임하는 등 사실상의 용태에 의하여 대리권의 수여가 추단되는 경우도 있다(대판 2016.5.26. 2016다203315).
> • 본인에 의한 대리권 수여의 표시는 반드시 대리권 또는 대리인이라는 말을 사용하여야 하는 것이 아니라 사회통념상 대리권을 추단할 수 있는 직함이나 명칭 등의 사용을 승낙 또는 묵인한 경우에도 대리권 수여의 표시가 있는 것으로 볼 수 있다(대판 1998.6.12. 97다53762).

    ㉢ 수권표시의 철회 : 철회는 표현대리인이 대리행위를 하기 전에 행해져야 한다. 철회가 효력을 발생하려면 상대방에게 철회된 사실을 알려야 한다. 이때 철회는 표시와 동일한 방법이나 이에 준하는 방법으로 상대방에게 알려야 한다.

② 표시된 대리권의 범위 내의 행위일 것 : 만일 수권표시의 객관적인 범위를 넘는 행위가 있은 경우에 그 초과부분에 대해서는 제126조가 적용될 여지가 있다.

③ 대리행위의 상대방 : 대리권수여의 표시를 받은 상대방에 한정한다.

④ 상대방의 선의·무과실 : 상대방의 과실 유무는 무권대리행위 당시의 제반사정을 객관적으로 판단하여 결정해야 한다(대판 1974.7.9. 73다1804). 제125조의 책임을 면하려는 본인이 상대방의 악의 또는 과실에 대한 입증책임을 진다. 즉 상대방은 선의·무과실이어야 한다.

3) 적용범위

① 제125조는 임의대리에만 적용되고 법정대리에는 적용되지 않는다(통설·판례).

② 복대리에 관해서도 제125조는 적용된다(판례).

③ 소송행위에는 민법상의 표현대리규정이 적용 또는 유추적용될 수 없다(대판 1983.2.8. 81다카621). 공법상 행위도 마찬가지이다.

④ 대리행위가 강행규정에 위반하는 경우에는 표현대리의 법리가 적용되지 않는다.

4) 법률효과

① 표현대리는 상대방이 이를 주장하는 경우에 비로소 문제되는 것이고, 상대방이 주장하지 않는 한 본인 측에서 표현대리를 주장할 수는 없다.

② 상대방의 철회와 본인의 추인 중 먼저 행해진 것에 따라서 표현대리의 효과가 확정된다.

③ 상대방에 대한 무권대리인의 책임규정(제135조)은 적용되지 않는다.

④ 표현대리가 성립하는 경우에 그 본인은 표현대리행위에 의하여 전적인 책임을 져야 하고, 상대방에게 과실이 있다고 하더라도 과실상계의 법리를 유추적용하여 본인의 책임을 경감할 수 없다(대판 1996.7.12, 95다 49554). **기출** 21

(3) 권한을 넘은 표현대리(제126조)

> **제126조 【권한을 넘은 표현대리】**
> 대리인이 그 권한외의 법률행위를 한 경우에 제3자가 그 권한이 있다고 믿을 만한 정당한 이유가 있는 때에는 본인은 그 행위에 대하여 책임이 있다.

1) 의 의
대리인이 그 권한 외의 법률행위를 한 경우에 제3자가 그 권한이 있다고 믿을만한 정당한 이유가 있는 때에는 본인은 그 행위에 대하여 책임이 있다.

2) 요 건
① 대리인에게 기본대리권이 존재할 것

  ㉠ 기본대리권에 법정대리권도 포함되며, 대리행위와 동종·유사한 것일 필요가 없고 전혀 별개의 행위에 대한 기본대리권도 가능하다.

  ㉡ 기본대리권은 현재의 대리권을 말하고, 과거에 가졌던 대리권을 넘는 경우에는 제126조가 적용되지 않고 제129조가 적용될 수 있다.

> 제126조에서 말하는 권한을 넘은 표현대리는 현재에 대리권을 가진 자가 그 권한을 넘은 경우에 성립하는 것이지, 현재에 아무런 대리권도 가지지 아니한 자가 본인을 위하여 한 어떤 대리행위가 과거에 이미 가졌던 대리권을 넘은 경우에까지 성립하는 것은 아니라고 할 것이고, 한편 과거에 가졌던 대리권이 소멸되어 제129조에 의하여 표현대리로 인정되는 경우에 그 표현대리의 권한을 넘는 대리행위가 있을 때에는 제126조에 의한 표현대리가 성립할 수 있다(대판 2008.1.31, 2007다74713).

② 권한을 넘은 표현대리행위가 존재할 것

  ㉠ 표현대리인과 상대방 사이에 대리행위가 없는 때에는 제126조가 적용되지 않는다.

  ㉡ 제126조의 표현대리는 문제된 법률행위와 수여 받은 대리권 사이에 아무런 관계가 없는 경우에도 적용된다.

  ㉢ 기본대리권이 공법상의 권리이고 표현대리행위가 사법상의 행위일지라도 제126조의 표현대리는 적용된다.

  ㉣ 제126조의 상대방은 제125조 및 제129조의 경우와 같이 표현대리행위의 직접 상대방만을 말한다.

  ㉤ 본인의 성명을 모용하여 자기가 마치 본인인 것처럼 기망하여 본인 명의로 직접 법률행위를 한 경우, 특별한 사정이 없는 한, 표현대리는 성립될 수 없다.

③ 정당한 이유의 존재

  ㉠ 정당한 이유란 대리행위에 대한 대리권이 존재하리라고 상대방이 믿은 데 과실이 없음을 말한다. 즉 선의이며 과실이 없는 것을 의미한다.

  ㉡ 정당한 이유의 존부는 대리인의 대리행위가 행하여질 때에 존재하는 제반사정을 객관적으로 관찰하여 판단하여야 한다(대판 2008.2.1, 2006다33418·33425).

ⓒ 정당한 이유의 판정시기는 대리행위 당시이고 그 후의 사정이 고려되어서는 안 된다(대판 1997.6.27. 97다 3828). **기출** 16

ⓔ 정당한 이유의 입증책임에 대하여 다수설은 본인이 상대방의 악의·과실을 주장·입증해야한다고 하는 반면, 판례(대판 1968.6.18. 68다694)는 유효를 주장하는 자에게 있다고 한다.

ⓜ 타인의 채무에 대한 보증행위는 그 성질상 아무런 반대급부 없이 오직 일방적으로 불이익만을 입는 것인 점에 비추어 볼 때, 남편이 처에게 타인의 채무를 보증함에 필요한 대리권을 수여한다는 것은 사회통념상 이례에 속하므로, 처가 특별한 수권 없이 남편을 대리하여 위와 같은 행위를 하였을 경우에 그것이 제126조 소정의 표현대리가 되려면 처에게 일상가사대리권이 있었다는 것만이 아니라 상대방이 처에게 남편이 그 행위에 관한 대리의 권한을 주었다고 믿었음을 정당화할 만한 객관적인 사정이 있어야 한다(대판 1998.7.10. 98다18988). **기출** 22

3) 적용범위

① 제126조의 표현대리는 임의대리와 법정대리에 모두 적용된다(통설·판례).

② 제125조와 제129조가 적용됨으로써 상대방에 대한 관계에 있어서는 법률상 대리권의 수여가 있었던 것으로 다루어지기 때문에 그러한 범위를 넘은 경우에도 제126조가 적용되어 제125조와 제129조의 표현대리권이 제126조의 기본대리권에 해당한다(통설).

③ 복임권이 없는 대리인에 의하여 선임된 복대리인의 행위에도 제126조가 적용된다(판례).

④ 부부 상호 간의 법정대리권인 일상가사대리권에 대해서도 제126조의 적용이 있다(통설).

⑤ 문제가 된 부부의 행위가 일상가사에 속하지 않더라도 일상가사대리권을 기본대리권으로 하여 문제의 행위에 특별수권이 주어졌다고 믿을 만한 정당한 이유가 있는 경우에 제126조의 표현대리를 인정할 수 있다(판례).

⑥ 비법인사단인 교회의 대표자는 총유물인 교회 재산의 처분에 관하여 교인총회의 결의를 거치지 아니하고는 이를 대표하여 행할 권한이 없다. 따라서 교회의 대표자가 권한 없이 행한 교회 재산의 처분행위에 대하여는 제126조의 표현대리에 관한 규정이 준용되지 아니한다(대판 2009.2.12. 2006다23312). **기출** 21·15

4) 법률효과

제126조의 요건이 충족되면 상대방은 표현대리인이 한 법률행위의 효력을 본인에게 주장할 수 있다.

(4) 대리권 소멸 후의 표현대리(제129조)

> **제129조 【대리권 소멸 후의 표현대리】**
> 대리권의 소멸은 선의의 제3자에게 대항하지 못한다. 그러나 제3자가 과실로 인하여 그 사실을 알지 못한 때에는 그러하지 아니하다.

1) 의 의

① 제129조는 대리권이 소멸하여 대리권이 없게 된 자가 대리행위를 한 경우에 선의·무과실로 그와 거래한 상대방을 보호하기 위하여 그 상대방과의 관계에서 마치 대리권이 있는 경우와 마찬가지로 효과를 인정한다.

② 제129조는 그 효과로 '제3자에 대항하지 못한다.'라고 규정하고 있는바, 그 표현이 제125조나 제126조의 '책임이 있다.'와 다르나 그 의미는 같다.

2) 요 건

① 대리인이 이전에는 대리권을 가지고 있었으나 대리행위를 할 때에는 대리권이 소멸하고 있어야 한다.

> 대리인이 대리권 소멸 후 직접 상대방과 사이에 대리행위를 하는 경우는 물론 대리인이 대리권 소멸 후 복대리인을 선임하여 복대리인으로 하여금 상대방과 사이에 대리행위를 하도록 한 경우에도, 상대방이 대리권 소멸 사실을 알지 못하여 복대리인에게 적법한 대리권이 있는 것으로 믿었고 그와 같이 믿은 데 과실이 없다면 제129조에 의한 표현대리가 성립할 수 있다(대판 1998.5.29. 97다55317). **기출** 23·22·21·18·15

② 제3자는 선의·무과실이어야 한다.

③ 대리권이 이전에 존재하였던 것과 상대방의 신뢰 사이에 인과관계가 있어야 한다.

④ 대리인이 권한 내의 행위를 하여야 한다.

⑤ 처음부터 전혀 대리권이 없는 경우에는 제129조가 적용될 수 없다.

⑥ 수권행위가 철회 또는 취소된 경우와 기초적 내부관계가 소멸한 경우에도 대리권은 소멸하므로 제129조의 표현대리가 적용될 수 있다.

⑦ 상대방은 대리행위의 직접 상대방만을 말하며 상대방과 거래한 제3자는 포함되지 않는다.

⑧ 제3자의 악의·과실에 대한 입증책임은 본인에게 있다(통설).

3) 적용범위

① 제129조의 표현대리는 임의대리와 법정대리 모두에 적용된다(통설·판례).

② 제129조는 복대리인의 무권대리행위에 대해서도 적용된다.

3. 협의의 무권대리(無權代理)

(1) 서 설

대리인이 대리권 없이 대리행위를 한 경우 중 표현대리가 성립하는 경우를 제외한 것이 협의의 무권대리이다. 민법은 협의의 무권대리로 계약의 무권대리(제130조 내지 제135조)와 단독행위의 무권대리(제136조)를 규정하고 있다.

(2) 계약의 무권대리

> **제130조 【무권대리】**
> 대리권 없는 자가 타인의 대리인으로 한 계약은 본인이 이를 추인하지 아니하면 본인에 대하여 효력이 없다.
>
> **제131조 【상대방의 최고권】**
> 대리권 없는 자가 타인의 대리인으로 계약을 한 경우에 상대방은 상당한 기간을 정하여 본인에게 그 추인 여부의 확답을 최고할 수 있다. 본인이 그 기간 내에 확답을 발하지 아니한 때에는 추인을 거절한 것으로 본다.
>
> **제132조 【추인, 거절의 상대방】**
> 추인 또는 거절의 의사표시는 상대방에 대하여 하지 아니하면 그 상대방에 대항하지 못한다. 그러나 상대방이 그 사실을 안 때에는 그러하지 아니하다.

> **제133조【추인의 효력】**
> 추인은 다른 의사표시가 없는 때에는 계약 시에 소급하여 그 효력이 생긴다. 그러나 제3자의 권리를 해하지 못한다.
>
> **제134조【상대방의 철회권】**
> 대리권 없는 자가 한 계약은 본인의 추인이 있을 때까지 상대방은 본인이나 그 대리인에 대하여 이를 철회할 수 있다. 그러나 계약 당시에 상대방이 대리권 없음을 안 때에는 그러하지 아니하다.

1) 본인과 상대방 사이의 효과

① 본인의 권리 : 추인권 및 추인거절권

ㄱ 추인권의 성질 : 무권대리인의 법률행위에 대한 본인의 추인은 상대방이나 무권대리인의 동의나 승낙을 요하지 않는 상대방 있는 단독행위이다.

ㄴ 추인의 당사자 : 추인권자는 본인이지만, 상속인 등 본인의 포괄승계인도 추인할 수 있고, 그 밖에 법정대리인이나 본인으로부터 특별수권을 부여 받은 임의대리인도 추인할 수 있다. 반면 추인의 상대방과 관련하여 판례는 "무권대리인, 무권대리인의 직접 상대방 및 그 무권대리행위로 인한 권리 또는 법률관계의 승계인에 대하여도 할 수 있다."(대판 1981.4.14. 80다2314)는 입장이다. `기출` 20·19·18·16   다만, 추인을 무권대리인에게 하는 경우 상대방이 추인이 있음을 알지 못한 때에는 상대방에 대하여 추인의 효과를 주장하지 못한다(제132조). 따라서 상대방은 그때까지 자신의 의사표시를 철회할 수 있다.

ㄷ 추인의 방법 : 무권대리행위의 추인에 특별한 방식이 요구되는 것이 아니므로 명시적인 방법만 아니라 묵시적인 방법으로도 할 수 있고, 구술로 하든 서면으로 하든 모두 가능하며, 재판 외에서뿐만 아니라 재판상에서도 할 수 있다.

ㄹ 일부추인의 가부 : 추인은 원칙적으로 무권대리행위 전부에 대하여 해야 한다(대판 2008.8.21. 2007다79480). 따라서 무권대리행위의 일부에 대한 추인은 허용되지 않지만 상대방의 동의가 있으면 가능하다(대판 1982.1.26. 81다카549). `기출` 22·20

ㅁ 추인의 효과와 소급효(제133조)

> [1] 법률행위에 따라 권리가 이전되려면 권리자 또는 처분권한이 있는 자의 처분행위가 있어야 한다. 무권리자가 타인의 권리를 처분한 경우에는 특별한 사정이 없는 한 권리가 이전되지 않는다. 그러나 이러한 경우에 권리자가 무권리자의 처분을 추인하는 것도 자신의 법률관계를 스스로의 의사에 따라 형성할 수 있다는 사적 자치의 원칙에 따라 허용된다. 이러한 추인은 무권리자의 처분이 있음을 알고 해야 하고, 명시적으로 또는 묵시적으로 할 수 있으며, 그 의사표시는 무권리자나 그 상대방 어느 쪽에 해도 무방하다.
> [2] 권리자가 무권리자의 처분을 추인하면 무권대리에 대해 본인이 추인을 한 경우와 당사자들 사이의 이익상황이 유사하므로, 무권대리의 추인에 관한 제130조, 제133조 등을 무권리자의 추인에 유추 적용할 수 있다. 따라서 무권리자의 처분이 계약으로 이루어진 경우에 권리자가 이를 추인하면 원칙적으로 계약의 효과가 계약을 체결했을 때에 소급하여 권리자에게 귀속된다고 보아야 한다(대판 2017.6.8. 2017다3499). `기출` 24

ㅂ 추인거절권 : 본인이 추인을 하지 않고 내버려 둘 수도 있으나, 적극적으로 추인의 의사가 없음을 표시하여 무권대리행위의 유동적 무효 상태를 확정적 무효 상태로 만들 수 있는데 이를 본인의 추인거절권이라 한다.

甲이 대리권 없이 乙 소유 부동산을 丙에게 매도하여 부동산소유권이전등기 등에 관한 특별조치법에 의하여 소유권이전등기를 마쳐주었다면 그 매매계약은 무효이고 이에 터잡은 이전등기 역시 무효가 되나, 甲은 乙의 무권대리인으로서 제135조 제1항의 규정에 의하여 매수인인 丙에게 부동산에 대한 소유권이전등기를 이행할 의무가 있으므로 그러한 지위에 있는 甲이 乙로부터 부동산을 상속받아 그 소유자가 되어 소유권이전등기이행의무를 이행하는 것이 가능하게 된 시점에서 자신이 소유자라고 하여 자신으로부터 부동산을 전전매수한 丁에게 원래 자신의 매매행위가 무권대리행위여서 무효였다는 이유로 丁 앞으로 경료된 소유권이전등기가 무효의 등기라고 주장하여 그 등기의 말소를 청구하거나 부동산의 점유로 인한 부당이득금의 반환을 구하는 것은 금반언의 원칙이나 신의성실의 원칙에 반하여 허용될 수 없다(대판 1994.9.27. 94다20617). **기출** 18

Ⓐ 추인거절권의 상대방과 그 방법 : 추인의 경우와 동일하다(제133조).

Ⓞ 추인거절의 효과 : 추인거절이 있으면 이제는 본인도 추인할 수 없고, 상대방도 최고권, 철회권을 행사할 수 없다.

② 무권대리인과 상속

ㄱ 무권대리인이 본인을 상속한 경우 : 학설은 비당연유효설 내지 양지위병존설과 당연유효설(다수설)의 대립이 있다. 판례는 당연유효로 보지는 않지만 "무권대리로서 무효임을 주장하는 것은 금반언의 원칙이나 신의칙에 반한다."(대판 1994.9.27. 94다20617)고 한다.

ㄴ 본인이 무권대리인을 상속한 경우 : 당연유효설이 있으나 다수설은 양지위병존설의 입장에서 본인의 자격에서 추인을 거절할 수 있고 이는 신의칙에 반하지 않는다고 한다. 추인을 거절하면 무권대리인의 지위에서 이행 또는 손해배상책임을 부담하게 된다. 판례의 입장도 동일한 것으로 보인다(대판 1994.8.26. 93다20191).

③ 상대방의 권리

ㄱ 상대방의 최고권(제131조) : 상대방의 선의·악의를 불문하고 본인에게만 행사할 수 있다.

ㄴ 상대방의 철회권(제134조) : 상대방이 선의인 경우, 본인 또는 무권대리인 모두에게 철회권을 행사할 수 있다. 적법하게 철회가 되면 불확정한 법률행위는 확정적으로 무효가 되고, 본인도 추인을 할 수 없게 되며, 상대방 역시 무권대리인에게 책임(제135조)을 물을 수 없게 된다. 한편 상대방이 대리인에게 대리권이 없음을 알았다는 점에 대한 주장·입증책임은 철회의 효과를 다투는 본인에게 있다(대판 2017.6.29. 2017다213838).

2) 대리인과 상대방과의 관계 – 무권대리인의 상대방에 대한 책임

제135조 【상대방에 대한 무권대리인의 책임】
① 다른 자의 대리인으로서 계약을 맺은 자가 그 대리권을 증명하지 못하고 또 본인의 추인을 받지 못한 경우에는 그는 상대방의 선택에 따라 계약을 이행할 책임 또는 손해를 배상할 책임이 있다.
② 대리인으로서 계약을 맺은 자에게 대리권이 없다는 사실을 상대방이 알았거나 알 수 있었을 때 또는 대리인으로서 계약을 맺은 사람이 제한능력자일 때에는 제1항을 적용하지 아니한다.

① 의의 및 책임의 법적 성질

ㄱ 무권대리가 되면 본인은 원칙적으로 책임을 지지 않는다.

ㄴ 무권대리인의 상대방에 대한 책임은 무과실책임이며(대판 2014.2.27. 2013다213038), 법정책임이다(통설).

기출 23 · 17 · 15

② 책임의 요건
    ⊙ 무권대리인이 대리권을 증명하지 못하고, 본인의 추인을 받지 못할 것
    ⓛ 상대방이 선의·무과실일 것(제135조 제2항) : 상대방의 선의·무과실의 판단은 대리행위 당시를 기준으로 하며, 무권대리인이 상대방이 대리권 없음을 알았거나 알 수 있었다는 사실을 주장·입증해야 한다(통설).
    ⓒ 무권대리인이 제한능력자가 아닐 것(제135조 제2항)
    ⓔ 상대방이 철회권을 행사한 경우에는 제135조의 책임을 추궁할 수 없다.
③ 책임의 내용 : 「상대방」의 선택에 따라 계약의 이행 또는 손해배상책임을 진다.

> 타인의 대리인으로 계약을 한 자가 그 대리권을 증명하지 못하고 또 본인의 추인을 얻지 못한 때에는 상대방의 선택에 좇아 계약의 이행 또는 손해배상의 책임이 있는 것인바 이 상대방이 가지는 계약이행 또는 손해배상청구권의 소멸시효는 그 선택권을 행사할 수 있는 때로부터 진행한다 할 것이고 또 선택권을 행사할 수 있는 때라고 함은 대리권의 증명 또는 본인의 추인을 얻지 못한 때라고 할 것이다(대판 1965.8.24. 64다1156). 기출 20

3) 본인과 무권대리인과의 관계
① 본인이 추인한 경우 : 본인이 추인하면 사무관리(제734조)가 성립한다.
② 본인이 추인하지 않은 경우 : 본인과 대리인 사이에는 아무런 효과도 발생하지 않는다. 다만, 부당이득(제741조), 불법행위(제750조)가 문제될 수 있고, 본인이 대리인에게 내부적 법률관계에 의하여 채무불이행책임(제390조)을 추궁할 수도 있다.

(3) 단독행위의 무권대리

> **제136조 【단독행위와 무권대리】**
> 단독행위에는 그 행위 당시에 상대방이 대리인이라 칭하는 자의 대리권 없는 행위에 동의하거나 그 대리권을 다투지 아니한 때에 한하여 전6조의 규정을 준용한다. 대리권 없는 자에 대하여 그 동의를 얻어 단독행위를 한 때에도 같다.

1) 상대방 없는 단독행위
① 유언, 재단법인의 설립행위, 권리의 포기 등의 상대방 없는 단독행위는 능동대리 및 수동대리를 묻지 않고 언제나 무효이다.
② 본인의 추인이 있더라도 무효이다.

2) 상대방 있는 단독행위
① 단독행위에는 그 행위 당시에 상대방이 대리인이라 칭하는 자의 대리권 없는 행위에 동의하거나 그 대리권을 다투지 아니한 때에 한하여 무권대리에 관한 규정을 준용한다. 대리권 없는자에 대하여 그 동의를 얻어 단독행위를 한 때에도 같다(제136조).
② 상대방 있는 단독행위도 원칙적으로 무효이다.
③ 제136조 전단의 능동대리의 경우 대리권을 다투지 아니한 때란 이의를 제출하지 아니한 것을 말하고, 무권대리인에게 대리권이 없다는 데에 대한 선의·악의 내지 과실·무과실은 문제되지 않는다.
④ 제136조 후단의 수동대리의 경우에는 무권대리인의 동의를 얻어 단독행위를 한 경우에만 계약과 동일한 효과가 발생한다.

05　**법률행위의 무효와 취소**

Ⅰ　서 설

1. 개 념

처음부터 당연히 법률행위의 효력이 발생하지 아니하는 경우를 무효라 하고, 취소권자의 취소라는 행위가 있어야 비로소 소급적으로 무효가 되는 경우를 취소라고 한다.

2. 무효와 취소의 구별

구분	무효	취소
효력	처음부터 당연히 효력이 없음	원칙적으로 유효한 법률행위이나 취소를 통해 소급적 무효가 됨
주장권자	누구든지 무효 주장 가능	취소권자만 주장 가능(제140조)
상대방	누구에게나 무효 주장 가능	법률행위 상대방에게만 주장 가능
기 간	한번 무효는 계속 무효	취소는 단기제척기간 존재(제146조)
추 인	무효행위의 추인제도가 있음. 다만, 추인하여도 원칙적으로 그 효력이 발생하지 아니함. 다만, 무효임을 알고 추인한 경우 새로운 법률행위로 될 수 있음(제139조)	취소할 수 있는 법률행위를 추인하면 유효한 법률행위로 확정
법정추인	없음	있음(제145조)

3. 무효와 취소의 이중효

어느 법률행위가 무효사유와 취소사유를 모두 포함하고 있는 경우 예를 늘어, 매도인이 매수인의 숭노금지급 채무불이행을 이유로 매매계약을 해제한 후에도, 매수인은 계약해제에 따른 불이익을 면하기 위해 착오를 이유로 매매계약전체를 취소하여 이를 무효로 돌릴 수 있다. 이를 무효와 취소의 이중효라고 한다.

Ⅱ　법률행위의 무효

1. 의 의

법률행위가 성립요건을 갖추지 못할 때 법률행위의 부존재라고 하고, 성립요건은 갖추었으나 효력요건을 갖추지 못한 경우를 법률행위의 무효라고 한다.

2. 무효의 종류

(1) 절대적 무효 · 상대적 무효

① 절대적 무효는 누구에 대해서도 무효를 주장할 수 있는 경우이다. 대표적인 경우가 제103조, 제104조 위반, 강행규정 위반 등의 경우이다.
② 상대적 무효는 당사자 사이에서는 무효이지만 선의의 제3자에게 대항하지 못하는 경우이다. 대표적으로 비진의표시가 무효로 되는 경우(제107조 제1항), 통정허위표시(제108조 제2항) 등의 경우이다.

(2) 당연무효 · 재판상 무효

무효는 원칙적으로 법률상 당연무효이다. 이와 달리 법률관계의 획일적 확정을 위하여 소(訴)에 의해서만 이를 주장할 수 있는 경우가 재판상 무효이다.

3. 무효의 일반적 효과

① 법률행위가 무효이면 법률효과는 발생하지 않으므로, 무효인 법률행위에 따른 법률효과를 침해하는 것처럼 보이는 위법행위나 채무불이행이 있더라도 법률효과 침해에 따른 손해배상을 청구할 수 없다(대판 2003.3.28. 2002다72125).

② 무효인 법률행위에 기한 이행이 있기 전이라면 더 이상 이행할 필요가 없지만, 이미 급부가 이행되었다면 그 급부는 원칙적으로 부당이득에 관한 규정(제741조 이하)에 의하여 반환되어야 한다.

4. 일부무효

> **제137조【법률행위의 일부무효】**
> 법률행위의 일부분이 무효인 때에는 그 전부를 무효로 한다. 그러나 그 무효부분이 없더라도 법률행위를 하였을 것이라고 인정될 때에는 나머지 부분은 무효가 되지 아니한다.

(1) 의 의

① 전부 무효가 원칙이나 예외적으로 무효부분을 제외한 나머지 부분은 유효가 될 수 있다.

② 일부무효에 관한 제137조는 임의규정이다. 따라서 일부무효에 관하여 효력규정에 위반되지 않는 당사자의 명시적 또는 묵시적 약정이 있으면 그에 의하고, 제137조는 적용되지 않는다(대판 2010.3.25. 2009다41465).

(2) 요 건

1) 법률행위의 일체성과 분할가능성이 있을 것(객관적 요건)

① 일체성 : 당사자가 법률행위의 여러 부분을 하나의 전체로서 의욕한 경우 일체성이 인정된다.

② 분할가능성 : 단, 그 여러 부분이 각각 분할가능성이 인정되어야 일부무효의 법리가 적용된다.

2) 무효부분이 없더라도 법률행위를 하였을 것이라고 인정될 것(주관적 요건)

① 무효부분이 없더라도 나머지 부분만으로도 법률행위를 하였을 것이라는 「가정적 의사」가 필요하다.

> 매매의 대상에 장차 불하받게 되는 특정의 토지 외에 양도인이 경작하던 간척지에 대한 임차권이 포함되어 있는 것으로 인정된다고 하여도 임차권의 대상이 되는 토지는 불하되기 전의 간척중인 토지로서 이 토지에 대한 임차권의 양도만이 거래허가의 대상이 되는 것이므로, 이에 대한 토지거래허가가 없었다고 하여 당연히 양도계약 전부가 무효로 된다고 할 수는 없는바, 법률행위의 내용이 불가분인 경우에는 그 일부분이 무효일 때에도 일부 무효의 문제는 생기지 아니하나, 분할이 가능한 경우에는 제137조의 규정에 따라 그 전부가 무효로 될 때도 있고, 그 일부만 무효로 될 때도 있기 때문이다(대판 1994.5.24. 93다58332).

② 판단시점은 법률행위 당시를 기준으로 한다.

3) 입증책임

잔부(殘部)의 유효를 주장하는 자가 위 요건의 존재를 입증해야 한다.

(3) 효 과

① 원칙적으로 전부 무효이나, 위 요건을 갖춘 경우 그 일부만을 유효로 볼 수 있다.

② 유효가 되는 시점은 법률행위 당시로 소급한다.

(4) 적용범위

① 제137조는 임의규정이므로 당사자의 의사에 의해 배제할 수 있다.

② 또한 법률에 일부무효에 관한 효력에 관하여 특별한 규정이 있는 경우에도 적용되지 않는다.

5. 유동적 무효

(1) 의 의

유동적 무효란 법률행위가 무효이기는 하지만 추인 등에 의하여 행위시에 소급하여 유효로 될 수 있는 경우를 말한다. 이는 취소할 수 있는 법률행위인 유동적 유효와 다르다.

(2) 토지거래 허가제도

1) 적용범위

토지거래 허가제도는 대가를 받고 소유권 또는 지상권을 이전 또는 설정하는 경우, 즉 유상계약에만 한정되어 적용되는 것이다(대판 2009.5.14. 2009도926).

2) 토지거래허가를 받지 않은 계약의 효력

판례는 「허가를 받기 전의 거래계약이 처음부터 허가를 배제하거나 잠탈하는 내용의 계약일 경우에는 확정적으로 무효로서 유효화될 여지가 없으나 이와 달리 허가받을 것을 전제로 한 거래계약(허가를 배제하거나 잠탈하는 내용의 계약이 아닌 계약은 여기에 해당하는 것으로 본다)일 경우에는 허가를 받을 때까지는 법률상 미완성의 법률행위로서 소유권 등 권리의 이전 또는 설정에 관한 거래의 효력이 전혀 발생하지 않음은 위의 확정적 무효의 경우와 다를 바 없지만, 일단 허가를 받으면 그 계약은 소급하여 유효한 계약이 되고 이와 달리 불허가가 된 때에는 무효로 확정되므로 허가를 받기까지는 유동적 무효의 상태에 있다고 보는 것이 타당하므로 허가받을 것을 전제로 한 거래계약은 허가받기 전의 상태에서는 거래계약의 채권적 효력도 전혀 발생하지 않으므로 권리의 이전 또는 설정에 관한 어떠한 내용의 이행청구도 할 수 없으나 일단 허가를 받으면 그 계약은 소급해서 유효화되므로 허가 후에 새로이 거래계약을 체결할 필요는 없다」(대판 [전합] 1991.12.24. 90다12243)고 하였다. 기출 16

> 구 국토의 계획 및 이용에 관한 법률(2007.7.27. 법률 제8564호로 개정되기 전의 것, 이하 '법'이라 한다)에서 정한 토지거래계약 허가구역 내 토지에 관하여 허가를 배제하거나 잠탈하는 내용으로 매매계약이 체결된 경우에는 법 제118조 제6항에 따라 그 계약은 체결된 때부터 확정적으로 무효이다. 이러한 '허가의 배제나 잠탈 행위'에는 토지거래허가가 필요한 계약을 허가가 필요하지 않은 것에 해당하도록 계약서를 허위로 작성하는 행위뿐만 아니라, 정상적으로는 토지거래허가를 받을 수 없는 계약을 허가를 받을 수 있도록 계약서를 허위로 작성하는 행위도 포함된다(대판 2011.6.30. 2011도614).

3) 유동적 무효인 채권계약에 관한 법률관계

① **이행청구권의 인정 여부(소극)** : 허가를 받을 것을 전제로 한 거래계약은 허가받기 전의 상태에서는 거래계약의 채권적 효력도 전혀 발생하지 않으므로 권리의 이전 또는 설정에 관한 어떠한 내용의 이행청구도 할 수 없고, 그러한 거래계약의 당사자로서는 허가받기 전의 상태에서 상대방의 거래계약상 채무불이행을 이유로 거래계약을 해제하거나 그로 인한 손해배상을 청구할 수 없다(대판 1997.7.25. 97다4357·4364).

기출 16

② **해약금에 의한 해제 가능 여부(적극)** : 특별한 사정이 없는 한 국토이용관리법상의 토지거래 허가를 받지 않아 유동적 무효 상태인 매매계약에 있어서도 당사자 사이의 매매계약은 매도인이 계약금의 배액을 상환하고 계약을 해제함으로써 적법하게 해제된다(대판 1997.6.27. 97다9369).

③ **의사표시에 의한 계약의 무효·취소 주장 가부(적극)** : 국토이용관리법상 규제구역 내에 속하는 토지거래에 관하여 관할 도지사로부터 거래허가를 받지 아니한 거래계약은 처음부터 위 허가를 배제하거나 잠탈하는 내용의 계약이 아닌 한 허가를 받기까지는 유동적 무효의 상태에 있고 거래 당사자는 거래허가를 받기 위하여 서로 협력할 의무가 있으나, 그 토지거래가 계약당사자의 표시와 불일치한 의사(비진의표시, 허위표시 또는 착오) 또는 사기, 강박과 같은 하자 있는 의사에 의하여 이루어진 경우에는, 이들 사유에 의하여 그 거래의 무효 또는 취소를 주장할 수 있는 당사자는 그러한 거래허가를 신청하기 전 단계에서 이러한 사유를 주장하여 거래허가신청 협력에 대한 거절의사를 일방적으로 명백히 함으로써 그 계약을 확정적으로 무효화시키고 자신의 거래허가절차에 협력할 의무를 면할 수 있다(대판 1997.11.14. 97다36118).   기출 21·16

④ **임의로 지급한 계약금·중도금에 대한 부당이득반환청구권의 인정 여부(원칙적 소극)** : 국토이용관리법상 토지거래허가를 받지 않아 거래계약이 유동적 무효의 상태에 있는 경우, 유동적 무효 상태의 계약은 관할 관청의 불허가처분이 있을 때뿐만 아니라 당사자 쌍방이 허가신청협력의무의 이행거절 의사를 명백히 표시한 경우에는 확정적으로 무효가 된다고 할 것이고, 이 경우 비로소 부당이득반환청구를 구할 수 있다(대판 1993.7.27. 91다33766). 또한 거래계약이 확정적으로 무효가 된 경우에는 거래계약이 확정적으로 무효로 됨에 있어서 귀책사유가 있는 자라고 하더라도 그 계약의 무효를 주장할 수 있다(대판 1997.7.25. 97다4357·4364).

4) 협력의무에 관한 법률관계

① **협력의무의 인정 여부(적극)** : 국토이용관리법상의 규제구역 내의 토지에 관하여 관할관청의 허가 없이 체결된 매매계약이라 하더라도 거래당사자 사이에는 계약이 효력이 있는 것으로 완성될 수 있도록 서로 협력할 의무가 있어 매매계약의 쌍방 당사자는 공동으로 관할관청의 허가를 신청할 의무가 있고, 이러한 의무에 위배하여 허가신청절차에 협력하지 않는 당사자에 대하여 상대방은 협력의무의 이행을 구할 수 있는 것이므로, 허가를 받을 것을 전제로 하여 체결된 매매계약의 매수인은 비록 그 매매계약이 허가를 받을 때까지는 법률상 미완성의 법률행위로서 소유권의 이전에 관한 계약의 효력이 전혀 발생하지 아니한다고 할지라도 위와 같은 토지거래허가신청절차청구권을 피보전권리로 하여 매매목적물의 처분을 금하는 가처분을 구할 수 있다(대판 1988.12.22. 98다44376).

② **협력의무와 대금지급의무의 동시이행관계 여부(소극)** : 협력의무가 대금지급의무와 동시이행관계에 있는 것은 아니다. 즉 토지거래의 허가를 요하는 규제지역 내의 토지에 대한 거래계약은 허가받기 전의 상태에서는 채권적 효력도 전혀 발생하지 아니하여 계약의 이행청구를 할 수 없음은 당연하므로, 매수인이 토지거래허가에 대한 매도인의 협력을 구하기 위한 전제로 계약 내용에 따른 전대금지급의무를 이행 또는 이행제공하여야 하는 것은 아니다.

③ **협력의무불이행에 기한 손해배상청구권 인정 여부(적극)** : 유동적 무효 상태에 있는 매매계약에 대하여 허가를 받을 수 있도록 허가신청을 하여야 할 협력의무를 이행하지 아니하고 매수인이 그 매매계약을 일방적으로 철회함으로써 매도인이 손해를 입은 경우에 매수인은 이 협력 의무 불이행과 인과관계가 있는 손해는 이를 배상하여야 할 의무가 있다(대판 1995.4.28. 93다26397). 나아가 당사자 사이에서 일방이 토지거래 허가를 받기 위한 협력 자체를 이행하지 아니하거나 허가신청에 이르기 전에 매매계약을 철회하는 경우 상대방에게 일정한 손해액을 배상하기로 하는 약정을 유효하게 할 수 있다(대판 1996.3.8. 95다18673).

④ **협력의무불이행에 기한 계약해제 여부(소극)** : 유동적 무효의 상태에 있는 거래계약의 당사자는 상대방이 그 거래계약의 효력이 완성되도록 협력할 의무를 이행하지 아니하였음을 들어 일방적으로 유동적 무효의 상태에 있는 거래계약 자체를 해제할 수 없다(대판[전합] 1999.6.17. 98다40459). **기출** 24 · 21 · 16

5) 유동적 무효가 확정적 유효로 되는 경우

① 허가를 받은 경우(대판 1992.7.28. 91다33612)
② 허가구역 지정이 해제된 때(대판 2002.5.14. 2002다12635)

6. 무권리자 처분행위의 효력 및 그 추인

(1) 무권리자 처분행위의 의의

무권리자 처분행위란 타인의 재산을 처분할 권한이 없는 자가 타인의 권리를 자신의 이름으로 처분하는 것을 말한다.

(2) 무권리자 처분행위에 대한 추인

1) 인정 근거

종래 판례는 무권대리의 추인에서 근거를 찾았으나, 최근에는 사적 자치의 원칙을 인정근거로 하고 있다.

2) 추인의 방법 및 대상

① 추인은 명시적 뿐만 아니라 묵시적으로도 할 수 있다.
② 추인의 의사표시는 무권리자나 그 상대방 어느 쪽에게도 할 수 있다(대판 2001.11.9. 2001다44291).

3) 추인의 효과

① 권리자와 상대방 사이의 법률관계 : 권리자가 추인을 한 경우 무권리자의 처분행위의 효력은 권리자에게 미친다(대판 2001.11.9. 2001다44291).
② 무권리자와 상대방 사이의 법률관계 : 권리자가 무권리자의 처분행위에 대하여 추인을 하면, 무권리자는 상대방에게 담보책임을 지지 않는다. 한편 무권리자의 채권행위는 추인과 무관하게 제569조에 의하여 처음부터 유효이다. 이 점이 채권계약도 무효인 무권대리행위와 구별된다.
③ 권리자와 무권리자의 관계 : 권리자가 무권리자의 처분행위에 대하여 추인을 한 경우 무권리자의 상대방이 유효하게 권리를 취득하게 될 뿐, 무권리자가 권리자에 대하여 그 처분으로 얻을 이득을 정당하게 보유할 권원이 있지는 않으므로, 권리자는 무권리자가 처분으로 얻은 이득을 부당이득으로 반환청구할 수 있다(대판 1992.9.8. 92다15550).

7. 무효행위의 전환

> **제138조 【무효행위의 전환】**
> 무효인 법률행위가 다른 법률행위의 요건을 구비하고 당사자가 그 무효를 알았더라면 다른 법률행위를 하는 것을 의욕하였으리라고 인정될 때에는 다른 법률행위로서 효력을 가진다.

(1) 의 의

① 무효행위의 전환이란 원래 법률행위가 무효이지만 이러한 법률행위가 동시에 다른 법률행위로서의 요건을 갖추고 있는 경우에, 당사자가 무효임을 알았다면 그 다른 법률행위를 하였을 것이라고 인정되는 경우 다른 법률행위로서의 효력을 인정하는 것을 말한다.

② 무효행위의 전환을 질적 일부무효라고 한다.

③ 현실적 의사가 아니라 「가상적 의사」를 기초로 한다는 점에서 추인과 다르다.

(2) 요 건

① 일단 무효인 법률행위가 존재하여야 한다.

② 다른 법률행위로서의 요건을 갖추어야 한다.

③ 가상적 의사가 인정되어야 한다. 가상적 의사의 판단시점은 전환시점이 아니라 법률행위 당시를 기준으로 한다.

> 매매계약이 약정된 매매대금의 과다로 말미암아 제104조에서 정하는 '불공정한 법률행위'에 해당하여 무효인 경우에도 무효행위의 전환에 관한 제138조가 적용될 수 있다. 따라서 당사자 쌍방이 위와 같은 무효를 알았더라면 대금을 다른 액으로 정하여 매매계약에 합의하였을 것이라고 예외적으로 인정되는 경우에는, 그 대금액을 내용으로 하는 매매계약이 유효하게 성립한다. 이때 당사자의 의사는 매매계약이 무효임을 계약 당시에 알았다면 의욕하였을 가정적(假定的) 효과의사로서, 당사자 본인이 계약 체결시와 같은 구체적 사정 아래 있다고 상정하는 경우에 거래관행을 고려하여 신의성실의 원칙에 비추어 결단하였을 바를 의미한다(대판 2010.7.15. 2009다50308). **기출** 22

(3) 효 과

① 무효행위의 전환요건을 갖추면 다른 법률행위로서의 효력이 인정된다.

② 원래의 법률행위 시점부터 효력이 발생한다.

(4) 적용범위

① 단독행위의 전환에 대해 학설의 대립이 있으나 민법은 비밀증서 유언의 요건 흠결시 자필증서유언의 요건을 갖추면 자필증서 유언으로의 전환을 인정하고 있다(제1071조).

② 신분행위의 전환에 관하여 판례는 혼인 외의 출생자를 혼인 중의 출생자로 신고한 경우에 그 신고는 친생자출생신고로는 무효이지만 인지신고로서의 효력을 인정한다(대판 1971.11.15. 71다1983). 또한 타인의 자를 자기의 자로서 출생신고한 경우에 그 신고는 출생신고로는 무효이지만 입양신고로서는 유효하다(대판[전합] 1977.7.26. 77다492)고 판시하고 있다.

8. 무효행위의 추인

> **제139조 【무효행위의 추인】**
> 무효인 법률행위는 추인하여도 그 효력이 생기지 아니한다. 그러나 당사자가 그 무효임을 알고 추인한 때에는 새로운 법률행위로 본다.

(1) 의 의

① 민법은 원칙적으로 추인을 금지하되(제139조 본문), 예외적으로 당사자가 그 무효임을 알고 추인한 때에는 새로운 법률행위를 한 것으로 간주하고 있다(제139조 단서).

② 민법상 법률행위의 추인에는 소급효가 없다.

(2) 요 건

① **법률행위가 무효일 것** : 법률행위가 불성립된 경우에는 무효행위의 추인이 적용될 수 없다.

② **무효임을 알고 추인하였을 것** : 추인의 의사표시는 묵시적으로 할 수 있다. 추인은 「현실적인 의사표시」이다.

③ 새로운 법률행위의 요건을 구비할 것

(3) 효 과

① 무효인 법률행위에 대한 추인은 소급효가 없는 것이 원칙이다(제139조 본문). 그러나 당사자 간의 합의로 소급하여 유효로 할 수 있다(통설·판례).

> 무효인 법률행위는 당사자가 무효임을 알고 추인할 경우 새로운 법률행위를 한 것으로 간주할 뿐이고 소급효가 없는 것이므로 무효인 가등기를 유효한 등기로 전용키로 한 약정은 그때부터 유효하고 이로써 위 가등기가 소급하여 유효한 등기로 전환될 수 없다(대판 1992.5.12. 91다26546). **기출** 22·16

② 대법원은 무효인 신분행위의 추인에는 제139조의 적용을 부정하면서 소급효를 인정하고 있다(대판 1965.12.28. 65므61).

(4) 한 계

강행규정·제103조·제104조 위반으로 무효인 경우에는 추인이 있더라도 무효이다.

(5) 관련 쟁점 - 무권리자 처분행위

무권리자의 처분행위로서 무효인 처분행위도 권리자가 제3자의 이익을 해하지 않는 한 소급적으로 추인하여 유효로 할 수 있다.

Ⅲ 법률행위의 취소

1. 서 설

(1) 의 의

법률행위의 취소란 일단 유효하게 성립한 법률행위의 효력을 제한능력 또는 의사표시의 결함을 이유로 취소권자의 의사표시에 의하여 행위시에 소급하여 무효로 하는 것을 말한다.

(2) 적용범위

법률행위의 취소에 관한 제140조 이하는 제한능력 또는 의사표시의 결함을 이유로 하는 취소에 한하여 적용된다.

(3) 구별개념

① 철회 : 법률행위의 효력 발생 전에 그 발생을 저지하는 행위이다.

② 해제 : 해제의 효과에 관한 직접효과설에 의하면, 일단 유효하게 성립한 계약의 효력을 약정 해제권이나 법정해제권에 기하여 소급적으로 소멸하게 하는 행위이다.

2. 취소의 당사자

(1) 취소권자

> **제140조 【법률행위의 취소권자】**
> 취소할 수 있는 법률행위는 제한능력자, 착오로 인하거나 사기·강박에 의하여 의사표시를 한 자, 그의 대리인 또는 승계인만이 취소할 수 있다.

① 제한능력자, 착오·사기·강박에 의한 의사표시자 : 취소권을 행사하는 자는 능력이 있을 필요도 없고, 하자 상태에서 벗어나 있을 필요도 없다. 따라서 제한능력자는 법정대리인의 동의 없이 단독으로 취소할 수 있다. 또한 착오를 한 표의자만 취소할 수 있을 뿐, 착오자의 상대방은 착오를 이유로 취소할 수 없다.

② 대리인 : 취소도 법률행위이므로 대리인도 할 수 있다. 따라서 임의대리인(본인으로부터 별도의 수권이 필요)과 법정대리인(고유의 취소권이 인정) 모두 취소권이 인정된다.

③ 승계인 : 특정승계인, 포괄승계인 모두 취소권을 행사할 수 있으나, 특정승계인에 대해서는 취소권만의 승계는 인정되지 않는다.

④ 보증인 : 보증인은 주채무자의 취소권이나 해제권을 직접 행사할 수는 없고, 주채무자에게 이러한 권리가 있을 때에는 이행을 거절할 수 있을 뿐이다(제435조 참조). 단, 주채무자에게 상계권이 있을 때에는 보증인이 그 상계권을 직접 행사할 수 있다(제434조).

(2) 취소의 상대방

> **제142조 【취소의 상대방】**
> 취소할 수 있는 법률행위의 상대방이 확정한 경우에는 그 취소는 그 상대방에 대한 의사표시로 하여야 한다.

① 취소할 수 있는 법률행위의 상대방이 있으면 그 취소는 그 상대방에 대한 의사표시로 해야 한다(제142조).

② 상대방 없는 단독행위에서는 상대방이 확정되어 있지 않기 때문에 취소를 특정인에게 행할 필요가 없고, 취소의 의사를 적당한 방법으로 외부에 알리기만 하면 된다(다수설).

③ 취소할 수 있는 행위의 상대방이 그 행위로 취득한 권리를 양도한 경우에 그 취소의 상대방은 양수인이 아니라 원래의 상대방이다.

3. 취소의 방법

(1) 취소의 의사표시

① 취소권은 형성권이므로, 취소권자는 그의 일방적 의사표시에 의하여 취소권을 행사할 수 있다.

② 취소의 의사표시는 특별한 방식을 요하지 않는다. 취소의 의사가 상대방에 의하여 인식될 수 있다면 어떠한 방법에 의하더라도 무방하다.

③ 취소의 의사표시란 반드시 명시적이어야 하는 것은 아니고, 취소자가 그 착오를 이유로 자신의 법률행위의 효력을 처음부터 배제하려고 한다는 의사가 드러나면 족하다(대판 2005.5.27, 2004다43824).

④ 법률행위의 취소를 당연한 전제로 한 소송상의 이행청구나 이를 전제로 한 이행거절 가운데는 취소의 의사표시가 포함되어 있다고 볼 수 있다(대판 1993.9.14, 93다13162). **기출** 18

(2) 취소의 대상

제한능력을 이유로 하는 취소의 대상은 법률행위 자체이다.

(3) 일부취소

① 하나의 법률행위 중 일부에만 취소사유가 있는 경우에 그 일부만을 취소할 수 있을지 문제되는데 통설과 판례는 「일부무효의 법리」에 준하여 일부취소를 인정한다.

② 즉 일부무효와 마찬가지로 법률행위의 일부를 취소하기 위해서는 ㉠ 일체로서 법률행위가 ㉡ 가분적이고, ㉢ 그 법률행위의 일부에 취소사유가 존재해야 한다. 그 밖에 ㉣ 나머지 부분을 유지하려는 당사자의 가정적 의사가 있어야 한다.

③ 일부취소가 있으면 그 부분만이 소급적으로 무효가 되나, 당사자의 가정적 의사에 따라 법률 행위 전부가 무효가 될 수 있다.

4. 취소의 효과

> **제141조 【취소의 효과】**
> 취소된 법률행위는 처음부터 무효인 것으로 본다. 다만, 제한능력자는 그 행위로 인하여 받은 이익이 현존하는 한도에서 상환(償還)할 책임이 있다.

(1) 원칙 : 소급적 무효

① 취소가 있으면 그 법률행위는 처음부터 무효인 것으로 본다(제141조 본문). 다만, 취소한 후라도 무효행위의 추인 요건에 따라 다시 추인할 수 있다(대판 1997.12.12, 95다38240). **기출** 22 · 18 · 17

② 취소되면 법률행위가 소급하여 무효로 되기에 그 법률행위에 기하여 급부가 이미 행하여졌다면 부당이득 반환의 법리(제741조)에 의하여 그 급부가 반환되어야 한다. 반면 아직 급부가 이행되지 않은 경우에는 급부는 후속문제를 남기지 않고 소멸한다.

③ 취소의 효과는 원칙적으로 절대적이다. 단, 거래의 안전을 위해 법률에서 제3자에 대하여 취소로 대항할 수 없도록 규정하고 있는 경우가 있는데 이를 상대적 취소라 한다. 제한능력을 이유로 한 취소가 절대적 취소에 해당하고, 사기나 착오를 이유로 한 취소가 상대적 취소에 해당한다.

(2) 제한능력자의 반환범위에 관한 특칙

① 제한능력자는 선의·악의를 불문하고 언제나 현존이익만 반환하면 된다(제141조 단서). 이 규정은 제748조 제2항에 대한 특칙이다.

> 미성년자가 신용카드발행인과 사이에 신용카드 이용계약을 체결하여 신용카드거래를 하다가 신용카드 이용계약을 취소하는 경우 미성년자는 그 행위로 인하여 받은 이익이 현존하는 한도에서 상환할 책임이 있는 바, 신용카드 이용계약이 취소됨에도 불구하고 신용카드회원과 해당 가맹점 사이에 체결된 개별적인 매매계약은 특별한 사정이 없는 한 신용카드 이용계약취소와 무관하게 유효하게 존속한다 할 것이고 신용카드발행인이 가맹점들에 대하여 그 신용카드사용대금을 지급한 것은 신용카드 이용계약과는 별개로 신용카드발행인과 가맹점 사이에 체결된 가맹점 계약에 따른 것으로서 유효하므로, 신용카드발행인의 가맹점에 대한 신용카드이용대금의 지급으로써 신용카드회원은 자신의 가맹점에 대한 매매대금 지급채무를 법률상 원인 없이 면제받는 이익을 얻었으며, 이러한 이익은 금전상의 이득으로서 특별한 사정이 없는한 현존하는 것으로 추정된다(대판 2005.4.15. 2003다60297·60303·60310·60327).

② 현존이익이란 취소되는 행위에 의하여 사실상 얻은 이익이 그대로 있거나 또는 그것이 변형되어 잔존하는 것을 말한다.

③ 이익이 현존하는지 여부 및 현존이익의 범위는 「취소한 시점」을 기준으로 판단한다.

④ 이익의 현존에 대한 입증책임의 소재에 관하여, 다수설과 판례는 공평을 근거로 이익이 현존하는 것으로 추정되며 따라서 제한능력자가 현존이익이 없음을 입증해야 한다고 한다(대판 2009.1.15. 2008다58367).

(3) 소급효의 예외

근로계약, 조합계약과 같은 계속적인 계약관계는 소급효가 부인된다(통설).

5. 취소할 수 있는 법률행위의 추인

> **제143조【추인의 방법, 효과】**
> ① 취소할 수 있는 법률행위는 제140조에 규정한 자가 추인할 수 있고 추인 후에는 취소하지 못한다.
> ② 전조의 규정은 전항의 경우에 준용한다.
>
> **제144조【추인의 요건】**
> ① 추인은 취소의 원인이 소멸된 후에 하여야만 효력이 있다.
> ② 제1항은 법정대리인 또는 후견인이 추인하는 경우에는 적용하지 아니한다.

(1) 의 의

취소할 수 있는 법률행위의 추인이란 취소할 수 있는 법률행위를 취소하지 않겠다는 취소권자의 의사표시로, 취소권의 포기이다.

(2) 요 건

① 추인은 취소권의 포기이므로, 취소할 수 있는 행위임을 알고 추인해야 한다(대판 1997.5.30. 97다2986). 법정추인과의 차이점이다.

② 추인은 추인권자(즉 취소권자)가 취소의 원인이 종료한 후에 하여야 하고(대판 1997.5.30. 97다2986), 그렇지 않다면 그 효력이 없다(제144조 제1항). 따라서 제한능력자는 능력자가 된 후, 착오·사기·강박에 의한 표의자는 그 상태를 벗어난 후가 아니면 추인할 수 없다. 다만, 법정대리인은 이러한 제한 없이 추인할 수 있다(제144조 제2항).

③ 법률행위의 상대방에게 추인의 의사표시를 해야 한다(제143조 제2항).

④ 취소권을 행사하여 소급하여 무효가 된 후의 추인은 무효행위의 추인에 해당한다(대판 1997.12.12. 95다38240).

(3) 효 과

추인이 있으면 취소할 수 있는 행위를 더 이상 취소할 수 없고, 그 행위는 확정적으로 유효로 된다.

6. 법정추인

> **제145조 【법정추인】**
> 취소할 수 있는 법률행위에 관하여 전조의 규정에 의하여 추인할 수 있는 후에 다음 각 호의 사유가 있으면 추인한 것으로 본다. 그러나 이의를 보류한 때에는 그러하지 아니하다.
> 1. 전부나 일부의 이행
> 2. 이행의 청구
> 3. 경개
> 4. 담보의 제공
> 5. 취소할 수 있는 행위로 취득한 권리의 전부나 일부의 양도
> 6. 강제집행

(1) 의 의

① 민법은 추인할 수 있는 후에 일정한 사유가 있으면 당연히 추인한 것으로 간주하는 법정추인을 규정하고 있다(제145조).

② 취소할 수 있는 법률행위에만 적용된다.

③ 취소원인이 소멸된 후에만 법정추인이 가능하다.

④ 행위자가 취소할 수 있는 법률행위인지를 알고 있을 필요가 없다(통설·판례).

(2) 법정추인의 사유

① 전부 또는 일부의 이행 : 취소권자가 상대방에게 이행한 경우는 물론이고 상대방의 이행을 수령한 경우를 포함한다.

② 이행의 청구 : 취소권자가 청구하는 경우에 한한다.

③ 경개 : 취소권자가 채권자인지 아니면 채무자인지 묻지 않는다.

④ 담보의 제공 : 취소권자가 채무자로서 담보를 제공하거나 채권자로서 그러한 담보의 제공을 받는 경우이다.

⑤ 취소할 수 있는 행위로 취득한 권리의 전부나 일부의 양도 : 취소권자가 양도하는 경우에 한한다. 반면 취소함으로써 발생하게 될 장래의 채권의 양도는 제외된다.

⑥ 강제집행(압류) : 집행을 하는 경우뿐만 아니라 집행을 받는 경우에도 소송상 이의를 제기할 수 있었음에도 불구하고 이를 하지 않는 경우에는 이에 포함된다.

(3) 효 과

위 요건이 갖추어지면 추인이 있었던 것으로 의제된다.

7. 단기제척기간

> **제146조 【취소권의 소멸】**
> 취소권은 추인할 수 있는 날로부터 3년 내에 법률행위를 한 날로부터 10년 내에 행사하여야 한다.

(1) 법적 성질

제146조가 규정하는 기간은 법률관계를 조속히 확정하여 상대방을 보호하기 위한 제도로 그 기간의 성질은 제척기간이다(통설)(대판 1996.9.20. 96다25371). **기출 23** 따라서 제척기간의 도과여부는 당사자의 주장과 관계없이 법원이 당연히 조사하여 고려하여야 할 사항이다(대판 1996.9.20. 96다25371).

(2) 취소권의 단기소멸의 요건

1) 추인할 수 있는 때로부터 3년

① 취소할 수 있는 때로부터가 아니다.

② 「추인할 수 있는 날」이란 「취소의 원인이 종료」되어 취소권 행사에 관한 장애가 없어져서 취소권자가 취소의 대상인 법률행위를 추인할 수 있고 취소할 수도 있는 상태가 된 때를 가리킨다(대판 1998.11.27. 98다7421). **기출 15**

2) 법률행위를 한 날로부터 10년

3) 양 기간의 관계

① 둘 중 먼저 도달한 것이 있으면 그때 완전히 소멸한다.

② 법정대리인과 행위능력자 중 누구에 대해서라도 먼저 기간이 도과하면 취소권은 모두 소멸한다.

(3) 취소에 의해 발생한 청구권의 존속기간

① 통설은 취소권과 마찬가지로 단기제척기간에 걸린다고 한다.

② 판례는 전혀 별개의 문제이므로 취소권은 단기제척기간 내에 행사해야 하지만, 그 효과로서 생긴 부당이득반환청구권은 취소권을 행사한 때로부터 소멸시효가 별도로 진행한다고 한다(대판 1991.2.22. 90다13420).

---

06 법률행위의 부관

I 서설

법률행위가 성립하면 곧바로 그 효력이 발생함이 원칙이다. 그러나 법률행위의 효력의 발생 또는 소멸을 제한하기 위하여 법률행위에 부가되는 약관을 법률행위의 부관이라고 한다. 민법상으로는 조건·기한·부담의 세 가지가 있다. 이 중 조건과 기한은 총칙에 일반규정을 두고, 부담부 증여(제561조)와 부담부 유증(제1088조)에 관한 특별규정을 둔다.

Ⅱ 조건

1. 조건의 의의

① 조건이란 법률행위의 효력의 발생 또는 소멸을 장래의 불확실한 사실의 성부에 의존케 하는 법률행위의 부관이다.

② 조건이 되는 사실은 발생할 것인지 여부가 객관적으로 불확실한 장래의 사실이어야 한다. 장래 반드시 실현되는 사실은 기한이지 조건으로 되지 못한다.

③ 조건은 당사자가 임의로 부가한 것이어야 한다. 따라서 법정조건은 조건이 아니다.

④ 의사표시의 일반원칙에 따라 조건을 붙이고자 하는 의사 즉 조건의사와 그 표시가 필요하며, 조건의사가 있더라도 그것이 외부에 표시되지 않으면 법률행위의 동기에 불과할 뿐이고 그것만으로는 법률행위의 부관으로서의 조건이 되는 것은 아니다(대판 2003.5.13. 2003다10797). 기출 17 · 16

2. 조건의 종류

(1) 정지조건과 해제조건

① 정지조건 : 법률행위의 효력을 그 성취에 의해 발생하게 하는 조건이다(제147조 제1항). 정지조건부 법률행위에 해당한다는 존재 사실은 그 법률행위로 인한 법률효과의 발생을 저지하는 사유로서, 법률효과의 발생을 다투는 자가 입증해야 하나, 정지조건의 성취는 법률행위의 효력을 주장하는 자가 입증해야 한다.

② 해제조건 : 법률행위의 효력을 그 성취에 의해 소멸하게 하는 조건이다(제147조 제2항).

(2) 수의조건과 비수의조건

① 수의조건 : 조건의 성부가 당사자의 일방적 의사에 의존하는 조건으로, 이에는 다시 ㉠ 법률 행위의 효력이 전적으로 당사자의 일방적 의사에만 의존하는 순수수의조건과 ㉡ 당사자 일방의 의사와 함께 일정한 다른 사실상태에 의존하는 단순수의조건이 있다. 이 중 순수수의조건은 당사자에게 법률행위의 효력을 발생시킬 의사가 없다고 보아야 하므로 언제나 무효라고 할 것이지만, 단순수의조건은 유효한 조건이다.

② 비수의조건 : 조건의 성부가 당사자의 일방적 의사에만 의존하지 않는 조건을 말한다. 이에는 ㉠ 조건의 성부가 당사자의 일방적 의사와는 관계없이 결정되는 우성조건과 ㉡ 조건의 성부가 당사자의 일방적 의사와 제3자의 의사에 의하여 결정되는 혼성조건이 있다.

(3) 가장조건

형식적으로 조건이지만 실질적으로는 조건으로서의 효력이 인정되지 못하는 것을 총칭하여 가장조건이라고 한다.

> **제151조 【불법조건, 기성조건】**
> ① 조건이 선량한 풍속 기타 사회질서에 위반한 것인 때에는 그 법률행위는 무효로 한다.
> ② 조건이 법률행위의 당시 이미 성취한 것인 경우에는 그 조건이 정지조건이면 조건 없는 법률행위로 하고 해제조건이면 그 법률행위는 무효로 한다.
> ③ 조건이 법률행위의 당시에 이미 성취할 수 없는 것인 경우에는 그 조건이 해제조건이면 조건 없는 법률행위로 하고 정지조건이면 그 법률행위는 무효로 한다.

1) 법정조건

법률행위의 효력이 발생하기 위하여 법률이 명문으로 요구하는 요건이 법정조건이다. 조건은 법률행위의 내용으로서 당사자들의 의사로 정하여야 하기에 법정조건은 조건이 아니다.

2) 불법조건

① 선량한 풍속 기타 사회질서에 위반한 조건이 불법조건이다. 불법조건이 붙은 경우에 그 조건만이 무효인 것이 아니라 그 법률행위 전부가 무효로 된다(제151조 제1항).

> • 부첩관계인 부부생활의 종료를 해제조건으로 하는 증여계약은 그 조건만이 무효인 것이 아니라 증여계약 자체가 무효이다 (대판 1966.6.21. 66다530). 기출 22
> • 조건부 법률행위에 있어 조건의 내용 자체가 불법적인 것이어서 무효일 경우 또는 조건을 붙이는 것이 허용되지 아니하는 법률행위에 조건을 붙인 경우 그 조건만을 분리하여 무효로 할 수는 없고 그 법률행위 전부가 무효로 된다(대결 2005.11.8. 2005마541). 기출 24·22·21·16

② 매매계약에서 매도인에게 부과될 공과금을 매수인이 책임진다는 취지의 특약을 하였다 하더라도 이는 공과금이 부과되는 경우 그 부담을 누가 할 것인가에 관한 약정으로서 그 자체가 불법조건이라고 할 수 없고 이것만 가지고 사회질서에 반한다고 단정하기도 어렵다(대판 1993.5.25. 93다296).

3) 기성조건

조건인 사실이 법률행위 성립 당시 이미 발생한 경우가 기성조건이다. 기성조건이 정지조건이면 조건 없는 법률행위가 되고, 해제조건이면 그 법률행위가 무효이다(제151조 제2항). 따라서 정지조건부 화해계약 당시 이미 그 조건이 성취되었다면 이는 무조건 화해계약으로 볼 것이다(대판 1959.12.24. 4292민상670).

4) 불능조건

조건이 법률행위 성립 당시 이미 성취할 수 없는 것으로 객관적으로 확정된 경우가 불능조건이다. 불능조건이 해제조건이면 조건 없는 법률행위가 되고, 정지조건이라면 그 법률행위는 무효이다(제151조 제3항).

(4) 관련 판례

동산의 매매계약을 체결하면서, 매도인이 대금을 모두 지급받기 전에 목적물을 매수인에게 인도 하지만 대금이 모두 지급될 때까지는 목적물의 소유권은 매도인에게 유보되며 대금이 모두 지급된 때에 그 소유권이 매수인에게 이전된다는 내용의 이른바 소유권유보의 특약을 한 경우, 목적물의 소유권을 이전한다는 당사자 사이의 물권적 합의는 매매계약을 체결하고 목적물을 인도한때 이미 성립하지만 대금이 모두 지급되는 것을 정지조건으로 한다(대판 1999.9.7. 99다30534).

3. 조건에 친하지 않은 법률행위

(1) 의 의

법률행위에 조건이 붙으면 그 효력의 발생이나 존속이 불확실하게 되는데 그러한 불확실성을 감내할 수 없는 법률행위를 조건에 친하지 않은 법률행위라고 한다. 그럼에도 불구하고 조건에 친하지 않은 법률행위에 조건을 붙이면, 그 법률행위는 전체가 무효로 된다(대결 2005.11.8. 2005마541).

(2) 단독행위

① 원칙적으로 조건을 붙일 수 없다. 따라서 상계, 해제, 해지, 철회, 선택채권의 선택, 환매권 등에 조건을 붙일 수 없다.

② 단, 상대방의 동의가 있는 경우 또는 상대방에게 이익만을 주거나 상대방에게 불이익으로 되지 않는 경우에는 조건을 붙일 수 있다.

(3) 신분행위

① 원칙적으로 조건을 붙일 수 없다.

② 단, 유언에는 조건을 붙일 수 있다(제1073조 제2항). 또한 혼인과 달리 약혼에는 조건을 붙일 수 있다(통설).

(4) 어음 · 수표행위

① 원칙적으로 조건을 붙일 수 없고, 조건을 붙이면 그 행위 전부가 무효가 된다. 단, 어음 · 수표의 배서에 붙인 조건은 그 조건만 무효가 된다. 따라서 그 배서는 조건 없는 배서가 된다. 또한 어음보증에는 조건을 붙일 수 있다(대판 1986.9.9. 84다카2310).

② 조건과는 친하지 않지만, 기한과는 친하다.

(5) 물권행위

물권행위에 조건을 붙일 수 있는지 다툼이 있으나 다수설은 긍정하며, 판례는 소유권유보부매매(동산할부매매)에서 대금완납을 정지조건으로 하여 소유권이 이전된다는 '정지조건부 소유권이전의 합의'를 인정하고 있다.

4. 조건의 성취와 불성취

제147조 [조건성취의 효과]
① 정지조건 있는 법률행위는 조건이 성취한 때로부터 그 효력이 생긴다.
② 해제조건 있는 법률행위는 조건이 성취한 때로부터 그 효력을 잃는다.
③ 당사자가 조건성취의 효력을 그 성취전에 소급하게 할 의사를 표시한 때에는 그 의사에 의한다.

---

(1) 의 의

조건인 장래의 불확실한 사실이 일어나는 것을 조건의 성취라 하고, 그 반대의 경우를 불성취라고 한다.

(2) 조건의 성취 또는 불성취의 주장

1) 조건성취의 주장

① 조건의 성취로 인하여 불이익을 받을 당사자가 신의성실에 반하여 조건의 성취를 방해한 경우에, 상대방은 그 조건이 성취된 것으로 주장할 수 있다(제150조 제1항).

② 여기서의 당사자는 조건의 성취로 인하여 직접 불이익을 받는 자에 한한다.

③ 방해행위는 고의에 기한 경우뿐만 아니라 과실에 의한 경우를 포함하며, 작위에 한하지 않고 부작위라도 무방하다(대판 1990.11.13. 88다카29290).

④ 상대방의 주장에 의하여 조건성취로 의제되는 시점은 신의칙에 반하는 방해행위가 없었다면 조건이 성취되었으리라고 추정되는 시점이다(대판 1998.12.22. 98다42356). **기출** 23 · 18 · 15

2) 조건불성취의 주장

조건의 성취로 인하여 이익을 받을 당사자가 신의성실에 반하여 조건을 성취시킨 경우에 상대방은 그 조건이 성취되지 않은 것으로 주장할 수 있다(제150조 제2항).

(3) 조건의 성취 또는 불성취의 효과

조건성취의 효과는 원칙적으로 소급하지 않는다. 즉 정지조건부 법률행위는 그 조건이 성취된 때부터 그 효력이 생기고(제147조 제1항), 해제조건부 법률행위는 그 조건이 성취된 때부터 그 효력을 잃는다(제147조 제2항). 다만, 당사자가 조건성취의 효력을 그 성취 전에 소급하게 할 의사를 표시한 경우에는 그 의사에 의한다. 그러나 이 경우에도 제3자의 권리를 해하지 못한다(제147조 제3항).

(4) 증명책임

① 정지조건부 법률행위 : 어떠한 법률행위가 조건의 성취시 법률행위의 효력이 발생하는 소위정지조건부 법률행위에 해당한다는 사실은 그 법률행위로 인한 법률효과의 발생을 저지하는 사유로서 그 법률효과의 발생을 다투려는 자에게 주장 입증책임이 있다(대판 1993.9.28. 93다20832). 반면 정지조건이 성취되었다는 사실은 권리를 취득하고자 하는 측에서 증명책임이 있다(대판 1983.4.12. 81다카692). **기출 17**

② 해제조건부 법률행위 : 해제조건부 법률행위에 해당하는 사실 및 해제조건이 성취되었다는 사실 모두 법률행위 효력의 소멸을 주장하는 측에게 증명책임이 있다.

5. 조건부 법률행위의 일반적 효력

> **제148조【조건부권리의 침해금지】**
> 조건 있는 법률행위의 당사자는 조건의 성부가 미정한 동안에 조건의 성취로 인하여 생길 상대방의 이익을 해하지 못한다.
>
> **제149조【조건부권리의 처분 등】**
> 조건의 성취가 미정한 권리의무는 일반규정에 의하여 처분, 상속, 보존 또는 담보로 할 수 있다.
>
> **제150조【조건성취, 불성취에 대한 반신의행위】**
> ① 조건의 성취로 인하여 불이익을 받을 당사자가 신의성실에 반하여 조건의 성취를 방해한 때에는 상대방은 그 조건이 성취한 것으로 주장할 수 있다.
> ② 조건의 성취로 인하여 이익을 받을 당사자가 신의성실에 반하여 조건을 성취시킨 때에는 상대방은 그 조건이 성취하지 아니한 것으로 주장할 수 있다.

(1) 의 의

① 조건성취에 의하여 이익을 받을 당사자는 조건성취 여부가 미정인 상태에서도 일종의 기대권을 가진다.

② 조건부 법률행위에서 조건의 내용 자체가 불법적인 것이어서 무효인 경우 또는 조건을 붙이는 것이 허용되지 않는 법률행위에 조건을 붙이는 경우에, 그 조건만을 분리하여 무효로 할 수 없고, 그 법률행위 전부가 무효로 된다(대결 2005.11.8. 2005마541). **기출 18**

(2) 조건부 권리의 보호

① 조건부 법률행위의 당사자는 조건의 성부가 미정인 동안 조건의 성취로 인하여 생길 상대방의 이익을 해치지 못한다(제148조).

> 해제조건부증여로 인한 부동산소유권이전등기를 마쳤다 하더라도 그 해제조건이 성취되면 그 소유권은 증여자에게 복귀한다고 할 것이고, 이 경우 당사자간에 별단의 의사표시가 없는 한 그 조건성취의 효과는 소급하지 아니하나, 조건성취 전에 수증자가 한 처분행위는 조건성취의 효과를 제한하는 한도 내에서는 무효라고 할 것이고, 다만 그 조건이 등기되어 있지 않는 한 그 처분행위로 인하여 권리를 취득한 제3자에게 위 무효를 대항할 수 없다(대판 1992.5.22. 92다5584).

② 조건부 권리에 대한 침해가 제150조 위반에 해당하는 경우에, 당사자는 선택적으로 조건성취의 주장 또는 손해배상의 청구를 할 수 있다.

(3) 조건부 권리의 처분 등

조건부 권리도 조건의 성취가 미정인 동안에도 일반규정에 의하여 처분·상속·보존·담보로 할 수 있다(제149조).

Ⅲ 기 한

1. 기한의 의의

기한이란 법률행위의 효력의 발생이나 소멸을 장래 발생할 것이 확실한 사실에 의존케 하는 법률행위의 부관을 말한다. 기한은 법률행위의 내용으로 당사자가 임의로 정한 것이므로, 법정기한은 기한이 아니다.

2. 기한의 종류

(1) 시기와 종기

시기란 법률행위 효력의 발생에 관한 기한을 말하고, 종기란 효력의 소멸이 걸려 있는 기한이다.

(2) 확정기한과 불확정기한

① 기한의 내용인 사실이 발생하는 시기가 확정되어 있는 것이 확정기한이고, 그렇지 않은 것이 불확정기한이다.

② 어떤 부관이 불확정기한인지 조건인지 구별하기 어려운 경우 「법률행위의 해석」에 의해 판단한다. 부관에 표시된 사실이 발생하지 않으면 채무를 이행하지 않아도 된다고 보는 것이 합리적인 경우에는 조건으로 보아야 한다. 그러나 부관에 표시된 사실이 발생한 때에는 물론이고 반대로 발생하지 않는 것이 확정된 때에도 채무를 이행하여야 한다고 보는 것이 합리적인 경우에는 표시된 사실의 발생 여부가 확정되는 것을 불확정기한으로 정한 것으로 보아야 한다(대판 2018.6.28. 2018다201702). **기출** 17

3. 기한에 친하지 않은 법률행위

① 혼인 등 신분행위에는 시기를 붙일 수 없다.

② 소급효가 있는 법률행위에는 시기를 붙일 수 없다. 예 취소, 추인, 상계

③ 그러나 어음·수표행위에는 시기를 붙일 수 있다.

4. 기한부 법률행위의 효력

> **제152조【기한도래의 효과】**
> ① 시기 있는 법률행위는 기한이 도래한 때로부터 그 효력이 생긴다.
> ② 종기 있는 법률행위는 기한이 도래한 때로부터 그 효력을 잃는다.
>
> **제154조【기한부권리와 준용규정】**
> 제148조와 제149조의 규정은 기한 있는 법률행위에 준용한다.

(1) 기한도래의 효과

① 시기부 법률행위는 기한이 도래한 때부터 그 효력이 생긴다(제152조 제1항). 반면 종기부 법률행위는 기한이 도래한 때부터 그 효력을 잃는다(제152조 제2항).

② 기한에는 소급효가 없으며, 당사자의 특약에 의해서도 소급효를 인정할 수 없다.

(2) 기한부 권리

조건부 권리에 관한 규정(제148조, 제149조)은 기한부 권리에도 준용된다(제154조).

5. 기한의 이익

> **제153조【기한의 이익과 그 포기】**
> ① 기한은 채무자의 이익을 위한 것으로 추정한다.
> ② 기한의 이익은 이를 포기할 수 있다. 그러나 상대방의 이익을 해하지 못한다.

(1) 의 의

기한의 이익이란 기한이 존재하는 것, 즉 기한이 도래하지 않음으로써 당사자가 받는 이익을 말한다.

(2) 기한의 이익의 추정

① 기한의 이익을 누가 가지는지는 우선 「법률행위의 성질」에 따라 정해진다.

② 당사자의 특약이나 법률행위의 성질에 비추어 보아도 어느 당사자를 위한 것인지 불분명하다면 채무자를 위한 것으로 추정한다(제153조 제1항).

(3) 기한의 이익의 포기

① 기한의 이익은 포기할 수 있다. 다만, 상대방의 이익을 해치지 못한다(제152조 제2항).

② 기한의 이익이 상대방을 위하여 존재하는 경우 상대방의 손해를 배상하고 포기할 수 있다.

③ 기한의 이익을 가지는 무이자 소비대차의 차주나 무상임치인은 손해배상 없이 언제든지 기한의 이익을 포기할 수 있다.

④ 포기는 상대방 있는 단독행위로, 상대방에 대한 일방적 의사표시로 행하여진다.

⑤ 기한의 이익의 포기는 소급효가 없고, 장래를 향해서만 효과가 있다.

(4) 기한의 이익의 상실

> **제388조【기한의 이익의 상실】**
> 채무자는 다음 각 호의 경우에는 기한의 이익을 주장하지 못한다.
> 1. 채무자가 담보를 손상, 감소 또는 멸실하게 한 때
> 2. 채무자가 담보제공의 의무를 이행하지 아니한 때

1) 의 의

당사자의 합의에 의한 기한이익 상실의 특약 외에 법은 일정한 경우에 채무자는 기한의 이익을 주장하지 못한다고 한다(제388조).

2) 기한이익의 상실 특약

① 정지조건부 기한이익 상실 특약 : 그 내용에 의하여 일정한 사유가 발생하면 채권자의 청구 등을 요함이 없이 당연히 기한의 이익이 상실되어 채무의 이행기가 도래하는 약정이다.

② 형성권적 기한이익 상실 특약 : 일정한 사유가 발생한 후 채권자의 통지나 청구 등 채권자의 의사표시를 기다려 비로소 채무의 이행기가 도래하는 약정이다.

> 기한이익 상실의 특약이 위 양자 중 어느 것에 해당하느냐는 당사자의 의사해석의 문제이지만 일반적으로 기한이익 상실의 특약이 채권자를 위하여 둔 것인 점에 비추어 명백히 정지조건부 기한이익 상실의 특약이라고 볼 만한 특별한 사정이 없는 이상 형성적권 기한이익 상실의 특약으로 추정하는 것이 타당하다(대판 2002.9.4. 2002다28340). **기출** 17

3) 기한의 도래

민법상 기한의 이익의 상실사유가 발생한 경우 즉시 기한의 도래가 의제된 것이 아니라 채권자가 기한의 이익의 상실을 주장하여 즉시 변제를 청구할 수도 있고, 변제기를 기다려 청구할 수도 있다.

CHAPTER 05 확인학습문제

※ 개정법령 반영으로 인해 기출문제를 변형한 경우 **문제 변형** 표시를 하였습니다.

01 서 설

01 물건의 승계취득에 해당하는 것은? (다툼이 있으면 판례에 따름) [2021]

① 무주물 선점에 의한 소유권 취득
② 상속에 의한 소유권 취득
③ 환지처분에 의한 국가의 소유권 취득
④ 건물 신축에 의한 소유권 취득
⑤ 공용징수에 의한 토지 소유권 취득

답 ②

┃정답해설┃

② 상속, 매매, 교환, 증여 등은 승계취득에 속한다.

┃오답해설┃

① 제252조

> **제252조(무주물의 귀속)**
> ① 무주의 동산을 소유의 의사로 점유한 자는 그 소유권을 취득한다.
> ② 무주의 부동산은 국유로 한다.
> ③ 야생하는 동물은 무주물로 하고 사양하는 야생동물도 다시 야생상태로 돌아가면 무주물로 한다.

③ 토지구획정리사업의 환지계획에서 초등학교 및 중·고등학교 교육에 필요한 학교용지로 지정된 토지는 환지처분의 공고 다음 날에 법 제63조 본문에 따라 토지를 관리할 국가 또는 지방자치단체(이하 '국가 등'이라고 한다)에 귀속되어 국가 등이 소유권을 원시취득하고, 다만 국가 등은 법 제63조 단서에 따라 사업시행자에게 학교용지의 취득에 대한 대가를 지급할 의무를 부담하게 된다[2015다256312].
④ 신축건물의 소유권 취득은 원시취득에 해당한다.
⑤ 토지수용법상의 재결에 의한 토지취득은 원시취득이고, 협의취득은 토지수용법의 규정에 의한 협의성립의 확인이 없는 이상 사경제주체로서 행하는 사법상의 취득으로서 승계취득이다[95다3510].

제1관 법률행위 일반

제2관 법률행위의 해석

01 법률행위의 해석에 관한 설명으로 옳지 <u>않은</u> 것은? (다툼이 있으면 판례에 따름)

① 문서의 기재내용과 다른 명시적, 묵시적 약정이 있는 사실이 인정될 경우에는 그 기재내용과 다른 사실을 인정할 수 있다.

② 사적 자치가 인정되는 분야의 제정법이 임의규정인 경우, 사실인 관습은 법률행위의 해석기준이 될 수 있다.

③ 매매계약사항에 이의가 생겼을 때에는 매도인의 해석에 따른다는 약정을 한 경우, 법원은 매도인의 해석과 다르게 법률행위를 해석할 권한이 없다.

④ 계약서를 작성하면서 계약상 지위에 관하여 당사자들의 합치된 의사와 달리 착오로 잘못 기재하였는데 오류를 인지하지 못한 채 계약상 지위가 잘못 기재된 계약서에 그대로 기명날인이나 서명을 한 경우, 당사자들의 합치된 의사에 따라 계약이 성립한 것으로 보아야 한다.

⑤ 甲과 乙이 X토지를 매매하기로 합의하였으나 Y토지로 매매계약서를 잘못 작성한 경우 X토지에 관하여 매매계약이 성립된 것으로 보아야 한다.

답 ③

▎정답해설 ▎

③ 매매계약서에 계약사항에 대한 이의가 생겼을 때에는 매도인의 해석에 따른다는 조항은 법원의 법률행위해석권을 구속하는 조항이라고 볼 수 없다[74다1057].

▎오답해설 ▎

① 법원이 진정성립이 인정되는 처분문서를 해석함에 있어서는 특별한 사정이 없는 한 그 처분문서에 기재되어 있는 문언에 따라 당사자의 의사표시가 있었던 것으로 해석하여야 하는 것이나, 그 처분문서의 기재내용과 다른 특별한 명시적, 묵시적 약정이 있는 사실이 인정될 경우에 그 기재내용의 일부를 달리 인정하거나 작성자의 법률행위를 해석함에 있어서 경험칙과 논리법칙에 어긋나지 아니하는 범위 내에서 자유로운 심증으로 판단할 수 있다[2001다38593].

② 제106조

④, ⑤ 계약당사자 쌍방이 모두 동일한 물건을 계약목적물로 삼았으나 계약서에는 착오로 다른 물건을 목적물로 기재한 경우 계약서에 기재된 물건이 아니라 쌍방당사자의 의사합치가 있는 물건에 관하여 계약이 성립한 것으로 보아야 한다. 이러한 법리는 계약서를 작성하면서 계약상 지위에 관하여 당사자들의 합치된 의사와 달리 착오로 잘못 기재하였는데 계약당사자들이 오류를 인지하지 못한 채 계약상 지위가 잘못 기재된 계약서에 그대로 기명날인이나 서명을 한 경우에도 동일하게 적용될 수 있다[2016다242334].

01   법률행위의 목적에 관한 설명으로 옳은 것을 모두 고른 것은?   **[2023]**

> ㄱ. 甲이 乙에게 매도한 건물이 계약체결 후 甲의 방화로 전소하여 그에게 이전할 수 없게 된 경우, 甲의
>   손해배상책임이 문제될 수 있다.
> ㄴ. 甲이 乙에게 매도한 토지가 계약체결 후 재결수용으로 인하여 乙에게 이전 할 수 없게 된 경우, 위험부담이
>   문제될 수 있다.
> ㄷ. 甲이 乙에게 매도하기로 한 건물이 계약체결 전에 지진으로 전파(全破)된 경우, 계약체결상의 과실책임이
>   문제될 수 있다.

① ㄴ   ② ㄱ, ㄴ
③ ㄱ, ㄷ   ④ ㄴ, ㄷ
⑤ ㄱ, ㄴ, ㄷ

답 ⑤

┃ 정답해설 ┃

ㄱ. (○) 갑과 을의 매매계약은 쌍무계약이며 갑의 과실에 의해 목적물을 인도할 수 없는 경우에 을은 계약을 해제할
     수 있으며(제546조) 乙은 손해배상을 청구할 수 있다(제551조 참고).
ㄴ. (○) 쌍무계약의 당사자 일방의 채무가 당사자 쌍방의 책임 없는 사유로 이행할 수 없게 된 때에는 채무자는
     상대방의 이행을 청구하지 못하는데 이를 채무자위험부담주의라 한다(제537조 참고).
ㄷ. (○) 甲이 乙에게 매도하기로 한 건물이 계약체결 전에 지진으로 전파(全破)된 경우 원시적 불능으로 계약체결상의
     과실(제535조)이 문제된다.

더 알아보기	불능의 종류 및 민법의 태도	
원시적 불능	객관적 · 전부불능	계약체결상의 과실책임(제535조)
	객관적 · 일부불능 또는 주관적 전부 · 일부불능	담보책임(제572조~제581조)
후발적 불능	채무자에게 귀책사유가 있는 경우	이행불능(제390조)
	채무자에게 귀책사유가 없는 경우	쌍무계약에서 위험부담(제537조, 제538조)

02 불공정한 법률행위에 관한 설명으로 옳지 않은 것은? (다툼이 있으면 판례에 따름)   [2024]

① 불공정한 법률행위에 해당하는지는 원칙적으로 법률행위 시를 기준으로 판단한다.
② 대리인에 의한 법률행위의 경우, 궁박 상태의 여부는 본인을 기준으로 판단한다.
③ 경매에는 불공정한 법률행위에 관한 민법 제104조가 적용되지 않는다.
④ 불공정한 법률행위는 추인으로 유효로 될 수 없지만 법정추인은 인정된다.
⑤ 불공정한 법률행위는 이를 기초로 새로운 이해관계를 맺은 선의의 제3자에 대해서도 무효이다.

답 ④

▍정답해설▍
④ 불공정한 법률행위는 요건이 구비되면 그 행위는 무효이고, 추인에 의해서도 그 법률행위가 유효로 될 수 없다[94다10900].

▍오답해설▍
① 현저한 불공정의 판단기준시점은 법률행위시이다(통설·판례).
② 매도인의 대리인이 매매한 경우에 있어서 그 매매가 불공정한 법률행위인가를 판단함에는 매도인의 경솔, 무경험은 그 대리인을 기준으로 하여 판단하여야 하고, 궁박상태에 있었는지의 여부는 매도인 본인의 입장에서 판단되어야 한다[71다2255].
③ 경매에 있어서는 불공정한 법률행위에 관한 제104조가 적용될 여지가 없다[80마77].
⑤ 불공정한 법률행위는 절대적 무효이므로 선의의 제3자에게도 무효를 주장할 수 있다. 또한 무효행위의 추인에 의하여 유효로 될 수 없고, 법정추인이 적용될 여지도 없다는 것이 판례의 태도이다[94다10900 참고].

03 불공정한 법률행위에 관한 설명으로 옳지 않은 것은? (다툼이 있으면 판례에 따름)   [2022]

① 급부와 반대급부 사이의 현저한 불균형은 그 무효를 주장하는 자가 증명해야 한다.
② 무경험은 어느 특정 영역에서의 경험부족이 아니라 거래일반에 대한 경험부족을 의미한다.
③ 대리인에 의한 법률행위의 경우, 궁박 상태에 있었는지 여부는 본인을 기준으로 판단한다.
④ 불공정한 법률행위로서 무효인 경우, 원칙적으로 추인에 의하여 유효로 될 수 없다.
⑤ 경매절차에서 매각대금이 시가보다 현저히 저렴한 경우, 그 경매는 불공정한 법률행위로서 무효이다.

답 ⑤

▍정답해설▍
⑤ 경매에 있어서는 불공정한 법률행위 또는 채무자에게 불리한 약정에 관한 것으로서 효력이 없다는 제104조, 제608조는 적용될 여지가 없다[80마77].

① 불공정한 법률행위로서 매매계약의 무효를 주장하려면 주장자측에서 매도인에게 궁박, 경솔, 무경험 등의 상태에 있었을 것, 매수인측에서 위와 같은 사실을 인식하고 있었을 것, 대가가 시가에 비하여 헐값이어서 매매가격이 현저하게 불공정한 것을 주장 입증해야 한다[70다2065].

② '무경험'이라 함은 일반적인 생활체험의 부족을 의미하는 것으로서 어느 특정영역에 있어서의 경험부족이 아니라 거래일반에 대한 경험부족을 뜻한다[2002다38927].

③ 대리인에 의하여 법률행위가 이루어진 경우 그 법률행위가 제104조의 불공정한 법률행위에 해당하는지 여부를 판단함에 있어서 경솔과 무경험은 대리인을 기준으로 하여 판단하고, 궁박은 본인의 입장에서 판단하여야 한다[2002다38927].

④ 불공정한 법률행위로서 무효인 경우에는 추인에 의하여 무효인 법률행위가 유효로 될 수 없다[94다10900].

04 반사회적 법률행위로서 무효가 아닌 것은? (다툼이 있으면 판례에 따름) [2023]

① 변호사가 민사소송의 승소대가로 성공보수를 받기로 한 약정
② 도박자금에 제공할 목적으로 금전을 대여하는 행위
③ 수증자가 부동산 매도인의 배임행위에 적극 가담하여 체결한 부동산 증여계약
④ 마약대금채무의 변제로서 토지를 양도하기로 한 계약
⑤ 처음부터 보험사고를 가장하여 오로지 보험금을 취득할 목적으로 체결한 생명보험계약

답 ①

▌정답해설▐

① 변호사가 형사소송의 승소대가로 한 성공보수의 약정은 제103조 위반으로 무효이다[2015다200111 전합]. 그러나 민사소송의 승소대가로 한 성공보수의 약정은 무효가 아니다.

> **더 알아보기** 반사회질서 행위로서 무효로 인정되는 경우
>
> ① 범죄 기타 부정행위에 가담하는 계약, 경매나 입찰의 담합행위, 범죄의 포기를 대가로 금전을 주는 계약, 이중매매는 제2매수인이 매도인의 배임행위에 '적극가담'하는 경우
> ② 子가 부모와 동거하지 않겠다는 계약, 첩계약
> ③ 일생동안 혼인 또는 이혼하지 않겠다는 계약
> ④ 도박계약, 도박채무의 변제로서 토지의 양도 계약, 보험금을 편취하기 위한 생명보험계약
> ⑤ 윤락녀의 화대를 포주와 나누는 계약
> ⑥ 소송의 일방 당사자를 위하여 진실의 증언을 하고 승소시 소송가액의 일정액을 배분받기로 하는 계약은 사회적으로 용인될 수 있는 한도를 초과한 급부 제공부분은 무효
> ⑦ 부부관계의 종료를 해제조건으로 하는 증여계약의 경우에는 조건만이 무효가 되는 것이 아니라 법률행위자체가 무효
> ⑧ 혼인관계가 존속 중인 사실을 알면서 남의 첩이 되어 부첩행위를 계속한 경우에는 본처의 사전승인이 있었다 하더라도 장래의 부첩관계의 사전승인이라는 것은 선량한 풍속에 위배되는 행위이므로 본처에 대하여 불법행위가 성립

05 반사회적 법률행위에 관한 설명으로 옳지 <u>않은</u> 것은? (다툼이 있으면 판례에 따름)　　　　**[2021]**

① 어느 법률행위가 사회질서에 반하는지 여부는 특별한 사정이 없는 한 법률행위 당시를 기준으로 판단해야 한다.

② 강제집행을 면할 목적으로 부동산에 허위의 근저당권을 설정하는 행위는 특별한 사정이 없는 한 반사회적 법률행위라고 볼 수 없다.

③ 대리인이 매도인의 배임행위에 적극 가담하여 이루어진 부동산의 이중매매의 경우, 본인인 매수인이 그러한 사정을 몰랐다면 반사회적 법률행위가 되지 않는다.

④ 법률행위의 성립과정에서 단지 강박이라는 불법적 방법이 사용된 것에 불과한 때에는 반사회적 법률행위로 볼 수 없다.

⑤ 반사회적 법률행위임을 이유로 하는 무효는 선의의 제3자에게 대항할 수 있다.

🔲답 ③

─────────────────────────────

❚ 정답해설 ❚

③ 대리인이 본인을 대리하여 매매계약을 체결함에 있어서 매도인의 배임행위에 적극가담 하였다면 설사 본인이 미리 그러한 사정을 몰랐거나 반사회성을 야기한 것이 아니라고 할지라도 그 매매계약은 사회질서에 반한다[97다45532].

❚ 오답해설 ❚

① 제103조에 위반되는지 여부는 법률행위를 한 당시를 기준으로 판단한다. 따라서 매매계약체결 당시(법률행위시)에 정당한 대가를 지급하고 목적물을 매수하는 계약을 체결하였다면 비록 그 후 목적물이 범죄행위로 취득된 것을 알게 되었다고 하더라도 특별한 사정이 없는 한 제103조의 공서양속에 반하는 행위라고 단정할 수 없다[2001다44987].

② 강제집행을 면할 목적으로 부동산에 허위의 근저당권설정등기를 경료하는 행위는 선량한 풍속 기타 사회질서에 위반한 사항을 내용으로 하는 법률행위로 볼 수 없다[2003다70041].

④ 단지 법률행위의 성립 과정에서 불법적 방법이 사용된 데 불과한 때에는, 그 불법이 의사표시의 형성에 영향을 미친 경우에는 의사표시의 하자를 이유로 그 효력을 논의할 수는 있을지언정 반사회질서의 법률행위로서 무효(의사결정의 자유를 박탈)라고 할 수는 없다[2002다21509].

⑤ 공서양속 위반의 법률행위의 무효는 절대적이어서 선의의 제3자를 포함한 누구에게 대해서도 무효를 주장할 수 있다[63다479].

06 법률행위의 효력에 관한 설명으로 옳은 것을 모두 고른 것은? (다툼이 있으면 판례에 따름)

[2020]

ㄱ. 매매계약을 체결하면서 양도소득세를 면탈할 의도로 소유권이전등기를 일정기간 유보하는 약정은 반사회 질서행위로 볼 수 없다.

ㄴ. 경매목적물과 매각대금이 현저하게 공정을 잃은 경우에도 그 경매는 불공정한 법률행위에 해당하지 않는다.

ㄷ. 도박에 쓸 것을 알면서 빌려준 금전을 담보하기 위하여 저당권을 설정한 사람은 저당권설정등기의 말소를 청구할 수 있다.

---

① ㄱ

② ㄴ

③ ㄱ, ㄷ

④ ㄴ, ㄷ

⑤ ㄱ, ㄴ, ㄷ

답 ⑤

┃정답해설┃

ㄱ. (○) 주택매매계약에 있어서 매도인으로 하여금 주택의 보유기간이 3년 이상으로 되게 함으로써 양도소득세를 부과받지 않게 할 목적으로 매매를 원인으로 한 소유권이전등기는 3년 후에 넘겨받기로 특약을 하였다고 하더라도, 그와 같은 목적은 위 특약의 연유나 동기에 불과한 것이어서 위 특약 자체가 사회질서나 신의칙에 위반한 것이라고 는 볼 수 없다[91다6627].

ㄴ. (○) 경매에 있어서는 불공정한 법률행위 또는 채무자에게 불리한 약정에 관한 것으로서 효력이 없다는 제104조, 제608조는 적용될 여지가 없다[80마77].

ㄷ. (○) 도박자금으로 금원을 대여함으로 인하여 발생한 채권을 담보하기 위한 근저당권설정등기가 경료되었을 뿐인 경우와 같이 수령자가 그 이익을 향수하려면 경매신청을 하는 등 별도의 조치를 취하여야 하는 경우에는, 그 불법원인급여로 인한 이익이 종국적인 것이 아니므로 등기설정자는 무효인 근저당권설정등기의 말소를 구할 수 있다[94다54108].

07 강행규정에 위반되어 그 효력이 인정되지 <u>않는</u> 것을 모두 고른 것은? (다툼이 있으면 판례에 따름)
[2020]

> ㄱ. 제3자가 타인의 동의를 받지 않고 타인을 보험계약자 및 피보험자로 하여 체결한 생명보험계약
> ㄴ. 건물의 임차인이 비용을 지출하여 개조한 부분에 대한 원상회복의무를 면하는 대신 그 개조비용의 상환청
>   구권을 포기하기로 하는 약정
> ㄷ. 사단법인의 사원의 지위를 양도·상속할 수 있다는 규약
> ㄹ. 승소를 시켜주면 소송물의 일부를 양도하겠다는 민사소송의 당사자와 변호사 아닌 자 사이의 약정

① ㄱ, ㄴ   ② ㄱ, ㄷ

③ ㄱ, ㄹ   ④ ㄴ, ㄷ

⑤ ㄷ, ㄹ

답 ③

▌정답해설▐

ㄱ. (×) 제3자가 타인의 동의를 받지 않고 타인을 보험계약자 및 피보험자로 하여 체결한 생명보험계약은 보험계약자 명의에도 불구하고 실질적으로 타인의 생명보험계약에 해당한다. 상법 제731조 제1항에 의하면 타인의 생명보험에서 피보험자가 서면으로 동의의 의사표시를 하여야 하는 시점은 '보험계약 체결시까지'이고, 이는 강행규정으로서 이를 위반한 보험계약은 무효이므로, 타인의 생명보험계약 성립 당시 피보험자의 서면동의가 없다면 그 보험계약은 확정적으로 무효가 되고, 피보험자가 이미 무효가 된 보험계약을 추인하였다고 하더라도 그 보험계약이 유효로 될 수 없다[2009다74007].

ㄹ. (×) 변호사 이닌 甲과 소송당사자인 乙이 甲은 乙이 소송당사자로 된 민사소송사건에 관하여 乙을 승소시켜주고 乙은 소송물의 일부인 임야지분을 그 대가로 甲에게 양도하기로 약정한 경우 위 약정은 강행법규인 변호사법 제78조 제2호에 위반되는 반사회적 법률행위로서 무효이다[89다카10514].

▌오답해설▐

ㄴ. (○) 건물 임차인이 자신의 비용을 들여 증축한 부분을 임대인 소유로 귀속시키기로 하는 약정은 임차인이 원상회복의무를 면하는 대신 투입비용의 변상이나 권리주장을 포기하는 내용이 포함된 것으로서 특별한 사정이 없는 한 유효하므로, 유익비의 상환을 청구할 수도 없다[94다44705·44712].

ㄷ. (○) '사단법인의 사원의 지위는 양도 또는 상속할 수 없다'고 한 제56조의 규정은 강행규정은 아니라고 할 것이므로, 정관에 의하여 이를 인정하고 있을 때에는 양도·상속이 허용된다[91다26850].

08 불공정한 법률행위에 관한 설명으로 옳은 것은? (다툼이 있으면 판례에 따름) **[2020]**

① 불공정한 법률행위로 무효가 된 행위의 전환은 인정되지 않는다.
② 불공정한 법률행위라도 당사자가 무효임을 알고 추인한 경우 유효로 될 수 있다.
③ 불공정한 법률행위에 해당하는지 여부는 그 행위를 한 때를 기준으로 판단한다.
④ 불공정한 법률행위의 요건을 갖추지 못한 법률행위는 반사회질서행위가 될 수 없다.
⑤ 증여와 같이 아무런 대가관계 없이 당사자 일방이 상대방에게 일방적인 급부를 하는 행위도 불공정한 법률행위가 될 수 있다.

답 ③

┃오답해설┃

① 매매계약이 '불공정한 법률행위'에 해당하여 무효인 경우에도 무효행위의 전환에 관한 제138조가 적용될 수 있다[2009다50308].
② 불공정한 법률행위로서 무효인 경우에는 무효행위의 추인에 의해 무효인 법률행위가 유효로 될 수 없다[94다10900].
④ 제103조가 행위의 객관적인 성질을 기준으로 하여 그것이 반사회질서적인지 여부를 판단할 것임에 반하여 제104조는 행위자의 주관적인 사항을 참작하여 그 행위가 현저하게 공정을 잃은 것인지 여부를 판단할 것이므로 제104조는 제103조의 예시규정에 해당한다[65사28]. 따라서 불공정한 법률행위의 요건을 갖추지 못한 법률행위도 반사회질서 행위가 될 수 있다.
⑤ 기부행위[92다52238], 증여계약과 같이 아무런 대가관계 없이 당사자 일방이 상대방에게 일방적인 급부를 하는 법률행위는 그 공정성 여부를 논의할 수 있는 성질의 법률행위가 아니다[99다56833].

---

09 선량한 풍속 기타 사회질서에 위반한다는 이유로 무효 또는 일부무효로 되는 법률행위가 <u>아닌</u> 것은? (다툼이 있으면 판례에 따름) **[2019]**

① 어떤 일이 있어도 이혼하지 않겠다는 약정
② 과도한 위약벌의 약정
③ 민사사건에 관하여 변호사와 체결한 성공보수약정
④ 부첩(夫妾)관계의 종료를 해제조건으로 하는 증여계약
⑤ 보험사고를 가장하여 보험금을 취득할 목적으로 체결한 생명보험계약

답 ③

┃정답해설┃

③ 형사사건에서의 성공보수약정은 선량한 풍속 기타 사회질서에 위배되는 것으로 평가할 수 있다[2015다200111 전합]. 그러나 변호사가 민사소송의 승소 대가로 성공보수를 받기로 한 약정은 약정된 보수액이 부당하게 과다하여 형평의 원칙에 반한다고 볼 만한 특별한 사정이 없는 한 반사회적 법률행위에 해당하지 아니한다[2009다21249].

10 선량한 풍속 기타 사회질서에 반하는 행위를 모두 고른 것은? (다툼이 있으면 판례에 따름)

> ㄱ. 수사기관에서 참고인으로서 허위진술을 해 주는 대가로 금원을 지급하기로 한 약정
> ㄴ. 강제집행을 면할 목적으로 부동산에 허위의 근저당설정등기를 경료하는 행위
> ㄷ. 전통사찰의 주지직을 거액의 금품을 대가로 양도·양수하기로 하는 약정이 있음을 알고도 이를 묵인 혹은 방조한 상태에서 한 종교법인의 주지임명행위
> ㄹ. 부동산을 매도인이 이미 제3자에게 매각한 사실을 매수인이 단순히 알고 있었던 경우에 매도인의 요청으로 그 부동산을 매수하기로 한 계약

① ㄱ   ② ㄱ, ㄴ
③ ㄴ, ㄷ   ④ ㄱ, ㄷ, ㄹ
⑤ ㄴ, ㄷ, ㄹ

답 ①

┃ 정답해설 ┃

ㄱ. (○) 수사기관에서 참고인으로 진술하면서 자신이 잘 알지 못하는 내용에 대하여 허위의 진술을 하는 경우에 그 허위진술행위가 범죄행위를 구성하지 않는다고 하여도 이러한 행위 자체는 국가사회의 일반적인 도덕관념이나 국가사회의 공공질서이익에 반하는 행위라고 볼 것이니, 그 급부의 상당성 여부를 판단할 필요 없이 허위진술의 대가로 작성된 각서에 기한 급부의 약정은 제103조 소정의 반사회적 질서행위로 무효이다[2000다71999].

┃ 오답해설 ┃

ㄴ. (×) 강제집행을 면할 목적으로 부동산에 허위의 근저당권설정등기를 경료하는 행위는 제103조의 신량한 풍속 기타 사회질서에 위반한 사항을 내용으로 하는 법률행위로 볼 수 없다[2003다70041].

ㄷ. (×) 전통사찰의 주지직을 거액의 금품을 대가로 양도·양수하기로 하는 약정이 있음을 알고도 이를 묵인 혹은 방조한 상태에서 한 종교법인의 주지임명행위는 제103조 소정의 반사회질서의 법률행위에 해당하지 않는다[99다38613].

ㄹ. (×) 부동산의 이중매매가 반사회적 법률행위로서 무효가 되기 위하여는 매도인의 배임행위와 매수인이 매도인의 배임행위에 적극 가담한 행위로 이루어진 매매로서, 그 적극 가담하는 행위는 매수인이 다른 사람에게 매매목적물이 매도된 것을 안다는 것만으로는 부족하고, 적어도 그 매도사실을 알고도 매도를 요청하여 매매계약에 이르는 정도가 되어야 한다[93다55289].

11 甲男은 乙女와 부첩(夫妾)관계를 맺고, 그 대가로 자신이 소유하는 주택을 乙에게 증여하여 乙 앞으로 소유권이전등기를 해 주었다. 현재 乙은 위 주택에서 거주하고 있다. 다음 보기 중 옳은 설명을 모두 고른 것은? (다툼이 있으면 판례에 따름)

> ㄱ. 甲과 乙의 증여계약은 무효이다.
> ㄴ. 甲은 乙 명의 이전등기의 말소를 청구할 수 있다.
> ㄷ. 甲은 乙을 상대로 주택의 명도를 청구할 수 없다.
> ㄹ. 만약 乙이 丙에게 주택을 양도하고 이전등기를 해 준 경우 甲은 丙 명의의 이전등기의 말소를 청구할 수 없다.

① ㄱ, ㄴ
② ㄱ, ㄷ
③ ㄴ, ㄹ
④ ㄱ, ㄷ, ㄹ
⑤ ㄴ, ㄷ, ㄹ

답 ④

▎정답해설▎
ㄱ. (○) 부첩관계를 조건으로 하는 증여는 법률행위에 반사회적 조건이 결부된 것으로 무효이다[84다카1402].
ㄷ. (○) 79다483 전합
ㄹ. (○) 판례[79다483 전합]에 따라 위 주택의 소유권은 乙에게 귀속되었으므로, 丙은 乙과의 주택매매계약과 소유권이전등기 경료로써 위 주택의 소유권을 유효하게 취득하고, 甲은 丙 명의의 소유권이전등기말소청구를 할 수 없게 된다.

▎오답해설▎
ㄴ. (×) 제746조는 단지 부당이득제도만을 제한하는 것이 아니라 동법 제103조와 함께 사법의 기본이념으로서, 결국 사회적 타당성이 없는 행위를 한 사람은 스스로 불법한 행위를 주장하여 복구를 그 형식 여하에 불구하고 소구할 수 없다는 이상을 표현한 것이므로, 급여를 한 사람은 그 원인행위가 법률상 무효라 하여 상대방에게 부당이득반환청구를 할 수 없음은 물론 급여한 물건의 소유권은 여전히 자기에게 있다고 하여 소유권에 기한 반환청구도 할 수 없고 따라서 급여한 물건의 소유권은 급여를 받은 상대방에게 귀속된다[79다483 전합].

가 　진의 아닌 의사표시

01 　의사표시에 관한 설명으로 옳지 <u>않은</u> 것은? (다툼이 있으면 판례에 따름)

① 공무원 甲이 사직의 의사표시를 하는 것과 같은 사인의 공법행위에도 진의 아닌 의사표시에 관한 민법 규정이 적용된다.

② 甲이 상대방 乙에게 진의 아닌 의사표시의 무효를 주장하는 경우, 乙의 악의나 과실 유무는 甲이 증명해야 한다.

③ 채무자 甲의 법률행위가 통정허위표시로서 무효인 경우에도 그 법률행위가 채권자취소권의 요건을 갖추었다면, 甲의 채권자 乙은 채권자취소권을 행사할 수 있다.

④ 통정허위표시의 제3자가 악의라도 그 전득자가 통정허위표시에 대하여 선의인 때에는 전득자에게 허위표시의 무효를 주장할 수 없다.

⑤ 의사표시의 상대방이 의사표시를 받은 때에 제한능력자인 경우에는 의사표시자는 원칙적으로 그 의사표시로써 대항할 수 없다.

답 ①

──────────────────────────────

▍정답해설▍

① 공무원이 사직의 의사표시를 하여 의원면직처분을 하는 경우 그 사직의 의사표시는 그 법률관계의 특수성에 비추어 외부적·객관적으로 표시된 바를 존중하여야 할 것이므로, 비록 사직원제출자의 내심의 의사가 사직할 뜻이 아니었다고 하더라도 진의 아닌 의사표시에 관한 제107조는 그 성질상 사직의 의사표시와 같은 사인의 공법행위에는 준용되지 아니하므로 그 의사가 외부에 표시된 이상 그 의사는 표시된 대로 효력을 발한다[97누13962].

▍오답해설▍

② 어떠한 의사표시가 비진의의사표시로서 무효라고 주장하는 경우에 그 입증책임은 그 주장자에게 있다[92다2295]. 따라서 乙의 악의나 과실 유무에 대하여는 甲이 증명하여야 한다.

③ 채권자는 채무자가 채권자를 해할 목적으로 수익자와 통정한 허위의 의사표시로써 그 재산권을 목적으로 한 법률행위를 하였다면, 사행행위 취소를 청구할 수 있다[74다2114].

④ 甲이 乙의 임차보증금반환채권을 담보하기 위하여 통정허위표시로 乙에게 전세권설정등기를 마친 후 丙이 이러한 사정을 알면서도 乙에 대한 채권을 담보하기 위하여 위 전세권에 대하여 전세권근저당권설정등기를 마쳤는데, 그 후 丁이 丙의 전세권근저당권부 채권을 가압류하고 압류명령을 받은 경우, 丁이 통정허위표시에 관하여 선의라면 비록 丙이 악의라 하더라도 허위표시자는 그에 대하여 전세권이 통정허위 표시에 의한 것이라는 이유로 대항할 수 없다[2012다49292].

⑤ 의사표시의 상대방이 의사표시를 받은 때에 제한능력자인 경우에는 의사표시자는 그 의사표시로써 대항할 수 없다(제112조 본문).

01 통정허위표시의 무효를 이유로 대항할 수 없는 '제3자'에 해당하지 <u>않는</u> 자는? (다툼이 있으면 판례에 따름) **[2024]**

① 가장소비대차의 계약상의 지위를 이전 받은 자

② 가장매매의 목적물에 대하여 저당권을 취득한 자

③ 가장의 금전소비대차에 기한 대여금채권을 가압류한 자

④ 가장매매에 의한 매수인으로부터 목적 부동산을 매수하여 소유권이전등기를 마친 자

⑤ 가장의 전세권설정계약에 기하여 등기가 마쳐진 전세권에 관하여 저당권을 취득한 자

답 ①

▎**정답해설**▎

① 구 상호신용금고법(1998.1.13. 법률 제5501호로 개정되어 2000.1.28. 법률 제6203호로 개정되기 전의 것) 소정의 계약이전은 금융거래에서 발생한 계약상의 지위가 이전되는 사법상의 법률효과를 가져오는 것이므로, 원심이, 소외 금고로부터 이 사건 대출금 채권에 대하여 계약이전을 받은 피고는 소외 금고의 계약상 지위를 이전받은 자이어서 원고와 소외 금고 사이의 위 통정허위표시에 따라 형성된 법률관계를 기초로 하여 새로운 법률상 이해관계를 가지게 된 민법 제108조 제2항의 제3자에 해당하지 않는다고 판단한 것은 정당하고, 거기에 상고이유의 주장과 같은 통정허위표시의 효력 및 계약이전에 관한 법리오해 등의 위법이 없다[2002다31537].

02 통정허위표시에 관한 설명으로 옳은 것은? (다툼이 있으면 판례에 따름) **[2023]**

① 통정허위표시에 의한 급부는 특별한 사정이 없는 한 불법원인급여이다.

② 대리인이 대리권의 범위 안에서 현명하여 상대방과 통정허위표시를 한 경우, 본인이 선의라면 특별한 사정이 없는 한 그는 허위표시의 유효를 주장할 수 있다.

③ 가장행위인 매매계약이 무효라면 은닉행위인 증여계약도 당연히 무효이다.

④ 통정허위표시의 무효로부터 보호되는 선의의 제3자는 통정허위표시를 알지 못한 것에 대해 과실이 없어야 한다.

⑤ 가장매매계약의 매수인과 직접 이해관계를 맺은 제3자가 악의라 하더라도 그와 다시 법률상 이해관계를 맺은 전득자가 선의라면 가장매매계약의 무효로써 전득자에게 대항할 수 없다.

답 ⑤

▎**정답해설**▎

⑤ 통정허위표시의 제3자가 악의라도 그 전득자가 통정허위표시에 대하여 선의인 때에는 전득자에게 허위표시의 무효를 주장할 수 없다[2012다49292].

① 통정허위표시가 곧바로 불법원인급여가 되는 것은 아니다. 허위표시 자체는 불법이 아니므로 불법원인급여 규정인 제746조가 적용되지 않는다.
② 대리인의 허위표시에서의 본인은 통정허위표시에서 대항할 수 없는 제3자에 해당하지 않는다.
③ 가장행위인 매매가 무효이더라도 은닉행위인 증여는 유효하다[93다12930].
④ 제3자는 선의이면 족하고 무과실은 요건이 아니다[2003다70041].

03 통정허위표시에 의하여 외형상 형성된 법률관계를 기초로 하여 '새로운 법률상 이해관계를 맺은 제3자'에 해당하지 <u>않는</u> 자는? (다툼이 있으면 판례에 따름) **[2021]**

① 가장전세권에 관하여 저당권을 취득한 자
② 가장소비대차에 기한 대여금채권을 양수한 자
③ 가장저당권 설정행위에 기한 저당권의 실행에 의하여 목적부동산을 경락받은 자
④ 가장의 채권양도 후 채무가 변제되지 않고 있는 동안 채권양도가 허위임이 밝혀진 경우에 있어서의 채무자
⑤ 가장소비대차의 대주(貸主)가 파산한 경우, 파산자와는 독립한 지위에서 파산채권자 전체의 공동의 이익을 위하여 직무를 행하게 된 파산관재인

답 ④

▌정답해설▌

④ 채권의 가장양수인으로부터 추심을 위해 채권을 양수한 자, 채권의 가장양도에 있어서 채무자, 대리인·대표기관이 상대방과 허위표시를 한 경우에 본인·법인, 가장의 '제3자를 위한 계약'에 있어서 제3자(수익자), 저당권을 가장포기한 경우에 후순위저당권자(포기 전에 존재하던 것), 주식이 가장 양도되어 양수인 앞으로 명의개서된 경우에 그 주식의 발행회사, 가장매매 당사자의 상속인 또는 계약인수인[2002다31537 참고], 가장매매에 의한 손해배상청구권의 양수인은 제3자에 해당하지 않는다.

▌오답해설▌

①, ②, ③, ⑤ 부동산 가장매매의 매수인으로부터 그 부동산을 전득하거나 그 부동산에 저당권을 설정받은 자 또는 가등기를 취득한 자, 가장매매의 매수인에 대한 가장매매목적물 압류채권자, 가장제한물권의 양수인, 가장매매·가장소비대차에 의한 대금채권·금전채권의 양수인(가장채권의 양수인) 또는 그 채권을 가압류한 가압류권자, 허위표시에 의한 예금통장의 명의인으로부터 그 예금채권을 양수한 자, 가장저당권설정행위에 기한 저당권의 실행으로 경락받은 자, 가장전세권설정 후 그 전세권에 대하여 근저당권을 설정받은 자, 제한물권의 가장포기 후 그 제한물권 없는 부동산의 양수인, 가장채무를 보증한 후 그 보증채무를 이행하여 구상권을 취득한 자, 허위표시에 의한 권리취득자가 파산한 경우의 파산관재인[2002다48214] 등은 제3자에 해당한다.

04 통정허위표시에 관한 설명으로 옳지 <u>않은</u> 것은? (다툼이 있으면 판례에 따름) [2019]

① 상대방과 통정한 허위의 의사표시는 무효이지만, 이러한 무효는 과실로 인하여 허위표시라는 사실을 인식하지 못한 제3자에게 대항할 수 없다.

② 강제집행을 면할 목적으로 부동산에 허위의 근저당권설정등기를 경료하는 행위는 제103조의 선량한 풍속 기타 사회질서에 위반한 사항을 내용으로 하는 법률행위이다.

③ 선의의 제3자에 대해서는 통정허위표시의 당사자뿐만 아니라 그 누구도 통정허위표시의 무효로 대항할 수 없다.

④ 부동산의 가장양수인으로부터 해당 부동산을 취득한 제3자 A가 악의이고, 그로부터 그 부동산을 전득한 B가 선의라면 통정허위표시의 무효로써 B에게 대항할 수 없다.

⑤ 당사자들이 실제로는 증여계약을 체결하면서 매매계약인 것처럼 통정허위표시를 하였다면 은닉행위인 증여계약은 유효할 수 있다.

답 ②

▌정답해설▐
② 강제집행을 면할 목적으로 부동산에 허위의 근저당권설정등기를 경료하는 행위는 선량한 풍속 기타 사회질서에 위반한 사항을 내용으로 하는 법률행위로 볼 수 없다[2003다70041].

05 甲은 자신의 점포를 32만 달러에 팔기로 의욕하였지만, 미국인 乙에게 실수로 매매대금을 23만 달러로 표시하여 이 가격으로 계약이 체결되었다. 이 사안에 관한 설명으로 옳은 것은? [2019]

① 위 매매계약은 甲의 진의 아닌 의사표시로서 일단 유효하지만, 甲이 乙의 악의 또는 과실을 입증하여 무효를 주장할 수 있다.

② 甲과 乙은 모두 통정허위표시에 따른 무효를 주장할 수 있다.

③ 甲은 오표시무해의 원칙을 주장하여 '32만 달러'를 대금으로 하는 매매계약의 성립을 주장할 수 있다.

④ 甲은 착오를 주장하여 위 매매계약을 취소할 수 있지만, 乙이 甲의 중대한 과실을 증명하면 취소할 수 없다.

⑤ 위 매매계약은 불합의에 해당하므로, 매매계약 자체가 성립하지 않는다.

답 ④

▌정답해설▐
④ 32만 달러로 적는다는 것을 23만 달러로 잘못 적은 경우[오기(誤記)・오담(誤談)]와 같이 표시행위 자체를 잘못한 경우인데 다수설에 의하면 표시상의 착오는 표시대로 유효하고 제109조의 착오에 해당하여 취소대상이 된다.

06 통정허위표시에 관한 설명으로 옳은 것을 모두 고른 것은? (다툼이 있는 경우에는 판례에 의함)

> ㄱ. 동일인 여신한도의 제한을 회피하기 위하여 실질적 주채무자 아닌 제3자가 은행에 알리지 않고 주채무자로 서명날인하여 은행과 소비대차계약을 체결한 경우, 이 계약은 통정허위표시로서 무효이다.
> ㄴ. 통정허위표시로 무효가 된 법률행위도 채권자취소권의 대상이 될 수 있다.
> ㄷ. 차주와 통정하여 금전소비대차를 체결한 금융기관으로부터 계약을 인수한 자는 법률상 새로운 이해관계를 가지게 된 제3자에 해당한다.
> ㄹ. 통정허위표시는 반사회적 행위가 아니므로, 통정허위표시로 인한 채무를 이행한 때에도 불법원인급여가 되지 않는다.

① ㄱ, ㄴ   ② ㄱ, ㄷ
③ ㄴ, ㄷ   ④ ㄴ, ㄹ
⑤ ㄷ, ㄹ

답 ④

┃정답해설┃

ㄴ. (○) 채무자의 법률행위가 통정허위표시인 경우에도 채권자취소권의 대상이 되고, 한편 채권자취소권의 대상으로 된 채무자의 법률행위라도 통정허위표시의 요건을 갖춘 경우에는 무효라고 할 것이다[97다50985].

ㄹ. (○) 불법원인급여를 규정한 제746조 소정의 "불법의 원인"이라 함은 재산을 급여한 원인이 선량한 풍속 기타 사회질서에 위반하는 경우를 가리키는 것으로서, 강제집행을 면할 목적으로 부동산의 소유자 명의를 신탁하는 것이 위와 같은 불법원인급여에 해당한다고 볼 수는 없다[93다61307].

┃오답해설┃

ㄱ. (×) 통정허위표시가 성립하기 위하여는 의사표시의 진의와 표시가 일치하지 아니하고, 그 불일치에 관하여 상대방과 사이에 합의가 있어야 하는바, 제3자가 은행을 직접 방문하여 금전소비대차약정서에 주채무자로서 서명날인하였다면 제3자는 자신이 당해 소비대차계약의 주채무자임을 은행에 대하여 표시한 셈이고, 제3자가 은행이 정한 동일인에 대한 여신한도 제한을 회피하여 타인으로 하여금 제3자 명의로 대출을 받아 이를 사용하도록 할 의도가 있었다거나 그 원리금을 타인의 부담으로 상환하기로 하였더라도, 특별한 사정이 없는 한 이는 소비대차계약에 따른 경제적 효과를 타인에게 귀속시키려는 의사에 불과할 뿐, 그 법률상의 효과까지도 타인에게 귀속시키려는 의사로 볼 수는 없으므로 제3자의 진의와 표시에 불일치가 있다고 보기는 어렵다[98다17909].

ㄷ. (×) 구 상호신용금고법(2000.1.28. 법률 제6203호로 개정되기 전의 것) 소정의 계약이전은 금융거래에서 발생한 계약상의 지위가 이전되는 사법상의 법률효과를 가져오는 것이므로, 계약이전을 받은 금융기관은 계약이전을 요구받은 금융기관과 대출채무자 사이의 통정허위표시에 따라 형성된 법률관계를 기초로 하여 새로운 법률상 이해관계를 가지게 된 제108조 제2항의 제3자에 해당하지 않는다[2002다31537].

다 착오로 인한 의사표시

01 의사표시에 관한 설명으로 옳지 않은 것은? (다툼이 있으면 판례에 따름) **[2024]**

① 의사표시자가 통지를 발송한 후 사망하더라도 그 의사표시의 효력에 영향을 미치지 않는다.

② 통정허위표시의 경우, 통정의 동기나 목적은 허위표시의 성립에 영향이 없다.

③ 통정허위표시로 무효인 경우, 당사자는 가장행위의 채무불이행이 있더라도 이를 이유로 하는 손해배상을 청구할 수 없다.

④ 착오로 인하여 표의자가 경제적 불이익을 입지 않는 경우에는 특별한 사정이 없는 한 중요부분의 착오라고 할 수 없다.

⑤ 상대방이 표의자의 착오를 알고 이용하였더라도 착오가 표의자의 중대한 과실로 인한 경우에는 표의자는 착오를 이유로 그 의사표시를 취소할 수 없다.

답 ⑤

▌**정답해설**▌

⑤ 민법 제109조 제1항 단서는 표의자의 상대방의 이익을 보호하기 위한 것이므로, 상대방이 표의자의 착오를 알면서 이를 이용한 경우라면 표의자에게 중대한 과실이 있더라도 표의자는 그 의사표시를 취소할 수 있다[2013다49794].

▌**오답해설**▌

① 제111조

② 통정허위표시는 제3자를 속이려는 동기나 목적은 묻지 않는다.

③ 무효인 법률행위는 그 법률행위가 성립한 당초부터 당연히 효력이 발생하지 않는 것이므로, 무효인 법률행위에 따른 법률효과를 침해하는 것처럼 보이는 위법행위나 채무불이행이 있다고 하여도 법률효과의 침해에 따른 손해는 없는 것이므로 그 손해배상을 청구할 수는 없다[2002다72125].

④ 착오로 인하여 표의자가 어떤 경제적 불이익을 입은 것이 아닌 때 그 착오로 인하여 표의자가 무슨 경제적인 불이익을 입은 것이 아니라고 한다면 이를 법률행위 내용의 중요 부분의 착오라고 할 수 없다[98다47924 참고].

02 착오로 인한 의사표시에 관한 설명으로 옳지 <u>않은</u> 것은? (다툼이 있으면 판례에 따름)   **[2023]**

① 매도인의 하자담보책임이 성립하더라도 착오를 이유로 한 매수인의 취소권은 배제되지 않는다.

② 계약 당시를 기준으로 하여 장래의 미필적 사실의 발생에 대한 기대나 예상이 빗나간 경우, 착오취소는 인정되지 않는다.

③ 동기의 착오는 동기가 표시되어 해석상 법률행위의 내용으로 된 경우에 한해서만 유일하게 고려된다.

④ 매매계약에서 매수인이 목적물의 시가에 관해 착오를 하였더라도 이는 원칙적으로 중요부분의 착오에 해당하지 않는다.

⑤ 상대방이 표의자의 착오를 알면서 이용하였다면 표의자의 착오에 중대한 과실이 있더라도 착오취소가 인정된다.

답 ③

▌정답해설▐

③ 동기의 착오가 법률행위의 내용의 중요 부분의 착오에 해당함을 이유로 표의자가 법률행위를 취소하려면 그 동기를 당해 의사표시의 내용으로 삼을 것을 상대방에게 표시하고 의사표시의 해석상 법률행위의 내용으로 되어 있다고 인정되면 충분하고 당사자들 사이에 별도로 그 동기를 의사표시의 내용으로 삼기로 하는 합의까지 이루어질 필요는 없지만, 그 법률행위의 내용의 착오는 보통 일반인이 표의자의 입장에 섰더라면 그와 같은 의사표시를 하지 아니하였으리라고 여겨질 정도로 그 착오가 중요한 부분에 관한 것이어야 한다[97다26210].

▌오답해설▐

① 2015다78703

② 2016다212175

④ 부동산 매매에 있어서 시가에 관한 착오는 부동산을 매매하려는 의사를 결정함에 있어 동기의 착오에 불과할 뿐 법률행위의 중요부분에 관한 착오라고 할 수 없다[92다29337].

⑤ 제109조 제1항 단서는 의사표시의 착오가 표의자의 중대한 과실로 인한 때에는 그 의사표시를 취소하지 못한다고 규정하고 있는데, 위 단서 규정은 표의자의 상대방의 이익을 보호하기 위한 것이므로, 상대방이 표의자의 착오를 알고 이를 이용한 경우에는 착오가 표의자의 중대한 과실로 인한 것이라고 하더라도 표의자는 의사표시를 취소할 수 있다[2013다49794].

03 착오에 의한 의사표시에 관한 설명으로 옳지 <u>않은</u> 것은? (다툼이 있으면 판례에 따름)　　[2022]

① 대리인이 의사표시를 한 경우, 착오의 유무는 본인을 표준으로 판단하여야 한다.
② 착오가 표의자의 중대한 과실로 인한 때에는 표의자는 특별한 사정이 없는 한 그 의사표시를 취소할 수 없다.
③ 착오로 인하여 표의자가 경제적인 불이익을 입지 않았다면 법률행위 내용의 중요부분의 착오라 할 수 없다.
④ 상대방이 표의자의 진의에 동의한 경우, 표의자는 착오를 이유로 그 의사표시를 취소할 수 없다.
⑤ 착오를 이유로 의사표시를 취소하는 자는 착오가 없었더라면 의사표시를 하지 않았을 것이라는 점을 증명하여야 한다.

답 ①

┃ 정답해설 ┃

① 대리인의 의사표시에 착오가 있는 경우에는 대리인을 기준으로 판단한다(제116조 제1항). 이 경우 본인에 의한 의사표시의 착오는 없고, 대리인에 의한 착오의 효과가 본인에 귀속하여 본인은 착오를 이유로 취소할 수 있다.

┃ 오답해설 ┃

② 제109조 제1항 단서

> **제109조(착오로 인한 의사표시)**
> ① 의사표시는 법률행위의 내용의 중요부분에 착오가 있는 때에는 취소할 수 있다. 그러나 그 착오가 표의자의 중대한 과실로 인한 때에는 취소하지 못한다.

③ 착오가 법률행위 내용의 중요 부분에 있다고 하기 위하여는 표시와 의사의 불일치가 객관적으로 현저하여야 하고, 만일 그 착오로 인하여 표의자가 무슨 경제적인 불이익을 입은 것이 아니라면 이를 법률행위 내용의 중요 부분의 착오라고 할 수 없다[2006다41457].

④ 진의와 표시가 다르고 표시된 대로의 효과가 표의자에게 불리하나 상대방이 표의자의 착오를 발견하고 표의자가 본래 의욕한 효과에 동의한 경우(甲이 A물건을 110만 원에 판다고 청약한다는 것이 100만 원으로 잘못 표기하여 착오를 이유로 취소하고자 할 때 매수인이 110만 원도 좋다고 하며 매매대금을 지급하겠다고 하는 경우)에는 상대방의 동의를 통해 표의자는 마치 착오가 없는 상태로 환원되어 진의에 따른 효과에 구속되기 때문에 착오를 이유로 취소할 수 없다.

⑤ 착오를 이유로 의사표시를 취소하는 자는 법률행위의 내용에 착오가 있었다는 사실과 함께 그 착오가 의사표시에 결정적인 영향을 미쳤다는 점, 즉 만약 그 착오가 없었더라면 의사표시를 하지 않았을 것이라는 점을 증명하여야 한다[2007다74188].

04 착오에 의한 의사표시에 관한 설명으로 옳지 **않은** 것은? (다툼이 있으면 판례에 따름)

① 대리인의 표시내용과 본인의 의사가 다른 경우, 본인은 착오를 이유로 의사표시를 취소할 수 없다.

② 착오를 이유로 의사표시를 취소하면 그 법률행위는 소급하여 무효로 된다.

③ 착오의 존재 여부는 의사표시 당시를 기준으로 판단하므로, 장래의 불확실한 사실은 착오의 대상이 되지 않는다.

④ 시(市)의 개발사업을 위한 토지매수협의를 진행하면서 토지 전부가 대상에 편입된다는 시(市) 공무원의 말을 믿고 매매계약을 체결한 경우, 동기의 착오를 이유로 의사표시를 취소할 수 있다.

⑤ 부동산 매매에서 목적물의 시가에 관한 착오는 법률행위의 중요부분에 관한 착오에 해당하지 않는다.

답 ③

─────────────────────────────────

▌정답해설▐

③ 부동산의 양도가 있은 경우에 그에 대하여 부과될 양도소득세 등의 세액에 관한 착오가 미필적인 장래의 불확실한 사실에 관한 것이라도 제109조 소정의 착오에서 제외되는 것은 아니다[93다24810].

▌오답해설▐

① 사자가 아닌 대리인이 표시를 잘못한 경우에는 그 대리인의 표시만이 효과를 일으키므로, 대리인의 표시내용과 본인의 의사가 다르다고 할지라도 이는 원칙적으로 본인의 착오가 아니다[제116조 제1항 참고].

② 취소된 법률행위는 처음부터 무효인 것으로 본다[제141조 본문].

④ 시가 산업기지개발사업을 실시하기 위해 토지를 취득함에 있어 일부가 그 사업대상토지에 편입된 토지는 무조건 잔여지를 포함한 전체 토지를 협의매수하기로 하여 지주들에게는 잔여지가 발생한 사실 등을 알리지 아니한 채 전체 토지에 대한 손실보상협의요청서를 발송하고 매수협의를 진행함에 따라 지주들이 그 수유 토지 전부가 사업대상에 편입된 것 등으로 잘못 판단하고 시의 협의매수에 응한 것에 대하여 그 의사표시의 동기에 착오가 있었음을 이유로 취소할 수 있다[90다카27440].

⑤ 부동산 매매에 있어서 시가에 관한 착오는 부동산을 매매하려는 의사를 결정함에 있어 동기의 착오에 불과할 뿐 법률행위의 중요부분에 관한 착오라고 할 수 없다[92다29337].

05 착오에 의한 의사표시에 관한 설명으로 옳지 **않은** 것은? (다툼이 있으면 판례에 따름)　　[2021]

① 토지매매에 있어서 특별한 사정이 없는 한, 매수인이 측량을 통하여 매매목적물이 지적도상의 그것과 정확히 일치하는지 확인하지 않은 경우 중대한 과실이 인정된다.

② 상대방이 표의자의 진의에 동의한 경우 표의자는 착오를 이유로 의사표시를 취소할 수 없다.

③ 상대방에 의해 유발된 동기의 착오는 동기가 표시되지 않았더라도 중요부분의 착오가 될 수 있다.

④ 상대방이 표의자의 착오를 알면서 이용한 경우에는 착오가 표의자의 중대한 과실로 인한 것이더라도 표의자는 착오에 의한 의사표시를 취소할 수 있다.

⑤ 제3자의 기망행위에 의해 표시상의 착오에 빠진 경우에 사기가 아닌 착오를 이유로 의사표시를 취소할 수 있다.

▌정답해설▐

① 토지매매에서 특별한 사정이 없는 한 매수인에게 측량을 하거나 지적도와 대조하는 등의 방법으로 매매목적물이 지적도상의 그것과 정확히 일치하는지 여부를 미리 확인하여야 할 주의의무가 있다고 볼 수 없다[2019다288232].

▌오답해설▐

② 착오는 의사와 표시의 불일치를 표의자가 모르는 것이므로[84다카890], 상대방의 표의자의 진의에 동의한 경우 자연적 해석에 따르면 일치한 의사대로 효력이 발생하므로 착오를 이유로 그 의사표시를 취소할 수 없다.

③ 경계선을 침범하였다는 상대방의 강력한 주장에 의하여 착오로 그간의 경계 침범에 대한 금원을 지급한 경우[97다6063]처럼 동기의 착오가 상대방으로부터 유발된 경우에는 착오를 동기가 표시된 여부를 불문하고 취소할 수 있다.

④ 중대한 과실은 표의자의 직업·행위의 종류·목적 등에 비추어 보통 요구되는 주의를 현저히 결한 것을 의미한다[94다25964]. 주의할 것은 표의자에게 중대한 과실이 있다 하더라도 그 상대방이 표의자의 착오를 알고서 악용한 경우에는 표의자의 의사표시 취소가 허용된다[4288민상321].

⑤ 신원보증서류에 서명날인(署名捺印)한다는 착각에 빠진 상태로 연대보증의 서면에 서명날인한 경우, 결국 위와 같은 행위는 강학상 기명날인의 착오(서명의 착오), 이른바 표시상의 착오에 해당하므로, 비록 위와 같은 착오가 제3자의 기망행위에 의하여 일어난 것이라 하더라도 제110조 제2항의 규정을 적용할 것이 아니라, 착오에 의한 의사표시에 관한 법리만을 적용하여 취소권 행사의 가부를 가려야 한다[2004다43824].

06 착오에 관한 설명으로 옳지 <u>않은</u> 것은? (다툼이 있으면 판례에 따름) **[2020]**

① 매도인이 매매대금 미지급을 이유로 매매계약을 해제한 후에도 매수인은 착오를 이유로 이를 취소할 수 있다.

② 보험회사의 설명의무 위반으로 보험계약의 중요사항을 제대로 이해하지 못하고 착오에 빠져 계약을 체결한 고객은 그 계약을 취소할 수 있다.

③ 계약서에 X토지를 목적물로 기재한 때에도 Y토지에 대하여 의사의 합치가 있었다면 Y토지를 목적으로 하는 계약이 성립한다.

④ 착오에 관한 민법규정은 법률의 착오에 적용되지 않는다.

⑤ 취소의 의사표시는 취소자가 그 착오를 이유로 자신의 법률행위의 효력을 처음부터 없애려는 의사가 드러나면 충분하다.

답 ④

▌정답해설▐

④ 법률에 관한 착오라 하더라도 그것이 법률행위 내용의 중요부분에 관한 것인 때에는 표의자는 그 의사표시를 취소할 수 있다[80다2475].

사기·강박에 의한 의사표시

01 **사기·강박에 의한 의사표시에 관한 설명으로 옳은 것은? (다툼이 있으면 판례에 따름) [2024]**

① 피기망자에게 손해를 가할 의사는 사기에 의한 의사표시의 성립요건이다.

② 상대방이 불법으로 어떤 해악을 고지하였다면, 표의자가 이로 말미암아 공포심을 느끼지 않았더라도 강박에 의한 의사표시에 해당한다.

③ 상대방의 대리인이 한 사기는 제3자의 사기에 해당한다.

④ 단순히 상대방의 피용자에 지나지 않는 사람이 한 강박은 제3자의 강박에 해당하지 않는다.

⑤ 매도인을 기망하여 부동산을 매수한 자로부터 그 부동산을 다시 매수한 제3자는 특별한 사정이 없는 한 선의로 추정된다.

답 ⑤

▌정답해설▐

⑤ 사기의 의사표시로 인한 매수인으로부터 부동산의 권리를 취득한 제3자는 특별한 사정이 없는 한 선의로 추정할 것이므로 사기로 인하여 의사표시를 한 부동산의 양도인이 제3자에 대하여 사기에 의한 의사표시의 취소를 주장하려면 제3자의 악의를 입증할 필요가 있다고 할 것이다[70다2155].

▌오답해설▐

① 사기죄는 타인을 기망하여 그로 인한 하자 있는 의사에 기하여 재물의 교부를 받거나 재산상의 이득을 취득할 때 성립하고, 사기죄의 요건으로서의 기망은 널리 재산상의 거래관계에 있어서 서로 지켜야 할 신의와 성실의 의무를 저버리는 모든 적극적 또는 소극적 행위를 말하며, 시기죄의 성립에 있어서 피해자에게 손해를 가하려는 목적을 필요로 하지는 않지만 적어도 타인의 재물 또는 이익을 침해한다는 의사와 피기망자로 하여금 어떠한 처분을 하게 한다는 의사는 있어야 한다[97도3054].

② 강박에 의한 의사표시라고 하려면 상대방이 불법으로 어떤 해악을 고지함으로 말미암아 공포를 느끼고 의사표시를 한 것이어야 한다[2002다73708].

③ 대리인은 상대방과 동일시 할 수 있는 자로 제3자에 해당하지 않는다.

④ 의사표시의 상대방이 아닌 자로서 기망행위를 하였으나 민법 제110조 제2항에서 정한 제3자에 해당되지 아니한다고 볼 수 있는 자란 그 의사표시에 관한 상대방의 대리인 등 상대방과 동일시할 수 있는 자만을 의미하고, 단순히 상대방의 피용자이거나 상대방이 사용자책임을 져야 할 관계에 있는 피용자에 지나지 않는 자는 상대방과 동일시할 수는 없어 이 규정에서 말하는 제3자에 해당한다[96다41496].

02 사기·강박에 의한 의사표시에 관한 설명으로 옳지 **않은** 것은? (다툼이 있으면 판례에 따름)

[2022]

① 상대방의 기망행위로 의사결정의 동기에 관하여 착오를 일으켜 법률행위를 한 경우, 사기를 이유로 그 의사표시를 취소할 수 있다.

② 상대방이 불법적인 해악의 고지 없이 각서에 서명날인할 것을 강력히 요구하는 것만으로는 강박이 되지 않는다.

③ 부작위에 의한 기망행위로도 사기에 의한 의사표시가 성립할 수 있다.

④ 제3자에 의한 사기행위로 계약을 체결한 경우, 표의자는 먼저 그 계약을 취소하여야 제3자에 대하여 불법행위로 인한 손해배상을 청구할 수 있다.

⑤ 매수인이 매도인을 기망하여 부동산을 매수한 후 제3자에게 저당권을 설정해 준 경우, 특별한 사정이 없는 한 제3자는 매수인의 기망사실에 대하여 선의로 추정된다.

답 ④

┃ 정답해설 ┃

④ 제3자의 사기행위로 인하여 주택에 관한 분양계약을 체결하였다고 하더라도 제3자의 사기행위 자체가 불법행위를 구성하는 이상, 피해자가 제3자를 상대로 손해배상청구를 하기 위하여 반드시 그 분양계약을 취소할 필요는 없다[97다55829].

┃ 오답해설 ┃

① 기망행위로 인하여 법률행위의 중요부분에 관하여 착오(주관적 요건 + 객관적 요건)를 일으킨 경우 뿐만 아니라 법률행위의 내용으로 표시되지 아니한 의사결정의 동기에 관하여 착오(주관적 요건)를 일으킨 경우에도 표의자는 그 법률행위를 사기에 의한 의사표시로서 취소할 수 있다[85도167].

② 강박에 의한 의사표시라고 하려면 상대방이 불법으로 어떤 해악을 고지하므로 말미암아 공포를 느끼고 의사표시를 한 것이어야 하므로 각서에 서명날인할 것을 강력히 요구하였다고 설시한 것은 심리미진 또는 강박에 의한 의사표시의 법리를 오해한 것이라 할 것이다[78다1968].

③ 우리 사회의 통념상으로는 공동묘지가 주거환경과 친한 시설이 아니어서 분양계약의 체결 여부 및 가격에 상당한 영향을 미치는 요인일 뿐만 아니라 대규모 공동묘지를 가까이에서 조망할 수 있는 곳에 아파트단지가 들어선다는 것은 통상 예상하기 어렵다는 점 등을 감안할 때 아파트 분양자는 아파트단지 인근에 공동묘지가 조성되어 있는 사실을 수 분양자에게 고지할 신의칙상의 의무를 부담하고, 이를 고지하지 않을 경우 부작위에 의한 기망행위가 성립한다[2005다5812].

⑤ 사기의 의사표시로 인한 매수인으로부터 부동산의 권리를 취득한 제3자는 특별한 사정이 없는 한 선의로 추정할 것이므로 사기로 인하여 의사표시를 한 부동산의 양도인이 제3자에 대하여 사기에 의한 의사표시의 취소를 주장하려면 제3자의 악의를 입증할 필요가 있다[70다2155].

03 사기·강박에 의한 의사표시에 관한 설명으로 옳은 것은? (다툼이 있으면 판례에 따름)　**[2021]**

① 교환계약의 당사자가 자기 소유 목적물의 시가를 묵비하였다면 특별한 사정이 없는 한, 위법한 기망행위가 성립한다.

② 강박에 의해 자유로운 의사결정의 여지가 완전히 박탈되어 그 외형만 있는 법률행위라고 하더라도 이를 무효라고 할 수는 없다.

③ 토지거래허가를 받지 않아 유동적 무효 상태에 있는 법률행위라도 사기에 의한 의사표시의 요건이 충족된 경우 사기를 이유로 취소할 수 있다.

④ 대리인의 기망행위로 계약을 체결한 상대방은 본인이 대리인의 기망행위에 대해 선의·무과실이면 계약을 취소할 수 없다.

⑤ 강박행위의 목적이 정당한 경우에는 비록 그 수단이 부당하다고 하더라도 위법성이 인정될 여지가 없다.

답 ③

▌**정답해설**▐

③ 토지거래가 계약당사자의 의사와 표시의 불일치(비진의표시·허위표시·착오) 또는 하자있는 의사(사기·강박)에 의해 이루어진 경우 거래허가를 신청하기 전 단계에서 이러한 사유를 주장하여 그 계약을 확정적으로 무효화시키고서 자신의 거래허가절차협력의무를 면하고 이미 지급된 계약금 등의 반환을 구할 수 있다[97다36118].

▌**오답해설**▐

① 교환계약을 체결하려는 일방 당사자가 자기가 소유하는 목적물의 시가를 묵비하여 상대방에게 고지하지 아니하거나 혹은 허위로 시가보다 높은 가액을 시가라고 고지하였다 하더라도 이는 상대방의 의사결정에 불법적인 간섭을 한 것이라고 볼 수 없다[2000다54406·54413].

② 강박에 의한 법률행위가 하자 있는 의사표시로서 취소되는 것에 그치지 않고, 나아가 무효로 되기 위해서는 의사표시자로 하여금 의사결정을 스스로 할 수 있는 여지를 완전히 박탈한 상태(강박행위가 극심)에서 의사표시가 이루어져 단지 법률행위의 외형만이 만들어진 것에 불과한 정도이어야 한다[96다49353].

④ 제110조 제2항에서 정한 제3자에 해당되지 않는다고 볼 수 있는 자란 그 의사표시에 관한 상대방의 대리인(은행의 지점장, 은행출장소장[98다60828]) 등 상대방과 동일시할 수 있는 자만을 의미한다. 따라서 대리인의 사기에 의하여 상대방이 의사표시를 하였을 경우에 상대방은 본인이 그 사실을 알든, 모르든 기망에 인한 의사표시를 취소할 수 있다[4291민상101].

⑤ 부정행위에 대한 고소, 고발은 정당한 권리행사가 되어 위법하다고 할 수 없으나, 부정한 이익의 취득을 목적으로 하는 경우에는 위법한 강박행위가 되는 경우가 있고, 목적이 정당하다 하더라도 행위나 수단 등이 부당한 때에는 위법성이 있는 경우가 있을 수 있다[92다25120].

04 사기나 강박에 의한 의사표시에 관한 설명으로 옳지 <u>않은</u> 것은? (다툼이 있으면 판례에 따름)

① 민법상의 법률행위에 관한 규정은 특별한 사정이 없는 한 소송행위에는 적용이 없으므로, 소송행위가 강박에 의하여 이루어지더라도 이를 이유로 취소할 수는 없다.

② 매도인의 기망에 의하여 타인 소유의 물건을 매도인의 것으로 알고 매수한 자는 만일 그것이 타인의 물건인 줄 알았더라면 매수하지 아니하였을 사정이 있는 경우, 매도인의 사기를 이유로 매매계약을 취소할 수 있다.

③ 상대방의 사기에 속아 신원보증서류에 서명날인한다는 착각에 빠진 상태로 연대보증서면에 서명날인한 경우, 이러한 표시상의 착오에서는 착오 이외에 사기를 이유로도 연대보증계약을 취소할 수 있다.

④ 은행 출장소장은 은행 또는 은행과 동일시할 수 있는 자이므로, 그의 사기에 속아 은행과 대출 계약을 체결한 사람은 은행이 그 사기사실을 알았거나 알 수 있었을 경우에 한하여 대출계약을 취소할 수 있는 것은 아니다.

⑤ 강박에 의한 법률행위가 동시에 불법행위를 구성하는 경우, 그 취소의 효과로 생기는 부당이득반환청구권과 불법행위로 인한 손해배상청구권은 경합하지만 중첩적으로 행사할 수는 없다.

답 ③

┃정답해설┃

③ 사기에 의한 의사표시란 타인의 기망행위로 말미암아 착오에 빠지게 된 결과 어떠한 의사표시를 하게 되는 경우이므로 거기에는 의사와 표시의 불일치가 있을 수 없고, 단지 의사의 형성과정 즉 의사표시의 동기에 착오가 있는 것에 불과하며, 이 점에서 고유한 의미의 착오에 의한 의사표시와 구분되는데, 신원보증 서류에 서명날인한다는 착각에 빠진 상태로 연대보증의 서면에 서명날인한 경우, 결국 위와 같은 행위는 강학상 기명날인의 착오(또는 서명의 착오), 즉 어떤 사람이 자신의 의사와 다른 법률효과를 발생시키는 내용의 서면에, 그것을 읽지 않거나 올바르게 이해하지 못한 채 기명날인을 하는 이른바 표시상의 착오에 해당하므로, 비록 위와 같은 착오가 제3자의 기망행위에 의하여 일어난 것이라 하더라도 그에 관하여는 사기에 의한 의사표시에 관한 법리, 특히 상대방이 그러한 제3자의 기망행위사실을 알았거나 알 수 있었을 경우가 아닌 한 의사표시자가 취소권을 행사할 수 없다는 제110조 제2항의 규정을 적용할 것이 아니라, 착오에 의한 의사표시에 관한 법리만을 적용하여 취소권 행사의 가부를 가려야 한다[2004다43824].

┃오답해설┃

① 민법상의 법률행위에 관한 규정은 민사소송법상의 소송행위에는 특별한 규정 기타 특별한 사정이 없는 한 적용이 없는 것이므로 소송행위가 강박에 의하여 이루어진 것임을 이유로 취소할 수는 없다[96다35484].

② 제569조가 타인의 권리의 매매를 유효로 규정한 것은 선의의 매수인의 신뢰이익을 보호하기 위한 것이므로, 매수인이 매도인의 기망에 의하여 타인의 물건을 매도인의 것으로 알고 매수한다는 의사표시를 한 것은 만일 타인의 물건인줄 알았더라면 매수하지 아니하였을 사정이 있는 경우에는 매수인은 제110조에 의하여 매수의 의사표시를 취소할 수 있다고 해석해야 할 것이다[73다268].

④ 은행의 출장소장이 어음할인을 부탁받자 그 어음이 부도날 경우를 대비하여 담보조로 받아두는 것이라고 속이고 금전소비대차 및 연대보증약정을 체결한 후 그 대출금을 자신이 인출하여 사용한 경우, 위 출장소장의 행위는 은행 또는 은행과 동일시할 수 있는 자의 사기일 뿐 제3자의 사기로 볼 수 없으므로, 은행이 그 사기사실을 알았거나 알 수 있었을 경우에 한하여 위 약정을 취소할 수 있는 것은 아니다[98다60828·60835].

⑤ 법률행위가 사기에 의한 것으로서 취소되는 경우에 그 법률행위가 동시에 불법행위를 구성하는 때에는 취소의 효과로 생기는 부당이득반환청구권과 불법행위로 인한 손해배상청구권은 경합하여 병존하는 것이므로, 채권자는 어느 것이라도 선택하여 행사할 수 있지만 중첩적으로 행사할 수는 없다[92다56087].

05 甲은 乙의 기망으로 그 소유의 X토지를 丙에게 팔았고, 丙은 그의 채권자 丁에게 X토지에 근저당권을 설정하였다. 甲은 기망행위를 이유로 매매계약을 취소하려고 한다. 이에 관한 설명으로 옳지 <u>않은</u> 것은? (다툼이 있으면 판례에 따름) **문제 변형**   [2020]

① 甲은 丙이 그의 잘못없이 기망사실을 몰랐을 때에는 매매계약을 취소할 수 없다.

② 丙의 악의 또는 과실은 甲이 증명하여야 한다.

③ 甲은 매매계약을 취소하지 않고 乙에게 불법행위책임을 물을 수 있다.

④ 丁의 선의는 추정된다.

⑤ 매매계약을 취소한 甲은, 丁이 선의이지만 과실이 있으면 근저당권설정등기의 말소를 청구할 수 있다.

답 ⑤

❚ 정답해설 ❚

⑤ 사기에 의한 의사표시를 취소하는 경우 취소를 주장하는 자와 양립되지 않는 법률관계를 가졌던 것이 취소 이전에 있었던가 이후에 있었던가는 가릴 필요 없이 사기에 의한 의사표시 및 그 취소 사실을 몰랐던(선의) 모든 제3자에 대해 대항하지 못한다[75다533]. 제3자 丁은 선의이기만 하면 되고 과실유무는 불문하고 보호된다.

06 甲은 乙을 속여 그 소유의 시가 2억 원 상당의 X토지를 1억 5천만 원에 매수한 후 이전등기를 마쳤다. 그 후 甲은 丁에게 위 토지를 임대하다가 丙에게 시가보다 높은 2억 4천만 원에 매도하고 소유권이전등기를 경료하였다. 이에 관한 설명으로 옳지 **않은** 것은? (다툼이 있는 경우에는 판례에 의함)

① 乙이 사기를 이유로 매매계약을 취소한 경우, 乙은 악의의 丙에 대하여 X토지의 반환을 청구할 수 있다.

② 乙이 사기를 이유로 매매계약을 취소한 후 甲 명의의 등기를 말소하지 않던 중에 선의의 丙이 X토지를 매수한 경우, 丙은 그 토지에 대한 소유권을 취득할 수 있다.

③ 乙이 사기를 이유로 매매계약을 취소한 경우, 乙은 선의의 丙을 상대로 부당이득반환청구권을 행사할 수 없다.

④ 甲이 乙의 궁박·경솔·무경험을 이용하려는 악의가 없었다면, 乙은 甲과의 매매계약이 폭리행위임을 이유로 무효를 주장할 수 없다.

⑤ 乙이 사기를 이유로 매매계약을 취소한 경우, 甲을 상대로 하여 임대수익 및 전매차익 전부의 반환을 청구할 수 있다.

답 ⑤

┃ 정답해설 ┃

⑤ 甲은 악의의 수익자이므로, 乙은 甲에 대하여 X토지의 가액(2억 원)과 임대수익의 반환을 청구할 수 있으나(제748조 제2항), 다만 전매차익(4천만 원)은 운용이익에 해당하여 그 반환을 청구할 수 없다.

┃ 오답해설 ┃

① 제110조 제3항 반대해석

②, ③ 사기에 의한 법률행위의 의사표시를 취소하면 취소의 소급효로 인하여 그 행위의 시초부터 무효인 것으로 되는 것이요 취소한 때에 비로소 무효로 되는 것이 아니므로 취소를 주장하는 자와 양립되지 아니하는 법률관계를 가졌던 것이 취소 이전에 있었던가 이후에 있었던가는 가릴 필요 없이 사기에 의한 의사표시 및 그 취소사실을 몰랐던 모든 제3자에 대하여는 그 의사표시의 취소를 대항하지 못한다고 보아야 할 것이고 이는 거래안전의 보호를 목적으로 하는 제110조 제3항의 취지에도 합당한 해석이 된다[75다533].

④ 피해당사자가 궁박한 상태에 있었다고 하더라도 그 상대방 당사자에게 그와 같은 피해당사자 측의 사정을 알면서 이를 이용하려는 의사, 즉 폭리행위의 악의가 없었다거나 또는 객관적으로 급부와 반대급부 사이에 현저한 불균형이 존재하지 아니한다면 제104조에 규정된 불공정법률행위는 성립하지 않는다[2010다53457].

07 사기에 의한 법률행위에 관한 설명 중 옳은 것은? (다툼이 있는 경우에는 판례에 의함)

① 표의자가 상대방의 기망행위로 인해 법률행위의 동기에 관하여 착오를 일으킨 경우에는 사기를 이유로 그 법률행위를 취소할 수 있다.

② 매도인의 피용자가 기망행위를 하여 계약이 체결된 경우, 매수인은 매도인이 피용자의 기망행위를 과실 없이 알지 못한 경우에도 사기를 이유로 매매계약을 취소할 수 있다.

③ 매도인이 매수인의 기망행위를 이유로 계약을 취소한 경우에 그 기망행위가 불법행위에 해당한다면 매도인은 부당이득 반환과 불법행위로 인한 손해배상을 중첩적으로 청구할 수 있다.

④ 매도인이 사기를 이유로 토지매매계약을 취소한 후에 제3자가 취소의 사실을 모르고 매수인으로부터 그 토지의 소유권을 취득하였다면, 그러한 제3자는 보호받지 못한다.

⑤ 사기를 이유로 매매계약이 취소된 경우에, 매수인으로부터 부동산을 취득한 제3자가 자신이 선의임을 증명하지 못한다면, 매도인은 제3자에게 취소의 효과를 주장할 수 있다.

🔲 ①

┃ 정답해설 ┃

① 기망행위로 인하여 법률행위의 중요부분에 관하여 착오를 일으킨 경우뿐만 아니라 법률행위의 내용으로 표시되지 아니한 의사결정의 동기에 관하여 착오를 일으킨 경우에도 표의자는 그 법률행위를 사기에 의한 의사표시로서 취소할 수 있다[85도167].

┃ 오답해설 ┃

② 의사표시의 상대방이 아닌 자로서 기망행위를 하였으나 제110조 제2항에서 정한 제3자에 해당되지 아니한다고 볼 수 있는 사란 그 의사표시에 관한 상대방의 대리인 등 상대방과 동일시할 수 있는 자만을 의미하고, 단순히 상대방의 피용자이거나 상대방이 사용자책임을 져야 할 관계에 있는 피용자에 지나지 않는 자는 상대방과 동일시할 수는 없어 이 규정에서 말하는 제3자에 해당한다[96다41496]. 따라서 매도인이 피용자의 기망행위를 알았거나 알 수 있었을 경우에 한하여 매수인은 사기를 이유로 그 매매계약을 취소할 수 있다.

③ 법률행위가 사기에 의한 것으로서 취소되는 경우에 그 법률행위가 동시에 불법행위를 구성하는 때에는 취소의 효과로 생기는 부당이득반환청구권과 불법행위로 인한 손해배상청구권은 경합하여 병존하는 것이므로, 채권자는 어느 것이라도 선택하여 행사할 수 있지만 중첩적으로 행사할 수는 없다[92다56087].

④ 제110조 제3항

⑤ 사기의 의사표시로 인한 매수인으로부터 부동산의 권리를 취득한 제3자는 특별한 사정이 없는 한 선의로 추정할 것이므로 사기로 인하여 의사표시를 한 부동산의 양도인이 제3자에 대하여 사기에 의한 의사표시의 취소를 주장하려면 제3자의 악의를 입증할 필요가 있다[70다2155].

01 의사표시의 효력발생에 관한 설명으로 옳지 <u>않은</u> 것은? (다툼이 있으면 판례에 따름)　　[2023]

① 의사표시의 발신 후 표의자가 사망하였다면, 그 의사표시는 상대방에게 도달하더라도 무효이다.

② 의사표시의 효력발생시기에 관해 도달주의를 규정하고 있는 제111조는 임의규정이다.

③ 상대방이 정당한 사유 없이 의사표시의 수령을 거절하더라도 상대방이 그 의사표시의 내용을 알 수 있는 객관적 상태에 놓여 있다면 그 의사표시는 효력이 있다.

④ 재단법인 설립행위의 효력발생을 위해서는 의사표시의 도달이 요구되지 않는다.

⑤ 미성년자는 그 행위능력이 제한되고 있는 범위에서 수령무능력자이다.

답 ①

▌정답해설▐

① 의사표시 발신 후의 사정변경(표의자의 사망 또는 행위능력의 상실)은 의사표시에 영향을 미치지 않는다(제111조 제2항).

▌오답해설▐

② 도달주의 원칙을 규정한 제111조는 임의규정이다.

③ 상대방이 정당한 사유 없이 통지의 수령을 거절한 경우에도 상대방이 통지의 내용을 알 수 있는 객관적 상태에 놓여 있는 때에는 의사표시의 효력이 발생한다[2008다19973].

④ 재단법인의 설립행위는 '재산의 출연과 정관의 작성'으로 이루어져 있다. 이러한 재단법인의 설립행위는 재단에 법인격취득의 효과를 발생시키려는 의사표시를 요소로 하는 '상대방 없는 단독행위'에 해당한다[98다9045].

02 상대방 있는 의사표시의 효력발생에 관한 설명으로 옳은 것은? (다툼이 있으면 판례에 따름)

① 의사표시의 도달은 표의자의 상대방이 이를 현실적으로 수령하거나 그 통지의 내용을 알았을 것을 요한다.
② 제한능력자는 원칙적으로 의사표시의 수령무능력자이다.
③ 보통우편의 방법으로 발송된 의사표시는 상당기간 내에 도달하였다고 추정된다.
④ 표의자가 의사표시를 발송한 후 사망한 경우, 그 의사표시는 효력을 잃는다.
⑤ 표의자가 과실로 상대방을 알지 못하는 경우에는 민사소송법 공시송달 규정에 의하여 의사표시의 효력을 발생시킬 수 있다.

답 ②

┃ 정답해설 ┃

② 제112조

> **제112조(제한능력자에 대한 의사표시의 효력)**
> 의사표시의 상대방이 의사표시를 받은 때에 제한능력자인 경우에는 의사표시자는 그 의사표시로써 대항할 수 없다. 다만, 그 상대방의 법정대리인이 의사표시가 도달한 사실을 안 후에는 그러하지 아니하다.

┃ 오답해설 ┃

① 도달이라 함은 사회통념상 상대방이 통지의 내용을 알 수 있는 객관적 상태에 놓여 있는 경우를 가리키는 것으로서, 상대방이 통지를 현실적으로 수령하거나 통지의 내용을 알 것까지는 필요로 하지 않는 것이므로, 상대방이 정당한 사유 없이 통지의 수령을 거절한 경우에는 상대방이 그 통지의 내용을 알 수 있는 객관적 상태에 놓여 있는 때에 의사표시의 효력이 생기는 것으로 보아야 한다[2008다19973].
③ 내용증명우편이나 등기우편과는 달리, 보통우편의 방법으로 발송되었다는 사실만으로는 그 우편물이 상당한 기간 내에 도달하였다고 추정할 수 없고, 송달의 효력을 주장하는 측에서 증거에 의하여 이를 입증하여야 한다[2007두20140].
④ 의사표시자가 그 통지를 발송한 후 사망하거나 제한능력자가 되어도 의사표시의 효력에 영향을 미치지 아니한다(제111조 제2항).
⑤ 표의자가 과실없이 상대방을 알지 못하거나 상대방의 소재를 알지 못하는 경우에는 의사표시는 민사소송법 공시송달의 규정에 의하여 송달할 수 있다(제113조).

03 의사표시의 효력발생에 관한 설명으로 옳지 <u>않은</u> 것은? (다툼이 있으면 판례에 따름)　　[2021]

① 도달주의의 원칙은 채권양도의 통지와 같은 준법률행위에도 유추적용될 수 있다.

② 의사표시의 부도달 또는 연착으로 인한 불이익은 특별한 사정이 없는 한 표의자가 이를 부담한다.

③ 의사표시자가 그 통지를 발송한 후 제한능력자가 되었다면 특별한 사정이 없는 한 그 의사표시는 취소할 수 있다.

④ 수령무능력자에게 의사표시를 한 경우, 특별한 사정이 없는 한 표의자는 그 의사표시로써 수령무능력자에게 대항할 수 없다.

⑤ 상대방이 정당한 사유 없이 의사표시 통지의 수령을 거절한 경우, 상대방이 그 통지의 내용을 알 수 있는 객관적 상태에 놓여 있는 때에 의사표시의 효력이 생기는 것으로 보아야 한다.

답 ③

▌정답해설▐

③ 의사표시자가 의사표시를 발송한 후 사망한 경우에는 그 의사표시의 효과는 상속인에게 승계되고(매도인이 청약을 한 후 사망했는데 이에 대해 상대방이 승낙한 경우 매도인의 상속인과 매매계약이 성립한다), 제한능력자로 된 경우라면 법률효과는 법정대리인에 의해 의사표시자 본인에게 발생한다(제111조). 그런데 의사표의자의 상대방이 도달 전에 사망하면 그의 상속인이 승계할 성질의 것인지에 의해 결정되고, 제한능력자라면 수령능력의 문제로 된다.

▌오답해설▐

① 도달주의의 원칙은 의사의 통지나 관념의 통지인 준법률행위에도 유추적용된다. 즉 채권양도통지서가 들어 있는 우편물을 채무자의 가정부가 수령한 직후에 한 집에 거주하던 채권양도 통지인이 이를 회수해 버렸다면 특별한 사정이 없는 한 그 통지가 채무자에게 도달된 것이라고 볼 수 없다[82다카439].

② 의사표시의 도달에 대한 입증책임은 도달을 주장하는 의사표시자 측에서 부담한다. 의사표시는 상대방에게 도달한 때에 효력이 생기므로 도달 후에는 요지하기 전이라도 철회할 수 없다. 의사표시의 불착·연착으로 인한 불이익은 의사표시자에게 귀속된다.

④ 의사표시의 상대방이 의사표시를 받은 때에 제한능력자인 경우에는 의사표시자는 그 의사표시로써 대항할 수 없다. 다만, 그 상대방의 법정대리인이 의사표시가 도달한 사실을 안 후에는 그 의사표시로써 대항할 수 있다(제112조).

⑤ 도달이라 함은 사회통념상 상대방이 통지의 내용을 알 수 있는 객관적 상태에 놓여 있는 경우를 가리키는 것으로서, 상대방이 통지를 현실적으로 수령하거나 통지의 내용을 알 것까지는 필요로 하지 않는 것이므로, 상대방이 정당한 사유 없이 통지의 수령을 거절한 경우에는 상대방이 그 통지의 내용을 알 수 있는 객관적 상태에 놓여 있는 때에 의사표시의 효력이 생기는 것으로 보아야 한다[2008다19973]. 채권 양도의 통지는 관념의 통지지만, 의사표시에 준하여 도달주의가 적용된다.

04 의사표시의 효력발생시기에 관한 설명으로 옳지 <u>않은</u> 것은? (다툼이 있으면 판례에 따름) [2020]

① 상대방 있는 의사표시는 상대방에게 도달한 때에 그 효력이 생긴다.

② 표의자가 의사표시의 통지를 발송한 후 제한능력자가 되어도 그 의사표시의 효력은 영향을 받지 아니한다.

③ 상대방이 현실적으로 통지를 수령하거나 그 내용을 안 때에 도달한 것으로 본다.

④ 상대방이 정당한 사유 없이 통지의 수령을 거절한 경우, 상대방이 그 통지의 내용을 알 수 있는 객관적 상태에 놓여 있는 때에 의사표시의 효력이 생긴다.

⑤ 등기우편으로 발송된 경우, 상당한 기간 내에 도달하였다고 추정된다.

답 ③

▌정답해설▐

③ 도달이라 함은 사회통념상 상대방이 통지의 내용을 알 수 있는 객관적 상태에 놓여 있는 경우를 가리키는 것으로서, 상대방이 통지를 현실적으로 수령하거나 통지의 내용을 알 것까지는 필요로 하지 않는 것이므로, 상대방이 정당한 사유없이 통지의 수령을 거절한 경우에는 상대방이 그 통지의 내용을 알 수 있는 객관적 상태에 놓여 있는 때에 의사표시의 효력이 생기는 것으로 보아야 한다[2008다19973].

05 의사표시의 효력발생에 관한 설명으로 옳지 <u>않은</u> 것은? (다툼이 있으면 판례에 따름) [2019]

① 의사표시의 도달이란 상대방이 그 내용을 안 것을 의미한다.

② 의사표시의 부도달로 인한 불이익은 표의자가 부담한다.

③ 도달주의의 원칙을 정하는 제111조는 임의규정이므로 당사자는 약정으로 의사표시의 효력발생 시기를 달리 정할 수 있다.

④ 매매계약 승낙의 의사표시를 발신한 후 승낙자가 사망하였다고 하더라도 그 의사표시가 청약자에게 정상적으로 도달하였다면 매매계약은 유효하게 성립한다.

⑤ 제한능력자는 원칙적으로 의사표시의 수령무능력자이다.

답 ①

▌정답해설▐

① 도달이라 함은 사회통념상 상대방이 통지의 내용을 알 수 있는 객관적 상태에 놓여 있는 경우를 가리키는 것으로서, 상대방이 통지를 현실적으로 수령하거나 통지의 내용을 알 것까지는 필요로 하지 않는 것이므로, 상대방이 정당한 사유 없이 통지의 수령을 거절한 경우에는 상대방이 그 통지의 내용을 알 수 있는 객관적 상태에 놓여 있는 때에 의사표시의 효력이 생기는 것으로 보아야 한다[2008다19973].

06 의사표시의 효력발생에 관한 설명으로 옳지 <u>않은</u> 것은? (다툼이 있으면 판례에 따름)

① 준법률행위의 도달은 의사표시와 마찬가지로 사회관념상 상대방이 준법률행위의 내용을 알 수 있는 객관적 상태에 놓여졌을 때를 말한다.

② 의사표시의 상대방이 정당한 사유 없이 통지의 수령을 거절한 경우 상대방이 그 통지의 내용을 알 수 있는 객관적 상태에 놓여 있는 때에 의사표시의 효력이 발생한다.

③ 채권양도의 통지는 채무자의 주소 등에 해당하지 아니하는 장소에서라도 채무자가 사회통념상 그 통지의 내용을 알 수 있는 객관적 상태에 놓여졌을 때에 그 효력이 발생한다.

④ 보통우편의 방법으로 의사표시를 통지한 경우에도 발송되었다는 사실만 증명되면, 상당한 기간 내에 도달한 것으로 추정된다.

⑤ 표의자의 의사표시가 상대방에게 도달하기 전에 그 표의자가 사망한 경우, 상속인은 의사표시의 도달 전에 이를 철회할 수 있다.

답 ④

▮ 정답해설 ▮

④ 내용증명우편이나 등기우편과는 달리, 보통우편의 방법으로 발송되었다는 사실만으로는 그 우편물이 상당 기간 내에 도달하였다고 추정할 수 없고 송달의 효력을 주장하는 측에서 증거에 의하여 도달사실을 입증하여야 한다 [2000다25002].

▮ 오답해설 ▮

① 채권양도의 통지와 같은 준법률행위의 도달은 의사표시와 마찬가지로 사회관념상 채무자가 통지의 내용을 알 수 있는 객관적 상태에 놓여졌을 때를 지칭하고, 그 통지를 채무자가 현실적으로 수령하였거나 그 통지의 내용을 알았을 것까지는 필요하지 않다[82다카439].

② 상대방이 정당한 사유 없이 통지의 수령을 거절한 경우에는 상대방이 그 통지의 내용을 알 수 있는 객관적 상태에 놓여 있는 때에 의사표시의 효력이 생기는 것으로 보아야 한다[2008다19973].

③ 채권양도의 통지는 채무자에게 도달됨으로써 효력을 발생하는 것이고, 여기서 도달이라 함은 사회관념상 채무자가 통지의 내용을 알 수 있는 객관적 상태에 놓여졌다고 인정되는 상태를 지칭한다고 해석되므로, 채무자가 이를 현실적으로 수령하였다거나 그 통지의 내용을 알았을 것까지는 필요로 하지 않는다[97다31281].

⑤ 상대방이 있는 의사표시의 도달은 이미 성립한 그 의사표시의 객관적 효력발생요건이므로, 통지를 발송한 후에 표의자가 사망하거나 제한능력자가 되더라도 그 의사표시의 효력에는 아무런 영향을 미치지 아니한다[제111조]. 사망한 표의자가 한 의사표시의 효력은 상속인에게 승계되므로, 상속인은 그 의사 표시가 도달하기 전에 이를 철회할 수 있다.

제1관 | **대리권**

01 대리에 관한 설명으로 옳지 <u>않은</u> 것은? (다툼이 있으면 판례에 따름) **[2020]**

① 계약체결의 권한을 수여받은 대리인은 체결한 계약을 처분할 권한이 있다.

② 본인이 이의제기 없이 무권대리행위를 장시간 방치한 것을 추인으로 볼 수는 없다.

③ 매매계약의 체결과 이행에 관한 대리권을 가진 대리인은, 특별한 사정이 없으면 매수인의 대금지급 기일을 연기할 수 있는 권한을 가진다.

④ 본인이 사회통념상 대리권을 추단할 수 있는 직함이나 명칭 등의 사용을 승낙한 경우, 수권행위가 있는 것으로 볼 수 있다.

⑤ 무권대리행위가 제3자의 위법행위로 야기된 경우에도, 본인이 추인하지 않으면 무권대리인은 계약을 이행하거나 손해를 배상하여야 한다.

답 ①

▌**정답해설** ▌

① 어떠한 계약의 체결에 관한 대리권을 수여받은 대리인이 수권된 법률행위를 하게 되면 그것으로 대리권의 원인된 법률관계는 원칙적으로 목적을 달성하여 종료하는 것이고, 법률행위에 의하여 수여된 대리권은 그 원인된 법률관계의 종료에 의하여 소멸하는 것이므로(제128조), 그 계약을 대리하여 체결하였던 대리인이 체결된 계약의 해제 등 일체의 처분권과 상대방의 의사를 수령할 권한까지 가지고 있다고 볼 수는 없다[2008다11276].

02 甲이 乙에게는 자신의 부동산을 매도할 권한을, 丙에게는 다른 사람으로부터 부동산을 매수할 권한을 각기 부여하였다. 그에 따라 甲을 대리하여 乙은 丁과 매도계약을, 丙은 戊와 매수계약을 각기 체결한 경우, 이에 관한 설명으로 옳지 <u>않은</u> 것은? (다툼이 있으면 판례에 따름)

① 乙은 위 매매계약에 따라 丁이 지급하는 중도금이나 잔금을 甲을 대리하여 수령할 권한이 있다.

② 丁이 위 매매계약의 채무를 이행하지 않는 경우, 乙은 그 계약을 해제할 수 있는 권한이 있다.

③ 丙은 위 매매계약을 체결한 후에는 그 매수한 부동산을 다시 처분할 수 있는 권한은 없다.

④ 丙이 위 매매계약을 체결한 경우, 丙에게는 戊로부터 위 매매계약의 해제의 의사표시를 수령할 권한은 없다.

⑤ 丁이 채무불이행을 이유로 위 매매계약을 적법하게 해제한 경우, 乙이 丁으로부터 받은 계약금을 도난 당하여 甲에게 전달하지 못하였더라도 甲은 계약금을 반환해 줄 의무가 있다.

┃정답해설┃

② 어떠한 계약의 체결에 관한 대리권을 수여받은 대리인이 수권된 법률행위를 하게 되면 그것으로 대리권의 원인된 법률관계는 원칙적으로 목적을 달성하여 종료하는 것이고, 법률행위에 의하여 수여된 대리권은 그 원인된 법률관계의 종료에 의하여 소멸하는 것이므로(제128조), 그 계약을 대리하여 체결하였던 대리인이 체결된 계약의 해제 등 일체의 처분권과 상대방의 의사를 수령할 권한까지 가지고 있다고 볼 수는 없다[2008다11276].

┃오답해설┃

① 부동산의 소유자로부터 매매계약을 체결할 대리권을 수여받은 대리인은 특별한 다른 사정이 없는 한 그 매매계약에서 약정한 바에 따라 중도금이나 잔금을 수령할 수도 있다고 보아야 하고, 매매계약의 체결과 이행에 관하여 포괄적으로 대리권을 수여받은 대리인은 특별한 다른 사정이 없는 한 상대방에 대하여 약정된 매매대금지급기일을 연기하여 줄 권한도 가진다고 보아야 할 것이다[91다43107].

③, ④ 2008다11276

⑤ 계약상 채무의 불이행을 이유로 계약이 상대방당사자에 의하여 유효하게 해제되었다면, 해제로 인한 원상회복의무는 대리인이 아니라 계약의 당사자인 본인이 부담한다. 이는 본인이 대리인으로부터 그 수령한 급부를 현실적으로 인도받지 못하였다거나 해제의 원인이 된 계약상 채무의 불이행에 관하여 대리인에게 책임 있는 사유가 있다고 하여도 다른 특별한 사정이 없는 한 마찬가지라고 할 것이다[2011다30871].

03 甲의 대리인 乙은 계약의 체결과 취소 등 포괄적인 대리권을 수여받아 甲의 대리인으로서 丙과 계약을 체결하였다. 이에 관한 설명으로 옳은 것을 모두 고른 것은? (다툼이 있으면 판례에 따름)

> ㄱ. 乙이 丙을 기망한 경우, 丙은 의사표시를 취소할 수 있다.
> ㄴ. 丙이 乙을 기망한 경우, 甲은 의사표시를 취소할 수 있다.
> ㄷ. 丙이 乙을 기망한 경우, 乙은 의사표시를 취소할 수 있다.

① ㄱ

② ㄴ

③ ㄱ, ㄷ

④ ㄴ, ㄷ

⑤ ㄱ, ㄴ, ㄷ

┃정답해설┃

ㄱ. (○) 대리인이 상대방에게 사기·강박을 행한 경우, 그 대리인은 제110조 제2항의 제3자가 아니므로, 본인이 그 사실을 알았는지 여부를 불문하고 상대방은 그 의사표시를 취소할 수 있다(제110조 제1항).

ㄴ. (○) 상대방이 대리인에게 사기·강박을 행한 경우, 취소권이 있는 본인은 그 의사표시를 취소할 수 있다(제116조 제1항).

ㄷ. (○) 상대방이 대리인에게 사기·강박을 행한 경우, 계약의 체결·취소 등 포괄적 대리권을 수여받은 대리인은 그 의사표시를 취소할 수 있다(제116조 제1항, 제140조).

04 대리권의 범위에 관한 설명 중 옳은 것은? (다툼이 있는 경우에는 판례에 의함)

① 계약체결에 관한 대리권을 수여받은 대리인이 수권된 매매계약을 체결하였다면, 그 대리인은 그 계약을 해제한다는 상대방의 의사표시를 수령할 권한도 있다.

② 매수인을 대리하여 부동산을 매수할 권한을 수여받은 대리인에게는 특별한 사정이 없는 한 그 부동산을 제3자에게 매도할 권한도 있다.

③ 부동산에 대한 매매계약의 체결과 이행에 관하여 포괄적으로 대리권을 수여받은 대리인은 특별한 사정이 없는 한 약정된 매매대금의 지급기일을 연기하여 줄 권한도 있다.

④ 예금계약의 체결을 위임받은 자가 가지는 대리권에는 당연히 그 예금을 담보로 하여 대출을 받거나 기타 이를 처분할 수 있는 권한이 포함되어 있다.

⑤ 채무담보의 목적으로 채무자를 대리하여 채무자의 부동산을 매도할 권한을 위임받은 채권자는, 그 부동산의 가치를 임의로 평가하여 자신의 채권자에게 대물변제할 권한도 있다.

답 ③

┃ 정답해설 ┃

③ 부동산의 소유자로부터 매매계약을 체결할 대리권을 수여받은 대리인은 특별한 다른 사정이 없는 한 그 매매계약에서 약정한 바에 따라 중도금이나 잔금을 수령할 수도 있다고 보아야 하고, 매매계약의 체결과 이행에 관하여 포괄적으로 대리권을 수여받은 대리인은 특별한 다른 사정이 없는 한 상대방에 대하여 약정된 매매대금지급기일을 연기하여 줄 권한도 가진다고 보아야 할 것이다[91다43107].

┃ 오답해설 ┃

①, ② 어떠한 계약의 체결에 관한 대리권을 수여받은 대리인이 수권된 법률행위를 하게 되면 그것으로 대리권의 원인된 법률관계는 원칙적으로 목적을 달성하여 종료하는 것이고, 법률행위에 의하여 수여된 대리권은 그 원인된 법률관계의 종료에 의하여 소멸하는 것이므로(제128조), 그 계약을 대리하여 체결하였던 대리인이 체결된 계약의 해제 등 일체의 처분권과 상대방의 의사를 수령할 권한까지 가지고 있다고 볼 수는 없다[2008다11276].

④ 예금계약의 체결을 위임받은 자가 가지는 대리권에 당연히 그 예금을 담보로 대출을 받거나 이를 처분할 수 있는 대리권이 포함되어 있는 것은 아니다[2000다38992].

⑤ 채권자가 채무의 담보의 목적으로 채무자를 대리하여 부동산에 관한 매매 등의 처분행위를 할 수 있는 권한을 위임받은 경우, 채권자는 채무자에 대한 채권의 회수를 위하여 선량한 관리자로서의 주의를 다하여 채무자가 직접 부동산을 처분하는 것과 같이 널리 원매자를 물색하여 부동산을 매매 등의 방법으로 적정한 시기에 매도한 다음 그 대가로 자신의 채권에 충당하고 나머지가 있으면 채무자에게 이를 정산할 의무가 있는 것이지, 자신의 개인적인 채무를 변제하기 위하여 그 채권자와의 사이에 임의로 부동산의 가치를 협의·평가하여 그 가액 상당의 채무에 대한 대물변제조로 양도할 권한이 있는 것은 아니다[97다22720].

01 甲은 乙의 임의대리인이다. 이에 관한 설명으로 옳은 것은? (다툼이 있으면 판례에 따름) **[2024]**

① 甲이 乙로부터 매매계약체결의 대리권을 수여받아 매매계약을 체결하였더라도 특별한 사정이 없는 한 甲은 그 계약에서 정한 중도금과 잔금을 수령할 권한은 없다.

② 甲이 乙로부터 금전소비대차 계약을 체결할 대리권을 수여받은 경우, 특별한 사정이 없는 한 甲은 그 계약을 해제할 권한도 가진다.

③ 乙이 사망하더라도 특별한 사정이 없는 한 甲의 대리권은 소멸하지 않는다.

④ 미성년자인 甲이 乙로부터 매매계약체결의 대리권을 수여받아 매매계약을 체결한 경우, 乙은 甲이 체결한 매매계약을 甲이 미성년자임을 이유로 취소할 수 없다.

⑤ 甲이 부득이한 사유로 丙을 복대리인으로 선임한 경우, 丙은 甲의 대리인이다.

답 ④

┃정답해설┃

④ 대리인은 행위능력자임을 요하지 않는다(제117조). 따라서 대리인이 제한능력자라는 점을 들어 본인은 그의 대리행위를 취소하지 못한다.

┃오답해설┃

① 부동산의 소유자로부터 매매계약을 체결할 대리권을 수여받은 대리인은 특별한 다른 사정이 없는 한 그 매매계약에서 약정한 바에 따라 중도금이나 잔금을 수령할 수도 있다고 보아야 하고, 매매계약의 체결과 이행에 관하여 포괄적으로 대리권을 수여받은 대리인은 특별한 다른 사정이 없는 한 상대방에 대하여 약정된 매매대금지급기일을 연기하여 줄 권한도 가진다고 보아야 할 것이다(91다43107).

② 임의대리권은 그것을 수여하는 본인의 행위, 즉 수권행위에 의하여 발생하는 것이므로 어느 행위가 대리권 범위 내의 행위인지 여부는 개별적인 수권행위의 내용이나 그 해석에 의하여 판단하여야 할 것인바, 통상 사채알선업자가 전주(錢主)를 위하여 금전소비대차계약과 그 담보를 위한 담보권설정계약을 체결할 대리권을 수여받은 것으로 인정되는 경우라 하더라도 특별한 사정이 없는 한 일단 금전소비대차계약과 그 담보를 위한 담보권설정계약이 체결된 후에 이를 해제할 권한까지 당연히 가지고 있다고 볼 수는 없다(97다23372).

③ 본인의 사망은 대리권 소멸사유이다(제127조 제1호).

⑤ 복대리인은 대리인이 「대리인 자신의 이름」으로 선임한 「본인의 대리인」이다.

02 법률행위의 대리에 관한 설명으로 옳지 <u>않은</u> 것은?

① 甲의 대리인 乙이 대리행위를 하면서 甲을 위한 것임을 표시하지 않은 경우, 乙은 착오를 이유로 의사표시를 취소할 수 있다.

② 甲이 乙에게 재산관리에 관한 대리권을 수여하였지만 그 대리권의 범위가 명확하지 않은 경우, 乙은 甲의 주택을 수선하기 위한 공사계약을 체결할 수는 있지만, 甲의 예금을 주식으로 전환할 수는 없다.

③ 乙이 甲으로부터 예금인출의 대리권을 부여받았는데, 乙의 甲에 대한 금전채권의 기한이 도래한 경우, 乙은 甲의 예금을 인출하여 자신의 채권변제에 충당할 수 있다.

④ 甲이 乙을 대리인으로 선임한 경우, 乙은 甲의 승낙이 없더라도 부득이한 사유가 있는 때에는 복대리인을 선임할 수 있다.

⑤ 甲이 乙을 대리인으로 선임하였는데 乙이 파산선고를 받을 경우, 乙의 대리권은 소멸한다.

답 ①

▍정답해설▍

① 대리인이 본인을 위한 것임을 표시하지 아니한 때에는 그 의사표시는 자기를 위한 것으로 본다(제115조 본문). 따라서 대리인은 자기를 위한 행위의사가 없음을 이유로 그 계약을 착오에 근거하여 취소할 수는 없다.

▍오답해설▍

② 대리권의 범위가 명확하지 아니한 경우, 대리인은 보존행위와 대리의 목적인 물건이나 권리의 성질을 변하지 아니하는 범위에서 그 이용 또는 개량하는 행위만을 할 수 있다(제118조). 따라서 본인의 예금을 주식으로 바꾸거나 예금을 찾아 개인에게 빌려주는 등의 행위는 허용되지 아니한다.

③ 자기계약은 원칙적으로 금지되나, 본인의 이익을 침해할 여지가 없는 경우, 즉 이미 확정되어 있는 법률관계의 결제에 불과한 단순한 기존 채무를 이행하는 경우에는, 자기계약이 허용된다. 단, 기한이 미도래한 금전채권이나 다툼이 있는 채무의 이행 등에는 허용되지 아니한다.

④ 대리권이 법률행위에 의하여 부여된 경우에는 대리인은 본인의 승낙이 있거나 부득이한 사유 있는 때가 아니면 복대리인을 선임하지 못한다(제120조). 따라서 본인의 승낙이 없더라도 부득이한 사유가 있는 경우에는, 대리인은 복대리인을 선임할 수 있다.

⑤ 제127조 제2호

> **제127조(대리권의 소멸사유)**
> 대리권은 다음 각 호의 어느 하나에 해당하는 사유가 있으면 소멸된다.
> 1. 본인의 사망
> 2. 대리인의 사망, 성년후견의 개시 또는 파산

03 甲은 본인, 乙은 甲의 임의대리인, 丙은 대리인과 계약을 체결한 상대방이다. 다음 설명으로 옳지 <u>않은</u> 것은?

① 乙이 甲을 위한 계약임을 표시하지 아니하였으나 丙은 乙이 甲의 대리인으로서 한 것임을 알 수 있었던 경우, 계약의 효력이 甲에게 미친다.

② 甲이 丙의 기망행위를 이유로 계약을 취소하려고 하는 경우, 계약체결이 丙의 기망행위로 영향을 받았는지의 유무는 乙이 아니라 甲을 표준으로 하여 결정한다.

③ 甲이 피한정후견인 乙을 대리인으로 선임한 경우, 甲은 乙의 제한능력을 이유로 대리행위의 효력을 부인할 수 없다.

④ 乙은 부득이한 사유가 있는 때에는 甲의 승낙 없이 복대리인을 선임할 수 있다.

⑤ 乙이 대리인으로 선임된 후 파산선고를 받게 되면 대리권은 소멸한다.

답 ②

▌정답해설 ▌

② 대리행위의 하자 유무는 원칙적으로 대리인을 표준하여 결정한다(제116조 제1항).

▌오답해설 ▌

① 대리인이 본인을 위한 것임을 표시하지 아니한 때에는 그 의사표시는 자기를 위한 것으로 본다. 그러나 상대방이 대리인으로서 한 것임을 알았거나 알 수 있었을 때에는 전조 제1항의 규정을 준용한다(제115조). 즉, 본인에게 그 효력이 미친다.

③ 대리인은 행위능력자임을 요하지 아니하므로(제117조), 본인 甲은 대리인인 피한정후견인 乙의 제한능력을 이유로 대리행위의 효력을 부인할 수 없다.

④ 대리권이 법률행위에 의하여 부여된 경우에는 대리인은 본인의 승낙이 있거나 부득이한 사유 있는 때가 아니면 복대리인을 선임하지 못한다(제120조).

⑤ 제127조 제2호

01 복대리에 관한 설명으로 옳은 것은? (다툼이 있으면 판례에 따름) **[2023]**

① 복대리인은 대리인의 대리인이다.

② 복대리인은 본인에 대해 어떠한 권리의무도 부담하지 않는다.

③ 복대리인이 선임되면 복대리인의 대리권 범위 내에서 대리인의 대리권은 잠정적으로 소멸한다.

④ 대리인이 복대리인을 선임한 후 사망하더라도 특별한 사정이 없는 한 그 복대리권은 소멸하지 않는다.

⑤ 복임권 없는 대리인에 의해 선임된 복대리인의 대리행위에 대해서도 권한을 넘은 표현대리에 관한 규정이 적용될 수 있다.

답 ⑤

▮ **정답해설** ▮

⑤ 표현대리의 법리는 거래의 안전을 위하여 어떠한 외관적 사실을 야기한 데 원인을 준 자는 그 외관적 사실을 믿음에 정당한 사유가 있다고 인정되는 자에 대하여는 책임이 있다는 일반적인 권리외관 이론에 그 기초를 두고 있는 것인 점에 비추어 볼 때, 대리인이 대리권 소멸 후 직접 상대방과 사이에 대리행위를 하는 경우는 물론 대리인이 대리권 소멸 후 복대리인을 선임하여 복대리인으로 하여금 상대방과 사이에 대리행위를 하도록 한 경우에도, 상대방이 대리권 소멸 사실을 알지 못하여 복대리인에게 적법한 대리권이 있는 것으로 믿었고 그와 같이 믿은 데 과실이 없다면 제129조에 의한 표현대리가 성립할 수 있다[97다55317].

▮ **오답해설** ▮

① 복대리인은 대리인이 「대리인 자신의 이름」으로 선임한 「본인의 대리인」이다.

② 제123조 제2항에 의하여 본인과 대리인 사이의 내부적 법률관계가 본인과 복대리인 간의 내부적 기초적 법률관계로 의제된다(통설).

③ 복대리인의 선임으로 대리인의 대리권은 소멸하지 않으며, 대리인과 복대리인은 모두 본인을 대리한다.

④ 복대리권은 대리권을 초과할 수 없으며, 대리권이 소멸하면 복대리권도 소멸한다.

02 복대리에 관한 설명으로 옳지 <u>않은</u> 것은? (다툼이 있으면 판례에 따름)　　　**[2022]**

① 대리권이 소멸하면 특별한 사정이 없는 한 복대리권도 소멸한다.

② 복대리인의 대리권은 대리인의 대리권의 범위보다 넓을 수 없다.

③ 복대리인의 대리행위에 대해서는 표현대리가 성립할 수 없다.

④ 법정대리인은 그 책임으로 복대리인을 선임할 수 있다.

⑤ 임의대리인은 본인의 승낙이 있거나 부득이한 사유있는 때가 아니면 복대리인을 선임하지 못한다.

답 ③

▌**정답해설**▌

③ 대리인이 대리권 소멸 후 복대리인을 선임하여 복대리인으로 하여금 상대방과 사이에 대리행위를 하도록 한 경우에도, 상대방이 대리권 소멸 사실을 알지 못하여 복대리인에게 적법한 대리권이 있는 것으로 믿었고 그와 같이 믿은 데 과실이 없다면 제129조에 의한 표현대리가 성립할 수 있다[97다55317].

▌**오답해설**▌

①, ② 복대리인은 대리인에 의해 선임된 자이므로, 대리인의 감독을 받을 뿐만 아니라 대리권의 존립과 범위에 있어 대리인의 대리권에 의존한다. 즉, 복대리권은 대리인의 대리권이 소멸하면 그와 함께 소멸하며, 그 범위가 대리인의 대리권보다 넓을 수 없다.

④ 제122조

> **제122조(법정대리인의 복임권과 그 책임)**
> 법정대리인은 그 책임으로 복대리인을 선임할 수 있다. 그러나 부득이한 사유로 인한 때에는 전조 제1항에 정한 책임만이 있다.

⑤ 제120조

> **제120조(임의대리인의 복임권)**
> 대리권이 법률행위에 의하여 부여된 경우에는 대리인은 본인의 승낙이 있거나 부득이한 사유있는 때가 아니면 복대리인을 선임하지 못한다.

03 복대리에 관한 설명으로 옳은 것은? (다툼이 있으면 판례에 따름)　　　　[2021]

① 복대리인은 제3자에 대하여 대리인과 동일한 권리의무가 있다.
② 본인의 묵시적 승낙에 기초한 임의대리인의 복임권행사는 허용되지 않는다.
③ 임의대리인이 본인의 명시적 승낙을 얻어 복대리인을 선임한 때에는 본인에 대하여 그 선임감독에 관한 책임이 없다.
④ 법정대리인이 그 자신의 이름으로 선임한 복대리인은 법정대리인의 대리인이다.
⑤ 복대리인의 대리행위에 대해서는 표현대리가 성립할 수 없다.

답 ①

▌정답해설▌

① 제123조 제2항

> **제123조(복대리인의 권한)**
> ② 복대리인은 본인이나 제3자에 대하여 대리인과 동일한 권리의무가 있다.

▌오답해설▌

② 대리의 목적인 법률행위의 성질상 대리인 자신에 의한 처리가 필요하지 않은 경우에는 본인이 복대리 금지의 의사를 명시하지 않는 한 복대리인의 선임에 관해 묵시적인 승낙이 있는 것으로 보는 것이 타당하고, 복대리인 선임을 본인이 사후에 추인하는 것도 가능하다[94다30690].
③ 본인의 승낙이 있거나 부득이한 사유(질병으로 인하여 대리 행위를 할 수 없을 때)가 있는 때에는 복대리인을 선임할 수 있고(제120조), 이 경우 복대리인을 선임한 임의대리인은 본인에 대하여 그 선임·감독의 과실 책임을 진다(제121조 제1항).
④ 법정대리인이 선임한 복대리인은 본인의 임의대리인에 해당한다.
⑤ 표현대리의 법리는 거래의 안전을 위하여 어떠한 외관적 사실을 야기한 데 원인을 준 자는 그 외관적 사실을 믿음에 정당한 사유가 있다고 인정되는 자에 대하여는 책임이 있다는 일반적인 권리외관 이론에 그 기초를 두고 있는 것인 점에 비추어 볼 때, 대리인이 대리권 소멸 후 직접 상대방과 사이에 대리행위를 하는 경우는 물론 대리인이 대리권 소멸 후 복대리인을 선임하여 복대리인으로 하여금 상대방과 사이에 대리행위를 하도록 한 경우에 도, 상대방이 대리권 소멸 사실을 알지 못하여 복대리인에게 적법한 대리권이 있는 것으로 믿었고 그와 같이 믿은 데 과실이 없다면 제129조에 의한 표현대리가 성립할 수 있다[97다55317].

04 복대리에 관한 설명으로 옳은 것은? (다툼이 있으면 판례에 따름)

① 복대리인은 대리인의 대리인이다.

② 임의대리인은 그 책임으로 언제든지 복대리인을 선임할 수 있다.

③ 대리인이 대리권 소멸 후 선임한 복대리인과 상대방 사이의 법률행위에도 상대방이 대리권소멸사실을 알지 못하여 복대리인에게 적법한 대리권이 있는 것으로 믿었고 그와 같이 믿은 데 과실이 없다면, 대리권 소멸 후의 표현대리(제129조)가 성립할 수 있다.

④ 법정대리인이 부득이한 사유로 복대리인을 선임한 경우에는 그 부적임 또는 불성실함을 알고 본인에 대한 통지나 그 해임을 태만한 때가 아니면 책임이 없다.

⑤ 대리인의 사망으로 대리권이 소멸한 경우에도 복대리권은 소멸하지 않는다.

답 ③

▌**정답해설**▌

③ 표현대리의 법리는 거래의 안전을 위하여 어떠한 외관적 사실을 야기한 데 원인을 준 자는 그 외관적 사실을 믿음에 정당한 사유가 있다고 인정되는 자에 대하여는 책임이 있다는 일반적인 권리외관이론에 그 기초를 두고 있는 것인 점에 비추어 볼 때, 대리인이 대리권 소멸 후 직접 상대방과 사이에 대리행위를 하는 경우는 물론 대리인이 대리권 소멸 후 복대리인을 선임하여 복대리인으로 하여금 상대방과 사이에 대리행위를 하도록 한 경우에도, 상대방이 대리권소멸사실을 알지 못하여 복대리인에게 적법한 대리권이 있는 것으로 믿었고 그와 같이 믿은 데 과실이 없다면 제129조에 의한 표현대리가 성립할 수 있다[97다55317].

▌**오답해설**▌

① 복대리인은 본인의 대리인이다(제123조 제1항).

② 대리권이 법률행위에 의하여 부여된 경우(임의대리의 경우)에는 대리인은 본인의 승낙이 있거나 부득이한 사유 있는 때가 아니면 복대리인을 선임하지 못한다(제120조).

④ 법정대리인이 부득이한 사유로 복대리인을 선임한 때에는 그 선임감독에 관한 책임만이 있을 뿐이다(제122조 단서). 지문은 임의대리인이 본인의 지명에 의하여 복대리인을 선임한 경우, 그 책임(제121조 제2항)에 대한 내용이다.

⑤ 복대리인의 복대리권은 그 범위나 존립에 있어서 대리인의 대리권에 의존하므로, 대리인의 사망으로 대리권이 소멸한 경우에는 복대리인의 복대리권도 소멸한다.

01 표현대리에 관한 설명으로 옳지 <u>않은</u> 것은? (다툼이 있으면 판례에 따름)　　　**[2024]**

① 표현대리행위가 성립하는 경우, 상대방에게 과실이 있더라도 과실상계의 법리를 유추적용하여 본인의 책임을 경감할 수 없다.

② 상대방의 유권대리 주장에는 표현대리의 주장이 포함되는 것은 아니므로 이 경우 법원은 표현대리의 성립여부까지 판단해야 하는 것은 아니다.

③ 민법 제126조의 권한을 넘은 표현대리 규정은 법정대리에도 적용된다.

④ 복대리인의 대리행위에 대해서는 표현대리가 성립할 수 없다.

⑤ 수권행위가 무효인 경우, 민법 제129조의 대리권 소멸 후의 표현대리가 적용되지 않는다.

답 ④

┃정답해설┃

④ 복대리인은 복대리행위를 함에 있어서 본인을 위한다는 표시를 하여야 하며(제114조 제1항), 표현대리규정도 복대리행위에 적용될 수 있다.

┃오답해설┃

① 표현대리가 성립하는 경우에 그 본인은 표현대리행위에 의하여 전적인 책임을 져야 하고, 상대방에게 과실이 있다고 하더라도 과실상계의 법리를 유추적용하여 본인의 책임을 경감할 수 없다[95다49554].

② 유권대리에 있어서는 본인이 대리인에게 수여한 대리권의 효력에 의하여 법률효과가 발생하는 반면 표현대리에 있어서는 대리권이 없음에도 불구하고 법률이 득히 거래상대방 보호와 거래안전유지를 위하여 본래 무효인 **무권대리행위의 효과**를 본인에게 미치게 한 것으로서 표현대리가 성립된다고 하여 무권대리의 성질이 유권대리로 전환되는 것은 아니므로, 양자의 구성요건 해당사실 즉 주요사실은 다르다고 볼 수 밖에 없으니 유권대리에 관한 주장 속에 무권대리에 속하는 표현대리의 주장이 포함되어 있다고 볼 수 없다[83다카1489].

③ 제126조의 표현대리는 임의대리와 법정대리에 모두 적용된다(통설·판례).

⑤ 수권행위가 무효인 경우처럼 처음부터 전혀 대리권이 없는 경우에는 제129조가 적용될 수 없다.

02 乙은 대리권 없이 甲을 위하여 甲 소유의 X토지를 丙에게 매도하였다. 이에 관한 설명으로 옳지 <u>않은</u> 것은? (다툼이 있으면 판례에 따름)　　　**[2024]**

① 乙이 丙으로부터 받은 매매대금을 甲이 수령한 경우, 특별한 사정이 없는 한 甲은 위 매매계약을 추인한 것으로 본다.

② 甲이 乙을 상대로 위 매매계약의 추인을 한 경우, 그 사실을 丙이 안 때에는 甲은 丙에게 추인의 효력을 주장할 수 있다.

③ 甲을 단독상속한 乙이 자신의 매매행위가 무효임을 주장하는 것은 신의칙에 반하여 허용되지 않는다.

④ 丙이 甲에게 기간을 정하여 그 추인 여부의 확답을 최고하였으나 甲이 기간 내에 확답을 발송하지 않으면 추인은 거절한 것으로 본다.

⑤ 甲이 추인을 하더라도 丙은 乙을 상대로 무권대리인의 책임에 따른 손해배상을 청구할 수 있다.

┃정답해설┃

⑤ 甲이 추인하는 경우 무권대리 행위는 소급적으로 유효하므로 丙은 乙을 상대로 무권대리인의 책임에 따른 손해배상을 청구할 수 없다(제133조 참고).

┃오답해설┃

① 63다64

② 무권대리인에게 한 추인의 의사표시는 상대방이 알 때까지는 상대방에게 대항할 수 없다(제132조). 민법 제132조는 본인이 무권대리인에게 무권대리행위를 추인한 경우에 상대방이 이를 알지 못하는 동안에는 본인은 상대방에게 추인의 효과를 주장하지 못한다는 취지이므로 상대방은 그때까지 민법 제134조에 의한 철회를 할 수 있고, 또 무권대리인에게 추인이 있었음을 주장할 수도 있다.

③ 무권대리인이 본인을 상속한 경우 무권대리인의 지위와 본인의 지위는 분리하여 병존한다. 그러나 신의칙상 추인을 거절할 수 없다(94다20617).

④ 제131조

---

03 법률행위의 대리에 관한 설명으로 옳지 <u>않은</u> 것은? (다툼이 있으면 판례에 따름) 　　　　[2023]

① 무권대리인의 상대방에 대한 책임은 대리권의 흠결에 관하여 대리인에게 귀책사유가 있는 경우에만 인정된다.

② 제124조에서 금지하는 자기계약이 행해졌다면 그 계약은 유동적 무효이다.

③ 행위능력자인 임의대리인이 성년후견개시 심판을 받아 제한능력자가 되면 그의 대리권은 소멸한다.

④ 대리인이 수인인 경우, 법률 또는 수권행위에서 다른 정함이 없으면 각자가 본인을 대리한다.

⑤ 상대방 없는 단독행위의 무권대리는 특별한 사정이 없는 한 확정적 무효이다.

┃정답해설┃

① 제135조 제1항은 "타인의 대리인으로 계약을 한 자가 그 대리권을 증명하지 못하고 또 본인의 추인을 얻지 못한 때에는 상대방의 선택에 좇아 계약의 이행 또는 손해배상의 책임이 있다."고 규정하고 있다. 위 규정에 따른 무권대리인의 상대방에 대한 책임은 무과실책임으로서 대리권의 흠결에 관하여 대리인에게 과실 등의 귀책사유가 있어야만 인정되는 것이 아니고, 무권대리행위가 제3자의 기망이나 문서위조 등 위법행위로 야기되었다고 하더라도 책임은 부정되지 아니한다(2013다13038).

┃오답해설┃

② 본인의 허락이 있는 경우는 제124조의 자기계약이 가능하다(제124조 본문). 따라서 제124조의 자기계약은 유동적 무효라고 볼 수 있다.

③ 대리인의 사망, 성년후견의 개시 또는 파산은 대리권의 소멸사유에 해당한다(제127조 제2호).

④ 대리인이 수인인 경우에 원칙적으로 대리인 각자가 본인을 대리한다. 즉 각자대리가 원칙이다(제119조 본문).

⑤ 유언, 재단법인의 설립행위, 권리의 포기 등의 상대방 없는 단독행위는 능동대리 및 수동대리를 묻지 않고 언제나 무효이다. 본인의 추인이 있더라도 무효이다.

04 甲으로부터 대리권을 수여받지 않은 甲의 처(妻) 乙은, 자신의 오빠 A가 丙에게 부담하는 고가의 외제자동차 할부대금채무에 대하여 甲의 대리인이라고 하면서 甲을 연대보증인으로 하는 계약을 丙과 체결하였다. 이에 관한 설명으로 옳은 것은? (다툼이 있으면 판례에 따름) **[2022]**

① 甲이 乙의 무권대리행위를 추인하기 위해서는 乙의 동의를 얻어야 한다.

② 甲이 자동차할부대금 보증채무액 중 절반만 보증하겠다고 한 경우, 丙의 동의가 없으면 원칙적으로 무권대리행위의 추인으로서 효력이 없다.

③ 乙의 대리행위는 일상가사대리권을 기본대리권으로 하는 권한을 넘은 표현대리가 성립한다.

④ 계약 당시 乙이 무권대리인임을 알지 못하였던 丙이 할부대금보증계약을 철회한 후에도 甲은 乙의 무권대리행위를 추인할 수 있다.

⑤ 계약 당시 乙이 무권대리인임을 알았던 丙은 甲에게 乙의 무권대리행위의 추인 여부의 확답을 최고할 수 없다.

답 ②

┃ 정답해설 ┃

①, ② 무권대리행위의 추인은 무권대리인에 의하여 행하여진 불확정한 행위에 관하여 그 행위의 효과를 자기에게 직접 발생케 하는 것을 목적으로 하는 의사표시이며, 무권대리인 또는 상대방의 동의나 승락을 요하지 않는 단독행위로서 추인은 의사표시의 전부에 대하여 행하여져야 하고, 그 일부에 대하여 추인을 하거나 그 내용을 변경하여 추인을 하였을 경우에는 상대방의 동의를 얻지 못하는 한 무효이다[81다카549].

┃ 오답해설 ┃

③ 타인의 채무에 대한 보증행위는 그 성질상 아무런 반대급부 없이 오직 일방적으로 불이익만을 입는 것인 점에 비추어 볼 때, 남편이 처에게 타인의 채무를 보증함에 필요한 대리권을 수여한다는 것은 사회통념상 이례에 속하므로, 처가 특별한 수권 없이 남편을 대리하여 위와 같은 행위를 하였을 경우에 그것이 제126조 소정의 표현대리가 되려면 처에게 일상가사대리권이 있었다는 것만이 아니라 상대방이 처에게 남편이 그 행위에 관한 대리의 권한을 주었다고 믿었음을 정당화할 만한 객관적인 사정이 있어야 한다. 처가 임의로 남편의 인감도장과 용도란에 아무런 기재 없이 대리방식으로 발급받은 인감증명서를 소지하고 남편을 대리하여 친정 오빠의 할부판매 보증보험계약상의 채무를 연대보증한 경우, 남편의 표현대리 책임을 부정한다[98다18988].

④ 계약이 무효로 확정된다(불확정적 무효가 확정적 무효로 변한다). 상대방이 철회한 후에는 본인은 추인하지 못하고 상대방은 무권대리인에게 제135조의 책임을 물을 수 없다.

⑤ 대리권 없는 자가 타인의 대리인으로 계약한 경우에 상대방이 상당한 기간을 정하여 본인에게 그 추인여부의 확답을 최고할 수 있는 권리(제131조 전문)를 말한다. 이는 계약 당시 상대방이 악의인 경우(대리행위자에게 대리권 없음을 안 경우)에도 인정된다.

05 표현대리에 관한 설명으로 옳지 <u>않은</u> 것을 모두 고른 것은? (다툼이 있으면 판례에 따름) [2021]

> ㄱ. 대리권 소멸 후의 표현대리에 관한 규정은 임의대리에만 적용된다.
> ㄴ. 표현대리를 주장할 때에는 무권대리인과 표현대리에 해당하는 무권대리 행위를 특정하여 주장하여야 한다.
> ㄷ. 강행법규를 위반하여 무효인 법률행위라 하더라도 표현대리의 법리는 준용될 수 있다.
> ㄹ. 표현대리가 성립하는 경우에도 상대방에게 과실이 있다면 과실상계의 법리를 유추적용하여 본인의 책임을 경감할 수 있다.

① ㄱ, ㄴ   ② ㄴ, ㄷ
③ ㄱ, ㄴ, ㄷ   ④ ㄱ, ㄷ, ㄹ
⑤ ㄴ, ㄷ, ㄹ

답 ④

┃정답해설┃

ㄱ. (×) 대리권수여의 표시에 의한 표현대리(제125조)는 임의대리에만 적용되지만 권한을 넘은 표현대리(제126조)와 대리권소멸후의 표현대리(제129조)의 표현대리는 임의대리뿐만 아니라 법정대리에도 적용된다. 따라서 제129조는 미성년자의 법정대리인의 대리권소멸에 관하여도 적용된다[74다1199].

ㄷ. (×) 구 증권거래법(제52조 제1호)에 위배되는 주식거래에 관한 투자수익보장약정은 무효이고, 투자수익보장이 강행법규에 위반되어 무효인 이상 표현대리의 법리가 준용될 여지가 없다[94다38199].

ㄹ. (×) 표현대리행위가 성립하는 경우에 그 본인은 표현대리 행위에 의하여 전적인 책임을 져야 하고, 상대방에게 과실이 있다고 하더라도 과실상계의 법리를 유추적용하여 본인의 책임을 경감할 수 없다[95다49554].

┃오답해설┃

ㄴ. (○) 표현대리 제도는 대리권이 있는 것 같은 외관이 생긴데 대해 본인이 제125조, 제126조 및 제129조 소정의 원인을 주고 있는 경우에 그러한 외관을 신뢰한 선의 무과실의 제3자를 보호하기 위하여 그 무권대리 행위에 대하여 본인이 책임을 지게 하려는 것이므로 당사자가 표현대리를 주장함에는 무권대리인과 표현대리에 해당하는 무권대리 행위를 특정하여 주장하여야 한다 할 것이고 따라서 당사자의 표현대리의 항변은 특정된 무권대리인의 행위에만 미치고 그 밖의 무권대리인이나 무권대리 행위에는 미치지 아니한다[83다카1819].

06 18세의 甲은 乙의 대리인을 사칭하여 그가 보관하던 乙의 노트북을 그 사정을 모르는 丙에게 팔았다. 이에 관한 설명으로 옳지 <u>않은</u> 것은? (다툼이 있으면 판례에 따름) **[2020]**

① 乙이 丙에게 매매계약을 추인한 때에는 매매계약은 확정적으로 효력이 생긴다.

② 乙이 甲에게 추인한 때에도 그 사실을 모르는 丙은 매매계약을 철회할 수 있다.

③ 乙이 추인하지 않으면, 甲은 자신의 선택으로 丙에게 매매계약을 이행하거나 손해를 배상하여야 한다.

④ 丙이 甲에게 대리권이 없음을 알았더라도 丙은 乙에게 추인 여부의 확답을 최고할 수 있다.

⑤ 乙이 추인한 때에는 甲은 자신이 미성년자임을 이유로 매매계약을 취소하지 못한다.

답 ③

▮정답해설▮

③ 타인의 대리인으로 계약을 한 자가 그 대리권을 증명하지 못하고 또 본인의 추인을 얻지 못한 때에는 상대방의 선택에 좇아 계약의 이행 또는 손해배상의 책임이 있는 것인바 이 상대방이 가지는 계약이행 또는 손해배상청구권의 소멸시효는 그 선택권을 행사할 수 있는 때로부터 진행한다 할 것이고 또 선택권을 행사할 수 있는 때라고 함은 대리권의 증명 또는 본인의 추인을 얻지 못한 때라고 할 것이다[64다1156].

▮오답해설▮

① 추인은 다른 의사표시가 없는 때에는 계약시에 소급하여 그 매매계약은 확정적으로 효력이 생긴다[제133조 본문].

② 제132조는 본인이 무권대리인에게 무권대리행위를 추인한 경우에 상대방이 이를 알지 못하는 동안에는 본인은 상대방에게 추인의 효과를 주장하지 못한다는 취지이므로 상대방은 그때까지 제134조에 의한 철회를 할 수 있고, 또 무권대리인에의 추인이 있었음을 주장할 수도 있다[80다2314].

④ 상대방의 최고권은 의사의 통지로서 준법률행위에 해당하고, 상대방의 선의·악의를 불문하고 인정된다[제131조]. 악의의 丙은 乙에게 추인 여부의 확답을 최고할 수 있다.

⑤ 무권대리행위에 대하여 본인의 추인이 있으면 무권대리행위는 처음부터 유권대리행위이었던 것과 마찬가지로 다루어진다. 따라서 甲은 자신이 미성년자임을 이유로 매매계약을 취소하지 못한다[제133조 참조].

07 대리에 관한 설명으로 옳지 <u>않은</u> 것은? (다툼이 있으면 판례에 따름) **[2019]**

① 불법행위에는 대리의 법리가 적용되지 않는다.

② 대리인이 자신의 이익을 도모하기 위하여 대리권을 남용한 경우는 무권대리에 해당한다.

③ 대리인의 대리행위가 공서양속에 반하는 경우, 본인이 그 사정을 몰랐다고 하더라도 그 행위는 무효이다.

④ 대리인이 상대방에게 사기·강박을 하였다면 상대방은 본인이 그에 대해 선의·무과실이라 하더라도 대리인과 행한 법률행위를 취소할 수 있다.

⑤ 복대리인은 본인의 대리인이다.

② 대리권 남용은 대리권의 범위 내의 행위이므로 무권대리는 성립할 수 없고, 상대방이 대리인의 대리권 남용사실을 알았거나 알 수 있었을 경우에는 제107조 제1항 단서(비진의표시)의 유추해석상 그 대리인의 행위는 본인의 대리행위로 성립할 수 없으므로 본인은 대리인의 행위에 대해 아무런 책임이 없다[2000다20694].

08 甲으로부터 대리권을 수여받지 못한 乙은 甲의 대리인이라고 사칭하여 甲의 토지에 대해 丙과 매매계약을 체결하였다. 甲, 乙, 丙 사이의 법률관계에 관한 설명으로 옳은 것은? (다툼이 있으면 판례에 따름)
[2019]

① 甲은 乙의 대리행위를 추인할 수 있으며, 그 추인은 乙이 아닌 丙에게 하여야 효력이 있다.

② 甲이 추인하지 않고 乙이 자신의 대리권을 증명하지 못한 경우, 乙은 자신의 선택에 좇아 선의·무과실인 丙에게 계약의 이행이나 손해배상 책임을 진다.

③ 甲이 추인하면서 특별한 의사표시를 하지 않았다면 乙의 대리행위는 추인한 때로부터 甲에게 효력이 생긴다.

④ 丙이 계약당시에 乙에게 대리권이 없다는 사실을 알았다면 철회권을 행사할 수 없다.

⑤ 丙은 甲에게 상당한 기간을 정하여 추인 여부의 확답을 최고할 수 있으며, 甲이 그 기간 내에 확답을 발하지 아니하면 甲이 추인한 것으로 본다.

답 ④

① 추인의 의사표시는 직접의 상대방이나 그 무권대리행위로 인한 권리 또는 법률관계의 승계인, 무권대리인에게 할 수 있다[80다2314].

② 다른 자의 대리인으로서 계약을 맺은 자가 그 대리권을 증명하지 못하고 또 본인의 추인을 받지 못한 경우에는 그는 상대방의 선택에 따라 계약을 이행할 책임 또는 손해를 배상할 책임이 있다(제135조 제1항).

③ 추인은 다른 의사표시가 없는 때에는 계약시에 소급하여 그 효력이 생긴다(제133조 본문).

⑤ 대리권 없는 자가 타인의 대리인으로 계약을 한 경우에 상대방은 상당한 기간을 정하여 본인에게 그 추인여부의 확답을 최고할 수 있다. 본인이 그 기간 내에 확답을 발하지 아니한 때에는 추인을 거절한 것으로 본다(제131조).

09 乙은 甲의 대리인으로서 甲을 위하여 丙과 계약을 체결하였다. 이에 관한 설명으로 옳지 <u>않은</u> 것은? (다툼이 있으면 판례에 따름)

① 乙이 임의대리인이라면 乙은 행위능력자임을 요하지 않는다.

② 乙의 대리행위가 무권대리라는 이유로 甲이 무효를 주장하는 경우, 乙의 대리행위가 권한을 넘은 표현 대리행위라는 주장 및 증명책임은 丙에게 있다.

③ 매매계약의 체결에 관한 권한을 수여받은 乙이 甲을 대리하여 매매계약을 체결한 경우, 乙은 특별한 사정이 없는 한 甲을 대리하여 매매계약의 해제 등 일체의 처분권을 행사할 수 있다.

④ 甲으로부터 아파트에 관한 일체의 관리권한을 위임받아 甲으로 가장하여 아파트를 丙에게 임대한 乙이 다시 甲으로 가장하여 임차인 丙에게 아파트를 매도하였다면, 권한을 넘은 표현대리의 법리를 유추적 용할 수 있다.

⑤ 대리권수여행위는 묵시적인 의사표시로도 할 수 있으므로, 乙이 甲의 대리인의 외양을 가지고 행위하 는 것을 甲이 알면서도 이의를 하지 않고 방임하는 등 사실상의 용태에 의하여 대리권의 수여가 추단되 는 경우도 있다.

답 ③

▌정답해설▌

③ 어떠한 계약의 체결에 관한 대리권을 수여받은 대리인이 수권된 법률행위를 하게 되면 그것으로 대리권의 원인된 법률관계는 원칙적으로 목적을 달성하여 종료하는 것이고, 법률행위에 의하여 수여된 대리권은 그 원인된 법률관계 의 종료에 의하여 소멸하는 것이므로(제128조), 그 계약을 대리하여 체결하였던 대리인이 체결된 계약의 해제 등 일체의 처분권과 상대방의 의사를 수령할 권한까지 가지고 있다고 볼 수는 없다[2008다11276].

▌오답해설▌

① 대리인은 행위능력자임을 요하지 아니한다[제117조].

② 판례는 「표현대리행위로 인정된다는 점의 주장 및 입증책임은 그것을 유효하다고 주장하는 자에게 있는 것이다」라 고 판시하고 있다[68다694]. 따라서 정당한 이유에 대한 증명책임은 표현대리의 유효를 주장하는 상대방에게 있다.

④ 본인으로부터 아파트에 관한 임대 등 일체의 관리권한을 위임받아 본인으로 가장하여 아파트를 임대한 바 있는 대리인이 다시 자신을 본인으로 가장하여 임차인에게 아파트를 매도하는 법률행위를 한 경우에는 권한을 넘은 표현대리의 법리를 유추적용하여 본인에 대하여 그 행위의 효력이 미친다고 볼 수 있다[92다52436].

⑤ 대리권을 수여하는 수권행위는 불요식의 행위로서 명시적인 의사표시에 의함이 없이 묵시적인 의사표시에 의하여 할 수도 있으며, 어떤 사람이 대리인의 외양을 가지고 행위하는 것을 본인이 알면서도 이의를 하지 아니하고 방임하는 등 사실상의 용태에 의하여 대리권의 수여가 추단되는 경우도 있다[2016다203315].

10 표현대리에 관한 설명으로 옳지 <u>않은</u> 것은? (다툼이 있는 경우에는 판례에 의함)

① 주식거래에 관한 투자수익보장약정이 강행법규의 위반으로 무효인 경우, 그러한 약정을 체결할 권한이 수여되었는지 여부와 관계없이 표현대리에 관한 법리가 적용될 수 없다.

② 대리인이 본인을 위한다는 의사를 표시하지 않고 그의 이름을 모용하여 마치 자기가 본인인 것처럼 기망하여 본인 명의로 직접 대리권의 범위를 넘은 법률행위를 한 때에는, 특별한 사정이 없으면, 권한을 넘은 표현대리가 성립할 수 없다.

③ 권한을 넘은 표현대리에 있어서 정당한 이유의 유무는 대리행위 당시를 기준으로 하고 대리행위 성립 이후의 사정을 참작하여 판정하여야 한다.

④ 표현대리가 성립하면 그 본인은 표현대리행위에 대하여 전적인 책임을 져야 하고 상대방에게 과실이 있다고 하더라도 과실상계의 법리를 유추적용하여 그의 책임을 감경할 수 없다.

⑤ 대리권 소멸 후의 표현대리에 관한 제129조는 임의대리권이 소멸한 경우만이 아니라 법정대리인의 대리권 소멸에 관하여도 그 적용이 있다.

답 ③

┃정답해설┃

③ 권한을 넘은 표현대리에 있어서 무권대리인에게 그 권한이 있다고 믿을 만한 정당한 이유가 있는가의 여부는 대리행위(매매계약) 당시를 기준으로 결정하여야 하고 매매계약 성립 이후의 사정은 고려할 것이 아니다[81다322, 2009다46828].

┃오답해설┃

① 증권회사 또는 그 임·직원의 부당권유행위를 금지하는 증권거래법 제52조 제1호는 공정한 증권거래질서의 확보를 위하여 제정된 강행법규로서 이에 위배되는 주식거래에 관한 투자수익보장약정은 무효이고, 투자수익 보장이 강행법규에 위반되어 무효인 이상 증권회사의 지점장에게 그와 같은 약정을 체결할 권한이 수여되었는지 여부에 불구하고 그 약정은 여전히 무효이므로 표현대리의 법리가 준용될 여지가 없다[94다38199].

② 제126조의 표현대리는 대리인이 본인을 위한다는 의사를 명시 혹은 묵시적으로 표시하거나 대리의사를 가지고 권한 외의 행위를 하는 경우에 성립하고, 사술을 써서 위와 같은 대리행위의 표시를 하지 아니하고 단지 본인의 성명을 모용하여 자기가 마치 본인인 것처럼 기망하여 본인 명의로 직접 법률행위를 한 경우에는 특별한 사정이 없는 한 위 법조 소정의 표현대리는 성립될 수 없다[2001다49814].

④ 표현대리행위가 성립하는 경우에 본인은 표현대리행위에 기하여 전적인 책임을 져야 하는 것이고 상대방에게 과실이 있다고 하더라도 과실상계의 법리를 유추적용하여 본인의 책임을 감경할 수 없는 것이다[94다24985].

⑤ 제129조의 표현대리는 임의대리와 법정대리 모두에 적용된다.

11 다음 중 표현대리가 성립할 수 있는 경우는? (단, 丙은 선의·무과실이고, 다툼이 있는 경우에는 판례에 의함)

① 甲이 乙에게 甲 소유의 토지를 처분할 권한을 부여하였는데, 乙은 甲이 수권행위를 철회한 후에 丁을 복대리인으로 선임하였고, 丁은 丙과 그 토지에 관한 매매계약을 체결하였다.

② 甲 소유의 자동차에 대한 매도권한을 수여받은 乙은 상대방인 丙과 계약을 체결하면서 현명하지 않았지만, 丙은 乙이 甲의 대리인이라는 것을 알고 있었다.

③ 임대차계약 체결을 위한 대리권을 甲으로부터 수여받은 乙이 甲인 것처럼 행세하여 甲의 이름으로 丙과 임대차계약을 체결하였는데, 丙은 乙을 甲이라고 생각하였다.

④ 甲은 乙에게 저당권 설정을 위한 대리권을 수여하였는데, 乙은 자신의 명의로 소유권이전등기를 한 후에 丙에게 저당권을 설정해 주었다.

⑤ 甲이 관련 서류를 위조하고 丁을 남편으로 가장시켜 남편인 乙 소유의 부동산을 담보로 丁이 丙은행으로부터 대출받았는데, 丙은 丁을 乙이라고 생각하였다.

답 ①

▌정답해설▐

① 대리인이 대리권 소멸 후 직접 상대방과 사이에 대리행위를 하는 경우는 물론 대리인이 대리권 소멸 후 복대리인을 선임하여 복대리인으로 하여금 상대방과 사이에 대리행위를 하도록 한 경우에도, 상대방이 대리권소멸사실을 알지 못하여 복대리인에게 적법한 대리권이 있는 것으로 믿었고 그와 같이 믿은 데 과실이 없다면 제129조에 의한 표현대리가 성립할 수 있다[97다55317].

▌오답해설▐

② 제115조 단서에 의하여 본인에게 유권대리의 효력이 발생한다.

③ 제126조의 표현대리는 대리인이 본인을 위한다는 의사를 명시 혹은 묵시적으로 표시하거나 대리의사를 가지고 권한 외의 행위를 하는 경우에 성립하고, 사술을 써서 위와 같은 대리행위의 표시를 하지 아니하고 단지 본인의 성명을 모용하여 자기가 마치 본인인 것처럼 기망하여 본인 명의로 직접 법률행위를 한 경우에는 특별한 사정이 없는 한 위 법조 소정의 표현대리는 성립될 수 없다[2001다49814].

④ 소외인이 원고로부터 원고를 대리하여 타인으로부터 금원을 차용하고 본건 부동산에 관한 담보권 설정의 대리권을 수여받고 권리증, 인감증명서 등을 교부받았음에도 자기 앞으로 소유권을 이전하여 자신의 이름으로 피고에게 담보권을 설정하여 주고 금원을 차용하여 이를 유용한 경우에는 피고가 소외인에게 금원을 대여하고 그 부동산에 담보권을 설정한 것은 소외인을 진실한 소유자로 믿고 한 것이지 동 소외인을 원고의 대리인이라고 믿고 한 것이 아니고, 소외인이 그 명의로 소유권이전등기함에 있어 원고가 이를 통정용인하였거나 이를 알고도 방치(허위의 소유권이전등기라는 외관형성에 관여)하였다고 할 수 없으므로 제126조, 제108조를 유추하여서 피고 명의의 위 담보권을 유효하다고 할 수 없다[80다1475].

⑤ 처가 임의로 남편의 인감도장과 용도란에 아무런 기재 없이 대리방식으로 발급받은 인감증명서를 소지하고 남편을 대리하여 친정 오빠의 할부판매보증보험계약상의 채무를 연대보증한 경우, 남편의 표현대리책임은 부정된다[98다18988].

12 甲의 무권대리인 乙이 丙에게 甲 소유의 부동산을 매도하여 소유권이전등기를 경료해 주었고, 그 후 丙은 이 부동산을 丁에게 매도하고 소유권이전등기를 경료해 주었다. 이에 관한 설명으로 옳지 <u>않은</u> 것은? (다툼이 있으면 판례에 따름)

① 丙은 甲에게 상당한 기간을 정하여 추인 여부의 확답을 최고할 수 있고, 그 기간 내에 甲이 확답을 발하지 않으면 추인을 거절한 것으로 본다.

② 丙이 계약 당시 乙에게 대리권이 없음을 안 경우, 丙은 乙에게 한 매수의 의사표시를 철회할 수 없다.

③ 甲이 丁에게 추인의 의사를 표시하더라도 무권대리행위에 대한 추인의 효과가 발생하지 않는다.

④ 甲이 乙에게 추인의 의사를 표시한 경우, 추인사실을 알게 된 丙은 乙에게 한 매수의 의사표시를 철회할 수 없다.

⑤ 甲의 추인을 얻지 못한 경우, 丙이 무권대리에 관하여 선의이더라도 과실이 있으면 乙은 계약을 이행할 책임을 부담하지 않는다.

답 ③

▌정답해설▐

③ 무권대리행위의 추인에 특별한 방식이 요구되는 것이 아니므로 명시적인 방법만 아니라 묵시적인 방법으로도 할 수 있고, 그 추인은 무권대리인, 무권대리행위의 직접의 상대방 및 그 무권대리행위로 인한 권리 또는 법률관계의 승계인에 대하여도 할 수 있다[80다2314].

▌오답해설▐

① 제131조(상대방의 최고권)

② 철회권은 무권대리인과 계약한 선의의 상대방에게만 인정되는 권리이다[제134조].

④ 추인 또는 거절의 의사표시는 상대방에 대하여 하지 아니하면 그 상대방에 대항하지 못한다. 그러나 상대방이 그 사실을 안 때에는 그러하지 아니하다[제132조]. 따라서 본인 甲이 무권대리인 乙에게 추인의 의사를 표시한 경우, 추인 사실을 알게 된 丙은 乙에게 한 매수의 의사표시를 철회할 수 없다.

⑤ 무권대리인의 상대방에 대한 책임은 상대방의 선의·무과실을 전제로 한다[제135조 제2항]. 이는 무권대리인의 무과실책임에 관한 원칙규정인 제1항에 대한 예외규정이므로 상대방이 대리권이 없음을 알았다는 사실 또는 알 수 있었는데도 알지 못하였다는 사실에 관한 주장·증명책임은 무권대리인에게 있다[2018다210775].

01 법률행위의 무효에 관한 설명으로 옳지 않은 것은? (다툼이 있으면 판례에 따름) [2023]

① 무권대리행위에 대한 본인의 추인은 다른 의사표시가 없는 한 소급효를 가진다.

② 법률행위의 일부분이 무효일 때, 그 나머지 부분의 유효성을 판단함에 있어 나머지 부분을 유효로 하려는 당사자의 가정적 의사를 고려하여야 한다.

③ 토지거래허가구역 내의 토지를 매매한 당사자가 계약체결시부터 허가를 잠탈할 의도였더라도, 그 후 해당 토지에 대한 허가구역 지정이 해제되었다면 위 매매계약은 유효가 된다.

④ 무효인 법률행위를 추인에 의하여 새로운 법률행위로 보기 위해서는 당사자가 그 무효를 알고서 추인하여야 한다.

⑤ 처분권자는 명문의 규정이 없더라도 처분권 없는 자의 처분행위를 추인하여 이를 유효하게 할 수 있다.

답 ③

┃정답해설┃

③ 구 국토의 계획 및 이용에 관한 법률(2007.7.27. 법률 제8564호로 개정되기 전의 것, 이하 '법'이라 한다)에서 정한 토지거래계약 허가구역 내 토지에 관하여 허가를 배제하거나 잠탈하는 내용으로 매매계약이 체결된 경우에는 법 제118조 제6항에 따라 그 계약은 체결된 때부터 확정적으로 무효이다. 이러한 '허가의 배제나 잠탈 행위'에는 토지거래허가가 필요한 계약을 허가가 필요하지 않은 것에 해당하도록 계약서를 허위로 작성하는 행위뿐만 아니라, 정상적으로는 토지거래허가를 받을 수 없는 계약을 허가를 받을 수 있도록 계약서를 허위로 작성하는 행위도 포함된다[2011도614].

┃오답해설┃

① 추인은 다른 의사표시가 없는 때에는 계약 시에 소급하여 그 효력이 생긴다. 그러나 제3자의 권리를 해하지 못한다 (제133조).

② 법률행위의 일부분이 무효인 때에는 그 전부를 무효로 한다. 그러나 그 무효1부분이 없더라도 법률행위를 하였을 것이라고 인정될 때에는 나머지 부분은 무효가 되지 아니한다(제137조).

④ 민법은 원칙적으로 추인을 금지하되(제139조 본문), 예외적으로 당사자가 그 무효임을 알고 추인한 때에는 새로운 법률행위를 한 것으로 간주하고 있다(제139조 단서).

⑤ 처분권한 없는 자의 처분행위는 원칙적으로 무효이다. 다만 권리자의 추인이나 동산의 경우라면 선의취득 또는 제3자 보호규정(제107조 제2항~제110조 제3항, 제548조 제1항 단서)에 의해 예외적으로 유효일 수 있다.

02 법률행위의 무효에 관한 설명으로 옳지 <u>않은</u> 것은? (다툼이 있으면 판례에 따름)　　　**[2022]**

① 매매계약이 약정된 매매대금의 과다로 인하여 불공정한 법률행위에 해당하는 경우, 무효행위의 전환에 관한 제138조가 적용될 수 있다.

② 취소할 수 있는 법률행위를 취소한 후에도 무효인 법률행위의 추인의 요건과 효력으로서 추인할 수 있다.

③ 법률행위의 일부무효에 관한 제137조는 임의규정이다.

④ 집합채권의 양도가 양도금지특약을 위반하여 무효인 경우, 채무자는 집합채권의 일부개별 채권을 특정하여 추인할 수 없다.

⑤ 무효인 가등기를 유효한 등기로 전용하기로 한 약정은 특별한 사정이 없는 한 그때부터 유효하고 이로써 그 가등기가 소급하여 유효한 등기로 전환될 수 없다.

답 ④

┃ 정답해설 ┃

④ 이른바 집합채권의 양도가 양도금지특약에 위반해서 무효인 경우 채무자는 일부 개별 채권을 특정하여 추인하는 것이 가능하다고 할 것이다[2009다47685].

┃ 오답해설 ┃

① 2009다50308

② 취소한 법률행위는 처음부터 무효인 것으로 간주되므로 취소할 수 있는 법률행위가 일단 취소된 이상 그 후에는 취소할 수 있는 법률행위의 추인에 의하여 다시 확정적으로 유효하게 할 수는 없고, 다만 무효인 법률행위의 추인의 요건과 효력으로서 추인할 수는 있으나, 무효행위의 추인은 그 무효 원인이 소멸한 후에 하여야 그 효력이 있고, 결국 무효원인이 소멸한 후란 것은 당초의 의사표시의 성립 과정에 존재하였던 취소의 원인이 종료된 후, 즉 강박 상태에서 벗어난 후라고 보아야 한다[95다38240].

③ 제137조는 임의규정으로서 의사자치의 원칙이 지배하는 영역에서 적용된다고 할 것이므로, 법률행위의 일부가 강행법규인 효력규정에 위반되어 무효가 되는 경우 그 부분의 무효가 나머지 부분의 유효·무효에 영향을 미치는가의 여부를 판단함에 있어서는 개별 법령이 일부무효의 효력에 관한 규정을 두고 있는 경우에는 그에 따라야 하고, 그러한 규정이 없다면 원칙적으로 제137조가 적용될 것이다[2010다23425].

⑤ 91다26546

03 취소에 관한 설명으로 옳지 <u>않은</u> 것은? (다툼이 있으면 판례에 따름)　**[2024]**

① 매도인에 의해 매매계약이 적법하게 해제된 후에는 매수인은 그 매매계약을 착오를 이유로 취소할 수 없다.

② 법률행위의 취소를 전제로 한 이행거절 가운데는 특별한 사정이 없는 한 취소의 의사표시가 포함된 것으로 볼 수 있다.

③ 취소할 수 있는 법률행위가 일단 취소된 후에는 취소할 수 있는 법률행위의 추인에 의하여 이를 다시 확정적으로 유효하게 할 수는 없다.

④ 취소권은 추인할 수 있는 날로부터 3년 내에 법률행위를 한 날로부터 10년 내에 행사하여야 한다.

⑤ 취소할 수 있는 법률행위의 취소권의 행사기간은 제척기간이다.

답 ①

▌정답해설▌

① 매도인이 매수인의 중도금 지급 채무불이행을 이유로 매매계약을 적법하게 해제한 후라도 매수인으로서는 상대방이 한 계약해제의 효과로서 발생하는 손해배상책임을 지거나 매매계약에 따른 계약금의 반환을 받을 수 없는 불이익을 면하기 위하여 착오를 이유로 한 취소권을 행사하여 위 매매계약 전체를 무효로 돌리게 할 수 있다[91다11308].

▌오답해설▌

② 93다13162

③ 취소한 법률행위는 처음부터 무효인 것으로 간주되므로 취소할 수 있는 법률행위가 일단 취소된 이상 그 후에는 취소할 수 있는 법률행위의 추인에 의하여 다시 확정적으로 유효하게 할 수는 없고, 다만 무효인 법률행위의 추인의 요건과 효력으로서 추인할 수는 있으나, 무효행위의 추인은 그 무효 원인이 소멸한 후에 하여야 그 효력이 있고, 결국 무효원인이 소멸한 후란 것은 당초의 의사표시의 성립 과정에 존재하였던 취소의 원인이 종료된 후, 즉 강박 상태에서 벗어난 후라고 보아야 한다[95다38240].

④ 제146조

⑤ 취소권은 원칙적으로 형성권이므로 이 기간은 제척기간에 해당한다.

04 법률행위의 취소에 관한 설명으로 옳지 <u>않은</u> 것은? (다툼이 있으면 판례에 따름)　　　**[2023]**

① 취소권의 단기제척기간은 취소할 수 있는 날로부터 3년이다.

② 취소권의 행사시 반드시 취소원인의 진술이 함께 행해져야 하는 것은 아니다.

③ 취소할 수 있는 법률행위의 상대방이 그 행위로 취득한 특정의 권리를 양도한 경우, 양수인이 아닌 원래의 상대방에게 취소의 의사표시를 하여야 한다.

④ 노무자의 노무가 일정 기간 제공된 후 행해진 고용계약의 취소에는 소급효가 인정되지 않는다.

⑤ 매도인이 매매계약을 적법하게 해제한 후에도 매수인은 그 매매계약을 착오를 이유로 취소할 수 있다.

답 ①

┃ 정답해설 ┃

① 제146조는 취소권은 추인할 수 있는 날로부터 3년 내에 행사하여야 한다고 규정하고 있는바, 이때의 3년이라는 기간은 일반소멸시효기간이 아니라 제척기간으로서 제척기간이 도과하였는지 여부는 당사자의 주장에 관계없이 법원이 당연히 조사하여 고려하여야 할 사항이다[96다25371].

┃ 오답해설 ┃

② 취소의 의사표시란 반드시 명시적이어야 하는 것은 아니고, 취소자가 그 착오를 이유로 자신의 법률행위의 효력을 처음부터 배제하려고 한다는 의사가 드러나면 족한 것이며, 취소원인의 진술 없이도 취소의 의사표시는 유효한 것이다[2004다43824].

③ 취소할 수 있는 행위의 상대방이 그 행위로 취득한 권리를 양도한 경우에 그 취소의 상대방은 양수인이 아니라 원래의 상대방이다.

④ 근로계약, 조합계약과 같은 계속적인 계약관계는 소급효가 부인된다(통설).

⑤ 매도인이 매수인의 중도금 지급 채무불이행을 이유로 매매계약을 적법하게 해제한 후라도 매수인으로서는 상대방이 한 계약해제의 효과로서 발생하는 손해배상책임을 지거나 매매계약에 따른 계약금의 반환을 받을 수 없는 불이익을 면하기 위하여 착오를 이유로 한 취소권을 행사하여 위 매매계약 전체를 무효로 돌리게 할 수 있다[91다11308].

05 법률행위의 취소에 관한 설명으로 옳지 <u>않은</u> 것은? (다툼이 있으면 판례에 따름) **[2022]**

① 취소할 수 있는 미성년자의 법률행위를 친권자가 추인하는 경우, 그 취소의 원인이 소멸한 후에 하여야만 효력이 있다.

② 제한능력자가 그 의사표시를 취소한 경우, 제한능력자는 그 행위로 인하여 받은 이익이 현존하는 한도에서 상환(償還)할 책임이 있다.

③ 강박에 의하여 의사표시를 한 자의 포괄승계인은 그 의사표시를 취소할 수 있다.

④ 취소권은 추인할 수 있는 날로부터 3년 내에, 법률행위를 한 날로부터 10년 내에 행사하여야 한다.

⑤ 의사표시의 취소는 취소기간 내에 소를 제기하는 방법으로만 행사하여야 하는 것은 아니다.

답 ①

┃정답해설┃

① 추인은 취소의 원인이 소멸된 후에 하여야만 효력이 있다(제144조 제1항). 그러나 법정대리인(친권자) 또는 후견인이 추인하는 경우에는 적용하지 아니하므로(제144조 제2항) 법정대리인은 취소원인이 종료되기 전에는 언제든지 추인할 수 있다.

┃오답해설┃

② 제141조 단서

> **제141조(취소의 효과)**
> 취소된 법률행위는 처음부터 무효인 것으로 본다. 다만, 제한능력자는 그 행위로 인하여 받은 이익이 현존하는 한도에서 상환(償還)할 책임이 있다.

③ 제140조

> **제140조(법률행위의 취소권자)**
> 취소할 수 있는 법률행위는 제한능력자, 착오로 인하거나 사기·강박에 의하여 의사표시를 한 자, 그의 대리인 또는 승계인만이 취소할 수 있다.

④ 제146조

> **제146조(취소권의 소멸)**
> 취소권은 추인할 수 있는 날로부터 3년 내에 법률행위를 한 날로부터 10년 내에 행사하여야 한다.

⑤ 취소권의 행사는 재판상 또는 재판 외에서도 행사할 수 있다.

06 반사회질서의 법률행위로서 무효가 <u>아닌</u> 것은? (다툼이 있으면 판례에 따름) [2022]

① 반사회질서적인 조건이 붙은 법률행위
② 상대방에게 표시된 동기가 반사회질서적인 법률행위
③ 부첩(夫妾)관계의 종료를 해제조건으로 하는 증여계약
④ 오로지 보험사고를 가장하여 보험금을 취득할 목적으로 체결한 생명보험계약
⑤ 주택매매계약에서 양도소득세를 면탈할 목적으로 소유권이전등기를 일정 기간 후에 이전받기로 한 특약

답 ⑤

▎정답해설▎

⑤ 주택매매계약에서 양도소득세를 면탈할 목적으로 소유권이전등기를 일정 기간 후에 이전받기로 한 특약이나 양도소득세를 회피하기 위한 방법으로 부동산을 명의신탁한 것이라 하더라도 그러한 이유 때문에 제103조의 반사회적 법률행위로서 위 명의신탁이 무효라고 할 수 없다[91다16334·16341(반소)].

▎오답해설▎

① 조건부 법률행위에 있어 조건의 내용 자체가 불법적인 것이어서 무효일 경우 또는 조건을 붙이는 것이 허용되지 아니하는 법률행위에 조건을 붙인 경우 그 조건만을 분리하여 무효로 할 수는 없고 그 법률행위 전부가 무효로 된다[2005마541].

② 제103조에 의하여 무효로 되는 반사회질서 행위는 법률행위의 목적인 권리·의무의 내용이 선량한 풍속 기타 사회질서에 위반되는 경우뿐 아니라 그 내용 자체는 반사회질서적인 것이 아니라고 하여도 법률적으로 이를 강제하거나 법률행위에 반사회질서적인 조건 또는 금전적 대가가 결부됨으로써 반사회질서적 성질을 띠게 되는 경우 및 표시되거나 상대방에게 알려진 법률행위의 동기가 반사회질서적인 경우를 포함한다[2000다4736].

③ 부첩관계인 부부생활의 종료를 해제조건으로 하는 증여계약은 그 조건만이 무효인 것이 아니라 증여계약 자체가 무효이다[66다530].

④ 당초부터 오로지 보험사고를 가장하여 보험금을 취득할 목적으로 생명보험계약을 체결한 경우, 이와 같은 생명보험계약은 사회질서에 위배되는 법률행위로서 무효이다[99다49064].

07 법률행위의 취소에 관한 설명으로 옳지 <u>않은</u> 것은? [2019]

① 착오로 인하여 취소할 수 있는 법률행위를 한 자의 포괄승계인은 그 법률행위를 취소할 수 있다.

② 미성년자가 동의없이 단독으로 행한 법률행위를 그 법정대리인이 추인하는 경우, 그 추인은 취소의 원인이 소멸한 후에 하여야만 효력이 있다.

③ 제한능력자가 제한능력을 이유로 법률행위를 취소한 경우, 그 행위로 인하여 받은 이익이 현존하는 한도에서 상환할 책임이 있다.

④ 취소할 수 있는 법률행위를 추인한 후에는 이를 다시 취소하지 못한다.

⑤ 취소권은 추인할 수 있는 날로부터 3년 내에, 법률행위를 한 날로부터 10년 내에 행사하여야 한다.

답 ②

▌정답해설▐

② 법정대리인이나 후견인은 본인이 제한능력자인 동안에도 추인할 수 있다(제144조 제2항).

08 법률행위의 무효와 취소에 관한 설명으로 옳은 것은? (다툼이 있으면 판례에 따름)

① 법률행위가 무효임을 알고 당사자가 추인한 때에는 새로운 법률행위로 추정한다.

② 취소할 수 있는 법률행위의 상대방이 확정된 경우에는 그 취소는 그 상대방에 대한 의사표시로 하여야 한다.

③ 취소권은 법률행위를 추인할 수 있는 날로부터 5년 뒤에도 소멸하지 않는다.

④ 폭리행위는 그 무효원인이 해소되지 않았더라도 당사자의 추인이 있으면 유효로 될 수 있다.

⑤ 미성년을 이유로 취소할 수 있다는 사실을 알고 법정대리인의 동의 없이 법률행위를 한 미성년자가 그 법률행위를 적법하게 취소한 경우, 미성년자는 그 행위로 받은 이익에 이자를 붙여서 반환하여야 한다.

답 ②

▌정답해설▐

② 취소할 수 있는 법률행위의 상대방이 확정한 경우에는 그 취소는 그 상대방에 대한 의사표시로 하여야 한다(제142조).

▌오답해설▐

① 당사자가 그 무효임을 알고 추인한 때에는 새로운 법률행위로 본다(제139조 단서).

③ 취소권은 추인할 수 있는 날로부터 3년 내에 법률행위를 한 날로부터 10년 내에 행사하여야 한다(제146조). 따라서 추인할 수 있는 날로부터 5년이 지났다면 취소권은 소멸한다.

④ 불공정한 법률행위로서 무효인 경우에는 추인에 의하여 무효인 법률행위가 유효로 될 수 없다[94다10900].

⑤ 제한능력자는 선의·악의를 불문하고, 그 행위로 인하여 받은 이익이 현존하는 한도에서 상환할 책임이 있다(제141조 단서). 제141조 단서는 제748조의 특칙에 해당한다.

09 甲은 토지거래허가구역 내에 있는 자신의 X토지에 대해 허가를 받을 것을 전제로 乙에게 매도하는 계약을 체결하였으나 아직 허가는 받지 않은 상태이다. 이에 관한 설명으로 옳지 <u>않은</u> 것은? (다툼이 있으면 판례에 따름) **[2024]**

① 乙은 甲에게 계약의 이행을 청구할 수 없다.

② 甲이 토지거래허가신청절차에 협력하지 않는 경우, 乙은 이를 이유로 계약을 해제할 수 있다.

③ 토지거래허가구역 지정이 해제된 경우, 특별한 사정이 없는 한 위 매매계약은 확정적으로 유효하다.

④ 甲과 乙이 토지거래허가를 받으면 위 매매계약은 소급해서 유효로 되므로 허가 후에 새로 매매계약을 체결할 필요는 없다.

⑤ 甲의 사기에 의하여 위 매매계약이 체결된 경우, 乙은 토지거래허가를 신청하기 전이라도 甲의 사기를 이유로 매매계약을 취소할 수 있다.

답 ②

▌ 정답해설 ▌

② 유동적 무효의 상태에 있는 거래계약의 당사자는 상대방이 그 거래계약의 효력이 완성되도록 협력할 의무를 이행하지 아니하였음을 들어 일방적으로 유동적 무효의 상태에 있는 거래계약 자체를 해제할 수 없다[98다40459 전합].

▌ 오답해설 ▌

① 허가를 받을 것을 전제로 한 거래계약은 허가받기 전의 상태에서는 거래계약의 채권적 효력도 전혀 발생하지 않으므로 권리의 이전 또는 설정에 관한 어떠한 내용의 이행청구도 할 수 없고, 그러한 거래계약의 당사자로서는 허가받기 전의 상태에서 상대방의 거래계약상 채무불이행을 이유로 거래계약을 해제하거나 그로 인한 손해배상을 청구할 수 없다[97다4357, 4364].

③ 2002다12635

④ 90다12243 전합

⑤ 97다36118

10 법률행위의 무효와 취소에 관한 설명으로 옳은 것은? (다툼이 있으면 판례에 따름)

① 토지거래허가구역 내의 토지매매계약은 처음부터 그 허가를 배제하는 내용이더라도 유동적 무효이다.

② 토지거래허가구역 내의 토지매매계약의 당사자는 상대방의 허가신청협력의무 불이행을 이유로 거래계약 그 자체를 해제할 수 있다.

③ 무효인 법률행위의 당사자가 그 무효임을 알면서 추인한 경우에는 소급하여 유효한 법률행위로 된다.

④ 법률행위의 취소를 전제로 한 소송상의 이행청구나 이를 전제로 한 이행거절에는 취소의 의사표시가 포함되어 있다고 볼 수 있다.

⑤ 법정대리인의 동의 없이 매매계약을 체결한 미성년자는 성년이 되지 않았더라도 단독으로 그 계약을 추인할 수 있다.

답 ④

┃ 정답해설 ┃

④ 법률행위의 취소는 상대방에 대한 의사표시로 하여야 하나 그 취소의 의사표시는 특별히 재판상 행하여짐이 요구되는 경우 이외에는 특정한 방식이 요구되는 것이 아니고, 취소의 의사가 상대방에 의하여 인식될 수 있다면 어떠한 방법에 의하더라도 무방하다고 할 것이고, 법률행위의 취소를 당연한 전제로 한 소송상의 이행청구나 이를 전제로 한 이행거절 가운데는 취소의 의사표시가 포함되어 있다고 볼 수 있다[93다13162].

┃ 오답해설 ┃

① 허가를 받기 전의 거래계약이 처음부터 허가를 배제하거나 잠탈하는 내용의 계약일 경우에는 확정적 무효로서 유효화될 여지가 없다[90다12243].

② 유동적 무효의 상태에 있는 거래계약의 당사자는 상대방이 그 거래계약의 효력이 완성되도록 협력할 의무를 이행하지 아니하였음을 들어 일방적으로 유동적 무효의 상태에 있는 거래계약 자체를 해제할 수 없다[98다40459 전합].

③ 무효행위의 추인이라 함은 법률행위로서의 효과가 확정적으로 발생하지 않는 무효행위를 뒤에 유효케 하는 의사표시를 말하는 것으로 무효인 행위를 사후에 유효로 하는 것이 아니라 새로운 의사표시에 의하여 새로운 행위가 있는 것으로 그때부터 유효케 되는 것이므로 원칙적으로 소급효가 인정되지 않는 것이다[83므22].

⑤ 법정대리인의 동의 없이 매매계약을 체결한 미성년자는, 원칙적으로 제한능력자인 상태에서는 단독으로 그 계약을 추인할 수 없다(제144조 제1항).

01 법률행위 부관인 조건에 관한 설명으로 옳지 <u>않은</u> 것은? (다툼이 있으면 판례에 따름)   **[2023]**

① 물권행위에는 조건을 붙일 수 없다.

② 조건이 되기 위해서는 법률이 요구하는 것이 아니라 당사자가 임의로 부가한 것이어야 한다.

③ 조건의 성취를 의제하는 효과를 발생시키는 조건성취 방해행위에는 과실에 의한 행위도 포함된다.

④ 부첩(夫妾)관계의 종료를 해제조건으로 하는 부동산 증여계약은 해제조건뿐만 아니라 증여계약도 무효이다.

⑤ 당사자의 특별한 의사표시가 없는 한 정지조건이든 해제조건이든 그 성취의 효력은 소급하지 않는다.

답 ①

▌ 정답해설 ▌

① 물권법정주의에 위반되지 않는한 물권행위의 내용에 관해 제한이 없으므로 물권행위에도 조건·기한을 붙일 수 있다.

▌ 오답해설 ▌

② 조건은 당사자가 임의로 부가한 것이어야 한다. 따라서 법정조건은 조건이 아니다.

③ 상대방이 하도급받은 부분에 대한 공사를 완공하여 준공필증을 제출하는 것을 정지조건으로 하여 공사대금채무를 부담하거나 위 채무를 보증한 사람은 위 조건의 성취로 인하여 불이익을 받을 당사자의 지위에 있다고 할 것이므로, 이들이 위 공사에 필요한 시설을 해주지 않았을 뿐만 아니라 공사장에의 출입을 통제함으로써 위 상대방으로 하여금 나머지 공사를 수행할 수 없게 하였다면, 그것이 고의에 의한 경우만이 아니라 과실에 의한 경우에도 신의성실에 반하여 조건의 성취를 방해한 때에 해당한다고 할 것이므로, 그 상대방은 제150조 제1항의 규정에 의하여 위 공사대금채무자 및 보증인에 대하여 그 조건이 성취된 것으로 주장할 수 있다[98다42356].

④ 부첩관계인 부부생활의 종료를 해제조건으로 하는 증여계약은 그 조건만이 무효인 것이 아니라 증여계약 자체가 무효이다[66다530].

02 법률행위의 조건에 관한 설명으로 옳지 <u>않은</u> 것은? **[2022]**

① 조건의 성취로 인하여 이익을 받을 당사자가 신의성실에 반하여 조건을 성취시킨 때에는 상대방은 그 조건이 성취하지 아니한 것으로 주장할 수 있다.

② 법률행위 당시 이미 성취된 조건을 해제조건으로 하는 법률행위는 조건 없는 법률행위이다.

③ 정지조건이 있는 법률행위는 특별한 사정이 없는 한 조건이 성취한 때로부터 그 효력이 생긴다.

④ 조건 있는 법률행위의 당사자는 조건의 성부가 미정한 동안에 조건의 성취로 인하여 생길 상대방의 이익을 해하지 못한다.

⑤ 조건의 성취가 미정인 권리도 일반규정에 의하여 담보로 할 수 있다.

답 ②

▍**정답해설**▍

② 조건이 법률행위의 당시 이미 성취한 것인 경우에는 그 조건이 정지조건이면 조건 없는 법률행위로 하고 해제조건이면 그 법률행위는 무효로 한다(제151조 제2항).

▍**오답해설**▍

① 제150조 제1항

> **제150조(조건성취, 불성취에 대한 반신의행위)**
> ① 조건의 성취로 인하여 불이익을 받을 당사자가 신의성실에 반하여 조건의 성취를 방해한 때에는 상대방은 그 조건이 성취한 것으로 주장할 수 있다.

③ 제147조 제1항

> **제147조(조건성취의 효과)**
> ① 정지조건 있는 법률행위는 조건이 성취한 때로부터 그 효력이 생긴다.

④ 제148조

> **제148조(조건부권리의 침해금지)**
> 조건 있는 법률행위의 당사자는 조건의 성부가 미정한 동안에 조건의 성취로 인하여 생길 상대방의 이익을 해하지 못한다.

⑤ 제149조

> **제149조(조건부권리의 처분 등)**
> 조건의 성취가 미정한 권리의무는 일반규정에 의하여 처분, 상속, 보존 또는 담보로 할 수 있다.

03 소급효가 원칙적으로 인정되지 <u>않는</u> 것은? (다툼이 있으면 판례에 따름) 　　　　　**[2021]**

① 무권대리인이 체결한 계약에 대한 추인의 효과
② 기한부 법률행위에서의 기한도래의 효과
③ 토지거래 허가구역 내의 토지거래계약에 대한 허가의 효과
④ 소멸시효 완성의 효과
⑤ 법률행위 취소의 효과

답 ②

▌정답해설▌

② 시기 있는 법률행위는 기한이 도래한 때로부터 그 효력이 생긴다(제152조 제1항). 따라서 기한도래에는 소급효가 없다. 당사자 간에 소급효를 인정하는 특약을 체결하더라도 무효이다.

▌오답해설▌

① 무권대리행위의 추인은 다른 의사표시가 없는 때에는 계약시에 소급하여 그 효력이 생긴다(제133조 전문).
③ 허가받을 것을 전제로 한 거래계약은 일단 허가를 받으면 소급하여 유효한 계약이 되므로 허가 후에 거래계약을 새로 체결할 필요는 없다[98다40459 전합].
④ 소멸시효는 그 기산일에 소급하여 효력이 생긴다(제167조).
⑤ 취소된 법률행위는 처음부터 무효인 것으로 본다(제141조).

04 법률행위의 조건과 기한에 관한 설명으로 옳은 것은? (다툼이 있으면 판례에 따름)　　　[2021]

① 법정조건도 법률행위의 부관으로서 조건에 해당한다.

② 채무면제와 같은 단독행위에는 조건을 붙일 수 없다.

③ 기한은 특별한 사정이 없는 한 채권자의 이익을 위한 것으로 추정한다.

④ 조건에 친하지 않은 법률행위에 불법조건을 붙이면 조건 없는 법률행위로 전환된다.

⑤ 불확정한 사실의 발생을 기한으로 한 경우, 특별한 사정이 없는 한 그 사실의 발생이 불가능한 것으로 확정된 때에도 기한이 도래한 것으로 본다.

답 ⑤

┃정답해설┃

⑤ 부관이 붙은 법률행위에 있어서 ㉠ 부관에 표시된 사실이 발생하지 않으면 채무를 이행하지 않아도 된다고 보는 것이 상당한 경우에는 조건으로 보아야 하고 ㉡ 표시된 사실이 발생한 때에는 물론이고 반대로 발생하지 않는 것이 확정된 때에도 그 채무를 이행하여야 한다고 보는 것이 상당한 경우에는 표시된 사실의 발생 여부가 확정되는 것을 불확정기한으로 정한 것으로 보아야 한다[2003다24215].

┃오답해설┃

① 법정조건은 법인설립행위에 있어서의 주무관청의 허가, 유언에 있어서의 유언자의 사망 등과 같이 법률상 당연히 요구되는 법률행위의 효력발생요건이며 부관으로서의 조건은 아니나, 성질에 반하지 않는 범위에서 민법의 조건에 관한 규정을 법정조건에 유추적용할 수 있다.

② 상계·취소·해제·해지·철회·환매권 행사 등의 단독행위에는 원칙적으로 조건을 붙이지 못한다. 다만, 상대방의 동의가 있는 경우, 채무면제·유언·유증처럼 상대방에게 이익만을 주는 경우에는 가능하다.

③ 기한은 채무자의 이익을 위한 것으로 추정한다(제153조 제1항).

④ 선량한 풍속 기타 사회질서에 위반하는 조건으로써 불법조건뿐만 아니라 그 법률행위 전부가 무효이고, 조건 없는 법률행위가 되는 것이 아니다. 조건부 법률행위에 있어 조건의 내용 자체가 불법적인 것이어서 무효일 경우 또는 조건을 붙이는 것이 허용되지 아니하는 법률행위에 조건을 붙인 경우 그 조건만을 분리하여 무효로 할 수는 없고 그 법률행위 전부가 무효로 된다[2005마541].

05 조건과 기한에 관한 설명으로 옳지 <u>않은</u> 것은?　　　[2024]

① 기성조건이 정지조건이면 조건 없는 법률행위가 된다.

② 불능조건이 해제조건이면 조건 없는 법률행위가 된다.

③ 불법조건은 그 조건만이 무효가 되고 그 법률행위는 조건 없는 법률행위로 된다.

④ 기한은 당사자의 특약에 의해서도 소급효를 인정할 수 없다.

⑤ 기한은 원칙적으로 채무자의 이익을 위한 것으로 추정한다.

▌정답해설▐

③ 선량한 풍속 기타 사회질서에 위반하는 조건으로써 불법조건뿐만 아니라 그 법률행위 전부가 무효이고, 조건 없는 법률행위가 되는 것이 아니다. 조건부 법률행위에 있어 조건의 내용 자체가 불법적인 것이어서 무효일 경우 또는 조건을 붙이는 것이 허용되지 아니하는 법률행위에 조건을 붙인 경우 그 조건만을 분리하여 무효로 할 수는 없고 그 법률행위 전부가 무효로 된다[2005마541].

06 조건과 기한에 관한 설명으로 옳지 <u>않은</u> 것은? (다툼이 있으면 판례에 따름) 　　　　　**[2020]**

① 법률행위의 조건은 그 조건의 존재를 주장하는 사람이 증명하여야 한다.

② 정지조건부 법률행위에서 조건이 성취된 사실은 조건의 성취로 권리를 취득하는 사람이 증명하여야 한다.

③ 불능조건이 정지조건인 경우 그 법률행위는 무효이다.

④ 조건의 성취로 불이익을 받을 당사자가 신의성실에 반하여 조건의 성취를 방해한 경우, 처음부터 조건 없는 법률행위로 본다.

⑤ 기한이익 상실의 약정은 특별한 사정이 없으면 형성권적 기한이익 상실의 약정으로 추정한다.

탑 ④

▌정답해설▐

④ 조건의 성취로 인하여 불이익을 받을 당사자가 신의성실에 반하여 조건의 성취를 방해한 때에는 상대방은 그 조건이 성취한 것으로 주장할 수 있다(제150조 제1항).

07 조건과 기한에 관한 설명으로 옳지 <u>않은</u> 것은? 　　　　　**[2019]**

① 조건성취의 효력은 당사자의 의사표시로 소급하게 할 수 없다.

② 조건이 법률행위 당시에 이미 성취할 수 없는 것일 경우에는 그 조건이 해제조건이면 조건없는 법률행위로 한다.

③ 조건의 성취가 미정인 권리는 일반규정에 의하여 담보로 할 수 있다.

④ 당사자의 특약이나 법률행위의 성질상 분명하지 않으면 기한은 채무자의 이익을 위한 것으로 추정한다.

⑤ 기한의 이익은 포기할 수 있지만, 이로 인해 상대방의 이익을 해하지 못한다.

탑 ①

▌정답해설▐

① 당사자가 조건성취의 효력을 그 성취 전에 소급하게 할 의사를 표시한 때에는 그 의사에 의한다(제147조 제3항).

08 조건에 관한 설명으로 옳은 것은? (다툼이 있으면 판례에 따름)

① 당사자가 조건성취의 효력을 그 성취 전에 소급하게 할 의사를 표시하였더라도 특별한 사정이 없는 한 소급하지 않는다.

② 조건부 법률행위에서 조건이 선량한 풍속에 위반되면 당사자의 의도를 살리기 위하여 그 조건 만이 무효이고 법률행위는 유효한 것이 원칙이다.

③ 조건부 권리는 조건의 성부가 미정인 상태에서는 그 가치에 대한 평가가 곤란하므로 담보제공은 할 수 없다.

④ 해제조건부 법률행위의 조건이 법률행위의 당시에 이미 성취할 수 없는 것인 경우에는 조건 없는 법률행위로 한다.

⑤ 상계의 의사표시에는 조건을 붙일 수 있다.

답 ④

▌**정답해설**▌

④ 조건이 법률행위의 당시에 이미 성취할 수 없는 것인 경우에는 그 조건이 해제조건이면 조건 없는 법률행위로 하고 정지조건이면 그 법률행위는 무효로 한다(제151조 제3항).

▌**오답해설**▌

① 조건부 법률행위는 조건이 성취된 때로부터 그 효력이 발생·소멸한다(제147조 제1항·제2항). 단, 이는 임의규정에 불과하므로, 당사자가 조건성취의 효력을 그 성취 전에 소급하게 할 의사를 표시한 때에는, 그 조건성취의 효력은 예외적으로 소급효를 갖는다(제147조 제3항).

② 조건부 법률행위에 있어 조건의 내용 자체가 불법적인 것이어서 무효일 경우 또는 소건을 붙이는 것이 허용되지 아니하는 법률행위에 조건을 붙인 경우 그 조건만을 분리하여 무효로 할 수는 없고 그 법률행위 전부가 무효로 된다[2005마541].

③ 조건의 성취가 미정한 권리의무는 일반규정에 의하여 처분, 상속, 보존 또는 담보로 할 수 있다(제149조).

⑤ 행위자의 일방적 의사표시에 따라 효력이 발생하는 단독행위에는 원칙적으로 조건을 붙일 수 없으므로, 상계의 의사표시에는 조건을 붙이지 못한다(제493조 제1항).

09 민법상 조건부 법률행위에 관한 설명으로 옳지 <u>않은</u> 것은? (다툼이 있으면 판례에 따름)

① 정지조건부 채권양도에 있어서 정지조건이 성취되었다는 사실은 채권양도의 효력을 부정하는 자가 증명해야 한다.

② 어떤 법률행위에 정지조건이 붙어 있는지 여부는 그 조건의 존재를 주장하는 자가 증명해야 한다.

③ 조건이 법률행위 당시에 이미 성취할 수 없는 것인 경우에 그 조건이 해제조건이면 조건 없는 법률행위가 된다.

④ 조건성취의 효력발생시기에 관한 민법의 규정은 임의규정이다.

⑤ 조건부 법률행위에 있어서 조건의 내용 자체가 불법으로 무효인 경우, 특별한 사정이 없는 한 그 조건만을 분리하여 일부만 무효로 할 수는 없다.

답 ①

▌정답해설▌

① 정지조건부 법률행위에 있어서 조건이 성취되었다는 사실은 이에 의하여 권리를 취득하고자 하는 측에서 그 입증책임이 있다 할 것이므로, 정지조건부 채권양도에 있어서 정지조건이 성취되었다는 사실은 채권양도의 효력을 주장하는 자에게 그 입증책임이 있다[81다카692].

▌오답해설▌

② 어떠한 법률행위가 조건의 성취 시 법률행위의 효력이 발생하는 소위 정지조건부 법률행위에 해당한다는 사실은 그 법률행위로 인한 법률효과의 발생을 저지하는 사유로서 그 법률효과의 발생을 다투려는 자에게 주장 입증책임이 있다[93다20832].

③ 조건이 법률행위의 당시에 이미 성취할 수 없는 것인 경우에는 그 조건이 해제조건이면 조건 없는 법률행위로 하고 정지조건이면 그 법률행위는 무효로 한다(제151조 제3항).

④ 조건부 법률행위는 조건이 성취된 때로부터 그 효력이 발생·소멸한다(제147조 제1항·제2항). 단, 이는 임의규정에 불과하므로, 당사자가 조건성취의 효력을 그 성취 전에 소급하게 할 의사를 표시한 때에는, 그 조건성취의 효력은 예외적으로 소급효를 갖는다(제147조 제3항).

⑤ 조건부 법률행위에 있어 조건의 내용 자체가 불법적인 것이어서 무효일 경우 또는 조건을 붙이는 것이 허용되지 아니하는 법률행위에 조건을 붙인 경우 그 조건만을 분리하여 무효로 할 수는 없고 그 법률행위 전부가 무효로 된다[2005마541].

01 　기 간

제155조【본장의 적용범위】
기간의 계산은 법령, 재판상의 처분 또는 법률행위에 다른 정한 바가 없으면 본장의 규정에 의한다.

제156조【기간의 기산점】
기간을 시, 분, 초로 정한 때에는 즉시로부터 기산한다.

제157조【기간의 기산점】
기간을 일, 주, 월 또는 연으로 정한 때에는 기간의 초일은 산입하지 아니한다. 그러나 그 기간이 오전 영시로부터 시작하는 때에는 그러하지 아니하다.

제158조【나이의 계산과 표시】
나이는 출생일을 산입하여 만(滿) 나이로 계산하고, 연수(年數)로 표시한다. 다만, 1세에 이르지 아니한 경우에는 월수(月數)로 표시할 수 있다.

제159조【기간의 만료점】
기간을 일, 주, 월 또는 연으로 정한 때에는 기간말일의 종료로 기간이 만료한다.

제160조【역에 의한 계산】
① 기간을 주, 월 또는 연으로 정한 때에는 역에 의하여 계산한다.
② 주, 월 또는 연의 처음으로부터 기간을 기산하지 아니하는 때에는 최후의 주, 월 또는 연에서 그 기산일에 해당한 날의 전일로 기간이 만료한다.
③ 월 또는 연으로 정한 경우에 최종의 월에 해당일이 없는 때에는 그 월의 말일로 기간이 만료한다.

제161조【공휴일 등과 기간의 만료점】
기간의 말일이 토요일 또는 공휴일에 해당한 때에는 기간은 그 익일로 만료한다.

Ⅰ 기간의 의의

① 기간이란 어느 시점부터 어느 시점까지의 계속된 시간을 말한다. 법률사실로서 기간은 사건에 속한다. 따라서 기한(부관)과는 전혀 다르다.

② 기간계산에 관한 민법규정은 보충적인 것이다. 즉 법령이나 재판상의 처분 또는 법률행위에 달리 정한 바가 있으면 그에 의한다(제155조). 그런데 민법의 기간에 관한 규정은 사법관계뿐만 아니라 공법관계에도 적용된다.

Ⅱ 기간의 계산방법

민법은 시·분·초와 같은 단기간의 경우 자연적 계산방법을, 일·주·월·연과 같은 장기간의 경우에는 역법적 계산방법을 활용한다.

1. 기간을 「시·분·초」로 정한 경우

즉시로 기산하고, 시, 분, 초 단위로 산정하여(제156조), 기간의 만료는 그 정하여진 시, 분, 초가 종료한 때이다.

2. 기간을 「일·주·월·연」으로 정한 경우

(1) 기산점

① 초일 불산입의 원칙(제157조 본문)

② 예외적으로 초일을 산입하는 경우 : ㉠ 연령의 계산(제158조), ㉡ 오전 0시로부터 기산하는 경우(제157조 단서)

(2) 만료점

① 기간 말일의 종료로 기간이 만료된다(제159조).

② 기간을 「주·월·연」으로 정한 경우에는 이를 일로 환산하지 않고 역(歷)에 의하여 계산한다(제160조 제1항).

③ 주·월·연의 처음부터 기산하지 않을 경우에, 최후의 주·월·연에서 그 기산일에 해당하는 날의 전일로 기간이 만료된다(제160조 제2항).

④ 월 또는 연으로 정하였는데 최종의 월에 해당일이 없으면, 그 월의 말일로 기간이 만료된다(제160조 제3항).

⑤ 기간의 말일이 토요일 또는 공휴일에 해당하는 경우에 그 다음 날로 만료하지만(제161조), 기간의 초일이 토요일 또는 공휴일인 경우에는 그 적용이 없으며 기간은 초일부터 기산한다(대판 1982.2.23. 81누204).

3. 기간의 역산

민법상의 기간의 계산방법은 기간을 소급하여 계산할 때에도 유추적용된다(통설). 예를 들어 사단법인의 사원총회를 1주일 전에 통지한다고 할 때에(제71조), 총회일이 10월 19일이라고 한다면 늦어도 10월 11일 24시까지는 사원총회의 소집통지를 발송하여야 한다.

Ⅲ 나이의 계산과 표시

나이는 출생일을 산입하여 만(滿) 나이로 계산하고, 연수(年數)로 표시한다. 다만, 1세에 이르지 아니한 경우에는 월수(月數)로 표시할 수 있다(제158조).

CHAPTER

06

확인학습문제

| 01 | 기 간 |

01 기간에 관한 설명으로 옳지 <u>않은</u> 것은? (단, 기간 말일이 토요일 또는 공휴일인 경우는 고려하지 않음)
[2019]

① 기간을 시, 분, 초로 정한 때에는 즉시로부터 기산한다.

② 채무의 이행기를 일, 주, 월 또는 연으로 정한 때에는 기간이 오전 0시로부터 시작하는 경우가 아닌 한, 기간의 초일을 산입하지 않는다.

③ 기간을 일, 주, 월 또는 연으로 정한 때에는 기간말일의 종료로 기간이 만료한다.

④ 연령을 계산하는 경우에는 출생일을 산입한다.

⑤ 주, 월 또는 연의 처음부터 기간을 기산하지 아니한 때에는 최후의 주, 월 또는 연에서 그 기산일에 해당한 날로 기간이 만료한다.

답 ⑤

▌정답해설▐

⑤ 주, 월 또는 연의 처음으로부터 기간을 기산하지 아니하는 때에는 최후의 주, 월 또는 연에서 그 기산일에 해당한 날의 전일로 기간이 만료한다(제160조 제2항).

02 민법상 기간에 관한 설명으로 옳지 <u>않은</u> 것은?

① 사원총회의 소집통지를 1주간 전에 발송하여야 하므로, 총회일이 3월 15일이라면 늦어도 3월 7일 오후 12시 전까지 소집통지를 발송하여야 한다.

② 기간계산에 관해 당사자의 약정이 있는 때에는 그에 따른다.

③ 과제물을 10월 3일 오후 4시부터 46시간 내에 제출하라고 한 경우, 10월 5일 오후 2시까지 제출하여야 한다.

④ 2012년 1월 31일 오후 3시에 친구로부터 500만 원을 무상으로 빌리면서 1개월 후에 갚기로 한 경우, 3월 1일은 공휴일이므로 2012년 3월 2일 오후 12시까지 반환하면 된다.

⑤ 1988년 3월 2일 출생한 사람은 2007년 3월 1일 오후 12시가 지나면 성년이 된다.

답 ④

▌정답해설▐

④ 기간을 일, 주, 월 또는 연으로 정한 때에는 기간의 초일은 산입하지 아니하고(제157조 본문), 기간 말일의 종료로 기간이 만료한다(제159조). 따라서 2012년 2월 1일부터 기산하여 2012년 2월 말일까지 반환하면 된다.

▌오답해설▐

① 사원총회의 총회일을 뺀 3월 14일 24시(오후 12시)를 기산점(제157조)으로 하여 1주일 전인 3월 7일 24시(오후 12시)까지 소집통지를 발송하여야 한다.

② 기간의 계산은 법령, 재판상의 처분 또는 법률행위에 다른 정한 바가 없으면 본장의 규정에 의한다(제155조). 따라서 기간계산에 관하여 당사자의 약정이 있는 때에는 그에 따른다.

③ 기간을 시, 분, 초로 정한 때에는 즉시로부터 기산한다(제156조).

⑤ 연령계산에는 출생일을 산입한다(제158조). 따라서 1988년 3월 2일 출생한 사람은 만 19세가 되는 2007년 3월 1일 오후 12시가 지나면 성년이 된다.

소멸시효

01 총 설

I 시효의 의의

1. 시효의 개념

시효란 일정한 사실상태가 일정기간 계속된 경우에, 진정한 권리관계와 일치하는지 여부를 불문하고 그 사실상태를 존중하여 일정한 법률효과를 발생시키는 제도이다.

2. 시효의 법적 성질

① 시효는 일정한 법률효과를 발생시키는 법률요건이다.
② 시효는 재산권에 관한 것이며, 가족관계에는 적용이 없다.
③ 법질서 안정을 위한 공익적 제도이기에 개인의 의사로 배척할 수 없다.

II 시효제도의 존재이유(통설·판례)

시효제도의 존재이유로 통설·판례는 ① 법적 안정성의 확보, ② 증명곤란의 구제, ③ 권리행사의 태만에 대한 제재를 든다.

III 구별제도 : 제척기간

1. 의 의

(1) 개 념

제척기간이란 법률이 예정하고 있는 일정한 권리의 행사기간 또는 존속기간을 말하며, 권리와 관련된 법률관계를 조속히 확정시키려는 취지에서 제척기간을 두고 있다. 제척기간은 불변기간이 아니어서 그 기간을 지난 후에는 당사자가 책임질 수 없는 사유로 그 기간을 준수하지 못하였더라도 추후에 보완될 수 없다(대결 2003.8.11. 2003스32).

(2) 법적 성질

① 통설은 제척기간이 정하여진 권리는 그 기간 내 소의 제기가 있어야 보전되는 것으로 보아, 제소기간(출소기간)으로 본다.

② 판례는 재판상 또는 재판 외의 권리행사가 있으면 보전되는 것으로 보나, 점유침탈자 또는 방해자에 대한 청구권의 제척기간을 출소기간으로 본다(대판 2002.4.26. 2001다8097·8103). 제소기간의 경우에는 소를 제기한 때, 즉 소장을 법원에 제출한 때 기간준수의 효과가 인정된다(민소법 제265조).

> 채권양도의 통지는 양도인이 채권이 양도되었다는 사실을 채무자에게 알리는 것에 그치는 행위이므로, 그것만으로 제척기간 준수에 필요한 권리의 재판외 행사에 해당한다고 할 수 없다. 따라서 집합건물인 아파트의 입주자대표회의가 스스로 하자담보 추급에 의한 손해배상청구권을 가짐을 전제로 하여 직접 아파트의 분양자를 상대로 손해배상청구소송을 제기하였다가, 소송 계속 중에 정당한 권리자인 구분소유자들에게서 손해배상채권을 양도받고 분양자에게 통지가 마쳐진 후 그에 따라 소를 변경한 경우에는, 채권양도 통지에 채권양도의 사실을 알리는 것 외에 이행을 청구하는 뜻이 별도로 덧붙여지거나 그 밖에 구분소유자들이 재판외에서 권리를 행사하였다는 등 특별한 사정이 없는 한, 위 손해배상청구권은 입주자대표회의가 위와 같이 소를 변경한 시점에 비로소 행사된 것으로 보아야 한다(대판[전합] 2012.3.22. 2010다28840 - 다수의견).

2. 소멸시효와의 비교

구 분	소멸시효	제척기간
권 리	청구권	형성권
성 질	권리불행사로 권리소멸	권리관계의 조속한 확정
효력발생 시점(소급효 인정 여부)	소급효	장래효
중단·정지	인정 ○	인정 ×
포 기	인정 ○	인정 ×
기간의 단축·경감	인정 ○	인정 ×
배제, 연장, 가중	인정 ×	인정 ×
기산점	권리를 행사할 수 있는 때	권리가 발생한 때
입증책임	당사자가 주장	법원이 직권조사

3. 내 용

(1) 소멸시효와의 구별기준

일반적으로 법문에 '시효로 인하여'라는 표현이 있으면 소멸시효로 보고, 그렇지 않은 것은 제척기간으로 본다. 형성권의 행사기간은 제척기간이다.

(2) 문제되는 경우

① 상속의 승인·포기의 취소권과 유증의 승인·포기의 취소권은 행사기간에 관하여 통설은 제척기간으로 본다.

② 유류분반환청구권의 행사기간에 관하여 학설은 제척기간으로 보나, 판례는 소멸시효로 본다(대판 1993.4.13. 92다3595).

③ 불법행위에 기한 손해배상청구권(제766조)

　　㉠ 제1항의 3년의 기간은 소멸시효라고 보는 데 이견이 없다.

　　㉡ 제2항의 10년의 기간에 대해 통설은 제척기간이라고 보나, 판례는 소멸시효라고 한다.

④ 형성권 관련 쟁점

　　㉠ 형성권의 행사기간은 원칙적으로 제척기간이다. 기간의 정함이 없는 경우 10년으로 한다.

　　㉡ 제척기간은 법원의 직권조사사항이다.

　　㉢ 행사방법은 원칙적으로 재판 외에서도 가능하다.

(3) 소멸시효와 제척기간의 경합

판례는 「수급인의 담보책임에 기한 하자보수에 갈음하는 손해배상청구권에 대하여는 제670조 또는 제671조의 제척기간이 적용되고, 이는 법률관계의 조속한 안정을 도모하고자 하는 데에 취지가 있다. 그런데 이러한 도급인의 손해배상청구권에 대하여는 권리의 내용·성질 및 취지에 비추어 제162조 제1항의 채권 소멸시효의 규정 또는 도급계약이 상행위에 해당하는 경우에는 상법 제64조의 상사시효의 규정이 적용되고, 제670조 또는 제671조의 제척기간 규정으로 인하여 위 각 소멸시효 규정의 적용이 배제된다고 볼 수 없다」(대판 2012.11.15. 2011다56491)고 판시하여 소멸시효와 제척기간의 경합을 인정하였다.

02　소멸시효의 요건

제1관　소멸시효의 대상이 되는 권리

Ⅰ　서 설

시효로 인하여 권리가 소멸하려면 ① 권리가 소멸시효의 목적이 될 수 있어야 하고(대상적격), ② 권리자가 권리를 행사할 수 있음에도 불구하고 행사하지 않아야 하며(시효의 기산점), ③ 권리 불행사의 상태가 일정기간 계속되어야 한다(시효기간)는 요건이 갖추어져야 한다. 이하에서는 대상적격에 대해 검토하고, 나머지 요건은 관을 달리하여 검토하겠다.

Ⅱ　소멸시효의 대상적격

1. 소멸시효에 걸리는 권리

채권뿐만 아니라 소유권을 제외한 그 밖의 재산권도 소멸시효의 대상이다(제162조).

① 채권은 10년간 행사하지 아니하면 소멸시효가 완성한다(제162조 제1항).

② 판결에 의하여 확정된 채권은 단기의 소멸시효에 해당한 것이라도 그 소멸시효는 10년으로 한다(제165조 제1항).

③ 파산절차에 의하여 확정된 채권 및 재판상의 화해, 조정, 기타 판결과 동일한 효력이 있는 것에 의하여 확정된 채권도 단기의 소멸시효에 해당한 것이라도 그 소멸시효는 10년으로 한다(제165조 제2항).

④ 판결확정 당시에 변제기가 도래하지 아니한 채권에 적용하지 아니한다(제165조 제3항).

2. 소멸시효에 걸리지 않는 권리

(1) 비재산권

인격권 등의 비재산권은 소멸시효에 걸리지 않는다.

(2) 형성권

형성권에 존속기간이 정해져 있는 경우, 원칙적으로 제척기간으로 보아야 한다.

(3) 소유권

소멸시효에 걸리지 않는다. 합의해제에 따른 매도인의 원상회복청구권은 소유권에 기한 물권적 청구권으로서 소멸시효의 대상이 되지 않는다.

(4) 법률행위로 인한 등기청구권

부동산에 관하여 인도, 등기 등의 어느 한쪽만에 대하여서라도 권리를 행사하는 자는 전체적으로 보아 그 부동산에 관하여 권리 위에 잠자는 자라고 할 수 없다 할 것이므로, 매수인이 목적부동산을 인도받아 계속 점유하는 경우에는 그 소유권이전등기청구권의 소멸시효가 진행하지 않는다(대판[전합] 1999.3.18. 98다32175).

기출 15

(5) 소멸시효에 걸리지 않는 재산권

① 점유권과 유치권은 점유가 존재하는 한 소멸시효가 문제되지 않는다.

② 상린권과 공유물분할청구권과 같이 소유권에 수반하는 권리는 소유권과 독립하여 소멸시효에 걸리지 않는다.

③ 피담보채권이 존속하는 한 담보물권만이 소멸시효에 걸리지는 않는다(담보물권의 부종성).

④ 항변권이 소멸시효에 걸리는지 논의가 있으나 적어도 동시이행의 항변권 또는 보증인의 최고·검색의 항변권은 소멸시효에 걸리지 않는다고 보아야 한다.

> 부동산에 대한 매매대금 채권이 소유권이전등기청구권과 동시이행의 관계에 있다고 할지라도 매도인은 매매대금의 지급기일 이후 언제라도 그 대금의 지급을 청구할 수 있는 것이며, 다만 매수인은 매도인으로부터 그 이전등기에 관한 이행의 제공을 받기까지 그 지급을 거절할 수 있는데 지나지 아니하므로 매매대금 청구권은 그 지급기일 이후 시효의 진행에 걸린다(대판 1991.3.22. 90다9797).

⑤ 소멸시효 제도의 존재 이유와 취지, 임대차기간이 끝난 후 보증금반환채권에 관계되는 당사자 사이의 이익형량, 주택임대차보호법 제4조 제2항의 입법 취지 등을 종합하면, 주택임대차보호법에 따른 임대차에서 그 기간이 끝난 후 임차인이 보증금을 반환받기 위해 목적물을 점유하고 있는 경우 보증금반환채권에 대한 소멸시효는 진행하지 않는다고 보아야 한다(대판 2020.7.9. 2016다244224·2016다244231).

제166조【소멸시효의 기산점】
① 소멸시효는 권리를 행사할 수 있는 때로부터 진행한다.
② 부작위를 목적으로 하는 채권의 소멸시효는 위반행위를 한 때로부터 진행한다.

[제166조 제1항 중 '진실·화해를 위한 과거사정리 기본법' 제2조 제1항 제3호, 제4호에 규정된 사건에 적용되는 부분은 헌법에
위반됨(헌재 2018.8.30. 2014헌바148, 단순위헌)]

Ⅰ 의 의

소멸시효의 기산점은 권리를 행사할 수 있는 때로부터 진행한다(제166조 제1항). 그런데 법률상 장애 사유가 있으면
시효는 진행하지 않는다.

법률상 장애	• 정지조건이 아직 성취되지 않은 경우이거나 이행기가 아직 도래하지 않은 경우 • 건물에 관한 소유권이전등기청구권에 있어서 그 목적물인 건물이 완공되지 않은 경우
사실상 장애	권리자의 개인적인 사정, 법률지식의 부족, 권리존재의 부지, 채무자의 부재 등 사실상의 장애로 권리를 행사하지 못한 것은 법률상 장애가 아니므로 시효의 진행을 막지 못한다. 이는 사실상 그 권리의 존부나 권리행사의 가능성을 알지 못하였거나 알지 못함에 과실이 없다고 하여도 마찬가지이다(대판 1982.1.19. 80다2626).

Ⅱ 변론주의의 적용대상

① 소멸시효의 기산점은 변론주의의 적용대상이다.
② 시효의 기산점에 대한 입증책임은 시효이익을 주장하는 자가 진다(대판 1995.6.30. 94다13435).

Ⅲ 각종 권리의 기산점

권 리	소멸시효의 기산점
확정기한부 채무	기한이 도래한 때가 소멸시효의 기산점이다. 따라서 이행기가 도래한 후 채권자와 채무자가 기한을 유예하기로 합의한 경우 그 유예된 때로 이행기가 변경되어 소멸시효는 변경된 이행기가 도래한 때부터 다시 진행한다. 이 경우 유예의 합의는 명시적으로뿐만 아니라 묵시적으로도 가능하다(대판 2017.4.13. 2016다274904). 기출 16
불확정기한부 채무	기한이 객관적으로 도래한 때가 소멸시효의 기산점이다. 따라서 채무자가 기한 도래의 사실을 알고 있었는지 여부는 문제되지 않는다.
기한의 정함이 없는 채무	• 채권의 성립시부터 소멸시효가 진행 • 부당이득반환청구권 – 채권성립시부터 • 의사의 치료 채권 – 각 진료가 종료될 때부터

동시이행의 항변권이 붙은 권리	이행기가 도래한 때부터 소멸시효가 진행
기한이익 상실 특약이 있는 경우	• 정지조건부 기한이익상실의 특약 – 사유발생시(정지조건이 성취된 때) • 형성권적 기한이익상실의 특약 – 본래의 변제기
부작위채권	위반행위가 있은 때부터
선택채권	선택권 행사 가능 시
채무불이행에 기한 손해배상청구권	채무불이행이 발생한 때 : 소유권이전등기 말소등기의무의 이행불능으로 인한 전보배상청구권의 소멸시효는 말소등기의무가 이행불능 상태에 돌아간 때로부터 진행(대판 2005.9.15. 2005다29474)
대상청구권	원칙 : 이행불능 시
불법행위에 기한 손해배상청구권	• 손해 및 가해자를 안 때(제766조 제1항) • 불법행위가 있은 때(제766조 제2항)
계속적 물품공급계약에서 발생한 외상대금채권	각 외상대금채권이 발생한 때로부터 개별적으로 진행
의사의 치료비채권	특약이 없는 한 개개의 진료가 종료될 때마다 각각의 당해 진료에 필요한 비용의 이행기가 도래하여 그에 대한 소멸시효가 진행(대판 2001.11.9. 2001다52568) `기출` 16

[채무불이행에 기한 손해배상청구권의 소멸시효 기산점]

[1] 소멸시효는 권리를 행사할 수 있는 때부터 진행한다(제166조 제1항). 채무불이행으로 인한 손해배상청구권은 현실적으로 손해가 발생한 때에 성립하고, 현실적으로 손해가 발생하였는지 여부는 사회통념에 비추어 객관적이고 합리적으로 판단하여야 한다.
[2] 甲 주식회사가 잠수함 건조계약에 따라 해군에 인도한 잠수함의 추진전동기에서 이상 소음이 발생하자, 이에 국가(해군)가 甲 회사를 상대로 계약의 불완전이행으로 인한 손해배상을 구한 경우, 甲 회사가 해군에 잠수함을 인도한 후 항해훈련 전에는 이상 소음이 발생하였다고 볼 자료가 없는 점, 추진전동기의 하자는 사단법인 한국선급과 국방기술품질원이 고장 원인에 대한 보고서를 작성하여 국방기술품질원장에게 제출함으로써 밝혀진 점 등에 비추어, 국가(해군)의 손해가 현실적으로 발생한 때는 추진전동기에서 이상 소음이 처음 발생한 때 또는 사단법인 한국선급과 국방기술품질원이 추진전동기의 고장 원인에 대한 보고서를 작성하여 제출한 때이고, 그때부터 소멸시효가 진행한다(대판 2020.6.11. 2020다201156).

제3관　　**소멸시효의 기간**

Ⅰ　**일반 채권**

제162조【채권, 재산권의 소멸시효】
① 채권은 10년간 행사하지 아니하면 소멸시효가 완성한다.
② 채권 및 소유권 이외의 재산권은 20년간 행사하지 아니하면 소멸시효가 완성한다.

상법 제64조【상사시효】
상행위로 인한 채권은 본법에 다른 규정이 없는 때에는 5년간 행사하지 아니하면 소멸시효가 완성한다. 그러나 다른 법령에 이보다 단기의 시효의 규정이 있는 때에는 그 규정에 의한다.

민법상 채권은 10년이 원칙이고(제162조 제1항), 상행위로 인한 상사채권은 5년이 원칙이다(상법 제64조).

> 매도인에 대한 하자담보에 기한 손해배상청구권에 대하여는 제582조의 제척기간이 적용되고, 이는 법률관계의 조속한 안정을 도모하고자 하는 데에 취지가 있다. 그런데 하자담보에 기한 매수인의 손해배상청구권은 권리의 내용·성질 및 취지에 비추어 제162조 제1항의 채권 소멸시효의 규정이 적용되고, 제582조의 제척기간 규정으로 인하여 소멸시효 규정의 적용이 배제된다고 볼 수 없으며, 이때 다른 특별한 사정이 없는 한 무엇보다도 매수인이 매매 목적물을 인도받은 때부터 소멸시효가 진행한다고 해석함이 타당하다(대판 2011.10.13. 2011다10266).

Ⅱ 단기시효

1. 3년의 시효

> **제163조【3년의 단기소멸시효】**
> 다음 각 호의 채권은 3년간 행사하지 아니하면 소멸시효가 완성한다.
> 1. 이자, 부양료, 급료, 사용료 기타 1년 이내의 기간으로 정한 금전 또는 물건의 지급을 목적으로 한 채권
> 2. 의사, 조산사, 간호사 및 약사의 치료, 근로 및 조제에 관한 채권
> 3. 도급받은 자, 기사 기타 공사의 설계 또는 감독에 종사하는 자의 공사에 관한 채권
> 4. 변호사, 변리사, 공증인, 공인회계사 및 법무사에 대한 직무상 보관한 서류의 반환을 청구하는 채권
> 5. 변호사, 변리사, 공증인, 공인회계사 및 법무사의 직무에 관한 채권
> 6. 생산자 및 상인이 판매한 생산물 및 상품의 대가
> 7. 수공업자 및 제조자의 업무에 관한 채권

(1) 제1호

① '1년 이내의 기간으로 정한 채권'이란 1년 이내의 정기로 지급되는 채권을 의미하는 것이지, 변제기가 1년 이내인 채권을 말하는 것이 아니다.

② 이자란 약정이자를 의미하는 것이지 지연이자는 아니다.

> 금전채무의 이행지체로 인하여 발생하는 지연손해금은 그 성질이 손해배상금이지 이자가 아니며, 제163조 제1호가 규정한 '1년 이내의 기간으로 정한 채권'도 아니므로 3년간의 단기소멸시효의 대상이 되지 아니한다(대판 1998.11.10. 98다42141).

③ 사용료는 부동산의 사용료를 의미하고, 동산의 사용료는 1년의 소멸시효기간이 적용된다.

(2) 제2호

무자격자의 치료행위라도 그 사법상 효력이 부인되는 것은 아니며 소멸시효규정도 그대로 적용된다.

(3) 제3호

① 수급인의 공사에 관한 채권은 수급인이 채권자로서 나설 경우의 공사채권이나 공사에 부수되는 채권을 의미하므로(대판 2010.11.25. 2010다56685), 도급인이 수급인을 상대로 그 공사의 과급금의 반환을 청구하는 채권은 포함되지 않는다(대판 1963.4.18. 63다92). 이 경우 수급인의 도급인에 대한 저당권설정청구권은 3년의 소멸시효기간이 적용된다(대판 2016.10.27. 2014다211978).

② 소멸시효의 기산점은 일을 완성한 때라 할 것이다.

(4) 제6호

3년의 단기소멸시효가 적용되는 '상인이 판매한 상품의 대가'란 상품의 매매로 인한 대금 그 자체의 채권만을 말하는 것으로서, 상품의 공급 자체와 등가성이 있는 청구권에 한한다(대판 1996.1.23. 95다39854).

2. 1년의 시효

> **제164조 【1년의 단기소멸시효】**
> 다음 각 호의 채권은 1년간 행사하지 아니하면 소멸시효가 완성한다.
>   1. 여관, 음식점, 대석, 오락장의 숙박료, 음식료, 대석료, 입장료, 소비물의 대가 및 체당금의 채권
>   2. 의복, 침구, 장구 기타 동산의 사용료의 채권
>   3. 노역인, 연예인의 임금 및 그에 공급한 물건의 대금채권
>   4. 학생 및 수업자의 교육, 의식 및 유숙에 관한 교주, 숙주, 교사의 채권

Ⅲ 판결이 확정된 채권의 소멸시효기간 : 10년

> **제165조 【판결 등에 의하여 확정된 채권의 소멸시효】**
> ① 판결에 의하여 확정된 채권은 단기의 소멸시효에 해당한 것이라도 그 소멸시효는 10년으로 한다.
> ② 파산절차에 의하여 확정된 채권 및 재판상의 화해, 조정 기타 판결과 동일한 효력이 있는 것에 의하여 확정된 채권도 전항과 같다.
> ③ 전2항의 규정은 판결확정 당시에 변제기가 도래하지 아니한 채권에 적용하지 아니한다.

1. 취 지

확정판결에 의하여 권리관계가 확정된 후에도 다시 단기소멸시효에 걸린다면 권리의 보존을 위하여 여러 차례 중단절차를 거쳐야 하는 불편을 고려한 규정이다.

2. 내 용

① 기판력 있는 확정판결만을 의미한다. 인낙조서가 그 예이다.
② 시효연장의 효과는 상대적이어서 판결 등의 당사자에게만 연장된다.
　　㉠ 채권자와 주채무자 사이의 확정판결에 의하여 주채무가 확정되어 그 소멸시효기간이 10년으로 연장되었다 할지라도, 위 확정판결 등은 채권자와 연대보증인 사이에는 아무런 영향을 미치지 않고 채권자의 연대보증인의 연대보증채권의 소멸시효기간은 여전히 종전의 소멸시효기간에 따른다(대판 2006.8.24. 2004다26287·26294).

ⓒ 단, 민법 규정에 의하여 시효중단의 효력은 당연히 보증인에게도 미친다(제440조).

IV 기타 재산권의 소멸시효기간

채권과 소유권 이외의 재산권의 소멸시효기간은 <u>20년</u>이다(제162조 제2항).

---

03 시효의 장애 : 소멸시효의 중단과 정지

제1관 소멸시효의 중단

제168조 [소멸시효의 중단사유]
소멸시효는 다음 각 호의 사유로 인하여 중단된다.
1. 청구
2. 압류 또는 가압류, 가처분
3. 승인

I 의 의

① 소멸시효가 진행하는 도중에 권리의 불행사라는 소멸시효의 기초가 되는 사실을 깨뜨리는 사정이 발생한 경우, 이미 진행한 시효기간의 효력을 상실케 하는 제도이다(대판 1979.7.10. 79다569).

② 시효가 중단된 때에는 중간까지에 경과한 시효기간은 이를 산입하지 아니하고 중단사유가 종료한 때로부터 새로이 진행한다(제178조 제1항).

③ 시효중단사유는 변론주의의 대상이어서 당사자의 주장이 없으면 법원이 이에 관하여 판단할 필요가 없다. 그에 대한 입증책임은 시효완성을 다투는 당사자가 진다(대판 2003.6.13. 2003다17927·17934).

Ⅱ 소멸시효의 중단사유

1. 청구(제168조 제1호)

> **제170조 【재판상의 청구와 시효중단】**
> ① 재판상의 청구는 소송의 각하, 기각 또는 취하의 경우에는 시효중단의 효력이 없다.
> ② 전항의 경우에 6월 내에 재판상의 청구, 파산절차참가, 압류 또는 가압류, 가처분을 한 때에는 시효는 최초의 재판상 청구로 인하여 중단된 것으로 본다.
>
> **제171조 【파산절차참가와 시효중단】**
> 파산절차참가는 채권자가 이를 취소하거나 그 청구가 각하된 때에는 시효중단의 효력이 없다.
>
> **제172조 【지급명령과 시효중단】**
> 지급명령은 채권자가 법정기간 내에 가집행신청을 하지 아니함으로 인하여 그 효력을 잃은 때에는 시효중단의 효력이 없다.
>
> **제173조 【화해를 위한 소환, 임의출석과 시효중단】**
> 화해를 위한 소환은 상대방이 출석하지 아니하거나 화해가 성립되지 아니한 때에는 1월 내에 소를 제기하지 아니하면 시효중단의 효력이 없다. 임의출석의 경우에 화해가 성립되지 아니한 때에도 그러하다.
>
> **제174조 【최고와 시효중단】**
> 최고는 6월 내에 재판상의 청구, 파산절차참가, 화해를 위한 소환, 임의출석, 압류 또는 가압류, 가처분을 하지 아니하면 시효중단의 효력이 없다.

시효의 대상인 권리를 재판상 내지 재판 외로 행사하는 것을 말한다. 민법은 청구의 유형으로 재판상 청구(제170조), 파산절차 참가(제171조), 지급명령(제172조), 화해를 위한 소환 내지 임의출석(제173조), 최고(제174조)를 규정하고 있다.

(1) 재판상 청구(제170조)

의 의	자기의 권리를 재판상 주장하는 것을 말하며, 보통 소를 제기하는 것을 의미		
요 건	민사소송 ○ (각종의 모든 소 ○, 재심 ○)	형사소송 × (단, 배상명령신청 ○)	행정소송 × (단, 과세처분의 취소 또는 무효확인의 소 ○)
효 과	• 소멸시효의 중단 시점 : 소를 제기한 날(제소시), 응소한 때(응소시) • 응소행위에 의한 시효 중단이 인정되기 위해서는 시효를 주장하는 자가 원고가 되어 소를 제기한데 대하여 피고로서 응소하여 그 소송에서 적극적으로 권리를 주장하고 그것이 받아들여진 경우여야 한다(대판[전합] 1993.12.21. 92다47861). **기출 15** 따라서 물상보증인이나 제3취득자가 제기한 소송에 대하여 채권자가 응소한 경우에는 시효가 중단되지 않는다(대판 2007.1.11. 2006다33364). 재판상 청구는 소송의 각하, 기각 또는 취하의 경우에는 시효중단의 효력이 없다(제170조 제1항). 그러나 이 경우에도 재판 외의 최고로서의 효력은 인정되므로(대판 1987.12.22. 87다카2337), 피고가 응소하여 권리를 주장하였으나 그 소가 각하되거나 취하되는 경우에는, 6월 이내에 재판상의 청구 등 다른 시효중단조치를 취한 때에는 응소시에 시효중단의 효력이 있다(제170조 제2항). • [1] 채무자의 제3채무자에 대한 금전채권에 대하여 압류 및 추심명령이 있더라도, 이는 추심채권자에게 피압류채권을 추심할 권능만을 부여하는 것이고, 이로 인하여 채무자가 제3채무자에게 가지는 채권이 추심채권자에게 이전되거나 귀속되는 것은 아니다. 따라서 채무자가 제3채무자를 상대로 금전채권의 이행을 구하는 소를 제기한 후 채권자가 위 금전채권에 대하여 압류 및 추심명령을 받아 제3채무자를 상대로 추심의 소를 제기한 경우, 채무자가 권리주체의 지위에서 한 시효중단의 효력은 집행법원의 수권에 따라 피압류채권에 대한 추심권능을 부여받아 일종의 추심기관으로서 그 채권을 추심하는 추심채권자에게도 미친다.

[2] 재판상의 청구는 소송의 각하, 기각 또는 취하의 경우에는 시효중단의 효력이 없지만, 그 경우 6개월 내에 재판상의 청구, 파산절차참가, 압류 또는 가압류, 가처분을 한 때에는 시효는 최초의 재판상 청구로 인하여 중단된 것으로 본다(제170조). 그러므로 채무자가 제3채무자를 상대로 제기한 금전채권의 이행소송이 압류 및 추심명령으로 인한 당사자적격의 상실로 각하되더라도, 위 이행소송의 계속 중에 피압류채권에 대하여 채무자에 갈음하여 당사자적격을 취득한 추심채권자가 위 각하판결이 확정된 날로부터 6개월 내에 제3채무자를 상대로 추심의 소를 제기하였다면, 채무자가 제기한 재판상 청구로 인하여 발생한 시효중단의 효력은 추심채권자의 추심소송에서도 그대로 유지된다고 보는 것이 타당하다(대판 2019.7.25. 2019다212945).

[흠 있는 소제기가 재판상 청구에 해당하는지 여부(적극)]
- 비록 대항요건을 갖추지 못하여 채무자에게 대항하지 못한다고 하더라도 채권의 양수인이 채무자를 상대로 재판상의 청구를 하였다면 이는 소멸시효 중단사유인 재판상의 청구에 해당한다(대판 2005.11.10. 2005다41818). **기출 23**
- 채권양도 후 대항요건이 구비되기 전의 양도인은 채무자에 대한 관계에서는 여전히 채권자의 지위에 있으므로 채무자를 상대로 시효중단의 효력이 있는 재판상의 청구를 할 수 있고, 이 경우 양도인이 제기한 소송 중에 채무자가 채권양도의 효력을 인정하는 등의 사정으로 인하여 양도인의 청구가 기각됨으로써 제170조 제1항에 의하여 시효중단의 효과가 소멸된다고 하더라도, 양도인의 청구가 당초부터 무권리자에 의한 청구로 되는 것은 아니므로, 양수인이 그로부터 6월 내에 채무자를 상대로 재판상의 청구 등을 하였다면, 제169조 및 제170조 제2항에 의하여 양도인의 최초의 재판상 청구로 인하여 시효가 중단된다(대판 2009.2.12. 2008두20109).
- 공동주택의 입주자대표회의가 하자보수에 갈음한 손해배상청구의 소를 제기하여 수행하던 중 자신에게 위 손해배상청구권이 없음을 알고 일부 구분소유자로부터 그 권리를 양도받아 채권양도에 의한 손해배상청구를 예비적 청구원인으로 추가한 경우, 당초의 소제기는 권리 없는 자의 소제기이므로 시효중단의 효력이 없고, 특별한 사정이 없는 한 채권양도를 받아 정당한 권리자로서 예비적 청구원인의 준비서면을 제출한 날에 비로소 시효중단의 효력이 발생한다(대판 2008.12.24. 2008다48490).

(2) 최고(제174조)

① **의의** : 최고란 채권자가 채무자에 대하여 재판 외에서 채무이행을 청구하는 것으로, 그 법적 성질은 채권자의 의사통지이다.

② **방식** : 소멸시효 중단사유의 하나로서 제174조가 규정하고 있는 최고는 채무자에 대하여 채무이행을 구한다는 채권자의 의사통지(준법률행위)로서, 이에는 특별한 형식이 요구되지 아니할 뿐 아니라 행위 당시 당사자가 시효중단의 효과를 발생시킨다는 점을 알거나 의욕하지 않았다 하더라도 이로써 권리 행사의 주장을 하는 취지임이 명백하다면 최고에 해당하는 것으로 보아야 할 것이므로, 채권자가 확정판결에 기한 채권의 실현을 위하여 채무자의 제3채무자에 대한 채권에 관하여 압류 및 추심명령을 받아 그 결정이 제3채무자에게 송달이 되었다면 거기에 소멸시효 중단사유인 최고로서의 효력을 인정하여야 한다(대판 2003.5.13. 2003다16238).

③ **효과**

㉠ 임시적인 시효중단의 효과가 발생하는데, 최고는 상대방에게 도달한 때에 그 효과가 발생한다.

㉡ 확정적인 중단을 위해 6개월 이내에 별도의 조치가 필요하다.
- 문제점 : 제174조에 의하면 최고는 6월 내에 재판상 청구, 파산절차참가, 화해를 위한 소환, 임의출석, 압류 또는 가압류, 가처분을 하지 아니하면 시효중단의 효력이 없다. 여기서 문제는 6개월의 기산점이 어느 시점인지이다.
- 판례의 입장
  - 원칙 : 6개월의 기산점은 원칙적으로 최고가 상대방에게 도달한 때부터 기산된다. 따라서 제174조가 시효중단 사유로 규정하고 있는 최고를 여러 번 거듭하다가 재판상 청구 등을 한 경우에 시효중단의 효력은 항상 최초의 최고 시에 발생하는 것이 아니라 재판상 청구 등을 한 시점을 기준으로 하여 이로부터 소급하여 6월 이내에 한 최고 시에 발생한다(대판 2019.3.14. 2018두56435).

– 예외 : <u>채무자가 청구권의 존부에 대하여 조사하기 위하여 유예를 구한 경우 채무이행을 최고받은 채무자가 그 이행의무의 존부 등에 대하여 조사를 해 볼 필요가 있다는 이유로 채권자에 대하여 그 이행의 유예를 구한 경우에는 채권자가 그 회답을 받을 때까지는 최고의 효력이 계속된다고 보아야 하고 따라서 같은 조 소정의 6월의 기간은 채권자가 채무자로부터 회답을 받은 때로부터 기산되는 것이라고 해석하여야 한다</u>(대판 1995.5.12. 94다24336).

2. 압류·가압류·가처분

> **제175조 【압류, 가압류, 가처분과 시효중단】**
> 압류, 가압류 및 가처분은 권리자의 청구에 의하여 또는 법률의 규정에 따르지 아니함으로 인하여 취소된 때에는 시효중단의 효력이 없다.
>
> **제176조 【압류, 가압류, 가처분과 시효중단】**
> 압류, 가압류 및 가처분은 시효의 이익을 받은 자에 대하여 하지 아니한 때에는 이를 그에게 통지한 후가 아니면 시효중단의 효력이 없다.

의 의	<u>압류 또는 가압류·가처분은 반드시 재판상의 청구를 전제로 하지 않을 뿐만 아니라 판결이 있더라도 재판확정 후에는 다시 시효가 진행하므로, 민법은 압류 등을 별도로 시효중단사유로 규정하고 있음</u>
요 건	• 당연무효의 압류 등에는 시효중단효가 인정되지 않는다(대판 2006.8.24. 2004다26287·26294). • 채권자가 채무자의 제3채무자에 대한 채권을 압류 또는 가압류한 경우에, 채무자에 대한 채권자의 채권에 관하여 시효중단의 효력이 생김. <u>또한 채권자가 확정판결에 기한 채권의 실현을 위하여 채무자의 제3채무자에 대한 채권에 관하여 압류 및 추심명령을 받아 그 결정이 제3채무자에게 송달이 되었다면 거기에 소멸시효 중단사유인 최고로서의 효력을 인정해야 함</u>(대판 2003.5.13. 2003다16238) • 판례는 배당요구를 압류에 준하는 것으로 이해(대판 2002.2.26. 2000다25484)
효 력	• [1] 제168조에서 가압류를 시효중단사유로 정하고 있는 것은 가압류에 의하여 채권자가 권리를 행사하였다고 할 수 있기 때문인데 가압류에 의한 집행보전의 효력이 존속하는 동안은 가압류채권자에 의한 권리행사가 계속되고 있다고 보아야 할 것이므로 가압류에 의한 시효중단의 효력은 <u>가압류의 집행보전의 효력이 존속하는 동안은 계속된다.</u> [2] 제168조에서 가압류와 재판상의 청구를 별도의 시효중단사유로 규정하고 있는데 비추어 보면, 가압류의 피보전채권에 관하여 본안의 승소판결이 확정되었다고 하더라도 가압류에 의한 시효중단의 효력이 이에 흡수되어 소멸된다고 할 수 없다(대판 2000.4.25. 2000다11102). • [1] 시효가 중단된 때에는 중단까지에 경과한 시효기간은 이를 산입하지 아니하고 중단사유가 종료한 때로부터 새로이 진행하는데(국세기본법 제28조 제2항, 제178조 제1항), 소멸시효의 중단사유 중 '압류'에 의한 시효중단의 효력은 압류가 해제되거나 집행절차가 종료될 때 중단사유가 종료한 것으로 볼 수 있다. [2] 보험계약자의 보험금 채권에 대한 압류가 행하여지더라도 채무자나 제3채무자는 기본적 계약관계인 보험계약 자체를 해지할 수 있고, 보험계약이 해지되면 계약에 의하여 발생한 보험금 채권은 소멸하게 되므로 이를 대상으로 한 압류명령은 실효된다. [3] 체납처분에 의한 채권압류로 인하여 채권자의 채무자에 대한 채권의 시효가 중단된 경우에 압류에 의한 체납처분 절차가 채권추심 등으로 종료된 때뿐만 아니라, 피압류채권이 기본계약관계의 해지·실효 또는 소멸시효 완성 등으로 인하여 소멸함으로써 압류의 대상이 존재하지 않게 되어 압류 자체가 실효된 경우에도 체납처분 절차는 더 이상 진행될 수 없으므로 시효중단사유가 종료한 것으로 보아야 하고, 그때부터 시효가 새로이 진행한다(대판 2017.4.28. 2016다239840). • 압류 등이 권리자의 청구에 의하여 또는 법률의 규정에 따르지 않음으로 인하여 취소되면 시효중단의 효력이 없음. 그러나 압류절차를 개시한 이상 집행불능에 그치더라도 시효중단의 효력은 발생(대판 2011.5.13. 2011다10044)

	• 압류 등은 시효의 이익을 받는 자에 대하여 하지 않은 경우에, 이를 그에게 통지한 후가 아니면 시효중단의 효력이 없음(제176조). • 압류 등에 의하여 시효중단이 발생하는 시점은 다수설 및 판례에 의하면 소 제기에 준하여 집행행위가 있으면 신청 시에 소급하여 중단의 효력이 발생

3. 승 인

> **제177조 【승인과 시효중단】**
> 시효중단의 효력있는 승인에는 상대방의 권리에 관한 처분의 능력이나 권한 있음을 요하지 아니한다.

법적 성질	승인은 준법률행위 중 관념의 통지로서 의사표시 규정이 유추적용됨. 따라서 승인하는 자는 행위능력·의사능력이 필요		
당사자	채무자 : 시효중단의 효력 있는 승인에는 상대방의 권리에 관한 처분의 능력이나 권한 있음을 요하지 아니함(제177조). 그러나 제177조 반대해석상 승인자는 해당권리에 대한 관리능력이나 권한은 있어야 한다(대판 1965.12.28. 65다2133). [기출] 17		
권리인식	소멸시효 진행 이전 승인	소멸시효 진행 이후 승인	소멸시효 완성 이후 승인
	소멸시효 중단 ×	소멸시효 중단	소멸시효 이익의 포기
방 법	특별한 방식을 요하지 않음(서면·구두, 명시·묵시, 재판상·재판 외 모두 가능)		
효 과	• 소멸시효 중단시점 : 승인이 상대방에게 도달한 때(대판 1995.9.29. 95다30178) • 채무승인이 있었다는 사실에 대한 입증책임은 채권자에게 있다(대판 1970.3.10. 69다401).		

Ⅲ 시효중단의 효력

> **제169조 【시효중단의 효력】**
> 시효의 중단은 당사자 및 그 승계인간에만 효력이 있다.
>
> **제178조 【중단 후에 시효진행】**
> ① 시효가 중단된 때에는 중단까지에 경과한 시효기간은 이를 산입하지 아니하고 중단사유가 종료한 때로부터 새로이 진행한다.
> ② 재판상의 청구로 인하여 중단한 시효는 전항의 규정에 의하여 재판이 확정된 때부터 새로이 진행한다.

1. 기본적 효력

① 시효가 중단되면 그때까지 경과한 시효기간은 그 효력을 잃고(제178조 제1항 전단), 중단사유가 없어지면 시효가 새로 진행되어야 한다.

② 시효가 중단된 후에는 중단사유가 종료된 때부터 다시 시효가 진행된다(제178조 제1항 후단).

2. 시효중단의 효력이 미치는 인적 범위

(1) 원 칙

시효의 중단은 원칙적으로 당사자 및 그 승계인 사이에서만 그 효력이 있다(제169조).

① 당사자는 시효중단행위에 관여한 당사자를 의미하고, 시효의 대상인 권리관계의 당사자를 말하는 것은 아니다.

② 승계인이란 시효중단에 관여한 당사자로부터 중단의 효과를 받는 권리를 승계한 자를 말하며, 특정승계이건 포괄승계이건 불문한다. 그리고 승계는 중단사유가 발생한 후에 이루어져야 하고, 중단사유 발생 전의 승계인은 포함되지 않는다.

(2) 예 외

다음의 경우에는 시효중단의 효력이 미치는 인적범위가 확대된다.

① 주채무자에 대한 시효의 중단은 보증인에 대하여 그 효력이 있다. 반면, 보증채무에 대한 시효가 중단되더라도 주채무에 대한 소멸시효가 중단되지는 않는다.

② 압류, 가압류, 가처분의 시효이익을 받은 자에 대하여 하지 않았더라도, 이를 시효이익을 받은 자에게 통지하면 그때부터 시효가 중단된다.

③ 연대채무자에 대한 이행청구는 다른 연대채무자에게도 효력이 있다. 반면 부진정연대채무자의 경우에는 그렇지 않다.

3. 시효중단의 효력이 미치는 물적 범위

(1) 일부청구

원칙적으로 한 개의 채권 중 일부에 관하여만 판결을 구한다는 취지를 명백히 한 경우 그 소제기에 의한 소멸시효의 중단의 효력은 그 일부에만 발생하고 나머지 부분에는 발생하지 아니한다.

> **[일부청구와 시효중단의 범위]**
> [1] 하나의 채권 중 일부에 관하여만 판결을 구한다는 취지를 명백히 하여 소송을 제기한 경우에는 소제기에 의한 소멸시효중단의 효력이 그 일부에 관하여만 발생하고, 나머지 부분에는 발생하지 아니하나, 소장에서 청구의 대상으로 삼은 채권 중 일부만을 청구하면서 소송의 진행경과에 따라 장차 청구금액을 확장할 뜻을 표시하고 당해 소송이 종료될 때까지 실제로 청구금액을 확장한 경우에는 소제기 당시부터 채권 전부에 관하여 판결을 구한 것으로 해석되므로, 이러한 경우에는 소제기 당시부터 채권 전부에 관하여 재판상 청구로 인한 시효중단의 효력이 발생한다.
> [2] 소장에서 청구의 대상으로 삼은 채권 중 일부만을 청구하면서 소송의 진행경과에 따라 장차 청구금액을 확장할 뜻을 표시하였으나 당해 소송이 종료될 때까지 실제로 청구금액을 확장하지 않은 경우에는 소송의 경과에 비추어 볼 때 채권 전부에 관하여 판결을 구한 것으로 볼 수 없으므로, 나머지 부분에 대하여는 재판상 청구로 인한 시효중단의 효력이 발생하지 아니한다. 그러나 이와 같은 경우에도 소를 제기하면서 장차 청구금액을 확장할 뜻을 표시한 채권자로서는 장래에 나머지 부분을 청구할 의사를 가지고 있는 것이 일반적이라고 할 것이므로, 다른 특별한 사정이 없는 한 당해 소송이 계속 중인 동안에는 나머지 부분에 대하여 권리를 행사하겠다는 의사가 표명되어 최고에 의해 권리를 행사하고 있는 상태가 지속되고 있는 것으로 보아야 하고, 채권자는 당해 소송이 종료된 때부터 6월 내에 제174조에서 정한 조치를 취함으로써 나머지 부분에 대한 소멸시효를 중단시킬 수 있다(대판 2020.2.6. 2019다223723).

(2) 가분채권의 일부분을 피보전채권으로 한 가압류

채권자가 가분채권의 일부분을 피보전채권으로 주장하여 채무자 소유의 재산에 대하여 가압류를 한 경우에 있어서는 그 피보전채권 부분만에 한하여 시효중단의 효력이 있다 할 것이고 가압류에 의한 보전채권에 포함되지 아니한 나머지 채권에 대하여는 시효중단의 효력이 발생할 수 없다(대판 1976.2.24. 75다1240).

(3) 일부변제

시효완성 전에 채무의 일부를 변제한 경우에는, 그 수액에 관하여 다툼이 없는 한 채무승인으로서의 효력이 있어 시효중단의 효과가 발생한다(대판 1996.1.23. 95다39854).

(4) 어음채권과 원인채권

원인채권의 지급을 확보하기 위하여 어음이 수수된 당사자 사이에서 채권자가 어음채권을 청구채권으로 하여 채무자의 재산을 압류함으로써 그 권리를 행사한 경우에는 그 원인채권의 소멸시효를 중단시키는 효력이 있다. 그러나 이미 어음채권의 소멸시효가 완성된 후에는 그 채권이 소멸되고 시효중단을 인정할 여지가 없으므로, 시효로 소멸된 어음채권을 청구채권으로 하여 채무자의 재산을 압류한다 하더라도 이를 어음채권 내지는 원인채권을 실현하기 위한 적법한 권리행사로 볼 수 없어, 그 압류에 의하여 그 원인채권의 소멸시효가 중단된다고 볼 수 없다(대판 2010.5.13. 2010다6345).

(5) 복수의 채권

채권자가 동일한 목적을 달성하기 위하여 복수의 채권을 갖고 있는 경우, 채권자로서는 그 선택에 따라 권리를 행사할 수 있되, 그중 어느 하나의 청구를 한 것만으로는 다른 채권 그 자체를 행사한 것으로 볼 수는 없으므로, 특별한 사정이 없는 한 그 다른 채권에 대한 소멸시효 중단의 효력은 없다(대판 2011.2.10. 2010다81285).

4. 시효중단의 효력이 미치는 시적 범위(제178조)

(1) 재판상 청구 등

재판상의 청구로 인한 시효의 중단은 재판이 확정된 때로부터 새로이 진행한다(제178조 제2항).

(2) 압류 · 가압류 · 가처분

압류 · 가압류 · 가처분은 절차의 종료로 인하여 그 효력이 상실된 때로부터 새롭게 시효가 진행된다.

(3) 승 인

원고(반소피고)의 승인에 대하여 피고가 채무의 변제를 유예해 주었다고 인정되는 경우, 만약 그 유예기간을 정하지 않았다면 변제유예의 의사를 표시한 때부터, 그리고 유예기간을 정하였다면 그 유예기간이 도래한 때부터 다시 소멸시효가 진행된다(대판 2006.9.22. 2006다22852 · 22869).

> **제179조【제한능력자의 시효정지】**
> 소멸시효의 기간만료 전 6개월 내에 제한능력자에게 법정대리인이 없는 경우에는 그가 능력자가 되거나 법정대리인이 취임한 때부터 6개월 내에는 시효가 완성되지 아니한다.
>
> **제180조【재산관리자에 대한 제한능력자의 권리, 부부 사이의 권리와 시효정지】**
> ① 재산을 관리하는 아버지, 어머니 또는 후견인에 대한 제한능력자의 권리는 그가 능력자가 되거나 후임 법정대리인이 취임한 때부터 6개월 내에는 소멸시효가 완성되지 아니한다.
> ② 부부 중 한쪽이 다른 쪽에 대하여 가지는 권리는 혼인관계가 종료된 때부터 6개월 내에는 소멸시효가 완성되지 아니한다.
>
> **제181조【상속재산에 관한 권리와 시효정지】**
> 상속재산에 속한 권리나 상속재산에 대한 권리는 상속인의 확정, 관리인의 선임 또는 파산선고가 있는 때로부터 6월 내에는 소멸시효가 완성하지 아니한다.
>
> **제182조【천재 기타 사변과 시효정지】**
> 천재 기타 사변으로 인하여 소멸시효를 중단할 수 없을 때에는 그 사유가 종료한 때로부터 1월 내에는 시효가 완성하지 아니한다.

I 의 의

시효기간이 거의 완성할 무렵에 권리자가 중단행위를 하는 것이 불가능 또는 대단히 곤란한 사정이 있는 경우에 그 시효기간의 진행을 일시적으로 멈추게 하고 그러한 사정이 없어졌을 때 다시 나머지 기간을 진행시키는 것을 말한다.

II 정지사유

1. 제한능력자를 위한 정지

① 소멸시효의 기간만료 전 6개월 내에 제한능력자에게 법정대리인이 없는 경우에는 그가 능력자가 되거나 법정대리인이 취임한 때부터 6개월 내에는 시효가 완성되지 아니한다(제179조).
② 재산을 관리하는 아버지, 어머니, 또는 후견인에 대한 제한능력자의 권리는 그가 능력자가 되거나 후임 법정대리인이 취임한 때부터 6개월 이내에는 소멸시효가 완성되지 아니한다(제180조 제1항).

2. 혼인관계의 종료에 의한 정지

부부의 한쪽이 다른 쪽에 대하여 가지는 권리는 혼인관계가 종료된 때부터 6개월 내에는 소멸시효가 완성되지 아니한다(제180조 제2항).

3. 상속재산에 관한 정지

상속재산에 속한 권리나 상속재산에 대한 권리는 상속인의 확정, 관리인의 선임 또는 파산선고가 있는 때로부터 6월 내에는 소멸시효가 완성하지 아니한다(제181조).

4. 천재 기타 사변에 의한 정지

천재 기타 사변으로 인하여 소멸시효를 중단할 수 없을 때에는 그 사유가 종료한 때로부터 1월 내에는 시효가 완성하지 아니한다(제182조).

---

04   소멸시효 완성의 효과

Ⅰ   소멸시효 완성의 효과에 대한 견해 대립

구 분		절대적 소멸설	상대적 소멸설
시효완성의 효과 (권리소멸 여부)		시효완성으로 권리는 당연히 소멸	시효완성으로 권리는 소멸하지 않고 원용권이 발생
재판상 시효완성사실을 주장해야 하는지 여부		민사소송법상 변론주의 원칙상 원용하지 않으면 직권 고려 불가	권리가 소멸하지 않으므로 원용하지 않으면 직권 고려 불가
시효완성후의 변제	알고 변제한 경우	악의의 비채변제로서 반환청구 불가(제742조)	시효완성 후의 변제는 시효완성 사실을 알고 했든 모르고 했든 유효한 변제로서 부당이득반환청구 불가
	모르고 변제한 경우	도의관념에 적합한 비채변제로서 반환청구 불가(제744조)	
소멸시효이익의 포기에 대한 이론구성		시효이익을 받지 않겠다는 의사표시로 이해	원용권을 포기하는 의사표시로 이해

> **더 알아보기**
>
> 사해행위취소소송의 상대방이 된 사해행위의 수익자도 사해행위가 취소되면 사해행위에 의하여 얻은 이익을 상실하고 사해행위취소권을 행사하는 채권자의 채권이 소멸하면 그와 같은 이익의 상실을 면하는 지위에 있으므로, 그 채권의 소멸에 의하여 직접 이익을 받는 자에 해당한다(대판 2007.11.29. 2007다54849).

Ⅱ   소멸시효의 소급효

> **제167조 【소멸시효의 소급효】**
> 소멸시효는 그 기산일에 소급하여 효력이 생긴다.

Ⅲ 소멸시효 이익의 포기

> **제184조 【시효의 이익의 포기 기타】**
> ① 소멸시효의 이익은 미리 포기하지 못한다.
> ② 소멸시효는 법률행위에 의하여 이를 배제, 연장 또는 가중할 수 없으나 이를 단축 또는 경감할 수 있다.

1. 의 의

소멸시효 이익의 포기에 대한 이론적 설명에 대해 학설상 다툼이 있으나 판례는 시효이익의 포기를 시효의 완성으로 인한 법적인 이익을 받지 않겠다고 하는 효과의사를 필요로 하는 의사표시로 파악하고 있다(대판 2013.7.25. 2011다56187·56194).

2. 요 건

(1) 소멸시효가 완성된 후일 것

소멸시효의 이익은 미리 포기하지 못한다(제184조 제1항). 따라서 시효완성 전에 채무자가 한 포기의 의사표시는 시효이익 포기의 효력이 인정될 수 없다.

(2) 포기자에게 처분능력 또는 처분권한이 있을 것

시효이익의 포기는 처분행위에 해당하므로 포기자는 처분권한이 인정되어야 한다.

(3) 상대방에 대한 의사표시로 할 것

시효이익의 포기는 시효완성으로 권리를 상실한 자 또는 그 대리인에게 하여야 한다.

(4) 시효완성사실을 알았을 것

판례는 채무자가 시효완성 후에 채무를 승인하거나 일부를 변제한 때에는 시효완성의 사실을 알고 그 이익을 포기한 것이라고 추정할 수 있다고 한다(대판 2001.6.12. 2001다3580).

> **더 알아보기**
> • 시효완성의 이익 포기의 의사표시를 할 수 있는 자는 시효완성의 이익을 받을 당사자 또는 그 대리인에 한정되고, 그 밖의 제3자가 시효완성의 이익 포기의 의사표시를 하였다 하더라도 이는 시효완성의 이익을 받을 자에 대한 관계에서 아무 효력이 없다(대판 2014.1.23. 2013다64793).
> • 시효이익의 포기는 보통의 의사표시와 같이 명시적 또는 묵시적으로 할 수 있고, 재판 외에서도 가능하다. 시효완성 후에 변제기한의 유예요청이나 채무의 승인을 한 경우에 시효이익을 포기한 것으로 해석한다. 그러나 제소기간 연장에 동의한 것은 시효이익의 포기가 아니다(대판 1987.6.23. 86다카2107).

3. 효 과

(1) 효력발생시기

포기의 의사표시가 상대방에게 적법하게 도달한 때에 시효이익의 포기 효과가 발생한다(대판 2008.11.27. 2006다18129). 채무자가 소멸시효 완성 후에 채권자에 대하여 채무를 승인함으로써 그 시효의 이익을 포기한 경우에는 그때부터 새로이 소멸시효가 진행한다(대판 2009.7.9. 2009다14340).

(2) 인적 범위

주채무자의 시효이익의 포기는 보증인, 물상보증인 등에게는 효력이 미치지 않는다(대판 1991.1.29. 89다카1114).

기출 17

> **더 알아보기**
>
> 소멸시효 이익의 포기는 상대적 효과가 있을 뿐이어서 다른 사람에게는 영향을 미치지 아니함이 원칙이나, 소멸시효 이익의 포기 당시에는 권리의 소멸에 의하여 직접 이익을 받을 수 있는 이해관계를 맺은 적이 없다가 나중에 시효이익을 이미 포기한 자와의 법률관계를 통하여 비로소 시효이익을 원용할 이해관계를 형성한 자는 이미 이루어진 시효이익 포기의 효력을 부정할 수 없다. 왜냐하면, 시효이익의 포기에 대하여 상대적인 효과만을 부여하는 이유는 포기 당시에 시효이익을 원용할 다수의 이해관계인이 존재하는 경우 그들의 의사와는 무관하게 채무자 등 어느 일방의 포기 의사만으로 시효이익을 원용할 권리를 박탈당하게 되는 부당한 결과의 발생을 막으려는 데 있는 것이지, 시효이익을 이미 포기한 자와의 법률관계를 통하여 비로소 시효이익을 원용할 이해관계를 형성한 자에게 이미 이루어진 시효이익 포기의 효력을 부정할 수 있게 하여 시효완성을 둘러싼 법률관계를 사후에 불안정하게 만들자는 데 있는 것은 아니기 때문이다(대판 2015.6.11. 2015다200227).

(3) 물적 범위

소멸시효 이익의 포기는 가분채무 일부에 대해서도 가능하다(대판 2012.5.10. 2011다109500). 기출 20 다만, 통상적으로 가분채권의 일부변제가 전체 채무의 일부로서 변제한 것이라면 채권 전부에 관한 포기의 효과가 인정된다(대판 1993.10.26. 93다14936).

IV 종속된 권리에 대한 효력

> **제183조 【종속된 권리에 대한 소멸시효의 효력】**
> 주된 권리의 소멸시효가 완성한 때에는 종속된 권리에 그 효력이 미친다.

확인학습문제

01 총 설

01 제척기간에 관한 설명으로 옳은 것은? (다툼이 있으면 판례에 따름)

① 제척기간이 경과하면 그 기산일에 소급하여 권리소멸의 효과가 발생한다.

② 제척기간은 권리자의 청구나 압류 등이 있으면 중단되고 그때까지 경과된 기간은 산입되지 않는다.

③ 점유보호청구권의 행사기간은 제척기간이기 때문에 점유보호청구권은 재판상·재판 외에서 행사할 수 있다.

④ 제척기간이 지난 후에는 당사자가 책임질 수 없는 사유로 그 기간을 준수하지 못하였더라도 추후에 보완될 수 없다.

⑤ 채권양도의 통지는 그 양도인이 채권이 양도되었다는 사실을 채무자에게 알리는 행위이므로, 채권양도의 통지만으로 제척기간의 준수에 필요한 권리의 재판 외 행사가 이루어졌다고 볼 수 있다.

답 ④

┃정답해설┃

④ 제척기간은 불변기간이 아니어서 그 기간을 지난 후에는 당사자가 책임질 수 없는 사유로 그 기간을 준수하지 못하였더라도 추후에 보완될 수 없다[2003스32].

┃오답해설┃

① 제척기간은 기간의 경과로 장래를 향하여 소멸하므로, 소급효가 인정되지 아니한다.

② 제척기간은 권리관계를 조속히 확정시키기 위한 제도이므로, 중단이 인정되지 아니한다.

③ 점유보호청구권의 제척기간은, 반드시 그 기간 내에 소를 제기하여야 하는 이른바 출소기간으로 해석함이 상당하다[2001다8097·8103].

⑤ 채권양도의 통지는 양도인이 채권이 양도되었다는 사실을 채무자에게 알리는 것에 그치는 행위이므로, 그것만으로 제척기간 준수에 필요한 권리의 재판 외 행사에 해당한다고 할 수 없다[2010다28840 전합 - 다수의견].

02 제척기간에 관한 설명으로 옳지 <u>않은</u> 것은? (다툼이 있으면 판례에 따름)

① 형성권은 제척기간의 경과 자체만으로 곧 권리소멸의 효과가 발생하지 않는다.

② 수급인의 하자담보책임기간은 재판상 또는 재판 외의 권리행사기간인 제척기간이다.

③ 제146조에서 규정하는 취소권의 행사기간은 제척기간으로서 법원의 직권조사사항이다.

④ 매매예약완결권의 행사기간은 제척기간으로 해석되며, 기간의 중단이 있을 수 없다.

⑤ 점유보호청구권의 행사기간은 제척기간으로, 재판 외에서 권리를 행사할 수 있는 기간이 아니라 반드시 그 기간 내에 소를 제기하여야 하는 출소기간이다.

답 ①

┃ 정답해설 ┃

① 제척기간은 그 기간의 경과 자체만으로 곧바로 권리소멸의 효과가 발생한다.

┃ 오답해설 ┃

② 민법상 수급인의 하자담보책임에 관한 기간은 제척기간으로서 재판상 또는 재판 외의 권리행사기간이며 재판상 청구를 위한 출소기간이 아니라고 할 것이다[2000다15371].

③ 제146조는 취소권은 추인할 수 있는 날로부터 3년 내에 행사하여야 한다고 규정하고 있는바, 이때의 3년이라는 기간은 일반소멸시효기간이 아니라 제척기간으로서 제척기간이 도과하였는지 여부는 당사자의 주장에 관계없이 법원이 당연히 조사하여 고려하여야 할 사항이다[96다25371].

④ 매매예약의 완결권은 일종의 형성권으로서 당사자 사이에 그 행사기간을 약정한 때에는 그 기간 내에, 그러한 약정이 없는 때에는 그 예약이 성립한 때로부터 10년 내에 이를 행사하여야 하고, 그 기간을 지난 때에는 예약완결권은 제척기간의 경과로 인하여 소멸한다[94다22682 · 22699(반소)]. 또한, 제척기간은 권리관계를 조속히 확정시키기 위한 제도이므로, 중단이 인정되지 아니한다.

⑤ 점유보호청구권의 제척기간은, 반드시 그 기간 내에 소를 제기하여야 하는 이른바 출소기간으로 해석함이 상당하다[2001다8097 · 8103].

03 제척기간에 관한 설명으로 옳은 것은? (다툼이 있으면 판례에 따름)

① 점유를 침탈당한 자의 침탈자에 대한 점유물회수청구권의 행사기간 1년은 제척기간이다.
② 법률행위의 취소권은 추인할 수 있는 날로부터 3년 내에 재판상으로 행사를 하여야 한다.
③ 제척기간 내에 권리자의 권리주장 또는 의무자의 승인이 있으면 제척기간은 중단된다.
④ 제척기간의 경우 그 기간이 경과하면 그 기산일에 소급하여 권리소멸의 효력이 생긴다.
⑤ 하자담보책임에 기한 매수인의 손해배상청구권에는 제582조의 제척기간규정으로 인하여 소멸시효규정이 적용되지 않는다.

답 ①

∥정답해설∥
① 점유보호청구권의 제척기간은, 반드시 그 기간 내에 소를 제기하여야 하는 이른바 출소기간으로 해석함이 상당하다 [2001다8097 · 8103].

∥오답해설∥
② 제146조에 규정된 취소권의 존속기간은 제척기간이라고 보아야 할 것이지만, 그 제척기간 내에 소를 제기하는 방법으로 권리를 재판상 행사하여야만 되는 것은 아니고, 재판 외에서 의사표시를 하는 방법으로도 권리를 행사할 수 있다고 보아야 한다[92다52795 등].
③ 제척기간은 권리관계를 조속히 확정시키기 위한 제도이므로, 중단이 인정되지 아니한다.
④ 제척기간은 기간의 경과로 장래를 향하여 소멸하므로, 소급효가 인정되지 아니한다.
⑤ 매도인에 대한 하자담보에 기한 손해배상청구권에 대하여는 제582조의 제척기간이 적용되고, 이는 법률관계의 조속한 안정을 도모하고자 하는 데에 취지가 있다. 그런데 하자담보에 기한 매수인의 손해배상청구권은 권리의 내용·성질 및 취지에 비추어 제162조 제1항의 채권소멸시효의 규정이 적용되고, 제582조의 제척기간규정으로 인하여 소멸시효규정의 적용이 배제된다고 볼 수 없으며, 이때 다른 특별한 사정이 없는 한 무엇보다도 매수인이 매매목적물을 인도받은 때부터 소멸시효가 진행한다고 해석함이 타당하다[2011다10266].

제1관 소멸시효의 대상이 되는 권리

01 소멸시효에 관한 설명 중 옳지 않은 것은? (다툼이 있는 경우에는 판례에 의함)

① 부동산의 점유취득시효완성자가 점유를 상실한 경우, 그때로부터 소유권이전등기청구권의 소멸시효가 진행한다.

② 부동산의 매수인이 그 부동산을 인도받아 사용·수익하다가 다른 사람에게 처분하고 그 점유를 승계하여 주었다면 그때부터 매도인에 대한 이전등기청구권의 소멸시효가 진행한다.

③ 명의신탁의 해지로 인한 명의신탁자의 등기말소청구권은 소멸시효의 대상이 되지 않는다.

④ 피담보채무의 소멸을 이유로 하는 양도담보권자에 대한 소유권이전등기청구권은 소멸시효의 대상이 되지 않는다.

⑤ 토지매매계약에 따라 소유권이 이전된 경우, 계약의 합의해제에 따른 매도인의 원상회복청구권은 소멸시효의 대상이 되지 않는다.

답 ②

┃정답해설┃

② 부동산의 매수인이 그 부동산을 인도받은 이상 이를 사용·수익하다가 그 부동산에 대한 보다 적극적인 권리행사의 일환으로 다른 사람에게 그 부동산을 처분하고 그 점유를 승계하여 준 경우에도 그 이전등기청구권의 행사 여부에 관하여 그가 그 부동산을 스스로 계속 사용·수익만 하고 있는 경우와 특별히 다를바 없으므로 위 두 어느 경우에나 이전등기청구권의 소멸시효는 진행되지 않는다고 보아야 한다[98다32175 전합 – 다수의견].

┃오답해설┃

① 부동산에 대한 점유취득시효 완성을 원인으로 하는 소유권이전등기청구권은 채권적 청구권으로서, 취득시효가 완성된 점유자가 그 부동산에 대한 점유를 상실한 때로부터 10년간 이를 행사하지 아니하면 소멸시효가 완성한다[95다24241].

③ 부동산실명법 시행 이전에 부동산의 소유명의를 신탁한 자는 특별한 사정이 없는 한 언제든지 명의신탁을 해지하고 소유권에 기하여 신탁해지를 원인으로 한 소유권이전등기절차의 이행을 청구할 수 있는 것으로서, 이와 같은 등기청구권은 소멸시효의 대상이 되지 않는다[91다34387]. 그러나 부동산실명법 시행 전에 명의수탁자가 명의신탁 약정에 따라 부동산에 관한 소유명의를 취득한 다음 위 법률의 시행 후 같은 법 제11조의 유예기간이 경과하기 전까지 실명화 등의 조치 없이 위 유예기간이 경과함으로써 같은 법 제12조 제1항, 제4조에 의해 명의신탁약정이 무효로 됨으로써 명의수탁자가 명의신탁자에게 자신이 취득한 당해 부동산을 부당이득으로 반환할 의무가 있는 경우, 이와 같은 경위로 명의신탁자가 당해 부동산의 회복을 위해 명의수탁자에 대해 가지는 소유권이전등기청구권은 그 성질상 법률의 규정에 의한 부당이득반환청구권으로서 제162조 제1항에 따라 10년의 기간이 경과함으로써 시효로 소멸한다[2009다23313].

④ 채권담보의 목적으로 이루어지는 부동산 양도담보의 경우에 있어서 피담보채무가 변제된 이후에 양도담보권설정자가 행사하는 등기청구권은 양도담보권설정자의 실질적 소유권에 기한 물권적 청구권이므로 따로이 시효소멸되지 아니한다[78다2412].

⑤ 매매계약이 합의해제된 경우에도 매수인에게 이전되었던 소유권은 당연히 매도인에게 복귀하는 것이므로 합의해제에 따른 매도인의 원상회복청구권은 소유권에 기한 물권적 청구권이라고 할 것이고 이는 소멸시효의 대상이 되지 아니한다[80다2968].

01 소멸시효의 기산점이 잘못 연결된 것은? (다툼이 있으면 판례에 따름) [2024]

① 불확정기한부 채권 – 기한이 객관적으로 도래한 때

② 부당이득반환청구권 – 기한의 도래를 안 때

③ 정지조건부 권리 – 조건이 성취된 때

④ 부작위를 목적으로 하는 채권 – 위반행위를 한 때

⑤ 선택채권 – 선택권을 행사할 수 있을 때

답 ②

┃정답해설┃

② 부당이득반환청구권 – 채권성립시부터

02 소멸시효에 관한 설명으로 옳지 <u>않은</u> 것은? (다툼이 있으면 판례에 따름) [2023]

① 손해배상청구권에 대해 법률이 제척기간을 규정하고 있더라도 그 청구권은 소멸시효에 걸린다.

② 동시이행의 항변권이 붙어 있는 채권은 그 항변권이 소멸한 때로부터 소멸시효가 기산한다.

③ 채권양도 후 대항요건을 갖추지 못한 상태에서 양수인이 채무자를 상대로 소를 제기하면 양도된 채권의 소멸시효는 중단된다.

④ 비법인사단이 채무를 승인하여 소멸시효를 중단시키는 것은 사원총회의 결의를 요하는 총유물의 관리·처분행위가 아니다.

⑤ 채권의 소멸시효 완성 후 채무자가 채권자에게 그 담보를 위해 저당권을 설정해 줌으로써 소멸시효의 이익을 포기했다면 그 효력은 그 후 저당부동산을 취득한 제3자에게도 미친다.

답 ②

┃정답해설┃

② 동시이행의 항변권이 붙어 있는 권리는 이행기가 도래한 때부터 소멸시효가 진행된다.

> 부동산에 대한 매매대금 채권이 소유권이전등기청구권과 동시이행의 관계에 있다고 할지라도 매도인은 매매대금의 지급기일 이후 언제라도 그 대금의 지급을 청구할 수 있는 것이며, 다만 매수인은 매도인으로부터 그 이전등기에 관한 이행의 제공을 받기까지 그 지급을 거절할 수 있는데 지나지 아니하므로 매매대금 청구권은 그 지급기일 이후 시효의 진행에 걸린다[90다9797].

▌오답해설▐

① 매도인에 대한 하자담보에 기한 손해배상청구권에 대하여는 제582조의 제척기간이 적용되고, 이는 법률관계의 조속한 안정을 도모하고자 하는 데에 취지가 있다. 그런데 하자담보에 기한 매수인의 손해배상청구권은 권리의 내용·성질 및 취지에 비추어 제162조 제1항의 채권 소멸시효의 규정이 적용되고, 제582조의 제척기간 규정으로 인하여 소멸시효 규정의 적용이 배제된다고 볼 수 없으며, 이때 다른 특별한 사정이 없는 한 무엇보다도 매수인이 매매 목적물을 인도받은 때부터 소멸시효가 진행한다고 해석함이 타당하다[2011다10266].

③ 2005다41818

④ 2004다60072 전합

⑤ 소멸시효 이익의 포기는 상대적 효과가 있을 뿐이어서 다른 사람에게는 영향을 미치지 아니함이 원칙이나, 소멸시효 이익의 포기 당시에는 권리의 소멸에 의하여 직접 이익을 받을 수 있는 이해관계를 맺은 적이 없다가 나중에 시효이익을 이미 포기한 자와의 법률관계를 통하여 비로소 시효이익을 원용할 이해관계를 형성한 자는 이미 이루어진 시효이익 포기의 효력을 부정할 수 없다. 왜냐하면, 시효이익의 포기에 대하여 상대적인 효과만을 부여하는 이유는 포기 당시에 시효이익을 원용할 다수의 이해관계인이 존재하는 경우 그들의 의사와는 무관하게 채무자 등 어느 일방의 포기 의사만으로 시효이익을 원용할 권리를 박탈당하게 되는 부당한 결과의 발생을 막으려는 데 있는 것이지, 시효이익을 이미 포기한 자와의 법률관계를 통하여 비로소 시효이익을 원용할 이해관계를 형성한 자에게 이미 이루어진 시효이익 포기의 효력을 부정할 수 있게 하여 시효완성을 둘러싼 법률관계를 사후에 불안정하게 만들자는 데 있는 것은 아니기 때문이다[2015다200227].

---

03 소멸시효의 기산점이 옳게 연결되지 <u>않은</u> 것은? (다툼이 있으면 판례에 따름) 　　　　　　**[2022]**

① 부작위를 목적으로 하는 채권 - 위반행위시

② 동시이행의 항변권이 붙어 있는 채권 - 이행기 도래시

③ 이행불능으로 인한 손해배상청구권 - 이행불능시

④ 甲이 자기 소유의 건물 매도시 그 이익을 乙과 분배하기로 약정한 경우 乙의 이익금 분배청구권 - 분배약정시

⑤ 기한이 있는 채권의 이행기가 도래한 후 채권자와 채무자가 기한을 유예하기로 합의한 경우 그 채권 - 변경된 이행기 도래시

답 ④

▌정답해설▐

④ 소멸시효는 권리를 행사할 수 있는 때로부터 진행하며 여기서 권리를 행사할 수 있는 때라 함은 권리행사에 법률상의 장애가 없는 때를 말하므로 정지조건부권리의 경우에는 조건 미성취의 동안은 권리를 행사할 수 없는 것이어서 소멸시효가 진행되지 않는다[92다28822]. 따라서 이익금분배청구권은 甲이 건물의 잔금을 모두 수령한 때 이를 행사할 수 있으므로 소멸시효도 이때부터 진행한다.

▌오답해설▐

① 부작위를 목적으로 하는 채권 - 위반행위시

② 동시이행의 항변권이 붙어 있는 채권 - 이행기 도래시

③ 이행불능으로 인한 손해배상청구권 - 이행불능시

⑤ 기한이 있는 채권의 이행기가 도래한 후 채권자와 채무자가 기한을 유예하기로 합의한 경우 그 채권 - 변경된 이행기 도래시

04 소멸시효의 기산점에 관한 설명으로 옳지 않은 것은? (다툼이 있으면 판례에 따름)   [2021]

① 정지조건부 권리는 조건이 성취되지 않은 동안에는 소멸시효가 진행되지 않는다.

② 이행기한을 정하지 않은 채권은 채권자의 이행최고가 있은 날로부터 소멸시효가 진행한다.

③ 채무불이행으로 인한 손해배상청구권은 채무불이행시로부터 소멸시효가 진행한다.

④ 동시이행의 항변권이 붙은 채권은 그 이행기로부터 소멸시효가 진행한다.

⑤ 무권대리인에 대한 상대방의 계약이행청구권이나 손해배상청구권은 그 선택권을 행사할 수 있을 때부터 소멸시효가 진행한다.

답 ②

▌정답해설▌

② 조건·기한이 붙어 있지 않아서 권리자가 언제든지 청구권을 행사할 수 있는 경우, 그 청구권은 채권발생시(권리발생시)부터 소멸시효가 진행한다(그러나 이행지체책임은 청구시부터 발생한다).

▌오답해설▌

① 정지조건부 법률행위가 채권행위인 때에는 조건이 성취된 때부터 채권의 소멸시효가 진행한다(제166조 제1항).

③ 채무불이행으로 인한 손해배상청구권의 소멸시효는 채무불이행시로부터 진행한다[94다54269].

④ 부동산에 대한 매매대금 채권이 소유권이전등기청구권과 동시이행의 관계에 있다고 할지라도 매도인은 매매대금의 지급기일 이후 언제라도 그 대금의 지급을 청구할 수 있는 것이며, 다만 매수인은 매도인으로부터 그 이전등기에 관한 이행의 제공을 받기까지 그 지급을 거절할 수 있는 데 지나지 아니하므로 매매대금 청구권은 그 지급기일 이후 시효의 진행에 걸린다[90다9797].

⑤ 무권대리인에 대한 상대방의 계약이행·손해배상청구권은 대리권의 증명 또는 본인의 추인을 얻지 못한 때(선택권을 행사할 수 있는 때)부터 소멸시효가 진행한다[64다1156].

05 소멸시효에 관한 설명으로 옳지 않은 것은? (다툼이 있으면 판례에 따름)   [2020]

① 인도받은 부동산을 소유권이전등기를 하지 않고 제3자에게 처분·인도한 매수인의 등기청구권은 소멸시효에 걸리지 않는다.

② 채무불이행으로 인한 손해배상청구권의 소멸시효는 손해배상을 청구한 때부터 진행한다.

③ 채권자가 보증인을 상대로 이행을 청구하는 소를 제기한 때에도 주채무의 소멸시효가 완성하면 보증인은 주채무가 시효로 소멸되었음을 주장할 수 있다.

④ 재산권이전청구권과 동시이행관계에 있는 매매대금채권의 소멸시효는 지급기일부터 진행한다.

⑤ 등기 없는 점유취득시효가 완성하였으나 등기하지 않은 토지점유자가 토지의 점유를 잃은 경우, 그로부터 10년이 지나면 등기청구권은 소멸한다.

답 ②

▌정답해설▌

② 채무불이행으로 인한 손해배상청구권의 소멸시효는 채무불이행시로부터 진행한다[94다54269].

06 소멸시효의 기산점에 관한 설명으로 옳지 않은 것은? (다툼이 있으면 판례에 따름) [2019]

① 소멸시효는 권리를 행사할 수 있는 때로부터 진행하며, 이때 '권리를 행사할 수 있다'는 것은 권리를 행사함에 있어 원칙적으로 법률상 장애가 없는 것을 가리킨다.

② 부작위를 목적으로 하는 채권의 소멸시효는 위반행위를 한 때로부터 진행한다.

③ 정지조건부권리의 경우에는 조건 미성취의 동안은 권리를 행사할 수 없는 것이어서 소멸시효가 진행되지 않는다.

④ 소유권이전등기의무의 이행불능으로 인한 전보배상청구권의 소멸시효는 이전등기의무가 이행불능이 된 때부터 진행된다.

⑤ 본래의 소멸시효 기산일과 당사자가 주장하는 기산일이 서로 다른 경우에는 법원은 본래의 소멸시효기산일을 기준으로 소멸시효를 계산하여야 한다.

답 ⑤

▮정답해설▮

⑤ 소멸시효의 기산일은 채무의 소멸이라고 하는 법률효과 발생의 요건에 해당하는 소멸시효 기간 계산의 시발점으로서 소멸시효 항변의 법률요건을 구성하는 구체적인 사실에 해당하므로 이는 변론주의의 적용 대상이고, 따라서 본래의 소멸시효 기산일과 당사자가 주장하는 기산일이 서로 다른 경우에는 변론주의의 원칙상 법원은 당사자가 주장하는 기산일을 기준으로 소멸시효를 계산하여야 하는데, 이는 당사자가 본래의 기산일보다 뒤의 날짜를 기산일로 하여 주장하는 경우는 물론이고 특별한 사정이 없는 한 그 반대의 경우에 있어서도 마찬가지이다[94다35886].

더 알아보기 소멸시효의 기산점

구분		기산점
변론주의		당사자가 주장한 시점을 기준으로 판단한다.
조건부 권리	정지조건부 권리	조건이 성취된 때부터
	해제조건부 권리	조건성취가 미정인 동안에도 소멸시효는 진행
시기부 권리	확정기한부 권리	기한이 도래한 때부터
	불확정기한부 권리	객관적으로 기한이 도래한 때부터
기한이 정해져 있지 않은 채권		채권발생시(권리발생시)부터
부당이득반환청구권	원칙	부당이득을 취득한 때부터
	무효인 경우	무효인 법률행위에 기한 급부가 있는 때부터
	취소된 경우	취소가 있는 때부터
불법행위에 기한 손해배상청구권	원칙	손해 및 가해자를 안 날로부터 3년, 불법행위를 한 날로부터 10년
	계속적 불법행위인 경우	나날이 발생한 새로운 각 손해를 안 날로부터 별개로 소멸시효가 진행
채무불이행에 기한 손해배상청구권	원칙	채무불이행시로부터
	이행불능	소유권이전채무가 이행불능된 때부터

구상권	보증인 등의 구상권	권리가 발생하여 이를 행사할 수 있는 때부터
	보증인의 사후구상권과 사전구상권	각각 그 권리가 발생되어 이를 행사할 수 있는 때부터
	공동불법행위자에 대한 구상권	구상권자가 현실로 피해자에게 손해금을 지급한 때부터
무권대리에서 상대방의 권리	무권대리인에 대한 권리	상대방이 선택권을 행사할 수 있는 때부터
	본인의 추인이 있는 경우	본인이 추인한 때부터
해지통고의 경우	해지통고를 할 수 있는 때로부터 소정의 유예기간이 경과한 때부터	
반환시기의 약정이 없는 반환채권	소비임치	소비임치계약이 성립한 때부터
	소비대차	반환청구권 성립시(물건인도시)부터 상당한 기간이 경과한 때부터
할부채권	• 정지조건부 기한이익상실의 특약 → 기한이익이 상실된 때부터 • 형성권적 기한의 이익상실특약 → 1회의 불이행이 있는 경우는 각 할부금에 대해 그 변제기의 도래시마다 그때부터 순차로 진행하고, 채권자가 잔존채무 전액의 변제를 청구한 경우에는 전액에 대해 그때부터 진행한다.	
부작위 채권	위반행위를 한 때부터	
동시이행 항변권이 붙은 채권	이행기 도래시부터	
용익물권	원칙	권리발생시부터
	불계속 지역권	최후의 권리행사가 있었던 때부터

01 소멸시효에 관한 설명으로 옳은 것은? (다툼이 있으면 판례에 따름)

① 부작위채권은 권리의 불행사가 있을 수 없으므로 소멸시효의 대상이 되지 않는다.

② 주채무자가 시효완성의 이익을 포기한 경우 보증인은 주채무의 시효소멸을 원용할 수 없다.

③ "시효의 중단은 당사자 및 그 승계인 간에만 효력이 있다"는 규정(제169조)에서 '승계인'에는 특정승계인이 포함되지 아니한다.

④ 기한을 정하지 않은 채권의 소멸시효의 기산점은 채권이 발생된 때가 아니라 이행청구를 받은 때이다.

⑤ 단기소멸시효에 걸리는 채권이라도 판결에 의하여 확정되면 그 소멸시효기간은 10년이다.

답 ⑤

▌**정답해설**▌

⑤ 판결에 의하여 확정된 채권은 단기의 소멸시효에 해당한 것이라도 그 소멸시효는 10년으로 한다(제165조 제1항).

▌**오답해설**▌

① 부작위채권의 소멸시효는 위반행위를 한 때로부터 진행한다(제166조 제2항).

② 주채무가 시효로 소멸한 때에는 보증인도 그 시효소멸을 원용할 수 있으며, 주채무자가 시효의 이익을 포기하더라도 보증인에게는 그 효력이 없다[89다카1114]. 따라서 주채무자의 시효이익 포기에도 불구하고 보증인은 그 시효소멸을 원용할 수 있다.

③ 시효중단의 효력은 당사자 및 그 승계인 간에만 미치는 바, 여기서 당사자라 함은 중단행위에 관여한 당사자를 기리키고 시효의 대상인 권리 또는 청구권의 당사자는 아니며, 승계인이라 함은 '시효중단에 관여한 당사자로부터 중단의 효과를 받는 권리를 그 중단효과 발생 이후에 승계한 자'를 뜻하고, 포괄승계인은 물론 특정승계인도 이에 포함된다[96다46484].

④ 기한을 정하지 아니한 채권은 채권성립과 동시에 이행 가능하므로, 원칙적으로 채권성립 당시가 소멸시효의 기산점이 된다.

제1관 소멸시효의 중단

---

01 소멸시효의 중단에 관한 설명으로 옳지 <u>않은</u> 것은? (다툼이 있으면 판례에 따름) **[2024]**

① 응소행위로 인한 시효중단의 효력은 원고가 소를 제기한 때에 발생한다.

② 물상보증인이 제기한 저당권설정등기 말소등기청구의 소에 응소한 채권자 겸 저당권자의 행위는 시효중단사유가 아니다.

③ 재판상의 청구로 중단된 시효는 재판이 확정된 때부터 새로이 진행한다.

④ 가압류에 의한 시효중단의 효력은 가압류신청을 한 때에 소급한다.

⑤ 채권의 양수인이 채권양도의 대항요건을 갖추지 못한 상태에서 채무자를 상대로 재판상의 청구를 하는 것은 소멸시효 중단사유에 해당한다.

답 ①

┃정답해설┃

① 응소행위로 인한 시효중단의 효력은 피고가 현실적으로 권리를 행사하여 응소한 때에 발생하지만, 권리자인 피고가 응소하여 권리를 주장하였으나 소가 각하되거나 취하되는 등의 사유로 본안에서 권리주장에 관한 판단 없이 소송이 종료된 경우에는 제170조 제2항을 유추적용하여 그때부터 6월 이내에 재판상의 청구 등 다른 시효중단조치를 취한 경우에 한하여 응소 시에 소급하여 시효중단의 효력이 있다고 보아야 한다[2011다78606].

┃오답해설┃

② 타인의 채무를 담보하기 위하여 자기의 물건에 담보권을 설정한 물상보증인은 채권자에 대하여 물적 유한책임을 지고 있어 그 피담보채권의 소멸에 의하여 직접 이익을 받는 관계에 있으므로 소멸시효의 완성을 주장할 수 있는 것이지만, 채권자에 대하여는 아무런 채무도 부담하고 있지 아니하므로, 물상보증인이 그 피담보채무의 부존재 또는 소멸을 이유로 제기한 저당권설정등기 말소등기절차이행청구소송에서 채권자 겸 저당권자가 청구기각의 판결을 구하고 피담보채권의 존재를 주장하였다고 하더라도 이로써 직접 채무자에 대하여 재판상 청구를 한 것으로 볼 수는 없는 것이므로 피담보채권의 소멸시효에 관하여 규정한 민법 제168조 제1호 소정의 '청구'에 해당하지 아니한다[2003다30890].

③ 제178조 제2항

④ 가압류를 시효중단사유로 규정한 이유는 가압류에 의하여 채권자가 권리를 행사하였다고 할 수 있기 때문이다. 가압류채권자의 권리행사는 가압류를 신청한 때에 시작되므로, 이 점에서도 가압류에 의한 시효중단의 효력은 가압류신청을 한 때에 소급한다[2016다35451].

⑤ 2005다41818

02 소멸시효의 중단과 정지에 관한 설명으로 옳지 <u>않은</u> 것은? [2022]

① 시효의 중단은 원칙적으로 당사자 및 그 승계인 간에만 효력이 있다.

② 파산절차참가는 채권자가 이를 취소하거나 그 청구가 각하된 때에는 시효중단의 효력이 없다.

③ 부재자재산관리인은 법원의 허가 없이 부재자를 대리하여 상대방의 채권의 소멸시효를 중단시키는 채무의 승인을 할 수 없다.

④ 천재 기타 사변으로 인하여 소멸시효를 중단할 수 없을 때에는 그 사유가 종료한 때로부터 1월 내에는 시효가 완성하지 아니한다.

⑤ 부부 중 한쪽이 다른 쪽에 대하여 가지는 권리는 혼인관계가 종료된 때부터 6개월 내에는 소멸시효가 완성되지 아니한다.

답 ③

▌정답해설▐

③ 시효중단의 효력 있는 승인에는 상대방의 권리에 관한 처분의 능력이나 권한 있음을 요하지 아니하나(제177조) 관리의 능력이나 권한은 있어야 하며, 의사표시에 준해 행위능력을 요한다. 예컨대 부재자재산관리인의 경우 가정법원의 허가없이도 관리행위는 할 수 있으므로 가정법원의 허가 없이 시효중단사유인 승인은 할 수 있다.

▌오답해설▐

① 제169조

> **제169조(시효중단의 효력)**
> 시효의 중단은 당사자 및 그 승계인간에만 효력이 있다.

② 제171조

> **제171조(파산절차참가와 시효중단)**
> 파산절차참가는 채권자가 이를 취소하거나 그 청구가 각하된 때에는 시효중단의 효력이 없다.

④ 제182조

> **제182조(천재 기타 사변과 시효정지)**
> 천재 기타 사변으로 인하여 소멸시효를 중단할 수 없을 때에는 그 사유가 종료한 때로부터 1월내에는 시효가 완성하지 아니한다.

⑤ 제180조 제2항

> **제180조(재산관리자에 대한 제한능력자의 권리, 부부 사이의 권리와 시효정지)**
> ② 부부 중 한쪽이 다른 쪽에 대하여 가지는 권리는 혼인관계가 종료된 때부터 6개월 내에는 소멸시효가 완성되지 아니한다.

03 소멸시효에 관한 설명으로 옳지 <u>않은</u> 것은? (다툼이 있으면 판례에 따름)　　　　　　　　[2021]

① 소멸시효는 법률행위에 의하여 이를 배제하거나 연장할 수 없다.

② 시효의 중단은 원칙적으로 당사자 및 그 승계인 사이에서만 효력이 있다.

③ 소멸시효 중단사유로서의 채무승인은 채무가 있음을 알고 있다는 뜻의 의사표시이므로 효과의사가 필요하다.

④ 소멸시효의 이익은 시효가 완성되기 전에 미리 포기하지 못한다.

⑤ 소멸시효 완성 후 채무자는 시효완성의 사실을 알고 그 채무를 묵시적으로 승인함으로써 시효의 이익을 포기할 수 있다.

답 ③

▌정답해설▐

③ 소멸시효 중단사유로서의 채무승인은 시효이익을 받을 자가 시효완성으로 인해 권리를 잃을 자에게 자기 채무(상대방의 권리)의 존재를 인정함을 시효완성 전에 표시하는 것으로서 관념의 통지에 해당한다. 승인자는 시효완성에 의해 이익을 얻을 채무자나 그 대리인이고, 상대방의 권리의 존재를 인식하고 있어야 한다.

▌오답해설▐

① 소멸시효는 법률행위에 의하여 이를 배제, 연장 또는 가중할 수 없으나 이를 단축 또는 경감할 수 있다(제184조 제2항).

② 제169조

> **제169조(시효중단의 효력)**
> 시효의 중단은 당사자 및 그 승계인간에만 효력이 있다.

④ 소멸시효의 이익은 미리 포기하지 못한다(제184조). 미리란 시효가 완성하기 전을 뜻한다. 이미 경과한 시효기간에 대한 포기는 승인(제168조 제3호)에 해당하여 시효중단사유가 된다.

⑤ 특별한 방식을 요하지 않는다. 재판상 또는 재판 외에서 할 수 있고, 명시적으로 또는 묵시적으로 할 수 있다. 소멸시효완성 후의 변제·변제약속·기한유예요청[65다2133]·채무승인[65다1996] 등은 시효이익의 포기에 해당한다. 시효완성 후에 채무를 승인한 때에는 시효완성의 사실을 알고 그 이익을 포기한 것이라고 추정할 수 있다[66다2173].

04 소멸시효의 중단에 관한 설명으로 옳지 <u>않은</u> 것은? (다툼이 있으면 판례에 따름)

① 시효의 중단은 당사자 및 그 승계인 간에만 효력이 있다.

② 주채무자에 대한 시효의 중단은 보증인에 대하여도 효력이 있다.

③ 연대채무자 중 1인이 소유하는 부동산에 대한 압류에 따른 시효중단의 효력은 다른 연대채무자에게는 미치지 않는다.

④ 채권자가 피고로서 응소하여 적극적으로 권리를 주장하고 그것이 받아들여진 경우 시효중단사유인 재판상의 청구에 해당한다.

⑤ 권리자인 피고가 응소하여 권리를 주장하였으나 그 소가 취하되어 본안에서 그 권리주장에 관한 판단 없이 소송이 종료된 후 종료된 때부터 6월 내에 가압류를 하면, 권리자가 가압류를 한 때부터 시효중단의 효력이 인정된다.

답 ⑤

▎정답해설▎

⑤ 제168조 제1호, 제170조 제1항에서 시효중단사유의 하나로 규정하고 있는 재판상의 청구란, 통상적으로는 권리자가 원고로서 시효를 주장하는 자를 피고로 하여 소송물인 권리를 소의 형식으로 주장하는 경우를 가리키나, 이와 반대로 시효를 주장하는 자가 원고가 되어 소를 제기한 데 대하여 피고로서 응소하여 소송에서 적극적으로 권리를 주장하고 그것이 받아들여진 경우도 이에 포함되고, 위와 같은 응소행위로 인한 시효중단의 효력은 피고가 현실적으로 권리를 행사하여 응소한 때에 발생하지만, 권리자인 피고가 응소하여 권리를 주장하였으나 소가 각하되거나 취하되는 등의 사유로 본안에서 권리주장에 관한 판단 없이 소송이 종료된 경우에는 제170조 제2항을 유추적용하여 그때부터 6월 이내에 재판상의 청구 등 다른 시효중단조치를 취한 경우에 한하여 응소 시에 소급하여 시효중단의 효력이 있다고 보아야 한다[2011다78606].

▎오답해설▎

① 시효의 중단은 당사자 및 그 승계인 간에만 효력이 있다(제169조).

② 주채무자에 대한 시효의 중단은 보증인에 대하여 그 효력이 있다(제440조).

③ 채권자의 신청에 의한 경매개시결정에 따라 연대채무자 1인의 소유 부동산이 압류된 경우, 이로써 위 채무자에 대한 채권의 소멸시효는 중단되지만, 압류에 의한 시효중단의 효력은 다른 연대채무자에게 미치지 아니하므로, 경매개시결정에 의한 시효중단의 효력을 다른 연대채무자에 대하여 주장할 수 없다[2001다22840].

④ 2011다78606

05 甲은 A호텔에서 2015.12.5. 회갑연을 하고, 당일 지급하기로 한 3천만 원의 음식료채무를 그의 친구 乙과 연대하여 부담하기로 약정하였다. A호텔이 2016.11.21. 3천만 원을 받기 위하여 甲을 상대로 이행 청구의 소를 제기하였다. 다음 설명 중 옳지 <u>않은</u> 것은? (다툼이 있으면 판례에 따름)

① A호텔의 음식료채권은 1년의 소멸시효에 걸린다.

② 소멸시효가 완성되기 전에 A호텔이 소를 제기했으므로, 소멸시효의 진행이 중단된다.

③ A호텔이 소송을 취하하면 소멸시효 중단의 효력은 없으나, 6개월 내에 가압류를 하면 최초의 재판상 청구로 인하여 소멸시효가 중단된 것으로 본다.

④ A호텔의 청구에 대하여 기각판결이 확정된 후, A호텔이 재심을 청구하면 소멸시효의 진행이 중단된다.

⑤ A호텔의 재판상 청구로 인한 소멸시효 중단의 효력은 乙에게도 미친다.

답 ④

┃ 정답해설 ┃

④ 재판상 청구는 소송의 각하, 기각, 취하의 경우에는 시효중단의 효력이 없고 다만 각하 또는 취하되었다가 6월 내에 다시 재판상 청구를 하면 시효는 중단되나 기각판결이 확정된 경우에는 청구권의 부존재가 확정됨으로써 중단의 효력이 생길 수 없으므로 청구기각판결의 확정 후 재심을 청구하였다 하더라도 시효의 진행이 중단된다고 할 수 없다[92다6983].

┃ 오답해설 ┃

① 제164조 제1호

> **제164조(1년의 단기소멸시효)**
> 다음 각 호의 채권은 1년간 행사하지 아니하면 소멸시효가 완성한다.
>   1. 여관, 음식점, 대석, 오락장의 숙박료, 음식료, 대석료, 입장료, 소비물의 대가 및 체당금의 채권
>   2. 의복, 침구, 장구 기타 동산의 사용료의 채권
>   3. 노역인, 연예인의 임금 및 그에 공급한 물건의 대금채권
>   4. 학생 및 수업자의 교육, 의식 및 유숙에 관한 교주, 숙주, 교사의 채권

② 시효중단사유로서의 재판상의 청구에는 그 권리 자체의 이행청구를 하는 경우뿐만 아니라 그 권리가 발생한 기본적 권리관계에 관한 이행청구나 확인청구를 하는 경우에도 그 기본적 권리관계의 이행청구나 확인청구가 그로부터 발생한 권리의 실현수단이 될 수 있어 권리 위에 잠자는 것이 아님을 표명한 것으로 볼 수 있는 때에는 그 기본적 권리관계에 관한 이행청구나 확인청구도 시효중단사유로서의 재판상 청구에 포함된다[94다13435].

③ 제170조 제1항·제2항

> **제170조(재판상의 청구와 시효중단)**
> ① 재판상의 청구는 소송의 각하, 기각 또는 취하의 경우에는 시효중단의 효력이 없다.
> ② 전항의 경우에 6월 내에 재판상의 청구, 파산절차 참가, 압류 또는 가압류, 가처분을 한 때에는 시효는 최초의 재판상 청구로 인하여 중단된 것으로 본다.

⑤ 어느 연대채무자에 대한 이행청구는 다른 연대채무자에게도 (시효중단의) 효력이 있다[제416조].

01 소멸시효에 관한 설명으로 옳은 것은?

① 재산을 관리하는 후견인에 대한 제한능력자의 권리는 그가 능력자가 된 때로부터 6개월 내에는 소멸시효가 완성되지 아니한다.

② 채권자가 채무자를 상대로 법원에 신청한 화해가 불성립되어 채권자가 그로부터 1월 내에 소를 제기한 경우, 채권의 소멸시효는 소제기 시부터 중단된다.

③ 소멸시효의 기간만료 전 1년 내에 제한능력자에게 법정대리인이 없는 경우, 그가 능력자가 되거나 법정대리인이 취임한 때로부터 1년 내에는 소멸시효가 완성되지 아니한다.

④ 상속재산에 대한 권리는 상속인의 확정, 관리인의 선임 또는 파산선고가 있는 때로부터 1년 내에는 소멸시효가 완성되지 아니한다.

⑤ 채무자가 시효중단의 효력이 있는 승인을 하려면 채권자의 채권에 관한 처분의 능력이나 권한이 있어야 한다.

답 ①

▌**정답해설**▌

① 재산을 관리하는 아버지, 어머니 또는 후견인에 대한 제한능력자의 권리는 그가 능력자가 되거나 후임법정대리인이 취임한 때부터 6개월 내에는 소멸시효가 완성되지 아니한다(제180조 제1항).

▌**오답해설**▌

② 채권자가 채무자를 상대로 법원에 신청한 화해가 불성립되어 채권자가 그로부터 1월 내에 소를 제기한 경우, 그 채권의 소멸시효 중단의 효력은 화해를 신청한 때에 발생한다(제173조 참고).

③ 소멸시효의 기간만료 전 6개월 내에 제한능력자에게 법정대리인이 없는 경우에는 그가 능력자가 되거나 법정대리인이 취임한 때부터 6개월 내에는 시효가 완성되지 아니한다(제179조).

④ 상속재산에 속한 권리나 상속재산에 대한 권리는 상속인의 확정, 관리인의 선임 또는 파산선고가 있는 때로부터 6월 내에는 소멸시효가 완성하지 아니한다(제181조).

⑤ 시효중단의 효력 있는 승인에는 상대방의 권리에 관한 처분의 능력이나 권한 있음을 요하지 아니한다(제177조).

02 소멸시효에 관한 설명으로 옳지 <u>않은</u> 것은?

① 주된 권리의 소멸시효가 완성한 때에는 종속된 권리에 그 효력이 미친다.

② 파산절차 참가는 채권자가 이를 취소하거나 그 청구가 각하된 때에는 시효중단의 효력이 없다.

③ 변리사에 대하여 직무상 보관한 서류의 반환을 청구하는 채권은 3년간 행사하지 않으면 소멸시효가 완성한다.

④ 부부 중 한쪽이 다른 쪽에 대하여 가지는 권리는 혼인관계가 종료된 때부터 6개월 내에는 소멸시효가 완성되지 않는다.

⑤ 천재 기타 사변으로 인하여 소멸시효를 중단할 수 없을 때에는 그 사유가 종료한 때로부터 6개월 내에는 시효가 완성하지 않는다.

답 ⑤

▌정답해설▐

⑤ 천재 기타 사변으로 인하여 소멸시효를 중단할 수 없을 때에는 그 사유가 종료한 때로부터 1월 내에는 시효가 완성하지 아니한다(제182조).

▌오답해설▐

① 주된 권리의 소멸시효가 완성한 때에는 종속된 권리에 그 효력이 미친다(제183조).

② 파산절차 참가는 채권자가 이를 취소하거나 그 청구가 각하된 때에는 시효중단의 효력이 없다(제171조).

③ 제163조 제4호

> **제163조(3년의 단기소멸시효)**
> 다음 각 호의 채권은 3년간 행사하지 아니하면 소멸시효가 완성한다.
> 1. 이자, 부양료, 급료, 사용료 기타 1년 이내의 기간으로 정한 금전 또는 물건의 지급을 목적으로 한 채권
> 2. 의사, 조산사, 간호사 및 약사의 치료, 근로 및 조제에 관한 채권
> 3. 도급받은 자, 기사 기타 공사의 설계 또는 감독에 종사하는 자의 공사에 관한 채권
> 4. 변호사, 변리사, 공증인, 공인회계사 및 법무사에 대한 직무상 보관한 서류의 반환을 청구하는 채권
> 5. 변호사, 변리사, 공증인, 공인회계사 및 법무사의 직무에 관한 채권
> 6. 생산자 및 상인이 판매한 생산물 및 상품의 대가
> 7. 수공업자 및 제조자의 업무에 관한 채권

④ 부부 중 한쪽이 다른 쪽에 대하여 가지는 권리는 혼인관계가 종료된 때부터 6개월 내에는 소멸시효가 완성되지 아니한다(제180조 제2항).

01 甲의 乙에 대한 채권의 소멸시효 완성을 독자적으로 원용할 수 있는 자를 모두 고른 것은? (다툼이 있으면 판례에 따름) **[2023]**

> ㄱ. 甲이 乙에 대한 채권을 보전하기 위하여 행사한 채권자취소권의 상대방이 된 수익자
> ㄴ. 乙의 일반채권자
> ㄷ. 甲의 乙에 대한 채권을 담보하기 위한 유치권이 성립된 부동산의 매수인
> ㄹ. 甲의 乙에 대한 채권을 담보하기 위해 저당권이 설정된 경우, 그 후순위 저당권자

① ㄱ, ㄴ   ② ㄱ, ㄷ
③ ㄴ, ㄹ   ④ ㄱ, ㄷ, ㄹ
⑤ ㄴ, ㄷ, ㄹ

답 ②

┃ 정답해설 ┃

ㄱ. (○) 사해행위취소소송의 상대방이 된 사해행위의 수익자도 사해행위가 취소되면 사해행위에 의하여 얻은 이익을 상실하고 사해행위취소권을 행사하는 채권자의 채권이 소멸하면 그와 같은 이익의 상실을 면하는 지위에 있으므로, 그 채권의 소멸에 의하여 직접 이익을 받는 자에 해당한다[2007다54849].

ㄷ. (○) 유치권이 성립된 부동산의 매수인은 피담보채권의 소멸시효가 완성되면 시효로 인하여 채무가 소멸되는 결과 직접적인 이익을 받는 자에 해당하므로 소멸시효의 완성을 원용할 수 있는 지위에 있다[2009다39530].

┃ 오답해설 ┃

ㄴ. (×) 소멸시효가 완성된 경우 채무자에 대한 일반채권자는 채권자의 지위에서 독자적으로 소멸시효의 주장을 할 수는 없지만 자기의 채권을 보전하기 위하여 필요한 한도 내에서 채무자를 대위하여 소멸시효 주장을 할 수 있으므로 채무자가 배당절차에서 이의를 제기하지 아니하였다고 하더라도 채무자의 다른 채권자가 이의를 제기하고 채무자를 대위하여 소멸시효 완성의 주장을 원용하였다면, 시효의 이익을 묵시적으로 포기한 것으로 볼 수 없다[2014다32458].

ㄹ. (×) 후순위저당권자는 목적부동산의 가격으로부터 선순위저당권에 의해서 담보되는 채권액을 공제한 가액에 관하여만 우선변제를 받는 지위에 있다. 다만, 선순위저당권의 피담보채권이 소멸하면, 후순위저당권자의 저당권의 순위(順位)가 상승(上昇)하여, 이것에 의하여 피담보채권에 대한 배당금액이 증가할 수 있을 뿐이다. 그러나, 이러한 배당금액의 증가는 저당권의 순위의 상승에 의해서 초래되는 반사적인 이익에 지나지 않는다.

02 소멸시효이익의 포기에 관한 설명으로 옳지 <u>않은</u> 것은? (다툼이 있으면 판례에 따름)　　[2020]

① 시효이익은 미리 포기하지 못한다.

② 금전채무에 대한 시효이익의 포기는 채무 전부에 대하여 하여야 한다.

③ 시효이익을 포기한 때부터 새로이 소멸시효가 진행한다.

④ 시효이익의 포기는 철회하지 못한다.

⑤ 채권의 시효이익을 포기한 경우, 이는 채권자와 채무자의 관계에서만 효력이 생긴다.

답 ②

┃정답해설┃

② 소멸시효 이익의 포기는 가분채무의 일부에 대하여도 가능하다[2011다109500].

---

03 소멸시효와 제척기간에 관한 설명으로 옳지 <u>않은</u> 것은? (다툼이 있으면 판례에 따름)　　[2019]

① 소멸시효에 의한 권리소멸은 기산일에 소급하여 효력이 있으나, 제척기간에 의한 권리소멸은 장래에 향하여 효력이 있다.

② 소멸시효의 이익은 미리 포기가 가능하나, 제척기간에는 포기가 인정되지 않는다.

③ 제척기간의 경과는 법원의 직권조사사항이지만, 소멸시효의 완성은 직권조사사항이 아니다.

④ 소멸시효에는 중단이 인정되고 있으나, 제척기간에는 중단이 인정되지 않는다.

⑤ 소멸시효의 정지에 관해서는 민법에 명문의 규정이 있으나, 제척기간의 정지에 관해서는 민법에 명문의 규정이 없다.

답 ②

┃정답해설┃

② 소멸시효의 이익은 미리 포기하지 못한다(제184조 제1항).

더 알아보기	소멸시효와 제척기간 비교	
구분	소멸시효	제척기간
구별기준	조문에 '시효에 인하여 소멸한다'는 표현 유무에 의한다.	
존재이유	사실상태의 존중	법률 및 권리관계의 조속한 확정
권리의 소멸	• 절대적 소멸설 → 당연소멸 • 상대적 소멸설 → 시효원용권이 생길 뿐	당연소멸, 원용불요
소급효	소급하여 소멸	장래를 향하여 소멸
중단, 정지제도	있다	없다
포기	시효완성 후 포기 가능	권리는 당연소멸
기간의 단축	있다	없다

입증책임	소멸되는 권리의 상대방이 권리의 소멸을 주장	권리자가 권리의 존속을 주장
직권고려여부	원용이 있어야 법원이 고려함	법원이 직권고려
인정범위	대부분의 청구권	대부분의 형성권

04 소멸시효에 관한 설명으로 옳지 않은 것은? (다툼이 있는 경우에는 판례에 의함)

① 가분채무의 일부에 대한 시효이익의 포기는 허용되지 않는다.

② 원금채무의 소멸시효는 완성되지 않았으나 이자채무의 소멸시효가 완성된 상태에서 채무자가 채무를 일부변제한 때에는, 그 액수에 관하여 다툼이 없으면 그 이자채무에 관하여 시효완성의 사실을 알고 시효이익을 포기한 것으로 추정한다.

③ 소멸시효가 완성된 후에 채권자의 제소기간연장요청에 대한 채무자의 동의는 시효이익을 포기하는 의사표시를 포함하지 않는다.

④ 특정한 채무의 이행을 청구할 수 있는 기간을 제한하고 그 기간이 경과하면 채무가 소멸하도록 하는 약정은 법률이 정하는 소멸시효기간을 단축하는 것으로서, 특별한 사정이 없으면 유효하다.

⑤ 채권자와 주채무자 사이의 확정판결로 주채무의 소멸시효기간이 10년으로 연장되더라도 보증채무의 소멸시효기간은 여전히 종전의 소멸시효기간에 따른다.

답 ①

▌정답해설▐

① 소멸시효이익의 포기는 가분채무의 일부에 대하여도 가능하다[2011다109500].

▌오답해설▐

② 원금채무에 관하여는 소멸시효가 완성되지 아니하였으나 이자채무에 관하여는 소멸시효가 완성된 상태에서 채무자가 채무를 일부변제한 때에는 액수에 관하여 다툼이 없는 한 원금채무에 관하여 묵시적으로 승인하는 한편 이자채무에 관하여 시효완성의 사실을 알고 그 이익을 포기한 것으로 추정된다[2013다12464].

③ 소멸시효중단사유로서의 채무승인은 시효이익을 받는 당사자인 채무자가 소멸시효의 완성으로 채권을 상실하게 될 자에 대하여 상대방의 권리 또는 자신의 채무가 있음을 알고 있다는 뜻을 표시함으로써 성립하는 이른바 관념의 통지로 여기에 어떠한 효과의사가 필요하지 않다. 이에 반하여 시효완성 후 시효이익의 포기가 인정되려면 시효이익을 받는 채무자가 시효의 완성으로 인한 법적인 이익을 받지 않겠다는 효과의사가 필요하기 때문에 시효완성 후 소멸시효중단사유에 해당하는 채무의 승인이 있었다 하더라도 그것만으로는 곧바로 소멸시효이익의 포기라는 의사표시가 있었다고 단정할 수 없다[2011다21556].

④ 특정한 채무의 이행을 청구할 수 있는 기간을 제한하고 그 기간을 도과할 경우 채무가 소멸하도록 하는 약정은 민법 또는 상법에 의한 소멸시효기간을 단축하는 약정으로서 특별한 사정이 없는 한 제184조 제2항에 의하여 유효하다[2004다70253].

⑤ 채권자와 주채무자 사이의 확정판결에 의하여 주채무가 확정되어 그 소멸시효기간이 10년으로 연장되었다 할지라도 그 보증채무까지 당연히 단기소멸시효의 적용이 배제되어 10년의 소멸시효기간이 적용되는 것은 아니고, 채권자와 연대보증인 사이에 있어서 연대보증채무의 소멸시효기간은 여전히 종전의 소멸시효기간에 따른다[2004다26287 · 26294].

제2편

물권법

물권법 서론

01 물권법과 물권

I 물권법

1. 의 의

물권법은 사유재산제에 터 잡아 각종 재화에 대한 사람의 배타적인 지배·이용관계를 규율하는 사법이다. 형식적 의미의 물권법은 민법전의 물권편(제185조 내지 제372조) 만을 의미하나, 실질적 의미의 물권법은 민법전의 물권편뿐만 아니라, 수많은 특별법에 산재하여 있는 물권에 관한 모든 법령을 총칭한다.

2. 특질(강행규정성)

채권법은 대부분 계약자유의 원칙에 기한 임의규정인 데 반하여, 물권법은 물건에 대한 배타적인 지배관계를 규율하므로, 대부분 강행규정이다.

II 물권의 의의 및 본질

1. 의 의

물권은 특정의 독립한 물건을 직접 지배하여 이익을 얻는 배타적·독점적 권리이다.

2. 본 질

(1) 재산권

물권은 채권과 더불어 재산권의 일종으로, 특정의 물건을 지배하여 이익(물건의 사용가치와 교환가치)을 얻는 권리이다.

(2) 절대권

물권은 상대방의 특정 없이 누구에게나 주장할 수 있는 절대권이다. 반면, 채권은 특정의 채무자에게만 일정한 행위를 청구할 수 있는 상대권이다.

(3) 지배권

물권은 특정의 독립된 물건을 직접적·배타적으로 지배하는 권리이다.
① 「직접적」 지배란 권리내용의 실현을 위하여 타인의 행위를 매개하지 아니하고, 스스로 물건으로부터 이익을 얻는다는 의미이다.
② 「배타적」 지배란 하나의 물건 위에 내용이 상충되는 수개의 물권이 존재할 수 없다는 의미이다.

Ⅲ 물권의 객체(客體)

물권의 객체인 물건은 배타적 지배에 복종하여야 하므로, 원칙적으로 「특정·독립된 물건」이어야 한다.

1. 물 건

물권의 객체는 원칙적으로 물건이어야 한다. 다만, 예외적으로 재산권을 객체로 하는 경우도 있다[권리질권(제345조), 준점유권(제210조), 지상권·전세권을 목적으로 하는 저당권(제371조) 등].

2. 특정성

물권은 물건에 대한 직접적 지배와 배타성을 내용으로 하므로, 그 물건은 현존하여야 하고, 특정되어야 한다.

> **[일필의 토지의 특정방법 및 그 토지 소유권의 범위의 결정기준]**
> 일정한 토지가 지적공부에 1필의 토지로 등록된 경우, 그 토지의 소재지번, 지목, 지적 및 경계는 일응 그 등록으로써 특정되고 그 토지의 소유권의 범위는 지적공부상의 경계에 의하여 확정된다(대판 1995.6.16. 94다4615).

3. 독립성

물권의 객체는 독립한 물건이어야 하며, 독립성 유무는 사회통념에 의하여 결정된다.

(1) 동 산

일반적으로 동산은 물건이 분리되어 있으므로, 동산의 독립성은 특별히 문제되지 아니한다.

(2) 부동산

① 토지 : 독립된 지번이 부여된 1필(筆)이 1개의 토지가 된다. 따라서 1필의 토지를 수필(數筆)로 분필(分筆)하거나, 수필의 토지를 1필로 합병하려면 분필 또는 합병의 절차가 필요하다. 즉, 분필 또는 합병의 절차 없이 등기부에만 분필의 등기가 이루어진 경우 분필의 효과는 발생하지 아니한다(대판 1995.6.16. 94다4615). 또한 토지의 개수는 지적법에 의한 지적공부상의 필수(筆數), 분계선에 의하여 결정되는 것이고, 어떤 토지가 지적공부상 1필의 토지로 등록되면 그 지적공부상의 경계가 현실의 경계와 다르다 하더라도 다른 특별한 사정이 없는 한 그 경계는 지적공부상의 등록, 즉 지적도상의 경계에 의하여 특정되는 것이다(대판 1997.7.8. 96다36517).

② 건물 : 건물은 토지의 정착물이나, 토지와는 별개의 독립한 부동산으로 취급되어 물권의 객체가 된다. 건물의 개수는 토지와 달리 공부상의 등록에 의해 결정되는 것이 아니라 사회통념 또는 거래관념에 따라 물리적 구조, 거래 또는 이용의 목적물로서 관찰한 건물의 상태 등 객관적 사정과 건축한 자 또는 소유자의 의사 등 주관적 사정을 참작하여 결정된다(대판 1997.7.8. 96다36517).

> **[건물의 경계가 토지경계확정의 소의 대상이 될 수 있는지 여부(소극)]**
> 건물은 일정한 면적, 공간의 이용을 위하여 지상, 지하에 건설된 구조물을 말하는 것으로서, 건물의 개수는 토지와 달리 공부상의 등록에 의하여 결정되는 것이 아니라 사회통념 또는 거래관념에 따라 물리적 구조, 거래 또는 이용의 목적물로서 관찰한 건물의 상태 등 객관적 사정과 건축한 자 또는 소유자의 의사 등 주관적 사정을 참작하여 결정되는 것이고, 그 경계 또한 사회통념상 독립한 건물로 인정되는 건물 사이의 현실의 경계에 의하여 특정되는 것이므로, 이러한 의미에서 건물의 경계는 공적으로 설정 인증된 것이 아니고 단순히 사적관계에 있어서의 소유권의 한계선에 불과함을 알 수 있고, 따라서 사적자치의 영역에 속하는 건물 소유권의 범위를 확정하기 위하여는 소유권확인소송에 의하여야 할 것이고, 공법상 경계를 확정하는 경계확정소송에 의할 수는 없다(대판 1997.7.8. 96다36517).

4. 일물일권주의

(1) 의 의

일물일권주의란 하나의 물건 위에 그와 양립할 수 없는 동일한 내용의 물권이 수개 존재할 수 없다는, 물권의 절대성·배타성의 당연한 귀결로서 인정되는 원칙이다. 따라서 원칙적으로 하나의 물건의 일부분(一部分)·구성부분에는 독립한 물권이 존재할 수 없고, 물건의 집단(集團)에도 마찬가지로 물권이 존재할 수 없다.

> 일물일권주의(一物一權主義)의 원칙상, 물건의 일부분, 구성부분에는 물권이 성립할 수 없는 것이어서 구분 또는 분할의 절차를 거치지 아니한 채 하나의 부동산 중 일부분만에 관하여 따로 소유권보존등기를 경료하거나, 하나의 부동산에 관하여 경료된 소유권보존등기 중 일부분에 관한 등기만을 따로 말소하는 것은 허용되지 아니한다(대판 2000.10.27. 2000다39582).
> **기출** 20

(2) 인정근거

① 물건의 일부나 집단 위에 하나의 물권을 인정할 사회적 실익이 없다.
② 물건의 일부나 여러 개의 물건 위에 하나의 물권을 인정하면, 공시가 곤란하다.

(3) 위반의 효과

일물일권주의에 반하는 물권적 합의는 무효이다.

(4) 예 외

일물일권주의에는 많은 예외가 있고, 예외를 인정하는 기준은 사회적 필요성과 공시가능성이다.

① **1필 토지의 일부** : 물권변동에 관하여 형식주의를 취하는 현행 민법하에서는, 분필절차를 밟기 전에는 1필의 토지의 일부를 양도하거나 담보물권을 설정하지 못한다. 그러나 용익물권은 분필절차를 밟지 아니하더라도, 1필의 토지의 일부 위에 설정할 수 있는 예외가 인정된다(부동산등기법 제69조, 제70조, 제72조). 또한 토지의 분할을 명함이 없이 1필지의 토지의 일부에 관하여 소유권이전등기절차의 이행을 명한 판결은, 분필절차를 마친 후 이전등기를 할 수 있으므로, 집행불능의 판결에 해당하지 아니한다(대판 1994.9.27. 94다25032).

② **1동 건물의 일부** : 1동 건물의 일부는 구분 또는 분할의 등기절차를 밟기 전에는 양도하거나 제한물권을 설정할 수 없다. 그러므로 원칙적으로 건물의 구성부분은 독립하여 물권의 객체가 될 수 없으나, 예외적으로 전세권 등을 설정할 수는 있다(부동산등기법 제72조). 또한 1동의 건물 일부에 대한 구분소유권도 인정된다(집합건물의 소유 및 관리에 관한 법률 제215조).

Ⅳ 물권법정주의

> **제185조【물권의 종류】**
> 물권은 법률 또는 관습법에 의하는 외에는 임의로 창설하지 못한다.

1. 의 의

물권법정주의는 물권의 종류와 내용은 법률(민법 기타 법률) 또는 관습법에 의하는 것에 한하여 인정될 뿐, 당사자가 그 밖의 종류와 내용을 자유롭게 창설하지 못한다는 원칙이다(제185조).

> 제185조는 "물권은 법률 또는 관습법에 의하는 외에는 임의로 창설하지 못한다."고 규정하여 이른바 물권법정주의를 선언하고 있고, 물권법의 강행법규성은 이를 중핵으로 하고 있으므로, 법률(성문법과 관습법)이 인정하지 않는 새로운 종류의 물권을 창설하는 것은 허용되지 아니한다(대판 2002.2.26. 2001다64165).

2. 인정근거

① 제한물권의 종류를 법정화하여 엄격히 규율함으로써 소유권의 형해화를 방지할 수 있다.

② 물권의 종류와 내용을 엄격히 법률로 규제하여 제3자에게 발생할 수 있는 불측의 피해를 방지하고, 거래 안전을 위한 공시원칙을 관철하기 위함이다.

3. 제185조의 해석

① **법률** : 형식적 의미의 법률을 의미한다. 따라서 명령, 조례 및 규칙으로 물권을 창설할 수는 없다.

② **관습법** : 관습법이란 사회의 거듭된 관행으로 생성한 사회생활규범이 사회의 법적 확신과 인식에 의하여 법적 규범으로 승인·강행되기에 이른 것으로(대판 1983.6.14. 80다3231), 제185조는 관습법에 의한 물권을 인정하고 있다.

4. 내 용

① **종류강제** : 새로운 물권을 임의로 창설할 수는 없다는 의미이다.

> • 관습상의 사도통행권은 성문법과 관습법 어디에서도 근거가 없으므로, 관습상의 사도통행권의 인정은 물권법정주의에 위배된다(대판 2002.2.26. 2001다64165).
> • 온천에 관한 권리를 관습법상의 물권이라고 볼 수 없고 또한 온천수는 제235조, 제236조 소정의 공용수 또는 생활상 필요한 용수에 해당하지 아니한다(대판 1972.8.29. 72다1243). **기출** 15
> • 도시공원법상 근린공원으로 지정된 공원은 일반주민들이 다른 사람의 공동사용을 방해하지 않는 한 자유로이 이용할 수 있지만 그러한 사정만으로 인근 주민들이 누구에게나 주장할 수 있는 공원이용권이라는 배타적인 권리를 취득하였다고는 할 수 없다(대결 1995.5.23. 94마2218).
> • 미등기무허가건물의 양수인이라 할지라도 그 소유권이전등기를 경료받지 않는 한 건물에 대한 소유권을 취득할 수 없고, 그러한 건물의 취득자에게 소유권에 준하는 관습상의 물권이 있다고 볼 수 없다(대판 1999.3.23. 98다59118).

② 내용강제 : 법률이나 관습법이 인정하는 물권이라도, 다른 내용을 부여할 수는 없다는 의미이다.

> 물건에 대한 배타적인 사용·수익권은 소유권의 핵심적 권능이므로, 소유자가 제3자와의 채권관계에서 소유물에 대한 사용·수익의 권능을 포기하거나 사용·수익권의 행사에 제한을 설정하는 것을 넘어 이를 대세적, 영구적으로 포기하는 것은 법률에 의하지 않고 새로운 물권을 창설하는 것과 다를 바 없어 허용되지 않는다(대판 2013.8.22. 2012다54133).

5. 물법법정주의 위반의 효과

제185조는 강행규정이므로, 물권법정주의에 반하는 법률행위는 무효이다. 단, 물권법정주의에 반하는 채권행위일지라도, 당사자 사이에서는 효력을 가질 수 있다.

6. 물권의 종류

(1) 민법상의 물권

민법이 인정하는 물권에는 점유권과 본권으로서 소유권 및 제한물권이 있다. 제한물권은 다시 용익물권(지상권, 지역권, 전세권)과 담보물권(유치권, 질권, 저당권)으로 나뉜다. 그 밖에 물권의 객체가 동산인 경우의 동산물권과 부동산인 경우의 부동산물권으로 나누어진다.

(2) 민법 외의 법률이 정하는 물권

1) 상법상의 물권

상사유치권, 상사질권 등

2) 특별법상의 물권

광업권·조광권(광업법), 어업권(수산업법), 가등기담보권(가등기담보 등에 관한 법률), 선박저당권(선박등기법) 및 동산담보권(동산·채권 등의 담보에 관한 법률) 등

3) 관습법상의 물권

① 판례는 분묘기지권(대판 1988.2.23. 86다카2919 등), 관습법상의 법정지상권(대판 1988.9.27. 87다카279 등) 및 동산 양도담보권 등을 인정하고 있다. 기출 22

② 그러나 온천권(대판 1972.8.29. 72다1243), 공원이용권(대결 1995.5.23. 94마2218) 및 관습상의 사도통행권(대판 2002.2.26. 2001다64165)은 인정하고 있지 아니하다.

I 우선적 효력

우선적 효력이란 어떤 권리가 다른 권리에 우선하는 효력을 의미하는데, 이에는 다른 물권에 우선하는 효력과 채권에 우선하는 효력이 있다.

1. 다른 물권에 우선하는 효력

(1) 기 준

물권은 배타적 지배권이므로, 원칙적으로 동일한 물건 위에 성질·범위·순위가 같은 내용의 물권이 동시에 성립할 수 없다.

(2) 양립 불가능한 물권

두 개 이상의 소유권, 지상권 또는 전세권이 동일한 물건 위에 동시에 성립할 수 없다.

(3) 양립 가능한 물권

① 내용이 다른 물권은 병존할 수 있다. 예 동일한 토지 위에 소유권과 제한물권, 지상권과 저당권 등이 성립할 수는 있다.

② 제한물권은 소유권에 우선한다.

③ 물권이 동일한 물건 위에 병존하는 경우에는, 시간적으로 먼저 성립한 물권이 우선한다[선시주의(先時主義)].

(4) 점유권

점유권은 물권이기는 하나, 현재의 사실상의 지배관계에 기한 권리이므로, 우선적 효력이 없다. 점유권은 본권과 병존 가능하고, 점유권 자체도 직접점유와 간접점유의 병존이 가능하다.

(5) 유치권

법정담보물권으로서 우선변제적 효력은 없지만 변제를 받을 때까지 목적물을 유치할 수 있으므로 사실상 우선변제를 받는 결과가 된다.

2. 채권에 우선하는 효력

(1) 원 칙

어떤 물건에 물권과 채권이 병존하는 경우에는, 원칙적으로 그 권리들의 시간적 선후를 불문하고, 물권이 채권에 우선한다. 또한 채권에 대한 물권의 우선적 효력은 경매절차 및 파산절차에서도 그대로 유지된다.

(2) 예 외

① 성립의 선후를 불문하고 채권이 우선하는 경우 : 근로기준법상 임금채권(3개월 분), 퇴직금채권(3개월 분) 및 주택임대차보호법상 또는 상가임대차보호법상 소액보증금최우선변제권 등

② 물권과 동일하게 시간적 선후에 따라 우열이 결정되는 채권 : 조세채권(단, 그 물건 자체에 대한 조세인 당해세는 언제나 최우선한다), 등기된 부동산임차권, 주택임대차보호법상 또는 상가임대차보호법상 대항력을 갖춘 임차권과 대항력·확정일자를 갖춘 보증금반환채권(우선변제) 및 가등기에 의해 순위가 보전된 청구권이 본등기를 갖춘 경우 등

Ⅱ 물권적 청구권

1. 의 의

물권적 청구권이란 물권의 내용실현이 어떤 사정으로 인하여 방해받고 있거나 방해받을 염려가 있는 경우, 그 방해자에 대하여 방해의 제거 또는 예방에 필요한 일정한 행위(작위·부작위)를 청구할 수 있는 권리이다.

2. 종 류

① **점유보호청구권**(제204조 내지 제207조) : 반환청구권, 방해제거청구권 및 방해예방청구권
② **본권에 기한 청구권** : 소유권에 목적물반환청구권·방해제거청구권·방해예방청구권이 명문으로 규정되어 있고(제213조, 제214조), 지상권·지역권·전세권·저당권에서 이를 준용하고 있다.
③ **반환청구권이 없는 물권** : 점유를 전제하지 아니한 지역권과 저당권은 반환청구권이 인정되지 아니한다.
④ **유치권** : 유치권에 의한 물권적 청구권은 인정되지 아니하나, 유치권은 점유를 수반하므로, 점유권에 기한 점유보호청구권은 인정된다.
⑤ **질권** : 물권적 청구권에 관한 규정은 없으나, 통설은 입법의 불비로 당연히 질권에 기해서도 물권적 청구권이 인정된다는 입장이다.

3. 성 질

① 통설은 물권적 청구권은 물권에 부종하는 특수한 청구권이라는 입장이다.
② 구체적으로 특정인에 대한 청구를 내용으로 하는 채권과 마찬가지로 상대적인 성질을 가지는 권리이다. 즉, 침해자 또는 침해의 우려가 있는 자를 대상으로 행사한다.

> 소유자가 자신의 소유권에 기하여 실체권계에 부합하지 아니하는 등기의 명의인을 상대로 그 등기말소나 진정명의 회복 등을 청구하는 경우에, 그 권리는 물권적 청구권으로서의 방해배제청구권(제214조)의 성질을 가진다. 그러므로 소유자가 그 후에 소유권을 상실함으로써 이제 등기말소 등을 청구할 수 없게 되었다면, 이를 위와 같은 청구권의 실현이 객관적으로 불능이 되었다고 파악하여 등기말소 등 의무자에 대하여 그 권리의 이행불능을 이유로 제390조상의 손해배상청구권을 가진다고 말할 수 없다(대판[전합] 2012.5.17. 2010다28604).

③ 물권적 청구권은 물권과 언제나 운명을 함께하므로, 물권적 청구권만을 따로 존속하게 하거나, 물권적 청구권만을 독립하여 양도할 수는 없다.

> 소유권에 기한 물상청구권을 소유권과 분리하여 이를 소유권 없는 전 소유자에게 유보하여 행사시킬 수는 없는 것이므로 소유권을 상실한 전 소유자는 제3자인 불법점유자에 대하여 소유권에 기한 물권적 청구권에 의한 방해배제를 구할 수 없다(대판 1980.9.9. 80다7). **기출** 15

④ 물권적 청구권은 물권에 기초한 권리이므로, 다른 채권적 청구권보다 우선한다.

4. 요 건

(1) 물권의 내용실현이 침해되었거나 침해될 우려가 있을 것

① 물권적 청구권은 물권의 존재로부터 당연히 발생하는 것이 아니라, 물권의 내용실현이 침해되었거나 침해될 우려가 있어야 한다.

② 물권적 청구권을 행사하기 위하여 언제나 현실적인 물권의 침해 및 손해가 있어야 하는 것은 아니다.

(2) 침해자의 고의·과실은 불요

이는 불법행위와의 차이점으로, 따라서 침해자에게 고의·과실이 있어 불법행위가 성립되면 두 권리는 병존하게 되고, 이에 권리자는 불법행위에 의한 손해배상청구권과 물권적 청구권을 함께 행사하거나, 선택적으로 행사할 수도 있다.

(3) 당사자

1) 청구권자

① 물권적 청구권자는 '현재' 물권을 침해당하고 있거나 침해당할 염려가 있는 자이다.

② 소유권자가 소유권을 이전하였을 경우, 전 소유자는 더 이상 물권적 청구권을 행사할 수 없다(대판 1980.9.9. 80다7).

> 근저당권이 설정된 후 그 부동산의 소유권이 제3자에게 이전된 경우에는 현재의 소유자가 자신의 소유권에 기하여 피담보채무의 소멸을 원인으로 그 근저당권설정등기의 말소를 청구할 수 있음은 물론이지만, 근저당권설정자인 종전의 소유자도 근저당권설정계약의 당사자로서 근저당권 소멸에 따른 원상회복으로 근저당권자에게 근저당권설정등기의 말소를 구할 수 있는 계약상 권리가 있으므로 이러한 계약상 권리에 터잡아 근저당권자에게 피담보채무의 소멸을 이유로 하여 그 근저당권설정등기의 말소를 청구할 수 있다고 봄이 상당하고, 목적물의 소유권을 상실하였다는 이유만으로 그러한 권리를 행사할 수 없다고 볼 것은 아니다(대판 1994.1.25. 93다16338). 기출 20·15 결국, 근저당권설정자는 더 이상 소유자가 아니므로, 소유권에 기한 물권적 청구권을 행사할 수는 없으나(대판[전합] 1969.5.27. 68다725), 근저당권설정계약의 당사자로서 피담보채무의 소멸을 원인으로, 근저당권설정등기의 말소를 구할 수 있다는 점에 주의를 요한다. 기출 20·19

2) 상대방

① 물권적 청구권의 상대방은 '현재' 물권을 침해하고 있거나 침해할 염려가 있는 상태를 발생시키고 있는 자이다. 따라서 과거에는 침해하였으나 현재에는 침해하고 있지 아니한 자는, 물권적 청구권의 상대방이 될 수 없다.

② 침해자가 제3자와 임대차계약을 체결하는 등으로 간접점유를 하는 경우, 물권적 청구권자가 직접점유자뿐만 아니라 간접점유자에게도 반환을 청구할 수 있는지가 문제되는데, 통설은 반환청구 당시 상대방이 점유자라면, 직접점유자뿐만 아니라 간접점유자도 상대방이 될 수 있다고 한다. 반면, 판례는 불법점유를 원인으로 한 소유권에 기한 인도청구와 인도약정에 따른 인도청구를 구별하고 있는데, 전자는 현실로 불법점유를 하고 있는 자만을 상대로 하여야 한다는 입장인 반면, 후자는 간접점유자에 대하여도 인도를 구할 수 있다는 입장이다.

③ 점유보조자는 독립한 점유의 주체가 아니므로, 인도청구의 상대방이 될 수 없다.

④ 점유보호청구권의 상대방은 침탈자의 포괄승계인이나 악의의 특별승계인이어야 한다(제204조 제2항)는 제한이 있다.

5. 비용부담의 문제

방해제거 등의 행위에 요구되는 비용을 상대방이 부담할 것(행위청구권설)인가 아니면 본인이 부담할 것(인용청구권설)인가에 대해서 견해가 대립하고 있다. 이에 대해 판례는 기본적으로 행위청구권설의 입장으로 파악되고 있다.

6. 다른 청구권과의 관계

(1) 계약상 청구권과의 관계

계약에 기한 반환청구권과 물권적 청구권은 경합한다. 즉 물권적 청구권은 다른 청구권에 대한 보충적인 것이 아니다.

(2) 불법행위로 인한 손해배상청구권과의 관계

물권적 청구권과 불법행위에 기한 손해배상청구권은 요건과 효과가 다르므로 경합할 수 있다.

(3) 부당이득반환청구권과의 관계

유인성설에 따르면 계약이 무효·취소·해제로 실효된 경우 소유권은 종전 소유권자에게 당연히 복귀되므로 종전 소유자는 소유권에 기한 물권적 청구권을 행사할 수 있고 불법점유 자체가 이득이므로 부당이득반환청구권을 행사할 수 있다. 단, 불법원인급여인 경우에는 소유권에 기한 물권적 청구권·부당이득반환청구도 모두 인정되지 않는다.

7. 물권적 청구권과 소멸시효

판례는 "이 사건 매매계약이 합의해제됨으로써 매수인에게 이전되었던 소유권은 당연히 매도인에게 복귀하는 것이므로 합의해제에 따른 매도인의 원상회복 청구권은 소유권에 기한 물권적 청구권이라 할 것이고, 따라서 이는 소멸시효의 대상이 아니라고 할 것"이라고 판시하여 물권적 청구권은 소멸시효에 걸리지 않는다고 본다(대판 1991.11.26. 91다34387 등).

CHAPTER 01 확인학습문제

01 물권법과 물권

01 물권에 관한 설명으로 옳지 <u>않은</u> 것은? (다툼이 있으면 판례에 따름)　　　　**[2024]**

① 적법한 분할절차를 거치지 않은 채 토지 중 일부만에 관하여 소유권보존등기를 할 수 없다.

② 온천에 관한 권리는 관습법상의 물권이 아니다.

③ 1필 토지의 일부도 점유취득시효의 대상이 될 수 있다.

④ 부속건물로 등기된 창고건물은 분할등기 없이 원채인 주택과 분리하여 경매로 매각될 수 있다.

⑤ 지상권은 저당권의 객체가 될 수 있다.

정답 ④

▌정답해설▌

④ 경매대상건물인 1동의 주택 및 창고와 부속건물 4동이 한 개의 건물로 등기되어 있고 미등기인 창고 2동이 있는데 부속건물 중 3동만을 따로 떼어 경락허가한 것은 일물일권주의에 위반된다[90마679].

▌오답해설▌

① 일물일권주의(一物一權主義)의 원칙상, 물건의 일부분, 구성부분에는 물권이 성립할 수 없는 것이어서 구분 또는 분할의 절차를 거치지 아니한 채 하나의 부동산 중 일부분만에 관하여 따로 소유권보존등기를 경료하거나, 하나의 부동산에 관하여 경료된 소유권보존등기 중 일부분에 관한 등기만을 따로 말소하는 것은 허용되지 아니한다[2000다39582].

② 온천에 관한 권리는 관습상의 물권이나 준물권이라 할 수 없고 온천수는 공용수 또는 생활상 필요한 용수에 해당되지 않는다[72다1243].

③ 1필의 토지의 일부 부분이 다른 부분과 구분되어 시효취득자의 점유에 속한다는 것을 인식하기에 족한 객관적인 징표가 계속하여 존재하는 경우에는 그 일부 부분에 대한 시효취득을 인정할 수 있다[95다24654].

⑤ 민법이 인정하는 저당권의 객체는 부동산 및 부동산물권(지상권, 전세권)이다.

02 물권의 객체에 관한 설명으로 옳은 것은? (다툼이 있으면 판례에 따름)

① 지상권은 물건이 아니므로 저당권의 객체가 될 수 없다.

② 법률상 공시방법이 인정되지 않는 유동집합물이라도 특정성이 있으면 이를 양도담보의 목적으로 할 수 있다.

③ 저당권과 질권은 서로 다른 물권이므로 하나의 물건에 관하여 동시에 성립할 수 있다.

④ 토지소유권은 토지의 상하에 미치므로 지상공간의 일부만을 대상으로 하는 구분지상권은 원칙적으로 허용되지 않는다.

⑤ 기술적인 착오 없이 작성된 지적도에서의 경계가 현실의 경계와 다르다면, 토지소유권의 범위는 원칙적으로 현실의 경계를 기준으로 확정하여야 한다.

답 ②

▌정답해설 ▌

② 일반적으로 일단의 증감 변동하는 동산을 하나의 물건으로 보아 이를 채권담보의 목적으로 삼으려는 이른바 집합물에 대한 양도담보설정계약체결도 가능하며 이 경우 그 목적 동산이 담보설정자의 다른 물건과 구별될 수 있도록 그 종류, 장소 또는 수량지정 등의 방법에 의하여 특정되어 있으면 그 전부를 하나의 재산권으로 보아 이에 유효한 담보권의 설정이 된 것으로 볼 수 있다[88다카20224].

▌오답해설 ▌

① 민법이 인정하는 저당권의 객체는 부동산 및 부동산물권(지상권, 전세권)이다.

③ 일물일권주의의 원칙상 동시에 성립할 수 없다.

④ 제289조의2 제1항 참고

⑤ 어떤 토지가 지적공부에 1필지의 토지로 등록되면 토지의 소재, 지번, 지목, 지적 및 경계는 다른 특별한 사정이 없는 한 이 등록으로써 특정되고 소유권의 범위는 현실의 경계와 관계없이 공부의 경계에 의하여 확정되는 것이 원칙이지만, 지적도를 작성하면서 기점을 잘못 선택하는 등 기술적인 착오로 말미암아 지적도의 경계선이 진실한 경계선과 다르게 작성되었다는 등과 같은 특별한 사정이 있는 경우에는 토지의 경계는 실제의 경계에 의하여야 한다[2012다87898].

03 물권에 관한 설명으로 옳지 <u>않은</u> 것은? (다툼이 있으면 판례에 따름)　　　　　　**[2020]**

① 특별한 사정이 없으면, 물건의 일부는 물권의 객체가 될 수 없다.
② 권원 없이 타인의 토지에 심은 수목은 독립한 물권의 객체가 될 수 없다.
③ 종류, 장소 또는 수량지정 등의 방법으로 특정할 수 있으면 수량이 변동하는 동산의 집합도 하나의 물권의 객체가 될 수 있다.
④ 소유권을 비롯한 물권은 소멸시효의 적용을 받지 않는다.
⑤ 소유권을 상실한 전(前)소유자는 물권적 청구권을 행사할 수 없다.

답 ④

▌정답해설▐

④ 점유권, 소유권은 소멸시효에 걸리지 않고, 피담보채권이 존재하는 동안 담보물권도 소멸시효에 걸리지 않으나, 지상권과 지역권은 20년의 소멸시효에 걸린다.

▌오답해설▐

① 일물일권주의(一物一權主義)의 원칙상, 물건의 일부분, 구성부분에는 물권이 성립할 수 없는 것이어서 구분 또는 분할의 절차를 거치지 아니한 채 하나의 부동산 중 일부분만에 관하여 따로 소유권보존등기를 경료하거나, 하나의 부동산에 관하여 경료된 소유권보존등기 중 일부분에 관한 등기만을 따로 말소하는 것은 허용되지 아니한다[2000다 39582].
② 권원이 없는 자가 타인의 토지 위에 나무를 심었다면 특별한 사정이 없는 한 토지소유자에 대하여 나무의 소유권을 주장 할 수 없다[2015다69907].
③ 일반적으로 일단의 증감 변동하는 동산을 하나의 물건으로 보아 이를 채권담보의 목적으로 삼으려는 이른바 집합물에 대한 양도담보설정계약체결도 가능하며 이 경우 그 목적 동산이 담보설정자의 다른 물건과 구별될 수 있도록 그 종류, 장소 또는 수량지정 등의 방법에 의하여 특정되어 있으면 그 전부를 하나의 재산권으로 보아 이에 유효한 담보권의 설정이 된 것으로 볼 수 있다[88다카20224].
⑤ 소유권을 양도함에 있어 소유권에 의하여 발생되는 물상청구권을 소유권과 분리, 소유권 없는 전소유자에게 유보하여 제3자에게 대하여 이를 행사케 한다는 것은 소유권의 절대적 권리인 점에 비추어 허용될 수 없는 것이라 할 것으로서, 일단 소유권을 상실한 전소유자는 제3자인 불법점유자에 대하여 물권적청구권에 의한 방해배제를 청구할 수 없다[68다725 전합].

04 물권법정주의에 관한 설명으로 옳은 것은? (다툼이 있으면 판례에 따름) [2019]

① 물권은 명령이나 규칙에 의해서도 창설될 수 있다.

② 민법은 관습법에 의한 물권의 성립을 부정한다.

③ 물권법정주의에 관한 규정은 강행규정이며, 이에 위반하는 법률행위는 무효이다.

④ 대법원은 사인(私人)의 토지에 대한 관습상의 통행권을 인정하고 있다.

⑤ 미등기 무허가건물의 양수인은 그 소유권이전등기를 경료하지 않더라도 그 건물에 관하여 소유권에 준하는 관습상의 물권을 가진다.

답 ③

┃오답해설┃

① 법률은 국회가 제정하는 형식적 의미의 법률(헌법상 의미의 법률)을 의미하고 명령·규칙은 제외된다.

② 물권은 법률 또는 관습법에 의하는 외에는 임의로 창설하지 못한다(제185조). 관습법상 법정지상권처럼 관습법에 의한 물권의 성립을 인정한다.

④ 개인소유 도로를 오랜 기간 통행한 경우 사도통행권이 관습법상 인정된다는 것은 관습법 어디에도 근거가 없다[2001 다64165].

⑤ 미등기 무허가건물의 양수인이라 할지라도 그 소유권이전등기를 경료받지 않는 한 양수인에게 소유권에 준하는 관습상의 물권이 있다고 볼 수도 없으므로, 그 건물의 불법점거자에 대하여 직접 자신의 소유권 등에 기하여 명도를 청구할 수는 없다[2007다11347].

05 물권법정주의에 관한 설명으로 옳은 것은? (다툼이 있는 경우에는 판례에 의함)

① 소유자는 소유권의 사용·수익의 권능을 대세적으로 유효하게 포기할 수 있으므로 현행 민법은 처분권능만을 내용으로 하는 소유권을 허용한다.

② 소유권이전등기 없이 미등기무허가건물을 양수한 자는 소유권에 준하는 관습상의 물권을 취득한 것으로 본다.

③ 물권법정주의는 물권의 내용형성의 자유뿐만이 아니라 물권변동에 관한 당사자 선택의 자유를 제한하는 법원칙이다.

④ 공로로부터 자연부락에 이르는 유일한 통로로 도로가 개설된 후 장기간에 걸쳐 일반의 통행에 제공되어 왔고 우회도로의 개설에 막대한 비용과 노력이 든다면 주민들은 이 도로에 관하여 물권에 준하는 관습상의 통행권을 가진다.

⑤ 물권법정주의에서 말하는 법률은 형식적 의미의 법률로 보아야 하므로 명령과 규칙은 이에 포함되지 않는다.

답 ⑤

정답해설

⑤ 제185조의 법률은 국회가 제정한 형식적 의미의 법률을 의미하고, 명령이나 규칙은 포함하지 아니한다.

오답해설

① 판례는 「소유권의 핵심적 권능에 속하는 사용·수익의 권능이 소유자에 의하여 대세적으로 유효하게 포기될 수 있다고 하면, 이는 결국 처분권능만이 남는 민법이 알지 못하는 새로운 유형의 소유권을 창출하는 것으로서, 객체에 대한 전면적 지배권인 소유권을 핵심으로 하여 구축된 물권법의 체계를 현저히 교란하게 된다」고 하여 소유권의 사용·수익권능을 대세적으로 포기할 수 없다고 본다[2009다228·235].

② 미등기무허가건물의 양수인이라 할지라도 그 소유권이전등기를 경료받지 않는 한 건물에 대한 소유권을 취득할 수 없고, 그러한 건물의 취득자에게 소유권에 준하는 관습상의 물권이 있다고 볼 수 없다[98다59118].

③ 물권법정주의에 의하여 물권의 종류와 내용을 당사자가 자유로이 창설하는 것은 금지되나, 물권법정주의가 당사자 선택의 자유까지 제한하는 것은 아니다.

④ 판례는 「관습상의 사도통행권은 성문법과 관습법 어디에서도 근거가 없으므로, 원심이 원고들에게 관습상의 통행권이 있다고 판단하여 원고들의 통행권확인청구를 인용한 것은 물권법정주의에 관한 법리를 오해하여 판결결과에 영향을 미친 위법을 저지른 것」이라 하여 관습법상 사도통행권을 부정하였다[2001다64165].

01 물권적 청구권에 관한 설명으로 옳지 <u>않은</u> 것은? (다툼이 있으면 판례에 따름) **[2022]**

① 지역권자는 지역권을 방해하는 자에 대하여 방해의 제거를 청구할 수 있다.

② 간접점유자는 제3자의 점유침해에 대하여 물권적 청구권을 행사할 수 있다.

③ 직접점유자가 임의로 점유를 타인에게 양도한 경우에는 그 점유이전이 간접점유자의 의사에 반하더라도 간접점유자의 점유가 침탈된 경우에 해당하지 않는다.

④ 부동산 양도담보의 피담보채무가 전부 변제되었음을 이유로 양도담보권설정자가 행사하는 소유권이전등기말소청구권은 소멸시효에 걸린다.

⑤ 제205조 제2항이 정한 점유물방해제거청구권의 행사를 위한 '1년의 제척기간'은 출소기간이다.

답 ④

▌정답해설▐

④ 채권담보의 목적으로 이루어지는 부동산 양도담보의 경우에 있어서 피담보채무가 변제된 이후에 양도담보권설정자가 행사하는 등기청구권은 양도담보권설정자의 실질적 소유권에 기한 물권적 청구권이므로 따로이 시효소멸되지 아니한다[78다2412].

▌오답해설▐

① 제214조의 규정은 지역권에 준용한다[제301조]. 지역권에는 승역지를 점유할 수 있는 권능이 없으므로, 지역권자에게는 목적물반환청구권이 인정되지 않고 방해제거청구권과 방해예방청구권만 인정되는 것이다.

② 직접점유자는 물론 간접점유자도 점유보호청구권을 행사할 수 있지만[제207조 제1항], 점유보조자는 점유자가 아니므로 이를 행사할 수 없다.

③ 92다5300

⑤ 제204조 제3항과 제205조 제2항에 의하면 점유를 침탈 당하거나 방해를 받은 자의 침탈자 또는 방해자에 대한 청구권은 그 점유를 침탈 당한 날 또는 점유의 방해행위가 종료된 날로부터 1년 내에 행사하여야 하는 것으로 규정되어 있는데, 위의 제척기간은 재판 외에서 권리행사하는 것으로 족한 기간이 아니라 반드시 그 기간 내에 소를 제기하여야 하는 이른바 출소기간으로 해석함이 상당하다[2001다8097 · 8103].

02 물권적 청구권에 관한 설명으로 옳은 것을 모두 고른 것은? (다툼이 있으면 판례에 따름) [2019]

ㄱ. 부동산 매매계약이 합의해제되면 매수인에게 이전되었던 소유권은 당연히 매도인에게 복귀되므로 합의해제에 따른 매도인의 원상회복청구권은 소유권에 기인한 물권적 청구권으로서 이는 소멸시효의 대상이 아니다.

ㄴ. 임대차목적물 침해자에 대하여 임차인은 점유보호청구권을 행사할 수 있으나, 소유자인 임대인은 점유보호청구권을 행사할 수 없다.

ㄷ. 불법한 원인으로 급여를 한 사람은 그 원인행위가 법률상 무효라 하여 상대방에게 부당이득반환청구를 할 수 없는 경우, 급여한 물건의 소유권이 여전히 자기에게 있다고 하여 소유권에 기한 반환청구도 할 수 없다.

ㄹ. 물건의 양도 시 소유권에 기한 물권적 청구권을 소유권과 분리하여 이를 소유권을 상실한 전(前)소유자에게 유보하여 행사시킬 수 있다.

---

① ㄱ, ㄴ   ② ㄱ, ㄷ

③ ㄴ, ㄷ   ④ ㄴ, ㄹ

⑤ ㄷ, ㄹ

답 ②

┃**오답해설**┃

ㄴ. (×) 간접점유자인 임대인은 점유매개관계에 기해 물건을 점유하는 직접점유자인 임차인에 대해 점유보호청구권·자력구제권을 행사할 수 없으나, 임대차목적물 침해자인 제3자에 대하여는 점유보호청구권이나 본권에 기한 물권적 청구권을 행사할 수 있다.

ㄹ. (×) 소유권을 양도함에 있어 소유권에 의해 발생되는 물상청구권을 소유권과 분리하여 소유권 없는 전소유자에게 유보하여 제3자에 대해 이를 행사케 하는 것은 소유권이 절대적 권리인 점에 비추어 허용될 수 없다. 따라서 일단 소유권을 상실한 전소유자는 제3자인 불법점유자에 대해 물권적 청구권에 의한 방해배제를 청구할 수 없고 방해배제소송의 계속 중에 소유권을 양도한 양도인은 방해배제를 계속 청구할 수 없다[68다725 전합].

CHAPTER 02 물권의 변동

01 총 설

물권의 발생·변경·소멸을 총칭하여 물권변동이라고 하는데, 이러한 물권변동의 모습은 크게 ① 부동산물권 변동(제186조, 제187조)과 동산물권 변동(제188조 내지 제190조), ② 법률행위에 의한 물권변동과 법률행위에 의하지 않은 물권변동으로 분류할 수 있다. 이하에서는 물권변동과 공시, 물권행위에 대해서 서술한다.

Ⅰ 물권변동과 공시

1. 공시의 원칙(公示의 原則)

(1) 의 의

공시의 원칙은 물권의 존재나 변동은 외부에서 인식할 수 있는 어떤 표상, 즉 공시방법을 수반하여야 한다는 원칙을 말한다. 이는 거래의 안전과 법률관계의 명료화를 위하여 요구된다.

(2) 현행법상 공시방법

① 부동산물권의 공시방법 : 등기
② 동산물권의 공시방법 : 점유 내지 인도
③ 수목의 집단·미분리과실 등에 관하여 관습법상 인정되는 공시방법 : 명인방법
④ 특별법의 적용을 받는 동산(자동차, 항공기 및 선박 등)에 관한 등기 또는 등록 등이 있다.

(3) 공시의 효과

공시의 효과로 권리변동의 효력, 공신력(동산에 관하여만 인정) 및 추정력을 들 수 있다. 이 중 추정력은 동산의 경우 제200조에서 점유에 대한 권리존재의 추정력을 규정하고 있으나, 부동산의 경우에는 동산과는 달리 명문의 규정이 없어 학설과 판례에 의하여 등기의 추정력이 인정될 뿐이다.

(4) 적용범위

공시의 원칙은 법률행위에 의한 물권변동의 경우에만 적용된다(제186조, 제188조 제1항). 따라서 법률규정에 의한 물권변동의 경우, 공시방법을 갖추지 아니하여도 물권변동의 효력이 발생한다(제187조 본문). 다만, 부동산점유 취득시효의 경우에는 등기를 요한다. 즉, 20년간 소유의 의사로 평온, 공연하게 부동산을 점유한 자는 등기함으로써 그 소유권을 취득한다(제245조 제1항).

2. 공신의 원칙(公信의 原則)

(1) 의 의

공신의 원칙은 일정한 공시방법을 신뢰하고 거래한 경우, 비록 그 공시방법이 진정한 권리관계와 일치하지 아니하더라도, 공시된 대로의 권리관계가 존재하는 것처럼 다루어야 한다는 원칙이다. 따라서 공신의 원칙을 관철하면 동적 거래의 안전은 보호되나, 진정한 권리자의 기득권이 박탈되는 한계(정적 안전희생)가 발생한다.

(2) 민법의 태도

① **동산** : 민법은 거래안전의 요청에 따라 동산물권의 변동에 관하여는 선의취득제도를 통하여 공신의 원칙을 인정하고 있다(제249조).

② **부동산** : 민법은 등기에 공신력을 인정하고 있지 아니하다.

③ **유사제도** : 표현대리제도(제125조, 제126조, 제129조), 채권의 준점유자에 대한 변제(선의·무과실)(제470조), 영수증소지자에 대한 변제(선의·무과실)(제471조) 및 지시채권소지인에 대한 변제(선의·무중과실)(제518조) 등은 공신의 원칙이 현행법상 구체화된 제도이다.

④ 또한 의사표시에서 표시주의이론이 공신의 원칙과 밀접한 관련성을 갖는다.

Ⅱ 물권행위

1. 서 설

(1) 의 의

물권행위란 직접 물권의 변동을 목적으로 하는 의사표시를 요소로 하는 법률행위를 말한다. 즉, 물권행위는 처분행위로, 이러한 점에서 의무부담행위인 채권행위와 구별된다. 또한 물권행위는 대부분 계약의 형식이나 단독행위(소유권이나 제한물권의 포기) 또는 합동행위(공유자의 소유권 포기)일 수도 있다.

(2) 법률행위에 의한 물권변동의 입법례

1) 의사주의(대항요건주의·프랑스민법)

① 물권행위만 있으면 공시방법을 갖추지 아니하여도 물권변동이 발생한다.

② 거래안전의 보호를 위한 보완책 : 동산물권의 경우 공신의 원칙이 적용되나, 부동산물권의 경우에는 공시방법을 갖추어야만 물권변동으로써 제3자에게 대항할 수 있다.

2) 형식주의(성립요건주의·독일민법)

① 물권행위뿐만 아니라, 등기·인도 등의 공시방법을 갖추어야 물권변동이 발생한다.

② 공시방법을 갖추지 아니하면 제3자에 대한 관계뿐만 아니라, 당사자 사이에서도 물권변동은 발생하지 아니한다.

(3) 물권행위와 공시방법의 관계(현행민법 = 형식주의)

우리 민법은 형식주의를 취하고 있으므로, 물권변동이 일어나기 위하여는 의사표시(물권행위) 외에 공시방법이 필요하다.

2. 물권행위의 독자성과 무인성·유인성

(1) 물권행위의 독자성

채권의 발생을 목적으로 하는 채권행위 외에 물권의 변동을 목적으로 하는 물권행위라는 개념을 인정할 것인지, 나아가 물권행위가 인정된다면 채권행위와 별개의 행위로 행하여져야 하는 지에 대한 논의가 물권행위의 독자성문제이다. 다수설은 독자성긍정설의 입장에서 원인행위인 채권행위로부터 독립된 별개의 행위로서 물권행위를 인정하고 있다. 반면, 판례는 우리의 법제가 물권행위의 독자성을 인정하고 있지 아니하다고 판시하고 있다(대판 1977.5.24. 75다1394).

(2) 물권행위의 무인성·유인성

1) 견해의 대립

① 무인설 : 물권행위의 독자성을 인정하는 결과, 물권행위의 효력은 물권행위 그 자체의 요건만으로 결정되고, 그 효력은 그 원인이 된 채권행위의 부존재나 무효·취소·해제 등에 의하여 직접적으로 영향을 받지 아니한다는 견해이다.

② 유인설 : 물권행위의 독자성을 부정함을 당연시하며, 물권행위의 효력은 그 원인이 된 채권행위의 부존재나 무효·취소·해제 등에 의하여 영향을 받는다는 견해이다.

2) 판례의 입장

물권행위의 무인성을 부정한다(대판 1977.5.24. 75다1394).

> **[계약해제에 의한 물권의 복귀시기 : 물권행위의 독자성과 무인성의 부정]**
> [1] 우리의 법제가 물권행위의 독자성과 무인성을 인정하고 있지 않는 점과 제548조 제1항 단서가 거래안전을 위한 특별규정이란 점을 생각할 때, 계약이 해제되면 그 계약의 이행으로 변동이 생겼던 물권은 당연히 그 계약이 없었던 원상태로 복귀한다고 봄이 타당하다 할 것이다(대판 1977.5.24. 75다1394).
> [2] 증여를 원인으로 한 소유권이전등기가 경료되었더라도 그 등기원인이 된 증여행위가 부존재하거나 무효인 경우라면 그로 인한 소유권이전의 효력이 처음부터 발생하지 아니한다(대판 2013.1.24. 2010두27189).

02　부동산물권의 변동

제1관　법률행위에 의한 부동산물권의 변동

> **제186조 [부동산물권 변동의 효력]**
> 부동산에 관한 법률행위로 인한 물권의 득실변경은 등기하여야 그 효력이 생긴다.

I 총 설

1. 서 설

법률행위에 의한 부동산물권의 변동은 제186조가 적용되므로, 법률행위와 등기가 있어야 물권변동의 효과가 발생한다(성립요건주의 또는 형식주의). 이때 물권행위는 유효하여야 하고, 등기 또한 실체적·형식적 유효요건을 갖추어야 한다.

더 알아보기 제186조의 한계

재단법인의 설립에 있어서의 출연재산의 귀속	법인이 성립된 때로부터 법인에 귀속된다는 제48조의 규정은 출연자와 법인 사이에는 법인의 성립 외에 등기를 필요로 하는 것은 아니나, 제3자에 대한 관계에서는 출연행위는 법률행위이므로 출연재산의 법인에의 귀속에는 등기가 필요하다(대판 1979.12.11. 78다481·482)
지상권·전세권의 소멸청구	형성권의 행사이므로 말소등기 없이도 소멸청구만으로 소멸의 효과가 발생한다(다수설).
원인행위의 무효 – 취소에 의한 물권의 복귀시기	유인론(판례)에 의하면 물권이 당연히 복귀하므로 말소등기 없이도 물권은 당연히 복귀한다.
부동산물권의 포기	물권적 단독행위이므로 말소등기를 하여야 소멸된다(다수설).
전세권의 소멸통고	소멸통고 후 6개월이 경과하면 전세권은 법률상 당연히 소멸한다고 보므로 말소등기를 할 필요가 없다(다수설).
점유취득시효 완성으로 인한 소유권의 취득	시효로 인한 부동산물권의 취득은 법률행위에 의한 것이 아니지만 제187조의 예외로서 등기하여야 물권을 취득한다(제245조 제1항).

2. 법률행위

제186조의 법률행위를 물권행위로 보는 견해가 다수설이나, 채권행위를 의미한다는 견해도 있다.

II 물권변동의 요건으로서의 등기

1. 등기의 형식적 유효요건

(1) 등기의 존재

등기가 유효하기 위하여는 등기신청만으로는 부족하고, 등기부에 기록되어 있어야 한다.

더 알아보기 등기부의 편성

1. 부동산 1등기기록주의의 원칙(물적 편성주의)
   등기부는 편성시 1필의 토지 또는 1개의 건물에 대하여 1개의 등기기록을 둔다. 즉, 등기부는 1개의 권리의 객체인 각 부동산을 단위로 하여 편성된다.

2. 예외
   건물이 구분소유되는 경우에는 건물전부에 대해 1개의 등기기록을 사용한다.

더 알아보기 등기부 양식

등기기록은 크게 표제부·소유권에 관한 사항을 기록하는 甲구·소유권 외의 권리에 관한 사항을 기록하는 乙구로 나뉜다.

(2) 등기의 불법말소

1) 불법말소로 인한 권리소멸 여부

① 등기는 물권의 효력발생요건이고, 그 존속요건은 아니므로 물권에 관한 등기가 원인 없이 말소된 경우에도 그 물권의 효력에는 아무런 변동이 없다(대판 1988.12.27. 87다카2431). **기출** 15

② 등기가 원인 없이 말소된 경우, 그 회복등기를 마치기 전이라도 말소된 등기의 명의인은 적법한 권리자로 추정된다(대판 1982.12.28. 81다카870).

2) 말소회복등기청구

① **의의** : 말소회복등기란 어떤 등기의 전부 또는 일부가 부적법하게 말소된 경우, 그 말소된 등기를 회복함으로써 말소 당시로 소급하여 그 말소가 없었던 것과 같은 효과를 발생시키는 등기를 의미한다(부동산등기법 제59조 참고, 대판 1997.9.30. 95다39526). **기출** 17 · 16

② **피고적격** : 불법하게 말소된 것을 이유로 한 근저당권설정등기회복등기청구는 그 등기말소 당시의 소유자를 상대로 하여야 한다(대판 1969.3.18. 68다1617). 따라서 가등기가 이루어진 부동산에 관하여 제3취득자 앞으로 소유권이전등기가 마쳐진 후 그 가등기가 말소된 경우 그와 같이 말소된 가등기의 회복등기절차에서 회복등기의무자는 가등기가 말소될 당시의 소유자인 제3취득자이므로, 그 가등기의 회복등기청구는 회복등기의무자인 제3취득자를 상대로 하여야 한다(대판 2009.10.15. 2006다43903).

③ **절 차**

　㉠ 말소된 등기의 회복을 신청하는 경우에 등기상 이해관계 있는 제3자가 있을 때에는 그 제3자의 승낙이 있어야 한다(부동산등기법 제59조). 부동산등기법 제171조에서 말하는 등기상 이해관계 있는 제3자란 말소등기를 함으로써 손해를 입을 우려가 있는 등기상의 권리자로서 그 손해를 입을 우려가 있다는 것이 등기부 기재에 의하여 형식적으로 인정되는 자이고, 그 제3자가 승낙의무를 부담하는지 여부는 그 제3자가 말소등기권리자에 대한 관계에서 그 승낙을 하여야 할 실체법상의 의무가 있는지 여부에 의하여 결정된다(대판 2007.4.27. 2005다43753).

　㉡ 이러한 요건을 갖추지 못한 회복등기는 등기상 이해관계 있는 제3자에 대한 관계에서는 무효이다(대판 2001.1.16. 2000다49473).

3) 저당권등기의 불법말소

① **저당권의 소멸 여부** : 등기는 물권의 효력발생요건이고, 그 존속요건은 아니므로 물권에 관한등기가 원인 없이 말소된 경우에도 그 물권의 효력에는 아무런 변동이 없다(대판 1988.12.27. 87다카2431). 따라서 저당권등기가 불법말소되어도 저당권은 여전히 존속하고, 이때 말소회복등기의 상대방은 「말소 당시」의 소유자이다. 다만, 부동산에 관하여 근저당권설정등기가 경료되었다가 그 등기가 위조된 등기서류에 의하여 아무런 원인 없이 말소되었다는 사정만으로는 곧바로 근저당권이 소멸하는 것은 아니라고 할 것이지만, 부동산이 경매절차에서 경락되면 그 부동산에 존재하였던 근저당권은 당연히 소멸하는 것이므로, 근저당권설정등기가 원인 없이 말소된 이후에 그 근저당목적물인 부동산에 관하여 다른 근저당권자 등 권리자의 경매신청에 따라 경매절차가 진행되어 경락허가결정이 확정되고 경락인이 경락대금을 완납하였다면, 원인 없이 말소된 근저당권은 이에 의하여 소멸한다(대판 1998.10.2. 98다27197). **기출** 20

② 경매에 의해 권리가 소멸된 저당권자의 구제방법 : 근저당권설정등기가 위법하게 말소되어 아직 회복등기를 경료하지 못한 연유로 그 부동산에 대한 경매절차에서 피담보채권액에 해당하는 금액을 전혀 배당받지 못한 근저당권자로서는 위 경매절차에서 실제로 배당받은 자에 대하여 부당이득반환청구로서 그 배당금의 한도 내에서 그 근저당권설정등기가 말소되지 아니하였더라면 배당받았을 금액의 지급을 구할 수 있을 뿐이고, 이미 소멸한 근저당권에 관한 말소등기의 회복등기를 위하여 현 소유자를 상대로 그 승낙의 의사표시를 구할 수는 없다(대판 1998.10.2. 98다27197).

(3) 관할위반의 등기

등기는 관할등기소에 하여야 한다(부동산등기법 제7조, 제29조). 따라서 관할위반의 등기는 치유될 수 없고, 확정적 무효로서 권리변동은 발생하지 아니한다. 이러한 무효의 등기는 등기관이 일정한 절차에 의하여 직권으로 말소한다(부동산등기법 제58조). 그러나 형식적 요건을 흠결해도 실체관계에 부합한다면 유효하다.

> **더 알아보기**
>
> 1. 위조문서에 의한 등기(대판 1965.5.25. 65다365), 등기의무자인 사자명의의 신청으로 행해진 등기(대판 1964.11.24. 64다685), 대리권이 없는 상태에서의 등기(대판 1971.8.31. 71다1163) 등의 경우라도 실체관계에 부합한다면 유효하다.
>
> 2. 미등기건물을 등기할 때에는 소유권을 원시취득한 자 앞으로 소유권보존등기를 한 다음 이를 양수한 자 앞으로 이전등기를 함이 원칙이라 할 것이나, 원시취득자와 승계취득자 사이의 합치된 의사에 따라 그 주차장에 관하여 승계취득자 앞으로 직접 소유권보존등기를 경료하게 되었다면, 그 소유권보존등기는 실체적 권리관계에 부합되어 적법한 등기로서의 효력을 가진다(대판 1995.12.26. 94다44675).

(4) 등기법상의 절차위반과 그 치유

등기신청에 하자가 있었으나 그 등기가 사실상 행하여진 경우, 그 등기가 실체관계에 부합한다면 유효하다. 나아가 실제와 다른 등기원인에 의하여 등기가 경료된 경우에도, 실체적 권리관계에 부합한다면 유효하다.

1) 실체관계에 부합하는 등기

① 의의 : 등기의 효력을 너무 엄격하게 판단한다면, 등기의 공신력이 부정되는 현행 민법체계하에서의 거래 안전이 침해될 소지가 다분하다. 판례는 등기가 실체관계에 부합하면 유효, 부합하지 아니하다면 무효로 보고 있다.

② 요건 : 등기절차에 하자가 있더라도, ㉠ 유효한 원인행위 또는 법률의 규정에 의한 등기청구권에 부합하는 등기가 경료되었고, ㉡ 종전의 진정한 권리자가 등기명의자의 등기청구권 행사를 저지할 만한 실체법상의 항변사유가 없는 경우, 그 등기는 실체적 권리관계에 부합한다.

> **[미등기 건물의 승계취득자가 직접 그 명의로 보존등기를 한 경우와 등기의 효력]**
> 미등기건물을 승계취득한 자가 원시취득자 명의의 보존등기없이 직접 자기명의로 보존등기를 하는 것이 탈법행위가 된다고 하더라도 양당사자 사이의 합의가 있는 이상 그 등기는 실체적 권리관계에 부합되어 유효하다(대판 1981.1.13. 80다1959・1960).

③ 효과 : 실체관계에 부합한 등기는 유효하다. 즉, 하자가 치유된다. 이때 실체관계에 부합한 등기라는 점은 등기명의자가 주장・증명하여야 한다(대판 2004.8.30. 2002다48771).

(5) 1부동산 1등기기록의 원칙

등기부를 편성할 때에는 1필의 토지 또는 1개의 건물에 대하여 1개의 등기기록을 두되, 1동의 건물을 구분한 건물에 있어서는 1동의 건물에 속하는 전부에 대하여 1개의 등기기록을 사용하여야 한다는 원칙이다(부동산등기법 제15조 제1항). 이와 관련하여 이중보존등기가 1부동산1등기기록의 원칙 위반인지에 대하여 다툼이 있다.

1) 이중보존등기

① 의의 : 동일한 부동산에 이미 보존등기가 경료되어 있음에도 불구하고, 다시 이중으로 보존등기가 경료된 경우를 의미한다. 이때 1부동산 1등기기록의 원칙상 어느 보존등기가 유효한지 문제된다.

② 학설 : ㉠ 보존등기의 선후를 기준으로 뒤에 경료된 보존등기는 절차상 위법하여 무조건 무효라는 절차법설, ㉡ 실체관계에 부합하는 보존등기가 유효하다는 실체법설, ㉢ 절차법설을 기본으로 하되, 먼저 경료된 보존등기가 실체적 유효요건을 흠결하였고, 나중에 경료된 보존등기가 실체적 유효요건을 갖춘 경우에는, 뒤의 보존등기만이 유효하다는 절충설이 있다.

③ 판례

㉠ 표제부의 표시란의 이중보존등기 : 실체법설에 따라 등기의 선후와 무관하게 부동산의 실제 상황과 부합하는 등기만이 유효하다(대판 1978.6.27. 77다405).

㉡ 사항란의 이중보존등기

• 등기명의인이 동일한 경우 : 중복등기의 효력은 절차법적으로 판단된다.

> 동일 부동산에 관하여 등기용지를 달리하여 동일인 명의로 소유권보존등기가 중복되어 등재되어 있는 경우에는 1물 1용지주의를 채택하고 있는 부동산등기법상 시간적으로 뒤에 경료된 중복등기는 그것이 실체권리관계에 부합되는 여부를 가릴 것 없이 무효이다(대판 1979.1.16. 78다1648).

• 등기명의인이 다른 경우 : 실체법설에서 절차법적 절충설로 판례가 변경되었다고 평가할 수 있다.

> 동일 부동산에 관하여 등기명의인을 달리하여 중복된 소유권보존등기가 경료된 경우에는 먼저 이루어진 소유권보존등기가 원인무효가 되지 아니하는 한 뒤에 된 소유권보존등기는 비록 그 부동산의 매수인에 의하여 이루어진 경우에도 1부동산 1용지주의를 채택하고 있는 부동산등기법 아래에서는 무효라고 해석함이 상당하다 할 것이다(대판[전합] 1990.11.27. 87다카2961 · 87다453). 기출 22

④ 후(後)보존등기명의자 측의 대항사유 검토

㉠ 등기부 취득시효 완성의 항변

> 제245조 제2항은 부동산의 소유자로 등기한 자가 10년간 소유의 의사로 평온·공연하게 선의이며 과실 없이 그 부동산을 점유한 때에는 소유권을 취득한다고 규정하고 있는바, 위 법 조항의 '등기'는 부동산등기법 제15조가 규정한 1부동산 1용지주의에 위배되지 아니한 등기를 말하므로, 어느 부동산에 관하여 등기명의인을 달리하여 소유권보존등기가 2중으로 경료된 경우 먼저 이루어진 소유권보존등기가 원인무효가 아니어서 뒤에 된 소유권보존등기가 무효로 되는 때에는, 뒤에 된 소유권보존등기나 이에 터 잡은 소유권이전등기를 근거로 하여서는 등기부 취득시효의 완성을 주장할 수 없다(대판[전합] 1996.10.17. 96다12511).

㉡ 점유취득시효 완성과 실체관계 부합의 항변

> 동일 부동산에 관하여 이미 소유권이전등기가 경료되어 있음에도 그 후 중복하여 소유권보존등기를 경료한 자가 그 부동산을 20년간 소유의 의사로 평온·공연하게 점유하여 점유취득시효가 완성되었더라도, 선등기인 소유권이전등기의 토대가 된 소유권보존등기가 원인무효라고 볼 아무런 주장·입증이 없는 이상, 뒤에 경료된 소유권보존등기는 실체적 권리관계에 부합하는지의 여부에 관계없이 무효이므로, 뒤에 된 소유권보존등기의 말소를 구하는 것이 신의칙 위반이나 권리남용에 해당한다고 할 수 없다(대판 2008.2.14. 2007다63690). 기출 23

2. 등기의 실질적 유효요건

(1) 물권행위와 등기의 합치(존재상의 합치)

법률행위에 의한 부동산물권 변동에는 물권행위와 등기의 합치가 요구된다. 이들 중 어느 하나가 결여되었다면, 원칙적으로 물권변동의 효력은 발생하지 아니한다. 이와 관련하여 등기를 갖추지 아니한 부동산매수인의 지위가 문제된다.

1) 미등기부동산매수인의 지위

① 문제점 : 존재상의 합치와 관련하여 미등기 부동산매수인의 법적 지위가 문제된다.

② 일반적 지위

    ㉠ 등기를 갖추지 못한 매수인은 점유자로서 점유보호청구권을 행사할 수 있지만, 제186조 형식주의에서는 소유권을 취득할 수는 없다.

> 미등기무허가건물의 양수인이라도 그 소유권이전등기를 경료하지 않는 한 그 건물의 소유권을 취득할 수 없고, 소유권에 준하는 관습상의 물권이 있다고도 할 수 없으며, 현행법상 사실상의 소유권이라고 하는 포괄적인 권리 또는 법률상의 지위를 인정하기도 어렵다(대판 2006.10.27. 2006다49000).

    ㉡ 다만, 판례는 미등기건물의 매수인이 점유 중인 건물에 대하여 「법률상 또는 사실상 처분을 할 수 있는 지위」를 인정하여 미등기건물의 철거처분권이 있다고 하였다.

> 건물철거는 그 소유권의 종국적 처분에 해당되는 사실행위이므로 원칙으로는 그 소유자(민법상 원칙적으로는 등기명의자)에게만 그 철거처분권이 있다 할 것이고, 예외적으로 건물을 전 소유자로부터 매수하여 점유하고 있는 등 그 권리의 범위 내에서 그 점유중인 건물에 대하여 법률상 또는 사실상 처분을 할 수 있는 지위에 있는 자에게도 그 철거처분권이 있다(대판 2003.1.24. 2002다61521).

③ 등기부상 소유자에 대한 관계

    ㉠ 소유권자의 소유권에 기한 반환청구권 행사에 대항할 수 있는지 여부 : 미등기 부동산매수인은 제213조 단서의 '점유할 권리'를 갖는 자로 볼 수 있고 이를 근거로 매도인의 물권적 청구권에 대항할 수 있다.

> 토지의 매수인이 아직 소유권이전등기를 경료받지 아니하였다 하여도 매매계약의 이행으로 그 토지를 인도받은 때에는 매매계약의 효력으로서 이를 점유·사용할 권리가 생기게 된 것으로 보아야 하고, 또 매수인으로부터 위 토지를 다시 매수한 자는 위와 같은 토지의 점유·사용권을 취득한 것으로 봄이 상당하므로 매도인은 매수인으로부터 다시 위 토지를 매수한 자에 대하여 토지 소유권에 기한 물권적 청구권을 행사할 수 없다(대판 1998.6.26. 97다42823).

    ㉡ 등기청구권 : 판례는 「미등기 부동산매수인의 등기청구권은 채권적 청구권이나, 매수인이 인도받아 사용·수익하고 있으면 소멸시효에 걸리지 않는다」고 본다.

    ㉢ 과실수취권 : 목적물 인도시부터 취득자는 목적부동산으로부터 생기는 과실에 대하여 과실취득권이 있다(제587조).

④ 제3자에 대한 관계

    ㉠ 이중양도의 경우 : 다른 양수인이 먼저 등기를 취득하면 비록 부동산을 인도받아 사용·수익하고 있었더라도 다른 양수인이 양도인의 배임행위에 적극적으로 가담한 경우 등의 특별한 사정이 없는 한 등기를 경료한 자에게 대항할 수 없다.

    ㉡ 방해배제청구권 : 미등기 매수인은 소유권에 기한 물권적 청구권은 행사할 수 없으나, 점유권에 기한 물권적 청구권은 행사할 수 있다.

    ㉢ 강제집행, 환취권 : 소유권자는 여전히 양도인이므로, 양도인에 대한 강제집행시 미등기 매수인이 제3자 이의의 소를 제기할 수 없고, 양도인 파산시 환취권을 행사할 수도 없다.

(2) 내용상의 불합치

1) 서 설

① 양적 불합치 : 등기된 양이 물권행위의 양보다 큰 경우에는 물권행위의 한도 내에서 효력이 생긴다(대판 1965.6.22. 65다778). 반면 등기의 양이 법률행위의 양보다 작으면 일부무효의 법리(제137조)에 따라 판단해야 한다는 것이 학설의 일반적인 입장이다.

② 질적 불합치 : 물권행위와 등기가 질적으로 불합치하는 경우 원칙적으로 등기는 원인무효이며, 따라서 권리변동은 발생하지 않는다. 다만, 등기가 실체관계와 부합하는 등기로 되는 경우 또는 무효인 등기를 말소한 후 법률행위와 부합하는 새로운 등기를 경료한 경우에는 유효한 권리변동이 발생한다. 이 경우 권리변동의 시기는 실체관계와 부합하는 때 또는 새로운 등기를 한 때이다. 질적 불합치는 중간생략등기, 실제와 다른 등기원인에 의한 등기, 무효등기의 유용과 관련된 논의이다.

2) 중간생략등기

① 의의 : 중간생략등기란 부동산물권이 최초의 양도인으로부터 중간취득자에게, 다시 중간취득자로부터 최후의 양수인에게 전전 양수되는 경우, 중간취득자 명의의 등기를 생략한 채 최초의 양도인으로부터 직접 최후의 양수인에게 행해지는 등기를 말한다. 중간생략등기와 관련하여 문제되는 것은 이미 경료된 최후 양수인 명의 등기의 효력과 최후 양수인이 최초양도인에게 직접 소유권이전등기를 청구할 수 있는지 나아가 최초 양도인이 최후 양수인에게 이전등기를 경료한 것이 중간취득자에 대한 최초 양도인의 채무가 이행된 것으로 볼 것인가이다.

② 이미 경료된 중간생략등기의 효력

    ㉠ 원칙 : 최초양도인과 최후양수인 사이에는 등기원인에 해당하는 채권계약 자체가 존재하지 않으므로 원칙적으로 최후 양수인 명의의 등기는 무효등기에 해당한다.

    ㉡ 예외 : 최초 양도인과 중간취득자 및 중간취득자와 최후 양수인 사이의 매매계약이 모두 유효하고 최초 양도인과 중간 취득자 모두에게 이전등기청구권 행사를 저지할 만한 실체법상의 항변사유가 없어서 최종 양수인 명의의 이전등기가 실체관계와 부합한다면 유효한 등기가 될 수 있다. 즉, 3자 간 합의가 없더라도 그 등기가 적법한 등기원인에 의하여 성립되어 있는 때에는 합의가 없었음을 이유로 그 무효를 주장하지 못하고, 그 말소도 청구하지 못한다(대판 2005.9.29. 2003다40651). **기출** 17

> 최종 양수인이 중간생략등기의 합의를 이유로 최초 양도인에게 직접 중간생략등기를 청구하기 위하여는 관계 당사자 전원의 의사합치가 필요하지만, 당사자 사이에 적법한 원인행위가 성립되어 일단 중간생략등기가 이루어진 이상 중간생략등기에 관한 합의가 없었다는 이유만으로는 중간생략등기가 무효라고 할 수는 없다(대판 2005.9.29. 2003다40651).

중간생략등기의 합의란 부동산이 전전 매도된 경우 각각의 매매계약이 유효하게 성립함을 전제로 그 이행의 편의상 최초의 매도인으로부터 최종의 매수인 앞으로 소유권이전등기를 경료하기로 한다는 당사자 사이의 합의에 불과할 뿐, 최초의 매도인과 최종의 매수인 사이에 매매계약이 체결되었다는것을 의미하는 것은 아니므로, 최초매도인과 최종매수인 사이에 매매계약이 체결되었다고 볼 수 없고, 설사 최종매수인이 자신과 최초매도인을 매매당사자로 하는 토지거래허가를 받아 자신 앞으로 소유권이전등기를 경료하였더라도 그러한 최종매수인 명의의 소유권이전등기는 적법한 토지거래허가 없이 경료된 등기로서 무효이다(대판 1997.11.11. 97다33218).

③ **최종양수인이 최초 양도인에게 등기를 청구할 수 있는지 여부**
 ㉠ 중간생략등기의 합의에 의한 직접청구요건 : 관계당사자 전원의 의사 합치, 즉 최초 양도인·중간취득자·최종 양수인 간의 3자 합의가 있는 경우에 한하여 최종 양수인의 최초양도인에게 직접 자기 명의로 소유권이전등기를 청구할 수 있다(통설·판례).

> 부동산이 전전 양도된 경우에 중간생략등기의 합의가 없는 한 그 최종 양수인은 최초 양도인에 대하여 직접 자기 명의로의 소유권이전등기를 청구할 수 없고, 부동산의 양도계약이 순차 이루어져 최종 양수인이 중간생략등기의 합의를 이유로 최초 양도인에게 직접 그 소유권이전등기청구권을 행사하기 위하여는 관계 당사자 전원의 의사 합치, 즉 중간생략등기에 대한 최초 양도인과 중간자의 동의가 있는 외에 최초 양도인과 최종 양수인 사이에도 그 중간등기 생략의 합의가 있었음이 요구되므로, 비록 최종 양수인이 중간자로부터 소유권이전등기청구권을 양도받았다 하더라도 최초 양도인이 그 양도에 대하여 동의하지 않고 있다면 최종 양수인은 최초 양도인에 대하여 채권양도를 원인으로 하여 소유권이전등기절차 이행을 청구할 수 없다(대판 1997.5.16. 97다485). **기출** 16

 ㉡ 3자 합의가 있는 경우의 법률관계
  • 중간매수인의 소유권이전등기청구권이 소멸된다거나 첫 매도인의 그 매수인에 대한 소유권이전등기의무가 소멸되는 것은 아니다(대판 1991.12.13. 91다18316). **기출** 21·16
  • 최초매도인과 중간 매수인, 중간 매수인과 최종 매수인 사이에 순차로 매매계약이 체결되고 이들 간에 중간생략등기의 합의가 있은 후에 최초 매도인과 중간 매수인 간에 매매대금을 인상하는 약정이 체결된 경우, 최초 매도인은 인상된 매매대금이 지급되지 않았음을 이유로 최종 매수인 명의로의 소유권이전등기의무의 이행을 거절할 수 있다(대판 2005.4.29. 2003다66431). **기출** 21·16·15
  • 최초매도인과 중간매수인이 합의해제를 한 경우, 최초매도인은 합의해제를 이유로 완전한 권리를 취득하지 못한 최종 매수인에게 대항할 수 있다. 즉, 최종 매수인은 제548조 제1항 단서의 제3자에 해당하지 않는다(대판 1980.5.13. 79다932).
 ㉢ 채권자대위권 행사에 따른 청구 : 중간생략등기의 합의가 없다면 부동산의 전전매수인은 매도인을 대위하여 그 전매도인인 등기명의자에게 매도인 앞으로의 소유권이전등기를 구할 수는 있을지언정 직접 자기 앞으로의 소유권이전등기를 구할 수는 없다(대판 1969.10.28. 69다1351).

3) 실제와 다른 등기원인에 의한 등기
① 의의 : 등기관이 원칙적으로 실질적 심사권을 행사할 수 없기 때문에 종래 실제와 다른 등기원인에 의하여 경료된 등기에 대하여 판례는 실체관계에 부합함을 이유로 그 등기의 유효성을 인정하였다. 이와 관련하여 진정명의 회복을 원인으로 하는 소유권이전등기의 허용성이 문제된다.
② 진정명의 회복을 원인으로 하는 소유권이전등기 : 등기절차상 말소등기가 행하여지기 어려운 경우에 그에 대한 대안으로 기능을 한다.

㉠ 진정명의 회복을 위한 소유권이전등기를 청구할 수 있는 자는 물권자에 한한다.

- 이미 자기 앞으로 소유권을 표상하는 등기가 되어 있었거나 법률에 의하여 소유권을 취득한 자가 진정한 등기명의를 회복하기 위한 방법으로는 현재의 등기명의인을 상대로 그 등기의 말소를 구하는 외에 "진정한 등기명의의 회복"을 원인으로 한 소유권이전등기절차의 이행을 직접 구하는 것도 허용되어야한다(대판[전합] 1990.11.27. 89다카12398).
- 자기 앞으로 소유권의 등기가 되어 있지 않았고 법률에 의하여 소유권을 취득하지도 않은 사람이 소유권자를 대위하여 현재의 등기명의인을 상대로 그 등기의 말소를 청구할 수 있을 뿐인 경우에는 진정한 등기명의의 회복을 위한 소유권이전등기청구를 할 수 없다(대판 2003.5.13. 2002다64148)

㉡ 진정명의 회복을 위한 소유권이전등기의 피고적격 : 현재의 등기명의인

진정한 등기명의의 회복을 위한 소유권이전등기청구는 이미 자기 앞으로 소유권을 표상하는 등기가 되어 있었거나 법률에 따라 소유권을 취득한 자가 진정한 등기명의를 회복하기 위한 방법으로서, 현재의 등기명의인을 상대로 하여야 하고 현재의 등기명의인이 아닌 자는 피고적격이 없다(대판 2017.12.5. 2015다240645).

㉢ 말소등기청구소송의 기판력은 진정명의 회복을 위한 소유권이전등기청구소송에 미친다.

진정한 등기명의의 회복을 위한 소유권이전등기청구는 이미 자기 앞으로 소유권을 표상하는 등기가 되어 있었거나 법률에 의하여 소유권을 취득한 자가 진정한 등기명의를 회복하기 위한 방법으로 현재의 등기명의인을 상대로 그 등기의 말소를 구하는 것에 갈음하여 허용되는 것인데, 말소등기에 갈음하여 허용되는 진정명의회복을 원인으로 한 소유권이전등기청구권과 무효등기의 말소청구권은 어느 것이나 진정한 소유자의 등기명의를 회복하기 위한 것으로서 실질적으로 그 목적이 동일하고, 두 청구권 모두 소유권에 기한 방해배제청구권으로서 그 법적 근거와 성질이 동일하므로, 비록 전자는 이전등기, 후자는 말소등기의 형식을 취하고 있다고 하더라도 그 소송물은 실질상 동일한 것으로 보아야 하고, 따라서 소유권이전등기말소청구소송에서 패소확정판결을 받았다면 그 기판력은 그 후 제기된 진정명의회복을 원인으로 한 소유권이전등기청구소송에도 미친다(대판[전합] 2001.9.20. 99다37894 - 다수의견).

4) 무효등기의 유용

① 의의 : 어떤 등기가 행하여졌으나 그것이 실체관계에 부합되지 않아서 무효이거나 사후적으로 무효로 된 후 그와 부합하는 실체관계가 생긴 경우에, 기존의 무효등기를 말소하지 않고 새로운 실체관계를 공시하는 유효한 등기로 이용하는 것을 무효등기의 유용이라 한다.

② 인정 여부

㉠ 표제부 등기의 유용 : 판례는 표제부 등기의 유용은 인정될 수 없다는 입장이다.

- 멸실된 건물과 신축된 건물이 위치나 기타 여러가지 면에서 서로 같다고 하더라도 그 두 건물이 동일한 건물이라고는 할 수 없으므로 신축건물의 물권변동에 관한 등기를 멸실건물의 등기부에 등재하여도 그 등기는 무효이고 가사 신축건물의 소유자가 멸실건물의 등기를 신축건물의 등기로 전용할 의사로써 멸실건물의 등기부상 표시를 신축건물의 내용으로 표시 변경 등기를 하였다고 하더라도 그 등기가 무효임에는 변함이 없다(대판 1980.11.11. 80다441). 기출 23 · 21 · 17
- 기존건물이 멸실된 후 그곳에 새로이 건축한 건물의 물권변동에 관한 등기를 멸실된 건물의 등기부에 하여도 이는 진실에 부합하지 아니하는 것이고 비록 당사자가 멸실건물의 등기로서 신축된 건물의 등기에 갈음할 의사를 가졌다 하여도 그 등기는 무효이니 이미 멸실된 건물에 대한 근저당권설정등기에 신축된 건물에 대한 근저당권이 설정되었다고는 할 수 없으며 그 등기에 기하여 진행된 경매에서 신축된 건물을 경락받았다 하더라도 그로써 소유권취득을 내세울 수는 없다(대판 1976.10.26. 75다2211). 기출 19 · 18 · 15

ⓛ 사항란 등기의 유용 : 등기의 유용 전에「등기상 새로운 이해관계를 가지게 된 제3자」가 없는 경우에 무효등기의 유용이 가능하다(제한적 긍정설).

> • 실질관계의 소멸로 무효로 된 등기의 유용은 그 등기를 유용하기로 하는 합의가 이루어지기 전에 등기상 이해관계가 있는 제3자가 생기지 않은 경우에 한하여 허용된다(대판 1989.10.27. 87다카425). 기출 23·16
> • 부동산의 매매예약에 기하여 소유권이전등기청구권의 보전을 위한 가등기가 마쳐진 경우에 그 매매예약완결권이 소멸하였다면 그 가등기 또한 효력을 상실하여 말소되어야 할 것이나, 그 부동산의 소유자가 제3자와 사이에 새로운 매매예약을 체결하고 그에 기한 소유권이전등기청구권의 보전을 위하여 이미 효력이 상실된 가등기를 유용하기로 합의하고 실제로 그 가등기 이전의 부기등기를 마쳤다면, 그 가등기 이전의 부기등기를 마친 제3자로서는 언제든지 부동산의 소유자에 대하여 위 가등기 유용의 합의를 주장하여 가등기의 말소청구에 대항할 수 있고, 다만 그 가등기 이전의 부기등기 전에 등기부상 이해관계를 가지게 된 자에 대하여는 위 가등기 유용의 합의 사실을 들어 그 가등기의 유효를 주장할 수는 없다(대판 2009.5.28. 2009다4787).

③ 요 건
ⓖ 무효인 등기가 존재할 것
ⓛ 새로운 실체적 관계가 발생하였을 것
ⓒ 무효등기 유용의 합의가 있을 것
ⓔ 유용의 합의 이전에 등기부상 이해관계가 있는 제3자가 없을 것
④ 효과 : 무효등기를 유용한 경우 물권변동의 효력이 발생하는데, 그 효과는 유용의 합의가 있는 때에 생기고, 소급효가 부정된다(대판 1992.5.12. 91다26546).
⑤ 무효등기 유용합의의 항변
ⓖ 문제점 : 무효인 저당권등기에 관하여 채무자인 부동산 소유자(甲)와 새로운 제3의 채권자(丙)와 사이에 저당권등기의 유용의 합의를 하였으나 아직 종전의 채권자 겸 근저당권자(乙)의 협력을 받지 못하여 저당권 이전의 부기등기를 경료하지 못한 경우 채무자 甲이 현재 등기명의자인 종전 채권자 乙에게 근저당권등기의 말소를 청구할 수 있는지 여부가 문제된다.
ⓛ 판 례

> 채무자인 부동산 소유자와 새로운 제3의 채권자와 사이에 저당권등기의 유용의 합의를 하였으나 아직 종전의 채권자 겸 근저당권자의 협력을 받지 못하여 저당권 이전의 부기등기를 경료하지 못한 경우에는 부동산 소유자와 종전의 채권자 사이에서는 저당권설정등기는 여전히 등기원인이 소멸한 무효의 등기라고 할 것이므로 부동산 소유자는 종전의 채권자에 대하여 그 저당권설정등기의 말소를 구할 수 있다고 할 것이지만, 부동산 소유자와 종전의 채권자 그리고 새로운 제3의 채권자 등 3자가 합의하여 저당권설정등기를 유용하기로 합의한 경우라면 종전의 채권자는 부동산 소유자의 저당권설정등기말소청구에 대하여 그 3자 사이의 등기 유용의 합의 사실을 들어 대항할 수 있고 또한 부동산 소유자로부터 그 부동산을 양도받기로 하였으나 아직 소유권이전등기를 경료받지 아니하여 그 소유자를 대위하여 저당권설정등기의 말소를 구할 수밖에 없는 자에 대하여도 마찬가지로 대항할 수 있다(대판 1998.3.24. 97다56242).

> **제187조【등기를 요하지 아니하는 부동산물권취득】**
> 상속, 공용징수, 판결, 경매 기타 법률의 규정에 의한 부동산에 관한 물권의 취득은 등기를 요하지 아니한다. 그러나 등기를 하지 아니하면 이를 처분하지 못한다.

I 서 설

1. 의 의

제187조 본문은 제186조 성립요건주의(형식주의)의 예외를 인정하여 등기 없이도 물권변동이 이루어지는 경우를 규정하고 있다.

2. 제187조 단서의 의미

제187조 본문에 의하여 부동산물권을 등기 없이 취득하였더라도 그 권리자가 이를 법률행위에 의하여 처분하려면 미리 물권의 취득을 등기하고 그 후 그 법률행위를 원인으로 하는 등기를 경료하여야 한다는 의미이다. 따라서 부동산물권을 등기 없이 취득한 자가 자기 명의의 등기 없이 이를 처분한 경우 그 처분의 상대방은 부동산물권을 취득하지 못한다는 것일 뿐, 그 처분행위의 채권적 효력까지 부인할 수는 없다(대판 1994.10.21. 93다12176).

> **더 알아보기 | 동산물권변동의 경우**
>
> 민법은 법률의 규정에 의한 동산물권의 변동에 관하여 명문의 규정을 두고 있지 않으나, 제187조의 규정을 적용하여 동산의 경우에도 인도가 없이 그 효력이 생긴다고 보아야 한다(통설).

II 적용범위

제187조는 취득만 규정하고 있으나 변경, 소멸 등을 모두 포함한다.

1. 상 속

① 피상속인의 사망시에 부동산물권변동이 일어난다(제997조). 따라서 피상속인이 가지고 있었던 부동산 물권은 피상속인 사망시 등기 없이도 법률상 당연히 상속인에게 이전된다.

② 포괄적 유증(제1078조)과 회사의 합병(상법 제235조, 제269조 등)도 상속과 마찬가지로 등기 없이 물권변동이 발생한다.

2. 공용징수

① **의의** : 공용징수(수용)란 공익사업을 위하여 소유권 기타 재산권을 법률의 힘에 의하여 강제적으로 취득하는 것을 말하며, 그 법적 성질은 원시취득이다(대판 2000.7.4. 98다62961).

② **물권변동의 시기** : 협의수용은 협의에서 정한 시기에(공익사업을 위한 토지 등의 취득 및 보상에 관한 법률 제29조, 제45조 제1항), 재결수용은 재결에서 정한 수용의 개시일에(동법 제30조, 제45조 제1항) 물권변동이 발생한다.

3. 판 결

① 제187조의 판결은 판결의 확정으로 권리변동이 일어나는 형성판결을 의미한다. 따라서 매매·증여 등의 법률행위를 원인으로 한 소유권이전등기절차의 이행판결(대판 2003.9.2. 2001다21717)이나 소유권 존재의 확인판결이 있더라도 소유권이전등기가 경료될 때까지는 부동산의 소유권을 취득할 수 없다. 형성판결에 의해 물권변동이 일어나는 시기는 그 판결이 확정된 때이다.

② 민사소송법 제220조에 의해 화해조서나 인낙조서가 작성된 경우, 그 조서가 형성적 내용을 담고 있으면 제187조의 판결에 포함되나, 그 조서의 내용이 이행에 관한 것이면 제187조의 판결에 포함되지 않는다.

③ 공유물분할의 소송절차 또는 조정절차에서 공유자 사이에 공유토지에 관한 현물분할의 협의가 성립하여 그 합의사항을 조서에 기재함으로써 조정이 성립하였다고 하더라도, 그와 같은 사정만으로 재판에 의한 공유물분할의 경우와 마찬가지로 그 즉시 공유관계가 소멸하고 각 공유자에게 그 협의에 따른 새로운 법률관계가 창설되는 것은 아니고, 공유자들이 협의한 바에 따라 토지의 분필절차를 마친 후 각 단독소유로 하기로 한 부분에 관하여 다른 공유자의 공유지분을 이전받아 등기를 마침으로써 비로소 그 부분에 대한 대세적 권리로서의 소유권을 취득하게 된다고 보아야 한다(대판[전합] 2013.11.21. 2011두1917 - 다수의견).

4. 경 매

제187조에서 말하는 경매는 사인 사이에서 행해지는 사경매가 아닌 국가기관이 행하는 공경매를 의미한다. 여기에는 민사집행법상의 경매와 국세징수법상의 경매가 있는데, 소유권 취득시기는 전자의 경우에는 매수인이 매각대금을 완납한 때이고(민사집행법 제135조, 제268조), 후자의 경우에는 매수인이 매수대금을 납부한 때이다(국세징수법 제77조 제1항).

5. 기타 법률의 규정에 의한 부동산 물권변동

(1) 신축건물의 소유권 귀속

① **문제점** : 원칙적으로 자기의 비용과 노력으로 건물을 신축한 자는 그 건축허가가 타인의 명의로 된 여부에 관계 없이 그 소유권을 원시취득한다(대판 2002.4.26. 2000다16350). 이와 관련하여 건축주의 사정으로 건축공사가 중단되었던 미완성 건물을 인도받아 나머지 공사를 마치고 완공한 경우에, 완성된 건물의 소유권이 누구에게 귀속되는지 문제된다.

② **판례** : 건축주의 사정으로 건축공사가 중단되었던 미완성의 건물을 인도받아 나머지 공사를 마치고 완공한 경우, 건물이 공사가 중단된 시점에서 사회통념상 독립한 건물이라고 볼 수 있는 형태와 구조를 갖추고 있었다면 원래의 건축주가 그 건물의 소유권을 원시취득한다(대판 1997.5.9. 96다54867).

[비교]
- 처음부터 여러 층으로 건축할 것이 예정된 미완성 건물을 인도받아 건축한 경우

  건물이 설계도상 처음부터 여러 층으로 건축할 것으로 예정되어 있고 그 내용으로 건축허가를 받아 건축공사를 진행하던 중에 건축주의 사정으로 공사가 중단되었고 그와 같이 중단될 당시까지 이미 일부 층의 기둥과 지붕 그리고 둘레 벽이 완성되어 그 구조물을 토지의 부합물로 볼 수 없는 상태에 이르렀다고 하더라도, 제3자가 이러한 상태의 미완성 건물을 종전 건축주로부터 양수하여 나머지 공사를 계속 진행한 결과 건물의 구조와 형태 등이 건축허가의 내용과 사회통념상 동일하다고 인정되는 정도로 건물을 축조한 경우에는, 그 구조와 형태가 원래의 설계 및 건축허가의 내용과 동일하다고 인정되는 건물 전체를 하나의 소유권의 객체로 보아 그 제3자가 그 건물 전체의 소유권을 원시취득한다고 보는 것이 옳고, 건축허가를 받은 구조와 형태대로 축조된 전체 건물 중에서 건축공사가 중단될 당시까지 기둥과 지붕 그리고 둘레 벽이 완성되어 있던 층만을 분리해 내어 이 부분만의 소유권을 종전 건축주가 원시취득한다고 볼 것이 아니다. 또한, 구분소유가 성립하는 시점은 원칙적으로 건물 전체가 완성되어 당해 건물에 관한 건축물대장에 구분 건물로 등록된 시점이라고 할 것이므로, 건축공사가 중단될 당시까지 종전 건축주에 의하여 축조된 미완성 건물의 구조와 형태가 구분소유권의 객체가 될 수 있을 정도가 되었다고 하더라도 마찬가지이다(대판 2006.11.9. 2004다67691).
- 건물 신축의 공사가 진행되다가 독립한 부동산인 건물로서의 요건을 아직 갖추지 못한 단계에서 중지된 것을 제3자가 이어받아 계속 진행함으로써 별개의 부동산인 건물로 성립되어 그 소유권을 원시취득한 경우에 그로써 애초의 신축 중 건물에 대한 소유권을 상실한 사람은 제261조, 제257조, 제259조를 준용하여 건물의 원시취득자에 대하여 부당이득 관련 규정에 기하여 그 소유권의 상실에 관한 보상을 청구할 수 있다(대판 2010.2.25. 2009다83933).

(2) 기 타

① 법정지상권(제305조, 제366조)의 취득, 관습법상 법정지상권(대판 1966.9.20. 66다1434)의 취득, 법정저당권(제649조)의 취득

② 혼동에 의한 물권의 소멸(제191조)

③ 법정대위에 의한 저당권의 이전(제482조)

④ 피담보채권의 소멸에 의한 저당권의 소멸(제369조)

⑤ 점유권이나 유치권과 같이 권리의 성질상 등기를 할 수 없는 경우도 있다.

Ⅲ 예 외

제245조 제1항(부동산 점유취득시효)은 20년간 소유의 의사로 평온, 공연하게 부동산을 점유한 자는 등기함으로써 그 소유권을 취득한다고 규정하여 제187조의 예외를 인정하고 있다.

Ⅰ 총 설

1. 등기의 의의

등기란 국가기관인 등기관이 부동산등기법 소정의 절차에 따라 부동산에 관한 권리관계를 공적장부인 등기부에 기재하는 것 또는 그러한 기재 자체를 말한다.

2. 등기의 종류

(1) 사실의 등기와 권리의 등기

등기는 '표제부(標題部)'에 하는 사실의 등기와 '갑구(甲區)'와 '을구(乙區)'에 하는 권리의 등기로 구분된다. 등기의 실체법상 효력은 권리의 등기에서만 인정된다.

(2) 보존등기와 권리변동의 등기

미등기의 부동산에 관하여 최초로 이루어져 그 후에 행하여지는 각종의 등기의 기초가 되는 등기를 보존등기라 하고, 보존등기를 기초로 하여 제186조에 따라 행하여지는 등기를 권리변동의 등기라 한다.

> • 신축건물의 보존등기를 건물 완성 전에 하였더라도 그 후 건물이 완성된 이상 등기를 무효라고 볼 수 없다(대판 2016.1.28. 2013다59876).
> • 소유권보존등기는 토지대장등본 또는 임야대장등본에 의하여 자기 또는 피상속인이 토지대장 또는 임야대장에 소유자로서 등록되어 있는 것을 증명하는 재[부동산등기법 제130조 제1호(현행 제65조 제1호)], 판결에 의하여 자기의 소유권을 증명하는 재[같은 조 제2호(현행 제65조 제2호)], 수용으로 소유권을 취득한 재[같은 조 제3호(현행 제65조 제3호)]가 신청할 수 있는데, 대장(토지대장, 임야대장)등본에 의하여 자기 또는 피상속인이 대장에 소유자로서 등록되어 있는 것을 증명하는 자는 대장에 최초의 소유자로 등록되어 있는 자 및 그 자를 포괄승계한 자이며, 대장상 소유권이전등록을 받았다 하더라도 물권변동에 관한 형식주의를 취하고 있는 현행 민법상 소유권을 취득했다고 할 수 없고, 따라서 대장상 소유권이전등록을 받은 자는 자기앞으로 바로 보존등기를 신청할 수는 없으며, 대장상 최초의 소유명의인 앞으로 보존등기를 한 다음 이전등기를 하여야 한다(대판 2009.10.15. 2009다48633).

(3) 등기의 내용에 의한 분류

1) 기입등기

새로운 등기원인에 기하여 행해지는 등기로 보통 소유권보존등기, 소유권이전등기 등이 있다.

2) 경정등기

① 의의 : 등기가 행해졌으나 그 절차에 흠이 있어 「원시적으로」 등기와 실체관계가 불일치하는 경우 이를 시정하기 위한 등기이다(부동산등기법 제32조 제1항).

② 신청주의 : 경정등기도 신청주의(부동산등기법 제22조)가 원칙이나 착오나 빠진 부분이 등기관의 잘못으로 인하여 생긴 때에는 등기관이 직권으로 경정하여야 한다(부동산등기법 제32조 제2항 본문).

3) 변경등기

어떤 등기가 행하여진 후 등기된 사항에 변경이 생겨 「후발적으로」 등기와 실체관계가 불일치하는 경우 이를 시정하기 위한 등기이다(부동산등기법 제35조, 제41조).

4) 말소등기

① 의의 : 등기에 대응하는 실체관계가 원시적 또는 후발적으로 소멸함에 따라 기존의 등기 전부를 말소하는 등기이다.

> 말소등기란 어떤 등기의 등기사항 전부가 원시적 또는 후발적으로 실체관계와 불일치하게 된 경우 당해 등기 전부를 법률적으로 소멸시킬 목적으로 행하여지는 등기를 말하므로, 이미 말소되어 있는 등기에 대하여는 그 말소를 구할 법률상 이익이 없다(대판 2009.2.26. 2006다72802).

② 이해관계 있는 제3자가 있는 등기의 말소 : 등기상 이해관계 있는 제3자가 있을 때에는 등기의 말소를 신청하는 경우 제3자의 승낙이 있어야 하며, 이 경우 제3자 명의의 등기는 등기관이 직권으로 말소한다(부동산등기법 제57조).

5) 말소회복등기

기존의 등기가 부당하게 말소된 경우에 하는 등기로, 등기의 회복을 신청하는 때 등기상 이해관계 있는 제3자가 있는 경우 제3자의 승낙을 얻어야 한다(부동산등기법 제59조).

6) 멸실등기

부동산이 멸실된 경우에 행하여지는 등기로 권리의 등기가 아니라 사실의 등기에 해당한다(부동산등기법 제39조, 제43조, 제44조)이다. 부동산이 일부 멸실된 경우에는 멸실등기가 아니라 변경등기를 하여야 한다.

7) 멸실회복등기

등기부의 전부 또는 일부가 멸실된 경우에 행하여지는 등기이나 등기정보가 전산화되어 있는 현실을 감안하면 등기부의 멸실을 생각하기 어려워 2011년 개정부동산등기법에서 폐지되었다. 단, 종이형태로 작성된 등기부의 전부 또는 일부가 폐쇄되지 않은 상태에서 멸실되었으나, 2011.10.13.까지 종전의 규정에 따른 멸실회복등기절차가 이루어지지 않은 경우의 회복에 관한 절차는 종전의 규정에 따른다[부동산등기규칙 부칙 제3조(대법원규칙 제2356호, 2011.9.28.)].

(4) 등기의 형식에 의한 분류

① 주등기 : 표시번호란 또는 갑구나 을구의 순위번호란에 독립된 번호가 부여되는 등기이다.

② 부기등기 : 변경등기 또는 경정등기 등과 같이 기존의 등기순위를 그대로 보유할 필요가 있는 경우에 주등기의 번호를 그대로 사용하며, 주등기의 번호 아래에 부기호수를 기재하여 이루어지는 등기이다. 따라서 부기등기는 주등기에 종속되는 것으로, 주등기와 별개의 새로운 등기가 아니다.

> • 근저당권 이전의 부기등기는 기존의 주등기인 근저당권설정등기에 종속되어 주등기와 일체를 이루는 것이어서, 피담보채무가 소멸된 경우 또는 근저당권설정등기가 당초 원인무효인 경우 주등기인 근저당권설정등기의 말소만 구하면 되고 그 부기등기는 별도로 말소를 구하지 않더라도 주등기의 말소에 따라 직권으로 말소되는 것이므로, 위 부기등기의 말소청구는 권리보호의 이익이 없는 부적법한 청구라고 할 것이다(대판 2000.10.10. 2000다19526). 또한 근저당권 양도의 부기등기는 기존의 근저당권설정등기에 의한 권리의 승계를 등기부상 명시하는 것 뿐으로, 그 등기에 의하여 새로운 권리가 생기는 것이 아닌 만큼 근저당권설정등기의 말소등기청구는 양수인만을 상대로 하면 족하고 양도인은 그 말소등기청구에 있어서 피고적격이 없으며, 근저당권의 이전이 전부명령 확정에 따라 이루어졌다고 하여 이와 달리 보아야 하는 것은 아니다(대판 2000.4.11. 2000다5640).
> • 다만, 근저당권의 이전원인만이 무효로 되거나 취소 또는 해제된 경우, 즉 근저당권의 주등기 자체는 유효한 것을 전제로 이와는 별도로 근저당권이전의 부기등기에 한하여 무효사유가 있다는 이유로 부기등기만의 효력을 다투는 경우에는 그 부기등기의 말소를 소구할 필요가 있으므로 예외적으로 소의 이익이 있다(대판 2005.6.10. 2002다15412 · 15429). **기출** 16

(5) 등기의 효력에 의한 분류

1) 의 의

등기를 효력에 따라 분류하면 직접 물권변동을 발생케 하는 본등기로서 종국등기와 물권변동과는 직접적인 관계가 없이 간접적으로 물권변동에 대비하기 위한 예비등기로서 가등기가 있다. 과거에는 예비등기에 가등기와 예고등기가 있었으나, 2011년 개정부동산등기법에 의해 예고등기가 폐지되었다. 이하에서는 가등기에 대해서만 검토하기로 한다.

2) 가등기

① 의의 : 가등기란 종국등기를 할 만한 실체법적 또는 절차법적 요건을 구비하지 못한 경우에, 장차 행하여질 본등기의 순위를 보전해 주는 효력을 가지는 등기로, 부동산물권이나 임차권 등의 권리변동을 목적으로 하는 청구권을 보전하기 위하여 또는 그 청구권이 시기부 또는 정지조건부일 경우나 그 밖에 장래에 확정될 것인 경우에 그 본등기의 순위보전을 위하여 하는 예비등기를 말한다(부동산등기법 제88조). 따라서 청구권의 순위를 보전하기 위한 것이 아닌 물권적 청구권을 보전하기 위한 가등기는 허용되지 않는다(대판 1982.11.23. 81다카1110). 기출 20

② 종류 : 가등기는 청구권보전의 가등기와 담보가등기가 있다. 일반적으로 가등기는 청구권보전의 가등기를 의미하며 담보가등기는 가등기담보 등에 관한 법률이 적용되어 가등기만으로도 실체법상 효력이 인정된다.

③ 가등기의 유효요건 : 가등기를 하려면 아래와 같이 보전할 유효한 청구권이 존재하여야 한다.
  ㉠ 권리변동을 목적으로 하는 청구권을 보전하려 할 때
  ㉡ 보전할 청구권이 시기부 또는 정지조건부일 때
  ㉢ 그 밖의 청구권이 장래에 있어 확정될 것인 때

④ 가등기법상 권리의 이전(가등기의 부기등기)
  ㉠ 문제점 : 가등기에 의하여 보전된 청구권이 양도된 경우에, 그 양도의 가등기가 가능한지 문제된다.
  ㉡ 판 례

> 가등기는 원래 순위를 확보하는 데에 그 목적이 있으나, 순위 보전의 대상이 되는 물권변동의 청구권은 그 성질상 양도될 수 있는 재산권일 뿐만 아니라 가등기로 인하여 그 권리가 공시되어 결과적으로 공시방법까지 마련된 셈이므로, 이를 양도한 경우에는 양도인과 양수인의 공동신청으로 그 가등기상의 권리의 이전등기를 가등기에 대한 부기등기의 형식으로 경료할 수 있다고 보아야 한다(대판[전합] 1998.11.19. 98다24105). 기출 22 · 20 · 18 · 16

⑤ 가등기의 효력
  ㉠ 본등기 전의 효력(실체법상 효력의 문제)
    • 문제점 : 본등기 전인 가등기 상태의 실체법상 효력에 대해서 학설의 대립이 있으나, 다수설과 판례는 소극설의 입장이다.
    • 학 설
      - 소극설(다수설) : 가등기는 본등기가 없는 한 아무런 효력이 없으며, 이에 따라 가등기권자는 가등기설정자의 처분행위를 저지할 수 없다는 입장이다. 또한 가등기가 있다 하여, 어떤 청구권의 존재가 추정되지도 않는다는 견해이다.

- 적극설 : 가등기 상태로도 청구권보전의 효력은 존재한다는 입장이다. 즉, 가등기가 있더라도 가등기설정자는 이를 제3자에게 처분할 수 있는데, 그 중간처분등기는 가등기된 권리를 침해하는 한도 내에서 효력이 없다고 보는 상대적 무효의 효력을 청구권보전의 효력이라고 한다.
- 판 례

> • 가등기는 부동산등기법 제6조 제2항의 규정에 의하여 그 본등기시에 본등기의 순위를 가등기의 순위에 의하도록 하는 순위보전적 효력만이 있을 뿐이고, 가등기만으로는 아무런 실체법상 효력을 갖지 아니하고 그 본등기를 명하는 판결이 확정된 경우라도 본등기를 경료하기까지는 마찬가지이므로, 중복된 소유권보존등기가 무효이더라도 가등기 권리자는 그 말소를 청구할 권리가 없다(대판 2001.3.23. 2000다51285).
> • 소유권이전청구권 보전을 위한 가등기가 있다 하여, 소유권이전등기를 청구할 어떤 법률관계가 있다고 추정되지 아니한다(대판 1979.5.22. 79다239). **기출** 21 · 20 · 17 · 16

ⓛ 본등기 후의 효력
- 순위보전적 효력 : 가등기에 기해 본등기를 하면 본등기의 순위만 가등기 순위에 의한다(부동산등기법 제91조). 그러나 물권변동의 시기는 본등기를 한 때이며 가등기를 한 때로 소급하지 않는다.

> 가등기는 그 성질상 본등기의 순위보전의 효력만이 있어 후일 본등기가 경료된 때에는 본등기의 순위가 가등기한 때로 소급하는 것뿐이지 본등기에 의한 물권변동의 효력이 가등기한 때로 소급하여 발생하는 것은 아니다(대판 1992.9.25. 92다21258). **기출** 22 · 20

- 본등기의 절차
  - 문제점 : 甲에게서 乙로 소유권이전의 가등기가 경료된 후 甲에게서 丙으로 소유권 이전등기가 경료된 경우, 乙은 가등기에 기한 본등기를 어떻게 하여야 하는지 문제된다.
  - 판 례

> • [1] 가등기후에 제3자에게 소유권이전의 본등기가 된 경우에 가등기권리자는 본등기를 경료하지 아니하고는 가등기 이후의 본등기의 말소를 청구할 수 없다.
> [2] 위의 경우에 가등기권자는 가등기 의무자인 전 소유자를 상대로 본등기청구권을 행사할 것이고 제3자를 상대로 할 것이 아니다.
> [3] 가등기권자가 소유권이전의 본등기를 한 경우에는 등기공무원은 부동산등기법 제175조 제1항, 제55조 제2호에 의하여 가등기 이후에 한 제3자의 본등기를 직권말소할 수 있다(대결[전합] 1962.12.24. 4294민재항675). **기출** 21 · 20
> • 반면 가등기에 기한 소유권이전의 본등기가 경료됨으로써 등기공무원이 직권으로 가등기 후에 경료된 제3자의 등기를 말소한 경우 그 후에 그 가등기에 기한 본등기가 원인무효 등의 사유로 말소된 때에는 결국 그 제3자의 등기는 말소하지 아니할 것을 말소한 결과가 되므로 등기공무원은 직권으로 그 말소등기의 회복등기를 하여야 하는 것이고, 따라서 그 회복등기를 소구할 이익이 없다(대판 1995.5.26. 95다6878).

- 제576조의 담보책임

> 가등기의 목적이 된 부동산을 매수한 사람이 그 뒤 가등기에 기한 본등기가 경료됨으로써 그 부동산의 소유권을 상실하게 된 때에는 매매의 목적 부동산에 설정된 저당권 또는 전세권의 행사로 인하여 매수인이 취득한 소유권을 상실한 경우와 유사하므로, 이와 같은 경우 제576조의 규정이 준용된다고 보아 같은 조 소정의 담보책임을 진다고 보는 것이 상당하고 제570조에 의한 담보책임을 진다고 할 수 없다(대판 1992.10.27. 92다21784).

- 제203조의 비용상환청구권

> 가등기가 되어 있는 부동산 소유권을 이전받은 "甲"이 그 부동산에 대하여 필요비나 유익비를 지출한 것은 가등기에 의한 본등기가 경유됨으로써 가등기 이후의 저촉되는 등기라 하여 직권으로 말소를 당한 소유권이전등기의 명의자 "甲"과 본등기 명의자인 "乙" 내지 그 특별승계인인 "丙"과의 법률관계는 결과적으로 타인의 물건에 대하여 "甲"이 그 점유기간 내에 비용을 투입한 것이 된다(대판 1976.10.26. 76다2079). 따라서 <u>소유권이전등기를 직권말소 당한 甲은 본등기 명의자인 乙 내지 그 특별승계인 丙에게 비용상환청구권을 행사할 수 있다.</u>

더 알아보기 **가등기의 가등기**

가등기는 원래 순위를 확보하는 데에 그 목적이 있으나, 순위보전의 대상이 되는 물권변동의 청구권은 그 성질상 양도될 수 있는 재산권일 뿐만 아니라 가등기로 인하여 그 권리가 공시되어 결과적으로 공시방법까지 마련된 셈이므로, 이를 양도한 경우에는 양도인과 양수인의 공동신청으로 그 가등기상의 권리의 이전등기를 가등기에 대한 부기등기의 형식으로 경료할 수 있다고 보아야 한다(대판[전합] 1998.11.19. 98다24105).

---

3. 등기부와 대장

(1) 등기부

등기부란 전산정보처리조직에 의하여 입력·처리된 등기정보자료를 대법원규칙이 정하는 바에 따라 편성한 공적 장부를 말한다(부동산등기법 제2조 제1호).

(2) 대 장

대장이란 부동산에 관한 사실상의 상황을 기재하는 공적 장부를 말한다. 이에는 지적공부로써 토지대장과 임야대장 등이 있고, 건물에 관한 것으로써 건축물대장이 있다. 등기부와 달리 대장의 기재에 대해서는 추정력이 인정되지 않는다.

> 개정 지적법 시행 이후 새로 작성된 카드화된 토지대장에 위와 같이 권리추정력이 인정되지 않는 종전 토지대장의 소유자란의 기재가 그대로 옮겨 적어졌다면, 그 새로운 토지대장의 소유자에 관한 사항에도 마찬가지로 권리추정력은 없다(대판 2013.7.11. 2013다202878).

(3) 양자의 관계

부동산의 물적 상황 내지 동일성은 대장의 기재를 기초로 하고, 등기는 이에 맞추어 수정한다(부동산등기법 제29조 제11호 참고). 그러나 권리의 변동은 역으로 등기부의 기재를 기초로 하여 대장상의 기재 내용을 수정한다(건축물대장의 기재 및 관리 등에 관한 규칙 제19조 참고).

4. 등기의 절차

(1) 등기의 신청

1) 신청주의

① 원칙(공동신청주의) : 등기는 등기의 진정을 확보하기 위하여 원칙적으로 등기권리자와 등기의무자가 공동으로 신청하여야 한다(부동산등기법 제23조 제1항).

② 예외(단독신청주의) : 다만, 등기의 진정을 담보할 수 있는 경우, 성질상 등기의무자가 없는 경우에는 등기권리자 또는 등기명의자에 의한 단독신청이 가능하다(부동산등기법 제23조 제2항 내지 제8항).

> **더 알아보기** 등기 단독신청이 가능한 경우
>
> 판결에 의한 등기(부동법 제23조 제4항), 상속에 의한 등기(부동법 제23조 제3항, 제27조), 부동산표시의 변경등기(부동법 제23조 제5항), 가등기(부동법 제89조, 제90조), 미등기 부동산의 소유권보존등기(부동법 제65조), 멸실회복등기(부동산등기예규) 등

2) 등기신청의 대리와 대위

① 대리인이 등기를 신청할 수 있고(부동산등기법 제24조 제1항 제1호), 이 경우 제124조(자기계약, 쌍방대리의 금지) 규정이 적용되지 않는다.

② 채권자는 채권자대위권을 행사하여, 채무자가 가지는 등기신청권을 대위할 수 있다(부동산등기법 제28조 제1항).

3) 등기신청에 필요한 서면

등기를 신청할 때에는 일정한 신청정보 및 첨부정보를 제공해야 한다(부동산등기법 제24조 제2항 참고).

(2) 등기신청에 대한 심사(형식적 심사주의)

> 등기관은 등기신청에 대하여 부동산등기법상 그 등기신청에 필요한 서면이 제출되었는지 여부 및 제출된 서면이 형식적으로 진정한 것인지 여부를 심사할 권한을 갖고 있으나 그 등기신청이 실체법상의 권리관계와 일치하는지 여부를 심사할 실질적인 심사권한은 없으므로, 등기관으로서는 오직 제출된 서면 자체를 검토하거나 이를 등기부와 대조하는 등의 방법으로 등기신청의 적법 여부를 심사하여야 할 것이고, 이러한 방법에 의한 심사결과 형식적으로 부진정한, 즉 위조된 서면에 의한 등기신청이라고 인정될 경우 이를 각하하여야 할 직무상의 의무가 있다고 할 것이지만, 등기관은 다른 한편으로 대량의 등기신청사건을 신속하고 적정하게 처리할 것을 요구받기도 하므로 제출된 서면이 위조된 것임을 간과하고 등기신청을 수리한 모든 경우에 등기관의 과실이 있다고는 할 수 없고, 위와 같은 방법의 심사 과정에서 등기업무를 담당하는 평균적 등기관이 보통 갖추어야 할 통상의 주의의무만 기울였어도 제출 서면이 위조되었다는 것을 쉽게 알 수 있었음에도 이를 간과한 채 적법한 것으로 심사하여 등기신청을 각하하지 못한 경우에만 그 과실을 인정할 수 있다(대판 2007.6.14. 2007다4295).

(3) 등기의 실행

부동산등기법 제29조(신청의 각하) 소정의 사유가 없다면, 등기관은 접수번호와 순서에 따라 새로운 권리에 관한 등기를 마친 후(부동산등기법 제11조 제3항), 등기필정보를 작성하여 등기권리자에게 통지하여야 한다(부동산등기법 제50조 제1항).

Ⅱ 등기청구권

1. 의 의

등기 공동신청주의(부동산등기법 제23조 제1항)에 반하여 등기의무자가 등기신청에 협력하지 않는 경우, 등기권리자가 등기의무자에 대하여 등기에 협력하여 줄 것을 청구할 수 있는 실체법상의 권리를 등기청구권이라 한다. 반면 등기의무자가 등기권리자를 상대로 등기청구권을 행사할 수 있는데, 이를 등기인수청구권이라고도 한다.

2. 등기청구권의 발생원인과 그 법적 성질

(1) 문제점

등기청구권의 발생원인과 그 법적 성질에 관하여 법은 규정하고 있지 않으나, 그것이 채권적 청구권인지 물권적 청구권인가 하는 문제는 소멸시효, 기판력(민소법 제218조 제1항 참고) 등과 관련하여 논의가 된다. 이하에서는 등기청구권의 발생원인을 유형화하여 그 법적 성질에 대하여 검토하겠다.

(2) 법률행위에 의한 물권변동의 경우

1) 법적 성질

① 학설 : 다수설인 채권적 청구권설은 ㉠ 채권행위에서 발생하는 채권적 청구권이라는 견해와 ㉡ 물권적 합의에서 나오는 채권적 청구권이라는 견해 등이 있다. 반면 소수설인 물권적 청구권은 ㉠ 물권적 합의에서 나오는 물권적 청구권이라는 견해와 ㉡ 물권적 기대권의 효력으로 발생하는 물권적 청구권이라는 견해가 있다.

② 판례 : 법률행위에 의한 등기청구권은 채권행위로부터 발생하는 채권적 청구권이다.

> 신민법하의 부동산에 관한 매매에 있어서는 등기가 없는 한 소유권을 취득하지 못하므로 그 매수인은 소유권을 전제로 한 물권적 청구권에 의하여 소유권이전등기를 청구할 수 없으나 매매계약에 따라 물권을 이전하라는 채권적 청구권에 의하여 소유권의 이전등기를 청구할 수 있다고 해할 것이다(대판 1962.5.10. 4294민상1232).

2) 시효소멸 여부

① 학설 : 다수설인 채권적 청구권설에 따르면 10년의 소멸시효에 걸린다는 입장이나, 소수설인 물권적 청구권설에 따르면 시효에 걸리지 않는다는 입장이다.

② 판례 : 채권적 청구권이므로 원칙적으로 시효에 걸리지만 예외적으로 매수인이 인도받아 사용·수익하고 있는 경우에는 등기청구권자는 권리 위에 잠자는 자에 해당하지 않으므로 소멸시효가 진행하지 않는다는 입장이다(대판[전합] 1976.11.6. 76다148 - 다수의견).

> • 시효제도의 존재이유에 비추어 보아 부동산 매수인이 그 목적물을 인도받아서 이를 사용수익하고 있는 경우에는 그 매수인을 권리 위에 잠자는 것으로 볼 수도 없고 또 매도인 명의로 등기가 남아 있는 상태와 매수인이 인도받아 이를 사용수익하고 있는 상태를 비교하면 매도인 명의로 잔존하고 있는 등기를 보호하기 보다는 매수인의 사용수익상태를 더욱 보호하여야 할 것이므로 그 매수인의 등기청구권은 다른 채권과는 달리 소멸시효에 걸리지 않는다고 해석함이 타당하다(대판[전합] 1976.11.6. 76다148 - 다수의견).
> • 부동산의 매수인이 그 부동산을 인도받은 이상 이를 사용·수익하다가 그 부동산에 대한 보다 적극적인 권리 행사의 일환으로 다른 사람에게 그 부동산을 처분하고 그 점유를 승계하여 준 경우에도 그 이전등기청구권의 행사 여부에 관하여 그가 그 부동산을 스스로 계속 사용·수익만 하고 있는 경우와 특별히 다를바 없으므로 위 두 어느 경우에나 이전등기청구권의 소멸시효는 진행되지 않는다고 보아야 한다(대판[전합] 1993.3.18. 98다32175 - 다수의견). 기출 16

(3) 실체관계와 등기가 불일치하는 경우

물권적 청구권이라는 것이 학설과 판례의 입장이다.

> - 부동산의 소유자 명의를 신탁한 자는 특별한 사정이 없는 한 언제든지 명의신탁을 해지하고 소유권에 기하여 신탁해지를 원인으로 한 소유권이전등기절차의 이행을 청구할 수 있는 것으로서, 이와 같은 등기청구권은 소멸시효의 대상이 되지 않는다(대판 1991.11.26. 91다34387).
> - 채권담보의 목적으로 이루어지는 부동산 양도담보의 경우에 있어서 피담보채무가 변제된 이후에 양도담보권 설정자가 행사하는 등기청구권은 양도담보권설정자의 실질적 소유권에 기한 물권적청구권이므로 따로이 시효소멸되지 아니한다(대판 1979.2.13. 78다2412). **기출 22**

(4) 점유취득시효의 경우(제245조 제1항)

① 학설 : 점유취득시효완성에 의한 소유권이전등기청구권에 대하여 물권적 기대권에 근거한 물권적 청구권이라는 소수견해도 있으나 다수설은 채권적 청구권이라고 한다.

② 판례 : 점유취득시효완성에 의한 소유권이전등기청구권은 채권적 청구권이지만 시효완성자가 점유를 계속하고 있는 한 소멸시효는 진행하지 않는다는 입장이나(대판[전합] 1999.3.18. 98다32175), 점유자가 점유를 상실한 때에는 점유를 상실한 때부터 10년의 소멸시효가 진행한다고 한다(대판 1996.3.8. 95다34866 · 34873).

> - 부동산에 대한 점유취득시효 완성을 원인으로 하는 소유권이전등기청구권도 채권적 청구권으로서, 취득시효가 완성된 점유자가 그 부동산에 대한 점유를 계속하는 한 소멸시효가 진행하지 아니하나, 그 점유를 상실한 때로부터 10년간 이를 행사하지 아니하면 소멸시효가 완성한다(대판[전합] 1999.3.18. 98다32175).
> - 나아가 그 후 점유를 상실하였다고 하더라도 이를 시효이익의 포기로 볼 수 있는 경우가 아닌 한 이미 취득한 소유권이전등기청구권은 바로 소멸되는 것은 아니나, 취득시효가 완성된 점유자가 점유를 상실한 경우 취득시효 완성으로 인한 소유권이전등기청구권의 소멸시효는 이와 별개의 문제로서, 그 점유자가 점유를 상실한 때로부터 10년간 등기청구권을 행사하지 아니하면 소멸시효가 완성한다(대판 1996.3.8. 95다34866 · 34873).

(5) 부동산 임차권(제621조)과 부동산 환매권(제592조)에 기한 등기청구권

채권에 기한 권리로서 채권적 청구권이다.

> **더 알아보기** 등기청구권의 특수문제 : 진정등기명의의 회복을 위한 소유권이전등기청구권
>
> 1. 문제점
> 실체관계에 부합하지 않는 무효의 등기가 경료된 경우 말소등기를 청구함이 본래적 모습인데 이러한 말소등기 이외에 진정등기명의 회복을 위한 소유권이전등기청구를 하는 것도 허용되는지가 문제된다.
>
> 2. 판례
> 대법원은 이미 자기 앞으로 소유권을 표상하는 등기가 되어 있었거나, 법률의 규정에 의하여 소유권을 취득한 자가 진정한 등기명의를 회복하는 방법으로는 현재의 등기명의인을 상대로 그 등기의 말소를 구하는 외에 진정한 등기명의의 회복을 원인으로 한 소유권이전등기절차의 이행을 직접 구하는 것도 허용되어야 한다고 함으로써 긍정하는 입장이다(대판 1990.11.27. 89다카12398, 대판 2009.7.9. 2008다56019 · 56026).

Ⅲ 본등기의 효력

1. 권리변동적 효력(창설적 효력)

물권변동을 일으키는 효력을 등기의 권리변동적 효력이라고 한다. 구체적으로 등기관이 등기를 마치면 그 등기의 효력은 「접수한 때」부터 발생한다(부동산등기법 제6조 제2항).

2. 대항적 효력

부동산 제한물권(지상권, 지역권, 전세권, 저당권 등)이나 부동산임차권, 부동산환매권은 물권변동 이외의 사항(존속기간, 이자, 지료, 전세금, 지급시기 등)에 대하여 등기를 할 수 있는데, 이들이 등기된 경우 제3자에게 대항할 수 있다는 효력을 말한다.

3. 순위확정적 효력

같은 부동산에 관하여 등기한 권리의 순위는 법률에 다른 규정이 없으면 등기한 순서에 따른다(부동산등기법 제4조 제1항). 다만, 부기등기의 순위는 주등기의 순위에 따르고, 같은 주등기에 관한 부기등기 상호간의 순위는 그 등기 순서에 따른다(부동산등기법 제5조).

4. 추정적 효력(등기의 추정력)

(1) 서 설

① 의의 : 등기가 형식적으로 존재하면 그 등기의 유효·무효와 관계 없이 그에 부합하는 실체적 권리관계가 존재하는 것으로 추정되는 효력을 말한다.

② 인정 여부 : 점유(제200조)와 달리 민법은 등기의 추정력에 관한 명문의 규정이 없으나 이를 인정하는 견해가 다수설·판례(대판 1979.6.26. 79다741)이다.

(2) 추정력의 본질

① 학설은 점유의 추정력에 관한 제200조를 유추적용하여 법률상 추정으로 보는 ㉠ 법률상 추정설과 법률상 추정은 명문의 규정이 있어야 하는데, 명문의 규정이 없는 한 사실상 추정에 불과하다는 ㉡ 사실상 추정설의 대립이 있다.

② 판례는 등기의 추정력에 대해 법률상 권리추정으로 보고 있다.

> 부동산에 관한 소유권이전등기는 권리의 추정력이 있으므로, 이를 다투는 측에서 그 무효사유를 주장·입증하지 아니하는 한, 등기원인 사실에 관한 입증이 부족하다는 이유로 그 등기를 무효라고 단정할 수 없다(대판 1979.6.26. 79다741).

(3) 추정력의 범위

1) 물적 범위

① 등기절차의 적법추정

> [1] 어느 부동산에 관하여 등기가 경료되어 있는 경우 특별한 사정이 없는 한 그 원인과 절차에 있어서 적법하게 경료된 것으로 추정된다.
> [2] 전 등기명의인이 미성년자이고 당해 부동산을 친권자에게 증여하는 행위가 이해상반행위라 하더라도 일단 친권자에게 이전등기가 경료된 이상, 특별한 사정이 없는 한, 그 이전등기에 관하여 필요한 절차를 적법하게 거친 것으로 추정된다(대판 2002.2.5. 2001다72029). 기출 20

② 등기원인의 적법추정 : 학설의 대립이 있으나 판례는 긍정설의 입장이다.

> 부동산등기는 그것이 형식적으로 존재하는 것 자체로부터 적법한 등기원인에 의하여 마쳐진 것으로 추정되고, 등기명의자가 등기부에 기재된 것과 다른 원인으로 등기 명의를 취득하였다고 주장하고 있지만 그 주장 사실이 인정되지 않는다 하더라도 그 자체로 등기의 추정력이 깨어진다고 할 수 없으므로, 그와 같은 경우에도 등기가 원인 없이 마쳐진 것이라고 주장하는 쪽에서 그 무효 사유를 주장·입증할 책임을 지게 된다(대판 1997.9.30. 95다39526). **기출** 22·16

③ 등기된 권리의 귀속·내용의 적법추정

> • 토지의 소유권이전등기명의자는 등기의 효력으로서 그 토지에 대한 소유권자로 추정을 받는다(대판 1983.11.22. 83다카894).
> • [비교] 반면, 무허가건물대장은 행정관청이 무허가건물 정비에 관한 행정상 사무처리의 편의를 위하여 직권으로 무허가건물의 현황을 조사하고 필요 사항을 기재하여 비치한 대장으로서 건물의 물권 변동을 공시하는 법률상의 등록원부가 아니며 무허가건물대장에 건물주로 등재된다고 하여 소유권을 취득하는 것이 아닐 뿐만 아니라 권리자로 추정되는 효력도 없는 것이므로, 참칭상속인 또는 그로부터 무허가건물을 양수한 자가 무허가건물대장에 건물주로 기재되어 있다고 하여 이를 상속회복청구의 소에 있어 상속권이 참칭상속인에 의하여 침해된 때에 해당한다고 볼 수 없다(대판 1998.6.26. 97다48937).

④ 대리권 존재의 추정

> 전등기명의인의 직접적인 처분행위에 의한 것이 아니라 제3자가 그 처분행위에 개입된 경우 현등기명의인이 그 제3자가 전등기명의인의 대리인이라고 주장하더라도 현소유명의인의 등기가 적법히 이루어진 것으로 추정된다 할 것이므로 위 등기가 원인무효임을 이유로 그 말소를 청구하는 전소유명의인으로서는 그 반대사실 즉 그 제3자에게 전소유명의인을 대리할 권한이 없었다든지, 또는 제3자가 전소유명의인의 등기서류를 위조하였다는 등의 무효사실에 대한 입증책임을 진다(대판 1992.4.24. 91다26379·26386[병합]). **기출** 15 즉 대리권의 존재는 추정되므로 등기명의인이 주장·증명할 것이 아니라 상대방이 그 부존재를 주장·증명할 책임이 있다.

⑤ 말소등기의 추정

> • 소유권이전등기가 형식적으로 확정된 판결에 의하여 말소되었으나 그 후 그 판결이 취소되었다면 결국 위 소유권이전등기는 부적법하게 말소된 것이므로 말소된 등기의 등기명의자는 여전히 적법한 소유자로 추정되고, 따라서 그 등기의 효력을 다투는 쪽에서 그 무효사유를 주장·입증하여야 한다(대판 1999.9.17. 98다63018). **기출** 17
> • 소유권보존등기 명의인을 상대로 한 소유권보존등기 말소청구 소송을 제기하여 승소판결을 받은 원고가 그 판결에 기하여 기존의 소유권보존등기를 말소한 후 자신의 명의로 마친 소유권보존등기는 일단 적법한 절차에 따라 마쳐진 소유권보존등기라고 추정하여야 하고, 위 판결이 공시송달 절차에 의하여 선고되었다고 하여 달리 볼 것이 아니다(대판 2006.9.8. 2006다17485).

2) 인적 범위

① 추정력은 등기명의인뿐만 아니라 제3자도 원용이 가능하고 등기명의인의 이익을 위해서뿐만 아니라 불이익을 위해서도 인정된다.

② 권리변동의 당사자 사이에서도 추정력이 인정된다.

> 부동산에 관하여 소유권이전등기가 경료되어 있는 경우에는 그 등기명의자는 제3자에게 대하여서 뿐만 아니라 그 전 소유자에 대하여서도 적법한 등기원인에 의하여 소유권을 취득한 것으로 추정된다(대판 1992.4.24. 91다26379·26386[병합]).

(4) 추정력의 효과

① **증명책임의 전환** : 등기의 추정은 법률상 추정이므로, 증명책임이 전환되어 추정을 면하려는 자가 반대사실을 증명하여야 한다.

② 추정의 부수적 효과로 등기를 신뢰하고 거래한 자는 무과실로 추정된다. 반면 등기를 조사하지 않은 자는 비록 선의이더라도 과실이 있는 것으로 추정된다.

(5) 추정력의 번복

① 소유권이전등기의 추정력

- 허무인으로부터 등기를 이어받은 소유권이전등기는 원인무효라 할 것이어서 그 등기명의자에 대한 소유권추정은 깨트려진다(대판 1985.11.12. 84다카2494). **기출** 16
- 전 소유자가 사망한 이후에 그 명의의 신청에 의하여 이루어진 이전등기는 일단 원인무효의 등기라고 볼 것이어서 등기의 추정력을 인정할 여지가 없으므로 그 등기의 유효를 주장하는 자가 현재의 실체관계와 부합함을 입증할 책임이 있다(대판 1983.8.23. 83다카597).
- 소유권이전등기의 원인으로 주장된 계약서가 진정하지 않은 것으로 증명된 이상 그 등기의 적법추정은 복멸되는 것이고 계속 다른 적법한 등기원인이 있을 것으로 추정할 수는 없다(대판 1998.9.22. 98다29568). **기출** 18

② 소유권보존등기의 추정력

- 소유권보존등기의 추정력은 그 보존등기 명의인 이외의 자가 당해 토지를 사정받은 것으로 밝혀지면 깨어지는 것이어서, 등기명의인이 그 구체적인 승계취득 사실을 주장·입증하지 못하는 한 그 등기는 원인무효로 된다(대판 2002.4.26. 2001다81955).
- 건물의 보존등기는 그 명의자가 신축한 것이 아니라면 그 등기의 권리추정력은 깨어진다 할 것이고, 그 명의자 스스로 적법하게 그 소유권을 양도받게 된 사실을 입증할 책임이 있다(대판 1995.11.10. 95다13685).

③ 각종 특별조치법에 의한 등기의 추정력

- 일반보존등기보다 더 강한 추정력을 인정하고 있다. 따라서 부동산소유권이전등기 등에 관한 특별조치법(1992.11.30. 법률 제4502호, 실효, 이하 '특별조치법'이라 한다)에 의하여 마쳐진 등기는 그 법 소정의 적법한 절차에 따라 마쳐진 것으로서 실체적 권리관계에 부합하는 등기로 일응 추정된다고 할 것이므로, 특별조치법에 의하여 경료된 소유권이전등기의 말소를 구하려는 자는 위 법 소정의 보증서나 확인서가 허위 작성 내지 위조되었다든가 그 밖에 다른 사유로 인하여 그 이전등기가 적법하게 이루어진 것이 아니라는 주장과 입증을 하여야 하는 것이고, 나아가 허위의 보증서나 확인서라 함은 권리변동의 원인에 관한 실체적 기재 내용이 진실에 부합하지 않는 것을 의미한다(대판 2011.2.24. 2010다88477). 그리고 이러한 보증서 등의 허위성의 입증 정도가 법관이 확신할 정도가 되어야만 하는 것은 아니다(대판[전합] 1997.10.16. 95다57029).
- 부동산소유권 이전등기 등에 관한 특별조치법(이하 '특별조치법'이라고 한다)에 의한 소유권이전등기는 실체적 권리관계에 부합하는 등기로 추정되지만 그 소유권이전등기도 전 등기명의인으로부터 소유권을 승계취득하였음을 원인으로 하는 것이고 보증서 및 확인서 역시 그 승계취득사실을 보증 내지 확인하는 것이므로 그 전 등기명의인이 무권리자이기 때문에 그로부터의 소유권이전등기가 원인무효로서 말소되어야 할 경우라면, 등기의 추정력은 번복된다. 같은 취지에서 소유권보존등기의 추정력은 그 등기가 특별조치법에 의하여 마쳐진 것이 아닌 한 등기명의인 이외의 자가 해당 토지를 사정받은 것으로 밝혀지면 깨어지는 것이어서, 등기명의인이 구체적으로 실체관계에 부합한다거나 승계취득사실을 주장·증명하지 못하는 한 등기는 원인무효이므로, 이와 같이 원인무효인 소유권보존등기를 기초로 마친 소유권이전등기는 그것이 특별조치법에 의하여 이루어진 등기라고 하더라도 원인무효이다(대판 2018.1.25. 2017다260117).

- 그러나 임야소유권이전등기에 관한 특별조치법(법률 제2111호)에 의한 소유권보존등기가 경료된 임야에 관하여서는 그 임야를 사정받은 사람이 따로 있는 것으로 밝혀진 경우라도 그 등기는 동법 소정의 적법한 절차에 따라 마쳐진 것으로서 실체적 권리관계에 부합하는 등기로 추정된다 할 것이므로 위 특별조치법에 의하여 경료된 소유권보존등기의 말소를 소구하려는 자는 그 소유권보존등기 명의자가 임야대장의 명의변경을 함에 있어 첨부한 원인증서인 위 특별조치법 제5조 소정의 보증서와 확인서가 허위 내지 위조되었다던가 그 밖에 다른 어떤 사유로 인하여 그 소유권보존등기가 위 특별조치법에 따라 적법하게 이루어진것이 아니라는 주장과 입증을 하여야 한다(대판[전합] 1987.10.13. 86다카2928 – 다수의견).

(6) 점유의 추정력(제200조)과의 관계

학설 중 다수설은 미등기 부동산에 관하여 점유의 추정력이 미친다는 입장이나, 판례는 부동산에 대해서는 등기된 부동산이든 미등기부동산이든 점유의 추정력에 관한 규정이 적용되지 않는다는 입장이다.

점유자의 권리추정의 규정은 특별한 사정이 없는 한 부동산 물권에 대하여는 적용되지 아니하고 다만 그 등기에 대하여서만 추정력이 부여된다(대판 1982.4.13. 81다780). **기출 22** 토지대장등본에 토지의 소유자로 등재되어 있으면 토지의 소유권의 귀속에 관하여 추정을 받는 자료가 된다고 할 것이므로 토지대장등본에 토지의 소유자로 등재되어 있는 자는 반증이 없는 한 그의 소유토지로 추정을 받을 수 있다(대판 1976.9.28. 76다1431).

제4관   입목등기 및 명인방법

I   「입목에 관한 법률」에 의한 물권변동

1. 입목의 개념

입목이란 토지에 부착된 수목의 집단으로서 그 소유자가 입목에 관한 법률에 따라 소유권보존의 등기를 받은 것을 말한다(입목에 관한 법률 제2조 제1항 제1호).

2. 입목에 관한 물권변동의 대상

「입목에 관한 법률」은 입목에 대한 등기 및 저당권 설정 등에 필요한 사항을 규정함을 목적으로 한다(입목에 관한 법률 제1조).

3. 입목에 관한 물권변동의 요건

「입목에 관한 법률」은 물권변동에 관하여 특별한 규정을 두고 있지 않으므로, 제186조, 제187조가 적용된다. 다만, 입목은 부동산으로 간주되며(입목에 관한 법률 제3조 제1항). 입목의 소유자는 토지와 분리하여 입목을 양도하거나 저당권의 목적으로 할 수 있다(입목에 관한 법률 제3조 제2항). 따라서 토지소유권 또는 지상권 처분의 효력은 입목에 미치지 아니한다(입목에 관한 법률 제3조 제3항).

Ⅱ 명인방법에 의한 물권변동

1. 서 설

(1) 의 의

명인방법이란 건물 이외의 토지의 정착물(수목의 집단이나 미분리 과실 등)을 토지로부터 분리하지 않은 채 토지소유권으로부터 독립된 거래객체로 할 수 있는 관습법상의 공시방법을 말한다.

(2) 명인방법의 대상

① 수목(개개의 수목 1그루, 수목의 집단을 불문), 미분리 과실 등

> 물권변동에 있어서 형식주의를 채택하고 있는 현행 민법하에서는 소유권을 이전한다는 의사 외에 부동산에 있어서는 등기를, 동산에 있어서는 인도를 필요로 함과 마찬가지로 이 사건 쪽파와 같은 수확되지 아니한 농작물에 있어서는 명인방법을 실시함으로써 그 소유권을 취득한다(대판 1996.2.23. 95도2754).

② 등기에 의해 공시될 수 있는 토지와 건물, 입목에 관한 법률에 의하여 등기된 입목은 불허한다.

(3) 명인방법에 의해 공시되는 물권

명인방법에 의하여 공시되는 물권은 소유권 및 소유권이전 형식에 의한 양도담보에 한한다. 명인방법은 등기보다 훨씬 불완전한 공시방법이므로, 명인방법에 의한 저당권설정·기타 제한물권은 불가능하다.

2. 요 건

① 특정성 : 지상물이 「특정」되어야 한다.

> 특정하지 않고 매수한 입목에 대하여 그 입목을 특정하지 않은 채 한 명인방법은 물권변동의 효력을 나타내지 못한다(대판 1975.11.25. 73다1323).

② 계속성 : 명인방법은 「현재 소유자 명의」가 「계속」되어야 한다.
③ 소유권의 귀속을 대외적으로 표시해야 한다.

> - 명인방법은 지상물이 독립된 물건이며 현재의 소유자가 누구라는 것이 명시되어야 하므로, 법원의 검증 당시 재판장의 수령 10년 이상 된 수목을 흰 페인트칠로 표시하라는 명에 따라 측량감정인이 이 사건 포푸라의 표피에 흰 페인트칠을 하고 편의상 그 위에 일련번호를 붙인 경우에는 제3자에 대하여 이 사건 포푸라에 관한 소유권이 원고들에게 있음을 공시한 명인방법으로 볼 수 없다(대판 1990.2.13. 89다카23022). **기출** 16
> - 갑이 제3자를 상대로 입목소유권확인판결을 받아 확정된 후 법원으로부터 집행문을 부여받아 집달관에게 의뢰하여 그 집행으로 집달관이 임야의 입구부근에 그 지상입목들이 갑의 소유에 속한다는 공시문을 붙인 팻말을 세웠다면, 비록 확인판결이 강제집행의 대상이 될 수 없어서 위 확인판결에 대한 집행문의 부여나 집달관의 집행행위가 적법시될 수 없더라도 집달관의 위 조치만으로써 명인방법이 실시되었다고 할 것이니 그 이후 임야의 소유권을 취득한 자는 갑의 입목소유권을 다툴 수 없다(대판 1989.10.13. 89다카9064).

3. 우열관계

(1) 수개의 명인방법 간의 우열관계

먼저 명인방법을 갖춘 자가 소유권을 취득한다.

> 입목의 이중매매에 있어서는 관습법에 의하여 입목소유권 변동에 관한 공시방법으로 인정되어 있는 명인방법을 먼저 한 사람에게 입목의 소유권이 이전된다(대판 1967.2.28. 66다2442).

(2) 명인방법과 기타의 공시방법 간의 우열관계

명인방법에 등기와 대등한 효력을 인정하여 어느 것이나 먼저 한 쪽이 다른 쪽에 우선한다(통설·판례).

> 원심은 본건 입목이 지반과 함께 피고에게 이전되었다 하더라도 임야의 전 소유자인 소외인으로부터 입목을 매수하고 그 명인방법을 참가인이 먼저 실시하였을 때에는 피고로부터 이중으로 (결과적으로 이중매도가 된다) 입목을 매수한 원고들이 나중에 명인방법을 강구하였다 하더라도 먼저 명인방법을 실시한 참가인에게 입목소유권을 주장할 수 없다고 판단한 취지가 명백하므로 원심판결이유에 소론과 같은 이유설시에 모순이 있다 할 수 없고 기타 원심과 견해를 달리하여 원판결을 비난하는 상고논지는 모두 이유없다(대판 1967.12.18. 66다2382 · 2383).

---

03 동산물권의 변동

제1관 권리자로부터의 취득

I 서 설

> **제188조【동산물권양도의 효력, 간이인도】**
> ① 동산에 관한 물권의 양도는 그 동산을 인도하여야 효력이 생긴다.
> ② 양수인이 이미 그 동산을 점유한 때에는 당사자의 의사표시만으로 그 효력이 생긴다.
>
> **제189조【점유개정】**
> 동산에 관한 물권을 양도하는 경우에 당사자의 계약으로 양도인이 그 동산의 점유를 계속하는 때에는 양수인이 인도받은 것으로 본다.
>
> **제190조【목적물반환청구권의 양도】**
> 제3자가 점유하고 있는 동산에 관한 물권을 양도하는 경우에는 양도인이 그 제3자에 대한 반환청구권을 양수인에게 양도함으로써 동산을 인도한 것으로 본다.

민법은 동산물권변동에 관해서도 형식주의를 규정하고 있다(제188조 제1항). 따라서 물권행위와 공시방법으로서 동산의 인도를 갖추어야 물권변동이 발생한다.

Ⅱ 법률행위

부동산물권변동과 마찬가지로 동산물권의 변동에서도 법률행위를 물권행위로 파악하는 것이 다수설의 입장이다.

Ⅲ 인 도

1. 의 의

인도란 점유의 이전, 즉 사실적 지배를 이전하는 것을 말한다. 이에는 현실의 인도(제188조 제1항), 간이인도(제188조 제2항), 점유개정(제189조), 목적물반환청구권의 양도(제190조)가 포함된다.

2. 인도의 종류

(1) 현실의 인도

현실의 인도란 물건의 사실상 지배를 실제로 양도인으로부터 양수인에게 이전하는 것을 말한다(제188조 제1항).

> 물건의 인도가 이루어졌는지 여부는 사회관념상 목적물에 대한 양도인의 사실상 지배인 점유가 동일성을 유지하면서 양수인의 지배로 이전되었다고 평가할 수 있는지 여부에 달려있는 것인바, 현실의 인도가 있었다고 하려면 양도인의 물건에 대한 사실상의 지배가 동일성을 유지한 채 양수인에게 완전히 이전되어 양수인은 목적물에 대한 지배를 계속적으로 확고하게 취득하여야 하고, 양도인은 물건에 대한 점유를 완전히 종결하여야 한다(대판 2003.2.11. 2000다66454).

(2) 간이인도

간이인도란 양수인이 이미 그 동산을 점유하고 있는 경우에 양도인과 양수인 사이에 소유권이전에 관한 합의가 있으면 소유권이 양수인에게 인도된 것으로 하는 것을 말한다(제188조 제2항).

(3) 점유개정

① 의의 : 점유개정이란 동산물권을 양도하면서 양도인이 양수인과 점유매개관계를 설정하여, 양수인은 간접점유를 하고, 양도인 스스로는 양수인의 점유매개자로서 점유를 계속하는 것을 말한다(제189조).

② 성립요건

  ㉠ 양도인과 양수인 사이에 동산물권에 대한 소유권이전의 합의가 있어야 한다.

  ㉡ 양도인과 양수인 사이에 간접점유를 취득케 하는 계약으로 점유매개관계가 성립하여야 한다.

③ 효 과

  ㉠ 양도인의 점유는 자주점유에서 타주점유로 변경된다.

  ㉡ 양수인의 점유는 양도인의 점유를 매개하여 간접점유를 취득한다.

> **더 알아보기**
>
> 1. 점유개정에 의한 동산의 이중양도
>   동산의 소유자가 이들 이중으로 양도하고 각 점유개정의 방법으로 양도인이 점유를 계속하는 경우 양수인들 사이에 있어서는 먼저 현실의 인도는 받아 점유를 해온 자가 소유권을 취득한다(대판 1989.10.24. 88다카26802).
>
> 2. 점유개정에 의한 동산의 이중양도담보
>   금전채무를 담보하기 위하여 채무자가 그 소유의 동산을 채권자에게 양도하되 점유개정에 의하여 채무자가 이를 계속 점유하기로 한 경우 특별한 사정이 없는 한 동산의 소유권은 신탁적으로 이전됨에 불과하여 채권자와 채무자 사이의 대내적

관계에서 채무자는 의연히 소유권을 보유하나 대외적인 관계에 있어서 채무자는 동산의 소유권을 이미 채권자에게 양도한 무권리자가 되는 것이어서 다시 다른 채권자와의 사이에 양도담보 설정계약을 체결하고 점유개정의 방법으로 인도를 하더라도 선의취득이 인정되지 않는 한 나중에 설정계약을 체결한 채권자는 양도담보권을 취득할 수 없는데, 현실의 인도가 아닌 점유개정으로는 선의취득이 인정되지 아니하므로, 결국 뒤의 채권자는 양도담보권을 취득할 수 없다(대판 2004.10.28. 2003다30463).

3. 동산 양도담보 목적물의 양도

돈사에서 대량으로 사육되는 돼지를 양도담보계약의 목적물로 삼은 이른바 '유동집합물에 대한 양도담보계약'이 체결된 경우, 양도담보권의 효력은 항상 현재의 집합물 위에 미치고, 양도담보실정사로부터 위 목적물을 양수한 자가 이를 선의취득 하지 못하였다면(양수인은) 위 양도담보권의 부담을 그대로 인수하게 된다(대판 2004.11.12. 2004다22858).

(4) 목적물반환청구권의 양도

① 의의 : 목적물반환청구권의 양도란 양도인이 제3자의 점유를 매개하여 목적물을 간접점유하고 있는 경우에, 양도인이 제3자에 목적물반환청구권을 양수인에게 양도함으로써 동산의 소유권이 양수인에게 이전되는 것을 말한다(제190조).

② 목적물반환청구권의 법적 성질 : 목적물반환청구권의 본질은 채권적 청구권이다. 따라서 반환청구권의 양도에는 채권양도에 관한 규정이 적용된다.

제2관 무권리자로부터의 취득 : 선의취득

제249조 【선의취득】
평온, 공연하게 동산을 양수한 자가 선의이며 과실없이 그 동산을 점유한 경우에는 양도인이 정당한 소유자가 아닌 때에도 즉시 그 동산의 소유권을 취득한다.

Ⅰ 의 의

선의취득이란 상대방의 점유를 신뢰하여 동산을 양수한 자는 상대방이 무권리자라 할지라도 그 동산에 대한 권리를 유효하게 취득하는 제도를 말한다. 즉, 거래의 안전을 위하여 권리외관을 신뢰한 자를 보호하기 위한 제도이다.

Ⅱ 선의취득의 요건

1. 선의취득의 객체

(1) 동 산

선의취득의 객체는 민법 규정에 따르면 동산의 소유권 내지는 질권(제343조)이어야 한다. 따라서 지상권·저당권과 같은 부동산에 대한 권리는 선의취득의 대상이 될 수 없다.

(2) 문제되는 경우

① **금전** : 가치의 표상으로써 유통되는 금전은 타인의 금전을 점유 · 소비한 경우에는 원칙적으로 부당이득반환청구권이나 불법행위에 기한 손해배상청구권의 문제로 처리하며, 선의취득의 문제는 발생하지 않는다. 다만, 단순한 물건으로 거래되는 금전은 선의취득이 가능하다.

② **등기 · 등록으로 공시되는 동산** : 선박, 자동차, 항공기, 건설기계와 같이 등기 · 등록을 갖춘 동산은 성질상 동산이지만, 법률상 부동산과 같이 취급되므로 선의취득의 대상이 될 수 없다.

③ **명인방법에 의하여 공시되는 지상물** : 수목 · 미분리의 과실은 토지의 일부이거나 토지와 독립된 부동산이므로 선의취득의 대상이 되지 못한다. 다만, 토지로부터 벌채 · 분리된 수목은 동산이므로 선의취득의 목적이 될 수 있다.

④ **양도가 금지되어 있는 물건** : 국유문화재처럼 법률상 양도 및 사권설정이 금지된 경우나 아편 · 흡식기구, 음란한 문서 · 도화 기타의 물건 등과 같이 소유 또는 소지가 금지되는 것은 선의취득의 대상이 될 수 없다.

2. 양도인은 점유자이지만 무권리자일 것

① **양도인이 무권리자일 것** : 소유권이 없는 경우뿐만 아니라 처분권이 제한된 경우도 포함된다.

② **양도인의 점유** : 선의취득은 양도인의 점유에 공신력을 주는 제도이므로, 양도인이 점유하고 있어야 한다. 다만, 양도인의 점유는 직접점유인지 간접점유인지 여부, 자주점유인지 타주점유인지 여부를 불문한다. 나아가 점유보조자가 점유주의 물건을 처분한 경우에도 선의취득이 인정될 수 있다(대판 1991.3.2, 91다70).

기출 21 · 20 · 16 · 15

3. 양도인과 양수인이 유효한 거래행위를 하였을 것

(1) 거래행위가 있을 것

① 선의취득은 거래의 안전을 보호한다는 제도이므로 거래행위가 있어야 한다. 따라서 상속에 의한 포괄승계나 사실행위에 의한 원시취득에 대해서는 선의취득제도가 적용되지 않는다.

② 경매도 선의취득이 인정된다.

(2) 거래행위 자체는 유효할 것

① 양도인이 무권리자(처분권이 없다)라는 것을 제외하고 거래행위 자체는 유효하여야 한다. 따라서 거래행위가 무효이거나 당사자에게 제한능력, 착오, 사기 · 강박 등의 사유가 있어 취소 또는 무효가 된 경우에는 선의취득이 성립하지 않는다.

② 거래행위가 무효여서 선의취득이 인정되지 않더라도 그로부터 다시 목적물을 양수한 제3자는 다시 선의취득에 의해서 보호받을 수 있다.

③ 선의취득은 무권대리에는 적용되지 않는다.

4. 양수인이 점유를 취득하였을 것

(1) 현실인도, 간이인도, 목적물반환청구권의 양도

양수인이 점유를 취득하는 방법은 반드시 현실인도에 국한하지 않으며, 간이인도, 목적물반환청구권의 양도에 의한 방법에 의해서도 가능하다.

> • 동산의 선의취득에 필요한 점유의 취득은 이미 현실적인 점유를 하고 있는 양수인에게는 간이인도에 의한 점유취득으로 그 요건은 충족된다(대판 1981.8.20. 80다2530).
> • 양도인이 소유자로부터 보관을 위탁받은 동산을 제3자에게 보관시킨 경우에 양도인이 그 제3자에 대한 반환청구권을 양수인에게 양도하고 지명채권양도의 대항요건을 갖추었을 때에는 동산의 선의취득에 필요한 점유의 취득 요건을 충족한다 (대판 1999.1.26. 97다48906). **기출** 23 · 21

(2) 점유개정에 의한 점유취득의 경우 선의취득의 가부

견해의 대립이 있으나, 판례는 점유개정에 의한 점유취득만으로는 선의취득의 요건을 충족할 수 없다는 입장이다.

> • 동산의 선의취득에 필요한 점유의 취득은 현실적 인도가 있어야 하고 점유개정에 의한 점유취득만으로서는 그 요건을 충족할 수 없다(대판 1978.1.17. 77다1872). **기출** 17 · 16 · 15
> • 동산의 소유자가 이를 이중으로 양도하고 각 점유개정의 방법으로 양도인이 점유를 계속하는 경우 양수인들 사이에 있어서는 먼저 현실의 인도를 받아 점유를 해온 자가 소유권을 취득한다고 볼 것이나, 양수인 중 한 사람이 처분금지가처분집행을 하고 그 동산의 인도를 명하는 판결을 받은 경우에는 다른 양수인이 위 가처분집행 후에 양도인으로부터 그 동산을 현실로 인도받아 점유를 승계하였더라도 그 동산을 선의 취득한 것이 아니란 이와 같은 양수인은 가처분채권자가 본안소송에서의 승소판결에 따른 채무명의에 터잡아 강제집행을 하는 경우 이를 수인하여야 하는 지위에 있으므로 가처분채권자와의 사이에서는 그 동산의 소유권을 취득하였다고 주장할 수 없다(대판 1989.10.24. 88다카26802).

5. 양수인의 평온 · 공연 · 선의 · 무과실

① 평온 · 공연 · 선의는 추정되나(제197조 제1항), 무과실은 추정규정이 없어 다툼이 있다. 판례는 무과실의 추정은 인정하지 않아 동산의 선의취득을 주장하는 자가 점유취득 시에 무과실이었다는 점을 주장 · 입증하여야 한다고 보나(대판 2002.2.5. 2000다38527), 다수설은 선의취득에 있어서는 제200조를 근거로 무과실이 추정되는 것으로 본다.

② 양수인의 선의 · 무과실은 물권행위가 완성되는 때를 기준으로 한다.

> 제249조가 규정하는 선의 · 무과실의 기준시점은 물권행위가 완성되는 때인 것이므로 물권적 합의가 동산의 인도보다 먼저 행하여지면 인도된 때를, 인도가 물권적 합의보다 먼저 행하여지면 물권적 합의가 이루어진 때를 기준으로 해야 한다(대판 1991.3.22. 91다70). **기출** 24

Ⅲ 선의취득의 효과

1. 양수인은 동산물권(소유권·질권)을 취득한다(제249조, 제343조).

① 선의취득은 법률의 규정에 의한 원시취득으로, 선의취득의 효과는 종국적이다. 따라서 선의 취득자가 임의로 선의취득의 효과를 거부하고, 종전 소유자에게 동산을 반환받아 갈 것을 요구할 수 없다(대판 1998.6.12, 98다6800). <u>기출</u> 22·15

② 선의취득으로 인하여 전 소유자에게 존재했던 제한은 소멸한다.

2. 당사자 간의 법률관계

(1) 선의취득자와 양도인 사이의 관계

양도인은 타인의 물건이었다는 이유로 그 물건의 반환을 청구할 수 없고, 선의취득자도 그 권리를 종국적으로 취득한 이상 매매대금의 지급을 거부하거나 지급한 매매대금의 반환을 청구할 수 없으며, 담보책임도 추궁할 수도 없다.

(2) 진정한 권리자와 양도인 사이의 관계

양도인이 유상으로 처분한 경우에는 그 이익은 부당이득이므로, 진정한 권리자에게 반환하여야 한다. 또한 양도인에게 귀책사유가 있으면 진정한 권리자에게 채무불이행 또는 불법행위에 기하여 손해배상의무도 진다.

(3) 선의취득자와 진정한 권리자 사이의 관계

① 유상취득의 경우 : 선의취득은 법률의 규정에 의한 원시취득이므로, 법률상 원인이 있는 것으로 선의취득자는 진정한 권리자에게 부당이득반환의무를 부담하지 않는다.

② 무상취득의 경우 : 독일 민법을 유추하여 공평의 원칙상 부당이득반환의무를 인정하는 견해도 있으나, 이득을 반환하여야 한다는 특별한 규정이 없는 한 그 반환의무를 인정할 수 없다는 견해가 일반적이다.

Ⅳ 도품, 유실물에 대한 특칙

제250조 【도품, 유실물에 대한 특례】
전조의 경우에 그 동산이 도품이나 유실물인 때에는 피해자 또는 유실자는 도난 또는 유실한 날로부터 2년 내에 그 물건의 반환을 청구할 수 있다. 그러나 도품이나 유실물이 금전인 때에는 그러하지 아니하다.

제251조 【도품, 유실물에 대한 특례】
양수인이 도품 또는 유실물을 경매나 공개시장에서 또는 동종류의 물건을 판매하는 상인에게서 선의로 매수한 때에는 피해자 또는 유실자는 양수인이 지급한 대가를 변상하고 그 물건의 반환을 청구할 수 있다.

1. 특칙의 적용범위

(1) 선의취득을 하였을 것

① 도품·유실물특칙은 제249조에 의해 점유자가 선의취득을 한 경우에 적용되는 규정이다.

② 도품·유실물이 물건으로서 금전인 경우에는 피해자가 반환을 청구할 수 없다(제250조 단서).

③ 제251조의 대가변상청구권과 관련하여 법문상 양수인의 선의만 규정되어 있으나 제251조는 제249조와 제250조를 전제로 하고 있는 규정이므로 무과실도 당연한 요건이라고 해석하여야 한다(대판 1991,3,22, 91다70). **기출** 22

(2) 도품 · 유실물이어야 한다.

① 「도품」이란 점유자의 의사에 반해서 점유를 박탈당한 물건이고, 「유실물」이란 점유자의 의사에 의하지 않고서 그의 점유를 이탈한 물건으로서 도품이 아닌 것을 말한다.

② 점유자의 하자 있는 의사에 따른 사기, 공갈, 횡령에 의한 물건은 도품, 유실물에 해당하지 않는다.

③ 점유보조자가 처분한 경우 : 도품이 아닌 횡령물이라는 것이 학설과 판례의 태도이다(대판 1991,3,22, 91다70). 따라서 제250조가 되지 않는다.

> 제250조, 제251조 소정의 도품, 유실물이란 원권리자로부터 점유를 수탁한 사람이 적극적으로 제3자에게 부정 처분한 경우와 같은 위탁물 횡령의 경우는 포함되지 아니하고 또한 점유보조자 내지 소지기관의 횡령처럼 형사법상 절도죄가 되는 경우도 형사법과 민사법의 경우를 동일시 해야 하는 것은 아닐 뿐만 아니라 진정한 권리자와 선의의 거래 상대방간의 이익형량의 필요성에 있어서 위탁물 횡령의 경우와 다를바 없으므로 이 역시 제250조의 도품 · 유실물에 해당되지 않는다(대판 1991,3,22, 91다70).

2. 효 과

(1) 목적물 반환청구권

1) 반환청구권자와 그 상대방

① 반환청구권자 : 피해자 또는 유실자인 원 소유자이다.

② 반환청구권의 상대방 : 제249조의 요건을 구비한 현재의 점유자이다.

2) 반환청구기간 : 도난 또는 유실한 날로부터 2년

2년의 기간의 성질에 대하여 시효기간설과 제척기간설의 다툼이 있다.

3) 소유권의 귀속

도품, 유실물이더라도 양수인이 즉시 선의취득한다(선의취득자 귀속설). 다만, 원소유자는 제250조가 인정하는 특별한 원상회복청구권에 근거하여 2년 내에 반환청구를 행사할 수 있을 뿐이다.

(2) 대가변상청구권

1) 요 건

① 양수인이 도품 또는 유실물을 경매나 공개시장 또는 동 종류의 물건을 판매하는 상인으로부터 매수하였을 것

② 양수인은 선의 · 무과실일 것

2) 효 과

① 회복을 청구하는 자는 선의취득자에게 그가 지급한 대가를 변상하고 물건의 반환을 청구할 수 있다.

② 대가변상청구권의 성질 : 대가를 변상하지 않으면 도품, 유실물에 대한 반환청구를 거부할 수 있다는 항변권을 인정한 것이라는 견해도 있으나, 제251조의 취지가 선의취득자를 보호하고 거래안전을 보호하려는데 있으므로 선의취득자에게 대가변상청구권을 부여한 것으로 보아야 한다(대판 1972,5,23, 72다115). **기출** 21 따라서 선의취득자가 일단 회복자에게 목적물을 반환한 후에도 회복자에게 대가변상을 청구할 수 있다.

제251조의 규정은 선의취득자에게 그가 지급한 댓가의 변상을 받을 때까지는 그 물건의 반환청구를 거부할 수 있는 항변권만을 인정한 것이 아니고 피해자가 그 물건의 반환을 청구하거나 어떠한 원인으로 반환을 받은 경우에는 그 댓가변상의 청구권이 있다는 취지이다(대판 1972.5.23. 72다115).

04 물권의 소멸

Ⅰ 총 설

물권의 절대적 소멸원인에는 모든 물권에 공통된 것과 각각의 물권에 특유한 것이 있다. 후자는 각각의 물권에서 검토하기로 하고, 본절에서는 모든 물권에 공통된 소멸원인 중 목적물의 멸실, 물권의 포기, 혼동에 대해서 검토하겠다.

Ⅱ 목적물의 멸실

1. 원칙적 소멸

목적물이 멸실되면 명문의 규정이 없더라도 그 목적물에 대한 물권은 원칙적으로 소멸한다.

토지소유권의 상실 원인이 되는 포락이라 함은 토지가 바닷물이나 적용 하천의 물에 개먹어 무너져 바다나 적용하천에 떨어져 그 원상복구가 불가능한 상태에 이르렀을 때를 말하고, 그 원상회복의 불가능 여부는 포락 당시를 기준으로 하여 물리적으로 회복이 가능한지 여부를 밝혀야 함은 물론, 원상회복에 소요될 비용, 그 토지의 회복으로 인한 경제적 가치 등을 비교 검토하여 사회통념상 회복이 불가능한지 여부를 기준으로 하여야 하는 것으로서, 복구 후 토지가액보다 복구공사비가 더 많이 들게 되는 것과 같은 경우에는 특별한 사정이 없는 한 사회통념상 그 원상복구가 불가능하게 되었다고 볼 것이며, 또한 원상복구가 가능한지 여부는 포락 당시를 기준으로 판단하여야 하므로 그 이후의 사정은 특별한 사정이 없는 한 이를 참작할 여지가 없는 것이다(대판 2000.12.8. 99다11687).

2. 단, 목적물의 멸실로 변형물이 남은 경우

(1) 물질적 변형물(무너진 집의 목재 등)이 남은 경우

소유권은 그 물질적 변형물에 관하여 효력이 미친다.

(2) 가치적 변형물(보상금, 보험금)이 남는 경우

소유권이나 용익물권의 경우에는 가치적 변형물에 효력이 미친다고 할 수 없으나, 담보물권은 물권의 교환가치를 지배하는 것을 내용으로 하므로 가치적 변형물에도 미친다고 할 수 있다(물상대위).

Ⅲ 물권의 포기

1. 물권적 단독행위

① 물권의 포기는 물권적 단독행위이다.

② 소유권의 포기, 점유권의 포기는 상대방 없는 단독행위이다.

③ 제한물권의 포기에 대해 다수설은 상대방 있는 단독행위로 본다.

2. 부동산물권의 포기에 말소등기의 요부

부동산물권의 포기에는 말소등기가 필요하다는 것이 다수설이다. 즉, 공시방법이 필요하다는 입장이다.

3. 제한 및 한계

① 포기는 원칙적으로 자유롭게 할 수 있다. 그러나 그 물권이 제3자의 권리의 목적이라면 제3자의 동의가 필요하다(제371조 제2항 참고).

② 부동산의 소유자가 소유권을 포기한 경우, 그 부동산은 무주로 되어 국유로 된다(제252조 제2항).

Ⅳ 혼 동

> **제191조 【혼동으로 인한 물권의 소멸】**
> ① 동일한 물건에 대한 소유권과 다른 물권이 동일한 사람에게 귀속한 때에는 다른 물권은 소멸한다. 그러나 그 물권이 제3자의 권리의 목적이 된 때에는 소멸하지 아니한다.
> ② 전항의 규정은 소유권이외의 물권과 그를 목적으로 하는 다른 권리가 동일한 사람에게 귀속한 경우에 준용한다.
> ③ 점유권에 관하여는 전2항의 규정을 적용하지 아니한다.

1. 의 의

혼동이란 서로 대립하는 두 개의 법률상의 지위 또는 자격이 동일인에게 귀속되는 것을 말한다. 이 경우 양 지위를 모두 존속시키는 것은 무의미하므로 민법은 원칙적으로 어느 한 지위를 다른 지위에 흡수시켜 소멸하는 것으로 규정하고 있다. 다만, 양립시킬 특별한 사정이 있는 경우 혼동으로 소멸되지 않는다.

2. 혼동의 유형

(1) 소유권과 제한물권의 혼동

① 원칙 : 소유권과 제한물권이 동일인에게 귀속되면 제한물권은 혼동으로 소멸한다(제191조 제1항 본문).

② 예외 : 제한물권이 제3자의 권리의 목적인 때(제191조 제1항 단서) 또는 본인이나 제3자의 이익을 위해서 존속할 필요가 있는 때에는 혼동으로 소멸하지 않는다.

- 부동산에 대한 소유권과 임차권이 동일인에게 귀속하게 되는 경우 임차권은 혼동에 의하여 소멸하는 것이 원칙이지만, 그 임차권이 대항요건을 갖추고 있고 또한 그 대항요건을 갖춘 후에 저당권이 설정된 때에는 혼동으로 인한 물권소멸 원칙의 예외 규정인 제191조 제1항 단서를 준용하여 임차권은 소멸하지 않는다(대판 2001.5.5. 2000다12693).
- 어떠한 물건에 대한 소유권과 다른 물권이 동일한 사람에게 귀속한 경우 그 제한물권은 혼동에 의하여 소멸하는 것이 원칙이지만, 본인 또는 제3자의 이익을 위하여 그 제한물권을 존속시킬 필요가 있다고 인정되는 경우에는 제191조 제1항 단서의 해석에 의하여 혼동으로 소멸하지 않는다(대판 1998.7.10. 98다18643).

(2) 제한물권과 그 제한물권을 목적으로 하는 다른 권리의 혼동

① 원칙 : 제한물권과 그 제한물권을 목적으로 하는 다른 제한물권이 동일인에게 귀속되는 경우에는 그 다른 제한물권은 원칙적으로 소멸한다(제191조 제2항).

② 예외 : 단, 이때에도 제한물권이 제3자의 권리의 목적인 때에는 소멸하지 않는다.

3. 권리의 성질상 혼동되지 않는 권리

점유권은 성질상 혼동으로 소멸하지 않는다(제191조 제3항). 즉, 점유권은 사실상의 지배를, 소유권은 법률상의 지배를 내용으로 하는 것이므로, 양립할 수 있다.

4. 혼동의 효과

① 원칙적으로 혼동에 의한 물권소멸의 효과는 절대적이다.

② 단, 혼동을 생기게 한 원인이 부존재하거나 원인행위가 무효, 취소, 해제 등으로 효력을 가지지 않는 것으로 밝혀지면 소멸한 물권은 당연히 부활한다. 이 경우 혼동에 의하여 소멸한 근저당권이 소유권취득이 무효로 밝혀져 부활하는 경우에 등기부상 이해관계가 있는 자는 위 근저당권 말소등기의 회복등기 절차를 이행함에 있어서 이것을 승낙할 의무가 있다(대판 1971.8.31. 71다1386).

5. 가등기권리자가 별도의 소유권이전등기를 마친 경우, 다시 가등기의무자를 상대로 가등기에 기한 본등기절차의 이행을 청구할 수 있는지 여부(소극)

[1] 매매계약에 따른 소유권이전등기청구권 보전을 위하여 가등기가 경료된 경우 그 가등기권자가 가등기설정자에게 가지는 가등기에 기한 본등기청구권은 채권으로서 가등기권자가 가등기설정자를 상속하거나 그의 가등기에 기한 본등기절차 이행의 의무를 인수하지 아니하는 이상, 가등기권자가 가등기에 기한 본등기절차에 의하지 아니하고 가등기설정자로부터 별도의 소유권이전등기를 경료받았다고 하여 혼동의 법리에 의하여 가등기권자의 가등기에 기한 본등기청구권이 소멸하지는 않는다 할 것이다.

[2] 가등기권자가 별도의 소유권이전등기를 경료받았다 하더라도, 가등기 경료 이후에 가등기된 목적물에 관하여 제3자 앞으로 처분제한의 등기가 되어있거나 중간처분의 등기가 되어 있지 않고 가등기와 소유권이전등기의 등기원인도 실질상 동일하다면, 가등기의 원인이 된 가등기의무자의 소유권이전등기의무는 그 내용에 좇은 의무이행이 완료되었다 할 것이어서 가등기에 의하여 보전될 소유권이전등기청구권은 소멸되었다고 보아야 하므로, 가등기권자는 가등기의무자에 대하여 더 이상 그 가등기에 기한 본등기절차의 이행을 구할 수 없는 것이다(대판 2007.2.22. 2004다59546). **기출** 20

CHAPTER 02 확인학습문제

01 총 설

02 부동산물권의 변동

제1관 법률행위에 의한 부동산물권의 변동

01 등기의 유효요건에 관한 설명으로 옳지 않은 것은? (다툼이 있으면 판례에 따름) **[2023]**

① 물권에 관한 등기가 원인 없이 말소되더라도 특별한 사정이 없는 한 그 물권의 효력에는 영향을 미치지 않는다.

② 미등기건물의 승계취득자가 원시취득자와의 합의에 따라 직접 소유권보존등기를 마친 경우, 그 등기는 실체관계에 부합하는 등기로서 유효하다.

③ 멸실된 건물의 보존등기를 멸실 후에 신축된 건물의 보존등기로 유용할 수 없다.

④ 중복된 소유권보존등기의 등기명의인이 동일인이 아닌 경우, 선등기가 원인무효가 아닌 한 후등기는 무효이다.

⑤ 토지거래허가구역 내의 토지에 대한 최초매도인과 최후매수인 사이의 중간생략등기에 관한 합의만 있더라도, 그에 따라 이루어진 중간생략등기는 실체관계에 부합하는 등기로서 유효하다.

답 ⑤

┃정답해설┃

⑤ 토지거래허가구역 내의 토지가 토지거래허가 없이 소유자인 최초 매도인으로부터 중간 매수인에게, 다시 중간 매수인으로부터 최종 매수인에게 순차로 매도되었다면 각 매매계약의 당사자는 각각의 매매계약에 관하여 토지거래허가를 받아야 하며, 위 당사자들 사이에 최초의 매도인이 최종 매수인 앞으로 직접 소유권이전등기를 경료하기로 하는 중간생략등기의 합의가 있었다고 하더라도 이러한 중간생략등기의 합의란 부동산이 전전 매도된 경우 각 매매계약이 유효하게 성립함을 전제로 그 이행의 편의상 최초의 매도인으로부터 최종의 매수인 앞으로 소유권이전등기를 경료하기로 한다는 당사자 사이의 합의에 불과할 뿐, 그러한 합의가 있었다고 하여 최초의 매도인과 최종의 매수인 사이에 매매계약이 체결되었다는 것을 의미하는 것은 아니므로 최초의 매도인과 최종 매수인 사이에 매매계약이 체결되었다고 볼 수 없고, 설사 최종 매수인이 자신과 최초 매도인을 매매 당사자로 하는 토지거래허가를 받아 자신 앞으로 소유권이전등기를 경료하였다고 하더라도 이는 적법한 토지거래허가 없이 경료된 등기로서 무효이다[97다33218].

① 등기는 물권의 효력발생 요건이고 효력존속요건은 아니므로 물권에 관한 등기가 원인없이 말소된 경우에도 그 물권의 효력에는 아무런 영향을 미치지 않는다[87다카1232].

② 미등기건물을 등기할 때에는 소유권을 원시취득한 자 앞으로 소유권보존등기를 한 다음 이를 양수한 자 앞으로 이전등기를 함이 원칙이라 할 것이나, 원시취득자와 승계취득자 사이의 합치된 의사에 따라 그 주차장에 관하여 승계취득자 앞으로 직접 소유권보존등기를 경료하게 되었다면, 그 소유권보존등기는 실체적 권리관계에 부합되어 적법한 등기로서의 효력을 가진다[94다44675].

③ 80다441

④ 2007다63690

02 부동산등기에 관한 설명으로 옳지 <u>않은</u> 것은? (다툼이 있으면 판례에 따름) [2021]

① 전부 멸실한 건물의 보존등기를 신축한 건물의 보존등기로 유용하는 것은 허용된다.

② 물권에 관한 등기가 원인 없이 말소되었더라도 특별한 사정이 없는 한 그 물권의 효력에는 아무런 영향을 미치지 않는다.

③ 소유권이전청구권 보전의 가등기가 있더라도 소유권이전등기를 청구할 어떤 법률관계가 있다고 추정되지 않는다.

④ 가등기권리자가 가등기에 기한 소유권이전의 본등기를 한 경우에는 등기공무원은 그 가등기 후에 한 제3자 명의의 소유권이전등기를 직권으로 말소하여야 한다.

⑤ 소유권이전등기가 마쳐지면 그 등기명의자는 제3자는 물론이고 전소유자에 대해서도 적법한 등기원인에 의하여 소유권을 취득한 것으로 추정된다.

답 ①

① 신축건물의 물권변동에 관한 등기를 멸실건물의 등기부에 등재하여도 그 등기는 무효이고, 멸실건물의 등기부상 표시를 신축건물의 내용으로 표시 변경 등기를 하였다고 하더라도 그 등기가 무효임에는 변함이 없다[80다441].

03 甲은 자신의 X토지를 乙에게 매도하였고, 乙은 X 토지를 丙에게 전매하였다. 다음 설명으로 옳지 **않은** 것을 모두 고른 것은? (다툼이 있으면 판례에 따름) **[2021]**

> ㄱ. 甲, 乙, 丙 사이에 중간생략등기에 관한 합의가 있다면, 甲의 乙에 대한 소유권이전등기의무는 소멸한다.
> ㄴ. 乙의 甲에 대한 소유권이전등기청구권의 양도는 甲에 대한 통지만으로 대항력이 생긴다.
> ㄷ. 甲, 乙, 丙 사이에 중간생략등기에 관한 합의가 없다면, 중간생략등기가 이루어져서 실체관계에 부합하더라도 그 등기는 무효이다.
> ㄹ. 甲, 乙, 丙 사이에 중간생략등기에 관한 합의가 있은 후 甲·乙 간의 특약으로 매매대금을 인상한 경우, 甲은 인상된 매매대금의 미지급을 이유로 丙에 대한 소유권이전등기의무의 이행을 거절할 수 있다.

① ㄱ, ㄴ
② ㄴ, ㄷ
③ ㄷ, ㄹ
④ ㄱ, ㄴ, ㄷ
⑤ ㄴ, ㄷ, ㄹ

답 ④

┃정답해설┃

ㄱ. (×) 중간생략등기의 합의는 중간등기를 생략하여도 당사자 사이에 이의가 없겠고 또 그 등기의 효력에 영향을 미치지 않겠다는 의미가 있을 뿐이지, 그러한 합의가 있었다 하여 중간매수인의 소유권이전등기청구권이 소멸된다거나 첫 매도인의 그 매수인에 대한 소유권이전등기의무가 소멸되는 것은 아니다[91다18316].

ㄴ. (×) 최종양수인이 중간자로부터 소유권이전등기청구권을 양도받았다 하더라도 최초양도인이 그 양도에 대해 동의하지 않고 있다면 최종양수인은 최초양도인에 대해 채권양도를 원인으로 하여 소유권이전등기절차 이행을 청구힐 수 없다[95다15575]. 부동신매매로 인한 소유권이전등기청구권의 양도는 채무자의 동의나 승낙 없이 양도인의 채무자에 대한 통지만으로는 채무자에 대한 대항력이 생기지 않는다[2000다51216].

ㄷ. (×) 관계 계약당사자 사이에 적법한 원인행위가 성립되어 중간생략등기가 이행된 이상 중간생략등기에 관한 합의가 없었다는 사유로써 이를 무효라고 할 수는 없다[79다847]. 이 경우의 중간생략등기는 실체적 권리관계에 부합하기 때문이다.

┃오답해설┃

ㄹ. (○) 최초 매도인과 중간 매수인, 중간 매수인과 최종 매수인 사이에 순차로 매매계약이 체결되고 이들 간에 중간생략등기의 합의가 있은 후에 최초 매도인과 중간 매수인 간에 매매대금을 인상하는 약정이 체결된 경우, 최초 매도인은 인상된 매매대금이 지급되지 않았음을 이유로 최종 매수인 명의로의 소유권이전등기의무의 이행을 거절할 수 있다(동시이행항변권의 행사)[2003다66431].

04 등기에 관한 설명으로 옳지 <u>않은</u> 것은? (다툼이 있으면 판례에 따름) [2020]

① 경정등기는 원시적으로 진실한 권리관계와 등기가 일부 어긋나는 경우 이를 바로잡는 등기이다.

② 소유자만이 진정명의회복을 위한 소유권이전등기를 청구할 수 있다.

③ 진정명의회복을 위한 소유권이전등기청구의 상대방은 현재의 등기명의인이다.

④ 증여로 부동산을 취득하였으나 등기원인을 매매로 기재하였다면 그 등기는 무효등기이다.

⑤ 그 이유가 무엇이든 당사자가 자발적으로 말소등기한 경우 말소회복등기를 할 수 없다.

[답] ④

▮ 정답해설 ▮

④ 부동산등기는 현실의 권리 관계에 부합하는 한 그 권리취득의 경위나 방법 등이 사실과 다르다고 하더라도 그 등기의 효력에는 아무런 영향이 없는 것이므로 증여에 의하여 부동산을 취득하였지만 등기원인을 매매로 기재하였다고 하더라도 그 등기의 효력에는 아무런 하자가 없다[80다791].

▮ 오답해설 ▮

②, ③ 진정명의의 회복을 위한 소유권이전등기는 이미 자기앞으로 소유권을 표상하는 등기가 되어 있었거나 법률에 의하여 소유권을 취득한 진정한 소유권자가 그 등기명의를 회복하기 위한 방법으로 그 소유권에 기하여 현재의 등기명의인을 상대로 진정한 등기명의의 회복을 원인으로 한 소유권 이전등기절차의 이행을 구하는 것이다[88다카20026].

⑤ 부동산등기법 제75조의 말소회복등기란 어떤 등기의 전부 또는 일부가 실체적 또는 절차적 하자로 부적합하게 말소된 경우에 말소된 등기를 회복하여 말소당시에 소급하여 말소가 없었던 것과 같은 효과를 생기게 하는 등기를 말하는 것이므로 어떤 이유이건 당사자가 자발적으로 말소등기를 한 경우에는 말소회복등기를 할 수 없다[89다카5673].

05 무효등기의 유용에 관한 설명으로 옳지 <u>않은</u> 것은? (다툼이 있으면 판례에 따름) [2019]

① 무효등기의 유용에 관한 합의 내지 추인은 묵시적으로도 이루어질 수 있다.

② 실질관계의 소멸로 무효로 된 등기의 유용은 그 등기를 유용하기로 하는 합의가 이루어지기 전에 등기상 이해관계가 있는 제3자가 생기지 않은 경우에는 허용된다.

③ 유용할 수 있는 등기에는 가등기도 포함된다.

④ 기존건물이 전부 멸실된 후 그곳에 새로이 건축한 건물의 물권변동에 관한 등기를 위해 멸실된 건물의 등기를 유용할 수 있다.

⑤ 무효인 등기를 유용하기로 한 약정을 하더라도, 무효의 등기가 있은 때로 소급하여 유효한 등기로 전환될 수 없다.

[답] ④

▮ 정답해설 ▮

④ 기존건물이 멸실된 후 그곳에 새로이 건축한 건물의 물권변동에 관한 등기를 멸실된 건물의 등기부에 하여도 이는 진실에 부합하지 아니하는 것으로서 무효이다[75다2211].

06 부동산물권 변동에 관한 설명으로 옳지 않은 것은? (다툼이 있으면 판례에 따름)

① 소유권이전등기청구소송에서 승소판결이 확정된 경우에도 등기하여야 소유권을 취득한다.

② 전세권이 법정갱신된 경우, 전세권자는 등기 없이도 전세권설정자나 그 목적물을 취득한 제3자에 대하여 갱신된 권리를 주장할 수 있다.

③ 신축건물의 보존등기를 건물완성 전에 하였더라도 그 후 건물이 완성된 이상 그 등기는 무효가 아니다.

④ 무허가건물의 신축자는 등기 없이 소유권을 원시취득하지만 이를 양도하는 경우에는 등기 없이 인도에 의하여 소유권을 이전할 수 없다.

⑤ 공유물 분할의 소에서 공유부동산의 특정한 일부씩을 각각의 공유자에게 귀속시키는 것으로 현물분할 하는 내용의 조정이 성립하였다면, 그 조정이 성립한 때 물권변동의 효력이 발생한다.

답 ⑤

■ 정답해설 ■

⑤ 공유물 분할의 소송절차 또는 조정절차에서 공유자 사이에 공유토지에 관한 현물분할의 협의가 성립하여 그 합의사항을 조서에 기재함으로써 조정이 성립하였다고 하더라도, 그와 같은 사정만으로 재판에 의한 공유물 분할의 경우와 마찬가지로 그 즉시 공유관계가 소멸하고 각 공유자에게 그 협의에 따른 새로운 법률관계가 창설되는 것은 아니고, 공유자들이 협의한 바에 따라 토지의 분필절차를 마친 후 각 단독소유로 하기로 한 부분에 관하여 다른 공유자의 공유지분을 이전받아 등기를 마침으로써 비로소 그 부분에 대한 대세적 권리로서의 소유권을 취득하게 된다고 보아야 한다[2011두1917 전합].

■ 오답해설 ■

① 제187조의 판결은 형성판결을 의미하므로, 매매를 원인으로 한 소유권이전등기절차이행판결이 확정된 경우에는, 매수인 명의로 등기가 된 때에 비로소 소유권 이전의 효력이 생긴다[제186조].

② 전세권이 법정갱신된 경우 이는 법률의 규정에 의한 물권의 변동이므로 전세권 갱신에 관한 등기를 필요로 하지 아니하고, 전세권자는 등기 없이도 전세권설정자나 그 목적물을 취득한 제3자에 대하여 갱신된 권리를 주장할 수 있다[2009다35743].

③ 신축건물의 보존등기를 건물완성 전에 하였다 하더라도 그 후 건물이 곧 완성된 이상 그 등기는 무효라고 볼 수 없다[70다260].

④ 무허가건물의 신축은 법률행위에 의하지 아니한 물권의 취득이므로 신축자가 등기 없이 소유권을 원시취득한다고 할 것이지만, 이를 양도하는 경우에는 등기 없이 물권행위 및 인도에 의하여 소유권을 이전할 수 없다[95다43594].

07 甲은 자기 소유의 부동산을 乙에게 매도하였고, 乙은 자기명의로의 소유권이전등기 없이 丙에게 전매하였다. 다음 설명 중 옳지 <u>않은</u> 것은? (다툼이 있는 경우에는 판례에 의함)

① 甲, 乙, 丙 3자 간에 甲으로부터 丙으로 소유권이전등기를 하기로 하는 합의가 있다면, 丙이 직접 甲에 대하여 소유권이전등기를 청구할 수 있다.

② 일단 甲에서 직접 丙 앞으로 소유권이전등기가 경료되었다면 甲, 乙, 丙 3자 간의 중간생략등기의 합의가 없었다는 이유만으로 무효가 되지 않는다.

③ 甲, 乙, 丙 3자 간에 중간생략등기의 합의가 있더라도 乙의 甲에 대한 소유권이전등기청구권이 소멸하는 것은 아니다.

④ 甲, 乙, 丙 3자 간 중간생략등기의 합의 후에 甲과 乙이 그들 사이의 매매계약을 합의해제하였더라도 甲은 丙의 소유권이전등기청구를 거절할 수 없다.

⑤ 甲, 乙, 丙 3자 간 중간생략등기의 합의 후 甲과 乙 사이에 매매대금을 인상하기로 하는 합의가 있는 경우, 甲은 인상된 매매대금이 지급되지 않았음을 이유로 丙의 소유권이전등기청구를 거절할 수 있다.

답 ④

▌정답해설▌

④ 최초매도인과 중간매수인, 중간매수인과 최종매수인 사이에 순차로 매매계약이 체결되고 이들 간에 중간생략등기의 합의가 있은 후에 최초매도인과 중간매수인 간에 매매대금을 인상하는 약정이 체결된 경우, 최초매도인은 인상된 매매대금이 지급되지 않았음을 이유로 최종매수인 명의로의 소유권이전등기의무의 이행을 거절할 수 있다[2003다66431]. 또한 계약의 합의해제에 있어서도 계약해제의 경우와 같이 이로써 제3자의 권리를 해할 수 없으나 그 대상토지를 전득한 매수자라도 완전한 권리를 취득하지 못한 자는 위 제3자에 해당되지 아니한다[79다932]. 따라서 甲과 乙 사이의 매매계약이 합의해제되어 무효가 된 경우에는, 甲은 丙의 소유권이전등기청구를 거절할 수 있다.

▌오답해설▌

① 부동산이 전전양도된 경우에 중간생략등기의 합의가 없는 한 그 최종양수인은 최초양도인에 대하여 직접 자기명의로의 소유권이전등기를 청구할 수 없다[97다485]. 따라서 甲, 乙, 丙 3자 간에 甲으로부터 丙으로의 소유권이전등기의 합의가 있는 경우에는, 丙이 직접 甲에게 그 소유권이전등기를 청구할 수 있다.

② 최종양수인이 중간생략등기의 합의를 이유로 최초양도인에게 직접 중간생략등기를 청구하기 위하여는 관계당사자 전원의 의사합치가 필요하지만, 당사자 사이에 적법한 원인행위가 성립되어 일단 중간생략등기가 이루어진 이상 중간생략등기에 관한 합의가 없었다는 이유만으로는 중간생략등기가 무효라고 할 수는 없다[2003다40651].

③ 중간생략등기의 합의가 있었다 하더라도 이러한 합의는 중간등기를 생략하여도 당사자 사이에 이의가 없겠고 또 그 등기의 효력에 영향을 미치지 않겠다는 의미가 있을 뿐이지 그러한 합의가 있었다 하여 중간매수인의 소유권이전등기청구권이 소멸된다거나 첫 매도인의 그 매수인에 대한 소유권이전등기의무가 소멸되는 것은 아니라 할 것이다[91다18316].

⑤ 79다932

08 甲 소유 부동산에 乙 명의로 소유권이전등기청구권 보전을 위한 가등기가 경료된 후 甲에서 丙 명의로 매매를 원인으로 한 소유권이전등기가 경료되었다. 이에 관한 설명으로 옳은 것은? (다툼이 있으면 판례에 따름)

① 甲이 丙에게 한 처분행위는 특별한 사정이 없는 한 무효이다.
② 乙의 甲에 대한 본등기청구권은 乙의 가등기가 존속하는 동안 소멸시효에 걸리지 않는다.
③ 乙이 甲에게 본등기를 청구하여 乙 명의로 본등기가 이루어지면, 丙의 등기는 직권말소된다.
④ 乙이 가등기에 기한 본등기를 하면, 乙의 소유권 취득의 효력은 가등기를 한 때로 소급한다.
⑤ 丙 명의의 소유권이전등기가 원인무효라면 가등기권리자인 乙이 직접 그 말소를 구할 수 있다.

답 ③

┃정답해설┃

③ [1] 가등기 후에 제3자에게 소유권 이전의 본등기가 된 경우에 가등기권리자는 본등기를 경료하지 아니하고는 가등기 이후의 본등기의 말소를 청구할 수 없다. [2] 가등기권자는 가등기의무자인 전 소유자를 상대로 본등기청구권을 행사할 것이고 제3자를 상대로 할 것이 아니다. [3] 가등기권자가 소유권 이전의 본등기를 한 경우에는 등기공무원은 부동산등기법 제175조 제1항, 제55조 제2호(현행 제58조 제1항, 제29조 제1호)에 의하여 가등기 이후에 한 제3자의 본등기를 직권말소할 수 있다[4294민재항675].

┃오답해설┃

①, ⑤ 가등기는 후일 본등기를 한 경우에 그 본등기의 효력을 소급시켜 가등기를 한 때에 본등기를 한 것과 같은 순위를 확보케 하는 데에 그 목적이 있을 따름이고 가등기에 의하여 어떤 특별한 권리를 취득케 하는 것이라고는 볼 수 없다[72마399]. 따라서 가등기권자 乙은 가등기설정자 甲의 처분행위를 저지할 수 없을 뿐만 아니라, 가등기 이후의 제3취득자 丙에 대하여 그 가등기만으로 소유권을 주장할 수도 없고, 나아가 丙 명의의 소유권이전등기가 원인무효라 할지라도 직접 말소청구를 할 수도 없다[2000다51285].
② 乙의 甲에 대한 본등기청구권은 그 본질이 채권적 청구권이므로, 특별한 사정이 없는 한 10년의 소멸시효가 적용되고, 가등기가 존속하고 있다 하여 본등기청구권의 소멸시효 진행이 저지되는 것도 아니다[90다카27570].
④ 가등기는 그 성질상 본등기의 순위보전의 효력만이 있어 후일 본등기가 경료된 때에는 본등기의 순위가 가등기한 때로 소급하는 것뿐이지 본등기에 의한 물권변동의 효력이 가등기한 때로 소급하여 발생하는 것은 아니다[92다21258].

09 甲 소유의 X토지에 乙 명의로 소유권이전청구권 보전을 위한 가등기가 설정되어 있다. 다음 설명 중 옳은 것은? (다툼이 있는 경우에는 판례에 의함)

① 乙은 가등기된 소유권이전청구권을 가등기에 대한 부기등기의 방법으로 타인에게 양도할 수 없다.
② 乙이 가등기에 기한 본등기를 하면 乙은 가등기를 경료한 때부터 X토지에 대한 소유권을 취득한다.
③ 가등기가 있으면 乙이 甲에 대한 소유권이전등기를 청구할 법률관계가 있는 것으로 추정된다.
④ 乙의 가등기보다 선순위의 담보권이나 가압류 등이 없는 경우에도 X토지가 경매절차에서 제3자에게 매각되면 가등기는 소멸한다.
⑤ 丙이 X토지의 소유권을 양도받은 후 乙 명의의 가등기가 불법으로 말소된 경우, 乙은 丙을 상대로 가등기의 회복등기청구를 하여야 한다.

┃ 정답해설 ┃

⑤ 말소된 등기의 회복등기절차의 이행을 구하는 소에서는 회복등기의무자에게만 피고적격이 있는바, 가등기가 이루어진 부동산에 관하여 제3취득자 앞으로 소유권이전등기가 마쳐진 후 그 가등기가 말소된 경우 그와 같이 말소된 가등기의 회복등기절차에서 회복등기의무자는 가등기가 말소될 당시의 소유자인 제3취득자이므로, 그 가등기의 회복등기청구는 회복등기의무자인 제3취득자를 상대로 하여야 한다[2006다43903].

┃ 오답해설 ┃

① 가등기는 원래 순위를 확보하는 데에 그 목적이 있으나, 순위보전의 대상이 되는 물권변동의 청구권은 그 성질상 양도될 수 있는 재산권일 뿐만 아니라 가등기로 인하여 그 권리가 공시되어 결과적으로 공시방법까지 마련된 셈이므로, 이를 양도한 경우에는 양도인과 양수인의 공동신청으로 그 가등기상의 권리의 이전 등기를 가등기에 대한 부기등기의 형식으로 경료할 수 있다고 보아야 한다[98다24105 전합].

② 가등기는 그 성질상 본등기의 순위보전의 효력만이 있어 후일 본등기가 경료된 때에는 본등기의 순위가 가등기한 때로 소급하는 것뿐이지 본등기에 의한 물권변동의 효력이 가등기한 때로 소급하여 발생하는 것은 아니다[92다21258].

③ 소유권이전청구권 보전을 위한 가등기가 있다 하여, 소유권이전등기를 청구할 어떤 법률관계가 있다고 추정되지 아니한다[79다239].

④ 부동산의 강제경매절차에서 경매목적부동산이 낙찰된 때에도 소유권이전등기청구권의 순위보전을 위한 가등기는 그보다 선순위의 담보권이나 가압류가 없는 이상 담보목적의 가등기와는 달리 말소되지 아니한 채 낙찰인에게 인수된다[2003마1438].

10 등기에 의하여 추정되지 <u>않는</u> 것은? (다툼이 있으면 판례에 따름) **[2024]**

① 환매특약등기 – 특약의 진정성립

② 대리인에 의한 소유권이전등기 – 적법한 대리행위의 존재

③ 저당권등기 – 피담보채권의 존재

④ 부적법하게 말소된 등기 – 말소된 등기상 권리의 존재

⑤ 토지등기부의 표제부 – 등기부상 면적의 존재

┃ 정답해설 ┃

⑤ 등기의 추정력이란 어떤 등기가 있으면 그 등기가 표상하는 실체적 권리관계가 존재하는 것으로 추정하는 효력을 말한다. 이러한 등기의 추정력은 권리의 등기에 인정되며, 표제부의 등기에는 인정되지 않는다.

11 등기의 추정력에 관한 설명으로 옳지 <u>않은</u> 것은? (다툼이 있으면 판례에 따름)

① 미성년자인 전(前) 등기명의인이 친권자에게 이해상반행위인 부동산 증여를 했어도 일단 친권자에게 그 부동산의 소유권이전등기가 경료된 이상, 특별한 사정이 없는 한 그 이전등기의 절차를 적법하게 거친 것으로 추정된다.

② 소유권이전청구권 보전을 위한 가등기가 있으면 소유권이전등기를 청구할 어떤 법률관계가 있다고 추정된다.

③ 신축된 건물은 소유권보존등기의 명의자가 이를 신축한 것이 아니라면 그 보존등기의 권리추정력은 깨어진다.

④ 등기가 원인 없이 말소된 경우 그 회복등기가 마쳐지기 전이라도 말소된 등기의 등기명의인은 적법한 권리자로 추정된다.

⑤ 토지에 대한 소유권보존등기의 추정력은 그 보존등기명의인 이외의 자가 당해 토지를 사정받은 것으로 밝혀지면 깨어진다.

답 ②

▌**정답해설**▌

② 소유권이전청구권 보전을 위한 가등기가 있다 하여, 소유권이전등기를 청구할 어떤 법률관계가 있다고 추정되지 아니한다[79다239].

▌**오답해설**▌

① 전 등기명의인이 미성년자이고 당해 부동산을 친권자에게 증여하는 행위가 이해상반행위라 하더라도 일단 친권자에게 이전등기가 경료된 이상, 특별한 사정이 없는 한, 그 이전등기에 관하여 필요한 절차를 적법하게 거친 것으로 추정된다[2001다72029].

③ 건물의 보존등기는 그 명의자가 신축한 것이 아니라면 그 등기의 권리추정력은 깨어진다 할 것이고, 그 명의자 스스로 적법하게 그 소유권을 양도받게 된 사실을 입증할 책임이 있다[95다13685].

④ 등기는 물권의 효력발생요건이고 존속요건은 아니어서 등기가 원인 없이 말소된 경우에는 그 물권의 효력에 아무런 영향이 없고, 그 회복등기가 마쳐지기 전이라도 말소된 등기의 등기명의인은 적법한 권리자로 추정된다[2000다59678].

⑤ 소유권보존등기의 추정력은 그 보존등기명의인 이외의 자가 당해 토지를 사정받은 것으로 밝혀지면 깨어진다[94다23524].

01 등기를 마치지 않더라도 물권변동의 효력이 발생하는 경우는? (다툼이 있으면 판례에 따름)

[2023]

① 지상권설정계약에 따른 지상권의 취득
② 피담보채권의 시효소멸에 따른 저당권의 소멸
③ 공익사업에 필요한 토지에 관하여 토지소유자와 관계인 사이의 협의에 의한 토지소유권의 취득
④ 공유토지의 현물분할에 관한 조정조서의 작성에 따른 공유관계의 소멸
⑤ 당사자 사이의 법률행위를 원인으로 한 소유권이전등기절차 이행의 소에서의 승소판결에 따른 소유권의 취득

답 ②

▎정답해설▎
② 저당권으로 담보한 채권이 시효의 완성 기타 사유로 인하여 소멸한 때에는 저당권도 소멸한다(제369조).

▎오답해설▎
①, ③, ④ 부동산에 관한 법률행위로 인한 물권의 득실변경은 등기하여야 그 효력이 생긴다(제186조).
⑤ 제187조의 판결은 형성판결을 의미하므로, 매매를 원인으로 한 소유권이전등기절차이행판결이 확정된 경우에는, 매수인 명의로 등기가 된 때에 비로소 소유권 이전의 효력이 생긴다(제186조).

02 부동산의 물권변동을 위해 등기가 필요한 것은? (다툼이 있으면 판례에 따름)   **[2019]**

① 건물의 신축에 의한 소유권의 취득
② 상속에 의한 토지 소유권의 취득
③ 피담보채권의 소멸에 의한 저당권의 소멸
④ 관습법에 따른 법정지상권의 취득
⑤ 점유취득시효에 의한 토지 소유권의 취득

답 ⑤

▎정답해설▎
⑤ 20년간 소유의 의사로 평온, 공연하게 부동산을 점유하는 자는 등기함으로써 그 소유권을 취득한다(제245조 제1항).

03 법률의 규정에 의한 부동산물권 변동에 관한 설명으로 옳지 <u>않은</u> 것은? (다툼이 있으면 판례에 따름)

① 상속재산인 부동산에 관하여 상속등기를 하지 않았더라도, 상속인은 상속이 개시된 때에 그 부동산의 소유권을 취득한다.

② 공용징수를 위한 수용절차에서 재결에 의하여 토지가 수용되는 경우, 보상금을 공탁한 사업시행자는 수용의 개시일에 그 토지의 소유권을 취득한다.

③ 자기의 노력과 비용으로 건물을 신축한 자는 그 건축허가가 타인의 명의로 된 경우에도 그 건물의 소유권을 원시취득한다.

④ 공유물 분할의 조정절차에서 공유자 사이에 공유토지에 대한 현물분할의 조정이 성립한 경우, 각 공유자는 조정에 기하여 지분이전등기를 마침으로써 분할된 부분에 대한 소유권을 취득한다.

⑤ 민사집행법에 따른 경매를 통하여 부동산을 매수한 경우, 매수인은 경매법원의 촉탁에 의한 이전등기가 경료된 때에 소유권을 취득한다.

답 ⑤

▌정답해설▐

⑤ 매수인은 매각대금을 다 낸 때에 매각목적물에 대한 권리를 취득한다(민사집행법 제135조, 제268조).

▌오답해설▐

① 상속이 개시되면 그때부터 상속인은 피상속인의 재산에 관한 포괄적 권리의무를 승계하므로(제1005조 본문), 부동산의 소유권은 등기 없이도 상속인에게 이전되나(제187조 본문), 등기를 하지 아니하면 그 부동산을 처분하지 못한다(제187조 단서).

② 공용징수를 위한 수용절차에서의 협의수용은 협의에서 정한 시기에, 재결수용은 재결에서 정한 수용의 개시일에 물권의 변동이 있게 된다(공익사업을 위한 토지 등의 취득 및 보상에 관한 법률 제29조, 제30조, 제45조 제1항).

③ 건축허가서는 허가된 건물에 관한 실체적 권리의 득실변경의 공시방법이 아니며 추정력도 없으므로, 건축허가서에 건축주로 기재된 자가 건물의 소유권을 취득하는 것은 아니므로, 자기비용과 노력으로 건물을 신축한 자는 그 건축허가가 타인의 명의로 된 여부에 관계없이 그 소유권을 원시취득한다[2000다16350].

④ 공유물 분할의 소송절차 또는 조정절차에서 공유자 사이에 공유토지에 관한 현물분할의 협의가 성립하여 그 합의사항을 조서에 기재함으로써 조정이 성립하였다고 하더라도, 그와 같은 사정만으로 재판에 의한 공유물 분할의 경우와 마찬가지로 그 즉시 공유관계가 소멸하고 각 공유자에게 그 협의에 따른 새로운 법률관계가 창설되는 것은 아니고, 공유자들이 협의한 바에 따라 토지의 분필절차를 마친 후 각 단독소유로 하기로 한 부분에 관하여 다른 공유자의 공유지분을 이전받아 등기를 마침으로써 비로소 그 부분에 대한 대세적 권리로서의 소유권을 취득하게 된다고 보아야 한다[2011두1917].

04 등기 없이 물권변동이 일어나는 경우가 <u>아닌</u> 것은? (다툼이 있으면 판례에 따름)

① 단독건물을 완공하였으나 소유권보존등기를 하지 않은 경우

② 부동산소유자가 사망하여 그 부동산이 상속된 경우

③ 민사집행법에 의한 경매에서 부동산을 매수하고 매각대금을 완납한 경우

④ 채무의 담보로 자신의 토지에 저당권을 설정해 준 채무자가 그 채무를 모두 변제한 경우

⑤ 잔금을 지급한 부동산매수인이 매도인을 상대로 매매를 원인으로 한 소유권이전등기청구소송을 제기하여 승소의 확정판결을 받은 경우

답 ⑤

┃정답해설┃

⑤ 제187조의 판결은 형성판결을 의미하므로, 매매를 원인으로 한 소유권이전등기절차이행판결이 확정된 경우에는, 매수인 명의로 등기가 된 때에 비로소 소유권 이전의 효력이 생긴다(제186조).

┃오답해설┃

① 건축허가서는 허가된 건물에 관한 실체적 권리의 득실변경의 공시방법이 아니며 추정력도 없으므로, 건축허가서에 건축주로 기재된 자가 건물의 소유권을 취득하는 것은 아니므로, 자기비용과 노력으로 건물을 신축한 자는 그 건축허가가 타인의 명의로 된 여부에 관계없이 그 소유권을 원시취득한다[2000다16350].

② 상속이 개시되면 그때부터(피상속인의 사망 시) 상속인은 피상속인의 재산에 관한 포괄적 권리의무를 승계하므로(제1005조 본문), 부동산의 소유권은 등기 없이도 상속인에게 이전된다(제187조 본문).

③ 매수인은 매각대금을 다 낸 때에 매각목적물에 대한 권리를 취득한다(민사집행법 제135조, 제268조).

④ 채무자 자신의 토지에 대한 저당권은 혼동으로 소멸한다(제191조 제1항 본문).

01 甲이 乙 소유 X토지에 권원없이 Y건물을 신축하여 소유하고 있다. 이에 관한 설명으로 옳은 것은? (다툼이 있으면 판례에 따름) **[2024]**

① 乙은 Y를 관리하는 甲의 직원 A에게 X의 반환청구를 할 수 있다.

② 甲이 법인인 경우 乙은 甲의 대표이사 B 개인에게 X의 반환청구를 할 수 있다.

③ 乙이 甲에게 X의 반환청구를 하여 승소한 경우, 乙은 甲에게 Y에서 퇴거할 것을 청구할 수 있다.

④ 미등기인 Y를 丙이 매수하여 인도받았다면 乙은 丙을 상대로 건물철거 청구를 할 수 있다.

⑤ 乙은 甲에 대한 X의 반환청구권을 유보하고 X의 소유권을 丁에게 양도할 수 있다.

답 ④

▋정답해설▋

④ 건물철거는 그 소유권의 종국적 처분에 해당하는 사실행위이므로 원칙으로는 그 소유자(등기명의자)에게만 그 철거처분권이 있다고 할 것이나 그 건물을 매수하여 점유하고 있는 자는 등기부상 아직 소유자로서의 등기명의가 없다 하더라도 그 권리의 범위 내에서 그 점유 중인 건물에 대하여 법률상 또는 사실상 처분을 할 수 있는 지위에 있고 그 건물이 건립되어 있어 불법으로 점유를 당하고 있는 토지소유는 위와 같은 지위에 있는 건물 점유자에게 그 철거를 구할 수 있다[86다카1751].

▋오답해설▋

① 점유보조자는 점유자가 아니므로 소유물반환청구권의 상대방이 될 수 없다. 즉, 주식회사의 직원으로서 회사의 사무실로 사용하고 있는 건물부분에 대한 점유보조자에 불과할 뿐 독립한 점유주체가 아닌 피고들은, 회사를 상대로 한 명도소송의 확정판결에 따른 집행력이 미치는 것은 별론으로 하고, 소유물반환청구의 성질을 가지는 퇴거청구의 독립한 상대방이 될 수는 없다[2001다13983].

② 주식회사의 대표이사가 업무집행을 하면서 고의 또는 과실에 의한 위법행위로 타인에게 손해를 가한 경우 주식회사는 상법 제389조 제3항, 제210조에 의하여 제3자에게 손해배상책임을 부담하게 되고, 대표이사도 민법 제750조 또는 상법 제389조 제3항, 제210조에 의하여 주식회사와 연대하여 불법행위책임을 부담하게 된다. 따라서 주식회사의 대표이사가 업무집행과 관련하여 정당한 권한 없이 직원으로 하여금 타인의 부동산을 지배·관리하게 하는 등으로 소유자의 사용수익권을 침해하고 있는 경우, 부동산의 점유자는 회사일 뿐이고 대표이사 개인은 독자적인 점유자는 아니기 때문에 부동산에 대한 인도청구 등의 상대방은 될 수 없다고 하더라도, 고의 또는 과실로 부동산에 대한 불법적인 점유상태를 형성·유지한 위법행위로 인한 손해배상책임은 회사와 별도로 부담한다고 보아야 한다. 대표이사 개인이 부동산에 대한 점유자가 아니라는 것과 업무집행으로 인하여 회사의 불법점유 상태를 야기하는 등으로 직접 불법행위를 한 행위자로서 손해배상책임을 지는 것은 별개라고 보아야 하기 때문이다[2011다50165].

③ 건물의 소유자가 그 건물의 소유를 통하여 타인 소유의 토지를 점유하고 있다고 하더라도 그 토지 소유자로서는 그 건물의 철거와 그 대지 부분의 인도를 청구할 수 있을 뿐, 자기 소유의 건물을 점유하고 있는 자에 대하여 그 건물에서 퇴거할 것을 청구할 수는 없다[98다57457, 57464].

⑤ 소유권에 기한 물상청구권을 소유권과 분리하여 이를 소유권 없는 전소유자에게 유보하여 행사시킬 수는 없는 것이므로 소유권을 상실한 전소유자는 제3자인 불법점유자에 대하여 소유권에 기한 물권적 청구권에 의한 방해배제를 구할 수 없다[80다7].

02 부동산등기에 관한 설명으로 옳지 <u>않은</u> 것은? (다툼이 있으면 판례에 따름)　　　　**[2022]**

① 가등기된 권리의 이전등기는 가등기에 대한 부기등기의 형식으로 할 수 있다.

② 근저당권등기가 원인 없이 말소된 경우, 그 회복등기가 마쳐지기 전이라도 말소된 등기의 등기명의인은 적법한 권리자로 추정된다.

③ 청구권보전을 위한 가등기에 기하여 본등기가 경료되면 본등기에 의한 물권변동의 효력은 가등기한 때로 소급하여 발생한다.

④ 소유권이전등기의 원인으로 주장된 계약서가 진정하지 않은 것으로 증명되었다면 그 등기의 적법추정은 복멸된다.

⑤ 동일 부동산에 관하여 등기명의인을 달리하여 중복된 소유권보존등기가 경료된 경우, 선행보존등기가 원인무효가 아닌 한 후행보존등기는 실체관계에 부합하더라도 무효이다.

답 ③

▎정답해설▎

③ 가등기는 그 성질상 본등기의 순위보전만의 효력이 있고 후일 본등기가 경료된 때에는 본등기의 순위가 가등기한 때로 소급함으로써 가등기후 본등기 전에 이루어진 중간처분이 본등기보다 후순위로 되어 실효될 뿐이고 본등기에 의한 물권변동의 효력이 가등기한 때로 소급하여 발생하는 것은 아니다[92다21258].

▎오답해설▎

① 98다24105 전합

② 등기는 물권의 효력 발생요건이고 존속요건은 아니어서 등기가 원인 없이 말소된 경우에는 그 물권의 효력에 아무런 영향이 없고, 그 회복등기가 마쳐지기 전이라도 말소된 등기의 등기명의인은 적법한 권리자로 추정되므로 원인 없이 말소된 등기의 효력을 다투는 쪽에서 그 무효 사유를 주장·입증하여야 한다[95다39526].

④ 소유권이전등기의 원인으로 주장된 계약서가 진정하지 않은 것으로 증명된 이상 그 등기의 적법추정은 복멸되는 것이고 계속 다른 적법한 등기원인이 있을 것으로 추정할 수는 없다[98다29568].

⑤ 동일부동산에 관하여 등기명의인을 달리하여 중복된 소유권보존등기가 경료된 경우에는 먼저 이루어진 소유권보존등기가 원인무효가 되지 아니하는 한 뒤에 된 소유권보존등기는 비록 그 부동산의 매수인에 의하여 이루어진 경우에도 1부동산 1용지주의를 채택하고 있는 부동산등기법 아래에서는 무효라고 해석함이 상당하다[87다카2961, 87다453 전합].

03 甲이 乙 명의의 X토지에 대하여 점유취득시효기간을 완성한 경우에 관한 설명으로 옳지 <u>않은</u> 것을 모두 고른 것은? (다툼이 있으면 판례에 따름) **[2020]**

> ㄱ. 甲이 乙에게 X토지의 소유권이전등기를 청구한 후 乙이 그 토지를 丙에게 처분한 경우, 이는 乙이 자신의 소유권을 행사한 것이므로 乙은 甲에게 불법행위책임을 지지 않는다.
> ㄴ. 甲이 아직 소유권이전등기를 하지 않고 있던 중, 丙이 취득시효가 완성하기 전에 마친 丙 명의의 가등기에 기하여 소유권이전의 본등기를 한 경우에도 甲은 丙에 대하여 시효취득을 주장할 수 있다.
> ㄷ. 甲으로부터 X토지의 점유를 승계한 丁은 甲의 취득시효완성의 효과를 주장하여 직접 자기에게 소유권이 전등기를 청구하지 못한다.

① ㄴ
② ㄷ
③ ㄱ, ㄴ
④ ㄱ, ㄷ
⑤ ㄴ, ㄷ

📋 ③

┃ 정답해설 ┃

ㄱ. (×) 부동산에 관한 취득시효가 완성된 후 취득시효를 주장하거나 이로 인한 소유권이전등기청구를 하기 이전에는 등기명의인인 부동산 소유자로서는 특별한 사정이 없는 한 시효취득 사실을 알 수 없으므로 이를 제3자에게 처분하였다 하더라도 불법행위가 성립할 수 없으나(원칙), 부동산의 소유자가 취득시효의 완성 사실을 알 수 있는 경우에 부동산 소유자가 부동산을 제3자에게 처분하여 취득시효 완성을 주장하는 자가 손해를 입었다면 불법행위를 구성한다 할 것이며, 부동산을 취득한 제3자가 부동산 소유자의 이와 같은 불법행위에 적극 가담하였다 면 이는 사회질서에 반하는 행위로서 무효이다[97다56495].

ㄴ. (×) 가등기는 후일 본등기가 경료된 때에는 본등기의 순위가 가등기한 때로 소급하는 것뿐이지 본등기에 의한 물권변동의 효력이 가등기한 때로 소급하여 발생하는 것은 아니므로, 乙을 위하여 이 사건 토지에 관한 취득시효가 완성된 후 乙이 그 등기를 하기 전에 甲이 취득시효완성 전에 이미 설정되어 있던 가등기에 기하여 소유권이전의 본등기를 경료하였다면 乙은 시효완성 후 부동산소유권을 취득한 제3자인 甲에 대하여 시효취득을 주장할 수 없다[92다21258].

┃ 오답해설 ┃

ㄷ. (○) 전 점유자의 점유를 승계한 자는 그 점유 자체와 하자만을 승계하는 것이지 그 점유로 인한 법률효과까지 승계하는 것은 아니므로 부동산을 취득시효기간 만료 당시의 점유자로부터 양수하여 점유를 승계한 현 점유자는 자신의 전 점유자에 대한 소유권이전등기청구권을 보전하기 위하여 전 점유자의 소유자에 대한 소유권이전등기청 구권을 대위행사할 수 있을 뿐, 전 점유자의 취득시효 완성의 효과를 주장하여 직접 자기에게 소유권이전등기를 청구할 권원은 없다[93다47745 전합].

04 甲소유의 X토지에 乙 명의로 소유권이전청구권을 보전하기 위한 가등기를 한 경우에 관한 설명으로 옳은 것은? (다툼이 있으면 판례에 따름) **[2020]**

① 乙은 부기등기의 형식으로는 가등기된 소유권이전청구권을 양도하지 못한다.

② 가등기가 있으면 乙이 甲에게 소유권이전을 청구할 법률관계가 있다고 추정된다.

③ 乙이 가등기에 기하여 본등기를 하면 乙은 가등기한 때부터 X토지의 소유권을 취득한다.

④ 가등기 후에 甲이 그의 채권자 丙에게 저당권을 설정한 경우, 가등기에 기하여 본등기를 마친 乙은 丙에 대하여 물상보증인의 지위를 가진다.

⑤ 乙이 별도의 원인으로 X토지의 소유권을 취득한 때에는, 특별한 사정이 없으면 가등기로 보전된 소유권이전청구권은 소멸하지 않는다.

답 ⑤

┃ **정답해설** ┃

⑤ 가등기에 기한 본등기청구권은 채권으로서 가등기권자가 가등기설정자를 상속하거나 그의 가등기에 기한 본등기 절차 이행의 의무를 인수하지 아니하는 이상, 가등기권자가 가등기에 기한 본등기절차에 의하지 아니하고 가등기설정자로부터 별도의 소유권이전등기를 경료받았다고 하여 혼동의 법리에 의하여 가등기권자의 가등기에 기한 본등기청구권이 소멸하지는 않는다 할 것이다[2004다59546].

┃ **오답해설** ┃

① 순위보전의 대상이 되는 물권변동의 청구권은 그 성질상 양도될 수 있는 재산권일 뿐만 아니라 가등기로 인하여 그 권리가 공시되어 결과적으로 공시방법까지 마련된 셈이므로, 이를 양도한 경우에는 양도인과 양수인의 공동신청으로 그 가등기상의 권리의 이전등기를 가등기에 대한 부기등기의 형식으로 경료할 수 있다고 보아야 한다[98다24105 전합].

② 소유권이전청구권의 보전을 위한 가등기가 있다 하여 반드시 소유권이전등기할 어떤 계약관계가 있었던 것이라 단정할 수 없으므로 소유권이전등기를 청구할 어떤 법률관계가 있다고 추정이 되는 것도 아니라 할 것이다[79다239].

③ 가등기는 그 성질상 본등기의 순위보전만의 효력이 있고 후일 본등기가 경료된 때에는 본등기의 순위가 가등기한 때로 소급함으로써 가등기후 본등기 전에 이루어진 중간처분이 본등기보다 후순위로 되어 실효될 뿐이고 본등기에 의한 물권변동의 효력이 가등기한 때로 소급하여 발생하는 것은 아니다[92다21258].

④ 가등기권자가 소유권이전의 본등기를 한 경우에는 등기관은 부동산등기법 제175조 제1항·제55조 제2호에 의하여 가등기 이후에 한 제3자의 본등기를 직권말소할 수 있다[4294민재항675 전합]. 즉, 乙의 본등기가 경료되면 丙의 저당권은 등기관이 직권으로 말소한다.

05 물권적 청구권에 관한 설명으로 옳지 <u>않은</u> 것은? (다툼이 있으면 판례에 따름) 　　　　　[2020]

① 물권적 청구권은 물권과 분리하여 양도하지 못한다.

② 물권적 청구권을 보전하기 위하여 가등기를 할 수 있다.

③ 미등기건물을 매수한 사람은 소유권이전등기를 갖출 때까지 그 건물의 불법점유자에게 직접 자신의 소유권에 기하여 인도를 청구하지 못한다.

④ 토지소유자는 권원 없이 그의 토지에 건물을 신축·소유한 사람으로부터 건물을 매수하여 그 권리의 범위에서 점유하는 사람에게 건물의 철거를 청구할 수 있다.

⑤ 소유권에 기한 말소등기청구권은 소멸시효의 적용을 받지 않는다.

답 ②

▌정답해설▐

② 부동산물권(소유권·지상권·지역권·전세권·저당권)과 이에 준하는 권리(채권담보권·권리질권·부동산임차권)의 설정·이전·변경·소멸의 청구권을 보전하려 할 때(부동산 매매에서 매수인의 소유권이전청구권), 또는 이러한 청구권이 시기부·정지조건부이거나(시험에 합격하면 토지를 양도하기로 한 경우) 기타 장래에 있어서 확정(예약완결권)될 것인 때에 하는 등기이다. 물권적 청구권을 보존하기 위한 가등기, 소유권보존등기의 가등기는 할 수 없다[81다카1110].

▌오답해설▐

① 소유권을 양도함에 있어 소유권에 의하여 발생되는 물상청구권을 소유권과 분리, 소유권 없는 전소유자에게 유보하여 제3자에게 대하여 이를 행사케 한다는 것은 소유권의 절대적 권리인 점에 비추어 허용될 수 없는 것이라 할 것으로서[68다725 전합], 물권적 청구권을 물권과 분리하여 양도하지 못한다.

③ 건물을 신축하여 그 소유권을 원시취득한 자로부터 그 건물을 매수하였으나 아직 소유권이전등기를 갖추지 못한 자는 그 건물의 불법점거자에 대하여 직접 자신의 소유권 등에 기하여 명도를 청구할 수는 없다[2007다11347].

④ 건물철거는 그 소유권의 종국적 처분에 해당하는 사실행위이므로 원칙으로는 그 소유자(등기명의자)에게만 그 철거처분권이 있다고 할 것이나 그 건물을 매수하여 점유하고 있는 자는 등기부상 아직 소유자로서의 등기명의가 없다 하더라도 그 권리의 범위 내에서 그 점유 중인 건물에 대하여 법률상 또는 사실상 처분을 할 수 있는 지위에 있고 그 건물이 건립되어 있어 불법으로 점유를 당하고 있는 토지소유자(甲)는 위와 같은 지위에 있는 건물점유자(丁)에게 그 철거를 구할 수 있다[86다카1751].

⑤ 매매계약이 합의해제된 경우에도 매수인에게 이전되었던 소유권은 당연히 매도인에게 복귀하는 것이므로 합의해제에 따른 매도인의 원상회복청구권(매수인 명의의 말소등기청구권)은 소유권에 기한 물권적 청구권이라고 할 것이고 이는 소멸시효의 대상이 되지 아니한다[80다2968].

06 부동산 물권변동에 관한 설명으로 옳지 <u>않은</u> 것은? (다툼이 있으면 판례에 따름) [2020]

① 소유권이전등기를 마친 등기명의인은 제3자에 대하여 적법한 등기원인으로 소유권을 취득한 것으로 추정되지만 그 전(前) 소유자에 대하여는 그렇지 않다.

② 미등기건물의 원시취득자는 그 승계인과 합의하여 승계인 명의로 소유권보존등기를 하여 건물소유권을 이전할 수 있다.

③ 등기는 물권의 존속요건이 아니므로 등기가 원인 없이 말소되더라도 그 권리는 소멸하지 않는다.

④ 미등기건물의 소유자가 건물을 그 대지와 함께 팔고 대지에 관한 소유권이전등기를 마친 때에는 매도인에게 관습법상 법정지상권이 인정되지 않는다.

⑤ 저당권설정등기가 원인 없이 말소된 때에도 그 부동산이 경매되어 매수인이 매각대금을 납부하면 원인 없이 말소된 저당권은 소멸한다.

답 ①

▎정답해설▎

① 부동산에 관하여 소유권이전등기가 마쳐져 있는 경우에는 그 등기명의자는 제3자에 대하여뿐 아니라 그 전(前)소유자에 대하여서도 적법한 등기원인에 의하여 소유권을 취득한 것으로 추정되는 것이므로 이를 다투는 측에서 그 무효사유를 주장·입증하여야 한다[94다10160].

▎오답해설▎

② 원시취득자와 승계취득자 사이의 합치된 의사에 따라 승계취득자 앞으로 직접 소유권보존등기를 경료 하였다면, 그 소유권보존등기는 실체적 권리관계에 부합되어 적법한 등기로서의 효력을 가진다[94다44675].

③ 등기는 물권의 효력발생요건이고 효력존속요건이 아니므로 물권에 관한 등기가 원인없이 말소된 경우에 그 물권의 효력에는 아무런 영향을 미치지 않는다고 봄이 타당한 바, 회복등기를 마치기 전이라도 말소된 소유권이전등기의 최종명의인은 적법한 권리자로 추정된다고 하겠으니 동 이전등기가 실체관계에 부합하지 않은 점에 대한 입증책임은 이를 주장하는 자에게 있다[81다카923].

④ 미등기건물을 그 대지와 함께 매도하였다면 비록 매수인에게 그 대지에 관하여만 소유권이전등기가 경료되고 건물에 관하여는 등기가 경료되지 아니하여(미등기건물의 소유는 그 건물을 건축한 원시취득자임) 형식적으로 대지와 건물이 그 소유 명의자를 달리하게 되었다 하더라도 매도인에게 관습상의 법정지상권을 인정할 이유가 없다[2002다9660 전합].

⑤ 부동산에 관하여 근저당권설정등기가 경료되었다가 그 등기가 위조된 등기서류에 의하여 아무런 원인 없이 말소되었다는 사정만으로는 곧바로 근저당권이 소멸하는 것은 아니라고 할 것이지만, 근저당권설정등기가 원인 없이 말소된 이후에 그 근저당 목적물인 부동산에 관하여 다른 근저당권자 등 권리자의 경매신청에 따라 경매절차가 진행되어 경락허가결정이 확정되고 경락인이 경락대금을 완납하였다면, 원인 없이 말소된 근저당권은 이에 의하여 소멸한다[98다27197].

제4관 **입목등기 및 명인방법**

제1관 권리자로부터의 취득

제2관 무권리자로부터의 취득 : 선의취득

01 甲이 乙 소유 X도자기에 관해 무단으로 丙에게 질권을 설정해 주었고, 丙은 질권의 선의취득을 주장하고 있다. 이에 관한 설명으로 옳지 **않은** 것은? (다툼이 있으면 판례에 따름) **[2024]**

① 丙은 평온·공연하게 X의 점유를 취득하였어야 한다.

② 丙은 甲이 소유자가 아니라는 사실에 대하여 그 자신이 선의이고 무과실이라는 사실을 증명하여야 한다.

③ 丙이 甲과 질권설정계약을 체결할 당시 선의였다면 질물의 인도를 받을 때 악의라도 丙의 선의취득은 인정된다.

④ 丙이 X에 대하여 甲이 직접점유를 취득하는 형태로 점유를 취득한 경우, 丙의 선의취득은 인정되지 아니한다.

⑤ 만약 甲이 미성년자임을 이유로 丙과의 질권설정계약을 취소하면 丙은 선의취득을 할 수 없다.

답 ③

▌정답해설▐

③ 제249조가 규정하는 선의·무과실의 기준시점은 물권행위가 완성되는 때인 것이므로 물권적 합의가 동산의 인도보다 먼저 행하여지면 인도된 때를, 인도가 물권적 합의보다 먼저 행하여지면 물권적 합의가 이루어진 때를 기준으로 해야 한다[91다70].

▌오답해설▐

① 제249조, 제343조

② 동산질권을 선의취득하기 위하여는 질권자가 평온, 공연하게 선의이며 과실 없이 질권의 목적동산을 취득하여야 하고, 그 취득자의 선의, 무과실은 동산질권자가 입증하여야 한다[80다2910].

④ 판례는 점유개정에 의한 점유취득만으로는 선의취득의 요건을 충족할 수 없다는 입장이다[77다1872].

⑤ 양도인이 무권리자(처분권이 없다)라는 것을 제외하고 거래행위 자체는 유효하여야 한다. 따라서 거래행위가 무효이거나 당사자에게 제한능력, 착오, 사기·강박 등의 사유가 있어 취소 또는 무효가 된 경우에는 선의취득이 성립하지 않는다.

02 동산의 선의취득에 관한 설명으로 옳지 <u>않은</u> 것은? (다툼이 있으면 판례에 따름) [2023]

① 등기나 등록에 의하여 공시되는 동산은 원칙적으로 선의취득의 대상이 될 수 없다.

② 선의취득이 성립하기 위해서는 양도인이 무권리자라고 하는 점을 제외하고는 아무런 흠이 없는 거래행위이어야 한다.

③ 양도인이 제3자에 대한 반환청구권을 양수인에게 양도하고 지명채권 양도의 대항요건을 갖춘 경우, 선의취득에 필요한 점유의 취득 요건을 충족한다.

④ 동산질권의 선의취득을 저지하기 위해서는 취득자의 점유취득이 과실에 의한 것임을 동산의 소유자가 증명하여야 한다.

⑤ 양수인이 도품을 공개시장에서 선의·무과실로 매수한 경우, 피해자는 양수인이 지급한 대가를 변상하고 그 물건의 반환을 청구할 수 있다.

답 ④

▌정답해설▌

④ 동산질권을 선의취득하기 위하여는 질권자가 평온, 공연하게 선의이며 과실없이 질권의 목적동산을 취득하여야 하고, 그 취득자의 선의, 무과실은 동산질권자가 입증하여야 한다[80다2910].

▌오답해설▌

① 선박, 자동차, 항공기, 건설기계와 같이 등기·등록을 갖춘 동산은 성질상 동산이지만, 법률상 부동산과 같이 취급되므로 선의취득의 대상이 될 수 없다.

② 선의취득은 거래의 안전을 보호한다는 제도이므로 거래행위가 있어야 한다. 따라서 상속에 의한 포괄승계나 사실행위에 의한 원시취득에 대해서는 선의취득제도가 적용되지 않는다.

③ 양도인이 소유자로부터 보관을 위탁받은 동산을 제3자에게 보관시킨 경우에 양도인이 그 제3자에 대한 반환청구권을 양수인에게 양도하고 지명채권양도의 대항요건을 갖추었을 때에는 동산의 선의취득에 필요한 점유의 취득요건을 충족한다[97다48906].

⑤ 제251조

03 선의취득에 관한 설명으로 옳지 <u>않은</u> 것은? (다툼이 있으면 판례에 따름) [2022]

① 경매에 의해서는 동산을 선의취득할 수 없다.

② 점유개정에 의한 인도로는 선의취득이 인정되지 않는다.

③ 동산질권도 선의취득할 수 있다.

④ 선의취득자는 임의로 선의취득의 효과를 거부하고 종전 소유자에게 동산을 반환받아 갈 것을 요구할 수 없다.

⑤ 점유보조자가 횡령한 물건은 제250조의 도품·유실물에 해당하지 않는다.

답 ①

▌정답해설▐

① 채무자 이외의 자의 소유에 속하는 동산을 경매한 경우에도 경매절차에서 그 동산을 경락받아 경락대금을 납부하고 이를 인도받은 경락인은 특별한 사정이 없는 한 소유권을 선의취득한다[97다32680].

▌오답해설▐

② 동산의 선의취득에 필요한 점유의 취득은 현실적인 인도가 있어야 하고 점유개정에 의한 점유취득만으로는 그 요건을 충족할 수 없다[2003다30463].

③ 선의취득자는 물권행위의 목적인 소유권 또는 질권을 취득한다(제249조·제343조).

④ 제249조의 동산을 선의취득한 자는 권리를 취득하는 반면 종전 소유자는 소유권을 상실하게 되는 법률효과가 법률의 규정에 의하여 발생되므로, 선의취득자가 임의로 이와 같은 선의취득 효과를 거부하고 종전 소유자에게 동산을 반환받아 갈 것을 요구할 수 없다[98다6800].

⑤ 점유보조자 내지 소지기관의 횡령처럼 형사법상 절도죄가 되는 경우도 형사법과 민사법의 경우를 동일시해야 하는 것은 아닐 뿐만 아니라 진정한 권리자와 선의의 거래 상대방간의 이익형량의 필요성에 있어서 위탁물 횡령의 경우와 다를바 없으므로 이 역시 제250조의 도품·유실물에 해당되지 않는다[91다70].

04 선의취득에 관한 설명으로 옳은 것은? (다툼이 있으면 판례에 따름) **[2021]**

① 선의취득에 관한 제249조는 저당권의 취득에도 적용된다.

② 동산의 선의취득에 필요한 점유의 취득은 현실의 인도뿐만 아니라 점유개정에 의해서도 가능하다.

③ 선의취득의 요건인 선의·무과실의 판단은 동산의 인도 여부와 관계없이 물권적 합의가 이루어진 때를 기준으로 한다.

④ 도품·유실물에 관한 제251조는 선의취득자에게 그가 지급한 대가의 변상시까지 취득물의 반환청구를 거부할 수 있는 항변권만을 인정한다는 취지이다.

⑤ 제3자에 대한 목적물반환청구권을 양수인에게 양도하고 지명채권 양도의 대항요건을 갖추면 동산의 선의취득에 필요한 점유의 취득요건을 충족한다.

답 ⑤

▌정답해설▐

⑤ 양도인이 소유자로부터 보관을 위탁받은 동산을 제3자에게 보관시킨 경우에 양도인이 그 제3자에 대한 반환청구권을 양수인에게 양도하고 지명채권 양도의 대항요건을 갖추었을 때에는 동산의 선의취득에 필요한 점유의 취득요건을 충족한다[97다48906].

▌오답해설▐

① 제249조의 선의취득은 점유인도를 물권변동의 요건으로 하는 동산의 소유권취득에 관한 규정으로서(동법 제343조에 의하여 동산질권에도 준용) 저당권의 취득에는 적용될 수 없다[84다카2428].

② 현실의 인도, 간이인도[80다2530], 목적물반환청구권의 양도의 경우[97다48906]에는 선의취득할 수 있다. 그러나 점유개정에 의한 점유취득만으로는 그 선의취득의 요건을 충족할 수 없다[2003다30463].

③ 제249조가 규정하는 선의·무과실의 기준시점은 물권행위가 완성되는 때(물권적 합의 + 인도)이므로, 물권적 합의가 동산의 인도보다 먼저 행하여지면 인도된 때를, 인도가 물권적 합의보다 먼저 행하여지면 물권적 합의가 이루어진 때를 기준으로 해야 한다[91다70].

④ 제251조는 선의취득자에게 대가변상을 받을 때까지는 물건반환을 거부할 수 있는 항변권만을 인정한 것이 아니라 선의취득자를 보호하기 위해 반환청구를 받은 선의취득자의 대가변상청구권을 부여한 것이다[72다115]. 따라서 선의취득자는 반환청구를 받은 때뿐만 아니라 반환청구를 받아 반환을 한 후에도 대가변상을 요구할 수 있다.

05 선의취득에 관한 설명으로 옳지 <u>않은</u> 것은? (다툼이 있으면 판례에 따름) **[2020]**

① 점유권과 유치권은 선의취득할 수 없다.

② 점유개정의 방법으로 양도담보를 설정한 동산소유자가 다시 제3자와 양도담보설정계약을 맺고 그 동산을 점유개정으로 인도한 경우, 제3자는 양도담보권을 선의취득하지 못한다.

③ 인도가 물권적 합의보다 먼저 이루어진 경우, 선의·무과실의 판단은 인도를 기준으로 한다.

④ 선의취득자는 임의로 소유권취득을 거부하지 못한다.

⑤ 선의취득자는 권리를 잃은 전(前)소유자에게 부당이득을 반환할 의무가 없다.

답 ③

┃ 정답해설 ┃

③ 제249조가 규정하는 선의·무과실의 기준시점은 물권행위가 완성되는 때(물권적 합의 + 인도)이므로, 물권적 합의가 동산의 인도보다 먼저 행하여지면 인도된 때를, 인도가 물권적 합의보다 먼저 행하여지면 물권적 합의가 이루어진 때를 기준으로 해야 한다[91다70].

---

06 선의취득에 관한 설명으로 옳지 <u>않은</u> 것은? (다툼이 있으면 판례에 따름) **[2019]**

① 등록에 의하여 소유권이 공시되는 자동차는 동산이라 하더라도 선의취득의 대상이 되지 않는다.

② 수분양자로서의 지위를 내용으로 하는 연립주택의 입주권은 선의취득의 대상이 될 수 없다.

③ 채무자 이외의 자의 소유에 속하는 동산의 경매절차에서 그 동산을 경락받아 경락대금을 납부하고 이를 인도받은 경락인은 특별한 사정이 없는 한 소유권을 선의취득할 수 있다.

④ 선의취득이 인정되기 위해서는 양도인이 무권리자인 점을 제외하면 아무런 흠이 없는 거래행위이어야 한다.

⑤ 현실인도뿐만 아니라 점유개정의 방법으로 양수인이 동산의 점유를 취득한 경우에도 선의취득이 인정된다.

답 ⑤

┃ 정답해설 ┃

⑤ 현실의 인도, 간이인도[80다2530], 목적물반환청구권의 양도의 경우[97다48906]에는 선의취득할 수 있다. 그러나 점유개정에 의한 점유취득만으로는 그 선의취득의 요건을 충족할 수 없다[2003다30463].

07 동산 선의취득에 관한 설명으로 옳은 것은? (다툼이 있으면 판례에 따름)

① 甲 소유의 동산을 乙이 丙에게 양도하고 丙이 다시 丁에게 양도한 경우, 만약 丙의 선의취득이 인정된다면 丁의 선의취득 여부는 문제되지 않는다.

② 반환청구권의 양도에 의한 소유권의 양도의 경우에는 대항요건을 갖추었더라도 선의취득이 인정되지 않는다.

③ 甲이 자신의 소유 동산을 乙에게 매도하여 인도하고, 乙이 다시 丙에게 매도하여 인도한 경우, 甲과 乙의 매매가 사회질서에 반하여 무효라면 丙은 선의, 무과실이더라도 선의취득할 수 없다.

④ 점유보조자가 횡령한 물건은 제250조(도품, 유실물에 대한 특례)의 도품에 해당한다.

⑤ 甲 소유 동산을 점유하는 乙이 丙에게 매도함과 동시에 丙으로부터 임차하기로 약정한 경우 丙은 현실인도를 받기 전이라도 그 동산을 선의취득할 수 있다.

답 ①

▍정답해설▍

① 丙의 선의취득이 인정된다면, 丁은 승계취득법리에 따라 선의·악의를 불문하고 당연히 소유권을 취득하므로, 丁의 선의취득 여부는 문제되지 아니한다.

▍오답해설▍

② 양도인이 소유자로부터 보관을 위탁받은 동산을 제3자에게 보관시킨 경우에 양도인이 그 제3자에 대한 반환청구권을 양수인에게 양도하고 지명채권 양도의 대항요건을 갖추었을 때에는 동산의 선의취득에 필요한 점유의 취득요건을 충족한다[97다48906].

③ 선량한 풍속 기타 사회질서에 반하는 법률행위는 절대적 무효이므로, 별도의 선의취득과 같은 권리취득 원인이 없는 한, 제3자는 선의라 할지라도 보호받지 못한다.

④ 제250조, 제251조 소정의 도품, 유실물이란 원권리자로부터 점유를 수탁한 사람이 적극적으로 제3자에게 부정처분한 경우와 같은 위탁물 횡령의 경우는 포함되지 아니하고 또한 점유보조자 내지 소지기관의 횡령처럼 형사법상 절도죄가 되는 경우도 형사법과 민사법의 경우를 동일시해야 하는 것은 아닐 뿐만 아니라 진정한 권리자와 선의의 거래상대방 간의 이익형량의 필요성에 있어서 위탁물 횡령의 경우와 다를바 없으므로 이 역시 제250조의 도품·유실물에 해당되지 않는다[91다70].

⑤ 동산의 선의취득에 필요한 점유의 취득은 현실적 인도가 있어야 하고 점유개정에 의한 점유취득만으로서는 그 요건을 충족할 수 없다[77다1872].

01 물권의 소멸에 관한 설명으로 옳지 <u>않은</u> 것은? (다툼이 있으면 판례에 따름)

① 부동산합유지분의 포기로 인한 물권변동은 등기하여야 효력이 있다.

② 어떠한 물건에 대한 소유권과 그에 대한 제한물권이 동일한 사람에게 귀속한 경우에도 본인 또는 제3자의 이익을 위해서 그 제한물권을 존속시킬 필요가 있으면 제한물권은 소멸하지 않는다.

③ 부동산임차권이 대항요건을 갖춘 후에 그 부동산에 제3자의 저당권이 설정된 경우, 소유권과 임차권이 동일인에게 귀속하더라도 임차권이 소멸하지 않는다.

④ 지상권이 저당권의 목적인 경우에는 저당권자의 동의가 없이는 지상권을 포기할 수 없다.

⑤ 부동산근저당권자가 그 소유권을 취득하여 근저당권이 혼동으로 소멸한 경우 그 소유권 취득이 무효인 것이 밝혀졌더라도 소멸하였던 근저당권은 부활하지 않는다.

답 ⑤

▌정답해설▐

⑤ 근저당권자가 소유권을 취득하면 그 근저당권은 혼동에 의하여 소멸하지만 그 뒤 그 소유권 취득이 무효인 것이 밝혀지면 소멸하였던 근저당권은 당연히 부활한다[71다1386].

▌오답해설▐

① 합유지분 포기가 적법하다면 그 포기된 합유지분은 나머지 잔존 합유지분권자들에게 균분으로 귀속하게 되지만 그와 같은 물권변동은 합유지분권의 포기라고 하는 법률행위에 의한 것이므로 등기하여야 효력이 있고 지분을 포기한 합유지분권자로부터 잔존 합유지분권자들에게 합유지분권이전등기가 이루어지지 아니하는 한 지분을 포기한 지분권자는 제3자에 대하여 여전히 합유지분권자로서의 지위를 가지고 있다고 보아야 한다[96다16896].

② 어떠한 물건에 대한 소유권과 다른 물권이 동일한 사람에게 귀속한 경우 그 제한물권은 혼동에 의하여 소멸하는 것이 원칙이지만, 본인 또는 제3자의 이익을 위하여 그 제한물권을 존속시킬 필요가 있다고 인정되는 경우에는 제191조 제1항 단서의 해석에 의하여 혼동으로 소멸하지 않는다[98다18643].

③ 부동산에 대한 소유권과 임차권이 동일인에게 귀속하게 되는 경우 임차권은 혼동에 의하여 소멸하는 것이 원칙이지만, 그 임차권이 대항요건을 갖추고 있고 또한 그 대항요건을 갖춘 후에 저당권이 설정된 때에는 혼동으로 인한 물권소멸원칙의 예외규정인 제191조 제1항 단서를 준용하여 임차권은 소멸하지 않는다[2000다12693].

④ 지상권 또는 전세권을 목적으로 저당권을 설정한 자는 저당권자의 동의 없이 지상권 또는 전세권을 소멸하게 하는 행위를 하지 못한다[제371조 제2항].

02 물권의 소멸에 관한 설명으로 옳지 <u>않은</u> 것은? (다툼이 있으면 판례에 따름)

① 점유권은 혼동이나 소멸시효에 의해 소멸하지 않는다.

② 소유권은 소멸시효에 의해 소멸하지 않지만, 타인이 시효취득하면 상대적으로 소멸할 수 있다.

③ 전세권에 저당권이 설정된 경우, 전세목적물에 대한 소유권과 전세권이 동일인에게 귀속되더라도 전세권은 혼동에 의해 소멸하지 않는다.

④ 후순위저당권이 있는 부동산의 소유권을 선순위저당권자가 아무런 조건 없이 증여받아 취득한 경우, 혼동에 의해 저당권은 소멸한다.

⑤ 부동산공유자의 공유지분 포기의 의사표시가 다른 공유자에게 도달하더라도 그 공유지분이 바로 소멸하는 것은 아니고, 다른 공유자는 자신에게 귀속될 공유지분에 관하여 소유권이전등기를 청구할 수 있을 뿐이다.

답 ④

▌정답해설▐

④ 어떠한 물건에 대한 소유권과 다른 물권이 동일한 사람에게 귀속한 경우 그 제한물권은 혼동에 의하여 소멸하는 것이 원칙이지만, 본인 또는 제3자의 이익을 위하여 그 제한물권을 존속시킬 필요가 있다고 인정되는 경우에는 제191조 제1항 단서의 해석에 의하여 혼동으로 소멸하지 않는다[98다18643].

▌오답해설▐

① 점유권은 사실상의 지배를, 소유권은 법률상의 지배를 내용으로 하므로, 양자는 양립할 수 있다. 따라서 점유권에 관하여는 혼동의 법리가 적용되지 아니하고(제191조 제3항), 또한 소멸시효도 적용되지 아니한다.

② 소유권은 소멸시효의 대상이 되지 아니하나(제162조 제2항), 타인의 시효취득으로 인하여 그 소유권이 상대적으로 소멸될 수는 있다.

③ 98다18643

⑤ 제267조는 "공유자가 그 지분을 포기하거나 상속인 없이 사망한 때에는 그 지분은 다른 공유자에게 각 지분의 비율로 귀속한다"라고 규정하고 있다. 여기서 공유지분의 포기는 법률행위로서 상대방 있는 단독행위에 해당하므로, 부동산공유자의 공유지분 포기의 의사표시가 다른 공유자에게 도달하더라도 이로써 곧바로 공유지분 포기에 따른 물권변동의 효력이 발생하는 것은 아니고, 다른 공유자는 자신에게 귀속될 공유지분에 관하여 소유권이전등기 청구권을 취득하며, 이후 제186조에 의하여 등기를 하여야 공유지분 포기에 따른 물권변동의 효력이 발생한다. 그리고 부동산공유자의 공유지분 포기에 따른 등기는 해당지분에 관하여 다른 공유자 앞으로 소유권이전등기를 하는 형태가 되어야 한다[2015다52978].

CHAPTER 03 기본물권

01 점유권

제1관 서 론

I 점유제도

점유제도는 물건을 사실상 지배하고 있는 경우 점유를 정당화할 수 있는 법률상 권리(본권)의 유무에도 불구하고 일정한 법률효과를 부여하는 제도를 말한다.

II 점유권과 본권

본권은 점유를 법적으로 정당화할 수 있는 권리로 소유권과 제한물권이 그 예이다. 이에 반해 점유권은 본권의 유무와는 무관하게 물건에 대한 사실상의 지배 그 자체를 보호하는 것을 목적으로 하는 권리이다.

III 점유의 요건

1. 객관적 요건 : 사실상의 지배

① 개념 : 사실상의 지배란 사회관념상 물건이 어떤 사람의 지배 아래에 있다고 인정되는 객관적 관계를 말한다(대판 1974.7.16. 73다923).

② 사실상의 지배를 인정하기 위한 요소

> 물건에 대한 점유란 사회관념상 어떤 사람의 사실적 지배에 있다고 보여지는 객관적 관계를 말하는 것으로서 사실상의 지배가 있다고 하기 위하여는 반드시 물건을 물리적, 현실적으로 지배하는 것만을 의미하는 것이 아니고, 물건과 사람과의 시간적, 공간적 관계와 본권관계, 타인지배의 배제 가능성 등을 고려하여 사회통념에 따라 합목적적으로 판단하여야 할 것이고, 대지의 소유자로 등기한 자는 보통의 경우 등기할 때에 그 대지의 인도를 받아 점유를 얻은 것으로 보아야 할 것이므로 등기사실을 인정하면서 특별한 사정의 설시 없이 점유사실을 인정할 수 없다고 판단할 수는 없다(대판 2001.1.16. 98다20110). 그러나 이는 임야나 대지 등이 매매 등을 원인으로 양도되고 이에 따라 소유권이전등기가 마쳐진 경우에 그렇다는 것이지, 소유권보존등기의 경우에도 마찬가지라고 볼 수는 없다. 소유권보존등기는 이전등기와 달리 해당 토지의 양도를 전제로 하는 것이 아니어서, 보존등기를 마쳤다고 하여 일반적으로 등기명의자가 그 무렵 다른 사람으로부터 점유를 이전받는다고 볼 수는 없기 때문이다(대판 2013.7.11. 2012다201410).

2. 주관적 요건 : 점유설정의사

점유설정의사는 일정한 법률효과와 결부된 법적 의미의 의사가 아니라 「자연적」 의미의 의사이다. 따라서 행위능력이 요구되지 않아 미성년자라도 단독으로 점유할 수 있다.

3. 예외 : 관념화된 점유

점유는 사실상 지배에 의하여 성립하지만, 점유가 관념화되어 사실적 지배가 없음에도 점유의 성립이 인정되기도 하고[상속으로 인한 점유권의 이전(제193조), 간접점유(제194조)], 반면에 사실상 지배를 함에도 점유가 성립하지 않는 경우도 있다[점유보조자(제195조)].

(1) 점유보조자

> **제195조 【점유보조자】**
> 가사상, 영업상 기타 유사한 관계에 의하여 타인의 지시를 받아 물건에 대한 사실상의 지배를 하는 때에는 그 타인만을 점유자로 한다.

1) 의 의

점유보조자란 물건에 대하여 직접적으로 실력을 행사하면서도 점유를 인정받지 못하는 자를 말한다(제195조). 즉, 점유보조자에게는 점유권이 인정되지 않는다.

2) 요 건
① 점유보조자가 물건을 사실상 지배하고 있을 것
② 점유보조관계가 있을 것
    ㉠ 점유보조관계는 지시에 의한 명령·복종관계, 즉 사회적 종속관계를 전제로 한다.
    ㉡ 점유보조관계는 반드시 유효한 것이어야 하는 것은 아니고, 계속적일 필요도 없으며, 외부로부터 인식할 수 있는 것일 필요도 없다.
    ㉢ 점유보조관계의 성립 여부가 문제되는 경우
      • 처의 지위 : 부부는 명령·복종관계에 있지 않으므로 원칙적으로 처가 부의 점유보조자가 된다고는 할 수 없다.
      • 법인의 기관 : 다수설·판례는 법인 대표기관의 점유는 법인의 점유로 보고 있다. 반면에 대표기관 이외 기관의 점유는 법인의 점유가 아니다. 이 경우 점유보조자가 될 수 있다.
      • 자기 소유의 물건에 대해서도 점유보조자가 될 수 있다(예 부모가 어린아이에게 물건을 준 경우 그 어린아이는 소유자인 동시에 그 물건의 유지·관리에 있어서 점유보조자가 될 수 있다).

3) 점유보조자의 지위
① 점유권의 배제 : 점유주만이 점유자이고, 점유보조자는 점유자가 아니다. 따라서 점유보조자의 점유권 및 점유보호청구권이 인정되지 않는다.
② 자력구제권은 인정 : 점유보조자도 점유주를 위하여 자력구제권(제209조)은 행사할 수 있다.
③ 점유보조관계가 인정되는 경우 점유주의 점유의 취득 및 상실 기준 : 점유보조자를 기준으로 결정된다.

④ 점유취득시 선의·악의의 판단기준 : 원칙적으로 점유주가 판단기준이 되나, 점유주가 선의라도 점유보조자가 악의인 경우에는 점유주의 불이익으로 돌아가 점유는 악의의 점유가 된다.

⑤ 점유보조관계의 종료 : 사회적 종속관계의 종료로 소멸한다.

(2) 간접점유

> **제194조【간접점유】**
> 지상권, 전세권, 질권, 사용대차, 임대차, 임치 기타의 관계로 타인으로 하여금 물건을 점유하게 한 자는 간접으로 점유권이 있다.

1) 의 의

간접점유는 관념화된 점유로 점유자와 물건 사이에 타인이 개재하여 그 타인의 점유를 매개로 점유하는 것을 말한다(제194조 참고).

2) 성립요건

① 점유매개자가 물건을 직접 점유하고 있을 것 : 점유매개자의 직접점유가 있어야 하고, 점유매개자의 점유는 타주점유이다.

② 점유매개관계가 있을 것

  ㉠ 점유매개관계는 직접점유자가 자신의 점유를 간접점유자의 반환청구권을 승인하면서 행사하는 경우에 인정된다(대판 2012.2.23. 2011다61424·61431).

  ㉡ 점유매개관계의 발생원인은 계약, 법률의 규정 및 사법관계·공법관계를 불문한다.

  ㉢ 점유매개관계는 반드시 유효할 필요가 없고, 중첩적으로 존재할 수도 있다.

③ 간접점유자의 점유는 직접점유자의 권리보다 포괄적이어야 한다.

④ 간접점유자는 직접점유자에 대하여 반환청구권을 가져야 한다.

3) 간접점유자의 지위(간접점유의 효과)

① 점유권 : 간접점유자도 점유권은 갖는다(제194조). 따라서 점유보호청구권을 행사할 수 있다.

② 법률관계

  ㉠ 대내적 관계

   • 간접점유자는 직접점유자에 대하여 점유보호청구권(제207조)이나 자력구제권(제209조)을 행사할 수 없다. 다만, 점유매개관계 또는 본권에 기한 청구권을 행사할 수 있을 뿐이다.

   • 직접점유자는 간접점유자에 대하여 점유매개관계에서 발생한 청구권을 행사할 수 있을 뿐만 아니라 점유보호청구권과 자력구제권을 행사할 수 있다.

  ㉡ 대외적 관계

   • 직접점유자가 제3자에 의하여 점유를 침탈당하거나 방해받고 있는 경우에는 간접점유자도 제3자에 대하여 점유보호청구권을 갖는다(제207조 제1항). 그러나 직접점유자가 점유물을 횡령하여 제3자에게 처분한 경우에는 간접점유자의 제3자에 대한 점유보호청구권은 인정되지 않는다.

   • 간접점유자는 직접적으로 물건을 지배하고 있지 않으므로, 자력구제권은 부정된다.

(3) 상속인에 의한 점유

> **제193조【상속으로 인한 점유권의 이전】**
> 점유권은 상속인에 이전한다.

Ⅳ 점유의 모습

> **제197조【점유의 태양】**
> ① 점유자는 소유의 의사로 선의, 평온 및 공연하게 점유한 것으로 추정한다.
> ② 선의의 점유자라도 본권에 관한 소에 패소한 때에는 그 소가 제기된 때로부터 악의의 점유자로 본다.

1. 자주점유와 타주점유

(1) 서 설

① 의의 : 자주점유란「소유의 의사」를 갖고서 하는 점유를 말하고, 타주점유란「타인의 소유권을 전제」로 한 점유로써 자주점유 이외의 점유를 의미한다.

> 취득시효에 있어서 자주점유라 함은 소유자와 동일한 지배를 하려는 의사를 가지고 하는 점유를 의미하는 것이지 법률상 그러한 지배를 할 수 있는 권원 즉 소유권을 가지고 있거나 또는 소유권이 있다고 믿고서 하는 점유를 의미하는 것은 아니다(대판 1996.10.11. 96다23719).

② 구별실익 : 취득시효(제245조), 무주물선점(제252조), 점유자의 회복자에 대한 책임(제202조) 등에 실익이 있다.

(2) 자주점유의 판단기준 및 판단기준시기

① 판단기준 : 자주점유는 내심의 의사로 판단해야 한다는 주관설도 있으나, 통설은 객관설을 취하여 점유취득의 원인이 된 권원의 성질에 따라 결정된다는 입장이다. 반면 판례들은 자주점유는 점유자의 내심의 의사에 따라 결정되는 것이 아니라 점유취득의 원인이 된 권원의 성질이나 점유와 관계가 있는 모든 사정에 의하여 외형적·객관적으로 결정된다(대판 1999.3.12. 98다29834)는 입장이다.

② 판단기준시기 : 소유의 의사 유무는「점유개시 시」를 기준으로 판단한다(대판 1998.5.8. 98다2945).

> 법령상 주무관청의 허가가 있는 경우에 한하여 처분이 허용되고 그 허가 없이는 처분이 금지된 부동산에 대하여 처분허가가 없다는 것을 알면서 점유하는 자는 이미 자신이 그 부동산의 진정한 소유자의 소유권을 배제하고 마치 자기의 소유물처럼 배타적 지배를 할 수 없다는 것을 알면서 점유하는 자이므로 점유개시 당시에 그 부동산에 대하여 소유자의 소유권을 배제하고 자기의 소유물처럼 배타적 지배를 행사한다는 의사가 있었다고 볼 수 없다(대판 1998.5.8. 98다2945).

(3) 구체적인 판단

1) 점유취득의 원인이 분명한 경우

① 권원의 성질상 자주점유인 경우

ㄱ 매매, 증여, 교환 등을 원인으로 점유를 취득한 경우

> - 토지매수인이 매매계약에 기하여 목적토지의 점유를 취득한 경우에는 그 매매가 설사 타인의 토지의 매매로서 그 소유권을 취득할 수 없다고 하더라도 다른 특별한 사정이 없는 이상 매수인의 점유는 소유의 의사로써 하는 것이라고 해석된다(대판 1993.10.12. 93다1886). 다만, 부동산매매계약에 있어서 동 계약이 해제되었다면 매수인의 동 부동산에 대한 점유는 해제한 날로부터 타주점유가 된다(대판 1972.2.22. 71다2306).
> - 또한 통상 부동산을 매수하려는 사람은 매매계약을 체결하기 전에 그 등기부등본이나 지적공부 등에 의하여 소유관계 및 면적 등을 확인한 다음 매매계약을 체결하므로, 매매 대상 대지의 면적이 등기부상의 면적을 상당히 초과하는 경우에는 특별한 사정이 없는 한 계약 당사자들이 이러한 사실을 알고 있었으며 그 초과 부분은 단순한 점용권의 매매라고 보는 것이 상당하고, 따라서 그 점유는 권원의 성질상 타주점유에 해당한다(대판 2009.10.15. 2007다83632).
> - 토지의 매도인은 매수인에게 매도한 토지의 인도의무를 지고 있으므로, 매도 후의 점유는 그 성질상 타주점유로 변경되지만 특별한 사정이 있는 경우에는 그러하지 아니하다. 소유권이전등기가 마쳐진 이후 매도인의 토지에 대한 점유는 자신이 매도한 토지의 일부로서 점유한 것이 아니라 인접한 토지의 일부로 알고서 종전과 같이 점유를 계속한 것에 지나지 아니한다면, 위 등기 이후의 매도인의 그 토지에 대한 점유는 타주점유로 변경되지 않고 여전히 자주점유로 남아 있다고 해석함이 상당하다(대판 1995.5.23. 94다51871).
> - 부동산에 설정된 저당권에 기하여 임의경매가 개시된 이래 부동산의 소유자가 경매의 실행을 저지하지 아니한 채 절차가 진행되어 그 부동산이 제3자에게 경락되고 대금이 납부되어 종전 소유자의 소유권이 상실되었다면, 종전 소유자가 제3자의 소유로 귀속된 부동산을 계속 점유하고 있다고 하더라도 그 점유는 달리 특별한 사정이 없는 한 타주점유로 봄이 상당하다(대판 1996.11.26. 96다29335·29342).

ㄴ 상속 : 상속에 의하여 점유하게 된 경우에는 원칙적으로 자주점유이다. 즉, 피상속인의 장조카가 자기가 그 상속인 또는 권리귀속자인 것으로 믿고 점유를 개시하여 관리 및 수익을 독점하여 왔다면, 타주점유 중 자기에게 권리귀속된 것으로 믿는 경우와 달리 그 점유의 시초에 있어 권원의 성질상 자주점유라고 보아야 할 것이다(대판 1982.7.27. 81다1174·1175).

ㄷ 취득시효 : 피고에게 소유권이전등기된 날짜 이전에 원고가 소유권취득에 필요한 취득시효기간이 완성되었다면 그 이후의 점유는 소유자로서의 평온, 공연, 선의, 무과실의 점유라고 보아야 한다(대판 1963.2.21. 62다749). 즉, 취득시효 완성 후의 점유는 자주점유에 해당한다. 또한 점유자가 취득시효기간이 경과한 후에 상대방에게 토지의 매수를 제의한 일이 있다고 하여도 일반적으로 점유자는 취득시효가 완성한 후에도 소유권자와의 분쟁을 간편히 해결하기 위하여 매수를 시도하는 사례가 허다함에 비추어 이와 같은 매수제의를 하였다는 사실을 가지고 위 점유자의 점유를 타주점유라고 볼 수는 없다(대판 [전합] 1983.7.12. 82다708·709, 82다카1792·1793).

② 권원의 성질상 타주점유인 경우

ㄱ 간접점유에서 직접점유자의 점유 : 지상권자, 전세권자, 질권자, 사용차주, 임차인, 수치인 등의 점유는 원칙적으로 타주점유이다(대판 1990.11.13. 90다카21381·21398 등).

ㄴ 공유자 1인이 공유토지 전부를 점유한 경우 : 공유부동산은 공유자 1인이 전부를 점유하고 있다고 하더라도 다른 특별한 사정이 없는 한 권원의 성질상 다른 공유자의 지분비율의 범위 내에서는 타주점유라고 볼 수밖에 없다(대판 1995.1.12. 94다19884).

ㄷ 명의수탁자의 점유 : 명의신탁에 의하여 부동산의 소유자로 등기된 자의 점유는 그 권원의 성질상 자주점유라 할 수 없다(대판 1991.12.10. 91다27655).

2) 점유취득의 원인이 불분명한 경우

① **자주점유의 추정** : 권원의 존부가 불분명하거나 권원은 있는데 그 성질이 불분명한 경우에는 점유자는 소유의 의사로 점유한 것으로 추정된다(제197조 제1항). 따라서 점유자가 타주점유자임을 주장하는 상대방이 점유자의 점유가 자주점유가 아님을 입증해야 한다(대판 2006.2.23. 2005다66473). 또한 점유자가 스스로 매매 또는 증여와 같이 자주점유의 권원을 주장하였으나 이것이 인정되지 않는 경우에도 원래 자주점유의 권원에 관한 입증책임이 점유자에게 있지 아니한 이상 그 주장의 점유권원이 인정되지 않는다는 사유만으로 자주점유의 추정이 번복된다거나 또는 점유권원의 성질상 타주점유라고 볼 수는 없다(대판 2010.5.13. 2010다 2565).

② **추정의 번복** : 점유자가 진정한 소유자라면 통상 취하지 아니할 태도를 나타내거나 소유자라면 당연히 취했을 것으로 보이는 행동을 취하지 아니한 경우 등 외형적·객관적으로 보아 점유자가 타인의 소유권을 배척하고 점유할 의사를 갖고 있지 아니하였던 것이라고 볼 만한 사정이 증명된 경우에는 그 추정은 깨어지고, 점유자가 점유 개시 당시에 소유권 취득의 원인이 될 수 있는 법률행위 기타 법률요건이 없이 그와 같은 법률요건이 없다는 사실을 잘 알면서 타인 소유의 부동산을 무단점유한 것임이 입증되었다면, 특별한 사정이 없는 한 점유자는 타인의 소유권을 배척하고 점유할 의사를 갖고 있지 않다고 보아야 하므로 그 경우에도 소유의 의사가 있는 점유라는 추정은 깨어진다(대판 2011.1.13. 2010다66699).

(4) 전 환

① **타주점유에서 자주점유로 전환** : 타주점유가 자주점유로 전환되기 위하여는 새로운 권원에 의하여 다시 소유의 의사로 점유하거나 자기에게 점유시킨 자에게 소유의 의사가 있음을 표시하지 않으면 그 점유의 성질이 변하지 않는다고 보아야 할 것인바, 이때 타주점유자가 그 명의로 소유권이전등기를 경료한 것만으로는 점유시킨 자에 대하여 소유의 의사를 표시함으로써 자주점유로 전환되었다고 볼 수는 없다(대판 1993.7.16. 92다37871). 또한 상속은 점유취득의 새로운 권원에 포함되지 않는다는 것이 판례의 입장이다. 즉, 상속에 의하여 점유권을 취득한 경우에는 상속인은 새로운 권원에 의하여 자기 고유의 점유를 개시하지 않는 한 피상속인의 점유를 떠나 자기만의 점유를 주장할 수 없다(대판 1996.9.20. 96다25319).

② **자주점유에서 타주점유로 전환** : 진정 소유자가 자신의 소유권을 주장하며 점유자 명의의 소유권이전등기는 원인무효의 등기라 하여 점유자를 상대로 토지에 관한 점유자 명의의 소유권이전등기의 말소등기청구소송을 제기하여 그 소송사건이 점유자의 패소로 확정되었다면, 그 점유자는 제197조 제2항의 규정에 의하여 그 소송의 제기시부터는 토지에 대한 악의의 점유자로 간주되고, 또 이러한 경우 토지 점유자가 소유권이전등기 말소등기청구소송의 직접 당사자가 되어 소송을 수행하였고 결국 그 소송을 통해 대지의 정당한 소유자를 알게 되었으며, 나아가 패소판결의 확정으로 점유자로서는 토지에 관한 점유자 명의의 소유권이전등기에 관하여 정당한 소유자에 대하여 말소등기의무를 부담하게 되었음이 확정되었으므로, 단순한 악의점유의 상태와는 달리 객관적으로 그와 같은 의무를 부담하고 있는 점유자로 변한 것이어서 점유자의 토지에 대한 점유는 패소판결 확정 후부터는 타주점유로 전환되었다고 보아야 할 것이다(대판 2000.12.8. 2000다14934·14941). **기출** 22

2. 하자 있는 점유와 하자 없는 점유

(1) 의 의

하자 있는 점유는 악의, 과실, 폭행, 은비, 불계속 등의 점유를 말하고, 하자 없는 점유는 선의, 무과실, 평온, 공연, 계속 등의 점유를 말한다.

(2) 유 형

1) 선의점유와 악의점유

① **개념** : 선의점유란 본권(점유할 수 있는 권리)이 없음에도 불구하고 있다고 오신하면서 하는 점유를 말하고, 악의점유란 본권이 없음을 알면서 또는 본권의 유무에 관해 의심을 품으면서 하는 점유를 말한다. 점유자의 선의·악의가 불분명한 경우에는 선의 점유자로 추정한다(제197조 제1항).

② **구별실익** : 과실취득권(제201조), 점유자의 회복자에 대한 책임(제202조), 등기부 취득시효(제245조 제2항), 선의취득(제249조) 등에서 구별의 실익이 있다.

2) 과실 있는 점유와 과실 없는 점유

① **개념** : 과실 있는 점유란 본권이 없음에도 불구하고 있다고 오신하는데 과실이 있는 점유이고, 과실 없는 점유란 오신하는데 과실이 없는 점유를 말한다. 무과실은 추정되지 않는다. 그러므로 무과실을 주장하는 자에게 증명책임이 있다(대판 1983.10.11. 83다카531).

② **구별실익** : 등기부 취득시효(제245조 제2항), 선의취득(제249조) 등에서 과실 없는 점유를 요구한다는 점에서 구별의 실익이 있다.

3) 평온점유와 폭력점유 및 공연점유와 은비점유

① **개념** : 평온점유는 폭력에 의하지 않은 점유를 말하고, 공연점유는 남몰래 하지 않은 점유를 말한다. 점유자는 평온, 공연한 점유로 추정된다(제197조 제1항).

② **구별실익** : 점유자의 과실취득권(제201조 제3항), 취득시효(제245조), 선의취득(제249조)에서는 평온, 공연한 점유가 요구된다.

4) 계속점유와 불계속점유

① **개념** : 계속점유와 불계속점유는 점유의 계속 여부에 의한 구별이다.

② **구별실익** : 취득시효(제245조)와 유치권(제320조) 등에서 구별의 실익이 있다.

③ **추정범위** : 민법상 점유의 계속은 추정된다(제198조). 판례는 제198조 소정의 점유계속 추정은 동일인이 전후 양 시점에 점유한 것이 증명된 때에만 적용되는 것이 아니고 전후 양시점의 점유자가 다른 경우에도 점유의 승계가 입증되는 한 점유계속은 추정된다(대판 1996.9.20. 96다24279·24286)는 입장이다.

I   점유권의 취득

1. 의 의

점유를 취득하면 점유권이 발생한다.

2. 취득의 유형

(1) 원시취득

> **제192조 【점유권의 취득과 소멸】**
> ① 물건을 사실상 지배하는 자는 점유권이 있다.
> ② 점유자가 물건에 대한 사실상의 지배를 상실한 때에는 점유권이 소멸한다. 그러나 제204조의 규정에 의하여 점유를 회수한 때에는 그러하지 아니하다.

무주물 선점, 유실물 습득, 매장물 발견, 절취 등의 사실행위로 점유가 성립하고, 그 결과 점유권이 발생한다.

(2) 승계취득

1) 특정승계 : 점유권의 양도

> **제196조 【점유권의 양도】**
> ① 점유권의 양도는 점유물의 인도로 그 효력이 생긴다.
> ② 전항의 점유권의 양도에는 제188조 제2항(간이인도), 제189조(점유개정), 제190조(목적물반환청구권의 양도)의 규정을 준용한다.

① 현실인도에 의한 승계(제196조 제1항) : 점유권이전에 대한 물권적 합의와 물건에 대한 사실적 지배의 이전이 있어야 한다. 따라서 행위능력이 필요하고, 흠 있는 의사표시에 관한 규정이 적용된다.
② 간이인도에 의한 승계(제196조 제2항, 제188조 제2항) : 양수인이 이미 물건을 점유하고 있는 경우에, 의사의 합치만으로 양도인의 점유 및 점유권이 이전된다. 단, 간이인도에 의한 점유권의 승계도 법률행위이므로, 행위능력이 필요하고, 흠 있는 의사표시에 관한 규정이 역시 적용된다.

2) 포괄승계 : 점유권의 상속

> **제193조 【상속으로 인한 점유권의 이전】**
> 점유권은 상속인에 이전한다.

① 의의 : 점유권의 상속은 법률의 규정에 의한 점유권의 포괄승계로, 의사표시 또는 점유의 이전을 요하지 않는다.
② 요 건
    ㉠ 점유권의 상속은 진정상속인에 한한다.
    ㉡ 상속인의 점유나 관리를 요하지 않는다. 또한 상속개시사실이나 자신이 상속인임을 알 필요도 없다.
③ 효과 : 상속인은 피상속인의 점유의 성질 및 그 하자를 그대로 승계한다. 따라서 상속은 타주점유가 자주점유로 전환되기 위하여 필요한 새로운 권원에 해당하지 않는다(대판 1997.5.30. 97다2344).

3. 점유권 취득의 효과

(1) 원시취득의 효과

점유의 원시취득으로 점유권이 발생하며, 그때부터 점유권자로 인정된다.

(2) 승계취득의 효과

> **제199조【점유의 승계의 주장과 그 효과】**
> ① 점유자의 승계인은 자기의 점유만을 주장하거나 자기의 점유와 전 점유자의 점유를 아울러 주장할 수 있다.
> ② 전 점유자의 점유를 아울러 주장하는 경우에는 그 하자도 계승한다.

1) 점유의 분리·병합

① 제199조 제1항의「전 점유자」란 직전의 점유자에 한하는 것이 아니라 현 점유에 앞서는 모든 점유자를 말한다.

② 점유의 병합을 주장하는 경우「전 점유자」의 하자도 승계한다(제199조 제2항). 그러나, 판례는 전 점유자의 점유를 승계한 자는 그 점유 자체와 하자만을 승계하는 것이지 그 점유로 인한 법률효과까지 승계하는 것은 아니라고 하였다(대판[전합] 1995.3.28. 93다47745 – 다수의견).

> 전 점유자의 점유를 승계한 자는 그 점유 자체와 하자만을 승계하는 것이지 그 점유로 인한 법률효과까지 승계하는 것은 아니므로 부동산을 취득시효기간 만료 당시의 점유자로부터 양수하여 점유를 승계한 현점유자는 자신의 전 점유자에 대한 소유권이전등기청구권을 보전하기 위하여 전 점유자의 소유자에 대한 소유권이전등기청구권을 대위행사할 수 있을 뿐, 전 점유자의 취득시효 완성의 효과를 주장하여 직접 자기에게 소유권이전등기를 청구할 권원은 없다(대판[전합] 1995.3.28. 93다47745 – 다수의견).

③ 점유의 분리를 주장하는 경우 점유자는 자기의 점유만을 주장할 수 있고, 이때에는 비록 전 점유자의 점유가 타주점유라 하여도 현 점유자의 점유는 자주점유로 추정된다(대판 2002.2.26. 99다72743).

2) 취득시효 기산점의 선택

① **원칙** : 현 점유자가 자기의 점유개시일을 기산점으로 삼거나 점유의 승계가 있는 경우 전 점유자의 점유개시일을 선택할 수 있을 뿐, 점유기간 중의 임의의 시점을 취득시효의 기산점으로 선택할 수는 없다(대판 1998.4.10. 97다56822). **기출** 20

② **예외** : 단, 등기명의인의 변경이 없는 경우, 즉 이해관계인이 없다면 임의의 시점을 선택할 수 있다.

> • 부동산의 취득시효에 있어 시효기간의 경과를 계산하기 위한 기산점은 그 부동산에 대한 소유 명의자가 동일하고 그 변동이 없는 경우가 아니라면 원칙적으로 시효취득의 기초가 되는 점유가 개시된 시점이 기산점이 되고, 당사자가 기산점을 임의로 선택할 수 없으며, 그 기산점을 기초로 취득시효가 일단 완성된 후에 제3취득자가 소유권이전등기를 마친 경우에는 그 자에 대하여 취득시효로 대항할 수 없다(대판 1999.2.12. 98다40688).
> • 취득시효기간 중 계속해서 등기명의자가 동일한 경우에는 그 기산점을 어디에 두든지 간에 취득시효의 완성을 주장할 수 있는 시점에서 보아 그 기간이 경과한 사실만 확정되면 충분하므로, 전 점유자의 점유를 승계하여 자신의 점유기간과 통산하면 20년이 경과한 경우에 있어서도 전 점유자가 점유를 개시한 이후의 임의의 시점을 그 기산점으로 삼아 취득시효의 완성을 주장할 수 있고, 이는 소유권에 변동이 있더라도 그 이후 계속해서 취득시효기간이 경과하도록 등기명의자가 동일하다면 그 소유권 변동 이후 전 점유자의 점유기간과 자신의 점유기간을 통산하여 20년이 경과한 경우에 있어서도 마찬가지이다(대판 1998.5.12. 97다34037). **기출** 18

3) 상속인이 피상속인의 점유와의 분리를 주장할 수 있는지 여부

① 문제점 : 통설·판례에 의하면 상속 자체가 점유변경의 새로운 권원이 될 수는 없는데, 상속인이 현실적인 점유를 개시한 때부터 점유의 분리를 주장하여 자신만의 점유를 주장할 수 있는지 견해가 대립된다.

② 학설 : 상속인이 사실상의 점유를 취득한다고 해도 새로운 권원을 취득한 것은 아니기 때문에 제199조는 상속의 경우에는 적용될 수 없다는 ㉠ 소수견해가 있으나 ㉡ 다수설은 상속인이 스스로 사실상의 지배를 취득한 때부터 점유를 분리·병합할 수 있다고 보아 자신의 하자 없는 점유만을 주장할 수 있다고 한다.

③ 판례 : 상속에 의하여 점유권을 취득한 경우에는 상속인이 새로운 권원에 의하여 자기 고유의 점유를 시작하지 않는 한 피상속인의 점유를 떠나 자기만의 점유를 주장할 수 없고, 선대의점유가 타주점유인 경우 선대로부터 상속에 의하여 점유를 승계한 자의 점유도 그 성질 내지 태양을 달리하는 것이 아니어서 특단의 사정이 없는 한 그 점유가 자주점유로 될 수 없고, 그 점유가 자주점유가 되기 위하여는 점유자가 소유자에 대하여 소유의 의사가 있는 것을 표시하거나 새로운 권원에 의하여 다시 소유의 의사로써 점유를 시작하여야 한다(대판 2004.9.24. 2004다27273).

Ⅱ 점유권의 소멸

> **제192조【점유권의 취득과 소멸】**
> ② 점유자가 물건에 대한 사실상의 지배를 상실한 때에는 점유권이 소멸한다. 그러나 제204조의 규정에 의하여 점유를 회수한 때에는 그러하지 아니하다.

점유자가 물건에 대한 사실상의 지배를 상실한 때에는 점유권이 소멸한다(제192조 제2항 본문). 그러나 점유침탈의 경우에 점유자가 제204조에 기하여 점유를 회수하면 점유권은 처음부터 상실되지 않았던 것으로 다루어진다(제192조 제2항 단서).

제3관 점유권의 효력

Ⅰ 총 설

점유(권)의 효력으로 민법은 점유의 권리적법의 추정력(제200조), 점유자와 회복자의 관계(제201조 내지 제203조), 점유보호청구권(제204조 내지 제208조) 및 자력구제권(제209조)을 규정하고 있다.

Ⅱ 점유의 권리적법의 추정력

> **제200조【권리의 적법의 추정】**
> 점유자가 점유물에 대하여 행사하는 권리는 적법하게 보유한 것으로 추정한다.

1. 의 의

「권리적법의 추정력」이란 점유자가 점유물에 대하여 행사하는 권리는 적법하게 보유한 것으로 추정하는 효력을 말한다(제200조).

2. 요 건

① 점유의 권리적법의 추정은 동산에 관해서만 적용되고, 특별한 사정이 없는 한 부동산 물권에 대하여는 적용되지 않는다(대판 1982.4.13. 81다780). 또한 미등기 부동산의 경우에도 제200조는 적용되지 않는다.
② 제200조가 적용되기 위한 요건은 「점유」뿐이므로, 점유의 종류 또는 하자의 유무는 문제되지 않는다.

3. 추정력의 범위

① 추정력은 제3자도 원용할 수 있다.
② 추정되는 것은 「점유물에 대하여 행사하는 권리」로 물권뿐만 아니라 점유할 수 있는 모든 권리를 포함한다.
③ 점유승계의 당사자 간에는 제200조를 적용할 수 없다(통설)(대판 1964.12.8. 64다714). 따라서 점유자는 자기 자신의 점유권원을 스스로 입증하여야 한다.
④ 점유자의 불이익을 위해서도 추정된다.

4. 추정의 효과(증명책임의 전환)

점유자는 자기가 주장하는 권리의 존재를 적극적으로 증명할 책임을 지지 않는다. 오히려 상대방이 점유자의 권리가 부존재함을 증명할 책임을 지게 된다.

Ⅲ 점유자와 회복자의 관계

1. 서 설

본권에 기하여 타인의 물건을 점유하던 자가 그 물건을 반환하는 경우에는 본권을 발생시킨 법률관계에 따라 청산을 하면 된다. 반면 적법하게 점유할 권리를 가지지 않은 점유자가 소유자 등 본권자의 반환청구권의 행사에 응하여야 할 의무가 있는 경우, 그 물건의 반환뿐만 아니라 기타 부수적인 이해관계의 조정이라는 문제를 규율하는 것이 제201조 내지 제203조 규정이다. 이하에서는 이에 대해서 검토하겠다.

2. 점유자의 과실취득

> **제201조【점유와 과실】**
> ① 선의의 점유자는 점유물의 과실을 취득한다.
> ② 악의의 점유자는 수취한 과실을 반환하여야 하며 소비하였거나 과실로 인하여 훼손 또는 수취하지 못한 경우에는 그 과실의 대가를 보상하여야 한다.
> ③ 전항의 규정은 폭력 또는 은비에 의한 점유자에 준용한다.

(1) 선의점유자의 과실취득권

1) 의 의

선의의 점유자가 그 점유물의 과실을 취득하는 권리를 말한다(제201조 제1항). 제201조 제1항은 선의수익자의 반환범위에 관한 제748조 제1항에 대한 특칙으로 선의점유자의 과실취득권을 인정한 것이다.

2) 요 건

① 선의 : 선의의 점유자란 과실취득권을 포함하는 권원(소유권, 지상권, 임차권 등)이 있다고 오신한 점유자를 말하고, 그와 같은 오신을 함에는 오신할 만한 근거가 있어야 한다(대판 1981.8.20. 80다2587). 다만, 선의의 점유자라도 본권에 관한 소에 패소한 때에는 그 소가 제기된 때로부터 악의의 점유자로 간주된다(제197조 제2항). 또한 폭력 또는 은비에 의한 점유자는 비록 선의일지라도 악의의 점유자와 동일시된다.

② 점유자 : 점유자란 점유할 권원 없이 타인의 물건을 점유하여 본권자에 대하여 그 물건의 반환의무를 부담하고 있는 자를 의미한다.

3) 효 과

① 과실의 취득

㉠ 여기의 과실에는 천연과실과 법정과실이 포함된다. 또한 판례는 사용이익도 과실에 준한 것으로 본다(대판 1996.1.26. 95다44290). **기출** 21 · 18 · 17 · 16 · 15

> 제201조 제1항에 의하면 선의의 점유자는 점유물의 과실을 취득한다고 규정하고 있는바, 건물을 사용함으로써 얻는 이득은 그 건물의 과실에 준하는 것이므로, 선의의 점유자는 비록 법률상 원인 없이 타인의 건물을 점유·사용하고 이로 말미암아 그에게 손해를 입혔다고 하더라도 그 점유·사용으로 인한 이득을 반환할 의무는 없다(대판 1996.1.26. 95다44290).

㉡ 제201조 제1항 「과실을 취득한다」의 의미 : 통설과 판례는 선의점유자에게 과실을 수취할 수 있는 권리를 적극적으로 부여한 것으로 본다.

② 부당이득반환청구권과의 관계 : 제201조 제1항에 의하면 선의의 점유자는 점유물의 과실을 취득한다고 규정하고 있고, 한편 토지를 사용함으로써 얻는 이득은 그 토지로 인한 과실과 동시할 것이므로 선의의 점유자는 비록 법률상 원인 없이 타인의 토지를 점유사용하고 이로 말미암아 그에게 손해를 입혔다 하더라도 그 점유사용으로 인한 이득을 그 타인에게 반환할 의무는 없다(대판 1987.9.22. 86다카1996·1997).

③ 불법행위책임과의 관계 : 선의의 점유자도 과실취득권이 있다하여 불법행위로 인한 손해배상 책임이 배제되는 것은 아니다(대판 1966.7.19. 66다994). **기출** 23 따라서 제201조 제1항과 제750조의 불법행위책임은 경합한다.

(2) 악의점유자의 과실반환의무

1) 의 의

악의점유자란 선의의 점유자가 아닌 점유자를 말한다. 따라서 폭력 또는 은비에 의한 점유자(제201조 제3항) 및 과실수취권이 없는 본권에 관하여 오신한 자는 모두 악의의 점유자가 된다. 또한 선의점유자라도 본권에 관한 소에 패소한 때에는 그 소가 제기된 때로부터 악의의 점유자로 본다(제197조 제2항).

제201조 제1항에 의하면, 선의의 점유자는 점유물의 과실을 취득한다고 규정되어 있고, 제197조 제1항에 의하면, 점유는 선의인 것으로 추정되도록 규정되어 있으나, 같은 조 제2항에는 선의의 점유자라도 본권에 관한 소에 패소한 때에는 그 소가 제기된 때로부터 악의의 점유자로 본다고 규정되어 있는바, 위 제197조 제2항의 취지와 부당이득반환에 관한 제749조 제2항의 취지 등에 비추어 볼 때, 여기서의 본권에 관한 소에는 소유권에 기하여 점유물의 인도나 명도를 구하는 소송은 물론 부당점유자를 상대로 점유로 인한 부당이득의 반환을 구하는 소송도 포함된다(대판 2002.11.22. 2001다6213).

2) 반환의무의 내용

① 과실반환의무 및 대가보상

ㄱ 악의점유자는 수취한 과실을 반환해야 한다(제201조 제2항 전단). 판례는 악의점유자의 반환 범위가 제748조 제2항에 따라 정해진다는 입장이다(대판 2003.11.14. 2001다61869).

타인 소유물을 권원 없이 점유함으로써 얻은 사용이익을 반환하는 경우 민법은 선의 점유자를 보호하기 위하여 제201조 제1항을 두어 선의 점유자에게 과실수취권을 인정함에 대하여, 이러한 보호의 필요성이 없는 악의 점유자에 관하여는 제201조 제2항을 두어 과실수취권이 인정되지 않는다는 취지를 규정하는 것으로 해석되는바, 따라서 악의 수익자가 반환하여야 할 범위는 제748조 제2항에 따라 정하여지는 결과 그는 받은 이익에 이자를 붙여 반환하여야 하며, 위 이자의 이행지체로 인한 지연손해금도 지급하여야 한다(대판 2003.11.14. 2001다61869).

ㄴ 또한 악의의 점유자가 수취한 과실을 소비하였거나 과실로 인하여 훼손 또는 수취하지 못한 경우 그 과실의 대가를 보상하여야 한다(제201조 제2항 후단).

② 악의의 확장 : 제197조 제2항 또는 제201조 제3항에 의하여 악의가 확장되기도 한다.

③ 불법행위책임과의 관계 : 악의점유자의 과실반환의무에 관한 제201조 제2항은 불법행위에 관한 제750조와 경합한다. 즉, 제201조 제2항은 악의점유자의 과실반환 및 대가 보상에 관한 규정이고, 제750조의 불법행위책임은 피해자의 손해전보를 목적으로 하는 것으로 양자는 그 관점과 목적이 다르므로 경합적으로 적용된다는 의미이다(대판 1961.6.29. 4293민상704).

3. 점유물의 멸실·훼손에 대한 책임

제202조 【점유자의 회복자에 대한 책임】
점유물이 점유자의 책임 있는 사유로 인하여 멸실 또는 훼손한 때에는 악의의 점유자는 그 손해의 전부를 배상하여야 하며 선의의 점유자는 이익이 현존하는 한도에서 배상하여야 한다. 소유의 의사가 없는 점유자는 선의인 경우에도 손해의 전부를 배상하여야 한다.

(1) 의 의

점유물이 점유자에게 책임 있는 사유로 멸실 또는 훼손된 경우에, 회복자와 사이에 계약관계 등이 없다면 일반적으로 불법행위로 인한 손해배상책임이 문제된다. 그런데 제202조는 선의 자주점유자의 손해배상책임에 관한 제750조의 특칙에 해당하여 책임을 경감한다(대판 1966.7.19. 66다994).

(2) 요 건

① 점유물이 멸실·훼손되었을 것 : 제202조의 멸실은 물리적 멸실뿐만 아니라 법률적 멸실을 포함한다. 그리고 훼손이란 물건의 가치를 저하시키는 일체의 행위를 말한다.

② 점유물의 멸실·훼손이 점유자의 책임 있는 사유로 인할 것

(3) 효 과

1) 점유자가 선의인 경우

① 자주점유인 경우 : 소유의 의사가 있는 선의·자주점유자는 회복자에 대하여 이익이 현존하는 한도에서 배상책임이 있다(제202조 전문 후단).

② 타주점유인 경우 : 소유의 의사가 없는 타주점유자는 비록 선의이더라도 악의점유자와 마찬가지로 점유물의 멸실·훼손에 대한 손해의 전부를 배상하여야 한다(제202조 후문).

2) 점유자가 악의인 경우

악의의 점유자는 자주점유이든 타주점유이든 관계없이 점유물의 멸실·훼손에 대한 손해 전부를 배상하여야 한다(제202조 전문 전단).

4. 점유자의 비용상환청구권

> **제203조【점유자의 상환청구권】**
> ① 점유자가 점유물을 반환할 때에는 회복자에 대하여 점유물을 보존하기 위하여 지출한 금액 기타 필요비의 상환을 청구할 수 있다. 그러나 점유자가 과실을 취득한 경우에는 통상의 필요비는 청구하지 못한다.
> ② 점유자가 점유물을 개량하기 위하여 지출한 금액 기타 유익비에 관하여는 그 가액의 증가가 현존한 경우에 한하여 회복자의 선택에 좇아 그 지출금액이나 증가액의 상환을 청구할 수 있다.
> ③ 전항의 경우에 법원은 회복자의 청구에 의하여 상당한 상환기간을 허여할 수 있다.

(1) 의 의

비용상환청구권은 점유자의 선의·악의 및 자주점유·타주점유를 불문하고 인정되는데, 이는 적법한 점유를 요건으로 하는 유치권(제320조 제2항)과 비교된다.

(2) 요 건

1) 비용지출

① 필요비 : 필요비는 물건을 통상적으로 사용하는 데 적합한 상태로 보존하고 관리하는데에 지출되는 비용을 말한다. 이에는 ㉠ 수리비, 조세 등 점유자가 이용하는 동안에 지출된 보존비용에 해당하는 통상의 필요비와 ㉡ 태풍으로 피해를 입은 주택을 수선하는데 드는 비용 등의 평상적인 보존 이외에 지출하는 특별한 필요비로 나눌 수 있다.

② 유익비 : 유익비는 필요비를 제외한 기타의 비용, 즉 물건의 개량이나 물건의 가치를 증가시키기 위하여 지출된 비용을 말한다. 유익비 상환을 청구하기 위해서는 지출한 비용으로 그 물건 가액의 증가가 현존하여야 한다(제203조 제2항).

2) 상환청구권자

① 타인의 소유물을 권원 없이 점유하면서 그 비용지출과정을 관리한 자이어야 한다.

② 대항력 없는 임차인의 낙찰인에 대한 비용상환청구

㉠ 문제점 : 임대인 甲과 임대차계약을 체결한 대항력 없는 임차인 乙이 임차목적물에 유익비를 지출한 후 임차목적물이 경매가 되었고, 그 경매절차에서 丙이 소유권을 취득한 경우, 임차인 乙이 경락인 丙에게 제203조에 근거하여 비용상환을 청구할 수 있는지 문제된다.

ⓛ 판례 : 제203조 제2항에 의한 점유자의 회복자에 대한 유익비상환청구권은 점유자가 계약관계 등 적법하게 점유할 권리를 가지지 않아 소유자의 소유물반환청구에 응하여야 할 의무가 있는 경우에 성립되는 것으로서, 이 경우 점유자는 그 비용을 지출할 당시의 소유자가 누구이었는지 관계없이 점유회복 당시의 소유자 즉 회복자에 대하여 비용상환청구권을 행사할 수 있는 것이나, 점유자가 유익비를 지출할 당시 계약관계 등 적법한 점유의 권원을 가진 경우에 그 지출비용의 상환에 관하여는 그 계약관계를 규율하는 법조항이나 법리 등이 적용되는 것이어서, 점유자는 그 계약관계 등의 상대방에 대하여 해당 법조항이나 법리에 따른 비용상환청구권을 행사할 수 있을 뿐 계약관계 등의 상대방이 아닌 점유회복 당시의 소유자에 대하여 제203조 제2항에 따른 지출비용의 상환을 구할 수는 없다 (대판 2003.7.25. 2001다64752). 기출 21 따라서 임차인 乙은 제203조 제2항에 따라 경락인 丙에게 비용상환을 청구할 수는 없고, 임대인 甲에게 제626조 제2항에 근거하여 비용상환을 청구하여야 한다는 입장이다.

③ 도급계약에서 비용상환청구권자

ㄱ 문제점 : 유효한 도급계약에 기하여 수급인 乙이 도급인 甲으로부터 제3자 丙소유 물건의 점유를 이전받아 이를 수리한 결과 그 물건의 가치가 증가한 경우, 도급인 甲과 수급인 乙 중에 누가 물건의 소유자 丙에게 제203조에 의한 비용상환청구권을 행사할 수 있는 비용지출자인지 문제된다.

ㄴ 판례 : 유효한 도급계약에 기하여 수급인이 도급인으로부터 제3자 소유 물건의 점유를 이전받아 이를 수리한 결과 그 물건의 가치가 증가한 경우, 도급인이 그 물건을 간접점유 하면서 궁극적으로 자신의 계산으로 비용지출과정을 관리한 것이므로, 도급인만이 소유자에 대한 관계에 있어서 제203조에 의한 비용상환청구권을 행사할 수 있는 비용지출자라고 할 것이고, 수급인은 그러한 비용지출자에 해당하지 않는다고 보아야 한다(대판 2002.8.23. 99다66564·66571). 기출 17 따라서 수급인 乙은 제203조에 의한 비용상환청구권을 회복자 丙에게 청구할 수 없다는 입장이다.

3) 상환의무자

비용상환청구의 상대방은 소유물반환청구권을 행사하는 현재의 소유자인 회복자이다. 다만, 점유자의 비용지출 후에 소유자가 변경된 경우에는 신소유자가 구소유자의 반환범위에 속하는 것을 포함하여 함께 책임을 진다(대판 1965.6.15. 65다598·599). 기출 23

더 알아보기 계약에 따른 급부가 제3자의 이익으로 된 경우 : 급부를 한 계약당사자가 그 제3자에 대하여 직접부당이득반환을 청구할 수 있는지 여부(소극)

계약당사자 사이에서 그 계약의 이행으로 급부된 것은 그 급부의 원인관계가 적법하게 실효되지 아니하는 한 부당이득이 될 수 없는 것이고, 한편 계약에 따른 어떤 급부가 그 계약의 상대방 아닌 제3자의 이익으로 된 경우에도 급부를 한 계약당사자는 계약상대방에 대하여 계약상의 반대급부를 청구할 수 있을 뿐이고 그 제3자에 대하여 직접 부당이득을 주장하여 반환을 청구할 수 없다(대판 2005.4.15. 2004다49976).

---

4) 행사시기

제203조 제1항·제2항에 의한 점유자의 필요비 또는 유익비상환청구권은 점유자가 회복자로부터 점유물의 반환을 청구받거나 회복자에게 점유물을 반환한 때에 비로소 회복자에 대하여 행사할 수 있다(대판 1994.9.9. 94다4592). 기출 21·18

(3) 효 과

1) 필요비상환청구

① 점유자는 회복자에 대하여 필요비의 상환을 청구할 수 있다(제203조 제1항 본문). 다만, 통상의 필요비는 점유자가 과실을 취득한 경우에는 상환을 청구하지 못한다(제203조 제1항 단서).

> 기계의 점유자가 그 기계장치를 계속 사용함에 따라 마모되거나 손상된 부품을 교체하거나 수리하는 데에 소요된 비용은 통상의 필요비에 해당하고, 그러한 통상의 필요비는 점유자가 과실을 취득하면 회복자로부터 그 상환을 구할 수 없다(대판 1996.7.12. 95다41161 · 41178).

② 필요비는 유익비와 달리 상환기간의 유예가 허용되지 않는다(제203조 제3항 반대해석).

2) 유익비상환청구

점유물을 개량하기 위하여 지출한 금액 기타 유익비에 관하여는 그 가액의 증가가 현존한 경우에 한하여 회복자의 선택에 좇아 그 지출금액이나 증가액의 상환을 청구할 수 있다(제203조 제2항). 이때 실제 지출금액 및 현존 증가액에 관한 증명책임은 모두 유익비의 상환을 구하는 점유자에게 있다.

3) 유치권 행사 여부

필요비 · 유익비는 물건에 관하여 생긴 채권이므로(제320조 제1항), 점유자는 비용의 상환을 받을 때까지 유치권에 근거하여 점유물의 반환을 거절할 수 있다. 다만, 유예기간이 주어지면 점유자의 유치권은 성립하지 않는다(제203조 제3항).

Ⅳ 점유보호청구권

1. 서 설

점유보호청구권은 점유에 대한 침해 또는 그 우려가 있는 경우에 본권의 유무와 관계없이 점유 그 자체를 보호하기 위하여 인정되는 물권적 청구권이다. 따라서 불법행위를 원인으로 하는 손해배상청구권과는 달리 상대방의 고의 · 과실을 요건으로 하지 않는다. 민법은 점유보호청구권의 유형으로 점유물반환청구권(제204조), 점유물방해제거청구권(제205조), 점유물방해예방청구권(제206조)을 규정하고 있다.

2. 점유물반환청구권

> **제204조 【점유의 회수】**
> ① 점유자가 점유의 침탈을 당한 때에는 그 물건의 반환 및 손해의 배상을 청구할 수 있다.
> ② 전항의 청구권은 침탈자의 특별승계인에 대하여는 행사하지 못한다. 그러나 승계인이 악의인 때에는 그러하지 아니하다.
> ③ 제1항의 청구권은 침탈을 당한 날로부터 1년 내에 행사하여야 한다.
>
> **제207조 【간접점유의 보호】**
> ① 전3조의 청구권은 제194조의 규정에 의한 간접점유자도 이를 행사할 수 있다.
> ② 점유자가 점유의 침탈을 당한 경우에 간접점유자는 그 물건을 점유자에게 반환할 것을 청구할 수 있고 점유자가 그 물건의 반환을 받을 수 없거나 이를 원하지 아니하는 때에는 자기에게 반환할 것을 청구할 수 있다.

(1) 의 의

점유물반환청구권은 점유자가 점유의 침탈을 당한 때 그 물건의 반환 및 손해의 배상을 청구할 수 있는 권리이다(제204조 제1항).

(2) 요 건

1) 점유의 침탈이 있을 것

① 점유의 침탈이란 강도나 절도와 같이 점유자가 그 의사에 기하지 아니하고 점유물에 대한 사실적 지배를 빼앗긴 경우를 말한다. 따라서 사기의 의사표시에 의해 건물을 명도해 준 것이라면 건물의 점유를 침탈당한 것이 아니므로 피해자는 점유회수의 소권을 가진다고 할 수 없다(대판 1992.2.28. 91다17443). **기출** 21

② 침탈 여부는 「직접점유자」를 기준으로 판단하여야 한다.

> 직접점유자가 임의로 점유를 타에 양도한 경우에는 점유이전이 간접점유자의 의사에 반한다 하더라도 간접점유자의 점유가 침탈된 경우에 해당하지 않는다(대판 1993.3.9. 92다5300). **기출** 23 · 22 · 18

2) 청구권자

① 점유를 침탈 당한 직접점유자는 물론 간접점유자도 청구권자가 될 수 있다. 그러나 점유자가 아닌 점유보조자는 청구권자가 될 수 없다.

② 본권의 유무와는 관계없이 반환을 청구할 수 있다(대판 1962.1.15. 4294민상793).

3) 상대방

점유물반환청구권의 상대방은 점유를 침탈하여 현재 점유하고 있는 자이다. 따라서 침탈자라도 점유물반환청구권 행사 당시 점유를 상실하였다면 상대방이 될 수 없다(대판 1995.6.30. 95다12927). 또한 점유침탈자의 포괄승계인은 언제든지 상대방이 될 수 있으나, 특별승계인은 악의인 경우에 한하여 상대방이 될 수 있다(제204조 제2항).

> [1] 점유자의 점유회수청구권은 침탈자의 특별승계인에 대하여는 행사하지 못하고, 다만 승계인이 악의인 때에만 행사할 수 있다.
> [2] 임차인 甲이 임차보증금의 반환을 요구하며 임차물을 유치하던 중 임차물 관리인 乙이 그 점유를 침탈하여 점유·사용하다가 임대인으로부터 이를 다시 임차한 丙에게 이전한 경우, 乙은 이미 점유를 상실하였고 또 丙을 통하여 간접점유하고 있다고도 할 수 없어 甲의 乙에 대한 명도청구는 배척될 수밖에 없고, 乙이 甲의 점유를 침탈한 당사자라거나 丙이 소송을 인수한 후에도 탈퇴하지 않고 있다고 하여 달리 볼 것은 아니다(대판 1995.6.30. 95다12927).

(3) 효 과

① 물건의 반환청구 : 점유자는 침탈당한 물건의 반환을 청구할 수 있다(제204조 제1항, 제207조 제2항).

② 손해배상청구 : 제204조 제1항이 인정하는 손해배상청구권은 불법행위책임일 뿐 점유보호청구권의 내용은 아니다. 따라서 손해배상청구권은 불법행위의 요건을 갖춘 경우를 전제로 인정된다.

(4) 제척기간

점유물반환청구권은 점유물을 침탈 당한 날로부터 1년 내에 행사하여야 한다(제204조 제3항). 이 제척기간은 출소기간에 해당한다(대판 2002.4.26. 2001다8097·8103). **기출** 22 · 18 · 15

3. 점유물방해제거청구권

제205조【점유의 보유】
① 점유자가 점유의 방해를 받은 때에는 그 방해의 제거 및 손해의 배상을 청구할 수 있다.
② 전항의 청구권은 방해가 종료한 날로부터 1년 내에 행사하여야 한다.
③ 공사로 인하여 점유의 방해를 받은 경우에는 공사착수후 1년을 경과하거나 그 공사가 완성한 때에는 방해의 제거를 청구하지 못한다.

(1) 의 의

점유물방해제거청구권은 점유자가 점유의 방해를 받은 경우 그 방해의 제거 및 손해의 배상을 청구할 수 있는 권리이다(제205조 제1항).

(2) 요 건

① **점유의 방해 필요** : 점유의 방해란 점유의 침탈 이외의 방법으로 점유를 방해하는 것이다(대판 1987.6.9. 86다카2942). 침탈과 달리 점유자가 점유를 상실하지는 않는다.

② **방해자의 고의·과실 등의 귀책사유 불요** : 점유물방해제거청구권은 물권적 청구권에 해당하므로 방해자의 고의·과실 등의 귀책사유를 요하지 않는다. 다만, 손해배상청구의 경우에는 점유물반환청구권과 마찬가지로 불법행위책임의 내용으로 고의·과실을 요한다(제750조).

(3) 효 과

방해의 제거 및 손해배상을 청구할 수 있다(제205조 제1항).

(4) 제척기간 등

① **기간** : 제205조 제2항이 정한 1년의 제척기간은 재판 외에서 권리행사를 하는 것으로 족한 기간이 아니라 반드시 그 기간 내에 소를 제기하여야 하는 이른바 출소기간이다(대판 2016.7.29. 2016다214483·214490[병합]).

② **기산점** : 점유물방해제거청구권은 방해가 종료한 날로부터 1년 내에 행사하여야 한다(제205조 제2항). 여기서 「방해가 종료한 날」의 의미에 대해 견해 대립이 있으나, 판례는 방해 상태가 종료한 날이 아닌 방해행위가 종료한 날을 의미한다고 본다.

4. 점유물방해예방청구권

> **제206조 【점유의 보전】**
> ① 점유자가 점유의 방해를 받을 염려가 있는 때에는 그 방해의 예방 또는 손해배상의 담보를 청구할 수 있다.
> ② 공사로 인하여 점유의 방해를 받을 염려가 있는 경우에는 전조 제3항의 규정을 준용한다.

(1) 의 의

점유물방해예방청구권은 점유자가 점유의 방해를 받을 염려가 있는 때에 그 방해의 예방 또는 손해배상의 담보를 청구할 수 있는 권리이다(제206조 제1항).

(2) 요 건

점유의 방해를 받을 염려가 있어야 한다. 판례는 「방해예방청구권(점유보전청구권)에 있어서 점유를 방해할 염려나 위험성이 있는지의 여부는 구체적인 사정 하에 일반경험법칙에 따라 객관적으로 판정되어야 할 것이다」(대판 1987.6.9. 86다카2942)라고 판시하였다.

(3) 효 과

방해의 예방 또는 손해배상의 담보를 청구할 수 있다.

(4) 제척기간

점유물방해예방청구권은 방해의 염려가 있는 동안에는 언제든지 행사할 수 있으나, 공사로 인하여 점유의 방해를 받을 염려가 있는 경우에는 공사착수 후 1년을 경과하거나 그 공사가 완공된 때에는 청구하지 못한다(제206조 제2항, 제205조 제3항).

Ⅴ 점유의 소와 본권의 소와의 관계

> **제208조 【점유의 소와 본권의 소와의 관계】**
> ① 점유권에 기인한 소와 본권에 기인한 소는 서로 영향을 미치지 아니한다.
> ② 점유권에 기인한 소는 본권에 관한 이유로 재판하지 못한다.

「점유의 소」는 점유보호청구권을 청구원인으로 하는 소를 말하고, 「본권의 소」는 소유권, 전세권, 임차권 등과 같은 점유할 수 있는 권리를 청구원인으로 하는 소를 말한다.

> 점유회수의 청구에 대하여 점유침탈자가 점유물에 대한 본권이 있다는 주장으로 점유회수를 배척할 수 없음은 제208조의 규정 취지에 비추어 명백하다(대판 1967.6.20. 67다479).

Ⅵ 자력구제권

> **제209조【자력구제】**
> ① 점유자는 그 점유를 부정히 침탈 또는 방해하는 행위에 대하여 자력으로써 이를 방위할 수 있다.
> ② 점유물이 침탈되었을 경우에 부동산일 때에는 점유자는 침탈 후 직시 가해자를 배제하여 이를 탈환할 수 있고 동산일 때에는 점유자는 현장에서 또는 추적하여 가해자로부터 이를 탈환할 수 있다.

1. 의 의

자력구제란 사인이 자기의 권리를 보호하거나 실현하기 위하여 국가의 힘을 빌리지 않고 점유자 자신이 직접 실력을 행사할 수 있는 권리이다.

2. 자력구제권자

직접점유자의 자력구제권은 인정되나, 간접점유자의 자력구제권은 부정된다. 그러나 점유보조자의 경우에는 점유주를 위한 자력구제권이 인정된다.

3. 상대방 : 점유를 침탈 또는 방해하는 자

> 위법한 강제집행에 의하여 부동산의 명도를 받는 것은 공권력을 빌려서 상대방의 점유를 침탈하는 것이 되므로 위 강제집행이 일응 종료한 후 불과 2시간 이내에 자력으로 그 점유를 탈환한 것은 민법상의 점유자의 자력구제권의 행사에 해당한다(대판 1987.6.9. 86다카1683).

4. 한 계

자력구제는 원칙적으로 금지되며, 국가구제가 불가능하거나 극히 곤란한 경우에 한하여 인정되므로 상당성 있는 범위 내에서만 행사해야 한다.

5. 종 류

(1) 자력방위권

점유를 침탈 또는 방해하는 행위에 대하여 방위할 수 있는 권리이다.

(2) 자력탈환권

점유자의 점유가 침탈되었을 때 짧은 시간 내에 다시 점유를 탈환할 수 있는 권리이다. 동산의 경우에는 현장에서 또는 추적하여서만 탈환을 할 수 있으나, 부동산의 경우에는 침탈 후「직시(直時)」, 즉 곧바로 탈환할 수 있다.

> 제209조 제1항에 규정된 점유자의 자력방위권은 점유의 침탈 또는 방해의 위험이 있는 때에 인정되는 것인 한편, 제2항에 규정된 점유자의 자력탈환권은 점유가 침탈되었을 때 시간적으로 좁게 제한된 범위 내에서 자력으로 점유를 회복할 수 있다는 것으로서, 위 규정에서 말하는 "직시"란 "객관적으로 가능한 한 신속히" 또는 "사회관념상 가해자를 배제하여 점유를 회복하는 데 필요하다고 인정되는 범위 안에서 되도록 속히"라는 뜻으로 해석할 것이므로 점유자가 침탈사실을 알고 모르고와는 관계없이 침탈을 당한 후 상당한 시간이 흘렀다면 자력탈환권을 행사할 수 없다(대판 1993.3.26. 91다14116). **기출** 22·21·20

> **제210조 【준점유】**
> 본장의 규정은 재산권을 사실상 행사하는 경우에 준용한다.

I 의 의

「준점유」란 물건이 아닌 재산권을 사실상 행사하는 것을 말하는데, 민법은 준점유에 점유권의 규정을 준용한다(제210조).

II 요 건

1. 객체 : 재산권

① 신분권은 준점유가 인정되지 않는다.
② 준점유의 객체는 점유를 수반하지 않는 재산권(채권, 무체재산권, 광업권 등)에 한한다.

2. 사실상 행사

「사실상 행사」란 점유를 수반하지 않는 재산권이 사실상 어떤 자에게 귀속하는 것과 같은 외관을 가지는 것을 의미한다. 판례는 채권의 준점유자라고 하려면 채권의 사실상 귀속자와 같은 외형을 갖추어야 하므로 예금채권의 준점유자는 예금통장과 그에 찍힌 인영과 같은 인장을 소지하여야 한다고 보고 있다(대판 1985.12.24. 85다카880).

III 효 과

준점유에는 점유권의 규정이 준용된다(제210조). 특히 채권이 준점유자에 대한 변제의 효과를 규정한 제470조가 가장 핵심이다. 그러나 준점유에 기한 선의취득은 인정되지 않는다.

Ⅰ 소유권의 의의

> **제211조【소유권의 내용】**
> 소유자는 법률의 범위 내에서 그 소유물을 사용, 수익, 처분할 권리가 있다.
>
> **제212조【토지소유권의 범위】**
> 토지의 소유권은 정당한 이익 있는 범위 내에서 토지의 상하에 미친다.

「소유권」이란 법률의 범위 내에서 그 소유물을 사용·수익·처분할 수 있는 권리를 말한다(제211조).

Ⅱ 소유권의 내용과 제한 및 그 한계

1. 소유권의 내용

소유자는 소유물을 사용·수익·처분할 수 있는 권리가 있다(제211조). 이때 「사용·수익」이란 물건의 사용가치를 파악하는 것이고, 「처분」이란 물건의 교환가치를 파악하는 것을 의미한다.

> **[소유자가 제3자에게 소유물의 처분권한을 수여한 경우, 제3자의 처분이 실제로 유효하게 행하여지지 아니하고 있는 동안에는 소유자가 소유물을 유효하게 처분하거나 소유권에 기한 물권적 청구권을 행사할 수 있는지 여부(적극)]**
> 소유자는 제3자에게 그 물건을 제3자의 소유로 처분할 수 있는 권한을 유효하게 수여할 수 있다고 할 것인데, 그와 같은 이른바 '처분수권'의 경우에도 그 수권에 기하여 행하여진 제3자의 처분행위(부동산의 경우에 처분행위가 유효하게 성립하려면 단지 양도 기타의 처분을 한다는 의사표시만으로는 부족하고, 처분의 상대방 앞으로 그 권리 취득에 관한 등기가 있어야 한다. 제186조 참조)가 대세적으로 효력을 가지게 되고 그로 말미암아 소유자가 소유권을 상실하거나 제한받게 될 수는 있다고 하더라도, 그러한 제3자의 처분이 실제로 유효하게 행하여지지 아니하고 있는 동안에는 소유자는 처분수권이 제3자에게 행하여졌다는 것만으로 그가 원래 가지는 처분권능에 제한을 받지 아니한다. 따라서 그는, 처분권한을 수여받은 제3자와의 관계에서 처분수권의 원인이 된 채권적 계약관계 등에 기하여 채권적인 책임을 져야 하는 것을 별론으로 하고, 자신의 소유물을 여전히 유효하게 처분할 수 있고, 또한 소유권에 기하여 소유물에 대한 방해 등을 배제할 수 있는 제213조, 제214조의 물권적 청구권을 가진다(대판 2014.3.13. 2009다105215).

2. 소유권의 제한 및 그 한계

소유자는 사용·수익·처분 권리를 법률의 범위 내에서만 행사할 수 있다(제211조). 따라서 법률로써 소유권의 내용을 제한할 수 있다. 다만, 법률로써 소유권의 내용을 제한하더라도 사유재산제도 자체를 부정하거나 소유권의 본질적인 내용을 침해하는 것은 허용되지 않는다. 또한 소유권은 재산권으로써 공공복리에 적합하도록 행사되어야 한다(헌법 제23조 제2항).

[토지소유자의 독점적·배타적 사용·수익권 행사의 제한법리]

(가) 대법원 판례를 통하여 토지소유자 스스로 그 소유의 토지를 일반 공중을 위한 용도로 제공한 경우에 그 토지에 대한 소유자의 독점적이고 배타적인 사용·수익권의 행사가 제한되는 법리가 확립되었고, 대법원은 그러한 법률관계에 관하여 판시하기 위하여 '사용·수익권의 포기', '배타적 사용·수익권의 포기', '독점적·배타적인 사용·수익권의 포기', '무상으로 통행할 권한의 부여' 등의 표현을 사용하여 왔다. 이러한 법리는 대법원이 오랜 시간에 걸쳐 발전시켜 온 것으로서, 현재에도 여전히 그 타당성을 인정할 수 있다. 다만 <u>토지소유자의 독점적이고 배타적인 사용·수익권 행사의 제한</u> <u>여부를 판단하기 위해서는 토지소유자의 소유권 보장과 공공의 이익 사이의 비교형량을 하여야 하고, 원소유자의 독점적·</u> <u>배타적인 사용·수익권 행사가 제한되는 경우에도 특별한 사정이 있다면 특정승계인의 독점적·배타적인 사용·수익권</u> <u>행사가 허용될 수 있다. 또한, 토지소유자의 독점적·배타적인 사용,·수익권 행사가 제한되는 경우에도 일정한 요건을</u> <u>갖춘 때에는 사정변경의 원칙이 적용되어 소유자가 다시 독점적·배타적인 사용·수익권을 행사할 수 있다고 보아야</u> <u>한다.</u>

(나) 토지소유자가 그 소유의 토지를 도로, 수도시설의 매설 부지 등 일반 공중을 위한 용도로 제공한 경우에, 소유자가 토지를 소유하게 된 경위와 보유기간, 소유자가 토지를 공공의 사용에 제공한 경위와 그 규모, 토지의 제공에 따른 소유자의 이익 또는 편익의 유무, 해당 토지 부분의 위치나 형태, 인근의 다른 토지들과의 관계, 주위 환경 등 여러 사정을 종합적으로 고찰하고, 토지소유자의 소유권 보장과 공공의 이익 사이의 비교형량을 한 결과, 소유자가 그 토지에 대한 독점적·배타적인 사용·수익권을 포기한 것으로 볼 수 있다면, 타인[사인(私人)뿐만 아니라 국가, 지방자치단체도 이에 해당할 수 있다, 이하 같다]이 그 토지를 점유·사용하고 있다 하더라도 특별한 사정이 없는 한 그로 인해 토지소유자 에게 어떤 손해가 생긴다고 볼 수 없으므로, 토지소유자는 그 타인을 상대로 부당이득반환을 청구할 수 없고, 토지의 인도 등을 구할 수도 없다. 다만 소유권의 핵심적 권능에 속하는 사용·수익 권능의 대세적·영구적인 포기는 물권법정주 의에 반하여 허용할 수 없으므로, <u>토지소유자의 독점적·배타적인 사용·수익권의 행사가 제한되는 것으로 보는 경우에</u> <u>도, 일반 공중의 무상 이용이라는 토지이용현황과 양립 또는 병존하기 어려운 토지소유자의 독점적이고 배타적인 사용·</u> <u>수익만이 제한될 뿐이고, 토지소유자는 일반 공중의 통행 등 이용을 방해하지 않는 범위 내에서는 그 토지를 처분하거나</u> <u>사용·수익할 권능을 상실하지 않는다.</u>

(다) ① 위와 같은 법리는 토지소유자가 그 소유의 토지를 도로 이외의 다른 용도로 제공한 경우에도 적용된다. 또한, <u>토지소유</u> <u>자의 독점적·배타적인 사용·수익권의 행사가 제한되는 것으로 해석되는 경우 특별한 사정이 없는 한 그 지하 부분에</u> <u>대한 독점적이고 배타적인 사용·수익권의 행사 역시 제한되는 것으로 해석함이 타당하다.</u> ② 상속인은 피상속인의 일신에 전속한 것이 아닌 한 상속이 개시된 때로부터 피상속인의 재산에 관한 포괄적 권리·의무를 승계하므로(제1005조), <u>피상속인이 사망 전에 그 소유 토지를 일반 공중의 이용에 제공하여 독점적·배타적 사용·수익권을 포기한 것으로</u> <u>볼 수 있고 그 토지가 상속재산에 해당하는 경우에는, 피상속인의 사망 후 그 토지에 대한 상속인의 독점적·배타적</u> <u>사용·수익권의 행사 역시 제한된다고 보아야 한다.</u> ③ 원소유자의 독점적·배타적인 사용·수익권의 행사가 제한되는 토지의 소유권을 경매, 매매, 대물변제 등에 의하여 특정승계한 자는, 특별한 사정이 없는 한 그와 같은 사용·수익의 제한이라는 부담이 있다는 사정을 용인하거나 적어도 그러한 사정이 있음을 알고서 그 토지의 소유권을 취득하였다고 <u>봄이 타당하므로, 그러한 특정승계인은 그 토지 부분에 대하여 독점적이고 배타적인 사용·수익권을 행사할 수 없다.</u> 이때 특정승계인의 독점적·배타적인 사용·수익권의 행사를 허용할 특별한 사정이 있는지 여부는 특정승계인이 토지를 취득한 경위, 목적과 함께, 그 토지가 일반 공중의 이용에 제공되어 사용·수익에 제한이 있다는 사정이 이용현황과 지목 등을 통하여 외관에 어느 정도로 표시되어 있었는지, 해당 토지의 취득가액에 사용·수익권 행사의 제한으로 인한 재산적 가치 하락이 반영되어 있었는지, 원소유자가 그 토지를 일반 공중의 이용에 무상 제공한 것이 해당 토지를 이용하 는 사람들과의 특별한 인적 관계 또는 그 토지 사용 등을 위한 관련 법령상의 허가·등록 등과 관계가 있었다고 한다면, 그와 같은 관련성이 특정승계인에게 어떠한 영향을 미치는지 등의 여러 사정을 종합적으로 고려하여 판단하여야 한다.

(라) <u>토지소유자의 독점적·배타적인 사용·수익권 행사의 제한은 해당 토지가 일반 공중의 이용에 제공됨으로 인한 공공의</u> <u>이익을 전제로 하는 것이므로, 토지소유자가 공공의 목적을 위해 그 토지를 제공할 당시의 객관적인 토지이용현황이</u> <u>유지되는 한도 내에서만 존속한다고 보아야 한다.</u> 따라서 토지소유자가 그 소유토지를 일반 공중의 이용에 제공함으로써 자신의 의사에 부합하는 토지이용상태가 형성되어 그에 대한 독점적·배타적인 사용·수익권의 행사가 제한된다고 하더라도, 그 후 토지이용상태에 중대한 변화가 생기는 등으로 독점적·배타적인 사용·수익권의 행사를 제한하는

기초가 된 객관적인 사정이 현저히 변경되고, 소유자가 일반 공중의 사용을 위하여 그 토지를 제공할 당시 이러한 변화를 예견할 수 없었으며, 사용·수익권 행사가 계속하여 제한된다고 보는 것이 당사자의 이해에 중대한 불균형을 초래하는 경우에는, 토지소유자는 그와 같은 사정변경이 있은 때부터는 다시 사용·수익 권능을 포함한 완전한 소유권에 기한 권리를 주장할 수 있다고 보아야 한다. 이때 그러한 사정변경이 있는지 여부는 해당 토지의 위치와 물리적 형태, 토지소유자가 그 토지를 일반 공중의 이용에 제공하게 된 동기와 경위, 해당 토지와 인근 다른 토지들과의 관계, 토지이용상태가 바뀐 경위와 종전 이용상태와의 동일성 여부 및 소유자의 권리행사를 허용함으로써 일반 공중의 신뢰가 침해될 가능성 등 전후 여러 사정을 종합적으로 고려하여 판단하여야 한다(대판[전합] 2019.1.24. 2016다264556 - 다수의견). **기출** 24

제2관   부동산소유권의 범위

I   토지소유권의 범위

1. 상하의 범위

토지소유권은 정당한 이익이 있는 범위 내에서 토지의 상하에 미친다(제212조). 즉, 토지소유권은 지표면뿐만 아니라 그 지상의 공간 및 지하의 토석에까지 확장된다.

(1) 미채굴의 광물

미채굴의 광물은 국가에 의해 채굴취득권이 유보되어 있는데, 미채굴 광물의 법적 성질에 대해 학설은 국유에 속하는 부동산이라는 견해와 토지의 구성부분으로서 토지소유자의 소유에 속하지만 국가의 배타적인 채굴취득허가권의 객체라는 견해 등의 다툼이 있다.

(2) 지하수

지하수 이용권의 법적 성질에 대하여 다수설은 토지소유자에게는 토지소유권의 권능으로 인정되는 것으로 보지만, 토지소유자 아닌 자가 지하수 이용권을 가질 때에는 인역권과 유사한 독립한 물권이라고 한다.

(3) 온천권

온천수는 독립한 물건의 객체가 아닌 토지의 구성부분이고, 온천권은 관습법상 인정되는 물권이 아니다(대판 1970.5.26. 69다1239).

2. 토지소유권의 경계

① 토지의 개수는 「필(筆)」로써 계산하는데, 토지소유권의 경계는 지적도와 같은 지적공부에 의해 결정된다 (대판 2005.12.23. 2004다1691). **기출** 18

물권의 객체인 토지 1필지의 공간적 범위를 특정하는 것은 지적도나 임야도의 경계이지 등기부의 표제부나 임야대장·토지대장에 등재된 면적이 아니므로, 토지등기부의 표제부에 토지의 면적이 실제와 다르게 등재되어 있다 하여도, 이러한 등기는 해당 토지를 표상하는 등기로서 유효하다(대판 2005.12.23. 2004다1691).

② 지적도상의 경계와 실제의 경계가 불일치하는 경우

[원칙 : 공부상의 경계]
지적법에 의하여 어떤 토지가 지적공부에 1필지의 토지로 등록되면 그 토지는 특별한 사정이 없는 한 등록으로써 특정되므로, 지적도를 작성함에 있어서 기술적 착오로 말미암아 지적도상의 경계선이 진실한 경계선과 다르게 작성되었다는 등의 특별한 사정이 없는 한 토지 소유권의 범위는 현실의 경계에 관계없이 지적공부상의 경계에 의하여 확정되어야 한다(대판 2012.1.12. 2011다72066).

[예외 : 실제의 경계]
• 지적법에 의하여 어떤 토지가 지적공부에 1필의 토지로 등록되면 그 토지의 경계는 다른 특별한 사정이 없는 한 이 등록으로써 특정되고, 지적공부를 작성함에 있어 기점을 잘못 선택하는 등의 기술적인 착오로 말미암아 지적공부상의 경계가 진실한 경계선과 다르게 잘못 작성되었다는 등의 특별한 사정이 있는 경우에는 그 토지의 경계는 지적공부에 의하지 않고 실제의 경계에 의하여 확정하여야 한다(대판 2000.5.26. 98다15446).
• 또한 당사자가 사실상의 경계를 매매목적물의 범위로 삼은 특별한 사정이 있는 때에는 그 토지의 경계는 실제의 경계에 의하여야 한다(대판 1986.10.14. 84다카490).

③ 바다에 대한 토지의 경계선은 만조수위선이다(대판 2009.8.20. 2007다64303).

④ 토지의 경계를 확정하기 위한 소송은 형식적 형성의 소로서 법원은 당사자 쌍방이 주장하는 경계선에 기속되지 아니하고 스스로 진실하다고 인정하는 바에 따라 경계를 확정하여야 한다(대판 1993.11.23. 93다41792 · 41808).

Ⅱ 상린관계

1. 서 설

(1) 의 의

상린관계란 인접하고 있는 부동산 소유자 상호간의 이용을 조절하기 위하여 민법이 규정하고 있는 권리관계를 말한다.

(2) 상린관계 규정의 성질

강행규정설과 임의규정설의 다툼이 있으나, 판례는 「제242조와 제244조에 관하여 강행규정이라고 볼 수 없으므로, 이와 다른 내용의 당사자 사이의 특약을 무효라고 볼 수 없다」고 판시하였다.

• 제242조의 규정은 서로 인접하여 있는 소유자의 합의에 의하여 법정거리를 두지 않게 하는 것을 금지한다고는 해석할 수 없고 당사자간의 합의가 있었다면 그것이 명시 또는 묵시라 하더라도 인접지에 건물을 축조하는 자에게 대하여 법정거리를 두지않았다고 하여 그 건축을 폐지시키거나 변경시킬 수 없다(대판 1962.11.1. 62다567). 즉, 제242조의 규정은 임의규정으로 보아야 한다.
• 지하시설을 하는 경우에 있어서 경계로부터 두어야 할 거리에 관한 사항 등을 규정한 제244조는 강행규정이라고는 볼 수 없으므로 이와 다른 내용의 당사자간의 특약을 무효라고 할 수 없다(대판 1982.10.26. 80다1634).

(3) 적용범위

민법상 상린관계의 규정은 소유권에 관한 것이지만, 인접하는 부동산 소유자 상호간의 이용을 조절하는데 그 목적이 있으므로 소유권을 기초로 하지 않는 부동산 이용관계, 즉 지상권과 전세권에도 준용된다(제290조, 제319조).

2. 인지사용청구권

> **제216조 【인지사용청구권】**
> ① 토지소유자는 경계나 그 근방에서 담 또는 건물을 축조하거나 수선하기 위하여 필요한 범위내에서 이웃토지의 사용을 청구할 수 있다. 그러나 이웃 사람의 승낙이 없으면 그 주거에 들어가지 못한다.
> ② 전항의 경우에 이웃 사람이 손해를 받은 때에는 보상을 청구할 수 있다.

3. 생활방해의 금지

> **제217조 【매연 등에 의한 인지에 대한 방해금지】**
> ① 토지소유자는 매연, 열기체, 액체, 음향, 진동 기타 이에 유사한 것으로 이웃 토지의 사용을 방해하거나 이웃 거주자의 생활에 고통을 주지 아니하도록 적당한 조처를 할 의무가 있다.
> ② 이웃 거주자는 전항의 사태가 이웃 토지의 통상의 용도에 적당한 것인 때에는 이를 인용할 의무가 있다.

(1) 의 의

생활방해란 토지의 이용으로 인하여 생긴 매연, 열기체, 액체, 음향, 진동 기타 유사한 것으로 이웃 토지의 사용을 방해하거나 이웃 거주자의 생활에 고통을 주는 것을 의미한다. 생활방해는 제217조 제1항에 의하여 금지되지만, 토지의 통상의 용도에 적당한 것인 때에는 이를 인용할 의무가 인정된다(제217조 제2항).

(2) 요 건

① 매연, 열기체, 액체, 음향, 진동 기타 이와 유사한 것에 의한 생활방해가 있을 것
② 이로 인하여 이웃 토지의 사용을 방해하거나 이웃 거주자의 생활에 고통을 주어야 한다.
③ 생활방해가 수인한도를 넘어야 한다.

> [1] 도로에서 발생하는 소음으로 말미암아 생활에 고통을 받는(이하 '생활방해'라 한다) 정도가 사회통념상 일반적으로 참아내야 할 정도(이하 '참을 한도'라 한다)를 넘는지는 피해의 성질과 정도, 피해이익의 공공성, 가해행위의 태양, 가해행위의 공공성, 가해자의 방지조치 또는 손해 회피의 가능성, 공법상 규제기준의 위반 여부, 지역성, 토지이용의 선후관계 등 모든 사정을 종합적으로 고려하여 판단하여야 한다.
> [2] 이른바 도로소음으로 인한 생활방해를 원인으로 제기된 사건에서 공동주택에 거주하는 사람들이 참을 한도를 넘는 생활방해를 받고 있는지는 특별한 사정이 없는 한 일상생활이 실제 주로 이루어지는 장소인 거실에서 도로 등 소음원에 면한 방향의 모든 창호를 개방한 상태로 측정한 소음도가 환경정책기본법상 소음환경기준 등을 초과하는지에 따라 판단하는 것이 타당하다(대판 2015.9.24. 2011다91784).

(3) 효 과

① 생활방해방지조치의무와 조치청구권(제217조 제1항)
② 방해제거청구권과 방해예방청구권(대판 1999.7.27. 98다47528)
③ 불법행위에 의한 손해배상청구권 : 이 경우 가해자의 고의·과실을 요하는지에 대해 견해대립이 있으나 고의·과실을 요한다는 견해가 타당하다.

4. 수도 등의 시설권

> **제218조【수도 등 시설권】**
> ① 토지소유자는 타인의 토지를 통과하지 아니하면 필요한 수도, 소수관, 가스관, 전선 등을 시설할 수 없거나 과다한 비용을 요하는 경우에는 타인의 토지를 통과하여 이를 시설할 수 있다. 그러나 이로 인한 손해가 가장 적은 장소와 방법을 선택하여 이를 시설할 것이며 타토지의 소유자의 요청에 의하여 손해를 보상하여야 한다.
> ② 전항에 의한 시설을 한 후 사정의 변경이 있는 때에는 타토지의 소유자는 그 시설의 변경을 청구할 수 있다. 시설변경의 비용은 토지소유자가 부담한다.

5. 주위토지통행권

> **제219조【주위토지통행권】**
> ① 어느 토지와 공로 사이에 그 토지의 용도에 필요한 통로가 없는 경우에 그 토지소유자는 주위의 토지를 통행 또는 통로로 하지 아니하면 공로에 출입할 수 없거나 과다한 비용을 요하는 때에는 그 주위의 토지를 통행할 수 있고 필요한 경우에는 통로를 개설할 수 있다. 그러나 이로 인한 손해가 가장 적은 장소와 방법을 선택하여야 한다.
> ② 전항의 통행권자는 통행지 소유자의 손해를 보상하여야 한다.

(1) 의 의

주위토지통행권은 공로와의 사이에 그 용도에 필요한 통로가 없는 토지의 이용이라는 공익목적을 위하여 피통행지 소유자의 손해를 무릅쓰고 특별히 인정되는 것이므로, 그 통행로의 폭이나 위치 등을 정함에 있어서는 피통행지의 소유자에게 가장 손해가 적게 되는 방법이 고려되어야 하고, 어느 정도를 필요한 범위로 볼 것인가는 구체적인 사안에서 사회통념에 따라 쌍방 토지의 지형적·위치적 형상과 이용관계, 부근의 지리상황, 상린지 이용자의 이해득실 기타 제반 사정을 기초로 판단하여야 한다. 한편, 주거는 사람의 사적인 생활공간이자 평온한 휴식처로서 인간생활에서 가장 중요한 장소라고 아니할 수 없어 우리 헌법도 주거의 자유를 보장하고 있는바, 주위토지통행권을 행사함에 있어서도 이러한 주거의 자유와 평온 및 안전을 침해하여서는 아니 된다(대판 2009.6.11. 2008다75300·75317·75324).

(2) 요 건

1) 통로가 없거나 과다한 비용을 요할 것

① 제219조의 주위토지통행권은 어느 토지와 공로 사이에 그 토지의 용도에 필요한 통로가 없는 경우에, 그 토지 소유자가 주위의 토지를 통행 또는 통로로 하지 않으면 공로에 전혀 출입할 수 없는 경우뿐 아니라 과다한 비용을 요하는 때에도 인정될 수 있다(대판 1995.9.29. 94다43580).

② 주위토지통행권은 어느 토지가 타인 소유의 토지에 둘러싸여 공로에 통할 수 없는 경우뿐만 아니라, 이미 기존의 통로가 있더라도 그것이 당해 토지의 이용에 부적합하여 실제로 통로로서의 충분한 기능을 하지 못하고 있는 경우에도 인정된다(대판 2003.8.19. 2002다53469). **기출** 22·15 그러나 기존의 통로를 사용하는 것보다 더 편리하다는 이유만으로 다른 장소로 통행할 권리를 인정할 수는 없다(대판 1995.6.13. 95다1088·1095).

2) 통행권자

① 주위토지통행권을 주장할 수 있는 자의 범위 : 제219조에 정한 주위토지통행권은 인접한 토지의 상호이용의 조절에 기한 권리로서 토지의 소유자 또는 지상권자, 전세권자 등 토지사용권을 가진 자에게 인정되는 권리이다. 따라서 명의신탁자에게는 주위토지통행권이 인정되지 아니한다(대판 2008.5.8. 2007다22767).

② 토지의 불법점유자 : 토지의 불법점유자는 토지소유권의 상린관계로서 위요지 통행권의 주장이나 통행지역권의 시효취득 주장을 할 수 없다(대판 1976.10.29. 76다1694).

3) 통행수인의무자

통상 주위토지통행권에 관한 분쟁은 통행권자와 피통행지의 소유자 사이에 발생하나, 피통행지의 소유자 이외의 제3자가 일정한 지위나 이해관계에서 통행권을 부인하고 그 행사를 방해할 때에는 그 제3자를 상대로 통행권의 확인 및 방해금지 청구를 하는 것이 통행권자의 지위나 권리를 보전하는 데에 유효·적절한 수단이 될 수 있다(대판 2005.7.14. 2003다18661).

(3) 효 과

1) 소극적인 권리

① 주위토지통행권자는 통행권의 범위내에서 그 토지를 사용할 수 있을 뿐이고, 통행지 소유자의 점유를 배제할 권능은 없다.

② 또한 주위토지통행권자는 토지를 배타적으로 점유할 수는 없다.

> 다른 사람의 소유토지에 대하여 상린관계로 인한 통행권을 가지고 있는 사람은 그 통행권의 범위 내에서 그 토지를 사용할 수 있을 뿐이고 그 통행지에 대한 통행지 소유자의 점유를 배제할 권능까지 있는 것은 아니므로 그 통행지 소유자는 그 통행지를 전적으로 점유하고 있는 주위토지통행권자에 대하여 그 통행지의 인도를 구할 수 있다고 할 것이나, 주위토지통행권자는 필요한 경우에는 통행지상에 통로를 개설할 수 있으므로, 모래를 깔거나, 돌계단을 조성하거나, 장해가 되는 나무를 제거하는 등의 방법으로 통로를 개설할 수 있으며 통행지 소유자의 이익을 해하지 않는다면 통로를 포장하는 것도 허용된다고 할 것이고, 주위토지통행권자가 통로를 개설하였다고 하더라도 그 통로에 대하여 통행지 소유자의 점유를 배제할 정도의 배타적인 점유를 하고 있지 않다면 통행지 소유자가 주위토지통행권자에 대하여 주위토지통행권이 미치는 범위 내의 통로 부분의 인도를 구하거나 그 통로에 설치된 시설물의 철거를 구할 수 없다(대판 2003.8.19. 2002다53469).

2) 보상의무

① 통행권자는 통행지 소유자에게 손해를 보상해주어야 한다(제219조 제2항). 단, 통행권자의 허락을 얻어 사실상 통행하고 있는 자에게는 그 손해의 보상을 청구할 수 없다(대판 1991.9.10. 91다19623). **기출** 16

② 보상의무의 이행이 법률상 통행권의 성립요건은 아니므로, 보상의무를 이행하지 않더라도 채무불이행책임이 문제될 뿐이고 통행권 자체가 소멸하는 것은 아니다.

3) 인정범위

① 주위토지통행권은 현재의 토지의 용법에 따른 이용의 범위에서 인정되는 것이지 더 나아가 장차의 이용상 황까지 미리 대비하여 통행로를 정할 것은 아니다(대판 1996.11.29. 96다33433·33440).

② 주위토지통행권은 통행을 위한 지역권과 달리 통행로가 항상 특정한 장소로 고정되어 있는 것은 아니다.

> 주위토지통행권은 통행을 위한 지역권과는 달리 그 통행로가 항상 특정한 장소로 고정되어 있는 것은 아니고, 주위토지통행권 확인청구는 변론종결시에 있어서의 제219조에 정해진 요건에 해당하는 토지가 어느 토지인가를 확정하는 것이므로, 주위토지 소유자가 그 용법에 따라 기존 통행로로 이용되던 토지의 사용방법을 바꾸었을 때에는 대지 소유자는 그 주위토지 소유자를 위하여 보다 손해가 적은 다른 장소로 옮겨 통행할 수밖에 없는 경우도 있다(대판 2009.6.11. 2008다75300·75317·75324).

(4) 분할이나 일부양도로 인한 무상 주위토지통행권

> **제220조【분할, 일부양도와 주위통행권】**
> ① 분할로 인하여 공로에 통하지 못하는 토지가 있는 때에는 그 토지소유자는 공로에 출입하기 위하여 다른 분할자의 토지를 통행할 수 있다. 이 경우에는 보상의 의무가 없다.
> ② 전항의 규정은 토지소유자가 그 토지의 일부를 양도한 경우에 준용한다.

1) 요건 및 인정범위

① 요건 : 분할 또는 토지의 일부 양도로 인하여 공로에 통하지 못하는 토지가 있을 것

② 인정범위

  ㉠ 분할 또는 토지의 일부 양도로 인한 무상 주위토지통행권은 분할 전 또는 토지의 일부양도 전의 양도인 소유의 종전 토지에 대하여만 생기고 다른 사람 소유의 토지에 대하여는 인정되지 아니한다.

  ㉡ 또한 무상의 주위토지통행권이 발생하는 토지의 일부 양도라 함은 1필의 토지의 일부가 양도된 경우뿐만 아니라 일단으로 되어 있던 동일인 소유의 수필의 토지 중 일부가 양도된 경우도 포함된다(대판 2005.3.10. 2004다65589·65596).

2) 무상통행권의 부담이 승계되는지 여부

① 문제점 : 무상 주위토지통행권(제220조)의 적용범위와 관련하여, 직접 분할자 또는 일부 양도의 당사자로부터 양수한 특정승계인에게도 동조가 적용되는지 여부에 대하여 다툼이 있다.

② 판례의 입장 : 판례는「원칙적으로 분할 또는 토지의 일부 양도로 인하여 공로에 통하지 못하는 토지가 생긴 경우에 그 포위된 토지를 위한 통행권은 분할 또는 일부 양도 전의 종전 토지에만 있고 그 경우 통행에 대한 보상의 의무가 없다고 하는 제220조의 규정은 직접 분할자 또는 일부 양도의 당사자 사이에만 적용되고 포위된 토지 또는 피통행지의 특정승계인에게는 적용되지 않는다」(대판 1994.12.2. 93다45268)라고 판시하였다.

6. 물에 관한 상린관계

(1) 자연적 배수(排水)

> **제221조【자연유수의 승수의무와 권리】**
> ① 토지소유자는 이웃 토지로부터 자연히 흘러오는 물을 막지 못한다.
> ② 고지소유자는 이웃 저지에 자연히 흘러 내리는 이웃 저지에서 필요한 물을 자기의 정당한 사용범위를 넘어서 이를 막지 못한다.
>
> **제222조【소통공사권】**
> 흐르는 물이 저지에서 폐색된 때에는 고지소유자는 자비로 소통에 필요한 공사를 할 수 있다.
>
> **제224조【관습에 의한 비용부담】**
> 전2조의 경우에 비용부담에 관한 관습이 있으면 그 관습에 의한다.

(2) 인공적 배수(排水)

① 원 칙

제225조【처마물에 대한 시설의무】
토지소유자는 처마물이 이웃에 직접 낙하하지 아니하도록 적당한 시설을 하여야 한다.

제223조【저수, 배수, 인수를 위한 공작물에 대한 공사청구권】
토지소유자가 저수, 배수 또는 인수하기 위하여 공작물을 설치한 경우에 공작물의 파손 또는 폐색으로 타인의 토지에 손해를 가하거나 가할 염려가 있는 때에는 타인은 그 공작물의 보수, 폐색의 소통 또는 예방에 필요한 청구를 할 수 있다.

제224조【관습에 의한 비용부담】
전2조의 경우에 비용부담에 관한 관습이 있으면 그 관습에 의한다.

② 예 외

제226조【여수소통권】
① 고지소유자는 침수지를 건조하기 위하여 또는 가용이나 농, 공업용의 여수를 소통하기 위하여 공로, 공류 또는 하수도에 달하기까지 저지에 물을 통과하게 할 수 있다.
② 전항의 경우에는 저지의 손해가 가장 적은 장소와 방법을 선택하여야 하며 손해를 보상하여야 한다.

제227조【유수용공작물의 사용권】
① 토지소유자는 그 소유지의 물을 소통하기 위하여 이웃 토지소유자의 시설한 공작물을 사용할 수 있다.
② 전항의 공작물을 사용하는 자는 그 이익을 받는 비율로 공작물의 설치와 보존의 비용을 분담하여야 한다.

(3) 여수(餘水)급여청구권

제228조【여수급여청구권】
토지소유자는 과다한 비용이나 노력을 요하지 아니하고는 가용이나 토지이용에 필요한 물을 얻기 곤란한 때에는 이웃 토지소유자에게 보상하고 여수의 급여를 청구할 수 있다.

(4) 유수(流水)의 이용권

① 수류지(水流地, 하천)의 소유권이 사인에게 속하고 유수(流水)를 흐르는 채로 사용하는 경우

제229조【수류의 변경】
① 구거 기타 수류지의 소유자는 대안의 토지가 타인의 소유인 때에는 그 수로나 수류의 폭을 변경하지 못한다.
② 양안의 토지가 수류지 소유자의 소유인 때에는 소유자는 수로와 수류의 폭을 변경할 수 있다. 그러나 하류는 자연의 수로와 일치하도록 하여야 한다.
③ 전2항의 규정은 다른 관습이 있으면 그 관습에 의한다.

제230조【언의 설치, 이용권】
① 수류지의 소유자가 언을 설치할 필요가 있는 때에는 그 언을 대안에 접촉하게 할 수 있다. 그러나 이로 인한 손해를 보상하여야 한다.
② 대안의 소유자는 수류지의 일부가 자기소유인 때에는 그 언을 사용할 수 있다. 그러나 그 이익을 받는 비율로 언의 설치, 보존의 비용을 분담하여야 한다.

② 공유하천의 물을 수류지 외의 토지로 끌어다 사용하는 경우

> **제231조【공유하천용수권】**
> ① 공유하천의 연안에서 농, 공업을 경영하는 자는 이에 이용하기 위하여 타인의 용수를 방해하지 아니하는 범위 내에서 필요한 인수를 할 수 있다.
> ② 전항의 인수를 하기 위하여 필요한 공작물을 설치할 수 있다.
>
> **제232조【하류 연안의 용수권보호】**
> 전조의 인수나 공작물로 인하여 하류연안의 용수권을 방해하는 때에는 그 용수권자는 방해의 제거 및 손해의 배상을 청구할 수 있다.
>
> **제233조【용수권의 승계】**
> 농, 공업의 경영에 이용하는 수로 기타 공작물의 소유자나 몽리자의 특별승계인은 그 용수에 관한 전 소유자나 몽리자의 권리의무를 승계한다.
>
> **제234조【용수권에 관한 다른 관습】**
> 전3조의 규정은 다른 관습이 있으면 그 관습에 의한다.

(5) 지하수용수권

> **제235조【공용수의 용수권】**
> 상린자는 그 공용에 속하는 원천이나 수도를 각 수요의 정도에 응하여 타인의 용수를 방해하지 아니하는 범위내에서 각각 용수할 권리가 있다.
>
> **제236조【용수장해의 공사와 손해배상, 원상회복】**
> ① 필요한 용도나 수익이 있는 원천이나 수도가 타인의 건축 기타 공사로 인하여 단수, 감수 기타 용도에 장해가 생긴 때에는 용수권자는 손해배상을 청구할 수 있다.
> ② 전항의 공사로 인하여 음료수 기타 생활상 필요한 용수에 장해가 있을 때에는 원상회복을 청구할 수 있다.

7. 경계에 관한 상린관계

> **제237조【경계표, 담의 설치권】**
> ① 인접하여 토지를 소유한 자는 공동비용으로 통상의 경계표나 담을 설치할 수 있다.
> ② 전항의 비용은 쌍방이 절반하여 부담한다. 그러나 측량비용은 토지의 면적에 비례하여 부담한다.
> ③ 전2항의 규정은 다른 관습이 있으면 그 관습에 의한다.
>
> **제238조【담의 특수시설권】**
> 인지소유자는 자기의 비용으로 담의 재료를 통상보다 양호한 것으로 할 수 있으며 그 높이를 통상보다 높게 할 수 있고 또는 방화벽 기타 특수시설을 할 수 있다.
>
> **제239조【경계표 등의 공유추정】**
> 경계에 설치된 경계표, 담, 구거 등은 상린자의 공유로 추정한다. 그러나 경계표, 담, 구거 등이 상린자일방의 단독비용으로 설치되었거나 담이 건물의 일부인 경우에는 그러하지 아니하다.

> **제240조 【수지, 목근의 제거권】**
> ① 인접지의 수목가지가 경계를 넘은 때에는 그 소유자에 대하여 가지의 제거를 청구할 수 있다.
> ② 전항의 청구에 응하지 아니한 때에는 청구자가 그 가지를 제거할 수 있다.
> ③ 인접지의 수목뿌리가 경계를 넘은 때에는 임의로 제거할 수 있다.

8. 공작물설치에 관한 상린관계

> **제241조 【토지의 심굴금지】**
> 토지소유자는 인접지의 지반이 붕괴할 정도로 자기의 토지를 심굴하지 못한다. 그러나 충분한 방어공사를 한 때에는 그러하지 아니하다.
>
> **제242조 【경계선부근의 건축】**
> ① 건물을 축조함에는 특별한 관습이 없으면 경계로부터 반미터 이상의 거리를 두어야 한다.
> ② 인접지소유자는 전항의 규정에 위반한 자에 대하여 건물의 변경이나 철거를 청구할 수 있다. 그러나 건축에 착수한 후 1년을 경과하거나 건물이 완성된 후에는 손해배상만을 청구할 수 있다.
>
> **제243조 【차면시설의무】**
> 경계로부터 2미터 이내의 거리에서 이웃 주택의 내부를 관망할 수 있는 창이나 마루를 설치하는 경우에는 적당한 차면시설을 하여야 한다.
>
> **제244조 【지하시설 등에 대한 제한】**
> ① 우물을 파거나 용수, 하수 또는 오물 등을 저치할 지하시설을 하는 때에는 경계로부터 2미터 이상의 거리를 두어야 하며 저수지, 구거 또는 지하실공사에는 경계로부터 그 깊이의 반 이상의 거리를 두어야 한다.
> ② 전항의 공사를 함에는 토사가 붕괴하거나 하수 또는 오액이 이웃에 흐르지 아니하도록 적당한 조처를 하여야 한다.

Ⅲ 건물의 구분소유

1. 서 설

건물의 일부가 경제적으로 독립한 건물과 동일한 효용을 가지고, 또한 사회관념상 독립한 건물로 다루어지는 경우, 그 위에 독립한 소유권을 인정하는 것을 구분소유권이라 한다. 민법과「집합건물의 소유 및 관리에 관한 법률」은 다수의 구분소유자 상호간의 구분소유건물의 관리·이용에 대한 이해관계에 대해 규율하고 있다.

2. 민법에 의한 규제

> **제215조 【건물의 구분소유】**
> ① 수인이 한 채의 건물을 구분하여 각각 그 일부분을 소유한 때에는 건물과 그 부속물 중 공용하는 부분은 그의 공유로 추정한다.
> ② 공용부분의 보존에 관한 비용 기타의 부담은 각자의 소유부분의 가액에 비례하여 분담한다.

3. 집합건물의 소유 및 관리에 관한 법률(이하 집합건물법)의 주요 내용

(1) 의 의

구분소유권이란 1동의 건물 중 구조상의 독립성 및 이용상의 독립성을 가진 전유부분을 목적으로 하는 소유권을 말한다(집합건물법 제2조 제1호).

(2) 구분소유권의 성립

① **구조상 및 이용상의 독립성(구분소유의 요건으로서 독립성)** : 건물이 구분소유의 객체가 되기 위해서는 ㉠ 1동의 건물이 구조상 구분될 수 있어야 하고, ㉡ 구분된 수개의 부분이 독립한 건물로써 사용될 수 있어야 한다.

> • 임차인이 임차한 건물에 그 권원에 의하여 증축을 한 경우에 증축된 부분이 부합으로 인하여 기존 건물의 구성 부분이 된 때에는 증축된 부분에 별개의 소유권이 성립할 수 없으나, 증축된 부분이 구조상으로나 이용상으로 기존 건물과 구분되는 독립성이 있는 때에는 구분소유권이 성립하여 증축된 부분은 독립한 소유권의 객체가 된다(대판 1999.7.27. 99다14518).   기출 16
>
> • 1동의 건물의 일부분이 구분소유권의 객체가 될 수 있으려면 그 부분이 이용상은 물론 구조상으로도 다른 부분과 구분되는 독립성이 있어야 한다. 이러한 구분소유권의 객체로서 적합한 물리적 요건을 갖추지 못한 건물의 일부는 그에 관한 구분소유권이 성립할 수 없다. 그와 같은 건물 부분이 건축물관리대장상 독립한 별개의 구분건물로 등재되고 등기부상에도 구분소유권의 목적으로 등기되어 있어 이러한 등기에 기초하여 경매절차가 진행되어 매각허가를 받고 매수대금을 납부하였다 하더라도, 그 상태만으로는 그 등기는 효력이 없으므로 매수인은 소유권을 취득할 수 없다(대판 2018.3.27. 2015다3471).

② **구분행위** : 구분건물이 되기 위해서는 건물을 구분소유권의 객체로 하려는 의사표시, 즉 구분행위가 있어야 한다.

> 1동의 건물 중 구분된 각 부분이 구조상, 이용상 독립성을 가지고 있는 경우에 그 각 부분을 1개의 구분건물로 하는 것도 가능하고, 그 1동 전체를 1개의 건물로 하는 것도 가능하기 때문에, 이를 구분건물로 할 것인지 여부는 특별한 사정이 없는 한 소유자의 의사에 의하여 결정된다고 할 것이므로, 구분건물이 되기 위하여는 객관적, 물리적인 측면에서 구분건물이 구조상, 이용상의 독립성을 갖추어야 하고, 그 건물을 구분소유권의 객체로 하려는 의사표시 즉 구분행위가 있어야 하는 것으로서, 소유자가 기존 건물에 증축을 한 경우에도 증축 부분이 구조상, 이용상의 독립성을 갖추었다는 사유만으로 당연히 구분소유권이 성립된다고 할 수는 없고, 소유자의 구분행위가 있어야 비로소 구분소유권이 성립된다고 할 것이며, 이 경우에 소유자가 기존 건물에 마쳐진 등기를 이와 같이 증축한 건물의 현황과 맞추어 1동의 건물로서 증축으로 인한 건물표시변경등기를 경료한 때에는 이를 구분건물로 하지 않고 그 전체를 1동의 건물로 하려는 의사였다고 봄이 상당하다(대판 1999.7.27. 98다35020).

③ **대장의 등록이나 등기가 요구되는지 여부** : 1동의 건물에 대하여 구분소유가 성립하기 위해서는 객관적·물리적인 측면에서 1동의 건물이 존재하고, 구분된 건물부분이 구조상·이용상 독립성을 갖추어야 할 뿐 아니라, 1동의 건물 중 물리적으로 구획된 건물부분을 각각 구분소유권의 객체로 하려는 구분행위가 있어야 한다. 여기서 구분행위는 건물의 물리적 형질에 변경을 가함이 없이 법률관념상 건물의 특정 부분을 구분하여 별개의 소유권의 객체로 하려는 일종의 법률행위로서, 그 시기나 방식에 특별한 제한이 있는 것은 아니고 처분권자의 구분의사가 객관적으로 외부에 표시되면 인정된다. 따라서 구분건물이 물리적으로 완성되기 전에도 건축허가신청이나 분양계약 등을 통하여 장래 신축되는 건물을 구분건물로 하겠다는 구분의사가 객관적으로 표시되면 구분행위의 존재를 인정할 수 있고, 이후 1동의 건물 및 그 구분행위에 상응하는 구분건물이 객관적·물리적으로 완성되면 아직 그 건물이 집합건축물대장에 등록되거나 구분건물로서 등기부에 등기되지 않았더라도 그 시점에서 구분소유가 성립한다(대판[전합] 2013.1.17. 2010다71578 – 다수의견).

(3) 구분소유권의 내용 : 전유부분과 공용부분

① 의 의

- ㉠ 전유부분 : 구조상 및 이용상의 독립성을 갖춘 건물부분으로 구분소유권의 목적이 되는 부분을 말한다(집합건물법 제2조 제3호).

- ㉡ 공용부분 : 공용부분은 1동의 건물 중 전유부분 이외의 건물의 부분, 전유부분에 속하지 않는 건물의 부속물, 전유부분이지만 규약에 의하여 공용부분으로 된 부속건물을 말한다(동법 제2조 제4호). 공용부분은 원칙적으로 구분소유자 전원의 공유에 속하고, 지분은 전유부분의 면적비율에 의한다(동법 제12조).

② 구별기준 및 판단시기

- ㉠ 구별기준 : 전용부분과 공용부분의 구별기준은 구분소유자간에 특별한 합의가 없는 한 건물의 구조에 따른 객관적인 용도에 의하여 결정되어야 한다.

> 집합건물에 있어서 수개의 전유부분으로 통하는 복도, 계단 기타 구조상 구분소유자의 전원 또는 그 일부의 공용에 제공되는 건물부분은 공용부분으로서 구분소유권의 목적이 되지 않으며, 건물의 어느 부분이 구분소유자의 전원 또는 일부의 공용에 제공되는지의 여부는 소유자들 간에 특단의 합의가 없는 한 그 건물의 구조에 따른 객관적인 용도에 의하여 결정되어야 할 것이다(대판 2008.6.26. 2007다90241)

- ㉡ 판단시기 : 전유부분인지 공용부분인지 여부는 구분소유가 성립한 시점을 기준으로 판단하여야 한다.

> 집합건물의 소유 및 관리에 관한 법률 제53조, 제54조, 제56조, 제57조의 규정에 비추어 보면, 집합건물의 어느 부분이 전유부분인지 공용부분인지 여부는 구분소유가 성립한 시점, 즉 원칙적으로 건물 전체가 완성되어 당해 건물에 관한 건축물대장에 구분건물로 등록된 시점을 기준으로 판단하여야 하고, 그 후의 건물 개조나 이용상황의 변화 등은 전유부분인지 공용부분인지 여부에 영향을 미칠 수 없다(대판 1999.9.17. 99다1345).

③ 관리비 체납의 문제

- ㉠ 아파트의 특별승계인은 전입주자의 체납관리비 중 공용부분에 관하여는 승계한다(대판[전합] 2001.9.20. 2001다8677).

- ㉡ 그러나 공용부분 관리비에 대한 연체료는 특별승계인에게 승계되는 공용부분 관리비에 포함되지 않는다(대판 2006.6.29. 2004다3598 · 3604). **기출** 17

- ㉢ 또한 채무인수에 있어서 면책적 인수인지, 중첩적 인수인지가 분명하지 아니한 때에는 이를 중첩적으로 인수한 것으로 볼 것이라는 채무인수의 법리에 비추어 보면, 구분소유권이 순차로 양도된 경우 각 특별승계인들은 이전 구분소유권자들의 채무를 중첩적으로 인수한다고 봄이 상당하다(대결 2010.1.14. 2009그196).

(4) 대지사용권

① 의의 : 대지사용권이란 구분소유자가 전유부분을 소유하기 위하여 건물의 대지에 대해서 가지는 일체의 권리를 말한다(집합건물법 제2조 제6호).

② 대지사용권의 취득

- ㉠ 문제점 : 구분소유자가 아직 대지에 대한 권리에 대해 등기를 마치지 못한 경우에도 대지에 관하여 매수인의 지위에서 소유권이전등기청구권을 가지고 있거나 매수인의 지위에서 점유·사용권을 가지고 있다면, 그러한 권리도 대지사용권으로 인정할 수 있는지 문제된다.

ⓛ 판례 : 종래의 판례는 대지사용권이 아니라고 부정설의 입장이었으나(대판 1996.12.10. 96다14661), 현재는 그 입장을 변경하여 구분소유자의 점유·사용권은 단순한 점유권과는 차원을 달리하는 본권으로서 집합건물법상의 대지사용권에 해당하므로 건물과 대지의 분리·처분이 금지되고, 건물과 분리하여 대지를 처분하는 것을 무효라고 판시하였다(대판[전합] 2000.11.16. 98다45652·45669).

> [1] 아파트와 같은 대규모 집합건물의 경우, 대지의 분·합필 및 환지절차의 지연, 각 세대당 지분비율 결정의 지연 등으로 인하여 전유부분에 대한 소유권이전등기만 수분양자를 거쳐 양수인 앞으로 경료되고, 대지지분에 대한 소유권이전등기는 상당기간 지체되는 경우가 종종 생기고 있는데, 이러한 경우 집합건물의 건축자로부터 전유부분과 대지지분을 함께 분양의 형식으로 매수하여 그 대금을 모두 지급함으로써 소유권 취득의 실질적 요건은 갖추었지만 전유부분에 대한 소유권이전등기만 경료받고 대지 지분에 대하여는 위와 같은 사정으로 아직 소유권이전등기를 경료받지 못한 자는 매매계약의 효력으로써 전유부분의 소유를 위하여 건물의 대지를 점유·사용할 권리가 있는바, 매수인의 지위에서 가지는 이러한 점유·사용권은 단순한 점유권과는 차원을 달리하는 본권으로서 집합건물의 소유 및 관리에 관한 법률 제2조 제6호 소정의 구분소유자가 전유부분을 소유하기 위하여 건물의 대지에 대하여 가지는 권리인 대지사용권에 해당한다고 할 것이고, 수분양자로부터 전유부분과 대지지분을 다시 매수하거나 증여 등의 방법으로 양수받거나 전전 양수받은 자 역시 당초 수분양자가 가졌던 이러한 대지사용권을 취득한다.
> [2] 집합건물의 소유 및 관리에 관한 법률의 규정내용과 입법취지를 종합하여 볼 때, 대지의 분·합필 및 환지절차의 지연, 각 세대당 지분비율 결정의 지연 등의 사정이 없었다면 당연히 전유부분의 등기와 동시에 대지지분의 등기가 이루어졌을 것으로 예상되는 경우, 전유부분에 대하여만 소유권이전 등기를 경료받았으나 매수인의 지위에서 대지에 대하여 가지는 점유·사용권에 터잡아 대지를 점유하고 있는 수분양자는 대지지분에 대한 소유권이전등기를 받기 전에 대지에 대하여 가지는 점유·사용권인 대지사용권을 전유부분과 분리 처분하지 못할 뿐만 아니라, 전유부분 및 장래 취득할 대지지분을 다른 사람에게 양도한 후 그중 전유부분에 대한 소유권이전등기를 경료해 준 다음 사후에 취득한 대지지분도 전유부분의 소유권을 취득한 양수인이 아닌 제3자에게 분리 처분하지 못한다 할 것이고, 이를 위반한 대지지분의 처분행위는 그 효력이 없다(대판[전합] 2000.11.16. 98다45652·45669).

③ 전유부분과 대지사용권의 일체화

> **집합건물의 소유 및 관리에 관한 법률 제20조 【전유부분과 대지사용권의 일체성】**
> ① 구분소유자의 대지사용권은 그가 가지는 전유부분의 처분에 따른다.
> ② 구분소유자는 그가 가지는 전유부분과 분리하여 대지사용권을 처분할 수 없다. 다만, 규약으로써 달리 정한 경우에는 그러하지 아니하다.
> ③ 제2항 본문의 분리처분금지는 그 취지를 등기하지 아니하면 선의(善意)로 물권을 취득한 제3자에게 대항하지 못한다.
> ④ 제2항 단서의 경우에는 제3조 제3항을 준용한다.

ⓖ 분리처분금지 위반의 효과
- 무효 : 분리처분금지를 위반한 대지사용권의 처분행위는 무효이다. 따라서 매수인은 대지사용권을 취득할 수 없다.

> 집합건물의 소유 및 관리에 관한 법률 제20조 제2항에 의하면 구분소유자는 특별한 사정이 없는 한 대지사용권을 전유부분과 분리하여 처분할 수 없고, 이를 위반한 대지사용권의 처분은 법원의 공유물 분할경매절차에 의한 것이라 하더라도 무효이므로, 구분소유의 목적물인 건물 각 층과 분리하여 그 대지만에 대하여 경매분할을 명한 확정판결에 기하여 진행되는 공유물분할경매절차에서 그 대지만을 매수하더라도 매수인은 원칙적으로 그 대지의 소유권을 취득할 수 없다(대판 2010.5.27. 2006다84171).

- 선의의 제3자 : 분리처분금지는 그 취지를 등기하지 아니하면 선의로 물권을 취득한 제3자에게 대항하지 못한다(동법 제20조 제3항). 여기의 선의의 제3자란 원칙적으로 집합건물의 대지로 되어 있는 사정을 모른 채 대지사용권의 목적이 된 토지를 취득한 제3자를 의미한다(대판 2009.6.23. 2009다26145).

ⓛ 전유부분과 대지사용권의 관계 : 대지사용권은 전유부분의 종된 권리에 해당한다(대판 1995.8.22. 94다 12722).

> 집합건물에서 구분소유자의 대지사용권은 규약으로써 달리 정하는 등의 특별한 사정이 없는 한 전유부분과 종속적 일체불가분성이 인정되어 전유부분에 대한 경매개시결정과 압류의 효력은 종물 또는 종된권리인 대지사용권에도 미치는 것이므로(집합건물법 제20조 제1항, 제2항), 건축자의 대지소유권에 관하여 부동산등기법에 따른 구분건물의 대지권등기가 마쳐지지 않았다 하더라도 전유부분에 관한 경매절차가 진행되어 그 경매절차에서 전유부분을 매수한 매수인은 전유부분 과 함께 대지사용권을 취득한다(대판 2012.3.29. 2011다79210).

④ 대지의 분할청구 금지(동법 제8조 참고)

> 집합건물의 대지에 대한 분할청구를 금지하는 집합건물의 소유 및 관리에 관한 법률 제8조의 입법 취지는 1동의 건물로서 개개의 구성부분이 독립한 구분소유권의 대상이 되는 집합건물의 존립 기초를 확보하려는 데 있는바, 집합건물의 대지는 그 지상의 구분소유권과 일체성 내지 불가분성을 가지는데 일반의 공유와 같이 공유지분권에 기한 공유물 분할을 인정한다면 그 집합건물의 대지사용관계는 파탄에 이르게 되므로 집합건물의 공동생활관계의 보호를 위하여 분할청구가 금지된다(대판 2007.12.27. 2005다66374 · 66381).

(5) 관리단

① 건물에 대한 구분소유관계가 성립하면 그 건물 및 대지와 부속시설의 관리를 위하여 구분소유자 전원으로 관리단을 구성하여야 한다(집합건물법 제23조 제1항).

② 집합건물의 소유 및 관리에 관한 법률 제23조 제1항에서는 "건물에 대하여 구분소유관계가 성립되면 구분 소유자는 전원으로써 건물 및 그 대지와 부속시설의 관리에 관한 사업의 시행을 목적으로 하는 관리단을 구성한다."고 규정하고 있으므로, 관리단은 어떠한 조직행위를 거쳐야 비로소 성립되는 단체가 아니라 구분소유관계가 성립하는 건물이 있는 경우 당연히 그 구분소유자 전원을 구성원으로 하여 성립되는 단체 이고, 관리단집회에서 적법하게 결의된 사항은 그 결의에 반대한 구분소유자에 대하여도 효력을 미치는 것이다(대판 1995.3.10. 94다49687 · 49694).

(6) 집합건물법상의 담보책임

① 법적 성질 : 집합건물법 제9조는 강행규정이면서 법정책임에 해당한다.

> 집합건물의 소유 및 관리에 관한 법률 제9조는 건축업자 내지 분양자로 하여금 견고한 건물을 짓도록 유도하고 부실하게 건축된 집합건물의 소유자를 두텁게 보호하기 위하여 집합건물 분양자의 담보책임에 관하여 민법상 도급인의 담보책임에 관한 규정을 준용하도록 함으로써 분양자의 담보책임의 내용을 명확히 하는 한편 이를 강행규정화한 것으로서, 같은 조에 의한 책임은 분양계약에 기한 책임이 아니라 집합건물의 분양자가 집합건물의 현재의 구분소유자에 대하여 부담하는 법정책 임이므로 이에 따른 손해배상청구권에 대하여는 제162조 제1항에 따라 10년의 소멸시효기간이 적용된다(대판 2008.12.11. 2008 다12439).

② 적용범위 : 집합건물법상 담보책임은 집합건물의 건축상 하자에 관하여 적용될 뿐 대지부분의 권리상 하자에까지 적용되는 것은 아니다.

> 집합건물의 소유 및 관리에 관한 법률 제9조는, 제667조 내지 제671조에 따른 담보책임이 집합건물에도 적용됨을 규정하는 것인데, 위 민법 각 규정에 따른 담보책임은 건물의 건축상의 하자에 관한 것으로, 집합 건물의 소유 및 관리에 관한 법률 제20조에서 구분소유자의 대지사용권은 그가 가지는 전유부분의 처분에 따른다고 하는 규정이 있다고 하여 대지부분의 권리상의 하자에까지 적용되는 것이라 하기 어렵다(대판 2002.11.8. 99다58136).

③ 청구권자

　　㉠ 하자담보추급권은 현재의 집합건물의 구분소유자에게 귀속된다(대판 2003.2.11. 2001다47733).

　　㉡ 공동주택에 하자가 있는 경우 입주자대표회의로서는 사업주체에 대하여 하자보수를 청구할 수 있을 뿐, 하자담보추급권(하자보수에 갈음하는 손해배상청구권)을 행사할 수는 없다(대판 2007.3.29. 2006다64863).

> 집합건물의 소유 및 관리에 관한 법률 제9조에 의한 하자담보추급권은 특별한 사정이 없는 한 집합건물 구분소유자에게 귀속하는 것이고(대판 2003.2.11. 2001다47733), 비록 주택법 제49조 및 주택법 시행령 제59조 제2항이 구 주택건설촉진법 (2003.5.29. 법률 제6916호로 전문 개정되기 전의 것. 이하 같다) 소정의 입주자대표회의에게 공동주택의 사업주체에 대한 하자보수청구권을 부여하고 있으나, 이는 행정적인 차원에서 공동주택 하자보수의 절차·방법 및 기간 등을 정하고 하자보수보증금으로 신속하게 하자를 보수할 수 있도록 하는 기준을 정하는 데 그 취지가 있을 뿐(대판 2004.4.9. 2003다 7616), 입주자 대표회의에게 하자보수청구권 외에 하자담보추급권까지 부여하는 것이라고 볼 수는 없으므로, 공동주택에 하자가 있는 경우 입주자대표회의로서는 사업주체에 대하여 하자보수를 청구할 수 있을 뿐이며, 그에 갈음한 손해배상청구권을 가진다고 할 수 없다(대판 2007.3.29. 2006다64863).

　　㉢ 구 집합건물법 제23조 제1항에 따라 건물과 대지 및 부속시설의 관리에 관한 사업의 시행을 목적으로 설립되는 관리단은 구분소유자들에게서 그 권리를 양수하였다는 등의 특별한 사정이 없는 한, 하자담보추급권을 가진다고 할 수 없다(대판 2011.12.13. 2011다80531).

④ 행사기간 등

　　㉠ 기산점 : 집합건물의 하자보수에 갈음한 손해배상청구권의 소멸시효기간은 각 하자가 발생한 시점부터 별도로 진행한다(대판 2009.2.26. 2007다83908).

　　㉡ 소멸시효기간 : 제162조 제1항에 따라 10년의 소멸시효기간이 적용된다(대판 2008.12.11. 2008다12439).

⑤ 집합건물의 분양계약에 있어서는 제688조(도급인의 해제권) 단서가 준용되지 않는다.

> 집합건물의 소유 및 관리에 관한 법률 제9조 제1항이 위 법 소정의 건물을 건축하여 분양한 자의 담보책임에 관하여 수급인에 관한 제667조 내지 제671조의 규정을 준용하도록 규정한 취지는 건축업자 내지 분양자로 하여금 견고한 건물을 짓도록 유도하고 부실하게 건축된 집합건물의 소유자를 두텁게 보호하기 위하여 집합건물의 분양자의 담보책임에 관하여 민법상 수급인의 담보책임에 관한 규정을 준용하도록 함으로써 분양자의 담보책임의 내용을 명확히 하는 한편 이를 강행규정화한 것으로서 분양자가 부담하는 책임의 내용이 민법상 수급인의 담보책임이라는 것이지 그 책임이 분양계약에 기한 것이라거나 아니면 분양계약의 법률적 성격이 도급이라는 취지는 아니며, 통상 대단위 집합건물의 경우 분양자는 대규모 건설업체임에 비하여 수분양자는 경제적 약자로서 수분양자를 보호할 필요성이 높다는 점, 집합건물이 완공된 후 개별분양계약이 해제되더라도 분양자가 집합건물의 부지사용권을 보유하고 있으므로 계약해제에 의하여 건물을 철거하여야 하는 문제가 발생하지 않을 뿐 아니라 분양자는 제3자와 새로 분양계약을 체결함으로써 그 집합건물 건축의 목적을 충분히 달성할 수 있는 점 등에 비추어 볼 때 집합건물의 소유 및 관리에 관한 법률 제9조 제1항이 적용되는 집합건물의 분양계약에 있어서는 제668조 단서가 준용되지 않고 따라서 수분양자는 집합건물의 완공 후에도 분양목적물의 하자로 인하여 계약의 목적을 달성할 수 없는 때에는 분양계약을 해제할 수 있다(대판 2003.11.14. 2002다2485).

(7) 구분소유의 소멸

구분소유는 구분소유부분의 합병등기에 의하여, 물리적 구분의 제거에 의하여 또는 건물의 전부 또는 일부의 멸실에 의하여 소멸된다. 다만, 건물의 일부멸실의 경우에 복구권이 인정되기도한다(집합건물법 제50조).

구분건물로 등기된 1동의 건물 중의 일부에 해당하는 구분건물들 사이에서 구조상의 구분이 소멸되는 경우에 그 구분건물에 해당하는 일부 건물 부분은 종전 구분건물 등기명의자의 공유로 된다 할 것이지만, 한편 구조상의 독립성이 상실되지 아니한 나머지 구분건물들의 구분소유권은 그대로 유지됨에 따라 위 일부 건물 부분은 나머지 구분건물들과 독립되는 구조를 이룬다고 할 것이고 또한 집합건물 중 일부 구분건물에 대한 공유도 당연히 허용됨에 비추어 보면, 위 일부 건물 부분과 나머지 구분건물들로 구성된 1동의 건물 전체는 집합건물법의 적용대상이 될 수 있다고 봄이 타당하다(대판 2013.3.28. 2012다4985).

제3관　소유권의 취득

Ⅰ　총　설

제245조【점유로 인한 부동산소유권의 취득기간】
① 20년간 소유의 의사로 평온, 공연하게 부동산을 점유하는 자는 등기함으로써 그 소유권을 취득한다.
② 부동산의 소유자로 등기한 자가 10년간 소유의 의사로 평온, 공연하게 선의이며 과실 없이 그 부동산을 점유한 때에는 소유권을 취득한다.

제246조【점유로 인한 동산소유권의 취득기간】
① 10년간 소유의 의사로 평온, 공연하게 동산을 점유한 자는 그 소유권을 취득한다.
② 전항의 점유가 선의이며 과실없이 개시된 경우에는 5년을 경과함으로써 그 소유권을 취득한다.

제248조【소유권 이외의 재산권의 취득시효】
전3조의 규정은 소유권 이외의 재산권의 취득에 준용한다.

1. 의 의

취득시효란 어떤 물건에 대하여 권리를 가지는 듯한 외관이 일정기간 계속되는 경우 그것이 진실한 권리관계와 일치하는지 불문하고 외관상의 권리자에게 권리취득의 효과를 인정하는 제도를 말한다.

2. 취득시효의 유형

(1) **부동산 점유취득시효**(제245조 제1항)

(2) **부동산 등기부취득시효**(제245조 제2항)

(3) **동산소유권의 취득시효**(제246조)

(4) **그 밖의 재산권의 취득시효**(제248조)

Ⅱ 부동산 점유취득시효

> **제245조 【점유로 인한 부동산소유권의 취득기간】**
> ① 20년간 소유의 의사로 평온, 공연하게 부동산을 점유하는 자는 등기함으로써 그 소유권을 취득한다.

1. 요 건

점유취득시효 완성의 효과로써 등기청구권이 인정되기 위해서는 ① 20년간 ② 소유의 의사로 평온·공연하게 ③ 부동산을 점유하여야 한다(제245조 제1항).

(1) 주 체

권리의 주체가 될 수 있는 자는 모두 취득시효의 주체가 될 수 있다. 따라서 자연인은 물론 법인도 시효취득을 할 수 있다(대판 1977.3.22. 76다2705·2706). 나아가 권리능력 없는 사단 또는 재단도 취득시효의 주체가 될 수 있다(대판 1970.2.10. 69다2013). **기출** 19 조합은 법인격이 없으므로 그 주체가 되지 못한다.

(2) 객 체

점유취득시효의 대상은 부동산, 즉 건물과 토지이다.

1) 타인성 여부, 즉 자기물건의 대상성 여부

통설과 판례(대판 2001.7.13. 2001다17572)는 자기물건에 대하여도 시효취득을 인정하고 있다. 나아가 판례는 성명불상자의 소유물에 대해서도 시효취득을 인정하고 있다(대판 1992.2.25. 91다9312). **기출** 21

2) 물건의 일부

부동산의 일부에 대한 점유취득시효도 인정된다(대판 1996.1.26. 95다24654). 다만, 1필의 토지의 일부에 대한 시효취득을 인정하기 위하여는 그 부분이 다른 부분과 구분되어 시효취득자의 점유에 속한다는 것을 인식하기에 족한 객관적 징표가 계속하여 존재할 것을 요한다(대판 1989.4.25. 88다카9494).

3) 공유지분의 일부

토지의 공유지분의 일부에 대하여도 시효취득이 가능하다(대판 1979.6.26. 79다639). 다만, 그 요건으로 부동산 전체를 점유해야 하고, 객관적 징표는 불필요하다.

4) 국유의 부동산

국유의 부동산은 공용폐지에 의하지 않는 한 원칙적으로 시효취득의 대상이 될 수 없다(대판 1990.11.27. 90다5948). 다만, 국유재산 중 잡종재산(일반재산)에 대해서는 취득시효의 성립을 인정한다(헌재결[전합] 1991.5.13. 89헌가97). 현재 행정재산만이 취득시효의 대상에서 제외될 뿐이다.

> - 원래 잡종재산이던 것이 행정재산으로 된 경우 잡종재산일 당시에 취득시효가 완성되었다고 하더라도 행정재산으로 된 이상 이를 원인으로 하는 소유권이전등기를 청구할 수 없다(대판 1997.11.14. 96다10782). **기출** 21
> - 구 지방재정법상 공유재산에 대한 취득시효가 완성되기 위하여는 그 공유재산이 취득시효기간 동안 계속하여 시효취득의 대상이 될 수 있는 잡종재산이어야 하고, 이러한 점에 대한 증명책임은 시효취득을 주장하는 자에게 있다(대판 2009.12.10. 2006다19177).

5) 집합건물의 공용부분과 대지

① 집합건물의 공용부분은 취득시효에 의한 소유권 취득의 대상이 될 수 없다.

> 집합건물의 소유 및 관리에 관한 법률(이하 '집합건물법'이라 한다) 제1조, 제2조 제1호 및 제3호는 1동의 건물 중 구조상 구분된 수개의 부분이 독립한 건물로서 사용될 수 있을 때에는 그 각 부분을 집합건물법이 정하는 바에 따라 각각 소유권의 목적으로 할 수 있고, 그 각 부분을 목적으로 하는 소유권을 구분소유권으로, 구분소유권의 목적인 각 건물 부분을 전유부분으로 규정하고 있으므로, 공용부분은 전유부분으로 변경되지 않는 한 구분소유권의 목적이 될 수 없다. 집합건물의 공용부분은 구분소유자 전원의 공유에 속하나(집합건물법 제10조 제1항), 그 공유는 민법상의 공유와는 달리 건물의 구분소유라고 하는 공동의 목적을 위하여 인정되는 것으로 집합건물법 제13조는 공용부분에 대한 공유자의 지분은 그가 가지는 전유부분의 처분에 따를 뿐 전유부분과 분리하여 처분할 수 없도록 규정하고 있다. 또한 공용부분을 전유부분으로 변경하기 위하여는 집합건물법 제15조에 따른 구분소유자들의 집회결의와 그 공용부분의 변경으로 특별한 영향을 받게 되는 구분소유자의 승낙을 얻어야 한다. 그런데 공용부분에 대하여 취득시효의 완성을 인정하여 그 부분에 대한 소유권취득을 인정한다면 전유부분과 분리하여 공용부분의 처분을 허용하고 일정 기간의 점유로 인하여 공용부분이 전유부분으로 변경되는 결과가 되어 집합건물법의 취지에 어긋나게 된다. 따라서 집합건물의 공용부분은 취득시효에 의한 소유권 취득의 대상이 될 수 없다고 봄이 타당하다(대판 2013.12.12. 2011다78200·78217).

② 집합건물의 대지에 관한 점유취득시효 : [1] 1동의 건물의 구분소유자들은 전유부분을 구분소유하면서 공용부분을 공유하므로 특별한 사정이 없는 한 건물의 대지 전체를 공동으로 점유한다. 이는 집합건물의 대지에 관한 점유취득시효에서 말하는 '점유'에도 적용되므로, 20년간 소유의 의사로 평온, 공연하게 집합건물을 구분소유한 사람은 등기함으로써 대지의 소유권을 취득할 수 있다. 이와 같이 점유취득시효가 완성된 경우에 집합건물의 구분소유자들이 취득하는 대지의 소유권은 전유부분을 소유하기 위한 대지사용권에 해당한다. [2] 집합건물의 구분소유자들이 대지 전체를 공동점유하여 그에 대한 점유취득시효가 완성된 경우에도 구분 소유자들은 대지사용권으로 전유부분의 면적 비율에 따른 대지 지분을 보유한다(대판 2017.1.25. 2012다72469).

(3) 점 유

점유취득시효의 요건으로써 점유는 소유의 의사로 하는 자주점유여야 하며, 평온하고 공연한 점유여야 한다.

1) 자주점유

취득시효의 요건인 점유는 직접점유뿐만 아니라 간접점유도 포함한다(대판 1991.10.18. 91다25116). **기출 21** 다만, 간접점유자가 존재하는 경우에 직접점유자는 원칙적으로 타주점유에 해당하므로 취득시효가 인정될 수는 없다.

① 악의의 무단점유 : 자주점유의 추정이 번복된다(대판[전합] 1997.8.21. 95다28625 - 다수의견). **기출 23**

> 점유자가 점유 개시 당시에 소유권 취득의 원인이 될 수 있는 법률행위 기타 법률요건이 없이 그와 같은 법률요건이 없다는 사실을 잘 알면서 타인 소유의 부동산을 무단점유한 것임이 입증된 경우, 특별한 사정이 없는 한 점유자는 타인의 소유권을 배척하고 점유할 의사를 갖고 있지 않다고 보아야 할 것이므로 이로써 소유의 의사가 있는 점유라는 추정은 깨어졌다(대판[전합] 1997.8.21. 95다28625 - 다수의견).

② 등기를 수반하지 않은 점유임이 밝혀진 경우 : 제197조 제1항이 규정하고 있는 점유자에게 추정되는 소유의 의사는 사실상 소유할 의사가 있는 것으로 충분한 것이지 반드시 등기를 수반하여야 하는 것은 아니므로 등기를 수반하지 아니한 점유임이 밝혀졌다고 하여 이 사실만 가지고 바로 점유권원의 성질상 소유의 의사가 결여된 타주점유라고 할 수 없다(대판[전합] 2000.3.16. 97다37661).

③ **공동상속인 1인이 공유물 전부를 점유한 경우** : 공동상속인의 1인이 상속재산인 부동산을 전부 점유한다고 하더라도 달리 특별한 사정이 없는 한 다른 공유자의 지분비율의 범위에서는 타주점유로 보아야 한다(대판 1997.6.24. 97다2993). **기출 17**

2) 평온·공연한 점유

① 평온·공연한 점유도 추정된다(제197조 제1항). 따라서 취득시효의 완성을 주장하는 자가 이를 입증할 필요는 없다.

② 판례는 그 점유가 불법이라고 주장하는 자로부터 이의를 받은 사실이 있거나 점유물의 소유권을 위하여 당사자 사이에 분쟁이 있었다 하더라도 그러한 사실만으로 곧 점유의 평온·공연성이 상실되지는 않는다고 하였다(대판 1982.9.28. 81사9).

(4) 시효기간(20년)의 경과

1) 20년

20년 이상 계속 점유할 것이 요구되며, 점유의 계속은 추정된다(제198조).

2) 기산점

① **원칙**

㉠ 취득시효기간의 기산점을 점유개시 시기와 다르게 임의로 선택하여 정할 수는 없다(대판 1985.3.26. 84다카2317).

㉡ 취득시효의 기산점은 법률효과의 판단에 관하여 직접 필요한 주요사실이 아니고 간접사실에 불과하므로 법원으로서는 이에 관한 당사자의 주장에 구속되지 아니하고 소송자료에 의하여 점유의 시기를 인정할 수 있다(대판 1998.5.12. 97다34037). **기출 23**

② **예외**

㉠ 취득시효기간 중 계속해서 등기명의자가 동일한 경우에는 그 기산점을 어디에 두든지 간에 취득시효의 완성을 주장할 수 있는 시점에서 보아 그 기간이 경과한 사실만 확정되면 충분하므로, 전 점유자의 점유를 승계하여 자신의 점유기간을 통산하여 20년이 경과한 경우에 있어서도 전 점유자가 점유를 개시한 이후의 임의의 시점을 그 기산점으로 삼을 수 있다(대판 1998.5.12. 97다8496·8502).

㉡ 나아가 취득시효완성 후 토지소유자에 변동이 있어도 당초의 점유자가 계속 점유하고 있고 소유자가 변동된 시점을 새로운 기산점으로 삼아도 다시 취득시효의 점유기간이 완성되는 경우에도 역시 타당하므로 시효취득을 주장하는 점유자로서는 소유권 변동시를 새로운 취득시효의 기산점으로 삼아 취득시효의 완성을 주장할 수 있다(대판[전합] 1994.3.22. 93다46360).

2. 효과

(1) 소유자와 시효완성자 사이의 관계

1) 등기청구권의 취득

① 통설과 판례는 취득시효완성을 원인으로 하는 등기청구권의 법적 성질을 채권적 청구권으로 본다.

② 채권적 청구권이므로 소멸시효의 대상에 해당한다. 다만, 토지에 대한 취득시효완성으로 인한 소유권이전등기청구권은 그 토지에 대한 점유가 계속되는 한 시효로 소멸하지 아니하고, 여기서 말하는 점유에는 직접점유뿐만 아니라 간접점유도 포함한다(대판 1995.2.10. 94다28468).

③ 나아가 그 후 점유를 상실하였다고 하더라도 이를 시효이익의 포기로 볼 수 있는 경우가 아닌한 이미 취득한 소유권이전등기청구권은 바로 소멸되는 것은 아니나, 취득시효가 완성된 점유자가 점유를 상실한 경우 취득시효 완성으로 인한 소유권이전등기청구권의 소멸시효는 이와 별개의 문제로서, 그 점유자가 점유를 상실한 때로부터 10년간 등기청구권을 행사하지 아니하면 소멸시효가 완성한다(대판 1996.3.8. 95다 34866·34873). **기출** 17·16

2) 등기청구권의 상대방

① 원칙 : 점유취득시효완성을 원인으로 한 소유권이전등기의무를 부담하는 자는 취득시효기간 완성 당시의 소유자이다.

> 점유취득시효완성을 원인으로 한 소유권이전등기의무를 부담하는 자는 취득시효기간완성 당시의 소유자이고, 취득시효완성 사실을 알면서 소유자로부터 그 부동산을 매수하여 소유권이전등기를 마친 자라고 하더라도, 소유자와의 사이에서 소유자의 소유권이전등기의무를 인수하여 이행하기로 묵시적 또는 명시적으로 약정하였다는 등의 특별한 사정이 인정되지 않는 한, 위의 의무를 승계한다고 볼 수는 없다(대판 1994.4.12. 93다50666·50673).

② 예외 : 진정한 소유자를 알 수가 없는 경우 등 진정한 소유자는 아니지만 현재 등기명의자를 상대로 이전 등기를 청구할 수도 있다.

> 구 토지조사령(1912.8.13. 제령 제2호)에 따라 토지조사부가 작성되었으나 그 토지조사부의 소유자란 부분이 훼손되어 사정명의인이 누구인지 확인할 수 없게 되었지만 누구에겐가 사정된 것은 분명하고 시효취득자가 사정명의인 또는 그 상속인을 찾을 수 없어 취득시효완성을 원인으로 하는 소유권이전등기에 의하여 소유권을 취득하는 것이 사실상 불가능하게 된 경우, 시효취득자는 취득시효완성 당시 진정한 소유자는 아니지만 소유권보존등기명의를 가지고 있는 자에 대하여 직접 취득시효완성을 원인으로 하는 소유권이전 등기를 청구할 수 있다(대판 2005.5.26. 2002다43417).

3) 등기경료의 효과

① 소유권 취득 : 제245조 제1항의 취득시효기간의 완성만으로는 소유권취득의 효력이 바로 생기는 것이 아니라, 다만 이를 원인으로 하여 소유권취득을 위한 등기청구권이 발생할 뿐이고, 미등기 부동산의 경우라고 하여 취득시효기간의 완성만으로 등기 없이도 점유자가 소유권을 취득한다고 볼 수 없다(대판 2006.9.28. 2006다22074·22081).

② 소급효
　㉠ 취득시효완성을 이유로 한 소유권이전등기를 청구하고, 시효완성자가 등기를 경료하면 그 효과는 점유를 개시한 때로 소급한다(제247조 제1항).
　㉡ 따라서 소유명의자는 시효완성자에게 부동산의 점유로 인한 손해배상을 청구할 수 없으며(대판 1966.2.15. 65다2189), 불법점유를 이유로 건물의 철거나 대지의 인도를 청구할 수 없다(대판 1988.5.10. 87다카1979). 또한 점유자가 그 명의로 소유권이전등기를 경료하지 아니하여 아직 소유권을 취득하지 못하였다고 하더라도 소유명의자는 점유자에 대하여 점유로 인한 부당이득반환청구를 할 수도 없다(대판 1993.5.25. 92다 51280). **기출** 22

ⓒ 그러나 점유자가 원소유자에 대하여 점유로 인한 취득시효기간이 만료되었음을 이유로 취득시효완성을 원인으로 한 소유권이전등기청구를 하는 등 그 권리행사를 하거나 원소유자가 취득시효완성 사실을 알고 점유자의 권리취득을 방해하려고 하는 등의 특별한 사정이 없는 한, 원소유자는 점유자 명의로 소유권이전등기가 경료되기까지는 소유자로서 그 토지에 관한 적법한 권리를 행사할 수 있고, 따라서 그 권리행사로 인하여 점유자의 토지에 대한 점유의 상태가 변경되었다면, 그 뒤 소유권이전등기를 경료한 점유자는 변경된 점유의 상태를 용인하여야 한다(대판 1999.7.9. 97다53632).

4) 원시취득

① 기간 진행 중 설정된 각종 제한이나 부담

ⓐ 원칙 : 취득시효기간 중 설정된 각종 제한이나 부담은 시효완성자가 등기를 경료한 경우 원시취득으로 소멸된다.

ⓑ 예외 : 진정한 권리자가 아니었던 채무자 또는 물상보증인이 채무담보의 목적으로 채권자에게 부동산에 관하여 저당권설정등기를 경료해 준 후 그 부동산을 시효취득한 경우, 채무자 또는 물상보증인은 저당권의 존재를 용인하고 점유를 한 것이므로 저당권은 소멸하지 않는다(대판 2015.2.26. 2014다21649).

② 기간 완성 후 설정된 각종 제한이나 부담 : 원소유자가 취득시효의 완성 이후 그 등기가 있기 전에 그 토지를 제3자에게 처분하거나 제한물권의 설정, 토지의 현상 변경 등 소유자로서의 권리를 행사하였다 하여 시효취득자에 대한 관계에서 불법행위가 성립하는 것이 아님은 물론 위 처분행위를 통하여 그 토지의 소유권이나 제한물권 등을 취득한 제3자에 대하여 취득시효의 완성 및 그 권리취득의 소급효를 들어 대항할 수도 없다 할 것이니, 이 경우 시효취득자로서는 원소유자의 적법한 권리행사로 인한 현상의 변경이나 제한물권의 설정 등이 이루어진 그 토지의 사실상 혹은 법률상 현상 그대로의 상태에서 등기에 의하여 그 소유권을 취득하게 된다. 따라서 시효취득자가 원소유자에 의하여 그 토지에 설정된 근저당권의 피담보채무를 변제하는 것은 시효취득자가 용인하여야 할 그 토지상의 부담을 제거하여 완전한 소유권을 확보하기 위한 것으로서 그 자신의 이익을 위한 행위라 할 것이니, 위 변제액 상당에 대하여 원소유자에게 대위변제를 이유로 구상권을 행사하거나 부당이득을 이유로 그 반환청구권을 행사할 수는 없다(대판 2006.5.12. 2005다75910).

(2) 점유취득시효완성 후 완성자로부터 부동산의 점유를 이전받은 자의 법적 지위

전 점유자의 점유를 승계한 자는 그 점유 자체와 하자만을 승계하는 것이지 그 점유로 인한 법률효과까지 승계하는 것은 아니므로 부동산을 취득시효기간 만료 당시의 점유자로부터 양수하여 점유를 승계한 현 점유자는 자신의 전 점유자에 대한 소유권이전등기청구권을 보전하기 위하여 전 점유자의 소유자에 대한 소유권이전등기청구권을 대위행사할 수 있을 뿐, 전 점유자의 취득시효 완성의 효과를 주장하여 직접 자기에게 소유권이전등기를 청구할 권원은 없다(대판[전합] 1995.3.28. 93다47745).

(3) 제3취득자와의 관계

1) 시효기간이 완성되기 「전」 제3취득자

시효기간 진행 중 제3취득자의 이전등기는 점유상태를 파괴한 것으로 볼 수 없으므로 취득시효 기간의 중단 사유에 해당하지 않는다. 따라서 시효완성자는 완성 당시의 제3취득자에게 취득시효 완성을 이유로 이전등기를 청구할 수 있다(대판 1997.4.25. 97다6186).

2) 시효기간이 완성된 「후」 제3취득자

① 시효완성자와 제3취득자와의 관계

    ㉠ 이전등기청구 가부

- 시효기간이 완성된 후의 제3취득자는 취득시효 완성 후 새로운 이해관계인에 해당하므로, 시효완성자는 그에게 취득시효 완성을 원인으로 한 이전등기를 청구할 수 없다. 이는 제3취득자의 이전등기 원인이 점유자의 취득시효 완성 전의 것이라 하더라도 마찬가지이다(대판 1998.7.10. 97다45402). **기출** 16
- 다만, 제3취득자가 취득시효 완성 당시의 소유자의 상속인인 경우에는 그 상속분에 한하여는 위 제3취득자에 대하여 직접 취득시효 완성을 원인으로 한 소유권이전등기를 구할 수 있다(대판 2002.3.15. 2001다77352·77369). **기출** 18

    ㉡ 제3취득자 명의의 등기가 원인무효인 경우 : 만일 위 제3취득자 명의의 등기가 원인무효라면 동인에게 대항할 수 있고, 따라서 취득시효완성당시의 소유자에 대하여 가지는 소유권이전등기청구권으로서 위 소유자를 대위하여 동인 앞으로 경료된 원인무효인 등기의 말소를 구하고 아울러 위 소유자에게 취득시효 완성을 원인으로 한 소유권이전등기를 구할 수 있다(대판 1986.8.19. 85다2306).

    ㉢ 2차 취득시효 주장 가부

> [1] 당초의 점유자가 계속 점유하고 있고 소유자가 변동된 시점을 기산점으로 삼아도 다시 취득시효의 점유기간이 경과한 경우에는 점유자로서는 제3자 앞으로의 소유권 변동시를 새로운 점유취득시효의 기산점으로 삼아 2차의 취득시효의 완성을 주장할 수 있다.
> [2] 취득시효기간이 경과하기 전에 등기부상의 소유명의자가 변경된다고 하더라도 그 사유만으로는 점유자의 종래의 사실상태의 계속을 파괴한 것이라고 볼 수 없어 취득시효를 중단할 사유가 되지 못하므로, 새로운 소유명의자는 취득시효 완성 당시 권리의무 변동의 당사자로서 취득시효 완성으로 인한 불이익을 받게 된다 할 것이어서 시효완성자는 그 소유명의자에게 시효취득을 주장할 수 있는바, 이러한 법리는 새로이 2차의 취득시효가 개시되어 그 취득시효기간이 경과하기 전에 등기부상의 소유명의자가 다시 변경된 경우에도 마찬가지로 적용된다고 봄이 상당하다(대판[전합] 2009.7.16. 2007다15172·15189 – 다수의견).

② 제3취득자에 대한 처분이 유효한 경우 전 소유자와 시효완성자의 관계

    ㉠ 불법행위를 원인으로 한 손해배상청구권

> 취득시효가 완성된 토지에 관한 소유자의 처분행위가 불법행위가 되기 위하여는 소유자가 시효취득사실을 알았거나 알 수 있어야 할 것인바, 특별한 사정이 없는 한 부동산에 관한 시효취득이 완성된 후에 그 시효취득을 주장하거나 이로 인한 소유권이전등기청구를 하기 이전에는 부동산 소유자로서는 그 시효취득 사실을 알 수 없는 것이라고 보아야 한다(대판 1994.4.12. 93다60779).

    ㉡ 대상청구권

> 민법상 이행불능의 효과로서 채권자의 전보배상청구권과 계약해제권 외에 별도로 대상청구권을 규정하고 있지는 않으나 해석상 대상청구권을 부정할 이유는 없는 것이지만, 점유로 인한 부동산 소유권취득기간 만료를 원인으로 한 등기청구권이 이행불능으로 되었다고 하여 대상청구권을 행사하기 위하여는, 그 이행불능 전에 등기명의자에 대하여 점유로 인한 부동산 소유권 취득기간이 만료되었음을 이유로 그 권리를 주장하였거나 그 취득기간 만료를 원인으로 한 등기청구권을 행사하였어야 하고, 그 이행불능 전에 그와 같은 권리의 주장이나 행사에 이르지 않았다면 대상청구권을 행사할 수 없다고 봄이 공평의 관념에 부합한다(대판 1996.12.10. 94다43825). **기출** 16

ⓒ 채무불이행을 원인으로 한 손해배상청구권

> 부동산 점유자에게 시효취득으로 인한 소유권이전등기청구권이 있다고 하더라도 이로 인하여 부동산 소유자와 시효취득
> 자 사이에 계약상의 채권·채무관계가 성립하는 것은 아니므로, 그 부동산을 처분한 소유자에게 채무불이행 책임을
> 물을 수 없다(대판 1995.7.11. 94다4509).

ⓓ 원소유자에게 소유권이 회복된 경우

> 부동산에 대한 점유로 인한 소유권취득시효가 완성되었다 하더라도 이를 등기하지 않고 있는 사이에 그 부동산에 관하여
> 제3자에게로 소유권이전등기가 경료되면 점유자가 그 제3자에게는 그 시효취득으로 대항할 수 없으나, 그로 인하여
> 점유자가 취득시효완성 당시의 소유자에 대한 시효취득으로 인한 소유권이전등기청구권을 상실하게 되는 것은 아니고
> 위 소유자의 점유자에 대한 소유권이전등기의무가 이행불능으로 된 것이라고 할 것인데, 그 후 어떠한 사유로 취득시효완
> 성 당시의 소유자에게로 소유권이 회복되면 그 소유자에게 시효취득의 효과를 주장할 수 있다(대판 1991.6.25. 90다14225).

Ⅲ 부동산 등기부취득시효

> 제245조 【점유로 인한 부동산소유권의 취득기간】
> ② 부동산의 소유자로 등기한 자가 10년간 소유의 의사로 평온, 공연하게 선의이며 과실 없이 그 부동산을 점유한 때에는 소유권을
> 취득한다.

1. 서 설

부동산의 소유자로 등기한 자가 10년간 소유의 의사로 평온, 공연하게 선의이며 과실 없이 그 부동산을 점유
한 때에 소유권을 취득하는 것을 등기부취득시효라고 한다(제245조 제2항). 이하에서는 점유취득시효와 달리
별도로 요구되는 요건인 「등기한 자」와 「선의·무과실」을 중심으로 검토하겠다.

2. 요 건

(1) 등기한 자일 것

1) 등기의 유효성 여부

① 등기는 적법·유효한 등기일 필요가 없다(대판 1994.2.8. 93다23367). 다만, 판례는 중복등기로서 무효인 등기에
   기초해서는 등기부취득시효가 불가능하다고 한다(대판[전합] 1996.10.17. 96다12511). 기출 17·16·15

> 제245조 제2항은 부동산의 소유자로 등기한 자가 10년간 소유의 의사로 평온·공연하게 선의이며 과실 없이 그 부동산을
> 점유한 때에는 소유권을 취득한다고 규정하고 있는바, 위 법 조항의 '등기'는 부동산등기법 제15조가 규정한 1부동산 1용지주
> 의에 위배되지 아니한 등기를 말하므로, 어느 부동산에 관하여 등기명의인을 달리하여 소유권보존등기가 2중으로 경료된
> 경우 먼저 이루어진 소유권보존등기가 원인무효가 아니어서 뒤에 된 소유권보존등기가 무효로 되는 때에는, 뒤에 된 소유권보
> 존등기나 이에 터잡은 소유권이전등기를 근거로 하여서는 등기부취득시효의 완성을 주장할 수 없다(대판[전합] 1996.10.17.
> 96다12511).

② 등기부취득시효에 있어서는 이미 등기가 경료되어 있기 때문에 등기청구권의 문제는 발생하지 않는다.

2) 등기의 계속

① 문제점 : 등기기간과 점유기간은 각각 10년이어야 한다. 그런데 제199조에 의하여 점유승계가 인정되는데, 등기의 승계에 관한 규정은 없어 등기의 승계를 인정할 것인지 문제된다.

② 학설 : 등기의 병합을 인정하여 자신의 등기가 10년에 미치지 않더라도 전주의 등기와 병합하여 10년이 되면 족하다는 ㉠ 승계긍정설과 부동산의 소유자로 등기된 기간과 점유기간이 때를 같이하여 10년이어야 한다는 ㉡ 승계부정설의 다툼이 있다.

③ 판례 : 등기부취득시효에 관한 제245조 제2항의 규정에 위하여 소유권을 취득하는 자는 10년간 반드시 그의 명의로 등기되어 있어야 하는 것은 아니고 앞 사람의 등기까지 아울러 그 기간동안 부동산의 소유자로 등기되어 있으면 된다고 할 것이다(대판[전합] 1989.12.26. 87다카2176).

(2) 선의·무과실일 것

선의·무과실은 등기에 관한 것이 아니라 점유에 관한 것이다(대판 1998.1.20. 96다48527).

1) 증명책임 등의 문제

① 무과실은 제197조에 의해 추정되지 않으므로, 무과실에 대한 증명책임은 그 시효취득을 주장하는 사람에게 있다(대판 2017.12.13. 2016다248424).

② 부동산을 매수하는 사람으로서는 특별한 사정이 없는 한 매도인에게 그 부동산을 처분할 권한이 있는지 여부를 조사하여야 할 것이고, 그 조사를 하였더라면 매도인에게 처분권이 없음을 알 수 있었을 것임에도 그와 같은 조사를 하지 아니하고 매수하였다면 부동산의 점유에 대하여 과실 없다고 할 수 없다(대판 1991.2.12. 90다13178).

2) 판단의 기준시기

선의·무과실이 전 시효기간을 통하여 계속되어야 하는 것은 아니다. 즉, 점유개시 시에 선의·무과실이면 충분하다.

3. 효 과

이미 등기가 경료되었기 때문에 등기부취득시효가 완성되면 즉시 소유권을 취득한다. 따라서 등기부취득시효가 완성된 후에 그 부동산에 관한 점유자 명의의 등기가 말소되거나 적법한 원인 없이 다른 사람 앞으로 소유권이전등기가 경료되었다 하더라도, 그 점유자는 등기부취득시효의 완성에 의하여 취득한 소유권을 상실하는 것은 아니다(대판 2001.1.16. 98다20110). 따라서 점유자는 현재의 등기명의자를 상대로 소유권에 기한 방해배제를 청구할 수 있다.

Ⅳ 동산소유권의 취득시효

제246조 [점유로 인한 동산소유권의 취득기간]
① 10년간 소유의 의사로 평온, 공연하게 동산을 점유한 자는 그 소유권을 취득한다.
② 전항의 점유가 선의이며 과실 없이 개시된 경우에는 5년을 경과함으로써 그 소유권을 취득한다.

종류		소유권 취득 요건	시효기간
부동산	점유취득시효	자주·평온·공연한 점유 및 등기	20년
	등기부취득시효	자주·평온·공연·선의·무과실 점유	10년
동산	일반취득시효	자주·평온·공연한 점유	10년
	선의취득시효	자주·평온·공연·선의·무과실 점유	5년

V 기타 재산권의 취득시효

> **제248조【소유권 이외의 재산권의 취득시효】**
> 전3조의 규정은 소유권 이외의 재산권의 취득에 준용한다.

VI 취득시효의 중단과 정지 등

1. 취득시효의 중단

> **제247조【소유권취득의 소급효, 중단사유】**
> ① 전2조의 규정에 의한 소유권취득의 효력은 점유를 개시한 때에 소급한다.
> ② 소멸시효의 중단에 관한 규정은 전2조의 소유권취득기간에 준용한다.

> 제247조 제2항은 '소멸시효의 중단에 관한 규정은 점유로 인한 부동산소유권의 시효취득기간에 준용한다.'고 규정하고, 제168조 제2호는 소멸시효 중단사유로 '압류 또는 가압류, 가처분'을 규정하고 있다. 점유로 인한 부동산소유권의 시효취득에 있어 취득시효의 중단사유는 종래의 점유상태의 계속을 파괴하는 것으로 인정될 수 있는 사유이어야 하는데, 제168조 제2호에서 정하는 '압류 또는 가압류'는 금전채권의 강제집행을 위한 수단이거나 그 보전수단에 불과하여 취득시효기간의 완성 전에 부동산에 압류 또는 가압류 조치가 이루어졌다고 하더라도 이로써 종래의 점유상태의 계속이 파괴되었다고는 할 수 없으므로 이는 취득시효의 중단사유가 될 수 없다(대판 2019.4.3. 2018다296878). **기출** 21·20

2. 취득시효의 정지

민법은 취득시효의 중단과는 달리 취득시효의 정지에는 소멸시효의 정지에 관한 규정을 준용하는 명문규정은 없으나, 다수설은 유추적용을 긍정한다.

3. 취득시효이익의 포기

(1) 의 의

민법은 소멸시효이익의 포기에 관한 규정을 취득시효에 준용한다는 명문규정을 두고 있지 않지만, 판례는 제184조 제1항을 유추적용하여 취득시효가 완성된 후에 시효이익을 포기할 수 있다고 한다.

> 토지에 대한 취득시효기간이 완성된 이후 점유자가 그 대지상의 건물을 도시계획시행청에게 매도하고 계속 그 건물에서 거주하다가 도로공사의 시행이 임박하여 건물을 비워달라는 시행청의 요구를 받고서야 위 토지에 대한 점유까지 이전하여 줌으로써 점유를 상실하였다면, 점유자가 위 토지에 대한 시효이익을 포기한 것이라고 볼 수는 없다(대판 1995.2.24. 94다18195).

(2) 요 건

시효완성의 이익을 받을 당사자 또는 대리인이 시효완성 당시의 진정한 소유자에게 시효완성사실을 알면서 그 이익을 받지 않겠다는 의사표시를 하여야 한다.

> 취득시효 완성으로 인한 권리변동의 당사자는 시효취득자와 취득시효 완성 당시의 진정한 소유자이므로, 시효이익의 포기는 특별한 사정이 없는 한 시효취득자가 취득시효 완성 당시의 진정한 소유자에 대하여 하여야 그 효력이 발생한다(대판 2009.12.10. 2006다19177).

Ⅶ 기타 소유권의 취득

1. 선점 · 습득 · 발견

(1) 무주물선점(제252조)

> **제252조【무주물의 귀속】**
> ① 무주의 동산을 소유의 의사로 점유한 자는 그 소유권을 취득한다.
> ② 무주의 부동산은 국유로 한다.
> ③ 야생하는 동물은 무주물로 하고 사양하는 야생동물도 다시 야생상태로 돌아가면 무주물로 한다.
>
> **제255조【「국가유산기본법」 제3조에 따른 국가유산의 국유】**
> ① 학술, 기예 또는 고고의 중요한 재료가 되는 물건에 대하여는 제252조 제1항 및 전2조의 규정에 의하지 아니하고 국유로 한다.
> ② 전항의 경우에 습득자, 발견자 및 매장물이 발견된 토지 기타 물건의 소유자는 국가에 대하여 적당한 보상을 청구할 수 있다.

1) 의 의

무주의 동산을 소유의 의사로 점유한 자는 그 소유권을 취득하는데(제252조 제1항), 이를 무주물 선점이라 한다. 선점은 준법률행위 중 사실행위로 행위능력을 요하지 않는다.

2) 요 건

① **무주물일 것** : 무주물이란 현재의 소유자가 없는 물건을 말한다.

② **동산일 것** : 무주의 부동산은 국유에 속하므로(제252조 제2항), 선점의 대상이 아니다.

③ **선점할 것** : 선점이란 소유의 의사로 점유하는 것을 말한다.

  ㉠ 선점은 사실행위이므로, 제한능력자도 선점할 수 있다.

  ㉡ 점유보조자, 점유매개자를 통해서도 선점할 수 있다.

3) 효 과

① **원칙** : 선점에 의하여 그 동산의 소유권을 원시취득한다(제252조 제1항).

② **예외** : 학술 등의 자료가 되는 동산은 국유이다(제255조 제1항).

(2) 유실물 습득(제253조)

> **제253조 【유실물의 소유권취득】**
> 유실물은 법률에 정한 바에 의하여 공고한 후 6개월 내에 그 소유자가 권리를 주장하지 아니하면 습득자가 그 소유권을 취득한다.

1) 의 의

유실물을 유실물법이 정하는 바에 따라 공고한 후 6개월 내에 그 소유자가 권리를 주장하지 않으면 습득자가 그 소유권을 취득하는 것을 유실물 습득이라 한다(제253조).

2) 요 건

① **유실물일 것** : 유실물이란 점유자의 의사에 기하지 않고 그의 점유를 떠난 물건으로서 도품이 아닌 것을 말한다.

② **습득할 것** : 습득이란 유실물에 대한 점유를 취득하는 것을 말한다. 선점과 달리 소유의 의사를 필요로 하지 않는다.

③ 유실물법이 정한 바에 의하여 공고한 후 6개월 내에 그 소유자가 권리를 주장하지 않을 것

3) 효 과

① **소유권의 취득** : 유실물 습득에 의하여 유실물에 대한 소유권을 원시취득한다(제252조 제1항).

② **보수청구권(= 보상금청구권)** : 유실자나 소유자 기타 물건회복의 청구권을 가진 자가 그 권리를 주장하면 유실물은 그에게 반환되며, 유실물의 소유자와 습득자의 관계는 대개 사무관리에 속하여 민법상으로는 보수청구권이 인정되지 않지만, 유실물법은 습득자의 보수청구권을 인정한다(유실물법 제4조).

③ 학술 등의 자료가 되는 동산은 국유로 되며, 이때에는 국가에 대하여 적당한 보상을 청구할 수 있다(제252조 제2항).

(3) 매장물 발견(제254조)

> **제254조 【매장물의 소유권취득】**
> 매장물은 법률에 정한 바에 의하여 공고한 후 1년 내에 그 소유자가 권리를 주장하지 아니하면 발견자가 그 소유권을 취득한다. 그러나 타인의 토지 기타 물건으로부터 발견한 매장물은 그 토지 기타 물건의 소유자와 발견자가 절반하여 취득한다.

1) 의 의

매장물은 유실법이 정한 바에 의하여 공고한 후 1년 내에 그 소유자가 권리를 주장하지 아니하면 발견자가 그 소유권을 취득하는데(제254조 본문), 이를 매장물 발견이라 한다.

2) 요 건

① 매장물일 것 : 매장물이란 토지 기타 물건에 묻혀 있어서 외부에서 쉽게 발견할 수 없는 상태에 있고, 현재 누구의 소유에 속하는지가 불분명한 물건을 말한다.

② 발견하였을 것 : 발견이란 매장물의 존재를 구체적·객관적으로 인식하는 것으로서, 점유의 취득은 필요하지 않는다.

③ 유실물법이 정한 바에 의하여 공고한 후 1년 내에 그 소유자가 권리를 주장하지 않을 것

3) 효 과

① 소유권의 취득 : 매장물 발견에 의하여 매장물에 대한 소유권을 취득한다(제254조 단서). 다만 타인의 토지 기타 물건으로부터 발견한 매장물은 그 토지 기타 물건의 소유자와 발견자가 절반하여 취득한다(제254조 단서).

② 학술 등의 자료가 되는 물건은 국유로 되며, 이때에는 국가에 대하여 적당한 보상을 청구할 수 있다(제252조 제2항).

2. 첨 부

(1) 서 설

제256조【부동산에의 부합】
부동산의 소유자는 그 부동산에 부합한 물건의 소유권을 취득한다. 그러나 타인의 권원에 의하여 부속된 것은 그러하지 아니하다.

제257조【동산 간의 부합】
동산과 동산이 부합하여 훼손하지 아니하면 분리할 수 없거나 그 분리에 과다한 비용을 요할 경우에는 그 합성물의 소유권은 주된 동산의 소유자에게 속한다. 부합한 동산의 주종을 구별할 수 없는 때에는 동산의 소유자는 부합당시의 가액의 비율로 합성물을 공유한다.

제258조【혼화】
전조의 규정은 동산과 동산이 혼화하여 식별할 수 없는 경우에 준용한다.

제259조【가공】
① 타인의 동산에 가공한 때에는 그 물건의 소유권은 원재료의 소유자에게 속한다. 그러나 가공으로 인한 가액의 증가가 원재료의 가액보다 현저히 다액인 때에는 가공자의 소유로 한다.
② 가공자가 재료의 일부를 제공하였을 때에는 그 가액은 전항의 증가액에 가산한다.

제260조【첨부의 효과】
① 전4조의 규정에 의하여 동산의 소유권이 소멸한 때에는 그 동산을 목적으로 한 다른 권리도 소멸한다.
② 동산의 소유자가 합성물, 혼화물 또는 가공물의 단독소유자가 된 때에는 전항의 권리는 합성물, 혼화물 또는 가공물에 존속하고 그 공유자가 된 때에는 그 지분에 존속한다.

> **제261조 【첨부로 인한 구상권】**
> 전5조의 경우에 손해를 받은 자는 부당이득에 관한 규정에 의하여 보상을 청구할 수 있다.

1) 의 의

첨부는 부합, 혼화, 가공을 총칭하는 용어로, 어떤 물건에 타인의 물건이 결합하거나 타인의 노력이 가하여지는 것을 말한다.

2) 규정의 법적 성질

① **강행규정** : ㉠ 첨부에 의하여 생긴 물건은 1개의 물건으로서 존속하고, 그 복구는 인정되지는 않는다는 첨부의 중심적 효과에 관한 규정과 ㉡ 구 물건 위에 존재하던 제3자에의 권리에 관한 규정(제260조)

② **임의규정** : ㉠ 신 물건의 소유권 귀속에 관한 규정(제256조 내지 제259조)과 ㉡ 당사자 사이의 이해관계를 조절하기 위한 규정(제261조)

(2) 부 합

1) 의 의

부합이란 소유자를 각기 달리하는 수 개의 물건이 결합하여 한 개의 물건으로 되는 것을 의미한다. 부합의 유형으로는 부동산에의 부합과 동산 간의 부합이 있다.

2) 부동산에의 부합

> **제256조 【부동산에의 부합】**
> 동산의 소유자는 그 부동산에 부합한 물건의 소유권을 취득한다. 그러나 타인의 권원에 의하여 부속된 것은 그러하지 아니하다.

① **요 건**

㉠ 피부합물과 부합물 : 부합되는 물건(피부합물)은 부동산이어야 하나, 부합하는 물건(부합물)이 동산에 한정되는지 학설의 다툼이 있으나, 판례는 부동산도 가능하다는 입장이다(대판 1962.1.31. 4294민상445, 대판 1991.4.12. 90다11967). **기출 23**

㉡ 부합의 정도 : 거래상 독립성이 상실되어야 하며, 명문규정은 없으나 동산 간의 부합과 동일하게 판단한다. 즉, 사회경제상 분리나 복구가 불가능하거나 불리하다고 판단되는 정도에 이르러야 한다고 본다. 판례의 입장도 동일하다.

> 어떠한 동산이 제256조에 의하여 부동산에 부합된 것으로 인정되기 위해서는 그 동산을 훼손하거나 과다한 비용을 지출하지 않고서는 분리할 수 없을 정도로 부착·합체되었는지 여부 및 그 물리적 구조, 용도와 기능면에서 기존 부동산과는 독립한 경제적 효용을 가지고 거래상 별개의 소유권의 객체가 될 수 있는지 여부 등을 종합하여 판단하여야 하고, 이러한 부동산에의 부합에 관한 법리는 건물의 증축의 경우는 물론 건물의 신축의 경우에도 그대로 적용될 수 있다(대판 2009.9.24. 2009다15602).

② **효 과**

㉠ 원칙 : 부동산의 소유자가 부합된 물건의 소유권을 취득한다(제256조 본문). 동산이 부합한 경우에 동산의 가격이 부동산의 가격을 초과하더라도 마찬가지이다. 부합된 동산의 소유권을 취득한 부동산의 소유자는 동산소유자에게 보상의무를 진다(제261조).

ⓛ 예 외
- 타인의 권원에 의하여 부속된 경우에 그 타인이 소유권을 보유한다(제256조 단서).

> 제256조 단서 소정의 "권원"이라 함은 지상권, 전세권, 임차권 등과 같이 타인의 부동산에 자기의 동산을 부속시켜서 그 부동산을 이용할 수 있는 권리를 뜻하므로 그와 같은 권원이 없는 자가 토지소유자의 승락을 받음이 없이 그 임차인의 승락만을 받아 그 부동산 위에 나무를 심었다면 특별한 사정이 없는 한 토지소유자에 대하여 그 나무의 소유권을 주장할 수 없다(대판 1989.7.11. 88다카9067). **기출** 16

- 타인의 토지에 농작물을 경작한 경우에도 그 생산물은 사실상 이를 경작·지배한 자의 소유에 속한다.

> 적법한 경작권 없이 타인의 토지를 경작하였더라도 그 경작한 입도가 성숙하여 독립한 물건으로서의 존재를 갖추었으면 입도의 소유권은 경작자에게 귀속한다(대판 1979.8.28. 79다784).

- 토지 위에 건물이 신축된 경우, 건물은 토지와 별개의 독립된 부동산이므로 토지에 부합하지 않는다.

③ 특수문제

> - 건물이 증축된 경우에 증축 부분이 기존건물에 부합된 것으로 볼 것인가 아닌가 하는 점은 증축 부분이 기존건물에 부착된 물리적 구조뿐만 아니라, 그 용도와 기능의 면에서 기존건물과 독립한 경제적 효용을 가지고 거래상 별개의 소유권 객체가 될 수 있는지의 여부 및 증축하여 이를 소유하는 자의 의사 등을 종합하여 판단하여야 한다(대판 2002.10.25. 2000다63110).
> - 부동산에 부합된 물건이 사실상 분리복구가 불가능하여 거래상 독립한 권리의 객체성을 상실하고 그 부동산과 일체를 이루는 부동산의 구성부분이 된 경우에는 타인이 권원에 의하여 이를 부합시켰더라도 그 물건의 소유권은 부동산의 소유자에게 귀속된다(대판 2008.5.8. 2007다36933·36940). **기출** 22·15
> - 부합물에 관한 소유권 귀속의 예외를 규정한 제256조 단서의 규정은 타인이 그 권원에 의하여 부속시킨 물건이라 할지라도 그 부속된 물건이 분리하여 경제적 가치가 있는 경우에 한하여 부속시킨 타인의 권리에 영향이 없다는 취지이지 분리하여도 경제적 가치가 없는 경우에는 원래의 부동산 소유자의 소유에 귀속되는 것이고, 경제적 가치의 판단은 부속시킨 물건에 대한 일반 사회통념상의 경제적 효용의 독립성 유무를 그 기준으로 하여야 한다(대판 2007.7.27. 2006다39270·39278).
> - 타인의 임야에 권한없이 식부한 임목의 소유권은 임야소유자에게 귀속한다(대판 1970.11.30. 68다1995).

3) 동산 간의 부합

> **제257조 【동산 간의 부합】**
> 동산과 동산이 부합하여 훼손하지 아니하면 분리할 수 없거나 그 분리에 과다한 비용을 요할 경우에는 그 합성물의 소유권은 주된 동산의 소유자에게 속한다. 부합한 동산의 주종을 구별할 수 없는 때에는 동산의 소유자는 부합당시의 가액의 비율로 합성물을 공유한다.

① 요 건
  ㉠ 수개의 동산이 부합하여 훼손하지 아니하면 분리할 수 없거나 또는 분리에 과다한 비용을 요하게 되었어야 한다(제257조 전문).
  ㉡ 수개의 물건이 다른 소유자에게 속했어야 한다.
② **효과** : 부합한 동산 사이에 주종을 구별할 수 있으면 주된 동산의 소유자가 합성물의 소유권을 취득하지만 (제257조 전문), 주종을 구별할 수 없으면 각 동산의 소유자가 부합 당시의 가액의 비율로 합성물을 공유한다 (제257조 후문).

(3) 혼 화

> 제258조 【혼화】
> 전조의 규정은 동산과 동산이 혼화하여 식별할 수 없는 경우에 준용한다.

혼화란 고형물의 혼합 또는 유동물의 융화처럼 물건이 동종의 다른 물건과 섞여서 원물을 식별할 수 없게 되는 것을 말한다. 혼화는 동산간의 부합의 일종이다. 따라서 동산간의 부합에 관한 규정을 준용한다.

(4) 가 공

> 제259조 【가공】
> ① 타인의 동산에 가공한 때에는 그 물건의 소유권은 원재료의 소유자에게 속한다. 그러나 가공으로 인한 가액의 증가가 원재료의 가액보다 현저히 다액인 때에는 가공자의 소유로 한다.
> ② 가공자가 재료의 일부를 제공하였을 때에는 그 가액은 전항의 증가액에 가산한다.

1) 의 의
가공이란 타인의 동산에 노력을 가하여 새로운 물건을 만들어 내는 것을 말한다.

2) 요 건
① 타인의 재료나 물건에 변경을 가하는 공작이 있을 것
② 그 공작의 결과 새로운 물건이 성립할 것
③ 가공과 원재료를 분리할 수 없을 것

3) 효 과
① 원칙(재료주의) : 소유권은 원칙적으로 원재료의 소유자에게 귀속한다(제259조 제1항 본문).
② 예외(가공주의) : 가공으로 인한 가액의 증가가 원재료의 가액보다 현저히 다액인 경우에는 가공자의 소유로 한다(제259조 제1항 단서). 이때에 가공자가 재료의 일부를 제공하였을 때에는 그 가액은 증가된 가액에 가산한다(제259조 제2항).

(5) 첨부의 효과

> **[매도인에게 소유권이 유보된 자재를 매수인이 제3자와 체결한 도급계약에 의하여 제3자 소유의 건물 건축에 사용하여 부합된 경우, 매도인이 제3자에게 보상청구를 할 수 있는지 여부]**
> 제261조에서 첨부로 법률규정에 의한 소유권 취득(제256조 내지 제260조)이 인정된 경우에 "손해를 받은 자는 부당이득에 관한 규정에 의하여 보상을 청구할 수 있다."라고 규정하고 있는바, 이러한 보상청구가 인정되기 위해서는 제261조 자체의 요건만이 아니라, 부당이득 법리에 따른 판단에 의하여 부당이득의 요건이 모두 충족되었음이 인정되어야 한다. 매도인에게 소유권이 유보된 자재가 제3자와 매수인 사이에 이루어진 도급계약의 이행으로 제3자 소유 건물의 건축에 사용되어 부합된 경우 (제3자가) 보상청구를 거부할 법률상 원인이 있다고 할 수 없지만, 제3자가 도급계약에 의하여 제공된 자재의 소유권이 유보된 사실에 관하여 과실 없이 알지 못한 경우라면 선의취득의 경우와 마찬가지로 제3자가 그 자재의 귀속으로 인한 이익을 보유할 수 있는 법률상 원인이 있다고 봄이 상당하므로, 매도인으로서는 그에 관한 보상청구를 할 수 없다(대판 2009.9.24. 2009다15602).

제4관　소유권에 기한 물권적 청구권

I　총 설

민법은 물권적 청구권을 소유권과 점유권에 관하여 각각 규정하고 있으며, 소유권에 기한 물권적 청구권에 관한 규정을 지상권(제290조 제1항) · 지역권(제301조) · 전세권(제319조) · 저당권(제370조)에서 각각 준용하고 있다. 민법은 소유권에 기한 물권적 청구권으로 소유물반환청구권(제213조), 소유물방해제거청구권(제214조), 소유물방해예방청구권(제214조)을 규정하고 있다.

II　소유물반환청구권

> **제213조【소유물반환청구권】**
> 소유자는 그 소유에 속한 물건을 점유한 자에 대하여 반환을 청구할 수 있다. 그러나 점유자가 그 물건을 점유할 권리가 있는 때에는 반환을 거부할 수 있다.

1. 의 의

소유물반환청구권이란 소유자가 법률상 정당한 원인 없이 그 소유에 속한 물건을 점유한 자에 대하여 반환을 청구할 수 있는 권리를 의미한다.

2. 요 건

(1) 청구권자의 소유

① 소유물반환청구권을 가지는 자는 법률상의 소유자이다.

② 소유자인지 여부는 사실심 변론종결 당시를 기준으로 결정된다(대판 1991.7.12. 90다13161).

③ 미등기 무허가건물의 양수인이라 할지라도 그 소유권이전등기를 경료받지 않는 한 그 건물에 대한 소유권을 취득할 수 없고, 그러한 상태의 건물 양수인에게 소유권에 준하는 관습상의 물권이 있다고 볼 수도 없으므로, 건물을 신축하여 그 소유권을 원시취득한 자로부터 그 건물을 매수하였으나 아직 소유권이전등기를 갖추지 못한 자는 그 건물의 불법점거자에 대하여 직접 자신의 소유권 등에 기하여 명도를 청구할 수는 없고(대판 2007.6.15. 2007다11347), 매도인의 소유물반환청구권을 대위행사할 수 있을 뿐이다.

기출 23 · 20 · 19 · 18

④ 명의신탁의 경우 명의수탁자만이 대외적 소유권으로서 소유물반환청구권을 행사할 수 있다(대판 [전합] 1979.9.25. 77다1079).

(2) 상대방의 점유

① 상대방은 현재 그 물건을 점유하고 있는 자이다. 따라서 불법점유자라 하여도 그 물건을 다른 사람에게 인도하여 현실적으로 점유를 하고 있지 않은 이상, 그 자를 상대로 한 인도 또는 명도청구는 부당하다(대판 1999.7.9. 98다9045).

② 소유물반환의무를 부담하는 자는 사실심 변론종결당사의 점유자이다.

③ 점유보조자는 점유자가 아니므로 상대방이 될 수 없다. 즉, 주식회사의 직원으로서 회사의 사무실로 사용하고 있는 건물부분에 대한 점유보조자에 불과할 뿐 독립한 점유주체가 아닌 피고들은, 회사를 상대로 한 명도소송의 확정판결에 따른 집행력이 미치는 것은 별론으로 하고, 소유물반환청구의 성질을 가지는 퇴거청구의 독립한 상대방이 될 수는 없다(대판 2001.4.27. 2001다13983).

④ 간접점유자도 소유물반환의무를 진다는 데 학설은 일치하나, 판례는 불법점유를 원인으로한 소유권에 기한 인도청구와 인도약정에 따른 인도청구를 구별하여, 전자는 현실로 불법점유를 하고 있는 자만을 상대로 하여야 한다고 한 반면, 후자의 경우에는 간접점유자에 대하여도 인도를 구할 수 있다는 입장이다.

> **[불법점유를 원인으로 한 소유권에 기한 인도청구의 경우]**
> 불법점유를 이유로 하여 그 명도 또는 인도를 청구하려면 현실적으로 그 목적물을 점유하고 있는 자를 상대로 하여야 하고 불법점유자라 하여도 그 물건을 다른 사람에게 인도하여 현실적으로 점유를 하고 있지 않은 이상, 그 자를 상대로 한 인도 또는 명도청구는 부당하다(대판 1999.7.9. 98다9045).
>
> **[인도약정에 따른 인도청구의 경우]**
> 임대인이 임대차계약종료로 인한 원상회복으로서 임차물의 반환을 구하는 경우에 있어 임차인이 직접점유자가 아님을 자백한 것일 뿐, 간접점유자가 아닌 것까지 자백한 취지가 아니라면 임차인이 임차목적물을 직접점유하지 않는다는 이유로 그 반환을 거부할 수는 없다(대판 1991.4.23. 90다19695).

⑤ 건물 대지의 점유자

ⓐ 사회통념상 건물은 그 부지를 떠나서는 존재할 수 없는 것이므로 건물의 부지가 된 토지는 그 건물의 소유자가 점유하는 것으로 볼 것이고, 이 경우 건물의 소유자가 현실적으로 건물이나 그 부지를 점거하고 있지 아니하고 있더라도 그 건물의 소유를 위하여 그 부지를 점유한다고 보아야 한다(대판 2003.11.13. 2002다57935). **기출** 22 따라서 원칙적으로 대지소유자는 건물의 소유자를 상대로 대지의 반환을 청구하여야 한다.

ⓑ 미등기건물을 양수하여 건물에 관한 사실상의 처분권을 보유하게 됨으로써 그 양수인이 건물부지 역시 아울러 점유하고 있다고 볼 수 있는 등의 다른 특별한 사정이 없는 한 건물의 소유명의자가 아닌 자로서는 실제로 그 건물을 점유하고 있다고 하더라도 그 건물의 부지를 점유하는 자로는 볼 수 없다.

ⓒ 건물 공유자 중 일부만이 당해 건물을 점유하고 있는 경우라도 그 건물의 부지는 건물소유를 위하여 공유명의자 전원이 공동으로 이를 점유하고 있는 것으로 볼 것이며, 건물공유자들이 건물부지의 공동점유로 인하여 건물부지에 대한 소유권을 시효취득하는 경우라면 그 취득시효 완성을 원인으로 한 소유권이전등기청구권은 당해 건물의 공유지분비율과 같은 비율로 건물 공유자들에게 귀속된다(대판 2003.11.13. 2002다57935).

(3) 「점유할 권리」의 부존재

상대방에게 점유할 권리가 인정되는 때에는 소유권에 기한 반환청구가 인정되지 않는다(제213조 단서). 여기서 「점유할 권리」란 엄격하게 권리에만 한정할 것은 아니고, 그 점유가 정당화되는 법적 지위를 모두 포함하는 의미이다.

- 토지의 매수인이 아직 소유권이전등기를 경료받지 아니하였다 하여도 매매계약의 이행으로 그 토지를 인도받은 때에는 매매계약의 효력으로서 이를 점유·사용할 권리가 생기게 된 것으로 보아야 하고, 또 매수인으로부터 위 토지를 다시 매수한 자는 위와 같은 토지의 점유사용권을 취득한 것으로 봄이 상당하므로 매도인은 매수인으로부터 다시 위 토지를 매수한 자에 대하여 토지 소유권에 기한 물권적 청구권을 행사하거나 그 점유·사용을 법률상 원인이 없는 이익이라고 하여 부당이득반환청구를 할 수는 없다고 할 것인바, 이러한 법리는 대물변제 약정에 의하여 매매와 같이 부동산의 소유권을 이전받게 되는 자가 이미 당해 부동산을 점유·사용하고 있거나, 그로부터 다시 이를 임차하여 점유·사용하고 있는 경우에도 마찬가지로 적용된다(대판 2001.12.11. 2001다45355).
- 소유자는 그 소유에 속한 물건을 점유한 자에 대하여 반환을 청구할 수 있다. 그러나 점유자가 그 물건을 점유할 권리가 있는 때에는 반환을 거부할 수 있다(제213조). 여기서 반환을 거부할 수 있는 권리에는 임차권, 임치, 도급 등과 같이 점유를 수반하는 채권도 포함되고, 소유자에 대하여 이러한 채권을 갖는 자가 소유자의 승낙이나 소유자와의 약정 등에 기초하여 제3자에게 점유할 권리를 수여할 수 있는 경우에는 그로부터 점유 내지 보관을 위탁받거나 그 밖에 점유할 권리를 취득한 제3자는 특별한 사정이 없는 한 자신에게도 점유할 권리가 있음을 들어 소유자의 소유물반환청구를 거부할 수 있다(대판 2020.5.28. 2020다211085).

3. 효 과

① 이상의 요건이 충족되는 경우 소유자는 점유자에 대하여 그 물건의 「반환」을 청구할 수 있다.
② 반환에 따른 부수적 이해관계의 조절은 우선 계약관계를 지배하는 법리에 의하고, 다음으로 그러한 관계가 존재하지 않는 경우 제201조 이하에 의한다.

> 점유자가 유익비를 지출할 당시 계약관계 등 적법한 점유의 권원을 가진 경우에 그 지출비용의 상환에 관하여는 그 계약관계를 규율하는 법조항이나 법리 등이 적용되는 것이어서, 점유자는 그 계약관계 등의 상대방에 대하여 해당 법조항이나 법리에 따른 비용상환청구권을 행사할 수 있을 뿐 계약관계 등의 상대방이 아닌 점유회복 당시의 소유자에 대하여 제203조 제2항에 따른 지출비용의 상환을 구할 수는 없다(대판 2003.7.25. 2001다64752).

Ⅲ 소유물방해제거청구권과 소유물방해예방청구권

> **제214조【소유물방해제거, 방해예방청구권】**
> 소유자는 소유권을 방해하는 자에 대하여 방해의 제거를 청구할 수 있고 소유권을 방해할 염려있는 행위를 하는 자에 대하여 그 예방이나 손해배상의 담보를 청구할 수 있다.

1. 소유물방해제거청구권

(1) 의 의

소유물방해제거청구권이란 소유자가 소유물을 점유의 침탈 이외의 방법으로 방해받고 있을 때 그 방해의 제거를 청구할 수 있는 권리이다(제214조 전단).

(2) 요 건

1) 청구권자 : 현재의 소유자

소유물방해제거청구권의 주체는 소유권의 내용의 실현이 점유의 침탈 이외의 방법으로 방해받고 있는 현재의 소유자이다.

- 소유자가 자신의 소유권에 기하여 실체관계에 부합하지 아니하는 등기의 명의인을 상대로 그 등기말소나 진정명의회복 등을 청구하는 경우에, 그 권리는 물권적 청구권으로서의 방해배제청구권(제214조)의 성질을 가진다. 그러므로 소유자가 그 후에 소유권을 상실함으로써 이제 등기말소 등을 청구할 수 없게 되었다면, 이를 위와 같은 청구권의 실현이 객관적으로 불능이 되었다고 파악하여 등기말소 등 의무자에 대하여 그 권리의 이행불능을 이유로 제390조상의 손해배상청구권을 가진다고 말할 수 없다. 위 법규정에서 정하는 채무불이행을 이유로 하는 손해배상청구권은 계약 또는 법률에 기하여 이미 성립하여 있는 채권관계에서 본래의 채권이 동일성을 유지하면서 그 내용이 확장되거나 변경된 것으로서 발생한다. 그러나 위와 같은 등기말소청구권 등의 물권적 청구권은 그 권리자인 소유자가 소유권을 상실하면 이제 그 발생의 기반이 아예 없게 되어 더 이상 그 존재 자체가 인정되지 아니하는 것이다. 이러한 법리는 선행소송에서 소유권보존등기의 말소등기 청구가 확정되었다고 하더라도 그 청구권의 법적 성질이 채권적 청구권으로 바뀌지 아니하므로 마찬가지이다(대판[전합] 2012.5.17. 2010다28604 - 다수의견).
- 선행보존등기로부터 경료된 원고 명의의 소유권이전등기가 원인무효의 등기인 이상 특단의 사정이 없는 한 원고로서는 피고 명의의 후행보존등기에 대하여 그 말소를 청구할 권원이 없다고 할 것이므로, 아무리 후행보존등기가 무효라고 하여도 아무런 권원이 없는 원고의 말소등기청구를 받아들여 그 말소를 명할 수는 없다(대판 2007.5.10. 2007다3612).
- 미등기 무허가건물의 양수인이라도 소유권이전등기를 마치지 않는 한 건물의 소유권을 취득할 수 없고, 소유권에 준하는 관습상의 물권이 있다고도 할 수 없으므로, 미등기 무허가건물의 양수인은 소유권에 기한 방해제거청구를 할 수 없다(대판 2016.7.29. 2016다214483 · 2016다214490).

2) 청구의 상대방 : 현재 방해상태를 지배하는 지위에 있는 자

건물철거는 그 소유권의 종국적 처분에 해당하는 사실행위이므로 원칙으로는 그 소유자(등기명의자)에게만 그 철거처분권이 있다고 할 것이나 그 건물을 매수하여 점유하고 있는 자는 등기부상 아직 소유자로서의 등기명의가 없다 히더라도 그 권리의 범위내에서 그 점유중인 건물에 대하여 법률상 또는 사실상 처분을 할 수 있는 지위에 있고 그 건물이 건립되어 있어 불법으로 점유를 당하고 있는 토지소유자는 위와 같은 지위에 있는 건물 점유자에게 그 철거를 구할 수 있다(대판 1986.12.23. 86다카1751).

기출 24 · 21 · 20

3) 소유권에 대한 방해의 존재

① 의의 : 「방해」란 현재에도 지속되고 있는 위법한 침해를 의미하므로, 법익 침해가 과거에 일어나서 이미 종결된 경우에 해당하는 「손해」의 개념과는 다르다. 따라서 소유권에 기한 방해배제청구권은 방해결과의 제거를 내용으로 해서는 아니 되며, 현재 계속되고 있는 방해의 원인을 제거하는 것을 내용으로 해야 한다(대판 2003.3.28. 2003다5917).

② 지상물에 대한 철거 내지 퇴거청구

　　㉠ 무단으로 신축된 건물의 소유자와 점유자가 같은 경우

건물의 소유자가 그 건물의 소유를 통하여 타인 소유의 토지를 점유하고 있다고 하더라도 그 토지 소유자로서는 그 건물의 철거와 그 대지 부분의 인도를 청구할 수 있을 뿐, 자기 소유의 건물을 점유하고 있는 자에 대하여 그 건물에서 퇴거할 것을 청구할 수는 없다(대판 1999.7.9. 98다57457 · 57464).

ⓛ 무단으로 신축된 건물의 소유자와 점유자가 다른 경우

> 대지의 소유자는 건물이 소유자에 대하여 「철거청구」를, 건물의 점유자에 대하여는 「퇴거청구」를 하여야 한다. 그러나 경락에 의하여 건물의 소유자와 그 토지의 소유자가 달라지게 되어 경매 당시의 건물의 소유자가 그 건물의 이용을 위한 법정지상권을 취득한 경우, 토지 소유자는 건물을 점유하는 자에 대하여 그 건물로부터의 퇴거를 구할 수 없다(대판 1997.9.26. 97다10314).

ⓒ 건물의 소유자 아닌 점유자가 주임법상의 대항력을 구비한 경우

> 건물이 그 존립을 위한 토지사용권을 갖추지 못하여 토지의 소유자가 건물의 소유자에 대하여 당해 건물의 철거 및 그 대지의 인도를 청구할 수 있는 경우에라도 건물소유자가 아닌 사람이 건물을 점유하고 있다면 토지소유자는 그 건물 점유를 제거하지 아니하는 한 위의 건물 철거 등을 실행할 수 없다. 따라서 그때 토지소유권은 위와 같은 점유에 의하여 그 원만한 실현을 방해당하고 있다고 할 것이므로, 토지소유자는 자신의 소유권에 기한 방해배제로서 건물점유자에 대하여 건물로부터의 퇴출을 청구할 수 있다. 그리고 이는 건물점유자가 건물소유자로부터의 임차인으로서 그 건물임차권이 이른바 대항력을 가진다고 해서 달라지지 아니한다. 건물임차권의 대항력은 기본적으로 건물에 관한 것이고 토지를 목적으로 하는 것이 아니므로 이로써 토지소유권을 제약할 수 없고, 토지에 있는 건물에 대하여 대항력 있는 임차권이 존재한다고 하여도 이를 토지소유자에 대하여 대항할 수 있는 토지사용권이라고 할 수는 없다. 바꾸어 말하면, 건물에 관한 임차권이 대항력을 갖춘 후에 그 대지의 소유권을 취득한 사람은 제622조 제1항이나 주택임대차보호법 제3조 제1항 등에서 그 임차권의 대항을 받는 것으로 정하여진 '제3자'에 해당한다고 할 수 없다(대판 2010.8.19. 2010다 43801).

(3) 효 과

이상의 요건이 충족되는 경우 소유자는 소유권을 방해하는 자에 대하여 그 방해의 제거를 청구할 수 있다.

(4) 관련 문제 : 진정명의 회복을 위한 소유권이전등기청구권

1) 서 설

① 의의 : 진정한 등기명의의 회복을 위한 소유권이전등기청구는 자기 명의로 소유권의 등기가 되어 있었거나 법률에 의하여 소유권을 취득한 진정한 소유자가 현재의 등기명의인을 상대로 그 등기의 말소를 구하는 것에 갈음하여 소유권에 기하여 진정한 등기명의의 회복을 구하는 것을 의미한다(대판 2003.5.13. 2002다 64148).

② 인정 여부 : 견해의 다툼이 있으나, 판례는 「말소등기 이외에 진정명의 회복을 원인으로 한 소유권이전등기를 직접 청구할 수도 있다」고 하여 인정하고 있다.

> 이미 자기 앞으로 소유권을 표상하는 등기가 되어 있었거나 법률에 의하여 소유권을 취득한 자가 진정한 등기명의를 회복하기 위한 방법으로는 현재의 등기명의인을 상대로 그 등기의 말소를 구하는 외에 "진정한 등기명의의 회복"을 원인으로 한 소유권 이전등기절차의 이행을 직접 구하는 것도 허용되어야 한다(대판[전합] 1990.11.27. 89다카12398).

2) 요 건

① 청구권자 : 현재의 소유자일 것

진정명의 회복을 위한 소유권이전등기는 소유물방해배제청구권의 성질을 가지므로 현재의 소유자만이 청구할 수 있다.

> 소유자가 자신의 소유권에 기하여 실체관계에 부합하지 아니하는 등기의 명의인을 상대로 그 등기말소나 진정명의회복 등을 청구하는 경우에, 그 권리는 물권적 청구권으로서의 방해배제청구권(제214조)의 성질을 가진다. 그러므로 소유자가 그 후에 소유권을 상실함으로써 이제 등기말소 등을 청구할 수 없게 되었다면, 이를 위와 같은 청구권의 실현이 객관적으로 불능이 되었다고 파악하여 등기말소 등 의무자에 대하여 그 권리의 이행불능을 이유로 제390조상의 손해배상청구권을 가진다 고 말할 수 없다(대판[전합] 2012.5.17. 2010다28604 – 다수의견).

② 상대방 : 현재 등기명의자일 것

> 진정한 등기명의의 회복을 위한 소유권이전등기청구는 이미 자기 앞으로 소유권을 표상하는 등기가 되어 있었거나 법률에 따라 소유권을 취득한 자가 진정한 등기명의를 회복하기 위한 방법으로서, 현재의 등기명의인을 상대로 하여야 하고 현재의 등기명의인이 아닌 자는 피고적격이 없다(대판 2017.12.5. 2015다240645).

③ 원인무효의 등기가 경료되었을 것

3) 기판력의 문제

① 문제점 : 원고가 소유권이전등기말소등기청구소송에서 패소 확정판결을 받은 후 재차 진정명의회복을 위한 소유권이전등기청구소송을 제기할 수 있는지 문제된다.

② 판 례

> 진정한 등기명의의 회복을 위한 소유권이전등기청구는 이미 자기 앞으로 소유권을 표상하는 등기가 되어 있었거나 법률에 의하여 소유권을 취득한 자가 진정한 등기명의를 회복하기 위한 방법으로 현재의 등기명의인을 상대로 그 등기의 말소를 구하는 것에 갈음하여 허용되는 것인데, 말소등기에 갈음하여 허용되는 진정명의회복을 원인으로 한 소유권이전등기청구권과 무효등기의 말소청구권은 어느 것이나 진정한 소유자의 등기명의를 회복하기 위한 것으로서 실질적으로 그 목적이 동일하고, 두 청구권 모두 소유권에 기한 방해배제청구권으로서 그 법적 근거와 성질이 동일하므로, 비록 전자는 이전등기, 후자는 말소등기의 형식을 취하고 있다고 하더라도 그 소송물은 실질상 동일한 것으로 보아야 하고, 따라서 소유권이전등기말소청구 소송에서 패소확정판결을 받았다면 그 기판력은 그 후 제기된 진정명의회복을 원인으로 한 소유권이전등기청구소송에도 미친다(대판[전합] 2001.9.20. 99다37894 – 다수의견).

2. 소유물방해예방청구권

(1) 의 의

소유물방해예방청구권이란 소유자가 소유물을 방해할 염려가 있는 행위를 하는 자에게 대하여 그 예방이나 손해배상의 담보를 청구할 수 있는 권리이다(제214조 후단).

(2) 요 건

① **청구권자** : 방해될 염려가 있는 소유물의 소유자일 것
② **상대방** : 장차 소유권에 「방해를 일으킬 염려」가 있는 자일 것
③ **방해의 염려가 있을 것** : 방해의 염려가 있다고 하기 위하여는 방해예방의 소에 의하여 미리 보호받을 만한 가치가 있는 것으로서 객관적으로 근거 있는 상당한 개연성을 가져야 할 것이고 관념적인 가능성만 으로는 이를 인정할 수 없다(대판 1995.7.14. 94다50533). **기출** 18

(3) 효 과

이상의 요건이 충족되는 경우 소유자는 방해의 예방이나 손해배상의 담보를 청구할 수 있다. 이는 선택적 권리이다. 따라서 소유자는 두 가지를 다 청구할 수는 없다.

I 총 설

1. 의 의

공동소유란 하나의 물건을 2인 이상의 다수인이 공동으로 소유하는 것을 말한다. 민법은 인적 결합형태에 따라 공동소유를 공유, 합유, 총유로 구분하고 있다.

2. 인적 결합형태에 따른 공동소유의 유형

(1) 공 유

공유자 각자가 가지는 지배권능을 지분이라고 하는데, 공유는 지분의 처분이 자유롭고, 언제든지 분할을 청구할 수 있다는 점이 특징이다.

(2) 합 유

공동사업을 위하여 결합된 것으로 조합이 대표적이다. 합유도 지분을 갖지만, 수인의 조합원은 공동목적으로 결합되어 있기 때문에 지분의 양도가 제한되고, 조합관계가 종료할 때까지 합유물의 분할청구가 금지된다.

(3) 총 유

다수인이 권리능력 없는 사단을 이루어 물건을 소유하는 형태가 총유이다. 공유나 합유와 달리 지분의 개념이 인정되지 않는다. 목적물의 관리·처분은 단체 자체의 권한에 속하고, 구성원들에게는 이를 각자 사용·수익하는 권능이 인정된다.

II 공 유

1. 서 설

> **제262조 【물건의 공유】**
> ① 물건이 지분에 의하여 수인의 소유로 된 때에는 공유로 한다.
> ② 공유자의 지분은 균등한 것으로 추정한다.

(1) 공유의 개념 및 법적 성질

공유란 공동목적을 위한 인적 결합관계가 없는 수인이 물건을 공동으로 소유하는 것을 말한다. 공유의 법적 성질과 관련하여 견해의 다툼이 있으나 학설은 1개의 소유권이 분량적으로 분할되어 수인에게 귀속되는 상태라고 한다(양적 분할설).

(2) 공유의 성립

① **법률행위에 의한 성립** : 공유는 하나의 물건을 수인이 공동의 소유로 한다는 의사표시의 합치에 의해 성립한다. 다만, 법률행위에 의하여 부동산에 관한 공유를 성립시키기 위해서는 공유의 의사표시와 지분의 등기가 요구된다(제186조).

② **법률의 규정에 의한 성립** : 타인의 물건 속의 매장물의 발견(제254조)이나 주종을 구별할 수 없는 동산의 부합 또는 혼화(제257조, 제258조) 등에 의하여 공유가 성립한다.

2. 공유의 지분

(1) 지분의 개념

다수설인 양적 분할설은 지분을 1개 소유권의 분량적 일부, 즉 소유의 비율이라고 한다.

(2) 지분의 비율

① 지분의 비율은 당사자의 약정 또는 법률의 규정에 의하여 결정되고, 그것이 불분명한 경우 균등한 것으로 추정된다(제262조 제2항).

② 공유자 1인이 지분을 포기하거나 상속인 없이 사망한 경우에, 그 지분은 다른 공유자에게 각 그 지분의 비율로 귀속한다(제267조). 이를 지분의 탄력성이라 한다.

> 제267조는 "공유자가 그 지분을 포기하거나 상속 없이 사망한 때에는 그 지분은 다른 공유자에게 각 지분의 비율로 귀속한다."라고 규정하고 있다. 여기서 공유지분의 포기는 법률행위로서 상대방 있는 단독행위에 해당하므로, 부동산 공유자의 공유지분 포기의 의사표시가 다른 공유자에게 도달하더라도 이로써 곧바로 공유지분 포기에 따른 물권변동의 효력이 발생하는 것은 아니고, 다른 공유자는 자신에게 귀속될 공유지분에 관하여 소유권이전등기청구권을 취득하며, 이후 제186조에 의하여 등기를 하여야 공유지분 포기에 따른 물권변동의 효력이 발생한다(대판 2016.10.27. 2015다52978). **기출** 24·21·18 다만, 구분건물의 소유자가 갖는 대지사용권에 대한 지분에는 제267조의 적용이 배제된다(집합건물법 제22조).

(3) 지분의 처분

> 제263조 【공유지분의 처분과 공유물의 사용, 수익】
> 공유자는 그 지분을 처분할 수 있고 공유물 전부를 지분의 비율로 사용, 수익할 수 있다.

① **처분의 자유**
  ㉠ 각 공유자는 그 지분을 자유롭게 처분할 수 있다(제263조 전단). 따라서 지분을 처분함에 다른 공유자의 동의를 요하지 않는다(대판 1972.5.23. 71다2760). **기출** 22 다만, 지분에 지상권·전세권 등의 용익물권을 설정하는 것은 공유자 전원의 동의를 필요로 한다.
  ㉡ 공유자 간에 지분처분금지의 특약이 있더라도 이를 등기할 수 없으며, 채권적 효력이 있을 뿐이다.
  ㉢ 지분을 담보로 제공하거나 포기하는 것도 가능하다.
② **처분의 방법 및 효과**
  ㉠ 지분처분 시 공시방법을 갖추어야 한다.
  ㉡ 분할금지특약의 효력과 공유자 상호간에 이미 성립한 개개의 채권·채무가 양수인에게 승계되는지 여부 : 분할금지특약을 등기하지 않았다면 양수인에게 대항할 수 없고, 이미 성립한 개개의 채권·채무가 양수인에게 승계되지 않는다.

3. 공유자 간의 법률관계

> **제263조【공유지분의 처분과 공유물의 사용, 수익】**
> 공유자는 그 지분을 처분할 수 있고 공유물 전부를 지분의 비율로 사용, 수익할 수 있다.
>
> **제264조【공유물의 처분, 변경】**
> 공유자는 다른 공유자의 동의없이 공유물을 처분하거나 변경하지 못한다.
>
> **제265조【공유물의 관리, 보존】**
> 공유물의 관리에 관한 사항은 공유자의 지분의 과반수로써 결정한다. 그러나 보존행위는 각자가 할 수 있다.
>
> **제266조【공유물의 부담】**
> ① 공유자는 그 지분의 비율로 공유물의 관리비용 기타 의무를 부담한다.
> ② 공유자가 1년 이상 전항의 의무이행을 지체한 때에는 다른 공유자는 상당한 가액으로 지분을 매수할 수 있다.

(1) 공유물의 사용·수익

공유자는 공유물 전부를 지분의 비율로 사용·수익할 수 있다(제263조 후단). 여기서 사용·수익의 객체는 공유물 전체이지 특정 부분이 아니며, 지분의 비율로 사용·수익할 수 있다는 의미는 배타적 사용·수익이 인정되지 않는다는 의미이다. 따라서 공유자라도 공유물 중 지분비율에 상응하는 부분을 배타적으로 사용·수익할 수는 없다.

(2) 공유물의 관리 및 보존

1) 공유물의 관리

① 공유물의 관리에 관한 사항은 공유자 과반수가 아닌 공유 지분의 과반수로써 결정한다(제265조 본문). 여기서 관리란 이용·개량행위를 의미하며, 처분이나 변경에 이르지 않는 것이어야 한다.

② 공유자가 공유물을 타인에게 임대하는 행위 및 그 임대차계약을 해지하는 행위는 공유물의 관리행위에 해당하므로 제265조 본문에 의하여 공유자의 지분의 과반수로써 결정하여야 한다(대판 2010.9.9. 2010다37905).

③ 공유물 임대와 관련한 법률관계

  ㉠ 과반수지분권자 甲이 단독으로 丙에게 임대한 경우

> [1] 공유자 사이에 공유물을 사용·수익할 구체적인 방법을 정하는 것은 공유물의 관리에 관한 사항으로서 공유자의 지분의 과반수로써 결정하여야 할 것이고, 과반수 지분의 공유자는 다른 공유자와 사이에 미리 공유물의 관리방법에 관한 협의가 없었다 하더라도 공유물의 관리에 관한 사항을 단독으로 결정할 수 있으므로, 과반수 지분의 공유자가 그 공유물의 특정 부분을 배타적으로 사용·수익하기로 정하는 것은 공유물의 관리방법으로서 적법하다고 할 것이므로, 과반수 지분의 공유자로부터 사용·수익을 허락받은 점유자에 대하여 소수 지분의 공유자는 그 점유자가 사용·수익하는 건물의 철거나 퇴거 등 점유배제를 구할 수 없다.
> [2] 과반수 지분의 공유자는 공유자와 사이에 미리 공유물의 관리방법에 관하여 협의가 없었다 하더라도 공유물의 관리에 관한 사항을 단독으로 결정할 수 있으므로 과반수 지분의 공유자는 그 공유물의 관리방법으로서 그 공유토지의 특정된 한 부분을 배타적으로 사용·수익할 수 있으나, 그로 말미암아 지분은 있으되 그 특정 부분의 사용·수익을 전혀 하지 못하여 손해를 입고 있는 소수지분권자에 대하여 그 지분에 상응하는 임료 상당의 부당이득을 하고 있다 할 것이므로 이를 반환할 의무가 있다 할 것이나, 그 과반수 지분의 공유자로부터 다시 그 특정 부분의 사용·수익을 허락받은 제3자의 점유는 다수지분권자의 공유물관리권에 터잡은 적법한 점유이므로 그 제3자는 소수지분권자에 대하여도 그 점유로 인하여 법률상 원인 없이 이득을 얻고 있다고는 볼 수 없다(대판 2002.5.14. 2002다9738). **기출** 22·21·18

ⓛ 소수지분권자 乙이 단독으로 丙에게 임대한 경우

- 공유자 사이에 공유물을 사용수익할 구체적인 방법을 정하는 것은 공유물의 관리에 관한 사항으로서 공유자의 과반수로써 결정할 것임은 제265조가 규정한 바로서, 공유물의 지분권자는 타지분권자와의 협의가 없는 한 그 공유물의 일부라 하더라도 이를 자의적, 배타적으로 독점사용할 수 없고, 나머지 지분권자는 공유물 보존행위로서 그 배타적 사용의 배제를 구할 수 있다(대결 1992.6.13. 92마290).
- 공유물에 대한 과반수지분권자는 공유물의 관리방법으로 이를 점유하고 있는 다른 공유자 또는 제3자에 대하여 그 공유물 전부의 인도를 청구할 수 있다(대판 1968.11.26. 68다1675).
- [1] 부동산의 1/7 지분 소유권자가 타공유자의 동의없이 그 부동산을 타에 임대하여 임대차보증금을 수령하였다면, 이로 인한 수익 중 자신의 지분을 초과하는 부분에 대하여는 법률상 원인 없이 취득한 부당이득이 되어 이를 반환할 의무가 있고, 또한 위 무단임대행위는 다른 공유지분권자의 사용, 수익을 침해한 불법행위가 성립되어 그 손해를 배상할 의무가 있다.
  [2] [1]의 경우 반환 또는 배상해야 할 범위는 위 부동산의 임대차로 인한 차임 상당액이라 할 것으로서 타공유자는 그 임대보증금 자체에 대한 지분비율 상당액의 반환 또는 배상을 구할 수는 없다.
  [3] [1]의 경우 공유물의 보존행위란 공유물의 현상을 유지하기 위하여 이를 침해하는 제3자에게 그 배제를 구하는 행위를 말하므로 그 행위의 전제로서 공유자가 수령한 임대차보증금 중 자신의 지분비율 상당액의 지급을 구할 수 없다(대판 1991.9.24. 91다23639).

ⓒ 甲과 乙이 공동으로 丙에게 임대한 경우

- 건물의 공유자가 공동으로 건물을 임대하고 보증금을 수령한 경우, 특별한 사정이 없는 한 그 임대는 각자 공유지분을 임대한 것이 아니고 임대목적물을 다수의 당사자로서 공동으로 임대한 것이고 그 보증금 반환채무는 성질상 불가분채무에 해당된다(대판 1998.12.8. 98다43137).

④ 관리에 관한 특약의 승계 여부

- 공유자 간의 공유물에 대한 사용수익·관리에 관한 특약은 공유자의 특정승계인에 대하여도 당연히 승계된다고 할 것이나, 제265조는 "공유물의 관리에 관한 사항은 공유자의 지분의 과반수로써 결정한다."라고 규정하고 있으므로, 위와 같은 특약 후에 공유자에 변경이 있고 특약을 변경할 만한 사정이 있는 경우에는 공유자의 지분의 과반수의 결정으로 기존 특약을 변경할 수 있다(대판 2005.5.12. 2005다1827). 기출 17
- 그러나 공유물에 관한 특약이 지분권자로서의 사용수익권을 사실상 포기하는 등으로 공유지분권의 본질적 부분을 침해한다고 볼 수 있는 경우에는 특정승계인이 그러한 사실을 알고도 공유지분권을 취득하였다는 등의 특별한 사정이 없는 한 특정승계인에게 당연히 승계되는 것으로 볼 수는 없다(대판 2009.12.10. 2009다54294). 기출 22 마찬가지로 공유자 중 1인이 자신의 지분 중 일부를 다른 공유자에게 양도하기로 하는 공유자 간의 지분의 처분에 관한 약정까지 공유자의 특정승계인에게 당연히 승계되는 것으로 볼 수는 없다(대판 2007.11.29. 2007다64167).

2) 공유물의 보존

① 공유물의 보존행위는 공유자 각자가 할 수 있다(제265조 단서). 여기서 보존행위란 공유물의 멸실·훼손을 방지하고 그 현상을 유지하기 위하여 하는 사실상·법률상의 행위를 말한다.

② 무효등기에 대한 말소청구

- 부동산의 공유자 중 한 사람은 공유물에 대한 보존행위로서 그 공유물에 관한 원인무효의 등기 전부의 말소를 구할 수 있고, 진정명의회복을 원인으로 한 소유권이전등기청구권과 무효등기의 말소청구권은 어느 것이나 진정한 소유자의 등기명의를 회복하기 위한 것으로서 실질적으로 그 목적이 동일하고 두 청구권 모두 소유권에 기한 방해배제청구권으로서 그 법적 근거와 성질이 동일하므로, 공유자 중 한 사람은 공유물에 경료된 원인무효의 등기에 관하여 각 공유자에게 해당 지분별로 진정명의회복을 원인으로 한 소유권이전등기를 이행할 것을 단독으로 청구할 수 있다(대판 2005.9.29. 2003다40651).

③ 목적물의 불법점유

- 건물의 공유지분권자는 동 건물 전부에 대하여 보존행위로서 방해배제 청구를 할 수 있다(대판 1968.9.17. 68다1142 · 68다1143).
- 토지공유자는 특별한 사정이 없는 한 그 지분에 대응하는 비율의 범위 내에서만 그 차임상당의 부당이득금반환의 청구권 또는 불법행위를 이유로 한 손해배상청구권을 행사할 수 있다(대판 1979.1.30. 78다2088, 대판 1993.5.11. 92다52870).

④ 소수지분권자가 협의 없이 배타적으로 점유하고 있는 경우[판례 변경]

[변경 전 판례]
지분을 소유하고 있는 공유자나 그 지분에 관한 소유권이전등기청구권을 가지고 있는 자라고 할지라도 다른 공유자와의 협의 없이는 공유물을 배타적으로 점유하여 사용 수익할 수 없는 것이므로, 다른 공유권자는 자신이 소유하고 있는 지분이 과반수에 미달되더라도 공유물을 점유하고 있는 자에 대하여 공유물의 보존행위로서 공유물의 인도나 명도를 청구할 수 있다(대판[전합] 1994.3.22. 93다9392 · 93다9408).

[변경 후 판례]
(가) 공유물의 소수지분권자인 피고가 다른 공유자와 협의하지 않고 공유물의 전부 또는 일부를 독점적으로 점유하는 경우 다른 소수지분권자인 원고가 피고를 상대로 공유물의 인도를 청구할 수는 없다고 보아야 한다. 상세한 이유는 다음과 같다.
  ① 공유자 중 1인인 피고가 공유물을 독점적으로 점유하고 있어 다른 공유자인 원고가 피고를 상대로 공유물의 인도를 청구하는 경우, 그러한 행위는 공유물을 점유하는 피고의 이해와 충돌한다. 애초에 보존행위를 공유자 중 1인이 단독으로 할 수 있도록 한 것은 보존행위가 다른 공유자에게도 이익이 되기 때문이라는 점을 고려하면, 이러한 행위는 제265조 단서에서 정한 보존행위라고 보기 어렵다.
  ② 피고가 다른 공유자를 배제하고 단독 소유자인 것처럼 공유물을 독점하는 것은 위법하지만, 피고는 적어도 자신의 지분 범위에서는 공유물 전부를 점유하여 사용 · 수익할 권한이 있으므로 피고의 점유는 지분비율을 초과하는 한도에서만 위법하다고 보아야 한다. 따라서 피고가 공유물을 독점적으로 점유하는 위법한 상태를 시정한다는 명목으로 원고의 인도청구를 허용한다면, 피고의 점유를 전면적으로 배제함으로써 피고가 적법하게 보유하는 '지분비율에 따른 사용 · 수익권'까지 근거 없이 박탈하는 부당한 결과를 가져온다.
  ③ 원고의 피고에 대한 물건 인도청구가 인정되려면 먼저 원고에게 인도를 청구할 수 있는 권원이 인정되어야 한다. 원고에게 그러한 권원이 없다면 피고의 점유가 위법하더라도 원고의 청구를 받아들일 수 없다. 그런데 원고 역시 피고와 마찬가지로 소수지분권자에 지나지 않으므로 원고가 공유자인 피고를 전면적으로 배제하고 자신만이 단독으로 공유물을 점유하도록 인도해 달라고 청구할 권원은 없다.
  ④ 공유물에 대한 인도 판결과 그에 따른 집행의 결과는 원고가 공유물을 단독으로 점유하며 사용 · 수익할 수 있는 상태가 되어 '일부 소수지분권자가 다른 공유자를 배제하고 공유물을 독점적으로 점유'하는 인도 전의 위법한 상태와 다르지 않다.
  ⑤ 원고는 공유물을 독점적으로 점유하면서 원고의 공유지분권을 침해하고 있는 피고를 상대로 지분권에 기한 방해배제 청구권을 행사함으로써 피고가 자의적으로 공유물을 독점하고 있는 위법 상태를 충분히 시정할 수 있다. 따라서 피고의 독점적 점유를 시정하기 위해 종래와 같이 피고로부터 공유물에 대한 점유를 빼앗아 원고에게 인도하는 방법, 즉 피고의 점유를 원고의 점유로 대체하는 방법을 사용하지 않더라도, 원고는 피고의 위법한 독점적 점유와 방해 상태를 제거하고 공유물이 본래의 취지에 맞게 공유자 전원의 공동 사용 · 수익에 제공되도록 할 수 있다.
(나) 공유자들은 공유물의 소유로서 공유물 전부를 사용 · 수익할 수 있는 권리가 있고(제263조), 이는 공유자들 사이에 공유물 관리에 관한 결정이 없는 경우에도 마찬가지이다. 공유물을 일부라도 독점적으로 사용할 수 없는 등 사용 · 수익의 방법에 일정한 제한이 있다고 하여, 공유자들의 사용 · 수익권이 추상적 · 관념적인 것에 불과하다거나 공유물 관리에 관한 결정이 없는 상태에서는 구체적으로 실현할 수 없는 권리라고 할 수 없다. 공유자들 사이에 공유물 관리에 관한 결정이 없는 경우 공유자가 다른 공유자를 배제하고 공유물을 독점적으로 점유 · 사용하는 것은 위법하여 허용되지 않지만, 다른 공유자의 사용 · 수익권을 침해하지 않는 방법으로, 즉 비독점적인 형태로 공유물 전부를 다른 공유자와 함께 점유 · 사용하는 것은 자신의 지분권에 기초한 것으로 적법하다. 일부 공유자가 공유물의 전부나 일부를 독점적으로 점유한다면 이는 다른 공유자의 지분권에 기초한 사용 · 수익권을 침해하는 것이다. 공유자는 자신의 지분권 행사를

방해하는 행위에 대해서 제214조에 따른 방해배제청구권을 행사할 수 있고, 공유물에 대한 지분권은 공유자 개개인에게 귀속되는 것이므로 공유자 각자가 행사할 수 있다. 원고는 공유물의 종류(토지, 건물, 동산 등), 용도, 상태(피고의 독점적 점유를 전후로 한 공유물의 현황)나 당사자의 관계 등을 고려해서 원고의 공동 점유를 방해하거나 방해할 염려 있는 피고의 행위와 방해물을 구체적으로 특정하여 방해의 금지, 제거, 예방(작위·부작위의무의 이행)을 청구하는 형태로 청구취지를 구성할 수 있다. 법원은 이것이 피고의 방해 상태를 제거하기 위하여 필요하고 원고가 달성하려는 상태가 공유자들의 공동 점유 상태에 부합한다면 이를 인용할 수 있다.
(다) 이와 같이 공유물의 소수지분권자가 다른 공유자와 협의 없이 공유물의 전부 또는 일부를 독점적으로 점유·사용하고 있는 경우 다른 소수지분권자는 공유물의 보존행위로서 그 인도를 청구할 수는 없고, 다만 자신의 지분권에 기초하여 공유물에 대한 방해 상태를 제거하거나 공동 점유를 방해하는 행위의 금지 등을 청구할 수 있다고 보아야 한다(대판[전합] 2020.5.21. 2018다287522 – 다수의견). 기출 22·21·15

(3) 공유물의 처분·변경

① 공유자는 다른 공유자의 동의 없이 공유물을 처분하거나 변경하지 못한다(제264조).
② 공유자 1인의 공유물 단독 처분행위와 관련된 법률관계

- 공유물을 처분하기 위하여 공유자 전원의 동의가 있어야 하므로, 공유자 1인이 단독으로 처분한 경우에는 무효이나 전부 무효가 아니고 그 자신의 지분에 한해서는 유효하다(대판 2008.4.24. 2008다5073).
- 공유자 중 1인이 다른 공유자의 동의 없이 그 공유 토지의 특정부분을 매도하여 타인 명의로 소유권이전등기가 마쳐졌다면, 그 매도 부분 토지에 관한 소유권이전등기는 처분공유자의 공유지분 범위 내에서는 실체관계에 부합하는 유효한 등기라고 보아야 한다(대판 1994.12.2. 93다1596). 기출 18
- 부동산의 공유자의 1인은 당해 부동산에 관하여 제3자 명의로 원인무효의 소유권보존등기가 경료되어 있는 경우 공유물에 관한 보존행위로서 제3자에 대하여 그 등기 전부의 말소를 구할 수 있다고 할 것이나, 그 제3자가 당해 부동산의 공유자 중의 1인인 경우에는 그 소유권보존등기는 동인의 공유지분에 관하여는 실체관계에 부합하는 등기라고 할 것이므로, 이러한 경우 공유자의 1인은 단독 명의로 등기를 경료하고 있는 공유자에 대하여 그 공유자의 공유지분을 제외한 나머지 공유지분 전부에 관하여만 소유권보존등기말소등기절차의 이행을 구할 수 있다 할 것이다(대판 2006.8.24. 2006다32200).

(4) 공유물에 대한 부담

① 각 공유자는 지분의 비율로 공유물의 관리비용 기타 의무를 부담한다(제266조 제1항). 여기서 관리비용은 공유물의 유지·개량을 위하여 지출한 비용을 말한다. 제266조 제1항은 임의규정이므로 공유자가 달리 약정할 수 있다.
② 제3자에 대한 관계에서는 제266조 제1항이 적용되지 않는다. 즉 대외적으로 공유물에 대한 부담은 원칙적으로 불가분채무이므로 공유자는 각자가 부담 전부를 이행할 의무를 진다.

- 공유자가 공유물의 관리에 관하여 제3자와 계약을 체결한 경우에 그 계약에 기하여 제3자가 지출한 관리비용의 상환의무를 누가 어떠한 내용으로 부담하는가는 일차적으로 당해 계약의 해석으로 정하여진다. 공유자들이 공유물의 관리비용을 각 지분의 비율로 부담한다는 내용의 제266조 제1항은 공유자들 사이의 내부적인 부담관계에 관한 규정일 뿐이다(대판 2009.11.12. 2009다54034·54041).
- 공유토지의 과반수지분권자는 다른 공유자와 협의없이 단독으로 관리행위를 할 수가 있으며 그로 인한 관리비용은 공유자의 지분비율에 따라 부담할 의무가 있으나, 위와 같은 관리비용의 부담의무는 공유자의 내부관계에 있어서 부담을 정하는 것일 뿐, 제3자와의 관계는 당해 법률관계에 따라 결정된다고 할 것이고, 따라서 과반수지분권자가 관리행위가 되는 정지공사를 시행함에 있어 시공회사에 대하여 공사비용은 자신이 정산하기로 약정하였다면 그 공사비를 직접 부담해야 할 사람은 과반수지분권자만이라 할 것이고, 다만 그가 그 공사비를 지출하였다면 다른 공유자에게 그의 지분비율에 따른 공사비만을 상환청구할 수 있을 뿐이다(대판 1991.4.12. 90다20220).

4. 공유물분할

> **제268조 【공유물의 분할청구】**
> ① 공유자는 공유물의 분할을 청구할 수 있다. 그러나 5년 내의 기간으로 분할하지 아니할 것을 약정할 수 있다.
> ② 전항의 계약을 갱신한 때에는 그 기간은 갱신한 날로부터 5년을 넘지 못한다.
> ③ 전2항의 규정은 제215조, 제239조의 공유물에는 적용하지 아니한다.
>
> **제269조 【분할의 방법】**
> ① 분할의 방법에 관하여 협의가 성립되지 아니한 때에는 공유자는 법원에 그 분할을 청구할 수 있다.
> ② 현물로 분할할 수 없거나 분할로 인하여 현저히 그 가액이 감손될 염려가 있는 때에는 법원은 물건의 경매를 명할 수 있다.
>
> **제270조 【분할로 인한 담보책임】**
> 공유자는 다른 공유자가 분할로 인하여 취득한 물건에 대하여 그 지분의 비율로 매도인과 동일한 담보책임이 있다.

(1) 서 설

1) 의 의

공유자는 분할금지특약이 없는 한 원칙적으로 언제든지 공유물의 분할을 청구하여 공유관계를 해소할 수 있다(제268조). 이는 합유와 대비되는 공유의 특색이다.

2) 분할청구권의 법적 성질

① 통설과 판례(대판 1981.3.24. 80다1888·1889)는 형성권이라고 한다. **기출** 22·21·16

② 구체적으로 협의분할의 경우에는 분할등기시에, 재판상 분할의 경우에는 판결확정시에 분할이 된다.

③ 공유물분할청구권은 공유관계에서 수반되는 형성권이므로 공유관계가 존속하는 한 그 분할청구권만이 독립하여 시효소멸될 수 없다(대판 1981.3.24. 80다1888·1889).

(2) 분할청구의 자유와 제한

1) 원칙 : 분할청구의 자유(제268조 제1항 본문)

2) 예외 : 분할의 제한

① 법률행위에 의한 제한(분할금지특약)

　㉠ 공유자는 5년 내의 기간으로 분할하지 아니할 것을 약정할 수 있다(제268조 제1항 단서). 이 기간은 갱신할 수 있으나, 갱신된 기간은 갱신한 날로부터 5년을 넘지 못한다(제268조 제2항).

　㉡ 부동산의 경우 분할금지특약을 등기해야 공유자의 특정승계인에게도 효력이 미친다(통설)(대판 1975.11.11. 75다82).

> 공유물을 분할한다는 공유자간의 약정이 공유와 서로 분리될 수 없는 공유자간의 권리관계라 할지라도 그것이 그후 공유지분권을 양수받은 특정승계인에게 당연히 승계된다고 볼 근거가 없을 뿐 아니라 공유물을 분할하지 아니한다는 약정(제268조 제항 단서) 역시 공유와 서로 분리될 수 없는 공유자간의 권리관계임에도 불구하고 이 경우엔 부동산등기법 제89조에 의하여 등기하도록 규정하고 있는 점을 대비하여 볼 때 다 같은 분할에 관한 약정이면서 분할특약의 경우에만 특정승계인에게 당연승계된다고 볼 수 없다(대판 1975.11.11. 75다82).

② 법률규정에 의한 금지

　　㉠ 건물을 구분소유하는 경우의 공용부분(제215조), 경계에 설치된 경계표·담·구거 등(제239조)에 대해서는 분할이 인정되지 않는다(제268조 제3항).

　　㉡ 집합건물법도 구분소유권의 목적인 건물이 속하는 1동의 건물대지의 공유자는 그 건물의 사용에 필요한 범위 내의 대지에 대한 분할청구를 금지하고 있다(집합건물법 제8조).

③ 판례에 의한 제한 : 공동명의수탁(대판 1993.2.9. 92다37482), 구분소유적 공유(대판 1989.9.12. 88다카10517)의 경우에도 분할청구를 할 수 없다.

> • 공동명의수탁을 받은 경우 수탁자들이 수탁받은 부동산에 대하여 공유물분할을 하는 것은 명의신탁의 목적에 반하고 신탁자가 명의신탁을 한 취지에도 어긋나는 것이고, 특히 종중의 재산을 보존하고 함부로 처분하지 못하게 하기 위하여 다수의 종중원에게 공동으로 명의신탁한 경우에는 더욱 그 취지에 반하는 것으로서 허용되지 아니한다(대판 1993.2.9. 92다37482).
> • 공유물분할청구는 공유자의 일방이 그 공유지분권에 터잡아서 하여야 하는 것이므로 공유지분권을 주장하지 아니하고 목적물의 특정부분을 소유한다고 주장하는 자는 그 부분에 대하여 신탁적으로 지분등기를 가지고 있는 자들을 상대로 하여 그 특정부분에 대한 명의신탁해지를 원인으로 한 지분이전등기절차의 이행만을 구하면 될 것이고 공유물분할 청구를 할 수 없다 할 것이다(대판 1989.9.12. 88다카10517).

(3) 분할의 방법

1) 협의에 의한 분할

① 공유물의 분할은 협의에 의함이 우선이다(제269조 제1항). 이때 전원이 참가해야 하며, 당사자는 협의에 의하여 분할의 방법을 임의로 자유로이 선택할 수 있다(대판[전합] 2013.11.21. 2011두1917). 기출 21

② 분할방법으로는 ㉠ 현물분할(공유물을 그대로 분량적으로 분할하는 방법), ㉡ 대금분할(공유물을 매각하여 그 대금을 나누는 방법), ㉢ 가격(가액)배상(공유자 중 한 사람이 다른 공유자들의 지분을 양수하여 그 가격을 지급하고, 단독소유자가 되는 방법) 등이 있으며, 협의에 따라 그 어떤 방법으로도 자유롭게 선택할 수 있다.

2) 재판상 분할

① 요건 : 분할방법에 관하여 협의가 성립되지 아니할 것(제269조 제1항)

> 공유물분할은 협의분할을 원칙으로 하고 협의가 성립되지 아니한 때에는 재판상 분할을 청구할 수 있으므로 공유자 사이에 이미 분할에 관한 협의가 성립된 경우에는 일부 공유자가 분할에 따른 이전등기에 협조하지 않거나 분할에 관하여 다툼이 있더라도 그 분할된 부분에 대한 소유권이전등기를 청구하든가 소유권확인을 구함은 별문제이나 또다시 소로써 그 분할을 청구하거나 이미 제기한 공유물분할의 소를 유지함은 허용되지 않는다(대판 1995.1.12. 94다30348·94다30355[반소]). 기출 24

② 재판상 분할의 소의 법적 성질

　　㉠ 형식적 형성의 소 : 공유물분할청구의 소는 형식적 형성의 소로서 처분권주의와 불이익변경금지의 원칙이 배제된다.

> 공유물분할의 소는 형성의 소로서 공유자 상호간의 지분의 교환 또는 매매를 통하여 공유의 객체를 단독 소유권의 대상으로 하여 그 객체에 대한 공유관계를 해소하는 것을 말하므로, 법원은 공유물분할을 청구하는 자가 구하는 방법에 구애받지 아니하고 자유로운 재량에 따라 공유관계나 그 객체인 물건의 제반 상황에 따라 공유자의 지분 비율에 따른 합리적인 분할을 하면 된다(대판 2004.10.14. 2004다30583).

ⓛ 고유필수적 공동소송

> 공유물분할청구의 소는 분할을 청구하는 공유자가 원고가 되어 다른 공유자 전부를 공동피고로 하여야 하는 <u>고유필수적</u>
> <u>공동소송이다</u>(대판 2014.1.29. 2013다78556).

③ 분할의 대상 : 건축허가나 신고 없이 건축된 미등기 건물에 대해서는 경매에 의한 공유물분할이 허용되지
  않는다(대판 2013.9.13. 2011다69190).

> 민사집행법 제81조 제1항 제2호 단서는 등기되지 아니한 건물에 대한 강제경매신청서에는 그 건물에 관한 건축허가 또는
> 건축신고를 증명할 서류를 첨부하여야 한다고 규정함으로써 적법하게 건축허가나 건축신고를 마친 건물이 사용승인을 받지
> 못한 경우에 한하여 부동산 집행을 위한 보존등기를 할 수 있게 하였고, 같은 법 제274조 제1항은 공유물분할을 위한 경매와
> 같은 형식적 경매는 담보권 실행을 위한 경매의 예에 따라 실시한다고 규정하며, 같은 법 제268조는 부동산을 목적으로
> 하는 담보권 실행을 위한 경매절차에는 같은 법 제79조 내지 제162조의 규정을 준용한다고 규정하고 있으므로, 건축허가나
> 신고 없이 건축된 미등기 건물에 대하여는 경매에 의한 공유물분할이 허용되지 않는다(대판 2013.9.13. 2011다69190).

④ 분할의 방법(제269조 제2항)
  ㉠ 원칙적으로 현물분할의 방법에 의하여야 한다.
  ㉡ 다만, 현물로 분할할 수 없거나 현물로 분할하게 되면 그 가액이 현저하게 감손될 염려가 있는 때에는
    물건의 경매를 명하여 대금분할을 할 수 있다.

> 재판에 의하여 공유물을 분할하는 경우에 현물로 분할할 수 없거나 현물로 분할하게 되면 그 가액이 현저히 감손될
> 염려가 있는 때에는 물건의 경매를 명하여 대금분할을 할 수 있는 것이고, 여기에서 '현물로 분할할 수 없다'는 요건은
> 이를 물리적으로 엄격하게 해석할 것은 아니고, 공유물의 성질, 위치나 면적, 이용상황, 분할 후의 사용가치 등에 비추어
> 보아 <u>현물분할을 하는 것이 곤란하거나 부적당한 경우를 포함한다</u> 할 것이고, '현물로 분할을 하게 되면 현저히 그
> 가액이 감손될 염려가 있는 경우'라는 것은 공유자의 한 사람이라도 현물분할에 의하여 단독으로 소유하게 될 부분의
> 가액이 분할 전의 소유지분 가액보다 현저하게 감손될 염려가 있는 경우도 포함하는 것이다. 재판에 의하여 공유물을
> 분할하는 경우에 법원은 현물로 분할하는 것이 원칙이므로, 불가피하게 대금분할을 할 수밖에 없는 요건에 관한 객관적·
> 구체적인 심리 없이 단순히 공유자들 사이에 분할의 방법에 관하여 의사가 합치하고 있지 않다는 등의 주관적·추상적인
> 사정에 터잡아 함부로 대금분할을 명하는 것은 허용될 수 없다(대판 2009.9.10. 2009다40219·40226).

  ㉢ 판례는 공유물을 공유자 중의 1인의 단독소유 또는 수인의 공유로 하되, 현물을 소유하게 되는 공유자
    로 하여금 다른 공유자에 대하여 그 지분의 적정하고도 합리적인 가격을 배상시키는 방법에 의한
    분할도 현물분할의 하나로 인정하고 있다(대판 2004.10.14. 2004다30583). 즉, <u>가격(가액)배상을 현물분할</u>
    방법의 하나로 인정하고 있다.

(4) 분할의 효과

① 지분의 이전으로 인한 소유권의 변동 : 공유물분할에 의하여 공유관계는 종료되고, 각 공유자 간에 지분
  권의 교환(현물분할의 경우) 또는 매매(대금분할·가격배상의 경우)가 성립하여 소유권을 취득하게 된다.

> 공유물분할청구소송에 있어 원래의 공유자들이 각 그 지분의 일부 또는 전부를 제3자에게 양도하고 그 지분이전등기까지
> 마쳤다면, 새로운 이해관계가 형성된 그 제3자에 대한 관계에서는 달리 특별한 사정이 없는 한 일단 등기부상의 지분을
> 기준으로 할 수밖에 없을 것이나, 원래의 공유자들 사이에서는 등기부상 지분과 실제의 지분이 다르다는 사실이 인정된다면
> 여전히 실제의 지분을 기준으로 삼아야 할 것이고 등기부상 지분을 기준으로 하여 그 실제의 지분을 초과하거나 적게 인정할
> 수는 없다(대판 2001.3.9. 98다51169). **기출** 17

② 효력발생시기
  ㉠ 협의에 의한 분할은 법률행위에 의한 물권변동에 해당한다. 공유물이 부동산인 경우에는 분할의 합의가 이루어졌다고 하더라도 바로 분할된 부분에 대한 단독소유권을 취득하는 것이 아니고, 등기하여야 비로소 단독소유권을 취득한다(제186조).
  ㉡ 재판상 분할에 있어서는 현물분할판결이 확정되면 분할된 부분에 대해서는 제187조에 근거하여 등기 없이도 단독소유권을 취득한다.
③ 분할효과의 불소급 : 분할의 효과는 소급하지 않는다. 다만, 공동상속재산 분할의 효과는 상속개시시로 소급한다(제1015조).
④ 분할로 인한 담보책임
  ㉠ 대금분할의 경우를 제외하면 공유물의 분할은 실질적으로 지분의 교환 또는 매매를 의미하므로, 공유자는 다른 공유자가 분할에 의하여 취득한 물건에 대하여 그 지분의 비율로 매도인과 동일한 담보책임이 있다(제270조).
  ㉡ 담보책임의 일반적 효과로서 손해배상, 대금감액 및 해제를 들 수 있으나, 재판상 분할의 경우에서는 해제가 인정되지 않는다.
⑤ 공유지분에 대한 저당권 설정 후 공유물이 분할된 경우(지분상의 담보책임)

> 甲, 乙의 공유인 부동산 중 甲의 지분위에 설정된 근저당권 등 담보물권은 특단의 합의가 없는 한 공유물분할이 된 뒤에도 종전의 지분비율대로 공유물 전부의 위에 그대로 존속하고 근저당권설정자인 甲 앞으로 분할된 부분에 당연히 집중되는 것은 아니므로, 甲과 담보권자 사이에 공유물분할로 甲의 단독소유로 된 토지부분 중 원래의 乙지분부분을 근저당권의 목적물에 포함시키기로 합의하였다고 하여도 이런 합의가 乙의 단독소유로된 토지부분 중 甲지분부분에 대한 피담보채권을 소멸시키기로 하는 합의까지 내포한 것이라고는 할 수 없다(대판 1989.8.8. 88다카24868). 기출 22·17

Ⅲ 합 유

1. 서 설

제271조【물건의 합유】
① 법률의 규정 또는 계약에 의하여 수인이 조합체로서 물건을 소유하는 때에는 합유로 한다. 합유자의 권리는 합유물 전부에 미친다.
② 합유에 관하여는 전항의 규정 또는 계약에 의하는 외에 다음 3조의 규정에 의한다.

제272조【합유물의 처분, 변경과 보존】
합유물을 처분 또는 변경함에는 합유자 전원의 동의가 있어야 한다. 그러나 보존행위는 각자가 할 수 있다.

제273조【합유지분의 처분과 합유물의 분할금지】
① 합유자는 전원의 동의없이 합유물에 대한 지분을 처분하지 못한다.
② 합유자는 합유물의 분할을 청구하지 못한다.

제274조【합유의 종료】
① 합유는 조합체의 해산 또는 합유물의 양도로 인하여 종료한다.
② 전항의 경우에 합유물의 분할에 관하여는 공유물의 분할에 관한 규정을 준용한다.

(1) 의 의

합유는 수인이 조합체를 이루어 물건을 소유하는 공동소유의 형태를 말한다(제271조 제1항).

(2) 구별개념

① **공유와의 구별** : 합유는 소유권이 양적으로 다수인에게 분속(分屬)한다는 점에서는 공유와 같지만, 합유자의 지분은 공동목적을 위하여 구속되어 있어서 자유롭게 이를 처분하지 못한다는 점에서 공유와 차이가 있다(제263조 전단, 제273조 제1항).

② **권리능력 없는 사단과의 구별** : 조합체란 수인이 공동의 목적으로 결합되어 있지만, 구성원의 개별성이 강하여 아직 단체(법인이나 법인이 아닌 사단)로서의 체계를 갖추지 못한 수인의 결합체를 의미한다. 즉 민법상의 조합과 법인격은 없으나 사단성이 인정되는 비법인사단을 구별함에 있어서는 일반적으로 그 단체성의 강약을 기준으로 판단한다(대판 1999.4.23. 99다4504).

2. 합유의 성립

① 합유가 성립하기 위해서는 그 전제로서 조합체의 존재가 필요하며, 조합체는 법률의 규정 또는 계약(조합계약)에 의하여 성립한다(제271조 제1항). 계약에 의한 조합 성립의 전형적인 예는 동업계약이며, 법률규정에 의한 조합으로는 신탁법 제50조에 의한 조합과 광업법 제19조에 의한 조합이 있다.

② 조합의 소유권 취득은 물권변동의 일반원칙이 적용된다. 따라서 물권적 합의와 공시방법을 필요로 한다. 특히 부동산을 합유하는 때에는 그 취지를 등기해야 한다(부동산등기법 제48조 제4항).

3. 합유의 법률관계

(1) 합유지분의 처분

합유에서도 지분이 존재한다. 그러나 공유와 달리 합유자 전원의 동의 없이는 합유물에 대한 지분을 처분하지 못한다(제273조 제1항). 지분의 양도는 조합원으로서의 지위의 양도를 의미하기 때문이다.

(2) 합유물의 처분·변경과 보존

① 합유물을 처분 또는 변경하려면 합유자 전원의 동의가 있어야 한다(제272조 본문).

② 합유물의 보존행위는 각 합유자가 단독으로 할 수 있다(제272조 단서).

> 합유물에 관하여 경료된 원인 무효의 소유권이전등기의 말소를 구하는 소송은 합유물에 관한 보존행위로서 합유자 각자가 할 수 있다(대판 1997.9.9. 96다16896). 기출 19·18

③ 합유물에 관한 소송은 필수적 공동소송이다.

> 합유로 소유권이전등기가 된 부동산에 관하여 명의신탁해지를 원인으로 한 소유권이전등기절차의 이행을 구하는 소송은 합유물에 관한 소송으로서 고유필요적 공동소송에 해당하여 합유자 전원을 피고로 하여야 할 뿐 아니라 합유자 전원에 대하여 합일적으로 확정되어야 하므로, 합유자 중 일부의 청구인낙이나 합유자 중 일부에 대한 소의 취하는 허용되지 않는다(대판 1996.12.10. 96다23238).

(3) 합유관계의 종료

① 조합체의 해산 또는 합유물의 양도로 인하여 합유관계는 종료된다(제274조 제1항). 조합체의 해산에 따른 합유물의 분할에 대하여 공유물 분할에 관한 규정이 준용된다(제274조 제2항).

② 조합체가 존속하는 한 합유자는 합유물의 분할을 청구할 수 없다(제273조 제2항). 다만 부득이 한 사유가 있으면 각 조합원은 조합체의 해산을 청구할 수 있다(제720조).

Ⅳ 총 유

1. 의 의

> **제275조【물건의 총유】**
> ① 법인이 아닌 사단의 사원이 집합체로서 물건을 소유할 때에는 총유로 한다.
> ② 총유에 관하여는 사단의 정관 기타 계약에 의하는 외에 다음 2조의 규정에 의한다.
>
> **제276조【총유물의 관리, 처분과 사용, 수익】**
> ① 총유물의 관리 및 처분은 사원총회의 결의에 의한다.
> ② 각 사원은 정관 기타의 규약에 좇아 총유물을 사용, 수익할 수 있다.
>
> **제277조【총유물에 관한 권리의무의 득상】**
> 총유물에 관한 사원의 권리의무는 사원의 지위를 취득상실함으로써 취득상실된다.

총유는 법인이 아닌 사단의 사원이 집합체로서 물건을 소유하는 공동소유의 형태이다(제275조 제1항). 총유의 주체는 권리능력 없는 사단인데, 그 대표적인 예가 종중과 교회이다.

2. 성 립

부동산의 총유는 이를 등기하여야 하고, 등기는 비법인사단 명의로 할 수 있다(부동산등기법 제26조, 제48조 제3항).

3. 총유의 법률관계

총유관계는 사단의 정관 기타 규약에 의하여 규율되나, 정관이나 규약으로 정한 바가 없는 때에는 제276조와 제277조의 규정에 의한다(제275조 제2항).

(1) 총유물의 관리·처분

① 총유물의 관리 및 처분은 정관 기타 규약에 달리 정함이 없다면 사원총회의 결의에 의하여야 한다(제275조 제2항, 제276조 제1항). 이를 위반한 관리 및 처분행위는 효력이 없다.

② 총유물의 관리 및 처분이라 함은 총유물 그 자체에 관한 이용·개량행위나 법률적·사실적 처분행위를 의미하는 것이고, 총유물 그 자체의 관리·처분이 따르지 아니하는 단순한 채무부담행위는 이를 총유물의 관리·처분행위라고 볼 수는 없다(대판 2012.4.12. 2011다107900).

③ 판례의 분류

　ⓐ 총유물 관리·처분행위로 본 경우

　　• 총유물인 종산에 대한 분묘를 설치하는 행위(대판 1967.7.18. 66다1600)

　　• 주택 조합원 전원의 총유에 속하는 신축 완공한 건물을 일반인에게 분양하는 행위(대판 2007.12.13. 2005다52214)

　　• 총유물에 관한 매매계약을 체결하는 행위(대판 2009.11.26. 2009다64383) **기출** 21·15

　ⓑ 정관에 의한 대표권 제한으로 본 경우(관리행위)

　　• 총유물의 사용권을 타인에게 부여하거나 임대하는 행위(대판 2012.10.25. 2010다56586)

　　• 비법인사단인 재건축조합이 재건축사업의 시행을 위하여 설계용역계약을 체결하는 것(대판 2003.7.22. 2002다64780) **기출** 18

　　• 비법인사단이 타인 간의 금전채무를 보증하는 행위는 총유물 그 자체의 관리·처분이 따르지 아니하는 단순한 채무부담행위에 불과하여 이를 총유물의 관리·처분행위라고 볼 수는 없다(대판[전합] 2007.4.19. 2004다60072·60089). **기출** 23·21·18

(2) 총유물의 사용·수익

총유물의 사용·수익의 권능은 개개의 사원에게 귀속된다(제276조 제2항).

(3) 총유물의 보존행위

총유물의 보존행위에 대해서는 공유(제265조 단서) 및 합유(제272조 단서)와 달리 별도로 규정하고 있지 않다. 반면 판례는「총유재산에 관한 소송은 법인아닌 사단이 그 명의로 사원총회의 결의를 거쳐야 하거나 그 구성원 전원이 당사자가 되어 필수적 공동소송이 형태로 할 수 있다」(대판[전합] 2005.9.15. 2004다44971)고 판시하였다.

기출 21

> • 제276조 제1항은 "총유물의 관리 및 처분은 사원총회의 결의에 의한다.", 같은 조 제2항은 "각 사원은 정관 기타의 규약에 좇아 총유물을 사용·수익할 수 있다."라고 규정하고 있을 뿐 공유나 합유의 경우처럼 보존행위는 그 구성원 각자가 할 수 있다는 제265조 단서 또는 제272조 단서와 같은 규정을 두고 있지 아니한바, 이는 법인 아닌 사단의 소유형태인 총유가 공유나 합유에 비하여 단체성이 강하고 구성원 개인들의 총유재산에 대한 지분권이 인정되지 아니하는 데에서 나온 당연한 귀결이라고 할 것이므로 총유재산에 관한 소송은 법인 아닌 사단이 그 명의로 사원총회의 결의를 거쳐 하거나 또는 그 구성원 전원이 당사자가 되어 필수적 공동소송의 형태로 할 수 있을 뿐 그 사단의 구성원은 설령 그가 사단의 대표자라거나 사원총회의 결의를 거쳤다 하더라도 그 소송의 당사자가 될 수 없고, 이러한 법리는 총유재산의 보존행위로서 소를 제기하는 경우에도 마찬가지이다(대판[전합] 2005.9.15. 2004다44971).
> • 비법인사단이 총유재산에 관한 소송을 제기할 때에는 정관에 다른 정함이 있다는 등의 특별한 사정이 없는 한 사원총회 결의를 거쳐야 하는 것이므로, 비법인사단이 이러한 사원총회 결의 없이 그 명의로 제기한 소송은 소송요건이 흠결된 것으로서 부적법하다(대판 2011.7.28. 2010다97044).

4. 총유물에 관한 사원의 권리의무의 득실

총유물에 관한 사원의 권리의무는 사원의 지위를 취득 또는 상실함에 따라 발생 또는 소멸한다(제277조).

V 준공동소유

> **제278조【준공동소유】**
> 본절의 규정은 소유권 이외의 재산권에 준용한다. 그러나 다른 법률에 특별한 규정이 있으면 그에 의한다.

1. 의 의

준공동소유란 소유권 이외의 재산권을 수인이 공동으로 소유하는 것을 말한다(제278조). 공동소유에 공유, 합유, 총유가 있는 것처럼 준공동소유에도 준공유, 준합유, 준총유가 있다. 준공동소유에는 공동소유에 관한 규정들이 적용된다(제278조).

2. 준공동소유가 인정되는 재산권

(1) 소유권 이외의 물권

(2) 채 권

채권에 대해서도 준공동소유가 성립하나, 다수당사자의 채권관계에 관한 규정이 우선 적용된다.

제6관　명의신탁

I 총 설

1. 의 의

판례는「부동산의 명의신탁이란 당사자간의 신탁에 관한 채권계약에 의하여 신탁자가 실질적으로는 그의 소유에 속하는 부동산의 등기명의를 실체적인 거래관계가 없는 수탁자에게 매매 등의 형식으로 이전하여 두는 것을 일컫는다」(대판 1993.11.9. 92다31699)고 판시하였다.

2. 명의신탁의 법적 성질 및 유효성

(1) 법적 성질

명의신탁이론은 판례에 의하여 정립되었는데, 판례에 의하면 명의신탁이 민법상의 신탁에 해당한다는 입장이다.

(2) 유효성

제108조에 따라 무효라는 견해와 허위표시가 아니라 유효한 계약으로 보는 견해의 다툼이 있으나, 명의신탁에서 당사자들은 법적으로는 진정하게 소유권을 명의수탁자 앞으로 이전할 것을 의욕하기에, 명의신탁의 유효성 자체를 부정할 것은 아니다.

3. 규율방법

부동산 실권리자 명의 등기에 관한 법률(이하 '부동산실명법'이라 한다)이 1995년 7월 1일 시행됨에 따라 기존의 판례법리에 의존해야 하는 범위가 많이 축소된 것은 사실이나, 법률상 배우자간의 명의신탁이나 종중의 명의신탁과 같이 부동산실명법이 적용되지 않는 유형의 명의신탁의 경우 등에는 여전히 판례의 이론이 적용된다. 따라서 이하에서는 우선 부동산실명법의 내용에 대해 검토하고, 이후 명의신탁에 관한 판례이론을 검토하겠다.

Ⅱ 부동산 실권리자명의 등기에 관한 법률(이하 '부동산실명법')

1. 서 설

판례에 의하여 형성된 명의신탁의 법리가 주로 조세를 포탈하거나 토지에 관한 각종 공법상 제한을 피하기 위하여 이용되는 등의 폐해가 발생하자 1995년 3월 30일 부동산실명법이 제정되어 동년 7월 1일부로 시행되어 오고 있다.

2. 적용범위

(1) 동법의 적용대상

소유권뿐만 아니라, 기타 물권도 규율한다(부동산실명법 제2조 제1호 본문).

(2) 적용의 예외(허용되는 명의신탁)

① 양도담보나 가등기담보, 상호명의신탁, 신탁등기(부동산실명법 제2조 제1호 단서 각 호)
② 특례의 인정 : 조세포탈, 강제집행의 면탈 또는 법령상 제한의 회피 목적이 없는 종중, 배우자 및 종교단체 사이의 명의신탁(부동산실명법 제8조)

여기서 종중이란 원래의 의미의 종중을 의미하고 종중과 유사한 비법인사단은 이에 속하지 않으며(대판 2007.10.25. 2006다14165), 배우자란 사실혼을 가장한 탈법행위를 방지하기 위해 '법률상의 배우자'에 한정된다(대판 2002.10.25. 2002다23840). **기출** 17

3. 명의신탁의 효력

> **부동산실명법 제4조【명의신탁약정의 효력】**
> ① 명의신탁약정은 무효로 한다.
> ② 명의신탁약정에 따른 등기로 이루어진 부동산에 관한 물권변동은 무효로 한다. 다만, 부동산에 관한 물권을 취득하기 위한 계약에서 명의수탁자가 어느 한쪽 당사자가 되고 상대방 당사자는 명의신탁약정이 있다는 사실을 알지 못한 경우에는 그러하지 아니하다.
> ③ 제1항 및 제2항의 무효는 제3자에게 대항하지 못한다.
>
> **부동산실명법 제12조【실명등기의무 위반의 효력 등】**
> ① 제11조에 규정된 기간 이내에 실명등기 또는 매각처분 등을 하지 아니한 경우 그 기간이 지난 날 이후의 명의신탁약정 등의 효력에 관하여는 제4조를 적용한다.
> ② 제11조를 위반한 자에 대하여는 제3조 제1항을 위반한 자에 준하여 제5조, 제5조의2 및 제6조를 적용한다.
> ③ 법률 제4944호 부동산 실권리자명의 등기에 관한 법률 시행 전에 명의신탁약정에 따른 등기를 한 사실이 없는 자가 제11조에 따른 실명등기를 가장하여 등기한 경우에는 5년 이하의 징역 또는 2억 원 이하의 벌금에 처한다.

(1) 명의신탁 「약정」의 무효

① 명의신탁약정은 적용의 예외에 해당하지 않는 한 명시적이든 묵시적이든 무효이다(부동산실명법 제4조 제1항). 다만, 강행법규에 위반되어 무효일뿐 제103조에 의한 무효는 아니다(대판 1991.9.13. 91다16334 · 16341[반소]).

② 나아가 무효인 명의신탁약정에 기하여 타인 명의의 등기가 경료되었다는 이유로 그것이 불법원인급여에 해당한다고 볼 수는 없다(대판 2003.11.27. 2003다41722).

③ 또한 이는 농지법에 따른 제한을 회피하고자 명의신탁을 한 경우에도 마찬가지이다(대판[전합] 2019.6.20. 2013다218156). **기출** 21

> **[부동산 실권리자명의 등기에 관한 법률을 위반하여 무효인 명의신탁약정에 따라 명의수탁자 명의로 등기를 경우, 명의신탁자가 명의수탁자를 상대로 그 등기의 말소를 구하는 것이 제746조의 불법원인급여를 유로 금지되는지 여부(소극) 및 이는 농지법에 따른 제한을 회피하고자 명의신탁을 한 경우에도 마찬가지인지 여부(적극)]**
> 부동산 실권리자명의 등기에 관한 법률(이하 '부동산실명법'이라 한다) 규정의 문언, 내용, 체계와 입법목적 등을 종합하면, 부동산실명법을 위반하여 무효인 명의신탁약정에 따라 명의수탁자 명의로 등기를 하였다는 이유만으로 그것이 당연히 불법원인급여에 해당한다고 단정할 수는 없다. 이는 농지법에 따른 제한을 회피하고자 명의신탁을 한 경우에도 마찬가지이다(대판[전합] 2019.6.20. 2013다218156 – 다수의견).

④ 부동산실명법 제4조 제1항에 의하여 무효가 되는 것은 명의신탁약정뿐이고, 명의신탁약정에 따라 행하여진 부동산취득의 원인계약은 무효로 되지 않는다.

⑤ 명의신탁자는 부동산실명법 제11조에서 정한 유예기간 이내에 실명등기 등을 하여야 하고, 유예기간이 경과한 날 이후부터 명의신탁약정과 그에 따라 행하여진 등기에 의한 부동산에 관한 물권변동이 무효가 되므로 명의신탁자는 더 이상 명의신탁해지를 원인으로 하는 소유권 이전등기를 청구할 수 없다(대판 1999.1.26. 98다1027).

(2) 명의신탁 「등기」의 효력

명의신탁약정에 기한 물권변동은 무효이다(부동산실명법 제4조 제2항 본문).

(3) 제3자에 대한 효과

① 제3자 : 부동산실명법 제4조 제3항의 '제3자'라 함은, 수탁자가 물권자임을 기초로 그와의 사이에 새로운 이해관계를 맺는 자를 말하고, 여기에는 소유권이나 저당권 등 물권을 취득한 자뿐만 아니라 압류 또는 가압류채권자도 포함되며, 제3자의 선의 · 악의를 묻지 않는다(대판 2009.3.12. 2008다36022).

② 「대항하지 못한다」의 의미 : 「대항하지 못한다」의 의미는 수탁자 명의의 등기는 무효이나, 제3자에 대한 관계에서는 유효한 등기로 취급되어 제3자가 부동산 물권을 적법하게 취득할 수 있게 된다는 의미이다.

4. 명의신탁의 유형

(1) 단순 명의신탁(양자간 명의신탁)

1) 의 의

명의신탁자가 자신 소유 부동산의 등기명의를 명의수탁자에게 신탁한 경우에 해당한다.

2) 법률관계

① 명의신탁약정이 무효이므로(부동산실명법 제4조 제1항), 그 약정에 기한 물권변동도 무효이다(부동산실명법 제4조 제2항 본문). 따라서 소유권은 대내적이든 대외적이든 모두 신탁자에게 있다.

② 이 경우 신탁자는 소유권에 기초하여 수탁자를 상대로 소유권이전등기말소청구 또는 진정명의회복을 위한 소유권이전등기청구를 할 수 있다(대판 2002.9.6. 2002다35157).

> **[양자간 등기명의신탁에서 명의수탁자가 신탁부동산을 처분하여 제3취득자가 유효하게 소유권을 취득함으로써 명의신탁자가 신탁부동산에 대한 소유권을 상실한 경우, 명의신탁자의 소유권에 기한 물권적 청구권이 인정되는지 여부(소극) 및 그 후 명의수탁자가 우연히 신탁부동산의 소유권을 다시 취득하더라도 마찬가지인지 여부(적극)]**
>
> 양자간 등기명의신탁에서 명의수탁자가 신탁부동산을 처분하여 제3취득자가 유효하게 소유권을 취득하고 이로써 명의신탁자가 신탁부동산에 대한 소유권을 상실하였다면, 명의신탁자의 소유권에 기한 물권적 청구권, 즉 말소등기청구권이나 진정명의회복을 원인으로 한 이전등기청구권도 더 이상 그 존재 자체가 인정되지 않는다. 그 후 명의수탁자가 우연히 신탁부동산의 소유권을 다시 취득하였다고 하더라도 명의신탁자가 신탁부동산의 소유권을 상실한 사실에는 변함이 없으므로, 여전히 물권적 청구권은 그 존재 자체가 인정되지 않는다(대판 2013.2.28. 2010다89814).
>
> **[명의수탁자가 양자간 명의신탁에 따라 명의신탁자로부터 소유권이전등기를 넘겨받은 부동산을 임의로 처분한 경우, 형사상 횡령죄의 성립 여부와 관계없이 명의신탁자에 대하여 민사상 불법행위책임을 부담하는지 여부(적극)]**
>
> 명의수탁자가 양자간 명의신탁에 따라 명의신탁자로부터 소유권이전등기를 넘겨받은 부동산을 임의로 처분한 행위가 형사상 횡령죄로 처벌되지 않더라도, 위 행위는 명의신탁자의 소유권을 침해하는 행위로서 형사상 횡령죄의 성립 여부와 관계없이 민법상 불법행위에 해당하여 명의수탁자는 명의신탁자에게 손해배상책임을 부담한다(대판 2021.6.3. 2016다34007).

③ 부동산실명법 시행 이전의 명의신탁은 부동산실명법 시행일(1995.7.1.)로부터 1년간의 유예기간 내에 실명등기를 하지 않으면 그 명의신탁도 부동산실명법이 적용되어 명의신탁약정은 무효가 되고, 그 약정에 기한 물권변동도 무효가 된다(부동산실명법 제11조 제1항 본문, 동법 제12조).

(2) 중간생략형 명의신탁(3자간 명의신탁)

1) 의 의

신탁자가 직접 계약의 당사자가 되어 매도인으로부터 부동산을 매수하지만, 자신에게 등기를 경료하지 않고, 수탁자에게 이전등기를 하는 경우를 의미하며, 「3자간 명의신탁」이라고도 한다.

2) 법률관계

① 신탁자와 수탁자 사이의 명의신탁약정은 무효이며(부동산실명법 제4조 제1항), 수탁자 앞으로 경료된 등기 또한 무효가 된다.

② 따라서 부동산의 소유권은 등기부상 전 소유자인 매도인에게 여전히 남아 있으므로, 매도인은 자신의 소유권에 기하여 수탁자를 상대로 등기의 말소 또는 진정명의회복을 위한 소유권이전등기청구를 할 수 있지만, 신탁자는 소유자가 아니므로, 수탁자를 상대로 진정명의회복을 위한 소유권이전등기청구권을 행사할 수 없다.

> 진정한 등기명의 회복을 위한 소유권이전등기청구는 자기 명의로 소유권의 등기가 되어 있었거나 법률에 의하여 소유권을 취득한 진정한 소유자가 현재의 등기명의인을 상대로 그 등기의 말소를 구하는 것에 갈음하여 소유권에 기하여 진정한 등기명의의 회복을 구하는 것이므로, 자기 앞으로 소유권의 등기가 되어있지 않았고 법률에 의하여 소유권을 취득하지도 않은 사람이 소유자를 대위하여 현재의 등기명의인을 상대로 그 등기의 말소를 청구할 수 있을 뿐인 경우에는 진정한 등기명의의 회복을 위한 소유권이전등기청구를 할 수 없다(대판 2011.1.27. 2008다2807).

③ 매도인과 명의신탁자 간에 체결된 원인계약의 효력
  ㉠ 매도인과 명의신탁자 간에 체결된 매매계약 등의 원인계약은 유효하다(대판 1999.9.17. 99다21738).
  ㉡ 따라서 매도인은 여전히 신탁자에게 소유권이전등기의무를 부담한다.

> 부동산 실권리자명의 등기에 관한 법률 소정의 유예기간 경과에 의하여 기존 명의신탁 약정과 그에 의한 등기가 무효로 되면 명의신탁 부동산은 매도인 소유로 복귀하므로 매도인은 명의수탁자에게 무효인 명의수탁자 명의의 등기의 말소를 구할 수 있게 되고, 한편 같은 법은 매도인과 명의신탁자 사이의 매매계약의 효력을 부정하는 규정을 두고 있지 아니하여 위 유예기간 경과 후로도 매도인과 명의신탁자 사이의 매매계약은 여전히 유효하므로, 명의신탁자는 위 매매계약에 기한 매도인에 대한 소유권이전등기청구권을 보전하기 위하여 매도인을 대위하여 명의수탁자에게 무효인 명의수탁자 명의의 등기의 말소를 구할 수 있다(대판 1999.9.17. 99다21738). 나아가 명의수탁자가 명의신탁자 앞으로 바로 경료해 준 소유권이전등기는 결국 실체관계에 부합하는 등기로서 유효하다(대판 2004.6.25. 2004다6764).

④ 신탁자의 수탁자에 대한 부당이득반환청구

　㉠ 부당이득반환을 원인으로 한 소유권이전등기청구는 인정되지 않는다.

> 이른바 3자간 등기명의신탁의 경우 부동산실명법에 의하여 그 명의신탁약정과 그에 의한 등기가 무효로 되더라도 명의신탁자는 매도인에 대하여 매매계약에 기한 소유권이전등기청구권을 보유하고 있어 그 유예기간의 경과로 그 등기 명의를 보유하지 못하는 손해를 입었다고 볼 수 없고, 그와 같이 명의신탁 부동산의 소유권이 매도인에게 복귀한 마당에 명의신탁자가 무효인 등기의 명의인인 명의수탁자를 상대로 그 이전등기를 구할 수도 없다 할 것이므로, 결국 3자간 등기명의신탁에 있어서 명의신탁자는 명의수탁자를 상대로 부당이득반환을 원인으로 한 소유권이전등기를 구할 수 없다(대판 2009.4.9. 2008다87723).

　㉡ 수탁자가 수령한 처분대금 등에 대한 부당이득반환청구는 인정된다.

> 이른바 3자간 등기명의신탁에서 부동산 실권리자명의 등기에 관한 법률에서 정한 유예기간이 경과한 후 명의수탁자가 신탁부동산을 임의로 처분하거나 강제수용이나 공공용지 협의취득 등을 원인으로 제3취득자 명의로 이전등기가 마쳐진 경우, 특별한 사정이 없는 한 제3취득자는 유효하게 소유권을 취득하게 되므로(부동산실명법 제4조 제3항), 그로 인하여 매도인의 명의신탁자에 대한 소유권이전등기의무는 이행불능으로 되고 그 결과 명의신탁자는 신탁부동산의 소유권을 이전받을 권리를 상실하는 손해를 입게 되는 반면, 명의수탁자는 신탁부동산의 처분대금이나 보상금을 취득하는 이익을 얻게 되므로, 명의수탁자는 명의신탁자에게 그 이익을 부당이득으로 반환할 의무가 있다(대판 2011.9.8. 2009다49193 · 49209).

> **[이른바 3자간 등기명의신탁에 있어 명의신탁등기가 부동산 실권리자명의 등기에 관한 법률 시행에 의하여 무효로 된 후에 명의수탁자가 임의로 신탁부동산을 처분한 경우, 매도인이 명의수탁자의 처분행위로 인하여 손해를 입었다고 볼 수 있는지 여부(소극)]**
> 명의수탁자가 신탁부동산을 임의로 매각처분한 경우, 특별한 사정이 없는 한 그 매수인은 유효하게 소유권을 취득하게 되는바, 명의신탁약정 및 이에 따라 행하여진 등기에 의한 부동산에 관한 물권변동을 무효로 하는 부동산 실권리자명의 등기에 관한 법률이 시행되기 이전에 매도인이 명의신탁자의 요구에 따라 명의수탁자 앞으로 등기명의를 이전하여 주었다면 매도인에게 매매계약의 체결이나 그 이행에 관하여 어떠한 귀책사유가 있다고 보기 어려우므로 자신의 편의를 위하여 명의수탁자 앞으로의 등기이전을 요구한 명의신탁자가 자신의 귀책사유로 같은 법에서 정한 유예기간이 지나도록 실명등기를 하지 아니한 사정에 기인하여 매도인에 대하여 매내대금의 반환을 구하거나, 명의신탁자 앞으로 재차 소유권이전등기를 경료할 것을 요구하는 것은 신의칙상 허용되지 아니하고. 따라서 매도인으로서는 명의수탁자가 신탁부동산을 타에 처분하였다고 하더라도. 명의수탁자로부터 그 소유명의를 회복하기 전까지는 명의신탁자에 대하여 신의칙 내지 제536조 제1항 본문의규정에 의하여 이와 동시이행의 관계에 있는 매매대금 반환채무의 이행을 거절할 수 있고. 한편 명의신탁자의 소유권이전등기청구도 허용되지 아니하므로. 결국 매도인으로서는 명의수탁자의 처분행위로 인하여 손해를 입은 바가 없다(대판 2002.3.15. 2001다61654).

(3) 계약명의신탁(위임명의신탁)

1) 의 의

중간생략형 명의신탁(3자간 명의신탁)과 달리 신탁자의 위임에 따라 수탁자가 직접 계약당사자가 되어 자기
이름으로 매도인과 부동산의 매매계약을 하고 수탁자 자신에게 이전등기를 하는 명의신탁을 말한다.

2) 중간생략형 명의신탁과의 구별 기준

> 명의신탁약정이 3자간 등기명의신탁인지 아니면 계약명의신탁인지의 구별은 계약당사자가 누구인가를 확정하는 문제로
> 귀결되는데, 계약명의자가 명의수탁자로 되어 있다 하더라도 계약당사자를 명의신탁자로 볼 수 있다면 이는 3자간 등기명의신
> 탁이 된다. 따라서 계약명의자인 명의수탁자가 아니라 명의신탁자에게 계약에 따른 법률효과를 직접 귀속시킬 의도로 계약을
> 체결한 사정이 인정된다면 명의신탁자가 계약당사자라고 할 것이므로, 이 경우의 명의신탁관계는 3자간 등기명의신탁으로
> 보아야 한다(대판 2010.10.28. 2010다52799).

3) 법률관계

① 명의신탁자와 명의수탁자 간의 명의신탁약정은 무효이다. 이는 매도인이 선의인 경우에 해당하여 수탁자
　가 소유권을 취득하여도 달라지지 않는다.

② 매도인이 선의인 경우

　㉠ 명의수탁자의 소유권 취득 여부

> 부동산 실권리자명의 등기에 관한 법률 제4조에 따르면 부동산에 관한 명의신탁약정과 그에 따른 부동산 물권변동은
> 무효이고, 다만 부동산에 관한 물권을 취득하기 위한 계약에서 명의수탁자가 어느 한쪽 당사자가 되고 상대방 당사자는
> 명의신탁약정이 있다는 사실을 알지 못한 경우[매도인이 선의인 계약명의신탁(註)] 명의수탁자는 부동산의 완전한 소유권을
> 취득하되 명의신탁자에 대하여 부당이득반환 의무를 부담하게 될 뿐이다(대판 2002.12.26. 2000다21123, 대판 2019.6.13.
> 2017다246180). 기출 23

　㉡ 명의신탁자의 수탁자에 대한 부당이득반환청구

　　• 부동산실명법 시행 전 명의신탁

　　　– 원칙 : 신탁자는 수탁자를 상대로 취득한 부동산 자체에 대한 부당이득반환을 청구할 수 있다(대판
　　　　2002.12.26. 2000다21123).

> [1] 명의신탁자가 당해 부동산의 회복을 위해 명의수탁자에 대해 가지는 소유권이전등기청구권은 그 성질상 법률의
> 규정에 의한 부당이득반환청구권으로서 제162조 제1항에 따라 10년의 기간이 경과함으로써 시효로 소멸한다.
> [2] 명의신탁자가 그 부동산을 점유·사용하여 온 경우에는 명의신탁자의 명의수탁자에 대한 부당이득반환청구권에
> 기한 등기청구권의 소멸시효가 진행되지 않는다고 보아야 한다면, 이는 명의신탁자가 부동산 실권리자명의 등기에
> 관한 법률의 유예기간 및 시효기간 경과 후 여전히 실명전환을 하지 않아 위 법률을 위반한 경우임에도 그 권리를
> 보호하여 주는 결과로 되어 부동산 거래의 실정 및 부동산 실권리자명의 등기에 관한 법률 등 관련 법률의 취지에도
> 맞지 않는다(대판 2009.7.9. 2009다23313). 즉, 소멸시효의 기간은 신탁자가 부동산을 점유 및 사용 중이더라도 시효의
> 진행을 막지 못한다는 의미이다.

- 예외 : 부동산실명법 시행 전의 명의신탁이지만 실명전환의 유예기간이 경과하기 전까지 신탁자가 소유권을 취득함에 별도의 법률상 장애가 있었던 경우에는 부동산 자체가 아니라 매수자금에 대해서만 반환을 청구할 수 있다(대판 2008.5.15, 2007다74690).

> 부동산 실권리자명의 등기에 관한 법률 시행 전에 명의신탁자와 명의수탁자가 이른바 계약명의신탁약정을 맺고 명의수탁자가 당사자가 되어 명의신탁약정이 있다는 사실을 알지 못하는 소유자와 부동산에 관한 매매계약을 체결한 후 그 매매계약에 따라 당해 부동산의 소유권이전등기를 수탁자 명의로 마쳤으나 위 법률 제11조에서 정한 유예기간이 경과하기까지 명의신탁자가 그 명의로 당해부동산을 등기이전하는 데 법률상 장애가 있었던 경우에는, 명의신탁자는 당해 부동산의 소유권을 취득할 수 없었으므로, 위 명의신탁약정의 무효로 인하여 명의신탁자가 입은 손해는 당해 부동산 자체가 아니라 명의수탁자에게 제공한 매수자금이고, 따라서 명의수탁자는 당해 부동산 자체가 아니라 명의신탁자로부터 제공받은 매수자금을 부당이득하였다고 할 것이다(대판 2008.5.15, 2007다74690).

- 부동산실명법 시행 후 명의신탁 : 부동산실명법 시행(1995.7.1.) 후의 계약명의신탁의 경우, 명의신탁자는 애초부터 당해 부동산의 소유권을 취득할 수 없으므로, 그가 입은 손해는 당해 부동산 자체가 아니라 명의 수탁자에게 지급한 매수대금 상당의 금액이다.

> - 계약명의신탁약정이 부동산실권리자명의등기에 관한 법률 시행 후인 경우에는 명의신탁자는 애초부터 당해 부동산의 소유권을 취득할 수 없었으므로 위 명의신탁약정의 무효로 인하여 명의신탁자가 입은 손해는 당해 부동산 자체가 아니라 명의수탁자에게 제공한 매수자금이라 할 것이고, 따라서 명의수탁자는 당해 부동산 자체가 아니라 명의신탁자로부터 제공받은 매수자금을 부당이득하였다고 할 것이다(대판 2005.1.28, 2002다66922). **기출** 21 · 15
> - 이때 명의수탁자가 소유권이전등기를 위하여 지출하여야 할 취득세, 등록세 등을 명의신탁자로부터 제공받았다면, 이러한 자금 역시 위 계약명의신탁약정에 따라 명의수탁자가 당해 부동산의 소유권을 취득하기 위하여 매매대금과 함께 지출된 것이므로, 당해 부동산의 매매대금 상당액 이외에 명의신탁자가 명의수탁자에게 지급한 취득세, 등록세 등의 취득비용도 특별한 사정이 없는 한 위 계약명의신탁약정의 무효로 인하여 명의신탁자가 입은 손해에 포함되어 명의수탁자는 이 역시 명의신탁자에게 부당이득으로 반환하여야 한다(대판 2010.10.14, 2007다90432).

③ 매도인이 악의인 경우

㉠ 매도인이 명의신탁약정의 존재를 알고 수탁자와 계약을 체결한 경우에는 물권변동이 무효이므로(부동산실명법 제4조 제2항 본문), 수탁자 앞으로 경료된 이전등기 역시 무효이다. 따라서 부동산의 소유권은 여전히 매도인에게 있다.

㉡ 명의수탁자가 그 부동산을 제3자에게 처분하는 경우

> 명의신탁자와 명의수탁자가 이른바 계약명의신탁 약정을 맺고 매매계약을 체결한 소유자도 명의신탁자와 명의수탁자 사이의 명의신탁약정을 알면서 그 매매계약에 따라 명의수탁자 앞으로 당해 부동산의 소유권이전등기를 마친 경우 부동산 실권리자명의 등기에 관한 법률 제4조 제2항 본문에 의하여 명의수탁자 명의의 소유권이전등기는 무효이므로, 당해 부동산의 소유권은 매매계약을 체결한 소유자에게 그대로 남아 있게 되고, 명의수탁자가 자신의 명의로 소유권이전등기를 마친 부동산을 제3자에게 처분하면 이는 매도인의 소유권 침해행위로서 불법행위가 된다. 그러나 명의수탁자로부터 매매대금을 수령한 상태의 소유자로서는 그 부동산에 관한 소유명의를 회복하기 전까지는 신의칙 내지 제536조 제1항 본문의 규정에 의하여 명의수탁자에 대하여 이와 동시이행의 관계에 있는 매매대금 반환채무의 이행을 거절할 수 있는데, 이른바 계약명의신탁에서 명의수탁자의 제3자에 대한 처분행위가 유효하게 확정되어 소유자에 대한 소유명의 회복이 불가능한 이상, 소유자로서는 그와 동시이행관계에 있는 매매대금 반환채무를 이행할 여지가 없다. 또한 명의신탁자는 소유자와 매매계약관계가 없어 소유자에 대한 소유권이전등기청구도 허용되지 아니하므로, 결국 소유자인 매도인으로서는 특별한 사정이 없는 한 명의수탁자의 처분행위로 인하여 어떠한 손해도 입은 바가 없다(대판 2013.9.12, 2010다95185). **기출** 21

4) 경매에서 타인의 자금으로 부동산을 매수한 경우의 법률관계

> [1] 부동산경매절차에서 부동산을 매수하려는 사람이 매수대금을 자신이 부담하면서 다른 사람의 명의로 매각허가결정을 받기로 그 다른 사람과 약정함에 따라 매각허가가 이루어진 경우, 그 경매절차에서 매수인의 지위에 서게 되는 사람은 어디까지나 그 명의인이므로, 경매 목적 부동산의 소유권은 매수대금을 실질적으로 부담한 사람이 누구인가와 상관없이 그 명의인이 취득한다. 이 경우 매수대금을 부담한 사람과 이름을 빌려준 사람 사이에는 명의신탁관계[계약명의신탁(註)]가 성립한다.
> [2] 부동산 실권리자명의 등기에 관한 법률 시행 전에 명의수탁자가 명의신탁 약정에 따라 부동산에 관한 소유명의를 취득한 경우 위 법률의 시행 후 같은 법 제11조 소정의 유예기간이 경과하기 전까지는 명의신탁자는 언제라도 명의신탁 약정을 해지하고 당해 부동산에 관한 소유권을 취득할 수 있었던 것인데 실명화 등의 조치 없이 위 유예기간이 경과함으로써 같은 법 제12조 제1항, 제4조에 의해 명의신탁 약정은 무효로 되는 한편, 명의수탁자가 당해 부동산에 관한 완전한 소유권을 취득하게 되어 결국 명의수탁자는 당해 부동산 자체를 부당이득하게 되고, 같은 법 제3조 및 제4조가 명의신탁자에게 소유권이 귀속되는 것을 막는 취지의 규정은 아니므로 명의수탁자는 명의신탁자에게 자신이 취득한 당해 부동산을 부당이득으로 반환할 의무가 있다(대판 2008.11.27. 2008다62687). **기출** 15

Ⅲ 명의신탁에 관한 판례이론

1. 일반 명의신탁

(1) 성립 : 명의신탁의 약정과 등기

1) 명의신탁의 대상

① 명의신탁의 대상은 공부에 의하여 소유관계가 표시되는 재화, 즉 등기·등록에 의하여 공시되는 재화에 한한다. 따라서 공부상 그 소유관계가 공시될 수 없는 동산은 명의신탁이 성립할 여지가 없다(대판 1994.10.11. 94다16175). **기출** 18

② 소유권 또는 그 지분이 명의신탁의 대상이 됨은 의문의 여지가 없으며, 용익물권도 마찬가지이다(대판 1998.9.4. 98다20981).

③ 담보물권에 대해서는 명의신탁이 성립할 수 없다는 견해도 있으나, 판례는 명의신탁의 대상성을 긍정한다(대판 1995.9.26. 94다33583). **기출** 19

> 채권담보의 목적으로 채무자 소유의 부동산을 담보로 제공하여 저당권을 설정하는 경우에는 담보물권의 부종성의 법리에 비추어 원칙적으로 채권과 저당권이 그 주체를 달리할 수 없는 것이지만, 채권자 아닌 제3자의 명의로 저당권등기를 하는 데 대하여 채권자와 채무자 및 제3자 사이에 합의가 있었고, 나아가 제3자에게 그 채권이 실질적으로 귀속되었다고 볼 수 있는 특별한 사정이 있거나, 거래경위에 비추어 제3자의 저당권등기가 한낱 명목에 그치는 것이 아니라 그 제3자도 채무자로부터 유효하게 채권을 변제받을 수 있고 채무자도 채권자나 저당권 명의인인 제3자 중 누구에게든 채무를 유효하게 변제할 수 있는 관계 즉 묵시적으로 채권자와 제3자가 불가분적 채권자의 관계에 있다고 볼 수 있는 경우에는, 그 제3자 명의의 저당권등기도 유효하다고 볼 것인바, 이러한 법리는 저당권의 경우뿐 아니라 채권 담보를 목적으로 가등기를 하는 경우에도 마찬가지로 적용된다고 보아야 할 것이고, 이러한 법리가 부동산 실권리자명의등기에 관한 법률에 규정된 명의신탁 약정의 금지에 위반된다고 할 것은 아니다(대판 2000.12.12. 2000다49879).

2) 명의신탁약정

부동산에 관한 명의신탁 관계가 성립하려면 신탁자와 수탁자 사이에 명의신탁 관계의 설정에 관한 합의가 있어야 할 것이고, 이러한 명의신탁약정은 반드시 명시적으로 체결될 필요는 없고, 묵시적으로 체결될 수도 있다(대판 1981.12.8. 81다카367).

3) 명의신탁등기

① 명의신탁이 성립하려면 명의신탁관계 설정에 관한 합의 외에 명의수탁자 명의의 등기가 있어야 한다. 그리고 명의신탁등기가 유효하려면 명의신탁약정이 유효하여야 한다.

② 명의신탁등기는 본등기에 한하지 않고, 가등기라도 무방하다(대판 1992.7.28. 92다10173·10180).

(2) 법률관계

판례는 대내·대외적 관계로 구별하여 신탁자와 수탁자의 내부적 관계에서는 신탁자를 소유자로 보지만, 제3자와의 대외적 관계에서는 수탁자를 소유자로 인정한다(상대적 권리이전설).

1) 대내적 관계

① 소유권의 유보

   ㉠ 명의신탁약정에 의하여 명의수탁자 명의로 소유권이전등기가 경료되었더라도, 신탁자와 수탁자의 내부적 관계에서는 명의신탁자가 명의신탁재산에 대한 소유권을 그대로 보유하면서 그것을 관리·수익한다. 따라서 명의신탁자는 등기 없이도 명의수탁자에 대하여 소유권을 주장할 수 있다(대판 1982.11.23. 81다372).

   ㉡ 나아가 명의신탁자는 유보된 소유권에 기하여 명의신탁재산을 처분할 권한도 갖는다. 따라서 신탁자의 매도행위는 제569조의 타인권리매매라 할 수 없으며(대판 1996.8.20. 96다18656), 명의신탁자로부터 적법하게 명의신탁된 주택을 임차한 경우 주택임대차보호법이 적용될 수 있다(대판 1999.4.23. 98다49753).

② 명의수탁자의 지위

   ㉠ 명의수탁자가 대외적으로 소유권을 취득하더라도, 명의신탁자에 대한 관계에서는 제약된다.

   ㉡ 명의수탁자는 명의신탁약정에 따라 대상재산의 소유명의를 보존하고 이와 관련된 사무를 처리한다는 점에서 명의신탁은 위임과 유사한 성질을 갖는다.

③ **명의신탁관계의 승계** : 명의신탁이 유효하게 성립한 경우, 계약당사자 중 어느 일방이 사망하더라도 명의신탁관계가 당연히 소멸하지는 않고, 그 재산상속인과의 사이에 존속한다(대판 1901.6.23. 00다2009).

④ **명의신탁부동산에 대한 시효취득** : 명의수탁자는 권원의 성질상 자주점유라 할 수 없으므로 명의신탁부동산의 소유권을 시효취득할 수 없고, 명의신탁자는 수탁자 명의의 등기를 자신의 등기로 볼 수 없으므로 등기부취득시효도 인정될 수 없다(대판 2002.4.26. 2001다8097·8103).

2) 대외적 관계

① 명의수탁자의 소유권 취득

   ㉠ 재산을 타인에게 신탁한 경우 대외적인 관계에 있어서는 수탁자만이 소유권자로서 그 재산에 대한 제3자의 침해에 대하여 배제를 구할 수 있으며, 신탁자는 수탁자를 대위하여 수탁자의 권리를 행사할 수 있을 뿐 직접 제3자에게 신탁재산에 대한 침해의 배제를 구할 수 없다(대판[전합] 1979.9.25. 77다1079).

   ㉡ 또한 명의신탁사실이 인정된다고 할지라도 신탁자는 제3자에 대하여 진정한 등기명의의 회복을 원인으로 한 소유권이전등기청구를 할 수 있는 진정한 소유자의 지위에 있다고 볼 수 없다(대판 2001.8.21. 2000다36484).

② **명의신탁재산의 처분 등** : 명의수탁자로부터 명의신탁부동산을 양수한 제3자는 명의신탁관계에 대한 선의·악의를 불문하고 유효하게 소유권을 취득한다. 다만, 제3자가 명의수탁자의 배신행위에 적극적으로 가담한 경우에는 제103조 위반으로 명의수탁자와 제3자의 계약은 무효가 된다(이중매매 법리).

(3) 명의신탁의 해지

1) 해지권자 및 해지의 방법

① 명의신탁자는 원칙적으로 언제든지 명의신탁계약을 해지하고 명의수탁자에 대하여 신탁재산의 반환을 청구할 수 있다(대판[전합] 1980.12.9. 79다634).

② 명의신탁자의 일반채권자도 명의신탁자를 대위하여 명의신탁을 해지할 수 있다.

③ 명의수탁자도 특별한 약정이 없는 한 명의신탁을 해지할 수 있다.

④ 명의신탁의 해지는 일방적 의사표시로 할 수 있고, 묵시적으로도 할 수 있다. 또한 명의수탁자가 수인이라도 계약의 해제·해지의 불가분성에 관한 제547조 제1항이 적용되지는 않는다(대판 1992.6.9. 92다9579).

2) 해지의 효과(제3자의 보호범위)

① 부동산의 명의신탁계약이 해지되더라도 그 해지의 효과는 소급하지 아니하고 장래에 향하여 효력이 있음에 불과하여 그 부동산의 소유권이 당연히 신탁자에게 복귀된다고 볼 수 없고 다만 수탁자가 신탁자에게 그 등기명의를 이전할 의무를 부담하게 됨에 불과하므로 그 의무이행으로 등기명의를 신탁자 앞으로 이전하기 전까지는 여전히 외부관계에 있어서 소유권은 수탁자에게 있다(대판 1982.8.24. 82다카416).

② **문제점** : 명의신탁자가 해지를 하였음에도 불구하고 아직 등기명의가 명의수탁자에게 남아있음을 이용하여 명의수탁자가 제3자에게 신탁재산을 처분한 경우, 제3자가 소유권을 취득할 수 있는지에 대해 다툼이 있다.

　㉠ 채권적 효과설 : 물권행위의 독자성과 무인성을 인정하는 입장에서 주장되는 견해로, 해지를 하여도 소유권은 당연히 복귀하지 않고 소유권을 회복시켜 줄 의무만 발생한다는 견해이다. 명의신탁이 해지된 후 신탁자가 등기를 회복하기 전에 수탁자로부터 등기를 이전받은 제3자는 선의·악의를 불문하고 보호된다고 본다.

　㉡ 물권적 효과설 : 물권행위의 무인성을 부정하는 견해로, 소유권은 당연히 복귀하고, 제3자는 선의인 경우에 한하여 예외적으로 제548조 제1항 단서를 유추적용 함으로써 보호된다고 한다.

　㉢ 대내외관계 구별설(판례) : 내부적 소유권은 당연히 복귀하나, 외부적 소유권은 등기를 회복해야 복귀한다고 본다. 따라서 등기를 회복하기 전에 수탁자로부터 이전등기를 경료받은 제3자는 선의·악의를 불문하고 보호된다고 한다. 단, 제3자가 수탁자의 배임행위에 적극가담한 경우에는 제103조 위반으로 양도행위가 무효로 된다는 견해이다.

2. 구분소유적 공유(상호명의신탁)

(1) 의 의

구분소유적 공유관계란 공유자들 사이에서 등기부상으로는 토지 전체에 대한 공유등기가 경료되어 있으나 내부적으로는 각 공유자들이 그 토지를 구분하여 특정부분만을 배타적으로 사용·수익할 수 있는 법률관계를 말한다. 이는 건물의 경우에도 동일하다(대결 2001.6.15. 2000마2633). **기출** 21 구분소유적 공유는 부동산실명법 제2조 제1호 단서에 의하여 동법의 적용이 배제되므로, 무효로 취급되지 않는다.

(2) 법적 성질

판례는 구분소유적 공유관계에 대해 각 공유자들이 각자의 배타적 사용·수익의 대상인 특정부분을 제외한 나머지 부분에 대한 등기를 상호명의신탁하고 있는 것으로 본다(대판[전합] 1980.12.9. 79다634).

(3) 성 립

구분소유적 공유관계는 어떤 토지에 관하여 그 위치와 면적을 특정하여 여러 사람이 구분소유하기로 하는 약정이 있어야만 적법하게 성립할 수 있다(대판 2009.3.26. 2008다44313).

(4) 구체적 법률관계

판례는 구분소유적 공유관계를 대내관계에서는 각자가 특정 부분을 단독소유하나, 대외적 관계에서는 일반 공유관계로 인정한다.

① 내부관계

    ㉠ 특정부분에 한하여 소유권을 취득하고, 이를 배타적으로 사용·수익할 수 있다. 따라서 다른 구분소유자의 방해행위에 대해서 소유권에 기한 방해배제를 구할 수 있다(대판 1994.2.8. 93다42986). **기출** 21

    ㉡ 구분소유적 공유관계에서 공유자 각자는 자신의 특정 부분을 단독으로 처분하고, 이에 해당하는 공유지분등기를 자유롭게 이전할 수 있다(대판 2009.10.15. 2007다83632).

② 외부관계 : 1필지 전체에 대하여 공유관계가 성립하고 공유자로서 권리만 주장할 수 있다. 따라서 제3자의 방해행위가 있는 경우 공유자는 자기의 구분소유 부분뿐만 아니라 전체토지에 대하여 공유물의 보존행위로서 그 배제를 구할 수 있다(대판 1994.2.8. 93다42986).

> • 여러 명이 각기 공유지분 비율에 따라 특정 부분을 독점적으로 소유하고 있는 토지 중 공유자 1인이 독점적으로 소유하고 있는 부분에 대하여 취득시효가 완성된 경우, 공유자 사이에 그와 같은 구분소유적 공유관계가 형성되어 있다 하더라도 이로써 제3자인 시효취득자에게 대항할 수는 없는 법리이므로, 그 토지부분과 무관한 다른 공유자들도 그 토지 부분에 관한 각각의 공유지분에 대하여 취득시효완성을 원인으로 한 소유권이전등기절차를 이행할 의무가 있다(대판 1997.6.13. 97다1730).
>
> • 1필지의 토지의 위치와 면적을 특정하여 2인 이상이 구분소유하기로 하는 약정을 하고 구분소유자의 공유로 등기하는 이른바 구분소유적 공유관계에 있어서, 1필지의 토지 중 특정 부분에 대한 구분소유적 공유관계를 표상하는 공유지분을 목적으로 하는 근저당권이 설정된 후 구분소유하고 있는 특정 부분별로 독립한 필지로 분할되고 나아가 구분소유자 상호간에 지분이전등기를 하는 등으로 구분소유적 공유관계가 해소되더라도 그 근저당권은 종전의 구분소유적 공유지분의 비율대로 분할된 토지들 전부의 위에 그대로 존속하는 것이고, 근저당권설정자의 단독소유로 분할된 토지에 당연히 집중되는 것은 아니다(대판 2014.6.26. 2012다25944).

(5) 승계의 문제

① 특정부분을 처분한 경우 : 구분소유적 공유관계가 그대로 승계된다.

② 지분으로 처분한 경우 : 부동산 전체에 대한 공유지분을 취득하고, 구분소유적 공유관계는 소멸한다.

> 1필지의 토지의 위치와 면적을 특정하여 2인 이상이 구분소유하기로 하는 약정을 하고 그 구분소유자의 공유로 등기하는 이른바 구분소유적 공유관계에 있어서, 각 구분소유적 공유자가 자신의 권리를 타인에게 처분하는 경우 중에는 구분소유의 목적인 특정 부분을 처분하면서 등기부상의 공유지분을 그 특정 부분에 대한 표상으로서 이전하는 경우와 등기부의 기재대로 1필지 전체에 대한 진정한 공유지분으로서 처분하는 경우가 있을 수 있고, 이 중 전자의 경우에는 그 제3자에 대하여 구분소유적 공유관계가 승계되나, 후자의 경우에는 제3자가 그 부동산 전체에 대한 공유지분을 취득하고 구분소유적 공유관계는 소멸한다. 이는 경매에서도 마찬가지이므로, 전자에 해당하기 위하여는 집행법원이 공유지분이 아닌 특정 구분소유 목적물에 대한 평가를 하게 하고 그에 따라 최저경매가격을 정한 후 경매를 실시하여야 하며, 그러한 사정이 없는 경우에는 1필지에 관한 공유자의 지분에 대한 경매목적물은 원칙적으로 1필지 전체에 대한 공유지분이라고 봄이 상당하다(대판 2008.2.15. 2006다 68810·68827). **기출** 21

③ 경매가 된 경우 : ①·②와 동일한 법리가 적용된다.

(6) 구분소유적 공유와 (관습법상) 법정지상권

> • 공유로 등기된 토지의 소유관계가 구분소유적 공유관계에 있는 경우에는 공유자 중 1인이 소유하고 있는 건물과 그 대지는 다른 공유자와의 내부관계에 있어서는 그 공유자의 단독소유로 되었다 할 것이므로 건물을 소유하고 있는 공유자가 그 건물 또는 토지지분에 대하여 저당권을 설정하였다가 그 후 저당권의 실행으로 소유자가 달라지게 되면 건물 소유자는 그 건물의 소유를 위한 법정지상권을 취득하게 되며, 이는 구분소유적 공유관계에 있는 토지의 공유자들이 그 토지 위에 각자 독자적으로 별개의 건물을 소유하면서 그 토지 전체에 대하여 저당권을 설정하였다가 그 저당권의 실행으로 토지와 건물의 소유자가 달라지게 된 경우에도 마찬가지라 할 것이다(대판 2004.6.1. 2004다13533).
> • 구분소유적 공유관계에 있어서는 통상적인 공유관계와는 달리 당사자 내부에 있어서는 각자가 특정매수한 부분은 각자의 단독 소유로 되었다 할 것이므로, 乙은 위 대지 중 그가 매수하지 아니한 부분에 관하여는 甲에게 그 소유권을 주장할 수 없어 위 대지 중 乙이 매수하지 아니한 부분상에 있는 乙 소유의 건물부분은 당초부터 건물과 토지의 소유자가 서로 다른 경우에 해당되어 그에 관하여는 관습상의 법정지상권이 성립될 여지가 없다(대판 1994.1.28. 93다49871) 기출 17

(7) 구분소유적 공유관계의 해소

① 해소방법 : 공유물분할이 아니라 상호명의신탁의 해지에 의한다.

> 공유물분할청구는 공유자의 일방이 그 공유지분권에 터잡아서 하여야 하는 것이므로 공유지분권을 주장하지 아니하고 목적물의 특정부분을 소유한다고 주장하는 재[구분소유적 공유관계를 주장하는(註)]는 그 부분에 대하여 신탁적으로 지분등기를 가지고 있는 자들을 상대로 하여 그 특정부분에 대한 명의신탁해지를 원인으로 한 지분이전등기절차의 이행만을 구하면 될 것이고 공유물분할 청구를 할 수 없다 할 것이다(대판 1989.9.12. 88다카10517).

② 동시이행관계 : 구분소유적 공유관계가 해소되는 경우 공유지분권자 상호간의 지분이전등기 의무는 그 이행상 견련관계에 있다.

> 구분소유적 공유관계가 해소되는 경우 공유지분권자 상호간의 지분이전등기의무는 그 이행상 견련관계에 있다고 봄이 공평의 관념 및 신의칙에 부합하고, 또한 각 공유지분권자는 특별한 사정이 없는 한 제한이나 부담이 없는 완전한 지분소유권이전등기 의무를 지므로, 그 구분소유권 공유관계를 표상하는 공유지분에 근저당권설정등기 또는 압류, 가압류등기가 경료되어 있는 경우에는 그 공유지분권자로서는 그러한 각 등기도 말소하여 완전한 지분소유권이전등기를 해 주어야 한다. 따라서 구분소유적 공유관계가 해소되는 경우 쌍방의 지분소유권이전등기의무와 아울러 그러한 근저당권설정등기 등의 말소의무 또한 동시이행의 관계에 있다. 그리고 구분소유적 공유관계에서 어느 일방이 그 명의신탁을 해지하고 지분소유권이전등기를 구함에 대하여 상대방이 자기에 대한 지분소유권이전등기 절차의 이행이 동시에 이행되어야 한다고 항변하는 경우, 그 동시이행의 항변에는 특별한 사정이 없는 한 명의신탁 해지의 의사표시가 포함되어 있다고 보아야 한다(대판 2008.6.26. 2004다32992).

3. 공동명의신탁

(1) 의 의

공동명의신탁이란 수인에 대한 부동산의 명의신탁을 말하는데, 수탁자 상호간의 소유형태는 단순한 공유관계에 해당한다(대판 1982.11.23. 81다39).

(2) 공유물 분할의 허부(許否)와 분할등기의 효력

① 공동명의수탁자 상호간 공유물분할이 허용되는지 여부(소극)

> 공동명의수탁을 받은 경우 수탁자들이 수탁받은 부동산에 대하여 공유물분할을 하는 것은 명의신탁의 목적에 반하고 신탁자가 명의신탁을 한 취지에도 어긋나는 것이고, 특히 종중의 재산을 보존하고 함부로 처분하지 못하게 하기 위하여 다수의 종중원에게 공동으로 명의신탁한 경우에는 더욱 그 취지에 반하는 것으로서 허용되지 아니한다(대판 1993.2.9. 92다37482).

② 기경료된 분할등기의 효력(유효)

> 부동산의 공동명의수탁자들이 그 부동산에 대하여 공유물분할을 하고 각 그 지분을 서로 이전하여 단독소유로 하는 것은 수탁자들이 대외적인 소유형태를 변경하는 것일 뿐 명의신탁관계를 소멸시키는 수탁부동산의 처분행위가 아니므로 비록 그 공유물분할이 신탁자의 의사에 반한 것이더라도 그것이 신탁자에 대한 반사회적인 배임행위가 된다거나 그 지분이전등기가 원인없는 무효의 등기라고는 할 수 없다(대판 1987.2.24. 86다215 · 86다카1071).

(3) 공동명의수탁자들의 개별적 처분 후 공유물분할이 이루어진 경우

이는 소유형태의 변경에 불과하다.

> 여러 필지의 토지의 각 일부 지분을 명의신탁받은 명의수탁자가 임의로 명의신탁관계가 없는 다른 공유자들과의 공유물분할의 협의에 따라 특정 토지를 단독으로 소유하고 나머지 토지에 대한 지분을 다른 공유자에게 이전한 경우, 명의수탁자가 특정 토지를 단독으로 소유하게 된 것은 형식적으로는 다른 공유자들의 지분의 등기명의를 승계취득한 것과 같은 형태를 취하고 있으나 실질적으로는 명의신탁받은 여러 필지의 토지에 분산되어 있는 지분을 분할로 인하여 취득하는 특정 토지에 집중시켜 그에 대한 소유 형태를 변경한 것에 불과하다고 할 것이므로, 그 공유물분할이 명의신탁자의 의사와 관계없이 이루어진 것이라고 하더라도 명의신탁자와 명의수탁자 사이의 명의신탁관계는 위 특정 토지 전부에 그대로 존속한다(대판 [전합] 1999.6.17. 98다58443 - 다수의견).

확인학습문제

제1관   서 론

01 자주점유에 관한 설명으로 옳지 <u>않은</u> 것은? (다툼이 있으면 판례에 따름)   [2023]

① 점유매개자의 점유는 타주점유에 해당한다.

② 부동산의 매매 당시에는 그 무효를 알지 못하였으나 이후 매매가 무효임이 밝혀지더라도 특별한 사정이 없는 한, 매수인의 점유는 여전히 자주점유이다.

③ 양자간 등기명의신탁에 있어서 부동산 명의수탁자의 상속인에 의한 점유는 특별한 사정이 없는 한, 자주점유에 해당하지 않는다.

④ 공유토지 전부를 공유자 1인이 점유하고 있는 경우, 특별한 사정이 없는 한 다른 공유자의 지분비율 범위에 대해서는 타주점유에 해당한다.

⑤ 자주점유의 판단기준인 소유의 의사 유무는 점유취득의 원인이 된 권원의 성질이 아니라 점유자의 내심의 의사에 따라 결정된다.

답 ⑤

▌정답해설▐

⑤ 자주점유는 내심의 의사로 판단해야 한다는 주관설도 있으나, 통설은 객관설을 취하여 점유취득의 원인이 된 권원의 성질에 따라 결정된다는 입장이다. 판례들은 자주점유는 점유자의 내심의 의사에 따라 결정되는 것이 아니라 점유취득의 원인이 된 권원의 성질이나 점유와 관계가 있는 모든 사정에 의하여 외형적·객관적으로 결정된다[98다29834]는 입장이다.

▌오답해설▐

① 점유매개자는 물건을 직접 점유하고 있어야 하며 이 직접점유는 타주점유이다.

② 부동산을 매수하여 이를 점유하게 된 자는 그 매매가 무효가 된다는 사정이있음을 알았다는 등의 특단의 사정이 없는 한 그 점유의 시초에 소유의 의사로 점유한 것이라고 할 것이며, 가사 후일에 그 매도자에게 처분권이 없었다는 등의 이유로 그 매매가 무효로 되어 진실한 소유자에 대한 관계에서 그 점유가 결과적으로는 불법으로 되었다고 하더라도 매수자의 소유권취득의 의사로 한 위와 같은 점유의 성질은 변하지 않는다고 할 것이다[94다25513].

③ 2008다16899

④ 공유 부동산은 공유자 한 사람이 전부를 점유하고 있다고 하여도, 다른 특별한 사정이 없는 한 권원의 성질상 다른 공유자의 지분비율의 범위 내에서는 타주점유이다[95다51861].

02 점유에 관한 설명으로 옳지 <u>않은</u> 것은? (다툼이 있으면 판례에 따름) [2021]

① 점유매개자의 점유를 통한 간접점유에 의해서도 점유에 의한 시효취득이 가능하다.
② 사기의 의사표시에 의해 건물을 명도해 준 자는 점유회수의 소권을 행사할 수 없다.
③ 미등기건물을 양수하여 건물에 관한 사실상의 처분권을 보유한 양수인은 그 건물부지의 점유자이다.
④ 간접점유의 요건이 되는 점유매개관계는 법률행위가 아닌 법령의 규정에 의해서는 설정될 수 없다.
⑤ 상속에 의하여 점유권을 취득한 상속인은 새로운 권원에 의하여 자기 고유의 점유를 개시하지 않는 한 피상속인의 점유를 떠나 자기만의 점유를 주장할 수 없다.

답 ④

───

┃정답해설┃

④ 간접점유의 요건이 되는 점유매개관계는 법률행위뿐만 아니라 법률의 규정(유치권자와 채무자), 국가행위 등에 의하여도 설정될 수 있으므로, 이러한 법령의 규정 등을 점유매개관계로 볼 수 있는 점, 사무귀속의 주체인 위임관청은 법령의 개정 등에 의한 기관위임의 종결로 수임관청에게 그 점유의 반환을 요구할 수 있는 지위에 있는 점 등에 비추어 보면, 위임관청은 법령의 규정 등을 점유매개관계로 하여 법령상 관리청인 수임관청이 직접점유하는 도로 등의 부지가 된 토지를 간접점유한다고 보아야 한다[2008다92268].

┃오답해설┃

① 농지를 소작을 준 것이 농지개혁법상 무효라 하더라도 소작인들을 점유매개자로 하여 간접적으로 이를 점유하고 있고 또 그들을 상대로 그 농지의 반환을 청구할 수 있는 지위에 있는 한 위 간접점유자의 시효취득에 있어서의 점유 자체를 부정할 수 없다[91다25116].
② 사기의 의사표시에 의해 건물을 명도해 준 것이라면 건물의 점유를 침탈당한 것이 아니므로 피해자는 점유회수의 소권을 가진다고 할 수 없다[91다17443].
③ 건물철거는 그 소유권의 종국적 처분에 해당하는 사실행위이므로 원칙으로는 그 소유자(등기명의자)에게만 그 철거처분권이 있다고 할 것이나 그 건물을 매수하여 점유하고 있는 자는 등기부상 아직 소유자로서의 등기명의가 없다 하더라도 그 권리의 범위 내에서 그 점유 중인 건물에 대하여 법률상 또는 사실상 처분을 할 수 있는 지위에 있고 그 건물이 건립되어 있어 불법으로 점유를 당하고 있는 토지소유자는 위와 같은 지위에 있는 건물점유자에게 그 철거를 구할 수 있다[86다카1751].
⑤ 상속인은 피상속인의 점유의 성질과 하자를 그대로 승계하므로 상속은 타주점유가 자주점유로 전환되기 위한 새로운 권원이 아니다[70다2755]. 상속인이 새로운 권원(상속 이외의 매매ㆍ교환ㆍ경매 등)에 기하여 자기고유의 점유를 시작한 경우만 자기 고유의 점유를 주장할 수 있다[96다25319]. 상속에 의해 점유권을 취득한 경우에는 상속인은 새로운 권원에 의해 자기 고유의 점유를 개시하지 않는 한 피상속인의 점유를 떠나 자기만의 점유를 주장할 수 없다.

03 점유에 관한 설명으로 옳지 <u>않은</u> 것은? (다툼이 있으면 판례에 따름) **[2020]**

① 점유매개자의 점유는 자주점유이다.

② 점유는 사실상 지배로 성립한다.

③ 다른 사정이 없으면, 건물의 소유자가 그 부지를 점유하는 것으로 보아야 한다.

④ 점유매개관계가 소멸하면 간접점유자는 직접점유자에게 점유물의 반환을 청구할 수 있다.

⑤ 점유자는 소유의 의사로 점유한 것으로 추정한다.

답 ①

▌정답해설 ▌

① 점유매개관계가 종료하면 간접점유자가 물건의 반환을 청구할 수 있어야 하므로 직접점유자(점유매개자)의 점유는 권원의 성질상 타주점유에 해당한다.

04 다음 중 간접점유자는? **[2019]**

① 전세권자에게 주택을 인도한 전세권설정자

② 장난감을 갖고 노는 초등학생

③ 길거리에 지갑을 잃어버린 행인

④ 타인으로부터 자전거를 훔친 자

⑤ 주인을 대신하여 가게를 보고 있는 종업원

답 ①

▌정답해설 ▌

① 전세권 기타의 관계로 타인으로 하여금 물건을 점유하게 한자(전세권설정자)는 간접으로 점유권이 있다(제194조).

▌오답해설 ▌

② 판례는 점유권은 점유권자의 사망으로 인하여 상속인에게 이전하는 것이고 상속인이 미성년자인 경우에는 그 법정대리인을 통하여 점유권을 승계 받아 점유를 계속할 수 있는 것이며 점유의 계속은 추정된다[88다카8217]고 판시함으로써 점유와 점유권을 구별하고 있다.

③, ④ 자기 소유의 물건을 도난당하고 며칠이 지난 경우, 피해자는 소유권자로서 점유할 권리는 있지만 점유를 상실하였으므로 점유권이 없고, 절도범은 점유할 권리는 없지만 현재의 점유자로서 점유권이 있다.

⑤ 점유보조자가 가사상, 영업상 기타 유사한 관계에 의하여 타인의 지시를 받아 물건에 대한 사실상의 지배를 하는 때에는 그 타인만을 점유자로 한다(제195조).

05 점유에 관한 설명으로 옳지 <u>않은</u> 것은? (다툼이 있으면 판례에 따름)

① 점유자는 선의로 점유한 것으로 추정되지만, 권원 없는 점유였음이 밝혀지면 곧 그동안의 점유에 대한 선의의 추정이 깨진다.

② 선의의 점유자라도 본권에 관한 소에 패소한 때에는 그 소가 제기된 때로부터 악의의 점유자로 본다.

③ 선의의 점유자에게 과실취득권이 있다는 이유만으로 불법행위로 인한 손해배상책임이 배제되지는 않는다.

④ 악의의 점유자는 그 받은 이익에 이자를 붙여 반환하여야 하며, 그 이자의 이행지체로 인한 지연손해금도 지급하여야 한다.

⑤ 악의의 점유자는 과실(過失)로 인하여 과실(果實)을 훼손한 경우 그 대가를 보상하여야 한다.

🔳 ①

▌정답해설▐

① 제197조에 의하여 점유자는 선의로 점유한 것으로 추정되고, 권원 없는 점유였음이 밝혀졌다고 하여 곧 그동안의 점유에 대한 선의의 추정이 깨어졌다고 볼 것은 아니다[99다63350].

▌오답해설▐

② 선의의 점유자라도 본권에 관한 소에 패소한 때에는 그 소가 제기된 때로부터 악의의 점유자로 본다(제197조 제2항).

③ 선의의 점유자도 과실취득권이 있다 하여 불법행위로 인한 손해배상책임이 배제되는 것은 아니다[66다994].

④ 타인 소유물을 권원 없이 점유함으로써 얻은 사용이익을 반환하는 경우 민법은 선의 점유자를 보호하기 위하여 제201조 제1항을 두어 선의 점유자에게 과실수취권을 인정함에 대하여, 이러한 보호의 필요성이 없는 악의 점유자에 관하여는 제201조 제2항을 두어 과실수취권이 인정되지 않는다는 취지를 규정하는 것으로 해석되는바, 따라서 악의 수익자가 반환하여야 할 범위는 제748조 제2항에 따라 정하여지는 결과 그는 받은 이익에 이자를 붙여 반환하여야 하며, 위 이자의 이행지체로 인한 지연손해금도 지급하여야 한다[2001다61869].

⑤ 악의의 점유자는 수취한 과실을 반환하여야 하며 소비하였거나 과실로 인하여 훼손 또는 수취하지 못한 경우에는 그 과실의 대가를 보상하여야 한다(제201조 제2항).

제3관 　점유권의 효력

01 　점유자와 회복자의 관계에 관한 설명으로 옳은 것은? (다툼이 있으면 판례에 따름)　　　[2024]

① 지상권자는 선의점유자라도 자주점유자가 아니므로 과실수취권이 인정되지 아니한다.

② 타주점유자가 점유물을 반환하는 경우, 점유자는 특별한 사정이 없는 한 회복자에 대하여 점유물을 보존하기 위하여 지출한 금액의 상환을 청구할 수 있다.

③ 악의의 점유자는 과실(過失)없이 과실(果實)을 수취하지 못한 경우에도 그 대가를 보상하여야 한다.

④ 점유물이 점유자의 책임있는 사유로 멸실된 경우, 선의의 타주점유자는 이익이 현존하는 한도에서 배상하여야 한다.

⑤ 점유자가 점유물에 유익비를 지출한 경우, 특별한 사정이 없는 한 점유자는 회복자에 대하여 그 가액의 증가가 현존한 경우에 한하여 점유자의 선택에 좇아 그 지출금액이나 증가액의 상환을 청구할 수 있다.

답 ②

▌정답해설▌

② 비용상환청구권은 점유자의 선의·악의 및 자주점유·타주점유를 불문하고 인정되는데, 이는 적법한 점유를 요건으로 하는 유치권(제320조 제2항)과 비교된다.

▌오답해설▌

① 과실수취권자는 원칙적으로 원물의 소유자이나 이에 한정하지 않는다. 즉 선의의 점유자(제201조 제1항), 지상권자(제279조), 전세권자(제303조), 목적물을 인도하지 않은 매도인(제587조 제1문), 임차인(제618조) 등도 수취권을 가진다.

③ 악의의 점유자가 수취한 과실을 소비하였거나 과실로 인하여 훼손 또는 수취하지 못한 경우 그 과실의 대가를 보상하여야 한다(제201조 제2항 후단).

④ 점유물이 점유자의 책임있는 사유로 인하여 멸실 또는 훼손한 때에는 악의의 점유자는 그 손해의 전부를 배상하여야 한다. 소유의 의사가 없는 점유자는 선의인 경우에도 손해의 전부를 배상하여야 한다(제202조).

⑤ 점유자가 점유물을 개량하기 위하여 지출한 금액 기타 유익비에 관하여는 그 가액의 증가가 현존한 경우에 한하여 회복자의 선택에 좇아 그 지출금액이나 증가액의 상환을 청구할 수 있다(제203조 제2항).

02 점유자와 회복자의 관계에 관한 설명으로 옳은 것은? (다툼이 있으면 판례에 따름)　　　**[2023]**

① 선의의 점유자라도 점유물의 사용으로 인한 이익은 회복자에게 반환하여야 한다.

② 임차인이 지출한 유익비는 임대인이 아닌 점유회복자에 대해서도 제203조 제2항에 근거하여 상환을 청구할 수 있다.

③ 과실수취권 있는 선의의 점유자란 과실수취권을 포함하는 본권을 가진다고 오신할 만한 정당한 근거가 있는 점유자를 가리킨다.

④ 선의점유자에 대해서는 점유에 있어서의 과실(過失) 유무를 불문하고 불법행위를 이유로 한 손해배상 책임이 배제된다.

⑤ 점유물이 타주점유자의 책임 있는 사유로 멸실된 경우, 그가 선의의 점유자라면 현존이익의 범위에서 손해배상책임을 진다.

답 ③

▌**정답해설**▐

③ 제201조 제1항은 "선의의 점유자는 점유물의 과실을 취득한다."라고 규정하고 있는바, 여기서 선의의 점유자라 함은 과실수취권을 포함하는 권원이 있다고 오신한 점유자를 말하고, 다만 그와 같은 오신을 함에는 오신할 만한 정당한 근거가 있어야 한다[99다63350].

▌**오답해설**▐

① 선의의 점유자는 점유물의 과실을 취득한다(제201조 제1항).

② 유익비 비용상환청구의 상대방은 소유물반환청구권을 행사하는 현재의 소유자인 회복자이다. 다만, 점유자의 비용 지출 후에 소유자가 변경된 경우에는 신소유자가 구소유자의 반환범위에 속하는 것을 포함하여 함께 책임을 진다[65다598 · 599].

④ 선의의 점유자도 과실취득권이 있다 하여 불법행위로 인한 손해배상책임이 배제되는 것은 아니다[66다994].

⑤ 소유의 의사가 없는 점유자는 선의인 경우에도 손해의 전부를 배상하여야 한다(제202조 참고).

03 점유자와 회복자의 관계에 관한 설명으로 옳은 것은? (다툼이 있으면 판례에 따름)　　　[2021]

① 선의의 점유자가 취득하는 과실에 점유물의 사용이익은 포함되지 않는다.

② 유치권자에게는 원칙적으로 수익목적의 과실수취권이 인정된다.

③ 점유물이 점유자의 귀책사유로 훼손된 경우, 선의의 점유자는 소유의 의사가 없더라도 이익이 현존하는 한도에서 배상책임이 있다.

④ 회복자로부터 점유물의 반환을 청구 받은 점유자는 유익비의 상환을 청구할 수 있다.

⑤ 점유물의 소유자가 변경된 경우, 점유자는 유익비 지출 당시의 전 소유자에게 비용의 상환을 청구해야 한다.

답 ④

┃정답해설┃

④ 점유자의 필요비 또는 유익비 상환청구권은 점유자가 회복자로부터 점유물의 반환을 청구받거나 회복자에게 점유물을 반환한 때에 비로소 회복자에 대해 행사할 수 있다[94다4592].

┃오답해설┃

① 선의의 점유자가 취득하는 과실에는 천연과실, 법정과실이 포함되고, 건물을 사용함으로써 얻는 이득도 그 건물의 과실에 준하는 것이므로, 선의의 점유자는 비록 법률상 원인 없이 타인의 건물을 점유·사용하고 이로 말미암아 그에게 손해를 입혔다고 하더라도 그 점유·사용으로 인한 이득을 반환할 의무는 없다[95다44290].

② 선의의 점유자라 함은 과실수취권을 포함하는 권원(소유권, 지상권, 전세권, 임차권 등)이 있다고 오신한 점유자를 말하고, 다만 그와 같은 오신을 함에는 오신할 만한 정당한 근거(선의·무과실)가 있어야 하나[99다63350], 유치권이나 지역권·질권·저당권이 있다고 오신한 경우에는 선의점유자가 아니다.

③ 점유물이 점유자의 책임있는 사유로 인하여 멸실 또는 훼손한 때에는 악의의 점유자는 그 손해의 전부를 배상하여야 한다. 소유의 의사가 없는 점유자는 선의인 경우에도 손해의 전부를 배상하여야 한다[제202조].

⑤ 제203조 제2항에 의한 점유자의 회복자에 대한 유익비 상환청구권은 점유자가 계약관계 등 적법하게 점유할 권리를 가지지 않아 소유자의 소유물반환청구에 응하여야 할 의무가 있는 경우에 성립되는 것으로서, 이 경우 점유자는 그 비용을 지출할 당시의 소유자가 누구이었는지 관계없이 점유회복 당시의 소유자 즉 회복자에 대하여 비용상환청구권을 행사할 수 있는 것이나, 점유자가 유익비를 지출할 당시 계약관계 등 적법한 점유의 권원을 가진 경우에 그 지출비용의 상환에 관하여는 그 계약관계를 규율하는 법조항이나 법리 등이 적용되는 것이어서, 점유자는 그 계약관계 등의 상대방에 대하여 해당 법조항이나 법리에 따른 비용상환청구권을 행사할 수 있을 뿐 계약관계 등의 상대방이 아닌 점유회복 당시의 소유자에 대하여 제203조 제2항에 따른 지출비용의 상환을 구할 수는 없다[2001다64752].

04 점유자와 회복자의 관계에 관한 설명으로 옳지 <u>않은</u> 것은? [2020]

① 선의의 점유자는 점유물의 과실을 취득한다.

② 과실의 수취에 관하여 점유자의 선·악의는 과실이 원물에서 분리되는 때를 기준으로 판단한다.

③ 악의의 점유자는 그가 소비한 과실의 대가를 보상하여야 한다.

④ 그의 책임있는 사유로 점유물을 멸실·훼손한 선의의 타주점유자는 손해 전부를 배상하여야 한다.

⑤ 과실을 취득한 점유자는 그가 지출한 비용 전부를 청구할 수 있다.

답 ⑤

▌정답해설▌

⑤ 점유자가 과실을 취득한 경우에는 통상의 필요비는 청구하지 못한다(제203조 단서). 그러나 특별필요비와 유익비는 청구할 수 있다.

▌오답해설▌

① 제201조 제1항

> **제201조(점유자와 과실)**
> ① 선의의 점유자는 점유물의 과실을 취득한다.

② 선의의 기준시점은 과실에 관해 독립한 소유권이 성립하는 시기이다. 즉, 천연과실의 경우에는 원물로부터 분리하는 때(제102조 제1항)에 선의여야 과실을 취득하고, 법정과실(제102조 제2항)이나 사용이익의 경우에는 선의인 일수의 비율에 따라 그 과실·이익을 취득한다.

③ 악의의 점유자는 수취한 과실을 반환하여야 하며 소비하였거나 과실로 인하여 훼손 또는 수취하지 못한 경우에는 그 과실의 대가를 보상하여야 한다(제201조 제2항).

④ 점유물이 점유자의 책임있는 사유로 인하여 멸실 또는 훼손한 때에는 악의의 점유자는 그 손해의 전부를 배상하여야 한다. 소유의 의사가 없는 점유자는 선의인 경우에도 손해의 전부를 배상하여야 한다(제202조).

05 점유권의 효력에 관한 설명으로 옳지 <u>않은</u> 것은? (다툼이 있으면 판례에 따름)　　　[2019]

① 점유자가 점유물에 대하여 행사하는 권리는 적법하게 보유한 것으로 추정된다.
② 점유자가 점유의 침탈을 당한 때에는 그 물건의 반환 및 손해의 배상을 청구할 수 있다.
③ 점유물반환청구권은 점유의 침탈을 당한 날로부터 3년 내에 행사하여야 한다.
④ 점유가 점유침탈 이외의 방법으로 침해되고 있는 경우에 점유자는 그 방해의 제거 및 손해의 배상을 청구할 수 있다.
⑤ 점유권에 기인한 소와 본권에 기인한 소는 서로 영향을 미치지 아니한다.

답 ③

▌정답해설▌
③ 점유물반환청구권은 침탈을 당한 날로부터 1년 내에 행사하여야 한다(제204조 제3항).

06 점유자와 회복자의 관계에 관한 설명으로 옳지 <u>않은</u> 것은? (다툼이 있으면 판례에 따름)　　[2019]

① 과실을 수취한 자가 선의의 점유자로 보호되기 위해서는 과실수취권을 포함하는 권원이 있다고 오신할 만한 정당한 근거가 있어야 한다.
② 폭력 또는 은비에 의한 점유자는 수취한 과실을 반환하여야 한다.
③ 점유물이 점유자의 책임있는 사유로 인하여 멸실 또는 훼손한 때에는 선의의 자주점유자라도 그 손해의 전부를 배상하여야 한다.
④ 악의의 점유자도 점유물을 반환할 때에는 회복자에 대하여 필요비의 상환을 청구할 수 있다.
⑤ 선의의 점유자가 과실을 취득한 경우에는 통상의 필요비는 청구하지 못한다.

답 ③

▌정답해설▌
③ 점유물이 점유자의 책임 있는 사유로 인하여 멸실 또는 훼손한 때에는 선의의 자주점유자는 이익이 현존하는 한도에서 배상하여야 한다(제202조 참조).

07 甲 소유의 X건물을 임차하여 점유한 乙이 丙과 도급계약을 체결하고 X건물을 수리하게 하여 그 건물의 가치가 증가하였다. 이 사안에 관한 설명으로 옳은 것을 모두 고른 것은? (다툼이 있으면 판례에 따름)

> ㄱ. 丙이 X건물을 수리하던 중 丁이 무단으로 X건물에 침입한 경우, 乙은 丁을 상대로 X건물의 점유권에 근거하여 방해배제를 청구할 수 없다.
> ㄴ. 丙은 甲을 상대로 수리비 상당액의 부당이득 반환을 청구할 수 없다.
> ㄷ. 丙은 제203조에 따라 甲을 상대로 수리비 상당의 비용상환을 청구할 수 있다.
> ㄹ. 甲이 X건물의 소유권을 戊에게 이전한 경우, 乙은 제203조에 따라 戊를 상대로 수리비 상당의 비용상환을 청구할 수 있다.

① ㄱ   ② ㄴ

③ ㄷ   ④ ㄴ, ㄹ

⑤ ㄷ, ㄹ

답 ②

┃ 정답해설 ┃

ㄴ. (○) 계약상의 급부가 계약의 상대방뿐만 아니라 제3자의 이익으로 된 경우에 급부를 한 계약당사자가 계약상대방에 대하여 계약상의 반대급부를 청구할 수 있는 이외에 그 제3자에 대하여 직접 부당이득반환청구를 할 수 있다고 보면, 자기책임하에 체결된 계약에 따른 위험부담을 제3자에게 전가시키는 것이 되어 계약법의 기본원리에 반하는 결과를 초래할 뿐만 아니라, 채권자인 계약당사자가 채무자인 계약상대방의 일반채권자에 비하여 우대받는 결과가 되어 일반채권자의 이익을 해치게 되고, 수익자인 제3자가 계약상대방에 대하여 가지는 항변권 등을 침해하게 되어 부당하므로, 위와 같은 경우 계약상의 급부를 한 계약당사자는 이익의 귀속주체인 제3자에 대하여 직접 부당이득 반환을 청구할 수는 없다[99다66564 · 66571].

┃ 오답해설 ┃

ㄱ. (×) 乙은 X건물을 임차하여 점유 중인 자에 해당하므로, 점유권에 기한 방해배제청구권을 행사할 수 있다.

ㄷ. (×) 유효한 도급계약에 기하여 수급인이 도급인으로부터 제3자 소유 물건의 점유를 이전받아 이를 수리한 결과 그 물건의 가치가 증가한 경우, 도급인이 그 물건을 간접점유하면서 궁극적으로 자신의 계산으로 비용지출과정을 관리한 것이므로, 도급인만이 소유자에 대한 관계에 있어서 제203조에 의한 비용상환청구권을 행사할 수 있는 비용지출자라고 할 것이고, 수급인은 그러한 비용지출자에 해당하지 않는다[99다66564 · 66571].

ㄹ. (×) 제203조 제2항에 의한 점유자의 회복자에 대한 유익비상환청구권은 점유자가 계약관계 등 적법하게 점유할 권리를 가지지 않아 소유자의 소유물반환청구에 응하여야 할 의무가 있는 경우에 성립되는 것으로서, 이 경우 점유자는 그 비용을 지출할 당시의 소유자가 누구이었는지 관계없이 점유회복 당시의 소유자 즉 회복자에 대하여 비용상환청구권을 행사할 수 있는 것이나, 점유자가 유익비를 지출할 당시 계약관계 등 적법한 점유의 권원을 가진 경우에 그 지출비용의 상환에 관하여는 그 계약관계를 규율하는 법조항이나 법리 등이 적용되는 것이어서, 점유자는 그 계약관계 등의 상대방에 대하여 해당 법조항이나 법리에 따른 비용상환청구권을 행사할 수 있을 뿐 계약관계 등의 상대방이 아닌 점유회복 당시의 소유자에 대하여 제203조 제2항에 따른 지출비용의 상환을 구할 수는 없다[2001다64752]. 즉, 임차인 乙은 임대차계약을 규율하는 제626조에 근거하여 임대인 甲에게 비용상환을 청구할 수 있을 뿐, 제203조에 근거하여 戊에게 그 비용상환을 청구할 수는 없다. 다만, 임차인 乙은 임대인 甲에 대한 비용상환 청구권을 피담보채권으로 한 유치권을 戊에게 주장할 수 있다.

02 소유권

제1관 총 설

제2관 부동산소유권의 범위

01 상린관계에 관한 설명으로 옳지 <u>않은</u> 것은?   **[2024]**

① 경계에 설치된 담이 공유인 경우, 공유자는 그 분할을 청구할 수 있다.

② 인접하여 토지를 소유한 자는 다른 관습이 없으면 공동비용으로 통상의 경계표나 담을 설치할 수 있다.

③ 경계표 설치를 위한 측량비용은 다른 관습이 없으면 토지의 면적에 비례하여 부담한다.

④ 인접지의 수목뿌리가 경계를 넘은 경우, 토지소유자는 임의로 그 뿌리를 제거할 수 있다.

⑤ 건물을 축조함에는 특별한 관습 또는 약정이 없으면 경계로부터 반미터 이상의 거리를 두어야 한다.

답 ①

┃ 정답해설 ┃

① 경계에 설치된 경계표·담·구거 등(제239조)에 대해서는 분할이 인정되지 않는다(제268조 제3항).

┃ 오답해설 ┃

② 제237조 제1항
③ 제237조 제2항
④ 제240조 제3항
⑤ 제242조 제1항

02 甲은 그 소유 X토지에 대한 배타적 사용·수익권을 포기하고 타인(사인, 국가 등 일반 공중)의 통행을 위한 용도로 제공하였다. 이에 관한 설명으로 옳지 **않은** 것은? (다툼이 있으면 판례에 따름)

[2024]

① 甲은 그 타인에 대하여 X의 인도청구를 할 수 없다.
② 甲이 X에 대한 소유권을 보유한 채 사용·수익권을 대세적·영구적으로 포기하는 것은 허용되지 않는다.
③ 甲은 일반 공중의 통행을 방해하지 않는 범위에서 X를 처분할 수 있다.
④ 甲의 상속인의 X에 대한 배타적 사용·수익권도 제한된다.
⑤ 만약 甲이 X를 일반 공중의 통행목적이 아니라 지상건물의 소유자만을 위하여 배타적 사용·수익권을 포기한 경우, 특별한 사정이 없는 한 X의 매수인의 배타적 사용·수익권 행사는 제한된다.

🗒 ⑤

▋ **정답해설** ▋

⑤ 토지소유자의 독점적·배타적인 사용·수익권 행사의 제한은 해당 토지가 일반 공중의 이용에 제공됨으로 인한 공공의 이익을 전제로 하는 것이므로, 토지소유자가 공공의 목적을 위해 그 토지를 제공할 당시의 객관적인 토지이용현황이 유지되는 한도 내에서만 존속한다고 보아야 한다[2016다264556 전합].

▋ **오답해설** ▋

①, ② 토지 소유자는 그 타인을 상대로 부당이득반환을 청구할 수 없고, 토지의 인도 등을 구할 수도 없다. 다만 소유권의 핵심적 권능에 속하는 사용·수익 권능의 대세적·영구적인 포기는 물권법정주의에 반하여 허용할 수 없다[2016다264556 전합].
③ 토지 소유자는 일반 공중의 통행 등 이용을 방해하지 않는 범위 내에서는 그 토지를 처분하거나 사용·수익할 권능을 상실하지 않는다[2016다264556 전합].
④ 상속인은 피상속인의 일신에 전속한 것이 아닌 한 상속이 개시된 때로부터 피상속인의 재산에 관한 포괄적 권리·의무를 승계하므로(민법 제1005조), 피상속인이 사망 전에 그 소유 토지를 일반 공중의 이용에 제공하여 독점적·배타적인 사용·수익권을 포기한 것으로 볼 수 있고 그 토지가 상속재산에 해당하는 경우에는, 피상속인의 사망 후 그 토지에 대한 상속인의 독점적·배타적인 사용·수익권의 행사 역시 제한된다고 보아야 한다[2016다264556 전합].

03 상린관계에 관한 설명으로 옳지 <u>않은</u> 것은? (다툼이 있으면 판례에 따름)　　　　　　**[2023]**

① 인접하는 토지를 소유한 자들이 공동비용으로 통상의 경계표를 설치하는 경우, 다른 관습이 없으면 측량비용은 토지의 면적에 비례하여 부담한다.

② 지상권자 상호간에도 상린관계에 관한 규정이 준용된다.

③ 주위토지통행권은 장래의 이용을 위하여 인정될 수 있으므로, 그 범위와 관련하여 장래의 이용상황까지 미리 대비하여 통행로를 정할 수 있다.

④ 건물을 축조함에는 특별한 관습이 없으면 경계로부터 반미터 이상의 거리를 두어야 한다.

⑤ 경계에 설치된 경계표나 담은 특별한 사정이 없는 한, 상린자의 공유로 추정한다.

[답] ③

▍정답해설▍

③ 건축 관련 법령에 정한 도로 폭에 관한 규정만으로 당연히 피포위지 소유자에게 반사적 이익으로서 건축 관련 법령에 정하는 도로의 폭이나 면적 등과 일치하는 주위토지통행권이 생기지는 아니하고, 다만 법령의 규제내용도 참작사유로 삼아 피포위지 소유자의 건축물 건축을 위한 통행로의 필요도와 그 주위토지 소유자가 입게 되는 손해의 정도를 비교형량하여 주위토지통행권의 적정한 범위를 결정하여야 한다. 그리고 그 통행권의 범위는 현재의 토지의 용법에 따른 이용의 범위에서 인정할 수 있을 뿐, 장래의 이용상황까지 미리 대비하여 정할 것은 아니다[2005다30993].

▍오답해설▍

① 제237조 제2항
② 제319조
④ 제242조 제1항
⑤ 제239조

04 주위토지통행권에 관한 설명으로 옳지 <u>않은</u> 것은? (다툼이 있으면 판례에 따름) **[2022]**

① 토지의 분할로 주위토지통행권이 인정되는 경우, 통행권자는 분할당사자인 통행지 소유자의 손해를 보상하여야 한다.

② 통행지 소유자는 통행지를 배타적으로 점유하고 있는 주위토지통행권자에 대해 통행지의 인도를 청구할 수 있다.

③ 주위토지통행권은 법정의 요건을 충족하면 당연히 성립하고 요건이 없어지면 당연히 소멸한다.

④ 주위토지통행권에 기한 통행에 방해가 되는 축조물을 설치한 통행지 소유자는 그 철거의무를 부담한다.

⑤ 주위토지통행권의 범위는 현재의 토지의 용법에 따른 이용의 범위에서 인정된다.

탑 ①

▮ **정답해설** ▮

① 분할로 인하여 공로에 통하지 못하는 토지가 있는 때에는 그 토지소유자는 공로에 출입하기 위하여 다른 분할자의 토지를 통행할 수 있다. 이 경우에는 보상의 의무가 없다(제220조 제1항).

▮ **오답해설** ▮

② 다른 사람의 소유토지에 대하여 상린관계로 인한 통행권을 가지고 있는 사람은 그 통행권의 범위 내에서 그 토지를 사용할 수 있을 뿐이고 그 통행지에 대한 통행지 소유자의 점유를 배제할 권능까지 있는 것은 아니므로 그 통행지 소유자는 그 통행지를 전적으로 점유하고 있는 주위토지통행권자에 대하여 그 통행지의 인도를 구할 수 있다(2002다53469).

③ 일단주위토지통행권이 발생하였다고 하더라도 나중에 그 토지에 접하는 공로가 개설됨으로써 주위토지통행권을 인정할 필요성이 없어진 때에는 그 통행권은 소멸한다(97다47118).

④ 주위토지통행권자가 제219조 제1항 본문에 따라 통로를 개설하는 경우 통행지 소유자는 원칙적으로 통행권자의 통행을 수인할 소극적 의무를 부담할 뿐 통로개설 등 적극적인 작위의무를 부담하는 것은 아니고, 다만 통행지 소유자가 주위토지통행권에 기한 통행에 방해가 되는 담장 등 축조물을 설치한 경우에는 주위토지통행권의 본래적 기능발휘를 위하여 통행지 소유자가 그 철거의무를 부담한다(2005다30993).

⑤ 통행권의 범위는 현재의 토지의 용법에 따른 이용의 범위에서 인정할 수 있을 뿐, 장래의 이용상황까지 미리 대비하여 정할 것은 아니다(2005다30993).

05 상린관계에 관한 설명으로 옳지 <u>않은</u> 것은?

① 토지소유자는 일정한 경우 이웃 토지소유자에게 보상하고 여수(餘水)의 급여를 청구할 수 있다.

② 토지소유자는 경계나 그 근방에서 담 또는 건물을 축조하거나 수선하기 위하여 필요한 범위 내에서 이웃 토지의 사용을 청구할 수 있다.

③ 분할로 인하여 공로(公路)에 통하지 못하는 토지의 소유자가 공로에 출입하기 위해 다른 분할자의 토지를 통행하는 경우 이로 인한 손해를 보상하여야 한다.

④ 고지소유자가 농업용 여수(餘水)를 소통하기 위하여 저지에 물을 통과하게 한 경우 이로 인한 저지의 손해를 보상하여야 한다.

⑤ 수류지(水流地)의 소유자가 대안(對岸)에 언(堰)을 접촉하게 한 경우 이로 인한 대안소유자의 손해를 보상하여야 한다.

답 ③

▌정답해설▌

③ 이 경우에는 보상의 의무가 없다(제220조 제1항 후문).

> **제220조(분할, 일부양도와 주위통행권)**
> ① 분할로 인하여 공로에 통하지 못하는 토지가 있는 때에는 그 토지소유자는 공로에 출입하기 위하여 다른 분할자의 토지를 통행할 수 있다. 이 경우에는 보상의 의무가 없다.
> ② 전항의 규정은 토지소유자가 그 토지의 일부를 양도한 경우에 준용한다.

▌오답해설▌

① 토지소유자는 과다한 비용이나 노력을 요하지 아니하고는 가용이나 토지이용에 필요한 물을 얻기 곤란한 때에는 이웃 토지소유자에게 보상하고 여수의 급여를 청구할 수 있다(제228조).

② 토지소유자는 경계나 그 근방에서 담 또는 건물을 축조하거나 수선하기 위하여 필요한 범위 내에서 이웃 토지의 사용을 청구할 수 있다(제216조 제1항 본문).

④ 제226조

> **제226조(여수소통권)**
> ① 고지소유자는 침수지를 건조하기 위하여 또는 가용이나 농, 공업용의 여수를 소통하기 위하여 공로, 공류 또는 하수도에 달하기까지 저지에 물을 통과하게 할 수 있다.
> ② 전항의 경우에는 저지의 손해가 가장 적은 장소와 방법을 선택하여야 하며 손해를 보상하여야 한다.

⑤ 제230조 제1항

> **제230조(언의 설치, 이용권)**
> ① 수류지의 소유자가 언을 설치할 필요가 있는 때에는 그 언을 대안에 접촉하게 할 수 있다. 그러나 이로 인한 손해를 보상하여야 한다.
> ② 대안의 소유자는 수류지의 일부가 자기 소유인 때에는 그 언을 사용할 수 있다. 그러나 그 이익을 받는 비율로 언의 설치, 보존의 비용을 분담하여야 한다.

06 乙 소유 토지에 대한 甲의 주위토지통행권에 관한 설명으로 옳지 <u>않은</u> 것은? (다툼이 있는 경우에는 판례에 의함)

① 甲에게 인정되는 주위토지통행권은 그 통행로가 항상 특정한 장소로 고정된 것은 아니다.

② 甲의 주위토지통행권에 기한 통행로의 범위는 현재의 토지의 용법에 따른 이용뿐만 아니라 장차의 이용상황까지 대비하여 정할 수 있다.

③ 乙의 주거는 사적인 생활공간이자 평온한 휴식처이기 때문에 甲이 乙의 토지를 통행하는 경우에도 이러한 주거의 자유와 평온 및 안전을 침해해서는 안 된다.

④ 乙이 기존 통행로로 이용되던 토지의 사용방법을 그 용법에 따라 바꾸었을 때에는 甲은 乙을 위하여 보다 손해가 적은 다른 장소로 옮겨 통행하여야 한다.

⑤ 乙은 甲의 허락을 얻어 사실상 통행하고 있는 자에게는 그 손해의 보상을 청구할 수 없다.

답 ②

▌정답해설▐

② 주위토지통행권의 범위는 통행권을 가진 자에게 필요할 뿐 아니라 이로 인한 주위토지소유자의 손해가 가장 적은 장소와 방법의 범위 내에서 인정되어야 하며, 그 범위는 결국 사회통념에 비추어 쌍방 토지의 지형적, 위치적 형상 및 이용관계, 부근의 지리상황, 상린지이용자의 이해득실 기타 제반 사정을 참작한 뒤 구체적 사례에 응하여 판단하여야 하는 것인바, 통상적으로는 사람이 주택에 출입하여 다소의 물건을 공로로 운반하는 등의 일상생활을 영위하는 데 필요한 범위의 노폭까지 인정되고, 또 현재의 토지의 용법에 따른 이용의 범위에서 인정되는 것이지 더 나아가 장차의 이용상황까지 미리 대비하여 통행로를 정할 것은 아니다[96다33433·33440].

▌오답해설▐

①, ③, ④ [1] 주위토지통행권은 통행을 위한 지역권과는 달리 그 통행로가 항상 특정한 장소로 고정되어 있는 것은 아니고, 주위토지통행권확인청구는 변론종결 시에 있어서의 제219조에 정해진 요건에 해당하는 토지가 어느 토지인가를 확정하는 것이므로, 주위토지소유자가 그 용법에 따라 기존 통행로로 이용되던 토지의 사용방법을 바꾸었을 때에는 대지소유자는 그 주위토지소유자를 위하여 보다 손해가 적은 다른 장소로 옮겨 통행할 수밖에 없는 경우도 있다. [2] 주거는 사람의 사적인 생활공간이자 평온한 휴식처로서 인간생활에서 가장 중요한 장소라고 아니할 수 없어 우리 헌법도 주거의 자유를 보장하고 있는바, 주위토지통행권을 행사함에 있어서도 이러한 주거의 자유와 평온 및 안전을 침해하여서는 아니 된다[2008다75300·75317·75324].

⑤ 제219조는 어느 토지와 공로 사이에 그 토지의 용도에 필요한 통로가 없는 경우에 그 토지소유자에게 그 주위의 토지통행권을 인정하면서 그 통행권자로 하여금 통행지소유자의 손해를 보상하도록 규정하고 있는 것이므로 통행권자의 허락을 얻어 사실상 통행하고 있는 자에게는 그 손해의 보상을 청구할 수 없다[91다19623].

01 부동산의 점유취득시효에 관한 설명으로 옳지 <u>않은</u> 것은? (다툼이 있으면 판례에 따름)　　[2023]

① 집합건물의 공용부분은 취득시효에 의한 소유권 취득의 대상이 될 수 없다.

② 시효완성을 이유로 한 소유권취득의 효력은 점유를 개시한 때로 소급하지 않으며 등기를 함으로써 장래를 향하여 발생한다.

③ 점유자가 점유 개시 당시에 소유권 취득의 원인이 될 수 있는 법률행위가 없다는 사실을 알면서 타인 소유의 토지를 무단점유한 것이 증명된 경우, 그 토지 소유권의 시효취득은 인정되지 않는다.

④ 시효완성자는 취득시효의 기산점과 관련하여 점유기간을 통틀어 등기명의인이 동일한 경우에는 임의의 시점을 기산점으로 할 수 있다.

⑤ 시효이익의 포기는 특별한 사정이 없는 한, 시효취득자가 취득시효완성 당시의 진정한 소유자에 대하여 하여야 한다.

답 ②

▎정답해설▎

② 시효완성을 이유로 한 소유권취득의 효력은 점유를 개시한 때로 소급한다(제247조 제1항).

▎오답해설▎

① 집합건물의 공용부분이 취득시효에 의한 소유권 취득의 대상이 될 수 없다[2016다32841].

③ 점유자가 점유 개시 당시에 소유권 취득의 원인이 될 수 있는 법률행위 기타 법률요건이 없이 그와 같은 법률요건이 없다는 사실을 잘 알면서 타인 소유의 부동산을 무단점유한 것임이 입증된 경우, 특별한 사정이 없는 한 점유자는 타인의 소유권을 배척하고 점유할 의사를 갖고 있지 않다고 보아야 할 것이므로 이로써 소유의 의사가 있는 점유라는 추정은 깨어졌다고 할 것이다[95다28625].

④ 97다34037

⑤ 94다40734

02 甲이 20년간 소유의 의사로 평온, 공연하게 乙 소유의 X 토지를 점유한 경우에 관한 설명으로 옳은 것을 모두 고른 것은? (다툼이 있으면 판례에 따름)   [2022]

> ㄱ. X토지가 미등기 상태라면 甲은 등기 없이도 X토지의 소유권을 취득한다.
> ㄴ. 乙은 甲에 대하여 점유로 인한 부당이득반환청구를 할 수 있다.
> ㄷ. 乙이 丙에게 X토지를 유효하게 명의신탁한 후 丙이 甲에 대해 소유자로서의 권리를 행사하는 경우, 특별한 사정이 없는 한 甲은 점유취득시효의 완성을 이유로 이를 저지할 수 있다.

① ㄱ   ② ㄷ
③ ㄱ, ㄴ   ④ ㄴ, ㄷ
⑤ ㄱ, ㄴ, ㄷ

답 ②

┃정답해설┃

ㄷ. (○) 부동산에 관한 점유취득시효기간이 경과하였다고 하더라도 그 점유자가 자신의 명의로 등기하지 아니하고 있는 사이에 먼저 제3자 명의로 소유권이전등기가 경료되어 버리면, 특별한 사정이 없는 한, 그 제3자에 대하여는 시효취득을 주장할 수 없으나, 그 제3자가 취득시효 기간만료 당시의 등기명의인으로부터 신탁 또는 명의신탁받은 경우라면 종전 등기명의인으로서는 언제든지 이를 해지하고 소유권이전등기를 청구할 수 있고, 점유시효취득자로 서는 종전 등기명의인을 대위하여 이러한 권리를 행사할 수 있으므로, 그러한 제3자가 소유자로서의 권리를 행사하는 경우 점유자로서는 취득시효완성을 이유로 이를 저지할 수 있다[95다24586].

┃오답해설┃

ㄱ. (✕) 제245조 제1항의 취득시효기간의 완성만으로는 소유권취득의 효력이 바로 생기는 것이 아니라, 다만 이를 원인으로 하여 소유권취득을 위한 등기청구권이 발생할 뿐이고, 미등기 부동산의 경우라 하여 취득시효기간의 완성만으로 등기 없이도 점유자가 소유권을 취득한다고 볼 수 없다[2012다5834].

ㄴ. (✕) 부동산에 대한 취득시효가 완성되면 점유자는 소유명의자에 대하여 취득시효완성을 원인으로 한 소유권이전등 기절차의 이행을 청구할 수 있고 소유명의자는 이에 응할 의무가 있으므로 점유자가 그 명의로 소유권이전등기를 경료하지 아니하여 아직 소유권을 취득하지 못하였다고 하더라도 소유명의자는 점유자에 대하여 점유로 인한 부당이득반환청구를 할 수 없다[92다51280].

03 시효취득의 대상이 <u>아닌</u> 것은? (다툼이 있으면 판례에 따름) [2024]

① 지상권   ② 저당권
③ 소유권   ④ 계속되고 표현된 지역권
⑤ 동산질권

답 ②

┃ 정답해설 ┃

② 취득시효대상은 소유권, 지상권, 지역권(계속되고 표현된 것에 한함), 전세권, 질권, 광업권, 어업권, 지적재산권은 취득시효 대상이 되나, 점유권, 유치권, 가족법상의 권리, 저당권, 형성권은 취득시효의 대상이 되지 않는다.

04 부동산 취득시효에 관한 설명으로 옳지 <u>않은</u> 것은? (다툼이 있으면 판례에 따름) [2021]

① 무과실은 점유취득시효의 요건이 아니다.
② 성명불상자의 소유물도 시효취득의 대상이 된다.
③ 점유취득시효가 완성된 후에는 취득시효 완성의 이익을 포기할 수 있다.
④ 행정재산은 시효취득의 대상이 아니다.
⑤ 압류는 점유취득시효의 중단사유이다.

답 ⑤

┃ 정답해설 ┃

⑤ 점유로 인한 부동산소유권의 시효취득에 있어 취득시효의 중단사유는 종래의 점유상태의 계속을 파괴하는 것으로 인정될 수 있는 사유이어야 하는데, 제168조 제2호에서 정하는 '압류 또는 가압류'는 금전채권의 강제집행을 위한 수단이거나 그 보전수단에 불과하여 취득시효기간의 완성 전에 부동산에 압류 또는 가압류 조치가 이루어졌다고 하더라도 이로써 종래의 점유상태의 계속이 파괴되었다고는 할 수 없으므로 이는 취득시효의 중단사유가 될 수 없다[2018다296878].

┃ 오답해설 ┃

① 소유의 의사로 평온·공연하게 점유해야 한다. 점유자는 소유의 의사로 평온·공연하게 점유한 것으로 추정된다[제 197조 제1항]. 직접점유·간접점유를 불문하며[96다14326], 선의·무과실은 점유시효취득의 요건이 아니다.
② 시효로 인한 부동산 소유권의 취득은 원시취득으로서 취득시효의 요건을 갖추면 곧 등기청구권을 취득하는 것이고 또 타인의 소유권을 승계취득하는 것이 아니어서 시효취득의 대상이 반드시 타인의 소유물이어야 하거나 그 타인이 특정되어 있어야만 하는 것은 아니므로 성명불상자의 소유물에 대하여 시효취득을 인정할 수 있다[91다9312].
③ 명문규정은 없지만, 소멸시효에 관한 제184조 제1항을 유추적용하여 시효완성 후에는 취득시효의 이익을 포기할 수 있는 것으로 해석된다. 시효이익의 포기는 달리 특별한 사정이 없는 한 시효취득자가 취득시효완성 당시의 진정한 소유자에게 해야 효력이 발생하고, 원인무효인 등기의 등기부상 소유명의자에게 하면 포기의 효력이 발생하지 않는다[94다40734].
④ 국유재산 중에서 행정재산에 대해서는 시효취득이 인정되지 않지만, 사경제적 거래의 대상이 되는 일반재산에 대해서는 시효취득이 인정된다[89헌가97]. 그러나 원래 일반재산이던 것이 행정재산으로 된 경우 일반재산일 당시에 취득시효가 완성되었다고 하더라도 행정재산으로 된 이상 이를 원인으로 하는 소유권이전등기를 청구할 수 없다[96다10782].

05 부합에 관한 설명으로 옳지 <u>않은</u> 것은? (다툼이 있으면 판례에 따름) **[2024]**

① 부동산에 부합되어 동산의 소유권이 소멸한 때에는 그 동산을 목적으로 한 다른 권리도 소멸한다.

② 부합한 동산 간의 주종을 구별할 수 없는 때에는 특약이 없는 한 동산의 소유자는 부합당시 가액의 비율로 합성물을 공유한다.

③ X토지 소유자의 승낙없이 토지임차인의 승낙만 받아 제3자가 X에 수목을 심은 경우, 그 수목은 X에 부합하지 않으므로 제3자가 식재한 수목임을 알지 못하는 X의 양수인은 그 수목을 벌채할 수 없다.

④ 타인의 권원에 기하여 부동산에 부합된 물건이 부동산의 구성부분이 된 경우, 부동산의 소유자는 방해배제청구권에 기하여 부합물의 철거를 청구할 수 없다.

⑤ 건물의 증축부분이 축조 당시 독립한 권리의 객체성을 상실하여 본건물에 부합된 후 구조의 변경 등으로 독립한 권리의 객체성을 취득하게 된 때에는 본건물과 독립하여 거래의 대상이 될 수 있다.

답 ③

▌정답해설▌

③ 민법 제256조는 부동산의 소유자는 그 부동산에 부합한 물건의 소유권을 취득한다. 그러나 타인의 권원에 의하여 부속된 것은 그러하지 아니한다라고 규정하고 있는데 위 규정단서에서 말하는 「권원」이라 함은 지상권, 전세권, 임차권 등과 같이 타인의 부동산에 자기의 동산을 부속시켜서 그 부동산을 이용할 수 있는 권리를 뜻한다 할 것이므로 그와 같은 권원이 없는 자가 토지소유자의 승낙을 받음이 없이 그 임차인의 승낙만을 받아 그 부동산 위에 나무를 심었다면 특별한 사정이 없는 한 토지소유자에 대하여 그 나무의 소유권을 주장할 수 없다고 하여야 할 것이다[88다카9067].

▌오답해설▌

① 제260조 제1항

② 제257조

④ 부동산에 부합된 물건이 사실상 분리복구가 불가능하여 거래상 독립한 권리의 객체성을 상실하고 그 부동산과 일체를 이루는 부동산의 구성부분이 된 경우에는 타인이 권원에 의하여 이를 부합시켰더라도 그 물건의 소유권은 부동산의 소유자에게 귀속되어 부동산의 소유자는 방해배제청구권에 기하여 부합물의 철거를 청구할 수 없다[2018다264307].

⑤ 일반적으로 건물의 증축부분이 축조 당시는 본건물의 구성부분이 됨으로써 독립의 권리의 객체성을 상실하여 본건물에 부합되었다고 할지라도 그 후 구조의 변경등으로 독립한 권리의 객체성을 취득하게 된 때에는 본건물과 독립하여 거래의 대상이 될 수 있다[81다519].

06 부합에 관한 설명으로 옳지 <u>않은</u> 것은? (다툼이 있으면 판례에 따름) **[2023]**

① 부동산에의 부합 이외에 동산 상호 간의 부합도 인정된다.

② 동산 이외에 부동산은 부합물이 될 수 없다.

③ 동일인 소유의 부동산과 동산 상호 간에는 원칙적으로 부합이 인정되지 않는다.

④ 분리가 가능하지만 분리할 경우 상호 부착되거나 결합된 물건의 경제적 가치가 심하게 손상되는 경우에도 부합이 인정된다.

⑤ 부동산의 소유자는 원칙적으로 그 부동산에 부합한 물건의 소유권을 취득한다.

답 ②

▌**정답해설**▌

② 부합되는 물건(피부합물)은 부동산이어야 하나, 부합하는 물건(부합물)이 동산에 한정되는지 학설의 다툼이 있으나, 판례는 부동산도 가능하다는 입장이다[4294민상445, 90다11967].

▌**오답해설**▌

① 제256조, 제257조

③ 부합이란 소유자를 각기 달리하는 수 개의 물건이 결합하여 한 개의 물건으로 되는 것을 말한다.

④ 부합의 정도는 훼손하지 않으면 분리할 수 없거나 분리에 과다한 비용을 요하는 경우는 물론, 분리하면 경제적 가치가 심히 감소되는 정도에 이르러야 한다.

⑤ 제256조

07 첨부에 관한 설명으로 옳지 <u>않은</u> 것은? (다툼이 있으면 판례에 따름) [2022]

① 주종을 구별할 수 있는 동산들이 부합하여 분리에 과다한 비용을 요할 경우, 그 합성물의 소유권은 주된 동산의 소유자에게 속한다.

② 타인이 권원에 의하여 부동산에 부속시킨 동산이 그 부동산과 분리되면 경제적 가치가 없는 경우, 그 동산의 소유권은 부동산 소유자에게 속한다.

③ 양도담보권의 목적인 주된 동산에 甲소유의 동산이 부합되어 甲이 그 소유권을 상실하는 손해를 입은 경우, 특별한 사정이 없는 한 甲은 양도담보권자를 상대로 보상을 청구할 수 있다.

④ 타인의 동산에 가공한 경우, 가공으로 인한 가액의 증가가 원재료의 가액보다 현저히 다액인 때에는 가공자의 소유로 한다.

⑤ 건물의 증축 부분이 기존 건물에 부합하여 기존 건물과 분리해서는 별개의 독립물로서의 효용을 갖지 못하는 경우, 기존 건물에 대한 경매절차에서 경매목적물로 평가되지 않았더라도 매수인은 부합된 증축 부분의 소유권을 취득한다.

답 ③

▌정답해설▐

③ 양도담보권의 목적인 주된 동산에 다른 동산이 부합되어 부합된 동산에 관한 권리자가 권리를 상실하는 손해를 입은 경우 주된 동산이 담보물로서 가치가 증가된 데 따른 실질적 이익은 주된 동산에 관한 양도담보권설정자에게 귀속되는 것이므로, 이 경우 부합으로 인하여 권리를 상실하는 자는 양도담보권설정자를 상대로 제261조에 따라 보상을 청구할 수 있을 뿐 양도담보권자를 상대로 보상을 청구할 수는 없다[2012다19659].

▌오답해설▐

① 제257조

> **제257조(동산간의 부합)**
> 동산과 동산이 부합하여 훼손하지 아니하면 분리할 수 없거나 그 분리에 과다한 비용을 요할 경우에는 그 합성물의 소유권은 주된 동산의 소유자에게 속한다. 부합한 동산의 주종을 구별할 수 없는 때에는 동산의 소유자는 부합당시의 가액의 비율로 합성물을 공유한다.

② 부동산에 부합된 물건이 사실상 분리복구가 불가능하여 거래상 독립한 권리의 객체성을 상실하고 그 부동산과 일체를 이루는 부동산의 구성부분이 된 경우에는 타인이 권원에 의하여 이를 부합시켰더라도 그 물건의 소유권은 부동산의 소유자에게 귀속된다[2007다36933].

④ 제259조 제1항

> **제259조(가공)**
> ① 타인의 동산에 가공한 때에는 그 물건의 소유권은 원재료의 소유자에게 속한다. 그러나 가공으로 인한 가액의 증가가 원재료의 가액보다 현저히 다액인 때에는 가공자의 소유로 한다.

⑤ 99다24256

08 첨부에 관한 설명으로 옳지 <u>않은</u> 것은? (다툼이 있으면 판례에 따름)   [2020]

① 타인이 그의 권원에 의하여 부동산에 부속한 물건은 이를 분리하여도 경제적 가치가 없으면 부동산 소유자의 소유로 한다.
② 저당권의 효력은 다른 사정이 없으면 저당부동산에 부합된 물건에 미친다.
③ 동일인 소유의 여러 동산들이 결합하는 것은 부합이 아니다.
④ 부합의 원인은 인위적이든 자연적이든 불문한다.
⑤ 타인의 동산에 가공한 때에는 가공물의 소유권은 가공자의 소유로 한다.

답 ⑤

┃ 정답해설 ┃
⑤ 타인의 동산에 가공한 때에는 그 물건의 소유권은 원재료의 소유자에게 속한다(제259조 제1항).

09 소멸시효와 등기 없는 취득시효에 관한 설명으로 옳은 것은? (다툼이 있으면 판례에 따름)   [2020]

① 취득시효기간 동안 계속하여 등기명의인이 동일한 때에도 반드시 점유를 개시한 때를 기산점으로 하여야 한다.
② 점유자가 전(前)점유자의 점유를 아울러 주장할 때에는 그 점유의 개시시기를 어느 점유자의 점유기간 중 임의의 시점으로 선택할 수 있다.
③ 채권의 소멸시효가 완성하면 그 채무자의 다른 채권자는 직접 그 완성을 원용할 수 있다.
④ 압류 또는 가압류는 소멸시효와 취득시효의 중단사유이다.
⑤ 취득시효의 중단사유는 종래의 점유상태의 계속을 파괴하는 것으로 인정될 수 있는 것이어야 한다.

답 ⑤

┃ 오답해설 ┃
① 취득시효를 주장하는 자는 점유기간 중에 소유자의 변동이 없는 토지에 관하여는 취득시효의 기산점을 임의로 선택할 수 있고, 취득시효를 주장하는 날로부터 역산하여 20년 이상의 점유 사실이 인정되면 취득시효를 인정할 수 있는 것이다[93다46360].
② 전 점유자의 점유를 아울러 주장하는 경우에도 어느 단계의 점유자의 점유까지를 아울러 주장할 것인가도 이를 주장하는 사람에게 선택권이 있고, 다만 전 점유자의 점유를 아울러 주장하는 경우에는 그 점유의 개시시기를 어느 점유자의 점유기간 중의 임의의 시점으로 선택할 수 없는 것이다[97다56822].

③ 채권의 소멸시효가 완성된 경우 이를 원용할 수 있는 자는 시효로 인하여 채무가 소멸되는 결과 직접적인 이익을 받는 자에 한정되고, 그 채무자에 대한 채권자는 자기의 채권을 보전하기 위하여 필요한 한도 내에서 채무자를 대위하여 이를 원용할 수 있을 뿐이므로 채무자에 대하여 무슨 채권이 있는 것도 아닌 자는 소멸시효 주장을 대위 원용할 수 없다[2005다11312].

④ 소멸시효는 압류 또는 가압류, 가처분으로 인하여 중단된다(제168조 제2호). 그러나 '압류 또는 가압류'는 금전채권의 강제집행을 위한 수단이거나 그 보전수단에 불과하여 취득시효기간의 완성 전에 부동산에 압류 또는 가압류 조치가 이루어졌다고 하더라도 이는 취득시효의 중단사유가 될 수 없다[2018다296878].

더 알아보기

중단사유			중단시점	새로운 시효진행시점
청구	재판상 청구(= 제소)		소제기시	확정판결시
	재판에 준하는 절차	파산절차참가	채권신고시	파산절차 종료시
			강제집행절차에서의 배당요구와 파산선고 신청도 중단 사유가 된다.	
		지급명령	지급명령 신청시	지급명령 확정시
		화해를 위한 소환	화해신청시	화해성립시
		임의출석	임의출석시	판결확정시
			임의출석은 당사자 쌍방이 임의로 법원에 출석하여 소송에 관하여 구두변론함으로써 제소 및 화해신청을 하도록 허용하는 제도이다. 만약 화해가 불성립하면 1개월 이내에 소를 제기함으로써 출석한 시점을 기준으로 해서 중단의 효력이 생긴다.	
		조정신청	조정신청시	조정확정시
			조정신청이 취하되면 그날로부터 1개월 내에 소를 제기해야 중단의 효력이 생긴다.	
	재판외 청구(= 청구)		최고가 상대방에게 도달시	6개월 내에 취한 재판상 청구 등 다른 시효중단조치의 절차 종료시
			의사의 통지로서 도달하면 6월의 기산점이 시작됨	
	압류·가압류·가처분		신청시	그 절차 종료시
			가압류로 인한 본안의 승소 판결 확정시 그 채무명의에 의한 본집행이 종료시부터 시효가 진행한다.	
	승인		면책적 채무인수가 있는 경우, 채무승인에 따라 채무인수일로부터 새로이 진행된다[99다12376].	
			소멸시효 완성 전의 채무승인을 말하고 시효완성 후의 채무의 승인은 시효이익의 포기이다.	

10 취득시효에 관한 설명으로 옳지 <u>않은</u> 것은? (다툼이 있으면 판례에 따름) [2019]

① 비법인사단은 시효취득의 주체가 될 수 없다.
② 부동산의 소유자로 등기한 자가 10년간 소유의 의사로 평온, 공연하게 선의이며 과실없이 그 부동산을 점유한 때에는 소유권을 취득한다.
③ 10년간 소유의 의사로 평온, 공연하게 동산을 점유한 자는 그 소유권을 취득한다.
④ 부동산 점유취득시효가 완성되면 점유자는 원칙적으로 시효기간 만료 당시의 토지소유자에 대하여 소유권이전등기청구권을 취득하는데, 이는 채권적 청구권이다.
⑤ 공유지분의 일부에 대해서도 시효취득이 가능하지만, 집합건물의 공용부분은 점유취득시효에 의한 소유권취득의 대상이 될 수 없다.

답 ①

▌정답해설▐

① 자연인, 법인, 국가나 지방자치단체도 주체가 될 수 있다. 문중 또는 종중과 같이 법인 아닌 사단 또는 재단도 취득시효완성으로 인한 소유권을 취득할 수 있다[69다2013].

더 알아보기	취득시효의 종류		
부동산물권(소유권, 지상권, 지역권, 전세권)		동산물권(소유권, 질권)	
점유 시효취득	등기부 시효취득	일반 시효취득	단기 시효취득
20년	10년	10년	5년
자주·평온·공연	+ 선의·무과실	자주·평온·공연	+ 선의·무과실

11 점유취득시효에 관한 설명으로 옳지 <u>않은</u> 것은? (다툼이 있으면 판례에 따름)

① 자연인이나 법인뿐만 아니라 권리능력 없는 사단도 시효취득의 주체가 될 수 있다.

② 취득시효 완성으로 인한 소유권 취득의 효력은 점유를 개시한 때에 소급한다.

③ 토지에 대한 취득시효가 완성된 후 토지소유자가 그 토지 위에 담장을 설치한 경우, 시효완성자는 소유권에 기한 방해배제청구권의 행사로서 토지소유자를 상대로 담장의 철거를 청구할 수 없다.

④ 취득시효기간의 완성 전에 등기부상의 소유명의가 변경되었다 하더라도 이는 취득시효의 중단 사유가 될 수 없다.

⑤ 미등기부동산의 경우, 점유자가 취득시효기간의 완성만으로 등기 없이 소유권을 취득한다.

답 ⑤

┃정답해설┃

⑤ 제245조 제1항의 취득시효기간의 완성만으로는 소유권 취득의 효력이 바로 생기는 것이 아니라, 다만 이를 원인으로 하여 소유권 취득을 위한 등기청구권이 발생할 뿐이고, 미등기부동산의 경우라고 하여 취득시효기간의 완성만으로 등기 없이도 점유자가 소유권을 취득한다고 볼 수 없다[2006다22074 · 22081].

┃오답해설┃

① 자연인은 물론 법인도 시효취득을 할 수 있고[76다2705 · 2706], 권리능력 없는 사단 및 재단도 취득시효의 주체가 될 수 있다[69다2013].

② 취득시효 완성으로 인한 소유권 취득의 효력은 점유를 개시한 때에 소급한다[제247조 제1항].

③ 취득시효가 완성된 점유자는 점유권에 기하여 등기부상의 명의인을 상대로 점유방해의 배제를 청구할 수 있다[2004다23899 · 23905].

④ 점유로 인한 부동산소유권의 시효취득에 있어 취득시효의 중단사유는 종래의 점유상태의 계속을 파괴하는 것으로 인정될 수 있는 사유라야 할 것인바, 취득시효기간의 완성 전에 등기부상의 소유명의가 변경되었다 하더라도 이로써 종래의 점유상태의 계속이 파괴되었다고 할 수 없으므로 이는 취득시효의 중단사유가 될 수 없다[92다52764 · 52771 반소].

12 甲 소유의 X토지를 乙이 소유의 의사로 평온·공연하게 점유하고 있다. 이에 관한 설명으로 옳지 <u>않은</u> 것은? (다툼이 있으면 판례에 따름)

① 乙의 취득시효가 완성된 경우, 甲은 乙에 대하여 X토지에 대한 불법점유임을 이유로 X토지의 인도를 청구할 수 없다.

② 乙이 X토지를 시효취득했더라도, 乙이 시효취득 전에 X토지를 사용하여 얻은 이익은 甲에게 반환하여야 한다.

③ 乙이 취득시효 완성 후 등기하기 전에 甲이 X토지를 丙에게 매도하여 소유권이전등기를 해준 경우, 乙은 특별한 사정이 없는 한 丙에 대하여 시효취득을 이유로 등기말소를 청구할 수 없다.

④ 乙이 취득시효 완성 후 등기하기 전에 甲이 X토지를 丙에게 매도하여 소유권이전등기를 해준 경우, 乙은 시효기간의 기산점을 임의로 선택할 수 없다.

⑤ 乙의 취득시효가 진행되는 중에 甲이 X토지를 丙에게 매도하여 소유권이전등기를 해 준 다음 시효가 완성된 경우, 乙은 丙에 대하여 시효취득 완성을 주장할 수 있다.

답 ②

▌정답해설▐

② 취득시효 완성으로 인한 소유권 취득의 효력은 점유를 개시한 때에 소급하므로(제247조 제1항), 甲은 乙에 대하여 X토지의 불법점유를 이유로 그 지상건물의 철거나 대지의 인도를 청구할 수 없다[87다카1979]. 설사 乙이 아직 소유권이전등기를 경료하지 아니한 상태였다고 하더라도, 甲은 乙을 상대로 차임 상당의 부당이득 반환을 청구할 수 없다[92다51280].

▌오답해설▐

① 92다51280

③, ④ 부동산의 취득시효에 있어 시효기간의 경과를 계산하기 위한 기산점은 그 부동산에 대한 소유명의자가 동일하고 그 변동이 없는 경우가 아니라면 원칙적으로 시효취득의 기초가 되는 점유가 개시된 시점이 기산점이 되고, 당사자가 기산점을 임의로 선택할 수 없으며, 그 기산점을 기초로 취득시효가 일단 완성된 후에 제3취득자가 소유권이전등기를 마친 경우에는 그 자에 대하여 취득시효로 대항할 수 없다[98다40688].

⑤ 시효기간 진행 중 제3취득자로의 이전등기는 점유상태를 파괴한 것으로 보지 아니하므로, 취득시효기간은 중단되지 아니한다. 따라서 부동산의 점유로 인한 시효취득자는 취득시효 완성 당시의 진정한 소유자에 대하여 소유권이전등기청구권을 가진다.

01 점유에 관한 설명으로 옳은 것은? (다툼이 있으면 판례에 따름) **[2022]**

① 미등기건물의 양수인은 그 건물에 관한 사실상의 처분권을 보유하더라도 건물부지를 점유하고 있다고 볼 수 없다.

② 건물 공유자 중 일부만이 당해 건물을 점유하고 있는 경우, 그 건물의 부지는 건물 공유자 전원이 공동으로 점유하는 것으로 볼 수 있다.

③ 점유자의 권리적법추정 규정(제200조)은 특별한 사정이 없는 한 등기된 부동산에도 적용된다.

④ 선의의 점유자라도 본권에 관한 소에 패소한 때에는 그 패소판결이 확정된 때로부터 악의의 점유자로 본다.

⑤ 진정한 소유자가 점유자를 상대로 소유권이전등기의 말소청구소송을 제기하여 점유자의 패소로 확정된 경우, 그 소가 제기된 때부터 점유자의 점유는 타주점유로 전환된다.

답 ②

▌정답해설▌

② 건물 공유자 중 일부만이 당해 건물을 점유하고 있는 경우라도 그 건물의 부지는 건물 소유를 위하여 공유명의자 전원이 공동으로 이를 점유하고 있는 것으로 볼 것이며, 건물 공유자들이 건물부지의 공동점유로 인하여 건물부지에 대한 소유권을 시효취득하는 경우라면 그 취득시효 완성을 원인으로 한 소유권이전등기청구권은 당해 건물의 공유지분비율과 같은 비율로 건물 공유자들에게 귀속된다[2002다57935].

▌오답해설▌

① 미등기건물을 양수하여 건물에 관한 사실상의 처분권을 보유하게 됨으로써 그 양수인이 건물부지 역시 아울러 점유하고 있다고 볼 수 있는 등의 다른 특별한 사정이 없는 한 건물의 소유명의자가 아닌 자로서는 실제로 그 건물을 점유하고 있다고 하더라도 그 건물의 부지를 점유하는 자로는 볼 수 없다[2002다57935].

③ 부동산에 있어서 권리의 추정은 점유에 의하지 않고 등기에 의한다[66다677]. 점유자의 권리추정의 규정은 특별한 사정이 없는 한 부동산 물권에 대하여는 적용되지 아니하고 다만 그 등기에 대하여서만 추정력이 부여된다[81다780].

④, ⑤ 진정한 소유자가 점유자 명의의 소유권이전등기는 원인무효의 등기라 하여 점유자를 상대로 토지에 관한 점유자 명의의 소유권이전등기의 말소등기청구소송을 제기하여 그 소송사건이 점유자의 패소로 확정되었다면, 점유자는 그 소송의 제기시부터는 토지에 대한 악의의 점유자로 간주되고, 또 패소판결 확정 후부터는 타주점유로 전환되었다고 보아야 할 것이다[2000다14934].

02 소유권에 관한 설명으로 옳지 <u>않은</u> 것은? (다툼이 있으면 판례에 따름)　　　　　[2020]

① 매도인은 매매계약의 이행으로 토지를 인도받았으나 소유권이전등기를 하지 않고 점유·사용하는 매수인에게 부당이득의 반환을 청구할 수 있다.
② 토지의 경계는 지적공부에 의하여 확정된다.
③ 토지가 포락되어 사회통념상 원상복구가 어려워 토지로서의 효용을 상실한 때에는 그 토지의 소유권이 소멸한다.
④ 도급계약에서 신축집합건물의 소유권을 수인의 도급인에게 귀속할 것을 약정한 경우 그 건물의 각 전유부분의 소유관계는 공동도급인의 약정에 의한다.
⑤ 소유권에 기한 방해배제청구권에서 '방해'는 현재 지속되고 있는 침해를 의미한다.

답 ①

▌정답해설▐

① 토지의 매수인이 아직 소유권이전등기를 마치지 않았더라도 매매계약의 이행으로 토지를 인도받은 때에는 매매계약의 효력으로서 이를 점유·사용할 권리가 있으므로, 매도인이 매수인에 대하여 그 점유·사용을 법률상 원인이 없는 이익이라고 하여 부당이득반환청구를 할 수는 없다[2014다2662].

03 乙은 2005.1.10. 甲 소유의 X토지를 매수하고 대금을 지급한 후 X토지를 인도받았으나 소유권이전등기는 마치지 않았다. 乙은 2015.12.31. X토지를 다시 丙에게 매도하였고, 2019.2.16. 현재까지 丙 역시 미등기상태로 X토지를 점유하고 있다. 이에 관한 설명으로 옳지 <u>않은</u> 것은? (다툼이 있으면 판례에 따름)

① 甲은 丙에게 소유권에 기하여 X토지의 반환을 청구할 수 없다.

② 乙의 甲에 대한 소유권이전등기청구권의 소멸시효는 진행되지 않는다.

③ 丙은 乙의 甲에 대한 소유권이전등기청구권을 대위하여 행사할 수 있다.

④ 甲은 丙에 대해 불법점유를 이유로 임료 상당의 부당이득 반환을 청구할 수 없다.

⑤ X토지를 제3자가 불법점유하고 있다면, 丙은 제3자에 대하여 소유권에 기한 물권적 청구권을 행사할 수 있다.

답 ⑤

─────────────────────────────

▌ **정답해설** ▌

⑤ 미등기무허가건물의 양수인이라 할지라도 그 소유권이전등기를 경료받지 않는 한 그 건물에 대한 소유권을 취득할 수 없고, 그러한 상태의 건물양수인에게 소유권에 준하는 관습상의 물권이 있다고 볼 수도 없으므로, 건물을 신축하여 그 소유권을 원시취득한 자로부터 그 건물을 매수하였으나 아직 소유권이전등기를 갖추지 못한 자는 그 건물의 불법점거자에 대하여 직접 자신의 소유권 등에 기하여 명도를 청구할 수는 없다[2007다11347].

▌ **오답해설** ▌

①, ④ 토지의 매수인이 아직 소유권이전등기를 경료받지 아니하였다 하여도 매매계약의 이행으로 그 토지를 인도받은 때에는 매매계약의 효력으로서 이를 점유·사용할 권리가 생기게 된 것으로 보아야 하고, 또 매수인으로부터 위 토지를 다시 매수한 자는 위와 같은 토지의 점유사용권을 취득한 것으로 봄이 상당하므로 매도인은 매수인으로부터 다시 위 토지를 매수한 자에 대하여 토지소유권에 기한 물권적 청구권을 행사하거나 그 점유·사용을 법률상 원인이 없는 이익이라고 하여 부당이득반환청구를 할 수는 없다[2001다45355].

② 부동산의 매수인이 그 부동산을 인도받은 이상 이를 사용·수익하다가 그 부동산에 대한 보다 적극적인 권리행사의 일환으로 다른 사람에게 그 부동산을 처분하고 그 점유를 승계하여 준 경우에도 그 이전등기 청구권의 행사 여부에 관하여 그가 그 부동산을 스스로 계속 사용·수익만 하고 있는 경우와 특별히 다를바 없으므로 위 두 어느 경우에나 이전등기청구권의 소멸시효는 진행되지 않는다고 보아야 한다[98다32175 전합 – 다수의견].

③ 미등기매수인 乙로부터 목적부동산의 점유를 양수받은 丙은, 중간생략등기의 합의가 없는 한 최초양도인 甲에 대하여 직접 소유권이전등기를 청구할 수 없고, 乙의 甲에 대한 소유권이전등기청구권을 대위행사할 수 있을 뿐이다.

04 甲 명의로 등기된 甲 소유 토지에 관해 乙이 관계서류를 위조하여 자기명의로 이전등기를 한 뒤 丙에게 임대하였고, 丙은 그 토지 위에 주택을 완성하여 보존등기를 하고 현재까지 그 주택에 거주하고 있다. 이에 관한 설명으로 옳은 것을 모두 고른 것은? (다툼이 있으면 판례에 따름)

> ㄱ. 甲은 丙을 상대로 주택으로부터의 퇴거를 청구할 수 있다.
> ㄴ. 甲은 乙을 상대로 토지에 대한 소유권이전등기를 청구할 수 있다.
> ㄷ. 甲은 丙을 상대로 주택의 철거를 청구할 수 있다.
> ㄹ. 만약 丁이 그 주택을 丙으로부터 임차하여 주민등록을 마치고 그 주택에 거주하고 있다면, 甲은 丁을 상대로 퇴거를 청구할 수 있다.

① ㄱ, ㄴ
② ㄱ, ㄹ
③ ㄴ, ㄷ
④ ㄴ, ㄷ, ㄹ
⑤ ㄱ, ㄴ, ㄷ, ㄹ

답 ④

▌정답해설▐

ㄴ. (○) 이미 자기 앞으로 소유권을 표상하는 등기가 되어 있었거나 법률에 의하여 소유권을 취득한 자가 진정한 등기명의를 회복하기 위한 방법으로는 현재의 등기명의인을 상대로 그 등기의 말소를 구하는 외에 "진정한 등기명의의 회복"을 원인으로 한 소유권이전등기절차의 이행을 직접 구하는 것도 허용되어야 한다[89다카12398 전합].

ㄷ. (○) 98다57457·57464

ㄹ. (○) 건물이 그 존립을 위한 토지사용권을 갖추지 못하여 토지의 소유자가 건물의 소유자에 대하여 당해 건물의 철거 및 그 대지의 인도를 청구할 수 있는 경우에라도 건물소유자가 아닌 사람이 건물을 점유하고 있다면 토지소유자는 그 건물점유를 제거하지 아니하는 한 위의 건물철거 등을 실행할 수 없다. 따라서 그때 토지소유권은 위와 같은 점유에 의하여 그 원만한 실현을 방해당하고 있다고 할 것이므로, 토지소유자는 자신의 소유권에 기한 방해배제로서 건물점유자에 대하여 건물로부터의 퇴출을 청구할 수 있다. 그리고 이는 건물점유자가 건물소유자로부터의 임차인으로서 그 건물임차권이 이른바 대항력을 가진다고 해서 달라지지 아니한다. 건물임차권의 대항력은 기본적으로 건물에 관한 것이고 토지를 목적으로 하는 것이 아니므로 이로써 토지소유권을 제약할 수 없고, 토지에 있는 건물에 대하여 대항력 있는 임차권이 존재한다고 하여도 이를 토지소유자에 대하여 대항할 수 있는 토지사용권이라고 할 수는 없다. 바꾸어 말하면, 건물에 관한 임차권이 대항력을 갖춘 후에 그 대지의 소유권을 취득한 사람은 제622조 제1항이나 주택임대차보호법 제3조 제1항 등에서 그 임차권의 대항을 받는 것으로 정하여진 '제3자'에 해당한다고 할 수 없다[2010다43801].

▌오답해설▐

ㄱ. (×) 건물의 소유자가 그 건물의 소유를 통하여 타인소유의 토지를 점유하고 있다고 하더라도 그 토지소유자로서는 그 건물의 철거와 그 대지부분의 인도를 청구할 수 있을 뿐, 자기 소유의 건물을 점유하고 있는 자에 대하여 그 건물에서 퇴거할 것을 청구할 수는 없다[98다57457·57464]. 따라서 甲은 건물소유자 丙을 상대로 주택의 철거를 청구할 수 있을 뿐, 주택으로부터의 퇴거를 청구할 수는 없다.

05 물권적 청구권에 관한 설명으로 옳지 <u>않은</u> 것은? (다툼이 있는 경우에는 판례에 의함)

① 부동산소유자가 실체관계에 부합하지 않는 등기명의인을 상대로 가지는 등기말소청구권은 그 소유자가 소유권을 상실하면 그 존재 자체가 인정되지 않는다.

② 물건을 침탈당한 점유자는 침탈당한 날로부터 1년 이내에 침탈자를 상대로 그 물건의 반환을 청구하여야 하고 1년의 기간은 그 기간 내에 소를 제기하여야 하는 출소기간이다.

③ 甲 소유의 X토지 위에 乙이 무단으로 Y건물을 신축하고 소유권보존등기를 마친 후 丙에게 Y건물을 임대하여 현재 丙이 Y건물을 점유·사용하는 경우, 甲은 乙을 상대로 X토지의 반환을 청구하여야 한다.

④ 甲 소유의 X토지에 대한 취득시효를 완성한 乙이 아직 이를 원인으로 하는 소유권이전등기를 마치지 못한 상태에서 X토지 위에 Y건물을 신축한 경우, 甲은 불법점유를 이유로 乙에게 X토지의 인도와 Y건물의 철거를 청구할 수 있다.

⑤ 혼인관계에 있는 甲과 乙이 X부동산에 관하여 유효하게 명의신탁약정을 체결하고 乙 명의로 그 소유권이전등기를 마친 경우, 甲은 X부동산을 침해한 丙에 대하여 소유권에 기한 물권적 청구권을 행사하지 못한다.

답 ④

┃정답해설┃

④ 피고가 원고 소유의 대지 일부를 소유의 의사로 평온, 공연하게 20년간 점유하였다면 피고는 원고에게 소유권이전등기절차의 이행을 청구할 수 있고, 원고는 이에 응할 의무가 있으므로 피고가 위 대지에 관하여 소유권이전등기를 경료하지 못한 상태에 있다고 해서 원고가 피고에 대하여 그 대지에 대한 불법점유임을 이유로 그 지상건물의 철거와 대지의 인도를 청구할 수는 없다[87다카1079].

┃오답해설┃

① 등기말소청구권 등의 물권적 청구권은 그 권리자인 소유자가 소유권을 상실하면 이제 그 발생의 기반이 아예 없게 되어 더 이상 그 존재 자체가 인정되지 아니한다[2010다28604 전합].

② 제204조 제3항에 의하면 점유물반환청구권은 점유를 침탈한 경우 그 점유를 침탈당한 날로부터 1년 내에 행사하여야 하는 것으로 규정되어 있는데, 위의 제척기간은 재판 외에서 권리행사하는 것으로 족한 기간이 아니라 반드시 그 기간 내에 소를 제기하여야 하는 이른바 출소기간으로 해석함이 상당하다[2001다8097·8103].

③ 건물의 소유자가 그 건물의 소유를 통하여 타인소유의 토지를 점유하고 있다고 하더라도 그 토지소유자로서는 그 건물의 철거와 그 대지부분의 인도를 청구할 수 있을 뿐, 자기 소유의 건물을 점유하고 있는 자에 대하여 그 건물에서 퇴거할 것을 청구할 수는 없다[98다57457·57464].

⑤ 재산을 타인에게 신탁한 경우 대외적인 관계에 있어서는 수탁자만이 소유권자로서 그 재산에 대한 제3자의 침해에 대하여 배제를 구할 수 있으며, 신탁자는 수탁자를 대위하여 수탁자의 권리를 행사할 수 있을 뿐 직접 제3자에게 신탁재산에 대한 침해의 배제를 구할 수 없다[77다1079 전합]. 참고로 혼인관계에 있는 甲과 乙이 유효한 명의신탁을 체결하였다고 하였으므로, 부동산실명법 제4조가 적용되지 않는다는 점에 주의를 요한다.

06 물권적 청구권에 관한 설명으로 옳은 것은? (다툼이 있는 경우에는 판례에 의함)

① 타인의 기망행위로 물건을 인도한 사람은 인도받은 사람에 대하여 점유물반환청구권을 행사할 수 있다.

② 소유권이전등기 없이 토지를 인도받은 매수인으로부터 다시 토지를 매수하여 점유·사용하고 있는 자에 대하여 매도인은 토지소유권에 기하여 반환을 청구할 수 있다.

③ 소유물방해제거청구권은 방해가 있는 날로부터 1년 이내에 행사하여야 하며, 이 기간은 출소기간이다.

④ 점유물방해제거청구권을 행사하기 위해서는 방해자의 고의·과실에 의한 점유방해가 있어야 한다.

⑤ 소유자는 소유권을 방해할 염려가 있는 자에 대하여 그 예방이나 손해배상의 담보를 청구할 수 있다.

답 ⑤

┃정답해설┃

⑤ 제214조

> **제214조(소유물 방해제거, 방해예방청구권)**
> 소유자는 소유권을 방해하는 자에 대하여 방해의 제거를 청구할 수 있고 소유권을 방해할 염려 있는 행위를 하는 자에 대하여 그 예방이나 손해배상의 담보를 청구할 수 있다.

┃오답해설┃

① 사기의 의사표시에 의해 건물을 명도해 준 것이라면 건물의 점유를 침탈당한 것이 아니므로 피해자는 점유회수의 소권을 가진다고 할 수 없다[91다17443].

② 토지의 매수인이 아직 소유권이전등기를 경료받지 아니하였다 하여도 매매계약의 이행으로 그 토지를 인도받은 때에는 매매계약의 효력으로서 이를 점유·사용할 권리가 생기게 된 것으로 보아야 하고, 또 매수인으로부터 위 토지를 다시 매수한 자는 위와 같은 토지의 점유사용권을 취득한 것으로 봄이 상당하므로 매도인은 매수인으로부터 다시 위 토지를 매수한 자에 대하여 토지소유권에 기한 물권적 청구권을 행사하거나 그 점유·사용을 법률상 원인이 없는 이익이라고 하여 부당이득반환청구를 할 수는 없다[2001다45355].

③ 소유권에 기한 방해제거청구권(제214조)에는 점유권과 달리 제척기간의 제한이 없다.

> **제205조(점유의 보유)**
> ① 점유자가 점유의 방해를 받은 때에는 그 방해의 제거 및 손해의 배상을 청구할 수 있다.
> ② 전항의 청구권은 방해가 종료한 날로부터 1년 내에 행사하여야 한다.
> ③ 공사로 인하여 점유의 방해를 받은 경우에는 공사착수 후 1년을 경과하거나 그 공사가 완성한 때에는 방해의 제거를 청구하지 못한다.

④ 점유물방해제거청구의 경우 방해자의 고의·과실 등의 귀책사유를 요하지 아니하나(제205조 참고), 손해배상청구의 경우에는 고의·과실 등의 귀책사유를 요한다(제750조).

01 공동소유에 관한 설명으로 옳지 <u>않은</u> 것은? (다툼이 있으면 판례에 따름) **[2023]**

① 공유자는 다른 공유자의 동의없이 공유물을 처분하거나 변경하지 못한다.

② 합유는 수인이 조합체로서 물건을 소유하는 형태이고, 조합원은 자신의 지분을 조합원 전원의 동의없이 처분할 수 없다.

③ 합유물에 대한 보존행위는 합유자 전원의 동의를 요하지 않는다.

④ 구조상·이용상 독립성이 있는 건물부분이라 하더라도 구분소유적 공유관계는 성립할 수 없다.

⑤ 공유물분할 금지약정은 갱신할 수 있다.

답 ④

│정답해설│

④ 1동의 건물 중 위치 및 면적이 특정되고 구조상·이용상 독립성이 있는 일부분씩을 2인 이상이 구분소유하기로 하는 약정을 하고 등기만은 편의상 각 구분소유의 면적에 해당하는 비율로 공유지분등기를 하여 놓은 경우, 구분소유자들 사이에 공유지분등기의 상호명의신탁관계 내지 건물에 대한 구분소유적 공유관계가 성립한다[2011다42430].

│오답해설│

① 제264조

> **제264조(공유물의 처분, 변경)**
> 공유자는 다른 공유자의 동의없이 공유물을 처분하거나 변경하지 못한다.

②, ③ 제272조

> **제272조(합유물의 처분, 변경과 보존)**
> 합유물을 처분 또는 변경함에는 합유자 전원의 동의가 있어야 한다. 그러나 보존행위는 각자가 할 수 있다.

⑤ 제268조 제2항

> **제268조(공유물의 분할청구)**
> ① 공유자는 공유물의 분할을 청구할 수 있다. 그러나 5년 내의 기간으로 분할하지 아니할 것을 약정할 수 있다.
> ② 전항의 계약을 갱신한 때에는 그 기간은 갱신한 날로부터 5년을 넘지 못한다.
> ③ 전2항의 규정은 제215조, 제239조의 공유물에는 적용하지 아니한다.

02 甲, 乙, 丙은 X토지를 각각 7분의 1, 7분의 2, 7분의 4의 지분으로 공유하고 있다. 이에 관한 설명으로 옳지 않은 것은? (다툼이 있으면 판례에 따름) [2022]

① 甲이 乙, 丙과의 협의 없이 X토지 전부를 독점적으로 점유하는 경우, 乙은 甲에 대하여 공유물의 보존행위로서 X토지의 인도를 청구할 수 없다.

② 丁이 X토지 전부를 불법으로 점유하는 경우, 甲은 단독으로 X토지 전부의 인도를 청구할 수 있다.

③ 丙이 甲, 乙과의 협의 없이 X토지 전부를 戊에게 임대한 경우, 甲은 戊에게 차임 상당액의 7분의 1을 부당이득으로 반환할 것을 청구할 수 있다.

④ 甲, 乙, 丙 사이의 X토지 사용·수익에 관한 특약이 공유지분권의 본질적 부분을 침해하지 않는 경우라면 그 특약을 丙의 특정승계인에게 승계될 수 있다.

⑤ 甲은 특별한 사정이 없는 한 乙, 丙의 동의 없이 X토지에 관한 자신의 지분을 처분할 수 있다.

답 ③

▌정답해설▐

③ 과반수 지분의 공유자는 공유자와 사이에 미리 공유물의 관리방법에 관하여 협의가 없었다 하더라도 공유물의 관리에 관한 사항을 단독으로 결정할 수 있으므로 과반수 지분의 공유자는 그 공유물의 관리방법으로서 그 공유토지의 특정된 한 부분을 배타적으로 사용·수익할 수 있으나, 그로 말미암아 지분은 있으되 그 특정 부분의 사용·수익을 전혀 하지 못하여 손해를 입고 있는 소수지분권자에 대하여 그 지분에 상응하는 임료 상당의 부당이득을 하고 있다 할 것이므로 이를 반환할 의무가 있다 할 것이다[2002다9738].

▌오답해설▐

① 공유물의 소수지분권자인 乙이 다른 공유자와 협의하지 않고 공유물의 전부 또는 일부를 독점적으로 점유하는 경우 소수지분권자인 甲은 乙을 상대로 공유물의 인도를 청구할 수는 없다고 보아야 한다[2018다287522 전합].

② 토지의 공유자는 단독으로 그 토지의 불법점유자에 대하여 명도를 구할 수 있다[69다21].

④ 공유물의 관리에 관한 사항은 공유자의 지분의 과반수로써 결정하고, 공유자간의 공유물에 대한 사용수익·관리에 관한 특약은 공유자의 특정승계인에 대하여도 당연히 승계된다고 할 것이나, 공유물에 관한 특약이 지분권자로서의 사용수익권을 사실상 포기하는 등으로 공유지분권의 본질적 부분을 침해한다고 볼 수 있는 경우에는 특정승계인이 그러한 사실을 알고도 공유지분권을 취득하였다는 등의 특별한 사정이 없는 한 특정승계인에게 당연히 승계되는 것으로 볼 수는 없다[2009다54294].

⑤ 각 공유자는 그 지분권을 다른 공유자의 동의가 없는 경우라도 양도 기타의 처분을 할 수 있는 것이며 공유자끼리 그 지분을 교환하는 것도 그것이 지분권의 처분에 해당하는 이상 다른 공유자의 동의를 요하는 것이 아니다[71다2760].

03 공유물 분할에 관한 설명으로 옳지 <u>않은</u> 것은? (다툼이 있으면 판례에 따름) [2022]

① 공유물분할청구권은 형성권에 해당한다.

② 공유관계가 존속하는 한 공유물분할청구권만이 독립하여 시효로 소멸될 수 없다.

③ 부동산의 일부 공유지분 위에 저당권이 설정된 후 그 공유부동산이 현물분할된 경우, 저당권은 원칙적으로 저당권설정자에게 분할된 부분에 집중된다.

④ 공유물분할 청구의 소에서 법원은 원칙적으로 공유물분할을 청구하는 원고가 구하는 방법에 구애받지 않고 재량에 따라 합리적 방법으로 분할을 명할 수 있다.

⑤ 공유자는 특별한 사정이 없는 한 언제든지 공유물의 분할을 청구할 수 있다.

📒 ③

┃ 정답해설 ┃

③ 甲, 乙의 공유인 부동산 중 甲의 지분 위에 설정된 근저당권 등 담보물권은 특단의 합의가 없는 한 공유물분할이 된 뒤에도 종전의 지분비율대로 공유물 전부의 위에 그대로 존속하고 근저당권설정자인 甲 앞으로 분할된 부분에 당연히 집중되는 것은 아니다[88다카24868].

┃ 오답해설 ┃

①, ② 공유물분할청구권은 공유관계에서 수반되는 형성권이므로 공유관계가 존속하는 한 그 분할청구권만이 독립하여 시효소멸될 수 없다[80다1888·1889].

④ 재판에 의하여 공유물을 분할하는 경우에는 법원은 현물로 분할하는 것이 원칙이고, 현물로 분할할 수 없거나 현물로 분할을 하게 되면 현저히 그 가액이 감손될 염려가 있는 때에 비로소 물건의 경매를 명하여 대금분할을 할 수 있는 것이므로, 그 분할의 방법은 당사자가 구하는 방법에 구애받지 아니하고 법원의 재량에 따라 공유자의 지분 비율에 따른 합리적인 분할을 하면 된다[2004다10183].

⑤ 공유자 사이에는 아무런 인적 결합관계가 없으므로, 각 공유자는 언제든지 공유물의 분할을 청구할 수 있다[제268조 제1항 본문].

04 공유관계에 관한 설명으로 옳지 <u>않은</u> 것은? (다툼이 있으면 판례에 따름) [2021]

① 부동산 공유자의 공유지분 포기의 의사표시가 다른 공유자에게 도달하더라도 이로써 곧바로 공유지분 포기에 따른 물권변동의 효력이 발생하는 것은 아니다.

② 소수지분권자는 공유물의 전부를 협의 없이 점유하는 다른 소수지분권자에게 공유물의 인도를 청구할 수 있다.

③ 과반수 지분권자는 공유물의 관리에 관한 사항을 단독으로 결정할 수 있다.

④ 토지공유자 사이에서는 지분비율로 공유물의 관리비용을 부담한다.

⑤ 공유자는 특별한 사정이 없는 한 언제든지 공유물의 분할을 청구할 수 있다.

답 ②

▎정답해설▎

② 공유물의 소수지분권자인 甲이 다른 공유자와 협의하지 않고 공유물의 전부 또는 일부를 독점적으로 점유하는 경우 소수지분권자인 乙은 甲을 상대로 공유물의 인도를 청구할 수는 없다[2018다287522 전합]. 일부 공유자가 공유물의 전부나 일부를 독점적으로 점유한다면 이는 다른 공유자의 지분권에 기초한 사용·수익권을 침해하는 것이다. 공유자는 자신의 지분권 행사를 방해하는 행위에 대해서 제214조에 따른 방해배제청구권을 행사할 수 있고, 이는 공유자 각자가 행사할 수 있다[2018다287522 전합].

▎오답해설▎

① 제267조는 "공유자가 그 지분을 포기하거나 상속인 없이 사망한 때에는 그 지분은 다른 공유자에게 각 지분의 비율로 귀속한다."라고 규정하고 있다. 여기서 공유지분의 포기는 법률행위로서 상대방 있는 단독행위에 해당하므로, 부동산 공유자의 공유지분 포기의 의사표시가 다른 공유자에게 도달하더라도 이로써 곧바로 공유지분 포기에 따른 물권변동의 효력이 발생하는 것은 아니고, 다른 공유자는 자신에게 귀속될 공유지분에 관하여 소유권이전등기 청구권을 취득하며, 이후 제186조에 의하여 등기를 하여야 공유지분 포기에 따른 물권변동의 효력이 발생한다[2015 다52978].

③ 공유자 사이에 공유물을 사용·수익할 구체적인 방법을 정하는 것은 공유물의 관리에 관한 사항으로서 공유자의 지분의 과반수로써 결정하여야 할 것이고, 과반수 지분의 공유자는 다른 공유자와 사이에 미리 공유물의 관리방법에 관한 협의가 없었다 하더라도 공유물의 관리에 관한 사항을 단독으로 결정할 수 있다[2002다9738].

④ 제266조 제1항

⑤ 공유는 물건을 공동으로 소유하고 있다는 것 외에는 내부적·단체적 구속은 없으므로 언제든지 분할을 청구할 수 있다[제268조 제1항 본문].

05 공유물분할에 관한 설명으로 옳지 <u>않은</u> 것은? (다툼이 있으면 판례에 따름) [2021]

① 공유물분할의 효과는 원칙적으로 소급하지 않는다.

② 재판에 의한 공유물분할은 현물분할이 원칙이다.

③ 공유관계가 존속하는 한, 공유물분할청구권만이 독립하여 시효로 소멸하지는 않는다.

④ 공유토지를 현물분할하는 경우에 반드시 공유지분의 비율대로 토지 면적을 분할해야 하는 것은 아니다.

⑤ 공유물분할의 조정절차에서 공유자 사이에 현물분할의 협의가 성립하여 조정조서가 작성된 때에는 그 즉시 공유관계가 소멸한다.

답 ⑤

▌정답해설▐

⑤ 공유물분할청구의 소는 형성의 소로서 공유자 사이의 권리관계를 정하는 창설적 판결을 구하는 것이며[68다2425], 고유필수적 공동소송이다[2003다44615]. 형성권에 기한 형성판결이므로 판결이 확정되면 제187조에 의해 등기 없이도 물권변동의 효과가 발생한다. 그러나 공유물분할의 소송절차 또는 조정절차에서 공유자 사이에 공유토지에 관한 현물분할의 협의가 성립하여 조정이 성립하였다면, 공유자들이 협의한 바에 따라 공유지분을 이전받아 등기를 마침으로써 소유권을 취득하게 된다[2011두1917 전합].

▌오답해설▐

① 공유물분할에 의해 공유관계는 종료하고 각 공유자 간에 '현물분할'의 경우에는 지분권의 교환이 있게 되고 '가격배상'의 경우에는 지분권의 매매가 있게 된다. 협의상 분할의 경우에는 등기 시, 재판상 분할의 경우에는 판결확정 시에 소유권을 취득하므로 공유물분할의 효과는 공유관계 발생 시로 소급하지 않는다. 다만, 공동상속재산의 경우에는 제3자의 권리를 해하지 않는 한도에서 상속개시 시로 소급한다.

② 재판에 의한 공유물분할은 현물로 분할할 수 없거나 분할로 인하여 현저히 그 가액이 감손될 염려가 있는 때에는 법원은 물건의 경매를 명할 수 있다[제269조 제2항]. 즉 현물분할이 원칙이며 대금분할은 보충적으로만 가능하다. 따라서 현물분할이 가능함에도 경매를 명함은 위법하다[95다32662].

③ 공유물분할청구권은 공유관계에 수반되는 형성권이므로 공유관계가 존속하는 한 그 분할청구권만이 독립하여 시효소멸될 수 없다[80다1888]. 이는 형성권으로서 제척기간의 대상이다.

④ 토지를 분할하는 경우에는 ㉠ 원칙적으로는 각 공유자가 취득하는 토지의 면적이 그 공유지분의 비율과 같도록 해야 하나, ㉡ 토지의 형상·위치·이용상황이나 경제적 가치가 균등하지 않은 때에는 제반사정을 고려하여 경제적 가치가 지분비율에 상응되도록 분할하는 것도 허용되며, ㉢ 일정한 요건이 갖추어진 경우에는 공유자 상호 간에 금전으로 경제적 가치의 과부족을 조정하게 하여 분할을 하는 것도 현물분할의 한 방법으로 허용되고, 여러 사람이 공유하는 물건을 ㉣ 현물분할하는 경우에는 분할을 원하지 않는 나머지 공유자는 공유로 남겨두는 방법도 허용된다[97다18219].

06 구분소유적 공유관계에 관한 설명으로 옳지 <u>않은</u> 것은? (다툼이 있으면 판례에 따름) **[2021]**

① 구분소유적 공유관계의 해소는 상호명의신탁의 해지에 의한다.

② 당사자 내부에 있어서는 각자가 특정매수한 부분은 각자의 단독 소유가 된다.

③ 구분소유적 공유지분을 매수한 자는 당연히 구분소유적 공유관계를 승계한다.

④ 제3자의 방해행위가 있으면 공유자는 자기의 구분소유 부분뿐만 아니라 전체 토지에 대하여 공유물의 보존행위로서 그 배제를 구할 수 있다.

⑤ 구분소유적 공유관계는 어떤 토지에 관하여 그 위치와 면적을 특정하여 여러 사람이 구분소유하기로 하는 약정이 있어야만 적법하게 성립할 수 있다.

답 ③

▌정답해설▐

③ 구분소유적 공유관계에 있어서, 각 구분소유적 공유자가 자신의 권리를 타인에게 처분하는 경우 중에는 구분소유의 목적인 특정 부분을 처분하면서 등기부상의 공유지분을 그 특정 부분에 대한 표상으로서 이전하는 경우와 등기부의 기재대로 1필지 전체에 대한 진정한 공유지분으로서 처분하는 경우가 있을 수 있고, 이 중 전자의 경우에는 그 제3자에 대하여 구분소유적 공유관계가 승계되나, 후자의 경우에는 제3자가 그 부동산 전체에 대한 공유지분을 취득하고 구분소유적 공유관계는 소멸한다[92다18634]. 이는 경매에서도 마찬가지이므로, 전자에 해당하기 위하여 는 집행법원이 공유지분이 아닌 특정 구분소유 목적물에 대한 평가를 하게 하고 그에 따라 최저경매가격을 정한 후 경매를 실시하여야 하며[2000마2633], 그러한 사정이 없는 경우에는 1필지에 관한 공유자의 지분에 대한 경매목적 물은 원칙적으로 1필지 전체에 대한 공유지분이라고 봄이 상당하다[2006다68810].

▌오답해설▐

① 甲과 乙이 부동산의 특정부분을 각 증여받아 공동명의로 등기를 마쳤다면 甲과 乙은 소유하는 특정부분에 대하여 서로 공유지분등기명의를 신탁한 관계에 있을 뿐이므로 자기소유 부분에 대하여 지분의 명의신탁 해지를 원인으로 한 지분이전등기를 청구함은 모르되 공유물의 분할청구를 할 수는 없다[85다카451].

② 구분소유적 공유관계에 있어서는 통상적인 공유관계와는 달리 당사자 내부에 있어서는 각자가 특정매수한 부분은 각자의 단독소유로 된다[93다49871]. 상호명의신탁의 지분권자는 특정부분에 한해 소유권을 취득하고 이를 배타적 으로 사용·수익할 수 있으며, 다른 구분소유자의 방해행위에 대하여는 소유권에 터잡아 그 배제를 구할 수 있다[93 다42986].

④ 1필지 전체에 관해 공유자로서의 권리만을 주장할 수 있으므로, 제3자의 방해행위가 있는 경우에는 각 지분권자는 자기의 구분소유부분뿐만 아니라 전체토지에 대해 공유물의 보존행위로서의 방해배제청구를 할 수 있다[93다 42986].

⑤ 공유자들 사이에서 특정 부분을 각각의 공유자들에게 배타적으로 귀속시키려는 의사의 합치가 이루어지지 않은 경우에는 구분소유적 공유관계가 성립할 여지가 없다[2004다71409].

07 총유에 관한 설명으로 옳지 <u>않은</u> 것은? (다툼이 있으면 판례에 따름) [2021]

① 비법인사단이 총유물에 관한 매매계약을 체결하는 행위는 총유물의 처분행위가 아니다.
② 비법인사단이 타인 간의 금전채무를 보증하는 행위는 총유물의 관리·처분행위가 아니다.
③ 총유물의 보존행위는 특별한 사정이 없는 한 구성원이 단독으로 결정할 수 없다.
④ 비법인사단의 대표자는 총유재산에 관한 소송에서 단독으로 당사자가 될 수 없다.
⑤ 비법인사단인 주택조합이 주체가 되어 신축 완공한 건물로서 일반에게 분양되는 부분은 조합원 전원의 총유에 속한다.

답 ①

▌정답해설▌

① 비법인사단이 총유물에 관한 매매계약을 체결하는 행위는 총유물 그 자체의 처분이 따르는 채무부담행위로서 총유물의 처분행위에 해당하나, 그 매매계약에 의하여 부담하고 있는 채무의 존재를 인식하고 있다는 뜻을 표시하는 데 불과한 소멸시효 중단사유로서의 승인은 총유물 그 자체의 관리·처분이 따르는 행위가 아니어서 총유물의 관리·처분행위라고 볼 수 없다[2009다64383].

▌오답해설▌

② 비법인사단이 타인 간의 금전채무를 보증하는 행위는 총유물 그 자체의 관리·처분이 따르지 아니하는 단순한 채무부담행위에 불과하여 이를 총유물의 관리·처분행위라고 볼 수는 없다[2004다60072·60089 전합].
③ 총유물의 보존에 있어서는 공유물의 보존에 관한 제265조의 규정이 적용될 수 없고[94다28437] 사원총회의 결의에 의한다. 총유재산에 관한 소송은 '법인 아닌 사단'이 그 명의로 사원총회의 결의를 거쳐 하거나 또는 그 '구성원 전원'이 당사자가 되어 필수적 공동소송의 형태로 할 수 있을 뿐 그 사단의 구성원은 설령 그가 사단의 대표자라거나 사원총회의 결의를 거쳤다 하더라도 그 소송의 당사자가 될 수 없고 이러한 법리는 총유재산의 보존행위로서 소를 제기하는 경우에도 마찬가지이다[2004다44971 전합].
④ 총유재산에 관한 소송은 법인 아닌 사단이 그 명의로 사원총회의 결의를 거쳐 하거나 또는 그 구성원 전원이 당사자가 되어 필수적 공동소송의 형태로 할 수 있을 뿐 그 사단의 구성원은 설령 그가 사단의 대표자라거나 사원총회의 결의를 거쳤다 하더라도 그 소송의 당사자가 될 수 없고, 이러한 법리는 총유재산의 보존행위로서 소를 제기하는 경우에도 마찬가지이다. 따라서 종중의 구성원에 불과한 종중대표자 개인이 총유재산의 보존행위로서 제기한 소유권말소등기청구의 소는 부적법하다[2004다44971 전합].
⑤ 주택조합이 주체가 되어 신축 완공한 건물로서 조합원 외의 일반에게 분양되는 부분은 조합원 전원의 총유에 속하며, 총유물의 관리 및 처분에 관하여 주택조합의 정관이나 규약에 정한 바가 있으면 이에 따라야 하고 그에 관한 정관이나 규약이 없으면 조합원 총회의 결의에 의하여야 할 것이며, 그와 같은 절차를 거치지 않은 행위는 무효라고 할 것이다[2010다88781].

08 민법이 명문으로 공유물분할청구를 금지하는 경우는? [2020]

① 구분소유하는 건물과 그 부속물 중 공용하는 부분의 경우
② 주종을 구별할 수 없는 동산이 부합된 경우
③ 수인이 공동으로 매장물을 발견한 경우
④ 수인이 공동으로 유실물을 습득한 경우
⑤ 수인이 공동으로 무주물을 선점한 경우

답 ①

▌정답해설▐

① 공유물분할의 규정은 제215조(건물을 구분소유하는 경우의 공용부분), 제239조(경계에 설치된 경계표·담·구거)의 공유물에는 적용하지 아니한다(제268조 제3항).

▌오답해설▐

② 주종을 구별할 수 없는 동산의 부합(제257조 후문)·혼화(제258조)는 당연히 공유한다.
③, ④, ⑤ 무주물 공동선점(제252조), 유실물의 공동습득(제253조), 매장물의 공동발견(제254조 본문), 공유물의 과실취득(제102조)은 해석상 공유로 인정된다.

09 물권의 소멸에 관한 설명으로 옳지 <u>않은</u> 것은? (다툼이 있으면 판례에 따름) [2024]

① X토지에 甲이 1번 저당권, 乙이 2번 저당권을 취득하고, 丙이 X토지를 가압류한 후 乙이 X토지를 매수하여 소유권을 취득한 경우 乙의 저당권은 혼동으로 소멸하지 않는다.
② 유치권자가 유치권 성립 후에 이를 포기하는 의사표시를 한 경우에도 점유를 반환하여야 유치권은 소멸한다.
③ 점유권과 소유권은 혼동으로 소멸하지 아니한다.
④ 지역권은 20년간 행사하지 않으면 시효로 소멸한다.
⑤ 후순위 저당권이 존재하는 주택을 대항력을 갖춘 임차인이 경매절차에서 매수한 경우, 임차권은 혼동으로 소멸한다.

답 ②

▌정답해설▐

② 유치권자는 유치권을 사전에도 포기할 수 있고 사후에도 포기할 수 있는데 사후 포기의 경우 곧바로 유치권이 소멸한다[2014다52087].

① 제한물권이 제3자의 권리의 목적인 때(제191조 제1항 단서) 또는 본인이나 제3자의 이익을 위해서 존속할 필요가 있는 때에는 혼동으로 소멸하지 않는다.

③ 점유권은 성질상 혼동으로 소멸하지 않는다(제191조 제3항). 즉, 점유권은 사실상의 지배를, 소유권은 법률상의 지배를 내용으로 하는 것이므로, 양립할 수 있다.

④ 지역권은 20년간 행사하지 않으면 소멸시효가 완성된다(제162조 제2항).

⑤ 임차주택의 양수인에게 대항할 수 있는 주택임차인이 당해 임차주택을 경락받아 그 대금을 납부함으로써 임차주택의 소유권을 취득한 때에는, 그 주택임차인은 임대인의 지위를 승계하는 결과, 그 임대차계약에 기한 채권이 혼동으로 인하여 소멸하게 되므로 그 임대차는 종료된 상태가 된다[97다28650].

10 물권의 소멸에 관한 설명으로 옳지 않은 것은? (다툼이 있으면 판례에 따름)　　　　　[2019]

① 물건이 멸실되더라도 물건의 가치적 변형물이 남아 있는 경우에는 담보물권은 그 가치적 변형물에 미친다.

② 지역권은 소멸시효의 대상이 될 수 있다.

③ 부동산에 대한 합유지분의 포기는 형성권의 행사이므로 등기하지 않더라도 포기의 효력이 생긴다.

④ 점유권과 본권이 동일인에게 귀속하더라도 점유권은 소멸하지 않는다.

⑤ 근저당권자가 그 저당물의 소유권을 취득하면 그 근저당권은 원칙적으로 혼동에 의하여 소멸하지만, 그 뒤 그 소유권 취득이 무효인 것이 밝혀지면 소멸하였던 근저당권은 당연히 부활한다.

답 ③

▌정답해설▐

③ 합유지분 포기가 적법하다면 그 포기된 합유 지분은 나머지 잔존 합유지분권자들에게 균분으로 귀속하게 되지만 이는 등기하여야 효력이 있고 지분을 포기한 합유지분권자로부터 잔존 합유지분권자들에게 합유지분권 이전등기가 이루어지지 아니하는 한 지분을 포기한 지분권자는 제3자에 대하여 여전히 합유지분권자로서의 지위를 가지고 있다고 보아야 한다[96다16896].

11 민법상 공동소유에 관한 설명으로 옳지 <u>않은</u> 것은? (다툼이 있으면 판례에 따름) [2019]

① 합의에 의한 공유물 분할의 경우, 공유자는 다른 공유자가 취득한 물건에 대하여 그 지분의 비율로 매도인과 동일한 담보책임이 있다.

② 공유자는 그 지분을 처분할 수 있고 공유물 전부를 지분의 비율로 사용, 수익할 수 있다.

③ 공유자는 다른 공유자의 동의 없이 공유물을 처분하거나 변경할 수 있다.

④ 공유물의 관리에 관한 사항은 공유자의 지분의 과반수로써 결정한다.

⑤ 토지공유자 사이에서는 그 지분의 비율로 공유물의 관리비용 기타 의무를 부담한다.

답 ③

┃ 정답해설 ┃

③ 공유자는 다른 공유자의 동의없이 공유물을 처분(공유물의 양도·담보권설정·전세권설정 등)하거나 변경(공유물에 대한 물리적 변화)하지 못한다(제264조).

더 알아보기 공유, 합유, 총유 비교

구분	공유(共有)	합유(合有)	총유(總有)
지분의 처분	자유	전원의 동의	지분 개념 없다
분할청구	자유, 단 분할금지특약(5년)	분할청구 금지	분할 개념 없다
보존행위	각자, 단독	각자, 단독	사원총회 결의
관리행위	지분의 과반수	조합원의 과반수	사원총회 결의
사용·수익	지분비율 → 공유물 전부	공유물 전부	정관, 규약
처분·변경	전원의 동의	전원의 동의	사원총회 결의
종료사유	공유물의 양도, 분할	합유물의 양도, 조합의 해산	총유물의 양도, 사원지위의 득실
등기	공유의 등기, 지분등기	합유자 전원명의, 합유취지 기재	비법인사단명의

12 X토지를 3분의 1씩 공유하는 甲, 乙, 丙의 법률관계에 관한 설명으로 옳은 것은? (다툼이 있으면 판례에 따름) **[2024]**

① 甲이 乙과 丙의 동의 없이 X토지 중 3분의 1을 배타적으로 사용하는 경우, 乙은 방해배제를 청구할 수 없다.

② 甲과 乙이 협의하여 X토지를 매도하면 그 효력은 丙의 지분에도 미친다.

③ 丁이 X토지의 점유를 무단으로 침해하고 있는 경우, 甲은 X토지 중 자신의 지분에 한하여 반환을 청구할 수 있다.

④ 甲이 자신의 지분을 포기하더라도 乙과 丙이 이전등기를 하여야 甲의 지분을 취득한다.

⑤ 丙이 1년 이상 X토지의 관리비용을 부담하지 않은 경우, 甲과 乙은 丙의 지분을 무상으로 취득할 수 있다.

답 ④

┃ **정답해설** ┃

④ 제267조는 "공유자가 그 지분을 포기하거나 상속인 없이 사망한 때에는 그 지분은 다른 공유자에게 각 지분의 비율로 귀속한다."라고 규정하고 있다. 여기서 공유지분의 포기는 법률행위로서 상대방 있는 단독행위에 해당하므로, 부동산 공유자의 공유지분 포기의 의사표시가 다른 공유자에게 도달하더라도 이로써 곧바로 공유지분 포기에 따른 물권변동의 효력이 발생하는 것은 아니고, 다른 공유자는 자신에게 귀속될 공유지분에 관하여 소유권이전등기 청구권을 취득하며, 이후 제186조에 의하여 등기를 하여야 공유지분 포기에 따른 물권변동의 효력이 발생한다[2015 다52978].

┃ **오답해설** ┃

① 공유물의 소수지분권자가 다른 공유자와 협의 없이 공유물의 전부 또는 일부를 독점적으로 점유·사용하고 있는 경우 다른 소수지분권자는 공유물의 보존행위로서 그 인도를 청구할 수는 없고, 다만 자신의 지분권에 기초하여 공유물에 대한 방해 상태를 제거하거나 공동 점유를 방해하는 행위의 금지 등을 청구할 수 있다고 보아야 한다[2018 다287522 전합].

② 공유자는 다른 공유자의 동의 없이 공유물을 처분하거나 변경하지 못한다[제264조].

③ 공유물의 소수지분권자인 피고가 다른 공유자와 협의하지 않고 공유물의 전부 또는 일부를 독점적으로 점유하는 경우 다른 소수지분권자인 원고가 피고를 상대로 공유물의 인도를 청구할 수는 없다[2018다287522 전합].

⑤ 공유자가 1년 이상 전항의 의무이행을 지체한 때에는 다른 공유자는 상당한 가액으로 지분을 매수할 수 있다[제266조 제2항].

13 X토지를 3분의 1씩 공유하는 甲, 乙, 丙의 공유물분할에 관한 설명으로 옳지 <u>않은</u> 것은? (다툼이 있으면 판례에 따름) **[2024]**

① 甲은 乙과 丙의 동의를 얻지 않고서 공유물의 분할을 청구할 수 있다.

② 甲, 乙, 丙이 3년간 공유물을 분할하지 않기로 합의한 것은 유효하다.

③ 공유물분할의 소에서 법원은 X를 甲의 단독소유로 하고 乙과 丙에게 지분에 대한 합리적인 가액을 지급하도록 할 수 있다.

④ 甲의 지분 위에 설정된 근저당권은 공유물분할이 되어도 특단의 합의가 없는 한 X 전부에 관하여 종전의 지분대로 존속한다.

⑤ 甲, 乙, 丙 사이에 공유물분할에 관한 협의가 성립하였으나 분할협의에 따른 지분이전 등기에 협조하지 않으면 공유물분할의 소를 제기할 수 있다.

답 ⑤

┃ 정답해설 ┃

⑤ 공유물분할은 협의분할을 원칙으로 하고 협의가 성립되지 아니한 때에는 재판상 분할을 청구할 수 있으므로 공유자 사이에 이미 분할에 관한 협의가 성립된 경우에는 일부 공유자가 분할에 따른 이전등기에 협조하지 않거나 분할에 관하여 다툼이 있더라도 그 분할된 부분에 대한 소유권이전등기를 청구하든가 소유권확인을 구함은 별문제이나 또다시 소로써 그 분할을 청구하거나 이미 제기한 공유물분할의 소를 유지함은 허용되지 않는다[94다30348].

┃ 오답해설 ┃

① 공유자는 분할금지특약이 없는 한 원칙적으로 언제든지 공유물의 분할을 청구하여 공유관계를 해소할 수 있다[제268조].

② 공유자는 공유물의 분할을 청구할 수 있다. 그러나 5년 내의 기간으로 분할하지 아니할 것을 약정할 수 있다[제268조 제1항].

③ 판례는 공유물을 공유자 중의 1인의 단독소유 또는 수인의 공유로 하되, 현물을 소유하게 되는 공유자로 하여금 다른 공유자에 대하여 그 지분의 적정하고도 합리적인 가격을 배상시키는 방법에 의한 분할도 현물분할의 하나로 인정하고 있다[2004다30583].

④ 甲, 乙의 공유인 부동산 중 甲의 지분 위에 설정된 근저당권 등 담보물권은 특단의 합의가 없는 한 공유물분할이 된 뒤에도 종전의 지분비율대로 공유물 전부의 위에 그대로 존속하고 근저당권설정자인 甲 앞으로 분할된 부분에 당연히 집중되는 것은 아니므로, 甲과 담보권자 사이에 공유물분할로 甲의 단독소유로 된 토지부분 중 원래의 乙지분부분을 근저당권의 목적물에 포함시키기로 합의하였다고 하여도 이런 합의가 乙의 단독소유로된 토지부분 중 甲지분부분에 대한 피담보채권을 소멸시키기로 하는 합의까지 내포한 것이라고는 할 수 없다[88다카24868].

14 공유에 관한 설명으로 옳지 <u>않은</u> 것은? (다툼이 있으면 판례에 따름)

① 제3자가 공유물의 이용을 방해하고 있는 경우 각 공유자는 그의 지분에 기하여 단독으로 공유물 전부에 대한 방해의 제거를 청구할 수 있다.

② 제3자가 공유물의 이용을 방해하고 있는 경우 각 공유자는 제3자에 대하여 자신의 지분의 비율에 해당하는 부분에 한하여 부당이득의 반환을 청구할 수 있다.

③ 공유물 분할의 소는 공유자 전원이 당사자로 되어야 하므로, 원고를 제외한 공유자 모두가 피고로 된다.

④ 부동산공유자의 공유지분 포기의 의사표시가 다른 공유자에게 도달하더라도 등기를 하여야 공유지분 포기에 따른 물권변동의 효력이 발생한다.

⑤ 공유자 중 1인이 다른 공유자의 동의 없이 공유토지 전부를 매도하여 타인명의로 소유권이전등기가 마쳐진 경우, 다른 공유자는 그 공유물 전부에 관해 소유권이전등기의 말소를 청구할 수 있다.

답 ⑤

▌정답해설▐

⑤ 공유자 중 1인이 다른 공유자의 동의 없이 그 공유토지의 특정부분을 매도하여 타인명의로 소유권이전 등기가 마쳐졌다면, 그 매도부분토지에 관한 소유권이전등기는 처분공유자의 공유지분범위 내에서는 실체 관계에 부합하는 유효한 등기라고 보아야 한다[93다1596].

▌오답해설▐

① 건물의 공유지분권자는 동 건물 전부에 대하여 보존행위로서 방해배제청구를 할 수 있다[68다1142 · 1143].

② 토지공유자는 특별한 사정이 없는 한 그 지분에 대응하는 비율의 범위 내에서만 그 차임 상당의 부당이득금 반환의 청구권을 행사할 수 있다[78다2088].

③ 공유물분할청구의 소는 분할을 청구하는 공유자가 원고가 되어 다른 공유자 전부를 공동피고로 하여야하는 고유필수적 공동소송이다[2013다78556].

④ 제267조는 "공유자가 그 지분을 포기하거나 상속인 없이 사망한 때에는 그 지분은 다른 공유자에게 각 지분의 비율로 귀속한다"라고 규정하고 있다. 여기서 공유지분의 포기는 법률행위로서 상대방 있는 단독행위에 해당하므로, 부동산공유자의 공유지분 포기의 의사표시가 다른 공유자에게 도달하더라도 이로써 곧바로 공유지분 포기에 따른 물권변동의 효력이 발생하는 것은 아니고, 다른 공유자는 자신에게 귀속될 공유지분에 관하여 소유권이전등기 청구권을 취득하며, 이후 제186조에 의하여 등기를 하여야 공유지분 포기에 따른 물권변동의 효력이 발생한다[2015다52978].

15 공유에 관한 설명으로 옳지 <u>않은</u> 것은? (다툼이 있으면 판례에 따름)

① 공유자는 다른 공유자가 분할로 인하여 취득한 물건에 대하여 그 지분의 비율로 매도인과 동일한 담보책임이 있다.

② 공유자가 그 지분을 포기하거나 상속인 없이 사망한 때에는 법률에 다른 규정이 없으면 그 지분은 다른 공유자에게 각 지분의 비율로 귀속한다.

③ 공유물분할협의가 성립한 후에 공유자 일부가 분할에 따른 이전등기에 협력하지 않으면, 재판상 분할을 청구할 수 있다.

④ 토지의 1/2 지분권자가 나머지 1/2 지분권자와 협의 없이 토지를 배타적으로 독점사용하는 경우, 나머지 지분권자가 공유물의 보존행위로서 그 인도를 청구할 수는 없고, 다만 자신의 지분권에 기초하여 공유물에 대한 방해상태를 제거하거나 공동점유를 방해하는 행위의 금지 등을 청구할 수 있다.

⑤ 공유자는 법률에 다른 규정이 없으면 5년 내의 기간으로 공유물분할금지약정을 할 수 있고, 갱신한 때에는 그 기간은 갱신일로부터 5년을 넘지 못한다.

답 ③

▎정답해설▎

③ 공유물 분할은 협의분할을 원칙으로 하고 협의가 성립되지 아니한 때에는 재판상 분할을 청구할 수 있으므로 공유자 사이에 이미 분할에 관한 협의가 성립된 경우에는 일부 공유자가 분할에 따른 이전등기에 협조하지 않거나 분할에 관하여 다툼이 있더라도 그 분할된 부분에 대한 소유권이전등기를 청구하든가 소유권확인을 구함은 별 문제이나 또다시 소로써 그 분할을 청구하거나 이미 제기한 공유물 분할의 소를 유지함은 허용되지 않는다[94다30348 · 30355].

▎오답해설▎

① 공유자는 다른 공유자가 분할로 인하여 취득한 물건에 대하여 그 지분의 비율로 매도인과 동일한 담보책임이 있다[제270조].

② 공유자가 그 지분을 포기하거나 상속인 없이 사망한 때에는 그 지분은 다른 공유자에게 각 지분의 비율로 귀속한다[제267조].

④ [1] 공유물의 소수지분권자인 피고가 다른 공유자와 협의하지 않고 공유물의 전부 또는 일부를 독점적으로 점유하는 경우 다른 소수지분권자인 원고가 피고를 상대로 공유물의 인도를 청구할 수는 없다. [2] 공유물의 소수지분권자가 다른 공유자와 협의 없이 공유물의 전부 또는 일부를 독점적으로 점유 · 사용하고 있는 경우 다른 소수지분권자는 공유물의 보존행위로서 그 인도를 청구할 수는 없고, 다만 자신의 지분권에 기초하여 공유물에 대한 방해상태를 제거하거나 공동점유를 방해하는 행위의 금지 등을 청구할 수 있다[2018다287522 전합 – 다수의견].

⑤ 제268조 제1항 단서 · 제2항

> **제268조(공유물의 분할청구)**
> ① 공유자는 공유물의 분할을 청구할 수 있다. 그러나 5년 내의 기간으로 분할하지 아니할 것을 약정 할 수 있다.
> ② 전항의 계약을 갱신한 때에는 그 기간은 갱신한 날로부터 5년을 넘지 못한다.
> ③ 전2항의 규정은 제215조, 제239조의 공유물에는 적용하지 아니한다.

01 부동산 실권리자명의 등기에 관한 법률에 대한 설명으로 옳은 것은? (다툼이 있으면 판례에 따름)
[2023]

① 명의신탁자에게 법률효과를 직접 귀속시킬 의도의 매매계약을 체결한 사정이 인정되더라도, 부동산매매계약서에 명의수탁자가 매수인으로 기재되어 있다면 계약명의신탁으로 보아야 한다.

② 부동산소유권 또는 그 공유지분은 명의신탁 대상이 되지만, 용익물권은 명의신탁의 대상이 될 수 없다.

③ 탈법적 목적이 없는 종중재산의 명의신탁에 있어서 종중은 명의신탁재산에 대한 불법점유자 내지 불법등기명의자에 대하여 직접 그 인도 또는 등기말소를 청구할 수 있다.

④ 탈법적 목적이 없더라도 사실혼 배우자간의 명의신탁은 무효이다.

⑤ 계약당사자인 매수인이 명의수탁자라는 사정을 매도인이 알지 못하였더라도, 매매로 인한 물권변동은 무효이다.

目 ④

┃**정답해설**┃

④ 부동산 실권리자명의등기에 관한 법률 제5조에 의하여 부과되는 과징금에 대한 특례를 규정한 같은 법 제8조 제2호 소정의 '배우자'에는 사실혼 관계에 있는 배우자는 포함되지 아니한다[99두35].

┃**오답해설**┃

① 명의신탁약정이 3자간 등기명의신탁인지 아니면 계약명의신탁인지의 구별은 계약당사자가 누구인가를 확정하는 문제로 귀결되는데, 계약명의자가 명의수탁자로 되어있다 하더라도 계약당사자를 명의신탁자로 볼 수 있다면 이는 3자간 등기명의신탁이 된다. 따라서 계약명의자인 명의수탁자가 아니라 명의신탁자에게 계약에 따른 법률효과를 직접 귀속시킬 의도로 계약을 체결한 사정이 인정된다면 명의신탁자가 계약당사자이고, 이 경우의 명의신탁관계는 3자간 등기명의신탁으로 보아야 한다[2019다300422].

② 부동산실명법은 '부동산에 관한 소유권이나 그 밖의 물권'(제2조 제1호 본문)이라 규정하고 있으므로 부동산 소유권 이외에 지상권, 지역권, 전세권 등 용익물권과 저당권 등 담보물권도 적용대상이 된다.

③ 재산을 타인에게 신탁한 경우 대외적인 관계에 있어서는 수탁자만이 소유권자로서 그 재산에 대한 제3자의 침해에 대하여 배제를 구할 수 있으며, 신탁자는 수탁자를 대위하여 수탁자의 권리를 행사할 수 있을 뿐 직접 제3자에게 신탁재산에 대한 침해의 배제를 구할 수 없다[77다1079 전합].

⑤ 부동산 실권리자명의 등기에 관한 법률 제4조에 따르면 부동산에 관한 명의신탁약정과 그에 따른 부동산 물권변동은 무효이고, 다만 부동산에 관한 물권을 취득하기 위한 계약에서 명의수탁자가 어느 한쪽 당사자가 되고 상대방 당사자는 명의신탁약정이 있다는 사실을 알지 못한 경우[매도인이 선의인 계약명의신탁(註)] 명의수탁자는 부동산의 완전한 소유권을 취득하되 명의신탁자에 대하여 부당이득반환 의무를 부담하게 될 뿐이다[2000다21123, 2017다246180].

02 2020년 5월 신탁자 甲과 그의 친구인 수탁자 乙이 X부동산에 대하여 명의신탁약정을 한 후, 乙이 직접 계약당사자가 되어 丙으로부터 X를 매수하고 소유권이전등기를 마쳤다. 다음 설명으로 옳지 않은 것은? (다툼이 있으면 판례에 따름) [2021]

① 甲과 乙 사이의 명의신탁약정은 무효이다.

② 丙이 甲·乙 사이의 명의신탁약정 사실을 몰랐다면 乙은 X의 소유권을 취득한다.

③ 丙이 甲·乙 사이의 명의신탁약정 사실을 알았는지 여부는 소유권이전등기가 마쳐진 때를 기준으로 판단하여야 한다.

④ 乙이 X의 소유자가 된 경우 甲으로부터 제공받은 매수자금 상당액을 甲에게 부당이득으로 반환하여야 한다.

⑤ 丙이 甲·乙 사이의 명의신탁약정 사실을 안 경우에도 乙이 그 사정을 모르는 丁에게 X를 매도하여 소유권이전등기를 마쳤다면 丁은 X의 소유권을 취득한다.

답 ③

▌정답해설▐

③ 명의신탁자와 명의수탁자가 계약명의신탁약정을 맺고 명의수탁자가 당사자가 되어 매도인과 부동산에 관한 매매계약을 체결하는 경우 그 계약과 등기의 효력은 매매계약을 체결할 당시 매도인의 인식을 기준으로 판단해야 하고, 매도인이 계약 체결 이후에 명의신탁약정 사실을 알게 되었다고 하더라도 위 계약과 등기의 효력에는 영향이 없다[2017다257715].

▌오답해설▐

① 신탁자와 수탁자간의 명의신탁약정은 무효이고, 계약의 무효만으로는 양자 간의 의무위반을 이유로 한 채무불이행 책임·불법행위책임은 생기지 않고, 명의신탁자는 목적물의 물권자가 아니므로 물권적 청구권을 행사할 수 없다.

② 수탁자가 당사자가 되어 명의신탁약정이 있다는 사실을 알지 못하는 소유자와 사이에서 부동산에 관한 매매계약을 체결한 후 그 매매계약에 기하여 당해 부동산의 소유권이전등기를 수탁자 명의로 경료한 경우에는 그 부동산이전등기에 의한 당해 부동산에 관한 물권변동은 유효하고, 한편 신탁자와 수탁자 사이의 명의신탁약정은 무효이므로, 결국 수탁자는 전소유자인 매도인뿐만 아니라 신탁자에 대한 관계에서도 유효하게 당해 부동산의 소유권을 취득한 것으로 보아야 하고, 따라서 그 수탁자는 타인의 재물을 보관하는 자라고 볼 수 없다[98도4347].

④ 명의신탁약정의 무효로 인하여 명의신탁자가 입은 손해는 당해 부동산 자체가 아니라 명의수탁자에게 제공한 매수자 금이고, 따라서 명의수탁자는 당해 부동산 자체가 아니라 명의신탁자로부터 제공받은 매수자금을 부당이득 하였다[2002다66922]. 즉 명의신탁자는 명의수탁자에게 제공한 부동산 매수자금에 대해 동액 상당의 부당이득반환 청구권을 가질 수 있을 뿐이다[2008다34828].

⑤ 명의신탁자와 명의수탁자가 이른바 계약명의신탁 약정을 맺고 매매계약을 체결한 소유자도 명의신탁자와 명의수탁자 사이의 명의신탁약정을 알면서 그 매매계약에 따라 명의수탁자 앞으로 당해 부동산의 소유권이전등기를 마친 경우 부동산 실권리자명의 등기에 관한 법률 제4조 제2항 본문에 의하여 명의수탁자 명의의 소유권이전등기는 무효이므로, 당해 부동산의 소유권은 매매계약을 체결한 소유자에게 그대로 남아 있게 되고, 명의수탁자가 자신의 명의로 소유권이전등기를 마친 부동산을 제3자에게 처분하면(제3자는 선의·악의를 불문하고 소유권을 취득하게 되므로) 이는 매도인의 소유권 침해행위로서 불법행위가 된다[2010다95185].

03 부동산 실권리자명의 등기에 관한 법률상 명의신탁에 관한 설명으로 옳은 것은? (다툼이 있으면 판례에 따름)
[2021]

① 투기·탈세 등의 방지라는 법의 목적상 명의신탁은 그 자체로 선량한 풍속 기타 사회질서에 위반된다.

② 명의신탁이 무효인 경우, 신탁자와 수탁자가 혼인하면 명의신탁약정이 체결된 때로부터 위 명의신탁은 유효하게 된다.

③ 부동산명의신탁약정의 무효는 수탁자로부터 그 부동산을 취득한 악의의 제3자에게 대항할 수 있다.

④ 농지법에 따른 제한을 피하기 위하여 명의신탁을 한 경우에도 그에 따른 수탁자 명의의 소유권이전등기가 불법원인급여라고 할 수 없다.

⑤ 조세포탈 등의 목적 없이 종교단체장의 명의로 그 종교단체 보유 부동산의 소유권을 등기한 경우, 그 단체와 단체장 간의 명의신탁약정은 유효하다.

▤ ④

▌정답해설▐

④ 부동산실명법을 위반하여 무효인 명의신탁약정에 따라 명의수탁자 명의로 등기를 하였다는 이유만으로 그것이 당연히 불법원인급여에 해당한다고 단정할 수는 없다. 이는 농지법에 따른 제한을 회피하고자 명의신탁을 한 경우에도 마찬가지로 불법원인급여에 해당한다고 단정할 수 없다[2013다218156 전합].

▌오답해설▐

① 부동산 실권리자명의등기에 관한 법률이 규정하는 명의신탁약정은 부동산에 관한 물권의 실권리자가 타인과의 사이에서 대내적으로는 실권리자가 부동산에 관한 물권을 보유하거나 보유하기로 하고 그에 관한 등기는 그 타인의 명의로 하기로 하는 약정을 말하는 것일 뿐이므로, 그 자체로 선량한 풍속 기타 사회질서에 위반하는 경우에 해당한다고 단정할 수 없을 뿐만 아니라, 위 법률은 원칙적으로 명의신탁약정과 그 등기에 기한 물권변동만을 무효로 하고 명의신탁자가 다른 법률관계에 기하여 등기회복 등의 권리행사를 하는 것까지 금지하지는 않는 대신, 명의신탁자에 대하여 행정적 제재나 형벌을 부과함으로써 사적자치 및 재산권보장의 본질을 침해하지 않도록 규정하고 있으므로, 위 법률이 비록 부동산등기제도를 악용한 투기·탈세·탈법행위 등 반사회적 행위를 방지하는 것 등을 목적으로 제정되었다고 하더라도, 무효인 명의신탁약정에 기하여 타인 명의의 등기가 마쳐졌다는 이유만으로 그것이 당연히 불법원인급여에 해당한다고 볼 수 없다[2003다41722].

② 본래 명의신탁등기가 부동산 실권리자명의등기에 관한 법률의 규정에 따라 무효로 된 경우에도 그 후 명의신탁자가 수탁자와 혼인을 함으로써 법률상의 배우자가 되고 위 법률 제8조 제2호의 특례의 예외사유(조세포탈 등)에 해당되지 않으면 그때부터는 위 특례가 적용되어 그 명의신탁등기가 유효로 된다[2001마1235].

③ 명의신탁약정과 그에 따라 행해진 등기에 의한 부동산물권 변동이 무효일지라도, 그 무효로써 제3자에게 대항하지 못한다(부동산실명법 제4조 제3항). 즉 명의수탁자가 신탁부동산을 임의로 매각처분한 경우에 특별한 사정이 없는 한 그 매수인(제3자)은 유효하게 소유권을 취득한다[2001다61654]. 이때 제3자의 선의·악의를 묻지 않는다[99다56529]. 제3자에 대해 물권변동의 무효를 주장하지 못하므로, 그 반사적 효과로서 수탁자명의의 등기와 그 등기에 의한 물권변동은 유효한 것처럼 취급된다.

⑤ 조세 포탈, 강제집행의 면탈 또는 법령상 제한의 회피를 목적으로 하지 아니하고 종교단체의 명의로 그 산하 조직이 보유한 부동산에 관한 물권을 등기한 경우, 명의신탁약정과 물권변동은 유효하다(부동산실명법 제8조). 따라서 종교단체장의 명의로 그 종교단체 보유 부동산의 소유권을 등기한 경우 그 단체와 단체장 간의 명의신탁약정은 무효이다.

04 명의신탁에 관한 설명으로 옳지 <u>않은</u> 것은? (다툼이 있으면 판례에 따름) [2020]

① 종중재산이 여러 사람에게 명의신탁된 경우, 그 수탁자들 상호간에는 형식상 공유관계가 성립한다.

② 3자간 등기명의신탁관계의 명의신탁자는 수탁자에게 명의신탁된 부동산의 소유권이전등기를 청구하지 못한다.

③ 채무자는 채권을 담보하기 위하여 채권자에게 그 소유의 부동산에 관한 소유권이전등기를 할 수 있다.

④ 부부 사이에 유효하게 성립한 명의신탁은 배우자 일방의 사망으로 잔존배우자와 사망한 배우자의 상속인에게 효력을 잃는다.

⑤ 계약 상대방이 명의수탁자임을 알면서 체결한 매매계약의 효력으로 소유권이전등기를 받은 사람은 소유권을 취득한다.

답 ④

▌정답해설▌

④ 부동산실명법 제8조 제2호에 따라 부부간 명의신탁이 일단 유효한 것으로 인정되었다면 그 후 배우자 일방의 사망으로 부부관계가 해소되었다 하더라도 그 명의신탁약정은 사망한 배우자의 다른 상속인과의 관계에서도 여전히 유효하게 존속한다[2011다99498].

더 알아보기	명의신탁이 유효인 경우
대내관계 (신탁자와 수탁자)	① 신탁자가 목적물의 소유권을 보유한다. ② 타인에게 명의신탁한 대지위에 제3자가 신탁자의 동의를 얻어 건물을 신축한 경우 → 수탁자는 제3자를 상대로 건물철거를 청구할 수 없다. ③ 명의신탁에 의해 부동산의 소유자로 등기된 자 → 타주점유이므로 등기부취득 시효를 할 수 없다.
대외관계 (제3자와의 관계)	① 수탁자는 대외적인 관계에서 완전한 소유자이다. ② 명의신탁된 부동산을 명의신탁자가 매도한 경우 → 제569조 소정의 타인의 권리 매매에 해당하지 아니한다. ③ 수탁자로부터 부동산을 매수한 제3자 → 선의, 악의를 불문하고 소유권을 취득한다. ④ 제3자가 수탁자의 배임행위에 적극가담한 경우 → 무효 ⑤ 명의신탁자가 불법점유자나 무효등기명의자에게 직접 그 명도나 말소등기를 청구하지 못하고, 수탁자를 대위해서 행사해야 한다. ⑥ 명의신탁된 건물에서 공작물책임이 문제되는 경우 → 신탁자가 소유자로서 책임을 진다.

05 2017년 8월경 甲은 乙소유의 X부동산을 매매대금을 일시에 지급하고 매수하면서 애인인 丙과의 명의신탁약정에 기초하여 乙로부터 丙으로 X부동산에 관한 소유권이전등기를 마쳤다. 이에 관한 설명으로 옳지 않은 것은? (다툼이 있으면 판례에 따름) [2019]

① 甲과 丙 사이의 명의신탁약정 및 그에 따른 丙 명의의 등기는 무효이다.

② 甲과 丙이 이후 혼인을 하게 된다면, 조세포탈 등이나 법령상의 제한을 회피할 목적이 없는 한, 위 등기는 甲과 丙이 혼인한 때로부터 유효하게 된다.

③ 丙이 X부동산을 임의로 처분하였다 하더라도 특별한 사정이 없는 한, 乙이 丙의 처분행위로 인하여 손해를 입었다고 할 수는 없다.

④ 甲은 乙에 대한 소유권이전등기청구권을 보전하기 위하여 乙을 대위하여 丙 명의의 등기말소를 청구할 수 있다.

⑤ 丙으로부터 X부동산을 매수한 丁이 丙의 甲에 대한 배임행위에 적극 가담하였더라도, 丙과 丁 사이의 매매계약은 반사회적인 법률행위에 해당하지는 않는다.

답 ⑤

정답해설

⑤ 제3자 丁이 명의수탁자의 부동산횡령 등 범죄행위에 적극 가담하여 물권을 이전받았다면 그것은 공서양속위반행위로서 절대적 무효이고, 이 경우에는 제3자로서 보호받지 못한다.

> **더 알아보기** **3자간 등기명의신탁**
>
> ① 매도인과 신탁자간의 매매계약은 유효이다.
> ② 신탁자와 수탁자간의 명의신탁약정은 무효이다.
> ③ 매도인이 수탁자 앞으로 직접 중간생략등기를 마쳤더라도 실제권리에 부합하지 않아서 무효이다.
> ④ 소유권은 매도인에게 복귀
>   ㉠ 매도인은 소유권에 기해 수탁자명의 등기를 직접말소청구할 수 있다.
>   ㉡ 명의신탁자는 매도인을 대위하여 수탁자명의 등기말소를 청구할 수 있다.
>   ㉢ 명의수탁자가 신탁자 앞으로 바로 마쳐준 소유권이전등기는 실제관계에 부합하여 유효이다.
>   ㉣ 매도인은 수탁자를 상대로 진정명의회복을 원인으로 하는 소유권이전등기를 청구할 수 있다.
>   ㉤ 소유권은 매도인에게 복귀한 상태이므로 명의신탁자는 명의수탁자를 상대로 부당이득을 원인으로 하여 소유권이전등기를 청구할 수 없다.
> ⑤ 매도인과 명의신탁자 사이의 매매계약은 유효하므로 명의신탁자는 매도인에게 매매계약에 기한 소유권이전등기를 청구할 수 있고, 명의신탁자가 목적부동산을 인도받아 점유하고 있는 경우, 소유권이전등기청구권은 소멸시효에 걸리지 않는다.
> ⑥ 명의수탁자가 제3자 명의로 이전등기를 해준 경우
>   ㉠ 제3자는 유효하게 소유권을 취득한다.
>   ㉡ 명의수탁자는 신탁부동산의 처분대금을 취득하게되므로 명의신탁자에게 그 이익을 부당이득으로 반환해야 한다.
> ⑦ 명의수탁자 앞으로 이전된 부동산 소유명의를 명의신탁자나 제3자 앞으로 이전하거나 가등기를 통해 보전하기로 약정하는 것은 무효이다.

06 甲은 2010년 2월 11일에 조세포탈의 목적으로 乙과 명의신탁약정을 맺었고, 이에 따라 乙은 甲으로부터 받은 매수자금을 가지고 계약의 당사자로서 丙 소유의 부동산을 매수하고 丙으로부터 소유권이전등기를 경료받았다. 이에 관한 설명으로 옳지 <u>않은</u> 것은? (다툼이 있으면 판례에 따름)

① 丙이 계약체결 이후에 甲과 乙의 명의신탁약정사실을 알게 된 경우, 乙과의 매매계약은 소급적으로 무효가 된다.

② 丙이 甲과 乙의 명의신탁관계를 모른 경우, 그 명의신탁관계는 계약명의신탁에 해당한다.

③ 丙이 甲과 乙의 명의신탁관계를 모르고 있었던 경우, 특별한 사정이 없는 한 乙은 甲으로부터 지급받은 취득세를 甲에게 부당이득으로 반환하여야 한다.

④ 명의신탁약정의 무효로 인하여 乙은 당해 부동산 자체가 아니라 甲으로부터 제공받은 매수자금을 부당이득한 것이다.

⑤ 丙이 계약 당시 甲과 乙의 명의신탁관계를 알고 있었던 경우, 丙은 乙에게 매매계약이 무효임을 이유로 乙 명의의 등기말소를 구할 수 있다.

답 ①

❚ 정답해설 ❚
① 부동산 실권리자명의 등기에 관한 법률 제4조 제2항 단서는 부동산거래의 상대방을 보호하기 위한 것으로 상대방이 명의신탁약정이 있다는 사실을 알지 못한 채 물권을 취득하기 위한 계약을 체결한 경우 그 계약과 그에 따른 등기를 유효라고 한 것이다. 명의신탁자와 명의수탁자가 계약명의신탁약정을 맺고 명의수탁자가 당사자가 되어 매도인과 부동산에 관한 매매계약을 체결하는 경우 그 계약과 등기의 효력은 매매계약을 체결할 당시 매도인의 인식을 기준으로 판단해야 하고, 매도인이 계약체결 이후에 명의신탁약정사실을 알게 되었다고 하더라도 위 계약과 등기의 효력에는 영향이 없다. 매도인이 계약체결 이후 명의신탁약정사실을 알게 되었다는 우연한 사정으로 인해서 위와 같이 유효하게 성립한 매매계약이 소급적으로 무효로 된다고 볼 근거가 없다. 만일 매도인이 계약체결 이후 명의신탁약정사실을 알게 되었다는 사정을 들어 매매계약의 효력을 다툴 수 있도록 한다면 매도인의 선택에 따라서 매매계약의 효력이 좌우되는 부당한 결과를 가져올 것이다[2017다257715].

❚ 오답해설 ❚
② 수탁자 乙은 계약당사자의 지위에서 매도인 丙과 매매계약을 체결하였으므로, 위 명의신탁은 계약명의신탁에 해당한다.

③, ④ [1] 부동산 실권리자명의 등기에 관한 법률 제4조에 따르면 부동산에 관한 명의신탁약정과 그에 따른 부동산물권 변동은 무효이고, 다만 부동산에 관한 물권을 취득하기 위한 계약에서 명의수탁자가 어느 한쪽 당사자가 되고 상대방당사자는 명의신탁약정이 있다는 사실을 알지 못한 경우 명의수탁자는 부동산의 완전한 소유권을 취득하되 명의신탁자에 대하여 부당이득반환의무를 부담하게 될 뿐이다[2017다246180]. [2] 부동산경매절차에서 부동산을 매수하려는 사람이 다른 사람과의 명의신탁 약정 아래 그 사람의 명의로 매각허가결정을 받아 자신의 부담으로 매수대금을 완납한 경우, 경매목적부동산의 소유권은 매수대금의 부담 여부와는 관계없이 그 명의인이 취득하게 되고, 매수대금을 부담한 명의신탁자와 명의를 빌려준 명의수탁자 사이의 명의신탁약정은 부동산 실권리자명의 등기에 관한 법률 제4조 제1항에 의하여 무효이므로, 명의신탁자는 명의수탁자에 대하여 그 부동산 자체의 반환을 구할 수는 없고 명의수탁자에게 제공한 매수대금에 상당하는 금액의 부당이득반환청구권을 가질 뿐이다[2006다73102].

⑤ 이른바 계약명의신탁약정을 맺고 명의수탁자가 당사자가 되어 명의신탁약정이 있다는 사실을 알고 있는 소유자와 부동산에 관한 매매계약을 체결한 후 매매계약에 따라 부동산의 소유권이전등기를 명의수탁자 명의로 마친 경우에는 부동산 실권리자명의 등기에 관한 법률(이하 '부동산실명법'이라 한다) 제4조 제2항 본문에 의하여 수탁자 명의의 소유권이전등기는 무효이고 부동산의 소유권은 매도인이 그대로 보유하게 된다[2011도7361]. 따라서 매도인 丙은 수탁자 乙에게 매매계약의 무효를 이유로 위 등기의 말소를 구할 수 있다.

CHAPTER 04 용익물권

01 지상권

제1관 일반 지상권

I 총 설

1. 의의 및 법적 성질

> **제279조【지상권의 내용】**
> 지상권자는 타인의 토지에 건물 기타 공작물이나 수목을 소유하기 위하여 그 토지를 사용하는 권리가 있다.

(1) 의 의

지상권이란 타인의 토지에 건물 기타 공작물 또는 수목을 소유하기 위하여 그 토지를 사용하는 권리를 말한다(제279조).

(2) 법적 성질

1) 타물권

① 지상권은 타물권, 즉 타인의 토지에 대한 권리이다. 1필 토지의 일부라도 무방하나, 등기를 하여야 한다(부동산등기법 제69조 제6호, 부동산등기규칙 제126조 제2항 참고).

② 지상권의 객체인 토지의 소유권은 그 상하에 미치지만(제212조), 지상 또는 지하의 공간을 구분하여 지상권의 목적으로 할 수도 있다(구분지상권)(제289조의2).

2) 용익물권

지상권은 타인의 토지를 독점적으로 사용할 수 있는 권리이다. 토지를 점유할 수 있는 권리(제213조 단서)를 포함하며, 상린관계에 관한 규정이 준용된다(제290조).

> 지상권은 타인의 토지에서 건물 기타의 공작물이나 수목을 소유하는 것을 본질적 내용으로 하는 것이 아니라 타인의 토지를 사용하는 것을 본질적 내용으로 하고 있으므로 지상권 설정계약 당시 건물 기타의 공작물이나 수목이 없더라도 지상권은 유효하게 성립할 수 있고, 또한 기존의 건물 기타의 공작물이나 수목이 멸실되더라도 존속기간이 만료되지 않는 한 지상권이 소멸되지 아니한다(대판 1996.3.22. 95다49318).

3) 건물 기타 공작물 또는 수목을 소유하기 위한 토지사용권

① 공작물은 인공적으로 설치된 모든 설비로서, 지상공작물뿐만 아니라 지하공작물도 포함한다.

② 수목은 식림(植林)의 대상이 되는 식물을 말한다. 경작의 대상이 되는 식물(쌀, 보리 등)은 포함하지 않는다(다수설).

4) 지료의 지급은 지상권의 성립요소가 아니다(제279조).

> 지상권에 있어서 지료의 지급은 그의 요소가 아니어서 지료에 관한 유상 약정이 없는 이상 지료의 지급을 구할 수 없다(대판 1999.9.3. 99다24874). **다만, 법정지상권의 경우에는 당연히 지료지급의무가 발생한다.**

2. 구별개념

(1) 지역권 및 전세권과 이동(異同)

지상권은 용익물권이라는 점에서 지역권 및 전세권과 공통되지만, 공작물이나 수목을 소유하기 위하여 타인의 토지를 사용한다는 점에서 소유를 목적으로 하지 않는 지역권이나 전세권과 다르다.

(2) 임대차와 이동

1) 대항력 유무

① 물권인 지상권은 대항력이 있다.

② 채권인 임차권은 원칙적으로 대항력을 없으나 등기하면 대항력을 갖는다(제621조, 제622조). 또한 주거용 건물이나 상가건물의 임대차에서는 일정한 요건을 갖추면 등기 없이도 대항력을 갖게 된다.

2) 존속기간

① 지상권은 최장기간의 제한이 없고, 사용목적에 따라 최단기간이 법정되어 있다(제280조). 존속기간의 정함이 없는 경우 지상권에서 토지의 사용목적에 따른 최단기간을 존속기간으로 본다(제281조). 따라서 지상권에는 소멸통고가 인정되지 않는다.

② 임차권은 최장기간의 제한이 없는 것은 지상권과 동일하나, 최단기간의 제한과 관련해서는 민법상으로는 최단기간의 제한은 없으나 주택임대차보호법 제4조 제1항이나 상가임대차보호법 제9조 제1항의 경우 최단기간의 제한을 규정하고 있다. 또한 기간의 약정이 없는 경우 당사자는 언제든지 해지통고를 할 수 있다(제635조 제1항).

3) 지 료

① 지상권에서 지료는 그 요소가 아니나(제279조), 차임은 임대차의 요소이다(제618조).

② 지상권에서 2년 이상 지급이 연체되면 지상권설정자가 지상권소멸청구를 할 수 있는 반면(제287조), 임대차에서는 2기의 차임액에 달하면 임대인은 해지통고를 할 수 있다(제640조).

4) 법정갱신

지상권에는 법정갱신이 인정되지 않으나, 임차권에는 법정갱신이 인정된다.

5) 부속물매수청구권

지상권에는 부속물매수청구권이 인정되지 않으나, 건물임차인 또는 전차인은 부속물매수청구권이 인정된다 (제646조, 제647조).

6) 비용상환청구권

① 지상권자에게 수선의무가 있으므로, 해석상 지상권자의 유익비상환청구권만 인정된다.

② 반면 임차인의 필요비, 유익비상환청구권은 모두 명문으로 인정된다(제626조).

7) 증감청구권

① 지상권에는 지상권설정자, 지상권자 모두에게 지료증감청구권이 인정된다(제286조).

② 임차권 또한 임대인, 임차인 모두에게 차임증감청구권이 인정된다(제628조).

Ⅱ 지상권의 취득

1. 법률행위에 의한 취득

토지소유자와 지상권자 사이의 지상권설정에 관한 물권적 합의와 등기에 의하여 지상권이 취득 된다(제186조).

2. 법률행위에 의하지 않은 취득(법정지상권)

상속·판결·경매·공용징수 기타 법률의 규정에 의한 지상권의 취득은 등기 없이 그 효력이 생긴다(제187조). 다만 취득시효로 인한 지상권의 취득은 등기하여야 효력이 생긴다.

Ⅲ 지상권의 존속기간

1. 설정행위로 존속기간을 정하는 경우

> **제280조 【존속기간을 약정한 지상권】**
> ① 계약으로 지상권의 존속기간을 정하는 경우에는 그 기간은 다음 연한보다 단축하지 못한다.
>   1. 석조, 석회조, 연와조 또는 이와 유사한 견고한 건물이나 수목의 소유를 목적으로 하는 때에는 30년
>   2. 전호 이외의 건물의 소유를 목적으로 하는 때에는 15년
>   3. 건물 이외의 공작물의 소유를 목적으로 하는 때에는 5년
> ② 전항의 기간보다 단축한 기간을 정한 때에는 전항의 기간까지 연장한다.

① 최단기간의 제한(제280조)

　　㉠ 지상권자를 보호하기 위하여 민법은 최단 존속기간을 규정하고 있다. 이에 어긋나는 계약은 강행법규에 위반되어 무효이다.

　　㉡ 지상권설정행위로 제280조 제1항의 기간보다 짧은 기간을 정한 때에는 그 존속기간을 최단기간까지 연장한다(제280조 제2항).

ⓒ 최단 존속기간에 관한 규정은 지상권자가 그 소유의 건물 등을 건축하거나 수목을 식재하여 토지를 이용할 목적으로 지상권을 설정한 경우에만 그 적용이 있다(대판 1996.3.22. 95다49318). 따라서 기존 건물의 사용을 목적으로 지상권을 설정한 때에는 최단 존속기간에 관한 제280조 제1항 제1호가 적용되지 않는다.

② **최장기간의 제한** : 민법상 최장기간의 제한은 없다. 따라서 존속기간을 영구·무제한으로 설정하는 것도 가능하다(대판 2001.5.29. 99다66410).

2. 설정행위로 존속기간을 정하지 않은 경우

> **제281조 【존속기간을 약정하지 아니한 지상권】**
> ① 계약으로 지상권의 존속기간을 정하지 아니한 때에는 그 기간은 전조의 최단존속기간으로 한다.
> ② 지상권설정당시에 공작물의 종류와 구조를 정하지 아니한 때에는 지상권은 전조 제2호의 건물의 소유를 목적으로 한 것으로 본다.

① 지상물의 종류와 구조에 따라 제280조에 정한 최단기간이 존속기간으로 된다(제281조 제1항). 따라서 지상권에는 전세권에서 인정되는 소멸통고제도(제313조)가 없다.
② 지상권설정당시 공작물의 종류와 구조를 정하지 아니한 때에는 15년으로 한다(제281조 제2항). 수목인 경우에 존속기간은 언제나 30년이다.

> 제281조 제2항은 당사자가 지상권설정의 합의를 함에 있어서 다만 그 존속기간을 정하지 아니하고 지상권을 설정할 토지상에 소유한 공작물의 종류와 구조가 객관적으로 확정되지 않을 경우에 한하여 적용이 있는 것이므로 <u>비록 무허가 또는 미등기건물이라 하더라도 그 건물의 종류와 구조가 확정되어 있는 경우에는 적용되는 것이 아니고 이러한 경우에는 제281조 제1항에 의하여 존속기간을 정하여야 한다</u>(대판 1988.4.12. 87다카2404). 기출 23·19

3. 갱신과 존속기간

지상권의 법정갱신은 인정되지 않으나, 지상권의 존속기간이 만료한 경우에 법률에 특별한 규정이 없더라도 당사자가 합의하여 계약을 갱신할 수 있음은 계약자유의 원칙상 당연하다.

(1) 지상권자의 갱신청구권과 지상물매수청구권

> **제283조 【지상권자의 갱신청구권, 매수청구권】**
> ① 지상권이 소멸한 경우에 건물 기타 공작물이나 수목이 현존한 때에는 지상권자는 계약의 갱신을 청구할 수 있다.
> ② 지상권설정자가 계약의 갱신을 원하지 아니하는 때에는 지상권자는 상당한 가액으로 전항의 공작물이나 수목의 매수를 청구할 수 있다.
>
> **제284조 【갱신과 존속기간】**
> 당사자가 계약을 갱신하는 경우에는 지상권의 존속기간은 갱신한 날로부터 제280조의 최단존속기간보다 단축하지 못한다. 그러나 당사자는 이보다 장기의 기간을 정할 수 있다.

1) 갱신청구권의 의의

① 갱신청구권이란 당사자가 갱신계약을 체결하지 않은 경우에도 일정한 요건 하에 지상권자가 계약의 갱신을 청구할 수 있는 권리이다(제283조 제1항).

② 갱신청구권의 성질은 형성권이 아니라 순수한 청구권이다. 따라서 설정자의 승낙이 있어야 한다.

2) 갱신청구권의 발생요건

① 지상권이 소멸한 경우일 것 : 지상권이 존속기간의 만료로 소멸하여야 하고, 지상권자의 의무위반으로 설정자가 지상권소멸청구를 하게 되면 갱신청구권은 인정되지 않는다.

> 제283조 제2항 소정의 지상물매수청구권은 지상권이 존속기간의 만료로 인하여 소멸하는 때에 지상권자에게 갱신청구권이 있어 그 갱신청구를 하였으나 지상권설정자가 계약갱신을 원하지 아니할 경우 행사할 수 있는 권리이므로, 지상권자의 지료연체를 이유로 토지소유자가 그 지상권소멸청구를 하여 이에 터잡아 지상권이 소멸된 경우에는 매수청구권이 인정되지 않는다 (대판 1993.6.29. 93다10781). 기출 19

② 지상물이 현존하고 있을 것 : 지상권이 존속기간의 만료로 소멸한 경우에 건물 기타 공작물이나 수목이 현존하고 있어야 한다(제283조 제1항).

3) 갱신청구권 행사의 효과

① 지상권자의 갱신청구로 곧 계약갱신의 효과가 발생하지는 않으며, 지상권설정자가 갱신청구에 응하여 갱신계약을 체결함으로써 갱신이 효과가 발생한다.

② 지상권설정자가 지상권자의 갱신청구를 거절하는 경우에는 지상권자는 상당한 가액으로 지상물의 매수를 청구할 수 있다(제283조 제2항). 따라서 갱신청구권과 지상물매수청구권은 선택적으로 행사할 수 있는 것이 아니다.

4) 지상물매수청구권

① 지상물매수청구권은 형성권이다.

② 전세권자(제316조 제2항)나 임차인(제646조) 등의 부속물매수청구권과 달리 지상물은 설정자의 동의를 얻어 설치하였거나 설정자로부터 매수한 것일 필요가 없다.

③ 관습법상 법정지상권도 지상물매수청구권의 행사가 가능하다(대판 1993.6.29. 93다10781).

(2) 갱신과 존속기간

당사자가 계약을 갱신하는 경우 지상권의 존속기간은 갱신한 날로부터 제280조의 최단존속기간보다 단축하지 못한다(제284조 본문). 그러나 당사자는 이보다 장기의 기간을 정할 수 있다(제284조 단서). 계약갱신 당시에 존속기간 등의 내용에 관하여 특별한 약정이 없으면 갱신된 계약의 내용은 종전의 계약과 동일한 것으로 추정한다(통설).

4. 강행규정

지상권의 존속기간과 갱신에 관한 규정은 모두 편면적 강행규정이다. 따라서 지상권자에게 불리한 약정은 효력이 없다(제289조).

Ⅳ 지상권의 효력

1. 지상권자의 토지사용권

① 지상권이 미치는 범위 : 지상권자는 설정행위에서 정하여진 목적을 위하여 필요한 범위 내에서 토지를 사용할 권리를 가진다. 이에 대응하여 지상권설정자는 지상권자의 토지사용을 방해해서는 안 된다는 소극적 인용의무를 부담할 뿐 토지를 사용에 적합한 상태에 두어야 할 적극적 의무는 없다. 따라서 지상권자는 필요비상환청구권을 갖지 못한다.

② 상린관계규정의 준용 : 지상권은 토지를 사용하는 권리이므로 상린관계에 관한 제216조 내지 제244조는 두 사람의 지상권자 사이 또는 지상권자와 인지소유자 사이에 준용된다(제290조).

③ 지상권에 기한 물권적 청구권 : 물권인 지상권의 내용 실현이 방해되는 경우에 물권적 청구권을 행사할 수 있다.

> • 물권은 법률 또는 관습법에 의하는 외에는 임의로 창설하지 못하는 것이므로(제185조), 지상권설정등기가 경료되면 그 지상권의 내용과 범위는 등기된 바에 따라서 대세적인 효력이 발생하고, 제3자가 지상권설정자에 대하여 해당 토지를 사용·수익할 수 있는 채권적 권리를 가지고 있다고 하더라도 이러한 사정만으로 지상권자에 대항할 수는 없다(대판 2008.2.15. 2005다47205).
> • 지상권을 설정한 토지소유권자는 불법점유자에 대하여 물권적청구권을 행사할 수 있으나, 지상권을 설정한 토지소유권자는 지상권이 존속하는 한 토지를 사용 수익할 수 없으므로 특별한 사정이 없는 한 불법점유자에게 손해배상을 청구할 수는 없다(대판 1974.11.12. 74다1150).

2. 지상권 처분의 자유와 양도금지의 특약

> **제282조【지상권의 양도, 임대】**
> 지상권자는 타인에게 그 권리를 양도하거나 그 권리의 존속기간 내에서 그 토지를 임대할 수 있다.
>
> **제289조【강행규정】**
> 제280조 내지 제287조의 규정에 위반되는 계약으로 지상권자에게 불리한 것은 그 효력이 없다.

(1) 지상권의 양도·토지의 임대

① 강행규정 : 물권인 지상권은 당연히 양도성을 갖는다. 또한 제282조는 편면적 강행규정이므로 이에 위반해서 지상권자에게 불리한 약정은 효력이 없다(제289조). 따라서 양도 또는 임대를 금지하는 특약을 하더라도 무효이다.

② 분리양도 : 지상권자는 지상권을 유보한 채 지상물의 소유권만을 양도할 수도 있고, 지상물 소유권을 유보한 채 지상권만을 양도할 수도 있다.

> • 지상권자는 지상권을 유보한 채 지상물 소유권만을 양도할 수도 있고 지상물 소유권을 유보한 채 지상권만을 양도할 수도 있는 것이어서 지상권자와 그 지상물의 소유권자가 반드시 일치하여야 하는 것은 아니며, 또한 지상권설정시에 그 지상권이 미치는 토지의 범위와 그 설정 당시 매매되는 지상물의 범위를 다르게 하는 것도 가능하다(대판 2006.6.15. 2006다6126·6133).

- 제366조 소정의 법정지상권은 토지와 그 토지상의 건물이 같은 사람의 소유에 속하였다가 그중의 하나가 경매 등으로 인하여 다른 사람의 소유에 속하게 된 경우에 그 건물의 유지, 존립을 위하여 특별히 인정된 권리이기는 하지만 그렇다고 하여 위 법정지상권이 건물의 소유에 부속되는 종속적인 권리가 되는 것이 아니며 하나의 독립된 법률상의 물권으로서의 성격을 지니고 있는 것이기 때문에 건물의 소유자가 건물과 법정지상권 중 어느 하나만을 처분하는 것도 가능하다(대판 2001.12.27. 2000다1976).

(2) 지상권의 담보공여

지상권자는 지상권 위에 저당권을 설정할 수 있다(제371조 제1항). 따라서 담보금지특약을 하더라도 그 특약은 지상권자에게 불리한 것으로 무효이다(다수설). 이와 달리 전세권 양도금지특약은 유효하다(제306조 단서).

3. 지 료

(1) 지료지급의무

지료의 지급은 지상권의 요소가 아니나, 당사자간에 지료를 지급할 것을 약정하면 지료지급의무가 발생한다. 또한 법정지상권의 경우에는 지료지급의무가 있다.

(2) 지료에 관한 약정이 제3자에게 승계되는지 여부

1) 지료가 등기된 경우

① 소유자가 변경되건, 지상권자가 변경되건 당연히 제3자에게 승계된다.

② 전(前)지상권자가 과거에 연체한 지료는 현(現) 지상권자에게 이전되지 않는다.

2) 지료가 등기되지 않은 경우

① 토지소유권이 이전된 경우, 지료가 등기되어 있지 않더라도 현 소유자는 지상권자에게 대항할 수 있다. 즉, 지료를 청구할 수 있다.

② 지상권이 이전된 경우 장래의 지료채무도 이전하나, 지료에 대하여 등기가 없으면 토지소유자는 현 지상권자에게 대항하지 못한다.

- 지료액 또는 그 지급시기 등 지료에 관한 약정은 이를 등기하여야만 제3자에게 대항할 수 있으므로, 지료의 등기를 하지 않은 이상 토지소유자는 구 지상권자의 지료연체 사실을 들어 지상권을 이전받은 자에게 대항하지 못한다(대판 1996.4.26. 95다52864). 기출 21
- 지상권에 있어서 지료의 지급은 그 요소가 아니므로 지료에 관한 약정이 없으면 지료의 지급을 구할 수 없으나 그 약정이 있는 이상 토지소유자는 지료에 관한 등기 여부에 관계없이 지상권자에 대하여 그 약정된 지료의 지급을 구할 수 있고 다만 등기가 되어 있지 않다면 지상권을 양수한 사람 등 제3자에게 대항할 수 없을 뿐이므로, 당사자 사이에 지상권을 설정하고 지료에 관한 약정이 있었던 이상 그 지료액 또는 지급시기를 등기하지 않았다고 하더라도 토지소유자가 지급받는 지료는 계속적·정기적으로 지급받는지 여부에 상관없이 구 소득세법(2006.12.30. 법률 제8144호로 개정되기 전의 것) 제21조 제1항 제9호에서 정한 기타소득에 해당한다(대판 2009.9.24. 2007두7505).

(3) 지료증감청구권

제286조 【지료증감청구권】
지료가 토지에 관한 조세 기타 부담의 증감이나 지가의 변동으로 인하여 상당하지 아니하게 된 때에는 당사자는 그 증감을 청구할 수 있다.

지료증감청구권은 사정변경으로 인한 권리로 형성권이다. 지료증감청구권에 관한 제286조는 편면적 강행규정이므로, 따라서 불증액의 특약은 유효하나, 불감액의 특약은 무효이다.

(4) 지료체납의 효과

> **제287조 【지상권소멸청구권】**
> 지상권자가 2년 이상의 지료를 지급하지 아니한 때에는 지상권설정자는 지상권의 소멸을 청구할 수 있다.
>
> **제289조 【강행규정】**
> 제280조 내지 제287조의 규정에 위반되는 계약으로 지상권자에게 불리한 것은 그 효력이 없다.

① 지상권자가 2년 이상의 지료를 체납한 경우, 지상권설정자는 지상권의 소멸을 청구할 수 있다(제287조). 이 규정은 편면적 강행규정이다.
② 처음부터 지료에 관해서 결정된 바가 없는 경우에는 연체를 이유로 소멸을 청구할 수 없다.

> 법정지상권의 경우 당사자 사이에 지료에 관한 협의가 있었다거나 법원에 의하여 지료가 결정되었다는 아무런 입증이 없다면, 법정지상권자가 지료를 지급하지 않았다고 하더라도 지료 지급을 지체한 것으로는 볼 수 없으므로 법정지상권자가 2년 이상의 지료를 지급하지 아니하였음을 이유로 하는 토지소유자의 지상권소멸청구는 이유가 없고, 지료액 또는 그 지급시기 등 지료에 관한 약정은 이를 등기하여야만 제3자에게 대항할 수 있는 것이고, 법원에 의한 지료의 결정은 당사자의 지료결정청구에 의하여 형식적 형성소송인 지료결정판결로 이루어져야 제3자에게도 그 효력이 미친다(대판 2001.3.13. 99다17142).
> 기출 18

V 지상권의 소멸

1. 소멸사유

(1) 물권 일반의 소멸사유

지상권은 토지의 멸실, 존속기간의 만료, 혼동, 지상권에 우선하는 저당권의 실행에 의한 경매, 토지수용 등으로 소멸한다.

(2) 특유한 소멸사유

1) 지상권설정자의 소멸청구

> **제287조 【지상권소멸청구권】**
> 지상권자가 2년 이상의 지료를 지급하지 아니한 때에는 지상권설정자는 지상권의 소멸을 청구할 수 있다.
>
> **제288조 【지상권소멸청구와 저당권자에 대한 통지】**
> 지상권이 저당권의 목적인 때 또는 그 토지에 있는 건물, 수목이 저당권의 목적이 된 때에는 전조의 청구는 저당권자에게 통지한 후 상당한 기간이 경과함으로써 그 효력이 생긴다.
>
> **제289조 【강행규정】**
> 제280조 내지 제287조의 규정에 위반되는 계약으로 지상권자에게 불리한 것은 그 효력이 없다.

① 의의 : 지상권소멸청구권은 정기의 지료를 지급하여야 하는 지상권자가 2년 이상의 지료를 체납한 경우에 지상권설정자가 지상권의 소멸을 청구할 수 있는 권리이다(제287조). 형성권의 성질을 가진다.

② 요 건

ᄀ 2년 이상의 지료를 지급하지 아니한 경우일 것(제287조)

> 제287조가 토지소유자에게 지상권소멸청구권을 부여하고 있는 이유는 지상권은 성질상 그 존속기간 동안은 당연히 존속하는 것을 원칙으로 하는 것이나, 지상권자가 2년 이상의 지료를 연체하는 때에는 토지소유자로 하여금 지상권의 소멸을 청구할 수 있도록 함으로써 토지소유자의 이익을 보호하려는 취지에서 나온 것이라고 할 것이므로, 지상권자가 그 권리의 목적이 된 토지의 특정한 소유자에 대하여 2년분 이상의 지료를 지불하지 아니한 경우에 그 특정의 소유자는 선택에 따라 지상권의 소멸을 청구할 수 있으나, 지상권자의 지료 지급 연체가 토지소유권의 양도 전후에 걸쳐 이루어진 경우 토지양수인에 대한 연체기간이 2년이 되지 않는다면 양수인은 지상권소멸청구를 할 수 없다(대판 2001.3.13. 99다17142).

ᄂ 지상권자에게 책임 있는 사유로 지료를 지급하지 못한 것일 것

ᄃ 지상권이 저당권의 목적인 경우 또는 그 토지 위에 있는 건물이나 수목이 저당권의 목적인 경우 지료 체납을 이유로 하는 지상권소멸청구는 저당권자에게 통지한 후 상당한 기간이 경과함으로써 그 효력이 생긴다(제288조).

③ 효과 : 지상권소멸청구권 행사에 따른 지상권 소멸의 효과는 장래에 대해서만 발생한다.

> **더 알아보기** | **지료약정이 없는 경우**
>
> 관습상의 법정지상권에 관하여 지료가 결정된 바 없다면 법정지상권자가 지료를 지급하지 아니하였다 하더라도 지료지급을 지체한 것으로 볼 수 없으므로 법정지상권자가 2년 이상의 지료를 지급하지 아니하였음을 이유로 하는 토지소유자의 지상권소멸청구는 이유가 없다(대판 1994.12.2. 93다52297).

2) 지상권의 포기

무상의 지상권은 기간에 관한 약정의 유무를 불문하고 지상권자가 자유롭게 포기할 수 있다. 그러나 유상의 지상권에서는 그 포기로 인하여 토지소유자에게 손해가 생길 때에는 그 손해를 배상하여야 한다(제153조 제2항). 지상권이 저당권의 목적인 때에는 저당권자의 동의 없이는 포기하지 못한다(제371조 제2항).

2. 소멸의 효과

(1) 지상물 수거권

> **제285조 【수거의무, 매수청구권】**
> ① 지상권이 소멸한 때에는 지상권자는 건물 기타 공작물이나 수목을 수거하여 토지를 원상에 회복하여야 한다.
> ② 전항의 경우에 지상권설정자가 상당한 가액을 제공하여 그 공작물이나 수목의 매수를 청구한 때에는 지상권자는 정당한 이유없이 이를 거절하지 못한다.

① 지상권이 소멸하면, 지상권자는 건물 기타 공작물이나 수목을 수거하여 토지를 원상에 회복해야 한다(제285조 제1항).

② 지상물의 수거는 지상권이 소멸된 후 지체 없이 행해져야 하고, 수거를 위하여 필요한 기간 동안은 토지의 사용을 계속할 수 있다.

③ 지상권이 소멸하면 지상권설정자는 "언제든지" 지상물의 매수를 청구할 수 있다. 이는 사회경제적 고려에 기한 것이다(제285조 제2항).

(2) 지상권자의 지상물매수청구권

> **제283조 【지상권자의 갱신청구권, 매수청구권】**
> ① 지상권이 소멸한 경우에 건물 기타 공작물이나 수목이 현존한 때에는 지상권자는 계약의 갱신을 청구할 수 있다.
> ② 지상권설정자가 계약의 갱신을 원하지 아니하는 때에는 지상권자는 상당한 가액으로 전항의 공작물이나 수목의 매수를 청구할 수 있다.

① 법적 성질 : 토지소유자가 지상권자의 갱신청구를 거절하면, 지상권자는 토지소유자에 대하여 상당한 가격으로 지상물의 매수를 청구할 수 있는데, 지상물매수청구권은 형성권이다.

② 요 건

    ㉠ 지상권자가 갱신청구를 하였으나 설정자가 거절한 경우일 것 : 지료연체 등을 이유로 갱신청구조차 할 수 없다면 지상물매수청구권도 행사할 수 없다(대판 1997.4.8. 96다54249 · 54256).

    ㉡ 매수청구권 행사의 상대방은 지상권을 설정한 토지소유자 또는 토지소유자가 변동된 경우에는 지상권 소멸 당시의 토지소유자이다.

    ㉢ 지상물은 전세권자나 임차인이 갖는 부속물매수청구권과 달리 지상권설정자의 동의를 얻은 물건일 필요는 없다.

③ 효 과

    ㉠ 형성권인 지상물매수청구권을 행사하면 토지소유자와 지상권자 사이에 목적물에 관한 상당한 가격에 의한 매매계약이 체결된 것과 유사한 효과가 발생한다.

    ㉡ 이때 「상당한 가격」은 매수청구권을 행사하여 매매계약이 성립되는 때의 시가를 의미한다(대판 1967.12.18. 67다2355).

제2관 특수한 지상권

I 구분지상권

> **제289조의2 【구분지상권】**
> ① 지하 또는 지상의 공간은 상하의 범위를 정하여 건물 기타 공작물을 소유하기 위한 지상권의 목적으로 할 수 있다. 이 경우 설정행위로써 지상권의 행사를 위하여 토지의 사용을 제한할 수 있다.
> ② 제1항의 규정에 의한 구분지상권은 제3자가 토지를 사용·수익할 권리를 가진 때에도 그 권리자 및 그 권리를 목적으로 하는 권리를 가진 자 전원의 승낙이 있으면 이를 설정할 수 있다. 이 경우 토지를 사용·수익할 권리를 가진 제3자는 그 지상권의 행사를 방해하여서는 아니 된다.
>
> **제290조 【준용규정】**
> ① 제213조, 제214조, 제216조 내지 제244조의 규정은 지상권자간 또는 지상권자와 인지소유자간에 이를 준용한다.
> ② 제280조 내지 제289조 및 제1항의 규정은 제289조의2의 규정에 의한 구분지상권에 관하여 이를 준용한다

1. 의 의

(1) 개 념

구분지상권이란 건물 기타 공작물을 소유하기 위하여 타인 소유의 토지의 지하 또는 지상의 공간을 상하의 범위를 정해서 사용하는 지상권을 말한다(제289조의2 제1항).

(2) 일반지상권과 차이

구분지상권도 타인의 토지를 사용하는 물권이란 점은 일반지상권과 동일하나, 다음과 같은 차이가 있다.

① **객체** : 일반지상권은 토지의 상하 전부에 효력이 미치나, 구분지상권은 토지의 상하 특정층에 한하여 효력이 미친다.

② **목적** : 일반지상권은 공작물 외 수목의 소유를 위하여 설정할 수 있으나, 구분지상권은 공작물의 소유를 위해서만 설정할 수 있다. 즉 수목 소유를 위해서는 구분지상권을 설정할 수 없다.

③ **토지이용** : 일반지상권에서는 토지소유자의 토지이용이 전면적으로 배제되나, 구분지상권에서는 구분지상권이 설정된 층에 한하여 토지소유자의 토지이용이 배제될 뿐이다.

2. 설 정

① 기본적으로 구분지상권설정에 대한 합의와 등기가 있어야 한다.

② 구분지상권의 객체를 특정하기 위하여 토지의 상하 범위를 등기해야 한다(부동산등기규칙 제126조 제2항).

③ 구분지상권의 객체인 토지 위에 배타성이 있는 용익권(용익물권 또는 대항력 있는 임차권)을 침해해서는 안 된다. 따라서 배타성이 있는 용익권자 전원의 승낙을 얻으면 구분지상권을 설정할 수 있다(제289조의2 제2항).

3. 효 과

① 제279조(지상권의 내용)를 제외한 지상권에 관한 규정은 전부 구분지상권에 준용된다(제290조 제2항).

② 구분지상권자는 토지의 「특정된 어떤 층」만을 사용할 권리만 가질 뿐이고, 나머지 부분에 대해서는 토지소유자가 사용권을 갖는다. 다만, 설정행위로써 토지소유자의 토지사용을 제한할 수 있다(제290조 제1항 후문). 이 제한을 등기하면 구분지상권자 또는 그 양수인이 토지소유자 또는 제3자에게 대항할 수 있다(부동산등기법 제69조 제6호).

③ 구분지상권의 지료는 당사자 간의 합의 또는 법원의 결정에 의하여 결정된다.

Ⅱ 분묘기지권

1. 의 의

분묘기지권이란 타인의 토지 위에 설치된 분묘를 소유하기 위하여 인정되는 지상권 유사의 관습상 물권을 말한다.

2. 취득요건

① 취득의 유형
- ㉠ 토지소유자의 승낙에 의한 취득(대판 2000.9.26. 99다14006)
- ㉡ 분묘기지권의 시효취득(대판 1969.1.28. 68다1927·1928)
- ㉢ 자기 소유의 토지에 분묘를 설치한 후 철거특약 없이 토지소유권을 이전한 경우(대판 1967.10.12. 67다1920)

② 분묘기지권이 성립하기 위해서는 봉분 등 외부에서 분묘의 존재를 인식할 수 있는 형태를 갖추고 있어야 한다.
- ㉠ 평장되어 있거나 암장되어 있어 객관적으로 인식할 수 있는 외형을 갖추고 있지 아니한 경우에는 분묘기지권이 인정되지 아니한다(대판 1996.6.14. 96다14036).
- ㉡ 또한 분묘의 내부에 시신이 안장되어 있어야 한다. 즉, 가묘(假墓)는 분묘기지권이 성립하지 않는다.

③ 분묘기지권은 공시방법으로 등기를 요하지 않는다(대판 1999.6.14. 96다14036). 봉분이 분묘의 존재를 공시하기 때문이다.

3. 권리의 내용

(1) 지상권 유사의 물권 취득

분묘기지권은 일종의 제한물권으로서 타인의 토지를 분묘를 소유하기 위해서만 제한된 범위에서 사용할 수 있는 권리에 불과하다.

(2) 분묘기지권이 미치는 범위

설치된 기지뿐만 아니라 수호, 제사에 필요한 범위 내에서 분묘기지권이 미치며, 이 범위 내에서는 토지소유자의 소유권은 제한된다(대판 2000.9.26. 99다14006).

> [1] 분묘기지권은 분묘의 기지 자체(봉분의 기저 부분)뿐만 아니라 그 분묘의 수호 및 제사에 필요한 범위 내에서 분묘의 기지 주위의 공지를 포함한 지역에까지 미치는 것이고 그 확실한 범위는 각 구체적인 경우에 개별적으로 정하여야 할 것인바, 사성(莎城, 무덤 뒤를 반달형으로 둘러쌓은 둔덕)이 조성되어 있다 하여 반드시 그 사성 부분을 포함한 지역에까지 분묘기지권이 미치는 것은 아니다.
> [2] 분묘기지권은 분묘를 수호하고 봉제사하는 목적을 달성하는 데 필요한 범위 내에서 타인의 토지를 사용할 수 있는 권리를 의미하는 것으로서, 분묘기지권에는 그 효력이 미치는 지역의 범위 내라고 할지라도 기존의 분묘 외에 새로운 분묘를 신설할 권능은 포함되지 아니하는 것이므로, 부부 중 일방이 먼저 사망하여 이미 그 분묘가 설치되고 그 분묘기지권이 미치는 범위 내에서 그 후에 사망한 다른 일방의 합장을 위하여 쌍분(雙墳) 형태의 분묘를 설치하는 것도 허용되지 않는다(대판 1997.5.23. 95다29086·29093).

(3) 지 료

토지소유자의 승낙을 얻어 분묘를 설치한 경우에는 당사자 간의 약정에 따르되 약정이 없으면 무상으로 한다.

[구 장사 등에 관한 법률의 시행일인 2001.1.13. 이전에 타인의 토지에 분묘를 설치하여 20년간 평온·공연하게 분묘의 기지를 점유함으로써 분묘기지권을 시효로 취득한 경우, 분묘기지권자는 토지소유자가 지료를 청구하면 그 청구한 날부터의 지료를 지급할 의무가 있는지 여부(적극)]

[다수의견] 2000.1.12. 법률 제6158호로 전부 개정된 구 장사 등에 관한 법률(이하 '장사법'이라 한다)의 시행일인 2001.1.13. 이전에 타인의 토지에 분묘를 설치한 다음 20년간 평온·공연하게 분묘의 기지를 점유함으로써 분묘기지권을 시효로 취득하였더라도, 분묘기지권자는 토지소유자가 분묘기지에 관한 지료를 청구하면 그 청구한 날부터의 지료를 지급할 의무가 있다고 보아야 한다. 관습법으로 인정된 권리의 내용을 확정함에 있어서는 그 권리의 법적 성질과 인정 취지, 당사자 사이의 이익형량 및 전체 법질서와의 조화를 고려하여 합리적으로 판단하여야 한다. 취득시효형 분묘기지권은 당사자의 합의에 의하지 않고 성립하는 지상권 유사의 권리이고, 그로 인하여 토지 소유권이 사실상 영구적으로 제한될 수 있다. 따라서 시효로 분묘기지권을 취득한 사람은 일정한 범위에서 토지소유자에게 토지 사용의 대가를 지급할 의무를 부담한다고 보는 것이 형평에 부합한다. 취득시효형 분묘기지권이 관습법으로 인정되어 온 역사적·사회적 배경, 분묘를 둘러싸고 형성된 기존의 사실 관계에 대한 당사자의 신뢰와 법적 안정성, 관습법상 권리로서의 분묘기지권의 특수성, 조리와 신의성실의 원칙 및 부동산의 계속적 용익관계에 관하여 이러한 가치를 구체화한 민법상 지료증감청구권 규정의 취지 등을 종합하여 볼 때, 시효로 분묘기지권을 취득한 사람은 토지소유자가 분묘기지에 관한 지료를 청구하면 그 청구한 날부터의 지료를 지급하여야 한다고 봄이 타당하다.

[대법관 이기택, 대법관 김재형, 대법관 이흥구의 별개의견]

분묘기지권을 시효취득한 경우 분묘기지권자는 토지소유자에게 분묘를 설치하여 토지를 점유하는 기간 동안 지료를 지급할 의무가 있다고 보아야 하고, 토지소유자의 지료 청구가 있어야만 그때부터 지료 지급의무가 발생한다고 볼 수 없다. 헌법상 재산권 보장의 원칙, 민법상 소유권의 내용과 효력, 통상적인 거래 관념에 비추어 보면, 점유자가 스스로를 위하여 타인의 토지를 사용하는 경우 당사자 사이에 무상이라는 합의가 존재하는 등의 특별한 사정이 없는 한, 토지 사용의 대가를 지급해야 하는 유상의 사용관계라고 보아야 한다. 취득시효형 분묘기지권의 지료에 관하여 관습법으로 정해진 내용이 없다면 유사한 사안에 관한 법규범을 유추적용하여야 한다. 분묘기지권은 다른 사람의 토지를 이용할 수 있는 지상권과 유사한 물권으로서 당사자의 합의에 의하지 않고 관습법에 따라 성립한다. 이러한 토지 이용관계와 가장 유사한 모습은 법정지상권이다. 제366조 등에 따라 법정지상권이 성립하면 지상권자는 '지상권 성립 시부터' 토지소유자에게 지료를 지급하여야 한다. 분묘기지권을 시효취득하여 성립하는 토지 이용관계에 관해서도 법정지상권의 경우와 마찬가지로 분묘기지권이 성립한 때부터 시료를 지급하여야 한다.

[대법관 안철상, 대법관 이동원의 반대의견]

장사법 시행일인 2001.1.13. 이전에 분묘를 설치하여 20년간 평온·공연하게 그 분묘의 기지를 점유하여 분묘기지권을 시효로 취득하였다면, 특별한 사정이 없는 한 분묘기지권자는 토지소유자에게 지료를 지급할 의무가 없다고 보아야 한다. 분묘기지권은 관습법상 물권이므로, 관습에 대한 조사나 확인을 통하여 관습법의 내용을 선언하여야 하고 법원이 해석을 통해 그 내용을 정하는 것은 타당하지 않다. 지금까지 분묘기지권에 관하여 유상성을 내용으로 하는 관습이 확인된 적이 없었다는 사실은 분묘기지권이 관습상 무상이었음을 반증한다. 지상권에 관한 일반 법리나 분묘기지권과 법정지상권의 차이점, 분묘기지권의 시효취득을 관습법으로 인정하여 온 취지에 비추어 보더라도 분묘기지권자에게 지료 지급의무가 있다고 볼 수 없다(대판[전합] 2021.4.29. 2017다228007). **기출** 21

[자기 소유 토지에 분묘를 설치한 사람이 토지를 양도하면서 분묘를 이장하겠다는 특약을 하지 않아 분묘기지권을 취득한 경우, 분묘기지권이 성립한 때부터 분묘기지에 관한 지료 지급의무를 지는지 여부(원칙적 적극)]

자기 소유 토지에 분묘를 설치한 사람이 그 토지를 양도하면서 분묘를 이장하겠다는 특약을 하지 않음으로써 분묘기지권을 취득한 경우, 특별한 사정이 없는 한 분묘기지권자는 분묘기지권이 성립한 때부터 토지 소유자에게 그 분묘의 기지에 대한 토지사용의 대가로서 지료를 지급할 의무가 있다(대판 2021.5.27. 2020다295892).

4. 권리의 소멸

(1) 존속기간

① 당사자 사이에 약정이 없는 한 이 권리는 권리자가 분묘의 수호와 봉사를 계속하며 그 분묘가 존속하고 있는 동안 존속한다. 그러나 권리자가 상당한 기간 동안 그 수호와 봉사를 저버리고 있으면, 토지소유자는 분묘의 이전을 청구할 수 있다(대판 1994.8.26. 94다28970). 또한 분묘를 다른 곳으로 이장하면 그 분묘기지권은 당연히 소멸한다(대판 2007.6.28. 2007다16885).

② 분묘가 멸실된 경우라도 유골이 존재하여 분묘의 원상회복이 가능하며 일시적인 멸실에 불과하다면 분묘기지권은 소멸하지 않고 존속한다(대판 2007.6.28. 2005다44114). **기출** 21

(2) 포 기

권리자가 의무자에 대하여 그 권리를 포기하는 의사표시를 하는 외에 점유까지도 포기하여야만 분묘기지권이 소멸하는 것은 아니다(대판 1992.6.23. 92다14762).

(3) 판결에 따라 분묘기지권에 관한 지료의 액수가 정해졌음에도 책임 있는 사유로 판결확정 전후에 걸쳐 2년분 이상의 지료지급을 지체한 경우

> **[자기 소유의 토지 위에 분묘를 설치한 후 토지의 소유권이 경매 등으로 타인에게 이전되면서 분묘기지권을 취득한 자가, 판결에 따라 분묘기지권에 관한 지료의 액수가 정해졌음에도 책임 있는 사유로 판결확정 전후에 걸쳐 2년분 이상의 지료지급을 지체한 경우, 새로운 토지소유자가 분묘기지권의 소멸을 청구할 수 있는지 여부(적극) 및 이 경우 분묘기지권자가 판결확정 후 지료지급 청구를 받았음에도 지료지급을 지체한 경우에만 분묘기지권의 소멸을 청구할 수 있는지 여부(소극)]**
> 자기 소유의 토지 위에 분묘를 설치한 후 토지의 소유권이 경매 등으로 타인에게 이전되면서 분묘기지권을 취득한 자가, 판결에 따라 분묘기지권에 관한 지료의 액수가 정해졌음에도 판결확정 후 책임 있는 사유로 상당한 기간 동안 지료의 지급을 지체하여 지체된 지료가 판결확정 전후에 걸쳐 2년분 이상이 되는 경우에는 제287조를 유추적용하여 새로운 토지소유자는 분묘기지권자에 대하여 분묘기지권의 소멸을 청구할 수 있다. 분묘기지권자가 판결확정 후 지료지급 청구를 받았음에도 책임 있는 사유로 상당한 기간 지료의 지급을 지체한 경우에만 분묘기지권의 소멸을 청구할 수 있는 것은 아니다(대판 2015.7.23. 2015다206850).

Ⅲ 관습법상 법정지상권

1. 의 의

관습법상 법정지상권이란 동일인에게 속하였던 토지와 건물 중 어느 하나가 매매 기타의 원인으로 각각의 소유자를 달리하게 된 때에 그 건물을 철거한다는 특약이 없으면, 건물소유자가 당연히 취득하게 되는 지상권을 말한다. 관습법상 법정지상권은 사회경제적 고려, 즉 건물소유를 위한 대지이용권을 보장하기 위한 목적에서 판례에 의하여 인정된 것이다.

2. 성립요건

(1) 처분 당시 토지와 건물의 소유자가 동일하였을 것

① 처분 당시에만 동일한 소유이면 충분하므로, 처음부터 토지와 건물이 동일인 소유일 필요는 없다(대판 1995.7.28. 95다9075·9082[반소]).

② 건물이 미등기 건물이거나 무허가 건물인 때에도 관습법상 법정지상권이 인정될 수 있으나, 그 건물을 원시취득한 경우에 한한다. 즉 미등기건물이 대지와 함께 양도되었는데 대지에 대해서만 소유권이전등기가 경료된 후 대지가 경매되어 소유자가 달라진 경우에는 관습법상 법정지상권이 성립하지 않는다(대판 1998.4.24. 98다4798)(∵ 미등기 건물의 양수인이 건물에 대한 소유자가 아니므로 '동일인 소유'의 요건 미충족).

> • 원래 채권을 담보하기 위하여 나대지상에 가등기가 경료되었고, 그 뒤 대지소유자가 그 지상에 건물을 신축하였는데, 그 후 그 가등기에 기한 본등기가 경료되어 대지와 건물의 소유자가 달라진 경우에 관습상 법정지상권을 인정하면 애초에 대지에 채권담보를 위하여 가등기를 경료한 사람의 이익을 크게 해하게 되기 때문에 특별한 사정이 없는 한 건물을 위한 관습상 법정지상권이 성립한다고 할 수 없다(대판 1994.11.22. 94다5458). **기출 18**
> • 토지공유자의 한 사람이 다른 공유자의 지분 과반수의 동의를 얻어 건물을 건축한 후 토지와 건물의 소유자가 달라진 경우 토지에 관하여 관습법상의 법정지상권이 성립되는 것으로 보게 되면 이는 <u>토지공유자의 1인으로 하여금 자신의 지분을 제외한 다른 공유자의 지분에 대하여서까지 지상권설정의 처분행위를 허용하는 셈이 되어 부당하다</u>(대판 1993.4.13. 92다55756). 즉, 관습법상 법정지상권이 성립하지 않는다.
> • <u>명의수탁자가 명의신탁토지 위에 건물를 신축한 경우에 「명의신탁 해지시」 그 건물의 소유를 위한 관습법상 법정지상권이 인정되지 않는다</u>(대판 1986.5.27. 86다카62). <u>반면 상호명의신탁, 즉 구분소유적 공유에서 공유자 A가 배타적인 점유부분에 건물을 신축하여 소유하던 중 강제경매에 의하여 다른 공유자 B가 대지지분을 취득하였다면, 건물소유자A는 관습법상 법정지상권을 취득한다</u>(대판 1990.6.26. 89다카24094).
> • 토지를 매수하여 사실상 처분권한을 가지는 자가 그 지상에 건물을 신축하여 건물의 소유권을 취득하였다고 하더라도 토지에 관한 소유권을 취득하지 아니한 이상 토지와 건물이 동일한 소유자에게 속하였다고 할 수는 없는 것이므로 이러한 상태의 건물에 관하여 강제경매절차에 의하여 그 소유권자가 다르게 되었다고 하여 건물을 위한 관습상의 법정지상권이 성립하는 것은 아니다(대판 1994.4.12. 93다56053).

③ 토지와 건물이 동일인 소유에 속하였는지를 판단하는 기준 시기 : 보통의 경우는 처분 당시이나, 강제경매의 경우 압류당시를 기준으로(대판[전합] 2012.10.18. 2010다52140) **기출 22·18·16·15** 강제경매에 의한 압류 이전에 저당권이 설정되어 있었던 경우에는 저당권설정당시를 기준으로 한다(대판 2013.4.11. 2009다62059).
  기출 17

④ 소유는 「법률상의 소유」를 의미한다.

(2) 매매 기타 원인으로 토지와 건물의 소유자가 달라졌을 것

기타 원인에는 증여(대판 1963.5.9. 63아11), 강제경매(대판[전합] 2012.10.18. 2010다52140), 환매(대판 1981.4.14. 80다2637), 공유물 분할(대판 1967.11.14. 67다1105) 등이 있다. 저당권에 기한 임의경매는 제외된다.

> • 관습상의 법정지상권의 성립 요건인 해당 토지와 건물의 소유권의 동일인에의 귀속과 그 후의 각기 다른 사람에의 귀속은 법의 보호를 받을 수 있는 권리변동으로 인한 것이어야 하므로, <u>원래 동일인에게의 소유권 귀속이 원인무효로 이루어졌다가 그 뒤 그 원인무효임이 밝혀져 그 등기가 말소됨으로써 그 건물과 토지의 소유자가 달라지게 된 경우에는 관습상의 법정지상권을 허용할 수 없다</u>(대판 1993.3.26. 98다64189).

- 환지로 인하여 새로운 분할지적선이 그어진 결과 환지 전에는 동일인에게 속하였던 토지와 그 지상건물의 소유자가 달라졌다 하더라도, 환지의 성질상 건물의 부지에 관하여 소유권을 상실한 건물 소유자가 그 환지된 토지(건물부지)에 대하여 건물을 위한 관습상의 법정지상권을 취득한다거나 그 환지된 토지의 소유자가 그 건물을 위한 관습상 법정지상권의 부담을 안게 된다고는 할 수 없다(대판 1996.3.8. 95다44535). **기출** 18

(3) 건물철거의 특약이 없을 것

관습법상 법정지상권은 임의규정이다. 따라서 관습법상 법정지상권의 포기 특약은 유효하다. 반면 제366조의 법정지상권은 강행규정으로 포기 특약은 무효이다.

- 대지와 건물의 소유자가 건물만을 양도하고 동 양수인과 대지에 대하여 임대차계약을 체결하였다면 특별한 사정이 없는 한 동 양수인은 본건 대지에 관한 관습상의 법정지상권을 포기하였다고 볼 것이다(대판 1968.1.31. 67다2007). **기출** 17
- 건물을 철거하기로 하는 합의가 있었다는 등의 특별한 사정의 존재에 관한 주장 입증책임은 그러한 사정의 존재를 주장하는 쪽에 있다(대판 1988.9.27. 87다카279).
- 토지와 건물의 소유자가 토지만을 타인에게 증여한 후 구 건물을 철거하되 그 지상에 자신의 이름으로 건물을 다시 신축하기로 합의한 경우, 그 건물 철거의 합의는 건물 소유자가 토지의 계속 사용을 그만두고자 하는 내용의 합의로 볼 수 없어 관습상의 법정지상권의 발생을 배제하는 효력이 인정되지 않는다(대판 1999.12.10. 98다58467).

(4) 등기는 불필요

관습법상의 법정지상권 자체에 관한 등기를 요하지 않지만, 법정지상권을 양도하기 위하여 등기해야 한다(제187조). 즉 제3자가 관습법상의 법정지상권을 전득하려면 먼저 건물소유자가 그의 법정지상권의 등기를 하고 난 다음에 이 지상권의 이전등기를 하여야 한다.

3. 효 과

(1) 범 위

관습법상의 법정지상권이 성립된 토지에 대해서 법정지상권자가 건물의 유지 및 사용에 필요한 범위를 벗어나지 않은 한 그 토지를 자유로이 사용할 수 있다(대판 1995.7.28. 95다9075·9082[반소]). 관습법상의 법정지상권이 성립한 건물을 개축 또는 증축하는 경우는 물론 건물이 멸실되거나 철거된 후에 신축하는 경우에도 법정지상권은 성립한다. 다만 그 효력범위는 구건물을 기준으로 한다(대판 1997.1.21. 96다40080).

(2) 기 간

존속기간의 약정이 없는 지상권이 된다. 따라서 제281조에 의한다.

(3) 지 료

판례는 제366조 단서를 유추적용하여, 관습법상 법정지상권을 유상지상권으로 보고 있다.

국유재산에 관하여 관습에 의한 법정지상권이 성립된 경우 그 지료에 관하여는 당사자의 청구에 의하여 법원이 이를 정한다고 규정한 제366조를 준용하여야 할 것이고, 이때 토지소유자는 법원에서 상당한 지료를 결정할 것을 전제로 하여 바로 그 급부를 청구할 수 있다(대판 1996.2.13. 95누11023).

(4) 지상권갱신청구권 대위

관습법상 법정지상권을 양수한 자는 등기 없이도 건물양도인의 지상권갱신청구권을 대위할 수 있다.

> [1] 관습상 법정지상권이 붙은 건물의 소유자가 건물을 제3자에게 처분한 경우에는 법정지상권에 관한 등기를 경료하지 아니한 자로서는 건물의 소유권을 취득한 사실만 가지고는 법정지상권을 취득하였다고 할 수 없어 대지소유자에게 지상권을 주장할 수 없고 그 법정지상권은 여전히 당초의 법정지상권자에게 유보되어 있다고 보아야 한다.
> [2] 법정지상권자가 건물을 제3자에게 양도하는 경우에는 특별한 사정이 없는 한 건물과 함께 법정지상권도 양도하기로 하는 채권적 계약이 있었다고 할 것이며, 양수인은 양도인을 순차 대위하여 토지소유자 및 건물의 전 소유자에 대하여 법정지상권의 설정등기 및 이전등기절차이행을 구할 수 있고, 토지소유자는 건물소유자에 대하여 법정지상권의 부담을 용인하고 그 설정등기절차를 이행할 의무가 있다 할 것이므로, 법정지상권이 붙은 건물의 양수인은 법정지상권에 대한 등기를 하지 않았다 하더라도 토지소유자에 대한 관계에서 적법하게 토지를 점유사용하고 있는 자라 할 것이고, 따라서 건물을 양도한 자라고 하더라도 지상권갱신청구권이 있고 건물의 양수인은 법정지상권자인 양도인의 갱신청구권을 대위행사할 수 있다고 보아야 할 것이다(대판 1995.4.11. 94다39925).

Ⅳ 담보 목적의 지상권

1. 의 의

담보 목적의 지상권이란 저당권이 실행될 때까지 제3자가 용익권을 취득하거나 목적 토지의 담보가치를 하락시키는 침해행위를 하는 것을 배제함으로써 저당 부동산의 담보가치를 확보하기 위한 권리이다.

> 근저당권 등 담보권 설정의 당사자들이 그 목적이 된 토지 위에 차후 용익권이 설정되거나 건물 또는 공작물이 축조·설치되는 등으로써 그 목적물의 담보가치가 저감하는 것을 막는 것을 주요한 목적으로 하여 담보권과 아울러 지상권을 설정한 경우에 담보권이 소멸하면 등기된 지상권의 목적이나 존속기간과 관계없이 지상권도 그 목적을 잃어 함께 소멸한다고 할 것이다(대판 2011.4.14. 2011다6342). 한편 토지에 관하여 담보권이 설정될 당시 담보권자를 위하여 동시에 지상권이 설정되었다고 하더라도, 담보권 설정 당시 이미 토지소유자가 그 토지상에 건물을 소유하고 있고 그 건물을 철거하기로 하는 등 특별한 사유가 없으며 담보권의 실행으로 그 지상권도 소멸하였다면 건물을 위한 법정지상권이 발생하지 않는다고 할 수 없다(대판 2014.7.24. 2012다97871·97888). **기출** 18

2. 권리의 내용

(1) 제3자가 저당권의 목적인 토지 위에 건물을 신축한 경우

> 토지에 관하여 저당권을 취득함과 아울러 그 저당권의 담보가치를 확보하기 위하여 지상권을 취득하는 경우, 특별한 사정이 없는 한 그 지상권은 저당권이 실행될 때까지 제3자가 용익권을 취득하거나 목적 토지의 담보가치를 하락시키는 침해행위를 하는 것을 배제함으로써 저당 부동산의 담보가치를 확보하는 데에 그 목적이 있다고 할 것이므로, 제3자가 저당권의 목적인 토지 위에 건물을 신축하는 경우에는, 그 제3자가 지상권자에게 대항할 수 있는 권원을 가지고 있다는 등의 특별한 사정이 없는 한, 지상권자는 그 방해배제청구로서 신축중인 건물의 철거와 대지의 인도 등을 구할 수 있다(대판 2008.2.15. 2005다47205).

(2) 불법점유자에 대한 손해배상청구

> 금융기관이 대출금 채권의 담보를 위하여 토지에 저당권과 함께 지료 없는 지상권을 설정하면서 채무자 등의 사용·수익권을 배제하지 않은 경우, 위 지상권은 근저당목적물의 담보가치를 확보하는 데 목적이 있으므로, 그 위에 도로개설·옹벽축조 등의 행위를 한 무단점유자에 대하여 지상권 자체의 침해를 이유로 한 임료 상당손해배상을 구할 수 없다(대판 2008.1.17. 2006다586). **기출** 21

(3) 토지의 사용·수익권

> [1] 지상권자는 타인의 토지에 건물 기타 공작물이나 수목을 소유하기 위하여 그 토지를 사용하는 권리가 있으므로(제279조), 지상권설정등기가 경료되면 토지의 사용·수익권은 지상권자에게 있고, 지상권을 설정한 토지소유자는 지상권이 존속하는 한 토지를 사용·수익할 수 없다. 따라서 지상권을 설정한 토지소유자로부터 토지를 이용할 수 있는 권리를 취득하였다고 하더라도 지상권이 존속하는 한 이와 같은 권리는 원칙적으로 제256조 단서가 정한 '권원'에 해당하지 아니한다.
> [2] 금융기관이 대출금 채권의 담보를 위하여 토지에 저당권과 함께 지료 없는 지상권을 설정하면서 채무자 등의 사용·수익권을 배제하지 않은 경우, 지상권은 저당권이 실행될 때까지 제3자가 용익권을 취득하거나 목적 토지의 담보가치를 하락시키는 침해행위를 하는 것을 배제함으로써 저당 부동산의 담보가치를 확보하는 데에 목적이 있으므로, 토지소유자는 저당 부동산의 담보가치를 하락시킬 우려가 있는 등의 특별한 사정이 없는 한 토지를 사용·수익할 수 있다고 보아야 한다. 따라서 그러한 토지소유자로부터 토지를 사용·수익할 수 있는 권리를 취득하였다면 이러한 권리는 제256조 단서가 정한 '권원'에 해당한다고 볼 수 있다(대판 2018.3.15. 2015다69907). **기출** 20

3. 권리의 소멸

피담보채권이 변제 등으로 소멸한 경우는 물론이고 시효소멸한 경우에도 그 지상권은 피담보채권에 부종하여 소멸한다(대판 2011.4.14. 2011다6342). **기출** 21

---

02   지역권

I 총 설

제291조 【지역권의 내용】
지역권자는 일정한 목적을 위하여 타인의 토지를 자기토지의 편익에 이용하는 권리가 있다.

제297조 【용수지역권】
① 용수승역지의 수량이 요역지 및 승역지의 수요에 부족한 때에는 그 수요정도에 의하여 먼저 가용에 공급하고 다른 용도에 공급하여야 한다. 그러나 설정행위에 다른 약정이 있는 때에는 그 약정에 의한다.
② 승역지에 수개의 용수지역권이 설정된 때에는 후순위의 지역권자는 선순위의 지역권자의 용수를 방해하지 못한다.

제300조 【공작물의 공동사용】
① 승역지의 소유자는 지역권의 행사를 방해하지 아니하는 범위내에서 지역권자가 지역권의 행사를 위하여 승역지에 설치한 공작물을 사용할 수 있다.
② 전항의 경우에 승역지의 소유자는 수익정도의 비율로 공작물의 설치, 보존의 비용을 분담하여야 한다.

1. 의 의

① 지역권이란 일정한 목적을 위하여 타인의 토지를 자기의 토지의 편익에 이용하는 용익물권이다(제291조).

② 편익을 제공받는 토지를 요역지, 편익을 제공하는 토지를 승역지라고 하며, 요역지와 승역지는 서로 인접할 필요가 없다. 또한 요역지는 1필의 토지 전부이어야 하나, 승역지는 1필의 토지 일부여도 상관없다(제293조 제2항 단서, 부동산등기법 제70조 제5호).

③ 지역권은 무상일 수도 있고 유상일 수도 있다.

2. 법적 성질

(1) 양도성과 상속성

물권으로서 양도성과 상속성을 갖는다.

(2) 부종성

> **제292조【부종성】**
> ① 지역권은 요역지 소유권에 부종하여 이전하며 또는 요역지에 대한 소유권이외의 권리의 목적이 된다. 그러나 다른 약정이 있는 때에는 그 약정에 의한다.
> ② 지역권은 요역지와 분리하여 양도하거나 다른 권리의 목적으로 하지 못한다.

① 의의 : 부종성이란 지역권은 토지에 종속된 권리이기 때문에 요역지와 분리하여 지역권만을 따로 양도하거나 다른 권리의 목적으로 하지 못한다는 것을 말한다(제292조 제2항).

② 내 용

   ⊙ 수반성 : 수반성이란 지역권은 요역지의 편익을 위하여 토지에 종속하는 권리이므로, 요역지의 소유권이 이전되면 같이 이전되고 또 그 토지에 대해 설정된 다른 권리는 그 지역권에도 효력이 미치게 되는 것을 의미한다. 요역지의 소유권이전등기가 마쳐지면 지역권의 이전등기 없이도 지역권 이전의 효력이 생긴다(∵ 법률의 규정에 의한 부동산 물권 취득(제187조)임). 그러나, 수반성은 당사자 약정에 의해 배제할 수 있다(제292조 제1항 단서). 다만, 이를 등기해야 제3자에게도 대항이 가능하다(부동산등기법 제70조 제4호).

   ⓛ 요역지 소유권과 결합(제292조 제2항)

   ⓒ 지역권은 요역지에 대한 소유권 이외의 권리의 목적이 된다(제292조 제1항 본문 후단).

(3) 불가분성

> **제293조【공유관계, 일부양도와 불가분성】**
> ① 토지공유자의 1인은 지분에 관하여 그 토지를 위한 지역권 또는 그 토지가 부담한 지역권을 소멸하게 하지 못한다.
> ② 토지의 분할이나 토지의 일부양도의 경우에는 지역권은 요역지의 각 부분을 위하여 또는 그 승역지의 각부분에 존속한다. 그러나 지역권이 토지의 일부분에만 관한 것인 때에는 다른 부분에 대하여는 그러하지 아니하다.
>
> **제295조【취득과 불가분성】**
> ① 공유자의 1인이 지역권을 취득한 때에는 다른 공유자도 이를 취득한다.
> ② 점유로 인한 지역권취득기간의 중단은 지역권을 행사하는 모든 공유자에 대한 사유가 아니면 그 효력이 없다.
>
> **제296조【소멸시효의 중단, 정지와 불가분성】**
> 요역지가 수인의 공유인 경우에 그 1인에 의한 지역권소멸시효의 중단 또는 정지는 다른 공유자를 위하여 효력이 있다.

3. 종 류

(1) 작위지역권 · 부작위지역권

작위지역권은 지역권자가 일정한 행위를 할 수 있고, 승역지소유자가 이를 인용하여야 하는 의무를 부담하는 경우를 말한다. 반면 부작위지역권은 승역지소유자가 일정한 행위를 하지 않을 의무를 부담하는 경우이다.

(2) 계속지역권 · 불계속지역권

지역권의 행사가 시간적으로 계속되느냐에 따른 구별이다.

(3) 표현지역권 · 불표현지역권

지역권의 내용 실현을 외부로부터 인식할 수 있는지 여부에 따른 구별이다.

Ⅱ 지역권의 취득

1. 일반적 취득사유

지역권은 지역권설정에 관한 물권적 합의와 등기에 의하여 취득한다. 또한 유언, 상속, 양도 등에 의한 취득도 인정된다. 다만, 지역권의 양도는 독립하여 할 수는 없고, 요역지의 소유권 또는 사용권의 이전에 수반해서만 가능하다(제292조 제1항).

2. 시효취득

> **제294조 【지역권취득기간】**
> 지역권은 계속되고 표현된 것에 한하여 제245조의 규정을 준용한다.

① 지역권은 계속되고 표현된 것에 한하여 시효취득의 대상이 될 수 있다(제294조). 이 경우 등기가 필요하다(대판 1990.10.30. 90다카20395). 즉, 시효취득완성자는 지역권설정등기청구권을 가진다.

> 지역권은 계속되고 표현된 것에 한하여 제245조의 규정을 준용하도록 되어 있으므로, **통행지역권은 요역지의 소유자가 승역지 위에 도로를 설치하여 승역지를 사용하는 객관적 상태가 제245조에 규정된 기간 계속된 경우에 한하여 그 시효취득을 인정할 수 있다**(대판 2010.1.28. 2009다74939 · 74946).

② 요역지 소유자와 사용권자(지상권자, 전세권자 등)만 시효취득이 가능할 뿐, 요역지의 불법점유자는 시효취득을 주장할 수 없다(대판 1976.10.29. 76다1694).

> 위요지통행권이나 통행지역권은 모두 인접한 토지의 상호이용의 조절에 기한 권리로서 토지의 소유자 또는 지상권자 전세권자등 토지사용권을 가진자에게 인정되는 권리라 할 것이므로 위와 같은 권리자가 아닌 **토지의 불법점유자는 토지소유권의 상린관계로서 위요지 통행권의 주장이나 통행지역권의 시효취득 주장을 할 수 없다**(대판 1976.10.29. 76다1694).

Ⅲ 지역권의 존속기간

민법은 지역권의 존속기간에 대한 규정을 두고 있지 않으나, 당사자가 지역권의 존속기간을 정할 수는 있다. 판례는 영구적인 지역권의 설정도 가능하다는 입장이다(대판 1980.1.29, 79다1704). **기출** 16

Ⅳ 지역권의 효력

제297조【용수지역권】
① 용수승역지의 수량이 요역지 및 승역지의 수요에 부족한 때에는 그 수요정도에 의하여 먼저 가용에 공급하고 다른 용도에 공급하여야 한다. 그러나 설정행위에 다른 약정이 있는 때에는 그 약정에 의한다.
② 승역지에 수개의 용수지역권이 설정된 때에는 후순위의 지역권자는 선순위의 지역권자의 용수를 방해하지 못한다.

제298조【승역지 소유자의 의무와 승계】
계약에 의하여 승역지 소유자가 자기의 비용으로 지역권의 행사를 위하여 공작물의 설치 또는 수선의 의무를 부담한 때에는 승역지 소유자의 특별승계인도 그 의무를 부담한다.

제299조【위기에 의한 부담면제】
승역지의 소유자는 지역권에 필요한 부분의 토지소유권을 지역권자에게 위기하여 전조의 부담을 면할 수 있다.

제300조【공작물의 공동사용】
① 승역지의 소유자는 지역권의 행사를 방해하지 아니하는 범위 내에서 지역권자가 지역권의 행사를 위하여 승역지에 설치한 공작물을 사용할 수 있다.
② 전항의 경우에 승역지의 소유자는 수익정도의 비율로 공작물의 설치, 보존의 비용을 분담하여야 한다.

제301조【준용규정】
제214조(소유물방해제거, 방해예방청구권)의 규정은 지역권에 준용한다.

* 지역권에는 승역지를 점유할 권능이 없으므로 승역지반환청구권은 인정되지 않는다.

Ⅴ 지역권의 소멸

1. 소멸사유 일반

지역권은 요역지 또는 승역지의 멸실, 존속기간의 만료, 지역권자의 포기, 혼동, 약정소멸사유의 발생, 승역지의 수용 등으로 소멸한다.

2. 승역지의 시효취득에 의한 소멸

승역지가 제3자에 의하여 시효취득되면, 승역지 위의 지역권은 소멸하는 것이 원칙이다. 다만, 승역지 점유자가 지역권의 존재를 인용하면서 점유를 계속하는 경우 지역권이 소멸하지 않는다.

3. 지역권의 시효소멸

① 지역권은 20년간 행사하지 않으면 소멸시효가 완성된다(제162조 제2항).

② 요역지가 공유로 되어 있는 경우 지역권은 모든 공유자에게 소멸시효가 완성된 경우에만 소멸한다(제296조).

③ 지역권자가 지역권의 일부만을 행사한 경우, 소멸시효는 그 불행사 부분에 한하여 완성된다.

Ⅵ 특수지역권

> **제302조 【특수지역권】**
> 어느 지역의 주민이 집합체의 관계로 각자가 타인의 토지에서 초목, 야생물 및 토사의 채취, 방목 기타의 수익을 하는 권리가 있는 경우에는 관습에 의하는 외에 본장의 규정을 준용한다.

1. 의 의

특수지역권이란 어느 지역의 주민이 집합체의 관계로 가지는 각자가 타인의 토지에서 초목, 야생물 및 토사의 채취, 방목 기타 수익을 하는 권리를 말한다(제302조).

2. 법적 성질

(1) 제한물권

특수지역권은 타인의 토지 위에 존재하는 토지수익권으로, 제한물권에 속한다.

(2) 인역권

인역권의 일종으로, 지역권에서는 편익을 받는 것이 「토지」임에 반하여, 특수지역권에서는 「집합체로서 어느 지역의 주민」이 편익을 받는다.

(3) 주민들의 준총유

특수지역권은 한 개인에게 속하는 것이 아니라 어느 지역의 주민 전체에게 귀속된다.

3. 효 력

(1) 적용법규

특수지역권에 관습, 총유에 관한 규정(제278조), 지역권에 관한 규정(제302조)이 적용된다.

(2) 토지수익권

지역주민 각자는 목적토지를 다른 주민과 공동으로 수익할 수 있다.

(3) 특수지역권의 득실

① 주민단체는 관습이나 계약에 의하여 특수지역권을 취득한다. 반면 토지가 멸실되거나 사용·수익의 목적물이 멸실된 경우 특수지역권은 소멸한다.

② 주민 각자의 수익권은 주민 지위의 득실에 따라 당연히 취득 또는 상실되며, 양도성과 상속성이 인정되지는 않는다.

Ⅰ 총 설

> **제303조【전세권의 내용】**
> ① 전세권자는 전세금을 지급하고 타인의 부동산을 점유하여 그 부동산의 용도에 좇아 사용·수익하며, 그 부동산 전부에 대하여 후순위권리자 기타 채권자보다 전세금의 우선변제를 받을 권리가 있다.
> ② 농경지는 전세권의 목적으로 하지 못한다.

1. 의 의

전세권이란 전세금을 지급하고 타인의 부동산을 점유하여 그 부동산의 용도에 좇아 사용·수익하는 용익물권이다. 전세권 소멸시 목적부동산의 매각대금에서 전세금의 우선변제를 받을 수 있는 권리가 인정된다(제303조 제1항).

2. 특 징

우리나라에 특유한 제도로서 채권적 전세(임대차)가 전세권으로 등기된 경우 물권으로서 전세권이 된다. 전세금의 지급은 전세권의 성립요소인 반면 목적물의 인도는 성립요건이 아니다(대판 1995.2.10. 94다18508).
`기출` 23 · 21 · 20

3. 법적 성질

(1) 타물권

전세권은 타인의 부동산을 목적으로 하는 제한물권이다. 즉 목적물은 타인의 부동산(토지와 건물)이다. 단, 농경지는 전세권의 목적으로 하지 못한다(제303조 제2항). 또한 부동산 일부에 대해서도 전세권을 설정할 수 있다(부동산등기법 제72조 제1항 제6호).

(2) 용익물권 겸 담보물권

전세권의 법적 성질에 대해서 ① 용익물권설, ② 순수담보물권설, ③ 용익물권 겸 담보물권설 등의 다툼이 있으나, 전세권은 목적부동산을 점유하여 그 부동산의 용도에 좇아 사용·수익하는 권리이므로 기본적으로 용익물권에 해당한다. 나아가 전세권자에게는 전세금에 관하여 우선변제권이 인정되므로, 담보물권의 성질도 갖는다는 견해가 타당하다.

> **전세권 존속기간이 시작되기 전에 마친 전세권설정등기가 유효한 것으로 추정되는지 여부(원칙적 적극) 및 전세권의 순위를 결정하는 기준(= 등기된 순서)**
> 전세권자는 전세금을 지급하고 타인의 부동산을 점유하여 그 부동산의 용도에 좇아 사용·수익하며, 그 부동산 전부에 대하여 후순위권리자 기타 채권자보다 전세금의 우선변제를 받을 권리가 있다(제303조 제1항).
> 이처럼 전세권이 용익물권적인 성격과 담보물권적인 성격을 모두 갖추고 있는 점에 비추어 전세권 존속기간이 시작되기 전에 마친 전세권설정등기도 특별한 사정이 없는 한 유효한 것으로 추정된다. 한편 부동산등기법 제4조 제1항은 "같은 부동산에 관하여 등기한 권리의 순위는 법률에 다른 규정이 없으면 등기한 순서에 따른다."라고 정하고 있으므로, 전세권은 등기부상 기록된 전세권설정등기의 존속기간과 상관없이 등기된 순서에 따라 순위가 정해진다(대결 2018.1.25. 2017마1093). `기출` 24

1. 전세권 설정의 합의가 존재할 것

(1) 채권담보의 목적으로 설정된 전세권의 유효성 여부

> 전세권이 용익물권적 성격과 담보물권적 성격을 겸비하고 있다는 점 및 목적물의 인도는 전세권의 성립요건이 아닌 점 등에 비추어 볼 때, 당사자가 주로 채권담보의 목적으로 전세권을 설정하였고, 그 설정과 동시에 목적물을 인도하지 아니한 경우라 하더라도, 장차 전세권자가 목적물을 사용·수익하는 것을 완전히 배제하는 것이 아니라면, 그 전세권의 효력을 부인할 수는 없다(대판 1995.2.10. 94다18508). 기출 24

(2) 임차보증금반환채권을 담보할 목적으로 설정된 전세권과 전세권저당권

> **[채권담보의 목적으로 설정된 전세권의 효력]**
> 실제로는 전세권설정계약을 체결하지 아니하였으면서도 임대차계약에 기한 임차보증금반환채권을 담보할 목적 또는 금융기관으로부터 자금을 융통할 목적으로 임차인과 임대인 사이의 합의에 따라 임차인 명의로 전세권 설정등기를 경료한 경우, 위 전세권설정계약이 통정허위표시에 해당하여 무효라 하더라도 위 전세권설정계약에 의하여 형성된 법률관계에 기초하여 새로이 법률상 이해관계를 갖게 된 제3자에 대하여는 그 제3자가 그와 같은 사정을 알고 있었던 경우에만 그 무효를 주장할 수 있다(대판 2010.3.25. 2009다35743). 기출 18

2. 전세금의 지급이 있을 것

> **[전세권 성립의 요소로서 전세금의 지급 및 기존의 채권으로 전세금 지급에 갈음할 수 있는지 여부(적극)]**
> 전세금의 지급은 전세권 성립의 요소가 되는 것이지만 그렇다고 하여 전세금의 지급이 반드시 현실적으로 수수되어야만 하는 것은 아니고 기존의 채권으로 전세금의 지급에 갈음할 수도 있다(대판 1995.2.10. 94다18508). 기출 24

3. 전세권설정등기가 경료되었을 것

> **[채권자·채무자 및 제3자의 합의로 전세권 등 담보권의 명의를 제3자로 하는 것이 가능한지 여부(적극)]**
> 전세권이 담보물권적 성격도 가지는 이상 부종성과 수반성이 있는 것이기는 하지만, 채권담보를 위하여 담보권을 설정하는 경우 채권자와 채무자 및 제3자 사이에 합의가 있으면 채권자가 그 담보권의 명의를 제3자로 하는 것도 가능하고, 이와 같은 경우에는 채무자와 담보권명의자인 제3자 사이에 담보계약관계가 성립하는 것으로 그 담보권명의자는 그 피담보채권을 수령하고 그 담보권을 실행하는 등의 담보계약상의 권한을 가진다(대판 1995.2.10. 94다18508).

Ⅲ 전세권의 존속기간

1. 전세권 설정의 합의에서 존속기간을 약정한 경우

> **제312조 【전세권의 존속기간】**
> ① 전세권의 존속기간은 10년을 넘지 못한다. 당사자의 약정기간이 10년을 넘는 때에는 이를 10년으로 단축한다.
> ② 건물에 대한 전세권의 존속기간을 1년 미만으로 정한 때에는 이를 1년으로 한다.
> ③ 전세권의 설정은 이를 갱신할 수 있다. 그 기간은 갱신한 날로부터 10년을 넘지 못한다.
> ④ 건물의 전세권설정자가 전세권의 존속기간 만료전 6월부터 1월까지 사이에 전세권자에 대하여 갱신거절의 통지 또는 조건을 변경하지 아니하면 갱신하지 아니한다는 뜻의 통지를 하지 아니한 경우에는 그 기간이 만료된 때에 전전세권과 동일한 조건으로 다시 전세권을 설정한 것으로 본다. 이 경우 전세권의 존속기간은 그 정함이 없는 것으로 본다.

① 최장기간의 제한이 있다. 즉 10년을 넘지 못하고, 당사자간의 약정기간이 10년을 넘는 때에는 10년으로 단축된다(제312조 제1항). 이점이 최장기간의 제한이 없고 최단기간에 대해서만 일정한 제한이 있는 지상권(제280조)과 다르다.

② 건물전세권에 1년의 최단존속기간의 제한이 있다(제312조 제2항).

2. 존속기간을 약정하지 않은 경우

> **제313조 【전세권의 소멸통고】**
> 전세권의 존속기간을 약정하지 아니한 때에는 각 당사자는 언제든지 상대방에 대하여 전세권의 소멸을 통고할 수 있고 상대방이 이 통고를 받은 날로부터 6월이 경과하면 전세권은 소멸한다.

① 소멸통고권의 법적 성질은 형성권이다(다수설). 말소등기가 필요한지에 대하여 등기필요설과 등기불요설의 다툼이 있다.

② 건물전세권의 존속기간을 약정하지 않은 경우에도 1년의 최단존속기간이 적용된다(제312조 제2항의 확대해석).

3. 법정갱신(제312조 제4항)

① 건물전세권에만 인정된다.

② 종전 전세권과 동일한 조건으로 다시 전세권을 설정한 것으로 본다. 단, 존속기간은 정하지 않은 것으로 본다.

③ 전세권이 법정갱신된 경우 이는 법률의 규정에 의한 물권의 변동이므로 전세권갱신에 관한 등기를 필요로 하지 아니하고, 전세권자는 등기 없이도 전세권설정자나 그 목적물을 취득한 제3자에 대하여 갱신된 권리를 주장할 수 있다(대판 2010.3.25. 2009다35743).

Ⅳ 전세권의 효력

1. 전세권자의 권리·의무

> **제309조 【전세권자의 유지, 수선의무】**
> 전세권자는 목적물의 현상을 유지하고 그 통상의 관리에 속한 수선을 하여야 한다.

① 목적부동산을 용도에 좇아 사용·수익할 권리·의무와 소멸청구권 : 전세권자는 목적부동산을 점유하고 그 부동산의 용도에 좇아 사용·수익할 권리를 갖는다(제303조 제1항 전단). 반면 전세권설정자는 전세권자가 전세권설정계약 또는 그 목적물의 성질에 의하여 정하여진 용법에 따르지 않은 사용·수익을 한 경우, 전세권의 소멸을 청구할 수 있으며, 원상회복 또는 손해배상을 청구할 수 있다(제311조).
② 전세권자의 유지·수선의무 : 전세권자는 목적물의 현상을 유지하고 그 통상의 관리에 속한 수선을 하여야 한다(제309조). 따라서 전세권자가 목적부동산을 통상적 유지 및 관리를 위하여 필요한 비용을 지출한 경우에도 그 비용의 상환을 청구하지 못한다. 단, 유익비상환청구권은 인정된다(제310조 제1항).
③ 상린관계규정의 준용 : 제216조 내지 제244조의 규정은 전세권자간 또는 전세권자와 인지소유자 및 지상권자간에 이를 준용한다(제319조).
④ 전세권자의 점유권과 물권적 청구권 : 전세권자는 목적부동산을 점유할 권리를 갖는다. 따라서 점유를 침해당한 경우 점유보호청구권을 행사할 수 있다(제204조 내지 제206조). 또한 전세권의 침해를 받은 때에는 물권적 청구권으로서 반환청구권, 방해제거청구권 및 방해예방청구권을 행사할 수 있다(제319조).

2. 전세권의 처분

(1) 처분의 자유와 제한

전세권자는 전세권설정자의 동의 없이도 전세권을 양도하거나 담보로 제공할 수 있고 그 존속기간 내에서 그 목적물을 타인에게 전전세 또는 임대할 수 있다(제306조 본문). 그러나 설정행위로써 처분을 금지할 수 있다(제306조 단서). 이러한 처분금지특약은 등기하여야만 제3자에 대하여 대항할 수 있다(부동산등기법 제72조 제1항 제5호).

(2) 전세권의 양도

1) 존속기간 중 양도

법률행위에 의한 전세권의 양도의 경우에는 당사자 간의 합의와 등기가 있어야 한다(제186조). 전세권의 양수인은 전세권설정자에 대하여 양도인인 전세권자와 동일한 권리의무를 갖게 된다(제307조).

2) 존속기간 만료 후 양도

① 전세권설정등기를 마친 민법상의 전세권을 존속기간 만료 후에 양도할 수 있는지 여부(적극) 및 대항요건

> 전세권설정등기를 마친 민법상의 전세권은 그 성질상 용익물권적 성격과 담보물권적 성격을 겸비한 것으로서, 전세권의 존속기간이 만료되면 전세권의 용익물권적 권능은 전세권설정등기의 말소 없이도 당연히 소멸하고 단지 전세금반환채권을 담보하는 담보물권적 권능의 범위 내에서 전세금의 반환시까지 그 전세권 설정등기의 효력이 존속하고 있다 할 것인데, 이와 같이 존속기간의 경과로서 본래의 용익물권적 권능이 소멸하고 담보물권적 권능만 남은 전세권에 대해서도 그 피담보채권인 전세금반환채권과 함께 제3자에게 이를 양도할 수 있다 할 것이지만 이 경우에는 제450조 제2항 소정의 확정일자 있는 증서에 의한 채권양도절차를 거치지 않는 한 위 전세금반환채권의 압류·전부 채권자 등 제3자에게 위 전세보증금반환 채권의 양도사실로써 대항할 수 없다(대판 2005.3.25. 2003다35659). [기출] 24·18·17·16

② 전세기간 만료 이후 전세권양도계약 및 전세권이전의 부기등기가 이루어진 것만으로는 전세금반환채권의 양도에 관하여 확정일자 있는 통지나 승낙이 있었다고 볼 수 없어 이로써 제3자인 전세금반환채권의 압류·전부 채권자에게 대항할 수 없다(대판 2005.3.25. 2003다35659).

3) 비교 : 전세권과 분리한 전세금반환채권만의 양도

① 전세권이 존속하는 동안에 전세권을 존속시키기로 하면서 전세금반환채권만을 전세권과 분리하여 확정적으로 양도할 수 있는지 여부(소극)

> 전세권은 전세금을 지급하고 타인의 부동산을 그 용도에 따라 사용·수익하는 권리로서 전세금의 지급이 없으면 전세권은 성립하지 아니하는 등으로 전세금은 전세권과 분리될 수 없는 요소일 뿐 아니라, 전세권에 있어서는 그 설정행위에서 금지하지 아니하는 한 전세권자는 전세권 자체를 처분하여 전세금으로 지출한 자본을 회수할 수 있도록 되어 있으므로 전세권이 존속하는 동안은 전세권을 존속시키기로 하면서 전세금 반환채권만을 전세권과 분리하여 확정적으로 양도하는 것은 허용되지 않는 것이며, 다만 전세권 존속 중에는 장래에 그 전세권이 소멸하는 경우에 전세금 반환채권이 발생하는 것을 조건으로 그 장래의 조건부 채권을 양도할 수 있을 뿐이라 할 것이다(대판 2002.8.23. 2001다69122). [기출] 22·20·18

② 당사자 간의 약정에 의하여 전세권의 처분이 따르지 않는 전세금반환채권만의 분리양도가 이루어진 경우, 그 전세권에 관하여 경료된 가압류부기등기의 효력(무효)

> 전세권설정계약의 당사자 사이에 그 계약이 합의해지된 경우 전세권설정등기는 전세금반환채권을 담보하는 효력은 있다고 할 것이나, 그 후 당사자 간의 약정에 의하여 전세권의 처분이 따르지 않는 전세금반환채권만의 분리양도가 이루어진 경우에는 양수인은 유효하게 전세금반환채권을 양수하였다고 할 것이고, 그로 인하여 전세금반환채권을 담보하는 물권으로서의 전세권 마저 소멸된 이상 그 전세권에 관하여 가압류부기등기가 경료되었다고 하더라도 아무런 효력이 없다(대판 1999.2.5. 97다33997).

(3) 전전세

1) 의의 및 성질

전전세란 전세권자가 전세권을 기초로, 다시 그 전세권을 목적으로 하는 전세권을 설정하는 것을 의미한다. 즉 전전세는 원전세권에 종속되는 성질을 갖고 있다. 민법은 설정행위로 전전세를 금지하지 않는 한, 전세권자가 전세권의 존속기간 내에서 전전세를 할 수 있다고 규정하고 있다(제306조).

2) 성립요건

① 전전세권설정의 물권적 합의와 등기가 있어야 한다(제186조). 원전세권설정자의 동의는 요하지 않는다.

② 전전세권의 존속기간은 원전세권의 존속기간 내여야 한다(제306조 본문). 또한 원전세권의 일부를 목적으로 전전세권을 설정할 수도 있다.

3) 효 과

① 원전세권의 존속과 기한 : 전전세권이 설정되더라도 원전세권은 소멸하지 않는다. 단, 전전세권은 원전세권을 기초로 하므로, 원전세권이 소멸하면 당연히 소멸한다.

② 전전세권자는 원전세권설정자에 대한 관계에서 아무런 권리·의무가 없다.

③ 전전세권자의 경매청구권 : 전전세권자가 경매청구권을 행사하기 위해서는 ㉠ 전전세권의 소멸 및 전세금반환의 지체뿐만 아니라 ㉡ 원전세권의 소멸 및 전세금반환의 지체가 있어야 한다.

④ 원전세권자의 책임가중 : 전세권자는 전전세를 하지 않았으면 면할 수 있었을 불가항력으로 인한 손해에 대해서도 그 책임을 부담한다(제308조).

3. 건물전세권자의 보호를 위한 특칙

(1) 건물전세권의 지상권·임차권에 대한 효력

> 제304조【건물의 전세권, 지상권, 임차권에 대한 효력】
> ① 타인의 토지에 있는 건물에 전세권을 설정한 때에는 전세권의 효력은 그 건물의 소유를 목적으로 한 지상권 또는 임차권에 미친다.
> ② 전항의 경우에 전세권설정자는 전세권자의 동의없이 지상권 또는 임차권을 소멸하게 하는 행위를 하지 못한다.

> 제304조는 전세권을 설정하는 건물소유자가 건물의 존립에 필요한 지상권 또는 임차권과 같은 토지사용권을 가지고 있는 경우에 관한 것으로서, 그 경우에 건물전세권자로 하여금 토지소유자에 대하여 건물소유자, 즉 전세권설정자의 그러한 토지사용권을 원용할 수 있도록 함으로써 토지소유자 기타 토지에 대하여 권리를 가지는 사람에 대한 관계에서 건물전세권자를 보다 안전한 지위에 놓으려는 취지의 규정이다. 또한 지상권을 가지는 건물소유자가 그 건물에 전세권을 설정하였으나 그가 2년 이상의 지료를 지급하지 아니하였음을 이유로 지상권설정자, 즉 토지소유자의 청구로 지상권이 소멸하는 것(제287조 참조)은 전세권설정자가 전세권자의 동의 없이는 할 수 없는 위 제304조 제2항상의 "지상권 또는 임차권을 소멸하게 하는 행위"에 해당하지 아니한다. 위 제304조 제2항이 제한하려는 것은 포기, 기간단축약정 등 지상권 등을 소멸하게 하거나 제한하여 건물전세권자의 지위에 불이익을 미치는 전세권설정자의 임의적인 행위이고, 그것이 법률의 규정에 의하여 지상권 소멸청구권의 발생요건으로 정하여졌을 뿐인 지상권자의 지료 부지급 그 자체를 막으려고 한다거나 또는 지상권설정자가 취득하는 위의 지상권소멸청구권이 그의 일방적 의사표시로 행사됨으로 인하여 지상권이 소멸되는 효과를 제한하려고 하는 것이라고 할 수 없다. 따라서 전세권설정자가 건물의 존립을 위한 토지사용권을 가지지 못하여 그가 토지소유자의 건물철거 등 청구에 대항할 수 없는 경우에 제304조 등을 들어 전세권자 또는 대항력 있는 임차권자가 토지소유자의 권리행사에 대항할 수 없음은 물론이다. 또한 건물에 대하여 전세권 또는 대항력 있는 임차권을 설정하여 준 지상권자가 그 지료를 지급하지 아니함을 이유로 토지소유자가 한 지상권소멸청구가 그에 대한 전세권자 또는 임차인의 동의가 없이 행하여졌다고 해도 제304조 제2항에 의하여 그 효과가 제한된다고 할 수 없다(대판 2010.8.19. 2010다43801). **기출** 22

(2) 제305조의 법정지상권

> 제305조【건물의 전세권과 법정지상권】
> ① 대지와 건물이 동일한 소유자에 속한 경우에 건물에 전세권을 설정한 때에는 그 대지소유권의 특별승계인은 전세권설정자에 대하여 지상권을 설정한 것으로 본다. 그러나 지료는 당사자의 청구에 의하여 법원이 이를 정한다.
> ② 전항의 경우에 대지소유자는 타인에게 그 대지를 임대하거나 이를 목적으로 한 지상권 또는 전세권을 설정하지 못한다.

토지와 건물을 함께 소유하던 토지·건물의 소유자가 건물에 대하여 전세권을 설정하여 주었는데 그 후 토지가 타인에게 경락되어 제305조 제1항에 의한 법정지상권을 취득한 상태에서 다시 건물을 타인에게 양도한 경우, 그 건물을 양수하여 소유권을 취득한 자는 특별한 사정이 없는 한 법정지상권을 취득할 지위를 가지게 되고, 다른 한편으로는 전세권 관계도 이전받게 되는바, 제304조 등에 비추어 건물 양수인이 토지 소유자와의 관계에서 전세권자의 동의 없이 법정지상권을 취득할 지위를 소멸시켰다고 하더라도, 그 건물 양수인은 물론 토지 소유자도 그 사유를 들어 전세권자에게 대항할 수 없다(대판 2007.8.24. 2006다14684). 기출 23

4. 전세목적물 양도 시 양수인의 지위

전세권이 성립한 후 전세목적물의 소유권이 이전된 경우 민법이 전세권 관계로부터 생기는 상환청구, 소멸청구, 갱신청구, 전세금증감청구, 원상회복, 매수청구 등의 법률관계의 당사자로 규정하고 있는 전세권설정자 또는 소유자는 모두 목적물의 소유권을 취득한 신 소유자로 새길 수밖에 없다고 할 것이므로, 전세권은 전세권자와 목적물의 소유권을 취득한 신 소유자 사이에서 계속 동일한 내용으로 존속하게 된다고 보아야 할 것이고, 따라서 목적물의 신 소유자는 구 소유자와 전세권자 사이에 성립한 전세권의 내용에 따른 권리의무의 직접적인 당사자가 되어 전세권이 소멸하는 때에 전세권자에 대하여 전세권 설정자의 지위에서 전세금 반환의무를 부담하게 된다(대판 2006.5.11. 2006다6072). 기출 21·15

V 전세권의 소멸

1. 소멸사유

(1) 물권 일반의 소멸사유

전세권은 목적부동산의 멸실, 존속기간의 만료, 혼동, 소멸시효, 전세권의 포기 등으로 소멸한다.

① 목적부동산의 멸실

제314조【불가항력으로 인한 멸실】
① 전세권의 목적물의 전부 또는 일부가 불가항력으로 인하여 멸실된 때에는 그 멸실된 부분의 전세권은 소멸한다.
② 전항의 일부멸실의 경우에 전세권자가 그 잔존부분으로 전세권의 목적을 달성할 수 없는 때에는 전세권 설정자에 대하여 전세권전부의 소멸을 통고하고 전세금의 반환을 청구할 수 있다.

제315조【전세권자의 손해배상책임】
① 전세권의 목적물의 전부 또는 일부가 전세권자에 책임있는 사유로 인하여 멸실된 때에는 전세권자는 손해를 배상할 책임이 있다.
② 전항의 경우에 전세권설정자는 전세권이 소멸된 후 전세금으로써 손해의 배상에 충당하고 잉여가 있으면 반환하여야 하며 부족이 있으면 다시 청구할 수 있다.

전세금은 그 성격에 비추어 제315조에 정한 전세권설정자의 전세권자에 대한 손해배상채권 외 다른 채권까지 담보한다고 볼 수 없으므로, 전세권설정자가 전세권자에 대하여 위 손해배상채권 외 다른 채권을 가지고 있더라도 다른 특별한 사정이 없는 한 이를 가지고 전세금반환채권에 대하여 물상대위권을 행사한 전세권저당권자에게 상계 등으로 대항할 수 없다(대판 2008.3.13. 2006다29372·29389).

② 전세권의 포기 : 비록 존속기간을 약정하고 있더라도 전세권자는 자유로이 그의 전세권을 포기할 수 있다. 그러나 전세권이 제3자의 권리의 목적인 때에는 포기할 수 없다(제371조 제2항).

(2) 전세권 특유의 소멸사유

① 전세권설정자의 소멸청구

> **제311조【전세권의 소멸청구】**
> ① 전세권자가 전세권설정계약 또는 그 목적물의 성질에 의하여 정하여진 용법으로 이를 사용, 수익하지 아니한 경우에는 전세권설정자는 전세권의 소멸을 청구할 수 있다.
> ② 전항의 경우에는 전세권설정자는 전세권자에 대하여 원상회복 또는 손해배상을 청구할 수 있다.

② 소멸통고

> **제313조【전세권의 소멸통고】**
> 전세권의 존속기간을 약정하지 아니한 때에는 각 당사자는 언제든지 상대방에 대하여 전세권의 소멸을 통고할 수 있고 상대방이 이 통고를 받은 날로부터 6월이 경과하면 전세권은 소멸한다.

2. 소멸효과

(1) 전세금반환청구권의 발생과 동시이행관계

> **제317조【전세권의 소멸과 동시이행】**
> 전세권이 소멸한 때에는 전세권설정자는 전세권자로부터 그 목적물의 인도 및 전세권설정등기의 말소등기에 필요한 서류의 교부를 받는 동시에 전세금을 반환하여야 한다.

전세권설정자는 전세권이 소멸한 경우 전세권자로부터 그 목적물의 인도 및 전세권설정등기의 말소등기에 필요한 서류의 교부를 받는 동시에 전세금을 반환할 의무가 있을 뿐이므로, 전세권자가 그 목적물을 인도하였다고 하더라도 전세권설정등기의 말소등기에 필요한 서류를 교부하거나 그 이행의 제공을 하지 아니하는 이상, 전세권설정자는 전세금의 반환을 거부할 수 있고, 이 경우 다른 특별한 사정이 없는 한 그가 전세금에 대한 이자 상당액의 이득을 법률상 원인 없이 얻는다고 볼 수 없다(대판 2002.2.5. 2001다62091).

(2) 경매청구권

> **제318조【전세권자의 경매청구권】**
> 전세권설정자가 전세금의 반환을 지체한 때에는 전세권자는 민사집행법의 정한 바에 의하여 전세권의 목적물의 경매를 청구할 수 있다.

① 전세권설정자가 전세금의 반환을 지체한 경우 전세권자는 경매를 청구하여(제318조) 그 경락대금으로부터 우선변제를 받을 수 있다.

② 목적물 일부에 대한 전세권자의 목적물 전부에 대한 경매청구 가부(소극)

건물의 일부에 대하여 전세권이 설정되어 있는 경우 그 전세권자는 제303조 제1항, 제318조의 규정에 의하여 그 건물 전부에 대하여 후순위 권리자 기타 채권자보다 전세금의 우선변제를 받을 권리가 있고, 전세권설정자가 전세금의 반환을 지체한 때에는 전세권의 목적물의 경매를 청구할 수 있다 할 것이나, 전세권의 목적물이 아닌 나머지 건물부분에 대하여는 우선변제권은 별론으로 하고 경매신청권은 없다(대결 1992.3.10. 91마256·91마257). **기출** 23

(3) 우선변제권

1) 전세권자의 우선적 지위

대항력 없는 일반채권자에 대해서는 원칙적으로 전세권자가 우선한다. 그러나 등기된 임차권, 주택임대차보호법의 대항력과 같이 대항력이 있는 채권이 경합하는 경우에는 성립순위에 따른다.

2) 저당권과 경합하는 경우

① 전세권이 저당권보다 후순위인 경우 : 저당권자나 전세권자의 어느 쪽이 경매를 신청하든 양자 모두 소멸하고, 배당순위는 설정등기의 선후에 의하게 된다. 이때 용익권이 저당권의 실행으로 소멸되느냐 여부는 그 부동산 위의 최선순위의 저당권과의 사이의 우열로 정하여진다(대판 1987.2.24. 86다카1936).

② 최선순위 전세권에 해당하는 경우 : 저당권, 압류채권, 가압류채권에 대항할 수 있는 최선순위 전세권은 매각으로 소멸되지 않고 매수인에게 인수되는 반면, 전세권자가 민사집행법 제88조에 따라 배당요구를 하였다면 매각으로 인하여 소멸된다(민사집행법 제91조 제3항 및 제4항).

(4) 부속물수거권·수거의무(제316조 제1항), 부속물매수청구권(제316조 제2항)

> **제316조 【원상회복의무, 매수청구권】**
> ① 전세권이 그 존속기간의 만료로 인하여 소멸한 때에는 전세권자는 그 목적물을 원상에 회복하여야 하며 그 목적물에 부속시킨 물건은 수거할 수 있다. 그러나 전세권설정자가 그 부속물건의 매수를 청구한 때에는 전세권자는 정당한 이유 없이 거절하지 못한다.
> ② 전항의 경우에 그 부속물건이 전세권설정자의 동의를 얻어 부속시킨 것인 때에는 전세권자는 전세권설정자에 대하여 그 부속물건의 매수를 청구할 수 있다. 그 부속물건이 전세권설정자로부터 매수한 것인 때에도 같다.

(5) 비용상환청구권

> **제310조 【전세권자의 상환청구권】**
> ① 전세권자가 목적물을 개량하기 위하여 지출한 금액 기타 유익비에 관하여는 그 가액의 증가가 현존한 경우에 한하여 소유자의 선택에 좇아 그 지출액이나 증가액의 상환을 청구할 수 있다.
> ② 전항의 경우에 법원은 소유자의 청구에 의하여 상당한 상환기간을 허여할 수 있다.

전세권자는 스스로 목적물의 현상유지와 수선의무(제309조)를 부담하므로, 필요비 상환을 청구할 수 없다. 나아가 전세권자는 필요비상환청구를 피담보채권으로 하여 유치권을 주장할 수도 없다. 그러나 유익비에 관해서는 그 가액이 증가가 현존하는 경우에 한하여 소유자의 선택에 좇아서 그 지출액이나 증가액의 상환을 청구할 수 있다(제310조 제1항). 이 경우 전세권자는 유익비상환청구권을 피담보채권으로 하여 유치권도 행사할 수 있다. 단, 법원이 소유자의 청구에 의하여 상당한 상환기간을 허여한 경우에는 그 허여된 기간에는 유치권을 행사할 수 없다.

(6) 지상물매수청구권

> **[토지임차인의 지상물매수청구권에 관한 제643조가 토지의 전세권에도 유추 적용되는지 여부(적극)]**
> 토지임차인의 건물 기타 공작물의 매수청구권에 관한 제643조의 규정은 성질상 토지의 전세권에도 유추적용될 수 있다고 할 것이지만, 그 매수청구권은 토지임차권 등이 건물 기타 공작물의 소유 등을 목적으로 한 것으로서 기간이 만료되어야 하고 건물 기타 지상시설이 현존하여야만 행사할 수 있는 것이다(대판 2007.9.21. 2005다41740).

CHAPTER 04 확인학습문제

제1관 일반 지상권

01 지상권에 관한 설명으로 옳지 <u>않은</u> 것은? (다툼이 있으면 판례에 따름) **[2024]**

① 저당물의 담보가치를 유지하기 위해 설정된 지상권은 피담보채권이 소멸하면 함께 소멸한다.

② 기존 건물의 사용을 목적으로 설정된 지상권은 그 존속기간을 30년 미만으로 정할 수 있다.

③ 수목의 소유를 목적으로 하는 지상권이 존속기간의 만료로 소멸한 경우, 특약이 없는 한 지상권자가 존속기간 중 심은 수목의 소유권은 지상권설정자에게 귀속된다.

④ 양도가 금지된 지상권의 양수인은 양수한 지상권으로 지상권설정자에게 대항할 수 있다.

⑤ 토지양수인이 지상권자의 지료 지급이 2년 이상 연체되었음을 이유로 지상권소멸청구를 하는 경우, 종전 토지소유자에 대한 연체기간의 합산을 주장할 수 없다.

답 ③

┃ 정답해설 ┃

③ 지상권이 소멸한 경우에 건물 기타 공작물이나 수목이 현존한 때에는 지상권자는 계약의 갱신을 청구할 수 있으며, 지상권설정자가 계약의 갱신을 원하지 아니하는 때에는 지상권자는 상당한 가액으로 공작물이나 수목의 매수를 청구할 수 있다(제283조 참고). 지상권의 존속기간 만료로 인한 지상권자의 갱신청구를 거절할 경우, 지상권자가 지상물매수청구권을 행사함으로써 소유권이 지상권설정자에게 귀속될 수 있게 된다.

┃ 오답해설 ┃

① 근저당권 등 담보권 설정의 당사자들이 그 목적이 된 토지 위에 차후 용익권이 설정되거나 건물 또는 공작물이 축조·설치되는 등으로써 그 목적물의 담보가치가 저감하는 것을 막는 것을 주요한 목적으로 하여 채권자 앞으로 아울러 지상권을 설정하였다면, 그 피담보채권이 변제 등으로 만족을 얻어 소멸한 경우는 물론이고 시효소멸한 경우에도 그 지상권은 피담보채권에 부종하여 소멸한다[2011다6342].

② 최단 존속기간에 관한 규정은 지상권자가 그 소유의 건물 등을 건축하거나 수목을 식재하여 토지를 이용할 목적으로 지상권을 설정한 경우에만 그 적용이 있다[95다49318]. 따라서 기존 건물의 사용을 목적으로 지상권을 설정한 때에는 최단 존속기간에 관한 제280조 제1항 제1호가 적용되지 않는다.

④ 지상권의 양도성은 민법 제282조, 제289조에 의하여 절대적으로 보장되고 있으므로 소유자의 의사에 반하여도 자유롭게 타인에게 양도할 수 있다.

⑤ 민법 제287조가 토지소유자에게 지상권소멸청구권을 부여하고 있는 이유는 지상권은 성질상 그 존속기간 동안은 당연히 존속하는 것을 원칙으로 하는 것이나, 지상권자가 2년 이상의 지료를 연체하는 때에는 토지소유자로 하여금 지상권의 소멸을 청구할 수 있도록 함으로써 토지소유자의 이익을 보호하려는 취지에서 나온 것이라고 할 것이므로, 지상권자가 그 권리의 목적이 된 토지의 특정한 소유자에 대하여 2년분 이상의 지료를 지불하지 아니한 경우에 그 특정의 소유자는 선택에 따라 지상권의 소멸을 청구할 수 있으나, 지상권자의 지료 지급 연체가 토지소유권의 양도 전후에 걸쳐 이루어진 경우 토지양수인에 대한 연체기간이 2년이 되지 않는다면 양수인은 지상권소멸청구를 할 수 없다[99다17142].

02 법정지상권이 성립하는 경우를 모두 고른 것은? (특별한 사정은 없고, 다툼이 있으면 판례에 따름)
[2024]

> ㄱ. X토지에 저당권을 설정한 甲이 저당권자 乙의 동의를 얻어 Y건물을 신축하였으나 저당권 실행 경매에서 丙이 X토지의 소유권을 취득한 경우
> ㄴ. 甲 소유의 X토지와 그 지상건물에 공동저당권이 설정된 후 지상건물을 철거하고 Y건물을 신축하였고 저당권의 실행으로 X토지의 소유자가 달라진 경우
> ㄷ. X토지를 소유하는 甲이 乙과 함께 그 지상에 Y건물을 신축·공유하던 중 X토지에 저당권을 설정하였고 저당권 실행 경매에서 丙이 X토지의 소유권을 취득한 경우

① ㄱ
② ㄷ
③ ㄱ, ㄴ
④ ㄴ, ㄷ
⑤ ㄱ, ㄴ, ㄷ

답 ②

┃ 정답해설 ┃

ㄷ. (○) 건물공유자의 1인이 그 건물의 부지인 토지를 단독으로 소유하면서 그 토지에 관하여만 저당권을 설정하였다가 위 저당권에 의한 경매로 인하여 토지의 소유자가 달라진 경우, 건물공유자들은 민법 제366조에 의하여 토지 전부에 관하여 건물의 존속을 위한 법정지상권을 취득한다고 보아야 한다[2010다67159].

┃ 오답해설 ┃

ㄱ. (×) 토지에 관하여 저당권이 설정될 당시 그 지상에 토지소유자에 의한 건물의 건축이 개시되기 이전이었다면, 건물이 없는 토지에 관하여 저당권이 설정될 당시 근저당권자가 토지소유자에 의한 건물의 건축에 동의하였다고 하더라도 그러한 사정은 주관적 사항이고 공시할 수도 없는 것이어서 토지를 낙찰받는 제3자로서는 알 수 없는 것이므로 그와 같은 사정을 들어 법정지상권의 성립을 인정한다면 토지 소유권을 취득하려는 제3자의 법적 안정성을 해하는 등 법률관계가 매우 불명확하게 되므로 법정지상권이 성립되지 않는다[2000다14934, 14941].

ㄴ. (×) 동일인의 소유에 속하는 토지 및 그 지상 건물에 관하여 공동저당권이 설정된 후 그 지상 건물이 철거되고 새로 건물이 신축된 경우에는 그 신축건물의 소유자가 토지의 소유자와 동일하고 토지의 저당권자에게 신축건물에 관하여 토지의 저당권과 동일한 순위의 공동저당권을 설정해 주는 등 특별한 사정이 없는 한 저당물의 경매로 인하여 토지와 그 신축건물이 다른 소유자에 속하게 되더라도 그 신축건물을 위한 법정지상권은 성립하지 않는다[98다43601 전합].

03 법정지상권의 성립에 관한 설명으로 옳지 <u>않은</u> 것은? (다툼이 있으면 판례에 따름)   **[2023]**

① 토지에 저당권이 설정된 후에 저당권자의 동의를 얻어 건물이 신축된 경우라도 법정지상권은 성립한다.

② 토지의 정착물로 볼 수 없는 가설 건축물의 소유를 위한 법정지상권은 성립하지 않는다.

③ 무허가건물이나 미등기건물을 위해서도 관습법상의 법정지상권이 인정될 수 있다.

④ 토지공유자 중 1인이 다른 공유자의 동의를 얻어 그 지상에 건물을 소유하면서 자신의 토지지분에 저당권을 설정한 후 그 실행경매로 인하여 그 공유지분권자와 건물소유자가 달라진 경우에는 법정지상권이 성립하지 않는다.

⑤ 동일인 소유의 토지와 건물 중 건물에 전세권이 설정된 후 토지소유자가 바뀐 경우, 건물소유자가 그 토지에 대하여 지상권을 취득한 것으로 본다.

답 ①

┃ 정답해설 ┃

① 토지에 관하여 저당권이 설정될 당시 그 지상에 토지소유자에 의한 건물의 건축이 개시되기 이전이었다면, 건물이 없는 토지에 관하여 저당권이 설정될 당시 근저당권자가 토지소유자에 의한 건물의 건축에 동의하였다고 하더라도 그러한 사정은 주관적 사항이고 공시할 수도 없는 것이어서 토지를 낙찰받는 제3자로서는 알 수 없는 것이므로 그와 같은 사정을 들어 법정지상권의 성립을 인정한다면 토지소유권을 취득하려는 제3자의 법적 안정성을 해하는 등 법률관계가 매우 불명확하게 되므로 법정지상권이 성립되지 않는다[2003다26051].

┃ 오답해설 ┃

② 가설건축물은 특별한 사정이 없는 한 독립된 부동산으로서 건물의 요건을 갖추지 못하여 법정지상권이 성립하지 않는다[2020다224821].

③ 87다카2404

④ 2011다73038

⑤ 2006다14684

04 甲은 乙에 대한 채권을 담보하기 위하여 乙 소유의 X토지에 관하여 저당권을 취득하였다. 그 후 X의 담보가치 하락을 막기 위하여 乙의 X에 대한 사용·수익권을 배제하지 않는 지상권을 함께 취득하였다. 이에 관한 설명으로 옳지 <u>않은</u> 것은? (다툼이 있으면 판례에 따름) 　　　　　　　　[2021]

① 甲의 지상권의 피담보채무는 존재하지 않는다.

② 甲의 채권이 시효로 소멸하면 지상권도 소멸한다.

③ 甲의 채권이 변제 등으로 만족을 얻어 소멸하면 지상권도 소멸한다.

④ 제3자가 甲에게 대항할 수 있는 권원 없이 X 위에 건물을 신축하는 경우, 甲은 그 축조의 중지를 요구할 수 있다.

⑤ 제3자가 X를 점유·사용하는 경우, 甲은 지상권의 침해를 이유로 손해배상을 청구할 수 있다.

답 ⑤

┃정답해설┃

⑤ 금융기관이 대출금 채무의 담보를 위하여 채무자 또는 물상보증인 소유의 토지에 저당권을 취득함과 아울러 그 토지에 지료를 지급하지 아니하는 지상권을 취득하면서 채무자 등으로 하여금 그 토지를 계속하여 점유, 사용토록 하는 경우, 특별한 사정이 없는 한 당해 지상권은 저당권이 실행될 때까지 제3자가 용익권을 취득하거나 목적 토지의 담보가치를 하락시키는 침해행위를 하는 것을 배제함으로써 저당 부동산의 담보가치를 확보하는 데에 그 목적이 있다고 할 것이고, 그 경우 지상권의 목적 토지를 점유, 사용함으로써 임료상당의 이익이나 기타 소득을 얻을 수 있었다고 보기 어려우므로, 그 목적 토지의 소유자 또는 제3자가 저당권 및 지상권의 목적 토지를 점유, 사용한다는 사정만으로는 금융기관에게 어떠한 손해가 발생하였다고 볼 수 없다[2006다586].

┃오답해설┃

① 지상권은 용익물권으로서 담보물권이 아니므로 피담보채무라는 것이 존재할 수 없다. 근저당권 등 담보권 설정의 당사자들이 담보로 제공된 토지에 추후 용익권이 설정되거나 건물 또는 공작물이 축조·설치되는 등으로 토지의 담보가치가 줄어드는 것을 막기 위하여 담보권과 아울러 설정하는 지상권을 이른바 담보지상권이라고 하는데, 이는 당사자의 약정에 따라 담보권의 존속과 지상권의 존속이 서로 연계되어 있을 뿐이고, 이러한 경우에도 지상권의 피담보채무가 존재하는 것은 아니다[2015다65042].

②, ③ 근저당권 등 담보권 설정의 당사자들이 그 목적이 된 토지 위에 차후 용익권이 설정되거나 건물 또는 공작물이 축조·설치되는 등으로써 그 목적물의 담보가치가 저감하는 것을 막는 것을 주요한 목적으로 하여 채권자 앞으로 아울러 지상권을 설정하였다면, 그 피담보채권이 변제 등으로 만족을 얻어 소멸한 경우는 물론이고 시효소멸한 경우에도 그 지상권은 피담보채권에 부종하여 소멸한다[2011다6342].

④ 토지에 관하여 저당권을 취득함과 아울러 그 저당권의 담보가치를 확보하기 위하여 지상권을 취득하는 경우, 특별한 사정이 없는 한 당해 지상권은 저당권이 실행될 때까지 제3자가 용익권을 취득하거나 목적 토지의 담보가치를 하락시키는 침해행위를 하는 것을 배제함으로써 저당 부동산의 담보가치를 확보하는 데에 그 목적이 있다고 할 것이므로, 그와 같은 경우 제3자가 비록 토지소유자로부터 신축중인 지상 건물에 관한 건축주 명의를 변경받았다 하더라도, 그 지상권자에게 대항할 수 있는 권원이 없는 한 지상권자로서는 제3자에 대하여 목적 토지 위에 건물을 축조하는 것을 중지하도록 요구할 수 있다[2003마1753].

05 지상권에 관한 설명으로 옳지 <u>않은</u> 것은? (다툼이 있으면 판례에 따름) [2019]

① 지상권자는 그 권리의 존속기간 내에서 그 토지를 타인에게 임대할 수 있다.

② 구분지상권의 존속기간을 영구적인 것으로 약정하는 것은 허용된다.

③ 지상권자가 2년 이상의 지료를 지급하지 아니하는 때에는 지상권설정자는 지상권의 소멸을 청구할 수 있다.

④ 지료연체를 이유로 한 지상권소멸청구에 의해 지상권이 소멸하더라도 지상물매수청구권은 인정된다.

⑤ 지상권 설정계약에서 지료의 지급에 대한 약정이 없더라도 지상권의 성립에는 영향이 없다.

답 ④

▌정답해설▐

④ 제283조 제2항 소정의 지상물매수청구권은 지상권이 존속기간의 만료로 인하여 소멸하는 때에 지상권자에게 갱신청구권이 있어 그 갱신청구를 하였으나 지상권설정자가 계약갱신을 원하지 아니할 경우 행사할 수 있는 권리이므로, 지상권자의 지료연체를 이유로 토지소유자가 그 지상권소멸 청구를 하여 이에 터잡아 지상권이 소멸된 경우에는 매수청구권이 인정되지 않는다[93다10781].

06 지상권에 관한 설명으로 옳은 것은? (다툼이 있으면 판례에 따름)

① 지상권은 1필 토지의 전부가 아닌 일부에 대해서는 성립할 수 없다.

② 지상권자는 존속기간이 만료한 때에 지상물이 현존하는 경우, 지상권설정자에 대해 선택적으로 지상권의 갱신청구 또는 지상물의 매수청구를 할 수 있다.

③ 지상권은 지상물의 소유를 목적으로 토지를 사용하는 권리이므로, 지상권자는 지상권을 유보한 채 지상물소유권만을 양도할 수 없다.

④ 지상권의 지료지급 연체가 토지소유권의 양도 전후에 걸쳐 이루어진 경우, 토지양수인에 대한 연체기간이 2년 이상이면 토지양수인은 지상권의 소멸을 청구할 수 있다.

⑤ 금융기관이 토지에 저당권과 함께 지료 없는 지상권을 설정받으면서 채무자의 사용수익권을 배제하지 않은 경우, 금융기관은 그 토지의 무단점유자에 대해 지상권 침해를 근거로 임료 상당의 손해배상을 청구할 수 있다.

답 ④

┃정답해설┃

④ 제287조가 토지소유자에게 지상권소멸청구권을 부여하고 있는 이유는 지상권자가 2년 이상의 지료를 연체하는 때에는 토지소유자로 하여금 지상권의 소멸을 청구할 수 있도록 함으로써 토지소유자의 이익을 보호하려는 취지에서 나온 것이라고 할 것이므로, 지상권자가 그 권리의 목적이 된 토지의 특정한 소유자에 대하여 2년분 이상의 지료를 지불하지 아니한 경우에 그 특정의 소유자는 선택에 따라 지상권의 소멸을 청구할 수 있으나, 지상권자의 지료지급 연체가 토지소유권의 양도 전후에 걸쳐 이루어진 경우 토지 양수인에 대한 연체기간이 2년이 되지 않는다면 양수인은 지상권소멸청구를 할 수 없다[99다17142].

┃오답해설┃

① 지상권은 '타인소유의 토지 위'에 '건물 기타 공작물이나 수목을 소유하기 위하여' 그 토지를 사용하는 권리로, 1필 토지의 일부라도 무방하다. 다만, 등기하여야 한다[부동산등기법 제69조 제6호].

② 지상권설정자가 계약의 갱신을 원하지 아니하는 때에는 지상권자는 상당한 가액으로 공작물이나 수목의 매수를 청구할 수 있다[제283조 제2항]. 따라서 갱신청구권과 지상물매수청구권은 선택적으로 행사할 수 있는 관계에 있지 아니하다.

③ 지상권자는 지상권을 유보한 채 지상물소유권만을 양도할 수도 있고 지상물소유권을 유보한 채 지상권만을 양도할 수도 있는 것이어서 지상권자와 그 지상물의 소유자가 반드시 일치하여야 하는 것은 아니며, 또한 지상권 설정 시에 그 지상권이 미치는 토지의 범위와 그 설정 당시 매매되는 지상물의 범위를 다르게 하는 것도 가능하다[2006다6126·6133].

⑤ 금융기관이 대출금채권의 담보를 위하여 토지에 저당권과 함께 지료 없는 지상권을 설정하면서 채무자 등의 사용·수익권을 배제하지 않은 경우, 위 지상권은 근저당목적물의 담보가치를 확보하는 데 목적이 있으므로, 그 위에 도로개설·벽축조 등의 행위를 한 무단점유자에 대하여 지상권 자체의 침해를 이유로 한 임료 상당 손해배상을 구할 수 없다[2006다586].

07 지상권에 관한 설명으로 옳지 <u>않은</u> 것은? (다툼이 있으면 판례에 따름)

① 토지에 관하여 저당권을 취득함과 아울러 그 저당권이 실행될 때까지 목적토지의 담보가치를 하락시키는 침해행위를 배제할 목적으로 지상권을 설정할 수 있다.

② 관습상의 법정지상권을 취득한 자가 대지소유자와 사이에 대지에 관하여 임대차계약을 체결한 경우, 특별한 사정이 없는 한 관습상의 법정지상권을 포기한 것으로 된다.

③ 지상권이 존속기간의 만료로 소멸한 경우, 건물 기타 공작물이나 수목이 현존하는 때에는 지상권자는 계약의 갱신을 청구할 수 있다.

④ 토지소유자가 지상권자의 지료연체를 이유로 지상권소멸청구를 하여 지상권이 소멸된 경우에도, 지상권자는 토지소유자를 상대로 현존하는 건물 기타 공작물이나 수목의 매수를 청구할 수 있다.

⑤ 법정지상권에 관한 지료가 결정된 바 없다면, 법정지상권자가 2년 이상의 지료를 지급하지 아니하였더라도 토지소유자는 지료지급 연체를 이유로 지상권의 소멸을 청구할 수 없다.

답 ④

▌정답해설▐

④ 제283조 제2항의 지상물매수청구권은, 지상권자의 갱신청구권에 대하여 지상권설정자가 계약의 갱신을 원하지 아니하는 때에 지상권자에게 인정되는 권리이므로, 지상권자의 지료연체를 이유로 토지소유자가 그 지상권소멸청구를 하여 이에 터 잡아 지상권이 소멸된 경우에는 매수청구권이 인정되지 않는다[93다10781].

▌오답해설▐

① [1] 근저당권 등 담보권 설정의 당사자들이 그 목적이 된 토지 위에 차후 용익권이 설정되거나 건물 또는 공작물이 축조·설치되는 등으로써 그 목적물의 담보가치가 저감하는 것을 막는 것을 주요한 목적으로 하여 담보권과 아울러 지상권을 설정한 경우에 담보권이 소멸하면 등기된 지상권의 목적이나 존속기간과 관계없이 지상권도 그 목적을 잃어 함께 소멸한다고 할 것이다. [2] 한편 토지에 관하여 담보권이 설정될 당시 담보권자를 위하여 동시에 지상권이 설정되었다고 하더라도, 담보권 설정 당시 이미 토지소유자가 그 토지상에 건물을 소유하고 있고 그 건물을 철거하기로 하는 등 특별한 사유가 없으며 담보권의 실행으로 그 지상권도 소멸하였다면 건물을 위한 법정지상권이 발생하지 않는다고 할 수 없다[2012다97871·97888].

② 토지의 점유·사용에 관하여 당사자 사이에 약정이 있는 것으로 볼 수 있는 경우에는 관습상의 법정지상권을 인정할 까닭이 없다[2005다41771·41778]. 대지와 건물의 소유자가 건물만을 양도하고 동 양수인과 대지에 대하여 임대차계약을 체결하였다면 특별한 사정이 없는 한 동 양수인은 본건대지에 관한 관습상의 법정지상권을 포기하였다고 볼 것이다[67다2007].

③ 제283조 제1항의 갱신청구권은, 지상권이 존속기간의 만료로 소멸한 경우에 한하여 건물 기타 공작물이나 수목이 현존하는 때에 지상권자에게 인정되는 권리이다(통설).

⑤ 법정지상권의 경우 당사자 사이에 지료에 관한 협의가 있었다거나 법원에 의하여 지료가 결정되었다는 아무런 입증이 없다면, 법정지상권자가 지료를 지급하지 않았다고 하더라도 지료지급을 지체한 것으로는 볼 수 없으므로, 법정지상권자가 2년 이상의 지료를 지급하지 아니하였음을 이유로 하는 토지소유자의 지상권소멸청구는 이유가 없고, 지료액 또는 그 지급시기 등 지료에 관한 약정은 이를 등기하여야만 제3자에게 대항할 수 있는 것이고, 법원에 의한 지료의 결정은 당사자의 지료결정청구에 의하여 형식적 형성소송인 지료결정판결로 이루어져야 제3자에게도 그 효력이 미친다[99다17142].

01 지상권에 관한 설명으로 옳은 것은? (다툼이 있으면 판례에 따름) [2023]

① 건물의 소유를 목적으로 하는 지상권의 양도는 토지소유자의 동의를 요한다.

② 지료합의가 없는 지상권 설정계약은 무효이다.

③ 수목의 소유를 목적으로 하는 지상권의 최단존속기간은 10년이다.

④ 지상권이 설정된 토지의 소유자는 그 지상권자의 승낙 없이 그 토지 위에 구분지상권을 설정할 수 있다.

⑤ 「장사 등에 관한 법률」 시행 이전에 설치된 분묘에 관한 분묘기지권의 시효취득은 법적 규범으로 유지되고 있다.

답 ⑤

┃ 정답해설 ┃

⑤ 타인 소유의 토지에 분묘를 설치한 경우에 20년간 평온, 공연하게 분묘의 기지를 점유하면 지상권과 유사한 관습상의 물권인 분묘기지권을 시효로 취득한다는 점은 오랜 세월 동안 지속되어 온 관습 또는 관행으로서 법적 규범으로 승인되어왔고, 이러한 법적 규범이 장사법(법률 제6158호) 시행일인 2001.1.13. 이전에 설치된 분묘에 관하여 현재까지 유지되고 있다고 보아야 한다[2013다17292].

┃ 오답해설 ┃

① 법정지상권을 가진 건물소유자로부터 건물을 양수하면서 법정지상권까지 양도받기로 한 자는 채권자대위의 법리에 따라 전건물소유자 및 대지소유자에 대하여 차례로 지상권의 설정등기 및 이전등기절차이행을 구할 수 있다 할 것이므로 이러한 법정지상권을 취득할 지위에 있는 자에 대하여 대지소유자가 소유권에 기하여 건물철거를 구함은 지상권의 부담을 용인하고 그 설정등기절차를 이행할 의무있는 자가 그 권리자를 상대로 한 청구라 할 것이어서 신의성실의 원칙상 허용될 수 없다[84다카1131 전합].

② 지료의 지급은 지상권의 성립요소가 아니다(제279조).

③ 수목의 소유를 목적으로 하는 때에는 30년이다(제280조 제1항 제1호).

④ 지상권이 설정된 토지의 소유자는 지상권자의 동의 없이 구분지상권을 설정할 수 없다(제289조의2 제2항).

02 관습상의 법정지상권에 관한 설명으로 옳지 <u>않은</u> 것은? (다툼이 있으면 판례에 따름)　　　[2022]

① 토지 또는 그 지상 건물의 소유권이 강제경매절차로 인하여 매수인에게 이전된 경우, 매수인의 매각대금 완납시를 기준으로 토지와 그 지상 건물이 동일인 소유에 속하였는지 여부를 판단하여야 한다.

② 관습상의 법정지상권이 성립하였으나 건물 소유자가 토지 소유자와 건물의 소유를 목적으로 하는 토지 임대차계약을 체결한 경우, 그 관습상의 법정지상권은 포기된 것으로 보아야 한다.

③ 관습상의 법정지상권은 이를 취득할 당시의 토지소유자로부터 토지소유권을 취득한 제3자에게 등기없이 주장될 수 있다.

④ 관습상의 법정지상권이 성립한 후에 건물이 증축된 경우, 그 법정지상권의 범위는 구 건물을 기준으로 그 유지·사용을 위하여 일반적으로 필요한 범위 내의 대지 부분에 한정된다.

⑤ 관습상의 법정지상권 발생을 배제하는 특약의 존재에 관한 주장·증명책임은 그 특약의 존재를 주장하는 측에 있다.

답 ①

▌**정답해설**▌

① 강제경매의 목적이 된 토지 또는 그 지상 건물의 소유권이 강제경매로 인하여 그 절차상의 매수인에게 이전된 경우에 건물의 소유를 위한 관습상 법정지상권이 성립하는가 하는 문제에 있어서는 그 매수인이 소유권을 취득하는 매각대금의 완납시가 아니라 그 압류의 효력이 발생하는 때를 기준으로 하여 토지와 그 지상 건물이 동일인에 속하였는지가 판단되어야 한다. 경매의 목적이 된 부동산에 대하여 가압류가 있고 그것이 본압류로 이행되어 경매절차가 진행된 경우에는, 애초 가압류가 효력을 발생하는 때를 기준으로 토지와 그 지상 건물이 동일인에 속하였는지를 판단하여야 한다[2010다52140 전합].

▌**오답해설**▌

② 동일인 소유의 토지와 그 토지상에 건립되어 있는 건물 중 어느 하나만이 타에 처분되어 토지와 건물의 소유자를 각 달리하게 된 경우에는 관습상의 법정지상권이 성립한다고 할 것이나, 건물 소유자가 토지 소유자와 사이에 건물의 소유를 목적으로 하는 토지 임대차계약을 체결한 경우에는 관습상의 법정지상권을 포기한 것으로 봄이 상당하다[92다3984].

③ 관습상의 지상권은 법률행위로 인한 물권의 취득이 아니고 관습법에 의한 부동산물권의 취득이므로 등기를 필요로 하지 아니하고 지상권취득의 효력이 발생하고 이 관습상의 법정지상권은 물권으로서의 효력에 의하여 이를 취득할 당시의 토지소유자나 이로부터 소유권을 전득한 제3자에게 대하여도 등기 없이 위 지상권을 주장할 수 있다[87다카279].

④ 제366조 소정의 법정지상권이 성립하려면 저당권의 설정 당시 저당권의 목적이 되는 토지 위에 건물이 존재하여야 하고, 저당권 설정 당시 건물이 존재한 이상 그 이후 건물을 개축, 증축하는 경우는 물론이고 건물이 멸실되거나 철거된 후 재축, 신축하는 경우에도 법정지상권이 성립하며, 이 경우의 법정지상권의 내용인 존속기간, 범위 등은 구 건물을 기준으로 하여 그 이용에 일반적으로 필요한 범위 내로 제한된다[90다19985].

⑤ 관습상의 법정지상권은 건물철거 등의 특약이 없는 한 성립함이 원칙이므로 철거특약의 합의를 주장하는 자가 그러한 합의의 존재를 증명하여야 한다[88다카279].

03 분묘기지권에 관한 설명으로 옳지 <u>않은</u> 것은? (다툼이 있으면 판례에 따름) [2021]

① 분묘기지권을 시효취득하는 경우에는 특약이 없는 한 지료를 지급할 필요가 없다.

② 「장사 등에 관한 법률」이 시행된 후 설치된 분묘에 대해서는 더 이상 시효취득이 인정되지 않는다.

③ 분묘기지권의 시효취득을 인정하는 종전의 관습법은 법적 규범으로서의 효력을 상실하였다.

④ 분묘기지권이 인정되는 분묘를 다른 곳에 이장하면 그 분묘기지권은 소멸한다.

⑤ 분묘가 일시적으로 멸실되어도 유골이 존재하여 분묘의 원상회복이 가능하다면 분묘기지권은 존속한다.

답 ③

▌정답해설▌

③ 타인 소유의 토지에 분묘를 설치한 경우에 20년간 평온, 공연하게 그 분묘의 기지를 점유하면 지상권과 유사한 관습상의 물권인 분묘기지권을 시효로 취득한다는 점은 오랜 세월 동안 지속되어 온 관습 또는 관행으로서 법적 규범으로 승인되어 왔고, 이러한 법적 규범이 장사법(법률 제6158호) 시행일인 2001.1.13. 이전에 설치된 분묘에 관하여 현재까지 유지되고 있다고 보아야 한다[2013다17292 전합].

▌오답해설▌

① 장사법 시행일 이전에 타인의 토지에 분묘를 설치한 다음 20년간 평온·공연하게 그 분묘의 기지를 점유함으로써 분묘기지권을 시효로 취득하였더라도, 분묘기지권자는 토지 소유자가 분묘기지에 관한 지료를 청구하면 그 청구한 날부터의 지료를 지급할 의무가 있다고 보아야 한다[2017다228007 전합].

② 장사 등에 관한 법률 제27조

> **제27조(타인의 토지 등에 설치된 분묘 등의 처리 등)**
> ① 토지 소유자(점유자나 그 밖의 관리인을 포함한다), 묘지 설치자 또는 연고자는 다음 각 호의 어느 하나에 해당하는 분묘에 대하여 보건복지부령으로 정하는 바에 따라 그 분묘를 관할하는 시장등의 허가를 받아 분묘에 매장된 시신 또는 유골을 개장할 수 있다.
> 1. 토지 소유자의 승낙 없이 해당 토지에 설치한 분묘
> 2. 묘지 설치자 또는 연고자의 승낙 없이 해당 묘지에 설치한 분묘
> ③ 제1항 각 호의 어느 하나에 해당하는 분묘의 연고자는 해당 토지 소유자, 묘지 설치자 또는 연고자에게 토지 사용권이나 그 밖에 분묘의 보존을 위한 권리를 주장할 수 없다.

즉, 2001.1.13. 이후 설치된 분묘에 대해서는 더 이상 취득시효가 인정되지 아니한다.

④ 타인의 토지에 합법적으로 분묘를 설치한 자는 관습상 그 토지 위에 지상권에 유사한 일종의 물권인 분묘기지권을 취득하나, 분묘기지권에는 그 효력이 미치는 범위 안에서 새로운 분묘를 설치하거나 원래의 분묘를 다른 곳으로 이장할 권능은 포함되지 않는다[2007다16885].

⑤ 분묘가 멸실된 경우라고 하더라도 유골이 존재하여 분묘의 원상회복이 가능하여 일시적인 멸실에 불과하다면 분묘기지권은 소멸하지 않고 존속하고 있다고 해석함이 상당하다[2005다44114].

04 관습법상 법정지상권에 관한 설명으로 옳지 <u>않은</u> 것은? (다툼이 있으면 판례에 따름)　　　[2019]

① 미등기건물에 대해서는 건물로서의 요건을 갖추었다 하더라도 관습법상 법정지상권이 인정되지 않는다.

② 대지와 건물의 소유자가 건물만을 매도하였으나 매수인이 그 건물의 소유를 위하여 매도인과 대지에 관한 임대차계약을 체결하였다면, 특별한 사정이 없는 한 위 매수인은 대지에 관한 관습법상 법정지상권을 포기한 것으로 볼 수 있다.

③ 건물의 소유를 위한 관습법상 법정지상권을 취득한 자는 이를 취득할 당시의 토지소유자나 이로부터 토지소유권을 전득한 제3자에게 대하여도 등기 없이 그 지상권을 주장할 수 있다.

④ 관습법상 법정지상권에 기한 대지점유는 정당한 것이므로 불법점유를 전제로 한 손해배상청구는 성립할 여지가 없다.

⑤ 가압류 후 본압류 및 강제경매가 이루어지는 경우, 관습법상 법정지상권의 성립요건인 토지와 건물에 대한 소유자의 동일성 판단은 가압류의 효력 발생 시를 기준으로 한다.

답 ①

▌정답해설▌

① 동일인의 소유에 속하였던 토지와 건물이 매매, 증여, 강제경매, 국세징수법에 의한 공매 등으로 그 소유권자를 달리하게 된 경우에 그 건물을 철거한다는 특약이 없는 한 건물소유자는 그 건물의 소유를 위하여 그 부지에 관하여 관습상의 법정지상권을 취득하는 것이고 그 건물은 건물로서의 요건을 갖추고 있는 이상 무허가건물이거나 미등기건물이거나를 가리지 않는다[87다카2404].

05 乙은 등기서류를 위조하여 甲 소유의 X토지를 자신의 명의로 이전등기한 후 그 토지 위에 Y건물을 신축하였으나 소유권보존등기는 하지 않았다. 乙로부터 X토지와 Y건물을 매수한 丙은 X토지에 대한 소유권 이전등기는 하였으나 Y건물은 미등기인 채로 현재까지 점유하고 있다. 다음 설명 중 옳은 것은? (다툼이 있는 경우에는 판례에 의함)

① 丙은 Y건물의 소유를 위한 관습상 법정지상권을 취득한다.
② 甲은 丙을 상대로 Y건물의 철거를 청구할 수 없다.
③ 丙이 선의·무과실인 경우에도 X토지에 대한 소유권을 선의취득할 수 없다.
④ 甲은 丙에 대하여 X토지에 대해 진정명의 회복을 위한 소유권이전등기를 청구할 수 없다.
⑤ X토지의 소유권은 특별한 사정이 없는 한 丙에게 있다.

답 ③

┃ 정답해설 ┃
③ 부동산은 선의취득의 객체에 해당하지 아니한다. 즉, 선의취득의 객체는 동산소유권 및 질권 등에 한정된다(제249조).

┃ 오답해설 ┃
① 건물은 건물로서의 요건을 갖추고 있는 이상 무허가건물이거나 미등기건물이거나를 가리지 않고, 부지에 관하여 관습상의 법정지상권을 취득하나[87다카2404], 관습상의 법정지상권의 성립요건인 해당 토지와 건물의 소유권의 동일인에의 귀속과 그 후의 각기 다른 사람에의 귀속은 법의 보호를 받을 수 있는 권리변동으로 인한 것이어야 하므로, 원래 동일인에게의 소유권 귀속이 원인무효로 이루어졌다가 그 뒤 그 원인무효임이 밝혀져 그 등기가 말소됨으로써 그 건물과 토지의 소유자가 달라지게 된 경우에는 관습상의 법정지상권을 허용할 수 없다[98다64189]. 따라서 신축자 乙이 매수인 丙에게 토지와 건물을 처분한 당시를 기준으로 보면, X토지의 소유자는 甲이고 Y건물의 소유자는 乙로서 그 소유자가 동일인이 아니므로, 丙은 관습상 법정지상권을 취득할 수 없다.
② 건물철거는 그 소유권의 종국적 처분에 해당하는 사실행위이므로 원칙으로는 그 소유자(등기명의자)에게만 그 철거처분권이 있다고 할 것이나 그 건물을 매수하여 점유하고 있는 자는 등기부상 아직 소유자로서의 등기명의가 없다 하더라도 그 권리의 범위 내에서 그 점유 중인 건물에 대하여 법률상 또는 사실상 처분을 할 수 있는 지위에 있고 그 건물이 건립되어 있어 불법으로 점유를 당하고 있는 토지소유자는 위와 같은 지위에 있는 건물점유자에게 그 철거를 구할 수 있다[86다카1751]. 따라서 甲은 미등기매수인 丙을 상대로 Y건물의 철거를 구할 수 있다.
④ 진정한 등기명의의 회복을 위한 소유권이전등기청구는 이미 자기 앞으로 소유권을 표상하는 등기가 되어 있었거나 법률에 따라 소유권을 취득한 자가 진정한 등기명의를 회복하기 위한 방법으로서, 현재의 등기명의인을 상대로 하여야 하고 현재의 등기명의인이 아닌 자는 피고적격이 없다[2015다240645]. 따라서 甲은 丙에게 X토지에 대하여 진정명의 회복을 위한 소유권이전등기를 청구할 수 있다.
⑤ 丙이 등기부 취득시효를 완성했다는 등의 특별한 사정이 없으므로, X토지는 여전히 甲의 소유이다.

06 A토지와 그 지상의 B건물을 등기하여 소유하는 甲은 A토지의 자투리 공간에 C건물을 완공하였으나 보존등기를 하지 않은 채 A, B, C 모두를 乙에게 일괄매도하고 인도하였다. 乙은 A토지와 B건물에 관하여 소유권이전등기를 하였으나 C건물에 대해서는 소유권이전등기를 하지 않고 있었다. 그 후 乙이 은행으로부터 돈을 빌리면서 A토지에 근저당권을 설정하였는데, 이것이 경매되어 丙이 매수대금을 완납하고 A토지의 소유권을 취득하였다. 이어 乙은 B건물과 C건물 역시 丁에게 매도하고 인도하였는데, B건물에 대해서는 丁의 명의로 소유권이전등기가 되었고, C건물은 여전히 미등기상태로 남아 있다. 이에 관한 설명으로 옳은 것은? (다툼이 있으면 판례에 따름)

① 甲은 乙에게 A토지의 소유권을 넘겨주는 때에 C건물을 위한 관습법상 법정지상권을 취득한다.

② C가 무허가건물인 경우에는 무허가건물이라는 이유만으로도 C의 소유자는 그 건물의 소유를 위한 관습법상 법정지상권을 취득할 수 없다.

③ 丙이 A토지의 소유권을 취득한 때 乙은 B건물을 위한 법정지상권을 취득한다.

④ 만일 乙이 근저당권 설정 당시 존재하던 B건물을 철거하고 D건물을 신축한 후에 A토지에 대한 저당권이 실행되었다면, B건물과 D건물의 동일성이 인정되지 않는 한 乙은 D건물을 위한 법정지상권을 취득할 수 없다.

⑤ 丁은 지상권등기를 하지 않아도 B건물을 위한 법정지상권을 취득한다.

답 ③

❚ 정답해설 ❚

③ A토지에 근저당권이 설정될 당시 A토지와 B건물의 소유자는 乙이었고, 근저당권의 실행으로 A토지의 소유자와 B건물의 소유자가 달라졌으므로, 乙은 B건물을 위한 법정지상권을 취득한다(제366조).

❚ 오답해설 ❚

① 원소유자로부터 대지와 지상건물을 모두 매수하고 대지에 관하여만 소유권이전등기를 경료함으로써 건물의 소유 명의가 매도인에게 남아 있게 된 경우라면 형식적으로는 대지와 건물의 소유명의자를 달리하게 된 것이라 하더라도 이는 대지와 건물 중 어느 하나만이 매도된 것이 아니어서 관습에 의한 법정지상권은 인정될 수 없고 이 경우 대지와 건물의 점유사용문제는 매매계약당사자 사이의 계약에 따라 해결할 것이다(83다카419·420). 따라서 甲은 C건물을 위한 관습법상 법정지상권을 취득할 수 없다.

② 건물은 건물로서의 요건을 갖추고 있는 이상 무허가건물이거나 미등기건물이거나를 가리지 않고, 부지에 관하여 관습상의 법정지상권을 취득한다(87다카2404). 따라서 C건물이 무허가건물이라는 이유만으로 관습법상 법정지상권의 성립이 부정되지 아니한다.

④ 제366조 소정의 법정지상권이 성립하려면 저당권의 설정 당시 저당권의 목적이 되는 토지 위에 건물이 존재하여야 하고, 저당권 설정 당시 건물이 존재한 이상 그 이후 건물을 개축, 증축하는 경우는 물론이고 건물이 멸실되거나 철거된 후 재축, 신축하는 경우에도 법정지상권이 성립하며, 이 경우의 법정지상권의 내용인 존속기간, 범위 등은 구 건물을 기준으로 하여 그 이용에 일반적으로 필요한 범위 내로 제한된다(90다19985). 따라서 乙은 D건물을 위한 법정지상권을 취득할 수 있다.

⑤ 乙의 B건물을 위한 법정지상권을 취득하기 위하여 丁은 소유권이전등기뿐만 아니라, 지상권이전등기까지 마쳐야 한다(84다카1131·1132 전합 - 다수의견). 이와 달리 건물에 대한 저당권이 실행되어 경락인이 그 건물의 소유권을 취득하였다면 경락 후 건물을 철거한다는 등의 매각조건하에서 경매되었다는 등 특별한 사정이 없는 한 그 건물소유를 위한 지상권도 제187조의 규정에 따라 등기 없이 당연히 경락인이 취득하게 된다(92다527).

01 지역권에 관한 설명으로 옳지 <u>않은</u> 것은? (다툼이 있으면 판례에 따름) 　　　　**[2023]**

① 지역권은 요역지의 사용가치를 높이기 위해 승역지를 이용하는 것을 내용으로 하는 물권이다.

② 요역지와 승역지는 서로 인접한 토지가 아니어도 된다.

③ 요역지 공유자 중 1인에 대한 지역권 소멸시효의 정지는 다른 공유자를 위하여도 효력이 있다.

④ 지역권자는 승역지의 점유침탈이 있는 경우, 지역권에 기하여 승역지 반환청구권을 행사할 수 있다.

⑤ 지역권은 계속되고 표현된 것에 한하여 시효취득할 수 있다.

답 ④

▌정답해설▌

④ 지역권자는 승역지를 점유하지 않고 사용을 할 뿐이므로 승역지의 점유가 침탈되더라도 반환청구권을 갖지는 않는다. 다만 방해제거청구권과 방해예방청구권은 인정된다(이러한 사실은 저당권자와 마찬가지이고 지상권자, 전세권자, 질권자와는 다른 점이다).

▌오답해설▌

① 지역권이란 일정한 목적을 위하여 타인의 토지를 자기의 토지의 편익에 이용하는 용익물권이다(제291조).

② 요역지와 승역지는 서로 인접할 필요가 없다.

③ 제294조

02 지역권에 관한 설명으로 옳지 <u>않은</u> 것은? (다툼이 있으면 판례에 따름) **[2022]**

① 통행지역권의 점유취득시효는 승역지 위에 도로를 설치하여 늘 사용하는 객관적 상태를 전제로 한다.

② 요역지의 공유자 중 1인이 지역권을 취득한 때에는 다른 공유자도 이를 취득한다.

③ 요역지의 공유자 중 1인에 의한 지역권소멸시효의 중단은 다른 공유자에게는 효력이 없다.

④ 점유로 인한 지역권 취득기간의 중단은 지역권을 행사하는 모든 공유자에 대한 사유가 아니면 그 효력이 없다.

⑤ 통행지역권을 시효취득한 요역지 소유자는 특별한 사정이 없는 한 승역지에 대한 도로 설치 및 사용에 의하여 승역지 소유자가 입은 손해를 보상해야 한다.

답 ③

▮ 정답해설 ▮

③ 요역지가 수인의 공유인 경우에 그 1인에 의한 지역권소멸 시효의 중단 또는 정지는 다른 공유자를 위하여 효력이 있다(제296조).

▮ 오답해설 ▮

① 통로의 개설이 없는 일정한 장소를 오랜 시일 통행한 사실이 있다거나 또는 토지의 소유자가 다만 이웃하여 사는 교분으로 통행을 묵인하여 온 사실이 있다고 하더라도 그러한 사실만으로는 지역권을 취득할 수 없고, 본조에 의하여 지역권을 취득함에 있어서는 요역지의 소유자(또는 지상권자·전세권자 등 토지사용권을 가진 자[76다1694])가 승역지상에 통로를 개설(또는 이에 버금가는 정도의 노력과 비용으로 통로를 유지·관리[95다3619])하여 승역지를 항시 사용하고 있는 객관적 상태가 제245조에 규정된 기간(20년) 계약한 사실이 있어야 한다[65다2305].

② 제295조 제1항

> **제295조(취득과 불가분성)**
> ① 공유자의 1인이 지역권을 취득한 때에는 다른 공유자도 이를 취득한다.

④ 제295조 제2항

> **제295조(취득과 불가분성)**
> ② 점유로 인한 지역권취득기간의 중단은 지역권을 행사하는 모든 공유자에 대한 사유가 아니면 그 효력이 없다.

⑤ 종전의 승역지 사용이 무상으로 이루어졌다는 등의 다른 특별한 사정이 없다면 통행지역권을 취득시효한 경우에도 주위토지통행권의 경우와 마찬가지로 요역지 소유자는 승역지에 대한 도로 설치 및 사용에 의하여 승역지 소유자가 입은 손해를 보상하여야 한다[2012다17479].

03 지역권에 관한 설명으로 옳은 것은? (다툼이 있으면 판례에 따름) **[2020]**

① 지역권은 점유를 요건으로 하는 물권이다.

② 지역권은 독립하여 양도·처분할 수 있는 물권이다.

③ 통행지역권은 지료의 약정을 성립요건으로 한다.

④ 통행지역권의 시효취득을 위하여 지역권이 계속되고 표현되면 충분하고 승역지 위에 통로를 개설할 필요는 없다.

⑤ 통행지역권을 시효취득한 요역지소유자는, 특별한 사정이 없으면 승역지의 사용으로 그 소유자가 입은 손해를 보상하여야 한다.

답 ⑤

▎정답해설▎

⑤ 종전의 승역지 사용이 무상으로 이루어졌다는 등의 다른 특별한 사정이 없다면 통행지역권을 취득시효한 경우에도 주위토지통행권의 경우와 마찬가지로 요역지 소유자는 승역지에 대한 도로 설치 및 사용에 의하여 승역지 소유자가 입은 손해를 보상하여야 한다고 해석함이 타당하다[2012다17479].

▎오답해설▎

① 지역권은 물권으로서 요역지의 편익을 위해 승역지를 지배할 수 있는 권리로서 지역권에는 승역지를 점유할 수 있는 권능이 없으므로 요역지의 편익에 방해되지 않는 범위에서 승역지 소유자도 승역지를 사용할 수 있고, 지역권에 의해 승역지 소유권의 용익권능이 전면 배제되는 것은 아니다.

② 지역권은 요역지와 분리하여 양도하거나 다른 권리의 목적으로 하지 못한다(제292조 제2항).

③ 통행지역권의 경우에 지역의 대가로서의 지료는 그 요건이 아니다. 그렇지만 통행지역권의 취득시효가 인정되면, 도로가 개설된 상태에서 승역지가 이용되고 또한 다른 사정이 없는 한 그 존속기간에 제한이 없어 승역지 소유자의 승역지에 대한 사용 및 소유권 행사에 상당한 지장을 주게 되므로 그에 따른 불이익에 대하여 승역지 소유자를 적절히 보호할 필요가 있다[2012다17479].

④ 제294조는 지역권은 계속되고 표현된 것에 한하여 같은 법 제245조의 규정을 준용한다고 규정하고 있으므로 점유로 인한 지역권 취득기간의 만료로 통행지역권을 시효취득하려면 요역지의 소유자가 타인의 소유인 승역지 위에 통로를 개설하여 그 통로를 사용하는 상태가 위 제245조에 규정된 기간 동안 계속되어야 한다[90다16283].

> **더 알아보기** **통행지역권의 시효취득**
>
> ① 요역지의 소유자가 승역지상에 통로를 개설하여 승역지를 사용하고 있는 객관적 상태(계속, 표현)가 20년간 계속한 사실이 있어야 한다.
> ② 자기 토지(요역지)에 통로를 개설한 경우에는 승역지가 타인 소유의 토지임을 전제로 하는 통행지역권이 성립될 여지가 없다.
> ③ 요역지소유자가 스스로 통로를 개설하지 않는 한 통행지역권을 시효취득하지 못한다.
> ④ 통로의 개설 없이 일정한 장소를 오랜 시일 통행한 사실만으로는 지역권을 취득할 수 없다.
> ⑤ 요역지 토지의 불법점유자는 그 토지를 사용할 정당한 권원이 없는 자이므로 주위토지통행권이나 유치권을 취득할 수 없고, 통행지역권을 시효취득할 수 없다.
> ⑥ 시효취득의 경우 승역지의 사용으로 그 소유자가 입은 손해를 보상하여야 한다.

04 지역권에 관한 설명으로 옳지 <u>않은</u> 것은? (다툼이 있으면 판례에 따름)

① 무상의 지역권 설정도 가능하다.

② 요역지의 불법점유자는 지역권을 시효취득할 수 없다.

③ 지역권자 甲이 그 소유 토지를 乙에게 매도하고 이전등기한 경우, 특별한 사정이 없는 한 乙은 지역권의 이전등기 없이는 지역권을 취득하지 못한다.

④ 지역권자는 승역지의 점유를 침탈한 제3자를 상대로 지역권에 기초하여 승역지의 반환을 청구할 수 없다.

⑤ 요역지를 여러 사람이 공유하는 경우 공유자 중 한 사람에 대한 지역권의 소멸시효 중단은 다른 공유자를 위하여 효력이 있다.

답 ③

▍정답해설▍

③ 지역권은 요역지소유권에 부종하여 이전하므로(제292조 제1항 본문), 요역지소유권의 이전등기가 경료된 경우에는 지역권의 이전등기 없이도 지역권 이전의 효력이 생긴다.

▍오답해설▍

① 지역권은 유상·무상 모두 설정 가능하다.

② 위요지통행권이나 통행지역권은 모두 인접한 토지의 상호 이용의 조절에 기한 권리로서 토지의 소유자 또는 지상권자 전세권자 등 토지사용권을 가진 자에게 인정되는 권리라 할 것이므로 위와 같은 권리자가 아닌 토지의 불법점유자는 토지소유권의 상린관계로서 위요지통행권의 주장이나 통행지역권의 시효취득주장을 할 수 없다[76다1694].

④ 지역권은 일정한 목적을 위하여 승역지를 자기토지(요역지)의 편익에 이용하는 권리로, 편익의 이용에 방해되는 경우에는 물권적 청구권으로서 방해제거청구권이나 방해예방청구권을 행사할 수 있으나, 승역지를 점유할 권리는 없어 반환청구권은 인정되지 아니한다는 점에 주의를 요한다.

⑤ 요역지가 수인의 공유인 경우에 그 1인에 의한 지역권소멸시효의 중단 또는 정지는 다른 공유자를 위하여 효력이 있다(제296조).

01 토지전세권에 관한 설명으로 옳은 것을 모두 고른 것은? (다툼이 있으면 판례에 따름) **[2024]**

> ㄱ. 전세권의 존속기간이 만료하면 전세권의 용익물권적 권능은 전세권설정등기의 말소 없이도 당연히 소멸한다.
> ㄴ. 전세금의 지급은 전세권의 성립요소가 되는 것이므로 기존의 채권으로 전세금 지급을 대신할 수 없다.
> ㄷ. 전세권 존속기간이 시작되기 전에 마친 전세권설정등기도 특별한 사정이 없는 한 유효한 것으로 추정된다.
> ㄹ. 당사자가 채권담보의 목적으로 전세권을 설정하였으나 설정과 동시에 목적물을 인도하지 않았다면, 장차 전세권자가 목적물을 사용·수익하기로 하였더라도 그 전세권은 무효이다.

① ㄱ, ㄴ   ② ㄱ, ㄷ
③ ㄱ, ㄹ   ④ ㄴ, ㄹ
⑤ ㄷ, ㄹ

답②

┃정답해설┃

ㄱ. (○) 전세권설정등기를 마친 민법상의 전세권은 그 성질상 용익물권적 성격과 담보물권적 성격을 겸비한 것으로서, 전세권의 존속기간이 만료되면 전세권의 용익물권적 권능은 전세권설정등기의 말소 없이도 당연히 소멸하고 단지 전세금반환채권을 담보하는 담보물권적 권능의 범위 내에서 전세금의 반환시까지 그 전세권설정등기의 효력이 존속하고 있다 할 것이다[2003다35659].

ㄷ. (○) 전세권자는 전세금을 지급하고 타인의 부동산을 점유하여 그 부동산의 용도에 좇아 사용·수익하며, 그 부동산 전부에 대하여 후순위권리자 기타 채권자보다 전세금의 우선변제를 받을 권리가 있다(민법 제303조 제1항). 이처럼 전세권이 용익물권적인 성격과 담보물권적인 성격을 모두 갖추고 있는 점에 비추어 전세권 존속기간이 시작되기 전에 마친 전세권설정등기도 특별한 사정이 없는 한 유효한 것으로 추정된다[2017마1093].

┃오답해설┃

ㄴ. (×) 전세금의 지급은 전세권 성립의 요소가 되는 것이지만 그렇다고 하여 전세금의 지급이 반드시 현실적으로 수수되어야만 하는 것은 아니고 기존의 채권으로 전세금의 지급에 갈음할 수도 있다[94다18508].

ㄹ. (×) 당사자가 주로 채권담보의 목적으로 전세권을 설정하였고, 그 설정과 동시에 목적물을 인도하지 않은 경우라 하더라도 장차 전세권자가 목적물을 사용·수익하는 것을 완전히 배제하는 것이 아니라면 그 전세권의 효력을 부인할 수는 없다[94다18508].

02 전세권에 관한 설명으로 옳은 것은? (다툼이 있으면 판례에 따름) [2023]

① 건물 일부의 전세권자는 나머지 건물 부분에 대해서도 경매신청권이 있다.

② 전세권 설정계약의 당사자는 전세권의 사용·수익권능을 배제하고 채권담보만을 위한 전세권을 설정할 수 있다.

③ 전세권설정시 전세금 지급은 전세권 성립의 요소이다.

④ 전세권자는 특별한 사정이 없는 한 전세권의 존속기간 내에서 전세목적물을 타인에게 전전세 할 수 없다.

⑤ 전세권이 소멸된 경우, 전세권자의 전세목적물의 인도는 전세금의 반환보다 선이행되어야 한다.

답 ③

┃ 정답해설 ┃

③ 전세금의 지급은 전세권 성립의 요소가 되는 것이지만 그렇다고 하여 전세금의 지급이 반드시 현실적으로 수수되어야만 하는 것은 아니고 기존의 채권으로 전세금의 지급에 갈음할 수도 있다[94다18508].

┃ 오답해설 ┃

① 건물의 일부에 대하여 전세권이 설정되어 있는 경우 그 전세권자는 제303조 제1항, 제318조의 규정에 의하여 그 건물 전부에 대하여 후순위 권리자 기타 채권자보다 전세금의 우선변제를 받을 권리가 있고, 전세권설정자가 전세금의 반환을 지체한 때에는 전세권의 목적물의 경매를 청구할 수 있다 할 것이나, 전세권의 목적물이 아닌 나머지 건물부분에 대하여는 우선변제권은 별론으로 하고 경매신청권은 없다[91마256·91마257]

② 전세권 설정의 동기와 경위, 전세권 설정으로 달성하려는 목적, 채권의 발생 원인과 목적물의 관계, 전세권자의 사용·수익 여부와 그 가능성, 당사자의 진정한 의사 등에 비추어 전세권설정계약의 당사자가 전세권의 핵심인 사용·수익 권능을 배제하고 채권담보만을 위해 전세권을 설정하였다면, 법률이 정하지 않은 새로운 내용의 전세권을 창설하는 것으로서 물권법정주의에 반하여 허용되지 않고 이러한 전세권설정등기는 무효라고 보아야 한다[2018다40235].

④ 전세권자는 전세권을 타인에게 양도 또는 담보로 제공할 수 있고 그 존속기간 내에서 그 목적물을 타인에게 전전세 또는 임대할 수 있다. 그러나 설정행위로 이를 금지한 때에는 그러하지 아니하다(제306조).

⑤ 전세권이 소멸한 때에는 전세권설정자는 전세권자로부터 그 목적물의 인도 및 전세권설정등기의 말소등기에 필요한 서류의 교부를 받는 동시에 전세금을 반환하여야 한다(제317조).

03 전세권에 관한 설명으로 옳지 <u>않은</u> 것은? (다툼이 있으면 판례에 따름)　　　[2022]

① 전세금의 지급은 전세권 성립의 요소이다.

② 기존채권으로 전세금의 지급에 갈음할 수 있다.

③ 농경지를 전세권의 목적으로 할 수 있다.

④ 전세금이 경제사정의 변동으로 인하여 상당하지 아니하게 된 때에는 당사자는 장래에 대하여 그 증감을 청구할 수 있다.

⑤ 전세권의 목적물의 전부 또는 일부가 전세권자에 책임있는 사유로 인하여 멸실된 경우, 전세권설정자는 전세권이 소멸된 후 전세금으로써 손해의 배상에 충당할 수 있다.

답 ③

┃ 정답해설 ┃

③ 제303조 제2항

> **제303조(전세권의 내용)**
> ② 농경지는 전세권의 목적으로 하지 못한다.

┃ 오답해설 ┃

① 전세권은 전세금을 지급하고 타인의 부동산을 그 용도에 따라 사용·수익하는 권리로서 전세금의 지급이 없으면 전세권은 성립하지 아니하는 등으로 전세금은 전세권과 분리될 수 없는 요소이다[2001다69122].

② 전세권이 용익물권적 성격과 담보물권적 성격을 겸비하고 있다는 점 및 목적물의 인도는 전세권의 성립요건이 아닌 점 등에 비추어 볼 때, 당사자가 주로 채권담보의 목적으로 전세권을 설정하였더라도, 장차 전세권자가 목적물을 사용·수익하는 것을 완전히 배제하는 것이 아니라면, 그 전세권의 효력을 부인할 수는 없다 할 것이고, 한편 전세금의 지급이 반드시 현실적으로 수수되어야만 하는 것은 아니고 기존의 채권으로 전세금의 지급에 갈음할 수도 있다[2008다67217].

④ 제312조의2

> **제312조의2(전세금 증감청구권)**
> 전세금이 목적 부동산에 관한 조세·공과금 기타 부담의 증감이나 경제사정의 변동으로 인하여 상당하지 아니하게 된 때에는 당사자는 장래에 대하여 그 증감을 청구할 수 있다. 그러나 증액의 경우에는 대통령령이 정하는 기준에 따른 비율을 초과하지 못한다.

⑤ 제315조

> **제315조(전세권자의 손해배상책임)**
> ① 전세권의 목적물의 전부 또는 일부가 전세권자에 책임있는 사유로 인하여 멸실된 때에는 전세권자는 손해를 배상할 책임이 있다.
> ② 전항의 경우에 전세권설정자는 전세권이 소멸된 후 전세금으로써 손해의 배상에 충당하고 잉여가 있으면 반환하여야 하며 부족이 있으면 다시 청구할 수 있다.

04 전세권에 관한 설명으로 옳지 <u>않은</u> 것은? (다툼이 있으면 판례에 따름) [2022]

① 타인의 토지에 있는 건물에 전세권을 설정한 때에는 전세권의 효력은 그 건물의 소유를 목적으로 한 지상권에 미친다.

② 건물전세권설정자가 건물의 존립을 위한 토지사용권을 가지지 못하여 그가 토지소유자의 건물철거 등 청구에 대항할 수 없는 경우, 전세권자는 토지소유자의 권리행사에 대항할 수 없다.

③ 지상권을 가지는 건물소유자가 그 건물에 전세권을 설정하였으나 그가 2년 이상의 지료를 지급하지 아니하였음을 이유로 지상권설정자가 지상권의 소멸을 청구한 경우, 전세권자의 동의가 없다면 지상권은 소멸되지 않는다.

④ 대지와 건물이 동일한 소유자에 속한 경우에 건물에 전세권을 설정한 때에는 그 대지소유권의 특별승계인은 전세권설정자에 대하여 지상권을 설정한 것으로 본다.

⑤ 건물에 대한 전세권의 존속기간을 1년 미만으로 정한 때에는 이를 1년으로 한다.

답 ③

▌정답해설▐

③ 지상권을 가지는 건물소유자가 그 건물에 전세권을 설정하였으나 그가 2년 이상의 지료를 지급하지 아니하였음을 이유로 지상권설정자, 즉 토지소유자의 청구로 지상권이 소멸하는 것(제287조 참조)은 전세권설정자가 전세권자의 동의 없이는 할 수 없는 위 제304조 제2항 상의 '지상권 또는 임차권을 소멸하게 하는 행위'에 해당하지 아니한다 [2010다43801].

▌오답해설▐

① 제304조 제1항

> **제304조(건물의 전세권, 지상권, 임차권에 대한 효력)**
> ① 타인의 토지에 있는 건물에 전세권을 설정한 때에는 전세권의 효력은 그 건물의 소유를 목적으로 한 지상권 또는 임차권에 미친다.

② 전세권설정자가 건물의 존립을 위한 토지사용권을 가지지 못하여 그가 토지소유자의 건물철거 등 청구에 대항할 수 없는 경우에 제304조 등을 들어 전세권자 또는 대항력 있는 임차권자가 토지소유자의 권리행사에 대항할 수 없음은 물론이다[2010다43801].

④ 제305조 제1항

> **제305조(건물의 전세권과 법정지상권)**
> ① 대지와 건물이 동일한 소유자에 속한 경우에 건물에 전세권을 설정한 때에는 그 대지소유권의 특별승계인은 전세권설정자에 대하여 지상권을 설정한 것으로 본다. 그러나 지료는 당사자의 청구에 의하여 법원이 이를 정한다.

⑤ 제312조 제2항

> **제312조(전세권의 존속기간)**
> ② 건물에 대한 전세권의 존속기간을 1년 미만으로 정한 때에는 이를 1년으로 한다.

05 전세권을 목적으로 하는 저당권에 관한 설명으로 옳지 <u>않은</u> 것은? (다툼이 있으면 판례에 따름)

[2021]

① 저당권설정자는 저당권자의 동의 없이 전세권을 소멸하게 하는 행위를 하지 못한다.
② 전세권의 존속기간이 만료된 경우 저당권자는 전세권 자체에 대해 저당권을 실행할 수 있다.
③ 전세권의 존속기간이 만료되면 저당권자는 전세금반환채권에 대하여 물상대위할 수 있다.
④ 전세금반환채권은 저당권의 목적물이 아니다.
⑤ 전세권이 기간만료로 소멸한 경우 전세권설정자는 원칙적으로 전세권자에 대하여만 전세금반환의무를 부담한다.

답 ②

▌정답해설▌

②, ④, ⑤ 전세권에 대하여 저당권이 설정된 경우 그 저당권의 목적물은 물권인 전세권 자체이지 전세금반환채권은 그 목적물이 아니고, 전세권의 존속기간이 만료되면 전세권은 소멸하므로 더 이상 전세권 자체에 대하여 저당권을 실행할 수 없게 되고, 전세권을 목적물로 하는 저당권의 설정은 전세권의 목적물 소유자의 의사와는 상관없이 전세권자의 동의만 있으면 가능한 것이고, 원래 전세권에 있어 전세권설정자가 부담하는 전세금반환의무는 전세금 반환채권에 대한 제3자의 압류 등이 없는 한 전세권자에 대하여만 전세금반환의무를 부담한다고 보아야 한다[98다 31301].

▌오답해설▌

① 지상권 또는 전세권을 목적으로 저당권을 설정한 자는 저당권자의 동의없이 지상권 또는 전세권을 소멸하게 하는 행위를 하지 못한다(제371조 제2항). 전세권의 포기는 물권적 단독행위로서 등기를 해야 효력이 생긴다.
③ 전세권을 목적으로 한 저당권이 설정된 경우, 전세권의 존속기간이 만료되면 전세권의 용익물권적 권능이 소멸하기 때문에 더 이상 전세권 자체에 대하여 저당권을 실행할 수 없게 되고, 저당권자는 저당권의 목적물인 전세권에 갈음하여 존속하는 것으로 볼 수 있는 전세금반환채권에 대하여 압류 및 추심명령 또는 전부명령을 받거나 제3자가 전세금반환채 권에 대하여 실시한 강제집행절차에서 배당요구를 하는 등의 방법으로 물상대위권을 행사하여 전세금의 지급을 구하여야 한다[2013다91672].
⑤ 乙의 점유침탈로 甲이 점유를 상실한 이상 유치권은 소멸하고(제328조), 甲이 점유회수의 소를 제기하여 승소판결을 받아 점유를 회복하면 점유를 상실하지 않았던 것으로 되어 유치권이 되살아나지만, 위와 같은 방법으로 점유를 회복하기 전에는 유치권이 되살아나는 것이 아니고, 甲이 점유회수의 소를 제기하여 점유를 회복할 수 있다는 사정만으로 甲의 유치권이 소멸하지 않았다고 볼 수 없다[2011다72189].

06 전세권에 관한 설명으로 옳은 것은? (다툼이 있으면 판례에 따름) [2021]

① 전세권이 성립한 후 목적물의 소유권이 이전되더라도 전세금반환채무가 당연히 신소유자에게 이전되는 것은 아니다.

② 전세권의 존속기간이 시작되기 전에 마친 전세권설정등기는 특별한 사정이 없는 한 그 기간이 시작되기 전에는 무효이다.

③ 전세권을 설정하는 때에는 전세금이 반드시 현실적으로 수수되어야 한다.

④ 건물의 일부에 전세권이 설정된 경우 전세권의 목적물이 아닌 나머지 부분에 대해서도 경매를 신청할 수 있다.

⑤ 전세권자가 통상의 필요비를 지출한 경우 그 비용의 상환을 청구하지 못한다.

답 ⑤

─────────────────────────────────

▌정답해설▐

⑤ 전세권자는 목적물의 현상을 유지하고 그 통상의 관리에 속한 수선을 하여야 한다(제309조). 따라서 전세권자는 임차인과 달리 전세권설정자에게 필요비상환청구권이 없다(제310조 제1항).

▌오답해설▐

① 전세권이 성립한 후 목적물의 소유권이 이전된 경우 민법이 전세권관계로부터 생기는 상환청구·소멸청구·갱신청구·전세금증감청구·원상회복·매수청구 등의 법률관계의 당사자는 모두 목적물의 소유권을 취득한 신소유자로 새길 수밖에 없으므로, 전세권은 전세권자와 신소유자 사이에서 계속 동일한 내용으로 존속하게 된다[99다15122]. 따라서 목적물의 신소유자는 전세권이 소멸하는 때에 전세권자에 대하여 전세권설정자의 지위에서 전세금반환의무를 부담하고[2006다6072], 구소유자는 전세권설정자의 지위를 상실하여 전세금반환의무를 면한다[99다15122].

② 전세권이 용익물권적인 성격과 담보물권적인 성격을 모두 갖추고 있는 점에 비추어 전세권 존속기간이 시작되기 전에 마친 전세권설정등기도 특별한 사정이 없는 한 유효한 것으로 추정된다. 한편 부동산등기법 제4조 제1항은 "같은 부동산에 관하여 등기한 권리의 순위는 법률에 다른 규정이 없으면 등기한 순서에 따른다."라고 정하고 있으므로, 전세권은 등기부상 기록된 전세권설정등기의 존속기간과 상관없이 등기된 순서에 따라 순위가 정해진다[2017마1093].

③ 전세금의 지급이 반드시 현실적으로 수수되어야 하는 것은 아니고 기존의 채권으로 전세금의 지급에 갈음할 수도 있다[94다18508].

④ 단일 소유자의 1동의 건물 중 일부에 대하여 경매신청을 하고자 할 경우에는 그 부분에 대한 분할등기를 한 연후에 하여야 한다[73마283]. 따라서 전세권의 목적물이 아닌 나머지 건물부분에 대하여는 제303조 제1항에 의한 우선변제권은 별론으로 하고, 제318조에 의한 경매신청권은 없으므로[91마256], 부동산 전부에 대한 경매청구를 부정한다(제303조 제1항 후단에 따라 제3자가 신청한 경매의 경락대금 전부에서 우선변제 받을 수는 있다).

07 전세권에 관한 설명으로 옳은 것은? (다툼이 있으면 판례에 따름) [2020]

① 목적물의 인도는 전세권의 성립요건이다.
② 전세권이 존속하는 중에 전세권자는 전세권을 그대로 둔 채 전세금반환채권만을 확정적으로 양도하지 못한다.
③ 전세목적물이 처분된 때에도 전세권을 설정한 양도인이 전세권관계에서 생기는 권리·의무의 주체이다.
④ 전세권은 전세권설정등기의 말소등기 없이 전세기간의 만료로 당연히 소멸하지만 전세권저당권이 설정된 때에는 그렇지 않다.
⑤ 전세권저당권이 설정된 경우, 제3자의 압류 등 다른 사정이 없으면 전세권이 기간만료로 소멸한 때에 전세권설정자는 저당권자에게 전세금을 지급하여야 한다.

답 ②

❚ 정답해설 ❚

② 전세권이 존속하는 동안은 전세권을 존속시키기로 하면서 전세금반환채권만을 전세권과 분리하여 확정적으로 양도하는 것은 허용되지 않는 것이며, 다만 전세권 존속 중에는 장래에 그 전세권이 소멸하는 경우에 전세금반환채권이 발생하는 것을 조건으로 그 장래의 조건부 채권을 양도할 수 있을 뿐이라 할 것이다[2001다69122].

❚ 오답해설 ❚

① 전세권이 용익물권적 성격과 담보물권적 성격을 겸비하고 있다는 점 및 목적물의 인도는 전세권의 성립요건이 아닌 점 등에 비추어 볼 때, 당사자가 주로 채권담보의 목적으로 전세권을 설정하였고, 그 설정과 동시에 목적물을 인도하지 아니한 경우라 하더라도, 장차 전세권자가 목적물을 사용·수익하는 것을 완전히 배제하는 것이 아니면, 그 전세권의 효력을 부인할 수는 없다[94다18508].

③ 전세목적물의 소유권이 이전된 경우 민법이 전세권 관계로부터 생기는 상환청구, 소멸청구, 갱신청구, 전세금증감청구, 원상회복, 매수청구 등의 법률관계의 당사자로 규정하고 있는 전세권설정자 또는 소유자는 모두 목적물의 소유권을 취득한 신 소유자로 새길 수밖에 없다고 할 것이므로, 전세권은 전세권자와 목적물의 소유권을 취득한 신 소유자 사이에서 계속 동일한 내용으로 존속하게 된다고 보아야 할 것이고, 따라서 목적물의 신 소유자는 구 소유자와 전세권자 사이에 성립한 전세권의 내용에 따른 권리의무의 직접적인 당사자가 되어 전세권이 소멸하는 때에 전세권자에 대하여 전세권설정자의 지위에서 전세금반환의무를 부담하게 되고, 구 소유자는 전세권설정자의 지위를 상실하여 전세금반환의무를 면하게 된다[99다15122].

④ 전세권이 기간만료로 종료된 경우 전세권은 전세권설정등기의 말소등기 없이도 당연히 소멸하고, 저당권의 목적물인 전세권이 소멸하면 저당권도 당연히 소멸하는 것이므로 전세권을 목적으로 한 저당권자는 전세권의 목적물인 부동산의 소유자에게 더 이상 저당권을 주장할 수 없다[98다31301].

⑤ 전세권을 목적으로 하는 저당권의 설정은 전세권의 목적물 소유자의 의사와는 상관없이 전세권자의 동의만 있으면 가능한 것이고, 원래 전세권에 있어 전세권설정자가 부담하는 전세금반환의무는 전세금반환채권에 대한 제3자의 압류 등이 없는 한 전세권자에 대해 전세금을 지급함으로써 그 의무이행을 다할 뿐이라는 점에 비추어 볼 때, 전세권저당권이 설정된 경우에도 전세권이 기간만료로 소멸되면 전세권설정자는 전세금반환채권에 대한 제3자의 압류 등이 없는 한 전세권자에 대하여만 전세금반환의무를 부담한다고 보아야 한다[98다31301].

08 전세권에 관한 설명으로 옳지 <u>않은</u> 것은? [2019]

① 전세권은 저당권의 목적이 될 수 있다.

② 전세권자와 인지(隣地)소유자 사이에도 상린관계에 관한 규정이 준용된다.

③ 전세권자는 필요비 및 유익비의 상환을 청구할 수 있다.

④ 전세권의 존속기간은 10년을 넘지 못한다.

⑤ 전세금의 지급이 전세권의 성립요소이기는 하지만, 기존의 채권으로 전세금의 지급에 갈음할 수도 있다.

답 ③

▌정답해설▐

③ 전세권자(전세권설정자가 아님)는 목적물의 현상을 유지하고 그 통상의 관리에 속한 수선을 하여야 한다(제309조). 따라서 전세권자는 임차인과 달리 필요비상환청구권이 없다(제310조 제1항).

09 전세권에 관한 설명으로 옳지 <u>않은</u> 것은? (다툼이 있으면 판례에 따름)

① 전세권설정자가 전세권자에 대하여 제315조에 정한 손해배상채권 이외의 다른 채권을 가지고 있더라도 특별한 사정이 없는 한, 이를 가지고 전세금반환채권에 대하여 물상대위권을 행사한 전세권저당권자에게 상계로 대항할 수 없다.

② X건물에 대해 1순위 저당권자 甲, 2순위 전세권자 乙, 3순위 저당권자 丙이 있고 그중 丙이 경매신청을 하여 丁에게 매각된 경우, 乙의 전세권은 소멸하되 2순위로 우선변제권을 가진다.

③ 타인의 토지에 있는 건물에 전세권을 설정한 경우, 전세권의 효력은 그 건물의 소유를 목적으로 한 지상권에 미친다.

④ 지상권을 가진 건물소유자가 그 건물에 전세권을 설정하였으나 그가 2년 이상의 지료를 지급하지 아니한 경우, 토지소유자는 전세권자의 동의 없이 지상권소멸청구를 할 수 없다.

⑤ 전세권에 저당권이 설정되어 있는 경우에도 전세권의 존속기간이 만료되면 전세권의 용익물권적 권능은 전세권설정등기의 말소등기 없이도 당연히 소멸한다.

┃정답해설┃

④ 지상권을 가지는 건물소유자가 그 건물에 전세권을 설정하였으나 그가 2년 이상의 지료를 지급하지 아니하였음을 이유로 지상권설정자, 즉 토지소유자의 청구로 지상권이 소멸하는 것(제287조)은 전세권설정자가 전세권자의 동의 없이는 할 수 없는 제304조 제2항상의 "지상권 또는 임차권을 소멸하게 하는 행위"에 해당하지 아니한다. 제304조 제2항이 제한하려는 것은 포기, 기간단축약정 등 지상권 등을 소멸하게 하거나 제한하여 건물전세권자의 지위에 불이익을 미치는 전세권설정자의 임의적인 행위이고, 그것이 법률의 규정에 의하여 지상권소멸청구권의 발생요건으로 정하여졌을 뿐인 지상권자의 지료부지급 그 자체를 막으려고 한다거나 또는 지상권설정자가 취득하는 위의 지상권소멸청구권이 그의 일방적 의사표시로 행사됨으로 인하여 지상권이 소멸되는 효과를 제한하려고 하는 것이라고 할 수 없다. 따라서 전세권설정자가 건물의 존립을 위한 토지사용권을 가지지 못하여 그가 토지소유자의 건물철거 등 청구에 대항할 수 없는 경우에 제304조 등을 들어 전세권자 또는 대항력 있는 임차권자가 토지소유자의 권리행사에 대항할 수 없음은 물론이다. 또한 건물에 대하여 전세권 또는 대항력 있는 임차권을 설정하여 준 지상권자가 그 지료를 지급하지 아니함을 이유로 토지소유자가 한 지상권소멸청구가 그에 대한 전세권자 또는 임차인의 동의가 없이 행하여졌다고 해도 제304조 제2항에 의하여 그 효과가 제한된다고 할 수 없다(2010다43801). 따라서 토지소유자는 건물전세권자의 동의 없이도 그 지상권의 소멸을 청구할 수 있다.

┃오답해설┃

① 전세금은 그 성격에 비추어 제315조에 정한 전세권설정자의 전세권자에 대한 손해배상채권 외 다른 채권까지 담보한다고 볼 수 없으므로, 전세권설정자가 전세권자에 대하여 위 손해배상채권 외 다른 채권을 가지고 있더라도 다른 특별한 사정이 없는 한 이를 가지고 전세금반환채권에 대하여 물상대위권을 행사한 전세권저당권자에게 상계 등으로 대항할 수 없다(2006다29372・29389).

② 경매법 제3조에 의하여, 경매의 목적인 부동산 위에 존재하는 권리로서 경매인의 권리보다 후에 등기된 권리는 경락대금의 완납으로 인하여 소멸되고, 한편 저당권의 경우는 경매인의 권리보다 먼저 등기한 것도 소멸하는 것이므로, 후순위저당권의 실행으로 목적부동산이 경락되어 그 선순위저당권이 함께 소멸한 경우라면 비록 후순위 저당권자에게는 대항할 수 있는 임차권이더라도 소멸된 선순위저당권보다 뒤에 등기되었거나 대항력을 갖춘 임차권은 함께 소멸한다(민사집행법 제91조 제2항)고 해석함이 상당하고, 따라서 이와 같은 경우의 경락인은 주택임대차보호법 제3조에서 말하는 임차주택의 양수인 중에 포함되지 않는다 할 것이므로, 경락인에 대하여 그 임차권의 효력을 주장할 수 없다(86다카1936). 따라서 3순위 저당권자 丙의 경매신청에 의하여 X건물이 丁에게 매각된 경우, 1순위 저당권자라 할지라도 甲의 저당권은 소멸하고, 이로써 甲보다 뒤에 등기된 2순위 전세권자 乙의 전세권도 함께 소멸하나, 전세권자는 전세금에 대한 법률상 우선변제권이 인정되므로(제303조 제1항), 乙은 여전히 2순위로 우선변제받을 수 있다.

③ 타인의 토지에 있는 건물에 전세권을 설정한 때에는 전세권의 효력은 그 건물의 소유를 목적으로 한 지상권 또는 임차권에 미친다(제304조 제1항).

⑤ 전세권설정등기를 마친 민법상의 전세권은 그 성질상 용익물권적 성격과 담보물권적 성격을 겸비한 것으로서, 전세권의 존속기간이 만료되면 전세권의 용익물권적 권능은 전세권설정등기의 말소 없이도 당연히 소멸하고 단지 전세금반환채권을 담보하는 담보물권적 권능의 범위 내에서 전세금의 반환 시까지 그 전세권설정등기의 효력이 존속하고 있다 할 것이다(2003다35659).

10 甲은 자신의 소유인 X주택을 乙에게 빌려주고 전세권을 설정하였다. 이에 관한 설명으로 옳은 것을 모두 고른 것은? (다툼이 있으면 판례에 따름)

> ㄱ. 甲과 乙 사이의 전세권설정계약이 그 합의에 따라 해지되더라도 乙은 전세권과 분리하여 전세금반환 채권을 양도할 수 없다.
> ㄴ. X주택의 소유권이 丙에게 양도된 후 전세권이 계약기간의 만료에 따라 소멸하면, 乙은 甲에 대해서도 전세금 반환을 청구할 수 있다.
> ㄷ. 丁이 乙의 전세권에 대하여 저당권을 취득한 후 乙의 전세권이 기간만료로 소멸하면, 丁은 전세금반환채 권에 대한 압류의 방법으로 권리를 행사하여 甲에 대해 전세금의 지급을 청구할 수 있다.

① ㄱ
② ㄴ
③ ㄷ
④ ㄱ, ㄴ
⑤ ㄱ, ㄴ, ㄷ

정답 ③

┃정답해설┃

ㄷ. (○) 전세권에 대하여 설정된 저당권은 민사소송법 제724조 소정의 부동산경매절차에 의하여 실행하는 것이나, 전세권의 존속기간이 만료되면 전세권의 용익물권적 권능이 소멸하기 때문에 더 이상 전세권 자체에 대하여 저당권을 실행할 수 없게 되고, 이러한 경우는 제370조, 제342조 및 민사소송법 제733조에 의하여 저당권의 목적물인 전세권에 갈음하여 존속하는 것으로 볼 수 있는 전세금반환채권에 대하여 압류 및 추심명령 또는 전부명령을 받거나(이 경우 저당권의 존재를 증명하는 등기부등본을 집행법원에 제출하면 되고 별도의 채무명의가 필요한 것이 아니다), 제3자가 전세금반환채권에 대하여 실시한 강제집행절차에서 배당요구를 하는 등의 방법으로 자신의 권리를 행사할 수 있을 뿐이다[95마684, 98다31301].

┃오답해설┃

ㄱ. (×) 전세권설정계약의 당사자 사이에 그 계약이 합의해지된 경우 전세권설정등기는 전세금반환채권을 담보하는 효력은 있다고 할 것이나, 그 후 당사자 간의 약정에 의하여 전세권의 처분이 따르지 않는 전세금반환채권만의 분리양도가 이루어진 경우에는 양수인은 유효하게 전세금반환채권을 양수하였다고 할 것이고, 그로 인하여 전세금 반환채권을 담보하는 물권으로서의 전세권마저 소멸된 이상 그 전세권에 관하여 가압류부기등기가 경료되었다고 하더라도 아무런 효력이 없다[97다33997]. 따라서 乙은 전세권과 분리하여 전세금반환채권을 양도할 수 있다.

ㄴ. (×) 목적물의 신 소유자는 구 소유자와 전세권자 사이에 성립한 전세권의 내용에 따른 권리의무의 직접적인 당사자가 되어 전세권이 소멸하는 때에 전세권자에 대하여 전세권설정자의 지위에서 전세금반환의무를 부담하게 되고, 구 소유자는 전세권설정자의 지위를 상실하여 전세금반환의무를 면하게 된다[99다15122]. 사안의 경우, 丙이 X주택의 소유권을 양수함으로써 전세권설정자의 지위 또한 승계하였으므로, 乙의 전세권이 그 계약기간의 만료로 소멸하면, 乙은 구 소유자 甲이 아닌 신 소유자 丙에게 전세금 반환을 청구하여야 한다.

CHAPTER

05

담보물권

01 　총 설

Ⅰ 　서 설

1. 담보제도의 필요성 및 개념

채권자 평등의 원칙상 수개의 채권이 경합하여 채무자의 일반재산으로 채권 전부의 변제를 할 수 없다면, 비록 먼저 성립한 채권이라도 우선적으로 변제받지 못한다. 따라서 채권의 만족을 확실하게 하기 위하여 채권자 평등의 원칙에 구애받지 않는 채무자의 일반재산에 의한 보장 이상의 대비책을 담보제도라고 한다.

2. 담보물권의 종류

(1) 인적 담보와 물적 담보

인적 담보는 채무자의 일반재산 외에 제3자의 일반재산으로 채권을 담보하는 것을 말하며, 대표적인 예로 보증채무와 연대채무를 들 수 있다. 반면 물적 담보는 채무자 또는 제3자 소유의 특정한 물건으로 채권을 담보하는 것을 말하며, 민법상 담보물권, 가등기담보, 동산담보권 및 양도담보가 그 예이다.

(2) 전형담보와 비전형담보

전형담보란 민법상 규정되어 있는 담보로서 유치권, 질권, 저당권을 말한다. 반면 비전형담보란 민법 이외의 담보로서 양도담보, 가등기담보, 매도담보 등을 말하며 가등기담보 등에 관한 법률에 의하여 규제된다.

구분	유치권	질권	저당권
성립	법정담보물권(제320조)	• 약정담보물권 • 설정계약 + 인도(제330조)	• 약정담보물권 • 설정계약 + 등기(제186조)
목적물	• 물건(동산·부동산) • 유가증권(제320조 제1항)	• 동산(제329조 – 부동산 ×) • 재산권(제345조)	부동산(제356조 – 동산 ×)
본질적 효력	유치적 효력	유치적 효력	우선변제효
점유 필요여부	○	○	×
경매 신청권	○	○	○
간이 변제 충당권	○	○	×
물상대위	×	○	○

Ⅱ 담보물권의 성질

1. 담보물권의 본질

① 물건의 교환가치를 직접 지배하며, 배타성과 우선적 효력을 가진다.
② 타물권이다.
③ 담보물권은 가치권으로서 목적물의 교환가치로부터 담보목적을 달성한다. 다만, 유치권이나 동산질권은 가치권성이 약하지만, 저당권과 권리질권은 가치권의 성질이 강하다고 할 수 있다.

2. 담보물권의 통유성(通有性)

(1) 부종성

> 제369조 【부종성】
> 저당권으로 담보한 채권이 시효의 완성 기타 사유로 인하여 소멸한 때에는 저당권도 소멸한다.

부종성이란 피담보채권의 존재를 전제로 담보물권이 존재하는 성질을 말한다. 부종성은 법정담보물권인 유치권이 가장 강하고, 약정담보물권인 질권과 저당권은 근질, 근저당 제도의 인정으로 인하여 부종성이 상대적으로 완화되어 있다.

(2) 수반성

> 제361조 【저당권의 처분제한】
> 저당권은 그 담보한 채권과 분리하여 타인에게 양도하거나 다른 채권의 담보로 하지 못한다.

담보권의 수반성이란 피담보채권의 처분이 있으면 언제나 담보권도 함께 처분된다는 것이 아니라 채권담보라고 하는 담보권 제도의 존재 목적에 비추어 볼 때 특별한 사정이 없는 한 피담보채권의 처분에는 담보권의 처분도 당연히 포함된다고 보는 것이 합리적이라는 의미이다.

> 담보권의 수반성이란 피담보채권의 처분이 있으면 언제나 담보권도 함께 처분된다는 것이 아니라 채권담보라고 하는 담보권 제도의 존재 목적에 비추어 볼 때 특별한 사정이 없는 한 피담보채권의 처분에는 담보권의 처분도 당연히 포함된다고 보는 것이 합리적이라는 것일 뿐이므로, 피담보채권의 처분이 있음에도 불구하고, 담보권의 처분이 따르지 않는 특별한 사정이 있는 경우에는 채권양수인은 담보권이 없는 무담보의 채권을 양수한 것이 되고 채권의 처분에 따르지 않은 담보권은 소멸한다(대판 2004.4.28. 2003다61542).

(3) 물상대위성

> 제342조 【물상대위】
> 질권은 질물의 멸실, 훼손 또는 공용징수로 인하여 질권설정자가 받을 금전 기타 물건에 대하여도 이를 행사할 수 있다. 이 경우에는 그 지급 또는 인도전에 압류하여야 한다.
>
> 제355조 【준용규정】
> 권리질권에는 본절의 규정외에 동산질권에 관한 규정을 준용한다.
>
> 제370조 【준용규정】
> 제214조, 제321조, 제333조, 제340조, 제341조 및 제342조의 규정은 저당권에 준용한다.

물상대위성이란 담보물권의 목적물이 멸실, 훼손 또는 공용징수로 인하여 목적물에 갈음하는 금전 기타 물건으로 변하여 목적물 소유자에게 귀속된 경우, 담보물권이 그 목적물에 갈음하는 것에 관하여 존속하는 성질을 의미한다(제342조, 제355조, 제370조). 이러한 물상대위성은 담보권의 가치권성에 기인한 것으로, 가치권성이 희박한 유치권에는 물상대위성이 인정되지 않는다.

(4) 불가분성

> **제321조 【유치권의 불가분성】**
> 유치권자는 채권전부의 변제를 받을 때까지 유치물전부에 대하여 그 권리를 행사할 수 있다.
>
> **제343조 【준용규정】**
> 제249조 내지 제251조, 제321조 내지 제325조의 규정은 동산질권에 준용한다.
>
> **제370조 【준용규정】**
> 제214조, 제321조, 제333조, 제340조, 제341조 및 제342조의 규정은 저당권에 준용한다.

불가분성이란 담보물권자가 피담보채권의 전부에 대한 변제를 받을 때까지 목적물 전부에 대하여 그 권리를 행사할 수 있다는 성질을 의미한다(제321조, 제343조, 제370조).

Ⅲ 담보물권의 효력

1. 물권 일반의 효력

담보권은 물권이므로 채권에 대하여 우선하는 효력이 있다. 또한 가치권의 확보를 위하여 물권적 청구권이 인정된다. 다만 유치권은 점유의 상실로 권리도 상실하므로 유치권 자체에 기한 물권적 청구권은 인정되지 않고(통설) 목적물의 점유를 요소로 하지 않는 저당권은 물권적 반환청구권이 인정되지 않는다.

2. 우선변제적 효력

채권자가 채권의 변제를 받지 못한 때 목적물을 환가해서 다른 채권자보다 우선하여 변제받을 수 있는 효력을 우선변제적 효력이라고 한다. 질권과 저당권에 인정되는 효력이나, 유치권에는 법률상 우선변제적 효력이 인정되지 않는다.

3. 유치적 효력

채권담보를 위하여 목적물을 유치하여 채무변제를 간접적으로 독촉하는 효력으로, 유치권, 질권에 인정되는 효력이다. 목적물의 점유를 요소로 하지 않는 담보권에는 유치적 효력이 인정되지 않는다.

4. 추급효

담보물권이 누구에게 귀속하든 그 소재하는 곳에 추급하여 담보물권을 행사할 수 있다. 다만 유치권은 점유의 상실로 권리도 상실하므로 추급효가 없다.

제1관 총 설

1. 의 의

유치권이란 타인의 물건 또는 유가증권을 점유하는 자가 그 물건 등에 관하여 생긴 채권을 가지는 경우에, 그 채권을 변제받을 때까지 그 목적물을 유치할 수 있는 권리를 말한다(제320조 제1항). 유치권은 법정담보물권으로서 공평의 원칙에 기인한다.

2. 법적 성질

(1) 물 권

유치권자는 채권의 변제를 받을 때까지 누구에게나 목적물을 유치하여 인도를 거절할 수 있다(제213조 단서). 그러나 타인의 물건을 점유하고 있음에 기초하여 인정되는 권리이므로, 점유를 상실한 경우 유치권은 소멸한다(제328조).

(2) 담보물권

① 법정담보물권 : 유치권은 일정한 요건이 존재하는 경우에 법률상 당연히 인정되는 권리이다. 이 점에서 약정담보물권인 질권 및 저당권과 다르다.

② 담보물권의 통유성의 수정

> **제321조【유치권의 불가분성】**
> 유치권자는 채권전부의 변제를 받을 때까지 유치물전부에 대하여 그 권리를 행사할 수 있다.

유치권은 법정담보물권으로서 부종성이 특히 강하며, 수반성과 불가분성(제321조)이 인정된다. 그러나 경매청구권이 인정되지만, 그 매각대금으로부터 우선변제권이 인정되지 않으므로 물상대위성이 부정된다.

> 다세대주택의 창호 등의 공사를 완성한 하수급인이 공사대금채권 잔액을 변제받기 위하여 위 다세대주택 중 한 세대를 점유하여 유치권을 행사하는 경우, 그 유치권은 위 한 세대에 대하여 시행한 공사대금만이 아니라 다세대주택 전체에 대하여 시행한 공사대금채권의 잔액 전부를 피담보채권으로 하여 성립한다(대판 2007.9.7. 2005다16942). **기출** 23 · 20 · 17

3. 동시이행의 항변권과의 비교

(1) 공통점

① 양 제도는 공평의 원칙에 기인하여 이행거절권능이 인정된다.
② 성립요건으로 견련관계와 변제기의 도과를 필요로 한다.
③ 상대방의 이행청구에 대하여 소송상 권리를 행사하면 상환급부판결이 내려진다.

(2) 차이점

① 유치권은 물권이기에 누구에게나 주장할 수 있으나, 동시이행의 항변권은 채권관계의 당사자 간에만 주장할 수 있다.
② 유치권은 「인도」만을 거절할 수 있는 권리이나, 동시이행의 항변권은 「일체의 채무이행」을 거절할 수 있는 권리이다.

③ 유치권의 채권은 계약관계이든, 법률의 규정에 의해 발생한 것이든 불문하나, 동시이행의 항변권의 채권은 쌍무계약상의 채권관계에서 인정되는 권리여야 한다.

④ 유치권은 채권의 전부를 변제받을 때까지 유치물 전부에 대하여 인도를 거절할 수 있으나, 동시이행의 항변권은 미제공 부분에 대해서만 항변권을 행사할 수 있다.

제2관　　유치권의 성립요건

> **제320조【유치권의 내용】**
> ① 타인의 물건 또는 유가증권을 점유한 자는 그 물건이나 유가증권에 관하여 생긴 채권이 변제기에 있는 경우에는 변제를 받을 때까지 그 물건 또는 유가증권을 유치할 권리가 있다.
> ② 전항의 규정은 그 점유가 불법행위로 인한 경우에 적용하지 아니한다.

I　타인의 물건 또는 유가증권을 점유하였을 것

1. 타인 소유

① 유치권자는 반드시 타인의 물건이나 유가증권을 점유하고 있어야 하나(제320조 제1항), 채무자 소유에 한정하지 않는다. 이 점에서 채무자 소유의 물건만을 객체로 하는 상사유치권(상법 제58조)과 구별된다.

② 또한 자기 소유물에 대한 유치권은 성립하지 않는다.

> 유치권은 타물권인 점에 비추어 볼 때 수급인의 재료와 노력으로 건축되었고 독립한 건물에 해당되는 기성부분은 수급인의 소유라 할 것이므로 수급인은 공사대금을 지급받을 때까지 이에 대하여 유치권을 가질 수 없다(대판 1993.3.26. 91다14116). 기출 23

2. 물건 또는 유가증권

유치권의 객체인 물건에는 동산뿐만 아니라 부동산도 포함된다. 또한 물건의 일부에도 유치권은 성립한다(대판 1968.3.5. 67다2786).

3. 점 유

① 유치권자가 목적물의 점유를 잃으면 유치권은 당연히 소멸한다(제328조). 다만, 점유가 침탈되었더라도 침탈된 점유를 회복하면, 그 점유가 소멸하지 않은 것으로 간주되므로(제192조 제2항 단서), 유치권이 소멸하지 않는다.

② 유치권자의 점유는 원칙적으로 직접점유이든 간접점유이든 묻지 않으나, 직접점유자가 채무자인 경우에는 유치권의 요건으로서 점유에 해당하지 않는다(대판 2008.4.11. 2007다27236). 기출 22 · 21 · 18

> 유치권의 성립요건이자 존속요건인 유치권자의 점유는 직접점유이든 간접점유이든 관계가 없으나, 다만 <u>유치권은 목적물을</u>
> <u>유치함으로써 채무자의 변제를 간접적으로 강제하는 것을 본체적 효력으로 하는 권리인 점 등에 비추어, 그 직접점유자가</u>
> <u>채무자인 경우에는 유치권의 요건으로서의 점유에 해당하지 않는다</u>(대판 2008.4.11. 2007다27236)

4.「적법한」점유일 것

① 점유가 불법행위로 인한 경우에는 유치권이 성립하지 않는다(제320조 제2항). 이 경우 점유가 불법행위로 인하여 개시되었다는 점에 대한 증명책임은 반환청구권자에게 있다(대판 1966.6.7. 66다600·601). **기출** 20

② 건물점유자가 건물의 원시취득자에게 그 건물에 관한 유치권이 있다고 하더라도 그 건물의 존재와 점유가 토지소유자에게 불법행위가 되고 있다면 그 유치권으로 토지소유자에게 대항할 수 없다(대판 1989.2.14. 87다카 3073).

③ 유치권자의 점유하에 있는 유치물의 소유자가 변동하더라도 유치권자의 점유는 유치물에 대한 보존행위로서 하는 것이므로 적법하고 그 소유자 변동 후 유치권자가 유치물에 관하여 새로이 유익비를 지급하여 그 가격의 증가가 현존하는 경우에는 이 유익비에 대하여도 유치권을 행사할 수 있다(대판 1972.1.31. 71다2414).

Ⅱ 그 물건이나 유가증권에 관하여 생긴 채권이 존재할 것(채권과 목적물 사이의 견련관계)

1. 서 설

유치권이 성립하기 위해서는 점유자의 채권이 "그 물건이나 유가증권에 관하여 생긴 것"이어야 한다(제320조 제1항). 이를 채권과 목적물 사이의 견련관계라고 한다. 반면 채권과 목적물의 점유간에는 견련성이 요구되지 않는다. 채권은 목적물에 관하여 생긴 것이면 족하고, 계약·사무관리·부당이득·불법행위 등 그 발생원인은 묻지 않는다. 또한 채권은 반드시 금전채권임을 요하지 않는다.

2. 견련관계 의미에 대한 판례의 입장

「견련관계」의 의미와 관련하여 견해의 대립이 있으나, 판례는 제320조 제1항에서 '그 물건에 관하여 생긴 채권'은 유치권 제도 본래의 취지인 공평의 원칙에 특별히 반하지 않는 한 채권이 목적물 자체로부터 발생한 경우는 물론이고 채권이 목적물의 반환청구권과 동일한 법률관계나 사실관계로부터 발생한 경우도 포함된다는 입장이다.

3. 유치권 성립이 문제되는 사례의 구체적 검토

(1) 유치권의 성립이 인정된 판례

① 임차인의 임대인에 대한 비용상환청구권으로 임차물을 유치할 수 있다.

> 임차인이 임대인에 대한 비용상환청구권으로 임차물을 유치할 수 있으나, <u>건물의 임차인이 임대차관계 종료시에는 건물을</u>
> <u>원상으로 복구하여 임대인에게 명도하기로 약정한 것은 건물에 지출한 각종 유익비 또는 필요비의 상환청구권을 미리 포기하</u>
> <u>기로 한 취지의 특약이라고 볼 수 있어 임차인은 유치권을 주장을 할 수 없다</u>(대판 1975.4.22. 73다2010).

② 도급계약에서 수급인의 도급인에 대한 공사대금채권과 이 채권의 지연손해금채권으로 완성물에 대하여 유치권을 행사할 수 있다.

> • 주택건물의 신축공사를 한 수급인이 그 건물을 점유하고 있고 또 그 건물에 관하여 생긴 공사금 채권이 있다면, 수급인은 그 채권을 변제받을 때까지 건물을 유치할 권리가 있다고 할 것이고, 이러한 유치권은 수급인이 점유를 상실하거나 피담보채무가 변제되는 등 특단의 사정이 없는 한 소멸되지 않는다(대판 1995.9.15. 95다16202 · 95다16219). **기출** 24
> • 채무불이행에 의한 손해배상청구권은 원채권의 연장이라 보아야 할 것이므로 물건과 원채권과 사이에 견련관계가 있는 경우에는 그 손해배상채권과 그 물건과의 사이에도 견련관계가 있다할 것으로서 손해배상채권에 관하여 유치권항변을 내세울 수 있다(대판 1976.9.28. 76다582). **기출** 20

③ 물건 자체에 의하여 손해가 발생한 경우 그 손해배상청구권을 위하여 물건을 유치할 수 있다.

> 물건의 인도를 청구하는 소송에 있어서 피고의 유치권 항변이 인용되는 경우에는 그 물건에 관하여 생긴 채권의 변제와 상환으로 그 물건의 인도를 명하여야 한다(대판 1969.11.25. 69다1592).

(2) 유치권의 성립이 부정된 판례

① 임차인의 보증금반환청구권

> 건물의 임대차에 있어서 임차인의 임대인에게 지급한 임차보증금반환청구권이나 임대인이 건물시설을 아니하기 때문에 임차인에게 건물을 임차목적대로 사용 못한 것을 이유로 하는 손해배상청구권은 모두 제320조 소정 소위 그 건물에 관하여 생긴 채권이라 할 수 없다(대판 1976.5.11. 75다1305). **기출** 21 · 19 · 16

② 임차인의 권리금반환청구권

> 임대인과 임차인 사이에 건물명도시 권리금을 반환하기로 하는 약정이 있었다 하더라도 그와 같은 권리금 반환청구권은 건물에 관하여 생긴 채권이라 할 수 없으므로 그와 같은 채권을 가지고 건물에 대한 유치권을 행사할 수 없다(대판 1994.10.14. 93다62119). **기출** 15

③ 토지임차인이 부속물매수청구권을 행사한 경우 부속물매수대금채권과 건물 또는 건물의 부지인 대지의 반환의무 상호 간

> 토지임차인의 부속물매수청구권은 그가 건물 기타 공작물을 임대차한 경우에 생기는 것이므로 토지임차인은 임차지상에 해놓은 시설물에 대한 매수청구권으로서 임대인에게 임차물인 토지에 대한 유치권을 주장할 수 없다(대판 1977.12.13. 77다115).

④ 매도인의 매매대금채권을 피담보채권으로 하여 유치권을 주장할 수 있는지 여부(소극)

> 부동산 매도인이 매매대금을 다 지급받지 아니한 상태에서 매수인에게 소유권이전등기를 마쳐주어 목적물의 소유권을 매수인에게 이전한 경우에는, 매도인의 목적물인도의무에 관하여 동시이행의 항변권 외에 물권적 권리인 유치권까지 인정할 것은 아니다. 왜냐하면 법률행위로 인한 부동산물권변동의 요건으로 등기를 요구함으로써 물권관계의 명확화 및 거래의 안전 · 원활을 꾀하는 우리 민법의 기본정신에 비추어 볼 때, 만일 이를 인정한다면 매도인은 등기에 의하여 매수인에게 소유권을 이전하였음에도 매수인 또는 그의 처분에 기하여 소유권을 취득한 제3자에 대하여 소유권에 속하는 대세적인 점유의 권능을 여전히 보유하게 되는 결과가 되어 부당하기 때문이다. 또한 매도인으로서는 자신이 원래 가지는 동시이행의 항변권을 행사하지 아니하고 자신의 소유권이전의무를 선이행함으로써 매수인에게 소유권을 넘겨 준 것이므로 그에 필연적으로 부수하는

위험은 스스로 감수하여야 한다. 따라서 매도인이 부동산을 점유하고 있고 소유권을 이전받은 매수인에게서 매매대금 일부를 지급받지 못하고 있다고 하여 매매대금채권을 피담보채권으로 매수인이나 그에게서 부동산 소유권을 취득한 제3자를 상대로 유치권을 주장할 수 없다(대결 2012.1.12. 2011마2380).

⑤ 건물신축공사를 도급받은 수급인이 사회통념상 독립한 건물이 되지 못한 정착물을 토지에 설치한 상태에서 공사가 중단된 경우, 위 정착물 또는 토지에 대하여 유치권을 행사할 수 있는지 여부(소극)

> 건물의 신축공사를 한 수급인이 그 건물을 점유하고 있고 또 그 건물에 관하여 생긴 공사금 채권이 있다면, 수급인은 그 채권을 변제받을 때까지 건물을 유치할 권리가 있는 것이지만(대판 1995.9.15. 95다16202·16219 참조), 건물의 신축공사를 도급받은 수급인이 사회통념상 독립한 건물이라고 볼 수 없는 정착물을 토지에 설치한 상태에서 공사가 중단된 경우에 위 정착물은 토지의 부합물에 불과하여 이러한 정착물에 대하여 유치권을 행사할 수 없는 것이고, 또한 공사중단시까지 발생한 공사금 채권은 토지에 관하여 생긴 것이 아니므로 위 공사금 채권에 기하여 토지에 대하여 유치권을 행사할 수도 없는 것이다(대결 2008.5.30. 2007마98).

⑥ 건축자재대금채권은 매매계약에 따른 매매대금채권에 불과할 뿐 건물 자체에 관하여 생긴 채권이라고 할 수는 없어 유치권을 행사할 수 없다.

> 甲이 건물 신축공사 수급인인 乙 주식회사와 체결한 약정에 따라 공사현장에 시멘트와 모래 등의 건축자재를 공급한 사안에서, 甲의 건축자재대금채권은 매매계약에 따른 매매대금채권에 불과할 뿐 건물 자체에 관하여 생긴 채권이라고 할 수는 없음에도 건물에 관한 유치권의 피담보채권이 된다고 본 원심판결에 유치권의 성립요건인 채권과 물건 간의 견련관계에 관한 법리오해의 위법이 있다(대판 2012.1.26. 2011다96208). **기출** 17

Ⅲ 채권의 변제기가 도래하였을 것

1. 채권의 존재

점유자가 채권을 가지고 있어야 한다. 그런데 채권의 발생원인은 묻지 않으므로 유치권의 행사 도중에 발생한 채권도 포함된다.

> 목적물에 관하여 채권이 발생하였으나 채권자가 목적물에 관한 점유를 취득하기 전에 그에 관하여 저당권 등 담보물권이 설정되고 이후에 채권자가 목적물에 관한 점유를 취득한 경우 채권자는 다른 사정이 없는 한 그와 같이 취득한 민사유치권을 저당권자 등에게 주장할 수 있다(대판 2014.12.11. 2014다53462). 즉, 채권과 목적물의 점유 간에는 견련성이 요구되지 않는다.

2. 변제기의 도래

① 유치권은 그 목적물에 관하여 생긴 채권이 변제기에 있는 경우에 성립하는 것이므로 아직 변제기에 이르지 아니한 채권에 기하여 유치권을 행사할 수는 없다(대판 2007.9.21. 2005다41740).
② 다만 기한을 정하지 않은 채권의 경우에는 채권자는 언제든지 이행청구를 할 수 있으므로, 채권 성립과 동시에 유치권이 성립할 수 있다.
③ 유익비상환청구에 대하여 법원이 상당한 기한을 허여하면 유치권은 소멸한다.

Ⅳ 유치권 성립을 배제하는 특약이 없을 것

• 유치권은 법정담보물권이기는 하나 채권자의 이익보호를 위한 채권담보의 수단에 불과하므로 이를 포기하는 특약은 유효하고, 유치권을 사전에 포기한 경우 다른 법정요건이 모두 충족되더라도 유치권이 발생하지 않는 것과 마찬가지로 유치권을 사후에 포기한 경우 곧바로 유치권은 소멸한다고 보아야 하며, 채권자가 유치권의 소멸 후에 그 목적물을 계속하여 점유한다고 하여 여기에 적법한 유치의 의사나 효력이 있다고 인정할 수 없고 다른 법률상 권원이 없는 한 무단점유에 지나지 않는다(대결 2011.5.13. 2010마1544).

• 제한물권은 이해관계인의 이익을 부당하게 침해하지 않는 한 자유로이 포기할 수 있는 것이 원칙이다. 유치권은 채권자의 이익을 보호하기 위한 법정담보물권으로서, 당사자는 미리 유치권의 발생을 막는 특약을 할 수 있고 이러한 특약은 유효하다. 유치권 배제 특약이 있는 경우 다른 법정요건이 모두 충족되더라도 유치권은 발생하지 않는데, 특약에 따른 효력은 특약의 상대방뿐 아니라 그 밖의 사람도 주장할 수 있다(대판 2018.1.24. 2016다234043). **기출** 22 · 16

제3관   유치권의 효력

Ⅰ   유치권자의 권리

1. 목적물을 유치할 권리

① 유치의 의미 : 유치권자는 그의 채권을 변제받을 때까지 목적물을 유치할 수 있다(제320조 제1항). 여기서 「유치한다」는 의미는 목적물의 점유를 계속하여 인도를 거절한다는 뜻이다.

> 소유자는 그 소유에 속한 물건을 점유한 자에 대하여 반환을 청구할 수 있다. 그러나 점유자가 그 물건을 점유할 권리가 있는 때에는 반환을 거부할 수 있다(제213조). 여기서 반환을 거부할 수 있는 점유할 권리에는 유치권도 포함되고, 유치권자로부터 유치물을 유치하기 위한 방법으로 유치물의 점유 내지 보관을 위탁받은 자는 특별한 사정이 없는 한 점유할 권리가 있음을 들어 소유자의 소유물반환청구를 거부할 수 있다(대판 2014.12.24. 2011다62618).

② 인도거절의 상대방 : 유치권은 물권이므로 채무자뿐만 아니라 모든 사람에 대하여 행사할 수 있다. 따라서 유치권을 행사하는 도중에 유치물의 소유권이 제3자에게 양도된 경우에도 그 제3자에게 유치권을 행사할 수 있다(대판 1972.1.31. 71다2414).

> **[유치권자가 경락인에 대하여 피담보채권의 변제를 청구할 수 있는지 여부(소극)]**
> 민사소송법 제728조에 의하여 담보권의 실행을 위한 경매절차에 준용되는 같은 법 제608조 제3항은 경락인은 유치권자에게 그 유치권으로 담보하는 채권을 변제할 책임이 있다고 규정하고 있는바, 여기에서 '변제할 책임이 있다'는 의미는 부동산상의 부담을 승계한다는 취지로서 인적 채무까지 인수한다는 취지는 아니므로, 유치권자는 경락인에 대하여 그 피담보채권의 변제가 있을 때까지 유치목적인 부동산의 인도를 거절할 수 있을 뿐이고 그 피담보채권의 변제를 청구할 수는 없다(대판 1996.8.23. 95다8713). **기출** 18

> **[근저당권설정 후 경매로 인한 압류의 효력 발생 전에 취득한 유치권으로 경매절차의 매수인에게 대항할 수 있는지 여부(적극)]**
> 부동산 경매절차에서의 매수인은 민사집행법 제91조 제5항에 따라 유치권자에게 그 유치권으로 담보하는 채권을 변제할 책임이 있는 것이 원칙이나, 채무자 소유의 건물 등 부동산에 경매개시결정의 기입등기가 경료되어 압류의 효력이 발생한 후에 채무자가 위 부동산에 관한 공사대금 채권자에게 그 점유를 이전함으로써 그로 하여금 유치권을 취득하게 한 경우,

그와 같은 점유의 이전은 목적물의 교환가치를 감소시킬 우려가 있는 처분행위에 해당하여 민사집행법 제92조 제1항, 제83조 제4항에 따른 압류의 처분금지효에 저촉되므로 점유자로서는 위 유치권을 내세워 그 부동산에 관한 경매절차의 매수인에게 대항할 수 없다. 그러나 이러한 법리는 경매로 인한 압류의 효력이 발생하기 전에 유치권을 취득한 경우에는 적용되지 아니하고, 유치권 취득시기가 근저당권설정 후라거나 유치권 취득 전에 설정된 근저당권에 기하여 경매절차가 개시되었다고 하여 달리 볼 것은 아니다(대판 2009.1.15. 2008다70763). **기출** 20 · 18 따라서 부동산유치권은 대부분의 경우에 사실상 최우선순위의 담보권으로서 작용하여, 유치권자는 자신의 채권을 목적물의 교환가치로부터 일반채권자는 물론 저당권자 등에 대하여도 그 성립의 선후를 불문하여 우선적으로 자기 채권의 만족을 얻을 수 있게 된다.

[채무자 소유의 건물에 관하여 공사를 도급받은 수급인이 경매개시결정의 기입등기가 마쳐지기 전에 채무자에게서 건물의 점유를 이전받았으나 경매개시결정의 기입등기가 마쳐져 압류의 효력이 발생한 후에 공사를 완공하여 공사대금채권을 취득함으로써 유치권이 성립한 경우, 수급인이 유치권을 내세워 경매절차의 매수인에게 대항할 수 있는지 여부(소극)]

유치권은 목적물에 관하여 생긴 채권이 변제기에 있는 경우에 비로소 성립하고(제320조), 한편 채무자 소유의 부동산에 경매개시결정의 기입등기가 마쳐져 압류의 효력이 발생한 후에 유치권을 취득한 경우에는 그로써 부동산에 관한 경매절차의 매수인에게 대항할 수 없는데, 채무자 소유의 건물에 관하여 증·개축 등 공사를 도급받은 수급인이 경매개시결정의 기입등기가 마쳐지기 전에 채무자에게서 건물의 점유를 이전 받았다 하더라도 경매개시결정의 기입등기가 마쳐져 압류의 효력이 발생한 후에 공사를 완공하여 공사대금 채권을 취득함으로써 그때 비로소 유치권이 성립한 경우에는, 수급인은 유치권을 내세워 경매절차의 매수인에게 대항할 수 없다(대판 2011.10.13. 2011다55214).

[체납처분압류가 되어 있는 부동산에 대하여 경매절차가 개시되기 전에 민사유치권을 취득한 유치권자가 경매 절차의 매수인에게 유치권을 행사할 수 있는지 여부(적극)]

부동산에 관한 민사집행절차에서는 경매개시결정과 함께 압류를 명하므로 압류가 행하여짐과 동시에 매각절차인 경매절차가 개시되는 반면, 국세징수법에 의한 체납처분절차에서는 그와 달리 체납처분에 의한 압류(이하 '체납처분압류'라고 한다)와 동시에 매각절차인 공매절차가 개시되는 것이 아닐 뿐만 아니라, 체납처분압류가 반드시 공매절차로 이어지는 것도 아니다. 또한 체납처분절차와 민사집행절차는 서로 별개의 절차로서 공매절차와 경매절차가 별도로 진행되는 것이므로, 부동산에 관하여 체납처분압류가 되어있다고 하여 경매절차에서 이를 그 부동산에 관하여 경매개시결정에 따른 압류가 행하여진 경우와 마찬가지로 볼 수는 없다. 따라서 체납처분압류가 되어 있는 부동산이라고 하더라도 그러한 사정만으로 경매절차가 개시되어 경매개시결정등기가 되기 전에 부동산에 관하여 민사유치권을 취득한 유치권자가 경매절차의 매수인에게 유치권을 행사할 수 없다고 볼 것은 아니다(대판[전합] 2014.3.20. 2009다60336 - 다수의견).

③ **소송상 효과** : 물건의 인도를 청구하는 소송에 있어서 피고의 유치권 항변이 인용되는 경우에는 그 물건에 관하여 생긴 채권의 변제와 상환으로 그 물건의 인도를 명하여야 한다(대판 1969.11.25. 69다1592). 즉 법원은 상환급부판결을 해야 한다.

2. 경매권과 간이변제충당

(1) 경매권

① 유치권자는 채권의 변제를 받기 위하여 유치물을 경매할 수 있다(제322조 제1항). 그러나 우선변제권은 없다.

제322조 제1항에 의하여 실시되는 유치권에 의한 경매도 강제경매나 담보권 실행을 위한 경매와 마찬가지로 목적부동산 위의 부담을 소멸시키는 것을 법정매각조건으로 하여 실시되고 우선채권자뿐만 아니라 일반채권자의 배당요구도 허용되며, 유치권자는 일반채권자와 동일한 순위로 배당을 받을 수 있다고 봄이 상당하다(대판 2011.8.18. 2011다35593).

② 유치권에 의한 경매절차가 정지된 상태에서 목적물에 대한 강제경매 또는 담보권 실행을 위한 경매절차가 진행되어 매각이 이루어진 경우, 유치권이 소멸하는지 여부(소극)

> 부동산에 관한 강제경매 또는 담보권 실행을 위한 경매절차에서의 매수인은 유치권자에게 그 유치권으로 담보하는 채권을 변제할 책임이 있고(민사집행법 제91조 제5항, 제268조), 유치권에 의한 경매절차는 목적물에 대하여 강제경매 또는 담보권 실행을 위한 경매절차가 개시된 경우에는 정지되도록 되어 있으므로(민사집행법 제274조 제2항), 유치권에 의한 경매절차가 정지된 상태에서 그 목적물에 대한 강제경매 또는 담보권 실행을 위한 경매절차가 진행되어 매각이 이루어졌다면, 유치권에 의한 경매절차가 소멸주의를 원칙으로 하여 진행된 경우와는 달리 그 유치권은 소멸하지 않는다고 봄이 상당하다(대판 2011.8.18. 2011다35593).

(2) 간이변제충당

> **제322조 【경매, 간이변제충당】**
> ① 유치권자는 채권의 변제를 받기 위하여 유치물을 경매할 수 있다.
> ② 정당한 이유있는 때에는 유치권자는 감정인의 평가에 의하여 유치물로 직접 변제에 충당할 것을 법원에 청구할 수 있다. 이 경우에는 유치권자는 미리 채무자에게 통지하여야 한다.

① 경매는 복잡한 절차와 비용이 소요되므로 소액의 채권을 담보하기 위한 유치권에서는 적합하지 아니할 수 있다. 이 경우 민법은 제322조 제2항에서 유치물로서 직접 변제에 충당할 수 있는 간이변제충당을 규정하고 있다.

② 간이변제충당의 요건 : 민법은 간이변제충당의 요건으로 ㉠ 정당한 이유가 있을 것, ㉡ 법원에 청구할 것, ㉢ 감정인의 평가에 의할 것, ㉣ 채무자에게 사전통지할 것을 규정하고 있다.

3. 과실수취권

> **제323조 【과실수취권】**
> ① 유치권자는 유치물의 과실을 수취하여 다른 채권보다 먼저 그 채권의 변제에 충당할 수 있다. 그러나 과실이 금전이 아닌 때에는 경매하여야 한다.
> ② 과실은 먼저 채권의 이자에 충당하고 그 잉여가 있으면 원본에 충당한다.

4. 유치물 사용권

> **제324조 【유치권자의 선관의무】**
> ① 유치권자는 선량한 관리자의 주의로 유치물을 점유하여야 한다.
> ② 유치권자는 채무자의 승낙없이 유치물의 사용, 대여 또는 담보제공을 하지 못한다. 그러나 유치물의 보존에 필요한 사용은 그러하지 아니하다.
> ③ 유치권자가 전2항의 규정에 위반한 때에는 채무자는 유치권의 소멸을 청구할 수 있다.

(1) 원 칙

유치권에는 적극적인 사용·수익권이 인정되지 않는다. 따라서 유치권자는 원칙적으로 유치물의 사용·대여 또는 담보제공 등 이용행위를 할 수 없다.

(2) 예 외

다음의 경우에는 유치물을 사용할 수 있다.

① 채무자의 승낙에 의한 사용 : 승낙을 받아야 할 자는 원칙적으로 채무자이나(제324조 제2항), 소유자와 채무자가 다른 사람인 경우에는 소유자의 승낙이 필요하다.

② 보존에 필요한 사용 : 보존에 필요한 사용은 채무자의 승낙이 없는 경우에도 가능하다.

- 제324조에 의하면, 유치권자는 선량한 관리자의 주의로 유치물을 점유하여야 하고, 소유자의 승낙없이 유치물을 보존에 필요한 범위를 넘어 사용하거나 대여 또는 담보제공을 할 수 없으며, 소유는 유치권자가 위 의무를 위반한 때에는 유치권의 소멸을 청구할 수 있다고 할 것인바, 공사대금채권에 기하여 유치권을 행사하는 자가 스스로 유치물인 주택에 거주하며 사용하는 것은 특별한 사정이 없는 한 유치물인 주택의 보존에 도움이 되는 행위로서 유치물의 보존에 필요한 사용에 해당한다고 할 것이다. 따라서 유치권의 소멸을 청구할 수 없다. 그리고 유치권자가 유치물의 보존에 필요한 사용을 한 경우에도 특별한 사정이 없는 한 차임에 상당한 이득을 소유자에게 반환할 의무가 있다(대판 2009.9.24. 2009다40684). 기출 15 이러한 법리는 유치권자가 자신의 점유보조자로 하여금 건물에 거주하도록 한 경우에도 동일하게 적용된다(대판 2013.4.11. 2011다107009).
- 유치권자가 유치물에 대한 보존행위로서 목적물을 사용하는 것은 적법행위이므로 불법점유로 인한 손해배상책임이 없는 것이다(대판 1972.1.31. 71다2414).

5. 비용상환청구권

제325조 【유치권자의 상환청구권】
① 유치권자가 유치물에 관하여 필요비를 지출한 때에는 소유자에게 그 상환을 청구할 수 있다.
② 유치권자가 유치물에 관하여 유익비를 지출한 때에는 그 가액의 증가가 현존한 경우에 한하여 소유자의 선택에 좇아 그 지출한 금액이나 증가액의 상환을 청구할 수 있다. 그러나 법원은 소유자의 청구에 의하여 상당한 상환기간을 허여할 수 있다.

① 비용상환의무자는 소유자이다.

② 비용상환청구권에 기하여 유치권자는 다시 유치물 위에 유치권을 취득할 수 있다(대판 1972.1.31. 71다2414).

유치권자의 점유하에 있는 유치물의 소유자가 변동하더라도 유치권자의 점유는 유치물에 대한 보존행위로서 하는 것이므로 적법하고 그 소유자변동 후 유치권자가 유치물에 관하여 새로이 유익비를 지급하여 그 가격의 증가가 현존하는 경우에는 이 유익비에 대하여도 유치권을 행사할 수 있다(대판 1972.1.31. 71다2414).

Ⅱ 유치권자의 의무

> 제324조 【유치권자의 선관의무】
> ① 유치권자는 선량한 관리자의 주의로 유치물을 점유하여야 한다.
> ② 유치권자는 채무자의 승낙없이 유치물의 사용, 대여 또는 담보제공을 하지 못한다. 그러나 유치물의 보존에 필요한 사용은 그러하지 아니하다.
> ③ 유치권자가 전2항의 규정에 위반한 때에는 채무자는 유치권의 소멸을 청구할 수 있다.

제4관 유치권의 소멸

Ⅰ 물권 일반의 소멸사유

물권인 유치권도 물권 일반의 소멸사유인 목적물의 멸실, 혼동, 포기 등으로 소멸한다. 그러나 유치권 자체가 시효로 소멸하는 경우는 없으며, 유치 목적물의 소유자가 변동되었다고 유치권이 소멸하는 것도 아니다.

Ⅱ 담보물권의 공통된 소멸사유

> 제326조 【피담보채권의 소멸시효】
> 유치권의 행사는 채권의 소멸시효의 진행에 영향을 미치지 아니한다.

담보물권에 공통된 소멸사유는 피담보채권의 소멸이다. 따라서 비록 채권자가 유치권을 행사하고 있더라도 피담보채권의 소멸시효의 진행에 영향을 미치지 아니하므로(제326조), 피담보채권이 시효로 소멸하면 부종성에 의하여 유치권이 소멸하게 된다.

Ⅲ 유치권 특유의 소멸사유

1. 의무 위반에 근거한 소멸청구

> 제324조 【유치권자의 선관의무】
> ① 유치권자는 선량한 관리자의 주의로 유치물을 점유하여야 한다.
> ② 유치권자는 채무자의 승낙없이 유치물의 사용, 대여 또는 담보제공을 하지 못한다. 그러나 유치물의 보존에 필요한 사용은 그러하지 아니하다.
> ③ 유치권자가 전2항의 규정에 위반한 때에는 채무자는 유치권의 소멸을 청구할 수 있다.

유치권자가 제324조 제1항과 제2항의 의무를 위반한 경우 채무자는 유치권의 소멸을 청구할 수 있다(제324조 제3항). 이 청구권은 상대방의 의무위반에 대한 일종의 제재이므로 형성권에 해당한다.

2. 다른 담보의 제공

> **제327조【타담보제공과 유치권소멸】**
> 채무자는 상당한 담보를 제공하고 유치권의 소멸을 청구할 수 있다.

유치물의 가격이 채권액에 비하여 과다한 경우에는 채권액 상당의 가치가 있는 담보를 제공하면 족하다.

> **[담보제공에 의한 유치권 소멸청구에 있어 담보의 상당성의 판단 기준 및 그 소멸청구권자]**
> 제327조에 의하여 제공하는 담보가 상당한가의 여부는 그 담보의 가치가 채권의 담보로서 상당한가, 태양에 있어 유치물에 의하였던 담보력을 저하시키지는 아니한가 하는 점을 종합하여 판단하여야 할 것인바, <u>유치물의 가격이 채권액에 비하여 과다한 경우에는 채권액 상당의 가치가 있는 담보를 제공하면 족하다고 할 것이고,</u> 한편 당해 유치물에 관하여 이해관계를 가지고 있는 자인 채무자나 유치물의 소유자는 상당한 담보가 제공되어 있는 이상 유치권 소멸 청구의 의사표시를 할 수 있다(대판 2001.12.11. 2001다59866).

3. 점유의 상실

> **제328조【점유상실과 유치권소멸】**
> 유치권은 점유의 상실로 인하여 소멸한다.

점유는 유치권의 성립요건인 동시에 존속요건이기도 하다. 따라서 원칙적으로 유치권은 점유의 상실로 인하여 소멸한다(제328조). 단, 유치권자의 간접점유는 점유상실에 해당하지 않는다.

---

03 질 권

제1관 총 설

Ⅰ 질권의 의의

> **제329조【동산질권의 내용】**
> 동산질권자는 채권의 담보로 채무자 또는 제3자가 제공한 동산을 점유하고 그 동산에 대하여 다른 채권자보다 자기채권의 우선변제를 받을 권리가 있다.
>
> **제345조【권리질권의 목적】**
> 질권은 재산권을 그 목적으로 할 수 있다. 그러나 부동산의 사용, 수익을 목적으로 하는 권리는 그러하지 아니하다.

질권이란 채권자가 채무의 변제를 받을 때까지 그 채권의 담보로 채무자 또는 제3자로부터 인도받은 물건 또는 재산권을 유치함으로써 채무의 변제를 간접적으로 강제하고, 이행기에 변제가 없으면 유치물의 환가대금으로부터 우선적으로 변제를 받을 수 있는 담보물권을 의미한다. 질권 설정만으로 질물 소유자가 목적물을 제3자에게 처분하는 것까지 금지되는 것은 아니다.

Ⅱ 질권의 법적 성질

① 경매권(제338조 제1항)뿐만 아니라 우선변제권도 인정된다(제329조).

② 저당권과 더불어 약정담보물권에 해당한다.

③ 질권은 유치적 효력이 있다(유치권과 동일하나, 저당권과 차이점이다).

④ 질권은 동산과 일정한 재산권에 대해서만 인정된다.

　　㉠ 부동산과 부동산에 관한 권리에는 질권이 설정될 수 없다(제329조, 제345조 단서).

　　㉡ 동산이더라도 등기, 등록으로 공시되는 것은 부동산으로 취급되어 질권이 아니라 저당권이 설정될 수 있다.

⑤ 담보물권으로서 통유성

　　㉠ 부종성이 인정된다. 즉 담보물권으로서 질권은 피담보채권에 부종한다. 다만 근질에서는 소멸의 부종성이 완화된다.

　　㉡ 수반성이 인정된다. 다만, 공시방법이 갖추어져야 한다.

　　㉢ 물상대위성이 인정된다(제342조).

> **제342조【물상대위】**
> 질권은 질물의 멸실, 훼손 또는 공용징수로 인하여 질권설정자가 받을 금전 기타 물건에 대하여도 이를 행사할 수 있다. 이 경우에는 그 지급 또는 인도전에 압류하여야 한다.

　　㉣ 불가분성이 인정된다(제343조, 제321조).

> **제343조【준용규정】**
> 제249조 내지 제251조, 제321조 내지 제325조의 규정은 동산질권에 준용한다.
>
> **제321조【유치권의 불가분성】**
> 유치권자는 채권전부의 변제를 받을 때까지 유치물전부에 대하여 그 권리를 행사할 수 있다.

제2관　동산질권

Ⅰ 동산질권의 성립

1. 약정질권

(1) 피담보채권의 존재

　　① 질권에 의하여 담보될 수 있는 채권의 종류에는 제한이 없다. 따라서 금전으로 가액을 산정할 수 없는 채권도 질권의 피담보채권으로 될 수 있다(제373조).

　　② 조건부 채권 또는 기한부 채권과 같은 장래의 채권도 성립에 관한 부종성이 완화되어 질권의 피담보채권으로서 적격성을 갖는다.

　　③ 일정한 계속적인 거래관계로부터 장래 발생될 다수의 불특정채권을 담보하기 위하여 설정되는 근질(根質) 또한 성립에 관한 부종성이 완화되어 유효성이 인정된다.

(2) 질권설정계약

① 동산질권은 질권설정에 관한 당사자 사이의 질권설정에 관한 물권적 합의에 의하여 설정되는 것이 원칙이다.

② 당사자

    ㉠ 질권자 : 원칙적으로 피담보채권의 채권자에 한한다.

    ㉡ 질권설정자 : 질권설정자에는 채무자와 물상보증인이 있다.

- 처분권한 : 질권의 설정은 처분행위이므로, 설정자에게는 원칙적으로 처분권한이 있거나 처분수권이 있어야 한다. 그러나 질권설정자에게 처분권한이 없더라도 질권자가 선의·무과실이면 질권을 선의취득할 수 있다(제343조, 제249조). 이 경우 선의, 무과실은 동산질권자가 입증하여야 한다(대판 1981.12.22. 80다2910).

- 물상보증인 : 타인의 채무를 담보하기 위하여 자기의 물건 위에 질권을 설정하는 자를 의미한다.
  - 물상보증인은 채무를 부담하지 않고 책임을 부담할 뿐이다.
  - 피담보채무를 변제하거나 질권이 실행되어 질물의 소유권을 잃으면 물상보증인은 보증채무에 관한 규정에 의하여 채무자에게 구상권을 행사할 수 있다(제341조).

> **[물상보증인의 구상권의 법적 성질]**
> 물상보증은 채무자 아닌 사람이 채무자를 위하여 담보물권을 설정하는 행위이고 채무자를 대신해서 채무를 이행하는 사무의 처리를 위탁받는 것이 아니므로, 물상보증인이 변제 등에 의하여 채무자를 면책시키는 것은 위임사무의 처리가 아니고 법적 의미에서는 의무 없이 채무자를 위하여 사무를 관리한 것에 유사하다. 따라서 물상보증인의 채무자에 대한 구상권은 그들 사이의 물상보증위탁계약의 법적 성질과 관계없이 민법에 의하여 인정된 별개의 독립한 권리이고, 그 소멸시효에 있어서는 민법상 일반채권에 관한 규정이 적용된다(대판 2001.4.24. 2001다6237).

- 담보권의 실행으로 담보물의 소유권을 잃은 경우 물상보증인의 구상범위는 매수인이 매각대금을 다 낸 때의 담보물의 시가를 기준으로 한다.

> 물상보증은 채무자 아닌 사람이 채무자를 위하여 담보물권을 설정하는 행위이고 물상보증인은 담보물로 물적 유한책임만을 부담할 뿐 채권자에 대하여 채무를 부담하지 않는다. 보증인은 '변제 기타의 출재(출재)로 주채무를 소멸하게 한 때' 주채무자에 대한 구상권이 있는 반면(제441조 제1항, 제444조 제1항, 제2항), 물상보증인은 '그 채무를 변제'한 경우 외에 '담보권의 실행으로 인하여 담보물의 소유권을 잃은 때'에도 채무자에 대한 구상권이 있다(제341조). 물상보증인이 담보권의 실행으로 타인의 채무를 담보하기 위하여 제공한 부동산의 소유권을 잃은 경우 물상보증인이 채무자에게 구상할 수 있는 범위는 특별한 사정이 없는 한 담보권의 실행으로 부동산의 소유권을 잃게 된 때, 즉 매수인이 매각대금을 다 낸 때의 부동산 시가를 기준으로 하여야 하고, 매각대금을 기준으로 할 것이 아니다(대판 2018.4.10. 2017다283028).

(3) 목적동산의 인도

> **제330조【설정계약의 요물성】**
> 질권의 설정은 질권자에게 목적물을 인도함으로써 그 효력이 생긴다.
>
> **제331조【질권의 목적물】**
> 질권은 양도할 수 없는 물건을 목적으로 하지 못한다.

> **제332조【설정자에 의한 대리점유의 금지】**
> 질권자는 설정자로 하여금 질물의 점유를 하게 하지 못한다.

① 동산질권설정계약의 요물성 여부(제330조) : 제330조의 취지에 관하여 질권설정계약을 요물계약이라고 보
  는 소수 견해가 있으나 물권변동에 성립요건주의를 취하는 결과 인도가 필요할 뿐이라는 <u>요물계약부정설</u>
  이 다수설이다.
② 동산질권의 목적물(제331조) : <u>양도성 있는 물건이어야 한다.</u>
③ 점유개정에 의한 질권설정의 금지(제332조) : 제332조의 취지는 질권의 유치적 효력의 확보이다. 따라서
  질권자가 질권설정자에게 자신의 의사에 기하여 질물을 반환한 경우에는 질권이 소멸한다. 즉, 인도는
  <u>질권의 성립요건이자 효력존속요건이다.</u>

2. 법정질권

> **제648조【임차지의 부속물, 과실 등에 대한 법정질권】**
> 토지임대인이 임대차에 관한 채권에 의하여 임차지에 부속 또는 그 사용의 편익에 공용한 임차인의 소유 동산 및 그 토지의
> 과실을 압류한 때에는 질권과 동일한 효력이 있다.
>
> **제650조【임차건물 등의 부속물에 대한 법정질권】**
> 건물 기타 공작물의 임대인이 임대차에 관한 채권에 의하여 그 건물 기타 공작물에 부속한 임차인 소유의 동산을 압류한
> 때에는 질권과 동일한 효력이 있다.

(1) 의 의
법정질권이란 법률의 규정에 의하여 당연히 성립하는 질권을 말한다. 그 예로 토지임대인의 법정질권(제648조)
과 건물 기타 공작물의 임대인의 법정질권(제650조)이 있다.

(2) 요 건
① 법정질권의 피담보채권은 임대인의「임대차에 관한 채권」이다. 즉, 차임, 위약금, 임대차에 기한 손해배
  상청구권 등이 그 예이다.
② 법정질권의 목적물은「임차인 소유」에 속하는 임대목적물에 부속하거나 그 사용의 편익에 제공한 동산과
  그 과실이다.
③ 채권자가 목적물을「압류」하여야 한다.
④ 일시사용을 위한 임대차가 아니어야 한다(제653조).

(3) 효 과
법정질권은 약정질권과 동일한 효력을 가진다.

Ⅱ 동산질권의 효력

1. 동산질권의 효력이 미치는 범위

(1) 목적물의 범위

① 동산질권은 설정계약에 의하여 질권의 목적물로써 질권자에게 인도된 물건 전부에 그 효력이 미친다. 또한 설정계약에서 달리 정하지 않는 한 종물이 인도된 경우에 한하여 질권의 효력은 종물에도 미친다(제100조 제2항).

② 동산질권에 대하여 유치권자의 과실수취권에 관한 규정이 준용되어(제343조, 제323조), 질권자는 질물에서 생기는 천연과실이나 소유자의 승낙을 얻어 질물을 임대한 경우(제324조 제2항) 차임을 수취하여 다른 채권자보다 우선하여 자기 채권의 변제에 충당할 수 있다.

③ **물상대위** : 질권은 질물의 멸실, 훼손 또는 공용징수로 인하여 질권설정자가 받을 금전 기타물건에 대하여도 이를 행사할 수 있다. 이 경우에는 그 지급 또는 인도 전에 압류하여야 한다(제342조).

(2) 피담보채권의 범위

> **제334조 【피담보채권의 범위】**
> 질권은 원본, 이자, 위약금, 질권실행의 비용, 질물보존의 비용 및 채무불이행 또는 질물의 하자로 인한 손해배상의 채권을 담보한다. 그러나 다른 약정이 있는 때에는 그 약정에 의한다.

① 질권은 원본, 이자, 위약금, 질권실행의 비용, 질물보존의 비용 및 채무불이행 또는 질물의 하자로 인한 손해배상의 채권을 담보한다(제334조 본문). 그러나 이러한 피담보채권의 범위는 당사자의 특약으로 변경될 수 있다(제334조 단서). 즉 제334조는 임의규정이다.

② **불가분성** : 질권은 피담보채권 전부에 관하여 목적물 전부 위에 그 효력이 미친다.

2. 유치적 효력

> **제335조 【유치적효력】**
> 질권자는 전조의 채권의 변제를 받을 때까지 질물을 유치할 수 있다. 그러나 자기보다 우선권이 있는 채권자에게 대항하지 못한다.

① 질권자는 피담보채권 전부를 변제받을 때까지 질물을 유치할 수 있다(제335조 본문). 그러나 자기보다 우선권이 있는 채권자에게 대항하지 못한다(제335조 단서).

② 질권자는 목적물을 유치할 권리를 가지므로, 유치권의 규정이 준용된다. 따라서 유치권자의 과실수취권(제323조), 선관의무(제324조) 및 비용상환청구권(제325조)에 관한 규정이 준용된다.

3. 우선변제적 효력

> **제333조 【동산질권의 순위】**
> 수개의 채권을 담보하기 위하여 동일한 동산에 수개의 질권을 설정한 때에는 그 순위는 설정의 선후에 의한다.

(1) 질권자의 순위

① 선순위질권자, 우선특권을 가지는 자, 질권에 우선하는 조세채권을 가지는 자 보다는 후순위이지만, 일반 채권자보다는 질물에 대해서 우선변제권이 있다.

② 질권설정자가 파산한 경우에는 질권자는 별제권을 가지고, 회생절차가 개시되면 피담보채권은 회생담보 권이 된다(채무자 회생 및 파산에 관한 법률 제411조, 제141조).

(2) 우선변제권의 행사방법

> **제338조【경매, 간이변제충당】**
> ① 질권자는 채권의 변제를 받기 위하여 질물을 경매할 수 있다.
> ② 정당한 이유있는 때에는 질권자는 감정자의 평가에 의하여 질물로 직접 변제에 충당할 것을 법원에 청구할 수 있다. 이 경우에는 질권자는 미리 채무자 및 질권설정자에게 통지하여야 한다.
>
> **제339조【유질계약의 금지】**
> 질권설정자는 채무변제기전의 계약으로 질권자에게 변제에 갈음하여 질물의 소유권을 취득하게 하거나 법률에 정한 방법에 의하지 아니하고 질물을 처분할 것을 약정하지 못한다.
>
> **제340조【질물 이외의 재산으로부터의 변제】**
> ① 질권자는 질물에 의하여 변제를 받지 못한 부분의 채권에 한하여 채무자의 다른 재산으로부터 변제를 받을 수 있다.
> ② 전항의 규정은 질물보다 먼저 다른 재산에 관한 배당을 실시하는 경우에는 적용하지 아니한다. 그러나 다른 채권자는 질권자에게 그 배당금액의 공탁을 청구할 수 있다.

① 행사요건 : 채무자가 이행지체에 빠진 경우여야 한다.

② 행사방법 : 경매(제338조 제1항)나 간이변제충당(제338조 제2항) 등이 있다.

　㉠ 경 매
　　• 먼지 자신의 담보물권을 실행하고, 부족하면 채무자의 일반재산에 집행권원을 언어 집행할 수 있다 (제340조 제1항).
　　• 질물보다 먼저 채무자의 다른 물건의 매각대금을 배당할 경우에, 질권자는 채권 전액을 가지고 배당에 참가할 수 있으며, 다른 채권자는 질권자에게 그 배당금의 공탁을 청구할 수 있다(제340조 제2항).

　㉡ 간이변제충당 : 정당한 이유가 있는 경우에, 질권자는 감정인의 평가에 의하여 질물로 직접 변제에 충당할 것을 법원에 청구할 수 있고, 질권자는 이 사실을 채무자 및 질권설정자에게 미리 통지해야 한다(제338조 제2항).

③ 유질계약의 금지(제339조)

　㉠ 민법은 폭리가능성을 막기 위해서 유질계약을 금지하고 있다. 즉 변제기 전에 체결된 유질계약만이 금지되며, 변제기 이후의 약정은 대물변제에 해당하여 유효하다.

　㉡ 유질계약은 무효이나, 질권설정계약 자체가 무효로 되는 것은 아니다.

Ⅲ 동산질권자의 전질권

> **제324조【유치권자의 선관의무】**
> ① 유치권자는 선량한 관리자의 주의로 유치물을 점유하여야 한다.
> ② 유치권자는 채무자의 승낙없이 유치물의 사용, 대여 또는 담보제공을 하지 못한다. 그러나 유치물의 보존에 필요한 사용은 그러하지 아니하다.
> ③ 유치권자가 전2항의 규정에 위반한 때에는 채무자는 유치권의 소멸을 청구할 수 있다.
>
> **제336조【전질권】**
> 질권자는 그 권리의 범위 내에서 자기의 책임으로 질물을 전질할 수 있다. 이 경우에는 전질을 하지 아니하였으면 면할 수 있는 불가항력으로 인한 손해에 대하여도 책임을 부담한다.
>
> **제337조【전질의 대항요건】**
> ① 전조의 경우에 질권자가 채무자에게 전질의 사실을 통지하거나 채무자가 이를 승낙함이 아니면 전질로써 채무자, 보증인, 질권설정자 및 그 승계인에게 대항하지 못한다.
> ② 채무자가 전항의 통지를 받거나 승낙을 한 때에는 전질권자의 동의없이 질권자에게 채무를 변제하여도 이로써 전질권자에게 대항하지 못한다.
>
> **제343조【준용규정】**
> 제249조 내지 제251조, 제321조 내지 제325조의 규정은 동산질권에 준용한다.

1. 서 설

전질이란 질권자가 자기의 채무를 담보하기 위하여 질물 위에 다시 제2의 질권을 설정하는 것을 말한다. 우리 민법은 책임전질(제336조)과 승낙전질(제343조, 제324조 제2항)의 두 형태를 인정하고 있다(다수설).

2. 책임전질

(1) 의 의

책임전질이란 질권자가 질권설정자의 승낙 없이 오로지 자기의 책임으로 하는 전질을 말한다(제336조 전문). 책임전질의 법적 성질에 대해서 ① 질물재입질설과 ② 채권·질권공동입질설의 다툼이 있으나 통설은 질권과 함께 피담보채권도 입질하는 것으로 본다(채권·질권공동입질설). 이에 따라 통설의 입장에서 요건과 효과를 검토하겠다.

(2) 요 건

① 전질권설정계약과 질물의 인도 : 전질도 질권의 일종이므로, 원질권자와 전질권자 사이의 전질권설정계약과 질물의 인도가 있어야 한다. 전질권설정계약에 원질권설정자의 동의나 승낙은 요구되지 않는다.

② 원질권의 범위 내일 것(제336조 전문) : 전질권의 피담보채권액은 원질권의 피담보채권액을 초과하지 못하며, 전질권의 존속기간 역시 원질권의 존속기간 내여야 한다.

③ 채무자에의 통지 또는 채무자의 승낙(제337조) : 전질은 피담보채권의 입질을 포함하므로, 권리질권설정의 요건을 갖추어야 한다.

(3) 효 과

① 원질권의 존속 : 전질권이 설정되더라도 원질권은 존속한다.

② 원질권자의 책임가중 : 전질권설정자는 전질을 하지 않았더라면 면할 수 있었을 불가항력으로 인한 손해에 대해서도 책임을 진다(제336조 후문).

③ 원질권자의 원질권 소멸행위의 금지 : 원질권은 전질권자의 우선변제의 대상이기 때문에 원질권자는 그 질권을 소멸하게 하는 처분행위를 하지 못한다(제352조 참고).

④ 원질권설정자의 채권소멸행위의 금지 : 전질이 대항요건을 갖춘 때, 즉 채무자(원질권설정자)가 전질의 통지를 받거나 승낙을 한 때에는 채무자는 원채권을 소멸시키지 않을 구속을 받게 되므로, 전질권자의 동의 없이 원질권자에게 채무를 변제하여도 이로써 전질권자에게 대항하지 못한다(제337조 제2항).

⑤ 유치적 효력 : 전질권자는 자기의 피담보채권의 변제를 받을 때까지 질물을 유치할 수 있다(제335조).

⑥ 전질권의 실행요건 : 전질권자가 전질권의 실행을 하기 위해서는 자기의 채권이 변제기가 도래하였을 뿐만 아니라 원질권의 피담보채권도 변제기가 도래하였어야 한다.

3. 승낙전질

(1) 의 의

승낙전질이란 질권자가 질물소유자의 승낙을 받아 그 질물 위에 다시 질권을 성립시키는 것을 말한다(제343조, 제324조 제2항). 승낙전질의 법질 성질에 대해서는 통설은 책임전질과 달리 원질권과는 전혀 별개로서 독립적으로 설정된 것으로 본다(질물재입질설).

(2) 요 건

① 전질권설정계약과 질물의 인도

② 질물소유자의 승낙이 있을 것 : 승낙 없이 전질하면 질권의 소멸을 청구할 수 있다(제343조, 제324조 제3항).

③ 기타 책임전질과 차이점 : 승낙전질은 원질권과 무관하므로, 책임전질과 달리 피담보채권의액 및 존속기간에 대한 제한을 받지 않는다. 또한 제337조의 통지도 필요 없다.

(3) 효 과

① 원질권자의 책임 불가중 : 책임전질에서와 달리 질물에 관한 질권자의 책임이 가중되지 않는다.

② 원질권설정자의 질권소멸행위 가능 : 승낙전질은 원질권과는 무관한 전질로서 원질권의 피담보채권이 입질된 것이 아니므로, 원질권설정자는 질권소멸행위를 할 수 있다.

IV 동산질권의 침해에 대한 구제

1. 점유보호청구권

동산 질권은 질물을 점유하는 물권이므로, 점유가 침해된 경우 질권자는 점유보호청구권을 행사 할 수 있다(제204조 내지 제206조).

2. 질권에 기한 물권적 청구권

민법은 소유권에 기한 물권적 청구권의 규정(제213조, 제214조)을 각종의 물권에 준용하는 규정을 두면서, 질권에 관해서는 준용규정을 두고 있지 않았다. 이에 질권자에게 점유보호청구권 외에 질권에 기한 물권적 청구권을 인정할 것인지에 대한 다툼이 있으나, 다수설은 질권도 물권이므로, 그 내용의 실현이 침해당하고 있는 때에는 당연히 물권적 청구권을 행사할 수 있다는 입장이다.

3. 불법행위에 기한 손해배상청구권

질권설정자나 제3자가 질물을 훼손한 경우, 질권자는 불법행위에 기한 손해배상청구권을 행사할 수 있다 (제750조).

4. 즉시변제청구권

질권설정자인 채무자가 질물을 손상 내지 멸실시킨 경우, 질권자는 피담보채권의 즉시이행을 청구할 수 있다 (제388조).

Ⅴ 동산질권의 소멸

1. 소멸사유

① **물권 일반에 공통된 소멸사유** : 질권도 물권 일반의 소멸사유인 목적물의 멸실, 혼동, 포기 등으로 소멸한다. 그러나 질권 자체가 피담보채권과 독립하여 시효로 소멸하는 경우는 없다.
② **담보물권에 공통된 소멸사유** : 피담보채권의 소멸, 질권의 실행, 질권자에 우선하는 다른 채권자의 간이 변제충당
③ **동산질권 특유의 소멸사유** : 질권자의 질권설정자에 대한 목적물 반환, 의무 위반을 이유로 한 질권설정자의 소멸청구(제343조, 제324조 제3항)

2. 소멸의 효과

① 질물을 질권설정자에게 반환하여야 한다.
② 질물의 반환은 피담보채권의 변제와 동시이행의 관계에 있지 않다. 즉, 피담보채권의 변제가 선이행의무이다. 따라서 피담보채권을 변제하지 않고 질물의 반환을 소송상 청구하는 경우, 상환이행판결이 아닌 원고 전부패소판결을 해야 한다.

Ⅵ 증권에 의하여 표창되는 동산의 입질

① **의의** : 질권은 원칙적으로 목적물의 점유이전에 의하여 공시된다. 그러나 목적물의 점유이전이 불편한 경우이거나 부적절한 경우가 있기 때문에 질권의 목적물이 상품인 경우 이를 증권에 화체시켜 그 증권의 점유로 상품 자체의 점유에 갈음하게 되었다. 이에 대한 대표적인 것으로 운송증권을 들 수 있다. 운송증권에 의한 입질은 권리질이 아니라 동산질이다.
② **입질방법** : 동 증권 등은 지시채권이므로, 질권설정의 합의와 증권의 배서·교부로 질권설정을 할 수 있다.

Ⅰ　서 설

1. 의 의

권리질권이란 동산 이외의 재산권을 목적으로 하는 질권을 말한다(제345조 본문). 권리질권에서 유치적 효력은 동산질권과 같은 채무변제를 심리적으로 강제하는 기능은 없으나, 권리행사 또는 처분을 금지함으로써 단지 교환가치를 지배할 뿐이다.

2. 목적(대상)

> **제331조【질권의 목적물】**
> 질권은 양도할 수 없는 물건을 목적으로 하지 못한다.
>
> **제345조【권리질권의 목적】**
> 질권은 재산권을 그 목적으로 할 수 있다. 그러나 부동산의 사용, 수익을 목적으로 하는 권리는 그러하지 아니하다.
>
> **제355조【준용규정】**
> 권리질권에는 본절의 규정 외에 동산질권에 관한 규정을 준용한다.

① 권리질권의 목적으로 될 수 있는 것은 양도성을 가진 재산권이어야 한다(제355조, 제345조, 제331조). 따라서 재산권이더라도 일신전속권과 같이 양도성이 없으면 권리질권의 목적이 되지 못한다.
② 양도성을 가진 재산권이더라도 지상권·전세권·부동산임차권 등 부동산의 사용·수익을 목적으로 하는 권리는 질권의 목적으로 할 수 없다(제345조 단서).
③ 특허권도 권리질권의 목적이 될 수 있다(특허법 제121조).

3. 설정방법

> **제346조【권리질권의 설정방법】**
> 권리질권의 설정은 법률에 다른 규정이 없으면 그 권리의 양도에 관한 방법에 의하여야 한다.

Ⅱ　채권질권

1. 의 의

권리질권 중 채권을 목적으로 하는 질권을 채권질권이라 한다.

2. 채권질권의 목적(대상)

(1) 원칙 : 양도성이 있는 채권

장래의 채권·조건부 채권·선택채권 등에 관하여도 질권을 설정할 수 있으며, 금전으로 가액을 평가할 수 없는 채권도 질권의 피담보채권이 될 수 있다.

(2) 예외 : 양도성이 없는 채권

① 법률상 처분이 금지된 채권이나 성질상 양도성이 없는 채권은 입질하지 못한다(제449조 제1항 단서).

② 당사자의 특약으로 양도가 금지된 채권(제449조 제2항 본문)도 질권의 목적이 될 수 없다. 그러나 이러한 당사자의 특약으로 선의·무중과실의 제3자에게 대항할 수 없으므로(제449조 제2항 단서), 질권자가 중과실 없이 이를 모르고 질권의 설정을 받은 경우에는 유효하게 질권을 취득 할 수 있다.

3. 채권질권의 설정(질권설정의 합의 + 공시방법)

> **제347조 【설정계약의 요물성】**
> 채권을 질권의 목적으로 하는 경우에 채권증서가 있는 때에는 질권의 설정은 그 증서를 질권자에게 교부함으로써 그 효력이 생긴다.

① 지시채권(제350조)이나 무기명채권(제351조)에 관해서는 특칙이 따로 있기 때문에 법문에도 불구하고 제347조 규정이 적용되는 것은 지명채권에 한한다.

② 제347조의 '채권증서'는 채권의 존재를 증명하기 위하여 채권자에게 제공된 문서로서 특정한 이름이나 형식을 따라야 하는 것은 아니지만, 장차 변제 등으로 채권이 소멸하는 경우에는 제475조에 따라 채무자가 채권자에게 그 반환을 청구할 수 있는 것이어야 한다. 이에 비추어 임대차계약서와 같이 계약 당사자 쌍방의 권리의무관계의 내용을 정한 서면은 그 계약에 의한 권리의 존속을 표상하기 위한 것이라고 할 수는 없으므로 위 채권증서에 해당하지 않는다(대판 2013.8.22. 2013다32574).

4. 채권질권의 공시방법

(1) 지명채권

> **제349조 【지명채권에 대한 질권의 대항요건】**
> ① 지명채권을 목적으로 한 질권의 설정은 설정자가 제450조의 규정에 의하여 제3채무자에게 질권설정의 사실을 통지하거나 제3채무자가 이를 승낙함이 아니면 이로써 제3채무자 기타 제3자에게 대항하지 못한다.
> ② 제451조의 규정은 전항의 경우에 준용한다.

① 질권설정의 합의와 증서가 있으면 증서를 교부함으로써 성립한다.

② 채무자에 대한 통지와 승낙은 대항요건에 해당한다(제349조).

> **[채권양도나 채권에 대한 질권설정에 있어서 채무자가 이의를 보류하지 않은 승낙을 한 경우]**
> [1] 채권양도나 채권에 대한 질권설정에 있어서 채무자가 이의를 보류하지 않은 승낙을 한 경우, 채무자는 질권설정자에게 대항할 수 있는 사유로서 질권자에게 대항할 수 없고, 이 경우 대항할 수 없는 사유는 협의의 항변권에 한하지 아니하고, 넓게 채권의 성립, 존속, 행사를 저지하거나 배척하는 사유를 포함한다.
> [2] 채권의 양도나 질권의 설정에 대하여 이의를 보류하지 아니하고 승낙을 하였더라도 양수인 또는 질권자가 악의 또는 중과실의 경우에 해당하는 한 채무자의 승낙 당시까지 양도인 또는 질권설정자에 대하여 생긴 사유로써도 양수인 또는 질권자에게 대항할 수 있다(대판 2002.3.29. 2000다13887).

(2) 지시채권

제350조 [지시채권에 대한 질권의 설정방법]
지시채권을 질권의 목적으로 한 질권의 설정은 증서에 배서하여 질권자에게 교부함으로써 그 효력이 생긴다.

(3) 무기명채권

제351조 [무기명채권에 대한 질권의 설정방법]
무기명채권을 목적으로 한 질권의 설정은 증서를 질권자에게 교부함으로써 그 효력이 생긴다.

(4) 저당권부 채권

제348조 [저당채권에 대한 질권과 부기등기]
저당권으로 담보한 채권을 질권의 목적으로 한 때에는 그 저당권등기에 질권의 부기등기를 하여야 그 효력이 저당권에 미친다.

제348조는 저당권으로 담보한 채권을 질권의 목적으로 한 때에는 그 저당권설정등기에 질권의 부기등기를 하여야 그 효력이 저당권에 미친다고 정한다. 저당권에 의하여 담보된 채권에 질권을 설정하였을 때 저당권의 부종성으로 인하여 등기 없이 성립하는 권리질권이 당연히 저당권에도 효력이 미친다고 한다면, 공시의 원칙에 어긋나고 그 저당권에 의하여 담보된 채권을 양수하거나 압류한 사람, 저당부동산을 취득한 제3자 등에게 예측할 수 없는 질권의 부담을 줄 수 있어 거래의 안전을 해할 수 있다. 이에 따라 제348조는 저당권설정등기에 질권의 부기등기를 한 때에만 질권의 효력이 저당권에 미치도록 한 것이다. 이는 제186조에서 정하는 물권변동에 해당한다. 이러한 제348조의 입법 취지에 비추어 보면, '담보가 없는 채권에 질권을 설정한 다음 그 채권을 담보하기 위해서 저당권을 설정한 경우'에도 '저당권으로 담보한 채권에 질권을 설정한 경우'와 달리 볼 이유가 없다. 또한 담보가 없는 채권에 질권을 설정한 다음 그 채권을 담보하기 위해 저당권을 설정한 경우에, 당사자 간 약정 등 특별한 사정이 있는 때에는 저당권이 질권의 목적이 되지 않을 수 있으므로, 질권의 효력이 저당권에 미치기 위해서는 질권의 부기등기를 하도록 함으로써 이를 공시할 필요가 있다. 따라서 담보가 없는 채권에 질권을 설정한 다음 그 채권을 담보하기 위해 저당권이 설정되었더라도, 제348조가 유추적용되어 저당권설정등기에 질권의 부기등기를 하지 않으면 질권의 효력이 저당권에 미친다고 볼 수 없다(대판 2020.4.29. 2016다235411).

5. 채권질권의 효력

> **제355조【준용규정】**
> 권리질권에는 본절의 규정 외에 동산질권에 관한 규정을 준용한다.

(1) 효력이 미치는 범위

① 피담보채권의 범위는 동산질권에서와 같으며(제355조, 제334조), 불가분성도 인정된다(제355조, 제343조, 제321조).

② 채권질권의 효력은 입질된 원본채권 및 그 이자채권과 이들에 관한 인적·물적 담보 모두에 미친다(제355조, 제334조).

(2) 유치적 효력

① **채권증서의 유치** : 질권자는 채권증서를 점유하고, 변제가 있을 때까지 이를 유치할 수 있다(제355조, 제335조).

② **질권설정자 및 제3채무자에 대한 구속력**

　㉠ 질권설정자에 대한 구속력

　　• 질권설정자는 질권자의 동의 없이 질권이 목적이 된 권리를 소멸하게 하거나 질권자의 이익을 해하는 변경을 할 수 없다(제352조).

　　• 질권의 목적인 채권의 양도행위는 제352조 소정의 질권자의 이익을 해하는 변경에 해당되지 않으므로 질권자의 동의를 요하지 아니한다(대판 2005.12.22. 2003다55059). **기출** 21

　㉡ 제3채무자에 대한 구속력

　　• 제3채무자의 경우 제352조와 같은 규정은 없으나, 질권설정의 통지를 받거나 이를 승낙한 경우라면 질권설정자에게 입질채권을 변제하지 못한다고 보아야 한다.

　　• 제352조를 위반한 질권설정자의 행위의 효력(상대적 무효)

> 제352조가 질권설정자는 질권자의 동의 없이 질권의 목적된 권리를 소멸하게 하거나 질권자의 이익을 해하는 변경을 할 수 없다고 규정한 것은 질권자가 질권의 목적인 채권의 교환가치에 대하여 가지는 배타적 지배권능을 보호하기 위한 것이므로, 질권설정자와 제3채무자가 질권의 목적된 권리를 소멸하게 하는 행위를 하였다고 하더라도 이는 질권자에 대한 관계에 있어 무효일 뿐이어서 특별한 사정이 없는 한 질권자 아닌 제3자가 그 무효의 주장을 할 수는 없다(대판 1997.11.11. 97다35375).

(3) 우선변제적 효력

채권질권은 유치적 효력 외에 우선변제적 효력도 있다. 민법은 입질채권의 실행방법으로 채권의 직접청구(제353조)와 민사집행법이 정하는 집행(제354조)을 인정한다.

① 채권의 직접청구

> **제353조【질권의 목적이 된 채권의 실행방법】**
> ① 질권자는 질권의 목적이 된 채권을 직접 청구할 수 있다.
> ② 채권의 목적물이 금전인 때에는 질권자는 자기채권의 한도에서 직접 청구할 수 있다.
> ③ 전항의 채권의 변제기가 질권자의 채권의 변제기보다 먼저 도래한 때에는 질권자는 제삼채무자에 대하여 그 변제금액의 공탁을 청구할 수 있다. 이 경우에 질권은 그 공탁금에 존재한다.
> ④ 채권의 목적이 금전 이외의 물건인 때에는 질권자는 그 변제를 받은 물건에 대하여 질권을 행사할 수 있다.

[채권질권의 효력 범위 및 그 실행 방법]

질권의 목적이 된 채권이 금전채권인 때에는 질권자는 자기채권의 한도에서 질권의 목적이 된 채권을 직접 청구할 수 있고, 채권질권의 효력은 질권의 목적이 된 채권의 지연손해금 등과 같은 부대채권에도 미치므로 채권질권자는 질권의 목적이 된 채권과 그에 대한 지연손해금채권을 피담보채권의 범위에 속하는 자기채권액에 대한 부분에 한하여 직접 추심하여 자기채권의 변제에 충당할 수 있다(대판 2005.2.25. 2003다40668). 기출 21

[입질채권의 발생원인인 계약관계에 무효 등의 흠이 있어 입질채권이 부존재하는 경우, 제3채무자가 질권자를 상대로 직접 부당이득반환을 구할 수 있는지 여부(원칙적 소극)]

입질채권의 발생원인인 계약관계에 무효 등의 흠이 있어 입질채권이 부존재한다고 하더라도 제3채무자는 특별한 사정이 없는 한 상대방 계약당사자인 질권설정자에 대하여 부당이득반환을 구할 수 있을 뿐이고 질권자를 상대로 직접 부당이득반환을 구할 수 없다. 이와 달리 제3채무자가 질권자를 상대로 직접 부당이득반환청구를 할 수 있다고 보면 자기 책임하에 체결된 계약에 따른 위험을 제3자인 질권자에게 전가하는 것이 되어 계약법의 원리에 반하는 결과를 초래할 뿐만 아니라 질권자가 질권설정자에 대하여 가지는 항변권 등을 침해하게 되어 부당하기 때문이다(대판 2015.5.29. 2012다92258).

[질권자가 제3채무자로부터 자기채권을 초과하여 금전을 지급받은 경우, 제3채무자가 질권자를 상대로 초과지급 부분에 관하여 부당이득반환을 구할 수 있는지 여부(원칙적 적극) 및 질권자가 초과 지급 부분을 질권설정자에게 그대로 반환한 경우에도 마찬가지인지 여부(소극)]

질권자가 제3채무자로부터 자기채권을 초과하여 금전을 지급받은 경우 초과 지급 부분에 관하여는 제3채무자의 질권설정자에 대한 급부와 질권설정자의 질권자에 대한 급부가 있다고 볼 수 없으므로, 제3채무자는 특별한 사정이 없는 한 질권자를 상대로 초과 지급 부분에 관하여 부당이득반환을 구할 수 있지만, 부당이득반환청구의 상대방이 되는 수익자는 실질적으로 그 이익이 귀속된 주체이어야 하는데, 질권자가 초과 지급 부분을 질권설정자에게 그대로 반환한 경우에는 초과 지급 부분에 관하여 질권설정자가 실질적 이익을 받은 것이지 질권자로서는 실질적 이익이 없다고 할 것이므로, 제3채무자는 질권자를 상대로 초과지급 부분에 관하여 부당이득반환을 구할 수 없다(대판 2015.5.29. 2012다92258).

[타인에 대한 채무의 담보로 제3채무자에 대한 채권에 대하여 권리질권을 설정하고, 질권설정자가 제3채무자에게 질권설정의 사실을 통지하거나 제3채무자가 이를 승낙하였는데, 제3채무자가 질권자의 동의 없이 질권의 목적인 채무를 변제한 경우, 이로써 질권자에게 대항할 수 있는지 여부(소극) 및 이는 제3채무자가 질권자의 동의 없이 질권설정자와 상계합의를 하여 질권의 목적인 채무를 소멸시킨 경우에도 마찬가지인지 여부(적극)]

타인에 대한 채무의 담보로 제3채무자에 대한 채권에 대하여 권리질권을 설정한 경우 질권설정자는 질권자의 동의 없이 질권의 목적된 권리를 소멸하게 하거나 질권자의 이익을 해하는 변경을 할 수 없다(제352조). 이는 질권자가 질권의 목적인 채권의 교환가치에 대하여 가지는 배타적 지배권능을 보호하기 위한 것이다. 따라서 질권설정자가 제3채무자에게 질권설정의 사실을 통지하거나 제3채무자가 이를 승낙한 때에는 제3채무자가 질권자의 동의 없이 질권의 목적인 채무를 변제하더라도 이로써 질권자에게 대항할 수 없고, 질권자는 제353조 제2항에 따라 여전히 제3채무자에 대하여 직접 채무의 변제를 청구할 수 있다. 제3채무자가 질권자의 동의 없이 질권설정자와 상계합의를 함으로써 질권의 목적인 채무를 소멸하게 한 경우에도 마찬가지로 질권자에게 대항할 수 없고, 질권자는 여전히 제3채무자에 대하여 직접 채무의 변제를 청구할 수 있다(대판 2018.12.27. 2016다265689).

② 민사집행법이 정하는 집행

> **제354조【동전】**
> 질권자는 전조의 규정에 의하는 외에 민사집행법에 정한 집행방법에 의하여 질권을 실행할 수 있다.

민사집행법이 정하는 집행방법은 채권의 추심, 전부, 현금화(환가)이다(민사집행법 제273조, 제223조 이하). 이 경우 집행권원은 필요하지 않다.

(4) 기 타

① 유질계약의 금지 : 채권질권에 관해서도 유질계약의 금지에 관한 제339조가 준용된다(제355조).
② 전질 : 채권질권자도 전질을 할 수 있으며, 동산질권에 관한 규정이 준용된다(제355조, 제336조, 제337조).

제1관   총 설

I   의 의

> **제356조 【저당권의 내용】**
> 저당권자는 채무자 또는 제3자가 점유를 이전하지 아니하고 채무의 담보로 제공한 부동산에 대하여 다른 채권자보다 자기채권의 우선변제를 받을 권리가 있다.

저당권이란 채권자가 채무담보를 위하여 채무자 또는 제3자(물상보증인)가 제공한 부동산 기타 목적물의 점유를 이전받지 않은 채 그 목적물을 관념적으로만 지배하다가, 채무의 변제가 없으면 그 목적물로부터 우선변제를 받을 수 있는 담보물권을 말한다(제356조).

II   법적 성질

1. 물 권

물권으로서 저당권은 우선변제적 효력에 의하여 목적물의 교환가치를 직접적 · 배타적으로 지배한다.

2. 담보물권

① 타물권 : 저당권은 타인 소유의 부동산을 목적으로 하는 타물권이다. 따라서 원칙적으로 소유자저당권의 성립은 불가능하고, 혼동의 예외로서 자기 소유의 부동산 위에 저당권이 성립할 수 있을 뿐이다.

② 질권과 마찬가지로 원칙적으로 약정담보물권이다. 단, 예외적으로 법정저당권(제649조)이 인정된다.

③ 담보물권의 통유성

  ㉠ 부종성 : 담보물권으로서 저당권은 피담보채권에 부종한다. 따라서 피담보채권이 시효의 완성 기타 사유로 인하여 소멸한 때에는 저당권도 소멸한다(제369조). 단, 근저당에서는 성립과 소멸에서 부종성이 완화된다.

  ㉡ 수반성 : 저당권은 피담보채권과 분리하여 타인에게 양도하거나 다른 채권의 담보로 하지 못한다(제361조).

  ㉢ 불가분성 : 저당권은 채권 전부의 변제를 받을 때까지 목적물 전부에 대하여 그 권리를 행사할 수 있다(제370조, 제321조).

  ㉣ 물상대위성 : 저당권은 목적물의 멸실, 훼손 또는 공용징수로 인하여 저당권설정자가 받은 금전 기타 물건에 대하여도 행사할 수 있다(제370조, 제342조).

Ⅰ　약정(법률행위)에 의한 저당권 : 저당권설정계약 + 등기

1. 피담보채권의 존재

① 저당권의 피담보채권은 제한이 없다. 보통 금전채권이지만, 금전의 지급 이외의 급부를 목적으로 하는 채권은 물론이고, 금전으로 가액을 산정할 수 없는 채권이라도 저당권의 피담보채권이 될 수 있다. 다만, 피담보채권액이 등기사항이므로(부동산등기법 제75조, 제77조), 등기된 가액의 한도에서만 우선변제권을 주장할 수 있다.

② 장래에 발생할 특정의 조건부 채권을 위해서도 저당권을 설정할 수 있다. 나아가 장래의 증감·변동하는 불특정다수의 채권에 대해서도 목적물이 담보하는 일정한 한도를 정하고 저당권을 설정할 수 있는데, 이를 근저당이라 한다(제357조). 이는 부종성이 완화된 것이다.

2. 저당권의 목적물(객체)

① 민법이 인정하는 저당권의 객체는 부동산 및 부동산물권(지상권, 전세권)이다.

② 특별법이 인정하는 저당권의 객체는 등기된 선박(상법 제871조, 선박등기법 제3조), 입목 등기가 경료된 입목(입목에 관한 법률 제3조), 광업권(광업법 제11조), 어업권(수산업법 제16조), 공장재단·광업재단(공장 및 광업재단 저당법 제10조, 제52조) 등이 있다.

3. 저당권설정계약

(1) 계약의 성질

① 저당권설정계약은 저분행위에 해당하므로, 서당권설정자는 목적물에 관한 처분권 또는 대리권을 가지고 있어야 한다.

② 저당권설정계약은 불요식이며, 조건이나 기한을 붙일 수 있다.

③ 저당권설정계약은 피담보채권의 발생을 위한 계약에 종된 계약이다(∵ 저당권의 부종성).

(2) 계약의 당사자

① **저당권자** : 저당권의 부종성 때문에 저당권자는 원칙적으로 피담보채권의 채권자에 한한다. 다만, 일정한 경우 채권자 아닌 제3자를 저당권자로 하는 등기도 유효하다.

② **저당권설정자** : 저당권설정자는 보통 채무자이지만, 제3자(물상보증인)라도 무방하다.

4. 저당권설정등기

(1) 설정등기

① 저당권은 저당권설정계약 외에 설정등기가 있어야 성립한다(제186조).

② 동일목적물 위에 성립한 저당권과 다른 물권의 우열관계는 등기의 선후에 의하여 결정된다.

③ 저당권설정등기비용은 다른 특별한 약정이 없으면 채무자가 부담하는 것이 종래의 거래관행이다(대판 1962.2.15. 4294민상291).

(2) 제3자 명의로 저당권등기를 한 경우

1) 채권자 아닌 제3자를 저당권자로 등기한 경우

① 원칙 : 저당권의 부종성 때문에 저당권자는 원칙적으로 피담보채권의 채권자에 한한다. 따라서 제3자 명의의 저당권등기는 원칙적으로 무효이다.

② 예외 : 유효

> 채권담보의 목적으로 채무자 소유의 부동산을 담보로 제공하여 저당권을 설정하는 경우에는 담보물권의 부종성의 법리에 비추어 원칙적으로 채권과 저당권이 그 주체를 달리할 수 없는 것이지만, 채권자 아닌 제3자의 명의로 저당권등기를 하는 데 대하여 채권자와 채무자 및 제3자 사이에 합의가 있었고, 나아가 제3자에게 그 채권이 실질적으로 귀속되었다고 볼 수 있는 특별한 사정이 있거나, 거래경위에 비추어 제3자의 저당권등기가 한낱 명목에 그치는 것이 아니라 그 제3자도 채무자로부터 유효하게 채권을 변제받을 수 있고 채무자도 채권자나 저당권 명의자인 제3자 중 누구에게든 채무를 유효하게 변제할 수 있는 관계 즉 묵시적으로 채권자와 제3자가 불가분적 채권자의 관계에 있다고 볼 수 있는 경우에는, 그 제3자 명의의 저당권등기도 유효하다고 볼 것이고, 이러한 법리는 채권 담보를 목적으로 가등기를 하는 경우에도 마찬가지로 적용된다(대판 2009.11.26. 2008다64478·64485·64492).

2) 채무자 아닌 제3자를 채무자로 등기한 경우

① 원칙 : 저당권의 부종성 때문에 저당권설정자는 원칙적으로 채무자에 한한다. 따라서 저당권설정계약상의 채무자 아닌 제3자를 채무자로 하여 경료된 등기는 원칙적으로 무효이다.

> 근저당권 설정계약상의 채무자 아닌 제3자를 채무자로 하여 된 근저당권 설정등기는 채무자를 달리 한 것이므로 근저당권의 부종성에 비추어 원인 없는 무효의 등기이다(대판 1981.9.8. 80다1468).

② 예외 : 유효

> 자기 소유 부동산을 타인에게 명의신탁한 명의신탁자가 제3자와의 거래관계에서 발생하는 차용금 채무를 담보하기 위하여 위 부동산에 제3자 명의로 근저당권을 설정함에 있어서 당사자 간의 편의에 따라 명의수탁자를 채무자로 등재한 경우 위 부동산의 근저당권이 담보하는 채무는 명의신탁자의 제3자에 대한 채무로 보아야 한다(대결 1999.7.22. 99마2870).

(3) 저당권등기의 불법말소

저당권등기가 불법말소된 경우, 등기는 효력발생요건일 뿐이지 효력존속요건은 아니므로 저당권은 소멸되지 않고 여전히 존속한다(통설·판례).

> 등기는 물권의 효력 발생 요건이고 존속 요건은 아니어서 등기가 원인 없이 말소된 경우에는 그 물권의 효력에 아무런 영향이 없고, 그 회복등기가 마쳐지기 전이라도 말소된 등기의 등기명의인은 적법한 권리자로 추정되므로, 근저당권설정등기가 위법하게 말소되어 아직 회복등기를 경료하지 못한 연유로 그 부동산에 대한 경매절차의 배당기일에서 피담보채권액에 해당하는 금액을 배당받지 못한 근저당권자는 배당기일에 출석하여 이의를 하고 배당이의의 소를 제기하여 구제를 받을 수 있고, 가사 배당기일에 출석하지 않음으로써 배당표가 확정되었다고 하더라도, 확정된 배당표에 의하여 배당을 실시하는 것은 실체법상의 권리를 확정하는 것이 아니기 때문에 위 경매절차에서 실제로 배당받은 자에 대하여 부당이득반환 청구로서 그 배당금의 한도 내에서 그 근저당권설정등기가 말소되지 아니하였더라면 배당받았을 금액의 지급을 구할 수 있다(대판 2002.10.22. 2000다59678).

II 법률의 규정에 의한 법정저당권(제649조)

> **제649조 【임차지상의 건물에 대한 법정저당권】**
> 토지임대인이 변제기를 경과한 최후 2년의 차임채권에 의하여 그 지상에 있는 임차인소유의 건물을 압류한 때에는 저당권과 동일한 효력이 있다.

제3관 | 저당권의 효력

I 저당권의 효력이 미치는 범위

1. 목적물의 범위

(1) 부합물과 종물

> **제358조 【저당권의 효력의 범위】**
> 저당권의 효력은 저당부동산에 부합된 물건과 종물에 미친다. 그러나 법률에 특별한 규정 또는 설정행위에 다른 약정이 있으면 그러하지 아니하다.

1) 부합물

① 원칙 : 저당권의 효력은 저당부동산에 부합된 물건에 미친다(제358조 본문). 부합의 시기는 불문한다. 따라서 저당권설정 당시 부합된 것이든 이 후 부합된 것이든 상관없이 부합물에 대하여 저당권의 효력이 미친다.

> • 건물이 증개축·대수리된 경우에도 동일성이 인정되는 한 현존건물 전체에 대하여 저당권의 효력이 미친다(대결 1966.5.19. 66마592).
> • 건물이 증축된 경우에 증축부분이 본래의 건물에 부합되어 본래의 건물과 분리하여서는 전혀 별개의 독립물로서의 효용을 갖지 않는다면, 위 증축부분에 관하여 별도로 보존등기가 경료되었고 본래의 건물에 대한 경매절차에서 경매목적물로 평가되지 아니하였다고 할지라도 경락인은 그 부합된 증축부분의 소유권을 취득한다(대판 1981.11.10. 80다2757·2758). 반면에 경매법원이 기존건물의 종물이라거나 부합된 부속건물이라고 볼 수 없는 건물에 대하여 경매신청된 기존건물의 부합물이나 종물로 보고서 경매를 같이 진행하여 경락허가를 하였다 하더라도 그 독립된 건물에 대한 경락은 당연무효이고 따라서 그 경락인은 위 독립된 건물에 대한 소유권을 취득할 수 없다(대판 1988.2.23. 87다카600).

② 예외 : 법률에 특별한 규정이 있는 경우나 설정행위에서 다른 약정을 한 경우, 그 특약이 등기되어 있다면 저당권의 효력은 부합물에 미치지 않는다(제358조 단서).

2) 종 물

① 저당권의 효력은 저당부동산의 종물에도 미친다(제358조 본문). 부합물과 마찬가지로 종물로 된 시기는 불문한다. 따라서 저당권이 설정된 후의 종물에도 저당권이 효력이 미친다(대결 1971.12.10. 71마757).

② 주된 권리에 설정된 저당권의 효력은 종된 권리에도 미친다.

- 제358조 본문은 "저당권의 효력은 저당부동산에 부합된 물건과 종물에 미친다."고 규정하고 있는바, 이 규정은 저당부동산에 종된 권리에도 유추적용된다(대판 1995.8.22. 94다12722).
- 저당권의 실행으로 부동산이 경매된 경우에 그 부동산에 부합된 물건은 그것이 부합될 당시에 누구의 소유이었는지를 가릴 것 없이 그 부동산을 낙찰받은 사람이 소유권을 취득하지만, 그 부동산의 상용에 공하여진 물건일지라도 그 물건이 부동산의 소유자가 아닌 다른 사람의 소유인 때에는 이를 종물이라고 할 수 없으므로 부동산에 대한 저당권의 효력에 미칠 수 없어 부동산의 낙찰자가 당연히 그 소유권을 취득하는 것은 아니며, 나아가 부동산의 낙찰자가 그 물건을 선의취득하였다고 할 수 있으려면 그 물건이 경매의 목적물로 되었고 낙찰자가 선의이며 과실 없이 그 물건을 점유하는 등으로 선의취득의 요건을 구비하여야 한다(대판 2008.5.8. 2007다36933·36940).
- 건물의 소유를 목적으로 하여 토지를 임차한 사람이 그 토지 위에 소유하는 건물에 저당권을 설정한 때에는 제358조 본문에 따라서 저당권의 효력이 건물뿐만 아니라 건물의 소유를 목적으로 한 토지의 임차권에도 미친다고 보아야 할 것이므로, 건물에 대한 저당권이 실행되어 경락인이 건물의 소유권을 취득한 때에는 특별한 다른 사정이 없는 한 건물의 소유를 목적으로 한 토지의 임차권도 건물의 소유권과 함께 경락인에게 이전된다(대판 1993.4.13. 92다24950).

(2) 과 실

> 제359조 【과실에 대한 효력】
> 저당권의 효력은 저당부동산에 대한 압류가 있은 후에 저당권설정자가 그 부동산으로부터 수취한 과실 또는 수취할 수 있는 과실에 미친다. 그러나 저당권자가 그 부동산에 대한 소유권, 지상권 또는 전세권을 취득한 제3자에 대하여는 압류한 사실을 통지한 후가 아니면 이로써 대항하지 못한다.

① 천연과실 : 원칙적으로 천연과실에 대하여 저당권의 효력이 미치지 않으나, 제359조는 저당부동산에 대한 압류가 있은 후에는 그 부동산으로부터 수취한 또는 수취할 수 있는 과실에 대하여 저당권의 효력이 미친다고 규정하고 있다.

② 법정과실 : 법정과실에 대해서도 원칙적으로 저당권의 효력이 미치지 않지만, 다수설은 제359조가 법정과실에도 적용된다는 입장이다.

(3) 물상대위

> 제342조 【물상대위】
> 질권은 질물의 멸실, 훼손 또는 공용징수로 인하여 질권설정자가 받을 금전 기타 물건에 대하여도 이를 행사할 수 있다. 이 경우에는 그 지급 또는 인도 전에 압류하여야 한다.
>
> 제355조 【준용규정】
> 권리질권에는 본절의 규정 외에 동산질권에 관한 규정을 준용한다.
>
> 제370조 【준용규정】
> 제214조, 제321조, 제333조, 제340조, 제341조 및 제342조의 규정은 저당권에 준용한다.

1) 의 의

담보물권은 목적물 자체가 아니라 그 교환가치를 우선적으로 파악하는 권리이다. 따라서 담보물권의 목적물이 멸실, 훼손 또는 공용징수로 인하여 그 목적물에 갈음하는 금전 기타의 물건으로 변하여 목적물 소유자에게 귀속하게 된 경우, 담보물권이 그 목적물에 갈음하는 것에 존속하는 성질을 물상대위성이라 한다(제370조, 제342조).

2) 인정범위

① 물상대위성은 우선변제적 효력이 있는 담보물권에만 인정된다. 따라서 동산·권리질권(제342조, 제355조), 저당권(제370조)뿐만 아니라 전세권양도담보권의 경우(대판 2009.11.26, 2006다37106)에도 물상대위성이 인정된다.

② 반면 가압류는 담보물권과는 달리 목적물의 교환가치를 지배하는 권리가 아니고, 담보물권의 경우에 인정되는 물상대위의 법리가 여기에 적용된다고 볼 수도 없다(대판 2009.9.10, 2006다61536·61543).

3) 요 건

① 저당물의 멸실, 훼손 또는 공용징수

  ㉠ 멸실, 훼손이란 물리적 멸실, 훼손뿐만 아니라 부합·혼화·가공 등의 법률적인 멸실, 훼손도 포함한다.

  ㉡ 담보물이 매각 또는 임대차되는 경우에는 담보물권이 그 목적물 위에 존속하므로 그 매각대금이나 차임에 대해서는 민법상의 물상대위가 허용되지 않는다.

② 저당권설정자가 받을 금전 기타 물건에 대한 청구권

> 저당목적물이 소실되어 저당권설정자가 보험회사에 대하여 화재보험계약에 따른 보험금청구권을 취득한 경우 그 보험금청구권은 저당목적물이 가지는 가치의 변형물이라 할 것이므로 저당권자는 제370조, 제342조에 의하여 저당권설정자의 보험회사에 대한 보험금청구권에 대하여 물상대위권을 행사할 수 있다(대판 2004.12.24, 2004다52798).

③ 지급 또는 인도 전에 압류 : 담보물권자가 물상대위권을 행사하려면, 질권자(저당권자)는 질권설정자(저당권설정자)가 그 금전 기타의 물건을 지급 또는 인도받기 전에 압류하여야 한다(제342조 후문, 제355조, 제370조).

> 제370조에 의하여 저당권에 준용되는 제342조 후문이 "저당권자가 물상대위권을 행사하기 위하여서는 저당권 설정자가 지급받을 금전 기타 물건의 지급 또는 인도 전에 압류하여야 한다."라고 규정한 취지는, 물상대위의 목적이 되는 금전 기타 물건의 특정성을 유지하여 제3자에게 불측의 손해를 입히지 아니하려는데 있는 것이므로, 저당목적물의 변형물인 금전 기타 물건에 대하여 이미 제3자가 압류하여 그 금전 또는 물건이 특정된 이상 저당권자는 스스로 이를 압류하지 않고서도 물상대위권을 행사할 수 있다(대판 1996.7.12, 96다21058).

4) 행사방법

물상대위권의 행사방법으로는 담보권의 존재를 증명하는 서류를 집행법원에 제출하여 그 채권에 대해 압류 및 추심명령이나 전부명령을 신청하는 방법(민사집행법 제273조)과 다른 채권자에 의해 강제집행이 진행되고 있는 경우에 배당요구를 하는 방법(민사집행법 제247조)이 있다(대판 2010.10.28, 2010다46756).

5) 물상대위권을 행사하지 않은 경우의 법률관계

① 저당목적물의 소유자가 금전 등을 수령한 경우

  ㉠ 부당이득반환청구 : 저당권자는 저당목적물의 소유자에게 부당이득반환을 청구할 수 있다.

  ㉡ 물상대위권 : 근저당권자 금전이나 물건의 인도청구권을 압류하기 전에 토지의 소유자가 인도청구권에 기하여 금전 등을 수령한 경우 근저당권자는 더 이상 물상대위권을 행사할 수 없다(대판 2015.9.10, 2013다216273).

② 다른 채권자 등이 금전 등을 수령한 경우 : 저당권자가 물상대위의 행사에 나아가지 아니하여 우선변제권을 상실한 이상, 다른 채권자가 그 보상금 또는 이에 관한 변제공탁금으로부터 이득을 얻었다고 하더라도 저당권자는 이를 부당이득으로서 반환청구할 수 없다(대판 2010.10.28, 2010다46756).

2. 저당권에 의하여 담보되는 범위

> **제360조 【피담보채권의 범위】**
> 저당권은 원본, 이자, 위약금, 채무불이행으로 인한 손해배상 및 저당권의 실행비용을 담보한다. 그러나 지연배상에 대하여는 원본의 이행기일을 경과한 후의 1년분에 한하여 저당권을 행사할 수 있다.

① 원본, 이자, 위약금, 채무불이행으로 인한 손해배상은 등기가 되어야 담보된다. 그러나 저당권 실행비용은 등기가 없어도 담보된다.
② 약정이자는 등기되면 무제한 담보된다.
③ 채무불이행으로 인한 손해배상, 즉 지연배상에 관하여 약정이 있으면 이를 등기하여야 후순위저당권자 등에게 대항 가능하며, 원본의 이행기일을 경과한 후의 1년분에 한한다. 위약금이 손해배상의 예정으로 추정되면 동일하게 등기해야 제3자에게 대항가능하다.

> 저당권의 피담보채무의 범위에 관하여 제360조가 지연배상에 대하여는 원본의 이행기일을 경과한 후의 1년분에 한하여 저당권을 행사할 수 있다고 규정하고 있는 것은 저당권자의 제3자에 대한 관계에서의 제한이며 채무자나 저당권설정자가 저당권자에 대하여 대항할 수 있는 것이 아니고, 제360조가 양도담보의 경우에 준용된다고 하여도 마찬가지로 해석하여야 할 것인 만큼, 양도담보의 채무자가 양도담보권자에 대하여 제360조에 따른 피담보채권의 제한을 주장할 수는 없는 것이다 (대판 1992.5.12. 90다8855). **기출** 20

Ⅱ 우선변제적 효력

1. 의 의

채무자가 변제기에 변제하지 않으면, 저당권자는 저당목적물을 현금화하여 그 대금으로부터 다른 채권자에 우선하여 피담보채권의 변제를 받을 수 있다(제356조). 이를 우선변제권이라 한다.

2. 저당권자가 피담보채권의 변제를 받는 방법

(1) 저당권에 기하여 우선변제를 받는 경우

1) 저당권자가 직접 경매를 청구하여 우선변제 받는 방법(담보권 실행경매) : 집행권원 불필요

> **제363조 【저당권자의 경매청구권, 경매인】**
> ① 저당권자는 그 채권의 변제를 받기 위하여 저당물의 경매를 청구할 수 있다.
> ② 저당물의 소유권을 취득한 제3자도 경매인이 될 수 있다.

① 의의 : 담보권 실행경매란 질권, 저당권 등의 담보권의 실행을 위한 경매를 의미한다. 통상의 강제경매와 달리 확정판결과 같은 집행권원은 필요로 하지 않는다. 또한 일반채권자와 달리 첫 경매개시결정등기 전에 저당권등기를 마친 자는 별도로 배당요구를 하지 않아도 당연히 배당을 받을 수 있다.

② 요 건

㉠ 피담보채권 및 저당권이 존재해야 한다.

> 부동산등기에는 공신력이 인정되지 아니하므로, 부동산의 소유권이전등기가 불실등기인 경우 그 불실등기를 믿고 부동산을 매수하여 소유권이전등기를 경료하였다 하더라도 그 소유권을 취득한 것으로 될 수 없고, 부동산에 관한 소유권이전등기가 무효라면 이에 터잡아 이루어진 근저당권설정등기는 특별한 사정이 없는 한 무효이며, 무효인 근저당권에 기하여 진행된 임의경매절차에서 부동산을 경락받았다 하더라도 그 소유권을 취득할 수 없다(대판 2009.2.26. 2006다72802)

㉡ 피담보채권의 이행기가 도래해야 한다.

③ 매각의 효과

㉠ 매수인의 권리취득 : 매수인은 등기 없이도 매각대금을 완납한 때 소유권을 취득한다(제187조).

㉡ 목적물 위의 다른 권리에 대한 효과

- 저당부동산 위에 존재하던 다른 저당권은 순위에 관계없이 모두 소멸한다.
- 저당목적물 위에 존재하던 용익권의 운명은 최선순위 저당권과의 우선순위에 따라 결정된다.
- 유치권은 매각이 있더라도 그대로 존속하여, 유치권자는 매수인에게도 채권의 변제가 있을 때까지 인도를 거절할 수 있으므로, 사실상의 우선변제권을 가진다.
- 담보가등기는 순위에 관계없이 모두 말소되지만, 보전가등기는 최선순위 저당권에 앞선 것이면 말소되지 않는다.

2) 저당목적물에 대해 일반채권자나 후순위저당권자가 경매를 청구하는 경우

① 저당권자는 경매청구를 막을 수 없고, 배당에 참가하여 우선변제를 받을 수 밖에 없다.

② 선순위저당권도 소멸한다.

(2) 단순한 일반채권자로서 변제를 받는 경우(통상의 강제경매, 집행권원 필요)

> 제340조 【질물 이외의 재산으로부터의 변제】
> ① 질권자는 질물에 의하여 변제를 받지 못한 부분의 채권에 한하여 채무자의 다른 재산으로부터 변제를 받을 수 있다.
> ② 전항의 규정은 질물보다 먼저 다른 재산에 관한 배당을 실시하는 경우에는 적용하지 아니한다. 그러나 다른 채권자는 질권자에게 그 배당금액의 공탁을 청구할 수 있다.
>
> 제370조 【준용규정】
> 제214조, 제321조, 제333조, 제340조, 제341조 및 제342조의 규정은 저당권에 준용한다.

3. 우선변제의 순위

(1) 일반채권자에 대한 관계

① 저당권자는 원칙적으로 일반채권자에 우선한다. 다만, 저당권설정등기일보다 먼저 주택임대차보호법상 또는 상가임대차보호법상 대항력과 확정일자를 갖춘 보증금반환채권에 관하여는 저당권자에 우선한다.

② 또한 주택임대차보호법상 또는 상가건물임대차보호법상 소액보증금에 관하여는 다른 담보권자의 경매신청등기 전에 대항요건을 갖춘 경우 최우선변제권이 인정된다.

(2) 임금 등 우선권과의 관계

① 근로기준법상 근로자의 최종 3개월분의 임금, 최종 3년분의 퇴직금 및 재해보상금에 대한 채권은 사용자의 총재산에 대하여 저당권 또는 질권에 의하여 담보된 채권에 우선한다.

② 임금 등에 대한 지연손해금채권에 대해서는 최우선변제권이 인정되지 않는다(대결 2000.2.12. 99마5143).

(3) 국세 등의 우선권과의 관계

① 저당부동산 소유자가 체납한 국세 또는 지방세는 그 법정기일 전에 설정된 저당권에 우선하여 징수하지 못한다.

② 다만 당해세, 즉 「그 재산에 대하여 부과되는 국세」 등은 언제나 저당권에 우선한다.

> 부동산에 대하여 가압류등기가 먼저 되고 나서 근저당권설정등기가 마쳐진 경우에 그 근저당권등기는 가압류에 의한 처분금지의 효력 때문에 그 집행보전의 목적을 달성하는 데 필요한 범위 안에서 가압류채권자에 대한 관계에서만 상대적으로 무효이다. 이 경우 가압류채권자와 근저당권자 및 근저당권설정등기 후 강제경매신청을 한 압류채권자 사이의 배당관계에 있어서, 근저당권자는 선순위 가압류채권자에 대하여는 우선변제권을 주장할 수 없으므로 1차로 채권액에 따른 안분비례에 의하여 평등배당을 받은 다음, 후순위 경매신청압류채권자에 대하여는 우선변제권이 인정되므로 경매신청압류채권자가 받을 배당액으로부터 자기의 채권액을 만족시킬 때까지 이를 흡수하여 배당받을 수 있다(대결 1994.11.29. 94마417).

Ⅲ 저당권과 용익관계

1. 저당권과 용익권의 관계

용익권이 저당권의 실행에 의하여 소멸되느냐 여부는 그 부동산 위의 최선순위 저당권과의 사이의 우열로 정하여진다(대판 1987.2.24. 86다카1936).

(1) 저당권 설정 전에 설정된 용익권

저당권이 실행되더라도 용익권자(例 지상권, 지역권, 전세권, 대항력 있는 임차권)는 그 경매에 의하여 아무런 영향을 받지 않는다. 다만, 전세권의 경우에는 담보물권의 성질도 있기 때문에 전세권자가 배당요구를 하면 매각으로 소멸된다는 특칙이 있다(민사집행법 제268조. 제91조 제4항).

(2) 저당권 설정 후에 설정된 용익권

저당권의 실행이 있을 때까지는 용익할 수 있으나, 저당권이 실행되면 용익권은 소멸한다.

2. 법정지상권

> **제366조 【법정지상권】**
> 저당물의 경매로 인하여 토지와 그 지상건물이 다른 소유자에 속한 경우에는 토지소유자는 건물소유자에 대하여 지상권을 설정한 것으로 본다. 그러나 지료는 당사자의 청구에 의하여 법원이 이를 정한다.

(1) 의의 및 법적 성질

법정지상권이란 동일인 소유에 속하던 토지와 그 지상건물 중 어느 하나 또는 양자 위에 설정된 저당권의 실행으로 토지와 그 지상건물이 그 소유자를 달리하게 된 경우에 건물소유자에게 그 건물 소유를 위하여 법률상 당연히 인정되는 지상권을 말한다(제366조). 제366조는 가치권과 이용권의 조절을 위한 공익상의 이유로 지상권의 설정을 강제하는 것이므로 저당권설정 당사자간의 특약으로 저당목적물인 토지에 대하여 법정지상권을 배제하는 약정을 하더라도 그 특약은 효력이 없다(대판 1988.10.25. 87다카1564). 즉, 제366조는 강행규정에 해당한다.

(2) 성립요건

1) 저당권 설정 당시 토지와 그 위에 지상건물이 존재할 것

① 건물의 존재

㉠ (최선순위)저당권 설정 당시 건물이 존재하고 있어야 한다.

> 토지에 관하여 저당권이 설정될 당시 그 지상에 토지소유자에 의한 건물의 건축이 개시되기 이전이었다면, 건물이 없는 토지에 관하여 저당권이 설정될 당시 근저당권자가 토지소유자에 의한 건물의 건축에 동의하였다고 하더라도 그러한 사정은 주관적 사항이고 공시할 수도 없는 것이어서 토지를 낙찰받는 제3자로서는 알 수 없는 것이므로 그와 같은 사정을 들어 법정지상권의 성립을 인정한다면 토지소유권을 취득하려는 제3자의 법적 안정성을 해하는 등 법률관계가 매우 불명확하게 되므로 법정지상권이 성립되지 않는다(대판 2003.9.5. 2003다26051). 기출 23·20

㉡ 무허가건물이나 미등기건물이라도 법정지상권의 성립에 아무런 지장이 없다(대판 1964.9.22. 63아62).

기출 22

> 제366조는 저당물의 경매로 인하여 토지와 그 지상건물이 다른 소유자에 속한 경우에 토지소유자는 건물소유자에 대하여 지상권을 설정한 것으로 보는 것인 바 이 경우에 있어서 그 지상건물은 반드시 등기를 거친 것임을 필요로 하지 아니하며 또 그 건물은 건물로서의 요소를 갖추고 있는 이상 무허가 건물이고 건평 5평에 지나지 아니한다 하여도 법정지상권 성립에 아무런 장애도 될 수 없다(대판 1964.9.22. 63아62).

② 건물의 증축·개축과 신축

㉠ 증축·개축한 경우

> 제366조 소정의 법정지상권이 성립하려면 저당권의 설정당시 저당권의 목적되는 토지 위에 건물이 존재할 경우이어야 하는 바, 저당권설정 당시 건물이 존재한 이상 그 이후 건물을 개축, 증축하는 경우는 물론이고 건물이 멸실되거나 철거된 후 재축, 신축하는 경우에도 법정지상권이 성립한다 할 것이고, 이 경우 법정지상권의 내용인 존속기간, 범위 등은 구 건물을 기준으로 하여 그 이용에 일반적으로 필요한 범위 내로 제한되는 것이다(대판 1970.7.10. 90다카6399).

기출 16

㉡ 철거 후 신축한 경우

- 토지에만 저당권이 설정된 경우(대판 1990.7.10. 90다카6399)
- 토지와 건물에 공동저당권이 설정된 경우

> 동일인의 소유에 속하는 토지 및 그 지상 건물에 관하여 공동저당권이 설정된 후 그 지상 건물이 철거되고 새로 건물이 신축된 경우에는 그 신축건물의 소유자가 토지의 소유자와 동일하고 토지의 저당권자에게 신축건물에 관하여 토지의 저당권과 동일한 순위의 공동저당권을 설정해 주는 등 특별한 사정이 없는 한 저당물의 경매로 인하여 토지와 그 신축건물이 다른 소유자에 속하게 되더라도 그 신축건물을 위한 법정지상권은 성립하지 않는다(대판[전합] 2003.12.18. 98다43601 - 다수의견). 기출 20

2) 저당권 설정 당시 토지와 건물이 동일인 소유일 것

① 판단시점 : 저당권 설정 당시에만 토지와 건물이 동일인 소유에 속하면 된다.

> 미등기건물을 그 대지와 함께 양수한 사람이 그 대지에 대하여서만 소유권이전등기를 넘겨 받고 건물에 대하여는 그 등기를 이전받지 못하고 있는 상태에서 그 대지가 경매되어 소유자가 달라지게 된 경우에는 법정지상권이 발생할 수 없는 것이다(대판 1991.8.27. 91다16730).

② 대지와 미등기건물을 매수한 자가 대지에 대해서만 이전등기를 마친 경우

> [1] 제366조의 법정지상권은 저당권 설정 당시에 동일인의 소유에 속하는 토지와 건물이 저당권의 실행에 의한 경매로 인하여 각기 다른 사람의 소유에 속하게 된 경우에 건물의 소유를 위하여 인정되는 것이므로, 미등기건물을 그 대지와 함께 매수한 사람이 그 대지에 관하여만 소유권이전등기를 넘겨받고 건물에 대하여는 그 등기를 이전 받지 못하고 있다가, 대지에 대하여 저당권을 설정하고 그 저당권의 실행으로 대지가 경매되어 다른 사람의 소유로 된 경우에는, 그 저당권의 설정 당시에 이미 대지와 건물이 각각 다른 사람의 소유에 속하고 있었으므로 법정지상권이 성립될 여지가 없다.
> [2] 관습상의 법정지상권은 동일인의 소유이던 토지와 그 지상건물이 매매 기타 원인으로 인하여 각각 소유자를 달리하게 되었으나 그 건물을 철거한다는 등의 특약이 없으면 건물 소유자로 하여금 토지를 계속 사용하게 하려는 것이 당사자의 의사라고 보아 인정되는 것이므로 토지의 점유·사용에 관하여 당사자 사이에 약정이 있는 것으로 볼 수 있거나 토지 소유자가 건물의 처분권까지 함께 취득한 경우에는 관습상의 법정지상권을 인정할 까닭이 없다 할 것이어서, 미등기건물을 그 대지와 함께 매도하였다면 비록 매수인에게 그 대지에 관하여만 소유권 이전등기가 경료되고 건물에 관하여는 등기가 경료되지 아니하여 형식적으로 대지와 건물이 그 소유 명의자를 달리하게 되었다 하더라도 매도인에게 관습상의 법정지상권을 인정할 이유가 없다(대판[전합] 2002.6.20. 2002다9660). **기출** 20·18·15

③ 공유와 법정지상권

> • 토지공유자의 한 사람이 다른 공유자의 지분 과반수의 동의를 얻어 건물을 건축한 후 토지와 건물의 소유자가 달라진 경우 토지에 관하여 관습법상의 법정지상권이 성립되는 것으로 보게 되면 이는 토지공유자의 1인으로 하여금 자신의 지분을 제외한 다른 공유자의 지분에 대하여서까지 지상권설정의 처분행위를 허용하는 셈이 되어 부당하다(대판 2014.9.4. 2011다73038·73045). 즉 관습법상 법정지상권이 성립하지 않는다. **기출** 23·15
> • 토지의 공유자 중의 1인이 공유토지 위에 건물을 소유하고 있다가 토지지분만을 전매함으로써 단순히 토지공유자의 1인에 대하여 관습상의 법정지상권이 성립된 것으로 볼 사유가 발생하였다고 하더라도 당해 토지 자체에 관하여 건물의 소유를 위한 관습상의 법정지상권이 성립된 것으로 보게 된다면 이는 마치 토지공유자의 1인으로 하여금 다른 공유자의 지분에 대하여서까지 지상권설정의 처분행위를 허용하는 셈이 되어 부당하다 할것이므로 위와 같은 경우에 있어서는 당해 토지에 관하여 건물의 소유를 위한 관습상의 법정지상권이 성립될 수 없다(대판 1987.6.23. 86다카2188). 같은 취지에서 공유물이 강제분할된 경우에도 관습법상 법정지상권의 성립을 부정하였다(대판 1993.4.13. 92다55756). **기출** 17

3) 토지나 건물의 양쪽 또는 어느 한쪽에 저당권이 설정될 것

4) 저당권의 실행으로 지상건물과 토지의 소유자가 달라질 것

저당권 실행으로 인한 경매 이외의 방법으로 소유자를 달리하게 된 경우, 관습법상 법정지상권은 성립될 수 있으나, 제366조에 의한 법정지상권은 성립하지 않는다.

(3) 효 과

① 성립시기 : 매수인이 매각대금을 완납한 때 법정지상권이 성립한다(민사집행법 제268조. 제135조).

② 공시방법 : 제366조의 법정지상권은 제187조의 법률의 규정에 의한 물권의 취득에 해당하므로, 등기를 필요로 하지 않는다. 다만, 법정지상권자는 이를 등기하지 아니하면 지상권을 처분할 수 없다(제187조 단서).

> 관습상의 지상권은 법률행위로 인한 물권의 취득이 아니고 관습법에 의한 부동산물권의 취득이므로 등기를 필요로 하지 아니하고 지상권취득의 효력이 발생하고 이 <u>관습상의 법정지상권은 물권으로서의 효력에 의하여 이를 취득할 당시의 토지소유자나 이로부터 소유권을 전득한 제3자에게 대하여도 등기없이 위 지상권을 주장할 수 있다</u>(대판 1988.9.27. 87다카279).

기출 17

③ 존속기간 : 법정지상권은 기간의 정함이 없는 지상권으로 보아 제280조의 최단존속기간이 적용된다고 보는 것이 다수설이며, 판례(대판 1992.6.9. 92다4857)이다.

(4) 관련 문제 : (관습법상) 법정지상권 성립 후 건물의 소유권이 이전된 경우

1) 법률행위에 의한 이전

① 건물 양수인의 지위 : 법정지상권을 가진 건물소유자가 건물을 제3자에게 양도한 경우, 특별한 사정이 없는 한 제100조 제2항의 유추적용에 의하여 건물과 함께 종된 권리인 지상권도 양도하기로 한 것으로 봄이 상당하지만(대판 1992.7.14. 92다527), 소유권이전등기뿐만 아니라 지상권 이전등기까지 마쳐야 지상권 이전의 효과가 발생한다. 따라서 법정지상권을 가진 건물소유자로부터 건물을 양수하면서 법정지상권까지 양도받기로 한 자는 채권자대위의 법리에 따라 전건물소유자 및 대지소유자에 대하여 차례로 지상권의 설정등기 및 이전등기절차이행을 구할 수 있다(대판[전합] 1985.4.9. 84다카1131·1132 – 다수의견).

② 토지소유자의 건물 양수인에 대한 청구

  ㉠ 소유권에 기한 지상물 철거청구

> 법정지상권을 가진 건물소유자로부터 건물을 양수하면서 법정지상권까지 양도받기로 한 자는 채권자 대위의 법리에 따라 전건물소유자 및 대지소유자에 대하여 차례로 지상권의 설정등기 및 이전등기절차 이행을 구할 수 있다 할 것이므로 이러한 <u>법정지상권을 취득할 지위에 있는 자에 대하여 대지소유자가 소유권에 기하여 건물철거를 구함은 지상권의 부담을 용인하고 그 설정등기절차를 이행할 의무있는 자가 그 권리자를 상대로 한 청구라 할 것이어서 신의성실의 원칙상 허용될 수 없다</u>(대판[전합] 1985.4.9. 84다카1131·1132 – 다수의견).

  ㉡ 지료상당액에 관한 청구

> 법정지상권자라 할지라도 대지 소유자에게 지료를 지급할 의무는 있는 것이고, <u>법정지상권이 있는 건물의 양수인으로서 장차 법정지상권을 취득할 지위에 있어 대지 소유자의 건물 철거나 대지 인도청구를 거부할 수 있다 하더라도 그 대지를 점유·사용함으로 인하여 얻은 이득은 부당이득으로서 대지 소유자에게 반환할 의무가 있다</u>(대판 1997.12.26. 96다34665).

2) 경매에 의한 이전

건물에 대한 저당권의 효력은 그 건물의 소유를 목적으로 하는 지상권에도 미친다(제358조). 따라서 건물에 대한 저당권이 실행되어 경락인이 소유권을 취득하였다면 법정지상권도 등기없이 당연히 취득하고, 경락인은 종전의 지상권자를 상대로 지상권이전등기절차의 이행을 청구할 수 있다(대판 1992.7.14. 92다527).

(5) 법정지상권의 소멸

법정지상권은 토지소유자의 소멸청구(제287조 참고), 지상권자에 의한 포기 및 당사자 사이의계약에 의하여 소멸한다.

3. 일괄경매청구권

> **제365조 【저당지상의 건물에 대한 경매청구권】**
> 토지를 목적으로 저당권을 설정한 후 그 설정자가 그 토지에 건물을 축조한 때에는 저당권자는 토지와 함께 그 건물에 대하여도 경매를 청구할 수 있다. 그러나 그 건물의 경매대가에 대하여는 우선변제를 받을 권리가 없다.

(1) 의 의

① 제365조가 일괄경매청구권을 규정한 취지는 저당권은 담보물의 교환가치의 취득을 목적으로 할 뿐 담보물의 이용을 제한하지 아니하여 저당권설정자로서는 저당권설정 후에도 그 지상에 건물을 신축할 수 있는데, 후에 그 저당권의 실행으로 토지가 제3자에게 경락될 경우에 건물을 철거하여야 한다면 사회경제적으로 현저한 불이익이 생기게 되어 이를 방지할 필요가 있으므로 이러한 이해관계를 조절하고, 저당권자에게도 저당토지상의 건물의 존재로 인하여 생기게 되는 경매의 어려움을 해소하여 저당권의 실행을 쉽게 할 수 있도록 한 데에 있다(대판 2003.4.11. 2003다3850). **기출** 23 · 22

② 저당권자의 일괄경매청구권은 저당권자의 권리이지 의무가 아니다.

(2) 요 건

① 저당권 설정 당시 그 지상에 건물이 없을 것 : 토지저당권 설정 후에 그 지상에 건물이 신축된 경우에 한하여 제365조가 적용된다. 따라서 토지저당권 설정 당시에 이미 그 토지상에 건물이 존재한다면 법정지상권의 성부가 문제된다.

② 저당권설정자가 축조하고 소유하는 건물일 것

> 저당지상의 건물에 대한 일괄경매청구권은 저당권설정자가 건물을 축조한 경우뿐만 아니라 저당권설정자로부터 저당토지에 대한 용익권을 설정받은 자가 그 토지에 건물을 축조한 경우라도 그 후 저당권설정자가 그 건물의 소유권을 취득한 경우에는 저당권자는 토지와 함께 그 건물에 대하여 경매를 청구할 수 있다(대판 2003.4.11. 2003다3850).

(3) 효 과

① 일괄경매를 하는 경우에도 저당권자의 우선변제적 효력은 건물에는 미치지 않고(제365조 단서), 토지의 경매대금에 한정된다.

② 제365조의 취지에 따라 토지와 그 지상건물은 동일인에게 매각되어야 한다.

4. 제3취득자의 지위

> **제363조 【저당권자의 경매청구권, 경매인】**
> ① 저당권자는 그 채권의 변제를 받기 위하여 저당물의 경매를 청구할 수 있다.
> ② 저당물의 소유권을 취득한 제3자도 경매인이 될 수 있다.
>
> **제364조 【제3취득자의 변제】**
> 저당부동산에 대하여 소유권, 지상권 또는 전세권을 취득한 제3자는 저당권자에게 그 부동산으로 담보된 채권을 변제하고 저당권의 소멸을 청구할 수 있다.

> **제367조 【제3취득자의 비용상환청구권】**
> 저당물의 제3취득자가 그 부동산의 보존, 개량을 위하여 필요비 또는 유익비를 지출한 때에는 제203조 제1항, 제2항의 규정에 의하여 저당물의 경매대가에서 우선상환을 받을 수 있다.

(1) 제3취득자의 의의

저당부동산의 제3취득자란 저당권이 설정된 후 저당목적물의 소유권을 취득한 자나 저당목적물에 지상권이나 전세권을 취득한 자를 말한다(제364조).

(2) 제3취득자의 지위

제3취득자는 저당권이 실행되기 전에는 부동산을 용익하는 데 아무런 제한을 받지 않으나, 저당권이 실행되면 저당부동산 위의 권리를 상실할 위험이 존재한다. 따라서 민법은 제3취득자를 보호하기 위하여 특칙을 두고 있다.

(3) 제3취득자의 보호

1) 경매인이 될 수 있는 지위(제363조 제2항)

저당물의 소유권을 취득한 제3자도 경매인이 될 수 있다는 규정은 주의적 규정이다. 단, 채무자는 경매인이 될 수 없다(민사집행규칙 제59조 제1호).

2) 제3취득자의 변제권(제364조)

① **요건** : 제3취득자의 변제가 인정되기 위해서는 저당부동산에 대하여 제3자가 권리를 취득하였으며, 피담보채무의 변제기가 도래하였어야 한다.

② **제3취득자의 범위**

　㉠ 제3취득자는 저당목적물의 소유권, 지상권, 전세권을 취득한 자이다.

　㉡ 판례는 저당부동산의 후순위근저당권자는 제364조의 제3취득자에 해당하지 않는다고 보았다.

> 근저당부동산에 대하여 후순위근저당권을 취득한 자는 제364조에서 정한 권리를 행사할 수 있는 제3취득자에 해당하지 아니하므로 이러한 후순위근저당권자가 선순위근저당권의 피담보채무가 확정된 이후에 그 확정된 피담보채무를 변제한 것은 제469조의 규정에 의한 이해관계 있는 제3자의 변제로서 유효한 것인지 따져볼 수는 있을지언정 제364조의 규정에 따라 선순위근저당권의 소멸을 청구할 수 있는 사유로는 삼을 수 없다(대판 2006.1.26. 2005다17341).

③ **변제해야 하는 채무의 범위**

　㉠ 제469조에 의하면 제3취득자는 이해관계 있는 제3자로서 채무자의 모든 채무를 변제하여야 하나, 제364조에 의하면 「그 부동산으로 담보된 채권」만을 변제하고 저당권의 소멸을 청구할 수 있다. 이 경우 채권의 범위는 제360조에 따라 결정된다.

　㉡ 제3취득자가 제453조 및 제454조의 요건을 갖추어 피담보채무를 면책적으로 인수하면 제3취득자는 채권자에 대한 관계에서 채무자로 지위가 변경되므로 제364조의 규정은 적용될 여지가 없다(대판 2002.5.24. 2002다7176). **기출** 22

④ **변제기 전의 변제가 가능한지 여부** : 다수설 및 판례는 변제기 전의 변제는 원칙적으로 저당권의 투자수단으로서의 기능을 해하므로 제3취득자의 변제기 전의 변제권이 원칙적으로 인정되지 않는다고 한다. 그러나 제3취득자는 손해를 배상하고 변제기 전에도 변제를 할 수 있다(제468조).

⑤ 변제의 효과

　　㉠ 저당권소멸청구권(제364조) : 제3취득자는 부동산으로 담보된 채권을 변제하고 저당권의 소멸을 청구할 수 있다(제364조). 다만, 다수설은 제3취득자의 변제에 의하여 피담보채권이 소멸되면 저당권은 부종성에 의하여 당연히 소멸하고, 법률의 규정에 의한 물권변동이므로 말소등기를 요하지 않는다고 본다.

　　㉡ 변제자의 법정대위권(제481조) : 제3취득자는 변제하는 데 정당한 이익이 있는 자이므로 변제를 하면 당연히 채권자를 대위한다.

> 타인의 채무를 담보하기 위하여 저당권을 설정한 부동산의 소유자(물상보증인)로부터 소유권을 양수한 제3자는 채권자에 의하여 저당권이 실행되게 되면 저당부동산에 대한 소유권을 상실한다는 점에서 물상보증인과 유사한 지위에 있다고 할 것이므로, 물상보증의 목적물인 저당부동산의 제3취득자가 채무를 변제하거나 저당권의 실행으로 저당물의 소유권을 잃은 때에는 물상보증인의 구상권에 관한 제370조, 제341조의 규정을 유추적용하여 보증채무에 관한 규정에 의하여 채무자에 대한 구상권이 있다(대판 1997.7.25. 97다8403).

　　㉢ 상환청구권 : 제3취득자는 매도인에게 출재액의 상환을 청구할 수 있다(제576조 제2항).

3) 제3취득자의 비용상환청구권

① 제3취득자가 그 부동산의 보존, 개량을 위하여 필요비 또는 유익비를 지출한 경우에 점유자의 비용상환청구권 규정(제203조 제1항 및 제2항)에 따라 저당물의 매각대금에서 비용의 우선상환을 받을 수 있다(제367조).

② 판례는 제367조의 비용상환청구권을 갖는 저당물의 제3취득자에 소유권자가 포함된다는 입장이다(대판 2004.10.15. 2004다36604).

Ⅳ　저당권 침해에 대한 구제수단

1. 침해의 의의 및 특수성

(1) 저당권 침해의 의의

저당권 침해란 저당권자의 담보가치를 위태롭게 하는 일체의 행위를 의미한다.

(2) 저당권 침해의 특수성

① 저당권은 목적물의 교환가치만 지배할 뿐, 사용·수익에 관한 권리는 저당권설정자에게 있으므로, 목적물이 통상의 용법에 따라 이용되고 있다면 저당권의 침해로 되지 않는다. 다만, 저당권의 실현이 곤란하게 될 특수한 사정이 있는 경우에는 저당권 침해가 인정될 수 있으며, 이러한 특수한 사정의 증명책임은 저당권의 침해를 주장하는 자에게 있다.

② 저당목적물을 침해하여 교환가치가 감소되었더라도 나머지 가치가 아직 피담보채권액을 상회한다면 손해가 발생하지 않는 것으로 손해배상청구권이 인정되지 않는다.

2. 각종의 구제방법

(1) 물권적 청구권

> **제370조【준용규정】**
> 제214조, 제321조, 제333조, 제340조, 제341조 및 제342조의 규정은 저당권에 준용한다.

① 저당권은 점유를 수반하지 않으므로 반환청구권은 없고, 방해제거와 방해예방청구권만 인정된다(제370조).
② 침해된 후 교환가치가 피담보채권의 만족을 줄 수 있는 경우에도 물권적 청구권을 행사할 수 있다.
③ 피담보채권의 변제기 전에도 침해가 있으면 인정된다.
④ 저당권의 목적물 자체가 멸실된 경우 저당권은 소멸하므로, 저당권의 존재를 전제로 하는 물권적 청구권은 인정될 여지가 없다.

(2) 손해배상청구권

① 저당권이 침해된 경우 불법행위가 성립하므로 저당권자는 손해배상을 청구할 수 있다(제750조). 침해자는 저당부동산의 소유자이든 제3자이든 불문한다.
② 목적물의 침해로 저당권자가 채권의 완전한 만족을 얻을 수 없는 때 손해배상청구권이 인정된다.
③ 손해배상청구권은 담보물보충청구권과는 선택적 행사의 대상이 되지만, 즉시변제청구권과는 함께 행사할 수 있다.

(3) 담보물보충청구권

> **제362조【저당물의 보충】**
> 저당권설정자의 책임있는 사유로 인하여 저당물의 가액이 현저히 감소된 때에는 저당권자는 저당권설정자에 대하여 그 원상회복 또는 상당한 담보제공을 청구할 수 있다.

① 다수설은 저당권설정자에 채무자뿐만 아니라 물상보증인도 포함된다는 입장이다.
② 저당권자가 담보물보충청구권을 행사하면, 다른 구제수단(손해배상청구권, 즉시변제청구권)이 인정되지 않는다.

(4) 즉시변제청구권

> **제388조【기한의 이익의 상실】**
> 채무자는 다음 각 호의 경우에는 기한의 이익을 주장하지 못한다.
> 1. 채무자가 담보를 손상, 감소 또는 멸실하게 한 때
> 2. 채무자가 담보제공의 의무를 이행하지 아니한 때

① 채무자의 책임 있는 사유에 의한 경우에만 인정된다. 즉 물상보증인이나 제3취득자는 포함되지 않는다.
② 저당권자는 즉시변제를 청구하거나 저당권을 실행할 수 있다.
③ 즉시변제청구권은 손해배상청구권도 함께 행사할 수 있으나, 담보물보충청구권과는 함께 행사할 수 없다.

I　저당권의 처분

> **제361조 【저당권의 처분제한】**
> 저당권은 그 담보한 채권과 분리하여 타인에게 양도하거나 다른 채권의 담보로 하지 못한다.

1. 서 설

저당권자는 원칙적으로 저당채무의 변제 또는 저당권의 실행에 의하여 만족을 얻지만, 피담보채권의 변제기 전에 자본을 회수하기 위해서는 저당권을 처분(양도 또는 입질)할 수밖에 없다.

2. 저당권부 채권의 양도

(1) 수반성

제361조는 "저당권은 그 담보한 채권과 분리하여 타인에게 양도하거나 다른 채권의 담보로 하지 못한다."고 하여 저당권의 수반성을 규정하고 있다. 즉 저당권은 피담보채권과 일체로만 처분할 수 있다. 따라서 저당권부 채권의 양도에는 채권양도의 합의 외에 저당권의 양도라는 물권적 합의와 저당권이전의 부기등기가 필요하다.

> 제361조는 "저당권은 그 담보한 채권과 분리하여 타인에게 양도하거나 다른 채권의 담보로 하지 못한다."라고 정하고 있을 뿐 피담보채권을 저당권과 분리해서 양도하거나 다른 채권의 담보로 하지 못한다고 정하고 있지 않다. 채권담보라고 하는 저당권 제도의 목적에 비추어 특별한 사정이 없는 한 피담보채권의 처분에는 저당권의 처분도 당연히 포함된다고 볼 것이지만, 피담보채권의 처분이 있으면 언제나 저당권도 함께 처분된다고는 할 수 없다. 따라서 저당권으로 담보된 채권에 질권을 설정한 경우 원칙적으로는 저당권이 피담보채권과 함께 질권의 목적이 된다고 보는 것이 합리적이지만, 질권자와 질권설정자가 피담보채권만을 질권의 목적으로하고 저당권은 질권의 목적으로 하지 않는 것도 가능하고 이는 저당권의 부종성에 반하지 않는다. 이는 저당권과 분리해서 피담보채권만을 양도한 경우 양도인이 채권을 상실하여 양도인 앞으로 된 저당권이 소멸하게 되는 것과 구별된다. 이와 마찬가지로 담보가 없는 채권에 질권을 설정한 다음 그 채권을 담보하기 위하여 저당권이 설정된 경우 원칙적으로는 저당권도 질권의 목적이 되지만, 질권자와 질권설정자가 피담보채권만을 질권의 목적으로 하였고 그 후 질권설정자가 질권자에게 제공하려는 의사 없이 저당권을 설정받는 등 특별한 사정이 있는 경우에는 저당권은 질권의 목적이 되지 않는다. 이때 저당권은 저당권자인 질권설정자를 위해 존재하며, 질권자의 채권이 변제되거나 질권설정계약이 해지되는 등의 사유로 질권이 소멸한 경우 저당권자는 자신의 채권을 변제받기 위해서 저당권을 실행할 수 있다(대판 2020.4.29. 2016다235411).

(2) 양도의 요건

① 저당권부 채권의 양도는 언제나 저당권의 양도와 채권양도가 결합되어 행해져야 한다. 따라서 제186조의 부동산물권 변동에 관한 규정과 제449조 이하의 채권양도에 관한 규정에 의해 규율된다.

> 피담보채권과 근저당권을 함께 양도하는 경우에 채권양도는 당사자 사이의 의사표시만으로 양도의 효력이 발생하지만 근저당권이전은 이전등기를 하여야 하므로 채권양도와 근저당권이전등기 사이에 어느 정도 시차가 불가피한 이상 피담보채권이 먼저 양도되어 일시적으로 피담보채권과 근저당권의 귀속이 달라진다고 하여 근저당권이 무효로 된다고 볼 수는 없으나, 위 근저당권은 그 피담보채권의 양수인에게 이전되어야 할 것에 불과하고, 근저당권의 명의인은 피담보채권을 양도하여 결국 피담보채권을 상실한 셈이므로 집행채무자로부터 변제를 받기 위하여 배당표에 자신에게 배당하는 것으로 배당표의 경정을 구할 수 있는 지위에 있다고 볼 수 없다(대판 2003.10.10. 2001다77888).

② 우선 피담보채권의 양도에 제450조 이하의 규정이 적용되어, 저당권부 채권의 양도의 효력을 채무자 기타 제3자에게 대항하기 위해서는 양도인의 통지 또는 채무자의 승낙이 있어야 한다.

> 피담보채권을 저당권과 함께 양수한 자는 저당권이전의 부기등기를 마치고 저당권실행의 요건을 갖추고 있는 한 채권양도의 대항요건을 갖추고 있지 아니하더라도 경매신청을 할 수 있으며, 채무자는 경매절차의 이해관계인으로서 채권양도의 대항요 건을 갖추지 못하였다는 사유를 들어 경매개시결정에 대한 이의나 즉시항고절차에서 다툴 수 있고, 이 경우는 신청채권자가 대항요건을 갖추었다는 사실을 증명하여야 할 것이나, 이러한 절차를 통하여 채권 및 근저당권의 양수인의 신청에 의하여 개시된 경매절차가 실효되지 아니한 이상 그 경매절차는 적법한 것이고, 또한 그 경매신청인은 양수채권의 변제를 받을 수도 있다(대판 2005.6.23. 2004다29279). **기출** 20

③ 그리고 저당권의 양도와 관련하여 물권변동의 일반원칙에 따라 저당권을 이전할 것을 목적으로 하는 물권 적 합의와 부기등기가 있어야 저당권이 이전되지만, 이때의 물권적 합의는 저당권의 양도·양수받는 당 사자 사이에 있으며 족하고, 그 외에 채무자나 물상보증인 사이에까지 있어야 하는 것은 아니다(대판 2005.6.10. 2002다15412·15429). **기출** 20

(3) 일부양도

피담보채권의 일부가 양도 또는 이전되는 경우, 저당권의 불가분성에 따라 양 채권자는 그 채권액의 비율로 저당권을 준공유한다.

(4) 저당권부 채권의 이전 후 피담보채무가 소멸된 경우의 법률관계

> - [1] 근저당권의 양도에 의한 부기등기는 기존의 근저당권설정등기에 의한 권리의 승계를 등기부상 명시하는 것뿐으로, 그 등기에 의하여 새로운 권리가 생기는 것이 아닌 만큼 근저당권설정등기의 말소등기청구는 양수인만을 상대로 하면 족하고, 양도인은 그 말소등기청구에 있어서 피고적격이 없다.
> [2] 근저당권 이전의 부기등기는 기존의 주등기인 근저당권설정등기에 종속되어 주등기와 일체를 이루는 것이어서 피담보채 무가 소멸된 경우 또는 근저당권설정등기가 당초 원인무효인 경우 주등기인 근저당권설정등기의 말소만 구하면 되고 그 부기등기는 별도로 말소를 구하지 않더라도 주등기의 말소에 따라 직권으로 말소된다(대판 1995.5.26. 95다7550). 따라서 피담보채무가 소멸된 경우 양수인을 상대로 주등기인 근저당권설정등기의 말소를 청구하여야 한다.
> - 반면에 근저당권의 이전원인만이 무효로 되거나 취소 또는 해제된 경우, 즉 근저당권의 주등기 자체는 유효한 것을 전제로 이와는 별도로 근저당권이전의 부기등기에 한하여 무효사유가 있다는 이유로 부기등기만의 효력을 다투는 경우에는 그 부기등기의 말소를 소구할 필요가 있으므로 예외적으로 소의 이익이 있다(대판 2005.6.10. 2002다15412·15429).

3. 저당권부 채권의 입질

① 입질도 피담보채권과 저당권을 함께 하여야 한다. 따라서 채권이 입질되는 것이기 때문에 권리질권의 설정에 관한 규정이 적용되고, 저당권등기에 질권의 부기등기를 하여야 저당권에도 질권의 효력이 미치 게 된다(제348조).

② 저당권부 채권이 입질되면 질권자는 입질된 채권의 추심권을 가지며(제353조), 입질채권이 변제되지 않으면 저당권을 실행할 수 있다.

Ⅱ 저당권의 소멸

1. 일반적 소멸사유

저당권은 물권 일반에 공통하는 소멸원인 및 담보물권에 공통하는 소멸원인에 의하여 소멸한다. 또한 경매, 제3취득자의 변제 등에 의해서도 소멸한다.

2. 소멸시효

> **제369조【부종성】**
> 저당권으로 담보한 채권이 시효의 완성 기타 사유로 인하여 소멸한 때에는 저당권도 소멸한다.

> 피담보채권이 소멸하면 저당권은 그 부종성에 의하여 당연히 소멸하게 되므로, 그 말소등기가 경료되기 전에 그 저당권부채권을 가압류하고 압류 및 전부명령을 받아 저당권 이전의 부기등기를 경료한 자라 할지라도, 그 가압류 이전에 그 저당권의 피담보채권이 소멸된 이상, 그 근저당권을 취득할 수 없고, 실체관계에 부합하지 않는 그 근저당권 설정등기를 말소할 의무를 부담한다(대판 2002.9.24. 2002다27910).

3. 지상권·전세권을 목적으로 하는 저당권

> **제371조【지상권, 전세권을 목적으로 하는 저당권】**
> ① 본장의 규정은 지상권 또는 전세권을 저당권의 목적으로 한 경우에 준용한다.
> ② 지상권 또는 전세권을 목적으로 저당권을 설정한 자는 저당권자의 동의없이 지상권 또는 전세권을 소멸하게 하는 행위를 하지 못한다.

제371조 제2항의 "지상권 또는 전세권을 소멸하게 하는 행위"란 지상권 또는 전세권의 포기와 같이 저당권설정자의 적극적인 의사에 의한 소멸행위를 말하고, 저당권설정자의 의사에 기하지 않고 소멸하는 경우는 여기에 해당하지 않는다.

> **[전세권에 대하여 저당권이 설정된 경우, 전세기간 만료 후에 그 저당권을 실행하는 방법]**
> 전세권에 대하여 설정된 저당권은 민사소송법 제724조 소정의 부동산경매절차에 의하여 실행하는 것이나, 전세권의 존속기간이 만료되면 전세권의 용익물권적 권능이 소멸하기 때문에 더 이상 전세권 자체에 대하여 저당권을 실행할 수 없게 되고, 이러한 경우는 제370조, 제342조 및 민사소송법 제733조에 의하여 저당권의 목적물인 전세권에 갈음하여 존속하는 것으로 볼 수 있는 전세금반환채권에 대하여 추심명령 또는 전부명령을 받거나(이 경우 저당권의 존재를 증명하는 등기부등본을 집행법원에 제출하면 되고 별도의 채무명의가 필요한 것이 아니다), 제3자가 전세금반환채권에 대하여 실시한 강제집행절차에서 배당요구를 하는 등의 방법으로 자신의 권리를 행사할 수 있을 뿐이다(대결 1995.9.18. 95마684).

> **[전세권에 대하여 저당권이 설정된 경우, 전세기간 만료 후에 전세권설정자의 상계 항변 허용 여부]**
> 전세권저당권자가 전세금반환채권에 대하여 물상대위권을 행사한 경우, 종전 저당권의 효력은 물상대위의 목적이 된 전세금반환채권에 존속하여 저당권자가 전세금반환채권으로부터 다른 일반채권자보다 우선변제를 받을 권리가 있으므로, 설령 전세금반환채권이 압류된 때에 전세권설정자가 전세권자에 대하여 반대채권을 가지고 있고 반대채권과 전세금반환채권이 상계적상에 있다고 하더라도 그러한 사정만으로 전세권설정자가 전세권 저당권자에게 상계로써 대항할 수는 없다. 그러나 전세금반환채권은 전세권이 성립하였을 때부터 이미 발생이 예정되어 있다고 볼 수 있으므로, 전세권저당권이 설정된 때에

이미 전세권설정자가 전세권자에 대하여 반대채권을 가지고 있고 반대채권의 변제기가 장래 발생할 전세금반환채권의 변제기와 동시에 또는 그보다 먼저 도래하는 경우와 같이 전세권설정자에게 합리적 기대 이익을 인정할 수 있는 경우에는 특별한 사정이 없는 한 전세권설정자는 반대채권을 자동채권으로 하여 전세금반환채권과 상계함으로써 전세권저당권자에게 대항할 수 있다(대판 2014.10.27. 2013다91672). **기출** 21

제5관   특수저당권

I   공동저당(제368조)

> **제368조 【공동저당과 대가의 배당, 차순위자의 대위】**
> ① 동일한 채권의 담보로 수개의 부동산에 저당권을 설정한 경우에 그 부동산의 경매대가를 동시에 배당하는 때에는 각부동산의 경매대가에 비례하여 그 채권의 분담을 정한다.
> ② 전항의 저당부동산중 일부의 경매대가를 먼저 배당하는 경우에는 그 대가에서 그 채권전부의 변제를 받을 수 있다. 이 경우에 그 경매한 부동산의 차순위저당권자는 선순위저당권자가 전항의 규정에 의하여 다른 부동산의 경매대가에서 변제를 받을 수 있는 금액의 한도에서 선순위자를 대위하여 저당권을 행사할 수 있다.

1. 의 의

공동저당이란 채권자가 동일한 채권의 담보로서 수개의 부동산 위에 저당권을 설정하는 것을 말한다.

2. 성립요건

(1) 저당권 설정의 합의

① "동일한" 채권의 의미는 하나의 채권을 의미하는 것이 아니다. 따라서 수개의 채권을 담보하기 위한 공동저당의 설정도 가능하다.

② 공동저당은 동시에 성립해야 하는 것은 아니며, 때를 달리하여 설정할 수도 있다(제362조의 저당물 보충 참고). 또한 수 개의 저당권의 순위가 달라도 무방하다.

③ 저당목적물이 전부 채무자 소유일 필요는 없고, 물상보증인 소유인 경우에도 공동저당이 성립하는 데 지장이 없다.

④ 목적물 수만큼 수개의 저당권이 성립한다(저당권의 독립성).

(2) 등 기

① 각각의 부동산에 저당권등기를 한다. 이 경우 다른 부동산과 함께 공동담보로 되어 있다는 취지를 기록하여야 한다(부동산등기법 제78조 제1항).

② 공동저당부동산이 5개 이상인 경우에는 등기관은 공동담보목록을 작성하여야 한다(부동산등기법 제78조 제2항). 공동담보목록은 등기기록의 일부로 본다(부동산등기법 제78조 제3항).

3. 공동저당의 효력

(1) 공동저당권의 실행

보통의 저당권과 다르지 않지만, 채권자의 실행선택권이 인정된다. 그러나 민법은 채권자의 실행 선택권을 인정하면서 후순위권리자 보호를 위하여 일정한 조치를 규정하고 있다.

(2) 동시배당(제368조 제1항)

1) 부담의 안분

① 동시배당의 경우에는 공동저당권자에게 안분배당을 해야 한다. 남는 부분은 각 부동산의 후순위저당권자 등에게 배당한다. 여기서 동시배당이란 경매신청이 아닌 배당을 기준으로 한다. 따라서 동시에 경매를 신청하였더라도 배당의 시기가 다르다면 동시배당에 해당하지 않는다.

② 후순위저당권자가 없더라도 안분배당을 해야 한다.

2) 적용범위

① 공동근저당 : 제368조 제1항은 공동저당의 목적물이 모두 채무자 소유인 경우에 적용된다. 또한 공동근저당권의 경우에도 적용되고, 공동근저당권자 스스로 경매를 실행하는 경우는 물론이고 타인이 실행한 경매에서 우선배당을 받는 경우에도 적용된다(대판 2006.10.27. 2005다14502).

② 공동저당의 목적부동산의 일부는 채무자, 나머지는 물상보증인의 소유인 경우

> **[공동저당권의 목적물인 채무자 소유의 부동산과 물상보증인 소유의 부동산이 함께 경매되어 그 경매대가를 동시에 배당하는 경우, 제368조 제1항이 적용되는지 여부(소극) 및 그 경우의 배당 방법]**
> 공동저당권이 설정되어 있는 수개의 부동산 중 일부는 채무자 소유이고 일부는 물상보증인의 소유인 경우 위 각 부동산의 경매대가를 동시에 배당하는 때에는, 물상보증인이 제481조, 제482조의 규정에 의한 변제자대위에 의하여 채무자 소유 부동산에 대하여 담보권을 행사할 수 있는 지위에 있는 점 등을 고려할 때, "동일한 채권의 담보로 수개의 부동산에 저당권을 설정한 경우에 그 부동산의 경매대가를 동시에 배당하는 때에는 각 부동산의 경매대가에 비례하여 그 채권의 분담을 정한다." 고 규정하고 있는 제368조 제1항은 적용되지 아니한다고 봄이 상당하다. 따라서 이러한 경우 경매법원으로서는 채무자 소유 부동산의 경매대가에서 공동저당권자에게 우선적으로 배당을 하고, 부족분이 있는 경우에 한하여 물상보증인 소유부동산의 경매대가에서 추가로 배당을 하여야 한다(대판 2010.4.15. 2008다41475). 이러한 이치는 물상보증인이 채무자를 위한 연대보증인의 지위를 겸하고 있는 경우에도 마찬가지이다(대판 2016.3.10. 2014다231965).

(3) 이시배당(제368조 제2항)

1) 후순위저당권자의 대위

① 의의 : 제368조 제2항 후문은 대위제도를 규정하여 공동저당권의 목적 부동산 중 일부의 경매대가를 먼저 배당하는 이시배당의 경우에도 최종적인 배당의 결과가 동시배당의 경우와 같게 함으로써 공동저당권자의 실행선택권 행사로 인하여 불이익을 입은 차순위저당권자를 보호하는 데 그 취지가 있다(대판 2006.10.27. 2005다14502).

② 요건 : 후순위저당권자의 대위가 인정되기 위해서는 ㉠ 공동저당물 중 일부의 경매대가가 먼저 배당되었을 것 ㉡ 공동저당권자가 일부의 경매대가로부터 그 부동산의 책임분담액을 초과하는 배당을 받았을 것 ㉢ 그로 인하여 후순위저당권자가 동시배당에 비하여 불이익을 받았을 것 등이 요구된다.

③ **효과** : 선순위공동저당권자의 미실행 저당권이 경매된 부동산의 후순위저당권자에게 법률상 당연히 이전되고(제187조), 후순위저당권자는 미실행 저당권에 기한 경매를 신청할 수 있으며, 그 부동산의 경매절차에서 동시배당의 경우와 비교하여 감소된 금액을 한도로 우선변제를 받을 수 있다(제368조 제2항).

④ 대위등기가 없는 상태에서 저당권등기가 말소된 경우

> 먼저 경매된 부동산의 후순위저당권자가 다른 부동산에 공동저당의 대위등기를 하지 아니하고 있는 사이에 선순위저당권자 등에 의해 그 부동산에 관한 저당권등기가 말소되고, 그와 같이 저당권등기가 말소되어 등기부상 저당권의 존재를 확인할 수 없는 상태에서 그 부동산에 관하여 소유권이나 저당권 등 새로 이해관계를 취득한 사람에 대해서는, 후순위저당권자가 제368조 제2항에 의한 대위를 주장할 수 없다(대판 2015.3.20. 2012다99341).

2) 공동저당 부동산 중 채무자 이외의 자, 즉 물상보증인 또는 제3취득자의 소유인 부동산이 존재하는 경우에도 제368조 제2항 후문에 의한 후순위저당권자의 대위가 인정되는지 여부

> **[채무자 소유의 부동산이 먼저 경매된 경우]**
> 공동저당의 목적인 채무자 소유의 부동산과 물상보증인 소유의 부동산 중 채무자 소유의 부동산에 대하여 먼저 경매가 이루어져 그 경매대금의 교부에 의하여 1번 공동저당권자가 변제를 받더라도 채무자 소유의 부동산에 대한 후순위 저당권자는 제368조 제2항 후단에 의하여 1번 공동저당권자를 대위하여 물상보증인 소유의 부동산에 대하여 저당권을 행사할 수 없다. 그리고 이러한 법리는 채무자 소유의 부동산에 후순위 저당권이 설정된 후에 물상보증인 소유의 부동산이 추가로 공동저당의 목적으로 된 경우에도 마찬가지로 적용된다(대판 2014.1.23. 2013다207996).
>
> **[물상보증인 소유의 부동산이 먼저 경매된 경우]**
> 공동저당에 제공된 채무자 소유의 부동산과 물상보증인 소유의 부동산 가운데 물상보증인 소유의 부동산이 먼저 경매되어 매각대금에서 선순위공동저당권자가 변제를 받은 때에는 물상보증인은 채무자에 대하여 구상권을 취득함과 동시에 변제자대위에 의하여 채무자 소유의 부동산에 대한 선순위공동저당권을 대위취득한다. 물상보증인 소유의 부동산에 대한 후순위저당권자는 물상보증인이 대위취득한 채무자 소유의 부동산에 대한 선순위공동저당권에 대하여 물상대위를 할 수 있다. 이 경우에 채무자는 물상보증인에 대한 반대채권이 있더라도 특별한 사정이 없는 한 물상보증인의 구상금 채권과 상계함으로써 물상보증인 소유의 부동산에 대한 후순위저당권자에게 대항할 수 없다. 채무자는 선순위공동저당권자가 물상보증인 소유의 부동산에 대해 먼저 경매를 신청한 경우에 비로소 상계할 것을 기대할 수 있는데, 이처럼 우연한 사정에 의하여 좌우되는 상계에 대한 기대가 물상보증인 소유의 부동산에 대한 후순위저당권자가 가지는 법적 지위에 우선할 수 없다(대판 2017.4.26. 2014다221777・221784).

4. 저당권의 포기로 인한 대위 침해의 문제

> 선순위 공동저당권자가 피담보채권을 변제받기 전에 공동저당 목적 부동산 중 일부에 관한 저당권을 포기한 경우에는, 후순위저당권자가 있는 부동산에 관한 경매절차에서, 저당권을 포기하지 아니하였더라면 후순위저당권자가 대위할 수 있었던 한도에서는 후순위저당권자에 우선하여 배당을 받을 수 없다고 보아야 하고, 이러한 법리는 공동근저당권의 경우에도 마찬가지로 적용된다(대판 2009.12.10. 2009다41250).

5. 공동저당 법리의 유추적용

(1) 유추적용이 인정된 경우

판례는 공동저당의 법리를 임금채권 최우선특권, 주택임대차보호법상 소액임차인의 보증금 최우선변제특권, 조세채권 우선특권에 따라 이들에게 우선배당이 실시될 경우에 후순위자에 대하여 제368조를 유추한다.

(2) 유추적용이 부정된 경우

동일한 채권의 담보를 위하여 부동산과 선박에 저당권이 설정된 경우에는 제368조 제2항 후문 규정이 적용 또는 유추적용되지 아니 한다(대판 2002.7.12. 2001다53264).

Ⅱ 근저당(제357조)

> **제357조 【근저당】**
> ① 저당권은 그 담보할 채무의 최고액만을 정하고 채무의 확정을 장래에 보류하여 이를 설정할 수 있다. 이 경우에는 그 확정될 때까지의 채무의 소멸 또는 이전은 저당권에 영향을 미치지 아니한다.
> ② 전항의 경우에는 채무의 이자는 최고액 중에 산입한 것으로 본다.

1. 서 설

(1) 의 의

근저당이란 계속적인 거래관계로부터 생기는 다수의 불특정의 채권을 장래의 결산기에 있어서 일정한 한도액(채권최고액)까지 담보하는 저당권을 말한다(제357조).

> **[누적적 근저당권]**
> [1] 당사자 사이에 하나의 기본계약에서 발생하는 동일한 채권을 담보하기 위하여 여러 개의 부동산에 근저당권을 설정하면서 각각의 근저당권 채권최고액을 합한 금액을 우선변제받기 위하여 공동근저당권의 형식이 아닌 개별 근저당권의 형식을 취한 경우, 이러한 근저당권은 제368조가 적용되는 공동근저당권이 아니라 피담보채권을 누적적으로 담보하는 근저당권에 해당한다. 이와 같은 누적적 근저당권은 공동근저당권과 달리 담보의 범위가 중첩되지 않으므로, 누적적 근저당권을 설정받은 채권자는 여러 개의 근저당권을 동시에 실행할 수도 있고, 여러 개의 근저당권 중 어느 것이라도 먼저 실행하여 그 채권최고액의 범위에서 피담보채권의 전부나 일부를 우선변제받은 다음 피담보채권이 소멸할 때까지 나머지 근저당권을 실행하여 그 근저당권의 채권최고액 범위에서 반복하여 우선변제를 받을 수 있다.
> [2] 채권자가 하나의 기본계약에서 발생하는 동일한 채권을 담보하기 위하여 채무자 소유의 부동산과 물상보증인 소유의 부동산에 누적적 근저당권을 설정받았는데 물상보증인 소유의 부동산이 먼저 경매되어 매각대금에서 채권자가 변제를 받은 경우, 물상보증인은 채무자에 대하여 구상권을 취득함과 동시에 제481조, 제482조에 따라 종래 채권자가 가지고 있던 채권 및 담보에 관한 권리를 행사할 수 있다. 이때 물상보증인은 변제자대위에 의하여 종래 채권자가 보유하던 채무자 소유 부동산에 관한 근저당권을 대위취득하여 행사할 수 있다고 보아야 한다(대판 2020.4.9. 2014다51756 · 51763[병합]).

(2) 특수성

① 근저당권은 장래의 증감·변동하는 불특정의 채권도 담보한다는 점에서 현재 또는 장래의 특정의 채권을 담보하는 보통의 저당권과 다르다.

② 근저당권은 보통의 저당권과 달리 부종성이 요구되지 않는다.

2. 근저당권의 성립요건

(1) 근저당권설정계약

① 근저당권설정계약의 당사자는 근저당권자(채권자)와 근저당권설정자(채무자 또는 물상보증인)이다.

② 근저당권설정계약에서 담보할 채권의 최고액과 함께 피담보채권의 범위를 결정하는 기준을 정해야 한다.

③ 근저당권에 의해 담보될 채권(피담보채권)을 발생케 하는 계속적 계약관계(기본계약관계)가 정해져야 한다.

(2) 근저당권설정등기

① 채권의 최고액을 등기해야 한다(부동산등기법 제75조 제2항 제1호).

② 근저당권의 존속기간을 등기할 수 있으나(부동산등기법 제75조 제2항 제4호), 이를 등기하지 않았더라도 근저당권 등기가 무효로 되는 것은 아니다.

3. 근저당권의 효력

(1) 최고액

① 최고액이란 근저당권자가 목적물로부터 우선변제를 받을 수 있는 한도액을 의미한다.

② 「채무자 겸 근저당권설정자」가 그 채무의 일부인 채권최고액만을 변제하고, 나머지 잔존 채무에 대해서는 변제를 하지 않은 경우 근저당권의 말소를 구할 수 없다(대판 2001.10.12. 2000다59081). 즉 채무 전액을 변제해야 한다.

③ 「물상보증인」이나 「제3취득자」인 경우에는 채권최고액만을 변제하고 근저당권의 말소를 청구할 수 있다(대판 1974.12.10. 74다998, 대결 1971.5.15. 71마251).

(2) 피담보채권

① 피담보채권의 범위 : 우선 근저당권설정계약에 의하여 결정되지만, 계약에 정함이 없는 경우에는 제360조가 적용된다.

② 최고액과 피담보채권의 범위와 관계

    ㉠ 원본, 이자, 위약금, 채무불이행으로 인한 손해배상, 저당권의 실행비용 등이 근저당권에 의하여 담보된다. 다만, 지연손해금은 일반 저당과 달리 1년분에 한정될 필요가 없다.

    ㉡ 근저당권 실행비용이 최고액에 포함되는지 견해의 다툼이 있으나 다수설 및 판례는 포함하지 않는다는 입장이다.

> 경매부동산을 매수한 제3취득자는 그 부동산으로 담보하는 채권최고액과 경매비용을 변제공탁하면 그 저당권의 소멸을 청구할 수 있다(대결 1971.5.15. 71마251).

(3) 근저당권의 실행

① **의의** : 채무자 또는 제3취득자 등이 피담보채권을 변제하여 근저당권을 소멸시키키 위해서는 먼저 피담보채권이 확정된 후 그 채권을 변제해야 한다. 실행절차는 보통의 저당권과 같다.

② **피담보채권의 확정** : 근저당권의 피담보채권은 증감, 변동하는데, 그러한 상태가 종료되는 것을 근저당권의 확정 또는 피담보채권의 확정이라 한다. 민법이 피담보채권의 확정사유 및 시기를 규정하고 있지 않아, 이론 및 판례에 의해 해결되고 있다.

  ㉠ 확정사유에 대한 검토
  • 근저당권설정자 등의 확정청구

> [1] 근저당권이라 함은 그 담보할 채권의 최고액만을 정하고 채무의 확정을 장래에 유보하여 설정하는 저당권을 말하고, 이 경우 그 피담보채무가 확정될 때까지의 채무의 소멸 또는 이전은 근저당권에 영향을 미치지 아니하므로, 근저당부동산에 대하여 소유권을 취득한 제3자는 피담보채무가 확정된 이후에 그 확정된 피담보채무를 채권최고액의 범위 내에서 변제하고 근저당권의 소멸을 청구할 수 있다고 할 것이며, 피담보채무는 근저당권설정계약에서 근저당권의 존속기간을 정하거나 근저당권으로 담보되는 기본적인 거래계약에서 결산기를 정한 경우에는 원칙적으로 존속기간이나 결산기가 도래한 때에 확정되지만, 이 경우에도 근저당권에 의하여 담보되는 채권이 전부 소멸하고 채무자가 채권자로부터 새로이 금원을 차용하는 등 거래를 계속할 의사가 없는 경우에는, 그 존속기간 또는 결산기가 경과하기 전이라 하더라도 근저당권설정자는 계약을 해지하고 근저당권설정등기의 말소를 구할 수 있고, 한편 존속기간이나 결산기의 정함이 없는 때에는 근저당권의 피담보채무의 확정방법에 관한 다른 약정이 있으면 그에 따르되 이러한 약정이 없는 경우라면 근저당권설정자가 근저당권자를 상대로 언제든지 해지의 의사표시를 함으로써 피담보채무를 확정시킬 수 있다.
> [2] 피담보채무를 확정시키는 근저당권설정자의 근저당권설정계약의 해제 또는 해지에 관한 권한은 근저당부동산의 소유권을 취득한 제3취득자도 원용할 수 있다(대판 2002.5.24. 2002다7176).

  • 경매신청
    – 근저당권자의 경매신청

> 근저당권자가 피담보채무의 불이행을 이유로 경매신청을 한 경우에는 경매신청시에 근저당 채무액이 확정되고, 그 이후부터 근저당권은 부종성을 가지게 되어 보통의 저당권과 같은 취급을 받게 되는바, 위와 같이 경매신청을 하여 경매개시결정이 있은 후에 경매신청이 취하되었다고 하더라도 채무확정의 효과가 번복되는 것은 아니다(대판 2002.11.26. 2001다73022). 기출 22·17

    – 제3자의 경매신청

> **[후순위근저당권자가 경매를 신청한 경우, 선순위근저당권자의 피담보채권액이 확정되는 시기(= 경락 대금 완납시)]**
> 당해 근저당권자는 저당부동산에 대하여 경매신청을 하지 아니하였는데 다른 채권자가 저당부동산에 대하여 경매신청을 한 경우 민사소송법 제608조 제2항, 제728조의 규정에 따라 경매신청을 하지 아니한 근저당권자의 근저당권도 경락으로 인하여 소멸하므로, 다른 채권자가 경매를 신청하여 경매절차가 개시된 때로부터 경락으로 인하여 당해 근저당권이 소멸하게 되기까지의 어느 시점에서인가는 당해 근저당권의 피담보채권도 확정된다고 하지 아니할 수 없는데, 그중 어느 시기에 당해 근저당권의 피담보채권이 확정되는가 하는 점에 관하여 우리 민법은 아무런 규정을 두고 있지 아니한바, 부동산 경매절차에서 경매신청기입등기 이전에 등기되어 있는 근저당권은 경락으로 인하여 소멸되는 대신에 그 근저당권자는 민사소송법 제605조가 정하는 배당요구를 하지 아니하더라도 당연히 그 순위에 따라 배당을 받을 수 있고, 이러한 까닭으로 선순위 근저당권이 설정되어 있는 부동산에 대하여 근저당권을 취득하는 거래를 하려는 사람들은 선순위 근저당권의 채권최고액 만큼의 담보가치는 이미 선순위 근저당권자에 의하여 파악되어

있는 것으로 인정하고 거래를 하는 것이 보통이므로, 담보권 실행을 위한 경매절차가 개시되었음을 선순위근저당권자가 안 때 이후의 어떤시점에 선순위근저당권의 피담보채무액이 증가하더라도 그와 같이 증가한 피담보채무액이 선순위 근저당권의 채권최고액 한도 안에 있다면 경매를 신청한 후순위근저당권자가 예측하지 못한 손해를 입게 된다고 볼 수 없는 반면, 선순위근저당권자는 자신이 경매신청을 하지 아니하였으면서도 경락으로 인하여 근저당권을 상실하게 되는 처지에 있으므로 거래의 안전을 해치지 아니하는 한도 안에서 선순위근저당권자가 파악한 담보가치를 최대한 활용할 수 있도록 함이 타당하다는 관점에서 보면, 후순위근저당권자가 경매를 신청한 경우 선순위근저당권의 피담보채권은 그 근저당권이 소멸하는 시기, 즉 경락인이 경락대금을 완납한 때에 확정된다고 보아야 한다(대판 1999.9.21. 99다26085). **기출** 22·20

- 채무자가 합병으로 소멸한 경우

> 물상보증인이 설정한 근저당권의 채무자가 합병으로 소멸하는 경우 합병 후의 존속회사 또는 신설회사는 합병의 효과로서 채무자의 기본계약상 지위를 승계하지만 물상보증인이 존속회사 또는 신설회사를 위하여 근저당권설정계 약을 존속시키는 데 동의한 경우에 한하여 합병 후에도 기본계약에 기한 근저당 거래를 계속할 수 있고, 합병 후 상당한 기간이 지나도록 그러한 동의가 없는 때에는 합병 당시를 기준으로 근저당권의 피담보채무가 확정된다. 따라서 위와 같이 근저당권의 피담보채무가 확정되면, 근저당권은 그 확정된 피담보채무로서 존속회사 또는 신설회사 에 승계된 채무만을 담보하게 되므로, 합병 후 기본계약에 의하여 발생한 존속회사 또는 신설회사의 채무는 근저당권 에 의하여 더 이상 담보되지 아니한다. 그리고 이러한 법리는 채무자의 합병 전에 물상보증인으로부터 저당목적물의 소유권을 취득한 제3자가 있는 경우에도 마찬가지로 적용된다(대판 2010.1.28. 2008다12057).

ⓒ 확정의 효과
- 담보되는 채권의 범위

> 근저당권자의 경매신청 등의 사유로 인하여 근저당권의 피담보채권이 확정되었을 경우, 확정 이후에 새로운 거래관계 에서 발생한 원본채권은 그 근저당권에 의하여 담보되지 아니하지만, 확정 전에 발생한 원본채권에 관하여 확정 후에 발생하는 이자나 지연손해금 채권은 채권최고액의 범위 내에서 근저당권에 의하여 여전히 담보되는 것이다(대판 2007.4.26. 2005다38300). **기출** 16

- 실제 채권액이 채권최고액을 초과하는 경우

> - 근저당권의 목적이 된 부동산의 제3취득자는 근저당권의 피담보채무에 대하여 채권최고액을 한도로 당해 부동산에 의한 담보적 책임을 부담하므로, 제3취득자로서는 채무자 또는 제3자의 변제 등으로 피담보채권이 일부 소멸하였다 고 하더라도 잔존 피담보채권이 채권최고액을 초과하는 한 담보 부동산에 의한 자신의 책임이 그 변제 등으로 인하여 감축되었다고 주장할 수 없다(대판 2007.4.26. 2005다38300).
> - 근저당부동산에 대하여 제364조의 규정에 의한 권리를 취득한 제3자는 피담보채무가 확정된 이후에 채권최고액의 범위 내에서 그 확정된 피담보채무를 변제하고 근저당권의 소멸을 청구할 수 있으나, 근저당부동산에 대하여 후순위 근저당권을 취득한 자는 제364조에서 정한 권리를 행사 할 수 있는 제3취득자에 해당하지 아니하므로 이러한 후순위근저당권자가 선순위근저당권의 피담보 채무가 확정된 이후에 그 확정된 피담보채무를 변제한 것은 제469조 의 규정에 의한 이해관계 있는 제3자의 변제로서 유효한 것인지 따져볼 수는 있을지언정 제364조의 규정에 따라 선순위 근저당권의 소멸을 청구할 수 있는 사유로는 삼을 수 없다(대판 2006.1.26. 2005다17341). **기출** 17
> - 채무자의 채무액이 근저당 채권최고액을 초과하는 경우에 채무자 겸 근저당권설정자가 그 채무의 일부인 채권최고 액과 지연손해금 및 집행비용만을 변제하였다면 채권전액의 변제가 있을 때까지 근저당권의 효력은 잔존채무에 미치는 것이므로 위 채무일부의 변제로써 위 근저당권의 말소를 청구 할 수 없다(대판 1981.11.10. 80다2712). **기출** 16

4. 근저당권의 변경

(1) 채무의 범위 또는 채무자의 변경

> **[근저당권의 피담보채무가 확정되기 전에는 채무의 범위나 채무자의 변경이 가능한지 여부(적극) 및 근저당권의 채무의 범위나 채무자가 변경된 경우, 변경 전의 범위에 속하는 채권이나 채무자에 대한 채권은 그 근저당권의 피담보채무에서 제외되는지 여부 (적극)]**
>
> 근저당권은 당사자 사이의 계속적인 거래관계로부터 발생하는 불특정채권을 어느 시기에 계산하여 잔존하는 채무를 일정한 한도액 범위 내에서 담보하는 저당권으로서 보통의 저당권과 달리 발생 및 소멸에 있어 피담보채무에 대한 부종성이 완화되어 있는 관계로 피담보채무가 확정되기 이전이라면 채무의 범위나 또는 채무자를 변경할 수 있는 것이고, 채무의 범위나 채무자가 변경된 경우에는 당연히 변경 후의 범위에 속하는 채권이나 채무자에 대한 채권만이 당해 근저당권에 의하여 담보되고, 변경 전의 범위에 속하는 채권이나 채무자에 대한 채권은 그 근저당권에 의하여 담보되는 채무의 범위에서 제외된다(대판 1999.5.14. 97다15777·15784). **기출** 17·16
>
> **[물상보증인이 근저당권의 피담보채무만을 면책적으로 인수하고 이를 원인으로 하여 근저당권 변경의 부기등기를 경료한 경우, 그 변경등기는 채무를 인수한 물상보증인이 다른 원인으로 근저당권자에 대하여 부담하게 된 새로운 채무까지 담보하는지 여부(소극)]**
>
> 물상보증인이 근저당권의 채무자의 계약상의 지위를 인수한 것이 아니라 다만 그 채무만을 면책적으로 인수하고 이를 원인으로 하여 근저당권 변경의 부기등기가 경료된 경우, 특별한 사정이 없는 한 그 변경등기는 당초 채무자가 근저당권자에 대하여 부담하고 있던 것으로서 물상보증인이 인수한 채무만을 그 대상으로 하는 것이지, 그 후 채무를 인수한 물상보증인이 다른 원인으로 근저당권자에 대하여 부담하게 된 새로운 채무까지 담보하는 것으로 볼 수는 없다(대판 1999.9.3. 98다40657).

(2) 피담보채무의 일부양도 또는 일부 변제

> **[근저당권을 가지고 있는 채권자에게 그 근저당권의 피담보채권이 확정되기 전에 채무의 일부를 대위변제한 자가 그 근저당권의 피담보채권 확정 후 그 근저당권 내지 그 실행으로 인한 경락대금에 대하여 취득하는 권리 범위]**
>
> 변제할 정당한 이익이 있는 자가 채무자를 위하여 채권의 일부를 대위변제할 경우에 대위변제자는 변제한 가액의 범위 내에서 종래 채권자가 가지고 있던 채권 및 담보에 관한 권리를 법률상 당연히 취득하게 되는 것이므로, 채권자가 부동산에 대하여 근저당권을 가지고 있는 경우에는, 채권자는 대위변제자에게 일부 대위변제에 따른 저당권의 일부 이전의 부기등기를 경료해 주어야 할 의무가 있다 할 것이나, 이 경우에도 채권자는 일부 변제자에 대하여 우선변제권을 가지고 있다 할 것이고, 근저당권이라고 함은 계속적인 거래관계로부터 발생하고 소멸하는 불특정다수의 장래채권을 결산기에 계산하여 잔존하는 채무를 일정한 한도액의 범위 내에서 담보하는 저당권이어서, 거래가 종료하기까지 채권은 계속적으로 증감변동하는 것이므로, 근저당 거래관계가 계속중인 경우 즉 근저당권의 피담보채권이 확정되기 전에 그 채권의 일부를 양도하거나 대위변제한 경우 근저당권이 양수인이나 대위변제자에게 이전할 여지는 없다 할 것이나, 그 근저당권에 의하여 담보되는 피담보채권이 확정되게 되면, 그 피담보채권액이 그 근저당권의 채권최고액을 초과하지 않는 한 그 근저당권 내지 그 실행으로 인한 경락대금에 대한 권리 중 그 피담보채권액을 담보하고 남는 부분은 저당권의 일부이전의 부기등기의 경료여부와 관계없이 대위변제자에게 법률상 당연히 이전된다(대판 2002.7.26. 2001다53929).

5. 근저당권의 소멸

근저당권도 저당권의 일종이므로, 저당권의 소멸사유가 그대로 적용된다.

6. 포괄근저당

(1) 의 의

포괄근저당이란 채권자와 채무자 사이에 기초적인 계속적 계약(기본계약)조차도 특정하지 않고서 채권자가 채무자에 대하여 「현재 및 장래에 발생할 일체의 채권」을 일정한 한도까지 담보하는 것을 내용으로 하는 근저당을 말한다.

(2) 유 형

① 무제한적 포괄근저당 : 당사자 사이에 현재 및 장래에 발생할 일체의 채권·채무를 담보하는 유형이다.

② 제한적 포괄근저당 : 기본계약을 열거하고 그와 관련하여 생기는 채무 기타 일체의 채무를 담보하는 유형이다. 주로 금융거래에서 이용한다.

(3) 유효성

포괄근저당의 유효성에 관하여 학설은 대체로 긍정하는 입장이며, 인정범위에 차이가 있을 뿐이다. 반면에 판례는 포괄근저당을 유효라고 보고 있음은 분명하지만, 인정범위를 명백히 밝히지 않아 무제한적 포괄근저당도 유효인지는 분명하지 않다.

> 은행과 물상보증인 사이에 근저당권설정계약을 체결할 때 작성된 근저당권설정계약서에 "주채무자가 은행에 대하여 기왕, 현재 또는 장래에 부담하는 모든 채무를 담보하기 위하여 부동산에 근저당권을 설정한다."라는 취지의 기재가 있는 경우 그 기재는 주채무의 종류나 성립시기에 관계없이 모든 채무를 담보하기로 하는 이른바 포괄근저당권을 설정한다는 문언이라 할 것이고, 계약서가 부동문자로 인쇄된 일반거래약관의 형태를 취하고 있다 하더라도 이는 처분문서라 할 것이므로 그 진정성립이 인정되는 때에는 은행의 담보취득행위가 은행대차관계에 있어서 이례에 속하거나 관례를 벗어나는 것이라고 보여지는 등의 특별한 사정이 없는 한 그 계약문언대로 의사표시의 존재와 내용을 인정하여야 한다(대판 1994.9.30. 94다20242).

Ⅲ 특별법에 의한 저당권

> **제372조 【타법률에 의한 저당권】**
> 본장의 규정은 다른 법률에 의하여 설정된 저당권에 준용한다.

민법 외의 다른 법률에 의해 저당권이 인정되는 것으로 입목저당(입목에 관한 법률), 공장저당과 광업재단저당(공장 및 광업재단 저당법), 동산저당(자동차 등 특정동산 저당법), 선박(상법, 선박등기법) 등이 있다.

CHAPTER 05 | 확인학습문제

담보물권

---

01 총 설

01 물상대위에 관한 다음 설명 중 옳지 <u>않은</u> 것은? (다툼이 있는 경우에는 판례에 의함)

① 저당목적물의 소실로 저당권설정자가 취득하게 된 화재보험계약상의 보험금청구권에 대하여도 저당권자가 물상대위권을 행사할 수 있다.

② 저당목적물의 변형물인 금전 기타 물건에 대하여 이미 제3자가 압류하여 그 금전 기타 물건이 특정된 이상 저당권자는 스스로 이를 압류하지 않고서도 물상대위권을 행사할 수 있다.

③ 저당목적물의 변형물인 금전 기타 물건에 대하여 저당권자의 압류 또는 배당요구가 있기 전에 그 금전 기타 물건이 물상보증인에게 지급되었다면, 저당권자는 그 물상보증인에게 부당이득 반환을 청구할 수 있다.

④ 저당목적물의 변형물인 금전 기타 물건에 대하여 이미 제3자가 압류하였다면, 저당권자가 물상대위권의 행사에 나아가지 않아도, 다른 일반채권자가 그 금전 기타 물건으로부터 얻은 이득에 대하여 부당이득반환청구를 할 수 있다.

⑤ 공동저당권의 실행에서 물상보증인 소유 부동산이 먼저 경매되어 1번 저당권자에게 대위변제를 한 물상보증인은 채무자 소유 부동산에 대한 1번 저당권을 대위취득하고, 그 물상보증인 소유 부동산의 후순위저당권자는 위 1번 저당권에 기하여 물상대위를 할 수 있다.

답 ④

│ 정답해설 │

④ 제370조, 제342조 단서가 저당권자는 물상대위권을 행사하기 위하여 저당권설정자가 받을 금전 기타 물건의 지급 또는 인도 전에 압류하여야 한다고 규정한 것은 물상대위의 목적인 채권의 특정성을 유지하여 그 효력을 보전함과 동시에 제3자에게 불측의 손해를 입히지 않으려는 데 있는 것이므로, 저당목적물의 변형물인 금전 기타 물건에 대하여 이미 제3자가 압류하여 그 금전 또는 물건이 특정된 이상 저당권자가 스스로 이를 압류하지 않고서도 물상대위권을 행사하여 일반채권자보다 우선변제를 받을 수 있으나, 그 행사방법으로는 민사집행법 제273조[구 민사소송법(2002.1.26. 법률 제6626호로 전단개정되기 전의 것) 제733조]에 의하여 담보권의 존재를 증명하는 서류를 집행법원에 제출하여 채권압류 및 전부명령을 신청하는 것이거나 민사집행법 제247조 제1항[구 민사소송법(2002.1.26. 법률 제6626호로 전단개정되기 전의 것) 제580조 제1항]에 의하여 배당요구를 하는 것이므로, 이러한 물상대위권의 행사에 나아가지 아니한 채 단지 수용대상토지에 대하여 담보물권의 등기가 된 것만으로는 그 보상금으로부터 우선변제를 받을 수 없고, 저당권자가 물상대위권의 행사에 나아가지 아니하여 우선변제권을 상실한 이상 다른 채권자가 그 보상금 또는 이에 관한 변제공탁금으로부터 이득을 얻었다고 하더라도 저당권자는 이를 부당이득으로서 반환청구할 수 없다[2002다33137].

▌오답해설▐

① 저당목적물이 소실되어 저당권설정자가 보험회사에 대하여 화재보험계약에 따른 보험금청구권을 취득한 경우 그 보험금청구권은 저당목적물이 가지는 가치의 변형물이라 할 것이므로 저당권자는 제370조, 제342조에 의하여 저당권설정자의 보험회사에 대한 보험금청구권에 대하여 물상대위권을 행사할 수 있다[2004다52798].

③ 저당권자는 저당권의 목적이 된 물건의 멸실, 훼손 또는 공용징수로 인하여 저당목적물의 소유자가 받을 저당목적물에 갈음하는 금전 기타 물건에 대하여 물상대위권을 행사할 수 있으나, 다만 그 지급 또는 인도 전에 이를 압류하여야 하며, 저당권자가 위 금전 또는 물건의 인도청구권을 압류하기 전에 저당물의 소유자가 그 인도청구권에 기하여 금전 등을 수령한 경우 저당권자는 더 이상 물상대위권을 행사할 수 없게 된다. 이 경우 저당권자는 저당권의 채권최고액범위 내에서 저당목적물의 교환가치를 지배하고 있다가 저당권을 상실하는 손해를 입게 되는 반면에, 저당목적물의 소유자는 저당권의 채권최고액범위 내에서 저당권자에게 저당목적물의 교환가치를 양보하여야 할 지위에 있다가 마치 그러한 저당권의 부담이 없었던 것과 같은 상태에서의 대가를 취득하게 되는 것이므로, 그 수령한 금액 가운데 저당권의 채권최고액을 한도로 하는 피담보채권액의 범위 내에서는 이득을 얻게 된다. 따라서 저당목적물소유자는 저당권자에게 이를 부당이득으로 반환할 의무가 있다[2008다17656].

⑤ 공동저당의 목적인 채무자 소유의 부동산과 물상보증인 소유의 부동산에 각각 채권자를 달리하는 후순위저당권이 설정되어 있는 경우, 물상보증인 소유의 부동산에 대하여 먼저 경매가 이루어져 그 경매대금의 교부에 의하여 1번 저당권자가 변제를 받은 때에는 물상보증인은 채무자에 대하여 구상권을 취득함과 동시에 제481조, 제482조의 규정에 의한 변제자 대위에 의하여 채무자 소유의 부동산에 대한 1번 저당권을 취득하고, 이러한 경우 물상보증인 소유의 부동산에 대한 후순위저당권자는 물상보증인에게 이전한 1번 저당권으로 우선하여 변제를 받을 수 있으며, 이러한 법리는 수인의 물상보증인이 제공한 부동산 중 일부에 대하여 경매가 실행된 경우에도 마찬가지로 적용되어야 한다[2001다21854].

01 유치권에 관한 설명으로 옳은 것은? (다툼이 있으면 판례에 따름) **[2024]**

① 피담보채권이 존재한다면 타인의 물건에 대한 점유가 불법행위로 인한 것인 때에도 유치권이 성립한다.

② 유치권자가 유치물 소유자의 승낙 없이 유치물을 임대한 경우, 특별한 사정이 없는 한 유치물의 소유자는 유치권의 소멸을 청구할 수 없다.

③ 목적물에 대한 점유를 상실한 경우, 유치권자가 점유회수의 소를 제기하여 점유를 회복할 수 있다는 것만으로는 유치권이 인정되지 않는다.

④ 채무자를 직접점유자로 하여 채권자가 간접점유를 하였더라도 채권자는 유효하게 유치권을 취득할 수 있다.

⑤ 저당물의 제3취득자가 저당물의 개량을 위하여 유익비를 지출한 때에는 민법 제367조에 의한 비용상환청구권을 피담보채권으로 삼아 유치권을 행사할 수 있다.

答 ③

──────────────────────────────

▌정답해설▐

③ 甲 주식회사가 건물신축 공사대금 일부를 지급받지 못하자 건물을 점유하면서 유치권을 행사해 왔는데, 그 후 乙이 경매절차에서 건물 중 일부 상가를 매수하여 소유권이전등기를 마친 다음 甲 회사의 점유를 침탈하여 丙에게 임대한 사안에서, 乙의 점유침탈로 甲 회사가 점유를 상실한 이상 유치권은 소멸하고, 甲 회사가 점유회수의 소를 제기하여 승소판결을 받아 점유를 회복하면 점유를 상실하지 않았던 것으로 되어 유치권이 되살아나지만, 위와 같은 방법으로 점유를 회복하기 전에는 유치권이 되살아나는 것이 아님에도, 甲 회사가 상가에 대한 점유를 회복하였는지를 심리하지 아니한 채 점유회수의 소를 제기하여 점유를 회복할 수 있다는 사정만으로 甲 회사의 유치권이 소멸하지 않았다고 본 원심판결에 점유상실로 인한 유치권 소멸에 관한 법리오해의 위법이 있다[2011다72189].

▌오답해설▐

① 점유가 불법행위로 인한 경우에는 유치권이 성립하지 않는다[제320조 제2항].

② 유치권에는 적극적인 사용·수익권이 인정되지 않는다. 따라서 유치권자는 원칙적으로 유치물의 사용·대여 또는 담보제공 등 이용행위를 할 수 없다.

④ 유치권자의 점유는 원칙적으로 직접점유이든 간접점유이든 묻지 않으나, 직접점유자가 채무자인 경우에는 유치권의 요건으로서 점유에 해당하지 않는다[2007다27236].

⑤ 민법 제367조는 저당물의 제3취득자가 그 부동산의 보존, 개량을 위하여 필요비 또는 유익비를 지출한 때에는 제203조 제1항, 제2항의 규정에 의하여 저당물의 경매대가에서 우선상환을 받을 수 있다고 규정하고 있다. 이는 저당권이 설정되어 있는 부동산의 제3취득자가 저당부동산에 관하여 지출한 필요비, 유익비는 부동산 가치의 유지·증가를 위하여 지출된 일종의 공익비용이므로 저당부동산의 환가대금에서 부담하여야 할 성질의 비용이고 더욱이 제3취득자는 경매의 결과 그 권리를 상실하게 되므로 특별히 경매로 인한 매각대금에서 우선적으로 상환을 받도록 한 것이다. 저당부동산의 소유권을 취득한 자도 민법 제367조의 제3취득자에 해당한다. 제3취득자가 민법 제367조에 의하여 우선상환을 받으려면 저당부동산의 경매절차에서 배당요구의 종기까지 배당요구를 하여야 한다[민사집행법 제268조, 제88조]. 위와 같이 민법 제367조에 의한 우선상환은 제3취득자가 경매절차에서 배당받는 방법으로 민법 제203조 제1항, 제2항에서 규정한 비용에 관하여 경매절차의 매각대금에서 우선변제받을 수 있다는 것이지 이를 근거로 제3취득자가 직접 저당권설정자, 저당권자 또는 경매절차 매수인 등에 대하여 비용상환을 청구할 수 있는 권리가 인정될 수 없다. 따라서 제3취득자는 민법 제367조에 의한 비용상환청구권을 피담보채권으로 주장하면서 유치권을 행사할 수 없다[2022다265093].

02 유치권이 유효하게 성립할 수 있는 경우는? (다툼이 있으면 판례에 따름)　　　**[2024]**

① 주택수선공사를 한 수급인이 공사대금채권을 담보하기 위하여 주택을 점유한 경우
② 임대인이 지급하기로 약정한 권리금의 반환청구권을 담보하기 위하여 임차인이 상가건물을 점유한 경우
③ 매도인이 매수인에 대한 매매대금채권을 담보하기 위하여 매매목적물을 점유한 경우
④ 주택신축을 위하여 수급인에게 공급한 건축자재에 대한 대금채권을 담보하기 위하여 그 공급자가 주택을 점유한 경우
⑤ 임차인이 임차보증금반환채권을 담보하기 위하여 임차목적물을 점유한 경우

답 ①

┃정답해설┃

① 주택건물의 신축공사를 한 수급인이 그 건물을 점유하고 있고 또 그 건물에 관하여 생긴 공사금 채권이 있다면, 수급인은 그 채권을 변제받을 때까지 건물을 유치할 권리가 있다고 할 것이고, 이러한 유치권은 수급인이 점유를 상실하거나 피담보채무가 변제되는 등 특단의 사정이 없는 한 소멸되지 않는다[95다16202].

┃오답해설┃

② 임대인과 임차인 사이에 건물명도시 권리금을 반환하기로 하는 약정이 있었다 하더라도 그와 같은 권리금 반환청구권은 건물에 관하여 생긴 채권이라 할 수 없으므로 그와 같은 채권을 가지고 건물에 대한 유치권을 행사할 수 없다[93다62119].
③ 부동산 매도인이 매매대금을 다 지급받지 아니한 상태에서 매수인에게 소유권이전등기를 마쳐주어 목적물의 소유권을 매수인에게 이전한 경우에는, 매도인의 목적물인도의무에 관하여 동시이행의 항변권 외에 물권적 권리인 유치권까지 인정할 것은 아니다. 왜냐하면 법률행위로 인한 부동산물권변동의 요건으로 등기를 요구함으로써 물권관계의 명확화 및 거래의 안전·원활을 꾀하는 우리 민법의 기본정신에 비추어 볼 때, 만일 이를 인정한다면 매도인은 등기에 의하여 매수인에게 소유권을 이전하였음에도 매수인 또는 그의 처분에 기하여 소유권을 취득한 제3자에 대하여 소유권에 속하는 대세적인 점유의 권능을 여전히 보유하게 되는 결과가 되어 부당하기 때문이다[2011마2380].
④ 건축자재대금채권은 매매계약에 따른 매매대금채권에 불과할 뿐 건물 자체에 관하여 생긴 채권이라고 할 수는 없어 유치권을 행사할 수 없다[2011다96208].
⑤ 건물의 임대차에 있어서 임차인의 임대인에게 지급한 임차보증금반환청구권이나 임대인이 건물시설을 아니하기 때문에 임차인에게 건물을 임차목적대로 사용 못한 것을 이유로 하는 손해배상청구권은 모두 제320조 소정 소위 그 건물에 관하여 생긴 채권이라 할 수 없다[75다1305].

03 유치권에 관한 설명으로 옳지 <u>않은</u> 것은? (다툼이 있으면 판례에 따름) **[2023]**

① 유치물의 소유자가 변동된 후 유치권자가 유치물에 관하여 새로이 유익비를 지급하여 가격증가가 현존하는 경우, 유치권자는 그 유익비를 피보전채권으로 하여서도 유치권을 행사할 수 있다.

② 다세대주택의 창호공사를 완성한 하수급인이 공사대금채권 잔액을 변제받기 위하여 그중 한 세대를 점유하는 유치권 행사는 인정되지 않는다.

③ 수급인의 재료와 노력으로 건물을 신축한 경우, 특별한 사정이 없는 한 그 건물에 대한 수급인의 유치권은 인정되지 않는다.

④ 유치권의 목적이 될 수 있는 것은 동산, 부동산 그리고 유가증권이다.

⑤ 유치권자가 유치물에 대한 보존행위로서 목적물을 사용하는 것은 적법하다.

답 ②

▎ 정답해설 ▎

② 다세대주택의 창호 등의 공사를 완성한 하수급인이 공사대금채권 잔액을 변제받기 위하여 위 다세대주택 중 한 세대를 점유하여 유치권을 행사하는 경우, 그 유치권은 위 한 세대에 대하여 시행한 공사대금만이 아니라 다세대주택 전체에 대하여 시행한 공사대금채권의 잔액 전부를 피담보채권으로 하여 성립한다[2005다16942].

▎ 오답해설 ▎

① 71다2414

③ 유치권은 타물권인 점에 비추어 볼 때 수급인의 재료와 노력으로 건축되었고 독립한 건물에 해당되는 기성부분은 수급인의 소유라 할 것이므로 수급인은 공사대금을 지급받을 때까지 이에 대하여 유치권을 가질 수 없다[91다14116].

④ 유치권의 객체는 타인의 물건 또는 유가증권이다[제320조 제1항]. 객체인 물건에는 동산 또는 부동산도 포함된다.

⑤ 유치권자는 채무자의 승낙없이 유치물의 사용, 대여 또는 담보제공을 하지 못한다. 그러나 유치물의 보존에 필요한 사용은 그러하지 아니하다[제324조 제2항].

04 법률에서 정하는 요건이 충족되면 당연히 성립하는 법정담보물권에 해당하는 것은?　　[2023]

① 유치권

② 채권질권

③ 법정지상권

④ 전세권저당권

⑤ 동산·채권 등의 담보에 관한 법률에 따른 동산담보권

答 ①

▌정답해설▌

① 유치권은 일정한 요건이 존재하는 경우에 법률상 당연히 인정되는 권리이다. 이 점에서 약정담보물권인 질권 및 저당권과 다르다.

더 알아보기 유치권, 저당권, 질권 비교

구분	유치권	저당권	질권
성립	법정담보물권(제320조)	• 설정계약 + 등기(제186조) • 약정담보물권	• 설정계약 + 인도(제330조) • 약정담보물권
목적물	• 물건(동산·부동산) • 유가증권(제320조 제1항)	부동산(제356조 - 동산 제외)	• 동산(제329조 - 부동산 제외) • 재산권(제345조)
본질적 효력	• 유치적 효력(제320조 제1항) • 점유요건 必要	• 우선변제효(제356조) • 점유요건 不要	• 유치적 효력(제335조), 우선변제효 (제329조) • 점유요건 必要

05 민사유치권자 甲에 관한 설명으로 옳지 <u>않은</u> 것은? [2022]

① 甲이 수취한 유치물의 과실은 먼저 피담보채권의 원본에 충당하고 그 잉여가 있으면 이자에 충당한다.

② 甲은 피담보채권의 변제를 받기 위하여 유치물을 경매할 수 있다.

③ 甲이 유치권을 행사하더라도 피담보채권의 소멸시효의 진행에는 영향을 미치지 않는다.

④ 甲은 채무자의 승낙이 없더라도 유치물의 보존에 필요한 사용은 할 수 있다.

⑤ 甲은 피담보채권 전부의 변제를 받을 때까지 유치물 전부에 대하여 그 권리를 행사할 수 있다.

답 ①

▌**정답해설**▌

① 과실은 먼저 채권의 이자에 충당하고 그 잉여가 있으면 원본에 충당한다(제323조 제2항).

▌**오답해설**▌

② 제322조 제1항

> **제322조(경매, 간이변제충당)**
> ① 유치권자는 채권의 변제를 받기 위하여 유치물을 경매할 수 있다.

③ 제326조

> **제326조(피담보채권의 소멸시효)**
> 유치권의 행사는 채권의 소멸시효의 진행에 영향을 미치지 아니한다.

④ 제324조 제2항 단서

> **제324조(유치권자의 선관의무)**
> ② 유치권자는 채무자의 승낙없이 유치물의 사용, 대여 또는 담보제공을 하지 못한다. 그러나 유치물의 보존에 필요한 사용은 그러하지 아니하다.

⑤ 제321조

> **제321조(유치권의 불가분성)**
> 유치권자는 채권전부의 변제를 받을 때까지 유치물전부에 대하여 그 권리를 행사할 수 있다.

06 민사유치권에 관한 설명으로 옳은 것은? (다툼이 있으면 판례에 따름) **[2022]**

① 유치권 배제 특약이 있더라도 다른 법정요건이 모두 충족되면 유치권이 성립한다.

② 채무자는 상당한 담보를 제공하고 유치권의 소멸을 청구할 수 있다.

③ 원칙적으로 유치권은 채권자 자신 소유 물건에 대해서도 성립한다.

④ 채권자가 채무자를 직접점유자로 하여 간접점유하는 경우, 채권자의 점유는 유치권의 요건으로서의 점유에 해당한다.

⑤ 채권자의 점유가 불법행위로 인한 경우에도 유치권이 성립한다.

답 ②

───────────────────────────────

▌정답해설▌

② 제327조

> **제327조(타담보제공과 유치권소멸)**
> 채무자는 상당한 담보를 제공하고 유치권의 소멸을 청구할 수 있다.

▌오답해설▌

① 당사자는 미리 유치권의 발생을 막는 특약을 할 수 있고 이러한 특약은 유효하다. 유치권 배제 특약이 있는 경우 다른 법정요건이 모두 충족되더라도 유치권은 발생하지 않는데, 특약에 따른 효력은 특약의 상대방뿐 아니라 그 밖의 사람도 주장할 수 있다[2016다234043].

③ 유치권은 타물권인 점에 비추어 볼 때 수급인의 재료와 노력으로 건축되었고 독립한 건물에 해당되는 기성부분은 수급인의 소유라 할 것이므로 수급인은 공사대금을 지급받을 때까지 이에 대하여 유치권을 가질 수 없다[91다14116].

④ 유치권은 목적물을 유치함으로써 채무자의 변제를 간접적으로 강제하는 것을 본체적 효력으로 하는 권리인 점 등에 비추어, 그 직접점유자가 채무자인 경우에는 유치권의 요건으로서의 점유에 해당하지 않는다고 할 것이다(유치권 소멸)[2007다27236].

⑤ 유치권에 관한 규정은 그 점유가 불법행위로 인한 경우에 적용하지 아니한다(제320조 제2항). 점유물에 대한 필요비와 유익비 상환청구권을 기초로 하는 유치권 주장을 배척하려면 적어도 점유가 불법행위로 인하여 개시되었거나 점유자가 필요비와 유익비를 지출할 당시 점유권원이 없음을 알았거나 중대한 과실로 알지 못하였다고 인정할만한 사유에 대한 상대방 당사자의 주장·증명이 있어야 한다[2009다5162].

07 유치권에 관한 설명으로 옳지 <u>않은</u> 것은? (다툼이 있으면 판례에 따름) **[2021]**

① 건물의 임차인이 임대인에게 지급한 임차보증금반환채권은 그 건물에 관하여 생긴 채권이 아니다.

② 임대인이 건물시설을 하지 않아 임차인이 건물을 임차목적대로 사용하지 못하였음을 이유로 하는 손해배상청구권은 그 건물에 관하여 생긴 채권이다.

③ 수급인의 재료와 노력으로 건축되었고 독립한 건물에 해당되는 기성부분에 대하여는 특별한 사정이 없는 한 수급인은 유치권을 가질 수 없다.

④ 채권자가 채무자를 직접점유자로 하여 간접점유하는 경우에는 유치권이 성립하지 않는다.

⑤ 유치권자가 점유침탈로 유치물의 점유를 상실한 경우, 유치권은 원칙적으로 소멸한다.

답 ②

❚ 정답해설 ❚

①, ② 건물의 임대차에 있어서 임차인의 임대인에게 지급한 임차보증금반환청구권이나 임대인이 건물시설을 아니하기 때문에 임차인에게 건물을 임차목적대로 사용하지 못한 것을 이유로 하는 손해배상청구권은 모두 그 건물에 관하여 생긴 채권이라 할 수 없어 유치권을 부정한다[75다1305].

❚ 오답해설 ❚

③ 주택건물의 신축공사를 한 수급인이 그 건물을 점유하고 있고 또 그 건물에 관하여 생긴 공사금 채권이 있다면, 수급인은 그 채권을 변제받을 때까지 건물을 유치할 권리가 있으나[95다16202], 수급인의 재료와 노력으로 건축되었고 독립한 건물에 해당되는 기성부분은 수급인의 소유이므로 수급인은 공사대금을 지급받을 때까지 이에 대해 유치권을 가질 수 없다[91다14116].

④ 유치권의 성립요건이자 존속요건인 유치권자의 점유는 직접점유이든 간접점유이든 관계가 없으나, 다만 그 직접점유자가 채무자인 경우에는 유치권의 요건으로서의 점유에 해당하지 않는다고 할 것이다[2007다27236].

⑤ 乙의 점유침탈로 甲이 점유를 상실한 이상 유치권은 소멸하고(제328조), 甲이 점유회수의 소를 제기하여 승소판결을 받아 점유를 회복하면 점유를 상실하지 않았던 것으로 되어 유치권이 되살아나지만, 위와 같은 방법으로 점유를 회복하기 전에는 유치권이 되살아나는 것이 아니고, 甲이 점유회수의 소를 제기하여 점유를 회복할 수 있다는 사정만으로 甲의 유치권이 소멸하지 않았다고 볼 수 없다[2011다72189].

08 민사유치권에 관한 설명으로 옳지 <u>않은</u> 것은? (다툼이 있으면 판례에 따름) [2020]

① 수급인은 특별한 사정이 없으면 그의 비용과 노력으로 완공한 건물에 유치권을 가지지 못한다.

② 물건의 소유자는 그 물건을 점유하는 제3자가 비용을 지출할 때에 점유권원이 없음을 알았거나 중대한 과실로 몰랐음을 증명하여 비용상환청구권에 기한 유치권의 주장을 배척할 수 있다.

③ 채권과 물건 사이에 견련관계가 있더라도, 그 채무불이행으로 인한 손해배상채권과 그 물건 사이의 견련관계는 인정되지 않는다.

④ 저당권의 실행으로 부동산에 경매개시결정의 기입등기가 이루어지기 전에 유치권을 취득한 사람은 경매절차의 매수인에게 이를 행사할 수 있다.

⑤ 토지 등 그 성질상 다른 부분과 쉽게 분할할 수 있는 물건의 경우, 그 일부를 목적으로 하는 유치권이 성립할 수 있다.

답 ③

▌정답해설▌

③ 수급인의 공사잔금채권이나 그 지연손해금청구권과 도급인의 건물인도청구권은 모두 건물신축도급계약이라는 동일한 법률관계로부터 생긴 것이므로, 수급인의 손해배상채권도 건물에 관해 생긴 채권이며 채무불이행에 의한 손해배상청구권은 원채권의 연장이므로 물건과 원채권 사이에 견련관계가 있으면 그 손해배상채권에 관하여 유치권항변을 내세울 수 있다[76다582].

▌오답해설▌

① 유치권이 타물권인 점에 비추어 볼 때 수급인의 재료와 노력으로 건축되었고 독립한 건물에 해당되는 기성부분은 수급인의 소유이므로, 수급인은 공사대금을 지급받을 때까지 이에 대해 유치권을 가질 수 없다[91다14116].

② 어떠한 물건을 점유하는 자는 소유의 의사로 선의 평온 및 공연하게 점유한 것으로 추정될 뿐만 아니라 점유자가 점유물에 대하여 행사하는 권리는 적법하게 보유하는 것으로 추정되므로 점유물에 대한 유익비상환청구권을 기초로 하는 유치권의 주장을 배척하려면 적어도 그 점유가 불법행위로 인하여 개시되었거나 유익비지출 당시 이를 점유할 권원이 없음을 알았거나 이를 알지 못함이 중대한 과실에 기인하였다고 인정할만한 사유의 상대방 당사자의 주장 입증이 있어야 한다[66다600 · 601].

④ 부동산 경매절차에서의 매수인(경락인)은 민사집행법 제91조 제5항에 따라 유치권자에게 그 유치권으로 담보하는 채권을 변제할 책임이 있는 것이 원칙이나, 채무자 소유의 건물 등 부동산에 경매개시결정의 기입등기가 경료되어 압류의 효력이 발생한 후에 채무자가 위 부동산에 관한 공사대금 채권자에게 그 점유를 이전함으로써 그로 하여금 유치권을 취득하게 한 경우, 점유자로서는 위 유치권을 내세워 그 부동산에 관한 경매절차의 매수인에게 대항할 수 없다. 그러나 이러한 법리는 경매로 인한 압류의 효력이 발생하기 전에 유치권을 취득한 경우에는 적용되지 아니하고, 유치권 취득시기가 근저당권설정 후라거나 유치권 취득 전에 설정된 근저당권에 기하여 경매절차가 개시되었다고 하여 달리 볼 것은 아니다[2008다70763].

⑤ 제321조는 "유치권자는 채권 전부의 변제를 받을 때까지 유치물 전부에 대하여 그 권리를 행사할 수 있다."고 규정하고 있으므로, 유치물은 그 각 부분으로써 피담보채권의 전부를 담보하며, 이와 같은 유치권의 불가분성은 그 목적물이 분할 가능하거나 수개의 물건인 경우에도 적용된다. 다세대 주택의 창호 등의 공사를 완성한 하수급인이 공사대금채권 잔액을 변제받기 위하여 위 다세대주택 중 한 세대를 점유하여 유치권을 행사하는 경우, 그 유치권은 위 한 세대에 대하여 시행한 공사대금만이 아니라 다세대주택 전체에 대하여 시행한 공사대금채권의 잔액 전부를 피담보채권으로 하여 성립한다[2005다16942].

09 유치권의 피담보채권이 될 수 있는 민법상 권리를 모두 고른 것은? (다툼이 있으면 판례에 따름)

[2019]

> ㄱ. 점유자의 비용상환청구권
> ㄴ. 임차인의 보증금반환채권
> ㄷ. 수급인의 공사대금채권
> ㄹ. 매도인의 매매대금채권

① ㄱ, ㄴ   ② ㄱ, ㄷ

③ ㄱ, ㄹ   ④ ㄴ, ㄷ

⑤ ㄷ, ㄹ

답 ②

▌**오답해설**▌

ㄴ. (×) 건물의 임대차에 있어서 임차인의 임대인에게 지급한 임차보증금반환청구권이나 임대인이 건물시설을 아니하기 때문에 임차인에게 건물을 임차목적대로 사용 못한 것을 이유로 하는 손해배상청구권은 모두 그 건물에 관하여 생긴 채권이라 할 수 없어 유치권을 부정한다[75다1305].

ㄹ. (×) 부동산 매도인이 매매대금을 다 지급받지 않은 상태에서 매수인에게 소유권이전등기를 마쳐주었으나 부동산을 계속 점유하고 있는 경우, 매매대금채권을 피담보채권으로 하여 매수인이나 그에게서 부동산 소유권을 취득한 제3자에게 유치권을 주장할 수 없다[2011마2380].

10 민사유치권에 관한 설명으로 옳은 것은? (다툼이 있으면 판례에 따름)

① 채권자가 채무자의 직접점유를 통하여 간접점유하는 경우에는 유치권은 성립하지 않는다.

② 유치권자는 채권의 변제를 받기 위하여 유치물을 경매할 수 있고, 매각대금에서 후순위권리자 보다 우선변제를 받을 수 있다.

③ 수급인이 자신의 노력과 재료를 들여 신축한 건물에 대한 소유권을 원시취득한 경우, 수급인은 공사대금을 지급받을 때까지 유치권을 행사할 수 있다.

④ 유치권의 피담보채권의 소멸시효기간이 확정판결 등에 의하여 10년으로 연장된 경우, 유치권이 성립된 부동산의 매수인은 종전의 단기소멸시효를 원용할 수 있다.

⑤ 공사대금채권에 기하여 유치권을 행사하는 자가 스스로 보존에 필요한 범위 내에서 유치물인 주택에 거주하며 사용하는 경우에도 소유자는 유치권의 소멸을 청구할 수 있다.

답 ①

┃정답해설┃

① 유치권의 성립요건이자 존속요건인 유치권자의 점유는 직접점유이든 간접점유이든 관계가 없으나, 다만 유치권은 목적물을 유치함으로써 채무자의 변제를 간접적으로 강제하는 것을 본체적 효력으로 하는 권리인 점 등에 비추어, 그 직접점유자가 채무자인 경우에는 유치권의 요건으로서의 점유에 해당하지 않는다[2007다27236].

┃오답해설┃

② 유치권에 의한 경매도 강제경매나 담보권 실행을 위한 경매와 마찬가지로 목적부동산 위의 부담을 소멸시키는 것을 법정매각조건으로 하여 실시되고 우선채권자뿐만 아니라 일반채권자의 배당요구도 허용되며, 유치권자는 일반채권자와 동일한 순위로 배당을 받을 수 있다고 보아야 한다[2010마1059]. 따라서 유치권자는 채권변제를 위하여 유치물을 경매할 수는 있으나[제322조 제1항], 우선변제권이 인정되지 아니하므로 일반채권자와 동 순위로 배당받는다.

③ 유치권은 타물권인 점에 비추어 볼 때 수급인의 재료와 노력으로 건축되었고 독립한 건물에 해당되는 기성부분은 수급인의 소유라 할 것이므로 수급인은 공사대금을 지급받을 때까지 이에 대하여 유치권을 가질 수 없다[91다14116].

④ 유치권이 성립된 부동산의 매수인은 피담보채권의 소멸시효가 완성되면 시효로 인하여 채무가 소멸되는 결과 직접적인 이익을 받는 자에 해당하므로 소멸시효의 완성을 원용할 수 있는 지위에 있다고 할 것이나, 매수인은 유치권자에게 채무자의 채무와는 별개의 독립된 채무를 부담하는 것이 아니라 단지 채무자의 채무를 변제할 책임을 부담하는 점 등에 비추어 보면, 유치권의 피담보채권의 소멸시효기간이 확정판결 등에 의하여 10년으로 연장된 경우 매수인은 그 채권의 소멸시효기간이 연장된 효과를 부정하고 종전의 단기소멸시효기간을 원용할 수는 없다 [2009다39530].

⑤ 제324조에 의하면, 유치권자는 선량한 관리자의 주의로 유치물을 점유하여야 하고, 소유자의 승낙없이 유치물을 보존에 필요한 범위를 넘어 사용하거나 대여 또는 담보제공을 할 수 없으며, 소유자는 유치권자가 위 의무를 위반한 때에는 유치권의 소멸을 청구할 수 있다고 할 것인바, 공사대금채권에 기하여 유치권을 행사하는 자가 스스로 유치물인 주택에 거주하며 사용하는 것은 특별한 사정이 없는 한 유치물인 주택의 보존에 도움이 되는 행위로서 유치물의 보존에 필요한 사용에 해당한다고 할 것이다. 그리고 유치권자가 유치물의 보존에 필요한 사용을 한 경우에도 특별한 사정이 없는 한 차임에 상당한 이득을 소유자에게 반환할 의무가 있다[2009다40684].

11 민사유치권에 관한 설명으로 옳지 <u>않은</u> 것은? (다툼이 있으면 판례에 따름)

① 특별한 사정이 없는 한, 간접점유는 유치권의 성립요건이자 존속요건인 점유에 해당한다.

② 건축자재공급업자가 건물신축공사수급인과 체결한 자재공급계약에 따라 건축자재를 공급한 경우, 자재공급업자는 자재대금을 피담보채권으로 하여 건물에 대한 유치권을 행사할 수 없다.

③ 유치권에 의한 경매절차가 정지된 상태에서 그 목적물에 대한 담보권 실행을 위한 경매가 진행되어 매각이 이루어지게 되면 그 유치권은 소멸한다.

④ 유치권자로부터 유치물을 유치하기 위한 방법으로 유치물의 점유를 위탁받은 자는 특별한 사정이 없는 한 점유할 권리가 있음을 들어 소유자의 소유물반환청구를 거부할 수 있다.

⑤ 건물신축공사를 도급받은 수급인은 사회통념상 독립한 건물이 되지 못한 정착물을 토지에 설치한 상태에서 공사가 중단된 경우, 위 정착물에 대하여 유치권을 행사할 수 없다.

답 ③

┃정답해설┃

③ 유치권에 의한 경매절차가 개시된 유체동산에 대하여 유치권자의 승낙 없이 민사집행법 제215조에 따라 다른 채권자가 강제집행을 위하여 압류를 한 다음 민사집행법 제274조 제2항에 따라 유치권에 의한 경매절차를 정지하고 채권자를 위한 강제경매절차를 진행하였다면, 그 강제경매절차에서 목적물이 매각되었더라도 유치권자의 지위에는 영향을 미칠 수 없고 유치권자는 그 목적물을 계속하여 유치할 권리가 있다[2011그213].

┃오답해설┃

① 유치권의 성립요건이자 존속요건인 유치권자의 점유는 직접점유이든 간접점유이든 관계가 없으나, 다만 유치권은 목적물을 유치함으로써 채무자의 변제를 간접적으로 강제하는 것을 본체적 효력으로 하는 권리인 점 등에 비추어, 그 직접점유자가 채무자인 경우에는 유치권의 요건으로서의 점유에 해당하지 않는다[2007다27236].

② [1] 제320조 제1항은 "타인의 물건 또는 유가증권을 점유한 자는 그 물건이나 유가증권에 관하여 생긴 채권이 변제기에 있는 경우에는 변제를 받을 때까지 그 물건 또는 유가증권을 유치할 권리가 있다"고 규정하고 있으므로, 유치권의 피담보채권은 '그 물건에 관하여 생긴 채권'이어야 한다. [2] 甲이 건물 신축공사 수급인인 乙 주식회사와 체결한 약정에 따라 공사현장에 시멘트와 모래 등의 건축자재를 공급한 경우, 甲의 건축자재대금채권은 매매계약에 따른 매매대금채권에 불과할 뿐 건물 자체에 관하여 생긴 채권이라고 할 수는 없음에도 건물에 관한 유치권의 피담보채권이 된다고 본 원심판결에 유치권의 성립요건인 채권과 물건 간의 견련관계에 관한 법리오해의 위법이 있다[2011다96028]. 따라서 자재공급업자는 자재대금을 피담보채권으로 하여 건물에 대한 유치권을 행사할 수 없다.

④ 소유자는 그 소유에 속한 물건을 점유한 자에 대하여 반환을 청구할 수 있다. 그러나 점유자가 그 물건을 점유할 권리가 있는 때에는 반환을 거부할 수 있다[제213조]. 여기서 반환을 거부할 수 있는 점유할 권리에는 유치권도 포함되고, 유치권자로부터 유치물을 유치하기 위한 방법으로 유치물의 점유 내지 보관을 위탁받은 자는 특별한 사정이 없는 한 점유할 권리가 있음을 들어 소유자의 소유물반환청구를 거부할 수 있다[2011다62618].

⑤ 건물의 신축공사를 한 수급인이 그 건물을 점유하고 있고 또 그 건물에 관하여 생긴 공사금채권이 있다면, 수급인은 그 채권을 변제받을 때까지 건물을 유치할 권리가 있다고 할 것이나[95다16202·95다16219], 건물의 신축공사를 도급받은 수급인이 사회통념상 독립한 건물이라고 볼 수 없는 정착물을 토지에 설치한 상태에서 공사가 중단된 경우에 위 정착물은 토지의 부합물에 불과하여 이러한 정착물에 대하여 유치권을 행사할 수 없는 것이고, 또한 공사중단 시까지 발생한 공사금채권은 토지에 관하여 생긴 것이 아니므로 위 공사금채권에 기하여 토지에 대하여 유치권을 행사할 수도 없는 것이다[2007마98].

12 甲은 자신의 X노트북을 乙에게 빌려주었는데, 乙은 丙에게 노트북 수리를 맡겼다. 丙이 수리를 마쳤지만 아직 수리대금을 받지 못하고 있다. 이에 관한 설명으로 옳지 <u>않은</u> 것은? (다툼이 있으면 판례에 따름)

① 丙의 乙에 대한 수리대금채권은 민법상 3년의 단기소멸시효에 걸린다.

② 乙과 丙이 유치권의 성립을 배제하는 특약을 하였다면, 그 특약은 유효하다.

③ X노트북을 점유하고 있는 丙은 甲에 대하여 유치권을 주장할 수 있다.

④ 丙이 乙에게 노트북을 반환하였다면, 丙은 수리대금채권에 관하여 甲에게 유치권을 주장할 수 없다.

⑤ 甲과 乙 사이에 수리비는 乙이 부담하기로 사전에 약정하였다면, X노트북을 점유하고 있는 丙은 甲에게 유치권을 주장할 수 없다.

답 ⑤

┃ 정답해설 ┃

⑤ 甲과 乙 사이에 수리비는 乙이 부담하기로 사전에 약정하였더라도, 이는 상대적 효력만이 있을 뿐이다. 반면, 유치권은 타인의 물건을 유치하여 점유할 수 있는 물권으로, 노트북수리계약에 기하여 乙에게 수리대금의 지급을 청구할 수 있는 유치권자 丙은, 원칙적으로 채권을 변제받을 때까지 누구에 대하여도 그 목적물의 인도를 거절할 수 있다(제213조 단서).

┃ 오답해설 ┃

① 수급인 丙의 수리대금채권은 공사에 관한 채권에 해당하므로, 3년의 단기소멸시효가 적용된다(제163조 제3호).

② 유치권은 법정담보물권이기는 하나 채권자의 이익보호를 위한 채권담보의 수단에 불과하므로 이를 포기하는 특약은 유효하고, 유치권을 사전에 포기한 경우 다른 법정요건이 모두 충족되더라도 유치권이 발생하지 않는 것과 마찬가지로 유치권을 사후에 포기한 경우 곧바로 유치권은 소멸한다고 보아야 하며, 채권자가 유치권의 소멸 후에 그 목적물을 계속하여 점유한다고 하여 여기에 적법한 유치의 의사나 효력이 있다고 인정할 수 없고 다른 법률상 권원이 없는 한 무단점유에 지나지 않는다[2010마1544].

③ 제213조 단서

④ 점유는 유치권의 성립요건인 동시에 존속요건이므로[95다8713, 2009다39530 등], 유치권은 점유의 상실로 인하여 소멸한다(제328조).

01 질권에 관한 설명으로 옳지 <u>않은</u> 것은? [2024]

① 질물보다 다른 재산이 먼저 경매된 경우, 질권자는 그 매각대금으로부터 배당을 받을 수 없다.

② 질권자가 채권 일부를 변제받았더라도 질물 전부에 대하여 그 권리를 행사할 수 있다.

③ 질물이 멸실된 경우에도 그로 인하여 질권설정자가 받을 금전을 압류하면 질권의 효력이 그 금전에 미친다.

④ 정당한 이유 있는 때에는 질권자는 채무자 및 질권설정자에게 통지하고 감정자의 평가에 의하여 질물로 직접 변제에 충당할 것을 법원에 청구할 수 있다.

⑤ 질권자는 그 권리의 범위 내에서 자기의 책임으로 질물을 전질할 수 있다.

답 ①

▌정답해설▌

① 제340조 제2항

> **제340조(질물이외의 재산으로부터의 변제)**
> ① 질권자는 질물에 의하여 변제를 받지 못한 부분의 채권에 한하여 채무자의 다른 재산으로부터 변제를 받을 수 있다.
> ② 전항의 규정은 질물보다 먼저 다른 재산에 관한 배당을 실시하는 경우에는 적용하지 아니한다. 그러나 다른 채권자는 질권자에게 그 배당금액의 공탁을 청구할 수 있다.

▌오답해설▌

② 질권은 피담보채권 전부에 관하여 목적물 전부 위에 그 효력이 미친다.

③ 제342조

④ 제338조 제2항

⑤ 제336조

02 질권에 관한 설명으로 옳지 <u>않은</u> 것은? (다툼이 있으면 판례에 따름) [2020]

① 질권은 질물 전부에 효력이 미친다.

② 저당권으로 담보된 채권에 설정된 질권은 그 저당권등기에 질권의 부기등기를 하여야 저당권에 효력이 미친다.

③ 금전채권에 질권을 취득한 질권자는 자기채권액의 범위에서 직접 추심하여 변제에 충당할 수 있다.

④ 질권설정자는 피담보채무의 변제기 이후의 약정으로 질권자에게 변제에 갈음하여 질물의 소유권을 이전할 수 있다.

⑤ 금전채무자가 채권자에게 담보물을 제공한 경우, 특별한 사정이 없으면 채무자의 변제의무와 채권자의 담보물반환의무는 동시이행관계에 있다.

답 ⑤

▌정답해설▐

⑤ 금전채권의 채무자가 채권자에게 담보를 제공한 경우 특별한 사정이 없는 한 채권자는 채무자로부터 채무를 모두 변제받은 다음 담보를 반환하면 될 뿐 채무자의 변제의무와 채권자의 담보 반환의무가 동시이행관계에 있다고 볼 수 없다. 따라서 채권자가 채무자로부터 제공받은 담보를 반환하기 전에도 특별한 사정이 없는 한 채무자는 이행지체 책임을 진다[2019다247651].

03 질권에 관한 설명으로 옳지 <u>않은</u> 것은? (다툼이 있으면 판례에 따름)

① 양도할 수 없는 물건은 질권의 목적이 되지 못한다.
② 질권자는 채권의 변제를 받기 위하여 질물을 경매할 수 있다.
③ 채권질권의 효력은 질권의 목적이 된 채권 외에 그 채권의 지연손해금에는 미치지 않는다.
④ 질권의 목적인 채권의 양도행위는 질권자의 이익을 해하는 변경에 해당되지 않으므로 질권자의 동의를 요하지 않는다.
⑤ 수개의 채권을 담보하기 위하여 동일한 동산에 수개의 질권을 설정한 경우, 그 순위는 설정의 선후에 의한다.

답 ③

┃ 정답해설 ┃

③ 질권의 목적이 된 채권이 금전채권인 때에는 질권자는 자기채권의 한도에서 질권의 목적이 된 채권을 직접 청구할 수 있고, 채권질권의 효력은 질권의 목적이 된 채권의 지연손해금 등과 같은 부대채권에도 미치므로 채권질권자는 질권의 목적이 된 채권과 그에 대한 지연손해금채권을 피담보채권의 범위에 속하는 자기채권액에 대한 부분에 한하여 직접 추심하여 자기채권의 변제에 충당할 수 있다[2003다40668].

┃ 오답해설 ┃

① 질권은 양도할 수 없는 물건을 목적으로 하지 못한다[제331조]. 양도성이 있어야 교환가치를 실현할 수 있고 우선변제를 받을 수 있기 때문이다. 아편·마약과 같은 금제물은 질권의 목적이 될 수 없다.
② 제338조 제1항

> **제338조(경매, 간이변제충당)**
> ① 질권자는 채권의 변제를 받기 위하여 질물을 경매할 수 있다.

④ 질권의 목적인 채권의 양도행위는 제352조 소정의 질권자의 이익을 해하는 변경에 해당되지 않으므로 질권자의 동의를 요하지 아니한다[2003다55059].
⑤ 제333조

> **제333조(동산질권의 순위)**
> 수개의 채권을 담보하기 위하여 동일한 동산에 수개의 질권을 설정한 때에는 그 순위는 설정의 선후에 의한다.

01 질권에 관한 설명으로 옳지 <u>않은</u> 것은? (다툼이 있으면 판례에 따름)　　　　　　**[2023]**

① 점유개정에 의한 동산질권설정은 인정되지 않는다.

② 질권자는 채권 전부를 변제받을 때까지 질물 전부에 대하여 그 권리를 행사할 수 있다.

③ 질물이 공용징수된 경우, 질권자는 질권설정자가 받을 수용보상금에 대하여도 질권을 행사할 수 있다.

④ 전질은 질물소유자인 질권설정자의 승낙이 있어도 허용되지 않는다.

⑤ 부동산의 사용, 수익을 내용으로 하는 질권은 물권법정주의에 반한다.

답 ④

▌정답해설▌

④ 전질이란 질권자가 자기의 채무를 담보하기 위하여 질물 위에 다시 제2의 질권을 설정하는 것을 말한다. 우리 민법은 책임전질(제336조)과 승낙전질(제343조, 제324조 제2항)의 두 형태를 인정하고 있다(다수설).

▌오답해설▌

① 질권자는 설정자로 하여금 질물의 점유를 하게 하지 못한다(제332조).

② 질권은 피담보채권 전부에 관하여 목적물 전부 위에 그 효력이 미친다.

③ 질권은 질물의 멸실, 훼손 또는 공용징수로 인하여 질권설정자가 받을 금전 기타 물건에 대하여도 이를 행사할 수 있다(제342조).

⑤ 질권자는 피담보채권 전부를 변제받을 때까지 질물을 유치할 수 있다(제335조). 물권법정주의의 원칙상 질권은 유치적 효력만 인정될 뿐 사용·수익권은 인정되지 않는다.

02 민사 동산질권에 관한 설명으로 옳지 <u>않은</u> 것은?　　　　　　**[2022]**

① 질권자는 피담보채권의 변제를 받기 위하여 질물을 경매할 수 있고, 그 매각대금으로부터 일반채권자와 동일한 순위로 변제받는다.

② 질권은 양도할 수 없는 물건을 목적으로 하지 못한다.

③ 질권은 다른 약정이 없는 한 원본, 이자, 위약금, 질권실행의 비용, 질물보존의 비용 및 채무불이행 또는 질물의 하자로 인한 손해배상의 채권을 담보한다.

④ 질권자는 피담보채권의 변제를 받을 때까지 질물을 유치할 수 있으나 자기보다 우선권이 있는 채권자에게 대항하지 못한다.

⑤ 수개의 채권을 담보하기 위하여 동일한 동산에 수개의 질권을 설정한 때에는 그 순위는 설정의 선후에 의한다.

정답해설

① 질권자는 채권의 변제를 받기 위하여 질물을 경매할 수 있다(제338조 제1항). 동산질권자는 채권의 담보로 채무자 또는 제3자가 제공한 동산을 점유하고 그 동산에 대하여 다른 채권자보다 자기채권의 우선변제를 받을 권리가 있다(제329조). 즉, 질물에 대한 경매는 채권자가 그 목적물을 제출하거나 그 목적물의 점유자가 압류를 승낙한 때에 개시한다(민집법 제271조). 질권자는 그 순위에 따라 그 경락대금으로부터 우선변제를 받는데, 이는 다른 채권자가 경매신청을 한 경우에도 마찬가지이다.

오답해설

② 제331조

> **제331조(질권의 목적물)**
> 질권은 양도할 수 없는 물건을 목적으로 하지 못한다.

③ 제334조

> **제334조(피담보채권의 범위)**
> 질권은 원본, 이자, 위약금, 질권실행의 비용, 질물보존의 비용 및 채무불이행 또는 질물의 하자로 인한 손해배상의 채권을 담보한다. 그러나 다른 약정이 있는 때에는 그 약정에 의한다.

④ 제335조

> **제335조(유치적효력)**
> 질권자는 전조의 채권의 변제를 받을 때까지 질물을 유치할 수 있다. 그러나 자기보다 우선권이 있는 채권자에게 대항하지 못한다.

⑤ 제333조

> **제333조(동산질권의 순위)**
> 수개의 채권을 담보하기 위하여 동일한 동산에 수개의 질권을 설정한 때에는 그 순위는 설정의 선후에 의한다.

03 동산질권에 관한 설명으로 옳지 <u>않은</u> 것은? (다툼이 있으면 판례에 따름)

① 질물의 과실에 대해서도 질권의 효력이 미친다.

② 질권설정을 위한 인도는 현실의 인도에 한하지 않고 점유개정에 의하더라도 무방하다.

③ 질권자가 질물을 점유하고 있더라도 피담보채권의 소멸시효 진행에 영향을 미치지 않는다.

④ 건물의 임대인이 임대차에 관한 채권에 의하여 그 건물에 부속한 임차인 소유의 동산을 압류한 때에는 질권과 동일한 효력이 있다.

⑤ 질권설정자에게 처분권한이 없더라도 채권자가 평온·공연하게 선의이며 과실 없이 질권설정을 받은 경우, 채권자는 동산질권을 선의취득한다.

🅐 ②

▮ 정답해설 ▮

② 질권의 설정은 질권자에게 목적물을 인도함으로써 그 효력이 생기고(제330조), 질권자는 설정자로 하여금 질물의 점유를 하게 하지 못하므로(제332조), 점유개정에 의한 질권설정은 불가하다.

▮ 오답해설 ▮

① 명문의 규정은 없으나, 천연과실·법정과실을 불문하고 질권의 효력이 미치며, 과실을 취득하여 자기채권의 우선변제에 충당할 수도 있다.

③ 현행 제324조는 구(舊) 민법과 달리, '유치권의 행사는 채권의 소멸시효의 진행에 영향을 미치지 아니한다'는 제326조를 준용하고 있지 아니하므로, 질권자의 질물점유 시 피담보채권의 소멸시효 진행 여부와 관련하여 견해의 대립이 있으나, 통설은 유치권과 동일하게 피담보채권의 소멸시효 진행에 영향을 미치지 아니한다고 본다.

④ 건물 기타 공작물의 임대인이 임대차에 관한 채권에 의하여 그 건물 기타 공작물에 부속한 임차인 소유의 동산을 압류한 때에는 질권과 동일한 효력이 있다(제650조).

⑤ 질권설정은 처분행위이므로, 질권설정자는 처분권한이 있어야 한다. 다만, 질권설정자에게 처분권한이없더라도, 채권자가 평온·공연하게 선의이며 과실 없이 질권설정을 받은 경우에는, 채권자는 그 동산질권을 선의취득한다(제343조, 제249조).

04 민법상 동산질권에 관한 설명으로 옳지 <u>않은</u> 것은?

① 질권은 다른 약정이 없는 한 원본, 이자, 위약금, 질권실행의 비용, 질물보존의 비용 및 채무불이행 또는 질물의 하자로 인한 손해배상의 채권을 담보한다.

② 질권자는 그 권리의 범위 내에서 자기의 책임으로 질물을 전질할 수 있으며, 이 경우에는 전질을 하지 아니하였으면 면할 수 있는 불가항력으로 인한 손해에 대해서도 책임을 부담한다.

③ 책임전질의 경우에 질권자가 채무자에게 전질의 사실을 통지하거나 채무자가 이를 승낙하지 않으면 전질로써 채무자, 보증인, 질권설정자 및 그 승계인에게 대항하지 못한다.

④ 질권자가 질물에 대해 우선변제권을 행사할 수 있으려면 채무자가 이행지체에 빠져야 한다.

⑤ 질권자는 정당한 이유가 있는 때에는 미리 채무자 및 질권설정자에게 통지함이 없이 감정인의 평가에 의하여 질물로 직접 변제에 충당할 것을 법원에 청구할 수 있다.

답 ⑤

┃정답해설┃

⑤ 제338조 제2항

> **제338조(경매, 간이변제충당)**
> ① 질권자는 채권의 변제를 받기 위하여 질물을 경매할 수 있다.
> ② 정당한 이유 있는 때에는 질권자는 감정자의 평가에 의하여 질물로 직접 변제에 충당할 것을 법원에 청구할 수 있다. 이 경우에는 질권자는 미리 채무자 및 질권설정자에게 통지하여야 한다.

┃오답해설┃

① 질권은 원본, 이자, 위약금, 질권실행의 비용, 질물보존의 비용 및 채무불이행 또는 질물의 하자로 인한 손해배상의 채권을 담보한다. 그러나 다른 약정이 있는 때에는 그 약정에 의한다(제334조).

② 질권자는 그 권리의 범위 내에서 자기의 책임으로 질물을 전질할 수 있다. 이 경우에는 전질을 하지 아니하였으면 면할 수 있는 불가항력으로 인한 손해에 대하여도 책임을 부담한다(제336조).

③ 제337조 제1항

> **제337조(전질의 대항요건)**
> ① 전조의 경우에 질권자가 채무자에게 전질의 사실을 통지하거나 채무자가 이를 승낙함이 아니면 전질로써 채무자, 보증인, 질권설정자 및 그 승계인에게 대항하지 못한다.
> ② 채무자가 전항의 통지를 받거나 승낙을 한 때에는 전질권자의 동의 없이 질권자에게 채무를 변제하여도 이로써 전질권자에게 대항하지 못한다.

④ 채무자의 이행지체는 질권자가 질물에 대하여 우선변제권을 행사하기 위한 요건에 해당한다.

01 권리질권에 관한 설명으로 옳은 것은?　　　　　　　　　　　　　　　　　　**[2019]**

① 부동산의 사용을 목적으로 하는 권리도 질권의 목적이 될 수 있다.

② 질권자는 질권의 목적이 된 채권을 직접 청구할 수 없다.

③ 지명채권을 목적으로 한 질권은 제3채무자에게 질권설정의 사실을 통지하여야 성립할 수 있다.

④ 입질된 채권의 목적물이 금전 이외의 물건인 때에는 질권자는 그 변제를 받은 물건에 대하여 질권을 행사할 수 있다.

⑤ 지시채권을 목적으로 한 질권의 설정은 배서없이 증서를 교부하더라도 그 효력이 생긴다.

답 ④

▌정답해설▐

④ 제353조 제4항

> **질권의 목적이 된 채권의 실행방법(제353조)**
> ④ 채권의 목적물이 금전 이외의 물건인 때에는 질권자는 그 변제를 받은 물건에 대하여 질권을 행사할 수 있다.

▌오답해설▐

① 양도성이 있는 재산권에 한한다(제355조, 제331조). 채권·주식·지식재산권 등이 주로 이용된다. 부동산의 사용·수익을 목적으로 하는 지상권·전세권·부동산임차권 등은 제외된다. 광업권·어업권은 질권의 목적으로 할 수 없다(광업법 제11조, 수산업법 제16조 제3항). 점유권·소유권·지역권은 성질상 질권의 객체가 될 수 없다.

② 질권자는 질권의 목적이 된 채권을 직접 청구할 수 있다(제353조 제1항).

③ 지명채권을 목적으로 한 질권의 설정은 설정자가 제450조의 규정에 의하여 제3채무자에게 질권설정의 사실을 통지하거나 제3채무자가 이를 승낙함이 아니면 이로써 제3채무자 기타 제3자에게 대항하지 못한다(제349조 제1항).

⑤ 지시채권을 질권의 목적으로 한 질권의 설정은 증서에 배서하여 질권자에게 교부함으로써 그 효력이 생긴다(제350조).

02 채권질권에 관한 설명으로 옳지 <u>않은</u> 것은? (다툼이 있으면 판례에 따름)

① 질권의 목적인 채권의 양도행위에는 질권자의 동의가 필요하다.

② 채권의 목적물이 금전인 때에는 질권자는 자기채권의 한도에서 직접 청구할 수 있다.

③ 채권질권의 효력은 질권의 목적이 된 채권의 지연손해금 등과 같은 부대채권에도 미친다.

④ 저당권으로 담보한 채권을 질권의 목적으로 한 때에는 그 저당권등기에 질권의 부기등기를 하여야 그 효력이 저당권에 미친다.

⑤ 제3채무자가 질권설정사실을 승낙한 후 질권설정계약이 합의해지된 경우, 질권설정자가 해지를 이유로 제3채무자에게 원래의 채권으로 대항하려면 질권자가 제3채무자에게 해지사실을 통지하여야 한다.

┃정답해설┃

① 질권의 목적인 채권의 양도행위는 제352조 소정의 질권자의 이익을 해하는 변경에 해당되지 않으므로 질권자의 동의를 요하지 아니한다[2003다55059].

┃오답해설┃

② 채권의 목적물이 금전인 때에는 질권자는 자기채권의 한도에서 직접 청구할 수 있다[제353조 제2항].

③ 질권의 목적이 된 채권이 금전채권인 때에는 질권자는 자기채권의 한도에서 질권의 목적이 된 채권을 직접 청구할 수 있고, 채권질권의 효력은 질권의 목적이 된 채권의 지연손해금 등과 같은 부대채권에도 미치므로 채권질권자는 질권의 목적이 된 채권과 그에 대한 지연손해금채권을 피담보채권의 범위에 속하는 자기채권액에 대한 부분에 한하여 직접 추심하여 자기채권의 변제에 충당할 수 있다[2003다40668].

④ 저당권으로 담보한 채권을 질권의 목적으로 한 때에는 그 저당권등기에 질권의 부기등기를 하여야 그 효력이 저당권에 미친다[제348조].

⑤ 제3채무자가 질권설정사실을 승낙한 후 질권설정계약이 합의해지된 경우 질권설정자가 해지를 이유로 제3채무자에게 원래의 채권으로 대항하려면 질권자가 제3채무자에게 해지사실을 통지하여야 하고, 만일 질권자가 제3채무자에게 질권설정계약의 해지사실을 통지하였다면, 설사 아직 해지가 되지 아니하였다고 하더라도 선의인 제3채무자는 질권설정자에게 대항할 수 있는 사유로 질권자에게 대항할 수 있다고 봄이 타당하다. 그리고 위와 같은 해지통지가 있었다면 해지사실은 추정되고, 그렇다면 해지통지를 믿은 제3채무자의 선의 또한 추정된다고 볼 것이어서 제3채무자가 악의라는 점은 선의를 다투는 질권자가 증명할 책임이 있다. 그리고 위와 같은 해지사실의 통지는 질권자가 질권설정계약이 해제되었다는 사실을 제3채무자에게 알리는 이른바 관념의 통지로서, 통지는 제3채무자에게 도달됨으로써 효력이 발생하고, 통지에 특별한 방식이 필요하지는 않다[2013다76192].

03 채무자 甲은 채권자 乙을 위하여 자신의 丙에 대한 금전채권에 대하여 질권을 설정하였다. 이에 관한 설명으로 옳은 것은? (다툼이 있으면 판례에 따름)

① 甲이 질권의 목적인 채권을 양도하기 위해서는 乙의 동의를 요한다.

② 丙이 질권설정사실을 승낙한 후 그 질권설정계약이 합의해지된 경우, 甲이 해지를 이유로 丙에게 원래의 채권으로 대항하려면 甲이 丙에게 해지사실을 통지하여야 한다.

③ 甲과 丙이 질권의 목적된 권리를 소멸하게 하는 행위를 하였더라도 이는 乙에 대한 관계에 있어 무효일 뿐이어서 특별한 사정이 없는 한 乙 아닌 제3자가 그 무효의 주장을 할 수는 없다.

④ 甲에게 이미 변제한 丙이 착오로 乙에게 이의를 보류하지 아니하고 승낙하였다면, 乙에게 중과실이 있다고 하여도 丙은 변제로 乙에게 대항하지 못한다.

⑤ 乙이 丙에게 직접청구권을 행사하여 변제받은 경우, 입질채권의 발생원인인 계약관계가 무효였다면 丙은 乙을 상대로 부당이득 반환을 청구할 수 있다.

▌정답해설▐

③ 제352조가 질권설정자는 질권자의 동의 없이 질권의 목적된 권리를 소멸하게 하거나 질권자의 이익을 해하는 변경을 할 수 없다고 규정한 것은 질권자가 질권의 목적인 채권의 교환가치에 대하여 가지는 배타적 지배권능을 보호하기 위한 것이므로, 질권설정자와 제3채무자가 질권의 목적된 권리를 소멸하게 하는 행위를 하였다고 하더라도 이는 질권자에 대한 관계에 있어 무효일 뿐이어서 특별한 사정이 없는 한 질권자 아닌 제3자가 그 무효의 주장을 할 수는 없다[97다35375].

▌오답해설▐

① 질권의 목적인 채권의 양도행위는 제352조 소정의 질권자의 이익을 해하는 변경에 해당되지 않으므로 질권자의 동의를 요하지 아니한다[2003다55059].

② 제3채무자가 질권설정사실을 승낙한 후 질권설정계약이 합의해지된 경우 질권설정자가 해지를 이유로 제3채무자에게 원래의 채권으로 대항하려면 질권자가 제3채무자에게 해지사실을 통지하여야 하고, 만일 질권자가 제3채무자에게 질권설정계약의 해지사실을 통지하였다면, 설사 아직 해지가 되지 아니하였다고 하더라도 선의인 제3채무자는 질권설정자에게 대항할 수 있는 사유로 질권자에게 대항할 수 있다고 봄이 타당하다. 그리고 위와 같은 해지통지가 있었다면 해지사실은 추정되고, 그렇다면 해지통지를 믿은 제3채무자의 선의 또한 추정된다고 볼 것이어서 제3채무자가 악의라는 점은 선의를 다투는 질권자가 증명할 책임이 있다. 그리고 위와 같은 해지사실의 통지는 질권자가 질권설정계약이 해제되었다는 사실을 제3채무자에게 알리는 이른바 관념의 통지로서, 통지는 제3채무자에게 도달됨으로써 효력이 발생하고, 통지에 특별한 방식이 필요하지는 않다[2013다76192]. 따라서 사안의 경우, 甲이 해지를 이유로 丙에게 원래의 채권으로 대항하려면, 질권자 乙이 丙에게 해지사실을 통지하여야 한다.

④ 제451조 제1항이 이의를 보류하지 않은 승낙에 대하여 항변사유를 제한한 취지는 이의를 보류하지 않은 승낙이 이루어진 경우 양수인은 양수한 채권에 아무런 항변권도 부착되지 아니한 것으로 신뢰하는 것이 보통이므로 채무자의 '승낙'이라는 사실에 공신력을 주어 양수인의 신뢰를 보호하고 채권양도나 질권설정과 같은 거래의 안전을 꾀하기 위한 규정이라 할 것이므로, 채권의 양도나 질권의 설정에 대하여 이의를 보류하지 아니하고 승낙을 하였더라도 양수인 또는 질권자가 악의 또는 중과실의 경우에 해당하는 한 채무자의 승낙 당시까지 양도인 또는 질권설정자에 대하여 생긴 사유로써도 양수인 또는 질권자에게 대항할 수 있다[2000다13887]. 따라서 사안의 경우, 乙에게 중과실이 있다면, 丙은 변제로 乙에게 대항할 수 있다.

⑤ 금전채권의 질권자가 제353조 제1항, 제2항에 의하여 자기채권의 범위 내에서 직접청구권을 행사하는 경우 질권자는 질권설정자의 대리인과 같은 지위에서 입질채권을 추심하여 자기채권의 변제에 충당하고 그 한도에서 질권설정자에 의한 변제가 있었던 것으로 보므로, 위 범위 내에서는 제3채무자의 질권자에 대한 금전지급으로써 제3채무자의 질권설정자에 대한 급부가 이루어질 뿐만 아니라 질권설정자의 질권자에 대한 급부도 이루어진다. 이러한 경우 입질채권의 발생원인인 계약관계에 무효 등의 흠이 있어 입질채권이 부존재한다고 하더라도 제3채무자는 특별한 사정이 없는 한 상대방 계약당사자인 질권설정자에 대하여 부당이득 반환을 구할 수 있을 뿐이고 질권자를 상대로 직접 부당이득 반환을 구할 수 없다. 이와 달리 제3채무자가 질권자를 상대로 직접 부당이득반환청구를 할 수 있다고 보면 자기책임하에 체결된 계약에 따른 위험을 제3자인 질권자에게 전가하는 것이 되어 계약법의 원리에 반하는 결과를 초래할 뿐만 아니라 질권자가 질권설정자에 대하여 가지는 항변권 등을 침해하게 되어 부당하기 때문이다[2012다92258].

제1관 **총 설**

---

01 저당권의 효력이 미치는 범위에 관한 설명으로 옳지 <u>않은</u> 것은? (다툼이 있으면 판례에 따름)

[2024]

① 담보권 실행을 위하여 저당부동산을 압류한 경우, 저당부동산의 압류 이후 발생한 차임채권에는 저당권의 효력이 미친다.

② 주물 그 자체의 효용과는 직접 관계없지만 주물 소유자의 상용에 공여되고 있는 물건이 경매목적물로 평가되었다면 경매의 매수인이 소유권을 취득한다.

③ 구분건물의 전유부분에 대한 저당권의 효력은 특별한 사정이 없는 한 대지사용권에도 미친다.

④ 기존건물에 부합된 증축부분이 기존건물에 대한 경매절차에서 경매목적물로 평가되지 아니하였더라도 경매의 매수인이 증축부분의 소유권을 취득한다.

⑤ 특약이 없는 한 건물에 대한 저당권의 효력은 건물의 소유를 목적으로 하는 지상권에도 미친다.

답 ②

▮ **정답해설** ▮

② 저당권의 효력이 미치는 저당부동산의 종물이라 함은 민법 제100조가 규정하는 종물과 같은 의미로서, 어느 건물이 주된 건물의 종물이기 위하여는 주물의 상용에 이바지되어야 하는 관계가 있어야 하는바, 여기에서 주물의 상용에 이바지한다 함은 주물 그 자체의 경제적 효용을 다하게 하는 것을 말하는 것이며, 주물의 소유자나 이용자의 상용에 공여되고 있더라도 주물 그 자체의 효용과는 직접 관계없는 물건은 종물이 아니다[94다11606].

▮ **오답해설** ▮

① 민법 제359조 전문은 "저당권의 효력은 저당부동산에 대한 압류가 있은 후에 저당권설정자가 그 부동산으로부터 수취한 과실 또는 수취할 수 있는 과실에 미친다."라고 규정하고 있는데, 위 규정상 '과실'에는 천연과실뿐만 아니라 법정과실도 포함되므로, 저당부동산에 대한 압류가 있으면 압류 이후의 저당권설정자의 저당부동산에 관한 차임채권 등에도 저당권의 효력이 미친다[2015다230020].

③ 구분건물의 전유부분만에 관하여 설정된 저당권의 효력은 대지사용권의 분리처분이 가능하도록 규약으로 정하는 등의 특별한 사정이 없는 한 그 전유부분의 소유자가 사후에라도 대지사용권을 취득함으로써 전유부분과 대지권이 동일 소유자의 소유에 속하게 되었다면, 그 대지사용권에까지 미치고 여기의 대지사용권에는 지상권 등 용익권 이외에 대지소유권도 포함된다[94다12722].

④ 건물의 증축부분이 기존건물에 부합하여 기존건물과 분리하여서는 별개의 독립물로서의 효용을 갖지 못하는 이상 기존건물에 대한 근저당권은 민법 제358조에 의하여 부합된 증축부분에도 효력이 미치는 것이므로 기존건물에 대한 경매절차에서 경매목적물로 평가되지 아니하였다고 할지라도 경락인은 부합된 증축부분의 소유권을 취득한다[92다26772].

⑤ 저당권의 효력이 저당부동산에 부합된 물건과 종물에 미친다는 민법 제358조 본문을 유추하여 보면 건물에 대한 저당권의 효력은 그 건물에 종된 권리인 건물의 소유를 목적으로 하는 지상권에도 미치게 되므로, 건물에 대한 저당권이 실행되어 경락인이 그 건물의 소유권을 취득하였다면 경락 후 건물을 철거한다는 등의 매각조건에서 경매되었다는 등 특별한 사정이 없는 한, 경락인은 건물 소유를 위한 지상권도 민법 제187조의 규정에 따라 등기 없이 당연히 취득하게 되고, 한편 이 경우에 경락인이 건물을 제3자에게 양도한 때에는, 특별한 사정이 없는 한 민법 제100조 제2항의 유추적용에 의하여 건물과 함께 종된 권리인 지상권도 양도하기로 한 것으로 봄이 상당하다[95다52864].

02 저당권에 관한 설명으로 옳지 <u>않은</u> 것은? (다툼이 있으면 판례에 따름) **[2021]**

① 저당부동산에 대한 압류 후에는 저당권설정자의 저당부동산에 관한 차임채권에도 저당권의 효력이 미친다.

② 저당목적물의 변형물에 대하여 이미 제3자가 압류하였더라도 저당권자가 <u>스스로</u> 이를 압류하지 않으면 물상대위권을 행사할 수 없다.

③ 저당권은 그 담보한 채권과 분리하여 타인에게 양도하거나 다른 채권의 담보로 하지 못한다.

④ 저당권의 효력은 원칙적으로 저당부동산에 부합된 물건에 미친다.

⑤ 저당부동산에 대하여 지상권을 취득한 제3자는 저당권자에게 그 부동산으로 담보된 채권을 변제하고 저당권의 소멸을 청구할 수 있다.

답 ②

┃정답해설┃

② 저당목적물의 변형물인 금전 기타 물건에 대하여 이미 제3자가 압류하여 그 금전 또는 물건이 특정된 이상 저당권자가 스스로 이를 압류하지 않고서도 물상대위권을 행사하여 일반 채권자보다 우선변제를 받을 수 있다[98다12812].

┃오답해설┃

① 저당권의 효력은 저당부동산에 대한 압류(경매개시결정의 송달 또는 등기)가 있은 후에 저당권설정자가 그 부동산으로부터 수취한 과실 또는 수취할 수 있는 과실에 미친다[제359조]. 위 규정상 '과실'에는 천연과실뿐만 아니라 법정과실도 포함되므로, 저당부동산에 대한 압류가 있으면 압류 이후의 저당권설정자의 저당부동산에 관한 차임채권 등에도 저당권의 효력이 미친다[2015다230020].

③ 제361조

> **제361조(저당권의 처분제한)**
> 저당권은 그 담보한 채권과 분리하여 타인에게 양도하거나 다른 채권의 담보로 하지 못한다.

④ 제358조 본문

> **제358조(저당권의 효력의 범위)**
> 저당권의 효력은 저당부동산에 부합된 물건과 종물에 미친다. 그러나 법률에 특별한 규정 또는 설정행위에 다른 약정이 있으면 그러하지 아니하다.

⑤ 저당부동산에 대하여 소유권, 지상권 또는 전세권을 취득한 제3자는 저당권자에게 그 부동산으로 담보된 채권을 변제하고 저당권의 소멸을 청구할 수 있다[제364조].

01 저당권과 동산질권에 관한 설명으로 옳은 것을 모두 고른 것은? (다툼이 있으면 판례에 따름)

> ㄱ. 저당권과 질권 모두 그 설정에 있어 부동산 또는 동산의 인도는 요구되지 않는다.
> ㄴ. 저당권과 질권 모두 피담보채권의 전부를 변제받을 때까지 목적물 전부에 대해 그 권리를 행사할 수 있다.
> ㄷ. 저당권과 달리 질권은 담보물의 보존비용이나 담보물의 하자로 인한 손해배상청구권을 담보한다.
> ㄹ. 저당권과 달리 질권은 담보물의 공용징수로 인하여 질권설정자가 받을 금전에 대해서는 질권을 행사할 수 없다.

① ㄱ, ㄴ
② ㄴ, ㄷ
③ ㄷ, ㄹ
④ ㄱ, ㄴ, ㄹ
⑤ ㄱ, ㄷ, ㄹ

답 ②

▌정답해설▐

ㄴ. (○) 담보물권의 불가분성(제370조, 제343조, 제321조)

> **제321조(유치권의 불가분성)**
> 유치권자는 채권 전부의 변제를 받을 때까지 유치물 전부에 대하여 그 권리를 행사할 수 있다.
>
> **제343조(준용규정)**
> 제249조 내지 제251조, 제321조 내지 제325조의 규정은 동산질권에 준용한다.
>
> **제370조(준용규정)**
> 제214조, 제321조, 제333조, 제340조, 제341조 및 제342조의 규정은 저당권에 준용한다.

ㄷ. (○) 질권과 저당권의 피담보채권의 범위(제334조, 제360조)

> **제334조(피담보채권의 범위)**
> 질권은 원본, 이자, 위약금, 질권실행의 비용, 질물보존의 비용 및 채무불이행 또는 질물의 하자로 인한 손해배상의 채권을 담보한다. 그러나 다른 약정이 있는 때에는 그 약정에 의한다.
>
> **제360조(피담보채권의 범위)**
> 저당권은 원본, 이자, 위약금, 채무불이행으로 인한 손해배상 및 저당권의 실행비용을 담보한다. 그러나 지연배상에 대하여는 원본의 이행기일을 경과한 후의 1년분에 한하여 저당권을 행사할 수 있다.

▌오답해설▐

ㄱ. (×) 저당권은 부동산의 인도를 요하지 아니하나(제356조), 동산질권은 동산의 인도를 요한다(제330조).
ㄹ. (×) 질권과 저당권 모두 물상대위가 인정된다(제342조, 제370조).

> **제342조(물상대위)**
> 질권은 질물의 멸실, 훼손 또는 공용징수로 인하여 질권설정자가 받을 금전 기타 물건에 대하여도 이를 행사할 수 있다. 이 경우에는 그 지급 또는 인도 전에 압류하여야 한다.
>
> **제370조(준용규정)**
> 제214조, 제321조, 제333조, 제340조, 제341조 및 제342조의 규정은 저당권에 준용한다.

제3관 | 저당권의 효력

01 저당권에 관한 설명으로 옳지 <u>않은</u> 것은? (다툼이 있으면 판례에 따름) **[2023]**

① 채권자와 제3자가 불가분적 채권자의 관계에 있다고 볼 수 있는 경우에는 그 제3자 명의의 저당권등기도 유효하다.

② 근저당권설정자가 적법하게 기본계약을 해지하면 피담보채권은 확정된다.

③ 무효인 저당권등기의 유용은 그 유용의 합의 전에 등기상 이해관계가 있는 제3자가 없어야 한다.

④ 저당부동산의 제3취득자는 부동산의 개량을 위해 지출한 유익비를 그 부동산의 경매대가에서 우선 변제받을 수 없다.

⑤ 저당권자가 저당부동산을 압류한 이후에는 저당권설정자의 저당부동산에 관한 차임채권에도 저당권의 효력이 미친다.

답 ④

┃ 정답해설 ┃

④ 저당물의 제3취득자가 그 부동산의 보존, 개량을 위하여 필요비 또는 유익비를 지출한 때에는 제203조 제1항, 제2항의 규정에 의하여 저당물의 경매대가에서 우선상환을 받을 수 있다(제367조).

┃ 오답해설 ┃

① 99다48948 전합

② 근저당권의 존속기간이나 결산기를 정하지 않은 때에는 피담보채무의 확정방법에 관한 다른 약정이 있으면 그에 따르고, 이러한 약정이 없는 경우라면 근저당권설정자가 근저당권자를 상대로 언제든지 계약 해지의 의사표시를 함으로써 피담보채무를 확정시킬 수 있다[2015다65042].

③ 실질관계의 소멸로 무효로 된 등기의 유용은 그 등기를 유용하기로 하는 합의가 이루어지기 전에 등기상 이해관계가 있는 제3자가 생기지 않은 경우에 한하여 허용된다[87다카425].

⑤ 제359조 전문은 "저당권의 효력은 저당부동산에 대한 압류가 있은 후에 저당권설정자가 그 부동산으로부터 수취한 과실 또는 수취할 수 있는 과실에 미친다."라고 규정하고 있는데, 위 규정상 '과실'에는 천연과실뿐만 아니라 법정과실도 포함되므로, 저당부동산에 대한 압류가 있으면 압류 이후의 저당권설정자의 저당부동산에 관한 차임채권 등에도 저당권의 효력이 미친다[2015다230020].

02 제365조의 일괄경매청구권에 관한 설명으로 옳은 것을 모두 고른 것은? (다툼이 있으면 판례에 따름)
[2022]

> ㄱ. 토지에 저당권을 설정한 후 그 설정자가 그 토지에 건물을 축조하여 저당권자가 토지와 함께 그 건물에 대하여도 경매를 청구하는 경우, 저당권자는 그 건물의 경매대가에 대해서도 우선변제를 받을 권리가 있다.
> ㄴ. 저당권설정자로부터 저당토지에 대한 용익권을 설정받은 자가 그 토지에 건물을 축조한 후 저당권설정자가 그 건물의 소유권을 취득한 경우, 저당권자는 토지와 건물을 일괄하여 경매를 청구할 수 있다.
> ㄷ. 토지에 저당권을 설정한 후 그 설정자가 그 토지에 축조한 건물의 소유권이 제3자에게 이전된 경우, 저당권자는 토지와 건물을 일괄하여 경매를 청구할 수 없다.

① ㄱ
② ㄴ
③ ㄷ
④ ㄴ, ㄷ
⑤ ㄱ, ㄴ, ㄷ

답 ④

▌정답해설▐

ㄴ. (○) 제365조에 기한 일괄경매청구권은 토지상의 저당권설정자가 건물을 축조하여 소유하고 있는 경우에 한한다[99마146]. 그러나 저당지상의 건물에 대한 일괄경매청구권은 저당권설정자가 건물을 축조한 경우뿐만 아니라 저당권설정자로부터 저당토지에 대한 용익권을 설정받은 자가 그 토지에 건물을 축조한 경우라도 그 후 저당권설정자가 그 건물의 소유권을 취득한 경우에는 저당권자는 토지와 함께 그 건물에 대하여 경매를 청구할 수 있다[2003다3850].

ㄷ. (○) 제365조가 토지를 목적으로 한 저당권을 설정한 후 그 저당권설정자가 그 토지에 건물을 축조한 때에는 저당권자가 토지와 건물을 일괄하여 경매를 청구할 수 있도록 규정하고 있으므로 일괄경매청구권은 저당권설정자가 건물을 축조하여 소유하고 있는 경우에 한한다고 봄이 상당하다[99마146]. 따라서 경매개시결정당시 건물의 소유권이 제3자에게 이전된 경우 일괄경매를 청구할 수 없다.

▌오답해설▐

ㄱ. (×) 토지를 목적으로 저당권을 설정한 후 그 설정자가 그 토지에 건물을 축조한 때에는 저당권자는 토지와 함께 그 건물에 대하여도 경매를 청구할 수 있다. 그러나 그 건물의 경매대가에 대하여는 우선변제를 받을 권리가 없다[제365조].

03 제366조의 법정지상권에 관한 설명으로 옳은 것을 모두 고른 것은? (다툼이 있으면 판례에 따름)

[2022]

> ㄱ. 미등기건물의 소유를 위해서도 법정지상권이 성립할 수 있다.
> ㄴ. 당사자 사이에 지료에 관하여 협의한 사실이나 법원에 의하여 지료가 결정된 사실이 없다면, 법정지상권자가 지료를 지급하지 않았다고 하더라도 지료 지급을 지체한 것으로 볼 수 없다.
> ㄷ. 건물소유를 위한 법정지상권을 취득한 사람으로부터 경매에 의해 건물소유권을 이전받은 매수인은 특별한 사정이 없는 한 건물의 매수취득과 함께 위 지상권도 당연히 취득한다.

① ㄱ   ② ㄴ
③ ㄱ, ㄷ   ④ ㄴ, ㄷ
⑤ ㄱ, ㄴ, ㄷ

目 ⑤

▌정답해설▐

ㄱ. (○) 제366조는 그 지상건물은 반드시 등기를 거친 것임을 필요로 하지 아니하며 또 그 건물은 건물로서의 요소를 갖추고 있는 이상 무허가 건물이고 건평 5평에 지나지 아니한다 하여도 법정지상권 성립에 아무런 장애도 될 수 없다[선고 630‌다62].

ㄴ. (○) 법정지상권에 관한 지료가 결정된 바 없다면 법정지상권자가 지료를 지급하지 아니하였다고 하더라도 지료지급을 지체한 것으로는 볼 수 없으므로 법정지상권자가 2년 이상의 지료를 지급하지 아니하였음을 이유로 하는 토지소유자의 지상권소멸청구는 그 이유가 없다[93다52297].

ㄷ. (○) 건물 소유를 위하여 법정지상권을 취득한 사람으로부터 경매에 의하여 그 건물의 소유권을 이전받은 매수인은 매수 후 건물을 철거한다는 등의 매각조건하에서 경매되는 경우 등 특별한 사정이 없는 한 건물의 매수취득과 함께 위 지상권도 당연히 취득한다[2013다43345].

04 물건에 관한 설명으로 옳지 <u>않은</u> 것은? (다툼이 있으면 판례에 따름) [2022]

① 주물에 대한 압류의 효력은 특별한 사정이 없는 한 종물에는 미치지 않는다.

② 사람의 유골은 매장·관리의 대상이 될 수 있는 유체물이다.

③ 전기 기타 관리할 수 있는 자연력은 물건이다.

④ 법정과실은 수취할 권리의 존속기간 일수의 비율로 취득함이 원칙이다.

⑤ 주물만 처분하고 종물은 처분하지 않기로 하는 특약은 유효하다.

답 ①

▌정답해설▌

① 구분건물의 전유부분에 대한 소유권보존등기만 경료되고 대지지분에 대한 등기가 경료되기 전에 전유부분만에 대해 내려진 가압류결정의 효력은, 대지사용권의 분리처분이 가능하도록 규약으로 정하였다는 등의 특별한 사정이 없는 한, 종물 내지 종된 권리인 그 대지권에까지 미친다[2006다29020].

▌오답해설▌

② 사람의 유체·유골은 매장·관리·제사·공양의 대상이 될 수 있는 유체물로서, 분묘에 안치되어 있는 선조의 유체·유골은 제1008조의3 소정의 제사용 재산인 분묘와 함께 그 제사주재자에게 승계되고, 피상속인 자신의 유체·유골역시 위 제사용 재산에 준하여 그 제사주재자에게 승계된다[2007다27670 전합].

③ 제98조

> **제98조(물건의 정의)**
> 본법에서 물건이라 함은 유체물 및 전기 기타 관리할 수 있는 자연력을 말한다.

④ 제102조 제2항

> **제102조(과실의 취득)**
> ② 법정과실은 수취할 권리의 존속기간일수의 비율로 취득한다.

⑤ 종물은 주물의 처분에 수반된다는 제100조 제2항은 임의규정이므로, 당사자는 주물을 처분할 때에 특약으로 종물을 제외할 수 있고 종물만을 별도로 처분할 수도 있다[2009다76546]. 따라서 주물만 처분하고 종물은 처분하지 않기로 하는 특약은 유효하다.

05 법정지상권에 관한 설명으로 옳지 <u>않은</u> 것을 모두 고른 것은? (다툼이 있으면 판례에 따름)

[2020]

> ㄱ. X토지에 Y건물의 소유를 위한 법정지상권을 가진 甲의 Y건물을 경매에서 매수한 乙은, 건물철거의 매각 조건 등 특별한 사정이 없으면 당연히 법정지상권을 취득한다.
> ㄴ. X토지를 소유하는 甲이 乙과 함께 그 지상에 Y건물을 신축·공유하던 중 X토지에 저당권을 설정하였고 그의 실행에 의한 경매에서 丙이 X토지의 소유권을 취득한 경우, Y건물을 위한 법정지상권이 성립하지 않는다.
> ㄷ. 甲소유의 X토지와 그 지상건물에 공동저당권이 설정된 후 지상건물을 철거하고 Y건물을 신축하였고 저당권의 실행으로 X토지와 Y건물이 다른 소유자에게 매각된 경우, 특별한 사정이 없으면 Y건물을 위한 법정지상권이 성립한다.
> ㄹ. X토지에 저당권을 설정한 甲이 저당권자 乙의 동의를 얻어 Y건물을 신축하였으나 저당권의 실행에 의한 경매에서 丙이 X토지의 소유권을 취득한 경우, Y건물을 위한 법정지상권이 성립한다.

① ㄱ, ㄷ
② ㄱ, ㄹ
③ ㄱ, ㄴ, ㄹ
④ ㄴ, ㄷ, ㄹ
⑤ ㄱ, ㄴ, ㄷ, ㄹ

답 ④

┃정답해설┃

ㄴ. (×) 건물공유자의 1인이 그 건물의 부지인 토지를 단독으로 소유하면서 그 토지에 관하여만 저당권을 설정하였다가 위 저당권에 의한 경매로 인하여 토지의 소유자가 달라진 경우에도, 위 토지 소유자는 지기뿐만 아니라 다른 건물공유자들을 위하여도 위 토지의 이용을 인정하고 있었다고 할 것인 점, 저당권자로서도 저당권 설정 당시 법정지상권의 부담을 예상할 수 있었으므로 불측의 손해를 입는 것이 아닌 점, 건물의 철거로 인한 사회경제적 손실을 방지할 공익상의 필요성도 인정되는 점 등에 비추어 위 건물공유자들은 제366조에 의하여 토지 전부에 관하여 건물의 존속을 위한 법정지상권을 취득한다고 보아야 한다[2010다67159].

ㄷ. (×) 동일인의 소유에 속하는 토지 및 그 지상 건물에 관하여 공동저당권이 설정된 후 그 지상 건물이 철거되고 새로 건물이 신축된 경우에는 그 신축건물의 소유자가 토지의 소유자와 동일하고 토지의 저당권자에게 신축건물에 관하여 토지의 저당권과 동일한 순위의 공동저당권을 설정해 주는 등 특별한 사정이 없는 한 저당물의 경매로 인하여 토지와 그 신축건물이 다른 소유자에 속하게 되더라도 그 신축건물을 위한 법정지상권은 성립하지 않는다[98다43601 전합].

ㄹ. (×) 제366조의 법정지상권은 저당권 설정 당시부터 저당권의 목적되는 토지 위에 건물이 존재할 경우에 한하여 인정되며, 토지에 관하여 저당권이 설정될 당시 그 지상에 토지소유자에 의한 건물의 건축이 개시되기 이전이었다면, 건물이 없는 토지에 관하여 저당권이 설정될 당시 근저당권자가 토지소유자에 의한 건물의 건축에 동의하였다고 하더라도 그러한 사정은 주관적 사항이고 공시할 수도 없는 것이어서 토지를 낙찰받는 제3자로서는 알 수 없는 것이므로 그와 같은 사정을 들어 법정지상권의 성립을 인정한다면 토지 소유권을 취득하려는 제3자의 법적 안정성을 해하는 등 법률관계가 매우 불명확하게 되므로 법정지상권이 성립되지 않는다[2003다26051].

┃오답해설┃

ㄱ. (○) 저당권설정 당시 동일인의 소유에 속하고 있던 토지와 지상 건물이 경매로 인하여 소유자가 다르게 된 경우에 건물소유자는 건물의 소유를 위한 제366조의 법정지상권을 취득한다. 그리고 건물 소유를 위하여 법정지상권을 취득한 사람으로부터 경매에 의하여 건물의 소유권을 이전 받은 매수인은 매수 후 건물을 철거한다는 등의 매각조건하에서 경매되는 경우 등 특별한 사정이 없는 한 건물의 매수취득과 함께 위 지상권도 당연히 취득한다[2012다73158].

06 저당권에 관한 설명으로 옳은 것을 모두 고른 것은? (다툼이 있으면 판례에 따름) [2019]

> ㄱ. 저당권이 설정된 건물이 증축된 경우에 기존 건물에 대한 저당권은 법률에 특별한 규정 또는 설정행위에서 다른 약정이 없다면, 증축되어 부합된 건물부분에 대해서도 그 효력이 미친다.
> ㄴ. 저당부동산의 교환가치를 하락시키는 행위가 있더라도 저당권자는 저당권에 기한 방해배제청구권을 행사할 수 없다.
> ㄷ. 저당물의 제3취득자는 그 부동산의 개량을 위한 유익비를 지출하여 가치의 증가가 현존하더라도, 그 비용을 저당물의 매각대금에서 우선적으로 상환받을 수 없다.
> ㄹ. 채권자 아닌 타인의 명의로 저당권이 설정되었다면, 피담보채권의 실질적 귀속주체가 누구인지를 불문하고 그 효력이 인정되지 않는다.

① ㄱ
② ㄷ
③ ㄱ, ㄷ
④ ㄴ, ㄹ
⑤ ㄱ, ㄷ, ㄹ

답 ①

┃오답해설┃

ㄴ. (×) 저당목적물의 소유자 또는 제3자가 저당목적물을 물리적으로 멸실·훼손하는 경우는 물론 그 밖의 행위로 저당부동산의 교환가치가 하락할 우려가 있는 등 저당권자의 우선변제청구권의 행사가 방해되는 결과가 발생한다면 저당권자는 저당권에 기한 방해배제청구권을 행사하여 방해행위의 제거(건축공사의 중지)를 청구할 수 있다 [2003다58454].

ㄷ. (×) 저당물의 제3취득자가 그 부동산의 보존, 개량을 위하여 필요비 또는 유익비를 지출한 때에는 제203조 제1항, 제2항의 규정에 의하여 저당물의 경매대가에서 우선상환을 받을 수 있다(제367조).

ㄹ. (×) 채권담보를 위해 저당권을 설정하는 경우 제3자 명의로 저당권등기를 하는 데 대해 채권자와 채무자 및 제3자 사이에 합의가 있었고, 나아가 제3자에게 그 채권이 실질적으로 귀속되었다고 볼 수 있는 특별한 사정이 있는 경우에는 제3자 명의의 저당권등기도 유효하다[94다33583].

07 저당권의 효력이 미치는 범위 등에 관한 설명으로 옳지 <u>않은</u> 것은? (다툼이 있으면 판례에 따름)

① 저당권설정행위에서 저당권의 효력은 종물에 미치지 않는다고 약정한 경우, 이를 등기하여야 제3자에게 대항할 수 있다.

② 건물의 증축부분이 기존 건물에 부합하여 기존 건물과 분리하여서는 별개의 독립물로서 효용을 갖지 못하는 경우, 기존 건물에 대한 저당권은 부합된 증축부분에도 그 효력이 미친다.

③ 지상권자가 축조하여 소유하고 있는 건물에는 토지저당권의 효력이 미치지 않는다.

④ 저당부동산에 대한 압류가 있기 전에 저당권설정자가 그 부동산으로부터 수취한 과실에도 저당권의 효력이 미친다.

⑤ 건물소유를 목적으로 한 토지임차인이 그 토지 위에 소유하는 건물에 저당권을 설정한 때에는, 저당권의 효력이 건물뿐만 아니라 건물소유를 목적으로 한 토지의 임차권에도 미친다.

답 ④

┃정답해설┃

④ 저당권의 효력은 저당부동산에 대한 압류, 즉 저당권의 실행착수가 있은 후에 저당권설정자가 그 부동산으로부터 수취한 과실 또는 수취할 수 있는 과실에 미친다(제359조 본문).

┃오답해설┃

① 저당권의 효력은 저당부동산에 부합된 물건과 종물에 미친다. 그러나 법률에 특별한 규정 또는 설정행위에 다른 약정이 있으면 그러하지 아니하다(제358조). 이 경우 다른 약정은 부동산등기법 제75조에 따라 등기하여야만 제3자에게 대항할 수 있다.

② 건물의 증축부분이 기존 건물에 부합하여 기존 건물과 분리하여서는 별개의 녹립불로서의 효용을 갖지 못하는 이상 기존 건물에 대한 근저당권은 제358조에 의하여 부합된 증축부분에도 효력이 미치는 것이므로 기존 건물에 대한 경매절차에서 경매목적물로 평가되지 아니하였다고 할지라도 경락인은 부합된 증축부분의 소유권을 취득한다 [2000다63110].

③ 토지와 건물은 별개의 물건이고, 건물은 토지의 부합물이나 종물도 아니므로, 토지에 설정된 저당권의 효력은 별개의 물건인 건물에 미치지 아니한다.

⑤ 제358조 본문은 "저당권의 효력은 저당부동산에 부합된 물건과 종물에 미친다"고 규정하고 있는바, 이 규정은 저당부동산에 종된 권리에도 유추적용되어 건물에 대한 저당권의 효력은 그 건물의 소유를 목적으로 하는 지상권에도 미친다고 보아야 할 것이다[92다527].

08 甲은 乙에게 자신의 토지에 전세권을 설정해 주고, 丙은 乙의 전세권 위에 저당권을 취득하였다. 그 후 전세권은 존속기간의 만료로 종료되었다. 다음 설명 중 옳은 것은? (다툼이 있는 경우에는 판례에 의함)

① 丙은 乙이 채무를 이행하지 않으면 전세권 자체에 대해 저당권을 실행할 수 있다.

② 전세권설정등기의 말소등기가 없더라도, 전세권의 용익물권적 권능은 소멸한다.

③ 丙이 乙의 전세금반환채권을 압류하더라도 전세금반환채권으로부터 우선변제를 받을 수 없다.

④ 乙이 이미 목적물을 반환하였다면 甲은 등기말소에 필요한 서류를 반환받지 못하였다고 하여 전세금의 반환을 거절할 수는 없다.

⑤ 乙로부터 채무를 변제받지 못한 丙은 乙의 전세금반환채권을 목적으로 하는 질권을 취득한다.

답 ②

▍정답해설▍

① (×), ② (○), ③ (×), ⑤ (×) 전세권이 기간만료로 종료된 경우 전세권은 전세권설정등기의 말소등기 없이도 당연히 소멸하고, 저당권의 목적물인 전세권이 소멸하면 저당권도 당연히 소멸하는 것이므로 전세권을 목적으로 한 저당권자는 전세권의 목적물인 부동산의 소유자에게 더 이상 저당권을 주장할 수 없다[98다31301]. 전세권의 존속기간이 만료하면 전세권의 용익물권적 권능이 소멸하기 때문에 그 전세권에 대한 저당권자는 더 이상 전세권 자체에 대하여 저당권을 실행할 수 없게 되고, 이러한 경우에는 제370조, 제342조, 민사집행법 제273조에 의하여 저당권의 목적물인 전세권에 갈음하여 존속하는 것으로 볼 수 있는 전세금반환채권에 대하여 추심명령 또는 전부명령을 받거나, 제3자가 전세금반환채권에 대하여 실시한 강제집행절차에서 배당요구를 하는 등의 방법으로 자신의 권리를 행사할 수 있고, 제370조, 제342조 단서가 저당권자는 물상대위권을 행사하기 위하여 저당권설정자가 받을 금전 기타 물건의 지급 또는 인도 전에 압류하여야 한다고 규정한 것은 물상대위의 목적인 채권의 특정성을 유지하여 그 효력을 보전함과 동시에 제3자에게 불측의 손해를 입히지 않으려는 데 그 목적이 있으므로, 적법한 기간 내에 적법한 방법으로 물상대위권을 행사한 저당권자는 전세권자에 대한 일반채권자보다 우선변제를 받을 수 있다[2006다29372·29389]. 이에 반하여 학설(다수설)은 전세권이 기간만료로 종료된 경우, 전세권저당권자는 전세권의 변형인 전세금반환채권에 대한 질권을 취득한다고 본다.

▍오답해설▍

④ (×) 전세권이 소멸한 때에는 전세권설정자는 전세권자로부터 그 목적물의 인도 및 전세권설정등기의 말소 등기에 필요한 서류의 교부를 받는 동시에 전세금을 반환하여야 한다[제317조]. 따라서 전세권설정자 甲은 등기말소에 필요한 서류를 반환받지 못하였음을 이유로, 동시이행항변권에 근거하여 전세권자 乙의 전세금반환청구를 거절할 수 있다.

01 저당권에 관한 설명으로 옳지 <u>않은</u> 것은? (다툼이 있으면 판례에 따름)　　　　　**[2022]**

① 저당권은 그 담보한 채권과 분리하여 타인에게 양도하거나 다른 채권의 담보로 하지 못한다.

② 저당물의 소유권을 취득한 제3자는 그 저당물에 관한 저당권 실행의 경매절차에서 경매인이 될 수 있다.

③ 특별한 사정이 없는 한 건물에 대한 저당권의 효력은 그 건물에 종된 권리인 건물의 소유를 목적으로 하는 지상권에도 미친다.

④ 전세권을 목적으로 한 저당권이 설정된 후 전세권이 존속기간 만료로 소멸된 경우, 저당권자는 전세금 반환채권에 대하여 물상대위권을 행사할 수 있다.

⑤ 저당목적물의 변형물인 물건에 대하여 이미 제3자가 압류하여 그 물건이 특정된 경우에도 저당권자는 스스로 이를 압류하여야 물상대위권을 행사할 수 있다.

답 ⑤

❘ 정답해설 ❘

⑤ 저당목적물의 변형물인 금전 기타 물건에 대하여 이미 제3자가 압류하여 그 금전 또는 물건이 특정된 이상 저당권자가 스스로 이를 압류하지 않고서도 물상대위권을 행사하여 일반 채권자보다 우선변제를 받을 수 있다[98다12812].

❘ 오답해설 ❘

① 제361조

> **제361조(저당권의 처분제한)**
> 저당권은 그 담보한 채권과 분리하여 타인에게 양도하거나 다른 채권의 담보로 하지 못한다.

② 제363조 제2항

> **제363조(저당권자의 경매청구권, 경매인)**
> ② 저당물의 소유권을 취득한 제3자도 경매인이 될 수 있다.

③ 제358조 본문은 건물에 대한 저당권의 효력은 그 건물의 소유를 목적으로 하는 지상권에도 미친다고 보아야 할 것이다[92다527].

④ 전세권을 목적으로 한 저당권이 설정된 경우, 전세권의 존속기간이 만료되면 전세권의 용익물권적 권능이 소멸하기 때문에 더 이상 전세권 자체에 대하여 저당권을 실행할 수 없게 되고, 저당권자는 저당권의 목적물인 전세권에 갈음하여 존속하는 것으로 볼 수 있는 전세금반환채권에 대하여 압류 및 추심명령 또는 전부명령을 받거나 제3자가 전세금반환채권에 대하여 실시한 강제집행절차에서 배당요구를 하는 등의 방법으로 물상대위권을 행사하여 전세금의 지급을 구하여야 한다[2013다91672].

02 저당권에 관한 설명으로 옳은 것은? (다툼이 있으면 판례에 따름) [2020]

① 저당부동산의 소유권이 제3자에게 양도된 후 피담보채권이 변제된 때에는 저당권을 설정한 종전소유자도 저당권설정등기의 말소를 청구할 권리가 있다.

② 저당권을 설정한 사람이 채무자가 아닌 경우, 그는 원본채권이 이행기를 경과한 때부터 1년분의 범위에서 지연배상을 변제할 책임이 있다.

③ 근저당권의 채무자가 피담보채권의 일부를 변제한 경우, 변제한 만큼 채권최고액이 축소된다.

④ 저당권자는 배당기일 전까지 물상대위권을 행사하여 우선변제를 받을 수 있다.

⑤ 대체물채권을 담보하기 위하여 저당권을 설정한 경우, 피담보채권액은 채권을 이행할 때의 시가로 산정한 금액으로 한다.

답 ①

∥정답해설∥

① 근저당권이 설정된 후에 그 부동산의 소유권이 제3자에게 이전된 경우에는 현재의 소유자가 자신의 소유권에 기하여 피담보채무의 소멸을 원인으로 그 근저당권설정등기의 말소를 청구할 수 있음은 물론이지만, 근저당권설정자인 종전의 소유자도 근저당권설정계약의 당사자로서 근저당권설정등기의 말소를 구할 수 있는 계약상 권리가 있다[93다16338 전합].

∥오답해설∥

② 저당권의 피담보채무의 범위에 관하여 제360조가 지연배상에 대하여는 원본의 이행기일을 경과한 후의 1년분에 한하여 저당권을 행사할 수 있다고 규정하고 있는 것은 저당권자의 제3자에 대한 관계에서의 제한이며 채무자나 저당권설정자가 저당권자에 대하여 대항할 수 있는 것이 아니다[90다8855].

③ 근저당권은 원본, 이자, 위약금, 채무불이행으로 인한 손해배상 및 근저당권의 실행비용을 담보하는 것이며, 이것이 근저당에 있어서의 채권최고액을 초과하는 경우에 근저당권자로서는 그 채무자 겸 근저당권설정자와의 관계에 있어서는 그 채무의 일부인 채권최고액과 지연손해금 및 집행비용만을 받고 근저당권을 말소시켜야 할 이유는 없을 뿐 아니라, 채무금 전액에 미달하는 금액의 변제가 있는 경우에 이로써 우선 채권최고액 범위의 채권에 변제충당한 것으로 보아야 한다는 이유도 없으니 채권 전액의 변제가 있을 때까지 근저당의 효력은 잔존채무에 여전히 미친다고 할 것이다[2010다3681].

④ 제370조, 제342조에 의한 저당권자의 물상대위권의 행사는 구 민사소송법(2002.1.26. 법률 제6626호로 전문개정되기 전의 것) 제733조에 의하여 담보권의 존재를 증명하는 서류를 집행법원에 제출하여 채권압류 및 전부명령을 신청하거나, 구 민사소송법 제580조에 의하여 배당요구를 하는 방법에 의하여 하는 것이고, 이는 늦어도 구 민사소송법 제580조 제1항 각 호 소정의 배당요구의 종기까지 하여야 하는 것으로 그 이후에는 물상대위권자로서의 우선변제권을 행사할 수 없다고 하여야 할 것이다[2002다13539].

⑤ 미곡 등 대체물채권의 담보인 저당권의 채권액은 당사자 사이에서 정한 채권의 당초 변제기일의 시가로 산정한 가격을 채권액으로 볼 것이고, 그 변제기일에서의 산정가격이 부동산등기법 제143조에 따라 기재된 채권의 가격을 초과할 때는 그 초과분에 대하여는 채권자가 다른 채권자에 대하여 우선권을 행사할 수 없을 뿐이다[74마136].

03 저당권에 관한 설명으로 옳지 <u>않은</u> 것은? (다툼이 있으면 판례에 따름) [2020]

① 저당권의 효력은 천연과실뿐만 아니라 법정과실에도 미친다.

② 저당권으로 담보된 채권을 양수하였으나 아직 대항요건을 갖추지 못한 양수인도 저당권이전의 부기등기를 마치고 저당권실행의 요건을 갖추면 경매를 신청할 수 있다.

③ 후순위담보권자가 경매를 신청한 경우, 선순위근저당권의 피담보채권은 매수인이 경락대금을 완납하여 그 근저당권이 소멸하는 때에 확정된다.

④ 저당권의 이전을 위하여 저당권의 양도인과 양수인, 그리고 저당권설정자 사이의 물권적 합의와 등기가 있어야 한다.

⑤ 공동저당관계의 등기를 공동저당권의 성립요건이나 대항요건이라고는 할 수 없다.

답 ④

▌정답해설▐

④ 저당권은 피담보채권과 분리하여 양도하지 못하는 것이어서 저당권의 양도에 있어서도 물권변동의 일반원칙에 따라 저당권을 이전할 것을 목적으로 하는 물권적 합의와 등기가 있어야 저당권이 이전된다고 할 것이나, 이때의 물권적 합의는 저당권의 양도·양수받는 당사자 사이에 있으면 족하고 그 외에 그 채무자나 물상보증인 사이에까지 있어야 하는 것은 아니라 할 것이고, 단지 채무자에게 채권양도의 통지나 이에 대한 채무자의 승낙이 있으면 채권양도를 가지고 채무자에게 대항할 수 있게 되는 것이다[2002다15412].

▌오답해설▐

① 저당권의 효력은 저당부동산에 대한 압류(경매개시결정의 송달 또는 등기)가 있은 후에 저당권설정자가 그 부동산으로부터 수취한 과실 또는 수취할 수 있는 과실에 미친다[제359조 본문].

② 피담보채권을 저당권과 함께 양수한 자는 저당권이전의 부기등기를 마치고 저당권실행의 요건을 갖추고 있는 한 채권양도의 대항요건을 갖추고 있지 아니하더라도 경매신청을 할 수 있다[2004다29279].

③ 후순위 근저당권자가 경매를 신청한 경우 선순위 근저당권의 피담보채권은 그 근저당권이 소멸하는 시기, 즉 경락인이 경락대금을 완납한 때에 확정된다고 보아야 한다[99다26085].

⑤ 부동산등기법 제149조는 같은 법 제145조의 규정에 의한 공동담보등기의 신청이 있는 경우 각 부동산에 관한 권리에 대하여 등기를 하는 때에는 그 부동산의 등기용지 중 해당구 사항란에 다른 부동산에 관한 권리의 표시를 하고 그 권리가 함께 담보의 목적이라는 뜻을 기재하도록 규정하고 있지만, 이는 공동저당권의 목적물이 수 개의 부동산에 관한 권리인 경우에 한하여 적용되는 등기절차에 관한 규정일 뿐만 아니라, 수 개의 저당권이 피담보채권의 동일성에 의하여 서로 결속되어 있다는 취지를 공시함으로써 권리관계를 명확히 하기 위한 것에 불과하므로, 이와 같은 공동저당관계의 등기를 공동저당권의 성립요건이나 대항요건이라고 할 수 없다[2008다57746].

04 저당권에 관한 설명으로 옳지 <u>않은</u> 것은? (다툼이 있으면 판례에 따름)

① 피담보채권을 저당권과 함께 양수한 자는 저당권 이전의 부기등기를 마치고 저당권 실행의 요건을 갖추고 있는 한 채권양도의 대항요건을 갖추고 있지 아니하더라도 경매신청을 할 수 있다.

② 저당권설정자로부터 저당토지에 용익권을 설정받은 자가 그 토지에 건물을 축조한 경우라도 그 후 저당권설정자가 그 건물의 소유권을 취득하였다면, 저당권자는 토지와 함께 그 건물에 대하여 경매를 신청할 수 있다.

③ 피담보채권이 저당권과 분리되어 양도된 경우, 채권의 처분에 따르지 않는 저당권은 소멸한다.

④ 저당부동산에 대하여 지상권을 취득한 제3자는 채무자의 의사에 반하여 저당권자에게 그 부동산으로 담보된 채권을 변제하고 저당권의 소멸을 청구할 수 있다.

⑤ 저당권의 효력은 저당부동산에 대한 압류가 없더라도 저당권설정자가 그 부동산으로부터 수취한 과실 또는 수취할 수 있는 과실에 미친다.

답 ⑤

▌정답해설▐

⑤ 저당권의 효력은 저당부동산에 대한 압류가 있은 후에 저당권설정자가 그 부동산으로부터 수취한 과실 또는 수취할 수 있는 과실에 미친다(제359조 본문).

▌오답해설▐

① 피담보채권을 저당권과 함께 양수한 자는 저당권 이전의 부기등기를 마치고 저당권 실행의 요건을 갖추고 있는 한 채권양도의 대항요건을 갖추고 있지 아니하더라도 경매신청을 할 수 있으며, 채무자는 경매절차의 이해관계인으로서 채권양도의 대항요건을 갖추지 못하였다는 사유를 들어 경매개시결정에 대한 이의나 즉시항고절차에서 다툴 수 있고, 이 경우는 신청채권자가 대항요건을 갖추었다는 사실을 증명하여야 할 것이나, 이러한 절차를 통하여 채권 및 근저당권의 양수인의 신청에 의하여 개시된 경매절차가 실효되지 아니한 이상 그 경매절차는 적법한 것이고, 또한 그 경매신청인은 양수채권의 변제를 받을 수도 있다(2004다29279).

② 저당지상의 건물에 대한 일괄경매청구권은 저당권설정자가 건물을 축조한 경우뿐만 아니라 저당권설정자로부터 저당토지에 대한 용익권을 설정받은 자가 그 토지에 건물을 축조한 경우라도 그 후 저당권설정자가 그 건물의 소유권을 취득한 경우에는 저당권자는 토지와 함께 그 건물에 대하여 경매를 청구할 수 있다(2003다3850).

③ 담보권의 수반성이란 피담보채권의 처분이 있으면 언제나 담보권도 함께 처분된다는 것이 아니라 채권담보라고 하는 담보제도의 존재목적에 비추어 볼 때 특별한 사정이 없는 한 피담보채권의 처분에는 담보권의 처분도 당연히 포함된다고 보는 것이 합리적이라는 것일 뿐이므로, 피담보채권의 처분이 있음에도 불구하고, 담보권의 처분이 따르지 않는 특별한 사정이 있는 경우에는 채권양수인은 담보권이 없는 무담보의 채권을 양수한 것이 되고 채권의 처분에 따르지 않은 담보권은 소멸한다(2003다61542).

④ 저당부동산에 대하여 소유권, 지상권 또는 전세권을 취득한 제3자는 저당권자에게 그 부동산으로 담보된 채권을 변제하고 저당권의 소멸을 청구할 수 있다(제364조). 이때 제3취득자는 저당목적물에 대한 이해관계 있는 제3자이므로, 채무자의 의사에 반하여 변제할 수 있다(제469조 제2항 반대해석).

05 저당권의 처분에 관한 설명으로 옳지 <u>않은</u> 것은? (다툼이 있으면 판례에 따름)

① 저당권은 그 담보한 채권과 분리하여 타인에게 양도하거나 다른 채권의 담보로 하지 못한다.

② 피담보채권을 저당권과 함께 양수한 자는 저당권 이전의 부기등기를 마치고 저당권 실행의 요건을 갖추고 있는 한, 채권양도의 대항요건을 갖추고 있지 않더라도 경매신청을 할 수 있다.

③ 저당권의 양도에 있어서 물권적 합의는 저당권의 양도인과 양수인 사이뿐만 아니라 채무자 사이에까지 있어야 한다.

④ 저당권부 채권을 양도하는 경우, 피담보채권 양도의 시기와 저당권이전등기의 시기가 반드시 일치할 필요는 없으므로, 일시적으로 피담보채권과 저당권의 귀속이 달라진다고 하여 저당권이 무효로 되는 것은 아니다.

⑤ 저당권으로 담보한 채권을 질권의 목적으로 한 때에는 저당권등기에 질권의 부기등기를 하여야 그 효력이 저당권에 미친다.

답 ③

| 정답해설 |

③ 저당권은 피담보채권과 분리하여 양도하지 못하는 것이어서 저당권부 채권의 양도는 언제나 저당권의 양도와 채권양도가 결합되어 행해지므로 저당권부 채권의 양도는 제186조의 부동산물권 변동에 관한 규정과 제449조 내지 제452조의 채권양도에 관한 규정에 의해 규율되므로 저당권의 양도에 있어서도 물권변동의 일반원칙에 따라 저당권을 이전할 것을 목적으로 하는 물권적 합의와 등기가 있어야 저당권이 이전된다고 할 것이나, 이때의 물권적 합의는 저당권의 양도·양수받는 당사자 사이에 있으면 족하고 그 외에 그 채무자나 물상보증인 사이에까지 있어야 하는 것은 아니라 할 것이고, 단지 채무자에게 채권양도의 통지나 이에 대한 채무자의 승낙이 있으면 채권양도를 가지고 채무자에게 대항할 수 있게 되는 것이다[2002다15412·15429].

| 오답해설 |

① 저당권은 그 담보한 채권과 분리하여 타인에게 양도하거나 다른 채권의 담보로 하지 못한다(제361조).

② 피담보채권을 저당권과 함께 양수한 자는 저당권 이전의 부기등기를 마치고 저당권 실행의 요건을 갖추고 있는 한 채권양도의 대항요건을 갖추고 있지 아니하더라도 경매신청을 할 수 있으며, 채무자는 경매 절차의 이해관계인으로서 채권양도의 대항요건을 갖추지 못하였다는 사유를 들어 경매개시결정에 대한 이의나 즉시항고절차에서 다툴 수 있고, 이 경우는 신청채권자가 대항요건을 갖추었다는 사실을 증명하여야 할 것이나, 이러한 절차를 통하여 채권 및 근저당권의 양수인의 신청에 의하여 개시된 경매절차가 실효되지 아니한 이상 그 경매절차는 적법한 것이고, 또한 그 경매신청인은 양수채권의 변제를 받을 수도 있다[2004다29279].

④ 피담보채권과 근저당권을 함께 양도하는 경우에 채권양도는 당사자 사이의 의사표시만으로 양도의 효력이 발생하지만 근저당권 이전은 이전등기를 하여야 하므로 채권양도와 근저당권이전등기 사이에 어느 정도 시차가 불가피한 이상 피담보채권이 먼저 양도되어 일시적으로 피담보채권과 근저당권의 귀속이 달라진다고 하여 근저당권이 무효로 된다고 볼 수는 없으나, 위 근저당권은 그 피담보채권의 양수인에게 이전되어야 할 것에 불과하고, 근저당권의 명의인은 피담보채권을 양도하여 결국 피담보채권을 상실한 셈이므로 집행채무자로부터 변제를 받기 위하여 배당표에 자신에게 배당하는 것으로 배당표의 경정을 구할 수 있는 지위에 있다고 볼 수 없다[2001다77888].

⑤ 저당권으로 담보한 채권을 질권의 목적으로 한 때에는 그 저당권등기에 질권의 부기등기를 하여야 그 효력이 저당권에 미친다(제348조).

01 乙명의의 저당권이 설정되어 있는 甲소유의 X토지 위에 Y건물이 신축된 후, 그의 저당권이 실행된 경우에 관한 설명으로 옳은 것을 모두 고른 것은? (다툼이 있으면 판례에 따름) **[2023]**

> ㄱ. 甲이 Y건물을 신축한 경우, 乙은 Y건물에 대한 경매도 함께 신청할 수 있으나 Y건물의 경매대가에서 우선변제를 받을 수는 없다.
> ㄴ. Y건물을 甲이 건축하였으나 경매 당시 제3자 소유로 된 경우, 乙은 Y건물에 대한 경매도 함께 신청할 수 있다.
> ㄷ. Y건물이 X토지의 지상권자인 丙에 의해 건축되었다가 甲이 Y건물의 소유권을 취득하였다면 乙은 Y건물에 대한 경매도 함께 신청할 수 있다.

① ㄴ
② ㄱ, ㄴ
③ ㄱ, ㄷ
④ ㄴ, ㄷ
⑤ ㄱ, ㄴ, ㄷ

답 ③

▎정답해설▎

ㄱ. (○) 토지를 목적으로 저당권을 설정한 후 그 설정자가 그 토지에 건물을 축조한 때에는 저당권자는 토지와 함께 그 건물에 대하여도 경매를 청구할 수 있다. 그러나 그 건물의 경매대가에 대하여는 우선변제를 받을 권리가 없다(제365조).

ㄷ. (○) 저당지상의 건물에 대한 일괄경매청구권은 저당권설정자가 건물을 축조한 경우뿐만 아니라 저당권설정자로부터 저당토지에 대한 용익권을 설정받은 자가 그 토지에 건물을 축조한 경우라도 그 후 저당권설정자가 그 건물의 소유권을 취득한 경우에는 저당권자는 토지와 함께 그 건물에 대하여 경매를 청구할 수 있다(2003다3850).

▎오답해설▎

ㄴ. (×) 저당권설정자가 건물축조 후 이를 제3자에게 양도한 경우에도 일괄경매청구권은 성립하지 않는다(99마146).

02 근저당권에 관한 설명으로 옳지 <u>않은</u> 것은? (다툼이 있으면 판례에 따름) [2022]

① 근저당권의 존속기간이나 결산기를 정한 경우, 원칙적으로 결산기가 도래하거나 존속기간이 만료한 때에 그 피담보채무가 확정된다.

② 근저당권의 존속기간이나 결산기를 정하지 않고 피담보채권의 확정방법에 관한 다른 약정이 없는 경우, 근저당권설정자는 근저당권자를 상대로 언제든지 계약 해지의 의사표시를 하여 피담보채무를 확정시킬 수 있다.

③ 근저당권자가 피담보채무의 불이행을 이유로 경매신청을 한 경우, 경매신청시에 근저당권의 피담보채권액이 확정된다.

④ 후순위 근저당권자가 경매를 신청한 경우, 선순위 근저당권의 피담보채권은 매수인이 매각대금을 완납한 때에 확정된다.

⑤ 공동근저당권자가 저당목적 부동산 중 일부 부동산에 대하여 제3자가 신청한 경매절차에 소극적으로 참가하여 우선배당을 받은 경우, 특별한 사정이 없는 한 나머지 저당목적 부동산에 관한 근저당권의 피담보채권도 확정된다.

🔑 ⑤

▌정답해설▌

⑤ 공동근저당권자가 적극적으로 경매를 신청하였는지 아니면 제3자의 경매신청에 소극적으로 참가하였는지를 불문하고 공동근저당권의 목적 부동산 중 일부 부동산에 대한 경매절차에서 자신의 우선변제권을 행사하여 우선변제권 범위의 채권최고액에 해당하는 전액을 배당받은 경우에는 후에 이루어지는 공동근저당권의 다른 목적 부동산에 대한 경매절차를 통해서 중복하여 다시 배당받을 수는 없다고 봄이 상당하다[2011다68012].

▌오답해설▌

① 피담보채무는 근저당권설정계약에서 근저당권의 존속기간을 정하거나 근저당권으로 담보되는 기본적인 거래계약에서 결산기를 정한 경우에는 원칙적으로 존속기간이나 결산기가 도래한 때에 확정된다[2002다7176].

② 근저당권에 의하여 담보되는 채권이 전부 소멸하고 채무자가 채권자로부터 새로이 금원을 차용하는 등 거래를 계속할 의사가 없는 경우에는, 그 존속기간 또는 결산기가 경과하기 전이라 하더라도 근저당권설정자는 계약을 해지하고 근저당권설정등기의 말소를 구할 수 있고, 한편 존속기간이나 결산기의 정함이 없는 때에는 근저당권설정자가 근저당권자를 상대로 언제든지 해지의 의사표시를 함으로써 피담보채무를 확정시킬 수 있다[2002다7176].

③ 근저당권자가 피담보채무의 불이행을 이유로 경매신청을 한 경우에는 경매신청시에 근저당 채무액이 확정되고, 그 이후부터 근저당권은 부종성을 가지게 되어 보통의 저당권과 같은 취급을 받게 되는바, 위와 같이 경매신청을 하여 경매개시결정이 있은 후에 경매신청이 취하되었다고 하더라도 채무확정의 효과가 번복되는 것은 아니다[2001다73022].

④ 후순위 근저당권자가 경매를 신청한 경우 선순위 근저당권의 피담보채권은 그 근저당권이 소멸하는 시기, 즉 경락인이 경락대금을 완납한 때에 확정된다고 보아야 한다[99다26085].

03 甲은 乙에 대한 2억 원의 채권을 담보하기 위하여 乙 소유 X토지와 Y건물에 대하여 각각 1번 공동저당권을 취득하였다. 그 후 丙은 乙에 대한 1억 6천만 원의 채권을 담보하기 위하여 X에 대하여 2번 저당권을, 丁은 乙에 대한 7천만 원의 채권을 담보하기 위하여 Y에 대하여 2번 저당권을 취득하였다. 그 후 丙이 경매를 신청하여 X가 3억 원에 매각되어 배당이 완료되었고, 다시 丁이 경매를 신청하여 Y가 1억 원에 매각되었다. 丁이 Y의 매각대금에서 배당받을 수 있는 금액은? (단, 경매비용·이자 등은 고려하지 않으며, 다툼이 있으면 판례에 따름) **[2021]**

① 0원
② 3,500만 원
③ 4,000만 원
④ 5,000만 원
⑤ 7,000만 원

답 ④

∥ 정답해설 ∥

구분	X토지(3억)	Y건물(1억)
1번	甲(2억) 공동담보(Y)	甲(2억) 공동담보(X)
2번	丙(1억 6천)	丁(7천)

먼저 동시배당의 경우처럼 X토지와 Y건물에 대한 甲의 안분액을 정한다.
㉠ X토지(3억) → 2억(乙) × X토지(3억) / 4억(X + Y) = 1억 5,000만 원
㉡ Y건물(1억) → 2억(乙) × Y건물(1억) / 4억(X + Y) = 5,000만 원
㉢ 甲은 X토지에서 1억 5,000만 원, Y건물에서 5,000만 원을 배당받는다.
㉣ X토지(3억)에서 丙은 1억 5,000만 원을 배당받고, Y건물(1억)에서 丁은 5,000만 원을 배당받는다.

04 근저당권에 관한 설명으로 옳지 <u>않은</u> 것은? (다툼이 있으면 판례에 따름) [2019]

① 근저당권의 피담보채무는 원칙적으로 당사자가 약정한 존속기간이나 결산기가 도래한 때에 확정된다.

② 장래에 발생할 특정의 조건부채권을 피담보채권으로 하는 근저당권의 설정은 허용되지 않는다.

③ 근저당부동산의 제3취득자는 피담보채무가 확정된 이후에 채권최고액의 범위 내에서 그 확정된 피담보채무를 변제하고 근저당권의 소멸을 청구할 수 있다.

④ 근저당권자가 피담보채무의 불이행을 이유로 경매신청을 하여 경매 신청시에 근저당 채무액이 확정된 경우, 경매개시 결정 후 경매신청이 취하되더라도 채무확정의 효과가 번복되지 않는다.

⑤ 채권최고액은 반드시 등기되어야 하지만, 근저당권의 존속기간은 필요적 등기사항이 아니다.

탑 ②

▌정답해설▐

② 근저당권은 장래의 증감·변동하는 불특정의 채권을 일정한 한도액까지 담보한다는 점에서 장래의 특정채권을 담보하기 위한 저당권과는 다르다.

> **더 알아보기** **피담보채권의 확정**
>
> ① 피담보채무는 근저당권설정계약에서 정한 존속기간이나 결산기가 도래한 때에 확정된다.
> ② 근저당권의 존속기간이나 그 결산기를 정하지 아니한 경우, 근저당권설정자는 근저당권자를 상대로 언제든지 해지의 의사표시를 함으로써 피담보채무를 확정시킬 수 있다.
> ③ 근저당채무자가 파산선고를 받거나, 채무자에 대한 회생절차 개시결정이 있는 때에도 확정된다.
> ④ 경매신청의 경우
> ㉠ 근저당권자가 경매신청을 한 경우에는 경매를 신청한 근저당권자의 피담보채권액은 경매신청시에 확정된다.
> ㉡ 경매개시결정이 있은 후에 경매신청이 취하되었다고 하더라도 채무확정의 효과가 번복되는 것은 아니다.
> ㉢ 후순위권리자(전세권자나 근저당권자 등)가 경매를 신청한 경우 선순위근저당권자의 채권은 경락인이 경락대금을 완납한 때에 확정된다.
> ⑤ 피담보채권이 확정되면 그 이후부터 보통의 저당권과 같은 취급을 받게 된다.
> ⑥ 근저당권자의 경매신청 등의 사유로 인하여 근저당권의 피담보채권이 확정되었을 경우, 확정 이후에 새로운 거래관계에서 발생한 원본채권은 그 근저당권에 의하여 담보되지 아니한다.
> ⑦ 확정 전에 발생한 원본채권에 관하여 확정 후에 발생하는 이자나 지연손해금채권은 채권최고액의 범위 내에서 근저당권에 의하여 여전히 담보되는 것이다.

05 공동저당에 관한 설명으로 옳은 것을 모두 고른 것은? (다툼이 있는 경우에는 판례에 의함)

> ㄱ. 공동저당권이 설정되어 있는 수개의 부동산 중 일부는 채무자 소유이고 일부는 물상보증인의 소유인 경우, 위 각 부동산의 매각대금을 동시에 배당하는 때에는 각 부동산의 경매대가에 비례하여 그 채권의 분담을 정한다.
> ㄴ. 선순위공동저당권자가 피담보채권을 변제받기 전에 공동저당목적부동산 중 일부에 관한 저당권을 포기한 경우에는, 후순위저당권자가 있는 부동산에 관한 경매절차에서 저당권을 포기하지 아니하였더라면 후순위저당권자가 대위할 수 있었던 한도에서는 후순위저당권자에 우선하여 배당을 받을 수 없다.
> ㄷ. 공동저당의 목적인 채무자 소유의 부동산과 물상보증인 소유의 부동산에 각각 채권자를 달리하는 후순위저당권이 설정되어 있는 경우, 물상보증인 소유의 부동산에 대하여 먼저 경매가 이루어져 1번 저당권자가 전부변제를 받은 때에는 물상보증인은 1번 저당권을 대위취득하고, 그 물상보증인 소유의 부동산의 후순위저당권자는 1번 저당권에 대하여 물상대위를 할 수 있다.

① ㄱ
② ㄴ
③ ㄷ
④ ㄱ, ㄷ
⑤ ㄴ, ㄷ

답 ⑤

정답해설

ㄴ. (○) 채무자 소유의 수개 부동산에 관하여 공동저당권이 설정된 경우 제368조 제2항 후문에 의한 후순위저당권자의 대위권은 선순위공동저당권자가 공동저당의 목적물인 부동산 중 일부의 경매대가로부터 배당받은 금액이 그 부동산의 책임분담액을 초과하는 경우에 비로소 인정되는 것이지만, 후순위저당권자로서는 선순위공동저당권자가 피담보채권을 변제받지 않은 상태에서도 추후 공동저당목적부동산 중 일부에 관한 경매절차에서 선순위공동저당권자가 그 부동산의 책임분담액을 초과하는 경매대가를 배당받는 경우 다른 공동저당목적부동산에 관하여 선순위공동저당권자를 대위하여 저당권을 행사할 수 있다는 대위의 기대를 가진다고 보아야 하고, 후순위저당권자의 이와 같은 대위에 관한 정당한 기대는 보호되어야 하므로, 선순위공동저당권자가 피담보채권을 변제받기 전에 공동저당목적부동산 중 일부에 관한 저당권을 포기한 경우에는, 후순위저당권자가 있는 부동산에 관한 경매절차에서, 저당권을 포기하지 아니하였더라면 후순위 저당권자가 대위할 수 있었던 한도에서는 후순위저당권자에 우선하여 배당을 받을 수 없다고 보아야 하고, 이러한 법리는 공동근저당권의 경우에도 마찬가지로 적용된다고 보아야 한다[2009다41250].

ㄷ. (○) 공동저당의 목적인 채무자 소유의 부동산과 물상보증인 소유의 부동산에 각각 채권자를 달리하는 후순위저당권이 설정되어 있는 경우, 물상보증인 소유의 부동산에 대하여 먼저 경매가 이루어져 그 경매대금의 교부에 의하여 1번 저당권자가 변제를 받은 때에는 물상보증인은 채무자에 대하여 구상권을 취득함과 동시에, 제481조, 제482조의 규정에 의한 변제자 대위에 의하여 채무자 소유의 부동산에 대한 1번 저당권을 취득하고, 이러한 경우 물상보증인 소유의 부동산에 대한 후순위저당권자는 물상보증인에게 이전한 1번 저당권으로부터 우선하여 변제를 받을 수 있으며(물상대위), 물상보증인이 수인인 경우에도 마찬가지라 할 것이다[93다25417].

오답해설

ㄱ. (×) 공동저당권이 설정되어 있는 수개의 부동산 중 일부는 채무자 소유이고 일부는 물상보증인의 소유인 경우 위 각 부동산의 경매대가를 동시에 배당하는 때에는, 물상보증인이 제481조, 제482조의 규정에 의한 변제자 대위에 의하여 채무자 소유 부동산에 대하여 담보권을 행사할 수 있는 지위에 있는 점 등을 고려할 때, "동일한 채권의 담보로 수개의 부동산에 저당권을 설정한 경우에 그 부동산의 경매대가를 동시에 배당하는 때에는 각 부동산의 경매대가에 비례하여 그 채권의 분담을 정한다"고 규정하고 있는 제368조 제1항은 적용되지 아니한다고 봄이 상당하다. 따라서 이러한 경우 경매법원으로서는 채무자 소유부동산의 경매대가에서 공동저당권자에게 우선적으로 배당을 하고, 부족분이 있는 경우에 한하여 물상보증인 소유 부동산의 경매대가에서 추가로 배당을 하여야 한다[2008다41475].

06

甲은 乙에 대한 3억 원의 채권을 담보하기 위하여 乙 소유 X토지와 丙 소유 Y토지에 대하여 각각 1번 공동저당권을 취득하였고, 丁은 X에 대하여 피담보채권액 2억 원의 2번 저당권을 취득하였다. 그 후, 甲이 Y에 대한 경매를 신청하여 매각대금 2억 원을 배당받은 후 X에 대한 경매를 신청하여 X가 3억 원에 매각된 경우, 丁이 X의 매각대금에서 배당받을 수 있는 금액은? (경매비용·이자 등은 고려하지 않으며, 다툼이 있으면 판례에 따름)　　　　　　　　　　　　　　　　　　　　　　　**[2024]**

① 0원

② 5천만 원

③ 1억 원

④ 1억 5천만 원

⑤ 2억 원

답 ①

┃ 정답해설 ┃

① 물상보증인이 포함된 이시배당의 문제로 배당순위는 1번 공동저당권자 甲, 물상보증인 丙, 채무자 물건의 후순위 저당권자 丁의 순서이다. 사례에서 공동저당권자인 甲이 물상보증인 소유 부동산에서 먼저 2억 원을 배당받았고 채무자 소유 X토지의 경매시 甲은 나머지 1억 원을 배당받으며, 물상보증인인 丙은 2억 원을 변제자대위취득하므로 후순위저당권자인 丁은 매각대금에서 배당받을 수 있는 것이 없다.

> **더 알아보기　관련 판례**
>
> **채무자 소유의 부동산이 먼저 경매된 경우**
>
> 공동저당의 목적인 채무자 소유의 부동산과 물상보증인 소유의 부동산 중 채무자 소유의 부동산에 대하여 먼저 경매가 이루어져 그 경매대금의 교부에 의하여 1번 공동저당권자가 변제를 받더라도 채무자 소유의 부동산에 대한 후순위 저당권자는 제368조 제2항 후단에 의하여 1번 공동저당권자를 대위하여 물상보증인 소유의 부동산에 대하여 저당권을 행사할 수 없다. 그리고 이러한 법리는 채무자 소유의 부동산에 후순위 저당권이 설정된 후에 물상보증인 소유의 부동산이 추가로 공동저당의 목적으로 된 경우에도 마찬가지로 적용된다[2013다207996].
>
> **물상보증인 소유의 부동산이 먼저 경매된 경우**
>
> 공동저당에 제공된 채무자 소유의 부동산과 물상보증인 소유의 부동산 가운데 물상보증인 소유의 부동산이 먼저 경매되어 매각대금에서 선순위공동저당권자가 변제를 받은 때에는 물상보증인은 채무자에 대하여 구상권을 취득함과 동시에 변제 자대위에 의하여 채무자 소유의 부동산에 대한 선순위공동저당권을 대위취득한다. 물상보증인 소유의 부동산에 대한 후순위저당권자는 물상보증인이 대위취득한 채무자 소유의 부동산에 대한 선순위공동저당권에 대하여 물상대위를 할 수 있다. 이 경우에 채무자는 물상보증인에 대한 반대채권이 있더라도 특별한 사정이 없는 한 물상보증인의 구상금 채권과 상계함으로써 물상보증인 소유의 부동산에 대한 후순위저당권자에게 대항할 수 없다. 채무자는 선순위공동저당권자가 물상보증인 소유의 부동산에 대해 먼저 경매를 신청한 경우에 비로소 상계할 것을 기대할 수 있는데, 이처럼 우연한 사정에 의하여 좌우되는 상계에 대한 기대가 물상보증인 소유의 부동산에 대한 후순위저당권자가 가지는 법적 지위에 우선할 수 없다[2014다221777, 2014다221784].

07 채권자 甲이 채무자 乙에 대한 1억 원의 채권을 담보하기 위해 물상보증인 丙 소유의 X부동산(가액 1억 2,000만 원), 丁 소유의 Y부동산(가액 8,000만 원)에 각각 1번 저당권을 취득하고, A가 8,000만 원의 채권으로 X부동산에, B가 6,000만 원의 채권으로 Y부동산에 각각 2번 저당권을 취득하였다. 甲이 X부동산에 대하여 먼저 담보권 실행을 위한 경매를 하여 매각대금 1억 2,000만 원이 배당순위에 따라 甲과 A에게 배당되었다. 이 경우 A가 Y부동산의 매각대금(8,000만 원)에서 배당받을 수 있는 금액은? (단, 실행비용·이자 등은 고려하지 않고, 다툼이 있으면 판례에 따름)

① 0원
② 2,000만 원
③ 4,000만 원
④ 6,000만 원
⑤ 8,000만 원

📖 답 ③

▌정답해설▐

공동저당의 목적인 채무자 소유의 부동산과 물상보증인 소유의 부동산에 각각 채권자를 달리하는 후순위저당권이 설정되어 있는 경우, 물상보증인 소유의 부동산에 대하여 먼저 경매가 이루어져 그 경매대금의 교부에 의하여 1번 저당권자가 변제를 받은 때에는 물상보증인은 채무자에 대하여 구상권을 취득함과 동시에 제481조, 제482조의 규정에 의한 변제자 대위에 의하여 채무자 소유의 부동산에 대한 1번 저당권을 취득하고, 이러한 경우 물상보증인 소유의 부동산에 대한 후순위저당권자는 물상보증인에게 이전한 1번 저당권으로 우선하여 변제를 받을 수 있으며, 이러한 법리는 수인의 물상보증인이 제공한 부동산 중 일부에 대하여 경매가 실행된 경우에도 마찬가지로 적용되어야 하므로 (이 경우 물상보증인들 사이의 변제자 대위의 관계는 제482조 제2항 제4호, 제3호에 의하여 규율될 것이다), 자기 소유의 부동산이 먼저 경매되어 1번 저당권자에게 대위변제를 한 물상보증인은 다른 물상보증인의 부동산에 대한 1번 저당권을 대위취득하고, 그 물상보증인 소유 부동산의 후순위저당권자는 1번 저당권에 대하여 물상대위를 할 수 있으므로 물상보증인이 대위취득한 선순위저당권설정등기에 대하여는 말소등기가 경료될 것이 아니라 물상보증인 앞으로 대위에 의한 저당권 이전의 부기등기가 경료되어야 하고, 아직 경매되지 아니한 공동저당물의 소유자로서는 1번 저당권자에 대한 피담보채무가 소멸하였다는 사정만으로 말소등기를 청구할 수 없다[2001다21854]. 따라서 먼저 경매로 매각된 X부동산의 소유자 겸 물상보증인 丙은, 채권자 甲에게 배당된 1억 원 중, 자신의 책임분담금 6천만 원을 초과하는 4천만 원의 한도에서(제482조 제2항 제4호·제3호) 변제자 대위에 의하여 Y부동산에 대한 저당권을 취득하고, X부동산의 후순위저당권자 A는 변제자 대위에 의하여 丙에게 이전된 저당권에 대하여 물상대위를 행사할 수 있으므로, 결국 A는 Y부동산의 매각대금 8천만 원에서 4천만 원을 배당받을 수 있다.

08 甲은 乙로부터 돈을 빌리면서 자기 소유의 X토지에 1번 근저당권(채권최고액 5억 원)을 설정해주었고, 甲은 다시 丙으로부터 돈을 빌리면서 X토지에 2번 근저당권(채권최고액 3억 원)을 설정해 주었다. 이에 관한 설명으로 옳은 것은? (다툼이 있으면 판례에 따름)

① 丙이 2번 근저당권의 피담보채무 불이행을 이유로 경매를 신청한 때에는 경매신청 시에 乙의 피담보채권이 확정된다.

② 乙이 경매를 신청하여 피담보채권의 원본채권이 4억 원으로 확정되었더라도 이 4억 원에 대한 확정 후 발생한 이자 1천만 원은 근저당권에 의해 담보된다.

③ 丙의 근저당권의 존속기간을 정하지 않은 경우, 甲이 근저당권설정계약을 해지하더라도 근저당권으로 담보되는 丙의 피담보채무는 확정되지 않는다.

④ 결산기에 확정된 乙의 채권이 6억 원인 경우, 甲은 5억 원만 변제하면 乙의 근저당권의 소멸을 청구할 수 있다.

⑤ 丁이 X토지를 매수하여 소유권을 취득한 경우, 丙의 확정된 피담보채권이 4억 원이면 丁은 4억 원을 변제하지 않는 한 丙의 근저당권의 소멸을 청구할 수 없다.

답 ②

▮ 정답해설 ▮

② 근저당권자의 경매신청 등의 사유로 인하여 근저당권의 피담보채권이 확정되었을 경우, 확정 이후에 새로운 거래관계에서 발생한 원본채권은 그 근저당권에 의하여 담보되지 아니하지만, 확정 전에 발생한 원본채권에 관하여 확정 후에 발생하는 이자나 지연손해금채권은 채권최고액의 범위 내에서 근저당권에 의하여 여전히 담보되는 것이다[2005다38300].

▮ 오답해설 ▮

① 담보권 실행을 위한 경매절차가 개시되었음을 선순위근저당권자가 안 때 이후의 어떤 시점에 선순위근저당권의 피담보채무액이 증가하더라도 그와 같이 증가한 피담보채무액이 선순위근저당권의 채권최고액한도 안에 있다면 경매를 신청한 후순위근저당권자가 예측하지 못한 손해를 입게 된다고 볼 수 없는 반면, 선순위근저당권자는 자신이 경매신청을 하지 아니하였으면서도 경락으로 인하여 근저당권을 상실하게 되는 처지에 있으므로 거래의 안전을 해치지 아니하는 한도 안에서 선순위근저당권자가 파악한 담보가치를 최대한 활용할 수 있도록 함이 타당하다는 관점에서 보면, 후순위근저당권자가 경매를 신청한 경우 선순위근저당권의 피담보채권은 그 근저당권이 소멸하는 시기, 즉 경락인이 경락대금을 완납한 때에 확정된다고 보아야 한다[99다26085].

③ 존속기간이나 결산기의 정함이 없는 때에는 근저당권의 피담보채무의 확정방법에 관한 다른 약정이 있으면 그에 따르되 이러한 약정이 없는 경우라면 근저당권설정자가 근저당권자를 상대로 언제든지 해지의 의사표시를 함으로써 피담보채무를 확정시킬 수 있다[2002다7176].

④ 채무자의 채무액이 근저당채권최고액을 초과하는 경우에 채무자 겸 근저당권설정자가 그 채무의 일부인 채권최고액과 지연손해금 및 집행비용만을 변제하였다면 채권 전액의 변제가 있을 때까지 근저당권의 효력은 잔존채무에 미치는 것이므로 위 채무 일부의 변제로써 위 근저당권의 말소를 청구할 수 없다[80다2712]. 따라서 채무자 겸 근저당권설정자 甲은 6억 원을 변제하여야만, 乙의 근저당권의 소멸을 청구할 수 있다.

⑤ 근저당권의 물상보증인은 제357조에서 말하는 채권의 최고액만을 변제하면 근저당권설정등기의 말소청구를 할 수 있고 채권최고액을 초과하는 부분의 채권액까지 변제할 의무가 있는 것이 아니다[74다998]. 따라서 丁은 채권최고액 3억 원만을 변제하면, 丙의 근저당권의 소멸을 청구할 수 있다.

09 근저당권에 관한 설명으로 옳지 <u>않은</u> 것은? (다툼이 있으면 판례에 따름)

① 물상보증인이 근저당권채무자의 채무만을 면책적으로 인수하고 이를 원인으로 하여 근저당권 변경의 부기등기가 경료된 경우, 그 후 물상보증인이 다른 원인으로 근저당권자에 대하여 부담하게 된 새로운 채무까지 담보하는 것은 아니다.

② 근저당권에 기해 경매신청을 하면 경매신청 시에 근저당채무액이 확정되고, 경매신청에 따른 경매개시결정이 있은 후에 경매신청이 취하되더라도 채무확정의 효과가 번복되지 않는다.

③ 존속기간이나 결산기의 정함이 없는 때에는 특별한 사정이 없으면 근저당권설정자가 근저당권자를 상대로 언제든지 해지의 의사표시를 함으로써 피담보채무를 확정시킬 수 있다.

④ 근저당권설정등기가 원인 없이 말소된 이후에, 근저당목적물인 부동산에 관하여 다른 근저당권자의 신청에 따라 경매절차가 진행되어 매각허가결정이 확정되고 매수인이 매각대금을 완납하였더라도, 그 근저당권은 소멸하지 않는다.

⑤ 근저당권에 있어서 피담보채무의 이자는 최고액 중에 산입한 것으로 본다.

답 ④

▌정답해설▐

④ 부동산에 관하여 근저당권설정등기가 경료되었다가 그 등기가 위조된 등기서류에 의하여 아무런 원인 없이 말소되었다는 사정만으로는 곧바로 근저당권이 소멸하는 것은 아니라고 할 것이지만, 부동산이 경매절차에서 경락되면 그 부동산에 존재하였던 근저당권은 당연히 소멸하는 것이므로, 근저당권설정등기가 원인 없이 말소된 이후에 그 근저당목적물인 부동산에 관하여 다른 근저당권자 등 권리자의 경매신청에 따라 경매절차가 진행되어 경락허가결정이 확정되고 경락인이 경락대금을 완납하였다면, 원인 없이 말소된 근저당권은 이에 의하여 소멸한다[98다27197].

▌오답해설▐

① 물상보증인이 근저당권의 채무자의 계약상의 지위를 인수한 것이 아니라 다만 그 채무만을 면책적으로 인수하고 이를 원인으로 하여 근저당권 변경의 부기등기가 경료된 경우, 특별한 사정이 없는 한 그 변경등기는 당초 채무자가 근저당권자에 대하여 부담하고 있던 것으로서 물상보증인이 인수한 채무만을 그 대상으로 하는 것이지, 그 후 채무를 인수한 물상보증인이 다른 원인으로 근저당권자에 대하여 부담하게 된 새로운 채무까지 담보하는 것으로 볼 수는 없다[98다40657].

② 근저당권자가 피담보채무의 불이행을 이유로 경매신청을 한 경우에는 경매신청 시에 근저당채무액이 확정되고, 그 이후부터 근저당권은 부종성을 가지게 되어 보통의 저당권과 같은 취급을 받게 되는바, 위와 같이 경매신청을 하여 경매개시결정이 있은 후에 경매신청이 취하되었다고 하더라도 채무확정의 효과가 번복되는 것은 아니다[2001다73022].

③ 존속기간이나 결산기의 정함이 없는 때에는 근저당권의 피담보채무의 확정방법에 관한 다른 약정이 있으면 그에 따르되 이러한 약정이 없는 경우라면 근저당권설정자가 근저당권자를 상대로 언제든지 해지의 의사표시를 함으로써 피담보채무를 확정시킬 수 있다[2002다7176].

⑤ 근저당권이 설정된 경우에는 채무의 이자는 최고액 중에 산입한 것으로 본다(제357조 제2항).

CHAPTER 06 비전형담보물권

01 총 설

Ⅰ 의 의

비전형담보란 민법이 규정하는 담보물권이 아니면서 담보적 기능을 수행하는 제도를 말한다. 비전형담보가 거래계에서 이용되는 이유는 ① 민법상의 담보물권의 설정 및 실행절차의 복잡성과 불편함을 회피할 수 있다는 점, ② 채권자가 초과이득을 취득할 수 있다는 점, ③ 동산에 대한 담보를 설정할 때 담보권자에게 점유를 이전하지 않고 담보제공자가 동산을 이용할 수 있다는 등의 이점이 있기 때문이다.

Ⅱ 유 형

비전형담보를 자금획득의 방법에 따라 분류하면 매매의 형식을 이용하는 매도담보와 소비대차의 형식을 이용하는 양도담보 내지 가등기담보가 있다.

(1) 자금을 매매에 의하여 얻는 경우

이를 매도담보라고 하며, 채무자가 소유권을 되찾아오기 위한 방법으로 환매나 재매매의 예약이 이용된다. 넓은 의미의 양도담보로 이해된다.

(2) 자금을 소비대차에 의하여 얻는 경우

소비대차의 형식을 이용하는 비전형담보는 계약체결과 동시에 담보물의 소유권이 채권자에게 이전되는 양도담보와, 채무불이행이 있는 때에 목적물의 소유권을 채권자에게 이전하는 형식으로 대물변제예약을 원인으로 한 소유권이전등기청구권 보전의 가등기를 하는 가등기담보가 있다. 이는 매도담보와 함께 넓은 의미의 양도담보로 이해된다.

Ⅲ 비전형담보에 대한 규제

1. 규제의 필요성

비전형담보제도는 채권자가 고가인 부동산을 청산절차 없이 취득하는 폐단을 초래하였으며, 이를 시정하기 위한 논리가 학설과 판례를 통해서 강구되었고, 1984년 1월 1일 가등기담보 등에 관한 법률(이하 가담법)이 시행됨으로써 마침내 입법적 규제가 이루어지게 되었다.

2. 규제방법

(1) 제607조·제608조에 의한 규제

현행 민법은 구 민법에는 없던 제607조와 제608조를 신설하여 채권자의 청산의무를 인정하였으나, 절차 규정의 미비로 구체적인 실현방법이 확보되지 못하였다. 이에 비전형담보를 효과적으로 규제하기 위하여 1983년 12월 30일 가담법이 제정되었다.

(2) 가담법에 의한 규제

1983년 채무자를 더욱 적극적으로 보호하기 위하여 제607조와 제608조의 절차법적 성격을 띠는 특별법으로 가담법이 제정되었다. 가담법에서 정산의 방법은 사적 실행으로 귀속청산만을 인정하여 채무자는 청산금을 지급받기 전까지는 담보목적물의 인도를 거절할 수 있고, 또한 귀속청산 절차를 엄격히 하여 채권자의 폭리 가능성을 원천적으로 방지하고자 하였다.

02 가등기담보

I 서 설

1. 의 의

가등기담보란 소비대차에 기한 채권을 담보할 목적으로 채권자와 채무자 또는 제3자(물상보증인) 사이에 채무자 또는 제3자 소유의 부동산을 목적으로 하는 대물변제예약 또는 매매예약 등을 체결하고, 채무자의 채무불이행이 있는 경우 채권자가 예약완결권을 행사함으로써 발생하게 될 장래의 소유권이전등기청구권을 보전하기 위하여 가등기를 경료하기로 하는 내용의 가등기담보 계약을 체결한 후, 이에 기하여 채권자 앞으로 가등기를 경료하여 두는 담보를 의미한다.

2. 청구권 보전의 가등기와 담보가등기의 구별

- 당해 가등기가 담보 가등기인지 여부는 당해 가등기가 실제상 채권담보를 목적으로 한 것인지 여부에 의하여 결정되는 것이지 당해 가등기의 등기부상 원인이 매매예약으로 기재되어 있는지 아니면 대물변제예약으로 기재되어 있는가 하는 형식적 기재에 의하여 결정되는 것이 아니다(대결 1998.10.7. 98마1333).
- 부동산의 강제경매절차에서 경매목적부동산이 낙찰된 때에도 소유권이전등기청구권의 순위보전을 위한 가등기는 그보다 선순위의 담보권이나 가압류가 없는 이상 담보목적의 가등기와는 달리 말소되지 아니한 채 낙찰인에게 인수되는 것인바, 권리신고가 되지 않아 담보가등기인지 순위보전의 가등기인지 알 수 없는 경우에도 그 가등기가 등기부상 최선순위이면 집행법원으로서는 일단 이를 순위보전을 위한 가등기로 보아 낙찰인에게 그 부담이 인수될 수 있다는 취지를 입찰물건명세서에 기재한 후 그에 기하여 경매절차를 진행하면 족한 것이지, 반드시 그 가등기가 담보가등기인지 순위보전의 가등기인지 밝혀질 때까지 경매절차를 중지하여야 하는 것은 아니다(대결 2003.10.6. 2003마1438).

3. 법적 성질

가등기담보의 법적 성질에 관하여 담보물권설(다수설), 신탁적 소유권이전설(소수설)의 다툼이 있으나, 가담법 제4조 제2항이 채권자에게 소유권이전등기가 경료되어 있더라도 동법상 청산절차를 완료한 때 비로소 소유권을 취득한다는 점을 고려한다면, 가등기담보권은 특수한 담보물권이라고 봄이 타당하다. 따라서 가등기담보권은 담보물권의 통유성(부종성, 수반성, 불가분성, 물상대위성)을 갖는다.

> **더 알아보기**
>
> 가등기담보 등에 관한 법률은 강행법규이다. 따라서 가담법에 정한 절차에 위반된 본등기는 무효가 된다. 다만, 청산절차를 거치지 않아 무효가 되더라도 후에 청산절차를 거치면 실체관계에 부합하여 유효로 될 수 있다(대판 2002.12.10. 2002다42001).

Ⅱ 가등기담보 등에 관한 법률(이하 가담법)

1. 가담법의 적용범위

> **가담법 제1조 【목적】**
> 이 법은 차용물(借用物)의 반환에 관하여 차주(借主)가 차용물을 갈음하여 다른 재산권을 이전할 것을 예약할 때 그 재산의 예약 당시 가액(價額)이 차용액(借用額)과 이에 붙인 이자를 합산한 액수를 초과하는 경우에 이에 따른 담보계약(擔保契約)과 그 담보의 목적으로 마친 가등기(假登記) 또는 소유권이전등기(所有權移轉登記)의 효력을 정함을 목적으로 한다.

(1) 피담보채권이 차용물일 것

가담법은 소비대차계약이나 준소비대차에 의하여 발생한 차용물의 반환에 관하여 차주가 차용물에 갈음하여 다른 재산권을 이전할 것을 예약한 경우에 적용된다. 판례는 소비대차에 의한 채권만으로 한정시키고 있다(제한설의 입장. 단, 금전채권에 한하지는 않음).

> - 차주가 차용물의 반환에 관하여 차용물에 갈음하여 다른 재산권을 이전할 것을 예약한 경우가 아니라 단순히 매매잔대금 채권을 담보하기 위하여 경료된 가등기에 기하여 본등기를 구하는 경우에는 가등기담보 등에 관한 법률은 적용되지 아니한다(대판 1991.9.24. 90다13765).
> - 가등기담보 등에 관한 법률은 차용물의 반환에 관하여 다른 재산권을 이전할 것을 예약한 경우에 적용되므로 금전소비대차나 준소비대차에 기한 차용금반환채무 이외의 채무를 담보하기 위하여 경료된 가등기나 양도담보에는 위 법이 적용되지 아니하나, 금전소비대차나 준소비대차에 기한 차용금반환채무와 그 외의 원인으로 발생한 채무를 동시에 담보할 목적으로 경료된 가등기나 소유권이전등기라도 그 후 후자의 채무가 변제 기타의 사유로 소멸하고 금전소비대차나 준소비대차에 기한 차용금반환채무의 전부 또는 일부만이 남게 된 경우에는 그 가등기담보나 양도담보에 가등기담보 등에 관한 법률이 적용된다(대판 2004.4.27. 2003다29968).

> **더 알아보기** 담보목적의 가등기가 존재하더라도 가담법이 적용되지 않는 피담보채권
>
> - 매매대금채권(대판 2002.12.24. 2002다50484)
> - 물품대금선급금반환채권(대판 1992.10.27. 92다22879)
> - 매매계약해제에 따른 대금반환채무(대판 1996.11.29. 96다31895)
> - 공사대금채권(대판 1992.4.10. 91다45356)
> - 채무불이행에 기한 손해배상(대판 1990.6.26. 88다카20392)
> - 불하대금채권(대판 1995.4.21. 94다26080)

(2) 대물변제의 예약 당시의 부동산 가액이 차용액과 그 이자의 합산액을 초과할 것

> 가등기담보 등에 관한 법률은 재산권 이전의 예약에 의한 가등기담보에 있어서 재산의 예약 당시의 가액이 차용액 및 이에 붙인 이자의 합산액을 초과하는 경우에 적용되는바, 재산권 이전의 예약 당시 재산에 대하여 선순위 근저당권이 설정되어 있는 경우에는 재산의 가액에서 피담보채무액을 공제한 나머지 가액이 차용액 및 이에 붙인 이자의 합산액을 초과하는 경우에만 적용된다(대판 2006.8.24. 2005다61140).

(3) 가등기 또는 소유권이전등기가 경료되었을 것

① 가담법이 적용되기 위해서는 채권담보의 목적으로 채권자 명의의 소유권이전등기나 가등기가 경료되어 채권자가 담보권을 취득하였어야 한다.

> 가등기담보법 제3조, 제4조는 채권자가 가등기담보법 제2조 제1호에 정한 담보계약에 따른 '담보권'을 실행하는 방법으로서 귀속정산 절차를 규정한 것이므로, 가등기담보법 제3조, 제4조가 적용되기 위해서는 채권자가 담보목적부동산에 관하여 가등기나 소유권이전등기 등을 마침으로써 '담보권'을 취득하였음을 요한다. 이와 달리 채권자가 채무자와 담보계약을 체결하였지만, 담보목적부동산에 관하여 가등기나 소유권이전등기를 마치지 아니한 경우에는 '담보권'을 취득하였다고 할 수 없으므로, 이러한 경우에는 가등기담보법 제3조, 제4조는 원칙적으로 적용될 수 없다. 따라서 채권자와 채무자가 담보계약을 체결하였지만, 담보목적부동산에 관하여 가등기나 소유권이전등기를 마치지 아니한 상태에서 채권자로 하여금 귀속정산 절차에 의하지 않고 담보목적부동산을 타에 처분하여 채권을 회수 할 수 있도록 약정하였다 하더라도, 그러한 약정이 가등기담보법의 규제를 잠탈하기 위한 탈법행위에 해당한다는 등의 특별한 사정이 없는 한 가등기담보법을 위반한 것으로 보아 무효라고 할 수는 없다(대판 2013.9.27. 2011다106778).

② 동산의 경우에는 원칙적으로 가담법이 적용되지 않는다.

2. 가등기담보권의 성립요건

가등기담보권이 성립하기 위해서는 ① 피담보채권의 발생원인에 해당하는 소배대차계약이나 준소비대차계약이 존재해야 하고, ② 계약 당사자 사이에 가등기담보설정계약을 체결하였으며, ③ 채권자명의의 (가)등기가 설정되었어야 한다.

> **더 알아보기**
>
> 등기나 등록으로 공시가 가능한 소유권, 지상권, 지역권, 임차권 등과 각종 특별법에 의한 권리는 가담법이 적용되나 질권·저당권·전세권은 가등기담보의 목적물이 될 수 없다(가담법 제18조). 또한 주식, 동산 등의 양도담보에는 가담법이 적용되지 않는다.

3. 효 력

(1) 일반적 효력

1) 효력이 미치는 범위

① 피담보채권의 범위 : 가등기담보권의 효력이 미치는 피담보채권의 범위에 대하여 저당권에 관한 제360조가 적용되어야 한다(가담법 제3조 제2항). 따라서 원본, 이자, 위약금, 채무불이행으로 인한 손해배상 및 담보권의 실행비용 등이 피담보채권에 포함된다.

② 목적물의 범위 : 가등기담보권의 효력이 미치는 목적물의 범위는 보통 가등기담보설정계약에서 정하여지지만, 부합물, 종물, 과실에 대해서는 설정계약이나 법률에 달리 정함이 없는 한 제358조와 제359조가 유추적용된다.

2) 대내적 효력

① **목적물의 사용·수익권** : 가등기담보권설정자는 원칙적으로 가등기담보권의 실행이 있기까지는 소유자로서 담보목적물을 사용·수익할 수 있다.

② **방해의 제거 또는 예방청구권** : 반면 가등기담보권설정자가 담보목적물의 가치를 감소시키는 경우에, 가등기담보권자는 방해의 제거 또는 예방을 청구할 수 있다. 그리고 그 침해로 인하여 피담보채권의 완전한 만족을 얻을 수 없는 손해가 발생한 경우에는 그 손해의 배상을 청구할 수 있다.

3) 대외적 효력

① 제3자가 담보목적물의 가치를 감소시키는 경우에, 가등기담보권자는 방해의 제거 또는 예방을 청구할 수 있다. 그리고 그 침해로 인하여 피담보채권의 완전한 만족을 얻을 수 없는 손해가 발생한 경우에는 그 손해의 배상을 청구할 수 있다.

② 가등기담보권자는 목적부동산에 대하여 다른 채권자의 경매신청에 따른 경매개시결정이 있으면, 그 경매절차에서 우선변제권을 가진다(가담법 제13조).

③ 가등기담보권설정자가 파산한 경우 가등기담보권자는 별제권을 가지며(가담법 제17조 제1항, 채무자 회생 및 파산에 관한 법률 제411조), 가등기담보권설정자에 대한 회생절차가 개시된 경우 가등기담보권은 회생담보권으로 취급된다(가담법 제17조 제3항, 채무자 회생 및 파산에 관한 법률 제141조).

(2) 가등기담보권의 실행

1) 의 의

가등기담보권의 실행 방법은 권리취득에 의한 사적 실행, 즉 가등기담보권자가 담보목적물의 소유권을 취득하여 피담보채권의 만족을 얻는 귀속청산과 경매에 의한 공적 실행의 두가지가 있다. 가담법상 가등기담보권의 실행은 사적 실행과 공적 실행 모두 가능하며, 다른 약정이 없는 한 가등기담보권자가 자유롭게 선택할 수 있다. 그러나 가담법상 가등기담보권의 사적 실행에 있어서 청산기간이나 동시이행관계 등을 인정하지 아니하는 처분청산형 담보권실행은 허용되지 않는다(대판 2002.4.23. 2001다81856).

2) 권리취득에 의한 사적 실행

① **실행의 통지**

  ㉠ 통지사항

  • 「청산금의 평가액」과 「통지 당시의 목적부동산의 평가액」 및 「제360조에 규정된 채권액, 즉 피담보채권액」을 명시하여야 한다(가담법 제3조).

  • 목적부동산의 가액을 평가하는 방법에 제한이 없으므로, 채권자는 주관적으로 평가한 청산금의 평가액을 통지하면 족하고, 채권자가 주관적으로 평가한 청산금의 액수가 정당하게 평가된 청산금의 액수에 미치지 못하더라도 담보권 실행의 통지로서의 효력에는 아무런 영향이 없다(대판 2016.6.23. 2015다13171). 다만, 일단 통지하고 나면 채권자는 그가 통지한 청산금의 금액에 관하여 다툴 수 없다(가담법 제9조).

  > 채권자가 가등기담보법에 의한 가등기담보권을 실행하여 그 담보목적 부동산의 소유권을 취득하기 위하여 채무자 등에게 하는 담보권 실행의 통지에는 채권자가 주관적으로 평가한 통지 당시의 목적 부동산의 가액과 피담보채권액을 명시함으로써 청산금의 평가액을 채무자 등에게 통지하면 족하며, 채권자가 이와 같이 주관적으로 평가한 청산금의 액수가 정당하게 평가된 청산금의 액수에 미치지 못한다고 하더라도 담보권 실행의 통지로서의 효력이나 청산기간의 진행에는 아무런 영향이 없고 청산기간이 경과한 후에는 그 가등기에 기한 본등기를 청구할 수 있다.

> 이 경우에, 채무자 등은 채권자가 통지한 청산금액을 다투고 정당하게 평가된 청산금을 지급받을 때까지 목적부동산의 소유권이전등기 및 인도채무의 이행을 거절하거나 피담보채무 전액을 채권자에게 지급하고 채권담보의 목적으로 마쳐진 가등기의 말소를 구할 수 있을 뿐 아니라, 채권자에게 정당하게 평가된 청산금을 청구할 수도 있다(대판 2008.4.11. 2005다36618).

- 평가한 결과 청산금이 없다고 인정되는 경우에도 그 뜻을 통지해야 한다(가담법 제3조 제2항 후문).

> 채권의 담보 목적으로 양도된 재산에 관한 담보권의 실행은 다른 약정이 없는 한 처분정산이나 귀속정산 중 채권자가 선택하는 방법에 의할 수 있는바, 그 재산에 관한 담보권이 귀속정산의 방법으로 실행되어 채권자에게 확정적으로 이전되기 위해서는 채권자가 이를 적정한 가격으로 평가한 후 그 가액으로 피담보채권의 원리금에 충당하고 그 잔액을 반환하거나, 평가액이 피담보채권액에 미달하는 경우에는 채무자에게 그와 같은 내용의 통지를 하는 등 정산절차를 마쳐야 하며, 귀속정산의 통지방법에는 아무런 제한이 없어 구두로든 서면으로든 가능하고, 담보부동산의 평가액이 피담보채권액에 미달하는 경우에는 청산금이 있을 수 없으므로 귀속정산의 통지방법으로 부동산의 평가액 및 채권액을 구체적으로 언급할 필요 없이 그 미달을 이유로 채무자에 대하여 담보권의 실행으로 그 부동산을 확정적으로 채권자의 소유로 귀속시킨다는 뜻을 알리는 것으로 족하다(대판 2001.8.24. 2000다15661).

ⓒ 통지의 상대방 : 통지의 상대방은 채무자 등, 즉 채무자, 물상보증인, 가등기담보 후에 소유권을 취득한 제3자이다(가담법 제2조 제2호). 이들 모두에게 통지를 하여야 한다. 일부에 대하여 통지가 누락되면 통지로서의 효력이 발생하지 않는다.

> 가등기담보 등에 관한 법률에 의하면 가등기담보권자가 담보권실행을 위하여 담보목적 부동산의 소유권을 취득하기 위하여는 그 채권의 변제기 후에 소정의 청산금 평가액 또는 청산금이 없다고 하는 뜻을 채무자 등에게 통지하여야 하고, 이때의 채무자 등에는 채무자와 물상보증인뿐만 아니라 담보가등기 후 소유권을 취득한 제3취득자가 포함되는 것이므로, 위 통지는 이들 모두에게 하여야 하는 것으로서 채무자 등의 전부 또는 일부에 대하여 통지를 하지 않으면 청산기간이 진행할 수 없게 되고, 따라서 가등기담보권자는 그 후 적절한 청산금을 지급하였다 하더라도 가등기에 기한 본등기를 청구할 수 없으며, 양도담보의 경우에는 그 소유권을 취득할 수 없다(대판 1995.4.28. 94다36162).

ⓒ 통지의 시기 및 방법 : 통지는 피담보채권의 변제기 이후에 하여야 하며(가담법 제3조 제1항 전문), 통지의 방법에 대해서는 법상 제한이 없으므로, 구두로든 서면으로든 가능하다.

② 청 산
  ⓐ 청산기간의 경과 : 실행의 통지가 채무자에게 도달한 날부터 2개월이 지나야 한다. 2개월의 기간을 청산기간이라 하는데, 청산기간에 관한 가담법 제3조 제1항에 반하는 특약으로 채무자 등에게 불리한 것은 그 효력이 없다(가담법 제4조 제4항 본문). 즉, 편면적 강행규정이다.
  ⓑ 청산금의 지급
    - 청산금은 실행통지 당시의 목적부동산의 가액에서 그 시점의 피담보채권액(원본, 이자, 위약금, 지연배상금, 실행비용)을 공제한 차액이다.
    - 이 경우 담보목적부동산에 선순위 담보권 등의 권리가 있다면, 피담보채권액을 산정할 때 선순위 담보 등에 의하여 담보된 채권액을 포함해야 한다(가담법 제4조 제1항). 반면 후순위담보권자의 피담보채권액은 청산금에서 미리 공제하는 것이 아니므로, 부동산에 존재하는 모든 피담보채권액을 공제하는 것은 아니다.

ⓒ 청산금 청구권자
- 설정자 또는 제3취득자와 후순위권리자가 청산금 청구권자이다(가담법 제4조 제1항, 제5조 제1항).
- 후순위권리자란 담보가등기 후에 등기된 저당권자·전세권자 및 담보가등기권리자를 말한다(가담법 제2조 제5호).
- 담보가등기 후에 대항력 있는 임차권을 취득한 자에게는 청산금의 범위에서 동시이행의 항변권에 관한 제536조를 준용한다(가담법 제5조 제5항).
ⓔ 청산금 지급시기 : 청산기간의 만료시이다. 따라서 채무자가 청산기간이 지나기 전에 청산금에 관한 권리를 제3자에게 양도 기타의 처분을 하거나 또는 채권자가 채무자에게 청산금을 지급한 때에는 이로써 후순위권리자에게 대항하지 못한다(가담법 제7조).

③ 본등기에 의한 소유권의 취득
ⓐ 가등기담보권자가 실행통지와 청산을 거쳐 본등기를 하면 담보목적물의 소유권을 취득하고(가담법 제4조 제2항 후단), 청산금의 지급과 소유권 이전등기 및 목적물의 인도는 동시이행의 관계에 있다(가담법 제4조 제3항).
ⓑ 채권자가 가등기담보법의 청산절차를 거치지 않고, 가등기에 기한 본등기를 마친 경우의 법률관계

[1] 가등기담보법 제3조는 채권자가 담보계약에 의한 담보권을 실행하여 그 담보목적 부동산의 소유권을 취득하기 위해서는 그 채권의 변제기 후에 같은 법 제4조의 청산금의 평가액을 채무자 등에게 통지하여야 하고, 이 통지에는 통지 당시 부동산의 평가액과 제360조에 규정된 채권액을 밝혀야 하며, 그 통지를 받은 날부터 2월의 청산기간이 지나야 한다고 규정하고 있다. 가등기담보법 제4조는 채권자는 위 통지 당시 부동산의 가액에서 피담보채권의 가액을 공제한 청산금을 지급하여야 하고, 부동산에 관하여 이미 소유권이전등기를 마친 경우에는 청산기간이 지난 후 청산금을 채무자 등에게 지급한 때에 부동산의 소유권을 취득하고, 담보가등기를 마친 경우에는 청산기간이 지나야 그 가등기에 따른 본등기를 청구할 수 있으며, 이에 반하는 특약으로서 채무자 등에게 불리한 것은 효력이 없다고 규정하고 있다. 위 규정들은 강행법규에 해당하여 이를 위반하여 담보가등기에 기한 본등기가 이루어진 경우 본등기는 무효라고 할 것이고, 설령 그와 같은 본등기가 가등기권리자와 채무자 사이에 이루어진 특약에 의하여 이루어졌다고 할지라도 만일 특약이 채무자에게 불리한 것으로서 무효라고 한다면 본등기는 여전히 무효일 뿐, 이른바 약한 의미의 양도담보로서 담보의 목적 내에서는 유효하다고 할 것이 아니다. 다만 가등기권리자가 가등기담보법 제3조, 제4조에 정한 절차에 따라 청산금의 평가액을 채무자 등에게 통지한 후 채무자에게 정당한 청산금을 지급하거나 지급할 청산금이 없는 경우에는 채무자가 통지를 받은 날부터 2월의 청산기간이 지나면 위와 같이 무효인 본등기는 실체적 법률관계에 부합하는 유효한 등기로 될 수 있을 뿐이다.
[2] 담보가등기에 기하여 마쳐진 본등기가 무효인 경우, 담보목적 부동산에 대한 소유권은 담보가등기 설정자인 채무자 등에게 있고 소유권의 권능 중 하나인 사용수익권도 당연히 담보가등기 설정자가 보유한다. 따라서 채무자가 자신이 소유하는 담보목적 부동산에 관하여 채권자와 임대차계약을 체결하고 채권자에게 차임을 지급하거나 채무자가 자신과 임대차계약을 체결하고 있는 임차인으로 하여금 채권자에게 차임을 지급하도록 하여 채권자가 차임을 수령하였다면, 채권자와 채무자 사이에 위 차임을 피담보채무의 변제와는 무관한 별개의 것으로 취급하기로 약정하였거나 달리 차임이 피담보채무의 변제에 충당되었다고 보기 어려운 특별한 사정이 없는 한 위 차임은 피담보채무의 변제에 충당된 것으로 보아야 한다(대판 2019.6.13. 2018다300661).

④ 채무자 등의 말소청구권

    ⊙ 채무자 등은 청산금채권을 변제받을 때까지 그 채무액(반환할 때까지의 이자와 손해금을 포함한다)을 채권자에게 지급하고 그 채권담보의 목적으로 마친 소유권이전등기의 말소를 청구할 수 있다(가담법 제11조 본문).

    ⓛ 다만, 채무자 등이 아직 청산금을 받지 못하고 있더라도 그 채무의 변제기로부터 10년의 제척기간이 경과하거나 선의의 제3자가 소유권을 취득한 때에는 그 채무액을 지급하고 그 소유권이전등기의 말소를 청구할 수 없다(가담법 제11조 단서).

⑤ 후순위담보권자의 경매와 가등기담보권자의 지위 : 가등기담보권자의 귀속청산에 이의가 있는 후순위권리자는 청산기간에 한정하여 그 피담보채권의 변제기 도래 전이라도 담보목적부동산의 경매를 청구할 수 있다(가담법 제12조 제2항). 이 경우 가등기담보권자는 경매절차에 참가하여 배당을 받아야 하며(가담법 제14조), 더 이상 권리취득에 의한 사적 실행은 허용되지 않는다.

3) 경매에 의한 공적 실행

가등기담보권자는 권리취득에 의한 사적 실행에 의하지 않고 목적부동산의 경매를 청구하여 권리를 실행할 수도 있다(가담법 제12조 제1항 전문).

(3) 경매에서 가등기담보권자의 배당참가

① 우선변제청구권 : 담보가등기를 마친 부동산에 대하여 제3자에 의한 경매가 진행되는 경우에, 가등기담보권자는 그 배당에 참가하여 다른 채권자보다 우선변제를 받을 수 있다. 이 경우 담보가등기권리는 그 순위에 관하여 저당권으로 보고, 그 담보가등기가 경료된 때를 기준으로 우선순위를 정한다(가담법 제13조).

② 경매와 사적 실행의 경합 : 가담법은 경매절차와 사적 실행절차가 경합하는 경우에, 청산금이 지급되어 사적 실행절차가 사실상 종료된 상태가 아닌 한 경매의 신청이 있으면 가등기담보권자는 본등기를 청구할 수 없게 되어 경매절차가 사적 실행절차에 우선하도록 규정하고 있다(가담법 제14조).

③ 담보가등기권리의 소멸 : 담보가등기가 경료된 부동산에 대하여 강제경매 등이 행하여진 경우에, 담보가등기권리는 그 부동산의 매각에 의하여 소멸한다(가담법 제15조).

4. 소 멸

(1) 일반적 소멸사유

담보가등기권리가 물권 일반에 공통된 소멸원인 및 담보물권에 공통된 소멸원인에 의하여 소멸한다. 또한 경매, 제3취득자의 변제 등에 의해서도 소멸한다.

(2) 담보가등기권리에 특유한 소멸사유

① 담보가등기권리는 그 담보권의 실행이 종료되거나 다른 경매절차에서 우선변제권을 행사함으로써 소멸한다.

② 가담법 제11조에 의한 채무자 등의 말소청구에 의하여 또는 동조 단서의 사유(그 채무의 변제기로부터 10년의 제척기간이 경과하거나 선의의 제3자가 소유권을 취득한 때)가 발생하면 담보가등기권리는 소멸한다.

I 서 설

1. 의 의

양도담보란 채권담보의 목적으로 채무자 또는 제3자(물상보증인)가 목적물의 소유권을 채권자에게 이전하고, 채무자가 채무를 변제하지 않으면 채권자가 그 소유권을 확정적으로 취득하거나 그 목적물로부터 우선변제를 받지만, 채무자가 채무를 이행하는 경우에는 목적물의 소유권을 다시 채무자 또는 제3자에게 반환하는 소유권이전형 비전형담보이다.

2. 법적 성질

(1) 문제점

양도담보의 법적 성질에 관한 논의는 가담법을 계기로 변화되었다. 따라서 가담법 제정 이전과 제정 이후로 나누어 검토할 필요가 있다.

(2) 가담법 제정 이전

① 종래 다수설과 판례는 신탁적 소유권이전설의 입장에서 양도담보를 채권담보의 목적을 가지는 신탁적인 소유권양도행위로 파악하였다. 따라서 외부적으로는 소유권이 이전되나 내부적으로는 설정자에게 소유권이 있다고 보았다.

② 반면 담보물권설은 소유권은 대내적이든 대외적이든 여전히 설정자에게 있고, 양도담보권자는 담보물권을 취득한다고 보았다.

(3) 가담법 제정 이후

1) 부동산 양도담보

① 통설은 담보물권설의 입장이며, 대체로 동법의 적용범위를 제한하지 않는다.

② 반면 판례의 입장이 담보물권설인지 신탁적 소유권이전설의 입장인지는 불분명하다.

2) 동산 양도담보

① 동산 양도담보의 경우에는 가담법의 적용이 부정된다.

② 판례는 가담법이 적용되지 않는 동산 양도담보에 대해서는 일관되게 신탁적 소유권이전설의 입장이다.

> 금전채무를 담보하기 위하여 채무자가 그 소유의 동산을 채권자에게 양도하되 점유개정에 의하여 채무자가 이를 계속 점유하기로 한 경우, 특별한 사정이 없는 한 동산의 소유권은 신탁적으로 이전되고, 채권자와 채무자 사이의 대내적 관계에서 채무자는 의연히 소유권을 보유하나 대외적인 관계에 있어서 채무자는 동산의 소유권을 이미 채권자에게 양도한 무권리자가 된다. 따라서 동산에 관하여 양도담보계약이 이루어지고 채권자가 점유개정의 방법으로 인도를 받았다면, 그 정산절차를 마치기 전이라도 양도담보권자인 채권자는 제3자에 대한 관계에 있어서는 담보목적물의 소유자로서 그 권리를 행사할 수 있다(대판 2008.11.27. 2006도4263).

Ⅱ 양도담보의 설정

1. 양도담보권설정계약

(1) 계약의 당사자

양도담보는 채권자와 채무자 또는 제3자(물상보증인) 사이의 양도담보권설정계약에 의하여 성립한다.

(2) 피담보채권

판례에 의하면 가담법은 차용물의 반환에 관하여 다른 재산권을 이전할 것을 예약한 경우에 적용되는 것이므로, 공사잔대금의 지급을 담보하기 위하여 체결된 양도담보계약에 기하여 소유권이전등기를 구하는 경우에는 동법이 적용되지 않는다(대판 1996.11.15. 96다31116).

(3) 목적물

① 양도담보의 목적물은 보통 동산이나 부동산이지만, 양도할 수 있는 재산권이라면 양도담보의 목적물이 될 수 있다.

② 집합물에 대한 양도담보권 설정

- [1] 재고상품, 제품, 원자재 등과 같은 집합물을 하나의 물건으로 보아 이를 일정기간 계속하여 채권담보의 목적으로 삼으려는 이른바 집합물에 대한 양도담보권설정계약에 있어서는 그 목적동산을 종류, 장소 또는 수량지정 등의 방법에 의하여 특정할 수만 있다면 그 집합물 전체를 하나의 재산권으로 하는 담보권의 설정이 가능하다.
  [2] 위와 같이 집합물에 대한 양도담보권설정계약이 이루어지면 그 집합물을 구성하는 개개의 물건이 변동되거나 변형되더라도 한 개의 물건으로서의 동일성을 잃지 아니한 채 양도담보권의 효력은 항상 현재의 집합물 위에 미치는 것이고 따라서 그러한 경우에 양도담보권자가 담보권설정계약당시 존재하는 집합물을 점유개정의 방법으로 그 점유를 취득하면 그 후 양도담보설정자가 그 집합물을 이루는 개개의 물건을 반입하였다 하더라도 그때마다 별도의 양도담보권설정계약을 맺거나 점유개정의 표시를 하여야 하는 것은 아니다(대판 1988.12.27. 87누1043).
- [1] 돈사에서 대량으로 사육되는 돼지를 집합물에 대한 양도담보의 목적물로 삼은 경우, 그 돼지는 번식, 사망, 판매, 구입 등의 요인에 의하여 증감 변동하기 마련이므로 양도담보권자가 그때마다 별도의 양도담보권설정계약을 맺거나 점유개정의 표시를 하지 않더라도 하나의 집합물로서 동일성을 잃지 아니한 채 양도담보권의 효력은 항상 현재의 집합물 위에 미치게 되고, 양도담보설정자로부터 위 목적물을 양수한 자가 이를 선의취득하지 못하였다면 위 양도담보권의 부담을 그대로 인수하게 된다.
  [2] 돈사에서 대량으로 사육되는 돼지를 집합물에 대한 양도담보의 목적물로 삼은 경우, 위 양도담보권의 효력은 양도담보설정자로부터 이를 양수한 양수인이 당초 양수한 돈사 내에 있던 돼지들 및 통상적인 양돈방식에 따라 그 돼지들을 사육·관리하면서 돼지를 출하하여 얻은 수익으로 새로 구입하거나 그 돼지와 교환한 돼지 또는 그 돼지로부터 출산시켜 얻은 새끼돼지에 한하여 미치는 것이지 양수인이 별도의 자금을 투입하여 반입한 돼지에까지는 미치지 않는다.
  [3] 유동집합물에 대한 양도담보계약의 목적물을 선의취득하지 못한 양수인이 그 양도담보의 효력이 미치는 목적물에다 자기 소유인 동종의 물건을 섞어 관리함으로써 당초의 양도담보의 효력이 미치는 목적물의 범위를 불명확하게 한 경우에는 양수인으로 하여금 그 양도담보의 효력이 미치지 아니하는 물건의 존재와 범위를 입증하도록 하는 것이 공평의 원칙에 부합한다(대판 2004.11.12. 2004다22858). 기출 16

2. 공시방법

(1) 동 산

목적물이 동산인 경우에는 인도가 있어야 한다(제188조 내지 제190조). 인도의 방법에는 특별한 제한이 없으므로 점유개정에 의해서도 가능하다.

> * [1] 동산에 대하여 점유개정의 방법으로 양도담보를 일단 설정한 후에는 양도담보권자나 양도담보설정자가 그 동산에 대한 점유를 상실하였다고 하더라도 그 양도담보의 효력에는 아무런 영향이 없다 할 것이고, 양도담보권 실행을 위한 환가절차에 있어서는 환가로 인한 매득금에서 환가비용을 공제한 잔액 전부를 양도담보권자의 채권변제에 우선 충당하여야 하고 양도담보설정자의 다른 채권자들은 양도담보권자에 대한 관계에 있어서 안분배당을 요구할 수 없다.
> [2] 동산에 대하여 점유개정의 방법으로 이중양도담보를 설정한 경우 원래의 양도담보권자는 뒤의 양도담보권자에 대하여 배타적으로 자기의 담보권을 주장할 수 있으므로, 뒤의 양도담보권자가 양도담보의 목적물을 처분함으로써 원래의 양도담보 권자로 하여금 양도담보권을 실행할 수 없도록 하는 행위는, 이중양도담보 설정행위가 횡령죄나 배임죄를 구성하는지 여부나 뒤의 양도담보권자가 이중양도담보 설정행위에 적극적으로 가담하였는지 여부와 관계없이, 원래의 양도담보권자의 양도담보권을 침해하는 위법한 행위이다(대판 2000.6.23. 99다65066).
> * 금전채무를 담보하기 위하여 채무자가 그 소유의 동산을 채권자에게 양도하되 점유개정에 의하여 채무자가 이를 계속 점유하기로 한 경우 특별한 사정이 없는 한 동산의 소유권은 신탁적으로 이전됨에 불과하여 채권자와 채무자 사이의 대내적 관계에서 채무자는 의연히 소유권을 보유하나 대외적인 관계에 있어서 채무자는 동산의 소유권을 이미 채권자에게 양도한 무권리자가 되는 것이어서 다시 다른 채권자와의 사이에 양도담보 설정계약을 체결하고 점유개정의 방법으로 인도를 하더라 도 선의취득이 인정되지 않는 한 나중에 설정계약을 체결한 채권자는 양도담보권을 취득할 수 없는데, 현실의 인도가 아닌 점유개정으로는 선의취득이 인정되지 아니하므로, 결국 뒤의 채권자는 양도담보권을 취득할 수 없다(대판 2004.10.28. 2003다30463). **기출** 22 · 21 · 19

(2) 부동산

목적물이 부동산인 경우에는 보통 매매를 원인으로 소유권이전등기를 한다. 이 경우 부동산 실권리자명의 등기에 관한 법률 제3조 제2항에 의해 채무자, 채권금액 및 채무변제를 위한 담보라는 뜻이 적힌 서면을 등기신청서와 함께 등기관에게 제출하여야 한다.

(3) 채 권

양도담보의 목적물이 채권 기타 재산권이라면 그 권리의 이전에 필요한 공시방법을 갖추어야 한다(제450조, 제451조).

Ⅲ 양도담보의 효력

1. 효력이 미치는 범위

(1) 피담보채권의 범위

양도담보권의 피담보채권의 범위에 대하여 저당권의 피담보채권에 관한 제360조가 적용된다(가담법 제3조 제2항). 판례도 같은 입장이다.

> 저당권의 피담보채무의 범위에 관하여 제360조가 지연배상에 대하여는 원본의 이행기일을 경과한 후의 1년분에 한하여 저당권을 행사할 수 있다고 규정하고 있는 것은 저당권자의 제3자에 대한 관계에서의 제한이며 채무자나 저당권설정자가 저당권자에 대하여 대항할 수 있는 것이 아니고, 제360조가 양도담보의 경우에 준용된다고 하여도 마찬가지로 해석하여야 할 것인 만큼, 양도담보의 채무자가 양도담보권자에 대하여 제360조에 따른 피담보채권의 제한을 주장할 수는 없는 것이다(대판 1992.5.12. 90다8855).

(2) 목적물의 범위

양도담보권의 효력은 설정계약에 의하지만, 부합물 또는 종물에 대해서는 원칙적으로 저당권에 관한 제358 조와 제359조가 유추적용된다.

> 돼지를 양도담보의 목적물로 하여 소유권을 양도하되 점유개정의 방법으로 양도담보설정자가 계속하여 점유·관리하면서 무상으로 사용·수익하기로 약정한 경우, 양도담보 목적물로서 원물인 돼지가 출산한 새끼 돼지는 천연과실에 해당하고 그 천연과실의 수취권은 원물인 돼지의 사용·수익권을 가지는 양도담보설정자에게 귀속되므로, 다른 특별한 약정이 없는 한 천연과실인 새끼 돼지에 대하여는 양도담보의 효력이 미치지 않는다(대판 1996.9.10. 96다25463).

(3) 물상대위권

양도담보는 담보권의 실질을 가지므로 불가분성과 물상대위성이 인정된다. 판례도 물상대위를 인정한다.

> 양도담보권자는 양도담보 목적물이 소실되어 양도담보 설정자가 보험회사에 대하여 화재보험계약에 따른 보험금청구권을 취득한 경우에도 담보물 가치의 변형물인 위 화재보험금청구권에 대하여 양도담보권에 기한 물상대위권을 행사할 수 있다(대판 2009.11.26. 2006다37106).

2. 대내적 효력

(1) 담보목적물의 이용관계

담보목적물의 점유와 이용은 당사자 간의 합의로 결정되지만, 합의가 없으면 양도담보의 기능상양도담보권 설정자가 목적물을 점유·이용할 권한을 가지는 것으로 보아야 할 것이다(대판 1988.11.22. 87다카2555).

> 일반적으로 부동산을 채권담보의 목적으로 양도한 경우 특별한 사정이 없는 한 목적부동산에 대한 사용수익권은 채무자인 양도담보설정자에게 있는 것이므로 양도담보권자는 사용수익할 수 있는 정당한 권한이 있는 채무자나 채무자로부터 그 사용수익할 수 있는 권한을 승계한 자에 대하여는 사용수익을 하지 못한 것을 이유로 임료상당의 손해배상이나 부당이득반환 청구는 할 수 없다(대판 2008.2.28. 2007다37394·37400).

(2) 양도담보권자 및 양도담보설정자의 목적물보관의무

양도담보권자는 자기가 취득한 권리를 담보의 목적을 초과하여 행사할 수 없다(가담법 제4조). 한편 양도담보권 설정자는 목적물을 점유·이용함에 있어서 양도담보권자가 담보의 목적을 달성할 수 있도록 목적물을 보관 하여야 한다.

3. 대외적 효력

(1) 가담법의 적용을 받는 경우

① 가등기담보법 제4조는 채권자는 가등기담보법 제3조에 의한 청산금의 평가액 통지 당시 부동산의 가액에 서 피담보채권의 가액을 공제한 청산금을 지급하여야 하고, 부동산에 관하여 이미 소유권이전등기를 마친 경우에는 청산기간이 지난 후 청산금을 채무자 등에게 지급한 때에 부동산의 소유권을 취득하고, 담보 가등기를 마친 경우에는 청산기간이 지나야 가등기에 따른 본등기를 청구할 수 있으며, 이에 반하는 특약 으로서 채무자 등에게 불리한 것은 효력이 없다고 규정하고 있다. 위 규정들은 강행법규에 해당하여 이를 위반하여 담보가등기에 기한 본등기가 이루어진 경우 그 본등기는 효력이 없다(대판 2017.5.17. 2017다202296).

② 양도담보권자가 변제기 도래 전에 목적물을 제3자에게 처분한 경우, 원칙적으로 무권리자 처분행위에 해당하여 제3자는 소유권을 취득하지 못한다(담보물권설). 다만, 제3자가 선의의 경우 처분행위가 유효하므로 소유권을 취득하게 된다(가담법 제11조 단서).

(2) 가담법의 적용을 받지 않는 경우

양도담보권자가 변제기 도래 전에 목적물을 제3자에게 처분한 경우, 소유권은 대외적으로 양도담보권자에게 있으므로, 처분행위는 유효하다. 따라서 제3자는 선의·악의를 불문하고 소유권을 취득한다. 다만, 제3자가 양도담보권자의 배임행위에 적극가담 등을 한 경우에는 반사회적 행위에 해당하여 소유권을 취득할 수 없다(제103조).

4. 양도담보권의 실행

(1) 목적물의 부동산인 경우

가등기담보 등에 관한 법률(제2조~제11조)이 적용되므로 실행통지, 청산, 소유권 취득의 순서를 거친다.

(2) 소유권 취득시기

청산금이 없는 때에는 청산기간의 경과로, 청산금이 있는때에는 청산기간경과 후 청산금을 그 청구권자에게 지급하거나 공탁한 때에 소유권을 취득한다(등기부상 소유권이전등기가 이미 경료되어 있지만 청산금을 지급한 때 비로소 양도담보권자는 소유권을 취득하게 된다).

(3) 우선변제적 효력

양도담보권의 실행방법은 당사자의 합의에 의하지만, 통상 양도담보권자가 담보제공자나 그로부터 적법하게 점유를 이전받은 제3자로부터 목적물을 인도받은 후 그것을 처분하거(처분청산)나 자신에게 귀속시킴으로써 (귀속청산) 그 가액으로부터 우선변제를 받고, 잔액이 있으면 담보제공자에게 반환하는 방법에 의한다.

Ⅳ 양도담보의 소멸

1. 일반적 소멸사유

양도담보권은 물권 일반에 공통된 소멸원인 및 담보물권에 공통된 소멸원인에 의하여 소멸한다. 또한 경매, 제3취득자의 변제 등에 의해서도 소멸한다.

2. 피담보채무의 변제에 의한 목적물의 회수

피담보채무가 변제되어 양도담보권이 소멸하면, 담보제공자는 소유권이전등기의 말소를 포함하여 담보목적물을 회수할 수 있다(가담법 제11조 본문 참고).

04 소유권유보부 매매

I 법적 성질

판례는 소유권유보부 매매의 법적 성질에 대해 정지조건부 소유권이전설의 입장이다. 따라서 대금완납 전까지는 대내 · 대외 구별 없이 여전히 매도인에게 소유권이 남아 있으나, 매수인이 대금을 완납하면 별도의 의사표시 없이도 소유권이 매수인에게 이전된다.

동산의 매매계약을 체결하면서, 매도인이 대금을 모두 지급받기 전에 목적물을 매수인에게 인도하지만 대금이 모두 지급될 때까지는 목적물의 소유권은 매도인에게 유보되며 대금이 모두 지급된 때에 그 소유권이 매수인에게 이전된다는 내용의 이른바 소유권유보의 특약을 한 경우, 목적물의 소유권을 이전한다는 당사자 사이의 물권적 합의는 매매계약을 체결하고 목적물을 인도한 때 이미 성립하지만 대금이 모두 지급되는 것을 정지조건으로 하므로, 목적물이 매수인에게 인도되었다고 하더라도 특별한 사정이 없는 한 매도인은 대금이 모두 지급될 때까지 매수인뿐만 아니라 제3자에 대하여도 유보된 목적물의 소유권을 주장할 수 있으며, 이와 같은 법리는 소유권유보의 특약을 한 매매계약이 매수인의 목적물 판매를 예정하고 있고, 그 매매계약에서 소유권유보의 특약을 제3자에 대하여 공시한 바 없고, 또한 그 매매계약이 종류물을 목적물로 하고 있다 하더라도 다를 바 없다(대판 1999.9.7. 99다30534).

II 법률관계

대금이 모두 지급되지 아니한 상태에서 매수인이 목적물을 다른 사람에게 양도하더라도, 양수인이 선의취득의 요건을 갖추거나 소유자인 소유권매도인이 후에 처분을 추인하는 등의 특별한 사정이 없는 한 그 양도는 목적물의 소유자 아닌 사람이 행한 것으로서 효력이 없어서, 그 양도로써 목적물의 소유권이 매수인에게 이전되지 아니한다(대판 2010.2.11. 2009다93671).

05 동산 · 채권 등의 담보에 관한 법률(이하 동산채권담보법)

I 서 설

1. **기존 동산 · 채권담보제도의 문제점**
   ① 동산을 목적으로 하는 기존 담보로는 질권과 양도담보가 있다. 질권은 점유질원칙(제330조, 제332조) 때문에 질권설정자가 동산을 활용하지 못한다는 문제가 있으며, 양도담보는 점유개정을 통해서 활용되어 실질적으로 거의 공시가 이루어지지 않는다는 점과 선의취득을 통해 양도담보가 침해될 수 있다는 문제가 있다.
   ② 또한 채권을 목적으로 하는 기존 담보로 역시 권리질권과 양도담보가 있다. 권리질권과 채권 양도담보는 모두 그 설정방법으로 채권양도에 따른 통지나 승낙 등 대항요건을 갖추어야 하는 문제점이 있다.
   ③ 이러한 문제점에 더하여 국제적 금융거래가 활발해 짐에 따라 2010년 6월 10일 동산채권담보법이 제정되어 2012년 6월 11일부터 시행되고 있다.

2. 동산채권담보법의 특징

(1) 동산·채권담보에 관한 새로운 공시방법

동산·채권담보를 위한 새로운 공시방법으로 등기제도를 도입하였다. 한편 등기부는 담보설정자별로 편성한 인적편성주의를 채택하고 있어 물적 편성주의를 따르는 부동산등기와 구별된다.

(2) 기존의 질권이나 양도담보의 효력

새로운 등기담보권에 의하여 기존에 활용되던 질권이나 양도담보가 폐지되지 않으며, 이로 인해 어느 한 쪽에 우선적 지위가 부여되는 것도 아니다.

(3) 인적 적용범위의 제한

법인 또는 부가가치세법에 따라 사업자등록을 한 사람에 한하여 동산·채권 등의 담보에 관한 법률에 따른 담보제도를 활용할 수 있다(동법 제2조 제5호 단서). 다만, 담보권설정자의 사업자등록이 말소된 경우에도 이미 설정된 동산담보권의 효력에는 영향을 미치지 않는다(동법 제4조).

3. 담보권의 존속기간

동산채권담보법에 따른 담보권의 존속기간은 5년을 초과할 수 없다. 다만 5년을 초과하지 않는 기간으로 이를 갱신할 수 있다(동법 제49조 제1항).

Ⅱ 동산담보권

1. 의 의

동산담보권이란 담보약정에 따라 동사(여러 개의 동산 뜨는 장래에 취득할 동산을 포함한다)을 목적으로 등기한 담보권을 말한다(동법 제2조 제2호). 여기서 담보약정이란 양도담보 등 명목을 묻지 아니하고 이 법에 따라 동산·채권·지식재산권을 담보로 제공하기로 하는 약정을 말한다(동법 제2조 제1호).

2. 동산담보권의 성립

(1) 객 체

① 동산담보권의 목적물은 양도할 수 있는 동산이다(동법 제33조, 제331조).
② 동산담보권이 설정된 담보목적물의 소유권, 질권을 취득하는 경우에는 제249조부터 제251조까지의 규정을 준용되므로(동법 제32조), 동산담보권이 설정된 담보목적물도 선의취득의 대상이 될 수 있다.

(2) 담보약정과 담보등기

① 동산담보권이 성립하기 위해서는 채권자와 목적동산의 소유자인 채무자 또는 제3자 사이의 담보약정이 있어야 한다(동법 제2조 제1호, 제2호).
② 동산담보권은 등기함으로써 성립한다(동법 제2조 제2호, 제7조 제1항).

3. 동산담보권의 효력

(1) 동산담보권의 성질

동산담보권은 채무자 또는 제3자가 제공한 담보목적물에 대하여 다른 채권자보다 자기의 채권을 우선변제받는 것을 내용으로 하는 담보물권이다(동법 제8조). 따라서 동산담보권은 담보물권의 통유성, 즉 부종성(동법 제33조, 제369조), 수반성(동법 제13조), 불가분성(동법 제9조), 물상대위성(동법 제14조)을 가진다.

(2) 동산담보권의 효력이 미치는 범위

① 피담보채권의 범위 : 동산담보권은 원본, 이자, 위약금, 담보권실행의 비용, 담보목적물의 보존비용 및 채무불이행 또는 담보목적물의 흠으로 인한 손해배상의 채권을 담보한다. 다만, 설정행위에 다른 약정이 있는 경우에는 그 약정에 따른다(동법 제12조). 민법의 저당권에서와 같은 지연배상의 제한(제360조 단서)은 인정되지 않는다.

② 목적물의 범위

ㄱ 동산담보권의 효력은 담보목적물에 부합된 물건과 종물에 미친다. 다만, 법률에 다른 규정이 있거나 설정행위에 다른 약정이 있으면 그러하지 아니하다(동법 제10조).

ㄴ 동산담보권의 효력은 담보목적물에 대한 압류 또는 제25조 제2항의 인도 청구가 있은 후에 담보권설정자가 그 담보목적물로부터 수취한 과실(果實) 또는 수취할 수 있는 과실에 미친다(동법 제11조).

ㄷ 물상대위도 인정된다. 즉 동산담보권은 담보목적물의 매각, 임대, 멸실, 훼손 또는 공용징수 등으로 인하여 담보권설정자가 받을 금전이나 그 밖의 물건에 대하여도 행사할 수 있다. 이 경우 그 지급 또는 인도 전에 압류하여야 한다(동법 제14조).

(3) 우선변제적 효력

① 담보권자에게는 채무자 또는 제3자가 제공한 담보목적물에 대하여 다른 채권자보다 자기채권을 우선변제받을 권리가 있다(동법 제8조).

② 동일한 동산에 설정된 동산담보권의 순위는 등기의 순서에 따른다(동법 제7조 제2항).

4. 동산담보권의 실행

① 동산담보권의 실행은 원칙적으로 경매에 의하지만, 예외적으로 사적 실행, 특히 귀속청산 외에 처분청산도 허용된다. 다만, 사적 실행을 위해서는 정당한 이유가 있어야 하고, 선순위권리자가 있는 경우에는 그의 동의를 받아야 한다(동법 제21조 제2항).

② 유담보약정의 허용 : 담보권자와 설정자가 동법에서 정한 실행절차와 다른 내용의 약정을 할 수 있다(동법 제31조 본문).

Ⅲ 채권담보권

1. 의 의

채권담보권이란 담보약정에 따라 금전의 지급을 목적으로 하는 지명채권(여러 개의 채권 또는 장래에 발생할 채권을 포함한다)을 목적으로 등기한 담보권을 말한다(동법 제2조 제3호).

2. 채권담보권의 성립

(1) 객 체

① 채권담보권의 대상은 금전의 지급을 목적으로 하는 지명채권이다(동법 제2조 제3호, 제34조 제1항).

② 여러 개의 채권(채무자가 특정되었는지 여부를 묻지 아니하고 장래에 발생할 채권을 포함한다)이더라도 채권의 종류, 발생 원인, 발생 연월일을 정하거나 그 밖에 이와 유사한 방법으로 특정할 수 있는 경우에는 이를 목적으로 하여 담보등기를 할 수 있다(동법 제34조 제2항).

③ 당사자 사이에 채권에 대한 양도금지특약이 있는 경우에는 이를 채권담보의 목적으로 할 수 없다.

(2) 담보약정과 담보등기

채권담보권의 등기는 동산담보권과 달리 성립요건이 아니라 대항요건이다(동법 제35조 제1항).

3. 채권담보권의 효력

(1) 채권담보권의 성질

담보물권으로서 통유성을 가진다.

(2) 채권담보권의 효력이 미치는 범위

채권담보권에 관하여는 성질에 반하지 아니하는 범위에서 동산담보권에 관한 규정들이 준용된다(동법 제37조).

(3) 대항요건

① 담보권자 또는 담보권설정자는 제3채무자에게 등기사항증명서를 건네주는 방법으로 그 사실을 통지하거나 제3채무자가 이를 승낙하지 아니하면 제3채무자에게 대항하지 못한다(동법 제35조 제2항). 이 경우 통지나 승낙에 대해서는 제451조와 제452조가 준용된다(동법 제35조 제4항).

② 동일한 채권에 관하여 담보등기부의 등기와 제349조 또는 제450조 제2항에 따른 통지 또는 승낙이 있는 경우에 담보권자 또는 담보의 목적인 채권의 양수인은 법률에 다른 규정이 없으면 제3채무자 외의 제3자에게 등기와 그 통지의 도달 또는 승낙의 선후에 따라 그 권리를 주장할 수 있다(동법 제35조 제3항).

4. 채권담보권의 실행

① 채권담보권자는 피담보채권의 한도에서 채권담보권의 목적이 된 채권을 직접 청구할 수 있다(동법 제36조 제1항). 그런데 채권담보권의 목적이 된 채권이 피담보채권보다 먼저 변제기에 이른 경우에는 담보권자는 제3채무자에게 그 변제금액의 공탁을 청구할 수 있고, 제3채무자가 변제금액을 공탁한 후에는 채권담보권은 그 공탁금에 존재한다(동법 제36조 제2항).

② 채권담보권자는 민사집행법에 의한 집행방법으로 채권담보권을 실행할 수도 있다(동법 제36조 제3항, 민사집행법 제273조).

CHAPTER 06

확인학습문제

---

01 총 설

01 비전형담보에 관한 설명 중 옳지 **않은** 것은? (다툼이 있으면 판례에 따름)

① 채권자와 채무자가 가등기담보권설정계약을 체결함에 있어 가등기 이후에 발생될 채무도 피담보채무의 범위에 포함시키기로 한 약정은 유효하다.

② 가등기가 금전소비대차에 기한 차용금반환채무와 그 외의 원인으로 발생한 채무를 동시에 담보할 목적으로 경료되었으나 그 후 금전소비대차에 기한 차용금반환채무만이 남게 된 경우, 그 가등기담보에 「가등기담보 등에 관한 법률」이 적용된다.

③ 양도담보목적물이 소실되어 양도담보설정자가 보험회사에 대하여 화재보험계약에 따른 보험금청구권을 취득한 경우, 양도담보권자는 위 보험금청구권에 대하여 양도담보권에 기한 물상대위권을 행사할 수 있다.

④ 양도담보권자는 사용·수익할 수 있는 정당한 권한이 있는 채무자나 그 채무자로부터 사용·수익할 수 있는 권한을 승계한 자에 대하여 그 사용·수익을 하지 못한 것을 이유로 임료 상당의 손해배상이나 부당이득 반환을 청구할 수 있다.

⑤ 채무자가 채무를 변제하고 가등기 말소를 구하는 경우, 채무변제와 담보가등기 말소는 동시이행관계가 아니라 채무변제가 선이행의무이다.

답 ④

┃정답해설┃

④ 일반적으로 부동산을 채권담보의 목적으로 양도한 경우 특별한 사정이 없는 한 목적부동산에 대한 사용수익권은 채무자인 양도담보설정자에게 있으므로, 양도담보권자는 사용수익할 수 있는 정당한 권한이 있는 채무자나 채무자로부터 그 사용수익할 수 있는 권한을 승계한 자에 대하여는 사용수익을 하지 못한 것을 이유로 임료 상당의 손해배상이나 부당이득반환청구를 할 수 없다[2007다37394·37400].

┃오답해설┃

① 채권자와 채무자 또는 물상보증인이 가등기담보권설정계약을 체결함에 있어 가등기 이후에 발생될 채무도 가등기부동산의 피담보채무범위에 포함시키기로 한 약정은 가등기담보 등에 관한 법률 제4조 제1항 내지 제3항의 어느 규정에도 반하는 것이라고 볼 수 없고 가등기담보권의 존재가 가등기에 의하여 공시되므로 후순위권리자로 하여금 예측할 수 없는 위험에 빠지게 하는 것도 아니다[92다12070]. 따라서 위 약정은 유효하다.

② 가등기담보 등에 관한 법률은 차용물의 반환에 관하여 다른 재산권을 이전할 것을 예약한 경우에 적용되므로 금전소비대차나 준소비대차에 기한 차용금반환채무 이외의 채무를 담보하기 위하여 경료된 가등기나 양도담보에는 위 법이 적용되지 아니하나, 금전소비대차나 준소비대차에 기한 차용금반환채무와 그 외의 원인으로 발생한 채무를 동시에 담보할 목적으로 경료된 가등기나 소유권이전등기라도 그 후 후자의 채무가 변제 기타의 사유로 소멸하고 금전소비대차나 준소비대차에 기한 차용금반환채무의 전부 또는 일부만이 남게 된 경우에는 그 가등기담보나 양도담보에 가등기담보 등에 관한 법률이 적용된다[2003다29968].

③ 동산 양도담보권자는 양도담보목적물이 소실되어 양도담보설정자가 보험회사에 대하여 화재보험계약에 따른 보험금청구권을 취득한 경우 담보물가치의 변형물인 화재보험금청구권에 대하여 양도담보권에 기한 물상대위권을 행사할 수 있는데, 동산 양도담보권자가 물상대위권 행사로 양도담보설정자의 화재보험금청구권에 대하여 압류 및 추심명령을 얻어 추심권을 행사하는 경우 특별한 사정이 없는 한 제3채무자인 보험회사는 양도담보 설정 후 취득한 양도담보설정자에 대한 별개의 채권을 가지고 상계로써 양도담보권자에게 대항할 수 없다. 그리고 이는 보험금청구권과 본질이 동일한 공제금청구권에 대하여 물상대위권을 행사하는 경우에도 마찬가지이다[2012다58609].

⑤ 채무담보의 목적으로 경료된 채권자 명의의 소유권이전등기나 그 청구권 보전의 가등기의 말소를 구하려면 먼저 채무를 변제하여야 하고 피담보채무의 변제와 교환적으로 말소를 구할 수는 없다[84다카781].

02 비전형담보에 관한 설명으로 옳지 <u>않은</u> 것은? (다툼이 있는 경우에는 판례에 의함)

① 「가등기담보 등에 관한 법률」은 매매대금채권을 담보하기 위한 양도담보에는 적용되지 않는다.

② 「가등기담보 등에 관한 법률」에 따라 담보의 목적으로 가등기를 마친 부동산에 대하여 강제경매가 이루어진 경우 가등기담보권은 부동산의 매각으로 소멸한다.

③ 「가등기담보 등에 관한 법률」은 담보권의 실행방법으로 귀속정산만을 규정하고 처분정산의 방법에 의한 담보권의 실행을 인정하지 않는다.

④ 특별한 사정이 없으면, 양도담보설정자가 담보목적물에 대한 사용·수익권을 가진다.

⑤ 동산소유자가 점유개정의 방법으로 그 동산에 양도담보를 설정한 후 다시 같은 방법으로 제3채권자에게 양도담보를 설정한 때에는 제3채권자는 양도담보권을 취득할 수 없다.

답 ③

┃정답해설┃

③ 가등기담보권을 실행하는 방법으로는 특단의 약정이 없는 한 처분정산이나 귀속정산 중 채권자가 선택하는 방법에 의할 수 있다[87다카2685].

┃오답해설┃

① 가등기담보 등에 관한 법률은 차용물의 반환에 관하여 다른 재산권을 이전할 것을 예약한 경우에 적용되는 것이므로, 공사잔대금의 지급을 담보하기 위하여 체결된 양도담보계약에 기하여 소유권이전등기를 구하는 경우에는 같은 법이 적용되지 않는다[96다31116].

② 담보가등기를 마친 부동산에 대하여 강제경매 등이 행하여진 경우에는 담보가등기권리는 그 부동산의 매각에 의하여 소멸한다(가등기담보 등에 관한 법률 제15조).

④ 일반적으로 부동산을 채권담보의 목적으로 양도한 경우 특별한 사정이 없는 한 목적부동산에 대한 사용수익권은 채무자인 양도담보설정자에게 있으므로, 양도담보권자는 사용수익할 수 있는 정당한 권한이 있는 채무자나 채무자로부터 그 사용수익할 수 있는 권한을 승계한 자에 대하여는 사용수익을 하지 못한 것을 이유로 임료 상당의 손해배상이나 부당이득반환청구를 할 수 없다[2007다37394·37400].

⑤ 금전채무를 담보하기 위하여 채무자가 그 소유의 동산을 채권자에게 양도하되 점유개정에 의하여 채무자가 이를 계속 점유하기로 한 경우 특별한 사정이 없는 한 동산의 소유권은 신탁적으로 이전됨에 불과하여 채권자와 채무자 사이의 대내적 관계에서 채무자는 의연히 소유권을 보유하나 대외적인 관계에 있어서 채무자는 동산의 소유권을 이미 채권자에게 양도한 무권리자가 되는 것이어서 다시 다른 채권자와의 사이에 양도담보설정계약을 체결하고 점유개정의 방법으로 인도를 하더라도 선의취득이 인정되지 않는 한 나중에 설정계약을 체결한 채권자는 양도담보권을 취득할 수 없는데, 현실의 인도가 아닌 점유개정으로는 선의 취득이 인정되지 아니하므로, 결국 뒤의 채권자는 양도담보권을 취득할 수 없다[2003다30463].

---

02 가등기담보

01 甲은 乙에 대한 1억 원의 대여금채권을 담보하기 위해 乙 소유의 부동산(가액 3억 원)에 가등기를 마쳤고, 그 후 丙이 그 부동산에 저당권설정등기를 마쳤다. 이에 관한 설명으로 옳은 것은? (다툼이 있으면 판례에 따름)

① 甲이 담보권 실행을 통지할 때에 청산금이 없더라도 2개월의 청산기간이 지나기 전에는 가등기에 기한 본등기를 청구할 수 없다.

② 甲이 담보권 실행을 통하여 우선변제받게 되는 이자나 지연배상금 등 피담보채권의 범위는 청산금 지급 당시를 기준으로 확정된다.

③ 甲이 담보권 실행을 통지하고 2개월의 청산기간이 지난 경우, 청산금의 지급이 없더라도 乙은 대여금을 변제하고 가등기 말소를 청구할 수는 없다.

④ 甲이 주관적으로 평가한 청산금의 액수가 정당하게 평가된 청산금의 액수에 미치지 못하면 담보권실행통지는 효력이 없다.

⑤ 甲이 담보권 실행을 위해 통지하여야 할 청산금의 평가액은 통지 당시의 목적부동산가액에서 그 당시의 목적부동산에 존재하는 모든 피담보채권액을 공제한 차액이다.

▌정답해설▐

① 채권자가 담보계약에 따른 담보권을 실행하여 그 담보목적부동산의 소유권을 취득하기 위하여는 그 채권의 변제기 후에 청산금의 평가액을 채무자 등에게 통지하고, 그 통지가 채무자 등에게 도달한 날부터 2개월(이하 "청산기간"이라 한다)이 지나야 한다. 이 경우 청산금이 없다고 인정되는 경우에는 그 뜻을 통지하여야 한다(가등기담보 등에 관한 법률 제3조 제1항).

▌오답해설▐

②, ④ 가등기담보 등에 관한 법률 제3조, 제4조에 의하면 가등기담보권자가 담보계약에 따른 담보권을 실행하여 담보목적부동산의 소유권을 취득하기 위해서는 채권의 변제기 후에 청산금의 평가액을 채무자 등에게 통지하여야 한다. 여기서 말하는 청산금의 평가액은 통지 당시의 담보목적부동산의 가액에서 그 당시의 피담보채권액(원본, 이자, 위약금, 지연배상금, 실행비용)을 뺀 금액을 의미하므로, 가등기담보권자가 담보권 실행을 통하여 우선변제 받게 되는 이자나 지연배상금 등 피담보채권의 범위는 통지 당시를 기준으로 확정된다. 채권자는 주관적으로 평가한 청산금의 평가액을 통지하면 족하고, 채권자가 주관적으로 평가한 청산금의 액수가 정당하게 평가된 청산금의 액수에 미치지 못하더라도 담보권 실행의 통지로서의 효력에는 아무런 영향이 없다(2015다13171).

③ 채무자 등은 청산금채권을 변제받을 때까지 그 채무액(반환할 때까지의 이자와 손해금을 포함한다)을 채권자에게 지급하고 그 채권담보의 목적으로 마친 소유권이전등기의 말소를 청구할 수 있다(가등기담보 등에 관한 법률 제11조 본문). 따라서 비록 甲이 담보권 실행을 통지하고 2개월의 청산기간이 지났으나, 청산금의 지급이 없었다면, 乙은 대여금을 변제하고 가등기 말소를 청구할 수 있다.

⑤ 채권자는 통지 당시의 담보목적부동산의 가액에서 그 채권액을 뺀 금액을 채무자 등에게 지급하여야 한다. 이 경우 담보목적부동산에 선순위담보권 등의 권리가 있을 때에는 그 채권액을 계산할 때에 선순위담보 등에 의하여 담보된 채권액을 포함한다(가등기담보 등에 관한 법률 제4조 제1항). 반면, 후순위권리자는 그 순위에 따라 채무자 등이 지급받을 청산금에 대하여 통지된 평가액의 범위에서 청산금이 지급될 때까지 그 권리를 행사할 수 있고, 채권자는 후순위권리자의 요구가 있는 경우에는 청산금을 지급하여야 한다(가등기담보 등에 관한 법률 제5조 제1항). 즉, 후순위담보권자의 피담보채권액은 청산금에서 미리 공제하지 아니하므로, 甲이 담보권 실행을 위하여 통지하여야 할 청산금의 평가액은, 통지 당시의 목적부동산가액에서 그 당시의 목적부동산에 존재하는 모든 피담보채권액을 공제한 차액이 아니다.

02 가등기담보 등에 관한 설명으로 옳지 <u>않은</u> 것은? (다툼이 있으면 판례에 따름)

① 채권자가 담보권을 실행하여 담보목적부동산의 소유권을 취득하기 위해서는 그 채권의 변제기 후에 청산금의 평가액을 채무자 등에게 통지하고, 그 통지가 채무자 등에게 도달한 날부터 2개월이 지나야 한다.

② 담보권 실행의 통지 시 담보목적부동산의 평가액이 채권액에 미달하여 청산금이 없다고 인정되는 때에는 그 뜻을 통지하여야 한다.

③ 채권자는 담보목적부동산에 관하여 이미 소유권이전등기를 마친 경우에는 청산기간이 지난 후 청산금을 채무자 등에게 지급한 때에 담보목적부동산의 소유권을 취득한다.

④ 가등기담보권자인 채권자가 청산기간이 경과하기 전에 채무자에게 청산금을 지급한 경우, 후순위권리자에게 대항할 수 있다.

⑤ 담보가등기를 마친 부동산에 대하여 강제경매 등이 행하여진 경우, 담보가등기권리는 그 부동산의 매각에 의하여 소멸한다.

답 ④

┃ 정답해설 ┃

④ 채권자가 청산기간이 지나기 전에 청산금을 지급한 경우에는, 이로써 후순위권리자에게 대항하지 못한다(가등기담보 등에 관한 법률 제7조 제2항).

┃ 오답해설 ┃

①, ② 채권자가 담보계약에 따른 담보권을 실행하여 그 담보목적부동산의 소유권을 취득하기 위하여는 그 채권의 변제기 후에 청산금의 평가액을 채무자 등에게 통지하고, 그 통지가 채무자 등에게 도달한 날부터 2개월(이하 "청산기간"이라 한다)이 지나야 한다. 이 경우 청산금이 없다고 인정되는 경우에는 그 뜻을 통지하여야 한다(가등기담보 등에 관한 법률 제3조 제1항).

③ 채권자는 담보목적부동산에 관하여 이미 소유권이전등기를 마친 경우에는 청산기간이 지난 후 청산금을 채무자 등에게 지급한 때에 담보목적부동산의 소유권을 취득하며, 담보가등기를 마친 경우에는 청산기간이 지나야 그 가등기에 따른 본등기를 청구할 수 있다(가등기담보 등에 관한 법률 제4조 제2항).

⑤ 담보가등기를 마친 부동산에 대하여 강제경매 등이 행하여진 경우에는 담보가등기권리는 그 부동산의 매각에 의하여 소멸한다(가등기담보 등에 관한 법률 제15조).

03 가등기담보 등에 관한 법률에 관한 설명으로 옳지 <u>않은</u> 것은?

① 채무자가 청산기간이 지나기 전에 한 청산금에 관한 권리의 양도나 그 밖의 처분은 이로써 후순위권리 자에게 대항하지 못한다.

② 담보가등기를 마친 부동산에 강제경매의 개시결정이 있는 경우에 그 경매의 신청이 청산금을 지급하기 전에 행하여진 경우(청산금이 없는 경우에는 청산기간이 지나기 전)에는 담보가등기권리자는 그 가등 기에 따라 본등기를 청구할 수 있다.

③ 채무자 등은 특별한 사정이 없는 한 청산금채권을 변제받을 때까지 그 채무액을 채권자에게 지급하고 그 채권담보의 목적으로 마친 소유권이전등기의 말소를 청구할 수 있다.

④ 담보가등기를 마친 부동산에 강제경매 등이 개시된 경우에 담보가등기권리자는 다른 채권자보다 자기 채권을 우선변제받을 권리가 있다.

⑤ 담보가등기권리자가 담보목적부동산의 소유권을 취득하기 위하여 청산금의 평가액을 통지하는 경우, 청산금이 없다고 인정되더라도 그 뜻을 통지하여야 한다.

답 ②

┃정답해설┃

② 담보가등기를 마친 부동산에 대하여 강제경매 등의 개시결정이 있는 경우에 그 경매의 신청이 청산금을 지급하기 전에 행하여진 경우(청산금이 없는 경우에는 청산기간이 지나기 전)에는 담보가등기권리자는 그 가등기에 따른 본등기를 청구할 수 없다(가등기담보 등에 관한 법률 제14조).

┃오답해설┃

① 채무자가 청산기간이 지나기 전에 한 청산금에 관한 권리의 양도나 그 밖의 처분은 이로써 후순위권리자에게 대항하지 못한다(가등기담보 등에 관한 법률 제7조 제1항).

③ 채무자 등은 청산금채권을 변제받을 때까지 그 채무액(반환할 때까지의 이자와 손해금을 포함한다)을 채권자에게 지급하고 그 채권담보의 목적으로 마친 소유권이전등기의 말소를 청구할 수 있다(가등기담보 등에 관한 법률 제11조 본문).

④ 담보가등기를 마친 부동산에 대하여 강제경매 등이 개시된 경우에 담보가등기권리자는 다른 채권자보다 자기채권을 우선변제받을 권리가 있다(가등기담보 등에 관한 법률 제13조 전문).

⑤ 채권자가 담보계약에 따른 담보권을 실행하여 그 담보목적부동산의 소유권을 취득하기 위하여는 그 채권의 변제기 후에 청산금의 평가액을 채무자 등에게 통지하고, 그 통지가 채무자 등에게 도달한 날부터 2개월(이하 "청산기간"이 라 한다)이 지나야 한다. 이 경우 청산금이 없다고 인정되는 경우에는 그 뜻을 통지하여야 한다(가등기담보 등에 관한 법률 제3조 제1항).

04 가등기담보 및 양도담보에 관한 설명으로 옳은 것은? (다툼이 있는 경우에는 판례에 의함)

① 채권자가 담보권을 실행하기 위하여 담보부동산의 객관적 가액에 미치지 못하는 청산금의 평가액을 채무자 등에게 통지한 경우, 이는 담보권 실행의 통지로서 효력이 없다.

② 가등기담보권에는 과실수취권이 없으므로 담보권자가 담보부동산을 압류한 경우에도 담보설정자가 그 부동산으로부터 수취하였거나 수취할 수 있는 과실에 대하여 효력이 없다.

③ 동산의 양도담보설정자가 그가 점유하던 담보목적물을 제3자에게 처분하고 제3자가 선의취득의 요건을 구비한 때에는, 제3자는 양도담보권의 부담이 없는 완전한 소유권을 취득한다.

④ 양도담보에 관한 신탁적 소유권이전설은 양도담보권자와 양도담보설정자 사이의 내부적 관계에서 소유권이 양도담보권자에게 있는 것으로 보고 있다.

⑤ 돼지를 담보목적물로 하여 소유권을 이전하고 점유개정의 방법으로 담보설정자가 계속하여 점유·관리하면서 사용·수익하기로 약정한 경우, 담보권은 특별한 사정이 없는 한 돼지가 출산한 새끼돼지에 대하여 효력이 미친다.

답 ③

▍정답해설▍

③ (○), ④ (×) 금전채무를 담보하기 위하여 채무자가 그 소유의 동산을 채권자에게 양도하되 점유개정에 의하여 채무자가 이를 계속 점유하기로 한 경우 특별한 사정이 없는 한 동산의 소유권은 신탁적으로 이전됨에 불과하여 채권자와 채무자 사이의 대내적 관계에서 채무자는 의연히 소유권을 보유하나 대외적인 관계에 있어서 채무자는 동산의 소유권을 이미 채권자에게 양도한 무권리자가 되는 것이어서 다시 다른 채권자와의 사이에 양도담보설정계약을 체결하고 점유개정의 방법으로 인도를 하더라도 선의취득이 인정되지 않는 한 나중에 설정계약을 체결한 채권자는 양도담보권을 취득할 수 없는데, 현실의 인도가 아닌 점유개정으로는 선의취득이 인정되지 아니하므로, 결국 뒤의 채권자는 양도담보권을 취득할 수 없다[2003다30463]. 사안은 제3자가 현실인도로써 선의취득의 요건을 구비한 경우이므로, 제3자는 양도담보권의 부담이 없는 완전한 소유권을 취득한다.

▍오답해설▍

① 가등기담보 등에 관한 법률 제3조, 제4조에 의하면 가등기담보권자가 담보계약에 따른 담보권을 실행하여 담보목적부동산의 소유권을 취득하기 위해서는 채권의 변제기 후에 청산금의 평가액을 채무자 등에게 통지하여야 한다. 여기서 말하는 청산금의 평가액은 통지 당시의 담보목적부동산의 가액에서 그 당시의 피담보채권액(원본, 이자, 위약금, 지연배상금, 실행비용)을 뺀 금액을 의미하므로, 가등기담보권자가 담보권 실행을 통하여 우선변제받게 되는 이자나 지연배상금 등 피담보채권의 범위는 통지 당시를 기준으로 확정된다. 채권자는 주관적으로 평가한 청산금의 평가액을 통지하면 족하고, 채권자가 주관적으로 평가한 청산금의 액수가 정당하게 평가된 청산금의 액수에 미치지 못하더라도 담보권 실행의 통지로서의 효력에는 아무런 영향이 없다[2015다13171].

② 일반적으로 담보목적의 가등기를 경료한 경우, 담보물에 대한 사용·수익권은 가등기설정자인 소유자에게 있으므로, 가등기담보권자는 원칙적으로 과실수취권이 없다. 다만, 가등기담보권자가 담보부동산을 압류한 경우에는, 그 압류가 있은 후에 가등기담보설정자가 그 부동산으로부터 수취한 과실 또는 수취할 수 있는 과실에 그 효력이 미친다 할 것이다(제358조, 제359조 유추적용).

⑤ 돼지를 양도담보의 목적물로 하여 소유권을 양도하되 점유개정의 방법으로 양도담보설정자가 계속하여 점유·관리하면서 무상으로 사용·수익하기로 약정한 경우, 양도담보목적물로서 원물인 돼지가 출산한 새끼돼지는 천연과실에 해당하고 그 천연과실의 수취권은 원물인 돼지의 사용·수익권을 가지는 양도담보 설정자에게 귀속되므로, 다른 특별한 약정이 없는 한 천연과실인 새끼돼지에 대하여는 양도담보의 효력이 미치지 않는다[96다25463].

01 甲은 乙에 대한 5천만 원의 채무를 담보하기 위하여 점유개정의 방법으로 甲 소유의 A기계를 乙에게 양도하였고, 甲은 丙에 대한 5천만 원의 채무를 담보하기 위하여 점유개정의 방법으로 다시 그 기계를 丙에게 양도하였다. 그 후 甲은 乙로부터 5천만 원을 추가로 빌리면서 양도담보계약에서 약정하였던 피담보채무액을 증액하였다. 이에 관한 설명으로 옳은 것을 모두 고른 것은? (다툼이 있으면 판례에 따름)

> ㄱ. 甲이 A기계에 대한 점유를 잃으면, 乙 역시 양도담보권을 상실한다.
> ㄴ. 만약 甲의 의뢰로 丁이 A기계를 수리한 경우, 丁은 乙에게 수리비 상당의 부당이득 반환을 청구할 수 있다.
> ㄷ. A기계에 대해 경매절차가 진행되어 1억 원에 매각된 경우, 乙이 1억 원을 변제받게 된다.
> ㄹ. 丙이 乙에게 양도담보권이 있다는 사실을 알면서 甲으로부터 A기계를 현실인도받아 제3자에게 처분하여 제3자가 선의취득한 경우, 丙은 乙에게 불법행위책임을 진다.

① ㄱ, ㄴ
② ㄴ, ㄷ
③ ㄷ, ㄹ
④ ㄱ, ㄴ, ㄹ
⑤ ㄱ, ㄷ, ㄹ

답 ③

▌**정답해설**▌

ㄷ. (○) 금전채무를 담보하기 위하여 채무자가 그 소유의 동산을 채권자에게 양도하되 점유개정에 의하여 채무자가 이를 계속 점유하기로 한 경우 특별한 사정이 없는 한 동산의 소유권은 신탁적으로 이전됨에 불과하여 채권자와 채무자 사이의 대내적 관계에서 채무자는 의연히 소유권을 보유하나 대외적인 관계에 있어서 채무자는 동산의 소유권을 이미 채권자에게 양도한 무권리자가 되는 것이어서 다시 다른 채권자와의 사이에 양도담보설정계약을 체결하고 점유개정의 방법으로 인도를 하더라도 선의취득이 인정되지 않는 한 나중에 설정계약을 체결한 채권자는 양도담보권을 취득할 수 없는데, 현실의 인도가 아닌 점유개정으로는 선의취득이 인정되지 아니하므로, 결국 뒤의 채권자는 양도담보권을 취득할 수 없다[2003다30463]. 따라서 나중에 설정계약을 체결한 후순위채권자 丙은 단순 일반채권자에 불과하므로, 채무자와 채권자의 합의로 증액된 금액 역시 양도담보권자인 채권자 乙에게 우선변제권이 있다.

ㄱ. (×) ㄹ. (○) [1] 동산에 대하여 점유개정의 방법으로 양도담보를 일단 설정한 후에는 양도담보권자나 양도담보설정자가 그 동산에 대한 점유를 상실하였다고 하더라도 그 양도담보의 효력에는 아무런 영향이 없다 할 것이고, 양도담보권 실행을 위한 환가절차에 있어서는 환가로 인한 매득금에서 환가비용을 공제한 잔액 전부를 양도담보권자의 채권변제에 우선충당하여야 하고 양도담보설정자의 다른 채권자들은 양도담보권자에 대한 관계에 있어서 안분배당을 요구할 수 없다. 따라서 양도담보설정자 甲이 A기계에 대한 점유를 잃더라도, 양도담보권자인 채권자 乙은 그 양도담보권을 상실하지 아니한다. [2] 동산에 대하여 점유개정의 방법으로 이중양도담보를 설정한 경우 원래의 양도담보권자는 뒤의 양도담보권자에 대하여 배타적으로 자기의 담보권을 주장할 수 있으므로, 뒤의 양도담보권자가 양도담보의 목적물을 처분함으로써 원래의 양도담보권자로 하여금 양도담보권을 실행할 수 없도록 하는 행위는, 이중양도담보설정행위가 횡령죄나 배임죄를 구성하는지 여부나 뒤의 양도담보권자가 이중양도담보설정행위에 적극적으로 가담하였는지 여부와 관계없이, 원래의 양도담보권자의 양도담보권을 침해하는 위법한 행위이다[99다65066].

오답해설

ㄴ. (×) 계약상의 급부가 계약의 상대방뿐만 아니라 제3자의 이익으로 된 경우에 급부를 한 계약당사자가 계약 상대방에 대하여 계약상의 반대급부를 청구할 수 있는 이외에 그 제3자에 대하여 직접 부당이득반환청구를 할 수 있다고 보면, 자기책임하에 체결된 계약에 따른 위험부담을 제3자에게 전가시키는 것이 되어 계약법의 기본원리에 반하는 결과를 초래할 뿐만 아니라, 채권자인 계약당사자가 채무자인 계약상대방의 일반채권자에 비하여 우대받는 결과가 되어 일반채권자의 이익을 해치게 되고, 수익자인 제3자가 계약상대방에 대하여 가지는 항변권 등을 침해하게 되어 부당하므로, 위와 같은 경우 계약상의 급부를 한 계약당사자는 이익의 귀속주체인 제3자에 대하여 직접 부당이득 반환을 청구할 수는 없다고 보아야 한다[99다66564·66571]. 이와 같이 판례는 전용물소권을 부정하고 있으므로, 丁은 계약상대인 甲이 아닌 제3자 乙에게 수리비 상당의 부당이득 반환을 청구할 수 없다.

02 甲이 乙에 대한 1억 원의 채무를 담보하기 위하여 자신의 소유인 X기계를 乙에게 점유개정의 방법으로 양도하였다. 그 후 甲이 丙에 대한 다른 금전채무 5천만 원을 담보하기 위하여 다시 점유개정의 방법으로 X기계를 丙에게 양도하였다. 이에 관한 설명으로 옳은 것을 모두 고른 것은? (다툼이 있으면 판례에 따름)

> ㄱ. 甲과 乙 사이의 대내적 관계에서 X기계의 소유권은 乙에게 있다.
> ㄴ. 甲이 X기계에 대한 점유를 상실하면 乙은 X기계에 대한 양도담보권을 상실한다.
> ㄷ. 丙은 선의취득에 의하여 양도담보권을 취득한다.
> ㄹ. 丙이 乙에게 양도담보권이 있음을 알면서 甲으로부터 그 기계를 인도받아 제3자에게 처분함으로써 乙의 담보권 실행을 방해하였다면, 丙의 행위는 위법한 것으로 불법행위에 기한 손해배상청구의 대상이 될 수 있다.

① ㄹ
② ㄱ, ㄷ
③ ㄴ, ㄹ
④ ㄱ, ㄴ, ㄷ
⑤ ㄴ, ㄷ, ㄹ

답 ①

정답해설

ㄴ. (×) ㄹ. (○) [1] 동산에 대하여 점유개정의 방법으로 양도담보를 일단 설정한 후에는 양도담보권자나 양도담보설정자가 그 동산에 대한 점유를 상실하였다고 하더라도 그 양도담보의 효력에는 아무런 영향이 없다 할 것이고, 양도담보권 실행을 위한 환가절차에 있어서는 환가로 인한 매득금에서 환가비용을 공제한 잔액 전부를 양도담보권자의 채권변제에 우선충당하여야 하고 양도담보설정자의 다른 채권자들은 양도담보권자에 대한 관계에 있어서 안분배당을 요구할 수 없다[99다65066]. [2] 동산에 대하여 점유개정의 방법으로 이중양도담보를 설정한 경우 원래의 양도담보권자는 뒤의 양도담보권자에 대하여 배타적으로 자기의 담보권을 주장할 수 있으므로, 뒤의 양도담보권자가 양도담보의 목적물을 처분함으로써 원래의 양도담보권자로 하여금 양도담보권을 실행할 수 없도록 하는 행위는, 이중양도담보설정행위가 횡령죄나 배임죄를 구성하는지 여부나 뒤의 양도담보권자가 이중양도담보설정행위에 적극적으로 가담하였는지 여부와 관계없이, 원래의 양도담보권자의 양도담보권을 침해하는 위법한 행위이다[99다65066].

ㄱ. (×), ㄷ (×) 금전채무를 담보하기 위하여 채무자가 그 소유의 동산을 채권자에게 양도하되 점유개정에 의하여 채무자가 이를 계속 점유하기로 한 경우 특별한 사정이 없는 한 동산의 소유권은 신탁적으로 이전됨에 불과하여 채권자와 채무자 사이의 대내적 관계에서 채무자는 의연히 소유권을 보유하나 대외적인 관계에 있어서 채무자는 동산의 소유권을 이미 채권자에게 양도한 무권리자가 되는 것이어서 다시 다른 채권자와의 사이에 양도담보 설정계약을 체결하고 점유개정의 방법으로 인도를 하더라도 선의취득이 인정되지 않는 한 나중에 설정계약을 체결한 채권자는 양도담보권을 취득할 수 없는데, 현실의 인도가 아닌 점유개정으로는 선의취득이 인정되지 아니하므로, 결국 뒤의 채권자는 양도담보권을 취득할 수 없다[2003다30463].

03 집합물에 대한 양도담보권설정계약에 관한 설명으로 옳지 <u>않은</u> 것은? (다툼이 있는 경우에는 판례에 의함)

① 점유개정의 방법으로 동산에 대한 이중의 양도담보설정계약이 체결된 경우, 나중에 설정계약을 체결한 채권자는 양도담보권을 취득할 수 없다.

② 재고상품을 종류, 장소 또는 수량지정 등의 방법에 의하여 특정할 수 있으면, 그 집합물 전체에 대한 하나의 담보권을 설정할 수 있다.

③ 대량으로 생산·출하가 반복되는 특정돈사의 돼지들을 양도담보의 목적물로 삼은 경우, 그 돼지들을 출하하여 얻은 수익으로 새로 구입한 돼지에 대하여는 양도담보권이 미치지 않는다.

④ 유동집합물에 대한 양도담보계약의 목적물을 선의취득하지 못한 양수인이 그 목적물에 자기 소유인 동종의 물건을 섞어 관리한 경우, 양도담보의 효력이 미치지 않는 물건의 존재와 범위에 대한 증명책임은 양수인에게 있다.

⑤ 대량으로 생산·출하가 반복되는 특정돈사의 돼지들을 양도담보의 목적물로 삼은 경우, 그 돼지로부터 출산시켜 얻은 새끼돼지에 대해서는 별도의 양도담보권설정계약을 맺지 않더라도 양도담보권의 효력이 미친다.

답 ③

┃정답해설┃

③ (×), ④ (○) [1] 돈사에서 대량으로 사육되는 돼지를 집합물에 대한 양도담보의 목적물로 삼은 경우, 그 돼지는 번식, 사망, 판매, 구입 등의 요인에 의하여 증감변동하기 마련이므로 양도담보권자가 그때마다 별도의 양도담보권 설정계약을 맺거나 점유개정의 표시를 하지 않더라도 하나의 집합물로서 동일성을 잃지 아니한 채 양도담보권의 효력은 항상 현재의 집합물 위에 미치게 되고, 양도담보설정자로부터 위 목적물을 양수한 자가 이를 선의취득하지 못하였다면 위 양도담보권의 부담을 그대로 인수하게 된다. [2] 돈사에서 대량으로 사육되는 돼지를 집합물에 대한 양도담보의 목적물로 삼은 경우, 위 양도담보권의 효력은 양도담보설정자로부터 이를 양수한 양수인이 당초 양수한 돈사 내에 있던 돼지들 및 통상적인 양돈방식에 따라 그 돼지들을 사육·관리하면서 돼지를 출하하여

얻은 수익으로 새로 구입하거나 그 돼지와 교환한 돼지 또는 그 돼지로부터 출산시켜 얻은 새끼돼지에 한하여 미치는 것이지 양수인이 별도의 자금을 투입하여 반입한 돼지에까지는 미치지 않는다. [3] 유동집합물에 대한 양도담보계약의 목적물을 선의취득하지 못한 양수인이 그 양도담보의 효력이 미치는 목적물에다 자기 소유인 동종의 물건을 섞어 관리함으로써 당초의 양도담보의 효력이 미치는 목적물의 범위를 불명확하게 한 경우에는 양수인으로 하여금 그 양도담보의 효력이 미치지 아니하는 물건의 존재와 범위를 입증하도록 하는 것이 공평의 원칙에 부합한다[2004다22858].

┃오답해설┃

① 금전채무를 담보하기 위하여 채무자가 그 소유의 동산을 채권자에게 양도하되 점유개정에 의하여 채무자가 이를 계속 점유하기로 한 경우 특별한 사정이 없는 한 동산의 소유권은 신탁적으로 이전됨에 불과하여 채권자와 채무자 사이의 대내적 관계에서 채무자는 의연히 소유권을 보유하나 대외적인 관계에 있어서 채무자는 동산의 소유권을 이미 채권자에게 양도한 무권리자가 되는 것이어서 다시 다른 채권자와의 사이에 양도담보설정계약을 체결하고 점유개정의 방법으로 인도를 하더라도 선의취득이 인정되지 않는 한 나중에 설정계약을 체결한 채권자는 양도담보권을 취득할 수 없는데, 현실의 인도가 아닌 점유개정으로는 선의취득이 인정되지 아니하므로, 결국 뒤의 채권자는 양도담보권을 취득할 수 없다[2003다30463].

②, ⑤ 재고상품, 제품, 원자재 등과 같은 집합물을 하나의 물건으로 보아 일정 기간 계속하여 채권담보의 목적으로 삼으려는 이른바 집합물에 대한 양도담보권설정계약에서는 담보목적인 집합물을 종류, 장소 또는 수량지정 등의 방법에 의하여 특정할 수 있으면 집합물 전체를 하나의 재산권객체로 하는 담보권의 설정이 가능하므로, 그에 대한 양도담보권설정계약이 이루어지면 집합물을 구성하는 개개의 물건이 변동되거나 변형되더라도 한 개의 물건 으로서의 동일성을 잃지 아니한 채 양도담보권의 효력은 항상 현재의 집합물 위에 미치고, 따라서 그러한 경우에 양도담보권자가 점유개정의 방법으로 양도담보권설정계약 당시 존재하는 집합물의 점유를 취득하면 그 후 양도담 보권설정자가 집합물을 이루는 개개의 물건을 반입하였더라도 별도의 양도담보권설정계약을 맺거나 점유개정의 표시를 하지 않더라도 양도담보권의 효력이 나중에 반입된 물건에도 미친다. 다만 양도담보권설정자가 양도담보권 설정계약에서 정한 종류·수량에 포함되는 물건을 계약에서 정한 장소에 반입하였더라도 그 물건이 제3자의 소유 라면 담보목적인 집합물의 구성부분이 될 수 없고 따라서 그 물건에는 양도담보권의 효력이 미치지 않는다[2012다19659].

04	소유권유보부 매매

05	동산·채권 등의 담보에 관한 법률

할 수 있다고 믿는 사람은 그렇게 되고,

할 수 없다고 믿는 사람도 역시 그렇게 된다.

- 샤를 드골 -

2025 시대에듀 감정평가사 1차 민법 기본서

개정1판1쇄 발행	2024년 09월 20일(인쇄 2024년 08월 28일)
초 판 발 행	2023년 08월 14일(인쇄 2023년 07월 28일)
발 행 인	박영일
책 임 편 집	이해욱
편 저	시대감정평가연구소
편 집 진 행	박종현
표 지 디 자 인	박종우
편 집 디 자 인	김민설 · 남수영
발 행 처	(주)시대고시기획
출 판 등 록	제10-1521호
주 소	서울시 마포구 큰우물로 75 [도화동 538 성지 B/D] 9F
전 화	1600-3600
팩 스	02-701-8823
홈 페 이 지	www.sdedu.co.kr
I S B N	979-11-383-7566-5 (13360)
정 가	40,000원

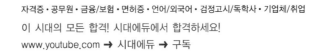

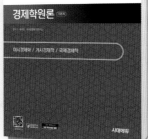

1 · 2차 기본서

단기합격을 위한 최적의 기본서 시리즈!

2차 기본서 라인업

감정평가사 2차

감정평가이론

감정평가사 2차

감정평가실무

감정평가사 2차

감정평가 및 보상법규

※ 도서의 이미지 및 세부사항은 변경될 수 있습니다.

시대에듀
감정평가사 1차 대비 시리즈

감정평가사 1차 종합서

감정평가사 1차 한권으로 끝내기

핵심이론 + 단원별 기출문제로 이루어진
단기합격을 위한 종합서(3권 세트)

❶권 민법 / 부동산학원론
❷권 경제학원론 / 회계학
❸권 감정평가관계법규 / 최신기출문제(제35회)

감정평가사 1차 기출문제집 시리즈

감정평가사 1차 전과목 5개년 기출문제집

▸ 전과목 기출문제를 한번에 풀어보는 실전 대비용
▸ 2024~2020년도 1차 전과목을 담은 기출문제집
▸ 민법 / 경제학원론 / 부동산학원론 / 감정평가관계법규 / 회계학

감정평가사 1차
과목별 기출문제집(+최종모의고사)

▸ 2024년 포함 과목별 기출문제(2024~2016년) 수록
▸ 취약한 과목을 집중 공략
▸ 적중률 높은 최종모의고사 수록
▸ 민법 / 경제학원론 / 부동산학원론 /
　감정평가관계법규 / 회계학
